D1700493

Adick/Bülte

Fiskalstrafrecht

Fiskalstrafrecht

Straftaten gegen staatliche Vermögenswerte

Herausgegeben von

Dr. Markus Adick   Prof. Dr. Jens Bülte

Bearbeitet von

Dr. Markus Adick, Rechtsanwalt, Fachanwalt für Strafrecht · Dr. Erik Buhlmann,
Rechtsanwalt, Fachanwalt für Strafrecht · Prof. Dr. Jens Bülte · Andreas von Dahlen,
Rechtsanwalt, Fachanwalt für Strafrecht · Laura Görtz, Rechtsanwältin · Silke Grimsel,
Staatsanwältin · Dr. Bernd Groß, LL.M., Rechtsanwalt · Dr. Suzan Denise Hüttemann,
M.Res., Rechtsanwältin Dr. Simone Kämpfer, Rechtsanwältin, Fachanwältin für Strafrecht
Prof. Dr. Paul Krell Jun.-Prof. Dr. Dr. Milan Kuhli · Dr. Thomas Möller, Dipl.-Kfm.,
Dipl.-Finanzw., Oberregierungsrat · Dr. Beatrix Perkams, Rechtsanwältin
Dr. Christian Rathgeber, Mag. rer. publ., Rechtsanwalt · Dr. Tilman Reichling, Rechtsanwalt
· Dr. Alexander Retemeyer, Oberstaatsanwalt · Felix Rettenmaier, Rechtsanwalt
Dr. Christian Rosinus, Rechtsanwalt, Fachanwalt für Steuerrecht · Dr. Christian Schoop,
Rechtsanwalt · Dr. Stephan Voigtel, Rechtsanwalt, Fachanwalt für Strafrecht
Udo Wackernagel, Rechtsanwalt · Dr. Johannes Zimmermann, Rechtsanwalt,
Fachanwalt für Strafrecht

C.F. Müller

Bibliografische Information der Deutschen Nationalbibliothek
Die Deutsche Nationalbibliothek verzeichnet diese Publikation
in der Deutschen Nationalbibliografie; detaillierte bibliografische Daten
sind im Internet über <http://dnb.d-nb.de> abrufbar.

ISBN 978-3-8114-4101-9

E-Mail: kundenservice@cfmueller.de
Telefon: +49 89 2183 7923
Telefax: +49 89 2183 7620

www.cfmueller.de

Druck: Westermann Druck, Zwickau
Satz: TypoScript GmbH, München

Vorwort

Ein Handbuch zum Fiskalstrafrecht – dem Strafrecht der öffentlichen Finanzen – ist nicht nur ein weiteres Werk zum Steuerstrafrecht oder zum Wirtschaftsstrafrecht. Zwar werden beide Materien auch hier dargestellt und intensiv erörtert. Gleichwohl ist das Konzept des vorliegenden Handbuchs insofern neu, als es sich auf Straftaten und Ordnungswidrigkeiten gegen öffentliche Haushalte konzentriert. Damit greift es eine europaweit zu beobachtende Tendenz auf, Schädigungen öffentlicher Vermögenswerte verstärkt mit den Mitteln des Strafrechts zu bekämpfen. Neben dem Steuer- und Zollstrafrecht als prominentester Deliktsgruppe auf diesem Gebiet behandelt das vorliegende Handbuch daher insbesondere auch Betrugsstraftaten und Untreuedelikte sowie untreuenahe Handlungen wie das Vorenthalten von Arbeitsentgelt.

Während sich dieses Buch in der Breite also auf einen Ausschnitt aus dem Wirtschaftsstrafrecht beschränkt, geht es an anderer Stelle über vergleichbare Handbücher hinaus. Zum Einen beinhaltet das Werk an den Erfordernissen der Praxis ausgerichtete Darstellungen der wesentlichen Grundlagen des Allgemeinen Teils des Strafrechts, soweit diese Bedeutung für das Fiskalstrafrecht haben. Zum anderen werden neben dem materiellen Recht – streng begrenzt auf das Fiskalstrafrecht – verfahrensrechtliche Grundlagen, aber vor allem typische Sonderprobleme bei der Verfolgung und Verteidigung von Fiskalstraftaten dargelegt. Zudem werden, soweit dies nach dem Umfang dieses Werks möglich ist, die europäischen Bezüge auf materieller und prozessualer Ebene hergestellt.

Das Handbuch soll damit den Vertreter eines eigenständigen Typs wissenschaftlich fundierten Praxishandbuchs bilden, das sowohl dem Wirtschaftsrechtler als Orientierung, als auch dem Wirtschafts- und Steuerstrafrechtler als Nachschlagewerk dient. Dabei ist es kein reines Handbuch für Rechts- oder Steuerberater, sondern richtet sich in gleichem Maß an Nutzer in Justiz und Verwaltung. Die Mischung von Basiskenntnissen und notwendigem Spezialwissen soll unterschiedlichen Nutzern im Fiskalstrafrecht und dem Fiskalstrafverfahrensrecht eine gewisse Grundsouveränität im Umgang mit den Problemen der Praxis vermitteln, ohne natürlich eine fundierte Beratung ersetzen zu können. In vielen Fällen dürfte allerdings die Entscheidung darüber, ob eine Spezialberatung notwendig ist, bereits eine Herausforderung darstellen. Auch wenn das Werk sich damit nicht vornehmlich an den Spezialisten eines jeweiligen Teilgebiets des Fiskalstrafrechts richtet, dürften die einzelnen Kapitel geeignet sein, selbst dem ausgewiesenen Experten Anregungen und Sicherheit am Rande seiner Spezialisierung zu geben.

Die einzelnen Themen haben Expertinnen und Experten aus Wissenschaft, Justiz, Zoll- und Finanzverwaltung sowie spezialisierten Rechtsanwaltskanzleien bearbeitet. Der fachliche Austausch unter den Bearbeiterinnen und Bearbeitern hat eine ausgewogene Darstellung rechtlicher Zweifelsfragen ermöglicht und die Entstehung eines reinen Beraterhandbuchs vermieden. Wir sind den Autorinnen und Autoren sehr dankbar für ihr Engagement und die Bereitschaft, ihr Fachwissen und ihre praktischen Erfahrungen einzubringen. Großen Dank schulden wir ferner dem Verlag, insbesondere Frau Annette Steffenkock, für die hervorragende Unterstützung bei der Erstellung dieses Handbuchs.

Der Verlag und die Herausgeber sind sich dessen bewusst, dass ein Handbuch auf einem so wechselhaften Gebiet wie dem Finanzstrafrecht schnell zur Makulatur werden kann. An der Notwendigkeit einer ernsthaften und gründlichen Auseinandersetzung auch mit Themen wie der steuerstrafrechtlichen Selbstanzeige ändert das aber nichts. Für Kritik, Ergänzungsvorschläge und sonstige Hinweise sind wir daher sehr dankbar.

Bonn/Mannheim, im Mai 2015

Markus Adick
Jens Bülte

V

Bearbeiterverzeichnis

Dr. Markus Adick
Rechtsanwalt, Fachanwalt für Strafrecht, Rettenmaier
& Adick, Bonn

17. Kapitel, 23. Kapitel
(mit Krell und Wackernagel)

Dr. Erik Buhlmann
Rechtsanwalt, Fachanwalt für Strafrecht, Ufer Knauer
Rechtsanwälte, München

11. Kapitel (mit Kämpfer)

Prof. Dr. Jens Bülte
Universität Mannheim

1., 2., 8. Kapitel

Andreas von Dahlen
Rechtsanwalt, Fachanwalt für Strafrecht, tdwe
Rechtsanwälte, Düsseldorf

16. Kapitel

Laura Görtz
Rechtsanwältin, Heuking Kühn Lüer Wojtek
Düsseldorf

12. Kapitel

Silke Grimsel
Staatsanwältin, Braunschweig

4. Kapitel

Dr. Bernd Groß, LL.M.
Rechtsanwalt, Feigen Graf Rechtsanwälte
Frankfurt/Main

19. Kapitel

Dr. Suzan Denise Hüttemann, M.Res.
Rechtsanwältin, Redeker Sellner Dahs, Bonn
Habilitandin, Universität Zürich

9. Kapitel

Dr. Simone Kämpfer
Rechtsanwältin, Fachanwältin für Strafrecht, tdwe
Rechtsanwälte, Düsseldorf

11. Kapitel (mit Buhlmann)

Prof. Dr. Paul Krell, Juniorprofessor
Bucerius Law School, Hamburg

7. Kapitel, 23. Kapitel
(mit Adick und Wackernagel)

Jun.-Prof. Dr. Dr. Milan Kuhli
Universität Mannheim

10. Kapitel

Dr. Thomas Möller, Dipl.-Kfm., Dipl.-Finanzw.
Oberregierungsrat
Hauptzollamt Osnabrück

20. Kapitel (mit Retemeyer),
22. Kapitel (mit Zimmermann)

Dr. Beatrix Perkams
Rechtsanwältin, Clifford Chance LLP, Frankfurt/Main

18. Kapitel

Dr. Christian Rathgeber, Mag. rer. publ.
Rechtsanwalt, Knierim | Huber Rechtsanwälte, Mainz

6. Kapitel

Dr. Tilman Reichling Rechtsanwalt, Feigen Graf Rechtsanwälte, Frankfurt/Main	5. Kapitel (mit Rettenmaier), 14. Kapitel
Dr. Alexander Retemeyer Oberstaatsanwalt, Osnabrück	20. Kapitel (mit Möller), 21. Kapitel
Felix Rettenmaier Rechtsanwalt, Rettenmaier & Adick, Frankfurt/Main	3. Kapitel, 5. Kapitel (mit Reichling)
Dr. Christian Rosinus Rechtsanwalt, Fachanwalt für Steuerrecht, AC Tischendorf Rechtsanwälte, Frankfurt/Main	15. Kapitel
Dr. Christian Schoop Rechtsanwalt, DLA Piper UK LLP, Frankfurt/Main	13. Kapitel
Dr. Stephan Voigtel Rechtsanwalt, Fachanwalt für Strafrecht, tdwe Rechtsanwälte, Düsseldorf	24. Kapitel
Udo Wackernagel Rechtsanwalt, tdwe Rechtsanwälte, Düsseldorf	23. Kapitel (mit Adick und Krell)
Dr. Johannes Zimmermann Rechtsanwalt, Fachanwalt für Strafrecht tdwe Rechtsanwälte, Düsseldorf	22. Kapitel (mit Möller)

Zitiervorschlag

Adick/Bülte/*Rettenmaier* Fiskalstrafrecht, 3. Kap. Rn. 5

Inhaltsübersicht

Inhaltsverzeichnis

1. Kapitel
Einleitung: Vom Nutzen einer einheitlichen Darstellung des „Fiskalstrafrechts"

2. Kapitel
Europäisierung des Strafrechts

3. Kapitel

Verfahren bei Wirtschaftsdelikten

4. Kapitel

Verfahren bei Steuerdelikten

5. Kapitel
Akteneinsicht

6. Kapitel
Europarechtliche Verfahrensvorschriften

7. Kapitel

Tatbestandsmäßigkeit, Rechtswidrigkeit und Schuld

8. Kapitel
Vorsatz und Fahrlässigkeit

9. Kapitel

Versuch, Vollendung, Beendigung und Verjährung

10. Kapitel
Täterschaft und Teilnahme

13. Kapitel

Durchsuchung und Beschlagnahme

14. Kapitel
Untersuchungshaft

15. Kapitel

Sicherung von Vermögenswerten

16. Kapitel

Fiskalstrafrechtliche Besonderheiten im Hauptverfahren

17. Kapitel

Steuerhinterziehung

18. Kapitel

Steuerordnungswidrigkeiten

19. Kapitel

Korrektur steuerlicher Verfehlungen

20. Kapitel
Zölle und Marktordnungen

21. Kapitel
Subventionsbetrug

22. Kapitel

Schwarzarbeit

23. Kapitel

Haushaltsuntreue

24. Kapitel
Betrug gemäß § 263 StGB zu Lasten öffentlichen Vermögens

Abkürzungsverzeichnis

a.A.	anderer Ansicht
a.a.O.	am angegebenen Ort
abgedr.	abgedruckt
Abb.	Abbildung
Abl., abl.	Amtsblatt, ablehnend
ABlEG	Amtsblatt der Europäischen Gemeinschaften
ABlEU	Amtsblatt der Europäischen Union
Abs.	Absatz
Abschn.	Abschnitt
abw.	abweichend
a.E.	am Ende
a.F.	alte Fassung
AG	Amtsgericht, Ausführungsgesetz
Alt.	Alternative
a.M.	anderer Meinung
amtl.	amtlich
Anh.	Anhang
Anm.	Anmerkung
AO	Abgabenordnung
AO-StB	AO-Steuerberater
AP	Außenprüfung
Art.	Artikel
AStBV	Anweisungen für das Straf- und Bußgeldverfahren
Aufl.	Auflage
AuR	Arbeit und Recht
ausf.	ausführlich
Az.	Aktenzeichen
BAnz	Bundesanzeiger
BayObLG	Bayerisches Oberstes Landesgericht
Bd.	Band
BGB	Bürgerliches Gesetzbuch
Bearb.	Bearbeiter
Begr.	Begründung
Bek.	Bekanntmachung
betr.	betreffend
BFH	Bundesfinanzhof
BGBl	Bundesgesetzblatt
BGH	Bundesgerichtshof
BGHSt/Z	Entscheidungen des Bundesgerichtshofs in Strafsachen/Zivilsachen
BP	Betriebsprüfung
BR-Drucks.	Bundesratsdrucksache
Bsp.	Beispiel
bspw.	beispielsweise
BStBl	Bundessteuerblatt
BT-Drucks.	Bundestagsdrucksache
Buchst.	Buchstabe
BuStra	Bußgeld- und Strafsachenstelle
BVerfG	Bundesverfassungsgericht
BVerfGE	Entscheidungen des Bundesverfassungsgerichts

bzgl.	bezüglich
bzw.	beziehungsweise
ca.	circa
ders.	derselbe
d.h.	das heißt
dies.	dieselbe/n
DStP	Deutsche Steuerpraxis
Einf.	Einführung
Einl.	Einleitung
EG	Europäische Gemeinschaft, Einführungsgesetz
EMRK	Europöische Menschenrechtskonvention
erg.	ergänzend
etc.	et cetera
EU	Europäische Union
EuGH	Europäischer Gerichtshof
EuGH Slg.	Sammlung der Rechtsprechung des EuGH
evtl.	eventuell
f.	folgende
FAFuSt	Finanzamt für Fahndung und Strafsachen
ff.	fortfolgende
FinB	Finanzbehörde
Fn.	Fußnote
FS	Festschrift
GA	Goltdammer's Archiv für Strafrecht
gem.	gemäß
ggf.	gegebenenfalls
GRCh	Grundrechtecharta
grds.	grundsätzlich
GroßKomm	Großkommentar
h.A.	herrschende Ansicht
Hdb.	Handbuch
h.L.	herrschende Lehre
h.M.	herrschende Meinung
Hrsg.	Herausgeber
HS	Halbsatz
HSGL	Hauptsachgebietsleiter
i.d.F.	in der Fassung
i.d.R.	in der Regel
insb.	insbesondere
i.S.d.	im Sinne der/des
i.S.v.	im Sinne von
i.Ü.	im Übrigen
i.V.m.	in Verbindung mit
Justiz	Die Justiz
JZ	Juristenzeitung

Kap.	Kapitel
KG	Kammergericht
Komm.	Kommentar, Kommentierung
LG	Landgericht
Lit.	Literatur
m.Anm.	mit Anmerkungen
medstra	Zeitschrift für Medizinstrafrecht
m.N.	mit Nachweisen
MK	Münchener Kommentar
MschrKrim	Monatsschrift für Kriminologie
m.w.N.	mit weiteren Nachweisen
n.F.	neue Fassung
Nr.	Nummer
NJW	Neue Juristische Wochenschrift
NStZ	Neue Zeitschrift für Strafrecht
o.Ä.	oder Ähnliche/s
o.g.	oben genannt/e
OLG	Oberlandesgericht
OWiG	Gesetz über Ordnungswidrigkeiten
Prot.	Protokoll
PStR	Praxis Steuerstrafrecht
RA	Rechtsanwalt
rd.	rund
RefE	Referentenentwurf
RegE	Regierungsentwurf
RG	Reichsgericht
RGBl	Reichsgesetzblatt
Rn.	Randnummer
Rspr.	Rechtsprechung
S., s.	Satz, Seite, siehe
Slg.	Sammlung
sog.	so genannte/r/s
s.o.	siehe oben
StA	Staatsanwaltschaft
Stbg	Die Steuerberatung
Steufa	Steuerfahndung
StGB	Strafgesetzbuch
SGL	Sachgebietsleiter
StPO	Strafprozessordnung
StraFo	Strafverteidiger Forum
StV	Strafverteidiger
s.u.	siehe unten
str.	streitig
Tab.	Tabelle
u.Ä.	und Ähnliche/s

u.a.	unter anderem, und andere
Unterabs.	Unterabsatz
unstr.	unstreitig
usw.	und so weiter
u.U.	unter Umständen
v.	von, vom
vgl.	vergleiche
VO	Verordnung
Vorb.	Vorbemerkung
WiJ	Journal der Wirtschaftsstrafrechtlichen Vereinigung e.V.
wistra	Zeitschrift für Wirtschafts- und Steuerstrafrecht
z.B.	zum Beispiel
ZeuS	Zeitschrift für europarechtliche Studien
ZfZ	Zeitschrift für Zölle und Verbrauchsteuern
Ziff.	Ziffer
zit.	zitiert
ZK	Zollkodex
z.T.	zum Teil
zust.	zustimmend
zutr.	zutreffend
zz.	zurzeit

Literaturverzeichnis

Achenbach/Ransiek/Rönnau (Hrsg.) Handbuch Wirtschaftsstrafrecht, 4. Aufl. 2015

Achenbach/Wannemacher Beraterhandbuch zum Steuer- und Wirtschaftsstrafrecht, Loseblatt

Arzt/Weber/Heinrich/Hilgendorf Strafrecht. Besonderer Teil, 2. Aufl. 2009

Baumann/Weber/Mitsch Strafrecht Allgemeiner Teil, 11. Aufl. 2013

Beck'scher Bilanz-Kommentar, 9. Aufl. 2014, zitiert: BeckBilKomm/*Bearbeiter*

Bender/Möller/Retemeyer Zoll- und Verbrauchsteuerstrafrecht, Mit Steuerstrafrecht und Verfahrensrecht, Loseblatt

Böttger (Hrsg.) Wirtschaftsstrafrecht in der Praxis, 2. Aufl. 2015

Bohnert OWiG, Kommentar zum Ordnungswidrigkeitengesetz, 3. Aufl. 2010

Calliess/Ruffert EU/AEUV, Das Verfassungsrecht der Europäischen Union mit Europäischer Grundrechtecharta, 4. Aufl. 2011

Dölling/Duttge/Rössner (Hrsg.) Gesamtes Strafrecht, StGB – StPO – Nebengesetze, 3. Aufl. 2013, zitiert: HK-GS/*Bearbeiter*

Eidam (Hrsg.) Unternehmen und Strafe, 4. Aufl. 2014

Erbs/Kohlhaas Strafrechtliche Nebengesetze, Loseblatt

Erfurter Kommentar zum Arbeitsrecht, 14. Aufl. 2014, zitiert: EK-ArbR/*Bearbeiter*

Fischer Strafgesetzbuch mit Nebengesetzen, 62. Aufl. 2015

Flore/Tsambikakis Steuerstrafrecht, 2013

Frankfurter Kommentar zum Kartellrecht, Loseblatt, zitiert: FK-KartR/*Bearbeiter*

Franzen/Gast/Joecks Steuerstrafrecht, 7. Aufl. 2009

Frister Strafrecht Allgemeiner Teil, 6. Aufl. 2013

Göhler Gesetz über Ordnungswidrigkeiten, 16. Aufl. 2012

Graf (Hrsg.) Strafprozessordnung, Mit Gerichtsverfassungsgesetz und Nebengesetzen, 2. Aufl. 2012

Graf/Jäger/Wittig (Hrsg.) Wirtschafts- und Steuerstrafrecht, 2011

Große Vorholt Wirtschaftsstrafrecht, 3. Aufl. 2014

Hecker Europäisches Strafrecht, 4. Aufl. 2012

Heghmanns/Scheffler (Hrsg.) Handbuch zum Strafverfahren, 2008

Heintschel-Heinegg (Hrsg.) Strafgesetzbuch, 2010

Hellmann/Beckemper Wirtschaftsstrafrecht, 4. Aufl. 2013

Hübschmann/Hepp/Spitaler Abgabenordnung – Finanzgerichtsordnung, Loseblatt

Jähnke/Laufhütte/Odersky Strafgesetzbuch Leipziger Kommentar 11. Aufl. 2005 ff., zitiert: LK-StGB/*Bearbeiter*

Jakobs Strafrecht Allgemeiner Teil, 2. Aufl. 1993

Jescheck/Weigend Lehrbuch des Strafrechts, Allgemeiner Teil, 5. Aufl. 1996

Julius u.a. Heidelberger Kommentar zur Strafprozessordnung, 5. Aufl. 2012, zitiert: HK-StPO/*Bearbeiter*

Karlsruher Kommentar zum Gesetz gegen Ordnungswidrigkeiten, 4. Aufl. 2014, zitiert: KK-OWiG/*Bearbeiter*

Karlsruher Kommentar zur Strafprozessordnung, 7. Aufl. 2013, zitiert: KK-StPO/*Bearbeiter*

Kindhäuser Strafrecht Besonderer Teil II, Straftaten gegen Vermögensrechte, 8. Aufl. 2014

ders. LPK-StGB Strafgesetzbuch, Lehr- und Praxiskommentar, 5. Aufl. 2012, zitiert: LPK-StGB

Kindhäuser/Neumann/Paeffgen (Hrsg.) Nomos Kommentar zum Strafgesetzbuch, 4. Aufl. 2013, zitiert: NK-StGB/*Bearbeiter*

Klein Abgabenordnung Kommentar, 12. Aufl. 2014

Köhler Strafrecht: Allgemeiner Teil, 1997

Kohlmann Steuerstrafrecht Kommentar, Loseblatt

Krekeler/Tiedemann/Ulsenheimer/Weinmann (Hrsg.) Handwörterbuch des Wirtschafts- und Steuerstrafrechts, Loseblatt, zitiert: HdWiStR/*Bearbeiter*

Krey/Esser Deutsches Strafrecht Allgemeiner Teil, 5. Aufl. 2012

Krey/Hellmann/Heinrich Strafrecht. Besonderer Teil, Band 2, 16. Aufl. 2012

Kühl AT Strafrecht, Allgemeiner Teil, 7. Aufl. 2012

Lackner/Kühl Strafgesetzbuch, 28. Aufl. 2014

Laufhütte/Rissing-van Saan/Tiedemann Strafgesetzbuch Leipziger Kommentar, 12. Aufl. 2006 ff., zitiert: LK-StGB/*Bearbeiter*

Leipold/Tsambikakis/Zöller (Hrsg.) AnwaltKommentar StGB, 2. Aufl. 2015, zitiert: AnwK-StGB/*Bearbeiter*

Lemke/Mosbacher OWiG, 2. Aufl. 2005

Loewe/Rosenberg Die Strafprozessordnung und das Gerichtsverfassungsgesetz, 26. Aufl. 2007, zitiert: LR/*Bearbeiter*

Maurach/Gössel/Zipf Strafrecht Allgemeiner Teil, 8. Aufl. 2014

Maurach/Schroeder/Maiwald Strafrecht. Besonderer Teil, Teilband 1, 10. Aufl. 2009

Meyer-Goßner Strafprozessordnung, 58. Aufl. 2015

Müller-Gugenberger/Bieneck (Hrsg.) Wirtschaftsstrafrecht, 5. Aufl. 2011

Murmann Grundkurs Strafrecht, 2. Aufl. 2013

Münchener Kommentar zum Strafgesetzbuch, 2. Aufl. 2011 ff., zitiert: MK-StGB/*Bearbeiter*

Rolletschke Steuerstrafrecht, 4. Aufl. 2012

ders./Kemper Kommentar Steuerstrafrecht, Loseblatt

Roxin AT-I Strafrecht, Allgemeiner Teil, Band I, 4. Aufl. 2006

ders. AT-II Strafrecht, Allgemeiner Teil, Band II, 2003

Satzger Internationales und Europäisches Strafrecht, 6. Aufl. 2013

Satzger/Schluckebier/Widmaier (Hrsg.) StGB: Strafgesetzbuch, 2. Aufl. 2014

Schönke/Schröder Strafgesetzbuch, 29. Aufl. 2014

Schulz/Händel/Soiné Strafprozessordnung, Loseblatt

Sieber/Satzger/von Heintschel-Heinegg Europäisches Strafrecht, 2. Aufl. 2014

Stratenwerth/Kuhlen Strafrecht Allgemeiner Teil, 6. Aufl. 2011

Systematischer Kommentar zum Strafgesetzbuch, Loseblatt, zitiert: SK-StGB/*Bearbeiter*

Tiedemann Wirtschaftsstrafrecht, Einführung und Allgemeiner Teil mit wichtigen Rechtstexten, 4. Aufl. 2014

ders. Wirtschaftsstrafrecht, Besonderer Teil mit wichtigen Gesetzes- und Verordnungstexten, 3. Aufl. 2011

Tipke/Kruse Abgabenordung – Finanzgerichtsordnung, Loseblatt

Volk (Hrsg.) Münchener Anwaltshandbuch Verteidigung in Wirtschafts- und Steuerstrafsachen, 2. Aufl. 2014

Wabnitz/Janovsky(Hrsg.) Handbuch des Wirtschafts- und Steuerstrafrechts, 4. Aufl. 2014

Wessels/Beulke/Satzger Strafrecht Allgemeiner Teil, 44. Aufl. 2014

Wessels/Hillenkamp Strafrecht Besonderer Teil 2: Straftaten gegen Vermögenswerte, 37. Aufl. 2014

Wittig Wirtschaftsstrafrecht, 3. Aufl. 2014

Wolter SK-StPO, 4. Aufl. 2012, zitiert: SK-StPO/Bearbeiter

Zieschang Strafrecht Allgemeiner Teil, 4. Aufl. 2014

1. Kapitel

Einleitung: Vom Nutzen einer einheitlichen Darstellung des „Fiskalstrafrechts"

Literatur: *Adick* Zur Neuregelung der Selbstanzeige im Jahr 2011, HRRS 2011, 197; *Baumann* Über die notwendigen Veränderungen im Bereich des Vermögensschutzes, JZ 1972, 1; *Bilsdorfer* Die Entwicklung des Steuerstraf- und Steuerordnungswidrigkeitenrechts, NJW 2012, 1413; *Brandl* Vorsteuerbetrug gem. § 39 Abs 2 FinStrG, in Leitner (Hrsg.), Finanzstrafrecht 2012, 2013, S. 113 ff.; *Bülte* Die neuere Rechtsprechung des BGH zur Strafbewehrung von § 153 AO: Prüfstein für Strafrechtsdogmatik und Verfassungsrecht im Steuerstrafrecht, BB 2010, 607; *ders.* Zur Strafbarkeit der Verschleierung von Sanktionsansprüchen als Umsatzsteuerhinterziehung, HRRS 2011, 465; *ders.* Zur Situation der steuerstrafrechtlichen Selbstanzeige in Deutschland, ZWF 2015, 52; *ders.* Vorgesetztenverantwortlichkeit im Strafrecht, 2015; *Dannecker* Abgabenhinterziehung und Betrug im europäischen Vergleich. Der österreichische Abgabenbetrug – Modellcharakter für Europa, in Leitner (Hrsg.), Finanzstrafrecht 2012, 2013, S. 61; *ders.* Bekämpfung der Steuerdelinquenz auf europäischer Ebene, FS P. Kirchhof, 2013, S. 1809; *Deibel* Die Reichweite des § 153 Abs. 1 S. 1 AO, 2011; *Erb/Erdel* Der Referentenentwurf zur Neuregelung der Selbstanzeige – Anmerkungen aus Beratersicht, NZWiSt 2014, 327; *Hellmann* Plädoyer für das strafrechtliche Denken im Steuerstrafrecht, FS Achenbach, 2011, S. 141; *Jascsó* Der Straftatbestand des Haushaltsbetruges im ungarischen Strafrecht, NZWiSt 2014, 98; *Kubiciel/Tsambikakis* Bestechlichkeit und Bestechung im Gesundheitswesen (§ 299a StGB) – Stellungnahme zum Entwurf des Bayerischen Staatsministeriums, medstra 2015, 11; *Kuhlen* Vorsätzliche Steuerhinterziehung trotz Unkenntnis der Steuerpflicht, FS Kargl, 2015, S. 297; *Leitner/Lehner* Selbstanzeige in Österreich – Wesentliche Eckpunkte und Vergleich zur Rechtslage in Deutschland, NZWiSt 2015, 52; *Nahari* Europäische Finanzmarktintegration und transatlantische Bankenkrise, 2013; *Rolletschke/Roth* Die Selbstanzeige, 2015; *Rotsch (Hrsg.)* Criminal Compliance vor den Aufgaben der Zukunft, 2013; *ders.* Criminal Compliance, 2015; *Schmoller* Abgabenbetrug (§ 39 FinStrG) – zentrale Auslegungsfragen, in Leitner (Hrsg.), Finanzstrafrecht 2012, 2013, S. 11; *Singelnstein* Kriminologie: Bestandsaufnahme zur Empirie der Steuerhinterziehung, MschrKrim 98 (2015), 48; *Schünemann* Die sogenannte Finanzkrise - Systemversagen oder global organisierte Kriminalität?, 2011; *ders.* Unverzichtbare Gesetzgebungsmaßnahmen zur Bekämpfung der Haushaltsuntreue und der Verschwendung öffentlicher Mittel, 2011; *Tiedemann* Welche strafrechtlichen Maßnahmen empfehlen sich für eine wirksamere Bekämpfung der Wirtschaftskriminalität?, Gutachten für den 49. Deutschen Juristentag, 1972; *ders.* Zum Verhältnis von Allgemeinem und Besonderem Teil des Strafrechts, FS Baumann, 1992, S. 7; *Tipke* Steuerrechtsordnung Band III, 2. Aufl. 2012.; *Wäger* Der Kampf gegen die Steuerhinterziehung, UR 2015, 81; *Wulf* Auf dem Weg zur Abschaffung der strafbefreienden Selbstanzeige (§ 371 AO)?, wistra 2010, 286.

Im Jahr 2010 hatte Dieter Engels als Präsident des Bundesrechnungshofes im Vorwort der **1** *Bemerkungen zur Haushalts- und Wirtschaftsführung des Bundes*[1] ein sehr besorgtes Fazit zur Wirtschafts- und Finanzkrise – zutreffender war wohl zunächst eher der Begriff **Bankenkrise** – gezogen.[2] Diese Krise habe tiefe Spuren in den öffentlichen Haushalten hinterlassen.

---

1   Abrufbar unter www.bundesrechnungshof.de/de/veroeffentlichungen/bemerkungen-jahresberichte/jahresberichte/2010/vorwort (Stand 5.2.2015).
2   Vgl. nur *Nahari* S. 17.

Der Bund habe sich von dem Weg der Haushaltskonsolidierung entfernt, um mit „milliarden-schweren Programmen" dem „Konjunktureinbruch entgegenzuwirken". In der Folge habe sich die Finanzlage des Bundes deutlich verschlechtert. Dem werde nun zwar durch verfassungs-rechtliche Schuldenregeln entgegengewirkt, dieser Kurs auf einen soliden Staatshaushalt müsse jedoch durch „wirtschaftliches und zielgerichtetes Verwaltungshandeln" unterstützt werden. Das bedeutet insbesondere, dass der Staat versuchen muss, unnötige Ausgaben zu vermeiden, zu denen auch unrechtmäßige Auszahlungen wie Subventionen gehören.

A. Der Ruf nach mehr Fiskalstrafrecht

2   Parallel zu diesen Forderungen nach Sparmaßnahmen ist der Ruf nach „mehr Strafrecht" zum Schutz der öffentlichen Haushalte, nach mehr **Fiskalstrafrecht**, laut geworden. So hat der Bund der Steuerzahler im Mai 2013 eine Broschüre mit dem Titel *Verschwendung von Steuer-geldern bestrafen* herausgegeben, der ein Gutachten von *Schünemann* aus dem Jahr 2011[3] zugrunde liegt. Hier wurde ein neuer § 349 StGB vorgeschlagen, der die „**Haushaltsuntreue**" in einer eigenständigen Strafvorschrift mit Freiheitsstrafe von bis zu fünf Jahren bedroht und dabei auf ein tatbestandliches Schadenserfordernis verzichtet. Ob staatliches Sparen die rich-tige Maßnahme in Zeiten stagnierender wirtschaftlicher Entwicklung ist, muss an dieser Stelle unbeantwortet bleiben. Die Vermeidung unsinniger oder gar rechtswidriger Ausgaben ist jedoch fraglos eine grundlegende Verpflichtung eines Rechtsstaates in jeder Haushaltslage. Sol-che fehlgeleiteten Ausgaben stören die **Belastungsgleichheit** und damit schließlich den Rechts-frieden. Nicht nur die Sicherung der finanziellen Basis und damit der Lebensgrundlage eines modernen demokratischen Staates erfordert die Bekämpfung von Angriffen auf die öffentli-chen Haushalte, sondern letztlich gebieten dies auch die Grundrechte und andere Verfassungs-prinzipien. Ein Rechtsstaat darf von seinen Bürgern nur die Zahlung von Steuern und Abga-ben verlangen, wenn dieses vermeintliche Opfer allen Bürgern und juristischen Personen im Sinne des Gleichheitssatzes mit Blick auf ihre **Leistungsfähigkeit** gleichmäßig abverlangt wird; sonst wird es zum Sonderopfer, dessen Legitimation mit Blick auf Art. 3 GG schwer fällt. Nach der Rechtsprechung des Bundesverfassungsgerichts[4] gilt dieses Gebot der Belastungsgleichheit nicht nur für die Steuergesetzgebung und Steuerfestsetzung, sondern auch für **Steuererhe-bung**. Damit ist die strafrechtliche Sanktionierung von Steuerhinterziehungen und anderen Angriffen auf die öffentlichen Haushalte sowie Missbräuchen von Haushaltsmitteln durch die materielle Gerechtigkeit geboten.

3   Obwohl kein Anspruch auf Gleichheit im Unrecht besteht, schwächt mangelnder strafrechtli-cher Schutz von Erklärungspflichten und Täuschungsverboten im Interesse der öffentlichen Haushalte die Normakzeptanz (für das Steuerrecht insbesondere die Steuermoral[5]) und Legiti-mationsbasis der staatlichen Finanzierung.[6] Mangelnde Belastungsgleichheit führt zwangsläu-fig zur Überlastung einzelner und gibt dem Argument, nicht leistungspflichtig zu sein, wenn andere sich ihrer Pflicht entziehen, subjektive Kraft. Mangelnde Sanktion führt nach gesicher-ten kriminologischen Erkenntnissen zur Neutralisierung von Gebotsnormen.[7] „*Ein Staat, der seine steuerehrlichen Bürger nicht vor Benachteiligung durch Steuerhinterzieher schützt, schädigt*

---

3   Abrufbar unter www.steuerzahler.de/files/41470/Haushaltsuntreue_Internet.pdf (Stand 5.2.2015).
4   *BVerfG* 27.6.1991 – 2 BvR 1493/89, BVerfGE 84, 239 ff.
5   Vgl. *Dannecker* FS Kirchhof, S. 1809, 1816 m.w.N.; vgl. auch *Singelnstein* MschKrim 98 (2015) 48, 56 ff.
6   Vgl. *Tipke* Steuerrechtsordnung Band III, S. 1697 ff.; 1713 f.; *Dannecker* FS Kirchhof, S. 1809, 1816 f.
7   Vgl. *Bülte* Vorgesetztenverantwortlichkeit, S. 809 ff. m.w.N.; vgl. auch *Singelnstein* MschKrim 98 (2015) 48, 57.

sich am Ende selbst. Er verführt die bisher Steuerehrlichen nämlich dazu, früher oder später ebenfalls Steuern zu hinterziehen. Er fördert auch die Steuer- und Staatsverdrossenheit."[8]

Dannecker betont – unter Rekurs auf Schünemann[9] – neben der Steuermoral komme auch der **4** Besteuerungsmoral eine wichtige Rolle bei der Erhaltung der **Normakzeptanz** zu: „*Zur Besteuerungsmoral gehört auch die sparsame und wirtschaftliche Verwendung der Steuermittel. […] Der Gesetzgeber, der die Steuermittelverschwendung durch Politiker und Beamte nicht als strafwürdig, nicht einmal als ordnungswidrig ansieht, bestimmte Arten von Steuerhinterziehung aber zum Verbrechen erklärt, darf nicht mit Akzeptanz rechnen.*"[10] Damit wird offenbar, wie eng der Schutz der Steuereinnahmen und die Verhinderung von ungerechtfertigten Ausgaben aus öffentlichen Haushalten soziologisch und (kriminal-)politisch zusammenhängen; sie sind letztlich nicht sinnvoll voneinander trennbar.

Für das vorliegende Handbuch soll nicht die politische Frage, sondern die Frage nach der **5** strafrechtlichen Umsetzung der zum Gesetz gewordenen politischen Vorgaben in den Blick genommen werden. Die **Haushaltskonsolidierung** steht auf zwei Säulen; der Staat muss neben dem Sparen darauf bedacht sein, Angriffe auf seine Haushalte zu unterbinden. Denn es steht außer Zweifel, dass *die Bekämpfung der Steuerhinterziehung […] angesichts der leeren Kassen der öffentlichen Hand hohe politische Priorität erlangt hat, denn der staatliche Finanzbedarf kann im Wesentlichen nur durch Steuern gedeckt werden.*[11] Jede Verlagerung von Steuern zu Gebühren führt weg von dem in Art. 20 Abs. 1 GG statuierten Sozialstaat. Die Steuermittel müssen „zusammengehalten" und gegen unberechtigt ausbleibende Zuflüsse ebenso effektiv geschützt werden wie gegen rechtswidrige Abflüsse.

Daher sind trotz aller – zum Teil berechtigten – strafrechtsdogmatischen und verfassungs- **6** rechtlichen Kritik im folgenden Zusammenhang zwei Aspekte zu bedenken, bevor der Stab über den Gesetzgeber gebrochen und sein zu scharfes Steuerstrafrecht gebrandmarkt oder eine ausufernde Strafbarkeit wegen Schädigungen des Haushalts angeprangert werden: Zum einen ist die deutsche Rechtsordnung einem erheblichen Druck aus der Europäischen Union ausgesetzt, der Umgehung[12] und Hinterziehung und dem Steuerbetrug mit verhältnismäßigen, aber wirksamen und abschreckenden Maßnahmen entgegenzutreten. Der Umfang, in dem die Europäische Union in die Steuerrechtssysteme ihrer Mitgliedstaaten einwirkt und damit mittelbar auch Druck auf das nationale Strafrecht ausübt, wird an Entscheidungen des EuGH wie *Italmoda*[13] unübersehbar deutlich. Entsteht der Eindruck von Nachlässigkeit bei der Bekämpfung von Steuerhinterziehung oder Missbrauch von Haushaltsmitteln, so könnte sich die Europäische Union veranlasst sehen, auf die – nach mittlerweile h.M.[14] – bestehende originäre strafrechtliche Gesetzgebungskompetenz gegen Steuerhinterziehung und Betrug zum Nachteil öffentlicher Haushalte nach Art. 325 AEUV zurückzugreifen. Ob das wünschenswert ist, soll hier offenbleiben.

---

8 *Tipke* Steuerrechtsordnung Band III, S. 1701.
9 Gutachten, S. 90 ff.
10 *Dannecker* FS Kirchhof, S. 1809, 1817.
11 *Dannecker* in Leitner, Finanzstrafrecht 2012, S. 61, 63.
12 Zur Umgehungshandlung *Dannecker* FS Kirchhof, S. 1809, 1817 f. m.w.N.
13 *EuGH* MwStR 2015, 87 ff. m.Anm. *Grube*; vgl. auch *Wäger* UR 2015, 81 ff.
14 Vgl. nur Wabnitz/Janovsky/*Dannecker/Bülte* Kap. 2 Rn. 133 ff.

7 Zum anderen darf nicht vergessen werden, dass Steuerhinterziehung nach vorsichtigen Schätzungen allein in Deutschland jährlich einen **Schaden** von 30 Mrd. € verursacht.[15] Eine Schätzung der NGO *Tax Justice Network* aus dem Jahr 2011 geht von Schäden durch Steuerhinterziehung und Schwarzarbeit von ca. 215 Mrd. aus.[16] Selbst wenn die tatsächlichen Schäden zwischen diesen beiden Werten liegen dürften, wird deutlich, dass bislang die Verfolgung von Steuerumgehungen und Steuerbetrug ineffektiv gewesen ist. Daher ist kaum zu bestreiten, dass sich die Europäische Union ebenso wie die Mitgliedstaaten weiterhin vermehrt bemühen werden müssen, Steuerstraftaten intensiver zu verfolgen. Die Forderung nach einem effektiveren, vielleicht auch schärferen Steuerstrafrecht ist damit plausibel, um *„das Stigma des Rechtsbruchs deutlich zu machen und gegen die Fehleinschätzung der Steuerhinterziehung als Kavaliersdelikt anzugehen."*[17] Dem US-Bundesrichter Oliver Wendell Holmes (1841-1935) wird der Satz zugeschrieben, der am Gebäude der US-Steuerbehörde in Washington DC prangt: *Taxes are the price we pay for a civilized society.* Diesen Ansatz spiegelt auch eine Aussage Abdirashid Hussein Shires, eines Hoteliers, aus Mogadishu wider: *„70% meiner Einkünfte gebe ich für Sicherheit aus, ich würde gerne Steuern zahlen, wenn ich dafür eine handlungsfähige Regierung bekäme."*[18]

B. Die Verschärfung des Steuerstrafrechts durch Gesetzgeber, BGH und Steuerverwaltung

8 Schünemann hat in seinem Gutachten die Entwicklung der Verfolgung der Steuerstraftaten in den letzten 30 Jahren betrachtet und dabei festgestellt, dass in der Zeit zwischen 1995 und 2011 die Steuerhinterziehung deutlich strenger verfolgt worden ist. Es lohnt sich diesen „historischen Teil" des Gutachtens (S. 7 ff.) hier kurz zu paraphrasieren, weil Schünemann die einzelnen Säulen aufzeigt, auf denen die Gesamtverschärfung des Steuerstrafrechts ruht.

9 Der *„auf den Steuerpflichtigen lastende Sanktionsdruck"* habe sich *„potenziert."*[19] Das lasse sich zunächst an der Verfolgung von Steuerhinterziehungen im Zusammenhang mit *„ausländischem Schwarzgeld"* deutlich ablesen; die Verschärfung sei durch eine entsprechende Rechtsprechung vorbereitet und von *"eine[r] extreme[n] Verschärfung in der Verfolgungspraxis"* begleitet worden. Während von der Seite des Tatbestandes der Steuerhinterziehung Ausweitungen durch neue Regelbeispiele und die Erstreckung der Strafverfolgung auf Auslandstaten gegen Unionssteuern erfolgt seien,[20] habe der Gesetzgeber – inspiriert durch die BGH-Entscheidung vom 20.5.2010 – die **Selbstanzeige** drastisch eingeschränkt. Hier wird auf die Ausweitung der Sperrgründe einerseits und die Beschränkung der strafbefreienden Selbstanzeige auf (zunächst) 50.000 € durch das Schwarzgeldbekämpfungsgesetz vom 28.4.2011[21] eingegangen. Bekanntlich hatte diese Entwicklung im Jahr 2011 nur eine Zwischenetappe und zum 1.1.2015 mit einer Vielzahl weiterer Ände-

---

15 Eine Pressemitteilung der Landesregierung NRW vom 6.5.2013 nennt einen Betrag von 160 Mrd. €, der den staatlichen Haushalten in Deutschland jährlich durch Steuervermeidung und Steuerhinterziehung verloren gehe; *Brigitte Unger* von der Hans Böckler Stiftung spricht von 100 Mrd. im Jahr (www.boeckler.de/41281_41291.htm; Stand 5.2.2015).

16 The Cost of Tax Abuse; abrufbar unter www.taxjustice.net/wp-content/uploads/2014/04/Cost-of-Tax-Abuse-TJN-2011.pdf.

17 *Dannecker* FS Kirchhof, S. 1809.

18 *Rühl* „Die Macht der Warlords", Radiofeature, WDR v. 27.3.2011.

19 Allerdings war das Risiko wegen Steuerhinterziehung strafrechtlich verfolgt zu werden gering und die Gewinnchancen sehr hoch; vgl. *Dannecker* FS Kirchhof, S. 1809, 1819 f.

20 Art. 9 Nr. 10 des Steuerjahresgesetz 2010, vom 8.12.2010, BGBl I 2010, 1768, 1793.

21 BGBl I 2011, 676.

rungen ihren wohl nur vorläufigen Höhepunkt erreicht.[22] Mit dem Gesetz zur Änderung der Abgabenordnung und des Einführungsgesetzes zur Abgabenordnung vom 22.12.2014[23] wurden die Voraussetzungen für eine strafbefreiende Selbstanzeige ein weiteres Mal geändert. Insbesondere wurde der Grenzbetrag, bei dessen Überschreitung die Strafbefreiung ausscheidet und nur noch ein Verfolgungsverbot herbeigeführt werden kann, von 50.000 auf 25.000 € gesenkt sowie der Berichtigungszeitraum auf zehn Jahre verlängert.[24]

Ferner skizziert das Gutachten, wie die Rechtsprechung des BGH das Steuerstrafrecht bis zum Jahr 2011 verschärft hat.[25] Bereits in der Entscheidung des BGH vom 2.12.2008 wird die Richtung deutlich, die eine künftige Rechtsprechung zum Steuerstrafrecht nehmen könnte: Steuerstraftaten werden ernster genommen. An der Bestimmung des „großen Ausmaßes" in § 370 Abs. 3 AO zeigt sich dies besonders deutlich. Durch die Streichung des Merkmals „grober Eigennutz" aus § 370 Abs. 3 S. 2 Nr. 1 AO und die Festsetzung der Wertgrenze für die Steuerhinterziehung **„großen Ausmaßes"** auf 50.000 bzw. 100.000 € wurde der Strafrahmen für Steuerhinterziehungen in der Praxis massiv angehoben.[26] Zu § 370 Abs. 3 S. 2 Nr. 1 AO war noch davon die Rede, unterhalb *eines siebenstelligen Betrages* könne man nicht von einem besonders schweren Fall ausgehen.[27] Ein weiterer, wenn auch kleinerer, Schritt zu einer Verschärfung des Steuerstrafrechts findet sich in der Entscheidung des BGH vom 17.3.2010 zu § 153 AO,[28] nach der auch die eventual vorsätzlich unrichtige Abgabe in einer Steuererklärung berichtigt werden müsse, um der Strafdrohung des § 370 Abs. 1 AO zu entgehen. Diese Judikatur übt in der Praxis einen erheblichen Druck auf mögliche Berichtigungspflichtige aus. Der bedeutendste Schritt auf dem Weg zu einer Verschärfung des Steuerstrafrechts durch die Rechtsprechung war sicherlich der sog. Selbstanzeigebeschluss des BGH vom 20.5.2010.[29] Hier hat der 1. Strafsenat insbesondere der Möglichkeit der **Teilselbstanzeige** widersprochen und den Gesetzgeber angestoßen, die Selbstanzeige grundsätzlich zu überdenken. Auch wenn diese Entscheidung insbesondere deswegen in Frage gestellt worden ist, weil sie das Prinzip der Rechtssicherheit und den Vertrauensschutz verletzte, ist an der Tatsache nichts mehr zu ändern, dass der BGH den Gesetzgeber auf den Weg zur Verschärfung des Steuerstrafrechts gestoßen hat. In diesem Zusammenhang sind weitere Entscheidungen des BGH zu nennen, die den Weg zu einem schärferen Steuerstrafrecht öffnen, so z.B. der Beschluss zur Strafbarkeit wegen Umsatzsteuerhinterziehung bei Mitwirkung an ausländischen Hinterziehungsstrukturen vom 8.11.2008[30] oder die Entscheidung zum Eintritt der Steuerverkürzung durch gesonderte Feststellung von Besteuerungsgrundlagen vom 10.12.2008.[31] Gefährlich wird diese Entwicklung weil der BGH die Steueranspruchstheorie unter Bezugnahme auf Kommentarliteratur aus Justizkreisen in Frage stellt (vgl. Kap. 8 Rn. 72 ff.). Auch in der Verwaltung sieht Schünemann eine Entwicklung, wonach zur Verfolgung von Steuerstraftaten verstärkt in ihrer Zulässigkeit umstrittene Mittel wie der Ankauf von Steuerdaten genutzt werden.[32]

---

22 Vgl. zu dieser Entwicklung *Bülte* ZWF 2015, 52 ff.; ferner *Rolletschke/Roth* Die Selbstanzeige, Rn. 3 ff.

23 BGBl I 2011, 2415 f.

24 Vgl. nur *Madauß* NZWiSt 2015, 41 ff.; zur Parallelentwicklung in Österreich *Leitner/Lehner* NZWiSt 2015, 52 ff.

25 Vgl. hierzu auch *Kuhlen* FS Kargl, 2015, S. 297 ff.

26 Vgl. *BGHSt* 53, 71, 79 ff.

27 Franzen/Gast/Joecks/*Joecks* 6. Aufl. 2005, § 370 Rn. 270.

28 *BGHSt* 53, 210 ff.; krit. Tipke/Kruse/*Seer* § 153 AO Rn. 11 m.w.N.; eingehend *Deibel* Reichweite des § 153 AO, S. 122 ff.

29 *BGHSt* 55, 180 ff.; vgl. statt vieler *Adick* HRRS 2011, 197 ff.; *Bilsdorfer* NJW 2012, 1413 ff.; *Wulf* wistra 2010, 286 ff.

30 *BGHSt* 53, 45 ff.; krit. hierzu *Bülte* HRRS 2011, 465 ff.

31 *BGHSt* 53, 99 ff.

32 *Schünemann* Gutachten, S. 12.

C. Zur Entwicklung der Bestechungs-, Betrugs- und Untreuestrafbarkeit

11 Zudem setzte sich seit 1999, aber besonders in den letzten Jahren bei den früher als „nützliche Aufwendungen" bezeichneten **Bestechungsgeldern**, die steuerlich geltend gemacht werden konnten,[33] eine deutlich sanktionsfreudigere Auffassung durch; diese Wandlung ist letztlich vor allem auf den internationalen Druck zurückzuführen. Die Auslandsbestechung wird ernster genommen, wie auch der Entwurf der Bundesregierung für ein Gesetz zur Bekämpfung der Korruption vom 23.1.2015[34] zeigt. Der Blick auf dieses Gesetzesvorhaben zeigt, dass die Gebiete des Wirtschaftsstrafrechts, die sich zeitweise scheinbar nebeneinander und mit nur zeitweiligen Berührungspunkten entwickelt haben, mehr und mehr ineinander greifen; hier können sich Synergieeffekte ergeben. Geldwäsche- und Korruptionsbekämpfung werden mehr und mehr zum Bindeglied der Verfolgung von Straftaten gegen den öffentlichen Haushalt, auf der Einnahmen- und Ausgabenseite.[35]

12 Straftaten gegen den staatlichen Vermögensbestand werden aus zwei Stoßrichtungen begangen, zum einen von außen als Betrugstaten nach §§ 263 ff. StGB, insbesondere im Vorfeld als Subventionsbetrug nach § 264 StGB, und zum anderen von innen, also als **Untreuetaten**. Die Annäherung der Steuerhinterziehung an den Betrug wird bereits durch die Neuformulierung des § 370 Abs. 3 S. 2 Nr. 1 AO deutlich; in diese Vorschrift wurde die Formulierung des Regelbeispiels „großes Ausmaß" aus dem Betrug durch den Gesetzgeber übernommen. Die Rechtsprechung hat den Grenzbetrag von 50.000 € – unter Bezugnahme auf die Rechtsprechung zum Betrug[36] – grundsätzlich auch auf das Steuerstrafrecht übertragen und damit deutlich gemacht, dass auch dieses Gebiet dem Strafrecht zum Schutz des (staatlichen) Vermögens angehört. Die Perspektive einer gleichermaßen strafbaren Schädigung der öffentlichen Haushalte, sei es durch Vorenthalten von Abgaben einerseits oder durch Erschleichen oder rechtswidriges Verausgaben öffentlicher Mittel andererseits, setzt sich durch und führt zu dem von *Schünemann* formulierten Ruf nach einem Gleichlauf der Strafbarkeit wegen Angriffen gegen Staatseinnahmen einerseits und durch rechtwidrige Staatsausgaben andererseits. Hier besteht Handlungsbedarf für den Gesetzgeber. Denn Schünemann konstatiert eine drastische Beschränkung der Strafbarkeit im Bereich der **Amts- und Haushaltsuntreue** und zieht hier den Vergleich zum Steuerstrafrecht heran, um de lege ferenda die Strafbarkeit der Haushaltsuntreue in einer eigenen Vorschrift zu begründen.[37] Sein Verdikt der mangelnden Strafbarkeit der Verschwendung von öffentlichen Mitteln kann nicht darüber hinwegtäuschen, dass in der Sache eine starke legistische und strafrechtsdogmatische Annäherung zwischen Steuerstrafrecht und Vermögensstrafrecht des StGB stattgefunden hat. Oft hängt es ohnehin nur vom Zufall ab, ob eine Steuerhinterziehung oder eine Betrugstat im weitesten Sinne vorliegt, wenn gegenüber staatlichen Stellen Erklärungspflichten verletzt werden bzw. getäuscht wird, um Vermögensvorteile zu erlangen. Das wird besonders bei **Subventionen** deutlich; diese werden sowohl in der Form von Steuervorteilen als auch durch unmittelbare staatliche Leistungen gewährt; insofern bestimmt die Gewährungsform die Strafbewehrung durch §§ 370 ff. AO oder durch §§ 263 ff. StGB.

---

33 Vgl. nur Rotsch/*Bülte* Criminal Compliance, S. 87 ff.
34 BR-Drucks. 25/15.
35 Vgl. Rotsch/*Bülte* Criminal Compliance Handbuch, § 29 Rn. 25 ff.
36 BGHSt 53, 71, 81 (Rn. 26): „*Der Senat ist der Ansicht, dass insoweit vergleichbare Kriterien wie für das wortgleiche Merkmal in § 263 Abs. 3 S. 2 StGB ... zur Anwendung kommen müssen.*"
37 Vgl. hierzu auch *Tipke* Steuerrechtsordnung Band III, S. 1715.

Auch die strafrechtsdogmatischen und verfassungsrechtlichen Überlegungen, die im Bereich des allgemeinen Vermögensstrafrechts einerseits und im Steuerstrafrecht andererseits angestellt wurden, sind in beide Richtungen übertragen worden. So wurde nicht nur bei der Untreue die Verschleifung von Tatbestandsmerkmalen kritisiert,[38] sondern dieser Vorwurf auch im Steuerstrafrecht gegen die Annahme einer Steuerverkürzung durch Erwirken einer gesonderten Feststellung erhoben. In der anderen Richtung wurde die **Steueranspruchstheorie** als Ausdruck einer allgemeinen Irrtumslehre auch für das übrige Wirtschaftsstrafrecht zur Anwendung gebracht.[39] Das Steuerstrafrecht bewegt sich damit nicht nur in puncto Strafdrohungen auf das allgemeine Vermögensstrafrecht zu.

Letztlich ist eine solche Annäherung auch natürlich und sinnvoll; eine für ein Individualgewaltstrafrecht entwickelte Strafrechtsdogmatik kann strukturell weder für das Steuerstrafrecht noch zur Erfassung oftmals hochspezialisiert und organisiert begangener Untreue- und Betrugsstraftaten gegen öffentliche Haushalte passen.[40] Friktionen entstehen hier zwangsläufig, weil der Allgemeine Teil des Strafrechts an den Bedürfnissen des Wirtschaftsstrafrechts vorbei entwickelt worden ist. Die Bewegungen, die derzeit in der Wirtschaftsstrafrechtsdogmatik zu beobachten sind, lassen Ansätze einer Entwicklung erkennen, die überfällig ist: der Entwicklung eines eigenständigen Allgemeinen Teils und allgemeiner Lehren des Wirtschaftsstrafrechts aus dem Besonderen Teil heraus.[41]

13

14

D. Entwicklungslinien des europäischen Strafrechts gegen Steuer- und Haushaltsdelikte

Die Verwandtschaft von Steuerhinterziehung und Betrugstaten zeigt sich ebenfalls sehr deutlich bei einem Blick über die Grenze. Das beginnt bereits bei der Formulierung von Tatbeständen, die wie in Österreich oder der Schweiz mit der Überschrift **Abgaben- oder Steuerbetrug** keinen Zweifel an den Parallelen lassen.[42] In Österreich ist diese Entwicklung sehr deutlich geworden, weil der Gesetzgeber in der Reform des Finanzstrafrechts im Jahr 2012 das Steuerstrafrecht im Bereich der Qualifikationen – ähnlich wie in Deutschland – dem Betrugsstrafrecht angepasst hat. Hier lohnt es sich, die Frage zu stellen, ob ein künftiges europäisch harmonisiertes Steuerstrafrecht eher Züge des klassischen Betrugsstrafrechts tragen wird.[43] Noch deutlicher wird dieses Phänomen bei einem Blick auf das ungarische Steuer- und Haushaltsstrafrecht. Dort wurde kürzlich ein einheitlicher Tatbestand des Haushaltsbetrugs (§ 396 ungStGB) geschaffen.[44] Dabei wird in einer einheitlichen Strafvorschrift die Verletzung der öffentlichen Haushalte, sowohl der Ungarns als auch der internationaler Organisationen oder der Europäischen Union, unter Strafe gestellt.

15

Auch in der Politik der Europäischen Union kommt die einheitliche Bekämpfung von **Haushaltsschädigungen** bereits in den Begrifflichkeiten zum Ausdruck („Schutz der finanziellen

16

---

38 Vgl. nur *Saliger* HRRS 2012, 263 ff.; dagegen *Bittmann* wistra 2013, 1 ff.

39 *Bülte* NStZ 2014, 65 ff.

40 Vgl. hierzu *Baumann* JZ 1972, 1 ff.; *Tiedemann* Gutachten, S. C 51; ferner eingehend *Bülte* Vorgesetztenverantwortlichkeit, S. 88 f.

41 Vgl. *Tiedemann* Gutachten, S. C 51 ff.

42 Vgl. hierzu *Schmoller* in Leitner, Finanzstrafrecht 2012, S. 11 ff.; *Brandl* in Leitner, Finanzstrafrecht 2012, S. 113 ff.; ferner *Leitner/Lehner* NZWiSt 2015, 52 ff.

43 Vgl. *Dannecker* in Leitner, Finanzstrafrecht 2012, S. 61, 63.

44 Zu den Einzelheiten *Jacsó* NZWiSt 2014, 98 ff.

Interessen der Europäischen Union").[45] So kommt etwa in dem Vorschlag für eine *Richtlinie des Europäischen Parlaments und des Rates über die strafrechtliche Bekämpfung von gegen die finanziellen Interessen der Europäischen Union gerichtetem Betrug* vom 11.7.2012[46] unmittelbar zum Ausdruck, dass zwar nicht auf Ebene des nationalen Strafrechts der Mitgliedstaaten, aber auf Unionsebene die Idee einer einheitlichen Betrugsbekämpfung vorherrscht, die die Steuerhinterziehung einschließt. Hierin wird ein einheitlicher Betrugtatbestand gefordert, der Einnahmen und Ausgaben der Union einheitlich vor Schädigung schützen soll.[47] Der Bereich des Schutzes der finanziellen und damit der Steuereinnahmen wie der Haushalte gleichermaßen dominiert seit Jahren – nicht nur die deutsche – die Diskussion über die Europäisierung des Strafrechts.[48]

E. Begriff des Fiskalstrafrechts und Notwendigkeit einer einheitlichen Darstellung

17 Fasst man diese Bereiche des Wirtschaftsstrafrechts zusammen und bringt die Straftaten, die sich gegen die Staatshaushalte der deutschen Gebietskörperschaften und der Europäischen Union richten, unter einen Begriff, so sind dies die **Fiskalstraftaten**. Die Annäherung der Betrugs-, Untreue und Subventionsbetrugsdelikte einerseits und der Steuerstraftaten im weiteren Sinne andererseits ist in der Rechtsprechung des BGH bereits angelegt, und der europäische Vergleich – insbesondere mit Ungarn – macht deutlich, dass eine Vielzahl von Gemeinsamkeiten dieser Delikte gegen den Haushalt besteht.

18 Bereits der Umstand, dass mittlerweile von **Fiskalstrafrecht** gesprochen werden kann, wenn das Strafrecht gegen Angriffe auf öffentliche Haushalte gemeint ist, legitimiert eine Gesamtdarstellung wie die vorliegende. Wenn allerdings von einer **Notwendigkeit** der einheitlichen Darstellung gesprochen werden soll, muss diese mehr als einfach nur *sinnvoll* sein. Doch auch für diese Notwendigkeit im engen Sinne gibt es gute Gründe: Wenn Steuer- und Zollstrafrecht einerseits und Betrugs- bzw. Untreuestrafrecht andererseits sich gegenseitig beeinflussen, so verspricht eine Darstellung, die beide Bereiche in den Blick nimmt, den Mehrwert der Synergie.

19 Die Entwicklung des Steuerstrafrechts war bis vor wenigen Jahrzehnten von der des allgemeinen Vermögensstrafrechts weitgehend abgekoppelt, weil das Steuerstrafrecht entweder als Teil des Steuerrechts oder als Verwaltungsstrafrecht wahrgenommen wurde.[49] Zwar hat das Bundesverfassungsgericht diese Sichtweise bereits 1967 eindeutig abgelehnt, indem es die Unvereinbarkeit des **Unterwerfungsverfahrens** mit Art. 92 GG feststellte, in dem die Steuerverwaltung Kriminalstrafen verhängen konnte.[50] Dennoch dauerte es noch bis zum Beginn der „Ära *Harms*" am 5. Strafsenat des BGH bis das Steuerstrafrecht als Strafrecht ernst genommen wurde, eine realistische Verfolgungsgefahr für Steuerstraftäter entstand und eine gemeinsame Entwicklung dieses Bereichs des Strafrechts und damit auch eine Zusammenführung der Entwicklungslinien von Steuerstrafrecht und Vermögensstrafrecht begann.

---

45 Vgl. hierzu nur *Dannecker* FS Kirchhof, S. 1809, 1811 m.w.N.
46 KOM (2912) 363 final.
47 Vgl. *Dannecker* in Leitner, Finanzstrafrecht, 2012, S. 61, 63.
48 *Dannecker* FS Kirchhof, S. 1809, 1811 m.w.N.
49 Vgl. *Hartung* Steuerstrafrecht, 3. Aufl. 1961, S. 11; ferner die Nachweise bei *Hellmann* FS Achenbach, S. 141 ff.; Franzen/Gast/Joecks/*Joecks* Einl. Rn. 2 f.; ausdrücklich anders aber bereits *Barske/Gapp* Steuerstrafrecht, 1959, S. 1: „*Das Steuerstrafrecht ist ein Teil des Strafrechts.*"
50 *BVerfGE* 22, 49, 73 ff.

Bülte

Diese Synthese wird sich in den nächsten Jahren zwangsläufig verstärken, weil das Steuerstrafrecht mehr mit dem Betrugs- und Untreuestrafrecht gemeinsam hat als mit den Straftaten, die bei der Entwicklung des Strafrechts im 19. Jahrhundert Pate gestanden haben.[51] Man könnte die Gemeinsamkeit letztlich auf einen einfachen Nenner herunterbrechen: Dem Steuerstraftäter geht es ebenso um das Geld der Allgemeinheit wie dem Täter eines Subventionsbetrugs oder einer Haushaltsuntreue. Auch wenn diese Gleichsetzung aller Straftaten gegen das Vermögen vergröbert, so ist sie dennoch dem Grunde nach hinreichend plausibel, um diese Straftaten gemeinsam und unter Bezugnahme aufeinander darzustellen. Dieser innere Zusammenhang dieser Straftaten dürfte einer der Gründe sein, warum auch *Tiedemann* in seinem Lehrbuch zum Wirtschaftsstrafrecht – BT (3. Aufl. 2011) in § 4 das „Strafrecht der öffentlichen Finanzwirtschaft" in einem einheitlichen Abschnitt darstellt. **20**

Für das gesamte (Wirtschafts-)Strafrecht gelten die gleichen Regeln des Verfassungsrechts, der Allgemeine Teil des Strafgesetzbuchs und die allgemeinen Lehren des Strafrechts.[52] Jedoch wirft das hier als Fiskalstrafrecht bezeichnete **Sanktionsrecht** spezifische Probleme auf, die sich daraus ergeben, dass die maßgeblichen Tatbestände stark normativ geprägt sind (Steuerhinterziehung, Untreue etc.) oder Blankettverweisungen (§§ 379 ff. AO) enthalten.[53] Insbesondere diese Normativierungen bringen bei der Anwendung des Allgemeinen Teils grundlegende Schwierigkeiten mit sich. So ist die Reichweite von Art. 103 Abs. 2 GG bei diesen Tatbeständen nicht abschließend geklärt, und insofern stellen sich im Steuer- und Zollstrafrecht und bei Untreue und Betrugsstraftaten sehr ähnliche Probleme. Heftig umstritten ist nach wie vor die Behandlung von Rechtsirrtümern (u.a. Kap. 8 Rn. 63; Kap. 22 Rn. 61) oder die Bestimmung von Garantenstellungen (u.a. Kap. 7 Rn. 58 ff.; Kap. 11 Rn. 58). Hier ergibt sich aus der parallelen Aufarbeitung in einem Band die Möglichkeit des Verweises, um sowohl die Probleme als auch die Lösungsansätze zu verdeutlichen. Diese gilt auch für Fragen, die unmittelbar die Straftatbestände des besonderen Teils betreffen, wie z.B. die Bestimmung des Schadens, insbesondere seiner Normativierung. **21**

Natürlich hätten in diesem Kontext weitere Bereiche des Wirtschaftsstrafrechts in die Betrachtungen eingebunden werden können, dies gilt etwa für die eng mit den Fiskalstraftaten verbundenen **Korruptionsdelikte** oder die **Geldwäsche**. Diese Straftaten gehören zu den Schnittstellendelikten, die in vielen Fällen von Fiskalkriminalität bei Gelegenheit und zwangsläufig mitbegangen werden; eine gewerbsmäßige Untreue im Unternehmenskontext ist ohne Geldwäschebezug eher die Ausnahme als die Regel.[54] Dennoch wurden diese Delikte nicht in dieses Buch aufgenommen. Dies ergibt sich zum einen daraus, dass sich auf diesen Schnittstellengebieten zumindest partiell andere Probleme ergeben als im Fiskalstrafrecht: Die Geldwäsche wirft eine Vielzahl von Fragen über die Vortat und die Herkunft von Geldwäschetatobjekten auf.[55] Auch die Problemstellungen bei den Korruptionsdelikten sind vielfach anderer Natur. Das ergibt sich u.a. daraus, dass die betroffenen Rechtsgüter sowohl bei der Geldwäsche,[56] als auch bei den bereits als solchen kaum einheitlich systematisierbaren Korruptionsdelikten[57] dif- **22**

51 Vgl. *Baumann* JZ 1972, 1 ff.; *Tiedemann* Gutachten, S. C 51 f.; hierzu eingehend *Bülte* Vorgesetztenverantwortlichkeit, S. 86 ff.
52 Zu diesen Begriffen *Tiedemann* FS Baumann, S. 7 ff.
53 Vgl. nur LK/*Dannecker* § 1 Rn. 149.
54 Vgl. hierzu *Bülte* NStZ 2014, 680 ff.
55 Vgl. hierzu nur *Fischer* § 261 Rn. 5 ff.
56 Vgl. Rotsch/*Bülte* Criminal Compliance Handbuch, § 29 Rn. 16 ff.
57 Vgl. hierzu nur den Versuch die Rechtsgüter im neu geplanten § 299a StGB zu beschreiben, BR-Drucks. 16/15, S. 10 ff.; *Kubiciel/Tsambikakis* medstra 2015, 11 ff.

fuser und vielschichtiger sind, während das Rechtsgut der Fiskalstraftaten leicht umschrieben werden kann: die Integrität der öffentlichen Haushalte.

23 Auch die tatsächlichen Verbindungen zwischen den hier dort gestellten Fiskalstraftaten sind vielfältig. Dies wird bei der **Schwarzarbeit** besonders deutlich: Hier werden typischerweise, vielleicht sogar zwangsläufig, gleichzeitig Lohnsteuerhinterziehungen und Straftaten nach § 266a StGB begangen. Die **verdeckte Gewinnausschüttung** geht oftmals mit Steuerhinterziehungen und Untreuetaten einher. Auch wegen dieses tatsächlichen Zusammenhangs bietet sich eine Gesamtdarstellung des Fiskalstrafrechts an. Das gilt zwar für Geldwäsche und Korruption ebenfalls, jedoch sind die Zusammenhänge insofern regelmäßig weniger systematischer als mehr rein phänomenologischer Natur. Das rechtfertigt die Entscheidung, sich in diesem Band auf das Fiskalstrafrecht im engeren Sinne zu beschränken.

2. Kapitel
Europäisierung des Strafrechts

Literatur: *Bülte* Steuerrechtliche und steuerstrafrechtliche Risiken der Steuerbefreiung innergemeinschaftlicher Lieferungen (§ 6a UStG) im Lichte der neueren Rechtsprechung des EuGH, CCZ 2009, 98; *ders.* Das Steuerstrafrecht im Spannungsfeld zwischen Missbrauchsrechtsprechung des EuGH und dem Grundsatz nullum crimen, BB 2010, 1759; *ders.* Zur Strafbarkeit der Verschleierung von Sanktionsansprüchen als Umsatzsteuerhinterziehung, HRRS 2011, 465; *ders.* § 398a AO im Licht des europäischen Grundsatzes ne bis in idem, NZWiSt 2014, 321; *Bülte/Krell* Grundrechtsschutz bei der Durchführung von Unionsrecht durch Strafrecht, StV 2013, 713; *Dannecker* Strafrecht in der europäischen Gemeinschaft, JZ 1996, 869; *ders.* Die Bedeutung des Schutzes der finanziellen Interessen der Europäischen Union, SchwZStR 2003, 280; *ders.* Die Dynamik des materiellen Strafrechts unter dem Einfluss europäischer und internationaler Entwicklungen, ZStW 117 (2005), 697; *ders.* Zur transnationalen Geltung des Grundsatzes ne bis in idem in der Europäischen Union und den Drittstaaten Island, Norwegen und Schweiz, EuZ 2009, 110; *Dannecker/Leitner (Hrsg.)* Handbuch der Geldwäsche-Compliance, 2010; *Gaede* Minimalistischer EU-Grundrechtsschutz bei der Kooperation im Strafverfahren, NJW 2013, 1279; *Hackner* Das teileuropäische Doppelverfolgungsverbot insbesondere in der Rechtsprechung des Gerichtshofs der Europäischen Union, NStZ 2011, 425; *Hecker* Die richtlinienkonforme und die verfassungskonforme Auslegung im Strafrecht, JuS 2014, 385; *Hecker/Müller* Europäisches Verbraucherleitbild und Schutz vor irreführenden Geschäftspraktiken, ZWH 2014, 329; *Hugger* Zur strafbarkeitserweiternden richtlinienkonformen Auslegung deutscher Strafvorschriften, NStZ 1993, 421; *Kaspar* Verhältnismäßigkeit und Grundrechtsschutz im Präventionsstrafrecht, 2014; *Kubiciel* Grund und Grenzen strafrechtlicher Anweisungskompetenz der Europäischen Gemeinschaft, NStZ 2007, 136; *Meyer* Demokratieprinzip und europäisches Strafrecht: zu den Anforderungen des Demokratieprinzips an Strafrechtsetzung im Mehrebenensystem der Europäischen Union, 2009; *Rengeling/Middeke/Gellermann (Hrsg.)* Handbuch des Rechtsschutzes in der Europäischen Union, 2014; *Risse* Die Anwendbarkeit von EU-Grundrechten im prozessualen und materiellen Strafrecht, HRRS 2014, 93; *Rönnau/Wegner* Grund und Grenzen der Einwirkung des europäischen Rechts auf das nationale Strafrecht, GA 2013, 561; *Satzger* Die Internationalisierung des Strafrechts als Herausforderung für den strafrechtlichen Bestimmtheitsgrundsatz, JuS 2004, 943; *ders.* Internationales und europäisches Strafrecht: Strafanwendungsrecht, europäisches Straf- und Strafverfahrensrecht, Völkerstrafrecht, 2013; *Schaumburg/Peters* Internationales Steuerstrafrecht, 2015; *Streinz* Europarecht: Anwendungsbereich der EU-Grundrechtecharta, JuS 2013, 568; *Tiedemann* Europäisches Gemeinschaftsrecht und Strafrecht, NJW 1993, 23; *ders.* Zur Zuständigkeit der EG-Kommission für die Einführung und Verhängung von Sanktionen bei Mißbrauch von Subventionen, NJW 1993, 49; *Vergho* Das Leitbild eines verständigen Durchschnittsverbrauchers und das Strafrecht – ein inkongruentes Verhältnis, wistra 2010, 86; *Wegener/Lock* Die Kleinen „hängt" man, die Großen lässt man laufen? Berlusconi und Niselli – Ungleiche vor dem EuGH, EuR 2005, 802; *Winter* Deutliche Worte des EuGH im Grundrechtsbereich, NZA 2013, 473.

Im folgenden Kapitel soll ein kurzer Überblick über wichtige Aspekte der Europäisierung des Strafrechts gegeben werden. Die Frage, ob und inwieweit es bislang ein **europäisches Strafrecht** gibt, das diesen Namen verdient, ist nur vordergründig allein akademischer Natur. Sie spielt in ihren Auswirkungen praktisch bei jedem grenzüberschreitenden oder auf europäisch **1** harmonisierten Vorschriften basierenden Strafverfahren eine Rolle. Daher soll hier im Mittelpunkt stehen, inwiefern das deutsche Wirtschaftsstrafrecht heute bereits von der Europäisierung betroffen, vielleicht sogar schon geprägt ist. Insofern ist es notwendig, zunächst die Frage nach dem **Fortschritt der Europäisierung** zu betrachten um festzustellen, welche „Gefahren" einer Strafbarkeitsbegründung oder Verschärfung sich aus dem Unionsrecht ergeben können. In viel weiterem Umfang können sich jedoch aus der Europäisierung wichtige Ansätze für die Strafverteidigung und die präventive strafrechtliche Beratung bzw. die sog. Compliance bieten.

2 Soviel kann hier bereits vorweggenommen werden: Das deutsche Strafrecht unterliegt einem sehr starken europäischen Einfluss, weil Sanktionsdrohungen oftmals der Durchführung von Unionsrecht dienen.[1] Die Rechtsprechung des EuGH zeigt in einer Reihe von Entscheidungen, dass dies insbesondere im **Steuerstrafrecht** der Fall ist.[2] Die Europäisierung wirkt sich aber auch auf den **Missbrauch von Subventionen, Geldwäsche oder Kapitalmarktstrafrecht** aus. Damit stellt das in diesem Handbuch behandelte Fiskalstrafrecht einen Kernbereich der Harmonisierung des Strafrechts im europäischen Raum der Freiheit, der Sicherheit und des Rechts[3] dar.

3 Im Folgenden werden aus Gründen der Vereinfachung stets die Begriffe Europäische Union und Unionsrecht verwendet sowie die derzeit geltenden Rechtsvorschriften der europäischen Verträge zitiert, auch wenn zum Zeitpunkt des Ergehens einer EuGH-Entscheidung, eines Rechtsakts oder in der Literatur grundsätzlich der Begriff Gemeinschaftsrecht zutreffend war oder das entsprechende Grundrecht oder die Grundfreiheit noch in einer anderen Vorschrift oder noch gar nicht schriftlich kodifiziert gewesen ist.

I.   Einführung

4 Für einen Einstieg in das europäische Strafrecht sollen zunächst die Kompetenzen zur Setzung von Strafrecht in Europa skizziert werden. Die Europäisierung des Strafrechts bewegt sich in einem **Mehrebenensystem**.[4] Das bedeutet, dass mehrere Normgeber für die Rechtsetzung zuständig sind. Damit kann es sowohl zu Rechtsetzungs- als auch Rechtsanwendungskonflikten kommen. Die Aufgabe der folgenden Ausführungen besteht daher darin, eine kompakte Darstellung darüber zu liefern, auf welchen Gebieten der Europäischen Union Kompetenzen zur Setzung von Strafrecht zustehen und inwiefern diese mit den Kompetenzen der nationalen Gesetzgeber in Konflikt geraten können.[5]

1.   EU-Kompetenzen und Strafrecht

5 Nach Art. 5 Abs. 1, 2 EUV gilt das **Prinzip der begrenzten Einzelermächtigung**.[6] Das bedeutet, dass der Europäischen Union nur in den ausdrücklich im Primärrecht genannten Bereichen Kompetenzen zur Rechtsetzung zustehen. Dabei handelt es sich typischerweise nicht um die Kompetenz zur Strafgesetzgebung, sondern vornehmlich um die Befugnis, Rechtsakte zur unmittelbaren Umsetzung der Unionspolitiken zu erlassen.

---

1 Grundlegend hierzu bereits *Dannecker* ZStW 117 (2005), 697 ff.
2 Vgl. *EuGH* DStR 2006, 420 ff. – Halifax, DStR 2007, 1811 – Collée; NJW 2013, 1415 ff. – Fransson m.Anm. *Dannecker* JZ 2013, 616 ff.; ferner die Nachweise bei Wabnitz/Janovsky/*Dannecker/Bülte* Kap. 2 Rn. 279 ff.
3 Vgl. hierzu Sieber/Satzger/v. Heintschel-Heinegg/*Johisch/Jahnke* § 2 Rn. 1 ff.
4 Vgl. hierzu insb. *F. Meyer* Demokratieprinzip, S. 66 ff.
5 Zum Folgenden eingehend Wabnitz/Janovsky/*Dannecker/Bülte* Kap. 2 Rn. 132 ff.
6 Vgl. Callies/Ruffert/*Callies* Art. 5 EUV Rn. 20 ff.

Nur in engen Bereichen bestehen Kompetenzen zur **Setzung supranationalen materiellen** **6** **Strafrechts**.[7] Dies gilt insbesondere für die Bekämpfung des Betrugs zum Nachteil der finanziellen Interessen der Europäischen Union nach Art. 325 AEUV. Unter der Überschrift *Betrugsbekämpfung* heißt es in Absatz 4, das europäische Parlament und der Rat beschließen zur Gewährleistung eines effektiven und gleichwertigen Schutzes in den Mitgliedstaaten die erforderlichen Maßnahmen zur Verhütung und Bekämpfung von Betrügereien, die sich gegen die finanziellen Interessen der Union richten. Hierbei ist der Begriff des **Betruges** weit zu verstehen; er erfasst sowohl die **Ausgabenseite** (insbesondere den Subventionsbetrug) als auch die **Einnahmenseite** (Steuerhinterziehung).[8] In diesem Bereich billigt die h.M. der Europäischen Union eine weitreichende Kompetenz zu, eigenständig strafrechtliche Regeln auf Unionsebene zu setzen.[9]

Darüber hinaus können das Europäische Parlament und der Rat im ordentlichen Gesetzgebungsverfahren durch Richtlinien zwar nicht selbst Strafvorschriften setzen, aber doch **Mindestvorschriften** vorgeben, mit denen **in Bereichen besonders schwerer Kriminalität** Straftaten und Strafen festgelegt werden.[10] Voraussetzung ist, dass diese Kriminalitätsformen aufgrund der Art der Auswirkung der Taten oder der besonderen Notwendigkeit, sie auf einer gemeinsamen rechtlichen Grundlage zu bekämpfen, eine europäische Dimension haben. Soweit es den wirtschaftsstrafrechtlichen Bereich betrifft, nennt Art. 83 Abs. 1 UAbs. 2 AEUV als Beispiele die Geldwäsche, die Korruption, die Computerkriminalität und die organisierte Kriminalität.[11] **7**

Für das materielle Strafrecht wird weiterhin allgemein von einer **Annexkompetenz** der Europäischen Union ausgegangen. Art. 83 Abs. 2 AEUV weist der Union das Recht zu, Mindestvorschriften – wie nach Art. 83 Abs. 1 AEUV – auch zur Angleichung strafrechtlicher nationaler Rechtsvorschriften zu setzen, soweit sich dies als unerlässlich für die wirksame Durchführung der Politik der Union auf einem Gebiet erweist, auf dem die Europäische Union bereits Harmonisierungen durchgeführt hat. Durch Richtlinien können hier **Mindestvorschriften** für die Festlegung von Straftaten und Strafen auf dem betreffenden Gebiet vorgegeben werden.[12] Diese Annexkompetenz berechtigt die Europäische Union – unter dem Vorbehalt der besonderen Subsidiarität (Unerlässlichkeit) – damit zur Festlegung von Tatbestands- und Rechtsfolgevorgaben im Bereich des Strafrechts.[13] **8**

In Art. 83 Abs. 3 AEUV findet sich jedoch die sogenannte „Notbremsenfunktion".[14] Danach kann ein Mitglied des Rates, das zu der Auffassung gelangt, der Entwurf einer Richtlinie zur Festsetzung von Mindestvorgaben der Straftaten und Strafen würde „grundlegende Aspekte seiner Strafrechtsordnung berühren", eine Aussetzung des Gesetzgebungsverfahrens verlangen und letztlich die verbindliche Festlegung von Mindestvorgaben zum Scheitern bringen. **9**

Darüber hinaus ist die Europäische Union im Bereich des Strafverfahrensrechts berechtigt, Mindestvorschriften für die **gegenseitige Anerkennung strafrechtlicher Entscheidungen und** **10**

---

7 Vgl. hierzu Sieber/Satzger/v. Heintschel-Heinegg/*Vogel/Brodowski* § 6 Rn. 1 ff.
8 Vgl. Sieber/Satzger/v. Heintschel-Heinegg/*Killmann/Schröder* § 12 Rn. 15 ff.; Callies/Ruffert/*Waldhoff* Art. 325 AEUV Rn. 1.
9 Vgl. nur *Hecker* § 14 Rn. 43 f.; Callies/Ruffert/*Waldhoff* Art. 325 AEUV Rn. 11.
10 Vgl. nur Callies/Ruffert/*Suhr* Art. 83 AEUV Rn. 8; *Hecker* § 8 Rn. 1 ff.
11 Vgl. Callies/Ruffert/*Suhr* Art. 83 AEUV Rn. 9.
12 Vgl. hierzu den Entwurf einer Datenschutz-Grundverordnung der Kommission KOM (2012) 11 endgültig 2012/0011 (COD), in dem in Art. 79 ausdrücklich Sanktionsvorgaben enthalten sind; ferner Callies/Ruffert/ *Suhr* Art. 83 AEUV Rn. 23 ff.
13 *Hecker* § 8 Rn. 1 ff.
14 Vgl. Callies/Ruffert/*Suhr* Art. 83 AEUV Rn. 30; *Hecker* § 8 Rn. 56 ff.

Maßnahmen im Rahmen der justiziellen Zusammenarbeit zu setzen.[15] Dies ergibt sich aus Art. 82 Abs. 2 AEUV. Danach sind das Europäische Parlament und der Rat ausdrücklich befugt, im ordentlichen Gesetzgebungsverfahren Maßnahmen zu erlassen, um die Regeln und Verfahren über die gegenseitige Anerkennung von Urteilen und gerichtlichen Entscheidungen in der Union sicherzustellen, Kompetenzkonflikte zwischen den Mitgliedstaaten zu verhindern und beizulegen sowie die Zusammenarbeit zwischen Justizbehörden im Rahmen der Strafverfolgung des Vollzugs und der Vollstreckung von Entscheidungen zu erleichtern. Dabei betreffen die Vorschriften, die hier erlassen werden sollen, insbesondere die Zulässigkeit von Beweismitteln, die Rechte des Einzelnen im Strafverfahren und die Rechte der Opfer von Straftaten. Auch hier (Art. 82 Abs. 2 AEUV) ist eine Notbremse geregelt.[16]

2. Unionstreue als „Motor der Harmonisierung"

11 In vielen Bereichen verpflichtet das Unionsrecht die Mitgliedstaaten zur Ausweitung nationaler Strafvorschriften, um zum einen europäische Interessen, Rechtsgüter der Europäischen Union zu schützen und zum anderen die Durchführung der Unionspolitiken, insbesondere die Schaffung eines funktionsfähigen europäischen Binnenmarktes abzusichern. Gestützt wird dieser Anspruch der Union auf Umsetzung dieser Ziele durch die Mitgliedstaaten auf den **Grundsatz der Unionstreue** nach Art. 4 Abs. 3 EUV.[17] Die Unionstreue zwingt die Mitgliedstaaten dazu, grundsätzlich in eigener Initiative zum Schutz der Rechtsgüter und Interessen der Europäischen Union, insbesondere ihrer finanziellen Interessen, tätig zu werden. Subsidiär kann die Europäische Union in wenigen ausgewählten Bereichen selbst Strafrecht setzen, wenn das nationale Strafrecht der Mitgliedstaaten keinen effektiven und gleichwertigen Schutz zu gewährleisten vermag.

12 Eine für das Fiskalstrafrecht besonders wichtige Ausprägung hat dieser Grundsatz in Art. 325 AEUV gefunden. Diese Vorschrift basiert im Wesentlichen auf der grundlegenden Entscheidung des EuGH zum „Griechischen Mais".[18] Hierin hat der EuGH deutlich gemacht, dass die Mitgliedstaaten zum einen verpflichtet sind, die finanziellen Interessen der Europäischen Union mit **wirksamen**, **abschreckenden** und **angemessenen** Maßnahmen zu schützen und dabei, soweit notwendig, auch auf strafrechtliche Maßnahmen zurückzugreifen (Mindesttrias).[19] Zum anderen haben die Mitgliedstaaten die Interessen der Europäischen Union *in mindestens genauso effektiver Weise zu schützen wie die eigenen Interessen* (Gleichstellungserfordernis).[20]

13 Darüber hinaus verpflichtet Art. 325 Abs. 3 die Mitgliedstaaten dazu, ihre Tätigkeiten zum Schutz der finanziellen Interessen der Union vor Betrügereien zu koordinieren.[21] In Art. 325 Abs. 4 AEUV wird dem Europäischen Parlament und dem Rat die oben bereits erwähnte Kompetenz zugesprochen, zur **Gewährleistung eines effektiven gleichwertigen Schutzes der finanziellen Interessen der Europäischen Union** in den Mitgliedstaaten supranationales Strafrecht zu setzen. Auf diese Kompetenz kann zurückgegriffen werden, wenn die Mitgliedstaaten ihrer Verpflichtung zur Unionstreue durch Strafrechtssetzung nicht oder nicht hinreichend

---

15 Vgl. Callies/Ruffert/*Suhr* Art. 82 AEUV Rn. 5 ff.; ferner *Hecker* § 12 Rn. 1 ff.
16 Vgl. Callies/Ruffert/*Suhr* Art. 82 AEUV Rn. 45.
17 Zu diesem Prinzip vgl. Callies/Ruffert/*Kahl* Art. 4 EUV Rn. 54 ff., *Hecker* § 7 Rn. 2 ff.
18 *EuGH* NJW 1990, 2245 f. m.Anm. *Tiedemann* NJW 1990, 2226 ff.; vgl. auch *EuGH* Slg. 1990, 2911 ff.; eingehend hierzu *Dannecker* SchwZStR 2003, 280, 283 ff.
19 Vgl. *Dannecker* SchwZStR 2003, 280, 286 f. m.w.N.; *Hecker* § 7 Rn. 24 ff.
20 Vgl. Callies/Ruffert/*Waldhoff* Art. 325 AEUV Rn. 6; *Hecker* § 7 Rn. 24 ff.
21 Vgl. Callies/Ruffert/*Waldhoff* Art. 325 AEUV Rn. 14.

nachkommen.[22] Dabei zwingt die Harmonisierung die Mitgliedstaaten nicht nur im Bereich der Betrugsbekämpfung zur Strafrechtssetzung, sondern auch in allen anderen Bereichen, in denen die **Unionspolitiken und Interessen des gemeinsamen Marktes**, die Gegenstand des Unionsrechts sind, ohne strafrechtliche Sanktionen nicht durchgesetzt werden können. Zu nennen ist hier beispielsweise der Schutz der Gemeinschaftsmarke durch nationales Markenstrafrecht oder der Schutz des Verbrauchers vor unsicheren Lebensmitteln durch nationales Lebensmittelstrafrecht.[23]

Um sich nicht von außen Strafrecht aufoktroyieren zu lassen, muss der mitgliedstaatliche **14** Gesetzgeber handeln. Aufgrund dieser Mechanismen, die die nationale Strafgesetzgebung antreiben, ist die Bezeichnung des Grundsatzes der Unionstreue als Motor der Harmonisierung zutreffend. Die Wahrung der Unionstreue und damit der Funktionsfähigkeit des Harmonisierungsmotors wird durch die Sanktionsmöglichkeit des Vertragsverletzungsverfahrens nach Art. 258 ff. AEUV abgesichert. Mit diesem Mittel können die Mitgliedstaaten in begrenztem Rahmen zur aktiven Beteiligung an der Europäisierung des Strafrechts angehalten werden. Zu bedenken ist jedoch bei jeder Ausübung unionsrechtlicher Normgebungskompetenzen stets die Grenze des **Subsidiaritätsgrundsatzes**[24] (Art. 5 Abs. 3 EUV). Die Union darf von ihren Kompetenzen nur soweit Gebrauch machen, wie dies zur Durchsetzung der Harmonisierung unerlässlich ist.

II. Unmittelbare Harmonisierung des Strafrechts durch Normgebung

Eine Harmonisierung und Europäisierung des Strafrechts findet zunächst unmittelbar statt. **15** Sie wird bislang nur in geringem Maße unmittelbar **durch supranationales Strafrecht** betrieben.[25] Die Europäische Union bedient sich zum Schutz von Unionsrechtsgütern vielmehr des **Instruments der Assimilation**, um auf diese Weise das nationale Strafrecht in Anwendung zu bringen.[26] In Unionsrechtsakten wird auf das mitgliedstaatliche Strafrecht verwiesen und damit dessen Anwendungsbereich auf Unionsrechtsgüter erweitert.[27] Es findet so eine Vereinnahmung nationaler Strafvorschriften und eine Schaffung von Straftatbeständen mit supranationaler Wirkung statt.[28]

Deutlich häufiger ist jedoch die **Einbeziehung von Rechtsgütern der Europäischen Union** durch **16** nationale Strafvorschriften, indem deren Rechtsgutsbestimmung entsprechend erweitert oder unmittelbar auf Rechtsakte der Europäischen Union Bezug genommen wird. Insbesondere im Steuerstrafrecht und im Bereich der Korruptionsbekämpfung wurde der Strafrechtsschutz durch die Strafgesetzgebung in den Mitgliedstaaten ausgeweitet. Dies wird für Deutschland besonders an §§ 370 Abs. 6, 378, 379 Abs. 1 AO deutlich, die sich auch auf Ein- und Ausfuhrabgaben beziehen, die von einem anderen Mitgliedstaat der Europäischen Union verwaltet werden oder einem Mitgliedstaat der europäischen Freihandelsassoziation oder einem mit dieser assoziierten

---

22 Vgl. *Hecker* § 4 Rn. 81 f.
23 Vgl. Wabnitz/Janovsky/*Dannecker/Bülte* Kap. 2 Rn. 156 ff.; Callies/Ruffert/*Callies* Art. 5 EUV Rn. 20 ff.
24 Vgl. Wabnitz/Janovsky/*Dannecker/Bülte* Kap. 2 Rn. 194.
25 Vgl. Sieber/Satzger/v. Heintschel-Heinegg/*Vogel/Brodowski* § 5 Rn. 2 ff., § 6 Rn. 1.
26 Vgl. *Tiedemann* NJW 1993, 23 f.; ferner *Müller-Gugenberger/Bieneck* § 5 Rn. 109; Wabnitz/Janovsky/*Dannecker/Bülte* Kap. 2 Rn. 153.
27 Vgl. hierzu *Hecker* § 7 Rn. 1 ff.
28 Vgl. hierzu Wabnitz/Janovsky/*Dannecker/Bülte* Kap. 2 Rn. 185.

Staat zustehen.[29] Diese Ausweitungen gelten auch für Taten, die sich auf die Umsatzsteuern oder europäische Verbrauchsteuern beziehen. Hier wird offenkundig, dass Steuerstrafrecht in vielen Bereichen europäisches Strafrecht ist. Gleiches gilt für den Straftatbestand des Subventionsbetruges, der sich nach § 264 Abs. 7 Nr. 2 StGB auch auf Leistungen aus öffentlichen Mitteln nach dem Recht der europäischen Gemeinschaften bezieht.[30]

17   Die Verpflichtung der Mitgliedstaaten zu einer solchen Ausweitung der Strafdrohung zum Schutz der Unionsrechtsgüter oder Unionspolitiken ergibt sich aus dem Grundsatz der Unionstreue. Aus Art. 4 Abs. 3 EUV hat der EuGH in der *Griechischer-Mais*-Entscheidung[31] insbesondere das **Gleichstellungserfordernis** hergeleitet. Diese Vorgabe zwingt die Mitgliedstaaten dazu, Verletzungen von Unionsrechtsgütern mit ebenso effektiven, wirksamen und abschreckenden Sanktionen (Mindesttrias) zu bedrohen wie Verletzungen nationaler Rechtsgüter. Ferner haben die Mitgliedstaaten die Pflicht, alle geeigneten Maßnahmen zu treffen, um die Geltung und Wirksamkeit des Gemeinschaftsrechts zu gewährleisten.[32] Auch hierzu zwingt die Uniontreue und der Effektivitätsgrundsatz aus Art. 197 AEUV (*effet utile*).[33] Zwar verbleibt den Mitgliedstaaten grundsätzlich die Wahl der Sanktionen; die nationalen Strafverfolgungsbehörden müssen aber bei Verstößen gegen das Unionsrechts mit derselben Sorgfalt vorgehen, die sie bei der Verfolgung von Straftaten gegen nationale Interessen walten lassen.[34]

III. Anwendungsvorrang des Unionsrechts

18   Über diese unmittelbare Harmonisierung und Europäisierung des Strafrechts durch Einwirkung auf die Strafvorschriften erlangt das Unionsrecht eine Durchgriffswirkung auf das nationale Strafrecht. Grundsätzlich stehen nationales Recht und Unionsrecht sich zwar gleichrangig gegenüber. Soweit jedoch in der konkreten Anwendung ein Widerspruch zwischen mitgliedstaatlichem Recht und Unionsrecht entsteht, gilt der **Anwendungsvorrang** des Unionsrechts.[35] Das europäische Recht blockiert im konkreten Einzelfall die Anwendung des nationalen Rechts, wenn sie zu einem Widerspruch mit dem Unionsrecht führen würde. Insofern besteht auch **keine Bereichsausnahme für das Strafrecht**; sofern dieses in der Vergangenheit als *Bastion* des mitgliedstaatlichen Rechts gegen das Unionsrecht angesehen worden ist,[36] ist diese Auffassung (mittlerweile) unzutreffend.

19   Das Unionsrecht entwickelt jedoch **keinen Geltungsvorrang** vor dem nationalen Strafrecht. Was dies bedeutet, wird an der *Berlusconi*-Entscheidung des EuGH[37] deutlich: In Italien waren entgegen ausdrücklicher unionsrechtlicher Vorgaben die Vorschriften über die Strafbarkeit der

---

29 Vgl. MK-StGB/*Schmitz*/*Wulf* § 370 AO Rn. 34 ff.; Wabnitz/Janovsky/*Dannecker*/*Bülte* Kap. 2 Rn. 303 ff.; ferner Hübschmann/Hepp/Spitaler/*Bülte* § 379 Rn. 67 ff.
30 Vgl. hierzu Wabnitz/Janovsky/*Dannecker*/*Bülte* Kap. 2 Rn. 309 ff.; *Tiedemann* BT § 4 Rn. 126 ff.
31 *EuGH* NJW 1990, 2245 f.
32 Hierzu Callies/Ruffert/*Waldhoff* Art. 325 Rn. 7 ff.
33 Vgl. Wabnitz/Janowsky/*Dannecker*/*N. Müller* Kap. 18 Rn. 144.
34 Vgl. hierzu Wabnitz/Janovsky/*Dannecker*/*Bülte* Kap. 2 Rn. 197 ff.
35 Vgl. auch Sieber/Satzger/v. Heintschel-Heinegg/*Satzger* § 9 Rn. 39 ff.; Schönke/Schröder/*Eser*/*Hecker* Vor § 1 Rn. 28; ferner *OLG München* NJW 2006, 3588 ff.; *OVG Münster* NVwZ 2006, 1078 ff.; krit. zur Reichweite des Anwendungsvorrangs *Rönnau*/*Wegner* GA 2013, 561 ff.
36 Vgl. hierzu *Kubiciel* NStZ 2007, 136, 137 m.w.N.: „Das Strafrecht ist ‚keine gemeinschaftsrechtliche Tabuzone‘“.
37 *EuGH* EuZW 2005, 369, 372 – Berlusconi; krit. *Wegener*/*Lock* EuR 2005, 802 ff.; vgl. auch Wabnitz/Janovsky/*Dannecker*/*Bülte* Kap. 2 Rn. 251, 250 ff.

Bilanzfälschung durch nationales Gesetz aufgehoben worden. Dieses Gesetz verschaffte dem damaligen italienischen Ministerpräsidenten Straffreiheit. Die Generalanwältin gelangte in der Beurteilung der Rechtslage zu dem Ergebnis, dass das Gesetz zur Abschaffung des Straftatbestandes aus unionsrechtlichen Gründen unwirksam sei. Daher habe der nationale Straftatbestand weiterhin Geltung, so dass die Bilanzfälschung nach wie vor strafbar sei. Der EuGH hat dieser Auffassung widersprochen und einen solchen Geltungsvorrang abgelehnt. Zwar sei die Abschaffung des Straftatbestandes unionrechtswidrig; das ändere aber nichts daran, dass das italienische Gesetz, mit dem die Strafvorschrift aufgehoben worden sei, Geltung habe. Daraus folge, dass die Strafvorschrift des mitgliedstaatlichen Rechts nicht mehr existiere und daher eine Sanktionierung der Bilanzfälschung gegen den Grundsatz **nullum crimen sine lege** (vgl. hierzu auch Rn. 55 ff.) verstoße. Es entsteht lediglich eine **Scheinkollision** von Unionsrechts und nationalem Strafrecht, weil die hier relevante unionsrechtliche Richtlinie nicht unmittelbar gegenüber dem Bürger wirkt.[38]

IV. Unionsrechtskonforme Auslegung

Der Auslegungskanon der vier klassischen Methoden ist im Strafrecht allgemein bekannt.[39] **20** Doch neben die grammatikalische, die systematische, die historische und die teleologische Auslegung und die Kontrolle durch eine **verfassungskonforme** Auslegung tritt die unionsrechtskonforme Auslegung von Strafvorschriften. Diese führt dazu, dass Strafvorschriften – in den Grenzen ihres Wortlauts (Rn. 55 ff.)[40] – an den Zielen der Unionspolitik ausgelegt werden müssen. Das bedeutet, dass bei jeder Anwendung einer Strafvorschrift im europäischen Kontext eine **richtlinien-**, **rahmenbeschluss-** und **gesamtunionsrechtskonforme** Auslegung erfolgen muss.[41] Damit müssen bei der Interpretation von Strafgesetzen stets die Ziele und Politiken des Unionsrechts berücksichtigt werden, soweit sie für die Anwendung der konkreten Strafnorm Bedeutung haben können. Das stellt den Rechtsanwender dann vor eine besondere Herausforderung, wenn das Unionsrecht nur einen mittelbaren Bezug zum Strafrecht aufweist. Dies verdeutlicht insbesondere die Entscheidung des EuGH in der Sache Cowan[42], in der es um Schadensersatzansprüche eines Staatsangehörigen eines anderen Mitgliedstaates ging, der Opfer einer Straftat geworden war. Der EuGH hat hier deutlich gemacht, dass auch den Opfern von Straftaten innerhalb der Europäischen Union unabhängig von ihrer Staatsangehörigkeit die gleichen Rechte zustehen müssen. Das kann dazu führen, dass eine Vorschrift des nationalen Rechts, die bestimmte Rechte ausdrücklich nur für eigene Staatsangehörige vorsieht, über den Wortlaut hinaus unionsrechtskonform so ausgelegt werden muss, dass auch Angehörige von Mitgliedstaaten erfasst und damit berechtigt sind.

---

38 *EuGH* EuZW 2005, 369, 372 – Berlusconi; ferner Wabnitz/Janovsky/*Dannecker/Bülte* Kap. 2 Rn. 209 ff.

39 Ausführlich zur strafrechtlichen Gesetzesauslegung LK-StGB/*Dannecker* § 1 Rn. 291 ff.

40 Vgl. auch bereits *Hugger* NStZ 1993, 421 ff.; *Dannecker* JZ 1996, 869, 873, 878.

41 Zu den Einzelheiten Wabnitz/Janovsky/*Dannecker/Bülte* Kap. 2 Rn. 286 ff.; ferner *Dannecker* JZ 1996, 869, 871 ff.; *Hugger* NStZ 1993, 421 ff.

42 *EuGH* NJW 1989, 2183 – Cowan; ferner Rengeling/Middeke/Gellermann/*Dannecker/N. Müller* § 39 Rn. 38.

1. Richtlinienkonforme Auslegung

21 Eine besondere Ausprägung findet die unionsrechtskonforme Auslegung in der richtlinienkonformen Auslegung, die dem Bürger die Berufung auf Richtlinien des Unionsrechts erlaubt.[43] Richtlinien können unmittelbare Wirkung auf das Strafrecht entfalten, wenn sie **verbindlichen Charakter haben und hinreichend bestimmt** sind. In der Entscheidung *Kortas*[44] hatte der EuGH deutlich gemacht, dass die Bestrafung des Importeurs eines mit einem in Schweden nicht zugelassenen Farbstoff gefärbten Lebensmittels nach schwedischem Strafrecht unzulässig sei, wenn der Farbstoff im Anhang einer europäischen Richtlinie als zulässig aufgeführt war. Dies gelte selbst dann, wenn die Kommission über den Antrag Schwedens, den Farbstoff nicht zuzulassen, längere Zeit nicht entschieden hat.[45]

22 Ein Unionsbürger kann sich ferner unter der Bedingung der Verbindlichkeit und hinreichende Bestimmtheit auch dann auf eine **Richtlinie berufen**, wenn diese **noch nicht umgesetzt** worden ist. Der EuGH hat bereits in der Entscheidung *Ratti*[46] ausgeführt, dass mit dem verbindlichen Charakter der Richtlinie nicht vereinbar sei, wenn sich der Adressat nationaler Strafvorschriften nicht auf den Inhalt einer Richtlinie berufen könne, weil der Mitgliedstaat sie nicht umgesetzt habe. Der säumige Staat könne sich gegenüber dem Adressaten seiner nationalen Norm nicht auf eine mangelnde Pflichterfüllung gegenüber der Union berufen. Eine nationale Strafnorm dürfe nicht angewendet werden, wenn diese zum Zeitpunkt der Entscheidung über die Sanktion einer zwingend umzusetzenden Richtlinie widerspräche. Die Berufung auf eine Richtlinie sei auch dann möglich, wenn die **Umsetzungsfrist erst nach der Tat**, aber **vor der Entscheidung über die Tat** abgelaufen sei. Dies machte der EuGH in der Entscheidung *Arblade* und *Leloup*[47] deutlich und berief sich hierbei auf den europäischen **Grundsatz lex mitior**.[48] Der EuGH hat in der Entscheidung *Awoyemi*[49] sogar **Bürgern aus Drittstaaten**, die ihren Wohnsitz in der Europäischen Union haben, das Recht zugesprochen, sich auf eine Richtlinie zu berufen, soweit sich der Betroffene gegen einen Rechtsakt eines Mitgliedstaates wendet, der von der Richtlinie betroffen ist.

23 Der BGH hat es in einer Entscheidung zum Betrug mit sog. „Abo-Fallen" im Internet[50] ausgeführt, die richtlinienkonforme Auslegung unterliege Grenzen. Sie setze grundsätzlich erst dann ein, *„wenn der Inhalt der Richtlinie insgesamt oder im angewendeten Bereich eindeutig sei."* Auch für das Strafrecht hat der 2. Strafsenat einen *„absoluten Vorrang der richtlinienkonformen Auslegung"* mit der Begründung abgelehnt, dieser Vorrang liefe Gefahr mit der eingeschränkten Rechtsetzungskompetenz der Europäischen Union auf dem Gebiet des Strafrechts und dem Grundsatz der möglichst weitgehenden Schonung der mitgliedstaatlichen Rechtsordnungen in Konflikt zu geraten. Daher könnten Richtlinienvorgaben *„nicht in jedem Fall vorbehaltlos in das Strafrecht übertragen werden, zumal der Richtliniengeber die Auswirkungen einer andere Lebensbereiche betreffenden Richtlinie auf das Strafrecht eines jeden Mitgliedstaats mitunter nicht im Blick gehabt hat bzw. haben kann."* Dabei sei ferner *„zu beachten, dass der normative*

---

43 Vgl. hierzu u.a. *EuGH* NJW 1971, 1006 ff. – Köster; Slg. 1987, 3969, 3986 – Kolpinghuis Nijmegen; ferner *Hecker* JuS 2014, 385 ff.; Sieber/Satzger/v. Heintschel-Heinegg/*Satzger* § 9 Rn. 50 ff.

44 *EuGH* EuZW 1999, 476 – Kortas; vgl. ferner *EuGH* NJW 1984, 2022 f. – Auer; Wabnitz/Janovsky/*Dannecker/Bülte* Kap. 2 Rn. 216.

45 Zur Nichtumsetzung von Richtlinien auch *EuGH* NJW 1992, 165 ff. – Francovic.

46 *EuGH* Urt. v. 5.4.1979 – Rs.148/8, Slg. 1979, 1629.

47 *EuGH* EuZW 2000, 88 – Arblade/Leloup; Wabnitz/Janovsky/*Dannecker/Bülte* Kap. 2 Rn. 240.

48 *EuGH* EuZW 2000, 88; vgl. auch Wabnitz/Janovsky/*Dannecker/Bülte* Kap. 2 Rn. 216.

49 *EuGH* EuZW 1999, 52; vgl. auch Wabnitz/Janovsky/*Dannecker/Bülte* Kap. 2 Rn. 241.

50 *BGH* wistra 2014, 394 ff.; m. Bespr. *N. Müller* NZWiSt 2014, 393 ff.

Gehalt einer nationalen Vorschrift im Wege der richtlinienkonformen Auslegung nicht grundlegend neu bestimmt werden darf." Daraus folgert nun der BGH, dass eine einschränkende Auslegung des Betrugstatbestandes aufgrund der Richtlinie 2005/29/EG ausscheidet. Das Leitbild eines „durchschnittlich verständigen und aufmerksamen Verbrauchers" ziele darauf ab, „*diesen in seiner Dispositionsfreiheit generalpräventiv vor unlauteren Beeinflussungen vor, bei oder nach Vertragsabschluss zu schützen und damit seine (rechtsgeschäftlicher) Entscheidungsfreiheit unmittelbar den Schutz der Mitbewerber sowie einen unverfälschten Wettbewerb zu gewährleisten.*" Das Ziel dieser Richtlinie gebiete es gerade nicht, den Betrugstatbestand des nationalen Strafrechts einschränkend auszulegen. Die Richtlinie verfolge „*nicht den Zweck, Geschäftspraktiken straffrei zu stellen, die zu einer Verletzung von Rechtsgütern der Verbraucher führen, Verhaltensweisen zu privilegieren erst die Täuschung unterdurchschnittlich aufmerksamer und verständiger Verbraucher gerichtet sind.*"[51] Daher könne sich niemand auf die Richtlinie berufen, um irreführende Geschäftspraktiken, die der gezielten Täuschung von Verbrauchern zur Vermögensschädigung dienen, zu legalisieren. Ferner sieht der BGH eine richtlinienkonforme Auslegung, die den unterdurchschnittlich aufmerksamen und verständigen Verbraucher vom Täuschungsschutz nicht erfasst, als unzulässig an, weil eine solche Auslegung dem „durch § 263 StGB intendierten Rechtsgüterschutz widerspräche".

Auch wenn diese Lösung des BGH im Ergebnis wohl richtig sein dürfte, offenbart sie jedoch **24** grundlegende Missverständnisse des europäischen Strafrechts. Der BGH erkennt zwar explizit die richtlinienkonforme Auslegung an und erstreckt sie auch grundsätzlich auf das gesamte nationale Recht, zieht daraus jedoch unzutreffende Schlüsse und missachtet seine Vorlagepflicht nach Art. 267 Abs. 3 AEUV.[52] Der Fehler des BGH liegt in der Feststellung, die europäische Richtlinie gegen unlautere Geschäftspraktiken dürfen nicht dazu missbraucht werden, Geschäfte, die allein auf die Täuschung des Verbrauchers angelegt sind, aus dem Betrugstatbestand auszuschließen. Diese Begründung erinnert stark an die petitio principii, strafbare Handlungen könnten nicht in den Anwendungsbereich der Grundrechte fallen, weil dies einen Grundrechtsmissbrauch bedeute. Der 2. Strafsenat beachtet mit seiner Theorie der Grenzen richtlinienkonforme Auslegung nicht, dass Richtlinien des Unionsrechts, wenn sie ein verbotenes Verhalten umschreiben, im Umkehrschluss auch einen Freiheitsraum schaffen können.[53] Daher muss ein Gericht, das nationales Betrugsstrafrecht anwendet, zunächst den Anwendungsbereich und die Reichweite einer möglicherweise relevanten Unionsrichtlinie klären, um die Frage zu beantworten, ob und wie das Unionsrecht wirkt. Das erfordert jedoch – soweit es sich nicht um einen Acte-Claire handelt – die Anrufung des EuGH. Der BGH hat damit das Recht auf den gesetzlichen Richter offenkundig verletzt.[54]

2. Rahmenbeschlusskonforme Auslegung

In der Entscheidung *Pupino*[55] hat der EuGH weiterhin ausgeführt, ein **europäischer Rahmen-** **25** **beschluss** könne den einem Richter eingeräumten Entscheidungsspielraum dahingehend beschränken, dass er seine Entscheidung im Interesse der Umsetzung der Ziele des Rahmenbeschlusses und unter Berücksichtigung der Grundsätze des Unionsrechts (hier: Verhältnismä-

---

51 Vgl. *BGH* wistra 2014, 394, 397 unter Hinweis auf *Vergho* wistra 2010, 86, 90 f.

52 So ausdrücklich *Hecker/Müller* ZWH 2014, 329, 333; zur weiteren Kritik an dieser Entscheidung vgl. nur *Cornelius* StraFO 2014, 477; *N. Müller* NZWiSt 2014, 393 ff.

53 Vgl. *Hecker/Müller* ZWH 2014, 329, 333.

54 Vgl. auch *Hecker/Müller* ZWH 2014, 329, 333; zur weiteren Kritik an dieser Entscheidung vgl. nur *Cornelius* StraFO 2014, 477; *N. Müller* NZWiSt 2014, 393 ff.

55 *EuGH* EuZw 2005, 433 ff. – Pupino; Wabnitz/Janovsky/*Dannecker/Bülte* Kap. 2 Rn. 289.

ßigkeitsgrundsatz und Recht auf faires Verfahren) zu treffen hat. In der Entscheidung mahnt der EuGH an:

„Die Verpflichtung des nationalen Gerichts, bei der Auslegung der einschlägigen Vorschriften seines nationalen Rechts den Inhalt eines Rahmenbeschlusses heranzuziehen, endet, wenn dieser nicht so angewandt werden kann, dass ein Ergebnis erzielt wird, das mit dem durch den Rahmenbeschluss ange-strebten Ergebnis vereinbar ist. Mit anderen Worten darf der Grundsatz gemeinschaftsrechtskonformer Auslegung nicht zu einer Auslegung contra legem des nationalen Rechts führen. Er verlangt jedoch, dass das nationale Gericht gegebenenfalls das gesamte nationale Recht berücksichtigt, um zu beurteilen, inwieweit es so angewendet werden kann, dass kein dem Rahmenbeschluss widersprechendes Ergebnis erzielt wird."[56]

3. Grenzen der unionsrechtskonformen Auslegung

26 Die unionsrechtskonforme Auslegung im Strafrecht findet ihre Schranken zunächst in den Grenzen der Unionskompetenzen selbst. Daher kommt eine unionsrechtskonforme Auslegung nur soweit in Betracht, wie auch das anzuwendende Strafrecht der Durchführung des Unions-rechts dient. Insofern ist jedoch Folgendes zu beachten: Der EuGH versteht den Begriff der **Durchführung von Unionsrecht** in der Entscheidung *Akerberg Fransson*[57] weit, so dass auch der Schutz der Durchführung von Unionspolitiken durch flankierendes Strafrecht (hier: straf-rechtlicher Schutz von Mehrwertsteueransprüchen) ausreichend ist, um den notwendigen Konnex zum europäischen Recht herzustellen. Hierzu hat sich das BVerfG allerdings in der Entscheidung zur Anti-Terror-Datei kritisch geäußert und sich vorbehalten, eine Anwendung von Unionsrecht, die zu einer **Verletzung der Verfassungsidentität** der Bundesrepublik Deutschland führen sollte, zu unterbinden.[58]

27 Darüber hinaus findet die unionsrechtskonforme Auslegung im Strafrecht ihre Grenzen in dem auch im Unionsrechts anerkannten Grundsatz **nullum crimen sine lege**.[59] Daher darf ein nationales Gesetz nicht nur aus national-verfassungsrechtlichen Gründen (für Deutschland aus Art. 103 Abs. 2 GG) keinesfalls über seinen Wortlaut hinaus strafbegründend oder straf-schärfend ausgelegt werden. Der Wortlaut des Gesetzes wirkt – das hat der EuGH in der Rechtssache *Pupino*[60] deutlich gemacht – auch in einem europäisierten mitgliedstaatlichen Strafrecht als äußerste Grenze der Strafbarkeit. Ferner steht außer Zweifel, dass eine Ausle-gung, die zur Verletzung von **Menschenrechten oder europäischen Grund- und Freiheitsrech-ten** führen würde, keine unionsrechtskonforme Auslegung darstellen kann. Der EuGH hat sich in der Entscheidung *Steffensen*[61] dazu wie folgt geäußert:

„Die Grundrechte gehören zu den allgemeinen Rechtsgrundsätzen, deren Wahrung der EuGH zu sichern hat." Ferner heißt es in der Berlusconi-Entscheidung: *„Daraus folgt, dass dieser Grundsatz [hier lex mitior] als Bestandteil der allgemeinen Rechtsgrundsätze des Gemeinschaftsrechts anzusehen ist, die*

---

56 *EuGH* EuZw 2005, 433 ff. – Pupino, Rn. 44.

57 *EuGH* NJW 2013, 1415 ff.; u.a. m.Anm. *Dannecker* JZ 2013, 616; *Dreher/Adick* ZWH 2013, 234 f.; *Eckstein* ZIS 2013, 220 ff.; *Streinz* JuS 2013, 568 ff.; *Winter* NZA 2013, 473 ff.; ferner *Risse* HRRS 2014, 93 ff.; *Rönnau/ Wegner* GA 2013, 561, 569 ff.

58 *BVerfG* NJW 2013, 1499, 1501 (Rn. 91) m.Anm. *Gärditz* JZ 2013, 633 ff.; vgl. zu den Einzelheiten *Bülte/Krell* StV 2013, 713 ff.; Sieber/Satzger/v. Heintschel-Heinegg/*Esser* § 56 Rn. 17.

59 Vgl. *EuGH* NJW 2007, 2237, 2239; vgl. aber bereits *Hugger* NStZ 1993, 421 ff.; ferner Sieber/Satzger/ v. Heintschel-Heinegg/*Vogel/Brodowski* § 5 Rn. 43.

60 *EuGH* EuZw 2005, 433 ff. – Pupino.

61 *EuGH* EuZW 2003, 666, 670, Rn. 69 – Steffensen m.Anm. *Dannecker* ZLR 2009, 606 ff.; *Esser* StV 2004, 221 ff.

der nationale Richter zu beachten hat, wenn er das nationale Recht, dass der Durchführung des Gemeinschaftsrechts erlassen wurde, und im vorliegenden Fall insbesondere die Richtlinien zum Gesellschaftsrecht anwendet."

Auch aus der Entscheidung *Jeremy F.*[62] wird deutlich, dass die **europäischen Grundrechte** sowie die **Grundsätze des Unionsrechts stets zu berücksichtigen** sind, wenn harmonisiertes Recht angewendet wird.

V. Begrenzung nationalen Strafrechts durch europäische Freiheitsrechte und Grundfreiheiten in der Rechtsprechung des EuGH

Der **Anwendungsvorrang** des Unionsrechts kann erhebliche Einschränkungen des nationalen Strafrechts zur Folge haben, soweit dessen unmodifizierte Anwendung zu einer Verletzung der europäischen Grundfreiheiten oder der Grundsätze des Unionsrechts führen würde.[63] Der folgende kurze Überblick über einige für das europäische Wirtschaftsstrafrecht wichtige Entscheidungen des EuGH soll einen Eindruck davon vermitteln, wie die Europäisierung des nationalen Wirtschaftsstrafrechts – in vielen Bereichen weitgehend unbemerkt – vor sich geht, und welche Ansatzpunkte für eine Umsetzung der europäischen Freiheitsrechte sich auch auf anderen, hier nicht unmittelbar betroffenen Gebieten ergeben können. **28**

1. Entwicklung von den europäischen Grundfreiheiten zu den europäischen Freiheitsrechten

Die europäische Rechtsprechung hat zunächst als **europäische Verkehrsfreiheiten** konzipierte Rechte wie das Verbot von Wettbewerbsbeschränkungen (Art. 34 AEUV), das allgemeine Diskriminierungsverbot (Art. 18 ff. AEUV), die Freizügigkeit (Art. 21 AEUV), die aktive und passive Dienstleistungsfreiheit (Art. 56 ff. AEUV), die Kapital- und Warenverkehrsfreiheit (Art. 63 ff. AEUV) oder auch die Steuerneutralität,[64] im Laufe der Jahre zu Freiheitsrechten und schließlich zu echten Grundrechten vor und neben der europäischen Grundrechtecharta entwickelt.[65] So wurde etwa das Verbot von Einfuhrbeschränkungen i.V.m. dem **Diskriminierungsverbot** zu einem allgemeinen Beschränkungsverbot ausgebaut.[66] Der Gleichheitsgrundsatz und der **Grundsatz der Wettbewerbsfreiheit** sind ebenfalls Elemente dieser Grundfreiheiten geworden und haben zu einem grundsätzlichen Verbot von Beschränkungen des Wirtschaftsverkehrs geführt, das weitreichende Auswirkungen haben kann. **29**

Beschränkungen des Wettbewerbs innerhalb von Europa und der Grundfreiheiten sind zwar immer noch möglich, sie müssen jedoch begründet sein und dürfen keine diskriminierende Anwendung von nationalem Recht bedeuten.[67] Die beschränkende Regelung muss sich zur Erreichung des durch den Normgeber gesetzten und zudem unionsrechtlich anerkannten Ziels eignen, **30**

62 *EuGH* EuGRZ 2013, 417 ff. – Jeremy F.

63 Vgl. hierzu Wabnitz/Janovsky/*Dannecker/Bülte* Kap. 2 Rn. 202 ff.

64 Vgl. *EuGH* IStR 2006, 132 ff. – Optigen m. Anm. *Dübbers*; DStR 2006, 1274 ff. – Kittel; IStR 2008, 627 ff. – Sosnowska.

65 Wabnitz/Janovsky/*Dannecker/Bülte* Kap. 2 Rn. 228 ff.

66 *EuGH* GRUR Int. 1974, 467 – Dassonville; NJW 1979, 1766 – Cassis de Dijon.

67 *EuGH* LMRR 1997, 69 f. – Morellato; vgl. auch Rengeling/Middeke/Gellermann/*Dannecker/N. Müller* § 39 Rn. 32.

durch **zwingende Gründe des Allgemeininteresses** gerechtfertigt sein und das mildeste Mittel darstellen, um das Ziel effektiv zu erreichen. Es gilt also der **Verhältnismäßigkeitsgrundsatz.**[68]

31 Unter Berufung auf diese Freiheitsrechte hat der EuGH in der Rechtssache *Keck* entschieden, dass nicht nur jede mengenmäßige Beschränkung des Handelns innerhalb der Union durch mitgliedstaatliches Recht verboten ist, sondern auch **jede Maßnahme, die wie eine mengenmäßige Beschränkung wirkt.** Das Verbot gilt damit für alle Maßnahmen, die geeignet sind,

„den innergemeinschaftlichen Handel unmittelbar oder mittelbar, tatsächlich oder potentiell zu behindern. Unter diese Definition fallen Hemmnisse für den freien Warenverkehr, die sich in Ermangelung einer Harmonisierung der Rechtsvorschriften daraus ergeben, daß Waren aus anderen Mitgliedstaaten, die dort rechtmäßig hergestellt und in den Verkehr gebracht worden sind, bestimmten Vorschriften entsprechen müssen (…), selbst dann, wenn diese Vorschriften unterschiedslos für alle Erzeugnisse gelten, sofern sich die Anwendung dieser Vorschriften nicht durch einen Zweck rechtfertigen lässt, der im Allgemeininteresse liegt und den Erfordernissen des freien Warenverkehrs vorgeht."[69]

In der Rechtssache *Morellato*[70] hat der EuGH dementsprechend die Verhängung eines Bußgeldes wegen Inverkehrbringens eines in Frankreich rechtmäßig hergestellten Brotes in Italien für unzulässig erklärt: Eine solche Sanktion stelle sich als einer mengenmäßigen Beschränkung ähnliche Maßnahme dar.

2. Allgemeines Diskriminierungsverbot (Art. 18 ff. AEUV)

32 Art. 18 ff. AEUV normieren ein **allgemeines Diskriminierungsverbot**[71], das die Gleichbehandlung von Angehörigen des eigenen Staates und eines anderen Mitgliedstaates – unter ansonsten gleichen Voraussetzungen – gebietet. Das Diskriminierungsverbot gilt auch für das Strafrecht und Strafverfahrensrecht einschließlich des Rechts der Entschädigung der Opfer von Straftaten.[72] In der *Auer*-Entscheidung (vgl. auch Rn. 32) wurde deutlich, dass eine im weitesten Sinne strafrechtliche Verurteilung wegen unzulässiger Berufsausübung mit dem Unionsrecht unvereinbar ist, wenn die Berufsausübung unter Verstoß gegen die **Freizügigkeit oder das Diskriminierungsverbot** verwehrt worden ist.[73]

3. Steuerneutralität

33 Den Grundsatz der Steuerneutralität hat der EuGH in einer Vielzahl von Entscheidungen betont: In der Rechtssache *Kittel* hat der EuGH entschieden, die **Steuerneutralität** gebiete, verbotene Umsätze grundsätzlich steuerlich nicht anders zu behandeln als nicht verbotene.[74] In der Rechtssache *Sosnowska*[75] hat der EuGH den Grundsatz der Steuerneutralität und das Recht auf einen Vorsteuerabzug noch einmal deutlich bestätigt. Ein Wirtschaftsteilnehmer darf nach

---

68 *EuGH* Slg. 1981, 2595 ff. – Casati; NJW 1996, 579 ff. – Gebhard; Wabnitz/Janovsky/*Dannecker*/*Bülte* Kap. 2 Rn. 271; Rengeling/Middeke/Gellermann/*Dannecker*/*N. Müller* § 39 Rn. 35; Sieber/Satzger/v. Heintschel-Heinegg/*Vogel*/*Brodowski* § 5 Rn. 44.
69 *EuGH* Urt. v. 24.11.1993 – Keck, Slg. 1993, 6097 ff.
70 *EuGH* LMRR 1997, 69 f. – Tomasso Morellato.
71 Hierzu Wabnitz/Janovsky/*Dannecker*/*Bülte* Kap. 2 Rn. 229.
72 *EuGH* NJW 1989, 2183 – Cowan; Rengeling/Middeke/Gellermann/*Dannecker*/*N. Müller* § 39 Rn. 38.
73 *EuGH* NJW 1984, 2022 f. – Auer; Rengeling/Middeke/Gellermann/*Dannecker*/*N. Müller* § 39 Rn. 33.
74 *EuGH* DStR 2006, 1274-1278 (*Kittel*); vgl. auch *Bülte* BB 2010,1759 ff.; ferner Wabnitz/Janovsky/*Dannecker*/*Bülte* Kap. 2 Rn. 225 ff.
75 *EuGH* DStRE 2009, 438.

dieser Rechtsprechung steuerlich keinen Nachteil dadurch erleiden, dass er eine Leistung über die Binnengrenzen der Union und nicht rein national anbietet oder erbringt.[76]

4. Niederlassungsfreiheit (Art. 49 ff. AEUV)

Besonders deutlich kann die Wirkung der Verkehrsfreiheiten und Freiheitsrechte des Unionsrechts, hier insbesondere der **Niederlassungsfreiheit**,[77] auf die straffreie Berufsausübung an der Entscheidung *Gebhardt* illustriert werden: Gegenstand dieses Urteils des EuGH war der Fall eines deutschen Rechtsanwalts mit Zulassung in Stuttgart, der in Italien tätig war. Er war zunächst als angestellter Anwalt beschäftigt, eröffnete dann aber eine eigene Kanzlei in Mailand. Dort war er als außergerichtlicher Beistand tätig und beriet deutschsprachige Personen in Italien sowie italienischsprachige Deutsche und Österreicher. Einen kleinen Anteil seiner Tätigkeit machte die Beratung italienischer Kollegen im deutschen Recht aus. Aufgrund einer Beschwerde der Sozietät, in der er zunächst angestellt gewesen war, kam es zu einem berufsrechtlichen Disziplinarverfahren. In diesem Verfahren wurde gegen ihn eine Sanktion verhängt, weil *Gebhardt* ohne italienische Anwaltszulassung praktizierte.[78]

Der EuGH hat diese Sanktion als **unzulässige Diskriminierung** und als Verstoß gegen Art. 52 Abs. 2 EGV unter Berücksichtigung der Richtlinie zur Anerkennung von Diplomen, die als Ausprägung der Niederlassungsfreiheit anzusehen ist, qualifiziert. Ähnlich hat der EuGH im Fall *Auer*[79] entschieden, in dem einem Tierarzt in Frankreich die Zulassung verweigert worden war, weil er nicht über ein französisches Diplom verfügte.

Der Gerichtshof führte in der Entscheidung zur Rechtssache *Gebhardt* aus: Das Gericht des Mitgliedstaates hätte überprüfen müssen, ob *Gebhardt* für die konkrete, von ihm ausgeübte Beratungstätigkeit aufgrund seiner Berufserfahrung und Zulassung in Deutschland **fachlich hinreichend qualifiziert** war. Nur wenn ein Dienstleister, der nicht über eine Zulassung verfügt, Beratungsleistungen ohne die Gewähr der notwendigen Fachkenntnisse anbietet, sei eine Sanktion zulässig. Ein hinreichender Grund für eine Andersbehandlung liege aber nicht bereits darin, dass der Betroffene in dem Staat, in dem er tätig ist, über keine Anwaltszulassung verfügt. Strafvorschriften, die eine Ausübung bestimmter Berufe als unerlaubt sanktionieren, seien nur unter engen Voraussetzungen zulässig. Sie dürfen zu keiner **Diskriminierung** der Angehörigen anderer Mitgliedstaaten führen, müssen durch zwingende Gründe des Allgemeininteresses gerechtfertigt werden sowie geeignet und verhältnismäßig sein.[80]

5. Dienstleistungsfreiheit (Art. 56 ff. AEUV)

Ähnlich hat der EuGH in der Sache *Arblade/Leloup*[81] entschieden: Werden Arbeitnehmer in einen anderen Mitgliedstaat entsandt, so stelle die Anforderung, auch in diesem Zielstaat die Dokumentationspflichten zu erfüllen, eine unzulässige Beschränkung der **Dienstleistungsfreiheit**[82] nach Art. 56 ff. AEUV dar, soweit im Ausgangsstaat vergleichbare Dokumentationspflichten bereits erfüllt werden. Eine Strafbarkeit dürfe auf die Verletzung solcher Dokumentationspflichten nicht gestützt werden.

34

35

36

---

76 Vgl. auch *EuGH* DStR 2007, 1811, 1813 – Teleos; vgl. auch *Bülte* CCZ 2009, 98 ff.
77 Wabnitz/Janovsky/*Dannecker/Bülte* Kap. 2 Rn. 230.
78 *EuGH* NJW 1996, 579 ff. – Gebhardt; vgl. auch Wabnitz/Janovsky/*Dannecker/Bülte* Kap. 2 Rn. 271.
79 *EuGH* NJW 1984, 2022; Rengeling/Middeke/Gellermann/*Dannecker/N. Müller* § 39 Rn. 33.
80 *EuGH* NJW 1996, 579, 581, Rn. 39 f.) – Gebhard.
81 *EuGH* EuZW 2000, 88 – Arblade/Leloup.
82 Wabnitz/Janovsky/*Dannecker/Bülte* Kap. 2 Rn. 233 ff.

6.   Kapitalverkehrsfreiheit (Art. 63 ff. AEUV)

37   Ebenfalls auf die Dienstleistungsfreiheit und zusätzlich auf die **Kapitalverkehrsfreiheit**[83] (Art. 63 ff. AEUV) hat der EuGH in der Entscheidung *Luisi/Carbone* das Recht eines Unionsbürgers gestützt, wirtschaftliche Dienstleistungen in der gesamten Union frei in Anspruch zu nehmen.[84] Der Gerichtshof hatte einer italienischen Staatsbürgerin das Recht zuerkannt, auch unter Verletzung italienischer Ausfuhrbestimmungen einen ausreichenden Bargeldbetrag mit sich zu führen, um sich in Deutschland medizinisch behandeln zu lassen. Die Verhängung einer Geldbuße wegen eines Devisenvergehens verletze in einem solchen Fall die **Dienstleistungsfreiheit und die Kapitalverkehrsfreiheit**. Die Mitgliedstaaten seien zwar zur Kontrolle von Devisen berechtigt; diese dürfe aber nicht zur willkürlichen Beschränkung der Kapitalverkehrsfreiheit führen.

38   Aus dieser Entscheidung folgt etwa für **Bankdienstleistungen**, dass Bankkunden und Kreditinstitute sich im Rahmen von Bankgeschäften, die Transfers innerhalb der Europäischen Union beinhalten, auf die Kapitalverkehrsfreiheit berufen können. Aus solchen Bankgeschäften dürfen grundsätzlich keine negativen steuerlichen Schlüsse gezogen werden und sie dürfen nicht unverhältnismäßig erschwert werden.[85]

7.   Freizügigkeit (Art. 21 AEUV)

39   Ebenfalls im strafrechtlichen Kontext in der Entscheidung *Calfa* hat der EuGH[86] entschieden, dass die **Verhängung eines Einreiseverbots** gegenüber Unionsangehörigen das Recht auf Freizügigkeit aus Art. 21 AEUV verletzen kann.[87] Ein solches Verbot sei nur unter Wahrung des Verhältnismäßigkeitsgrundsatzes zulässig und dürfe nur zum Schutz **zwingender Interessen der inneren Sicherheit** verhängt werden. Eine Sanktion wegen der Verletzung eines unverhältnismäßigen Einreiseverbots sei unzulässig, eine entsprechende Sanktionsvorschrift müsse zur Wahrung der Freizügigkeit außer Anwendung bleiben.

8.   Beschränkung der europäischen Grundfreiheiten auf wirtschaftliche Betätigung

40   In der Entscheidung *Unborn Child*[88] hat der EuGH allerdings deutlich gemacht, dass die Berufung auf die Verkehrsfreiheiten und Freiheitsrechte, die dem Schutz und dem Ausbau des europäischen Binnenmarkt dienen, unter der Bedingung **wirtschaftlicher Betätigung** stehe. Daher könne sich niemand außerhalb wirtschaftlicher Tätigkeit auf die Dienstleistungsfreiheit, Kapitalverkehrsfreiheit etc. berufen.

---

83   Hierzu Wabnitz/Janovsky/*Dannecker*/*Bülte* Kap. 2 Rn. 236 f.
84   *EuGH* NJW 1984, 1288 – Luisi/Carbone.
85   Vgl. hierzu auch Wabnitz/Janovsky/*Dannecker*/*Bülte* Kap. 2 Rn. 256 ff.
86   *EuGH* EuZW 1999, 345.
87   Vgl. Wabnitz/Janovsky/*Dannecker*/*Bülte* Kap. 2 Rn. 237.
88   *EuGH* NJW 1993, 776, 777 Rn. 22 ff. –Unborn Children.

9. Europäische Missbrauchsrechtsprechung (Missbrauchsverbot)

Eine weitere – grundsätzlich völlig selbstverständliche – Beschränkung finden die Freiheitsrechte im allgemeinen **Missbrauchsverbot**.[89] In den Entscheidungen *Halifax*[90] und *Emsland*[91]
hat der EuGH dies im Kontext des Mehrwertsteuerrechts exemplifiziert: Jeder Unionsbürger
habe das Recht, sein Handeln **steuerlich** oder auch ansonsten **rechtlich günstig einzurichten**.
Das schließe auch das Recht ein, seinen Geschäftsbetrieb in einen anderen Mitgliedstaat zu
verlagern, um dort Steuervorteile wahrzunehmen, die man im Ausgangsstaat nicht erhalten
würde. Genauso dürfe der Unternehmer seine Produktion in einen anderen Mitgliedstaat verlagern, um dort Waren herzustellen und diese dann in den Ausgangsstaat importieren, wenn
er die eingeführten Waren im Ausgangsstaat nicht hätte herstellen dürfen. Das Unionsrechts
decke aber keine Handlungen, die keine wirtschaftliche Begründung haben, sondern nur zum
Schein getätigt werden, um Vorteile aus dem Unionsrechts zu erlangen. Niemand dürfe sich
missbräuchlich auf das Unionsrechts berufen.[92]

41

Bei **missbräuchlichen Umsätzen** besteht nach der Judikatur des EuGH kein Recht auf einen
Vorsteuerabzug. Missbräuchlich seien Umsätze, hinsichtlich derer die Gewährung des Vorsteuerabzugs den ausdrücklichen Zielen der Mehrwertsteuerrichtlinien zuwiderliefe. Dies sei dann
der Fall, wenn die fraglichen Umsätze zwar formal die Bedingung der einschlägigen Vorschriften des nationalen Rechts zur Umsetzung des Mehrwertsteuerrechts der Union erfüllen, die
Gewährung des steuerlichen Vorteils jedoch dem **Sinn und Zweck des Unionsrechts** zuwider-
laufe.[93] Ein Missbrauch dürfe angenommen werden, wenn aufgrund **objektiver Anhaltspunkte**
ersichtlich sei, dass im Wesentlichen oder sogar ausschließlich der Steuervorteil und nicht die
wirtschaftlichen Vorteile des Geschäfts selbst gewollt sind. Die Gestaltung müsse sich also als
wirtschaftlich weitgehend sinnlose Umgehungsgestaltung darstellen.[94]

42

In der *Collée*-Entscheidung[95] hat der Europäische Gerichtshof jedoch deutlich gemacht, dass
nicht jede wirtschaftlich unsinnig erscheinende Gestaltung zwangsläufig einen **steuerlichen
Gestaltungsmissbrauch** bedeutet. Ungewöhnliche Gestaltungen können durchaus durch ungewöhnliche wirtschaftliche Situationen oder einfach persönliche Gründe bedingt sein. Letztlich
sei damit die Frage des Missbrauchs im konkreten Einzelfall zu beurteilen.[96]

43

Im Rahmen der **Bekämpfung von Steuerhinterziehungen** hat der EuGH sowohl in der Rechtssache *Kittel*[97] als auch in der Rechtssache „R"[98] konstatiert, dass ein grundsätzliches Verbot der
Mitwirkung an Steuerhinterziehungen, Steuerumgehungen und Steuermissbrauch besteht.

44

---

89 Hierzu Wabnitz/Janovsky/*Dannecker*/*Bülte* Kap. 2 Rn. 242 ff.; zum Missbrauch Schaumburg/*Peters*
   Kap. 10.103 ff.
90 *EuGH* DStR 2006, 420, 422 – Halifax.
91 *EuGH* ZfZ 2001, 92 ff. – Emsland-Stärke.
92 Vgl. hierzu u.a. *EuGH* DStR 2006, 420 ff. – Halifax; DStR 2006, 1274 – Kittel; IStR 2007, 249 ff. – Thin Cap.
93 Hierzu *BGH* NStZ 2014, 331, 333 f.
94 Dabei ist jedoch die Frage danach, ob es sich mehrwertsteuerlich um eine Lieferung oder Leistung handelt,
   von der Frage zu trennen, ob ein Vorsteuerabzug besteht, *EuGH* DStR 2006, 1139 ff.; zu den Einzelheiten
   vgl. Graf/Jäger/Wittig/*Bülte* § 370 AO Rn. 394 ff.
95 *EuGH* DStR 2007, 1811 ff.; m.Anm. *Braun* EFG 2008, 656, *Schauf*/*Hoink* PStR 2009, 58 ff.; vgl. ferner *Bülte*
   CCZ 2009, 98 ff.; *Sackreuther* PStR 2009, 62; *Sterzinger* UR 2008, 169 ff.; *Wulf* StbG 2009, 313 ff.
96 Zu Aufspaltung einer Leistung als Missbrauch *EuGH* IStR 2008, 258 ff. Part Service Srl.
97 *EuGH* DStR 2006, 1274.
98 *EuGH* NJW 2011, 203 ff. ("R"), m.Anm. *Adick* PStR 2011, 217 f.; *Bülte* DB 2011, 442 ff.; *Jope* NZWiSt 2012,
   153 f.; *Sterzinger* UR 2011, 20 ff.; *Wulf*/*Alvermann* DB 2011, 731 ff.; vgl. auch *Bürger*/*Paul* BB 2011, 540 ff.;
   Schenkewitz BB 2011, 350 ff.

Dieses Verbot kann zu weitreichenden Verlusten steuerlicher Vorteile des Unternehmers führen:[99] Zwar sei die Mitwirkung an einer Steuerhinterziehung oder Steuerumgehung solange für die mehrwertsteuerliche Behandlung eines Steuerpflichtigen unschädlich, wie dieser nicht wissentlich und auch nicht anderweitig vorwerfbar zur Verletzung des Steueranspruchs beigetragen habe.[100] Wirkt der Steuerpflichtige jedoch an der Steuerhinterziehung mit, weil er die Rechtswidrigkeit des Geschäfts *sorgfaltswidrig* nicht erkennt, dann sei er auch dann als Steuerhinterzieher anzusehen, wenn er sich nach nationalem Strafrecht nicht strafbar gemacht hat, weil er nach strafrechtlichen Kategorien nicht Beteiligter ist. Das Unionsrechts verwendet damit einen **weiten Beteiligtenbegriff**, um dem Ziel der Bekämpfung von Hinterziehung und Umgehung der Mehrwertsteuer effektiv zu dienen. Aus diesem Grund könne sich der unwissend, aber schuldhaft an einer Steuerhinterziehung beteiligte Unternehmer nicht auf das europäische Mehrwertsteuerrecht berufen. Die nationalen Finanzbehörden dürfen und müssen gewährte Mehrwertsteuervorteile zurückverlangen.[101]

45 In der *Italomoda*-Entscheidung[102] ist der EuGH noch deutlich weiter gegangen: Der Vorsteuerabzug sei zu versagen, wenn der Steuerpflichtige *„wusste oder hätte wissen müssen, dass er sich mit dem betreffenden Umsatz an einem Umsatz beteiligte, der in eine vom Lieferer oder von einem anderen Wirtschaftsteilnehmer auf einer vorhergehenden oder nachfolgenden Umsatzstufe der Lieferkette begangene Steuerhinterziehung einbezogen war.“* Damit wäre für jede Lieferung, die in eine Kette eingebunden ist, die Gegenstand einer Hinterziehung war oder nach der Lieferung geworden ist, der Vorsteuerabzug zu versagen, wenn der Empfänger die Einbindung in die Hinterziehungsstruktur schuldhaft verkannt hat. Diese Versagung des Vorsteuerabzugs sei – so der EuGH weiter – keine Sanktion, sondern eine systemimmanente Folge aus dem gemeinsamen Mehrwertsteuersystem. Diese These des Gerichtshofs ist unplausibel: Der Vorsteuerabzug ist nach der Rspr. des EuGH ein **fundamentaler Bestandteil** des europäischen Mehrwertsteuersystem, dessen Versagung ein Verstoß gegen die Steuerneutralität darstellt.[103] Die Versagung muss daher systemfremd sein und kann daher nur durch äußere Gründe – (kriminal-)politische Notwendigkeit einer Sanktion – gerechtfertigt werden.

VI. Unionsgrundsätze und Unionsgrundrechte im Strafrecht und Strafverfahrensrecht

46 Auch wenn der EuGH die Grundfreiheiten bereits zu Freiheitsrechten weiterentwickelt hat, sind die europäischen Grundrechte der Charta der Europäischen Grundrechte (GRCh) eine vergleichsweise neue Errungenschaft. Mit Inkrafttreten des Lissabon-Vertrages hat das Unionsrecht einen eigenen Grundrechtskatalog erhalten, so dass sich zwangsläufig die Frage nach dem Konkurrenzverhältnis zwischen nationalen und europäischen Grundrechten stellt: Welche Grundrechtsstandards sind in einem Strafverfahren anzuwenden?[104]

---

99 Vgl. nur Schaumburg/*Peters* Internationales Steuerstrafrecht, Kap. 1082. ff.

100 Vgl. *EuGH* DStR 2008, 450 ff.; Urt. v. 21.06.2012 – C-80/11 und 142/11 – Mahageben und David, DStR 2012, 1336; vgl. auch *BGH* NStZ 2014, 331, 333.

101 *EuGH* NJW 2011, 203 ff. ("R"); ferner *BGH* NStZ 2014, 331 (333); vgl. auch Wabnitz/Janovsky/*Dannecker/Bülte* Kap. 2 Rn. 282 ff.

102 *EuGH* MwStR 2015, 87, 90 f. (Rn. 50 ff.) m. Anm. *Grube.*; krit. *Wäger* UR 2015, 81 ff.

103 *EuGH* DStRE 2014, 97, 99 Rn. 32 – Rodopi.

104 Vgl. hierzu *Bülte/Krell* StV 2013, 713, 716 ff.; Wabnitz/Janovsky/*Dannecker/Bülte* Kap. 2 Rn. 292 ff.; *Rönnau/Wegner* GA 2013, 561 ff.

1. Grundrechtskonkurrenz und Grundrechtsstandards

Der EuGH hat in der *Fransson*-Entscheidung deutlich gemacht, dass im europäischen Steuer-   47
strafrecht **europäische Grundrechtsstandards** anzuwenden sind.[105] Ausgangspunkt der Entscheidung war die Frage, ob für die Verhängung einer steuerlichen Sanktion der europäische
Grundsatz ne bis in idem aus Art. 50 GRCh Anwendung finden kann (vgl. Rn. 65 ff.). Die für
den vorliegenden Zusammenhang zentrale Aussage der Entscheidung lautet: Bei der Verhängung von Sanktionsmaßnahmen gegen die Hinterziehung von Mehrwertsteuern wird im Sinne
von Art. 51 GRCh **Unionsrecht durchgeführt**. Dies ergebe sich daraus, dass jeden der Mitgliedstaaten aus Art. 325 AEUV i.V.m der Mehrwertsteuerrichtlinie die Verpflichtung treffe,
das Mehrwertsteueraufkommen der Union durch effektive, angemessene und abschreckende
Maßnahmen zu schützen, die auch Kriminalstrafen einschließen können.

Unter Bezugnahme auf die *Melloni*-Entscheidung[106] trifft der EuGH ferner in Rn. 29 der   48
Fransson-Entscheidung folgende zentrale Aussage:

*„Hat das Gericht eines Mitgliedstaats zu prüfen, ob mit den Grundrechten eine nationale Vorschrift
oder Maßnahme vereinbar ist, die in einer Situation, in der das Handeln eines Mitgliedstaats nicht
vollständig durch das Unionsrecht bestimmt wird, das Unionsrecht i.S. von Art. 51 Absatz I der Charta
durchführt, steht es somit den nationalen Behörden und Gerichten weiterhin frei, nationale Schutzstandards für die Grundrechte anzuwenden, sofern durch diese Anwendung weder das Schutzniveau der
Charta, wie sie vom Gerichtshof ausgelegt wird, noch der Vorrang, die Einheit und die Wirksamkeit des
Unionsrechts beeinträchtigt werden [...] Zwar bestätigt Art. 53 GRCh, dass es den nationalen Behörden
und Gerichten, wenn ein Unionsrechtsakt nationale Durchführungsmaßnahmen erforderlich macht,
weiterhin freisteht, nationale Schutzstandards für die Grundrechte anzuwenden, sofern durch diese
Anwendung weder das Schutzniveau der Charta, wie sie vom Gerichtshof ausgelegt wird, noch der Vorrang, die Einheit und die Wirksamkeit des Unionsrechts beeinträchtigt werden.“*

Diese weite Auslegung des Begriffs der Durchführung von Unionsrecht und die Auffassung,   49
nationale Verfassungsgesetze und Verfahrensrechte, die zu einer **Beeinträchtigung der Durchführung von Unionspolitiken** führen könnten, unterlägen dem Anwendungsvorrang, haben
zu Befürchtungen einer Verwässerung des deutschen Grundrechtsschutzes geführt.[107] Doch hat
der EuGH mit seinen Entscheidungen keinesfalls das Verbot ausgesprochen, eine nationale
Maßnahme am Maßstab des nationalen Verfassungsrechts zu prüfen oder gar einen Vorrang
des spezifischen Primärrechts vor den europäischen Grundrechten konstatiert.[108] Vielmehr hat
der Gerichtshof in der Entscheidung *Jeremy F.* deutlich betont, dass die Grundsätze des Unionsrechts, insbesondere die europäischen Grundrechte stets zu berücksichtigen und bei **jeder
Anwendung des Unionsrechts** zu achten sind. In der Entscheidung *Steffensen* heißt es hierzu
wörtlich: *„Die Grundrechte gehören zu den allgemeinen Rechtsgrundsätzen, deren Wahrung der
EuGH zu sichern hat.“*[109] In der *Berlusconi* Entscheidung führt der EuGH ferner aus: Der
Grundsatz lex mitior als **Bestandteil der allgemeinen Rechtsgrundsätze des Gemeinschaftsrechts** sei vom nationalen Richter zu beachten, wenn er das nationale Recht, dass zur Durchführung des Gemeinschaftsrechts erlassen wurde, anwendet. Ein allgemeiner Grundrechtsver-
fall ist hier nicht zu erwarten.[110]

---

105 *EuGH* NJW 2013, 1415 ff. – Fransson; hierzu insb. Sieber/Satzger/v. Heintschel-Heinegg/*Esser* § 56 Rn. 12 ff.
106 *EuGH* NJW 2013, 1215 (1219, Rn. 60) – Melloni.
107 Vgl. die Nachweise bei *Bülte/Krell* StV 2013, 713, 715.
108 So aber wohl *Brodowski* HRRS 2013, 54, 55 f.; ferner *Gaede* NJW 2013,1279 f.
109 *EuGH* EuZW 2003, 666 (670, Rn. 69) – Steffensen m.w.N.
110 Vgl. auch *Risse* HRRS 2014, 93, 107.

50 Vielmehr wird durch die Entscheidung in der Rechtssache *Steffensen*[111] deutlich, dass das (hohe) Grundrechtsniveau differenziert im jeweiligen Verfahren betrachtet werden muss. In dieser Entscheidung zum Lebensmittelstrafrecht wurde deutlich, dass sich der Beschuldigte/ Betroffene in einem Sanktionsverfahren unmittelbar auf das Unionsrecht und damit auch auf die **europäischen Grundrechte** berufen kann, auch wenn es um **Verfahrensrechte** geht, die das nationale Strafrecht nicht oder nicht so vorsieht. Hier hatte Art. 7 der Richtlinie bei Lebensmittelüberwachung ein sehr weitreichendes **Recht auf eine Gegenprobe** vorgesehen, das aus dem nationalen Strafprozessrecht bzw. Ordnungswidrigkeitenverfahrensrecht nicht hergeleitet werden konnte. Aus der Verletzung dieses Rechts zur Gegenprobe wurde nach einer Gesamtbewertung auf der Grundlage von Art. 6 EMRK (Recht auf faires Verfahren) ein Beweisverwertungsverbot hergeleitet, das sich nach nationaler Bewertung kaum hätte rechtfertigen lassen. Die Notwendigkeit, dieses Ordnungswidrigkeitenverfahren vor dem Hintergrund der europäischen Grundrechte zu bewerten, ergab sich daraus, dass es sich um den Bereich des Lebensmittelstrafrechts und damit um Strafrecht zur Umsetzung europäisch harmonisierten Rechts handelte.

51 Aufgrund dieses Einflusses der europäischen Grundrechte auf bestimmte Bereiche des Strafrechts kann es im Einzelfall notwendig sein, die **Grundrechtsstandards** in der Anwendung von Strafrecht und auch im Strafverfahrensrecht differenziert zu bestimmen.[112] Soweit es den hier relevanten Zusammenhang des Fiskalstrafrechts angeht, wird dies insbesondere im Bereich der Umsatzsteuerhinterziehung eine zentrale Rolle spielen. Insofern hat der EuGH in der *Fransson*-Entscheidung bereits deutlich gemacht, dass im **Umsatzsteuerstrafrecht europäische Grundrechtsstandard** gelten. Unklar ist insofern aber, ob dies auch eine Einschränkung nationaler verfassungsrechtlicher Gewährleistungen zur Folge haben kann.[113]

52 Bislang ist die Frage unbeantwortet geblieben, ob sich der Beschuldigte in einem Strafverfahren wegen einer „europäisierten" Straftat auch auf deutsche Grundrechtsstandard- und Verfahrensrechte berufen kann, wenn diese im Einzelfall **über die Gewährleistungen aus der EMRK und der GRCh hinausgehen** und zudem eine **Beeinträchtigung der Durchführung europäischen Rechts** bedeuten könnten (GRCh als Höchststandard). Diese letztere Bedingung ist insofern nicht fernliegend, als die Nichtverhängung einer Sanktion bei Mehrwertsteuermissbrauch regelmäßig zu einem Durchsetzungsdefizit führen kann. Eklatante Grundrechtslücken sind in diesem Bereich jedoch derzeit nicht erkennbar. Hier bleibt insbesondere abzuwarten, wie sich der EuGH und das BVerfG in dieser Frage positionieren werden.[114]

2. Rechtsstaatliche Unionsgrundsätze und ihre Wirkung auf das nationale Strafrecht

53 Im Wesentlichen gelten für das Recht der Europäischen Union sehr ähnliche Grundsätze wie in den meisten nationalen Verfassungen der Mitgliedstaaten. Es handelt sich – soweit es das Strafverfahren betrifft – vielfach um die **gemeinsamen Grundwerte**:

Das Primärrecht bindet jede Durchführung von Unionsrechts an die Grundsätze der **Rechtsstaatlichkeit** und die Geltung der GRCh. Daher haben alle Organe der Union ebenso wie diejenigen mitgliedstaatlichen Organe, die Unionsrecht durchsetzen, die Unionsgrundrechte zu

---

111 *EuGH* EuZW 2003, 666, 670, Rn. 69 – Steffensen m.w.N.; vgl. *Dannecker* ZLR 2009, 606 ff.
112 Vgl. hierzu *Bülte/Krell* StV 2013, 713, 717 ff.; Sieber/Satzger/v. Heintschel-Heinegg/*Esser* § 56 Rn. 11 ff.
113 Insofern zurückhaltend *Risse* HRRS 2014, 93, 107.
114 Vgl. *Bülte/Krell* StV 2013, 713, 717 ff.; Sieber/Satzger/v. Heintschel-Heinegg/*Esser* § 56 Rn. 20.

beachten. Nach Art. 2 S. 1 EUV gehört die Rechtsstaatlichkeit zu diesen Grundwerten der Union. Zwar ist der Begriff der Rechtsstaatlichkeit von sehr abstrakter Natur, doch hat ihn die Rechtsprechung des EuGH in einer langjährigen Judikatur näher zu bestimmen versucht.[115]

a) Vertrauensschutz und Rechtssicherheit

Zu den Grundsätzen der Rechtsstaatlichkeit werden insbesondere die Grundsätze des Vertrauensschutzes und der Rechtssicherheit, wie er in steuerrechtlichen Entscheidungen des EuGH stets betont worden ist.[116] Einen Verstoß gegen den Grundsatz des **Vertrauensschutzes** hat der EuGH etwa dann angenommen, wenn ein Wirtschaftsteilnehmer, der alle ihm zumutbaren Maßnahmen getroffen hat, um sicherzustellen, dass er nicht in ein Mehrwertsteuerkarussell einbezogen wird, steuerliche Nachteile erleidet, wenn er nun schuldlos doch in eine Hinterziehungsstruktur verwickelt wird.[117] Der EuGH hat es zudem mit dem Gebot der **Rechtssicherheit** für unvereinbar erklärt, wenn ein Steuerpflichtiger bei völlig sorgfaltsgemäßem eigenem Verhalten für fremde Steuerschulden in Anspruch genommen wird. Der sorgfältig handelnde Unternehmer dürfe steuerrechtliche Vorteile, die sich aus seinem Verhalten ergeben, stets in Anspruch nehmen. Der Bürger müsse die Möglichkeit haben, die Rechtsfolgen seines Handelns mit einer gewissen Sicherheit abschätzen zu können.[118]

54

Diese Feststellungen können im Umsatzsteuerstrafrecht über die Strafbarkeit entscheiden. So darf der Unternehmer, der in ein **Umsatzsteuerkarussell** eingebunden war, die Steuerbefreiung weiterhin geltend machen, auch wenn er im Nachhinein seine Beteiligung an der kriminellen Konstruktion erkennt, solange er **ohne eigenes Verschulden** Teil der Missbrauchsgestaltung geworden ist. Da dem Steuerpflichtigen für den Zeitpunkt der Lieferung kein Vorwurf zu machen ist, ist damit auch die Steuerbefreiung entstanden und nicht durch die spätere Kenntnis von der Rechtswidrigkeit des fremden Geschäfts wieder weggefallen.[119]

55

b) Grundsatz der Verhältnismäßigkeit (Art. 49 Abs. 3 GRCh)

Auch den Grundsatz der **Verhältnismäßigkeit** sieht der EuGH als Grundlage rechtsstaatlicher Rechtsetzung und Rechtsanwendung an.[120] Darauf, dass Sanktionen stets verhältnismäßig sein müssen, hat der EuGH insbesondere in der Entscheidung *Griechischer Mais*[121] hingewiesen: Die Verhältnismäßigkeit stellt eines der drei Elemente der vielzitierten Mindesttrias dar. In der Entscheidung *Calafa*[122] hat der EuGH ebenso wie in der Entscheidung *Federation of Technological Industries*[123] deutlich gemacht, dass jede Entscheidung mit Sanktionscharakter streng am Verhältnismäßigkeitsgrundsatz zu messen ist. Das führe unter anderem dazu, dass die Frage, ob ein Steuerpflichtiger von der kriminellen Zweckrichtung eines Umsatzes gewusst hat, zwar

56

---

115 Vgl. hierzu auch Wabnitz/Janovsky/*Dannecker/Bülte* Kap. 2 Rn. 204 ff.

116 *EuGH* Slg. 1995, I-983 ff. – BLP; DStR 2006, 420 ff. – Halifax; DStR 2007, 1811 – Collée; DStR 2008, 450 ff. – Netto.

117 *EuGH* DStR 2006, 897 ff. (*Federation of Technological Industries*), *EuGH* DStRE 2008, 109 ff. – Teleos.

118 *EuGH* DStR 2008, 110; vgl. auch *EuGH* NZWiSt 2013, 102, 107, Rn. 47 – Mahageben und David m. Anm. *Madauß*; *EuGH* DStRE 2013, 803, 806 f., Rn. 40 f. – Bonik; ferner *BGH* NStZ 2014, 331, 333; m. Anm. *Sens* NZWiSt 2014, 463 ff.

119 Vgl. *BGH* NStZ 2014, 331, 334.

120 Wabnitz/Janowsky/*Dannecker/Bülte* Kap. 2 Rn. 217 ff.; krit. zur Herleitung des Verhältnismäßigkeitsgrundsatzes aus dem Rechtsstaatsprinzip *Kaspar* Verhältnismäßigkeit, S. 104.

121 *EuGH* NJW 1990, 2245 f.

122 *EuGH* EuZW 1999, 345, 346.

123 *EuGH* DStR 2006, 897 ff.

an objektiven Kriterien beurteilt werden dürfe, es sei jedoch unzulässig dem Steuerpflichtigen die Möglichkeit zu nehmen, den Gegenbeweis zu führen.[124]

c) Nullum crimen sine lege (Art. 49 Abs. 1 S. 1 GRCh)

57 Das **Gesetzlichkeitsprinzip** ist auch nach unionsrechtlichen Verständnis die Basis eines rechtsstaatlichen Straftatsystems.[125] Daher gelten die Prinzipien des Bestimmtheitsgrundsatzes, des Analogieverbots und des Rückwirkungsverbots auch für die Durchführung des Unionsrechts; ferner gilt das Schuldprinzip.[126] Der EuGH hatte sich insofern zunächst auf Art. 7 Abs. 1 EMRK gestützt. Hierzu heißt es in einer Entscheidung des EuGH vom 12.12.1996:

„Wenn es darum geht, den Umfang der strafrechtlichen Verantwortlichkeit zu bestimmen, die sich aus speziell zur Durchführung einer Richtlinie erlassenen Rechtsvorschriften ergibt, verbietet es der Grundsatz, wonach ein Strafgesetz nicht zum Nachteil des Betroffenen extensiv angewandt werden darf, der aus dem Grundsatz der gesetzlichen Bestimmtheit von strafbaren Handlungen und Strafen und, allgemeiner, dem Grundsatz der Rechtssicherheit folgt, die Strafverfolgung wegen eines Verhaltens einzuleiten, dessen Strafbarkeit sich nicht eindeutig aus dem Gesetz ergibt. Dieser Grundsatz, der zu den allgemeinen Rechtsgrundsätzen gehört, die den gemeinsamen Verfassungstraditionen der Mitgliedstaaten zugrunde liegen, ist auch in verschiedenen völkerrechtlichen Verträgen verankert, u.a. in Artikel 7 der Konvention zum Schutze der Menschenrechte und Grundfreiheiten.“[127]

Mittlerweile ist das Gesetzlichkeitsprinzip in Art. 49 Abs. 1 S. 1 GRCh garantiert. Der europäische Grundsatz nullum crimen sine lege verlangt jedoch nicht ausdrücklich ein **geschriebenes Gesetz**, so dass die Common-Law-Staaten weiterhin auch Strafen verhängen können, die auf ungeschriebenen, aber feststehenden Gesetzen basieren.

58 Das Gesetzlichkeitsprinzip enthaltene **Bestimmtheitsgebot**[128] fordert vom Gesetzgeber, dass er Strafgesetze so hinreichend deutlich und klar fasst, dass zum einen der Bürger erkennen kann, bei welchem Verhalten ihm welche Strafe droht und zum anderen der Gesetzgeber und nicht der Rechtsanwender die Frage der Strafwürdigkeit entscheidet.[129] Der Bestimmtheitsgrundsatz wurzelt im Gebot der **Vorhersehbarkeit** von Strafe und damit in der **Garantie der Rechtssicherheit**. Diese Garantie gilt auch dann, wenn der nationale Strafgesetzgeber auf blankettausfüllende Normen des Unionsrechts verweist. Die Reichweite und Intensität des europäischen Bestimmtheitsgebots sind jedoch keineswegs eindeutig. Während der EuGH in seiner früheren Rechtsprechung deutlich gemacht hat, dass er den Bestimmtheitsgrundsatz einheitlich und für das Strafrecht nicht strenger als im übrigen Recht auffasst, heißt es in der *Halifax*-Entscheidung, dass Rechtsakte, die Regelungen beinhalten, welche zu einer finanziellen Belastung des Bürgers führen, in besonderem Maße bestimmt sein müssen.[130] Ferner hat der EuGH ausgeführt, die Anforderungen der Gesetzesbestimmtheit seien nur erfüllt, *„wenn der Rechtsunterworfene anhand des Wortlauts der einschlägigen Bestimmungen und nötigenfalls mithilfe ihrer*

---

124 Vgl. hierzu auch *Bülte* CCZ 2009, 98, 99.

125 Vgl. zur Rechtsprechung des EuGH zu den rechtsstaatlichen Garantien auch die Nachweise bei Sieber/Satzger/v. Heintschel-Heinegg/*Satzger* § 1 Rn. 71.

126 Vgl. *EuGH* Slg. 1999, I-4287 Rn. 149 – Hüls; ferner *EuGH* Slg. 1999, I-4539 Rn. 175 Montecatini zur Unschuldsvermutung.

127 *EuGH* NZA 1997, 307 ff.

128 Vgl. *BVerfGE* 73, 206, 234; LK/*Dannecker* § 1 Rn. 35 ff.; 179 ff.; ferner zum verfassungsrechtlichen Bestimmtheitsgrundsatz im Kontext der Internationalisierung des Strafrechts *Satzger* JuS 2004, 943 ff.

129 Vgl. hierzu u.a. *BVerfGE* 105, 135, 153 f. m.w.N.; LK/*Dannecker* § 1 Rn. 119, 131; ferner für das europäische Steuerstrafrecht *Bülte* BB 2010, 1759, 1766 f.

130 *EuGH* DStR 2006, 420 ff. – Halifax.

Auslegung durch die Gerichte erkennen kann, welche Handlungen und Unterlassungen seine strafrechtliche Verantwortlichkeit begründen …"[131] Damit gilt auch im europäischen Recht ein dem deutschen Verfassungsrecht angenäherter Bestimmtheitsgrundsatz, wenn auch im Hinblick auf die frühere Rechtsprechung des EuGH abzuwarten ist, wie der Gerichtshof den Bestimmtheitsgrundsatz in Zukunft fortentwickeln wird.[132]

Ein weiteres wichtiges Prinzip des Unionsrechts ist das Verbot der täterbelastenden Analogie **59** (**Analogieverbot**).[133] Es ist unzulässig, eine strafbegründende oder strafschärfende Vorschrift über ihren Wortlaut hinaus anzuwenden, auch wenn der Rechtsgedanke der entsprechenden Strafvorschrift diese Anwendung tragen sollte und das betroffene Verhalten auch strafwürdig und strafbedürftig erscheint. Daraus ergibt sich auch, dass selbst eine europäische Missbrauchsrechtsprechung dann keine strafrechtliche Sanktion begründen darf, wenn die Anwendung dieser Judikatur entgegen dem ausdrücklichen Wortlaut des Gesetzes erfolgen müsste.[134] Die Missbrauchsrechtsprechung kann daher nur im **Rahmen der unionsrechtskonformen Auslegung** berücksichtigt werden, nicht aber den Wortlaut des nationalen Strafgesetzes überwinden.

Der EuGH hat ferner bereits im *Bosch*-Urteil[135] festgestellt, dass es sich beim **Rückwirkungs-** **60** **verbot** um eine elementare Ausprägung des Gesetzlichkeitsprinzips handelt, die auch im Unionsrecht – hier entschieden für das Kartellordnungswidrigkeitenrecht – Geltung beansprucht. Diese Entscheidung wurde auch in dem Fall *Regina/Kirk Kent*[136] noch einmal bestätigt.[137] Hier hatte sich der EuGH insbesondere auf Art. 7 EMRK berufen und festgestellt, dass auch eine rückwirkende Inkraftsetzung einer Vorschrift des Gemeinschaftsrechts keine nationalen Strafsanktionen rechtfertigen könne.[138]

d) Lex mitior (Art. 49 Abs. 1 S. 3 GRCh)

Anders als das deutsche Verfassungsrecht garantiert die europäische Grundrechte-Charta das **61** **Milderungsgebot** (Art. 49 Abs. 1 S. 3 GRCh). Dieser auch lex mitior genannte Grundsatz ordnet die Verhängung der strafrechtlichen Sanktion aus dem mildesten Gesetzes an.[139] Der Grundsatz der rückwirkenden Anwendung des mildesten Strafgesetzes gehört nach Auffassung des EuGH zur gemeinsamen Verfassungstradition der Mitgliedstaaten.[140] Dabei kommt es auf die günstigste Rechtslage zum Zeitpunkt der Entscheidung an.[141] Relevant sind auch günstigere Zwischengesetze, selbst kürzeste ungeregelte Zeiträume können hier zu einer Milderung, sogar zur Straffreiheit führen. In der Entscheidung *Berlusconi* hat der EuGH[142] weiterhin festgestellt, dass das Milderungsgebot auch dann gilt, wenn sich durch seine Anwendung Beeinträchtigungen der Ziele des Unionsrechts ergeben; in diesen Fällen überwiegt das Gebot der Rechtsstaatlichkeit das Interesse an der Verfolgung der jeweiligen Unionspolitik.

---

131 *EuGH* NJW 2007, 2237, 2239; eingehend Graf/Jäger/Wittig/*Bülte* § 370 AO Rn. 391; *ders.* BB 2010, 1759, 1765 f.

132 Vgl. die Nachweise bei LK/*Dannecker* § 1 Rn. 38; Wabnitz/Janovsky/*Dannecker*/*Bülte* Kap. 2 Rn. 209 ff.

133 Vgl. *EuGH* Slg. 2011, I-2539 ff.; vgl. auch Wabnitz/Janovsky/*Dannecker*/*Bülte* Kap. 2 Rn. 214.

134 Vgl. *Bülte* BB 2010, 1759, 1768.

135 *EuGH* Slg. 1962, 97 ff.

136 *EuGH* Slg. 1984, 2689, 2718 – Kirk Kent.

137 LK/*Dannecker* § 1 Rn. 39; Wabnitz/Janowsky/*Dannecker*/*Bülte* Kap. 2 Rn. 215.

138 Zum Gesetzlichkeitsprinzip im Kartellordnungswidrigkeitenrecht Wabnitz/Janovsky/*Dannecker*/*N. Müller* Kap. 18 Rn. 217.

139 Vgl. insb. LK/*Dannecker* § 2 Rn. 54 ff.

140 *EuGH* EuZW 2005, 369 (371 Rn. 68) – Berlusconi.

141 *EuGH* EuZW 1999, 476 – Kortas.

142 *EuGH* EuZW 2005, 369 (371 Rn. 68) – Berlusconi.

62 Unionsrechtliche Regelungen, die wegen des **Anwendungsvorrangs** zu einer Milderung der nationalen Strafrechtslage führen, sind als Minderungen auch i.S.v. § 2 Abs. 3 StGB zu berücksichtigen. Das gilt sowohl für Verordnungen, die Blankette ausfüllen, als auch für Richtlinien und Rahmenbeschlüsse, die begünstigend für den Täter wirken.[143]

3. Europäische Grundrechte im Strafverfahren

63 Der EuGH hat in einer Reihe von Entscheidungen deutlich gemacht, dass sich aus dem Unionsrechts auch wichtige Garantien für das nationale Strafverfahren ergeben. Hier sollen die wichtigsten **Verfahrensgrundrechte** genannt werden:

a) Recht auf faires Verfahren (Art. 47, 48 GRCh)

64 In einem nationalen Strafverfahren in den Mitgliedstaaten gilt der europäische Grundsatz des **fairen Verfahrens**, wie er vom europäischen Gericht für Menschenrechte aus Art. 6 EMRK entwickelt wurde, nun auch nach Art. 47, 48 GRCh. Insofern hat der EuGH betont, die Auslegung des fairen Verfahrens durch den EGMR stelle auch die Basis des Rechts aus der Grundrechtecharta dar. Die Prüfung einer Verletzung der Verfahrensfairness beruht nach dieser EGMR-Rechtsprechung, die auch der EuGH bislang als Interpretation der EMRK verbindlich angewendet hat, auf einer Gesamtbewertung. Hier ist die Frage zu beantworten, ob die „Parteien" des Strafverfahrens trotz des Verfahrensverstoßes noch **gleichberechtigt und angemessen am Verfahren** einschließlich der Beweiserhebung **teilhaben** konnten. Zu dieser Teilhabe gehört insbesondere die Möglichkeit, sich vor Gericht zu Beweismitteln zu äußern,[144] einen Gegenbeweis anzutreten[145] und sich einer angemessenen und kompetenten Verteidigung zu bedienen. Der Rechtsanwender muss bei der Prüfung, ob der Grundsatz des fairen Verfahrens verletzt worden ist, letztlich die gesamte Rechtsprechung des europäischen Gerichtshofs für Menschenrechte zu diesem Themenkomplex berücksichtigen.

65 Für das **faire Haftbefehlsverfahren** hat der EuGH in der *Melloni*-Entscheidung[146] ausgeführt, Art. 53 GRCh gestatte es den Mitgliedstaaten nicht, die Übergabe einer zu verhaftenden Person von der Bedingung abhängig zu machen, dass eine erneute Überprüfung des Urteils im Ausstellungsmitgliedstaat erfolgt, bei der das Recht auf ein faires Verfahren und Verteidigungsrechte so zu gewährleisten sind, wie sie in der Verfassung des Vollstreckungsstaates garantiert sind.

66 Kurz zuvor hatte der EuGH in der *Radu*-Entscheidung[147] ausgeführt, der Vollstreckungsstaat dürfe die Vollstreckung nicht mit der Begründung verweigern, ein Verhafteter sei vor Erlass des europäischen Haftbefehls nicht angehört worden. Eine solche Verpflichtung würde den notwendigen Überraschungseffekt beseitigen und damit das im Rahmenbeschluss über den europäischen Haftbefehl vorgesehene Übergabesystem *„unweigerlich zum Scheitern bringen".* Ein solcher Einwand übersteigere daher die Verfahrensrechte des Betroffenen so stark, dass die **Durchführung des Verfahrens nicht mehr möglich** sei. Damit hat der EuGH deutlich gemacht, dass **nicht** jeder der Mitgliedstaaten bei der Entscheidung über die Vollstreckung eines Haftbefehls das Urteil im **Ausstellungsstaat am Maßstab der eigenen nationalen Grundrechte überprüfen** darf.

---

143 Wabnitz/Janowsky/*Dannecker/Bülte* Kap. 2 Rn. 216 ff.
144 *EGMR* NJW 2010, 3145 – Gäfgen.
145 *EuGH* EuZW 2003, 666 (670, Rn. 69) – Steffensen.
146 *EuGH* NJW 2013, 1215 ff. – Melloni.
147 *EuGH* NJW 2013, 1145 (1147, Rn. 40) – Radu.

Bülte

b) Ne bis in idem (Art. 50 GRCh, Art. 54 SDÜ)

„Niemand darf wegen einer Straftat, deretwegen er bereits in der Union nach dem Gesetz rechts- **67**
kräftig verurteilt oder freigesprochen worden ist, in einem Strafverfahren erneut verfolgt oder bestraft werden“ (Art. 50 GRCh). Das europäische **Verbot der Doppelverfolgung und Doppelbestrafung** wurde durch den EuGH in einer mittlerweile großen Zahl von Urteilen ausgelegt und konkretisiert.[148] Grundsätzlich ergibt sich aus der Garantie ne bis in idem der Schutz des Bürgers davor, wegen einer Tat mehrfach strafrechtlich verfolgt oder sogar verurteilt zu werden. Nach dem deutschen Verfassungsrecht gilt Art. 103 Abs. 3 GG nur national; das Verbot, eine bereits im Ausland abgeurteilte Tat im Inland noch einmal anzuklagen, um gegebenenfalls einen „Strafnachschlag“ zu verhängen, ergab sich zunächst aus Art. 54 des Schengener Durchführungsübereinkommens, hat aber auch seinen Weg in die Grundrechte Charta der Europäischen Union gefunden.[149]

Die Rechtsprechung des EuGH hat sich intensiv mit den einzelnen Elementen des Doppelbe- **68**
strafungsverbots auseinandergesetzt und dabei zunächst einen sehr weiten **Tatbegriff** entwickelt. In der Entscheidung *Kretzinger*[150] hat der EuGH ausgeführt, der Tatbegriff sei unabhängig von seiner rechtlichen Qualifizierung tatsächlich zu verstehen. Maßgebendes Kriterium für die Anwendung von Art. 54 SDÜ sei die *„Identität der materiellen Tat, verstanden als das Vorhandensein eines Komplexes unlösbar miteinander verbundener Tatsachen, unabhängig von der rechtlichen Qualifizierung dieser Tatsachen oder von dem geschützten rechtlichen Interesse.“*[151] Dieser materielle, tatsächliche Begriff der einheitlichen Tat (**idem**) führt dazu, dass die Garantie des Doppelbestrafungsverbots im europäischen Kontext deutlich weiter greifen kann als das nationale Verbot.[152] Mit Blick auf das Doppelbestrafungsverbot im Haftbefehlsverfahren hat der EuGH die unionsautonome Auslegung des Begriffs *dieselbe Tat* in der *Mantello*-Entscheidung[153] bekräftigt.

Eine Doppelbestrafung liegt aber auch nach unionsrechtlichem Verständnis nur dann vor, wenn **69**
nach einer **rechtskräftigen Aburteilung** und damit dem **Eintritt von Strafklageverbrauch** eine weitere Strafe verhängt wird. Er soll sich nach der Rechtsprechung des EuGH die Beurteilung, ob es sich um eine rechtskräftige Verurteilung handelt, grundsätzlich nach dem nationalen Recht richten, unter dessen Geltung die erste Entscheidung ergangen ist.[154] Hierzu heißt es in der *Mantello*-Entscheidung:[155] Eine Entscheidung, *„die nach dem Recht des Mitgliedstaats, der die Strafverfolgung gegen eine Person einleitet, die Strafklage auf nationaler Ebene für eine bestimmte Handlung nicht endgültig verbraucht, kann grundsätzlich nicht als ein Verfahrenshindernis hinsichtlich der etwaigen Einleitung oder Fortführung der Strafverfolgung wegen derselben Handlung gegen den Betroffenen in einem anderen Mitgliedstaat der Union angesehen werden.“*

In der neueren Judikatur des Gerichtshofs heißt es allerdings, dass bereits eine **Einstellung des Strafverfahrens als rechtskräftige Verurteilung** angesehen werden kann, wenn das Verfahren nur bei Auftreten neuer Tatsachen fortgesetzt werden kann.[156]

---

148 *Bülte* NZWiSt 2014, 321 ff.; *Dannecker* EvZ 2009, 110 ff.
149 Vgl. hierzu *Dannecker* EuZ 2009, 110 ff.
150 *EuGH* NJW 2007, 3412 ff. – Kretzinger; vgl. aber auch *EuGH* NJW 2007, 3416 ff. – „Kraaijenbrink“; EuR 2003, 929 ff. – „Gözütok“.
151 *EuGH* NJW 2007, 3412, 3413.
152 Vgl. *Dannecker* EuZ 2009, 110 ff.; vgl. auch Schaumburg/*Peters* Kap. 4.1 ff.
153 *EuGH* NJW 2011, 983 ff. – Mantello.
154 *EuGH* NJW 2011, 893, 985, Rn. 47 – Mantello.
155 *EuGH* NJW 2011, 893, 985 Rn. 47 – Mantello.
156 *EuGH* Urt. v. 5.6.2014 – C-398/12 (Rs. M.); vgl. hierzu *Bülte* NZWiSt 2014, 321, 324.

70 Voraussetzung dafür, dass die Aburteilung einer erneuten Verfolgung als Verfahrenshindernis entgegensteht, ist, dass die ausgesprochene Strafe auch tatsächlich **vollstreckt** wird. Aber auch der Begriff der Strafvollstreckung wird vom europäischen Gerichtshof sehr weit verstanden, so dass auch die Aussetzung einer Freiheitsstrafe zur Bewährung als Strafvollstreckung angesehen wird.[157]

71 Auch der Begriff der **Strafe** und der Verurteilung wird in den Mitgliedstaaten sehr unterschiedlich verstanden.[158] Eine Unterscheidung zwischen Strafen und Bußen, wie im deutschen Strafrecht, kennen andere Mitgliedstaaten nicht. Um eine einheitliche Auslegung der europäischen Grundrechte zu sichern, musste auch ein unionsrechtlicher Begriff der Strafe entwickelt werden. Diese Frage war insbesondere Gegenstand der *Fransson*-Entscheidung des EuGH.[159] Hier machte der Gerichtshof deutlich, dass steuerliche Verwaltungssanktionen, die keinen strafrechtlichen Charakter haben, auch neben einer Kriminalstrafe wegen Steuerhinterziehung verhängt werden dürfen.[160] Für die Beurteilung, ob es sich um eine Strafe handelt, dürfte es insbesondere darauf ankommen, ob es sich bei der Rechtsfolge um eine Sanktion handelt, die wegen eines schuldhaften Fehlverhaltens verhängt wird und unter anderem abschreckenden Charakter haben soll. Hierbei soll es insbesondere auf drei Faktoren ankommen: *erstens die rechtliche Einordnung der Zuwiderhandlung im innerstaatlichen Recht, zweitens die Art der Zuwiderhandlung und drittens die Art und der Schweregrad der angedrohten Sanktion.*[161] Daher könnte je nach konkretem Einzelfall die Versagung einer Steuerbefreiung oder des Vorsteuerabzugs[162] ebenso eine Strafe darstellen, wie ein Aufschlag auf eine Rückzahlung von Subventionen[163] oder ein Zuschlag bei der Steuerzahlung nach § 398a AO.[164]

---

157 *EuGH* NJW 2007, 3412, 3414, Rn. 42 – Kretzinger; vgl. ferner *Hackner* NStZ 2011, 425, 428.
158 Vgl. nur Schaumburg/*Peters* Kap. 4.10 ff.
159 *EuGH* NJW 2013, 1415 ff.
160 Vgl. auch *EuGH* EuZW 2012, 543.
161 *EuGH* NJW 2013, 1415, 1417, Rn. 35 m.w.N.
162 Vgl. *Bülte* HRRS 2011, 465 ff.
163 *Tiedemann* NJW 1993, 49.
164 *Bülte* NZWiSt 2014, 321, 326; Schaumburg/*Peters* Kap. 11.87 ff.

3. Kapitel
Verfahren bei Wirtschaftsdelikten

Literatur: *Dahs* Handbuch des Strafverteidigers, 8. Aufl. 2015; *Götz* Der Schutz von Betriebs- und Geschäftsgeheimnissen im Zivilverfahren, 2014; *Huff* Notwendige Öffentlichkeitsarbeit der Justiz, NJW 2004, 403; *Feigen* Untreue durch Kreditvergabe, FS Rudolphi, 2004, S. 445; *Matt/Renzikowski* StGB, 2013; *Müller/Schlothauer (Hrsg.)* Münchener Anwaltshandbuch Strafverteidigung, 2. Aufl. 2014; *Rettenmaier/Palm* Das Ordnungswidrigkeitenrecht und die Aufsichtspflicht von Unternehmensverantwortlichen, NJOZ 2010, 1414; *Schmidt-Salzer* Strafrechtliche Produktverantwortung – Das Lederspray-Urteil des BGH, NJW 1990, 2966.

I. Wirtschaftsstrafverfahren

Verfahren in Wirtschaftsstrafsachen richten sich grds. nach den allgemeinen Regeln der **Strafprozessordnung** („StPO"). Sonderregelungen, die ein davon abweichendes Verfahren vorsehen, existieren nicht. Die Unterschiede zu Strafverfahren, die keinen (direkten) wirtschaftlichen Bezug aufweisen, ergeben sich folglich nicht aus den verfahrensrechtlichen Rahmenbedingungen, sondern aus dem Gegenstand, dem Umfang, den professionell Beteiligten[1] und der mit Wirtschaftsstrafverfahren häufig verbundenen Öffentlichkeit.[2]   **1**

Materiell-rechtlich sind Wirtschaftsstrafverfahren insbesondere dadurch gekennzeichnet, dass die im Streit stehenden Straftatbestände häufig nicht dem „Kernstrafrecht" entstammen, sondern sich aus **Nebengesetzen**[3] ergeben, wobei es sich regelmäßig um **Blankettnormen** handelt, die durch die Regelungen anderer Rechtsgebiete ausgefüllt werden.[4] Auf der Ebene der einzelnen Tatbestandsmerkmale sind insbesondere unbestimmte und/oder auslegungsbedürftige – und daher dem Wandel unterliegende – Rechtsbegriffe[5] Spiegel der sich stetig ändernden wirtschaftlichen Gegebenheiten.   **2**

Die wachsende **Bedeutung des Wirtschaftsstrafrechts** und die dort häufig, wenn nicht sogar im Regelfall stattfindende Verzahnung mehrerer Rechtsgebiete spiegelt sich in der kaum noch überschaubaren höchstrichterlichen Rechtsprechung zu wirtschaftsstrafrechtlichen Fragen wider. Von der strafrechtlichen Produkthaftung,[6] der Beihilfe von Bankmitarbeitern zur Steuerhinterziehung von Kunden[7] über die Verantwortlichkeit bei Gremienentscheidungen[8] bis hin zur Untreue im Konzern,[9] der Verantwortlichkeit bei Kreditentscheidungen[10] oder der Zahlung von Prämien an Vorstände[11] variieren die Fragen, mit denen sich die Rechtsprechung u.a. zu beschäftigen hatte.   **3**

---

1 Vgl. § 74c GVG (Zuständigkeit der Wirtschaftsstrafkammer).
2 Nr. 23 RiStBV (Zusammenarbeit mit Presse und Rundfunk).
3 Bspw.: AO, InsO, WpHG, UWG, GWG etc.
4 Zu nennen sind hier u. a.: § 370 Abs. 1 AO („Steuerhinterziehung"), § 399 AktG („Falsche Angaben").
5 Bspw. § 331 Abs. 1 StGB („Vorteil"), § 324 Abs. 1 („unbefugt"), § 5 Abs. 1 BImSchG („erhebliche Belästigung").
6 *BGHSt* 41, 206 ff. – Holzschutzmittel-Entscheidung.
7 *BGHSt* 46, 107 ff.
8 *BGHSt* 37, 106 ff. – Lederspray-Entscheidung.
9 *BGH* StV 2004, 425 – Bremer Vulkan, *BGH* NJW 2006, 453 ff. – Kinowelt.
10 *BGHSt* 47, 148 ff.
11 *BGHSt* 50, 331 ff. – Mannesmann.

4 Bereits hieraus wird deutlich, dass Wirtschaftsstrafverfahren tatsächlich und rechtlich komplex sind. Dies hat einerseits zur Folge, dass Ermittlungs-, Zwischen-, und Hauptsacheverfahren zumeist überdurchschnittlich lange andauern und – aufgrund der materiell-rechtlichen Verzahnung mehrerer Rechtsgebiete – über die Staatsanwaltschaft als originäre Ermittlungsbehörde in Strafsachen hinaus häufig weitere Behörden in das Verfahren eingebunden sind.

5 Sei es, dass diese Behörden „parallel" eigene berufs-, oder aufsichtsrechtliche Verfahren gegen den oder die Beschuldigten oder etwaige Nebenbeteiligte (bspw. Unternehmen) führen,[12] sei es, weil die fachliche Expertise der Fachbehörde notwendig ist, um Sachverhalte rechtlich zu bewerten. All diese Umstände (Gegenstand, Inhalt und Umfang) sind häufig Grund genug, dass die Öffentlichkeit ein gesteigertes Interesse an solchen Strafverfahren hat. Die damit einhergehende (steigende) Medienpräsenz der Justiz[13] und die teilweise einsetzende Eigendynamik der Berichterstattung[14] tragen dazu bei, dass Wirtschaftsstrafverfahren nahezu immer Gegenstand erhöhter öffentlicher Aufmerksamkeit sind.

II. Betroffene von Wirtschaftsstrafverfahren

6 Wirtschaftsstrafverfahren richten sich – wie andere Strafverfahren auch – gegen verantwortlich handelnde **Einzelpersonen**. Die Bestimmung der strafrechtlichen Verantwortlichkeit dieser Personen erfolgt anhand der Regelungen des allgemeinen Teils des **Strafgesetzbuchs** („StGB").[15] Aufgrund der tatsächlichen Komplexität wirtschaftlicher Vorgänge und des damit (zwangsläufig) verbundenen arbeitsteiligen Vorgehens mehrerer Personen kommt den strafgesetzlichen Regelungen zur (Mit-)**Täterschaft**, der **Anstiftung** und der **Beihilfe** (§§ 25, 26 und 27 StGB) wesentliche Bedeutung zu. Dies gilt gleichermaßen für die Regelung des § 14 StGB (**Handeln für einen anderen**), der den persönlichen Anwendungsbereich bestimmter Straftatbestände – insbesondere im Falle nebenstrafrechtlicher Sonder- und Pflichtdelikte[16] – auf die vertretungsberechtigten Organe bzw. Vertreter juristischer Personen bzw. Betriebsleiter ausdehnt.

7 Ein **Verbandsstrafrecht** für juristische Personen existiert – im Gegenteil zu vielen anderen europäischen Staaten[17] – hingegen (noch) nicht. Die mannigfaltigen Forderungen, eine Verbandsstrafbarkeit, insbesondere im Bereich des Wirtschafts- und Umweltstrafrechts, nach dem Vorbild anderer Staaten einzuführen, wurden bislang nicht von dem Gesetzgeber aufgegriffen.

8 Ungeachtet dessen können sich (auch) aus wirtschaftsstrafrechtlichen Verfahren **ordnungswidrigkeitenrechtliche Risiken**[18] für Unternehmen[19] (und Betriebe) in der Form eines Bußgeldes gem. § 30 i.V.m. § 130 des Gesetzes über Ordnungswidrigkeiten („OWiG") ergeben, wenn festgestellt wird, dass der Inhaber des Betriebes, dessen Vertreter oder eine Führungskraft i.S.d. § 9 OWiG eine **gebotene Aufsichtsmaßnahme** zur Verhinderung betriebsbezogener Pflichten unterlassen hat, die – im Falle ihrer Durchführung – die Zuwiderhandlung verhin-

---

12 Bspw. § 130 OWiG; § 35 GewO.

13 *Huff* NJW 2004, 403.

14 Müller/Schlothauer/*Lehr* § 21 Rn. 5.

15 §§ 1–79b StGB.

16 *Fischer* StGB, § 14 Rn. 1b ff.

17 Vgl. dazu: *Eser/Rettenmaier* Criminality of organizations: lessons from domestic law – a comparative perspective in: Nollkaemper/van der Wilt (Hrsg.) System Criminality in International Law, 2009.

18 Vgl. dazu allgemein: *Rettenmaier/Palm* NJOZ 2010, 1414.

19 Allgemein zur strafrechtlichen Unternehmensberatung: *Dahs* Rn. 1145 ff.

dert oder zumindest wesentlich erschwert hätte. Geschieht dies nicht und stellt die **betriebs-
gezogene Pflicht** zugleich eine Straftat dar, kann die Geldbuße gem. § 130 OWiG grds. bis zu
1 Mio. € betragen.

Die Durchführung eines Ordnungswidrigkeitenverfahrens gegen die juristische Person mit   9
dem Ziel der Festsetzung einer Unternehmensgeldbuße erfolgt dabei grds. in zwei Schritten.

In einem ersten Schritt wird – bspw. im Rahmen des zuvor beschriebenen Wirtschaftsstrafver-   10
fahrens – festgestellt, dass eine Ordnungswidrigkeit oder eine Straftat begangen wurde, um
sodann in einem zweiten Schritt festzustellen, dass dies im Falle einer ordnungsgemäßen
Organisation der Gesellschaft und einer ordnungsgemäßen Überwachung der sorgfältig ausgewählten, dort tägigen Personen ausgeblieben oder aber zumindest wesentlich erschwert worden wäre.

Stellt sich hierbei heraus, dass Vertreter oder Führungskräfte mit Leitungsverantwortung eine   11
Straftat oder Ordnungswidrigkeit begangen haben, so kann nach § 30 OWiG eine Geldbuße
gegen das Unternehmen festgesetzt werden. Diese Geldbuße beträgt im Falle einer vorsätzlichen Tatbegehung bis zu 10 und im Falle einer fahrlässigen Straftatbegehung bis zu 5 Mio. €.
Reicht dieser Rahmen zur Abschöpfung des wirtschaftlichen Vorteils nicht aus, ermöglicht
§ 17 Abs. 4 S. 2 OWiG auch dessen Überschreitung.

Wirtschaftsstrafverfahren gegen verantwortlich handelnde Einzelpersonen können folglich in   12
jedem (strafprozessualen) Verfahrensstadium Auswirkungen auf „Dritte", d.h. Einzel- und/
oder juristische Personen („**Nebenbeteiligte**") haben, ohne dass sich das Verfahren (zunächst)
gegen diese richtet. Zu denken ist hierbei insbesondere an **strafprozessuale Zwangsmaßnahmen** wie bspw. die Durchsuchung gem. § 103 StPO oder die Einziehung von Gegenständen im
Rahmen von Maßnahmen zur (vorläufigen) Vermögenssicherung; §§ 73 ff. StGB.

Der oder die Nebenbeteiligte(n) sind diesen Maßnahmen jedoch nicht schutzlos ausgeliefert.   13
Vielmehr hat der Gesetzgeber den Nebenbeteiligten – aufgrund der weitreichenden Auswir-
kungen des (Wirtschafts-)Strafverfahrens auf diesen – (überwiegend) mit den gleichen Rech-
ten ausgestattet, wie sie dem Beschuldigten zustehen. Grundsätzlich gilt daher, dass ab der
Eröffnung des Hauptverfahrens dem Einziehungsbeteiligten die Befugnisse eines Angeklagten
zustehen; § 433 Abs. 1 StPO. Die „Gleichstellung" des nebenbeteiligten Unternehmens mit dem
Beschuldigten erstreckt sich auch auf die Fälle des Betroffenseins von Verfall, Vernichtung und
Unbrauchbarmachung; § 442 Abs. 1 i.V.m. §§ 430–441 StPO.

Die gleiche Interessenlage, nämlich die Einräumung weitgehender strafprozessualer Rechte zur   14
Wahrung berechtigter Interessen liegt auch dann vor, wenn „Dritte" durch Straftaten geschädigt werden. Die Strafprozessordnung räumt ihnen dann entsprechende „**Verletztenrechte**"
ein. Diese reichen von der Akteneinsicht gem. § 406e StPO über die freie Wahl des anwaltlichen Vertreters, der Anwesenheit bei der Vernehmung (des Beschuldigten) gem. §§ 168c, 163a
Abs. 3 StPO bis hin zum Schutz des freien und unkontrollierten Verkehrs mit dem anwaltlichen Vertreter; §§ 148 f. StPO.

III. Beteiligte öffentliche Institutionen

Gemäß § 161 StPO verfügt die Staatanwaltschaft über das Recht, von sämtlichen **öffentlichen**   15
Behörden Auskünfte zu verlangen und durch sie Ermittlungen jeder Art vornehmen zu lassen.
Diese sogenannte **Rechts- und Amtshilfe** spielt in Wirtschaftsstrafverfahren infolge der Viel-

zahl von Schnittstellen mit öffentlichen Behörden regelmäßig eine erhebliche Rolle. Darüber hinaus sind eine Vielzahl von öffentlichen Behörden eigenständig zu Ermittlungen und der Ahndung von Delinquenzen befugt. Bei den nachfolgend aufgeführten Behörden handelt es sich um eine Auswahl häufig an Wirtschaftsstrafverfahren beteiligter Behörden.

1. (Schwerpunkt-)Staatsanwaltschaft und Wirtschaftsreferent

16 Die Staatsanwaltschaft stellt ein von den Gerichten unabhängiges und ihnen gleichgestelltes Organ der Rechtspflege dar. Sie ist die „Herrin des Ermittlungsverfahrens". Der Aufbau der Staatsanwaltschaft ist in den §§ 141 ff. GVG normiert. Um den Besonderheiten der Wirtschaftskriminalität in Umfang und Komplexität (s.o.) gerecht werden zu können, wurde die Strafverfolgung unter Berücksichtigung der in den §§ 74c Abs. 3, 143 Abs. 1 GVG vorgesehenen Konzentrationsmöglichkeit teilweise auf einzelne Staatsanwaltschaften, sog. **Schwerpunktstaatsanwaltschaften** verlagert.[20] Diese gibt es in den Ländern Baden-Württemberg, Bayern, Brandenburg, Hessen, Niedersachsen, Nordrhein-Westfalen, Rheinland-Pfalz, Schleswig-Holstein und Thüringen. Hier werden regelmäßig Schwerpunktabteilungen gebildet, die das Sonderwissen aus entsprechenden Verfahren komprimieren sollen.[21] Andererseits kann der Generalstaatsanwalt beim Oberlandesgericht auch den örtlichen Staatsanwalt nach § 145 Abs. 1 GVG mit der Sache betrauen.

17 Dem nach § 142 Abs. 1 Nr. 2 Var. 2 GVG zuständigem Staatsanwalt kann zwecks zusätzlicher Unterstützung ein **Wirtschaftsreferent** zugeteilt werden. Hierbei handelt es sich in der Regel um Betriebs- oder Volkswirte oder auch Bilanzbuchhalter, beziehungsweise Personen, die Praxiserfahrungen auf dem jeweiligen Sektor vorweisen können.[22] Die Kooperation zwischen Staatsanwalt und Wirtschaftsreferent darf jedoch nicht dazu führen, dass der Wirtschaftsreferent das Verfahren führt. Darüber hinaus ist der Wirtschaftsreferent nicht befugt, dem zuständigen Landgericht gegenüber Prozesserklärungen abzugeben oder Anträge zu stellen. Er kann jedoch mit der Durchführung einer Vernehmung betraut werden, wobei die vom Vernommenen unterzeichnete Niederschrift dann einer von ihm bei schriftlicher Vernehmung abgegebenen Äußerung gleichsteht. Ferner kann der Wirtschaftsreferent auch für solche Untersuchungshandlungen auf Weisung der Staatsanwaltschaft eingesetzt werden, für die keine besondere Zuständigkeit besteht.[23]

2. Steuerbehörden

18 Im Falle des Verdachts einer Steuerstraftat ermittelt gem. § 386 Abs. 1 S. 1 AO die **Finanzbehörde**. Hierzu gehören nach § 386 Abs. 1 S. 2 AO das **Hauptzollamt, das Finanzamt, das Bundeszentralamt für Steuern** und in den hier vernachlässigbaren Kindergeldsachen die Familienkasse.

19 Nach § 386 Abs. 2 AO darf die Ermittlung jedoch nur dann selbstständig ohne Mitwirkung der Staatsanwaltschaft durchgeführt werden, wenn die Tat einerseits ausschließlich eine Steuerstraftat darstellt oder andererseits zugleich andere Strafgesetze verletzt und deren Verletzung Kirchensteuern oder andere öffentlich-rechtliche Abgaben betrifft, die an Besteuerungsgrundlagen, Steuermessbeträge oder Steuerbeträge anknüpfen.[24] Im Falle des Zusammentreffens

---

20 HK-StPO/*Schmidt/Temming* § 143 GVG Rn. 8 ff.
21 Müller-Gugenberger/Bieneck/*Niemeyer* § 11 Rn. 4.
22 Volk/*Grunst* § 1 Rn. 90.
23 *Meyer-Goßner/Schmitt* § 142 GVG, Rn. 7.
24 Müller-Gugenberger/Bieneck/*Muhler* § 15 Rn. 8.

Rettenmaier

einer **Steuerstraftat und eines Allgemeindelikts** verliert die Finanzbehörde nach § 386 Abs. 2 Nr. 1 AO ihre selbstständige Ermittlungskompetenz und die Staatsanwaltschaft ist für sämtliche Ermittlungen zuständig.[25]

Sachlich zuständig ist nach § 387 AO diejenige Finanzbehörde, welche die betroffene Steuer verwaltet („Veranlagungsfinanzamt"). Für die Verwaltung von Besitz- und Verkehrssteuern sind bspw. die Finanzämter sachlich zuständig. Für die Verwaltung der Zölle und der bundesgesetzliche geregelten Verbrauchsteuern die Hauptzollämter. Darüber hinaus haben der Bund sowie sämtliche Bundesländer von der in § 387 Abs. 2 AO vorgesehenen Konzentrationsermächtigung Gebrauch gemacht.[26]

20

a) Bundeszentralamt für Steuern (BZSt)

Das BZSt mit Sitz in Bonn nimmt Aufgaben gem. § 5 Finanzverwaltungsgesetz wahr. Dabei ist es in drei Abteilungen untergliedert. Die Abteilung Steuern I übernimmt Aufgaben mit Bezug zur **Umsatzsteuer.** Hierzu gehört auch die Amtshilfe in Umsatzsteuerangelegenheiten. Die Abteilungen II und III befassen sich zum einen mit nationalen Steuerthemen wie der Vergütung und Freistellung von **Kapitalertragssteuern** und zum anderen mit Aufgaben, die die **Abzugssteuer** betreffen. Bei Letzterer sind die Rechtshilfe und die Informationszentrale für steuerliche Auslandsbeziehungen (IZA) angesiedelt. Mittlerweile handelt es sich bei der IZA um eine der wichtigsten Auskunftstellen bei der Bearbeitung von Wirtschafts-, Zoll- und Steuerstraftaten, die unter der Mitwirkung ausländischer Firmen oder Personen verübt worden sind.[27]

21

b) Finanzämter

Die Finanzbehörden nehmen die Rechte und Pflichten der Staatsanwaltschaft gem. §§ 399 Abs. 1, 386 Abs. 2 AO wahr, solange sie das steuerstrafrechtliche Ermittlungsverfahren selbstständig durchführen. Dies schließt die Möglichkeit ein, bei hinreichendem Tatverdacht beim zuständigen Amtsgericht den Antrag auf Erlass eines Strafbefehls zu stellen.[28]

22

c) Exkurs: Informationszentrale für den Steuerfahndungsdienst beim Finanzamt Wiesbaden II, IV-Steufa

Gemäß Verwaltungsvereinbarung vom 27.10.1977 haben die Bundesländer beim Finanzamt Wiesbaden II eine Informationszentrale für den Steuerfahndungsdienst eingerichtet. Hier können Auskünfte darüber eingeholt werden, ob und bei welcher Steuerfahndungs- oder Strafsachenstelle der Finanzämter Vorgänge über bestimmte Personen und Firmen vorhanden sind.[29]

23

3. Zollbehörden

a) Zollkriminalamt

Das ZKA ist die Zentralstelle des Zollfahndungsdienstes. Darüber hinaus ist es gem. § 2 Zollfahndungsdienstgesetz (ZFdG) für das Auskunfts- und Nachrichtenwesen der gesamten Zoll-

24

---

25 Müller-Gugenberger/Bieneck/*Muhler* § 15 Rn. 9.
26 Müller-Gugenberger/Bieneck/*Niemeyer* § 15 Rn. 16.
27 Wabnitz/Janovsky/*Möhrenschlager* 31. Kap. Rn. 38.
28 § 400 AO; vgl. Müller-Gugenberger/Bieneck/*Niemeyer* § 11 Rn. 5.
29 Wabnitz/Janovsky/*Möhrenschlager* 31. Kap. Rn. 44.

verwaltung zuständig. In Fällen von besonderer Bedeutung nimmt es außerdem die Aufgaben der Zollfahndungsämter auf dem Gebiet der Strafverfolgung wahr, § 4 Abs. 1 ZFdG.

25 Neben den vielfältigen Aufgaben wie beispielsweise dem Sammeln von Informationen für andere Zollstellen, oder der **Bekämpfung der Geldwäsche** durch eine „Gemeinsame Finanzermittlungsgruppe Bundeskriminalamt/Zollkriminalamt", werden vielfältige kriminaltechnische Untersuchungen vorgenommen. Diese werden im Wege der Amtshilfe auch für Staatsanwaltschaft und Gerichte erledigt.[30]

b) Zollfahndungsämter

26 Die wesentlichen Aufgaben der Zollfahndung sind in §§ 208, 404 Abgabenordnung (AO) niedergelegt. Hierzu gehören die Erforschung von **Steuerstraftaten und Steuerordnungswidrigkeiten**, die Ermittlung von Besteuerungsgrundlagen und die Aufdeckung und Ermittlung unbekannter Steuerfälle. Darüber hinaus bestehen wichtige Zuständigkeiten außerhalb der Verfolgung von Steuerstraftaten, beispielsweise die international organisierte grenzüberschreitende Geldwäschebekämpfung.[31]

4. Bundesanstalt für Finanzdienstleistungsaufsicht

27 Die Bundesanstalt für Finanzdienstleistungsaufsicht („BaFin") mit Sitz in Bonn und Frankfurt/Main erfasst die Geschäftsbereiche der **Bankenaufsicht**, der **Versicherungsaufsicht** und der **Wertpapieraufsicht**. In diesem Zusammenhang erstattet sie bei bankbezogenen Delikten Strafanzeige und ist insbesondere mit der Bekämpfung der Geldwäsche befasst. Zur Durchführung strafprozessualer Maßnahmen ist die BaFin indessen nicht befugt.[32] Unter Zuhilfenahme der BaFin hat die Staatsanwaltschaft allerdings die Möglichkeit, an Kontonummern und die dazugehörigen Namen und Geburtsdaten der Verfügungsberechtigten zu gelangen, um sich so eine Übersicht über sämtliche Konten des Beschuldigten in Deutschland erstellen zu lassen.

28 Umgekehrt hat die Staatsanwaltschaft gem. § 60a KWG, Nr. 25 MiStra ihrerseits festgelegte Mitteilungspflichten gegenüber der BaFin. Im Rahmen der Wertpapieraufsicht erstreckt sich die Kompetenz der BaFin unter anderem auf die präventive Bekämpfung und die Verfolgung von **Insidergeschäften** sowie die Überwachung von Unternehmensübernahmen. Auch hier besteht wiederum seitens der Staatsanwaltschaft eine Mitteilungspflicht bei der Einleitung eines Ermittlungsverfahrens wegen Straftaten nach § 38 WpHG, § 40a Abs. 1, 4 WpHG, Nr. 25a MiStra.

5. Bundesamt für Wirtschaft und Ausfuhrkontrolle (BAFA)

29 Das BAFA mit Sitz in Eschborn nimmt Aufgaben in den Kernbereichen von **Außenwirtschaft**, Wirtschaftsförderung sowie Energie und Klimaschutz wahr. Im Bereich der Außenwirtschaft unterliegen dem BAFA die Durchführung der Einfuhrregelungen sowie die Ausfuhrkontrolle als Genehmigungsbehörde im Rahmen des Exportkontrollsystems auf der Grundlage des AWG. Darüber hinaus überwacht das BAFA die Einhaltung mengen- und wertmäßig beschränkter Kontingente. Hierbei besteht unter anderem auch Raum für die Zusammenarbeit mit der Staatsanwaltschaft. Zu den Kompetenzen des BAFA gehört danach allgemein die

---

30 Wabnitz/Janovsky/*Möhrenschlager* 31. Kap. Rn. 48.
31 Müller-Gugenberger/Bieneck/*Bender* § 15 Rn. 74.
32 Wabnitz/Janovsky/*Möhrenschlager* 31. Kap. Rn. 20.

Abgabe einer **fachlichen Stellungnahme in Ermittlungs- und Strafverfahren** auf dem Gebiet des Außenwirtschaftsrechts.[33]

6. Kartellbehörden

a) Bundeskartellamt

Das Bundeskartellamt mit Sitz in Bonn ist als selbstständige Bundesoberbehörde im Geschäftsbereich des Bundesministeriums für Wirtschaft und Technologie tätig. Dabei ist es in erster Linie für die Anwendung des **Gesetzes gegen Wettbewerbsbeschränkungen** (GWB) zuständig. In diesem Zusammenhang zählen unter anderem die Durchsetzung des Kartellverbots, die Ausübung der Missbrauchsaufsicht, die Fusionskontrolle sowie der Vergaberechtsschutz zu seinen Aufgaben. Zur Durchsetzung des Kartellverbotes verfügt das Bundeskartellamt gem. §§ 57 ff. GWB über **wesentliche Ermittlungsbefugnisse**. Sämtliche Ordnungswidrigkeiten kann es selbst ahnden. Entsteht hingegen der Verdacht einer Straftat (bspw. § 298 StGB), so muss der Vorgang an die Staatsanwaltschaft abgegeben werden, wobei in der Folge eine enge Zusammenarbeit der Ämter die Regel ist.   **30**

Bei Preisabsprachen erstatten Geschädigte regelmäßig Strafanzeige wegen Betruges. In der Praxis werden diese Ermittlungsverfahren jedoch häufig eingestellt, weil ein Tatnachweis nicht geführt werden kann. In diesem Fall wird die Sache aber zwecks Ahndung der Ordnungswidrigkeit gem. § 81 GWB an die Kartellbehörde abgegeben. Die Kartellbehörde ist gem. §§ 57 ff. GWB befugt, eigene Ermittlungen anzustellen sowie Durchsuchungen und Prüfungen in den Räumen des Unternehmens durchzuführen.   **31**

b) Landeskartellämter

Die Kartellbehörden der Länder sind gem. § 48 Abs. 2 S. 2 GWB immer dann zuständig, wenn zur Durchsetzung eines Kartellverbotes oder im Rahmen Missbrauchsaufsicht die wettbewerbsbeschränkende Wirkung nicht über die Grenzen eines Bundeslandes hinausreicht. Eine Fusionskontrolle wird hingegen ausschließlich von dem Bundeskartellamt bearbeitet.   **32**

7. Berufsspezifische Institutionen (Kammern)

Richten sich die Ermittlungen in einem Wirtschaftsstrafverfahren gegen Angehörige eines freien Berufes, die einer berufsständischen Kammer angehören, so leiten diese Kammern in der Regel parallel ein berufsständisches Verfahren ein. Diese Verfahren sind für den Betroffenen (ebenfalls) von erheblicher Bedeutung, da diese schlimmstenfalls dazu führen können, dass dem Betroffenen die Berufsausübung untersagt wird.   **33**

a) Rechtsanwaltskammer

Die Rechtsanwaltskammer ist ein örtlicher Zusammenschluss von Rechtsanwälten. Der Bezirk einer Kammer entspricht hierbei dem des jeweiligen Oberlandesgerichts oder eines Teils desselben. Die Rechtsanwaltskammer ist eine Körperschaft des öffentlichen Rechts. Einzelheiten ihrer Aufgaben und Befugnisse ergeben sich aus der Bundesrechtsanwaltsordnung (BRAO). Nach § 36 BRAO ermittelt die Rechtsanwaltskammer in Zulassungssachen Auskünfte aus dem Bundeszentralregister oder von Gerichten und Behörden. Die BRAO sieht außerdem ein **berufsgerichtliches Verfahren** vor.   **34**

---

33 Wabnitz/Janovsky/*Dannecker* 31. Kap. Rn. 12, 14.

35 Ist gegen einen Rechtsanwalt, der einer Verletzung seiner Pflichten beschuldigt wird, wegen desselben Verhaltens die öffentliche Klage im strafgerichtlichen Verfahren erhoben, so kann gegen ihn ein anwaltsgerichtliches Verfahren zwar eingeleitet, muss aber bis zur Beendigung des strafgerichtlichen Verfahrens ausgesetzt werden; § 118 BRAO.

36 Die Staatsanwaltschaft und der Vorstand der Rechtsanwaltskammer unterrichten sich gegenseitig, sobald sie von einem Verhalten eines Rechtsanwalts Kenntnis erlangen, das den Verdacht einer schuldhaften Verletzung seiner Pflichten, die mit einer der anwaltsgerichtlichen Maßnahmen nach § 114 Abs. 1 Nr. 3–5 BRAO geahndet werden kann, begründet; § 120a BRAO.

37 Nach Nr. 23 MiStra sind in Strafsachen gegen Angehörige von rechtsberatenden Berufen **Mitteilungen an die zuständigen Stellen** zu machen. Mitzuteilen sind der Erlass und der Vollzug eines Haft- oder Unterbringungsbefehls, die Entscheidung, durch die ein vorläufiges Berufsverbot angeordnet oder ein solches aufgehoben worden ist, die Erhebung der öffentlichen Klage, die Urteile sowie ggf. der Ausgang des Verfahrens.

b) Wirtschaftsprüferkammer

38 Die Wirtschaftsprüferkammer (WPK) ist eine Körperschaft des öffentlichen Rechts mit Hauptgeschäftsstelle in Berlin. Zu ihren Mitgliedern zählen sämtliche **Wirtschaftsprüfer, vereidigten Buchprüfer, Wirtschaftsprüfungsgesellschaften und Buchprüfungsgesellschaften** in Deutschland. Mitglieder der WPK sind außerdem gesetzliche Vertreter von Wirtschaftsprüfungsgesellschaften und Buchprüfungsgesellschaften, die nicht persönlich Berufsangehörige sind. Eine freiwillige Mitgliedschaft kommt für genossenschaftliche Prüfungsverbände, Prüfungsstellen der Sparkassen- und Giroverbände und überörtliche Prüfungseinrichtungen für öffentliche Körperschaften in Betracht.

39 Die gesetzlichen Aufgaben der WPK sind nach § 57 Wirtschaftsprüferordnung (WPO) unter anderem die Berufsaufsicht mit der Zuständigkeit für die Ermittlung und Ahndung der Fälle mit dem Vorwurf geringer bis mittelschwerer Schuld sowie mit einer Ermittlungspflicht auch in den übrigen Fällen sowie die Bestellung von Wirtschaftsprüfern und vereidigten Buchprüfern sowie die Anerkennung und der Widerruf von Wirtschaftsprüfungs- und Buchprüfungsgesellschaften.

40 § 84a WPO sieht eine **gegenseitige Unterrichtungspflicht von WPK und Staatsanwaltschaft** vor. Soweit die WPK Kenntnis von Tatsachen erhält, die den Verdacht einer schuldhaft begangenen berufsgerichtliche Maßnahmen nach § 68 Abs. 1 rechtfertigenden Pflichtverletzung oder eine Straftat im Zusammenhang mit der Berufsausübung begründen, so teilt sie diese der nach § 84 WPO zuständigen Staatsanwaltschaft mit. Andererseits ist auch die Staatsanwaltschaft nach § 84a Abs. 2 WPO verpflichtet, der WPK in diesem Fall Mitteilung zu machen. Für die WPK gelten nach Nr. 24 MiStra dieselben Mitteilungspflichten wie für Steuerberater (dazu sogleich).

c) Steuerberaterkammer

41 Die Steuerberaterkammer ist die örtlich zuständige Berufsvereinigung für Steuerberater. Die Kammern sind Körperschaften des öffentlichen Rechts. In Deutschland gibt es derzeit 21 Steuerberaterkammern, die zusammen die Bundessteuerberaterkammer bilden. Nach §§ 10 und 10a Steuerberatungsgesetz bestehen **Mitteilungspflichten über Pflichtverletzungen** und andere Informationen sowie über den Ausgang eines Bußgeldverfahrens wegen unbefugter Hilfeleistung in Steuersachen. Nach Nr. 24 MiStra ist in Strafsachen gegen bestimmte Berufe des Wirtschaftslebens, wie auch Steuerberater und Steuerbevollmächtigte, Mitteilung zu machen, wenn

der Tatvorwurf auf eine Verletzung von Pflichten schließen lässt, die bei der Ausübung des Berufs zu beachten sind, oder er in anderer Weise geeignet ist, Zweifel an der Eignung, Zuverlässigkeit oder Befähigung hervorzuheben. Mitzuteilen sind dieselben Ereignisse wie bereits bei den Rechtsanwaltskammern ausgeführt.

8. Gericht

Während des **Ermittlungsverfahrens** ist der Ermittlungsrichter zuständig und tätig. Er ordnet strafprozessuale Zwangsmaßnahmen wie die **Durchsuchung oder die Beschlagnahme** an. Zuständig ist der Ermittlungsrichter an dem Amtsgericht, in dessen Bezirk die Staatsanwaltschaft ihren Sitz hat; § 162 Abs. 1 S. 1 StPO. Dieses Gericht ist auch für den Erlass eines Haftbefehls zuständig, wobei daneben gem. § 162 Abs. 1 S. 2 StPO nach der allgemeinen Vorschrift des § 125 StPO die Zuständigkeit bestimmter Amtsgerichte möglich ist. So kommt gem. § 125 Abs. 1 i.V.m. § 7 StPO auch die Zuständigkeit desjenigen Gerichts in Betracht, in dessen Bezirk die Tat begangen worden ist.[34] **42**

Im **Zwischen- und Hauptverfahren** entscheidet in Wirtschaftsstrafsachen regelmäßig als besondere Strafkammer die **Wirtschaftsstrafkammer** gem. § 74c GVG. Bei bestimmten Straftatbeständen des Wirtschaftsstrafrechts ist diese unmittelbar funktionell zuständig, so insbesondere bei Steuerhinterziehung und Bankrott; § 74c Abs. 1 Nr. 1-5a GVG. **43**

Für **Betrug und Untreue** und die weiteren in § 74c Abs. 1 Nr. 6 GVG angeführten Delikte ist seitens der Staatsanwaltschaft dann Anklage zu der Wirtschaftsstrafkammer zu erheben, wenn zur Beurteilung des Falles besondere Kenntnisse des Wirtschaftslebens erforderlich sind. Eine Begründung dieser Einschätzung soll durch die Staatsanwaltschaft nach Nr. 113 Abs. 2 S. 2 RiStBV zu den Akten gegeben werden.[35] Kommt diese zu der Erkenntnis, dass es keinerlei besonderer Kenntnisse der Wirtschaftsstrafkammer bedarf, so richtet sich die sachliche Zuständigkeit nach den allgemeinen Vorschriften. **44**

Gesondert ist hier noch auf § 24 Abs. 1 Nr. 3 GVG hinzuweisen. In Verfahren, in denen die Strafgewalt des Amtsgerichts grds. ausreichen würde, kann sie dennoch wegen des besonderen Umfangs oder wegen der besonderen Bedeutung des Falles Anklage zur großen Strafkammer beim Landgericht erheben. **45**

IV. Besonderheiten in Wirtschaftsstrafverfahren

1. Materiell-rechtliche Besonderheiten (Auswahl)

a) Organe und Vertreter; § 14 StGB

Im Wirtschaftsstrafrecht von besonderer Bedeutung ist die Regelung des § 14 StGB. Regelungsgegenstand ist die **Organ- und Vertreterhaftung** innerhalb von Delikten, die ausdrücklich oder nach Sachzusammenhang ein besonderes Tätermerkmal voraussetzen. Die Vorschrift unterscheidet hierbei zwischen der Zurechnung des Handelns von Organen und Vertretern nach § 14 Abs. 1 StGB und des Handelns von Beauftragten nach § 14 Abs. 2 StGB. **46**

---

34 Müller-Gugenberger/Bieneck/*Niemeyer* § 11 Rn. 12.
35 Müller-Gugenberger/Bieneck/*Niemeyer* § 12 Rn. 10.

Nach § 14 Abs. 2 S. 2 steht das Unternehmen dem Betrieb gleich. Daraus folgt eine Organ-, Vertreter- und Beauftragtenhaftung welche eine Strafbarkeitslücke im Rahmen der Sonder- und Pflichtdelikte schließt, die aus dem Umstand folgt, dass in denjenigen Fällen, in denen das Unternehmen selbst Normadressat ist, dieses sich als rein juristische Person oder Personenvereinigung mangels deutschem Verbandsstrafrecht nicht strafbar machen kann.

47 Nach überwiegend vertretener Ansicht stellt § 14 StGB danach einen Fall der „**Verantwortungsverschiebung nach unten**"[36] dar.[37] Von Bedeutung ist insbesondere § 14 Abs. 3 StGB. Danach sind die Abs. 1 und 2 auch für den Fall bestimmt, dass die Rechtshandlung, die die Vertretungsbefugnis bzw. das Auftragsverhältnis begründen sollte, zivilrechtlich unwirksam ist.[38]

48 Mit dieser Regelung wird die Figur des **faktischen Geschäftsführers** anerkannt und einem regulären Geschäftsführer unter bestimmten Voraussetzungen gleichgestellt. Die faktische Geschäftsführung setzt schließlich voraus, dass durch den faktischen Geschäftsführer der Tätigkeitsbereich mit dem Einverständnis oder zumindest der Duldung des primären Normadressaten absolviert wird.[39] Dabei muss der faktische Geschäftsführer selbst die Geschicke der Gesellschaft allein bestimmen oder jedenfalls eine dominierende Rolle einnehmen.[40]

b) Kollegialentscheidungen

49 Entscheidungen im Wirtschaftsleben, die auch strafrechtliche von erheblicher Bedeutung sein können, ergehen häufig im Kollektiv (bspw. Geschäftsführung, Vorstand oder Aufsichtsrat).[41] Im Rahmen von sog. **Kollegial- oder Gremienentscheidungen**[42] stellt sich häufig die Frage, wie einem Mitstimmenden die von allen getroffene Mehrheitsentscheidung zuzurechnen ist. Problematisch ist insoweit, ob die Gegenstimme strafrechtlich entlasten kann, oder etwa der Einwand, dass die eigene Stimme letztlich als Minderheit ohne Relevanz gewesen wäre, weil die Mehrheit für den deliktischen Erfolg auch ohne diese bestanden hätte. Verortet wird dieses Problem im Rahmen der **strafrechtlichen Zurechnung**.

50 Die Rechtsprechung befasste sich erstmals 1990 in der sog. „Ledersprayentscheidung"[43] mit dieser Problematik. Gegenstand war eine Sondersitzung der Geschäftsführer des Unternehmens, in der entschieden wurde, dass die Anordnung eines Vertriebsstopps oder Rückrufaktion nicht in Betracht gezogen werden müsse. Hierzu wurde höchstrichterlich ausgeführt: *„Hätten in einer GmbH mehrere Geschäftsführer gemeinsam über die Anordnung des Rückrufs zu entscheiden, so sei jeder Geschäftsführer verpflichtet, alles ihm Mögliche und Zumutbare zu tun, um diese Entscheidung herbeizuführen. Beschlössen die Geschäftsführer einer GmbH einstimmig, den gebotenen Rückruf zu unterlassen, so hafteten sie für die Schadensfolgen dieser Unterlassung als Mittäter. Jeder Geschäftsführer, der es unterlasse, seinen Beitrag zum Zustandekommen der Rückrufentscheidung zu leisten, setze eine Ursache für das Unterbleiben der gebotenen Maßnahme. Dies begründe seine strafrechtliche Haftung auch dann, wenn seine Gegenstimme am Widerstand der anderen Geschäftsführer gescheitert wäre"*.[44] Hieraus folgt, dass den Angaben des

---

36 *Tiedemann* § 4 Rn. 241a.
37 Momsen/Grützner/*Rotsch* Wirtschaftsstrafrecht, 2013, 1. Kap. B. Rn. 58.
38 Momsen/Grützner/*Rotsch* Wirtschaftsstrafrecht, 2013, 1. Kap. B. Rn. 59.
39 Wabnitz/Janovsky/*Dannecker/Bülte* 1. Kap. Rn. 42 f.
40 *Fischer* § 14 Rn. 18.
41 *Matt/Renzikowski* § 266 Rn. 111 ff.
42 Grundlegend hierzu: MK-StGB/*Dierlamm* 2. Aufl. 2014, § 266 Rn. 288 ff.
43 BGHSt 37, 106 ff., 129 m.Anm. *Schmidt-Salzer* NJW 1990, 2966.
44 BGHSt 37, 106, 107.

verantwortlichen Vorstandsmitglieds zwar grds. gefolgt und darauf (strafrechtlich entlastend) vertraut werden kann, der Grundsatz der Generalverantwortung allerdings dann greift, wenn es sich um Sachverhalte handelt, die für das gesamt Unternehmen von grundlegender Bedeutung sind, d.h. das Unternehmen „als Ganzes" betroffen ist.[45]

Darüber hinaus wurde 1994 erstmals höchstrichterlich die Figur der **mittelbaren Täterschaft** **51** **kraft Organisationsherrschaft** anerkannt.[46] Danach kommt eine Strafbarkeit als mittelbarer Täter für denjenigen in Betracht, der sich einer Organisationsstruktur bedient, die die unbedingte Ausführung seiner Befehle garantiert. Dies soll auch dann gelten, wenn der handelnde Tatmittler dabei uneingeschränkt verantwortlich handelt.[47] Diese Rechtsprechung ist gegebenenfalls unter strengen Voraussetzungen auch auf die Organisationsstruktur eines Unternehmens übertragbar.[48] Im Jahr 2000 nahm der Bundesgerichtshof zur strafrechtlichen **Verantwortungsverteilung** in Bankgremien bei Kreditvergaben Stellung. Werde die Entscheidung über eine Kreditvergabe von einem mehrköpfigen Gremium getroffen, so kämen auch im Falle des Einstimmigkeitsprinzips unterschiedliche Verantwortlichkeiten der Beteiligten in Betracht. So dürfe sich beispielsweise ein Bankleiter regelmäßig auf den Bericht des zuständigen Vorstandsmitglieds oder Sachbearbeiters verlassen, soweit keine Zweifel oder Unstimmigkeiten ersichtlich seien. Einer eigenen Nachprüfung bedürfe es ansonsten nur bei Kreditvergaben, die ein existenzielles Risiko für die Bank bedeuten könnten.[49]

In der **Mannesmann/Vodafone**-Entscheidung machte das Landgericht Düsseldorf 2004 Ausführungen zu der Verantwortlichkeit eines sich enthaltenden Organmitglieds.[50] Hierbei könne **52** es dahinstehen, ob eine Enthaltung grds. als kausal für das Zustandekommen eines Beschlusses angesehen werden könne, denn jedenfalls im vorliegenden Fall sei davon auszugehen, da das Gremium ohne eine Teilnahme des betreffenden Organmitglieds an der Beschlussfassung nicht beschlussfähig gewesen wäre und sich das enthaltende Mitglied zudem nicht gegen den Inhalt der Entscheidung habe stellen wollen. Nach Ansicht des BGH entsprach die Enthaltung des Arbeitnehmervertreters objektiv wie auch subjektiv im Ergebnis einer „Ja-Stimme", die mit Rücksicht auf seine Stellung als Arbeitnehmervertreter lediglich nach außen hin nicht erkennbar sein sollte.[51]

Zusammenfassend kann demnach festgestellt werden, dass derjenige, der an einer Gremienentscheidung teilnimmt und einem Beschluss mit strafrechtlich relevantem Inhalt zustimmt, **53** hierfür strafrechtlich infolge der mittäterschaftlichen Zurechnung der Beschlussfassung verantwortlich ist. Dabei bleibt unberücksichtigt, ob für die Entscheidung mehr Stimmen abgegeben wurden, als dies gesellschaftsrechtlich erforderlich gewesen wäre.

Ein **überstimmtes Mitglied** kann hingegen wegen seiner bloßen Abstimmungsmitwirkung **54** mangels Schaffung eines unerlaubten Risikos nicht durch individualisierendes Zuschreiben einer Kollektivverantwortung des Gesamtgremiums für Folgen des rechtswidrigen Beschlusses verantwortlich gemacht werden.[52] Voraussetzung ist, dass der Betroffene in der Gremiensitzung seine Stimme **gegen den Beschluss** erhoben hat und hierbei alles ihm Mögliche und

---

45 *Matt/Renzikowski* § 266 Rn. 111 unter Hinweis auf: *BGHSt* 37, 106, 123 f.
46 *BGHSt* 40, 218.
47 Vgl. hierzu MK-StGB/*Dierlamm* 2. Aufl. 2014, § 266 Rn. 290.
48 Zum Sonderproblem der systematisch unzureichenden Risikoerfassung vgl. *Feigen* FS Rudolphi, S. 445, 455.
49 *BGHSt* 46, 30, 35.
50 *LG Düsseldorf* NJW 2004, 3275, 3276.
51 *BGH* NStZ 2006, 214.
52 Schönke/Schröder/*Schuster/Sternberg-Lieben* 29. Aufl. 2014, § 15 Rn. 218 m.w.N.

Zumutbare unternommen hat, um einen Beschluss mit den strafrechtlichen Folgen zu verhindern.[53] Bei der Beurteilung der Stimmenthaltung begründet diese zunächst keinen Tatbeitrag im Sinne eines positiven Tuns. In Betracht kommt hingegen ein **garantenpflichtwidriges Unterlassen**, da das sich der Stimme enthaltende Mitglied seine Pflicht, im Rahmen des Beschlussverfahrens alles Mögliche und Zumutbare zur Verhinderung des strafrechtlichen Erfolges getan zu haben, verletzt.[54]

c) Schadensbestimmung

55 Maßgeblich sowohl bei der Frage, ob überhaupt ein strafbares Verhalten vorliegt,[55] als auch bei der Frage, in welchem Umfang eine Schädigung eingetreten ist, ist die Schadensbestimmung.[56] Diese ist häufig umstritten und Gegenstand gerichtlicher Auseinandersetzungen. Die zentralen Punkte sollen nachfolgend kurz beleuchtet werden.

56 Es entspricht der herrschenden Auffassung, dass der Vermögensnachteil i.S.d. § 266 StGB (Untreue) dem Schaden des § 263 StGB (Betrug) entspricht.[57] In diesem Zusammenhang ergaben sich in der Vergangenheit erhebliche Unstimmigkeiten über die **Ermittlung des jeweiligen Vermögensschadens**. Unter anderem wurde die Einhaltung des verfassungsrechtlich in Art. 103 Abs. 2 GG verorteten Bestimmtheitsgebots in Zweifel gezogen. Dem ist das Bundesverfassungsgericht in seinen Entscheidungen vom 10.3.2009[58] und vom 23.6.2010[59] nur sehr eingeschränkt gefolgt. Selbst die sogenannte **schadensgleiche Vermögensgefährdung** wurde als Rechtsfigur aufrechterhalten.

57 Nach ständiger Rechtsprechung des BGH „... *ergibt [grds.] ein Vergleich der Vermögenslage vor und nach dem Vertragsschluss, ob ein Vermögensschaden eingetreten ist.*"[60] Eine solche Nachteilsermittlung beinhaltet also, dass zunächst – auf einer geldwerten Bemessungsgrundlage – Vor- und Nachteile einer Handlung gegenübergestellt werden und sich hieraus eine Inkongruenz ergeben muss.[61]

58 Durch das Bundesverfassungsgericht wurden die Anforderungen an den Nachweis des Nachteils konkretisiert. Formulierungen wie die *„aufs Äußerste gesteigerte Verlustgefahr"* oder das Handeln *„nach Art eines Spielers"* sind als Begründung für das Merkmal des Vermögensnachteils nunmehr unzureichend. Vielmehr bedarf es einer konkreten Ermittlung des Vermögensschadens. Der Vermögensnachteil muss dem Grunde und der Höhe nach in wirtschaftlich nachvollziehbarer Weise konkret anhand **anerkannter Berechnungsmethoden** festgestellt werden. Zur Ermittlung des Mindestwerts bedarf es erforderlichenfalls der **Hinzuziehung eines Sachverständigen**.[62]

59 Die Annahme eines Vermögensnachteils scheidet auch dann aus, wenn der Vermögensverlust unmittelbar durch die treuwidrige Handlung kompensiert wurde.[63] Dies ist der Fall, wenn

---

53 S. *BGHSt* 37, 106, 131 f.; näher hierzu MK-StGB/*Dierlamm* 2. Aufl. 2014, § 266 Rn. 297.

54 MK-StGB/*Dierlamm* 2. Aufl. 2014, § 266 Rn. 298.

55 Insb. bei allen (reinen) Vermögensdelikten wie bspw. §§ 263, 266 StGB etc.

56 Vgl. hierzu insgesamt: *Rettenmaier/Reichling* Bankstrafrecht, § 3 Rn. 157 ff.

57 *Fischer* StGB, § 266 Rn. 110.

58 *BVerfG* NJW 2009, 2370.

59 *BVerfG* NJW 2010, 3209.

60 *BGHSt* 16, 220, 221.

61 Volk/*Beukelmann* § 18 Rn. 98.

62 *BVerfGE* 126, 170; vgl. MK-StGB/*Dierlamm* 2. Aufl. 2014, § 266 Rn. 13 f.

63 *BGH* NStZ 1986, 455, 456; Schönke/Schröder/*Perron* 29. Aufl. 2014, § 266 Rn. 41.

Nachteile, die durch die Untreuehandlung eingetreten sind, durch erlangte Vorteile gleichfalls wieder ausgeglichen werden. Der Vermögenszuwachs muss hierbei eine **wirtschaftlich vollwertige Kompensation** darstellen.[64] Davon ist auszugehen, wenn der Geschäftsherr im Rahmen eines treuwidrigen Austauschvertrags für sein Vermögensopfer eine gleichwertige Gegenleistung erhält, oder er infolge der treuwidrigen Erfüllung einer Schuld – unabhängig von der Durchsetzbarkeit der Forderung – von einer Verbindlichkeit befreit wird, oder wenn ohne einen rechtlich begründeten Anspruch künftige Vorteile dergestalt zu erwarten sind, dass mit Wahrscheinlichkeit ein Vermögenszuwachs eintreten wird.[65]

Die **schadensgleiche Vermögensgefährdung**[66] stellt einen vollendeten Schadenseintritt dar, in Form der konkreten Gefährdung des Gesamtvermögenswerts. Nach wirtschaftlicher Betrachtung liegt danach zwischen Gefährdung und Schaden nur ein quantitativer Unterschied und die Entstehung des endgültigen Schadens stellt einen prozesshaften und sukzessiven Vorgang dar.[67] Ein Gefährdungsschaden ist gegeben, wenn die Wahrscheinlichkeit eines endgültigen Verlusts so groß ist, dass dies schon gegenwärtig eine objektive Minderung des Gesamtvermögens zur Folge hat.[68]
60

2. Prozessuale Besonderheiten (Auswahl)

a) Verfahren bei Ordnungswidrigkeiten

Das Verfahren zur Verfolgung von Ordnungswidrigkeiten ist gegenüber dem Strafverfahren vielfach vereinfacht. Anders als im Strafrecht ist hier die Verhängung einer Geldbuße gem. § 30 OWiG gegenüber einer juristischen Person möglich. Für die Verfolgung und **Ahndung von Ordnungswidrigkeiten** sind die jeweiligen Verwaltungsbehörden zuständig, § 35 OWiG. Dabei ist das Verfahren entsprechend dem Strafverfahren ausgestaltet, sodass – soweit nichts anderes bestimmt ist – die allgemeinen Gesetze über das Strafverfahren gelten, § 46 Abs. 1 OWiG.
61

Im Ermittlungsverfahren hat die als Ordnungsbehörde handelnde Verwaltungsbehörde außerdem regelmäßig dieselben Befugnisse wie die Staatsanwaltschaft im Strafverfahren, § 46 Abs. 2 OWiG. Auch sie wird gem. § 53 Abs. 1 OWiG von der Polizei unterstützt. Anders als im Strafverfahren gilt jedoch kein Verfolgungszwang. Die Verfolgung liegt vielmehr im pflichtgemäßen Ermessen von Verwaltungsbehörden und Polizei; §§ 47 Abs. 1, 53 Abs. 1 S. 1 OWiG, welches im Einzelfall auf Null reduziert sein kann. Kommt die Verwaltungsbehörde zu dem Ergebnis, dass es einer Ahndung bedarf, erlässt sie einen Bußgeldbescheid, gegen den innerhalb von zwei Wochen Einspruch erhoben werden kann; § 67 Abs. 1 S. 1 OWiG. Mit Eingang des zulässigen Einspruchs wird die Sache sodann an die Staatsanwaltschaft abgegeben und der Vorgang von dort an das zuständige Amtsgericht weitergeleitet; § 68 OWiG. Hierauf folgt eine Hauptverhandlung, die – bis auf einige Abweichungen – in den Grundzügen der eines Strafverfahrens gleicht. Gegen das Urteil kann nicht Berufung oder Revision, sondern **Rechtsbeschwerde** eingelegt werden. Für Geldbußen unter 250 € kommt lediglich ein Antrag auf Zulassung der Rechtsbeschwerde in Betracht (vgl. §§ 79, 80 OWiG).[69]
62

---

64 *BGHSt* 31, 232, 243; 40, 287, 295; 43, 293, 297.
65 MK-StGB/*Dierlamm* 2. Aufl. 2014, § 266 Rn. 206 m.w.N.
66 Vgl. dazu auch: *Matt/Renzikowski* § 266 Rn. 10; kritisch zur Figur der schadensgleichen Vermögensgefährdung u.a. *BGHSt* 53, 199 ff.
67 *Fischer* § 263 Rn. 156.
68 *BGHSt* 48, 331, 346.
69 Müller-Gugenberger/Bieneck/*Niemeyer* § 14 Rn. 3 ff.

63 Besonderheiten ergeben sich für den Fall des **Zusammentreffens von Ordnungswidrigkeiten und Straftaten**. In diesem Fall ist nach §§ 40, 42 Abs. 1 OWiG allein die Staatsanwaltschaft für die Verfolgung zuständig. Gegebenenfalls ist dann im Strafverfahren eine Geldbuße zu erlassen; § 82 Abs. 1 OWiG. Bestätigt sich der Straftatverdacht im Ermittlungsverfahren nicht, bestehen aber Anhaltspunkte für das Vorliegen einer Ordnungswidrigkeit, muss die Staatsanwaltschaft das Verfahren nach § 43 OWiG an die Verwaltungsbehörde abgeben.

b) Sachverständige

64 Sachverständige sind in Wirtschaftsstrafsachen regelmäßig am Verfahren beteiligt.[70] Die Rechtsprechung bildet innerhalb von Straftatbeständen immer häufiger Konstellationen, in denen die Hinzuziehung eines Sachverständigen unerlässlich ist. Bezüglich der Untreue hat das Bundesverfassungsgericht beispielsweise für die Schadensbestimmung festgestellt, dass zur Ermittlung des Minderwerts erforderlichenfalls ein Sachverständiger hinzugezogen werden muss.[71] Die Gerichte sind den komplexen und äußerst umfangreichen Sachverhalten ohne betriebswirtschaftliche Schulung häufig kaum noch gewachsen.

65 Der Sachverständige wird gem. § 73 Abs. 1 S. 1 StPO **vom Gericht ausgewählt**. Demnach haben die Verfahrensbeteiligten grds. keinen Anspruch auf Anhörung eines bestimmten Sachverständigen. Selbst wenn dem Beweisantrag stattgegeben wird, kann das Gericht theoretisch anstelle des vorgeschlagenen einen anderen – gleichermaßen geeignet erscheinenden – Sachverständigen bestellen, ohne dass dies eine Teilablehnung des Beweisantrags darstellen würde. Im Beweisantrag selbst muss der Antragsteller demnach weder einen bestimmten Sachverständigen benennen noch dessen Fachrichtung angeben. Die Entscheidung über Auswahl und Anzahl der zum Beweisthema anzuhörenden Sachverständigen hat das Gericht stattdessen nach seinem pflichtgemäßen Ermessen zu treffen.[72]

c) Geschäfts- und Betriebsgeheimnisse

66 Ausweislich der Rechtsprechung des Bundesarbeitsgerichts sind Betriebs- und Geschäftsgeheimnisse *„im Zusammenhang mit dem Betrieb eines Unternehmens stehende Umstände oder Vorgänge, die nur einem begrenzten Personenkreis bekannt, für Außenstehende aber wissenswert sind, die nach dem bekundeten Willen des Betriebs- oder Geschäftsinhabers geheim zu halten sind und deren Kenntnis durch Außenstehende dem Geheimnisschutzträger zu einem Nachteil gereichen kann. Allgemein bekannte Umstände und Vorgänge sind auch dann keine Betriebs- oder Geschäftsgeheimnisse, wenn der Inhaber sie als solche bezeichnet.“*[73] Sie sind in Wirtschaftsstrafverfahren entweder Gegenstand des strafrechtlichen Vorwurfs (§ 17 UWG) oder spielen im Zusammenhang mit strafrechtlichen Ermittlungsmaßnahmen – bspw. im Rahmen von Durchsuchungen – oder als Bestandteil der Ermittlungsakten eine Rolle.

67 Zum Schutz etwaiger Geschäfts- und Betriebsgeheimnisse sieht § 147 StPO jedoch keine explizite Möglichkeit vor, die Akteneinsicht durch den Verteidiger zu begrenzen. Für die in Abs. 7 geregelte Akteneinsicht des Beschuldigten gibt der Wortlaut allerdings vor, dass sie nicht zu gewähren ist, wenn *überwiegende schutzwürdige Interessen Dritter* entgegenstehen, worunter man Betriebs- und Geschäftsgeheimnisse fassen kann.[74]

---

70 Zur Rolle des Sachverständigen im Strafprozess: *Dahs* Rn. 221.
71 *BVerfGE* 126, 170 = NJW 2010, 3209, 3214 f.).
72 Wabnitz/Janovsky/*Möhrenschlager* 26. Kap. Rn. 50.
73 Vgl. *BAG* v. 15.12.1987 – 3 AZR 474/86.
74 BT-Drucks. 14/1484; *Götz* § 10 S. 53.

Die Akteneinsicht für einen durch die Straftat Verletzten im Sinne von § 406e StPO kann dem Anwalt gem. § 406e Abs. 2 S. 1 StPO versagt werden, *„soweit überwiegende schutzwürdige Interessen des Beschuldigten oder anderer Personen entgegenstehen";*[75] für die unmittelbare Akteneinsicht gilt insoweit nach § 406e Abs. 5 StPO dasselbe. Auch hierunter fallen Geschäfts- und Betriebsgeheimnisse. Entsprechendes gilt grds. auch für das Akteneinsichtsrecht sonstiger Privatpersonen aus § 475 StPO.[76] Betroffene sollten daher rechtzeitig dafür Sorge tragen, dass Geschäfts- und Betriebsgeheimnisse als solche erkannt und entsprechend behandelt werden. Die Anregung an die Ermittlungsbehörde, bestimmte Aktenbestandteile in sog. „**Sonderbänden**" zu führen, ist eine Möglichkeit, die Rechte des betroffenen Unternehmens zu wahren. Ferner kann etwa durch mündliche und schriftliche Hinweise oder entsprechende Anträge auf einen restriktiven Umgang mit der Gewährung der Akteneinsicht hingewirkt werden. **68**

Im Rahmen der Hauptverhandlung kann zudem die gem. § 172 Abs. 1 Nr. 2 GVG vorgesehene Möglichkeit des Ausschlusses der Öffentlichkeit in Betracht gezogen werden, um der Erörterung von Geschäfts- und Betriebsgeheimnissen in der Öffentlichkeit entgegenzuwirken. Ein vom Gericht zu berücksichtigender Ausschlussgrund ist insbesondere dann gegeben, wenn für den Geheimnisgeschützten durch die öffentliche Verhandlung Nachteile entstehen würden, die durch den Zweck des Verfahrens nicht gerechtfertigt sind.[77] **69**

3. Sonstige Besonderheiten

a) Medien[78]

Wirtschaftsstrafverfahren unterliegen stets einem besonderen medialen Interesse. Maßgeblich für die Zusammenarbeit zwischen den **Ermittlungsbehörden mit der Presse** und dem Rundfunk ist neben dem allgemeinen Informationsanspruch der Medien aus den jeweiligen Landespressegesetzen insbesondere Nr. 23 RiStBV. Danach sind die Ermittlungsbehörden zwar gehalten, mit der Presse, dem Hörfunk und dem Fernsehen zusammenzuarbeiten. Diese Zusammenarbeit steht jedoch unter dem Vorbehalt, dass die Unterrichtung (seitens der Ermittlungsbehörden) nicht den **Untersuchungszweck** gefährden darf, noch darf sie dem Ergebnis der Hauptverhandlung vorgreifen. Ferner ist es den Behörden nicht gestattet, den Anspruch des Beschuldigten auf ein faires Verfahren durch eine entsprechende Berichterstattung zu beeinträchtigen. Im Ergebnis haben die Behörden daher grds. alles zu tun, um eine **unnötige Bloßstellung des Beschuldigten** zu vermeiden. **70**

Für den hier tätigen Rechtsanwalt (Verteidiger) gilt – ungeachtet der Pflicht zur anwaltlichen Verschwiegenheit – das grds. zu beachtende **Gebot der Sachlichkeit** und das **Verbot anreißerischer Selbstreklame** gem. § 6 BORA.[79] **71**

Den maßgeblichen rechtlichen Rahmen bildet hier das allgemeine Persönlichkeitsrecht aus Art. 2 Abs. 1 i.V.m. Art. 1 Abs. 1 GG. Es schützt im Wesentlichen vor der öffentlichen Preisgabe der Identität des Beschuldigten bzw. Angeklagten. Grundsätzlich unzulässig ist daher die **Abbildung oder Nennung des Vor- und Zunamens**. Auch sonstige individualisierende Umstände sind vom Schutzbereich des Grundrechts erfasst. Im Rahmen der **sog. praktischen Konkordanz**, d.h. der Abwägung von Persönlichkeitsrecht und öffentlichem Interesse an der **72**

---

75 Vgl. *BVerfG* NJW 2003, 501; *Götz* § 10 S. 53.

76 *Götz* § 10 S. 53.

77 Meyer-Goßner/*Schmitt* § 172 GVG Rn. 9.

78 Vgl. hierzu insgesamt: Müller/Schlothauer/*Lehr* 2. Aufl. 2014, § 21.

79 *Dahs* Rn. 99.

Berichterstattung bzw. Information über das Verfahren oder die Person des Betroffenen tritt das Individualinteresse zurück, sobald es sich bei dem Betroffenen um eine **Person der Zeitgeschichte** handelt. Entscheidend für die hier vorzunehmende Güterabwägung ist die Bedeutung der angenommenen Straftat für die Bevölkerung oder auch ihre Beispielhaftigkeit für gesellschaftliche Entwicklungen.[80] Selbstverständlich entfallen diese Einschränkungen, wenn der Betroffene selbst öffentlich Stellung zu dem Tatvorwurf bezieht oder er zuvor sein Einverständnis erteilt.

73 Den Medien sind in ihrer Berichterstattung ansonsten grds. nur wenige Grenzen gesetzt. Die sog. **Verdachtsberichterstattung** ist ein aus Art. 5 Abs. 1 GG abgeleitetes Privileg. Voraussetzung ist, dass der in Rede stehende Vorgang von Bedeutung ist, die Umstände eingehend geprüft wurden und der Sachverhalt objektiv und unter Mitteilung der entlastenden Umstände veröffentlicht wird.[81] Jedenfalls ist der **Unschuldsvermutung** und dem Verbot einer Vorverurteilung Rechnung zu tragen.

74 Im Falle einer einseitig geführten Berichterstattung kann die Abgabe einer Presseerklärung ein probates Mittel sein, um Fehlentwicklungen oder eine Verzerrung des maßgeblichen Sachverhalts zu vermeiden. Hierdurch kann häufig verhindert werden, dass der Betroffene sich durch seine Aussagen selbst zum Beweismittel macht.[82] Bei einer eindeutigen Diskreditierung des Betroffenen können zudem presserechtliche Gegenmaßnahmen erwogen werden. Neben Schadensersatzansprüchen kommen hier vor allem Berichtigungsansprüche oder jedenfalls Unterlassungsansprüche in Betracht.[83] Konkret kommen Ansprüche aus §§ 823 Abs. 1, 1004 BGB i.V.m. dem allgemeinem Persönlichkeitsrecht nach Art. 2 Abs. 1 i.V.m. Art. 1 Abs. 1 GG und § 22 KunstUrhG in Frage. Letztlich kommt die Erstattung eines Strafantrages wegen Verleumdung und Beleidigung (§§ 185, 186 StGB) in Betracht.

b) Strafrechtliche Nebenfolgen

75 Gemäß § 45 StGB treffen den Verurteilten neben der Freiheits- oder Geldstrafe unter Umständen auch sog. Nebenfolgen. Folgende **Statusfolgen** kommen in Betracht:

76 Amtsverlust, Verlust des passiven Wahlrechts und Verlust des aktiven Wahlrechts. Der Verlust kann dabei in zwei Formen erfolgen. Zum einen tritt der Verlust gem. § 45 Abs. 1 StGB automatisch kraft Gesetzes ein, wenn der Täter wegen eines Verbrechens, sei es auch nur der Versuch, die Teilnahme oder strafbare Vorbereitung, zu einer Freiheitsstrafe von mindestens einem Jahr verurteilt wird. Im Falle einer Gesamtstrafe kommt es darauf an, dass eine Einzelstrafe wegen eines Verbrechens diese Höhe erreicht. Der Verlust dauert vorbehaltlich der Wiederverleihung von Fähigkeiten und Rechten gem. § 45b StGB fünf Jahre.[84] Zum anderen kann der Status gerichtlich aberkannt werden und die Nebenfolge vom Gericht nach pflichtgemäßem Ermessen für die Dauer von zwei bis fünf Jahren verhängt werden, § 45 Abs. 2, 5 StGB. Die Aberkennung kommt immer nur neben einer Mindeststrafe von sechs Monaten beziehungsweise einem Jahr in Betracht. Dabei ist sie auch zulässig, wenn die Mindeststrafe als Gesamtstrafe verhängt wird.[85]

---

80 Böttger/*Tsambikakis/Kretschmer* Kap. 14 Rn. 253.
81 Böttger/*Tsambikakis/Kretschmer* Kap. 14 Rn. 250.
82 Wabnitz/Janovsky/*Möhrenschlager* 29. Kap. Rn. 14.
83 *Weihrauch/Bosbach* Verteidigung im Ermittlungsverfahren, 7. Aufl. 2011, Rn. 336.
84 Vgl. *Fischer* § 45 Rn. 6.
85 *Fischer* § 45 Rn. 7.

Wird jemand wegen einer Straftat unter Missbrauch seiner beruflichen oder gewerblichen Stellung oder unter grober Verletzung seiner beruflichen Pflichten verurteilt, kann – unabhängig von den möglichen berufsrechtlichen Folgen – gem. § 70 StGB bereits im Strafverfahren ein Berufsverbot angeordnet werden. **77**

c) Beamtenrechtliche Folgen

Das **Beamtenverhältnis** endet schon bei Verurteilung wegen eines vorsätzlichen Vergehens zu einer Freiheitsstrafe von mindestens einem Jahr, § 48 BBG, mit den in § 49 BBG beschriebenen Folgen. **78**

d) Berufsgerichtliche Verfahren

In Verfahren gegen Angehörige bestimmter Berufe (s.o.) wie etwa dem Beamten oder Steuerberater hat die Staatsanwaltschaft Mitteilung zu machen. Die Regelungen hierfür finden sich in den §§ 12 ff. EGGVG und den Gesetzen, die den konkreten Berufszweig betreffen (z.B. § 10 Abs. 2 StBerG). Die jeweiligen **Mitteilungspflichten** sind der MiStra zu entnehmen. Insbesondere in Wirtschaftsstrafsachen sind zumeist Mitglieder der Berufe des Wirtschaftsprüfers, des vereidigten Buchprüfers, des Steuerberaters, oder bestimmte Angehörige einer Wirtschaftsprüfungs-, Steuerberatungs- oder Buchprüfungsgesellschaft, Inhaber und Geschäftsleiter von Kredit- und Finanzdienstleistern, Wertpapierdienstleistungs- oder Versicherungsunternehmen, Gewerbetreibende, Rechtsanwälte oder Beamte betroffen. Mitzuteilen ist der Erlass eines Haftbefehls, die das Verfahren abschließende Entscheidung, oder der sonstige Verfahrensausgang, so auch das rechtskräftige Urteil. Die Mitteilungspflichten sind den Nr. 15, 23–25b, 39 MiStra zu entnehmen.[86] **79**

e) Gewerberechtliche Folgen

Das Gewerbezentralregister (GZR) wird beim Bundesamt für Justiz als besondere Abteilung des Bundeszentralregisters geführt. Es enthält neben Verwaltungsentscheidungen auch Bußgeldentscheidungen wegen im Zusammenhang mit der **Gewerbeausübung begangener Ordnungswidrigkeiten** (vorausgesetzt, dass das festgesetzte Bußgeld 200 € übersteigt) sowie bestimmte rechtskräftige **strafgerichtliche Verurteilungen gegen Gewerbetreibende**. Die Eintragung wird im Rahmen von Zuverlässigkeitsprüfungen im Gewerbe- und Gaststättenrecht relevant, wenn die zuständigen Ämter Auskunft aus dem GZR nach § 150a GewO verlangen. Die **Gewerbeuntersagung** richtet sich hierbei nach § 35 GewO. Das Gewerbe wird nach § 35 GewO untersagt, wenn die zuständige Behörde zu dem Ergebnis kommt, dass der Gewerbetreibende unzuverlässig ist und die Untersagung zum Schutz der Allgemeinheit oder der im Betrieb Beschäftigten erforderlich ist. Will eine Verwaltungsbehörde in dem Untersagungsverfahren einen Sachverhalt berücksichtigen, der Gegenstand der Urteilsfindung in einem Strafverfahren gegen einen Gewerbetreibenden gewesen ist, so kann sie nach § 35 Abs. 3 GewO zu dessen Nachteil von dem Inhalt des Urteils insoweit nicht abweichen, als es sich bezieht auf die Feststellung des Sachverhalts, die Beurteilung der Schuldfrage sowie die Beurteilung der Frage, ob er bei weiterer Ausübung des Gewerbes erhebliche rechtswidrige Taten im Sinne des § 70 StGB begehen wird und ob zur Abwehr dieser Gefahren die Untersagung des Gewerbes angebracht ist. Ein Tätigkeitsverbot ist nach § 16 Abs. 3 HandwO möglich und die Eintragung in das GZR (§ 150a GewO) ist in § 21 SchwarzarbG normiert. **80**

---

86 Müller-Gugenberger/Bieneck/*Niemeyer* § 13 Rn. 11a.

4. Kapitel
Verfahren bei Steuerdelikten

Literatur: *Hardtke/Westphal* Die Bedeutung der strafrechtlichen Ermittlungskompetenz der Finanzbehörde für das Steuergeheimnis, wistra 1996, 91; *Hellmann* Die Befugnis der Landesfinanzverwaltung zum Erlass der Anweisungen für das Straf- und Bußgeldverfahren (Steuer), wistra 1994, 13; *Kohlmann* Steuerstrafrecht mit Ordnungswidrigkeitenrecht und Verfahrensrecht Kommentar zu den §§ 369 – 412 AO, Loseblatt; *Liebsch/Reifelsberger* Die Grenzen des Evokationsrechts, wistra 1993, 325; *Teske* Das Verhältnis von Besteuerungs- und Steuerstrafverfahren unter besonderer Berücksichtigung des Zwangsmittelverbotes (§ 393 Abs. 1 S. 2 und S. 3 AO), wistra 1988, 207.

I. Die Organisation der Finanzbehörden im Bereich der Steuerdelikte

1 Die Finanzbehörden der Bundesländer haben die gesetzliche Aufgabe der Verfolgung von Steuerstraftaten und Steuerordnungswidrigkeiten unterschiedlich organisiert. Die Bundesländer Berlin und Niedersachsen haben **gesonderte Finanzämter für Fahndung und Strafsachen**[1] **geschaffen**. Auch die Bundesländer Hamburg und Nordrhein-Westfalen haben diese Organisationsform gewählt, wobei Hamburg die Bezeichnung **Finanzämter für Prüfdienste und Strafsachen** und Nordrhein-Westfalen die Bezeichnung **Finanzamt für Steuerstrafsachen und Steuerfahndung** verwendet. Diese Sonderfinanzämter nehmen ausschließlich die Aufgaben der Steuerfahndung und der Bußgeld- und Strafsachenstelle (BuStra oder StraBu[2]) wahr. Die Rechtsgrundlage für diese Organisation findet sich in § 17 Abs. 2 S. 3 FVG. Danach kann die **zentrale Zuständigkeit** für die den Finanzämtern zugewiesenen Bezirke durch eine Rechtsverordnung auf ein gesondertes Finanzamt übertragen werden. Umgesetzt wird diese Zuständigkeitserweiterung durch die jeweiligen Verordnungen (VO) der genannten Bundesländer, beispielsweise in Niedersachsen durch § 4 der VO über Zuständigkeiten der Finanzbehörden vom 14.12.2005, zuletzt geändert durch VO vom 13.12.2012 (Nds. GVBl S. 411). In den übrigen Bundesländern sind die Steuerfahndungsstellen und die Bußgeld- und Strafsachenstellen in die Veranlagungsfinanzämter integriert.

2 Die Steuerfahndungs- sowie Bußgeld- und Strafsachenstellen sind in **Sachgebiete** aufgeteilt, die von **Sachgebietsleitern** geführt werden. Die Sachgebiete haben nach einer Zuweisung bestimmte Veranlagungsfinanzämter zu betreuen. Teilweise lässt sich den Geschäftsverteilungsplänen der Sonderfinanzämter entnehmen, welches Sachgebiet für welches Veranlagungsfinanzamt bzw. Arbeitsgebiet zuständig ist. Einige Sachgebietsleiter nehmen auch die Funktion des Hauptsachgebietsleiters wahr, d.h. sie sind neben der Leitung des Sachgebietes auch zuständig für bestimmte Rechtsgebiete oder Organisationsbereiche (z.B. HSGL Abgabenordnung, Außensteuerrecht oder Bußgeld- und Strafsachenstelle). Die SGL der Bußgeld- und Strafsachenstellen sind ebenso wie der **Finanzamtsvorsteher** Volljuristen. Die SGL der Steuerfahndung sowie die Steuerfahnder und Sachbearbeiter der BuStra sind i.d.R. Bedienstete des gehobenen Dienstes (Steu-

---

1 In NRW Finanzamt für Steuerstrafsachen und Steuerfahndung (STRAFA-FA.).
2 Die Abkürzungen werden in den Bundesländern unterschiedlich verwendet. Im Folgenden wird sich der Abkürzung BuStra bedient.

erinspektoren, Steueroberinspektoren, Steueramtmänner bzw. -frauen, Steueramtsräte oder Steueroberamtsräte).[3] Der Vorsteher des Finanzamtes ist zum einen Leiter der Steuerfahndungsstelle als auch Leiter der BuStra. D.h. er ist „Polizeipräsident" und „Leitender Staatsanwalt" in Personalunion. Zum anderen ist er aber auch Leiter der Verwaltungsbehörde Finanzamt.

Nach der abschließenden Aufzählung des § 386 Abs. 1 S. 2 AO sind lediglich das **Hauptzollamt** **3** (§ 1 Nr. 4 FVG), das **Finanzamt** (§ 2 Abs. 1 Nr. 4 FVG), das **Bundeszentralamt für Steuern**[4] (§ 5 FVG) und die **Familienkasse als Finanzbehörde** anzusehen (vgl. auch 3. Kap Rn. 18 ff.). Die Zollfahndungsämter und Steuerfahndungsstellen sind mangels eigener Behördenqualität keine Finanzbehörde i.S.d. § 386 Abs. 1 S. 2 AO. Auch die Oberfinanzdirektionen, die Gemeindesteuerbehörden sowie die Finanzministerien der Länder und das Bundesministerium der Finanzen stellen keine Finanzbehörden in diesem Sinne dar.

II. Aufgaben und Befugnisse der Steuerfahndung

Die Steufa ist eine gesonderte Dienststelle innerhalb der Landesfinanzbehörde. Sie hat durch **4** den Gesetzgeber einen steuerrechtlichen und einen strafrechtlichen Auftrag erhalten. Zur Organisation der Steuerfahndungsstelle wird auf Rn. 1 f. verwiesen.

Die Zuständigkeiten, Befugnisse und Aufgaben der Steufa ergeben sich aus den §§ 208 und 404 AO (vgl. Nr. 122, 123 AStBV, vgl. hierzu Rn. 6). Die Vorschrift des § 208 AO weist der Steufa eine **Doppelfunktion** zu.[5] Danach ist die Steufa zum einen **Steuerbehörde**, d.h. sie stellt unter Zugrundelegung des geltenden Steuerrechts die steuererheblichen Sachverhalte mithin die Besteuerungsgrundlagen fest und führt sie der Veranlagung und Festsetzung zu. Zum anderen ist sie als **Finanz- oder Steuerpolizei** auch Strafverfolgungsbehörde, die gem. § 404 S. 1 AO dieselben Rechte und Pflichten wie die Behörden und Beamten des Polizeidienstes nach den Vorschriften der Strafprozessordnung hat.

1. Erforschung von Steuerstraftaten und Steuerordnungswidrigkeiten nach § 208 Abs. 1 S. 1 Nr. 1 AO

§ 208 Abs. 1 Nr. 1 AO weist der Steufa die **Aufgabe der Erforschung von Steuerstraftaten und** **5** **Steuerordnungswidrigkeiten** zu. Zu diesen Steuerstraftaten gehören nach § 369 Abs. 1 Nr. 1 AO sowohl „… *Taten, die nach den Steuergesetzen strafbar sind* …", womit vor allem die Steuerhinterziehung erfasst wird, als auch nach Nr. 2 „… *der Bannbruch* …" als Zollvergehen sowie nach Nr. 3 „… *die Wertzeichenfälschung und deren Vorbereitung, soweit die Tat Steuerzeichen betrifft* …" und letztlich nach Nr. 4 „… *die Begünstigung einer Person, die eine Tat nach den Nr. 1–3 begangen hat.*" Steuerordnungswidrigkeiten sind gem. § 377 AO „*Zuwiderhandlungen, die nach den Steuergesetzen mit Geldbuße geahndet werden können.*" Hierzu gehören insbesondere die leichtfertige Steuerverkürzung gem. § 378 AO, die Steuergefährdung gem. § 379 AO, die Gefährdung der Abzugssteuern gem. § 380 AO und die unbefugte Hilfeleistung in Steuersachen gem. § 160 Abs. 1 StBerG (vgl. Nr. 105 ff. Anweisungen für das Straf- und Bußgeldverfahren (AStBV) mit weiteren Ordnungswidrigkeiten auch nach anderen Gesetzen).

---

3 Die Abkürzung des Steueramtmannes –StA- führt nicht selten zu der falschen Annahme, es handele sich um einen Staatsanwalt, wenngleich dies bei einem BuStra-Mitarbeiter im selbständigen Ermittlungsverfahren in seiner Funktion gleichwohl der Fall ist.

4 Seit dem 1.1.2006 an die Stelle des bisherigen Bundesamtes für Finanzen getreten.

5 *BFH* NJW 2001, 2573 ff.

6 Die AStBV ist in allen Straf- und Bußgeldverfahren anzuwenden, in denen die Finanzbehörde ermittelt oder zur Mitwirkung berufen ist (Nr. 1 Abs. 1 AStBV).[6] Sie ist **von allen Bediensteten der Steufa und der BuStra als auch von anderen Stellen der FinB zu beachten**, soweit Maßnahmen im Straf- und Bußgeldverfahren zu veranlassen sind. Ziel dieser Anweisungen ist es, eine einheitliche Handhabung der anzuwendenden Gesetze sowie eine reibungslose Zusammenarbeit der berufenen Stellen der FinB bei der Verfolgung von Steuerstraftaten und Ordnungswidrigkeiten sicherstellen (Einführung der AStBV). Die AStBV gibt die maßgeblichen Grundsätze in Straf- und Bußgeldverfahren zusammenfassend wieder. Überwiegend beschränkt sie sich auf die Wiedergabe von Gesetztestexten. Teilweise wird die AStBV als rechtswidrig angesehen, da für ihren Erlass eine Rechtsgrundlage fehle und die Landesfinanzverwaltung keine Befugnis zur Erteilung von Weisungen im Falle staatsanwaltschaftlicher Verfahrensbeteiligung habe.[7] Aufgrund gleichlautender Erlasse der obersten Finanzbehörden der Bundesländer wird eine einheitliche Anwendung der AStBV in sämtlichen Bundesländern sichergestellt. Teilweise überschneiden sich die Regelungen der AStBV mit Regelungen der bundeseinheitlich geltenden Richtlinien für das Straf- und Bußgeldverfahren (RiStBV). In der Praxis **orientieren sich die beteiligten Stellen** der **FinB** vor allem **an der AStBV**. Die Staatsanwaltschaft (StA) sowie das Gericht sind dagegen nicht an die AStBV gebunden. Sie orientieren sich an den Regelungen der RiStBV, akzeptieren aber ein Vorgehen der FinB nach den Vorschriften der AStBV solange eine gesetzeskonforme Verfahrensweise gegeben ist. Welche konkreten Ermittlungsmaßnahmen der Steufa bei der Erforschung von Steuerdelikten zur Verfügung stehen, wird unter Rn. 11 f. dargestellt.

2. Ermittlung der Besteuerungsgrundlagen nach § 208 Abs. 1 S. 1 Nr. 2 AO

7 Nach § 208 Abs. 1 Nr. 2 AO (Nr. 122 Abs. 1, 123 Abs. 1 AStBV) ermittelt die Steufa auch die **Besteuerungsgrundlagen** von Steuerstraftaten und Steuerordnungswidrigkeiten. D.h. sie ermittelt einen Steueranspruch nach den geltenden Vorschriften der Steuergesetze dem Grunde und der Höhe nach. Das Ermittlungsergebnis hinsichtlich des objektiven und subjektiven Tatbestandes eines Steuerdeliktes, i.d.R. einer Steuerhinterziehung, wird nach umfassender Würdigung von Zeugenaussagen und sichergestellter bzw. beschlagnahmter Beweismittel in einem sogenannten **Fahndungsbericht** zusammenfassend dargestellt (Nr. 125 Abs. 3, Nr. 127 Abs. 2 AStBV). Der Fahndungsbericht spiegelt das **steuerstrafrechtlich** relevante **Ermittlungsergebnis** wider und wird der BuStra zur abschließenden strafrechtlichen Würdigung übersandt (vgl. Nr. 127 Abs. 2 S. 4 AStBV). Zu den Aufgaben und Befugnissen der BuStra vgl. Rn. 15 ff. In den überwiegenden Fällen führen die Ermittlungen der Steufa zu einem Mehrergebnis bzw. einer Steuernachforderung. Das **strafrechtliche Mehrergebnis** kann aber von dem **steuerlichen Mehrergebnis abweichen**. Dies ergibt sich bspw. aus den unterschiedlichen Verjährungsvorschriften. So beträgt die **Festsetzungsverjährung** bei einer Steuerhinterziehung 10 Jahre (§ 169 Abs. 2 S. 2 HS 1 AO), die **Strafverfolgungsverjährung** dagegen regelmäßig 5 Jahre (§ 78 Abs. 1 StGB). Lediglich in den besonders schweren Fällen der Steuerhinterziehung gem. § 370 Abs. 3 S. 2 Nr. 1–5 AO hat der Gesetzgeber eine Verjährungsfrist von 10 Jahren festgelegt (§ 376 Abs. 1 AO, vgl. auch 9. Kap. Rn. 12 ff.). Besonders deutlich wird die Doppelfunktion der Steufa angesichts der unterschiedlichen Verjährungsfristen des Steuerrechts und des Strafrechts bei der Betrachtung der einzelnen Taten und Tatzeiträume.

---

6 AStBV 2014, BStBl I 2013, 1395.
7 Hübschmann/Hepp/Spitaler/*Hellmann* § 393 Rn. 39; Franzen/Gast/Joecks/*Randt* § 385 Rn. 16; *Hellmann* wistra 1994, 13.

> **Beispiel:** Angenommen die Steufa bejaht aufgrund vorliegenden Kontrollmaterials, welches auf steuerpflichtige Zinseinnahmen eines bisher nicht bekannten Kontos in der Schweiz schließen lässt, den Anfangsverdacht einer Steuerhinterziehung, da der selbstständig tätige Steuerpflichtige keinerlei Einkünfte aus Kapitalvermögen erklärt hat. Sie leitet die strafrechtlich noch nicht verjährten Veranlagungsjahre 2005–2010 wegen (Einkommen-) Steuerhinterziehung ein. Im Laufe der Ermittlungen stellt sich heraus, dass dem Konto bereits in den Jahren 2003 und 2004 steuerpflichtige Zinsen gutgeschrieben wurden. In Bezug auf die eingeleiteten Kalenderjahre 2005–2010 wird die **Steufa** ihrer **Doppelfunktion** gerecht, indem sie den strafrechtlich relevanten Sachverhalt als Strafverfolgungsbehörde erforscht (§ 208 Abs. 1 S. 1 Nr. 1 AO) und die Besteuerungsgrundlagen nach den geltenden Steuergesetzen ermittelt (§ 208 Abs. 1 S. 1 Nr. 2 AO). Hinsichtlich der strafrechtlich verjährten Kalenderjahre 2003 und 2004 wird die Steufa **ausschließlich** gem. § 208 Abs. 1 S. 1 Nr. 2 AO als **Steuerbehörde** tätig. Das Veranlagungsfinanzamt erhält von der Steufa einen Bericht aus dem die Besteuerungsgrundlagen hervorgehen. Dieser **sog. Steuerbericht** stellt den steuerlich relevanten Sachverhalt für die steuerlich nicht verjährten Veranlagungsjahre 2003–2010 zusammenfassend dar (vgl. Nr. 125 Abs. 3, Nr. 127 Abs. 1 AStBV). Daraufhin erhält der Steuerpflichtige vom Veranlagungsfinanzamt geänderte Einkommensteuerbescheide wegen des verwirklichten Tatbestandes der Steuerhinterziehung für die Kalenderjahre 2003–2010 gem. § 173 Abs. 1 Nr. 1 und Abs. 2 und § 169 Abs. 2 S. 2 HS 1 AO.

Abweichungen zwischen dem **steuerstrafrechtlichen** Mehrergebnis und dem rein steuerlichen können auch dadurch begründet sein, dass bestimmte Sachverhalte zwar zu einer steuerlichen Änderung führen, aber **vorsätzliches Verhalten** des Steuerpflichtigen **insoweit** nicht nachweisbar ist. Im sog. **Fahndungsbericht** wird nach Auswertung und Würdigung der Beweismittel dargestellt, welche konkreten Sachverhalte (steuer-)**strafrechtliche Relevanz** haben und ob der beschuldigte Steuerpflichtige insoweit vorsätzlich gehandelt bzw. vorsätzlich seiner Steuererklärungspflicht nicht nachgekommen ist. Die Steufa wird in diesen Fällen eine steuerstrafrechtliche Mehrsteuerberechnung als Anlage zum Fahndungsbericht erstellen, aus der die Höhe der strafrechtlich vorgeworfenen Steuernachforderung hervorgeht. Diese Berechnung weicht in diesen Fällen im Ergebnis von der Festsetzung in den Änderungsbescheiden ab.

3. Aufdeckung und Ermittlung unbekannter Steuerfälle nach § 208 Abs. 1 S. 1 Nr. 3 AO

Zu den Aufgaben der Steuerfahndung gehören nach § 208 Abs. 1 S. 1 Nr. 3 AO auch die **Aufdeckung und Ermittlung unbekannter Steuerfälle** (Nr. 122 Abs. 1 S. 3 AStBV). Auf dieser Grundlage führt die Steufa sogenannte **Vorfeldermittlungen** durch, wenn noch keine konkreten Anhaltspunkte für eine Steuerstraftat oder Ordnungswidrigkeit gegeben sind, aber die **Möglichkeit einer Steuerverkürzung** in Betracht kommt (Nr. 12 Abs. 1 AStBV). Diese Ermittlungen stellen **Ermittlungen im Besteuerungsverfahren** dar und können sich auf unbekannte Steuerpflichtige als auch auf unbekannte Sachverhalte beziehen (Nr. 12 Abs. 1 S. 3 AStBV). Ziel der Ermittlungen ist es, besteuerungsrelevante Sachverhalte aufgrund „konkreter Momente" oder einer „allgemeinen Erfahrung" ohne zureichende tatsächliche Anhaltspunkte aufzudecken und in die Besteuerung zu führen (z.B. Goldgeschäfte bei Zahnärzten, Verkauf von Jachten).[8] Die FinB spricht hier von der Aufdeckung neuer **Prüffelder**. Wird die Steufa nach § 208 Abs. 1 Nr. 3 AO tätig, **entfällt** das für die FinB im Veranlagungsstadium bzw. während der Außenprü-

---

8 *FG Hamburg* EFG 1987, 9; *FG Hamburg* BeckRS 1990, 07240.

fung (AP) geltende **Vor- und Erstbefragungsrecht des Steuerpflichtigen** (§ 93 Abs. 1 S. 3 AO). D.h. die Steufa ist befugt gem. § 208 Abs. 1 S. 3 AO (Nr. 123 Abs. 2 AStBV) andere als die beteiligten Personen direkt bzw. unmittelbar zur Auskunft anzuhalten, Auskunftsersuchen ohne Einschränkung mündlich zu stellen, Vorlage von Urkunden ohne vorherige Befragung des Vorlagepflichtigen zu verlangen und Einsicht in Urkunden beim Vorlagepflichtigen ohne dessen Einvernehmen zu erwirken.

4. Prozessuale Befugnisse der Steuerfahndung

11 Steuerfahnder sind **Ermittlungsbeamte der Staatsanwaltschaft** (§ 399 Abs. 2 AO, § 152 GVG). Sie sind gem. § 385 Abs. 1 AO i.V.m. den einschlägigen Vorschriften der StPO befugt, strafrechtliche Verfahrenshandlungen vorzunehmen. Damit sind sie bei Vorliegen eines Anfangsverdachtes, auch ohne Auftrag der BuStra oder StA, befugt, ein steuerstrafrechtliches Ermittlungsverfahren einzuleiten. Über § 404 AO erhält die **Steufa dieselben Rechte und Pflichten wie die Polizei**. D.h. sie kann bei Gefahr im Verzug die Durchsuchung nach §§ 102, 103 StPO, die Beschlagnahme nach §§ 94 Abs. 2, 98 Abs. 1 StPO, die körperliche Untersuchung des Beschuldigten nach § 81a Abs. 2 StPO oder Dritter nach § 81c Abs. 1 und 2, Abs. 5 StPO sowie Maßnahmen nach § 132 StPO (Sicherheitsleistung und Zustellungsbevollmächtigten) anordnen. Sofern keine Gefahr im Verzug vorliegt, ist sie jedoch mangels rechtlicher Befugnis verpflichtet, die entsprechenden Anträge auf Anordnung der genannten Maßnahmen über die BuStra oder die StA beim Ermittlungsrichter zu stellen (vgl. Nr. 123 Abs. 3 AStBV). Eine Antragstellung über die StA kommt dann in Betracht, wenn die FinB das Steuerstrafverfahren nach § 386 Abs. 1 AO nicht selbstständig führt oder gegen den Beschuldigten ein Haft- oder Unterbringungsbefehl (§ 386 Abs. 3 AO) erwirkt werden soll (vgl. Rn. 25 ff.). In der Praxis werden Anträge der genannten Maßnahmen im **selbstständigen Ermittlungsverfahren** nach § 386 Abs. 2 AO, die der richterlichen Anordnung bedürfen, über den Vorsteher des FAFuSt, der gleichzeitig Leiter der Strafsachenstelle, also der BuStra ist, gestellt (vgl. hierzu Rn. 2). Die BuStra ist im selbstständigen Verfahren nach § 386 Abs. 2 AO die „Staatsanwaltschaft der FinB" (vgl. Rn. 15 ff.). Selbstständig führt die FinB ein Ermittlungsverfahren durch, wenn die Tat **ausschließlich eine Steuerstraftat** (§ 386 Abs. 2 Nr. 1 AO) oder eine dieser **gleichgestellte Tat** (§ 386 Abs. 2 Nr. 2 AO) darstellt (vgl. Rn. 16 f.). Ergibt sich im Laufe der Ermittlungen neben der Steuerstraftat ein Anfangsverdacht einer Nichtsteuerstraftat, bspw. eine Urkundenfälschung nach § 267 StGB oder ein Grund das Verfahren bspw. wegen des Umfangs des Steuerschadens unverzüglich an die StA abzugeben, geht die selbstständige Verfahrensherrschaft der FinB auf die StA über (vgl. Rn. 26 f.). Ab diesem Zeitpunkt erhält die FinB lediglich eine allgemein mithin unselbstständige Ermittlungsbefugnis (§ 386 Abs. 1 AO) mit den unter Rn. 25 ff. dargestellten Folgen.

12 Im Unterschied zur Polizei holt die **Steufa in der Praxis selbstständig Bankauskünfte** ein (vgl. Nr. 144 Abs. 4, Nr. 145, 146 AStBV). Dieses Recht steht ihr im **Besteuerungsverfahren** nach §§ 93, 208 AO zu. Im **Steuerstrafverfahren** nimmt die Steufa gem. § 404 AO die Stellung der Polizei als Ermittlungsbeamte der StA ein. Sie ist danach befugt, zur Erforschung der Straftat Auskünfte von Dritten gem. § 163 StPO einzuholen. Da durch die Erteilung der Auskunft eine Vorladung zur Zeugenvernehmung des Ersuchten oder eine Beschlagnahmeanordnung eines Gegenstandes (z.B. Kontoverdichtung) vermieden werden kann, erteilen die Banken in Kenntnis der Rechte der Steufa im Besteuerungsverfahren auch im Strafverfahren unmittelbar Auskunft.

Die Praxis zeigt, dass die Steufa auch **im gesamten Bundesgebiet** Ermittlungshandlungen vornimmt, obwohl eine derartige länderübergreifende Ermittlungsberechtigung nach geltendem Recht nicht vorgesehen, nach h.M. aber zulässig ist.[9] Nr. 124 AStBV gibt der ermittelnden Steufa vor, dass bei Amtshandlungen in einem anderen Bezirk, die sonst zuständige Steufa um Amtshilfe zu ersuchen oder zumindest vor der beabsichtigten Maßnahme zu unterrichten ist. Diese Anweisung ist zum einen zur Erkenntnisgewinnung vorhandener Ortskenntnisse der örtlich zuständigen Steufa sinnvoll, zum anderen zur Vermeidung von Doppelverfolgungen oder Gefährdung bereits laufender Ermittlungen in jedem Fall geboten. Erfahrungsgemäß setzt die ermittelnde Steufa bei länderübergreifenden Ermittlungshandlungen die örtlich zuständige Steufa von der geplanten Maßnahme in Kenntnis, so dass eine Beteiligung der örtlich zuständigen Steufa an der Ermittlungshandlung in einem anderen Bundesland gewährleistet wird. In jedem Fall darf die Steufa auch außerhalb der Landesgrenzen Amtshandlungen vornehmen, soweit Steueransprüche betroffen sind, für die auch das von der Steufa zu betreuende Veranlagungsfinanzamt zuständig ist.

13

Wurde die Steufa im Rahmen einer Außenprüfung (AP) bzw. Betriebsprüfung (BP) (§§ 193 ff. AO) hinzugezogen, fertigt sie nach Auswertung sämtlicher Ermittlungsmaßnahmen hinsichtlich der straf- oder bußgeldrechtlichen Feststellungen einen sog. **Fahndungsbericht** (Nr. 127 Abs. 2 AStBV) an (vgl. Rn. 7). Die für die Besteuerung erheblichen Prüfungsfeststellungen werden durch die Steufa in einem Prüfungsbericht dem sog. **Steuerbericht** entsprechend § 202 Abs. 1 AO dargestellt (Nr. 127 Abs. 1 AStBV). Bei **gemeinsamen Prüfungen** der Steufa mit der BP, sog. BP/F-Prüfungen, fertigt i.d.R. die BP den Bericht über die steuerlichen Feststellungen an (vgl. Nr. 125 Abs. 3 AStBV). Haben die Ermittlungen keine steuerliche Auswirkung ergeben, erfolgt seitens der Steufa eine Mitteilung an die BuStra in Form eines Vermerks oder eines abgekürzten Fahndungsberichtes (Nr. 127 Abs. 1 S. 3 AStBV). Ob der Fahndungsbericht nebst Ermittlungsakte an die BuStra oder direkt an die StA übermittelt wird, hängt davon ab, ob die FinB das Ermittlungsverfahren **selbstständig** nach § 386 Abs. 2, Abs. 4 S. 3 AO (Nr. 17 AStBV) oder **unselbstständig** nach § 386 Abs. 1, 3 und 4 S. 2 AO führt. Hat die StA bereits im Laufe der Ermittlungen die Verfahrensherrschaft übernommen, wird der Fahndungsbericht mit den Ermittlungsakten i.d.R. unmittelbar an die StA übersandt.

14

III. Zuständigkeiten und Befugnisse der Bußgeld- und Strafsachenstellen

1. Sachliche und örtliche Zuständigkeit

Die BuStra ist eine **eigenständige Strafverfolgungsbehörde** der FinB. Sie ist die „Staatsanwaltschaft" der FinB, der die sachliche Zuständigkeit im Rahmen einer Zuständigkeitskonzentration gem. § 387 Abs. 2 AO übertragen worden ist (vgl. Nr. 23 AStBV).[10] Sie ermittelt gem. § 386 Abs. 1 AO den steuerstrafrechtlichen Sachverhalt, ist jedoch **keine Strafvollstreckungsbehörde** gem. § 451 Abs. 1 StPO. Ob die BuStra eigenständig wie eine StA oder als Ermittlungsperson lediglich mit den Rechten und Pflichten der Steufa bzw. der Polizei tätig wird, richtet sich danach, ob sie **selbstständig** nach § 386 Abs. 2, Abs. 4 S. 3 AO (Nr. 17 AStBV) oder **unselbstständig** nach § 386 **Abs. 1**, 3 und 4 S. 2 AO ermittelt. Die **selbstständige Ermittlungsbefugnis** ist in der Praxis **die Regel**, nach der Gesetzessystematik aber nicht der Grundsatz. Die **örtliche Zuständigkeit**, unabhängig davon, ob die BuStra das Ermittlungsverfahren selbstständig oder

15

---

9 *Tipke/Kruse* § 208 Rn. 41; Kohlmann/*Matthes* § 404 Rn. 40; Franzen/Gast/Joecks/*Randt* § 404 Rn. 77.

10 Vgl. Franzen/Gast/Joecks/*Randt* § 387 Rn. 6.

unselbstständig führt, regelt § 388 AO (vgl. Nr. 24 AStBV). Mit der Formulierung „…in deren Bezirk, die Steuerstraftat begangen…worden ist,…" knüpft § 388 Abs. 1 Nr. 1 Alt. 1 AO an § 9 StGB an. **Neben** dem **Tatortprinzip** können aber auch der **Ort der Tatentdeckung** (§ 388 Abs. 1 Nr. Alt. 2 AO), die **abgabenrechtliche Zuständigkeit** (§ 388 Abs. 1 Nr. 2 AO) und der **Wohnsitz** (§ 388 Abs. 1 Nr. 3 AO) zur Zeit der Einleitung des Strafverfahrens sowie der gewöhnliche Aufenthaltsort (§ 388 Abs. 3 AO) des beschuldigten Steuerpflichtigen eine örtliche Zuständigkeit begründen. Ändert sich der Wohnsitz des Beschuldigten oder die abgabenrechtliche Zuständigkeit der FinB nach Einleitung des Strafverfahrens, ist **auch für diese FinB** eine Zuständigkeit gegeben (vgl. Nr. 24 Abs. 2 S. 2 AStBV). In diesen Fällen bleibt in der Regel die FinB zuständig, die zuerst ein Strafverfahren eingeleitet hat (§ 390 Abs. 1 AO, Nr. 25 Abs. 2 AStBV). Bei einer Mehrfachzuständigkeit zweier FinB ist die Sachdienlichkeit entscheidendes Kriterium für die Übernahme und anschließende Durchführung eines Verfahrens (vgl. Nr. 25 Abs. 3 AStBV). Da für die Staatsanwaltschaften und Gerichte die Vorschriften der §§ 7 ff. StPO i.V.m. 143 GVG maßgeblich sind und es sich bei den §§ 386 ff. AO um Sondervorschriften handelt, kann es zu einem Auseinanderfallen der örtlichen Zuständigkeit kommen. D.h. die Zuständigkeit einer BuStra muss nicht mit der im selben Landgerichtsbezirk zuständigen StA übereinstimmen. Ermittlungshandlungen einer örtlich unzuständigen FinB sind aber grundsätzlich nicht unwirksam.[11]

2. Befugnisse der Finanzbehörde im selbstständigen Ermittlungsverfahren

16 Selbstständig führt die BuStra als FinB das Ermittlungsverfahren durch, wenn die Tat **ausschließlich eine Steuerstraftat** (§ 386 Abs. 2 Nr. 1 AO, Nr. 17, 18, 19 AStBV) oder eine dieser **gleichgestellte Tat** betrifft.

> **Beispiele:**
> **17**
> - Betrug in Bezug auf die Eigenheimzulage nach dem Eigenheimzulagengesetz (§ 263 StGB i.V.m. § 15 Abs. 2 EigZulG, Nr. 19 AStBV),
> - Subventionsbetrug in Bezug auf Investitionszulagen nach dem Investitionszulagengesetz (§ 264 StGB, §15 InvZulG 2010),
> - ungerechtfertigte Erlangung von Altersvorsorgezulagen (§ 96 Abs. 7 EStG),
> - Arbeitnehmersparzulagen (§ 14 Abs. 3 VermBG),
> - Verletzung zugleich andere Strafgesetze und deren Verletzung Kirchensteuern oder andere öffentlich-rechtliche Abgaben betrifft, die an Besteuerungsgrundlagen, Steuermessbeträge oder Steuerbeträge anknüpfen (§ 386 Abs. 2 Nr. 2 AO, Nr. 17 Abs. 1 Nr. 2 AStBV),
> - Beiträge an Industrie- und Handelskammern, deren Bemessungsgrundlage der Gewerbesteuermessbetrag ist.

18 Die **selbstständige Ermittlungsbefugnis** ist in der Praxis der **Regelfall.** Im selbstständigen Ermittlungsverfahren nimmt die BuStra gem. § 399 Abs. 1 AO die Rechte und Pflichten wahr, die der StA im Ermittlungsverfahren zustehen, d.h. sie kann **Ermittlungen jeder Art** vornehmen (vgl. auch Nr. 42 Abs. 1 AStBV).[12] Damit ist sie befugt, gerichtliche Untersuchungshandlungen i.S.d. § 162 StPO zu beantragen (vgl. Nr. 43 AStBV).

---

11 Kohlmann/*Hilgers-Klautzsch* § 388, Rn. 74.
12 Meyer-Goßner/*Schmitt* § 161 Rn. 7; *BVerfG* NStZ 1996, 45.

Beispiele:
- Durchsuchung beim Verdächtigen nach §§ 102, 105 StPO,
- Durchsuchung beim Dritten nach §§ 103, 105 StPO,
- Beantragung von Beschlagnahmeanordnungen gem. §§ 94, 98 StPO beim Ermittlungsrichter,
- Anordnung von Beschlagnahmen und Durchsuchungen bei Gefahr im Verzuge nach §§ 98 Abs. 1, 105 Abs. 1 StPO,
- Durchsetzung der Pflicht zum Erscheinen von Beschuldigten nach § 163a Abs. 3 StPO (vgl. Nr. 53 AStBV) sowie von Zeugen und Sachverständigen nach § 161a Abs. 1 und 2 StPO (vgl. auch Nr. 17 Abs. 3, 47, 54 AStBV),
- Verlangen auf Vorlage und Auslieferung von Beweisgegenständen gem. § 95 StPO (Herausgabeverlangen),[13]
- Durchsicht von Papieren gem. § 110 StPO,
- Einholung von Auskünften bei öffentlichen Behörden gem. § 161 StPO,
- Anträge auf Überwachung der Telekommunikation gem. §§ 100a S. 1 Nr. 2, 100b Abs. 1 S. 1 StPO (Nr. 74 AStBV),
- Anträge auf Maßnahmen außerhalb von Wohnraum gem. § 100h Abs. 1 und 2 Nr. 1 i.V.m. § 100g Abs. 1 und 2 StPO (z.B. längerfristige Observationen), wenn sich die Steuerhinterziehung als Katalogtat bzw. erhebliche Straftat darstellt.

19

Nach § 396 Abs. 2 AO **ist** sie auch befugt nach **pflichtgemäßem Ermessen** im Ermittlungsverfahren in Form einer Verfügung (§§ 167, 171 StPO) über die **Aussetzung des Strafverfahrens** zu entscheiden, wenn ein Steueranspruch bzw. die Steuerverkürzung oder der ungerechtfertigte Steuervorteil **dem Grunde nach streitig** ist. Ebenso ist sie berechtigt, das Verfahren bei klärungsbedürftigen zivil- oder verwaltungsrechtlichen Vorfragen nach fruchtlosem Ablauf einer von ihr bestimmten Frist nach § 154d StPO einzustellen. Zeichnet sich bei der Aufnahme der Ermittlungen bereits ab, dass ein Steueranspruch gefährdet ist, besteht die Möglichkeit beim Ermittlungsrichter zur Sicherung von Vermögenswerten, einen dinglichen Arrest gem. §§ 111b Abs. 2 und 5, 111d Abs. 1 S. 1 StPO zu beantragen (vgl. Nr. 70, 71, 72 AStBV). Angesichts der rechtlichen Möglichkeit der Finanzämter auch im Besteuerungsverfahren einen Arrest nach § 324 AO ausbringen zu können, was die Finanzämter jedoch mehr als zurückhaltend handhaben, sei nach Auffassung der Rspr. das Sicherungsbedürfnis für den strafrechtlichen dinglichen Arrest zumindest erheblich reduziert, wenn die FinB einen solchen steuerlichen Arrest in Kenntnis aller Verdachtsumstände nicht veranlasst habe.[14] Eine Subsidiarität des strafprozessualen Arrests im Verhältnis zum steuerlichen Arrest nach § 324 AO lässt sich aus den gesetzlichen Regelungen jedenfalls nicht entnehmen. Das LG Ulm hält in seinem Beschluss vom 11.10.2011 den strafprozessualen dinglichen Arrest auch nach drei Jahren seit seiner Anordnung noch für verhältnismäßig.[15] Zum Verhältnis des steuerlichen Arrestes zum strafprozessualen Arrest s. 15. Kap. Rn. 96 ff.

20

Die BuStra erteilt regelmäßig der Steufa aufgrund ihrer Sachkunde im Steuerrecht, den Ermittlungsauftrag, den steuerstrafrechtlichen Sachverhalt aufzuklären. Aber **auch der Polizei** können bestimmte Ermittlungsaufträge erteilt oder Vollstreckungshandlungen übertragen werden (§ 161 StPO Nr. 42 Abs. 1 AStBV). In der Praxis ist dies jedoch die Ausnahme. Soll

21

---

13 H.M. bejahend *LG Koblenz* wistra 2002, 359 f.; *LG Lübeck* NJW 2000, 3148; verneinend *LG Berlin* WM 1984, 772.

14 *OLG Oldenburg* wistra 2008, 119; *LG Bochum* wistra 2008, 237; *LG Saarbrücken* wistra 2008, 240.

15 *LG Ulm* 11.10.2011 – 2 Qs 2059/11.

bspw. die angedrohte Vorführung eines Zeugen zu seiner Vernehmung durch die BuStra vollzogen werden, bedient sich die BuStra im Wege der Amtshilfe der Polizei, welche die Vorführung vollstreckt. Denn Zeugen sind auch gegenüber der BuStra gem. § 161a Abs. 1 S. 1 StPO verpflichtet, vor dieser zu erscheinen und zur Sache auszusagen, wenn diese das Ermittlungsverfahren selbstständig führt (Nr. 47 Abs. 1 AStBV).

22   Die **selbstständige Verfahrensherrschaft der FinB** berechtigt mit Ausnahme der Anklageerhebung zu sämtlichen **verfahrensabschließenden Entscheidungen** (vgl. Nr. 79 AStBV). Danach kann die BuStra

- mangels hinreichenden Tatverdachts eine Einstellung gem. § 170 Abs. 2 StPO (Nr. 81 AStBV),
- eine vorläufige Einstellung gem. § 154f StPO,
- eine Einstellung wegen Geringfügigkeit gem. § 153 Abs. 1 StPO (Nr. 82 AStBV) oder nach § 398 AO (Nr. 82 Abs. 2 AStBV, vgl. Rn. 69),
- eine Einstellung gegen Geldauflage gem. § 153a Abs. 1 StPO (Nr. 83 AStBV) verfügen oder
- gem. §§ 153b, 153c, 154, 154b StPO von der Verfolgung absehen,
- einen Strafbefehlsantrag gem. §§ 400 1. HS AO, 407 ff. StPO (Nr. 84 AStBV) beim zuständigen Strafrichter stellen,
- die Einziehung oder den Verfall gem. § 401 AO (Nr. 90 AStBV) beim zuständigen Gericht beantragen oder
- der StA gem. § 400 2. HS AO (Nr. 89 AStBV) die Ermittlungsakten vorlegen.

23   Soweit die BuStra Einstellungen gem. §§ 153 Abs. 1 und 153a Abs. 1 StPO erwägt, die wegen der Höhe der Steuerschäden der Zustimmung des Strafrichters bedürfen, leitet sie die Ermittlungsakten dem zuständigen Amtsgericht **unmittelbar** zu. Ab welcher Höhe eines strafrechtlich relevanten Steuerschadens der jeweils zuständige Strafrichter seine Zustimmung für erforderlich erachtet, liegt in seinem Ermessen und wird in den Amtsgerichtsbezirken sehr unterschiedlich gehandhabt. Die Strafrichter an verschiedenen Amtsgerichten können insoweit unterschiedliche Zustimmungsgrenzen vertreten. So bedarf es bspw. für eine Einstellung nach § 153a Abs. 1 StPO im Zuständigkeitsbezirk des Amtsgerichts A bereits einer richterlichen Zustimmung ab einem Steuerschaden in Höhe von 5.000 €, im Amtsgerichtsbezirk B dagegen erst ab 10.000 € Soweit der BuStra die Zustimmungsgrenzen des jeweiligen Amtsgerichts bekannt gemacht wurden, bedarf es im Einzelfall keiner Übersendung der Ermittlungsakten zur Einholung einer ausdrücklichen richterlichen Zustimmung, wenn sich der Steuerschaden innerhalb bzw. unterhalb der vorgegebenen Grenzen bewegt. In diesen Fällen wird eine antizipierte Zustimmung des Strafrichters angenommen. Aber nicht nur die Zustimmungsgrenzen für eine Einstellung gegen Geldauflage nach § 153a Abs. 1 StPO sind von Amtsgericht zu Amtsgericht unterschiedlich, sondern auch die verfahrensgegenständlichen Schadenssummen bei denen der zuständige Strafrichter eine solche Einstellung grds. noch für opportun hält. Danach kommt bspw. eine Einstellung gegen Geldauflage beim Amtsgericht A ab einem Steuerschaden in Höhe von 15.000 €, beim Amtsgericht B erst ab 20.000 € (grds.) nicht mehr in Betracht. Die Summe des Steuerschadens bezieht sich erfahrungsgemäß auf den gesamten Verfahrensgegenstand und nicht auf die einzelne materielle Tat. Bei diesen von den Amtsgerichten zu den Strafsachenstellen kommunizierten Einstellungsgrenzen, handelt es sich jedoch nicht um absolute Grenzen. Ob eine Einstellung gegen Geldauflage überhaupt in Betracht kommt, ist immer von den Umständen des Einzelfalls abhängig. Damit ist eine Einstellung nach § 153a Abs. 1 StPO bspw. bei unvorbelasteten Beschuldigten und vollständiger Schadenswiedergutmachung nicht ausgeschlossen, wenn die jeweils geltende Einstellungsobergrenze überschritten ist, aber das öffentliche Interesse an der Strafverfolgung durch die Zahlung der Geldauflage beseitigt werden kann. Die Erfahrung zeigt, dass diese verfahrensabschließende Entscheidung gerade bei nicht vorbe-

lasteten einsichtigen Beschuldigten, die den Schaden bereits wiedergutgemacht haben, grds. in Betracht gezogen werden kann. Dies setzt jedoch voraus, dass der Beschuldigte bzw. dessen Verteidiger frühzeitig das Gespräch mit der BuStra sucht.

Nach § 400 HS 1 AO hat die BuStra ein **selbstständiges Antragsrecht auf Erlass eines Strafbefehls.** Das Strafbefehlsverfahren kommt grundsätzlich auch bei besonders schweren Fällen der Steuerhinterziehung gem. § 370 Abs. 3 Nr. 1–5 AO in Betracht, da es sich um ein Steuervergehen handelt. Die Finanzverwaltung hält jedoch eine Erledigung der Steuerstrafsache im Strafbefehlsverfahren für nicht geboten oder zulässig, wenn ein besonders schwerer Fall der Steuerhinterziehung vorliegt (vgl. Nr. 84 Abs. 3 AStBV). In jedem Fall sollte im Hinblick auf die Rspr. des 1. Strafsenates des BGH vom 2.12.2008 – 1 StR 416/08 von einem Verfahrensabschluss im Strafbefehlsverfahren abgesehen werden, wenn ein hinreichender Tatverdacht einer Steuerhinterziehung in einem besonders schweren Fall mit einem Verkürzungsschaden von 1 Mio. € gegeben ist.[16] Entschließt sich die BuStra einen Strafbefehlsantrag gem. § 400 HS 1 AO zu stellen, leitet sie die Ermittlungsakten an die StA weiter. Bei der StA erfolgt die Registrierung der Steuerstrafsache als **Js-Sache, ohne** dass darin eine **Evokation** zu sehen ist, da in jedem Fall, ungeachtet eines möglichen Einspruchs, die Vollstreckung der Steuerstrafsache nach Rechtskraft durch die StA vorgenommen wird. Ein eigenes inhaltliches Prüfungsrecht des Strafbefehlsantrages bzw. eine Abänderungsbefugnis steht der StA nicht zu.[17] Zum selbstständigen Strafbefehlsantragsrecht vgl. Rn. 68. | 24

IV. Befugnisse der Finanzbehörde im unselbstständigen Ermittlungsverfahren

Nach § 386 Abs. 1 S. 1 AO ermittelt die FinB „Bei dem Verdacht einer Steuerstraftat ... den Sachverhalt." Damit erhält die FinB eine **allgemeine,** mithin eine unselbstständige **Ermittlungsbefugnis** (vgl. hierzu auch Rn. 46 ff.). Aufgrund der Gesetzessystematik ist § 386 Abs. 1 AO als Regel anzusehen, der Abs. 2 der Vorschrift als Ausnahme. In der Praxis ist dies erfahrungsgemäß aber umgekehrt. | 25

Kommt es im Laufe der steuerstrafrechtlichen Ermittlungen zu einem Anfangsverdacht eines **Allgemeindeliktes/Nichtsteuerstraftat** (§ 152 Abs. 2 StPO), z.B. einer Urkundenfälschung gem. § 267 StGB, führt dieses **Zusammentreffen** des Verdachtes eines Allgemeindeliktes **mit** dem einer **Steuerstraftat kraft Gesetz** zu einer **Zuständigkeitsüberleitung auf die StA.** In einem derartigen Fall stellt **die Tat nicht** mehr **ausschließlich** eine Steuerstraftat dar (§ 386 Abs. 2 Nr. 1 AO). Der Begriff der Tat ist hier als **Tat im prozessualen Sinne** nach § 264 StPO zu verstehen.[18] Die FinB, d.h. auch die BuStra, verliert ihre selbstständige Ermittlungsbefugnis mit der Folge, dass ihr nunmehr als Ermittlungsperson der StA (nur noch) die polizeilichen Befugnisse nach § 402 Abs. 1 i.V.m. § 399 Abs. 2 S. 2 AO zustehen. Ihr steht in diesen Fällen hinsichtlich der verbleibenden Steuerstraftat aber die **allgemeine Ermittlungsbefugnis** nach § 386 Abs. 1 AO sowie die Anordnungsbefugnis für alle Maßnahmen zu, die geeignet sind, die Verdunkelung der Tat zu verhindern (§ 163 Abs. 1 StPO). | 26

Wie weit die FinB oder die Steufa ihre Ermittlungen im Rahmen ihrer allgemeinen **Ermittlungsbefugnis,** ggf. im Auftrag der StA, **auch auf eine Nichtsteuerstraftat** erstrecken darf, ist | 27

---

16 Kohlmann/*Hilgers-Klautzsch* § 400 Rn. 59 f.
17 *Liebsch/Reifelsberger* wistra 1993, 325, 328.
18 *BGH* NJW 1991, 3227.

umstritten.[19] Bejaht man eine Ermittlungsbefugnis der FinB auch hinsichtlich der Nichtsteuerstraftat, hätte dies zur Folge, dass Ermittlungsmaßnahmen der FinB verjährungsunterbrechende Wirkung (§ 78c Abs. 1 StGB) auch hinsichtlich der Nichtsteuerstraftat entfalten. Stellen das Steuerdelikt und das Allgemeindelikt eine prozessuale Tat dar, führt ein rechtskräftiger Verfahrensabschluss des Steuerdeliktes zu einem Strafklageverbrauch in Bezug auf das Allgemeindelikt. Der BGH und das OLG Braunschweig bejahen eine Ermittlungskompetenz der FinB auch für das Allgemeindelikt.[20] Nach Ansicht des BGH bestehen keine Bedenken gegen eine Ermittlungskompetenz der FinB, wenn das Allgemeindelikt mit dem Steuerdelikt in materieller Tateinheit (§ 52 StGB) stehe. Das OLG Braunschweig nimmt die Ermittlungsbefugnis bereits dann an, wenn das Allgemeindelikt mit dem Steuerdelikt zwar in materieller Tatmehrheit (§ 53 StGB) konkurriere, aber eine prozessuale Tat i. S. d. § 264 StPO gegeben sei (vgl. Rn. 86).

28　In der Praxis sollte die FinB in jedem Fall so frühzeitig wie möglich Kontakt mit der StA aufnehmen, um das weitere Vorgehen hinsichtlich des Allgemeindeliktes abzustimmen. Erfahrungsgemäß werden **Allgemeindelikte von besonderer Bedeutung und gewissem Umfang** aus dem Steuerstrafverfahren **abgetrennt** und von der StA in einem gesonderten Verfahren verfolgt. Ebenso besteht seitens der StA die Möglichkeit nach einer Abtrennung des Allgemeindeliktes, eine (Verfolgungs-)Beschränkung nach § 154a Abs. 1 StPO zu verfügen und die Steuerstraftat nach einvernehmlicher Rückgabe an die FinB von dieser selbstständig ausermitteln und abschließen zu lassen (§ 386 Abs. 2 AO, s. hierzu auch Rn. 44). Mit Blick auf den Strafklageverbrauch sollten die Verfahren in jedem Fall in Abstimmung der beteiligten Behörden abgeschlossen werden.

V.　Überleitung der Ermittlungsbefugnis auf die Staatsanwaltschaft nach § 386 Abs. 3 und Abs. 4 AO

1.　Haft- und Unterbringungssachen (§ 386 Abs. 3 AO)

29　Nach § 386 Abs. 3 AO geht die selbstständige Ermittlungsbefugnis der FinB kraft Gesetz auf die StA über, sobald gegen einen Beschuldigten wegen einer Steuerstraftat ein **Haft- oder Unterbringungsbefehl** erlassen wird. Die BuStra oder Steufa können nach h.M. den Antrag auf Erlass eines Haft- oder Unterbringungsbefehls nicht selbstständig beim Ermittlungsrichter stellen.[21] In der Praxis wird die Entscheidung, ob ein Haftbefehlsantrag gestellt werden soll, von der StA getroffen (Nr. 22 Abs. 1 Ziff. 2 AStBV). Die Beamten der Steufa können jedoch bei Gefahr im Verzug und Vorliegen entsprechender Haftgründe gem. § 112 StPO eine vorläufige Festnahme durchführen (Nr. 73 AStBV).[22] Mit Erlass eines Haft- oder Unterbringungsbefehls erlischt die Zuständigkeit der FinB. Wird der Haft- oder Unterbringungsbefehl gem. § 120 StPO wieder aufgehoben, verbleibt nach einhelliger Auffassung die Zuständigkeit bei der StA.[23] Die FinB hat in diesen Fällen nur die Rechte und Pflichten der Behörden des Polizeidienstes und die Befugnisse nach § 399 Abs. 2 S. 2 AO (Nr. 20 AStBV). Ob die Strafsache nach § 386 Abs. 4 S. 3 AO wieder an die FinB zurückgegeben werden kann, ist streitig, müsste

19　Ablehnend Franzen/Gast/Joecks/*Randt* § 386 Rn. 18; Kohlmann/*Hilgers-Klautzsch* § 386 Rn. 96.
20　*BGH* wistra 1990, 59; *OLG Braunschweig* wistra 1998, 71.
21　Kohlmann/*Hilgers-Klautzsch* § 386 Rn. 107.
22　Kohlmann/*Hilgers-Klautzsch* § 386 Rn. 107.
23　Kohlmann/*Hilgers-Klautzsch* § 386 Rn. 109.

jedoch mit Blick auf die gem. § 386 Abs. 4 S. 1 und 2 AO ausdrücklich geregelten Fälle abgelehnt werden.[24]

2. Zuständigkeitsüberleitungen von der Finanzbehörde auf die Staatsanwaltschaft (§ 386 Abs. 4 AO)

Nach § 386 Abs. 4 AO stehen der FinB 2 Möglichkeiten zur Verfügung, die Zuständigkeit für die Steuerstrafsache auf die StA überzuleiten (sog. Fakultative Zuständigkeitsüberleitung):   **30**

- **Abgabe** an die StA (§ 386 Abs. 4 S. 1 AO, Nr. 22 und Nr. 89 AStBV),
- **Evokation** durch die StA (§ 386 Abs. 4 S. 2 AO, Nr. 22 Abs. 2 und Nr. 140 Abs. 1 AStBV).

Die StA hat in beiden Fällen die Möglichkeit gem. § 386 Abs. 4 S. 3 AO, die Steuerstrafsache **im**   **31** **Einvernehmen** an die FinB zurückzugeben (**Rückgabe** der Strafsache).

a) Abgabe der Steuerstrafsache an die Staatsanwaltschaft

Die Entscheidung über die Abgabe der Steuerstrafsache an die StA steht im **pflichtgemäßen**   **32** **Ermessen** der FinB. Sie darf nicht willkürlich sein.

Welche Gründe aus Sicht der Finanzverwaltung insbesondere zu einer unverzüglichen Abgabe führen, hat diese in Nr. 22 AStBV geregelt. Danach wird eine unverzügliche Abgabe in Betracht kommen, wenn

- eine Maßnahme der Telekommunikationsüberwachung (Nr. 22 Abs. 1 Nr. 1, Nr. 74 AStBV) beantragt werden soll,
- die Anordnung der Untersuchungshaft (§§ 112, 113 StPO) geboten erscheint (Nr. 22 Abs. 1 Nr. 2),
- die Strafsache besondere verfahrensrechtliche Schwierigkeiten aufweist (Nr. 22 Abs. 1 Nr. 3),
- der Beschuldigte außer einer Steuerstraftat (Nr. 18 AStBV) oder gleichgestellten Straftat (Nr. 19 AStBV) noch eine andere **prozessuale selbstständige Straftat** begangen hat und die Taten in einem einheitlichen Ermittlungsverfahren verfolgt werden sollen (Nr. 22 Abs. 1 Nr. 4),
- eine Freiheitsstrafe zu erwarten ist, die nicht im Strafbefehlsverfahren geahndet werden kann (Nr. 22 Abs. 1 Nr. 5 AStBV), mithin eine Freiheitsstrafe von über einem Jahr oder eine solche ohne Bewährung droht,
- gegen Mitglieder des Europäischen Parlaments, des Deutschen Bundestages und der gesetzgebenden Körperschaften der Länder (Nr. 151 AStBV),
- Diplomaten und andere bevorrechtigte Personen (Nr. 152 AStBV),
- Streitkräfte anderer Staaten (Nr. 153 AStBV),
- Jugendliche, Heranwachsende, vermindert Schuldfähige (Nr. 154 AStBV) ermittelt wird (Nr. 22 Abs. 1 Nr. 6) oder
- ein Amtsträger der Finanzverwaltung der Beteiligung verdächtig ist (Nr. 22 Abs. 1 Nr. 7 AStBV).

Nach Nr. 22 Abs. 2 AStBV kann aber auch die Größenordnung des zu erwartenden Steuerscha-   **33** dens, die Persönlichkeit oder Stellung des Beschuldigten sowie der Sachzusammenhang mit anderen strafrechtlichen Ermittlungsverfahren eine Abgabe rechtfertigen. Allein die Tatsache, dass nach den Ermittlungen ein besonders schwerer Fall der Steuerhinterziehung gem. § 370 Abs. 3 Nr. 1 AO vorliegt, führt nicht zwangsläufig zur Abgabe. Auch die Ankündigung des Beschuldigten, dass er gegen einen Strafbefehl Einspruch eingelegt werde, rechtfertigt für sich keine Abgabe an die StA. Entscheidend ist der **ermittelte Steuerschaden insgesamt**, der im

---

24 Kohlmann/*Hilgers-Klautzsch* § 386 Rn. 109.

Millionenbereich angesichts der Rechtsprechung des 1. Strafsenates des BGH einen Verfahrensabschluss in Form der Anklageerhebung unerlässlich macht.[25]

Neben den in Nr. 22 AStBV geregelten Abgabegründen können aber auch besondere Probleme allg. strafrechtlicher Art wie z.B. Fragen der Zurechnungsfähigkeit, Rechtsfragen von grundsätzlicher Bedeutung oder ein persönlicher oder sachlicher Zusammenhang mit einem bei der StA bereits anhängigen Verfahren zu einer Abgabe an die StA führen.[26]

34 Zu welchem **Zeitpunkt** eine **Abgabe an die StA** erfolgt, liegt ebenfalls im Ermessen der FinB. D.h. sie kann grundsätzlich „jederzeit" abgeben. Die **Form der Abgabe** ist nicht vorgeschrieben, sie erfolgt aber in der Regel in Form eines ausführlichen zusammenfassenden Berichts oder Vermerks aus dem das bisherige Ergebnis der Ermittlungen der Steufa und BuStra hervorgeht (Nr. 89 AStBV). Durch die Abgabe an die örtlich und sachlich für Wirtschaftsstrafsachen zuständige StA (§ 143 Abs. 1, Abs. 4 GVG) geht die Ermittlungszuständigkeit kraft Gesetz auf die StA über.[27] Diese ist **verpflichtet** das Verfahren **zu übernehmen**.[28]

35 Dem Wortlaut des § 386 Abs. 4 S. 3 AO lässt sich entnehmen, dass das Verfahren **nur im Einvernehmen** wieder an die FinB **zurückgegeben** werden kann. Nach Abgabe der Strafsache an die StA verliert die FinB ihre selbstständige Ermittlungsbefugnis. Sie behält jedoch die bereits beschriebenen polizeilichen Befugnisse sowie die Beteiligungsrechte nach §§ 403, 407 AO (vgl. Rn. 11, 49 ff.). Ab diesem Zeitpunkt entscheidet die StA über weitere Ermittlungsmaßnahmen und trifft verfahrensabschließende Entscheidungen unter Beachtung der genannten Beteiligungsrechte.

36 Die Abgabe der Steuerstrafsache an die StA hat auch zur Folge, dass ein Steuerberater nur noch gemeinsam mit einem Rechtsanwalt oder Hochschullehrer als Verteidiger auftreten darf (§ 392 Abs. 1 AO), sofern er nicht gem. § 138 Abs. 2 StPO als alleiniger Verteidiger nach Genehmigung durch das Gericht zugelassen wird. Dies ist der Besonderheit geschuldet, dass nach § 392 AO (vgl. auch Nr. 32 Abs. 1 AStBV) in Steuerstrafsachen neben Rechtsanwälten und Rechtslehrern auch **Steuerberater, Steuerbevollmächtigte, Wirtschaftsprüfer und vereidigte Buchprüfer als alleinige Verteidiger** auftreten können, solange die FinB das Ermittlungsverfahren gem. § 386 Abs. 2 AO selbstständig durchführt bzw. die FinB nach den §§ 385 ff. AO die Aufgabe der StA als Strafverfolgungsbehörde wahrnimmt.[29] Auch den Einspruch gegen einen von der FinB beantragten Strafbefehl darf ein Angehöriger der steuerberatenden Berufe für seinen Mandanten noch selbstständig einlegen, da die Einlegung des Einspruchs auch durch einen Vertreter bewirkt werden könnte.[30] Erst wenn die StA oder das Gericht sich mit der Steuerstrafsache befassen bzw. auseinandersetzen müssen endet die Befugnis der Alleinverteidigung.[31]

37 Da die Abgabe einer Steuerstrafsache durch die Vorschrift § 386 Abs. 2 und Abs. 4 S. 1 AO ausdrücklich vorgesehen ist, bestehen im Hinblick auf das Steuergeheimnis sowohl nach § 30 Abs. 4 Nr. 1 als auch nach Nr. 2 AO keine Bedenken. Anders verhält es sich bei Erkenntnissen über Nichtsteuerstraftaten. Diese dürfen nur bei Vorliegen der Voraussetzungen gem. § 30 Abs. 4 Nr. 4 und 5 AO an die StA weitergegeben werden (vgl. Rn. 42).

---

25 *BGH* wistra 2009, 107.
26 Kohlmann/*Hilgers-Klautzsch* § 386 Rn. 119.
27 Kohlmann/*Hilgers-Klautzsch* § 386 Rn. 126; Hübschmann/Hepp/Spitaler/*Rüping* § 386 Rn. 70.
28 Kohlmann/ *Hilgers-Klautzsch* § 386 Rn. 126; Hübschmann/Hepp/Spitaler/*Rüping* § 386 Rn. 70.
29 Kohlmann/*Hilgers-Klautzsch* § 392 Rn. 86.
30 Kohlmann/*Hilgers-Klautzsch* § 392 Rn. 85.
31 Franzen/Gast/Joecks/*Randt* § 392 Rn. 14 f.

b) Evokation der Steuerstrafsache durch die Staatsanwaltschaft

Nach § 386 Abs. 4 S. 2 AO kann die StA ein Steuerstrafverfahren, das die FinB als selbstständige Ermittlungsbehörde führt, jederzeit **an sich ziehen**.[32] In diesem Fall steht die **Evokation** im pflichtgemäßen Ermessen der StA. Das umfassende Evokationsrecht bildet das Pendant zur Abgabebefugnis und ist nicht durch Verwaltungsvorschriften einschränkbar.[33] Nach h.M. kann die StA auch noch von ihrem Recht gem. § 386 Abs. 4 S. 2 AO Gebrauch machen, wenn die FinB einen Strafbefehlsantrag gestellt hat und in diesem Zusammenhang Unstimmigkeiten mit dem Gericht bspw. wegen der Begründetheit des Antrages bestehen.[34] Solange also die FinB gem. §§ 386 Abs. 2, 399, 400, 406 AO als selbstständige Ermittlungsbehörde handelt, kann die StA die Steuerstrafsache evozieren. Eine **zeitliche Begrenzung des Evokationsrechts auf das Ermittlungsverfahren** ist angesichts der umfangreichen prozessualen Rechte der StA **nicht anzunehmen**. Eine Evokation kommt insbesondere in Betracht, wenn die Steuerstraftat mit einer anderen Straftat des Beschuldigten gem. § 3 StPO zusammenhängt, sie von besonderer Bedeutung ist und/oder einen besonderen Umfang erreicht, oder gegen den Beschuldigten bereits in einer anderen Sache ermittelt wird und eine gemeinsame Anklage der Taten für zweckmäßig erachtet wird.

38

Die Evokation als solche kann ausdrücklich z.B. durch Anforderung der Ermittlungsakte und Eintragung der Sache als Js-Sache mit der Verfügung, dass die Sache evoziert werde, oder durch konkludentes Verhalten geschehen. Danach kann die StA entweder die Ermittlungen selbst einleiten oder in einem laufenden Ermittlungsverfahren selbst eine Ermittlungsmaßnahme z.B. eine staatsanwaltschaftliche Zeugenvernehmung durchführen. Weder der Beschuldigte noch die FinB können sich gegen die Ausübung des Evokationsrechts mittels eines förmlichen Rechtsbehelfs zur Wehr setzen.[35]

39

Die Ausübung des Evokationsrechts setzt voraus, dass die StA von der Steuerstrafsache Kenntnis erlangt. Eine gesetzliche oder generelle Verpflichtung der Unterrichtung der StA besteht nicht.[36] In der Praxis sollte im Sinne einer effektiven Bekämpfung der Wirtschaftskriminalität eine enge Zusammenarbeit zwischen der FinB und der StA angestrengt bzw. angestrebt werden. Tatsächlich hängt die Art und Weise der Zusammenarbeit vom Engagement der jeweils zuständigen Beamten ab. Auch mit Blick auf die Vollstreckungslösung des Großen Strafsenats des BGH v. 17.1.2008 – GSSt 1/07, sollte eine möglichst frühzeitige Unterrichtung der StA erfolgen, um Verfahrensabläufe rechtzeitig einsteuern und optimieren zu können.[37]

40

Die FinB hat die Zusammenarbeit mit der StA ihrerseits ausdrücklich in Nr. 140 Abs. 1 AStBV geregelt. Danach soll die **Zusammenarbeit durch regelmäßige Kontaktgespräche** gefördert werden. Gegenstand dieser Gespräche sollen u.a. die an die StA abzugebenden oder von dieser zu übernehmenden Strafsachen als auch Erwägungen einer einheitlichen Strafzumessungspraxis sein (vgl. RiStBV Nr. 267 Abs. 2). Eine Bearbeitung einer Steuerstrafsache im Benehmen mit der StA ist in jedem Fall angezeigt, wenn eine Übernahme durch die StA trotz einer bei ihr anhängigen Zusammenhangstat nicht erfolgt (Nr. 140 Abs. 3, Nr. 22 Abs. 1 Nr. 4 AStBV). Die FinB ist angesichts des ausdrücklich geregelten Evokationsrechts der StA nach § 386 Abs. 4 S. 2

41

32 Kohlmann/*Hilgers-Klautzsch* § 386 Rn. 133.

33 *Hardtke/Westphal* wistra 1996, 93.

34 Hübschmann/Hepp/Spitaler/*Rüping* § 386 AO Rn. 78; Kohlmann/*Hilgers-Klautzsch* § 386 Rn. 143; *LG Frankfurt* wistra 1993, 154; Franzen/Gast/Joecks/*Randt* § 386 Rn. 44.

35 Franzen/Gast/Joecks/*Randt* § 386 Rn. 40.

36 *BGH* 30.4.2009 – 1 StR 90/09; Kohlmann/*Hilgers-Klautzsch* § 386 Rn. 146.

37 *BGH* NJW 2009, 2319 ff.

AO nicht durch das Steuergeheimnis (§ 30 AO) an der Unterrichtung der StA oder Übersendung der Akten an diese gehindert, soweit es sich um ausschließliche Steuerstraftaten i.S.d. § 369 AO oder gleichgestellte Straftaten handelt und die bereits geschilderten Abgabegründe gegeben sind.[38] Sowohl die Abgabe als auch die Evokation dienen gerade der Verfolgung der Steuerstraftat nach § 30 Abs. 4 Nr. 1 AO.

42 Erlangt die FinB Erkenntnisse über nichtsteuerliche Straftaten, die nicht tateinheitlich mit dem Steuerdelikt verwirklicht wurden, ist eine Mitteilung oder Offenbarung an die StA nur in den Grenzen des § 30 Abs. 4 und 5 AO sowie des § 393 AO möglich.

43 Hat die StA die Steuerstrafsache übernommen, verliert die FinB bzw. BuStra ihre selbstständige Ermittlungskompetenz i.S.d. § 386 Abs. 2 AO. Sie behält jedoch ihre polizeilichen Rechte nach § 402 Abs. 1 AO sowie ihre Beteiligungsrechte nach § 403 und § 407 AO (vgl. Rn. 11 f., 46 ff., 48, 49 ff., 55 ff.). Der Beschuldigte erhält nach Übernahme des Steuerstrafverfahrens durch die StA eine Mitteilung über die fakultative Zuständigkeitsänderung, sofern ihm die Einleitung des Strafverfahrens bereits bekanntgegeben worden ist. Welche Folgen sich für die FinB nach der Abgabe an die StA ergeben, werden unter Rn. 46 ff. dargestellt.

c) Rückgabe der Steuerstrafsache an die Finanzbehörde

44 Eine **Rückgabe der Steuerstrafsache** an die FinB nach § 386 Abs. 4 S. 3 AO kann die StA nach Abgabe oder Evokation **nur im Einvernehmen mit der FinB** erreichen. „Im Einvernehmen" setzt eine Übereinstimmung der beiden Behörden voraus. Das bedeutet, dass die FinB nicht auf Rückforderung der Strafsache drängen und die StA der FinB diese nicht aufdrängen darf.[39] Die Rückgabe setze nach str. Auffassung grundsätzlich ein vorheriges selbstständiges Ermittlungsrecht der FinB nach § 386 Abs. 2 AO voraus, womit eine Rückübertragung in Fällen in denen ein Haftbefehl aufgehoben wurde oder sich der Verdacht einer Zusammenhangstat nicht bestätigt hat, nicht möglich sei.[40] In der Praxis ist zu beobachten, dass die Steuerstrafverfahren bei Vorliegen eines Anfangsverdachtes der Urkundenfälschung, zunächst ausermittelt und schließlich nach § 386 Abs. 4 AO als Abgabe an die StA übergeben werden, obwohl sich die Zuständigkeit der FinB ab dem Zeitpunkt der Einleitung des Allgemeindelikts nach § 386 Abs. 1 AO richtet (vgl. hierzu auch Rn. 46, 86 f.). Kann die Nichtsteuerstraftat aus dem Verfahren der FinB auch schon vor einer Abgabe i.S.d. § 386 Abs. 4 S. 1 AO zwecks Verfolgung in einem gesonderten Strafverfahren, welches bei der StA geführt wird, abgetrennt werden, weil es sich bei der Steuerstraftat und der Nichtsteuerstraftat um verschiedene prozessuale Taten i.S.d. § 264 StPO, z.B. bei einem Verdacht des Vorenthaltens und Veruntreuens von Arbeitsentgelten gem. § 266a Abs. 1 und 2 StGB, handelt, steht einer Rückgabe der Steuerstrafsache nach der hier vertretenen Auffassung ohnehin nichts im Weg. In der Praxis werden in der überwiegenden Anzahl der Fälle Erkenntnisse einer Nichtsteuerstraftat, die sich als eine andere prozessuale Tat darstellt, zeitnah der StA mitgeteilt, ohne den Weg der förmlichen Abgabe zu beschreiten (§ 30 Abs. 4 Nr. 4a) AO). Aber auch bei einer einheitlichen prozessualen Tat wird die FinB erfahrungsgemäß nichts gegen eine (möglichst frühzeitige) Abtrennung der Nichtsteuerstraftat mit der Folge einer Einstellung oder Verfolgungsbeschränkung gem. § 154a Abs. 1 StPO durch die StA einzuwenden haben, wenn sie ihr (Steuerstraf-)Verfahren anschließend eigenständig ihren Vorstellungen entsprechend abschließen kann.[41] Der Beschuldigte wird aufgrund der Erfahrungen aus der Praxis

---

38 Franzen/Gast/Joecks/*Randt* § 386 Rn. 50.
39 Kohlmann/*Hilgers-Klautzsch* § 386 Rn. 154 f.; Franzen/Gast/Joecks/*Randt* § 386 Rn. 48.
40 Kohlmann/*Hilgers-Klautzsch* § 386 Rn. 154; Franzen/Gast/Joecks/*Randt* § 386 Rn. 48.
41 Kohlmann/*Hilgers-Klautzsch* § 386 Rn. 102; Hübschmann/Hepp/Spitaler/*Rüping* § 386 Rn. 71.

ebenfalls nichts gegen einen Abschluss des Steuerstrafverfahrens durch die FinB einzuwenden haben, da die Abschlussbefugnis im Strafbefehlsverfahren ihre Grenze findet und der Strafkatalog der FinB als moderat bezeichnet werden kann. Der Streit, ob in diesen Fällen ein Einverständnis gem. § 386 Abs. 4 S. 3 AO erforderlich sei oder ob es auf ein solches nicht ankomme, da kein Fall des § 386 Abs. 4 S. 3 AO vorliege, ist angesichts der Praxis akademisch.[42] In der Praxis erfolgt eine solche Vorgehensweise regelmäßig nach vorheriger Kontaktaufnahme durch die FinB, wenn diese nach Abgabe bzw. Übergabe der Steuerstrafsache an die StA eine Rückgabe begehrt oder durch die StA, wenn diese nach Erhalt des Verfahrens eine **Abtrennung der Nichtsteuerstraftat** favorisiert und einen Abschluss im Strafbefehlswege durch die FinB für sachdienlich hält. Entscheidend für einen möglichst geringen Reibungsverlust, ist eine praktikable Zusammenarbeit der FinB mit der StA. Eine Rückgabe der Steuerstrafsache sollte aber grds. wegen der einhergehenden Verfahrensverzögerung und der bis dato erfahrungs- und naturgemäß langen Verfahrensdauer von Steuerstrafsachen die Ausnahme bleiben und grundsätzlich vermieden werden.

Förmliche Rechtsbehelfe stehen den Beschuldigten gegen die Abgabe, Evokation und Rückgabe der Steuerstrafsache nach § 386 Abs. 4 S. 1, 2 und 3 AO nicht zur Verfügung, da es sich lediglich um der Strafrechtspflege intern zuzurechnende Prozesshandlungen handelt.[43]   **45**

VI. Die Stellung der Finanzbehörde unter der Verfahrensherrschaft der Staatsanwaltschaft

1. Polizeiliche Rechte und Pflichten der Finanzbehörde

Liegt die Verfahrensherrschaft nach einem erlassenen Haft- oder Unterbringungsbefehl (§ 386   **46** Abs. 3 AO), einer Abgabe (§ 386 Abs. 4 S. 1 AO), einer Evokation (§ 386 Abs. 4 S. 2 AO) oder aufgrund des **Verdachts einer Nichtsteuerstraftat (§ 386 Abs. 1 S. 1 AO)** bei der StA, erhält die FinB nach § 402 AO dieselben Rechte und Pflichten wie die Behörden des Polizeidienstes nach der StPO sowie nach § 399 Abs. 2 S. 2 AO (Nr. 91 AStBV). Das bedeutet, dass die **FinB** zum **Ermittlungsorgan der StA** wird. Die Sachbearbeiter der BuStra werden hinsichtlich ihrer Rechte und Pflichten ebenso wie die Steuerfahnder zu „Ermittlungspersonen" (§ 152 Abs. 2 GVG) der StA. Die BuStra als auch die Steufa hat den Ersuchen oder **Ermittlungsaufträgen der StA Folge** zu leisten (§§ 160, 161, 163 StPO i.V.m. § 402 AO). § 402 Abs. 1 AO ermächtigt die FinB ausdrücklich die Befugnisse nach § 399 Abs. 2 AO wahrnehmen zu können. D.h. sie kann Maßnahmen wie z.B. die Wohnungsdurchsuchung, Sicherstellung und Beschlagnahmen von Gegenständen, körperliche Durchsuchungen oder einen dinglichen Arrest anordnen, wenn Gefahr im Verzug gegeben ist (vgl. Nr. 91 Abs. 3 AStBV). Die Befugnis zur Durchsicht der Papiere gem. § 110 StPO hat im Verfahren der StA neben der Steufa auch die BuStra (Nr. 91 Abs. 3 S. 3 AStBV) soweit die StA dies anordnet. Aber **auch die Veranlagungsämter** können ungeachtet der Zuständigkeitskonzentration nach § 387 Abs. 2 AO die genannten **unaufschiebbaren Anordnungen** treffen. Sie sind ebenfalls Hilfsorgan für die StA. In der Praxis werden sie z.B. auch mit einer Schadens- oder Mehrsteuerberechnung beauftragt (Nr. 91 Abs. 4 AStBV).[44]

---

42   Franzen/Gast/Joecks/*Randt* § 386 Rn. 19; Kohlmann/*Hilgers-Klautzsch* § 386 Rn. 102.

43   Franzen/Gast/Joecks/*Randt* § 386 Rn. 40.

44   Franzen/Gast/*Joecks* § 402 Rn. 11.

47   Die **FinB hat** hinsichtlich der Erfüllung der Ermittlungsaufträge **kein Ermessen oder Prüfungsrecht** (Nr. 91 Abs. 5 AStBV). Mit der Anhängigkeit der Steuerstrafsache beim Strafgericht endet die Weisungsbefugnis der StA gegenüber der FinB.[45]

48   Die Maßnahmen der FinB im Rahmen ihrer Eilzuständigkeit (§§ 402, 399 Abs. 2 S. 2 AO) können beim zuständigen Amtsgericht mittels eines Antrages auf gerichtliche Entscheidung gem. § 98 Abs. 2 StPO und anschließender Beschwerdemöglichkeit gem. § 304 StPO beim zuständigen Landgericht überprüft werden (vgl. Nr. 98 Abs. 2 AStBV).

2. Beteiligungs- und Anwesenheitsrechte der Finanzbehörde im staatsanwaltschaftlichen Ermittlungsverfahren

49   Führt die StA oder die Polizei Ermittlungen in Bezug auf eine Steuerstraftat durch, so regelt § 403 AO Beteiligungs- und Anwesenheitsrechte der FinB. Danach kann die **sonst zuständige FinB** auch an Ermittlungshandlungen der Polizei teilnehmen. Da die **Steufa nicht FinB i.S.d. § 403 AO** ist, was sich aus der ausschließlich die Steufa und Zollfahndung betreffenden kompetenzzuweisenden Vorschrift des § 404 AO ableiten lässt, bleibt es der **BuStra** vorbehalten, an Ermittlungshandlungen der genannten Art teilzunehmen.[46] Dazu sollen der FinB Ort und Zeit der Ermittlungshandlung rechtzeitig mitgeteilt werden (§ 403 Abs. 1 S. 2 AO). Der Soll-Vorschrift ist zu entnehmen, dass eine Mitteilung unterbleiben kann, wenn die Untersuchungshandlung so schnell wie möglich erfolgen muss, da ansonsten der Untersuchungszweck gefährdet wäre.[47] Auch bei richterlichen Untersuchungshandlungen soll die FinB informiert werden, da ihr § 403 Abs. 2 AO **dieselben Anwesenheitsrechte wie der StA** verleiht. Das sind insbesondere solche bei Vernehmungen von Beschuldigten, Zeugen und Sachverständigen (§ 168c Abs. 1 und 2 StPO, Nr. 92 Abs. 2 AStBV) oder bei richterlichem Augenschein (§ 168d Abs. 1 StPO).

50   Das Anwesenheitsrecht wird weiter ausgebaut durch das **Fragerecht nach § 403 Abs. 1 S. 3 AO.** Danach kann ein Finanzbeamter i.d.R. ein BuStra-Mitarbeiter oder SGL der BuStra –**kein Steuerfahnder-** den Beschuldigten, den Zeugen oder Sachverständigen im Rahmen einer richterlichen Untersuchungshandlung unmittelbar befragen.

51   Schließt die StA das unter ihrer Verfahrensherrschaft laufende Ermittlungsverfahren mit einer **Anklageschrift** oder mit dem **Antrag auf Erlass eines Strafbefehls** ab, hat sie die sonst zuständige **FinB davon zu unterrichten** (§ 403 Abs. 3 AO). Diese Mitteilung dient dazu, der FinB rechtzeitig Gelegenheit zu geben, sich auf die bevorstehenden **gerichtlichen Maßnahmen** (auch im Zwischenverfahren) oder Entscheidungen, insbesondere den Hauptverhandlungstermin, einzustellen bzw. vorzubereiten. Denn ihr steht nach § 407 Abs. 1 AO im anschließenden gerichtlichen Verfahren das Recht zu „..., *die Gesichtspunkte vorzubringen, die von ihrem Standpunkt für die Entscheidung von Bedeutung sind.*" Die Mitteilungs- oder Informationspflicht besteht auch, wenn die FinB die Steuerstrafsache bereits abschlussreif gem. § 400 AO an die StA abgegeben hat.

52   Erwägt die StA nach den durchgeführten Ermittlungen, das **Verfahren einzustellen**, hat sie die sonst zuständige **FinB nach § 403 Abs. 4 AO anzuhören.** Nach welcher gesetzlichen Vorschrift die Einstellung erfolgen soll, ist für die Anhörung nicht entscheidend. Die Einstellung erfasst

---

45   Franzen/Gast/*Joecks* § 402 Rn. 13; Kohlmann/*Hilgers-Klautzsch* § 402 Rn. 6.
46   Franzen/Gast/*Joecks* § 403 Rn. 6.
47   Meyer-Goßner/*Schmitt* § 168c Rn. 5.

sämtliche Arten der Verfahrenseinstellung, d.h. neben dem fehlenden Tatverdacht gem. § 170 Abs. 2 StPO auch die Einstellungsmöglichkeiten wegen Geringfügigkeit nach § 398 AO oder § 153 StPO. Auch bei einer Einstellung gegen Erfüllung von Auflagen nach § 153a StPO sowie bei Strafverfolgungsbeschränkungen nach § 154a StPO oder § 154 StPO (Mehrfachtäter) ist das **Anhörungsrecht** zu beachten. Es soll der sachkundigen FinB die Möglichkeit gegeben werden, etwaige Bedenken vorzubringen und der StA, die naturgemäß nicht über eine vergleichbare steuerliche Sachkunde verfügt, evtl. nicht bedachte Umstände steuerstrafrechtlicher Art aufzuzeigen.

Die Nichtbeachtung des Anhörungsrechts macht die Entscheidung der StA jedoch **nicht** mittels eines **förmlichen Rechtsbehelfs anfechtbar.**[48] Ebenso wenig ist die Verwertbarkeit der Ermittlungshandlungen berührt.[49]   **53**

Nach h.M. ist der FinB auch das Klageerzwingungsverfahren nicht eröffnet, da sie selbst als Strafverfolgungsbehörde zur Wahrung des Legalitätsprinzips verpflichtet ist und eine andere Strafverfolgungsbehörde, die sogar ermächtigt wäre, das Strafverfahren jederzeit an sich ziehen zu können, nicht überprüfen lassen kann.[50] Der FinB stehen jedoch die **Gegenvorstellung und die Dienstaufsichtsbeschwerde** zur Verfügung.[51]   **54**

3. Beteiligungs- und Anwesenheitsrechte der Finanzbehörde im gerichtlichen Verfahren

Für das **gerichtliche Verfahren** ergeben sich die **Anhörungs- und Mitwirkungsrechte** der FinB aus § 407 AO. Auch in diesem Verfahrensstadium ist es sinnvoll, die Sachkunde der FinB einfließen zu lassen. Das Gericht hat der FinB vor jeder Sachentscheidung, mit Ausnahme prozessualer Entscheidungen, die keinen Bezug zur Sachentscheidung haben, Gelegenheit zur Stellungnahme zu geben. Erwägt das Gericht vor der Eröffnung des Hauptverfahrens, den Verfahrensstand mit den Verfahrensbeteiligten nach § 202a StPO zu erörtern, ist neben der StA, dem Verteidiger und dem Beschuldigten auch die FinB zu beteiligen.[52] Die Anhörung muss nicht nur bei den Einstellungsmöglichkeiten der §§ 153 (Geringfügigkeit) und 153a StPO (Geldauflage) erfolgen, sondern auch wenn das Gericht Einstellungen nach § 154 Abs. 2 (unwesentliche Nebenstraftat), § 154a Abs. 2 StPO (Verfahrensbeschränkung), § 205 StPO (Abwesenheit des Angeschuldigten), § 206a StPO (Verfahrenshindernisse), oder nach § 206b StPO (Gesetzesänderung) beabsichtigt. Die FinB kann eine Einstellung jedoch nicht verhindern, indem sie keine Zustimmung erteilt. Einer solchen (prozessualen) Zustimmung bedarf es eben nicht. Die **Anhörung** ist grds. **formfrei.** In der Hauptverhandlung erfolgt sie naturgemäß mündlich. Außerhalb der Hauptverhandlung wird i.d.R. eine schriftliche Stellungnahme der BuStra über die StA eingeholt. Dieses Recht wird von der FinB in der Praxis auch sehr ernst genommen und nicht selten folgen sehr ausführliche substantiierte schriftliche Stellungnahmen. Die FinB, genauer gesagt die BuStra, hat nach § 407 Abs. 1 AO ein **Recht** und nicht die Pflicht **auf Anwesenheit und Äußerung in der Hauptverhandlung.** Auch hier ist die Steufa aus den bereits genannten Gründen nicht Vertreter der FinB (vgl. Rn. 3, 49 f.). Die Verfahrensbeteiligte FinB, mithin die BuStra, sitzt in der Hauptverhandlung neben der StA. In der Praxis wird eine Nichtteilnahme der BuStra vor der Hauptver-   **55**

---

48 Kohlmann/*Hilgers-Klautzsch* § 403 Rn. 38.
49 Franzen/Gast/*Joecks* § 403 Rn 16; Kohlmann/*Hilgers-Klautzsch* § 403 Rn. 43; Hübschmann/Hepp/Spitaler/ *Hellmann* § 403 Rn. 40.
50 Franzen/Gast/*Joecks* § 403 Rn 18; Kohlmann/*Hilgers-Klautzsch* § 403 Rn. 39 f.
51 Hübschmann/Hepp/Spitaler/*Hellmann* § 403 Rn. 41.
52 Meyer-Goßner/*Schmitt* § 160 b Rn. 1.

handlung i.d.R. mit der StA abgestimmt (Nr. 94 Abs. 1 S. 2, Abs. 3 AStBV). Zum einen ist der FinB selbst an einem positiven Ausgang des Verfahrens gelegen und zum anderen ist sowohl die StA als auch der Richter, nicht unbedingt im Sinne einer Waffengleichheit, wohl aber im Sinne einer sachgerechten Entscheidung, dankbar für die Mitwirkung eines Sachkundigen auf dem schwierigen Rechtsgebiet des Steuerstrafrechts. Denn nicht selten wird auf der Seite des Angeklagten ein steuerlich versierter Rechtsanwalt oder neben diesem ein Steuerberater verteidigen. Das Gericht teilt der zuständigen BuStra den Termin zur Hauptverhandlung oder der Vernehmung durch den beauftragten oder ersuchten Richter nach § 407 Abs. 1 S. 3 AO regelmäßig unter Einhaltung der Ladungsfristen nach §§ 214, 217 StPO mit.

56 Im Rahmen der Hauptverhandlung und bei Vernehmungen durch den beauftragten oder ersuchten Richter darf der Vertreter der BuStra **nach § 407 Abs. 1 S. 5 AO unmittelbar Fragen** an den Angeklagten, Zeugen und Sachverständigen richten (§ 240 Abs. 2 S. 1 StPO, Nr. 94 Abs. 2 S. 2 AStBV). Das Gericht wird die Notwendigkeit oder Sachdienlichkeit der Frage i.d.R. nicht überprüfen, ggf. aber von der Zurückweisungsmöglichkeit ungeeigneter oder nicht zur Sache gehörender Fragen durch den Vorsitzenden nach § 241 Abs. 2 StPO Gebrauch machen.

57 Ebenso steht der FinB in der Hauptverhandlung sowie bei der Vernehmung durch den beauftragten oder ersuchten Richter ein **Stellungnahme- oder Erklärungsrecht nach § 407 Abs. 1 S. 4 AO** zu (Nr. 94 Abs. 2 S. 2 AStBV). Der Vertreter der FinB erhält nach dem Wortlaut **auf Verlangen** das Wort. Es obliegt jedoch dem Vorsitzenden aufgrund seiner Prozessleitungsbefugnis nach § 238 Abs. 2 StPO, den Zeitpunkt der Stellungnahme zu bestimmen. In der Praxis ist die besondere Sachkunde des BuStra-Mitarbeiters bzw. des SGL der BuStra für sämtliche Verfahrensbeteiligten durchaus förderlich, so dass es eines förmlichen Antrags auf Worterteilung i.d.R. nicht bedarf und erfahrungsgemäß sehr frühzeitig Gelegenheit zur Stellungnahme gegeben wird. Dieses Stellungnahme- oder Erklärungsrecht entspricht inhaltlich **nicht** dem **Schlussvortrag** der StA nach § 258 StPO und sollte diesen auch nicht vorwegnehmen. Denn § 258 Abs. 1 StPO räumt dieses Recht lediglich der StA, dem Angeklagten bzw. dem Verteidiger, dem Privatkläger und Nebenbeteiligten (§§ 433 Abs. 1, 442 Abs. 1 und 2, 444 StPO) sowie über § 397 Abs. 1 S. 3 StPO auch dem Nebenkläger ein.[53] Die FinB ist weder Nebenkläger noch hat sie ein Recht auf Erwiderung gem. § 258 Abs. 2 StPO.[54] Ebenso wenig kann sie Beweisanträge stellen oder Rechtsmittel einlegen (vgl. Nr. 94 Abs. 3 S. 3, Nr. 95 AStBV).[55]

58 Der **Vertreter der BuStra** kann **auch als Zeuge oder Sachverständiger** vernommen werden.[56] Es liegt im Ermessen des Gerichts bzw. Vorsitzenden dem auch **als Zeugen geladenen Vertreter der BuStra**, die Teilnahme an der Hauptverhandlung von Beginn an zu gestatten.[57] Die Vertreter der FinB erhalten von ihrem Dienstvorgesetzten für diese Fälle eine **Aussagegenehmigung gem. § 54 StPO**. Besondere Vorsicht ist geboten, wenn der BuStra-Mitarbeiter an den Ermittlungen beteiligt war und nunmehr als Sachverständiger vernommen werden soll, da die Möglichkeit der Ablehnung gem. § 74 StPO eröffnet ist.

59 Die FinB ist nach § 407 Abs. 2 AO von dem Urteil oder anderer verfahrensabschließender Entscheidungen in Kenntnis zu setzen. Unabhängig davon, ob die FinB in der Hauptverhandlung anwesend war oder nicht, erhält sie eine Ausfertigung des Urteils oder Einstellungsbeschlusses nach Nr. 9 Abs. 1 i.V.m. Nr. 4 Abs. 3 Nr. 2 MiStra.

---

53 *Meyer-Goßner* § 258 Rn. 4 ff.
54 *Meyer-Goßner* § 258 Rn. 18, § 397 Rn. 10.
55 Hübschmann/Hepp/Spitaler/*Rüping* § 407 Rn. 33 f.
56 Franzen/Gast/*Joecks* § 407 Rn. 15 f.; Kohlmann/*Hilgers-Klautzch* § 407 Rn. 8.
57 *LG Dresden* NJW 1998, 3509 f.

Verstöße gegen die Beteiligungsrechte der FinB nach § 407 Abs. 1 AO sind lediglich mit einer **60** formlosen Gegenvorstellung angreifbar.[58] Ungeachtet der weiteren, aber streitigen Möglichkeit der Dienstaufsichtsbeschwerde, sind beide Formen des Rechtsschutzes erfahrungsgemäß wenig Erfolg versprechend.[59] Seitens der StA (theoretisch auch seitens des Angeklagten) bestünde allenfalls die Möglichkeit, die Verletzung der Beteiligungsrechte nach § 407 Abs. 1 AO im Rahmen der Aufklärungsrüge nach § 344 Abs. 2 StPO mit der Revision geltend zu machen, wenn sich im konkreten Fall die Beteiligung der FinB aufgedrängt hätte und durch die Wahrnehmung der Rechte eine weitere Sachaufklärung zu erwarten gewesen wäre.[60]

VII. Besonderheiten bei Steuerstrafverfahren

Die im Folgenden dargestellten Besonderheiten im Steuerstrafverfahren orientieren sich an der **61** Praxis und sind nicht abschließend.

1. Besteuerungsverfahren und Steuerstrafverfahren

Neben der Doppelfunktion der Steufa (vgl. Rn. 4, 7 f.), dem Durchsichtrecht der Papiere des **62** von der Durchsuchung Betroffenen nach § 404 S. 2 AO (vgl. Rn. 64), der Verteidigerstellung des Steuerberaters (vgl. Rn. 36), dem Wegfall des Erstbefragungsrechts (vgl. Rn. 10), der unmittelbaren Anforderung von Bankauskünften durch die Steufa (vgl. Rn. 13) sowie der Ermittlungsmöglichkeit der FinB im gesamten Bundesgebiet (vgl. Rn. 12) ist eine weitere Besonderheit im Steuerstrafverfahren, dass das **Besteuerungsverfahren und das Strafverfahren parallel nebeneinander** weiterlaufen (vgl. Nr. 16 AStBV). In beiden Verfahren hat der Beschuldigte unterschiedliche Rechte und Pflichten (§ 393 Abs. 1 S. 1 AO). Im Besteuerungsverfahren ist der Beschuldigte nach Einleitung des Strafverfahrens gem. § 90 AO weiterhin zur Mitwirkung verpflichtet ist. Dies steht dem im Strafverfahren geltenden **Nemo-tenetur-Prinzip**, wonach sich niemand selbst belasten muss, entgegen. Nach § 393 Abs. 1 S. 2 AO ist der Beschuldigte trotz des laufenden Ermittlungsverfahrens weiterhin zur Mitwirkung verpflichtet, jedoch können **keine Zwangsmittel gem. §§ 328 ff. AO** (Zwangsgeld, Ersatzvornahme und unmittelbarer Zwang) eingesetzt werden, wenn die Mitwirkung zu einer Selbstbelastung führen würde. Dies führt im Ergebnis dazu, dass der Beschuldigte zwar **tatsächlich ein Mitwirkungs- oder Auskunftsverweigerungsrecht** hat, aber die ggf. nachteilige steuerrechtliche Folge der Schätzung gem. § 162 AO hinnehmen muss.[61]

Nachdem ein Steuerstrafverfahren bekannt gegeben wurde, wird eine wegen des Verdachts **63** eines Steuerdelikts unterbrochene BP fortgesetzt, die nicht selten wegen des oben unter Rn. 62 beschriebenen Dilemmas mit einer im Besteuerungsverfahren ungünstigen Schätzung gem. § 162 AO endet.[62] Eine **Schätzung** darf jedoch **in keinem Fall Sanktionscharakter** aufweisen. Auch eine Hinzuschätzung mit Sanktionscharakter ist wegen der dem Beschuldigten zustehenden Mitwirkungsverweigerung unzulässig.[63] Schätzungen müssen sachgerecht und angemessen sein, d.h. sie müssen den wahrscheinlichsten Besteuerungstatbestand widerspiegeln. In keinem

---

58 Kohlmann/*Hilgers-Klautzsch* § 407 Rn. 22; Hübschmann/Hepp/Spitaler/*Rüping* § 407 Rn. 36.
59 Franzen/Gast/*Joecks* § 407 Rn. 18.
60 *BayObLG* NStZ-RR 1996, 145 f.; Hübschmann/Hepp/Spitaler/*Rüping* § 407 Rn. 38.
61 Franzen/Gast/*Joecks* § 393 Rn. 6.
62 *BFH* 19.1.2006 – VIII B 114/05.
63 Kohlmann/*Hilgers-Klautzsch* § 393 Rn. 68; *Teske* wistra 1988, 207 (214); Franzen/Gast/*Joecks* § 393 Rn. 30.

Fall dürfen **Sicherheitszuschläge strafrechtlich vorgeworfen** werden, obgleich sie steuerrechtlich zulässig sind. Mit Blick auf die Anforderungen der Rspr. an verurteilende Entscheidungen müssen Schätzungen der BP im Steuerstrafverfahren besonders überprüft und oftmals mit Abschlägen überarbeitet werden (vgl. Nr. 127 Abs. 2 S. 4 AStBV). Denn letztendlich muss es dem Gericht ermöglicht werden, neben der Steuerpflicht und den sonstigen Tatbestandsmerkmalen des Steuerdelikts, sowohl die Summe der vorsätzlich verkürzten Steuer so genau wie möglich festzustellen als auch den Berechnungsweg darzulegen.[64]

Trotz der Parallelität des Besteuerungs- und Strafverfahren stehen beide in einer gewissen Abhängigkeit zueinander. I.d.R. wird die FinB das Steuerstrafverfahren erst abschließen, wenn das Besteuerungs- bzw. Veranlagungsfinanzamt aufgrund des vorliegenden Betriebsprüfungs- oder Steuerberichts Änderungsbescheide erlassen und bekannt gegeben hat. Ab diesem Zeitpunkt wendet sich erfahrungsgemäß der Blick des Veranlagungsfinanzamtes nach einem Einspruch gegen die Änderungsbescheide i.d.R. wieder dem Strafverfahren zu, sofern es nicht um die Festsetzung der Steuer dem Grunde nach geht. Im Strafverfahren wird eine rechtskräftige Entscheidung erfahrungsgemäß früher zu erzielen sein als im finanzgerichtlichen Verfahren.

2. Durchsichtsrecht der Papiere

64 Durch die Vorschrift des § 404 S. 2 2. Alt. AO i.V.m. § 110 Abs. 1 StPO erhält die **Steuerfahndungsstelle** das Recht auf Durchsicht der Papiere des von der Durchsuchung Betroffenen (vgl. Nr. 69 Abs. 1 AStBV). Dieses **Sonderrecht** erhielt die Steuerfahndungsstelle erstmalig durch das 1. Gesetz zur Reform des Strafverfahrensrechts (StVRG) vom 9.12.1974.[65] Hintergrund war, den besonderen Sachverstand der Steuerfahndung zur effektiven Bekämpfung der Steuerkriminalität optimal nutzbar zu machen.[66] Für die Durchsichtsbefugnis ist es gleichgültig, ob die FinB selbst oder die StA die Verfahrensherrschaft hat. Die Befugnis der Steuerfahndung geht damit über die Befugnis der FinB im staatsanwaltschaftlichen Verfahren hinaus. Da das Gesetz die Befugnis der Durchsicht lediglich der Steuerfahndungsstelle einräumt, wird dem einzelnen Beamten, die Ausübung des Rechts durch Auftrag übertragen.[67] In der Praxis findet sich diese **Übertragung in Form eines Vermerks** auf der Rückseite des Dienstausweises. Das Durchsichtsrecht erstreckt sich **nicht nur** auf die sichergestellten **Geschäftspapiere** wie z.B. Bilanzen, Buchführungsunterlagen, Belege, Quittungen und Grundaufzeichnungen, sondern auch auf Briefe, Fotos, Kalender und private Aufzeichnungen u.Ä. Voraussetzung ist, dass sie sich im Gewahrsam des von der Durchsuchung Betroffenen befinden. Auf das Eigentum kommt es nicht an.[68] **Private Unterlagen und Papiere,** wie z.B. Tagebücher, dürfen nur insoweit durchgesehen werden, als sie Aufschluss über den Tatvorwurf der Steuerhinterziehung geben können.[69] § 110 Abs. 3 StPO ermächtigt die Steuerfahndung auch zur Durchsicht elektronischer Speichermedien (PC, Notebooks, USB-Sticks, Tonträger, Filme etc). Auf räumlich getrennte Speichermedien darf jedoch nur zugegriffen werden, wenn der Verlust der gesuchten Dateien zu besorgen ist. Die Durchsicht dient der Feststellung, ob einem Papier bzw. einer Datei Beweisbedeutung zukommt. Ist dies der Fall, wird hinsichtlich des in Betracht kommenden konkreten Gegenstandes eine Beschlagnahmeanordnung beim zuständigen Ermittlungsrichter erfol-

---

64 *BGH* wistra 2006, 66 f.; *BGH* wistra 1986, 23.
65 BGBl I 1974, 3393.
66 Kohlmann § 404 Rn. 145.
67 Franzen/Gast/Joecks/*Randt* § 404 Rn. 69.
68 Meyer-Goßner/*Schmitt* § 110 Rn. 1.
69 Franzen/Gast/Joecks/*Randt* § 404 Rn. 66.

gen. Im Übrigen sind die vorläufig sichergestellten Gegenstände zurückzugeben. Solange die Durchsicht der sichergestellten Papiere und elektronischer Speichermedien nicht beendet ist, ist auch die Durchsuchung nicht beendet. Das BVerfG hat in einem Beschluss vom 30.1.2002 klargestellt, dass eine zeitliche Grenze, vergleichbar der **6-Monatsgrenze** für die Geltung von Durchsuchungsbeschlüssen, für die **Dauer der Durchsicht nicht existiert**.[70] Die Durchsicht sollte jedoch nicht unverhältnismäßig lange dauern. Der Fortgang der Durchsicht sollte daher in Form von Aktenvermerken dokumentiert werden, um gerade in Umfangsverfahren belegen zu können, dass die Dauer der Durchsicht angesichts des Umfangs der sichergestellten Gegenstände, nicht unverhältnismäßig lange war. Der Betroffene kann Entscheidungen der Steuerfahndung im Zusammenhang mit der Durchsicht bei Gericht gem. § 98 Abs. 2 S. 2 StPO analog überprüfen lassen.

3. Akteneinsichtsrecht der Finanzbehörde im Steuerstrafverfahren

Damit die FinB ihre Beteiligungsrechte nach §§ 403, 407 AO sachgerecht wahrnehmen kann, räumt ihr § 395 AO in Strafverfahren wegen einer Steuerstraftat ein **nicht beschränkbares Akteneinsichtsrecht** ein (vgl. auch 5. Kap. Rn. 27 ff.). Zum einen soll der FinB (BuStra) als Sachkundige und Beteiligte in Steuerstrafverfahren ermöglicht werden, sich jederzeit, d.h. im Ermittlungs-, Zwischen-, Haupt- und Rechtsmittelverfahren, über den ermittelten steuerstrafrechtlichen Sachverhalt zu unterrichten, um ggf. besondere Umstände, die für die Entscheidung in der Sache von Bedeutung sein könnten, vorzubringen (Nr. 95 AStBV). Zum anderen sollen ihr die ermittelten Tatsachen mit steuerrechtlicher Relevanz auch für das parallel weiterlaufende Besteuerungsverfahren zur Verfügung stehen, um zeitnahe Festsetzungen zu ermöglichen (Nr. 92 Abs. 3 AStBV, vgl. Rn. 62). Der Akteneinsichtsantrag bedarf angesichts der Ausgestaltung des **Einsichts- bzw. Besichtigungsrecht als Befugnis** keiner Begründung und auch keiner Ermessensentscheidung der StA bzw. des Gerichts.[71] Ein besonderes Informationsbedürfnis ist vor allem ab dem Zeitpunkt gegeben, ab dem das Verfahren von der StA geführt wird. Gegenstand der Einsichtnahme sind sämtliche Aktenbestandteile, wie z.B. Ermittlungsakten, Beweismittelordner, Beiakten, Spurenakten und EDV-Daten in Papierform sowie beigezogene Akten.[72] Die Akten werden der FinB i.d.R. auf Antrag, ggf. auch mehrmals, übersandt (§ 395 S. 2 AO). Die für die Verteidigung **gem. § 147 Abs. 2 StPO geltenden Beschränkungen finden keine Anwendung**. Die Dauer als auch der Zeitpunkt des Akteneinsichtsrechts haben sich aber am möglichst reibungslosen Fortgang des Verfahrens zu orientieren, d.h. unnötige Verzögerungen sollten durch die Einsichtnahme vermieden werden. In Bezug auf beschlagnahmte oder sichergestellte Gegenstände wie Beweisstücke oder Verfalls- und Einziehungsgegenstände steht der FinB ein Besichtigungsrecht am Ort der Aufbewahrung zu. Sie hat ebenfalls die Befugnis von zoll- und verbrauchsteuerpflichtigen Sachen Proben zu entnehmen, um Untersuchungen in Auftrag zu geben.[73]

Der Beschuldigte braucht zu dem Antrag der Finanzbehörde auf Akteneinsicht nicht angehört zu werden. Hat die StA im Ermittlungsverfahren einen Antrag auf Akteneinsicht bzw. Besichtigung der o.g. Gegenstände im Ermittlungsverfahren **ablehnend beschieden**, ist die Dienstaufsichtsbeschwerde zulässig.[74] Daneben wird nach h.M. aber auch ein **Antrag auf gerichtliche**

65

66

---

70 *BVerfG* NJW 2002, 1410.
71 Franzen/Gast/Joecks/*Lipsky* § 395 Rn. 6.
72 Meyer-Goßner/*Schmitt* § 147 Rn. 18; Franzen/Gast/Joecks/*Lipsky* § 395 Rn. 7.
73 Franzen/Gast/Joecks/*Lipsky* § 395 Rn. 12.
74 Hübschmann/Hepp/Spitaler/*Hellmann* § 395 Rn. 32.

Entscheidung durch das zuständige Gericht entsprechend § 406e Abs. 4 S. 1 und S. 2 StPO für zulässig erachtet.[75] Eine analoge Anwendung hätte die Unanfechtbarkeit der Entscheidung des Vorsitzenden zur Folge (§ 406e Abs. 4 S. 4 StPO).[76]

67 Gegen die ablehnende Entscheidung der Gerichts im Zwischen- oder Hauptverfahren soll nach überwiegender Auffassung die Beschwerde gem. § 304 Abs. 1, Abs. 4 S. 2 Nr. 4 StPO zulässig sein.[77]

4. Selbstständiges Antragsrecht auf Erlass eines Strafbefehls

68 Die **besondere Stellung der FinB** in Steuerstrafsachen wird auch **durch die Vorschrift des § 406 AO** deutlich. Diese Vorschrift ergänzt die selbstständige Rechtsstellung der FinB im Ermittlungsverfahren nach §§ 399–401 AO bis zum Übergang in das gerichtliche Verfahren (vgl. Nr. 87 AStBV). Die FinB, genauer gesagt, die BuStra kann gem. § 400 AO selbstständig, d.h. **ohne Einschaltung der StA** beim zuständigen Strafrichter einen **Antrag auf Erlass eines Strafbefehls oder auf Anordnung von Nebenfolgen im selbstständigen Verfahren nach § 401 AO** stellen (vgl. Nr. 84 AStBV). Sie erhält bis zum Zeitpunkt der Anberaumung eines Hauptverhandlungstermins (§ 408 Abs. 3 S. 2 StPO) oder der Einlegung eines Einspruchs gegen den erlassenen Strafbefehl (§ 410 Abs. 1 S. 1 StPO) weitere staatsanwaltschaftliche Befugnisse und wird ohne Hinzuziehung der StA **ausschließlicher Ansprechpartner des Amtsgerichts.** Sollte also der Strafrichter nach einem Antrag auf Erlass eines Strafbefehls bspw. eine Einstellung nach § 153 Abs. 2 StPO in Erwägung ziehen, hat er sich mit der FinB in Verbindung zu setzen, um die erforderliche „Zustimmung der Staatsanwaltschaft" von der FinB, mithin der BuStra, einzuholen. Entsprechend ist zu verfahren, wenn z.B. die Strafverfolgung gem. § 154a StPO beschränkt oder eine Tat gem. § 154 Abs. 2 StPO aus dem Verfahrensstoff ausgeschieden werden sollen. Die **FinB kann den Strafbefehlsantrag** bis zum Erlass des Strafbefehls **zurücknehmen.** Beabsichtigt der Strafrichter, von dem Strafbefehlsantrag z.B. im Rechtsfolgenausspruch abzuweichen, so müsste er sich hinsichtlich eines Einigungsversuchs mit der FinB in Verbindung setzen. Diese kann, sofern sie den Änderungsvorstellungen zustimmt, einen neuen geänderten Strafbefehlsantrag stellen. „Beharrt" sie jedoch auf ihrem Antrag, so hat der Strafrichter die Möglichkeit nach § 408 Abs. 3 S. 2 StPO einen Hauptverhandlungstermin anzuberaumen. Lehnt der Richter jedoch den Erlass eines Strafbefehls ab oder erlässt er einen solchen mit geändertem Inhalt, verbleibt der FinB entsprechend § 210 Abs. 2 StPO das Rechtsmittel der sofortigen Beschwerde.[78]

5. Einstellung nach § 398 AO

69 Neben den unter Rn. 22 und Rn. 68 dargestellten verfahrensabschließenden Entscheidungen steht der FinB mit der Vorschrift des § 398 AO eine weitere **Einstellungsmöglichkeit** zur Verfügung (vgl. Nr. 82 AStBV). Diese Verfahrenseinstellung steht der FinB oder StA **lediglich im Ermittlungsverfahren** zur Verfügung. Ist bereits ein Strafbefehl beantragt oder eine Anklage durch die StA erhoben worden, so kann das Verfahren nur noch gem. § 153 Abs. 2 StPO eingestellt werden. Die Einstellung nach § 398 AO bedarf **keiner gerichtlichen Zustimmung** und kommt in Betracht, wenn sich der Täter (auch Anstifter oder Gehilfe) eines Steuerdelikts

---

75 Hübschmann/Hepp/Spitaler/*Hellmann* § 395 Rn. 34; Meyer-Goßner/*Schmitt* § 406e Rn. 14.

76 Hübschmann/Hepp/Spitaler/*Hellmann* § 395 Rn. 36 f.

77 Meyer-Goßner/*Schmitt* § 147 Rn. 41 mwN.; Franzen/Gast/Joecks/*Lipsky* § 395 Rn. 15.

78 Franzen/Gast/*Joecks* § 406 Rn. 6.

(Steuerhinterziehung, Steuerhehlerei, gewerbsmäßiger Schmuggel nach § 373 Abs. 1 AO) oder einer Begünstigung einer Person, die ein solches Delikt begangen hat, schuldig gemacht, sein Verhalten zudem zu einer **geringwertigen Steuerverkürzung** bzw. zur Erlangung eines geringwertigen Steuervorteils oder zu einer geringen Tatfolge geführt hat, seine **Schuld gering** ist und **kein öffentliches Interesse an der Strafverfolgung** besteht (Nr. 82 Abs. 2 AStBV).[79] Entsprechende Anwendung findet die Vorschrift auf sonstige Straftaten i.S.v. § 385 Abs. 2 AO und sonstige Straftaten bei denen die Verfahrensvorschriften auf die AO verweisen (z.B. § 15 InvZulG 2010). Auch bei dem Verdacht einer Steuerhinterziehung im besonders schweren Fall (§ 370 Abs. 3 AO), ist die Anwendbarkeit des § 398 AO grundsätzlich gegeben. In der Praxis scheitert die Anwendung oftmals am festgestellten Umfang der Steuerverkürzung (§ 370 Abs. 3 Nr. 1 AO) bzw. an den gesetzlich beschriebenen Umständen und der nicht mehr als gering zu bewertenden Schuld (§ 370 Abs. 3 Nr. 2–4 AO). Auf die Delikte des Bannbruchs und der Steuerzeichenfälschung sowie der Strafvereitelung findet die Vorschrift keine Anwendung, da die Vorschrift ausdrücklich für die Begünstigung einer Person, die eine Tat nach § 375 Abs. 1 Nr. 1–3 AO begangen hat, eine Einstellung dieser Art vorgesehen hat. Der Verdachtsgrad der Steuerstraftat muss kein hinreichender i.S.d. § 203 StPO sein. Eine **Verurteilungswahrscheinlichkeit oder Unwahrscheinlichkeit eines Freispruchs** ist ausreichend.[80]

Bis zu welchem Betrag eine Geringwertigkeit angenommen werden kann, kann mit Blick auf **70** die Praxis nicht einheitlich beantwortet werden. Eine starre absolute Wertgrenze existiert nicht. Nach Ansicht der Finanzverwaltung ist zur Bestimmung des Tatbestandsmerkmals der geringen Tatfolge (§ 153 Abs. 1 S. 2 StPO) bei dem Delikt der Steuerhinterziehung insbesondere von der Summe der verkürzten Steuern auszugehen (Nr. 82 Abs. 2 S. 2 AStBV). So werden Beträge von **50 € bis 2.500 €** aber auch bis zu 5.000 € als geringfügig angesehen.[81] Für die Berechnung des maßgeblichen Umfangs der Steuerverkürzung ist der Betrag entscheidend, der sich je materieller Tat, mithin bei tateinheitlich begangener Steuerhinterziehung verschiedener Steuerarten, insgesamt ergibt. Ob aus Sicht der FinB oder StA ein **öffentliches Interesse an der Strafverfolgung** besteht, ist eine Ermessensfrage. In Steuerstrafverfahren kann dieses Interesse nicht mit Hilfe der Hinweise in Nr. 86 Abs. 2 RiStBV (Öffentliches Interesse bei Privatklagesachen) ausgefüllt werden. Beispielsweise kann im Steuerstrafverfahren ein öffentliches Interesse dann fehlen, wenn die Taten lange zurückliegen oder/und die Ermittlungen eine erhebliche Zeit in Anspruch genommen haben oder von einer Wiederholung der Taten nicht auszugehen ist und eine Einwirkung auf den Täter nicht geboten erscheint. Aber auch in Fällen der **rechtsstaatswidrigen Verfahrensverzögerung** ist eine solche Einstellung nicht abwegig.[82] Die zudem geforderte **individuelle geringe Schuld** des Täters muss bei einem Vergleich mit Vergehen gleicher Art nicht unerheblich unter dem Durchschnitt liegen.[83] Die in **§ 46 Abs. 2 StGB** genannten Strafzumessungserwägungen bieten hierfür eine **Orientierungshilfe**. In der Regel wird sich der Anwendungsbereich des § 398 AO auf Fälle beschränken, in denen das zu erwartende Strafmaß allenfalls eine Geldstrafe zwischen 10 und 20 Tagessätzen zur Folge hätte. Die Einstellung nach § 398 AO entfaltet **keine Rechtskraft** und bewirkt auch **keinen Strafklageverbrauch**, so dass das Verfahren, sofern zwischenzeitlich keine Verjährung der Tat eingetreten ist, wieder aufgenommen werden könnte.[84]

---

79 *BGH* wistra 1984, 27.
80 Meyer-Goßner/*Schmitt* § 153 Rn. 3.
81 Kohlmann/*Peters* § 398 Rn. 29; Franzen/Gast/*Joecks* § 398 Rn. 16.
82 Franzen/Gast/*Joecks* § 398 Rn. 21.
83 Kohlmann/*Peters* § 398 Rn. 40.
84 Franzen/Gast/*Joecks* § 398 Rn. 33.

VIII. Ursprung und Anfangsverdacht eines Steuerdelikts

71   In der Praxis ist die Feststellung von zureichenden Anhaltspunkten für ein Steuerdelikt im Rahmen einer **Außenprüfung (AP) nach §§ 193 ff. AO** durch den Betriebsprüfer nicht selten. Die AP kann sowohl durch die Veranlagungsstelle des Festsetzungsamtes aufgrund einer turnusmäßigen Meldung an die Betriebsprüfungsstelle als auch aufgrund von Unstimmigkeiten bei der Veranlagung sowie des Vorliegens von **Kontrollmaterial** initiiert werden. Kontrollmaterial entsteht auf unterschiedliche Weise. Im Rahmen einer laufenden Betriebsprüfung (BP) ist der Prüfer nach § 194 Abs. 3 AO (vgl. § 9 BpO) ermächtigt, die Auswertung von Feststellungen hinsichtlich Verhältnisse „anderer" zu veranlassen, soweit dies für die Besteuerung dieser anderen Personen von Bedeutung ist. D.h. er wird auffällige oder ungewöhnliche Aufwendungen, die bspw. bar getätigt wurden, sowie den Empfänger solcher Aufwendungen, in einer Mitteilung für das zuständige Veranlagungsfinanzamt festhalten. Diese Vorgehensweise ermöglicht dem zuständigen Veranlagungsfinanzamt entweder bei der Veranlagung oder im Rahmen einer weiteren AP eine Überprüfung, ob und in welcher Höhe der Empfänger die Einnahmen versteuert hat. Aber auch im Rahmen der allgemeinen Veranlagungsarbeiten werden Kontrollmitteilungen gefertigt und an den zuständigen Veranlagungsbezirk des anderen Steuerpflichtigen übersandt. Dieses Vorgehen wird im Interesse der Steuergerechtigkeit als üblich und zulässig angesehen, obwohl es nicht explizit von § 194 Abs. 3 AO erfasst wird.[85]

72   Der Anfangsverdacht einer Steuerhinterziehung kann im Laufe der AP/BP z.B. aufgrund der Feststellung begründet sein, dass nach einer vorliegenden Kontrollmitteilung bar bezahlte Werkleistungen beim Auftragnehmer nicht als Einnahme im Kassenbuch eingetragen und verbucht wurden. Aber auch nicht gebuchte Betriebsausgaben, lassen bei einer gewissen Größenordnung den Schluss zu, dass Schwarzeinnahmen getätigt wurden (**sog. Doppelverkürzung**).

73   Steuerstrafrechtliche Relevanz können auch steuerliche Mehrergebnisse erlangen, die sich aufgrund einer Kalkulation (innerer Betriebsvergleich) oder einer anderen Schätzungsmethode (äußerer Betriebsvergleich, Geldverkehrsrechnung, Vermögenszuwachsrechnung) ergeben. Allerdings wird man erst bei **erheblichen Kalkulationsdifferenzen und ggf. weiteren Umständen,** wie z.B. Schwarzeinkäufen oder erheblichen Abweichungen der Betriebsergebnisse von den amtlichen Richtsatzsammlungen, zureichende Anhaltspunkte, die eine Einleitung wegen des Verdachts einer Steuerhinterziehung rechtfertigen, annehmen können. Werden Vermögenszuwächse mit nicht plausiblen Geldzuflüssen, wie z.B. Auslandsdarlehen oder Spielbankgewinnen erklärt, kann auch dieses Anlass zur Prüfung eines Anfangsverdachtes sein.

74   Aber auch **gefälschte oder fingierte Kostenbelege**, das Fehlen von sonst üblichen Belegen wie Rechnungen, eine ungewöhnlich hohe Anzahl an Eigenbelegen, unzureichende freie Entnahmen, nicht schlüssig begründete Vermögenszuwächse, verschwiegenes Auslandsvermögen, insbesondere in sog. Steueroasen, Gewinnverlagerungen ins Ausland, Scheingeschäfte sowie der Missbrauch von Gestaltungsmöglichkeiten und die **Möglichkeit von Schmiergeldzahlungen** (§ 4 Abs. 5 Nr. 10 EStG) können das Tor zu einem steuerstrafrechtlichen Ermittlungsverfahren sein. Der Betriebsprüfer wird bei der Feststellung der genannten Sachverhalte regelmäßig die laufende BP unterbrechen und die Entscheidung, ob ein Steuerstrafverfahren einzuleiten ist, dem zuständigen FAFuSt bzw. der Steufa überlassen. Zur Einleitungsbefugnis vgl. die Ausführungen unter Rn. 84 f.

75   Besteht lediglich die *„Möglichkeit, dass auf Grund der Prüfungsfeststellungen ein Straf- oder Bußgeldverfahren durchgeführt werden muss, soll der Steuerpflichtige darauf hingewiesen werden, …".*

---

85   *Tipke/Kruse* § 194 Rn. 28; Kohlmann/*Peters* § 397 Rn. 12.2.; Kohlmann/*Matthes* § 404 Rn. 233.

Dieser sog. **strafrechtliche Vorbehalt wird gem. § 201 Abs. 2 AO** im Rahmen der Schlussbesprechung ausgesprochen (Nr. 131 Abs. 2 AStBV). Er ist äußerst umstritten und besagt, dass die BuStra in einem gesonderten Verfahren prüfen wird, **ob** ein steuerstrafrechtliches **Ermittlungsverfahren einzuleiten ist.** Mit Blick auf das Verwertungsverbot, welches greift, wenn der Steuerpflichtige bei erkennbarem Anfangsverdacht nicht unverzüglich von dem Verdacht in Kenntnis gesetzt und belehrt, aber weiterhin zur Mitwirkung z.B. durch Vorlage von Unterlagen oder Äußerungen veranlasst wird (§§ 136 Abs. 1 S. 2, 163a Abs. 3 und 4 StPO, Nr. 149 AStBV), können vom strafrechtlichen Vorbehalt nur solche Fälle betroffen sein, bei denen strafrechtliche Anhaltspunkte erst im Rahmen der Schlussbesprechung auftreten (vgl. Nr. 131 Abs. 3 Nr. 3 AStBV). In Verwaltungsanweisungen der Finanzverwaltung wird daher zu Recht um angemessene Zurückhaltung geworben. Ist dieser strafrechtliche Vorbehalt im Rahmen der Schlussbesprechung ausgesprochen worden, wird der Betriebsprüfungsbericht der BuStra zur Entscheidung über die Einleitung eines Steuerstrafverfahrens zugeleitet.

Kontrollmaterial kann auch von anderen Stellen und Behörden dem zuständigen Finanzamt **76** zugeleitet werden. Die Polizei sowie die **Finanzkontrolle Schwarzarbeit (FKS)** teilen auffällige und für die Besteuerung bedeutsame Sachverhalte im Rahmen der Wahrnehmung ihrer Aufgaben mit (§ 6 Abs. 1 und Abs. 3 S. 1 Nr. 4 SchwarzArbG), vgl. hierzu auch 22. Kap. Rn. 12 ff. Diese Mitteilungen werden erfahrungsgemäß im Rahmen einer Betriebsprüfung, nicht selten mit der Folge einer Einleitung eines Steuerstrafverfahrens, überprüft.

Ebenso wird von der **Task-Force,** einem Sonderreferat der Abteilung Steuer bei der Oberfinanzdirektion Niedersachsen, die sich u.a. mit der Erschließung neuer bisher noch nicht entdeckter Besteuerungs- bzw. Prüffelder beschäftigt, Kontrollmaterial generiert. Die von der Task Force nach § 208 Abs. 1 Nr. 3 AO ermittelten Fallkonstellationen, z.B. auffällige Verkäufer bei ebay, werden den zuständigen Stellen der Finanzämter als qualifiziertes Kontrollmaterial zur Auswertung bspw. im Rahmen einer Außenprüfung zur Verfügung gestellt. Aber auch Fallmeldungen und Prüfungsersuchen von sog. **Sondereinheiten Steueraufsicht,** wie sie in Rheinland-Pfalz geschaffen wurden, können Grundlage für ein Steuerstrafverfahren sein.

Eine wichtige, aber in der Praxis oftmals wenig beachtete Vorschrift, die Gerichten und **78** Behörden von Bund und Ländern sowie kommunalen Trägern öffentlicher Verwaltung aufgibt, Tatsachen, die sie dienstlich erfahren und die auf eine Steuerstraftat schließen lassen, dem Bundeszentralamt für Steuern oder der zuständigen Finanzbehörde mitzuteilen, ist **§ 116 Abs. 1 AO (Anzeige von Steuerstraftaten).** Diese Vorschrift beinhaltet eine **Mitteilungspflicht.** Sie obliegt neben den Gemeindebehörden, den Ausländerbehörden, den Trägern der Sozialversicherung, den Zivil-, Finanz-, Verwaltungs-, Arbeits- und Sozialgerichten auch den Strafverfolgungsbehörden.[86] Die Mitteilung setzt lediglich die **Möglichkeit einer Steuerstraftat** voraus. Ein Anfangsverdacht i.S.d. § 152 Abs. 2 StPO wird nicht vorausgesetzt. Nach der Vorschrift des § 116 AO „haben" die vorbenannten Stellen „*Tatsachen..., die auf eine Steuerstraftat schließen lassen ... mitzuteilen.*" In der Praxis übersenden die Gerichte, z.B. in Familiensachen, die Akte mit dem formlosen Hinweis auf die entsprechende Tatsache unter Bezugnahme auf die Seite der Akte, die Vorschrift des 116 AO und der Bitte um entsprechende Veranlassung sowie anschließende Rücksendung der Akte. Auch eine formlose Mitteilung unter Beifügung einer Ablichtung des aussagekräftigen Dokuments oder Schriftsatzes würde den Anforderungen der Mitteilung nach § 116 AO genügen. Das Bundesministerium der Finanzen hat zu der Mitteilungspflicht nach § 116 AO und weiteren Mitteilungs-

---

86 Kohlmann/*Peters* § 397 Rn. 13.

pflichten wie z.B. § 4 Abs. 5 S. 1 Nr. 10 EStG (Zuwendungen von Vorteilen) ein Merkblatt herausgegeben, das im Internet heruntergeladen werden kann.[87]

79 Ein Anfangsverdacht eines Steuerdeliktes i.S.d. § 152 Abs. 2 StPO kann auch aufgrund mündlicher oder schriftlicher **Anzeigen** von Dritten bei der Polizei, der StA oder den Amtsgerichten begründet sein. Werden Anzeigen bei der Polizei oder StA erstattet, so werden diese zunächst an das zuständige FAFuSt mit der Bitte um Prüfung eines Anfangsverdachtes in eigener Zuständigkeit, weitergeleitet. Denn nur dort können weitere Tatsachen wie die Steuer- und/oder Erklärungspflicht, die Abgabefristen, das Abgabeverhalten des Steuerpflichtigen und die Steuererklärungsdaten mit dem angezeigten Sachverhalt abgeglichen werden (vgl. hierzu Rn. 84). Überwiegend werden Anzeigen wegen des Verdachts einer Steuerhinterziehung anonym erstattet. Erfahrungsgemäß werden sie von Personen erstattet, die dem geschäftlichen oder persönlichen Umfeld des Steuerpflichtigen zuzuordnen sind. Je substantiierter und konkreter die Angaben des Anzeigeerstatters sind, desto wahrscheinlicher ist die Aufnahme von Ermittlungen. Der namentlich bekannte **Anzeigeerstatter** ist eher selten. Er genießt grundsätzlich ebenso wie der von ihm angezeigte oder beschuldigte Steuerpflichtige den **Schutz des Steuergeheimnisses** nach § 30 AO.[88] Wird aufgrund einer Strafanzeige gegen einen Steuerpflichtigen ein Ermittlungsverfahren eingeleitet, soll bereits bei Anlage der Ermittlungsakte darauf geachtet werden, dass die Daten zur Person des Anzeigeerstatters nicht ersichtlich sind. In diesen Fällen werden die persönlichen Daten in die Handakte genommen. Dieser Schutz ist aber erfahrungsgemäß nicht von Dauer. Zum einen hat der Steuerpflichtige einen Anspruch darauf, dass über seinen **Antrag auf Namensnennung** im Rahmen pflichtgemäßen Ermessens entschieden wird (§ 5 AO).[89] Zum anderen kommt es nicht selten vor, dass der Anzeigeerstatter bei erfolgreichen Ermittlungen schließlich als Zeuge vor Gericht aussagen muss. Anders als bei angezeigten Nichtsteuerstraftaten erhält der Anzeigeerstatter im Falle einer Einstellung des Ermittlungsverfahrens keinen Einstellungsbescheid, weil eine Offenbarung nach § 30 Abs. 4 Nr. 1 und 2 AO i.V.m. § 171 StPO nicht zulässig ist (vgl. Nr. 80 Abs. 3 AStBV).

80 Ebenso führen **Selbstanzeigen gem. § 371 AO** zur Einleitung eines Ermittlungsverfahrens (Nr. 11, Nr. 132 AStBV). Da die Selbstanzeige ein persönlicher Strafaufhebungsgrund ist, der letztendlich erst bei fristgemäßer Nachentrichtung der verkürzten Steuer greift, wird für die Zeit der Prüfung der Wirksamkeitsvoraussetzungen und Fristsetzung für die Nachzahlung ein Strafverfahren eingeleitet. Hinsichtlich der Voraussetzungen der Selbstanzeige gem. § 371 AO wird auf das 19. Kap. Rn. 3 ff. verwiesen.

81 Auch privatrechtliche Unternehmen oder sonstige öffentliche Stellen sind aufgrund gesetzlicher Regelungen zur Anzeige und Mitteilung besteuerungsrelevanter Sachverhalte verpflichtet. So sind **Versicherungsverträge (§ 29 EStDV)**, in Anspruch genommene **Freistellungsbeträge für Kapitalerträge (§ 45d Abs. 1 EStG)**, Zinserträge gem. § 45e EStG i.V.m. Zinsinformationsverordnungen[90] und **Grundstücksgeschäfte (§§ 18, 20 GrEStG)** ebenso wie die **notariell beurkundeten Gesellschaftsgründungen, Kapitalerhöhungen und Umwandlungen (§ 54 EStDV i.V.m. § 20 GrEStG)** den FinB mitzuteilen. Eine besonders lukrative Quelle für einen Anfangsverdacht sind Erbfälle. Notare, Gerichte, Behörden und Banken sind verpflichtet den Erb-

---

87 Merkblatt zur Zusammenarbeit von Behörden und Gerichten mit den Finanzbehörden des Bundes (Zollverwaltung) und der Länder, IV A 4-S 0275/13/10003-2013/0654840.

88 *BFH* 19.11.2002 – VII B 123/02; BStBl II 1994, 552; vgl. auch Tz. 1.4, 9 und 10 des AEAO zu § 30.

89 *BFH* 7.5.1985 – VII R 25/82; BStBl II 1985, 571.

90 ZinsinformationsVO vom 26.1.2004 (BGBl I S. 128), geändert durch Art. 1. ZweiteVO vom 5.11.2007 (BGBl I S. 2562).

schaftssteuerstellen **Erbfälle gem. §§ 33, 34 ErbStG** anzuzeigen. Aber auch **Vermögensverwalter** haben **gem. §§ 33 ErbStG i.V.m. 1-3 ErbStDV** der Erbschaftssteuerstelle des zuständigen Finanzamtes **die Todesfälle** aus dem Kundenkreis und die von ihnen zu verwaltenden Vermögensgegenstände mitzuteilen. Das Finanzamt prüft in derartigen Fällen neben der möglichen Festsetzung von Erbschaftssteuer gegen den Erben auch die Einkommensteuer des Verstorbenen. Dies führt nicht selten zu Einkommensteuernachforderungen gegen die Erben.

Neben weiteren in **§ 2 Abs. 1 Geldwäschegesetz (GWG)** aufgeführten Verpflichteten teilen insbesondere Kreditinstitute dem Bundeskriminalamt und den zuständigen Strafverfolgungsbehörden prüfungswürdige Transaktionen nach § 11 Abs. 1 GWG mit, die z.B. zu einer Betriebsprüfung oder auch zu sofortigen Ermittlungsmaßnahmen führen können. **82**

Aber auch **allgemein zugängliche Quellen** (z.B. Zeitungen, Fernsehen, Nachrichten, Rundfunk) können zu Vorermittlungen (Nr. 13 Abs. 1 AStBV) und schließlich zu einem Anfangsverdacht und einer Einleitung eines Ermittlungsverfahrens führen. **83**

IX. Die Einleitungsbefugnis beim Anfangsverdacht eines Steuerdeliktes

Nach der gesetzlichen Aufzählung des § 397 Abs. 1 AO sind die FinB, die Polizei, die StA, eine ihrer Ermittlungspersonen sowie der Strafrichter befugt, eine Einleitung eines Ermittlungsverfahrens vorzunehmen bzw. entsprechende Maßnahmen zu veranlassen. Der Gesetzgeber wollte mit der Reihenfolge der benannten Stellen, keine Rangfolge der einleitungsbefugten Stellen festlegen.[91] Danach ist für die Rechtsfolge einer Einleitung unerheblich, welche der genannten Stellen die Einleitung bewirkt hat.[92] In der Praxis wird die Prüfung eines Anfangsverdachtes eines Steuerdeliktes in der Regel durch die Steufa oder BuStra vorgenommen. Diese Stellen haben zum einen die steuerliche Sachkunde und zum anderen die Möglichkeit auf die vorhandenen steuererheblichen Daten, die aufgrund durchgeführter Veranlagungen erfasst wurden, zuzugreifen. Denn um zureichende Anhaltspunkte für eine Steuerhinterziehung sicher bejahen zu können, bedarf es neben der Kenntnis der Einzelsteuergesetze auch der Kenntnis der gesetzlichen Steuererklärungspflichten und Abgabefristen in Bezug auf den jeweiligen Steuerpflichtigen. Diese Informationen stehen den Staatsanwaltschaften und Gerichten nicht zur Verfügung. In der Regel werden Strafanzeigen (§ 158 StPO), die sich auf ein Steuerdelikt beziehen und bei der StA, Polizei oder bei Gericht eingehen, direkt an die **FÄFuSt** mit der Bitte um Prüfung eines Anfangsverdachtes in **eigener Zuständigkeit** weitergeleitet. Diese „eigene" Zuständigkeit folgt aus § 399 Abs. 1 AO. Die FinB nimmt gem. §§ 386 Abs. 2 i.V.m. 399 Abs. 1 AO bei der Verfolgung von Straftaten die Rechte und Pflichten der StA wahr (vgl. Rn. 18 ff.). FinB ist gem. § 386 Abs. 1 S. 2 AO das Finanzamt. Auch wenn in den unter Rn. 1 genannten Bundesländern Sonderfinanzämter für die Verfolgung von Steuerstraftaten und Steuerordnungswidrigkeiten (FÄFuSt) eingerichtet wurden, **behalten die Veranlagungsfinanzämter die allgemeine Strafverfolgungsbefugnis gem.** § 399 Abs. 2 AO. Nach § 386 Abs. 1 AO ermittelt die FinB bei Verdacht einer Steuerstraftat den Sachverhalt. Aufgrund innerdienstlicher Organisation sind Steuerfahnder und Sachbearbeiter der BuStra als zuständige Amtsträger der FinB befugt, eine Einleitung eines Steuerstraf- oder Bußgeldverfahrens vorzunehmen. Dies geschieht regelmäßig durch eine Einleitungsverfügung in der die Steuerarten und Veranlagungszeiträume konkret aufgeführt werden müssen. Diese Konkretisierung hat mit Blick auf **84**

---

91 Franzen/Gast/Joecks/*Jäger* § 397 Rn. 12.
92 Franzen/Gast/Joecks/*Jäger* § 397 Rn. 12.

die verjährungsunterbrechende Wirkung gem. § 78c Abs. 1 Nr. 1 StGB, § 376 AO zu erfolgen.[93] Aber auch der Außenprüfer (Großbetriebsprüfer/Betriebsprüfer) ist nach § 399 Abs. 2 AO befugt, „..., *bei dem Verdacht einer Steuerstraftat den Sachverhalt zu erforschen und alle unaufschiebbaren Anordnungen zu treffen, um die Verdunkelung der Sache zu verhüten.*" Danach ist der **Außenprüfer** als **Steuerbeamter** auch ein Veranlagungsbeamter, der in erster Linie für die Überprüfung der Besteuerungsgrundlagen zuständig ist. Bei Vorliegen eines Anfangsverdachtes mit unmittelbarem Handlungsbedarf ist er in zweiter Linie aber auch **Ermittlungsperson für die Strafverfolgungsstellen und damit zur Einleitung berechtigt.** Ein sofortiges Handeln des Außenprüfers ohne vorherige Unterrichtung des zuständigen FAFuSt ist geboten, wenn er wegen Gefahr im Verzuge Beweismittel gem. § 98 StPO beschlagnahmen muss. Ebenso hat er gem. § 399 Abs. 2 S. 2 AO das Recht „... *Durchsuchungen ... und sonstige Maßnahmen nach den für Ermittlungspersonen der Staatsanwaltschaft geltenden Vorschriften der Strafprozessordnung* ..." anzuordnen (vgl. Nr. 130, 131, 133 AStBV). Der Prüfer hat in diesen Fällen die Einleitung des Steuerstrafverfahrens unverzüglich selbst vorzunehmen, in den Akten zu vermerken und diese Maßnahme dem FAFuSt anzuzeigen (vgl. auch § 10 BpO). In der Praxis wird der in § 399 Abs. 2 AO geregelte Fall die Ausnahme sein und nur in Betracht kommen, wenn der Steuerpflichtige im Rahmen der Außenprüfung für den Prüfer erkennbar im Begriff ist, Unterlagen beiseite zu schaffen.

85 Im Regelfall wird der Außenprüfer keine Einleitung vornehmen, sondern nach § 10 Abs. 1 BpO die für die Bearbeitung der Straftat zuständige Stelle, also die Steufa oder BuStra, unterrichten. Wird der Anfangsverdacht gegen den Steuerpflichtigen bejaht, dürfen nach einer verwaltungsinternen Anweisung, die Ermittlungen **hinsichtlich des Sachverhaltes**, auf den sich der Verdacht bezieht, erst fortgesetzt werden, wenn dem Steuerpflichtigen die Einleitung des Strafverfahrens mitgeteilt worden ist.[94] In der Praxis wird erfahrungsgemäß die Betriebsprüfung gänzlich unterbrochen bis die Einleitung des Strafverfahrens bekanntgegeben bzw. die Durchsuchungsmaßnahme vollstreckt worden ist. Dies erscheint angesichts des materiellen und prozessualen Tatbegriffs der Steuerhinterziehung, der bspw. die Einkommensteuer 2009 mit sämtlichen steuererheblichen Sachverhalten und nicht nur bestimmte Einzelsachverhalte einer Einkunftsart erfasst, die verfahrensrechtlich richtige Vorgehensweise.

86 Anknüpfend an den prozessualen Tatbegriff des § 264 StPO hat das OLG Braunschweig eine Ermittlungskompetenz der FinB auch für Nichtsteuerstraftaten angenommen.[95] So liegt es nahe, dass im Rahmen der Ermittlung einer Steuerhinterziehung, bei der Auswertung von Handels- und Geschäftsbüchern, Grundaufzeichnungen, Belege, Rechnungen u.Ä., auch Urkundenfälschungen gem. § 267 StGB aufgedeckt werden. Durch die Erweiterung des Strafverfahrens auf außersteuerliche Delikte verliert die FinB zwar ihre selbstständige Verfahrensherrschaft gem. § 386 Abs. 2 AO, aber nicht ihre (unselbstständige) Ermittlungskompetenz gem. §§ 386 Abs. 1, 402 AO.[96] Da die Ermittlungsbefugnis vorliegend aus polizeilichen Befugnissen abgeleitet wird, kann für die Einleitungsbefugnis nichts anderes gelten. Die Reichweite der Einleitungsbefugnis der FinB bei einem Anfangsverdacht einer Nichtsteuerstraftat ist, wie unter Rn. 27 ausgeführt, umstritten. Der BGH erkennt eine Ermittlungsbefugnis für den Fall der **Tateinheit zwischen einem Steuerstraftat und einer Nichtsteuerstraftat** ohne weiteres an.[97] Diese Konstellation ist aber nicht der Regelfall. In der Praxis sollte im Zweifel, soweit es das

---

93 *BVerfG* 5.5.2000 – 2 BvR 2212/99; *BVerfG* 6.3.2002 – 2 BvR 1619/00.
94 *BMF*-Schreiben vom 20.7.2001 – IV D 2 – S 0403-3/01; BStBl I 2001, 502.
95 *OLG Braunschweig* wistra 1998, 71.
96 Franzen/Gast/Joecks/*Randt* § 386 Rn. 18.
97 *BGH* wistra 1990, 59.

Steuergeheimnis (§ 30 Abs. 4 Nr. 4 1. Fall AO) zulässt, unverzüglich Kontakt mit der zuständigen StA aufgenommen werden, um das weitere Vorgehen im Hinblick auf das Allgemeindelikt abzustimmen und ggf. verjährungsunterbrechende Maßnahmen rechtzeitig einzuleiten.

Eine Entscheidung hinsichtlich des **Verfahrensabschlusses wegen der Nichtsteuerstraftat** 87 bleibt in jedem Fall der **StA vorbehalten, da sie kraft Gesetz bereits mit Begründung des Anfangsverdachts die Verfahrensherrschaft nach § 386 Abs. 1 AO und nicht nach § 386 Abs. 4 S. 1 AO erlangt**. Sie hat jedoch die Möglichkeit bereits während der Ermittlungen von der verfahrensrechtlichen Abtrennung des Vorwurfs der Nichtsteuerstraftat Gebrauch zu machen und die verbleibende Steuerstraftat im Benehmen mit der FinB wieder an diese zurückzugeben (Nr. 140 Abs. 3 AStBV, vgl. Rn. 44).[98] Dies hat zur Folge, dass die FinB hinsichtlich der verbleibenden Steuerstraftat wieder ihre selbstständige Verfahrensherrschaft nach § 386 Abs. 2 AO mit Abschlussbefugnis zurück erhält. Diese Vorgehensweise hat sich in der Praxis durchaus bewährt, setzt aber voraus, dass die FinB mit ihrer StA zusammenarbeitet und den prozessualen Tatbegriff im Auge behält (vgl. Rn. 26 f.).

---

98 Kohlmann/*Hilgers-Klautzsch* § 386 Rn. 102.

5. Kapitel
Akteneinsicht

Literatur: *Beulke/Witzigmann* Das Akteneinsichtsrecht des Strafverteidigers in Fällen der Untersuchungshaft, NStZ 2011, 254; *Burkhard* Akteneinsichtsrecht des Strafverteidigers in Steuerstrafverfahren – hierzu gehört u.a. auch der rote Bogen und das Fallheft des Betriebsprüfers, StV 2000, 526; *Donath/Mehle* Akteneinsichtsrecht und Unterrichtung des Mandanten durch den Verteidiger, NJW 2009, 1399; *Jahn/Lips* Hat der Strafverteidiger die Pflicht bei der Rekonstruktion außer Kontrolle geratener Verfahrensakten mitzuwirken?, StraFo 2004, 229; *Kümmel* Das Akteneinsichtsrecht des Verletzten nach § 406e StPO und das Steuergeheimnis nach § 30 AO – ein in Korruptionsverfahren unauflösliches Spannungsverhältnis?, wistra 2014, 124; *Müller-Jacobsen/Peters* Schwarzmalerei in Steuerstrafsachen, wistra 2009, 458; *Peglau* Akteneinsichtsrecht des Verteidigers in Untersuchungshaftfällen, JR 2012, 231; *Riedel/Wallau* Das Akteneinsichtsrecht des „Verletzten" in Strafsachen – und seine Probleme, NStZ 2003, 393; *Schlothauer* Zu den Grenzen des Akteneinsichtsrechts des Verletzten nach StPO § 406e und der gerichtlichen Nachprüfbarkeit einer Ankündigung der Staatsanwaltschaft, dem Verletzten Akteneinsicht zu gewähren, StV 1988, 334; *Thomas* Der Diskussionsentwurf zur Verbesserung der Rechte des Verletzten im Strafverfahren – ein Stück Teilreform?, StV 1985, 431.

A. Grundlagen und Systematik

1   Das nachfolgend im Einzelnen dargestellte Akteneinsichtsrecht der StPO[1] ist von zentraler Bedeutung für Beschuldigte (§ 147 StPO)[2], Verletzte (§ 406e StPO), öffentliche Stellen (§ 474 StPO, § 395 AO) und sonstige Dritte § (§ 475 StPO) zur Erlangung von Informationen, die im Zuge von Straf- und Ordnungswidrigkeitenverfahren[3] von staatlichen Behörden erhoben werden. Grundsätzlich gilt dabei: Die Geheimhaltung entsprechender Informationen ist die Regel, die Gewährung der Akteneinsicht die Ausnahme. Das Recht auf Akteneinsicht bedarf daher stets der gesetzlichen **Legitimation** und einer Begründung des Antragstellers, die geeignet ist, *sein Recht* auf Akteneinsicht und dessen Reichweite, d.h. den Umfang der Akteneinsicht, im Einzelfall zu rechtfertigen. Anderenfalls ist die Gewährung der Akteneinsicht zu versagen.

2   Die Anforderungen, die an die Begründung eines solchen Akteneinsichtsrechts zu stellen sind, sind der jeweiligen Norm, auf die das Akteneinsichtsrecht gestützt wird, zu entnehmen.[4] Aus der Systematik des Rechts auf Akteneinsicht folgt zudem, dass der Betroffene **anzuhören** und in aller Regel eine **Interessenabwägung** zwischen den persönlichen Interessen des Betroffenen bzw. dem staatlichen Interesse an der Geheimhaltung entsprechender Informationen und dem

---

1   Vgl. allgemein HK-StPO/*Julius* Vor § 147; *EGMR* EuGRZ 2003, 472, 479.

2   Zu dem Sonderfall des unverteidigten Beschuldigten: Meyer-Goßner/Schmitt/*Schmitt* § 147 Rn. 4 unter Hinweis auf *LG Ravensburg* NStZ 1996, 100.

3   Gem. § 46 Abs. 1 OWiG findet die StPO dort „sinngemäß" Anwendung.

4   Vgl. §§ 147 (Verteidiger für den Beschuldigten), 385 Abs. 3 (Prozessbevollmächtigter des Privatklägers), 406e Abs. 1 S. 1(Rechtsanwalt für den Verletzten), 406e Abs. 1 S. 2 (Rechtsanwalt für den Privatkläger i.S.v. 395 Abs. 1, 2 und 3), 434 Abs. 1 S. 2 i.V.m. 442 Abs. 1 (Rechtsanwalt oder zur Verteidigung berechtigter für den Einziehungs- und Verfallsbeteiligten) und in Verfahren nach §§ 23 ff. EGGVG und 109 ff. StVollzG der Bevollmächtigte, ohne das hierfür eine gesetzliche Regelung besteht.

Interesse des Antragstellers auf Akteneinsicht vorzunehmen ist, *bevor* die Entscheidung über die Gewährung der Akteneinsicht ergeht und die Einsicht in die Akte gewährt wird. Soweit der Gesetzgeber in Ausnahmefällen bereits selbst eine solche Interessenabwägung vorgenommen hat und die Gewährung der Akteneinsicht entweder ganz oder teilweise von der Eigenschaft des Antragstellers („*Beschuldigter*", „*Nebenkläger*", „*Justizbehörden*") oder dem Zweck der Akteneinsicht („*zu Zwecken der Rechtspflege*") abhängig macht, sind (nur) diese Eigenschaften und Zwecke Gegenstand der Prüfung, ob und in welchem Umfang das Recht auf Akteneinsicht besteht. Ob die Akteneinsicht alsdann auch unmittelbar und in vollem Umfang gewährt werden kann, oder ob die Voraussetzungen für Beschränkungen (bspw. die Gefährdung des Ermittlungszwecks i.S.d. § 147 Abs. 2 S. 1 StPO) vorliegen, ist eine Frage des Einzelfalls.

Besteht das Recht auf Akteneinsicht, so ist dem Verteidiger des Beschuldigten grundsätzlich in alle dem Gericht vorliegenden Akten, oder im Falle der Anklageerhebung vorzulegenden Akten, **uneingeschränkt** Einsicht zu gewähren. Diese Akteneinsicht umfasst, wegen des Grundsatzes der Aktenvollständigkeit,[5] das gesamte Material, das im Rahmen des (Vor-) Verfahrens angefallen ist.[6] Die Akteneinsicht anderer Personen, Behörden oder Institutionen ist dagegen in aller Regel auf den darzulegenden Zweck der Akteneinsicht beschränkt. Aufgrund des mit der Gewährung der Akteneinsicht zwangsläufig verbundenen Eingriffs in das grundgesetzlich verbürgte **Recht auf informationelle Selbstbestimmung** des Betroffenen (Art. 2 Abs. 1 i.V.m. Art. 1 Abs. 1 GG) stellt die unberechtigte Gewährung der Akteneinsicht einen schwerwiegenden Rechtsverstoß dar. **3**

B. Das Akteneinsichtsrecht des Beschuldigten bzw. seines Verteidigers gem. § 147 Abs. 1 StPO

I. Die Bedeutung der Akteneinsicht für den Beschuldigten

§ 147 Abs. 1 StPO regelt das Recht **des Verteidigers** auf Akteneinsicht. Hat ein Beschuldigter mehrere Verteidiger, so steht jedem von ihnen das Recht auf Akteneinsicht zu.[7] Die Vorschrift ist gesetzliche Ausprägung des verfassungsrechtlichen Grundsatzes einer fairen Verfahrensführung[8] und des Anspruchs auf rechtliches Gehör.[9] Eine sachgerechte Verteidigung im Strafverfahren ist nur dann möglich, wenn dem Beschuldigten und seinem Verteidiger die (bisherigen) Erkenntnisse der Ermittlungsbehörden bekannt sind. Dies ist in aller Regel allein durch die (vollständige) Einsicht in die Ermittlungsakte möglich. **4**

Von dem Akteneinsichtsrecht zu unterscheiden ist das ebenfalls in § 147 Abs. 1 StPO normierte Recht des Verteidigers, amtlich verwahrte **Beweisstücke zu besichtigen**. Dieses ist kein Teil des Akteneinsichtsrechts, sondern ergänzt dieses vielmehr. Bei den Beweisstücken handelt es sich um beschlagnahmte, sichergestellte oder auf andere Weise in den Gewahrsam der Behörde gelangte Gegenstände. Hierunter fallen auch Urkunden[10] sowie Augenscheinsobjekte. Diese dürfen dem Verteidiger nicht mitgegeben werden. Der Verteidiger darf die Beweisstücke an **5**

---

5 Vgl. Meyer-Goßner/Schmitt/*Schmitt* § 147 Rn. 14 ff.

6 HK-StPO/*Julius* § 147 Rn. 5 unter Hinweis auf: *BGH* StV 2010, 228 f.

7 Satzger/Schluckebier/Widmaier/*Beulke* StPO, § 147 Rn. 6.

8 *BVerfGE* 63, 45, 62; *OLG Brandenburg* NJW 1996, 67, 68; SK-StPO/*Wohlers* § 147 Rn. 1.

9 *Jahn/Lips* StraFo 2004, 229, 232 f.

10 *OLG Köln* NJW 1985, 336, 337.

ihrem Verwahrungsort besichtigen. Soweit dies technisch möglich ist, muss dem Verteidiger die Möglichkeit eingeräumt werden, **Fotokopien** zu fertigen. Streitig ist nur, ob der Verteidiger – gerade in Umfangsverfahren – einen Anspruch darauf hat, amtlich gefertigte Kopien zu erhalten. Eine Reihe von Gerichten[11] hat in der jüngeren Vergangenheit in Einzelfällen einen solchen Anspruch aufgrund des Rechts des Beschuldigten auf informationelle Waffengleichheit bejaht; eine grundsätzliche Linie ist indes nicht erkennbar.

II. Die Gewährung von Akteneinsicht an den Beschuldigten

6 Das Akteneinsichtsrecht nach § 147 Abs. 1 StPO steht **nur dem Verteidiger** zu. Der Beschuldigte selbst hat keinen (unmittelbaren) Anspruch auf Akteneinsicht gem. § 147 Abs. 1 StPO bzw. kann dieses nicht selbst wahrnehmen.[12] Dies gilt auch dann, wenn er selbst Rechtsanwalt ist. Umgekehrt lässt sich aber aus dieser Vorschrift kein Verbot der Gewährung von Akteneinsicht an den Beschuldigten entnehmen.[13] Der unverteidigte Beschuldigte hat gem. § 147 Abs. 7 S. 1 StPO einen Anspruch auf Auskünfte und Abschriften aus den Akten, wenn er sich ansonsten nicht angemessen verteidigen kann.[14]

III. Das Akteneinsichtsrecht des Verteidigers gem. § 147 StPO

1. Voraussetzungen des Akteneinsichtsrechts

7 Die in § 147 Abs. 1 StPO geregelten tatbestandlichen Voraussetzungen des Akteneinsichtsrechts sind denkbar schlicht: Zur Akteneinsicht berechtigt ist der Verteidiger; Gegenstand der Akteneinsicht sind die *„Akten, die dem Gericht vorliegen oder diesem im Falle der Erhebung der Anklage vorzulegen wären."* Weitere Voraussetzungen – wie etwa ein besonderes Interesse des Antragstellers an der Akteneinsicht – enthält die Norm nicht.

2. Versagungsgründe und die Bedeutung des Verfahrensstadiums

8 Eine Versagung der beantragten Akteneinsicht kommt nach § 147 Abs. 2 S. 1 StPO in Betracht. Nach dieser Norm kann die Akteneinsicht dann, wenn der Abschluss der Ermittlungen noch nicht in den Akten vermerkt ist, versagt werden, soweit diese den Untersuchungszweck gefährden **kann.** Hierfür ist erforderlich, aber auch ausreichend, dass aufgrund durch Tatsachen belegter Anhaltspunkte **objektiv nahe liegt**, dass der Beschuldigte bei Erlangung von Aktenkenntnis in unzulässiger Weise nachteilig in das Ermittlungsverfahren eingreifen werde.[15] Dies ist etwa dann der Fall, wenn aus den Akten ein bevorstehender Durchsuchungstermin oder ein Haftbefehlsantrag entnommen werden kann. Bloße ermittlungstaktische Erwägungen der Strafverfolgungsbehörde – etwa der Plan, neue Ermittlungsergebnisse dem Beschuldigten in einer Vernehmung überraschend vorzuhalten – können die Versagung der Akteneinsicht dagegen nicht rechtfertigen. Nach Auffassung des BGH soll sich eine Gefährdung des Untersu-

---

11 *OLG Frankfurt* StV 2001, 611, 612; *OLG Stuttgart* NStZ-RR 2013, 217, 217; *AG Lemgo* NStZ 2012, 287, 287.

12 Anders im Ordnungswidrigkeitenrecht, vgl. § 49 Abs. 1 OWiG.

13 *LG Ravensburg* NStZ 1996, 100, 101; SK-StPO/*Wohlers* § 147 Rn. 10.

14 KK-StPO/*Laufhütte/Willnow* § 147 Rn. 2; Meyer-Goßner/Schmitt/*Schmitt* § 147 Rn. 4.

15 LR/*Lüderssen/Jahn* § 147 Rn. 135; SK-StPO/*Wohlers* § 147 Rn. 97; a.A. Meyer-Goßner/Schmitt/*Schmitt* § 147 Rn. 25, der eine konkrete Gefahr nicht für erforderlich hält.

Rettenmaier/Reichling

chungszwecks gem. § 147 Abs. 2 S. 1 StPO auch daraus ergeben können, dass durch die beantragte Akteneinsicht der Untersuchungszweck in einem anderen Strafverfahren gefährdet würde.[16] In jedem Fall ist, wie der Wortlaut der Norm „soweit" klarstellt, vor der Ablehnung der beantragten Akteneinsicht in Gänze sorgfältig zu prüfen, ob die Gewährung einer **teilweisen** Akteneinsicht in Betracht kommt.[17]

Nachdem der Abschluss der Ermittlungen gem. § 169a StPO in der Akte vermerkt ist, greift der Versagungsgrund nicht mehr. Vielmehr besteht ab diesem Zeitpunkt ein **unbeschränktes** und unbeschränkbares Akteneinsichtsrecht. Befindet sich der Beschuldigte in Untersuchungshaft oder ist diese nach einer vorläufigen Festnahme beantragt, sind dem Verteidiger nach § 147 Abs. 2 S. 2 StPO die für die Beurteilung der Rechtmäßigkeit der Freiheitsentziehung wesentlichen Informationen ungeachtet des Verfahrensstandes zugänglich zu machen, vgl. hierzu im Einzelnen: 14. Kap. Rn. 93 f. **9**

Ein **ebenfalls unbeschränkbares** Akteneinsichtsrecht – und damit auch im Falle einer Gefährdung des Untersuchungszweckes – hat der Verteidiger nach § 147 Abs. 3 StPO in die Niederschriften über die Vernehmung des Beschuldigten sowie in die über richterliche Untersuchungshandlungen, bei denen der Verteidiger ein Anwesenheitsrecht hat, sowie in vorliegende Sachverständigengutachten. Dabei ist das Akteneinsichtsrecht in die Vernehmungsprotokolle unabhängig davon, ob die Vernehmung von der Polizei, der Staatsanwaltschaft oder einem Ermittlungsrichter durchgeführt wurde. Zu den vorgenannten richterlichen Untersuchungshandlungen, bei denen der Verteidiger ein Anwesenheitsrecht hat, zählen etwa die richterliche Vernehmung von Zeugen und Sachverständigen. **10**

Nach Einstellung des Ermittlungsverfahrens ergibt sich das Akteneinsichtsrecht des Verteidigers aus einer entsprechenden Anwendung des § 147 Abs. 1 StPO.[18] Nach rechtskräftigem Abschluss des Strafverfahrens kann der Verteidiger gem. § 147 Abs. 5 S. 1 StPO beantragen. **11**

3. Verfahren und Rechtsschutz

Gem. § 147 Abs. 5 S. 1 StPO entscheidet über die Gewährung der Akteneinsicht im vorbereitendem Verfahren und nach rechtskräftigem Abschluss des Verfahrens die **Staatsanwaltschaft**. In steuerstrafrechtlichen Ermittlungsverfahren entscheidet die **Finanzbehörde** hierüber, wenn sie die Ermittlungen gem. §§ 386 Abs. 2, 399 Abs. 1 AO selbstständig führt. Der Polizei steht hingegen in keinem Fall eine Entscheidungskompetenz zu. Nach Anklageerhebung (auch im Fall eines Strafbefehlsantrages) ist der **Vorsitzende** des mit der Sache befassten Gerichts für die Entscheidung zuständig. Auch während des Hauptverfahrens bleibt es bei dieser Zuständigkeit; der gesamte Spruchkörper ist zur Entscheidung nicht berufen.[19] **12**

Eine Anfechtung der die Akteneinsicht versagenden Entscheidungen im Ermittlungsverfahren besteht nur ausnahmsweise. § 147 Abs. 5 S. 2 StPO lässt als **Rechtsbehelf** den Antrag auf gerichtliche Entscheidung nur dann zu, wenn die Akteneinsicht versagt wird, nachdem der Abschluss der Ermittlungen in den Akten vermerkt worden ist, wenn die Versagung die in § 147 Abs. 3 StPO bezeichneten Schriftstücke betrifft sowie schließlich, wenn sich der Beschuldigte nicht auf freiem Fuß befindet, also vor allem in Fällen eines vollzogenen Haftbefehls. Richterliche Entscheidungen, mit denen die beantragte Akteneinsicht versagt wird, sind nach **13**

---

16 *BGH* NStZ-RR 2012, 16, 17 f. mit abl. Anm. *Tsambikakis* StV 2012, 323, 324 f.
17 Meyer-Goßner/Schmitt/*Schmitt* § 147 Rn. 25.
18 *LG Oldenburg* NStZ 1992, 555.
19 Satzger/Schluckebier/Widmaier/*Beulke* StPO, § 147 Rn. 45.

§ 304 Abs. 1, Abs. 4 S. 2 Nr. 4 StPO mit der Beschwerde anfechtbar. Die Beschwerde ist auch nicht während des Hauptverfahrens gem. § 305 S. 1 StPO dadurch ausgeschlossen, dass es sich um die Entscheidung des Vorsitzenden des erkennenden Gerichts handelt, weil die Ablehnung der Akteneinsicht in keinem inneren Zusammenhang mit dem Urteil steht.[20]

4. Information des Mandanten

14   Der Verteidiger ist zur **Weitergabe** der durch die Akteneinsicht erlangten Erkenntnisse an seinen Mandanten berechtigt und auch verpflichtet. Eine sachgerechte Verteidigung setzt die detaillierte Kenntnis des Beschuldigten von der Vorwurfslage voraus. Daher ist der Verteidiger grds. auch berechtigt, dem Beschuldigten eine Abschrift der Ermittlungsakte auszuhändigen.[21] Allerdings hat der BGH[22] in der Vergangenheit die Auffassung vertreten, dass die Informationsweitergabe an den Mandanten dann unzulässig sein und eine taugliche Strafvereitelungshandlung i.S.d. § 258 Abs. 1 StGB darstellen soll, wenn sich aus der Akte Hinweise auf bevorstehende strafprozessuale Zwangsmaßnahmen – wie etwa eine Durchsuchung – ergeben. Auch wenn diese Restriktion außerhalb der höchstrichterlichen Rechtsprechung weitestgehend abgelehnt wird,[23] ist hier ein Strafverfolgungsrisiko für den Verteidiger nicht von der Hand zu weisen.

C. Das Akteneinsichtsrecht des Nebenbeteiligten

15   Einer (natürlichen oder juristischen) Person, die aufgrund einer ihr drohenden Einziehung oder eines ihr drohenden Verfalls als Nebenbeteiligte an dem Verfahren beteiligt ist, steht das Recht auf Akteneinsicht aus § 434 Abs. 1 S. 2 i.V.m. § 147 Abs. 1 StPO zu. Sofern die Nebenbeteiligung aufgrund einer drohenden Verbandsgeldbuße angeordnet ist, ergibt sich das Akteneinsichtsrecht des Verbands aus dem Verweis in § 444 Abs. 2 S. 2 StPO auf § 434 Abs. 1 S. 2 StPO. Auch das Akteneinsichtsrecht des Nebenbeteiligten kann nur durch einen Rechtsanwalt ausgeübt werden.

D. Das Akteneinsichtsrecht öffentlicher Stellen gem. § 474 StPO

I. Grundlagen

16   § 474 StPO regelt die Gewährung der Akteneinsicht (in Akten i.S.d. § 199 Abs. 2 S. 2 StPO) und die Erteilung von Informationen **aus laufenden oder bereits abgeschlossenen Strafverfahren**[24] gegenüber Gerichten, Staatsanwaltschaften und anderen Justizbehörden (Abs. 1) sowie die Erteilung von Auskünften gegenüber *„anderen öffentlichen Stellen"* (Abs. 2). Das Akteneinsichts- bzw. Auskunftsrecht erstreckt sich dabei auch auf die in einem Strafverfahren beigezo-

---

20   *OLG Brandenburg* NJW 1996, 67, 68; LR/*Lüderssen/Jahn* § 147 Rn. 167.

21   *BGH* NJW 1980, 64; *OLG Frankfurt* NStZ 1981, 144, 145.

22   Insbesondere *BGHSt* 18, 369, 371; vgl. auch *Fischer* § 258 Rn. 22; Satzger/Schluckebier/Widmaier/*Beulke* StPO, § 147 Rn. 23.

23   *OLG Hamburg* StV 1991, 551, 551; KK-StPO/*Laufhütte/Willnow* § 147 Rn. 14; Satzger/Schluckebier/Widmaier/ *Jahn* StGB, § 258 Rn. 27a; *Krekeler* wistra 1983, 43, 47.

24   Meyer-Goßner/Schmitt/*Schmitt* § 474 Rn. 1.

Rettenmaier/Reichling

genen Akten.[25] Die hierfür in § 474 StPO dargelegten Voraussetzungen sind auf das Strafverfahren beschränkt; sie sind auf andere Verfahrensarten nicht übertragbar.[26]

Eine Notwendigkeit zur Übertragung besteht hingegen für die in § 474 StPO vorgesehenen **17** **Grenzen und Beschränkungen** der Akteneinsicht bzw. der Erteilung von Auskünften, soweit die zur Akteneinsicht berechtigte Behörde oder öffentliche Stelle entsprechende Informationen nach der für sie geltenden Verfahrensordnung – bspw. in einem Zivilverfahren – weiterzugeben beabsichtigt.[27] Erhält demnach eine zur Akteneinsicht berechtigte Behörde oder öffentliche Stelle unter den Voraussetzungen des § 474 StPO Akteneinsicht bzw. werden auf dieser Grundlage Auskünfte erteilt, so darf eine Weitergabe dieser Information ebenfalls nur in den Grenzen des § 474 StPO erfolgen.[28] Eine darüber hinausgehende Informationsübermittlung würde einerseits zu einer Umgehung der Voraussetzungen des § 474 StPO führen und andererseits das Recht des Betroffenen auf informationelle Selbstbestimmung[29] verletzen, das gerade durch die Einhaltung der in den §§ 474 ff. StPO niedergelegten Voraussetzungen sichergestellt werden soll.[30]

Die Verantwortung für die (inhaltliche) Zulässigkeit der Informationsweitergabe ist in § 477 **18** Abs. 4 StPO geregelt. Danach gilt: Beantragen öffentliche Stellen oder Rechtsanwälte die Übermittlung von Informationen im Wege der Akteneinsicht oder der Auskunftserteilung, so sind diese dafür verantwortlich, dass die Voraussetzungen für ihr Ersuchen vorliegen.[31] In diesem Fall ist die Prüfung der um Informationserteilung ersuchten Stelle – wenn kein Anlass auf weitergehende Prüfung besteht – darauf beschränkt, festzustellen, ob das Übermittlungsersuchen im Rahmen der Aufgaben des Empfängers liegt; § 477 Abs. 4 S. 2 StPO. Diese missverständliche Einschränkung der Prüfungspflicht befreit die Behörde jedoch (selbstverständlich) nicht von der Prüfung der in § 477 Abs. 2 und 3 sowie in § 474 Abs. 2 StPO enthaltenen Voraussetzungen.[32] In allen anderen Fällen trifft die ersuchte Stelle die uneingeschränkte Verantwortung für die Informationsweitergabe; § 479 Abs. 3 HS 2 StPO.

II. Das Akteneinsichtsrecht von Behörden (§ 474 Abs. 1)

Nach dem Wortlaut des § 474 Abs. 1 StPO können Gerichte, Staatsanwaltschaften und andere **19** Justizbehörden Akteneinsicht erhalten, soweit dies für die Zwecke der Rechtspflege – i.S.d. § 23 EGGVG – erforderlich ist. Das Akteneinsichtsrecht besteht damit auch für die Justizbehörden des Bundes und der Länder, soweit diese im Rahmen der Rechtspflege, bspw. zur Verfolgung von Ordnungswidrigkeiten, tätig werden, die strafverfolgend tätige Polizei sowie die Finanzbehörden, soweit diese als Ermittlungsbehörde, d.h. zur Verfolgung von Steuerstraftaten agieren (§§ 386 Abs. 2, 399 Abs. 1, 402 Abs. 1, 404 AO).[33]

---

25 HK-StPO/*Temming* § 474 Rn. 1.
26 HK-StPO/*Temming* Vor §§ 474 ff. Rn. 12.
27 Meyer-Goßner/Schmitt/*Schmitt* Vor § 474 Rn. 1.
28 *Hilger* NStZ 2001, 15.
29 *BVerfGE* 65, 1 ff.
30 HK-StPO/*Temming* Vor §§ 474 ff. Rn. 2.
31 Meyer-Goßner/Schmitt/*Schmitt* § 477 Rn. 14.
32 HK-StPO/*Temming* § 477 Rn. 13.
33 Meyer-Goßner/Schmitt/*Schmitt* § 474 Rn. 2.

20 § 474 Abs. 1 StPO ergänzt damit die bestehenden Regelungen der StPO zur Informationsgewinnung der zuvor genannten Behörden,[34] wenn diese nicht ausreichen, um den jeweiligen Ermittlungszweck zu erfüllen.[35] Stets als „Minus" in dem Recht auf Akteneinsicht enthalten, ist das Recht auf die Erteilung von **Auskünften** aus entsprechenden Akten.[36] Sowohl die Akteneinsicht als auch die Auskunftserteilung dürfen jedoch nur für ein bestimmtes anderes Verfahren,[37] nach zutreffender Auffassung jedoch nicht im Rahmen von Vorermittlungen, gewährt werden.[38] Besteht der Anspruch auf Akteneinsicht i.S.d. § 474 Abs. 1 StPO, so kann die einsichtbegehrende Stelle selbst festlegen, in welchem Umfang ihr Einsicht in die Akten gewährt werden soll.[39]

21 Eine **Beschränkung** der Akteneinsicht durch die ersuchte Stelle ist dagegen nicht möglich.[40] Die Akteneinsicht steht allerdings unter dem Vorbehalt der **Erforderlichkeit** ihrer Gewährung. Diese muss durch die ersuchende Behörde zwar nicht gesondert begründet,[41] jedoch eigenständig geprüft und das Vorliegen von ihr verantwortet werden; § 477 Abs. 4 S. 1 StPO. Dies gilt auch für die Prüfung, ob anstelle der Akteneinsicht nicht auch die Auskunftserteilung i.S.d. § 477 Abs. 1 StPO – als weniger grundrechtsrelevanter Eingriff – in gleichem Maße sachdienlich sein kann. Folgerichtig ist die ersuchte Stelle weder berechtigt, eine Darlegung der Erforderlichkeit der Akteneinsicht von der ersuchenden Stelle einzufordern,[42] noch ist sie imstande, deren Sachdienlichkeit für das dortige Verfahren zu prüfen. Vielmehr darf und muss die ersuchte Stelle von der Erforderlichkeit der Akteneinsicht ausgehen.[43] Dies gilt insbesondere dann, wenn die Akten in einem gerichtlichen Verfahren angefordert werden, in dem der Amtsermittlungsgrundsatz gilt.[44]

III. Die Auskunftserteilung und Akteneinsicht gegenüber öffentlichen Stellen (§ 474 Abs. 2, 3)

22 Alle öffentlichen Stellen, d.h. Behörden oder Körperschaften des öffentlichen Rechts, die hoheitliche Aufgaben wahrnehmen und nicht unter § 474 Abs. 1 StPO fallen, können unter den Voraussetzungen des § 474 Abs. 2 StPO Auskünfte aus Strafakten erhalten. Zu berücksichtigen ist dabei, dass entsprechende Auskünfte gem. § 477 Abs. 1 StPO auch im Wege der Überlassung von Abschriften aus Akten erteilt werden können. Nur dann, wenn die Erteilung einer solchen Auskunft einen unverhältnismäßigen Aufwand erfordern würde, oder aber die Auskunft nicht ausreichend wäre, um die Aufgabe der Einsicht begehrenden Stelle zu erfüllen, kann auch einer öffentlichen Stelle i.S.d. § 474 Abs. 2 StPO Akteneinsicht gem. § 474 Abs. 3 StPO gewährt werden. Die Erteilung von Auskünften ist allerdings nur unter den in § 474 Abs. 2 Rn. 1–3 StPO dargelegten Voraussetzungen zulässig. Sie kommt daher gem. § 474 Abs. 2

---

34 § 161 Abs. 1 S. 1 (Staatsanwaltschaft), §§ 161 Abs. 1 S. 2, 163 Abs. 1 S. 2 (Polizei) und §§ 161 Abs. 1, 202, 244 Abs. 2 (Gericht).
35 Meyer-Goßner/Schmitt/*Schmitt* § 474 Rn. 2.
36 SK-StPO/*Weßlau* § 474 Rn. 9.
37 SK-StPO/*Weßlau* § 474 Rn. 8; *Hilger* NStZ 2000, 15.
38 *Krause* FS Strauda, 2006, S. 351, 360.
39 KK-StPO/*Gieg* § 474 Rn. 3; Satzger/Schluckebier/Widmaier/*Ritscher* StPO, § 474 Rn. 8.
40 HK-StPO/*Temming* § 474 Rn. 4 unter Hinweis auf *Hilger* NStZ 2000, 15.
41 BT-Drucks. 14/1484, 26.
42 HK-StPO/*Temming* § 474 Rn. 5 m.w N.
43 Meyer-Goßner/Schmitt/*Schmitt* § 474 Rn. 4.
44 Z.B. § 99 Abs. 1 VwGO, 86 Abs. 1 FGO oder 120 Abs. 1 SGG.

S. 1 Nr. 1 StPO in Betracht, soweit sie zur Feststellung, Durchsetzung oder Abwehr von Regressansprüchen im Zusammenhang mit der Straftat erforderlich ist.

Auskünfte können gem. § 474 Abs. 2 S. 1 Nr. 2 StPO auch dann erteilt werden, wenn der ersu-   23
chenden öffentlichen Stelle aufgrund einer anderweitigen Vorschrift (§§ 12 ff. EGGVG) personenbezogene Daten übermittelt werden dürfen, oder nach einer von Amts wegen bereits
erfolgten Übermittlung personenbezogener Daten eine (weitergehende) Übermittlung erforderlich ist, ohne die die ersuchende Behörde ihre Aufgabe nicht wahrnehmen könnte. Abweichend von § 474 Abs. 1 StPO entscheidet (ausschließlich) in diesem Fall die ersuchte Stelle, ob
und welche Informationen sie weitergibt.[45] Die in § 474 Abs. 2 S. 1 Nr. 3 ausnahmsweise zulässige Gewährung der Akteneinsicht, in den Fällen, in denen die Auskunftserteilung nicht
zumutbar ist, dient der Entlastung der Justiz. Akteneinsicht ist überdies zu gewähren, wenn
die ersuchende Stelle die Notwendigkeit derselben begründet. Eine (denkbare) Informationsübermittlung an Polizeibehörden zum Zwecke der Gefahrenabwehr unterfällt jedoch nicht
§ 474 Abs. 2 StPO, sondern erfolgt unter den Voraussetzungen des § 481 StPO.[46] Die Auskunftserteilung gegenüber Nachrichtendiensten erfolgt ausweislich § 474 Abs. 2 S. 2 StPO unter
den Voraussetzungen des § 18 BVerfSchG, § 10 MAD-Gesetz und § 8 BND-Gesetz sowie den
entsprechenden landesrechtlichen Vorschriften.

IV. Die Besichtigung amtlich verwahrter Beweisstücke (§ 474 Abs. 4)

Unter den Voraussetzungen des § 474 Abs. 4 StPO kann die Besichtigung amtlich verwahrter   24
Beweisstücke erfolgen. Hierbei handelt es sich um in den Akten oder an anderen Orten aufbe-
wahrte Gegenstände, die nach den §§ 94 ff. StPO beschlagnahmt, sichergestellt oder auf anderem Wege in amtliches Gewahrsam gelangt sind.[47] Ebenfalls unter den Begriff des Beweismit-
tels fallen nach §§ 111 b ff. StPO sichergestellte Gegenstände, soweit diese auch als Beweismittel
dienen können. Besichtigt werden können zudem Bild- und Tonaufzeichnungen nach § 58a
StPO, falls es sich hierbei nicht ohnehin um „einsehbare" Aktenbestandteile handelt,[48] sondern
ihnen gerade aufgrund ihrer äußeren Beschaffenheit eine „eigene" Beweiserheblichkeit zuteil
wird.[49] Bei der Besichtigung von Bild- und Tonaufzeichnungen sind allerdings die **Beschränkungen** der §§ 58a Abs. 2 S. 6, 477 Abs. 2 StPO zu berücksichtigen. Unproblematisch möglich
ist die Besichtigung in den Fällen der §§ 474 Abs. 1 und 3 StPO; im Fall des § 474 Abs. 2 StPO
ist die Besichtigung hingegen nur dann zulässig, wenn die vorrangige Auskunftserteilung **über**
das Beweisstück nicht zur Erfüllung der Aufgaben der ersuchenden Stelle ausreicht.[50] Da eine
Auskunftserteilung über Beweisstücke in der Praxis kaum durchführbar ist, ist davon auszugehen, dass die Besichtigung von Beweisstücken auch im Fall des § 474 Abs. 2 StPO der Regelfall
sein wird.

---

45 HK-StPO/*Temming* § 474 Rn. 7 unter Hinweis auf BT-Drucks. 14/1484, 26.
46 *Brodersen* NJW 2000, 2536, 2540.
47 Meyer-Goßner/Schmitt/*Schmitt* § 147 Rn. 19 m.w.N.
48 Dazu: HK-StPO/*Julius* § 147 Rn. 23.
49 *KG* JR 1992, 124.
50 HK-StPO/*Temming* § 474 Rn. 10.

Rettenmaier/Reichling

V. Aktenübersendung zur Einsichtnahme/Parlamentarische Ausschüsse (§ 474 Abs. 5, 6)

25 § 474 Abs. 5 StPO ermöglicht es der ersuchten Stelle, die Akten zu Zwecken der Akteneinsicht an die ersuchende Stelle zu übersenden. Einen Anspruch hierauf hat die ersuchende Stelle hingegen nicht („können"); vielmehr liegt die Art und Weise der Gewährung der Akteneinsicht im **Ermessen** der ersuchten Stelle.

26 § 474 Abs. 6 StPO stellt lediglich klar, dass die landesgesetzlichen Regelungen, die parlamentarischen Untersuchungsausschüssen ein Recht auf Akteneinsicht einräumen, unberührt bleiben. **Untersuchungsausschüsse** auf der Ebene der Landtage oder des Bundestages können daher ein „eigenständiges" Recht auf Akteneinsicht oder Auskunft aus entsprechenden Akten geltend machen; für die parlamentarischen Untersuchungsausschüsse des Bundestages erfolgt dies auf der Grundlage von Art. 44 GG und § 18 PUAG.[51]

E. Das Akteneinsichtsrecht der Finanzbehörden gem. § 395 AO

I. Grundlagen und Anwendungsbereich

27 § 395 AO räumt Finanzbehörden i.S.v. § 386 Abs. 1 S. 2 AO das Recht ein, sich in Steuerstrafverfahren, die sie nicht selbstständig im Rahmen der §§ 386 Abs. 2, 399 Abs. 1 AO führen, über den Weg der Einsicht in die Akten[52] und die Besichtigung sichergestellter Gegenstände zu informieren.[53]

28 Ziel der Norm ist damit die Sicherstellung der sachgerechten Ausübung der **Mitwirkungsrechte und Pflichten** der Finanzbehörden in allen Stadien des Steuerstrafverfahrens (Ermittlungs-, Zwischen-, Haupt- und Rechtsmittelverfahren) gem. §§ 403 Abs. 1, 2, 4, 407 Abs. 1 AO.[54] Nach der wohl überwiegenden Auffassung in der Literatur gilt dieses Recht auch nach der Beendigung des Verfahrens fort. Begründet wird diese „Ausdehnung" des Akteneinsichtsrechts über den Abschluss des Verfahrens hinaus damit, dass das Akteneinsichtsrecht des § 395 AO „auch" **steuerlichen Interessen** dient; diese aber gerade erst nach dem Abschluss eines steuerstrafrechtlichen Verfahrens *sinnvoll* mit Blick auf eine ggf. erforderliche Nachbesteuerung oder die Festsetzung von Hinterziehungszinsen ausgeübt werden können.[55]

29 Für die **Steuer- und Zollfahndung** i.S.d. §§ 208, 404 AO gilt die Regelung des § 395 AO hingegen nicht.[56] Umstritten ist die Frage, ob § 395 AO auch **steuerlichen Zwecken** dient. Mit guten Gründen kann dies angenommen werden, wenn die verkürzte Steuer festgesetzt und eingefordert werden soll.[57] In allen anderen Fällen sind die Finanzbehörden auf die in § 111 Abs. 1 AO geregelte Amtshilfe angewiesen. Ebenfalls nicht anwendbar ist § 395 AO in Bußgeldverfahren wegen des Vorwurfs einer Steuerordnungswidrigkeit. Hier erfolgt die Akteneinsicht ausschließlich gem. § 49 Abs. 2 OWiG, da § 410 Abs. 1 AO nicht auf § 395 AO verweist.[58]

---

51 Vgl. dazu: *BVerfG* NVwZ 2009, 1353 ff.
52 Vgl. speziell zur Akteneinsicht im Steuerstrafverfahren: *Burkhard* StV 2000, 526 ff.; *Müller-Jacobsen/Peters* wistra 2009, 458 ff.
53 Hübschmann/Hepp/Spitaler/*Hellmann* § 395 Rn. 5.
54 Hübschmann/Hepp/Spitaler/*Hellmann* § 395 Rn. 6.
55 So Hübschmann/Hepp/Spitaler/*Hellmann* § 395 Rn. 17; wohl kritisch Kohlmann/*Hilgers-Klautzsch* § 395 Rn. 5.
56 Schwarz/*Dumke* § 395 Rn. 1; Hübschmann/Hepp/Spitaler/*Hellmann* § 395 Rn. 20.
57 Vgl. Kohlmann/*Hilgers-Klautzsch* § 395 Rn. 5; Hübschmann/Hepp/Spitaler/*Hellmann* § 395 Rn. 6 m.w.N.
58 Schwarz/*Dumke* § 395 Rn. 2a.

Liegen die Voraussetzungen des § 395 S. 1 AO vor, so hat die Finanzbehörde einen **Anspruch** 30
gegenüber der jeweils zuständigen Behörde (Staatsanwaltschaft/Gericht) auf die Gewährung
der Akteneinsicht bzw. die Besichtigung amtlicher Beweismittel.

Bei der Entscheidung über die Gewährung der Akteneinsicht handelt es sich nicht um eine 31
Ermessensentscheidung,[59] auch müssen hierbei die Einschränkungen des § 147 Abs. 2 unberücksichtigt bleiben, da die Finanzbehörde im Rahmen des § 395 AO **als Strafverfolgungsorgan** tätig wird. Natürliche Grenzen der Befugnisse nach § 395 AO bestehen aber in Bezug auf
den Zeitpunkt und die Dauer der Akteneinsicht. In zeitlicher Hinsicht wird der Anspruch
durch die Erfordernisse eines zügigen Fortgangs des Verfahrens begrenzt.[60]

II. Das Recht auf Akteneinsicht

Das Akteneinsichtsrecht der Finanzbehörde entspricht inhaltlich dem Akteneinsichtsrecht des 32
Verteidigers nach § 147 Abs. 1 StPO[61] (vgl. dazu Rn. 7 ff.) und erstreckt sich im Rahmen des
Ermittlungsverfahrens auf alle von der Staatsanwaltschaft geführten Akten i.S.d. § 199 Abs. 2
S. 2 StPO. Das Einsichtsrecht umfasst mithin **sämtliche** Verfahrensakten, so dass hierunter
auch etwaige Beiakten sowie Bild- und Tonaufnahmen fallen, soweit diese Aktenbestandteil
geworden sind.[62] Die Einsicht in beigezogene Akten, die nicht Aktenbestandteil geworden sind,
ist indes nur möglich, wenn der Antragsteller den Nachweis erbringt, dass die verfahrensfüh-
rende Behörde der Einsichtnahme zugestimmt hat; § 186 Abs. 3 S. 2 RiStBV. Ausgeschlossen
von der Akteneinsicht sind damit lediglich Akten, deren Beiziehung angeordnet wurde, die
tatsächlich aber nicht beigezogen wurden[63] und die staatsanwaltschaftlichen Handakten.[64]

Das Recht auf Akteneinsicht selbst **kann** (Ermessen) durch die Behörde jederzeit und auch 33
mehrfach ausgeübt werden, soweit dies für die sachgerechte Interessenwahrnehmung erforderlich ist. Die tatsächliche Ausübung der Akteneinsicht kann entweder „vor Ort", d.h. in der
Geschäftsstelle der verfahrensführenden Staatsanwaltschaft, oder im Wege der **Übersendung**
der Akten, auf die gem. § 395 S. 2 AO ein Anspruch besteht, erfolgen. Macht die Finanzbehörde von ihrem Recht auf Übersendung Gebrauch, so hat sie in aller Regel nur dann einen
Anspruch auf Überlassung der Originalakte, wenn sie ein entsprechendes Interesse glaubhaft
darlegt;[65] anderenfalls muss sich die Behörde mit Kopien begnügen.

III. Recht auf Besichtigung

Die Finanzbehörde darf Beweismittel oder anderweitig sichergestellte Gegenstände (§§ 94, 34
111b ff. StPO) gem. § 395 S. 1 AO besichtigen. Diese Besichtigung dient insbesondere der
Wahrnehmung der Rechte der Finanzbehörden im Zusammenhang mit der Anordnung des
Verfalls (§§ 73 ff. StGB) und der Einziehung (§ 375 Abs. 2 AO, §§ 74 ff. StGB).[66] Ferner wird in

---

59 Franzen/Gast/Joecks/*Lipsky* § 395 Rn. 6; Kohlmann/*Hilgers-Klautzsch* § 395 Rn. 14.
60 Franzen/Gast/Joecks/*Lipsky* § 395 Rn. 6.
61 Kohlmann/*Hilgers-Klautzsch* § 395 Rn. 9; Klein/*Jäger* § 395 Rn. 1; Schwarz/*Dumke* § 395 Rn. 6.
62 Hübschmann/Hepp/Spitaler/*Hellmann* § 395 Rn. 22.
63 *BGHSt* 49, 317.
64 Meyer-Goßner/Schmitt/*Schmitt* § 147 Rn. 13.
65 Hübschmann/Hepp/Spitaler/*Hellmann* § 395 Rn. 27.
66 Kohlmann/*Hilgers-Klautzsch* § 395 Rn. 20.

der Literatur die Auffassung vertreten, dass die Besichtigung auch im steuerlichen Interesse erfolgen kann, weil entsprechende Gegenstände der Sachhaftung unterliegen können (§ 76 AO) oder die Sicherstellung und Überführung in das Eigentum des Bundes in Betracht komme (§§ 215, 216 AO).[67] Ob dies dem Regelungszweck des § 395 AO entspricht, erscheint hingegen fraglich.

IV. Verfahren und Rechtsschutz

35 Die Beantragung der Gewährung der Akteneinsicht kann **formlos** durch einen Antrag der Finanzbehörde erfolgen. Zu stellen ist dieser Antrag im Ermittlungsverfahren bei der zuständigen Staatsanwaltschaft. Im Zwischen- und Hauptverfahren muss der Antrag an den Vorsitzenden des zuständigen Gerichts gerichtet werden (§§ 147 Abs. 5 S. 1, 478 Abs. 1 S. 1 StPO). Das Gleiche gilt im Strafbefehlsverfahren, wenn der Antrag auf Erlass des Strafbefehls bereits bei Gericht eingegangen ist; § 407 Abs. 1 StPO.

36 Wird der Antrag durch die Staatsanwaltschaft abgelehnt (zu den Formalien vgl. Nr. 188 RiStBV), so besteht die Möglichkeit, hiergegen mit der **Dienstaufsichtsbeschwerde** vorzugehen.[68] Ist diese nicht erfolgreich, so soll auch die ablehnende Entscheidung der Staatsanwaltschaft der gerichtlichen Kontrolle unterzogen werden können.[69] Erfolgt die Ablehnung hingegen durch den Vorsitzenden des Gerichts, so besteht die Möglichkeit der **Beschwerde** gem. § 304 StPO. Die Frage, ob es dem Beschuldigten möglich ist, die Gewährung der Akteneinsicht anzufechten, hat kaum praktische Bedeutung, da er in den seltensten Fällen „rechtzeitig" von der geplanten Gewährung der Akteneinsicht erfahren wird.[70] Ist dies hingegen doch einmal der Fall, so besteht nach zutreffender Ansicht die Möglichkeit, die Entscheidung über die Gewährung vor deren tatsächlicher Umsetzung mit dem Antrag auf gerichtliche Entscheidung gem. § 161a Abs. 3 S. 2–4 StPO anzufechten.

F. Das Akteneinsichtsrecht des Verletzten gem. § 406e Abs. 1 StPO

37 Von erheblicher **praktischer Relevanz** ist das Akteneinsichtsrecht des Verletzten gem. § 406e Abs. 1 StPO; in einem Großteil der Wirtschaftsstrafverfahren begehren mutmaßlich Verletzte zur Geltendmachung **zivilrechtlicher Ansprüche** Akteneinsicht. Die Behandlung dieser Akteneinsichtsgesuche ist zum einen regional unterschiedlich und zum anderen im Einzelfall kaum vorhersehbar. Die in der Norm enthaltenen unbestimmten Rechtsbegriffe (bspw. *„berechtigtes Interesse, überwiegend schutzwürdige Interessen"*) führen bei der praktischen Anwendung für alle Beteiligten zu wenig Rechtssicherheit. Insoweit lässt sich konstatieren, dass die Praxis die bestehenden Interessenkonflikte zwischen Beschuldigtem und mutmaßlich Verletztem bislang nicht befriedigend löst.[71]

---

67 Hübschmann/Hepp/Spitaler/*Hellmann* § 395 Rn. 28; a.A. Kohlmann/*Hilgers-Klautzsch* § 395 Rn. 20.
68 Klein/*Jäger* § 395 Rn. 4; Kohlmann/*Hilgers-Klautzsch* § 395 Rn. 25 m.w.N.
69 Vgl. nur: Hübschmann/Hepp/Spitaler/*Hellmann* § 395 Rn. 33.
70 Kohlmann/*Hilgers-Klautzsch* § 39 Rn. 27.
71 HK-StPO/*Kurth/Pollähne* § 406e Rn. 3.

I. Voraussetzungen

Gem. § 406e Abs. 1 S. 1 StPO kann für den Verletzten ein Rechtsanwalt die Akten, die dem **38** Gericht vorliegen oder diesem im Falle der Erhebung der öffentlichen Klage vorzulegen wären, einsehen sowie amtlich verwahrte Beweisstücke besichtigen, soweit er hierfür ein **berechtigtes Interesse** darlegt.

1. Verletzter

Den Begriff des Verletzten bestimmt das Gesetz nicht; er ist vielmehr aus dem jeweiligen Rege- **39** lungszusammenhang abzuleiten.[72] Für die §§ 406d ff. StPO gilt derselbe Verletztenbegriff wie bei der Anwendung des § 172 StPO.[73] Der Begriff ist zwar weit auszulegen, gleichwohl genügt eine nur mittelbare Rechtsbeeinträchtigung nicht.[74] Erforderlich ist vielmehr eine **unmittelbare** Rechtsverletzung durch die vorgeworfene Straftat. Verletzter ist mithin ausschließlich diejenige (natürliche oder juristische) Person, die durch die behauptete Tat – ihre tatsächliche Begehung unterstellt – unmittelbar in ihrem Rechtsgut verletzt ist.[75]

Hierbei ist nach zutreffender Auffassung maßgeblich (auch) auf den **Schutzbereich** der ver- **40** letzten Strafrechtsnorm abzustellen. Verletzter i.S.d. §§ 406d ff. StPO kann danach nur sein, wer in einem rechtlich geschützten Interesse durch eine Straftat beeinträchtigt wird, soweit die verletzte Strafrechtsnorm dabei auch seinem Schutz dient.[76] Das OLG Stuttgart hat hierzu in einer Entscheidung aus dem Jahr 2013 zutreffend ausgeführt: *„In Zweifelsfällen ist auf die Schutzzwecklehre zurückzugreifen. Danach kann jemand durch eine Tat nur dann verletzt sein, wenn seine Rechte durch die (angeblich) übertretene Norm – jedenfalls auch – geschützt werden sollen."*[77] Nach der vom OLG Hamburg vertretenen Gegenauffassung erfasst der Verletztenbegriff in § 406d ff. StPO hingegen auch den Verletzten i.S.d. Adhäsionsverfahrens nach § 403 StPO. Danach käme die Gewährung von Akteneinsicht im Strafverfahren auch gegenüber solchen Antragstellern in Betracht, die von der verletzten Strafnorm nicht geschützt werden, wenn diesem aber möglicherweise zivilrechtliche Schadensersatzansprüche zustehen.[78]

Der Verletzte kann das Akteneinsichtsrecht – ebenso wie der Beschuldigte – nur durch einen **Rechts-** **41** **anwalt** geltend machen. Dies gilt auch dann, wenn der Verletzte selbst Rechtsanwalt ist.[79]

2. Berechtigtes Interesse

a) Grundsätzliches

Die Akteneinsicht setzt die **schlüssige Darlegung** eines berechtigten Interesses voraus. Das **42** ergibt sich – neben dem Wortlaut des § 406e Abs. 1 S. 1 StPO – auch aus gesetzessystematischen Erwägungen: Bereits ein Umkehrschluss aus § 406e Abs. 1 S. 2 StPO zeigt, dass das Gesetz grundsätzlich das Bestehen eines berechtigten Interesses als selbstständige Vorausset-

---

72 *OLG Koblenz* StV 1988, 332, 332; NStZ 1988, 89, 90; Meyer-Goßner/Schmitt/*Schmitt* Vor § 406d Rn. 2.

73 *OLG Koblenz* StV 1988, 332, 332 f. m.Anm. *Schlothauer*; *LG Stralsund* StraFo 2006, 76, 76; *LG Berlin* BeckRS 2011, 09403; LR/*Graalmann-Scheerer* § 172 Rn. 54.

74 Meyer-Goßner/Schmitt/*Schmitt* Vor § 406d Rn. 2.

75 *OLG Hamm* NStZ 1986, 327, 327; *OLG Düsseldorf* NStZ 1995, 49, 49; *LG Mühlhausen* wistra 2006, 76, 76; *LG Stralsund* StraFo 2006, 76, 76; *LG Berlin* BeckRS 2011, 09403.

76 *LG Berlin* BeckRS 2011, 09403 m.w.N.

77 *OLG Stuttgart* BeckRS 2013, 13426.

78 *OLG Hamburg* wistra 2012, 397, 399.

79 Satzger/Schluckebier/Widmaier/*Schöch* StPO, § 406e Rn. 1; *Hilger* NStZ 1988, 441.

zung des Akteneinsichtsrechts erachtet. Lediglich zu Gunsten des Nebenklagebefugten unterstellt das Gesetz, dass dieser mit der Akteneinsicht stets rechtlich anerkannte Zwecke, nämlich die Durchführung eines Strafverfahrens, verfolgt. Das Risiko eines Missbrauchs des Akteneinsichtsrechts ist in diesem Bereich wesentlich geringer, zumal auch die Zahl derjenigen, die Akteneinsicht begehren, wegen der Höchstpersönlichkeit der betroffenen Güter deutlich beschränkt bleibt. Insbesondere aber im Bereich der Vermögensstraftaten, die gerade nicht zur Nebenklage berechtigen, besteht wegen der mit einem solchen Delikt typischerweise verbundenen Weiterungen auf eine Vielzahl von Betroffenen ein erhöhtes **Missbrauchsrisiko**, das es im Interesse der Wahrung der Belange des Beschuldigten einzudämmen gilt.[80]

43 Ein berechtigtes Interesse ist ein verständiges, durch die Sachlage gerechtfertigtes Interesse.[81] Die Darlegung eines berechtigten Interesses verlangt einen Tatsachenvortrag, der Grund und Umfang eines bestimmten Interesses an der beantragten Auskunft erkennen lässt.[82] Für die Darlegung eines berechtigten Interesses ist daher entsprechend dem zivilprozessualen Verständnis ein **schlüssiger Tatsachenvortrag** erforderlich, aus dem sich das berechtigte Interesse ergibt. Eine Glaubhaftmachung ist nach h.M.[83] nicht erforderlich.

b) Prüfung, Geltendmachung oder Abwehr zivilrechtlicher Ansprüche als berechtigtes Interesse

44 Wichtigster Anwendungsfall des berechtigten Interesses an der Akteneinsicht ist in Wirtschaftsstrafverfahren die Prüfung bzw. Geltendmachung zivilrechtlicher Ansprüche des Verletzten und die Abwehr von Ansprüchen. Dies ist im Grundsatz unumstritten.[84] Zugleich wird aber auch zutreffend betont, dass eine beantragte Einsichtnahme allein zur **Ausforschung** der Betroffenen oder zu einer nach materiellem Zivilrecht unzulässigen Beweisgewinnung nicht gewährt werden darf.[85] Akteneinsicht darf daher nach zutreffender Auffassung nur dann gewährt werden, wenn der Antragsteller einen entsprechenden zivilrechtlichen oder zivilprozessualen **Auskunftsanspruch** hat. Nur in diesem Fall besteht ein berechtigtes Interesse an der Akteneinsicht.[86] Einem Antragsteller ohne einen derartigen Anspruch Akteneinsicht zu gewähren, würde bedeuten, die privatrechtliche Risikoverteilung, die in der zivilprozessualen Substantiierungslast zum Ausdruck kommt, auf den Kopf zu stellen.

45 Nach einer zutreffenden, von der Rechtsprechung indes nicht aufgegriffenen, Literaturauffassung[87] soll Akteneinsicht zum Zwecke der Prüfung und Geltendmachung zivilrechtlicher Ansprüche erst dann gewährt werden dürfen, wenn die **Täterschaft rechtskräftig festgestellt** wurde. Diese Ansicht hat *Velten* wie folgt begründet: *„Akteneinsicht zu einem früheren Zeitpunkt (welche die Waffengleichheit auch im Verhältnis zu den unschuldig Angeklagten verschiebt) ist vielfach nicht erforderlich. Ist sie ausnahmsweise angesichts der ungewöhnlichen Dauer des*

---

80 *Riedel/Wallau* NStZ 2003, 393, 395 unter Hinweis auf § 16 Abs. 1 Nr. 2 BDSG.
81 LR/*Hilger* § 475 Rn. 5.
82 *LG Frankfurt/Main* StV 2003, 495, 495; *LG Kassel* StraFo 2005, 428, 428; Meyer-Goßner/Schmitt/*Schmitt* § 406e Rn. 3.
83 LR/*Hilger* § 406e Rn. 6.
84 *LG Hildesheim* NJW 2009, 3799, 3800; HK-StPO/*Temming* § 475 Rn. 6; Meyer-Goßner/Schmitt/*Schmitt* § 406e Rn. 3.
85 *LG Hamburg* BeckRS 2009, 22518; Heintschel/*Stöckel* § 406e Rn. 12; LR/*Hilger* § 406e Rn. 7; Meyer-Goßner/Schmitt/*Schmitt* § 406e Rn. 3; *Schlothauer* StV 1988, 334, 335.
86 Heintschel-Heinegg/*Stöckel* § 406e Rn. 12; anders *Riedel/Wallau* NStZ 2003, 393, 395 f., die zwar das berechtigte Interesse bejahen, im Rahmen der Interessenabwägung gem. § 406e Abs. 2 StPO von einem überwiegenden Interesse des Beschuldigten an der Geheimhaltung ausgehen.
87 SK-StPO/*Velten* § 406e Rn. 13; *Otto* GA 1989, 289, 301 ff.

Strafverfahrens geeignet und notwendig, so stehen die überwiegenden Interessen des potenziell Unschuldigen entgegen. Diese Schranke verhindert eine Instrumentalisierung des Strafverfahrens zur Ausforschung des Beschuldigten."[88]

In jedem Fall eine genaue Prüfung erfordert die Frage, an der Einsicht in *welche* Aktenbestandteile der Verletzte ein berechtigtes Interesse hat. Denn es ist allgemein anerkannt, dass kein berechtigtes Interesse an der Akteneinsicht besteht, soweit die begehrte Einsicht keinen Bezug zu der den Verletzten betreffenden Tat hat.[89] Daher sind von der Akteneinsicht jene Aktenbestandteile **auszunehmen**, die sich nicht auf den Tatverdacht beziehen, der die Verletzteneigenschaft der Akteneinsicht begehrenden Person begründet.[90] Klarstellend ist in diesem Zusammenhang zu erwähnen, dass der Umfang der Akten als solches und die möglicherweise für eine Trennung der Akten notwendige Bindung von Ressourcen eine vollständige Versagung der Akteneinsicht nicht begründen können. Ressourcenengpässe der Justiz dürfen nicht zu Lasten eines Akteneinsichtsrechtes eines Verletzten gehen.[91] **46**

Nicht abschließend geklärt ist, ob ein berechtigtes Interesse des Verletzten auch dann vorliegt, wenn dieser zivilrechtliche Ansprüche nicht gegen den Beschuldigten, sondern ausschließlich **gegen Dritte** – wie etwa eine vom Beschuldigten vertretene Gesellschaft – geltend macht. Jedenfalls bedarf es bei dieser „Drei-Personen-Konstellation" einer besonders präzisen Prüfung der entgegenstehenden Interessen des Beschuldigten wie auch des Dritten. Für den Fall, dass dem Verletzten Akteneinsicht gem. § 406e Abs. 1 StPO gewährt werden sollte, erscheint es zunächst naheliegend, dem Dritten – aus Gründen der Waffengleichheit – einen eigenen Anspruch auf Akteneinsicht aus § 475 StPO zuzubilligen. Andererseits handelt es sich hier um einen weiteren Informationseingriff zu Lasten des Beschuldigten (und ggf. weiterer Betroffener), so dass auf eine eigenständige Prüfung der Voraussetzungen des Akteneinsichtsrechts des Dritten nicht verzichtet werden kann. **47**

II. Versagungsgründe

1. Entgegenstehen überwiegender schutzwürdiger Interessen des Beschuldigten oder anderer Personen

Gem. § 406e Abs. 2 S. 1 StPO ist die Akteneinsicht zu versagen, soweit überwiegende schutzwürdige Interessen des Beschuldigten oder anderer Personen entgegenstehen. Ein Ermessen besteht hier nicht; die Akteneinsicht ist **zwingend** zu versagen. Der Grund für diese Regelung ist der folgende: Die Gewährung von Akteneinsicht in strafrechtliche Ermittlungsakten stellt einen Eingriff in das Recht auf informationelle Selbstbestimmung der Personen dar, deren personenbezogene Daten auf diese Weise zugänglich gemacht werden. Die Auslegung und Anwendung des § 406e StPO hat sich daher an Art. 2 Abs. 1 i.V.m. Art. 1 Abs. 1 GG zu orientieren. Dabei hat das Gericht, das über die Akteneinsicht entscheidet, die gegenläufigen Interessen des Verletzten des Beschuldigten gegeneinander **abzuwägen**, um hierdurch festzustellen, welchem Interesse im Einzelfall der Vorrang gebührt.[92] Dabei ist gerade der Stand des Ermittlungsverfahrens im Lichte der Unschuldsvermutung des Art. 6 Abs. 2 EMRK in die Abwägung **48**

---

88 SK-StPO/*Velten* § 406e Rn. 13.
89 *OLG Koblenz* StV 1988, 332; *LG Hildesheim* NJW 2008, 531, 534; LR/*Hilger* § 406e Rn. 7.
90 *OLG Koblenz* StV 1988, 332.
91 *Kümmel* wistra 2014, 124, 128 f.
92 *BVerfG* NJW 2007, 1052, 1053.

der Interessen bei der Entscheidung über die Gewährung von Akteneinsicht mit einzubeziehen. Besonders schutzwürdige Interessen des Beschuldigten, die der Gewährung von Akteneinsicht in aller Regel entgegenstehen, sind etwa Betriebs- und Geschäftsgeheimnisse.[93] Wie die Verwendung des Wortes „soweit" in § 406e Abs. 2 S. 1 StPO deutlich macht, hindern die Versagungsgründe das Akteneinsichtsrecht nur, soweit sie ihm entgegenstehen. Deshalb ist stets zu prüfen, ob eine nur **partielle** Akteneinsicht gewährt werden kann. Bei gleichem Gewicht der einander gegenüberstehenden Interessen hat das Akteneinsichtsrecht des Verletzten Vorrang;[94] hier ist Akteneinsicht zu gewähren.

2. Sonstige Versagungsgründe

49 Die Akteneinsicht kann – dieser Versagungsgrund ist somit **fakultativ** – gem. § 406e Abs. 2 S. 2 StPO versagt werden, soweit der Untersuchungszweck gefährdet *erscheint*. Mit dieser (von § 147 Abs. 2 StPO abweichenden) Wortwahl hat der Gesetzgeber deutlich gemacht, dass die Anforderungen an diesen Versagungsgrund gering sind.[95] Dieser liegt schon dann vor, wenn durch die Akteneinsicht die unbeeinflusste Wahrheitsfindung beeinträchtigt sein könnte.[96] Eine Versagung der Akteneinsicht kommt – anders als beim Akteneinsichtsrecht des Beschuldigten aus § 147 StPO – auch nach Abschluss der Ermittlungen noch in Betracht.[97] Nach den Gesetzesmaterialien ist der Versagungsgrund der Gefährdung des Untersuchungszweckes insbesondere dann einschlägig, wenn *„die Kenntnis der Verletzten vom Akteninhalt die Zuverlässigkeit und den Wahrheitsgehalt einer noch zu erwartenden Zeugenaussage beeinträchtigen könnte."*[98] Dies gilt auch für den Nebenkläger bzw. den zur Nebenklage Berechtigten.[99] Aus Gründen der Waffengleichheit ist dem Verletzten die Akteneinsicht jedenfalls solange zu verweigern, wie diese dem Beschuldigten nach § 147 Abs. 2 StPO verweigert wird.[100]

50 Schließlich kann Akteneinsicht für den Verletzten gem. § 406e Abs. 2 S. 3 StPO auch versagt werden, wenn durch sie das Verfahren erheblich **verzögert** würde. Dies gilt indes nicht, wenn die Staatsanwaltschaft in den in § 395 StPO genannten Fällen, d.h. im Fall der Nebenklage, den Abschluss der Ermittlungen in den Akten vermerkt hat.

III. Die Bedeutung des Verfahrensstandes

51 Ungeachtet der obigen Ausführungen ist der erreichte Ermittlungsstand bzw. die Intensität des Tatverdachts für das Bestehen des Akteneinsichtsanspruchs eines Dritten von erheblicher Bedeutung. Eine Akteneinsicht für Dritte in einem Ermittlungsverfahren, in dem allein ein strafprozessualer Anfangsverdacht besteht, wäre nach zutreffender Ansicht ein unverhältnismäßiger Eingriff in die Rechte der Betroffenen.

---

93 *LG München I* wistra 2006, 240, 240.
94 KK-StPO/*Zabeck* § 406e Rn. 6; Satzger/Schluckebier/Widmaier/*Schöch* StPO, § 406e Rn. 10.
95 HK-StPO/*Kurth/Pollähne* § 406e Rn. 11.
96 HK-StPO/*Kurth/Pollähne* § 406e Rn. 11.
97 *OLG Naumburg* NStZ 2011, 118 f.; KK-StPO/*Zabeck* § 406e Rn. 7; Satzger/Schluckebier/Widmaier/*Schöch* StPO, § 406e Rn. 12.
98 BT-Drucks. 10/5305, 18.
99 BT-Drucks. 16/13671, 22.
100 *LG München I* wistra 2006, 240, 240; *Thomas* StV 1985, 431, 433.

Rettenmaier/Reichling

Dass eine Akteneinsicht beim Vorliegen ausschließlich eines Anfangsverdachts nicht in Betracht kommt, gilt im Rahmen des § 406e Abs. 1 StPO unabhängig davon, ob es sich bei der Intensität des Tatverdachts um ein Kriterium für die Verletzteneigenschaft[101] oder für das berechtigte Interesse des Antragstellers[102] handelt oder ob dieser Umstand erst im Rahmen der Abwägung der widerstreitenden Interessen des Antragstellers und des Beschuldigten zu berücksichtigen ist.[103] Allen diesen Ansätzen liegt das Bewusstsein zugrunde, dass die Voraussetzungen des § 406e Abs. 1 StPO unter besonderer Berücksichtigung des Verhältnismäßigkeitsgrundsatzes auszulegen sind und die mit der Vornahme strafprozessualer Ermittlungsmaßnahmen verbundenen Eingriffe in die Rechte des Beschuldigten durch die Gewährung von Akteneinsicht an vorgeblich Verletzte vertieft werden. Eine derartige Vertiefung der durch die Ermittlungsmaßnahmen stattgefundenen Eingriffe bedürfte einer besonderen Legitimation. Diese kann gerade nicht bereits in dem Bestehen eines bloßen Anfangsverdachts i.S.d. § 152 Abs. 2 StPO liegen. Denn das Vorliegen des Anfangsverdachts rechtfertigt zwar die Vornahme von Ermittlungshandlungen, um festzustellen, ob eine Straftat begangen wurde. Damit geht jedoch nicht einher, dass die hierbei gewonnenen Erkenntnisse durch die Gewährung von Akteneinsicht an andere Personen übermittelt werden dürfen. Zutreffend wird daher von der neueren Rechtsprechung das Vorliegen eines hinreichenden Tatverdachts i.S.d. § 203 StPO gefordert.[104]

52

IV. Verfahren

1. Rechtliches Gehör

Wenn – was bei einer vollständigen Akteneinsicht stets der Fall ist, bei einer teilweisen Akteneinsicht vom Gegenstand der betroffenen Aktenbestandteile abhängt – mit der Gewährung von Akteneinsicht an den Verletzten ein Eingriff in Grundrechtspositionen des Beschuldigten (insbesondere das Recht auf informationelle Selbstbestimmung aus Art. 2 Abs. 1 i.V.m. Art. 1 Abs. 1 GG) verbunden ist, so ist dem Beschuldigten zuvor **Gelegenheit zur Stellungnahme** zu geben.[105] Auch der Umstand, dass eine solche Stellungnahme sinnvollerweise erst nach Aktenkenntnis des Beschuldigten bzw. seines Verteidigers abgeben werden kann, spricht dafür, dass Akteneinsicht an Verletzte erst dann gewährt werden darf, wenn dem Verteidiger zuvor Akteneinsicht gewährt wurde. Eine Stellungnahme ist auch von einem Dritten einzuholen, soweit sich dessen personenbezogene Daten oder andere besonders geschützte Informationen wie Geschäfts- und Betriebsgeheimnisse in den Akten befinden.[106]

53

2. Anfechtung der Entscheidung über die Gewährung von Akteneinsicht

Gegen die Entscheidung der Staatsanwaltschaft über die Akteneinsicht, d.h. im Fall der Gewährung als auch der Verweigerung, kann gem. § 406e Abs. 4 S. 2 StPO **gerichtliche Entscheidung** bei dem nach § 162 StPO zuständigen Gericht beantragt werden. Die hierauf erge-

54

---

101 *LG Stade* StV 2001, 159, 160, *Krause* FS Widmaier, S. 639, 654.
102 *Koch* FS Hamm, S. 289, 292.
103 *LG Köln* StraFo 2005, 78, 79; vgl. zu § 475 StPO: *LG Dresden* StV 2006, 11, 13.
104 *LG Stade* StV 2001, 159, 160; *LG Köln* StraFo 2005, 78, 79; *LG Düsseldorf* 25.8.2008 – 10 AR 1/08, S. 6 f.
105 *BVerfG* NStZ-RR 2005, 242; *LG Krefeld* NStZ 2009, 112; LR/*Hilger* § 406e Rn. 16; SK-StPO/*Velten* § 406e Rn. 25.
106 *BVerfG* NStZ-RR 2005, 242, 242; KK-StPO/*Zabeck* § 406e Rn. 12.

hende Beschluss ist während des Ermittlungsverfahrens gem. § 406e Abs. 4 S. 4 StPO unanfechtbar. Nach Abschluss der Ermittlungen ist gem. § 406e Abs. 4 S. 3 StPO die **Beschwerde** gegen gerichtliche Entscheidungen statthaft. Dies gilt gleichermaßen für Entscheidungen des nach Anklageerhebung zuständigen Gerichts wie auch für Entscheidungen des Ermittlungsgerichts nach Einstellung des Ermittlungsverfahrens durch die Staatsanwaltschaft oder nach rechtskräftigem Verfahrensabschluss.[107]

V. Sonstiges

55 § 406e Abs. 5 HS 1 StPO regelt die Möglichkeit, dem Verletzten, der **keinen Rechtsanwalt** hat, Auskünfte und Abschriften aus den Akten zu erteilen. Hierfür müssen – mit Ausnahme der Bestellung eines Rechtsanwalts – die Voraussetzungen des § 406e Abs. 1 StPO vorliegen.

56 Der Verletzte wie auch sein Rechtsanwalt haben, wenn Akteneinsicht gewährt wird, gem. § 406e Abs. 6 StPO die Zweckbindung des § 477 Abs. 5 StPO zu beachten. Ist dem Verletzten etwa Akteneinsicht zur Durchsetzung zivilrechtlicher Ansprüche gewährt worden, so dürfen die personenbezogenen Informationen vom Rechtsanwalt **nicht für andere Zwecke** oder andere Mandanten verwendet werden.[108]

G. Das Akteneinsichtsrecht sonstiger Personen gem. § 475 Abs. 1, 2 StPO

57 Gem. § 475 Abs. 1 S. 1 StPO kann für eine Privatperson und für sonstige Stellen ein Rechtsanwalt Auskünfte aus Akten erhalten, die dem Gericht vorliegen oder diesem im Falle der Erhebung der öffentlichen Klage vorzulegen wären, soweit er hierfür ein berechtigtes Interesse darlegt. Nach S. 2 der Norm sind die Auskünfte zu versagen, wenn der hiervon Betroffene ein schutzwürdiges Interesse an der Versagung hat. Gem. § 475 Abs. 2 StPO kann zudem Akteneinsicht gewährt werden, wenn die Auskunftserteilung einen unverhältnismäßigen Aufwand erfordern oder nach Darlegung des Antragstellers, zur Wahrnehmung des berechtigten Interesses nicht ausreichen würde.

I. Voraussetzungen

1. Personenkreis

58 Die Vorschrift des § 475 StPO regelt die Übermittlung von Informationen über ein laufendes oder abgeschlossenes Strafverfahren an Private, die **keine Verfahrensrolle** innehaben, und sonstige Stellen. Zu diesem Personenkreis zählen etwa mittelbar Geschädigte (die keine Verletzten i.S.d. § 406e Abs. 1 StPO sind) und Insolvenzverwalter nach § 80 InsO. Sonstige Stellen i.S.d. § 475 StPO können auch öffentliche Stellen sein, sofern sie nicht hoheitliche Aufgaben wahrnehmen oder soweit im Bereich der hoheitlichen Verwaltung die Voraussetzungen des § 474 Abs. 2 StPO nicht vorliegen.[109]

---

107 KK-StPO/*Zabeck* § 406e Rn. 13.
108 *OLG Braunschweig* NJW 2008, 3294, 3296.
109 HK-StPO/*Temming* § 475 Rn. 1.

2. Berechtigtes Interesse

Hinsichtlich des berechtigten Interesses gelten die obigen Ausführungen entsprechend, vgl. Rn. 42 ff.

59

3. Das Verhältnis von Auskunftserteilung gem. § 475 Abs. 1 StPO und Akteneinsicht gem. § 475 Abs. 2 StPO

Aus der Struktur des § 475 StPO ergibt sich, dass bei Vorliegen der Voraussetzungen des § 475 Abs. 1 StPO die Auskunftserteilung der gesetzliche **Regelfall** ist. Lediglich ausnahmsweise – nämlich dann, wenn die Erteilung von Auskünften einen unverhältnismäßigen Aufwand erfordert oder nach Darlegung des Antragstellers zur Wahrnehmung des berechtigten Interesses nicht ausreichen – ist nach Abs. 2 Akteneinsicht zu gewähren.

60

II. Versagungsgründe

Die Auskunft bzw. Akteneinsicht ist nach § 475 Abs. 1 S. 2 StPO zu versagen, wenn ein **schutzwürdiges Interesse** des Betroffenen vorliegt. Nach dem Wortlaut der Norm muss dieses Interesse des Betroffenen das Interesse des Antragstellers nicht überwiegen. Allerdings ist bei der Prüfung, ob ein Gegeninteresse des Beschuldigten schutzwürdig ist, nicht abstrakt, sondern nur unter Berücksichtigung des geltend gemachten Interesses des Antragstellers beurteilen.[110] Somit findet der Sache nach eine **Abwägung** statt, die an dem Begriff der Schutzwürdigkeit ansetzt.[111] Insoweit gelten die obigen Ausführungen zu der Interessenabwägung bei dem Akteneinsichtsrecht des Verletzten aus § 406e StPO (vgl. Rn. 47) dem Grunde nach entsprechend. Allerdings sind die Interessen des Antragstellers in aller Regel niedriger zu gewichten als beim Akteneinsichtsrecht aus § 406e StPO, weil der Antragsteller hier nicht zu dem privilegierten Personenkreis der Verletzten gehört. Daher wird die Interessenabwägung bei einem Antrag nach § 475 StPO tendenziell häufiger zu Lasten des Antragstellers ausfallen.

61

III. Verfahren

Auch im Fall eines Antrags auf Auskunftserteilung bzw. Akteneinsicht gem. § 475 StPO sind der Beschuldigte und andere von dieser betroffenen Personen vor der Entscheidung **anzuhören**. Die Anfechtbarkeit der Entscheidungen ist in § 478 StPO geregelt. Gegen die Entscheidung der Staatsanwaltschaft kann mit einem Antrag auf gerichtliche Entscheidung gem. § 478 Abs. 3 StPO vorgegangen werden. Gegen eine Entscheidung des Vorsitzenden des angerufenen Gerichts gem. § 478 Abs. 3 S. 2 StPO besteht hingegen kein Rechtsmittel.

62

---

110 SK-StPO/*Weßlau* § 475 Rn. 15.
111 LR/*Hilger* § 475 Rn. 7; SK-StPO/*Weßlau* § 475 Rn. 15.

6. Kapitel
Europarechtliche Verfahrensvorschriften

Literatur: *Albrecht/Janson* Die Kontrolle des Europäischen Polizeiamtes durch das Europäische Parlament nach dem Vertrag von Lissabon und dem Europol-Beschluss, EuR 2012, 230; *Ambos* Internationales Strafrecht, 3. Aufl. 2011; *Beaucamp* Primärrechtsschutz gegen Maßnahmen des Europäischen Polizeiamts, DVBl 2007, 802; *Böse* Die Immunität von Europol – ein unterschätztes Verfolgungshindernis?, NJW 1999, 2416; *von Bubnoff* Institutionelle Kriminalitätsbekämpfung in der EU, ZEuS 2002, 185; *Däubler-Gmelin/Mohr* (*Hrsg.*) Recht schafft Zukunft, 2003; *Fromm* Der strafrechtliche Schutz der finanziellen Interessen der Europäischen Gemeinschaften durch das EU-Übereinkommen vom 26. Juli 1995, HRRS 2008, 87; *Frowein/Krisch* Der Rechtsschutz gegen Europol, JZ 1998, 589; *Gleß* Das Europäische Amt für Betrugsbekämpfung (OLAF), EuZW 1999, 619; *Hallmann-Häbler/Stiegel* Das Europäische Amt für Betrugsbekämpfung (OLAF), DRiZ 2003, 242; *Hackner/Schomburg/Lagodny/Gleß* Das 2. Europäische Haftbefehlsgesetz, NStZ 2006, 663; *Kremer* Sicherheitsunion Europa – Stellung und Funktion des Europäischen Polizeiamts (Europol), FS J. Meyer, 2005, S. 571; *Kühne* Strafprozessrecht, 8. Aufl. 2010; *Kuhl/Spitzer* Das Europäische Amt für Betrugsbekämpfung (OLAF), EuR 2000, 671; *Milke* Europol und Eurojust, 2003; *Park* Hdb. Durchsuchung und Beschlagnahme, 2. Aufl. 2009; *Riedel* Rechtsschutz gegen Akte Europäischer Agenturen, EuZW 2009, 565; *Schomburg/Lagodny/Gleß/Hackner* Internationale Rechtshilfe in Strafsachen, 5. Aufl. 2012; *Sieber/Satzger/v. Heintschel-Heinegg* (*Hrsg.*) Europäisches Strafrecht, 2. Aufl. 2014; *Strobel* Die Untersuchungen des Europäischen Amtes für Betrugsbekämpfung (OLAF), 2012.

A. Einleitung

1 Die für das Strafrecht relevanten Normen bilden ein äußerst dynamisches Gebiet innerhalb des Europarechts. Auch wenn ein eigenes materielles europäisches Strafrecht (noch) nicht existiert, hat das Gemeinschaftsrecht bereits jetzt wesentlichen Einfluss auf die nationalen Strafvorschriften der Mitgliedstaaten. Noch wesentlich größer ist jedoch der Einfluss auf das nationale Verfahrensrecht, welches schon jetzt in vielen Bereichen durch gemeinschaftsrechtliche Normen ergänzt oder gar überlagert wird. Dabei ist das europäische Straf(verfahrens)recht von Vorschriften aufgrund anderer multilateraler sowie bilateraler Übereinkommen abzugrenzen. Ferner ist die zunehmende Zusammenarbeit auf Grundlage der gegenseitigen Anerkennung herauszustellen. Die nachfolgende Betrachtung lässt sich nur schwer auf rein europarechtliche Verfahrensvorschriften beschränken, da zahlreiche Normen zwar auf gemeinschaftsrechtlichen Vorgaben basieren, durch ihre Umsetzung aber inzwischen Teil des deutschen Rechts geworden sind.

2 Eine weitere Integration auf diesem Gebiet wird dadurch erschwert, dass strafrechtliche Vorschriften aus Sicht der Mitgliedstaaten zum Kernbereich der staatlichen Souveränität gehören. Weil ein europäisches Strafrecht aber als integraler Bestandteil des angestrebten Raums der Freiheit, der Sicherheit und des Rechts angesehen werden kann, soll die künftige justizielle Zusammenarbeit in Strafsachen auf dem **Prinzip der gegenseitigen Anerkennung** (Art. 82 Abs. 1 AEUV) aufbauen.[1] Dieser aus dem Bereich des Binnenmarktes übernommene Grund-

---

1 Bereits der Europäische Rat von Tampere bezeichnete dieses Prinzip im Oktober 1999 als „Eckpfeiler" der justiziellen Zusammenarbeit.

satz besagt, dass eine in einem Mitgliedstaat rechtmäßig ergangene justizielle Entscheidung in jedem anderen Mitgliedstaat als solche anerkannt werden muss, und soll das bisher gültige Rechtshilferecht, welches auf der Souveränität der einzelnen Staaten basiert, nach und nach ersetzen.[2] Ziel ist es, die justizielle Zusammenarbeit zu vereinfachen und zu beschleunigen, u.a. durch den Abbau von Versagungsgründen, die Einführung standardisierter Formulare sowie einheitlicher Fristen.

Im Rahmen der justiziellen Zusammenarbeit ermöglichen Art. 67 Abs. 3, 82 Abs. 1 UAbs. 1 AEUV zudem eine **Mindestharmonisierung** des nationalen Strafverfahrensrechts. Soweit es zur Erleichterung der gegenseitigen Anerkennung erforderlich ist, können im ordentlichen Gesetzgebungsverfahren durch Richtlinien Mindestvorschriften festgelegt werden. Solche Rechtsangleichungen müssen unter Berücksichtigung der Unterschiede zwischen den Rechtsordnungen und -traditionen der Mitgliedstaaten stattfinden (Art. 82 Abs. 2 UAbs. 1 S. 2 AEUV) und sind daher nur punktuell in einzelnen Bereichen des Strafprozessrechts möglich.[3] Zum Schutz der grundlegenden Aspekte der nationalen Strafrechtsordnungen ist eine prozessuale „Notbremse" vorgesehen. Der Katalog (Art. 82 Abs. 2 UAbs. 1 AEUV) sieht eine Harmonisierung zunächst für die Zulässigkeit von Beweismitteln, die Rechte des Einzelnen im Strafverfahren und die Rechte der Opfer von Straftaten vor. Über die abschließende Generalklausel kann die Angleichung theoretisch auf alle Normen des nationalen Strafverfahrensrechts ausgedehnt werden.

3

Für den Bereich der Fiskaldelikte sind die europäischen Verfahrensvorschriften schon deshalb relevant, weil die gemeinschaftlichen Instrumente hierfür häufig Sonderregeln vorsehen. Zudem verfolgt die Europäische Union ausdrücklich das Ziel, dass kriminelle Handlungen zum Nachteil ihrer finanziellen Interessen ebenso effizient verfolgt und vergleichbar hart bestraft werden, wie solche zum Nachteil der finanziellen Interessen des jeweiligen Mitgliedstaates.[4] Mit Hilfe der sog. **PIF Richtlinie** sollen gegen die finanziellen Interessen der EU gerichtete Betrugsdelikte und ähnliche rechtswidrige Handlungen verfolgt werden können (vgl. dazu unten unter Rn. 146 ff.). Die „finanziellen Interessen der Union" lassen sich zusammenfassend umschreiben als alle Einnahmen und Ausgaben, die im Haushaltsplan der Union und in den Haushaltsplänen der nach den Verträgen geschaffenen Organe, Einrichtungen, Ämter und Agenturen oder in den von diesen verwalteten und überwachten Haushaltsplänen erfasst werden. Zur Verfolgung derartiger Delikte soll zeitnah eine **Europäische Staatsanwaltschaft** zur Verfügung stehen (vgl. hierzu unten unter Rn. 148 ff.).

4

B. Geschichtliche Entwicklung

Die wesentlichen Entwicklungsschritte der europäischen Kooperation auf dem Gebiet des Strafrechts lassen sich v.a. anhand neuer Institutionen und Programme nachverfolgen.

5

---

2 *Satzger* § 10 Rn. 24.
3 *Satzger* § 12 Rn. 52.
4 Vgl. bereits *EuGH* Slg. 1989, 2965, 2979 – Griechischer Mais.

I.   1970er Jahre bis 1993

6   In den 1970er Jahren entstand das Bedürfnis nach einer verbesserten Kooperation in Strafsachen, um neuen gemeinsamen Bedrohungen zu begegnen. Dazu gehörte die fortschreitende Entwicklung überstaatlicher Kriminalität und des sog. Euro-Terrorismus. Im Zuge dieser vertieften Kooperation wurden neue Strukturen geschaffen, u.a. die Trevi-Gruppe auf dem Gebiet der polizeilichen Zusammenarbeit. Ferner wurden neue Projekte gestartet, etwa auf den französischen Vorschlag zur Einrichtung einer *European judicial penal area* auf dem Gebiet der justiziellen Zusammenarbeit.

7   Ursprünglich war die Kooperation in Strafsachen allein zwischenstaatlicher Natur und fand ausschließlich zwischen den Mitgliedstaaten und damit außerhalb der europäischen Institution statt. Die Mitgliedstaaten bedienten sich klassischer Mittel der internationalen Zusammenarbeit (Konventionen, Resolutionen etc.). Eine solche rein zwischenstaatliche Form der Kooperation sicherte die maximale Kontrolle durch nationale Regierungen und Verwaltungen, was umgekehrt jedoch eine gewisse Intransparenz bedeutete. Auch wurden auf diese Weise nur wenige sichtbare Erfolge erzielt, wie etwa die Einrichtung von Verbindungsbeamten auf dem Gebiet der polizeilichen Zusammenarbeit. Hinsichtlich der justiziellen Zusammenarbeit in Strafsachen ergingen insgesamt fünf Konventionen, eine betreffend den Grundsatz ne bis in idem[5] und vier weitere zur Verbesserung von bestehenden Übereinkommen des Rates.[6] Aufgrund der geringen Ratifizierungsquote blieben diese Übereinkommen jedoch weitgehend erfolglos. Festzuhalten bleibt, dass die Kooperation zu dieser Zeit noch auf traditionelle Formen setzte und von dem Prinzip nationaler Souveränität und Territorialität geprägt war. Einzelne Ausnahmen, etwa das Ne bis in idem-Übereinkommen von 1987, vermochten diese Prinzipien nur punktuell zu durchbrechen.

8   Eine eigene Kompetenz der Europäischen Gemeinschaft auf dem Gebiet des Strafrechts bestand nicht. Allerdings konnten auch damals schon sowohl das materielle als auch das prozessuale Strafrecht der Mitgliedstaaten beeinflusst werden. Eine derartige Beeinflussung erfolgte entweder negativ, indem die Mitgliedstaaten gemeinschaftsrechtlich verpflichtet wurden, von der Einführung solcher Normen abzusehen, die mit den Prinzipen der EG nicht vereinbar waren oder, falls derartige nationale Normen bereits in Kraft waren, diese abzuschaffen oder abzuändern. Positive Auswirkungen entfaltete das Gemeinschaftsrecht hingegen dann, wenn es zu seiner Durchsetzung von den Mitgliedstaaten die Aufnahme nationaler Strafvorschriften verlangte. Somit bestanden für die Mitgliedstaaten positive Pflichten auf dem Gebiet des Strafrechts, um die Umsetzung von Gemeinschaftsrecht sicherzustellen.

9   Während der 1980er und frühen 1990er Jahre wurde die Entwicklung einer Kooperation in Strafsachen zunehmend als Voraussetzung für den Abbau innergemeinschaftlicher Grenzkontrollen angesehen. Diese wiederum dienten dem vertraglich festgelegten Ziel eines einheitlichen Binnenmarktes. Hierzu gehört die Idee der sog. Ausgleichsmaßnahmen in der Einheitli-

---

5   Übereinkommen zwischen den Mitgliedstaaten der Europäischen Gemeinschaften über das Verbot der doppelten Strafverfolgung v. 25.5.1987, BGBl II 1998, 2226.

6   Abkommen v. 26.5.1989 zwischen den Mitgliedstaaten der Europäischen Gemeinschaften über die Vereinfachung und Modernisierung der Verfahren zur Übermittlung von Auslieferungsersuchen (EG-Fax-Konv), BGBl II 1995, 969; Übereinkommen zwischen den Mitgliedstaaten der Europäischen Gemeinschaften über die Vereinfachung und Modernisierung der Verfahren zur Übermittlung von Auslieferungsersuchen v. 26.5.1989, BGBl II 1995, 970 ff.; Agreement between the Member States on the Transfer of Proceedings in Criminal Matters (EU-TransferÜbk v. 6.11.1990); Übereinkommen v. 13.11.1991 zwischen den Mitgliedstaaten der Europäischen Gemeinschaften über die Vollstreckung ausländischer strafrechtlicher Verurteilungen (EU-VollstrÜbk).

che Europäische Akte vom 17.2.1986. In der Folge traten neue Arbeitsstrukturen neben die bereits bestehenden Instrumente zur Kooperation. Als wesentlicher Meilenstein kann das Schengener Übereinkommen vom 14.6.1985 (SÜ) angesehen werden, welches die allmähliche Beseitigung der innergemeinschaftlichen Grenzkontrollen vorsah und mit dem Schengener Durchführungsübereinkommen (SDÜ) implementiert wurde. Zahlreiche Maßnahmen sollten sicherstellen, dass während dieses „Experiments" ein hoher Sicherheitsstandard aufrechterhalten werden konnte. Dazu gehört eine verstärkte sowohl polizeiliche als auch justizielle Zusammenarbeit in Strafsachen. Auch wenn sich die Mitgliedstaaten noch immer nicht gänzlich von den traditionellen Formen der zwischenstaatlichen Zusammenarbeit losgesagt hatten, entstanden einzelne innovative Elemente. Dazu zählen die grenzüberschreitende Überwachung und Nacheile (Art. 40, 41 SDÜ), das Schengener Informationssystem (SIS) sowie das *ne bis in idem*-Prinzip im Bereich der justiziellen Zusammenarbeit (Art. 54 ff. SDÜ).

II. 1993 bis 1999

Im Vertrag von Maastricht wurde die justizielle und polizeiliche Zusammenarbeit als dritter **10** Pfeiler festgelegt. Das in Art. 8 EUV erklärte Ziel, eine enge Zusammenarbeit in den Bereichen Justiz und Inneres (JI) zu entwickeln, stellte noch immer eine Ausgleichsmaßnahme für die Abschaffung der Grenzkontrollen dar. Als hauptsächliche Neuerung wurde die gesamte Arbeit in den Bereichen der polizeilichen und justiziellen Zusammenarbeit – mit Ausnahme von „Schengen" – unter einem einheitlichen europäischen Rahmen zusammengefasst. Auch die Anzahl der neu geschaffenen Instrumente zugunsten einer Kooperation erhöhte sich stark. Dazu gehören etwa das Europol-Übereinkommen von 1995, die Übereinkommen von 1995 und 1996 betreffend Auslieferungen, mehrere gemeinsame Maßnahmen zur Harmonisierung des materiellen Strafrechts auf dem Gebiet der organisierten Kriminalität, des Drogen- und Menschenhandels, der Korruption, sowie gemeinsame Maßnahmen zur Errichtung des Europäischen Justiziellen Netzwerks (EJN). Allerdings waren viele dieser Instrumente nicht bindend, da sie nur in Form von Resolutionen, Beschlüssen oder Empfehlungen ergingen. Diejenigen Instrumente, welche für die Mitgliedstaaten verbindlich waren, wurden häufig nur mit beachtlicher Verzögerung implementiert und sind teilweise heute noch nicht in sämtlichen Mitgliedstaaten in Kraft. Dennoch setzte sich hiermit die Entwicklung weg von den traditionellen Formen der Kooperation weiter fort.

III. 1999 bis 2009

Durch die Verträge von Maastricht und Nizza sowie die Beschlüsse von Tempere aus dem **11** Oktober 1999 und das Programm von Den Haag aus dem November 2004 wurde die sog. dritte Säule in zwei Teile zerlegt. Einerseits unterfielen künftig die Bereiche Visa, Asyl, Einwanderung und weitere Politiken, welche mit der personellen Freizügigkeit in Zusammenhang stehen, gemäß dem neuen Titel IV EGV der Vergemeinschaftung. Dagegen blieb der bestehende Titel VI der dritten Säule, der die polizeiliche und justizielle Zusammenarbeit regelte, vornehmlich zwischenstaatlich geprägt. So eröffnete das Erfordernis der Einstimmigkeit (Art. 34 Abs. 2 a.F.) die Möglichkeit zu Blockaden mittels Veto und die geringe Beteiligung des Europäischen Parlaments vertiefte das demokratische Defizit in diesem Bereich. Gleichwohl ergingen einige Änderungen, mit denen die Ergebnisse des Schengen-Prozesses in das EU-Recht überführt werden sollten. Im Zuge dessen wurde u.a. die „Passerelle-Technik" auf die polizeiliche und justizielle Zusammenarbeit ausgedehnt. Auch wenn dieses in Art. 42 EGV a.F. vorgesehene Instrument nie praktisch genutzt wurde, kann es als Ausdruck des Strebens nach Vergemeinschaftung angesehen werden. Als neues programmatisches Ziel stand nun die Schaffung eines *„Raums der Freiheit, der Sicherheit und des Rechts"* im Mittelpunkt (Art. 2 und 29 EUV a.F., Art. 61 EGV a.F.).

IV. Seit 2009

12 Der Verzicht auf das Säulenmodell und die Vergemeinschaftung der strafrechtlichen Zusammenarbeit durch den Vertrag von Lissabon sowie das Stockholmer Programm vom Dezember 2009 und das darauf folgende Programm aus dem Juni 2014 sollten der weiteren Ausgestaltung des Raums der Freiheit, der Sicherheit und des Rechts (Titel V AEUV) dienen. Gemäß Art. 67 AEUV sollen innerhalb dieses Raums die verschiedenen Rechtsordnungen und -traditionen der Mitgliedstaaten geachtet werden (Abs. 1), keine Kontrollen an Binnengrenzen stattfinden (Abs. 2) und durch präventive sowie repressive Maßnahmen ein hohes Maß an Sicherheit gewährleistet werden (Abs. 3). Für die justizielle Zusammenarbeit ist der Grundsatz der gegenseitigen Anerkennung in Art. 67, 82 AEUV verankert. Art. 82 Abs. 2 AEUV ermöglicht zudem eine Mindestharmonisierung von Verfahrensvorschriften der Mitgliedstaaten. Auch die mit der Strafverfolgung auf europäischer Ebene befassten Institutionen wurden gestärkt. So verfügt Eurojust nunmehr über die Kompetenz, insbesondere bei Straftaten zum Nachteil der finanziellen Interessen der EU, strafrechtliche Ermittlungsmaßnahmen einzuleiten oder den nationalen Behörden die Einleitung vorzuschlagen (Art. 85 Abs. 1 UAbs. 2 S. 2 lit. a AEUV). Die polizeiliche Zusammenarbeit ist in Titel V Kap. 5 AEUV geregelt und differenziert zwischen operativer und nicht-operativer Zusammenarbeit. Allerdings sind etwa Großbritannien und Irland[7] sowie Dänemark[8] von den neuen Maßnahmen weitgehend ausgenommen. Zudem hat sich Großbritannien eine rückwirkende *Opt-Out-Option* hinsichtlich der neuen Befugnisse verschiedener Organe vorbehalten.[9]

C. Europäische Institutionen zur Unterstützung der Strafverfolgung

13 Die justizielle Zusammenarbeit äußert sich auch in der zunehmenden **Institutionalisierung** der europäischen Strafverfolgung. In strafrechtlichen Verfahren, die entweder Bezüge zu anderen Mitgliedstaaten oder zu den finanziellen Interessen der EU aufweisen, treten zu den nationalen Ermittlungsbehörden regelmäßig noch eine oder mehrere dieser Institutionen. Umgekehrt können Ermittlungsverfahren in den Mitgliedstaaten teilweise durch europäische Institutionen ausgelöst werden.

---

7 Protokoll (Nr. 21) über die Position des Vereinigten Königreichs und Irlands hinsichtlich des Raums der Freiheit, der Sicherheit und des Rechts, ABlEU Nr. C 115/295 v. 9.5.2008.
8 Protokoll (Nr. 22) über die Position Dänemarks, ABlEU Nr. C 115/299 v. 9.5.2008.
9 Art. 10 Abs. 4, 5 Protokoll (Nr. 36) über die Übergangsbestimmungen, ABlEU Nr. C 326/322 v. 26.10.2012.

I. Das Europäische Amt für Betrugsbekämpfung (OLAF)

Die strafrechtliche Bekämpfung von rechtswidrigen Handlungen zum Nachteil der EU Finanz-   **14**
interessen ist den Mitgliedstaaten und der Union als arbeitsteilig wahrzunehmende Aufgabe
zugewiesen (Art. 325 Abs. 1 AEUV). Zu diesem Zweck hatte die Kommission bereits im Jahr
1988 die **Unité de Coordination de la Lutte AntiFraude (UCLAF)** eingesetzt, eine Task Force
zur Koordinierung der Betrugsbekämpfung. Die verschiedenen Schwächen der UCLAF und
diverse Defizite bei Ermittlungen machten die Schaffung einer Nachfolgeorganisation erforderlich, so dass im Jahr 1999 ersatzweise das **Office de la Lutte AntiFraude (OLAF)** als von der
Kommission unabhängiges Ermittlungsamt gegründet wurde.[10] Einzelheiten über Aufbau und
Arbeitsweise von OLAF ergeben sich aus einer gesonderten Verordnung.[11]

1. Struktur

Obwohl OLAF organisationsrechtlich der Kommission zugeordnet und dem für den Haushalt   **15**
zuständigen Kommissar unterstellt ist, kann das Amt im operativen Ermittlungsbereich vollkommen autonom agieren („duale Funktionalität").[12] Dies kommt insbesondere darin zum
Ausdruck, dass das Amt von einem weisungsfreien Direktor geführt wird und die Unabhängigkeit des Amtes gegenüber der Kommission durch eine Klagemöglichkeit zum EuGH abgesichert ist (Art. 17 Abs. 3 OLAF-VO).[13]

Die Tätigkeit von OLAF wird durch einen fünfköpfigen **Überwachungsausschuss** kontrolliert   **16**
(Art. 15 OLAF-VO). Dessen Mitglieder erfüllen in ihrem jeweiligen Mitgliedstaat die Voraussetzungen, um hochrangige Aufgaben in Zusammenhang mit dem Tätigkeitsbereich des
Amtes wahrzunehmen. Sie werden vom Parlament, dem Rat und der Kommission im gegenseitigen Einvernehmen für einen Zeitraum von fünf Jahren ernannt.

2. Zuständigkeiten

Hauptaufgabe des OLAF ist die Durchführung von Kontrollen zur Untersuchung von Betrug,   **17**
Korruption und sonstigen rechtswidrigen Handlungen zum Nachteil der finanziellen Interessen der Europäischen Union (Art. 2 Abs. 1 OLAF-Beschluss). Einerseits fungieren diese Kontrollen als Ergänzung zur Verantwortung der Kommission für die Ausführung des Haushaltsplans, darüber hinaus dienen sie aber auch der Beweisgewinnung. Dies betrifft u.a.[14]

- Zollbetrug,
- missbräuchliche Subventionsverwendung,
- Steuerverkürzungen, die für den Gemeinschaftshaushalt bedeutsam werden und
- Verfehlungen von EU-Bediensteten bei der Ausübung ihrer beruflichen Tätigkeiten.

Dabei handelt das Amt in Form eines sog. „unionsunmittelbaren Vollzugs", also ohne an Weisungen der Kommission gebunden zu sein.[15]

---

10 Beschluss der Kommission v. 28.4.1999 zur Errichtung des Europäischen Amtes für Betrugsbekämpfung
   (OLAF), ABlEG Nr. L 136/1 v. 30.5.1999 (OLAF-Beschluss).
11 VO (EU, Euratom) Nr. 883/2013 v. 11.9.2013 über die Untersuchungen des Europäischen Amtes für
   Betrugsbekämpfung (OLAF) und zur Aufhebung der VO (EG) Nr. 1073/1999 und der VO (Euratom) Nr.
   1074/1999, ABlEU Nr. L 248/1 v. 18.9.2013 (OLAF-VO).
12 *Ambos* § 13 Rn. 1.
13 *Von Bubnoff* ZEuS 2002, 185, 197; *Gleß* EuZW 1999, 618, 620; *Hallmann-Häbler/Stiegel* DRiZ 2003, 241,
   242.
14 Vgl. *von Bubnoff* ZEuS 2002, 185, 198.
15 *Hecker* § 4 Rn. 21.

18 In Ergänzung zu dieser repressiven Aufgabe erarbeitet OLAF präventive Strategien und Gesetzgebungsinitiativen zur Betrugsbekämpfung.[16]

3. Befugnisse

19 OLAF-Untersuchungen sind – in Abgrenzung zu strafrechtlichen Ermittlungen oder Rechtshilfe – als Verwaltungsuntersuchungen ausgestaltet und in vorbereitender Weise auf Tatsachenfeststellung, Beweiserhebung und -ermittlung bezogen. Sie finden anlassbezogen statt und erfordern den objektiven Verdacht des Vorliegens von Unregelmäßigkeiten.[17] Die entsprechenden Befugnisse entstammen im Wesentlichen der OLAF-VO. Die Ergebnisse dieser Untersuchungen können im Austausch auch solchen Behörden zur Verfügung gestellt werden, deren Aufgabe es ist, Rückforderungen vorzunehmen oder Verwaltungs- und Disziplinarsanktionen zu verhängen.

20 Im Gegensatz zu Europol und Eurojust hat OLAF **eigene Ermittlungsbefugnisse** erhalten:

a) Interne Ermittlungen

21 Im Jahr 1998 war eine Rechtsgrundlage zugunsten der UCLAF für die Vornahme kommissionsinterner Ermittlungen geschaffen worden.[18] In der Durchführung solcher administrativer Untersuchungen innerhalb der Organe, Einrichtungen sowie Ämtern und Agenturen der EU besteht auch nach der Ablösung des UCLAF durch das OLAF noch die Hauptaufgabe des Amtes. Ziel ist es nach wie vor, schwerwiegendes Fehlverhalten der EU-Bediensteten bei der Ausübung ihrer beruflichen Tätigkeit aufzudecken.

22 Allerdings hat OLAF im Vergleich zu der Vorgängerorganisation eine wesentlich stärkere Position. So besteht u.a. die Befugnis, auch gegen den Willen eines EU-Organs in dessen Sphäre zu ermitteln (Art. 4 Abs. 2 OLAF-VO). Zu diesem Zweck erhalten OLAF-Kontrolleure ohne Voranmeldung unverzüglich Zugang zu sämtlichen Informationen und Räumlichkeiten der Unionsorgane, Einrichtungen, Ämter und Agenturen, um deren Rechnungsführung überprüfen zu können.[19] Von allen dort befindlichen Dokumenten sowie vom Inhalt aller Datenträger dürfen sie Kopien anfertigen, Auszüge davon erhalten und die Dokumente und Daten sicherstellen (Art. 4 Abs. 2 lit. a) OLAF-VO). Durchsuchungen zu Kontrollzwecken dürfen sogar bei den gewählten Mitgliedern des Europäischen Parlaments durchgeführt werden, soweit hierdurch deren Immunität nicht beeinträchtigt wird.[20] Die eingeleiteten Verfahren müssen ggf. durch OLAF an nationale Justizstellen abgegeben werden, wo sie als strafrechtliche Ermittlungsverfahren weiterbetrieben werden (Art. 12 Abs. 2 OLAF-VO). Umstritten ist hingegen, ob sich aus der Kompetenz zur Ermittlung gegen den Willen eines Organs auch das Recht auf Beschlagnahme von Akten und auf förmliche Vernehmung von Zeugen ableiten lässt.[21]

23 Gemäß Art. 4 OLAF-VO führt das Amt administrative Untersuchungen innerhalb der Organe, Einrichtungen sowie Ämtern und sonstigen Stellen durch. Dabei hat OLAF die Vorschriften der Verträge, insbesondere des Protokolls über die Vorrechte und Befreiungen, sowie des Statuts unter den Bedingungen und nach den Modalitäten, die in dieser Verordnung und in den

---

16 Wabnitz/Janovsky/*Gericke* Kap. 31 Rn. 77.
17 Sieber/Satzger/v. Heintschel-Heinegg/*Kuhl/Spitzer* § 8 Rn. 20.
18 Wabnitz/Janovsky/*Dannecker/Bülte* Kap. 2 Rn. 321 ff.
19 *Hecker* § 4 Rn. 22.
20 *EuG* Slg 2002, II-579 Rn. 66 ff. – Rothley/Parlament.
21 Vgl. *Ambos* § 13 Rn. 2.

von den einzelnen Organen, Einrichtungen sowie Ämtern und Agenturen zu erlassenden einschlägigen Beschlüssen vorgesehen sind, zu beachten.

b)   Externe Ermittlungen

Daneben führt OLAF – in Anknüpfung an die Arbeit der UCLAF – administrative Kontrollen bei Wirtschaftsteilnehmern durch, die an Unregelmäßigkeiten beteiligt oder davon betroffen sind (Art. 3 Abs. 2 OLAF-VO).[22] Auch hier besteht die Möglichkeit, dass die Untersuchungsergebnisse in späteren Ermittlungen, auch durch die Behörden der Mitgliedstaaten, verwendet werden.[23] Theoretisch besteht auch ein unmittelbares Recht zur Ausübung von Exekutivbefugnissen gegenüber Einzelpersonen in den Mitgliedstaaten, die allerdings „in enger Zusammenarbeit mit den zuständigen Behörden des betreffenden Mitgliedstaats" vorbereitet werden müssen. Faktisch ist OLAF also auf die zuständigen nationalen Ermittlungsbehörden angewiesen. Im Falle von „Vor-Ort-Kontrollen" bei einem Wirtschaftsteilnehmer, müssen sich die OLAF-Kontrolleure an die Verfahrensvorschriften des jeweiligen Mitgliedstaats halten und dürfen keine Zwangsmaßnahmen ergreifen.[24]   **24**

Gemäß Art. 3 OLAF-VO übt das Amt die der Kommission durch die Verordnung (Euratom, EG) Nr. 2185/96 übertragenen Befugnisse zur Durchführung von Kontrollen und Überprüfungen vor Ort in den Mitgliedstaaten und gemäß den geltenden Kooperationsabkommen in den Drittstaaten aus. Im Rahmen seiner Untersuchungsbefugnisse führt OLAF Kontrollen und Überprüfungen gem. Art. 9 Abs. 1 der Verordnung (EG, Euratom) Nr. 2988/95 und gemäß den sektorbezogenen Regelungen nach Art. 9 Abs. 2 der genannten Verordnung in den Mitgliedstaaten und gemäß den geltenden Kooperationsabkommen in den Drittstaaten durch.   **25**

4.   Verfahren

Von OLAF an die mitgliedstaatlichen Strafverfolgungsbehörden weitergegebene Ermittlungsergebnisse und Beweismaterialien werden von diesen geprüft und führen ggf. zur Aufnahme strafrechtlicher Ermittlungen auf nationaler Ebene.[25] Grundsätzlich sind die von den OLAF-Kontrolleuren gesammelten Beweismittel in solchen nationalen Strafverfahren gerichtsverwertbar.[26]   **26**

Umgekehrt sind sämtliche Mitgliedstaaten zu einer kontinuierlichen Berichterstattung an die EU über finanzielle Unregelmäßigkeiten und Betrügereien verpflichtet, sofern wegen solcher Vorfälle bereits erste amtliche oder gerichtliche Feststellungen getroffen worden sind. Zu den mitzuteilenden Informationen gehört u.a. die Angabe der Vorschrift, gegen die verstoßen wurde, das Schadensvolumen, die beim Begehen der Unregelmäßigkeit angewandten Praktiken sowie Informationen über hieran beteiligte natürliche oder juristische Personen.   **27**

---

22   VO (Euratom, EG) Nr. 2185/96 des Rates v. 11.11.1996 betreffend die Kontrollen und Überprüfungen vor Ort durch die Kommission zum Schutz der finanziellen Interessen der Europäischen Gemeinschaften vor Betrug und anderen Unregelmäßigkeiten, ABlEG Nr. L 292/2 v. 15.11.1996.
23   Sieber/Satzger/v. Heintschel-Heinegg/*Kuhl/Spitzer* § 8 Rn. 2.
24   *Von Bubnoff* ZEuS 2002, 185, 199; *Hallmann-Häbler/Stiegel* DRiZ 2003, 241, 243.
25   *Von Bubnoff* ZEuS 2002, 185, 200 ff.
26   *Hecker* § 4 Rn. 22.

5. Rechtsschutz

28   Das frühere weitgehende Fehlen ausformulierter Rechte der Personen, die von den unionsrechtlichen Vorermittlungsverfahren betroffen sind, hat in der Vergangenheit für Kritik gesorgt.[27] Hat eine OLAF-Untersuchung ein Disziplinarverfahren gegen den Betroffenen zur Folge (Art. 11 Abs. 4 OLAF-VO), können Maßnahmen des Amtes im Rahmen dieses Verfahrens überprüft werden; ggf. muss der Betroffene dazu Rechtsmittel gegen eine verhängte Disziplinarmaßnahme einlegen. Weil OLAF aber organisationsrechtlich der Kommission zugeordnet ist (vgl. bereits oben unter Rn. 15 ff.), stehen den Betroffenen grundsätzlich auch unmittelbar die allgemeinen gerichtlichen Kontrollmechanismen durch die europäischen Gerichte zur Verfügung.

29   Für **interne Untersuchungen** ist der Rechtsschutz ausdrücklich geregelt. So können Betroffene, v.a. Mitarbeiter europäischer Institutionen, eine Beschwerde beim OLAF-Direktor erheben, wenn gegen sie im Zusammenhang mit einer Untersuchung des Amtes eine sie beschwerende Maßnahme ergangen ist (Art. 90a Beamtenstatut).[28] Wird diese Beschwerde per Bescheid oder stillschweigend abgelehnt, steht dem Betroffenen der Rechtsweg zum Gericht erster Instanz (EuG) bzw. zum Gericht für den Öffentlichen Dienst der EU offen (Art. 91 Beamtenstatut). An die Voraussetzung einer „Beschwer" stellt die Rechtsprechung indes sehr hohe Anforderungen. Eine unmittelbare gerichtliche Überprüfung von Untersuchungsmaßnahmen des Amtes dürfte deshalb nur in Ausnahmefällen möglich sein.[29] Des Weiteren hat der Betroffene bei Rechtsverletzungen im Wege außervertraglicher Haftung auf Schadensersatz zu klagen (Art. 268 i.V.m. Art. 340 AEUV).

30   Obwohl der Rechtsschutz im Falle **externer Untersuchungen** nicht ausdrücklich geregelt ist, richtet sich die gerichtliche Kontrolle hier ebenfalls nach den allgemeinen Rechtsgrundlagen des Unionsrechts. Ist der Wirtschaftsteilnehmer konkret und unmittelbar durch die Untersuchungshandlungen des Amtes in seinen Rechten betroffen, kann er hiergegen – v.a. im Wege der Nichtigkeitsklage gem. Art. 263 Abs. 4 AEUV – den EuGH anrufen.[30] Wie schon bei den internen Untersuchungen, sind die Hürden für das Vorliegen eines unmittelbaren Eingriffs in die Rechtssphäre des Betroffenen sehr hoch. So stellen weder OLAF-Untersuchungsberichte selbst, noch deren Übermittlung an die zuständigen nationalen Behörden anfechtbare Rechtsakte dar.[31] Dem Betroffenen stehen aber zwei weitere Optionen offen: Einerseits kann er auch hier eine Schadensersatzklage wegen außervertraglicher Haftung (Art. 268 AEUV) anstrengen. Führt andererseits der OLAF-Untersuchungsbericht zu einem nationalen Gerichtsverfahren, können die Untersuchungsmaßnahmen des Amtes im Rahmen eines Vorabentscheidungsverfahrens überprüft werden.[32]

---

27   *Gleß* EuZW 1999, 618, 620 f.; ausf. *Strobel* OLAF, 324 ff.
28   VO (EG, Euratom) 723/2004, ABlEG Nr. L 124/1 v. 27.4.2004, zuletzt geändert durch VO (EU, Euratom) v. 22.10.2013, ABlEU Nr. L 287/15 v. 29.10.2013.
29   Vgl. *EuG* Slg 2006, II-01173 – Camós Grau/Kommission; Sieber/Satzger/v. Heintschel-Heinegg/*Brüner/Spitzer* § 43 Rn. 79.
30   *Kuhl/Spitzer* EuR 2000, 671, 684.
31   *EuG* Slg 2004, II-2923, Rn. 33, 37 – Comunidad Autónoma de Andalucía/Kommission.
32   *EuG* Slg 2006, II-03995, Rn. 80 – Tillack/Kommission.

II. Europol

Die Bedeutung des **Europäischen Polizeiamtes (Europol)** hat in den vergangenen Jahren stetig **31** zugenommen, was auch mit der Aufgabenzuweisung im Rahmen politisch hoch umstrittener Projekte zu begründen sein dürfte. Zwar stellt Europol keine Ermittlungsbehörde im klassischen Sinne dar, ist aber an strafrechtlichen Ermittlungen, die mehrere Mitgliedstaaten betreffen, häufig (indirekt) beteiligt.

1. Rechtliche Grundlagen

Art. 67 Abs. 1, 3 AEUV verpflichten die EU, durch Maßnahmen zur Verhütung und Bekämp- **32** fung von Kriminalität, zur Koordinierung und Zusammenarbeit von Polizeibehörden und Organen der Strafrechtspflege und den anderen zuständigen Behörden ein hohes Maß an Sicherheit zu gewährleisten. In diesem Zusammenhang hat Europol gem. Art. 88 AEUV den Auftrag, die Tätigkeit der Polizeibehörden und der anderen Strafverfolgungsbehörden der Mitgliedstaaten sowie deren Zusammenarbeit bei der Verhütung und Bekämpfung von Kriminalität zu unterstützen, sofern diese zwei oder mehr Mitgliedstaaten betrifft".

Durch den **Europol-Beschluss** des Rates vom 6.4.2009 wurde Europol auf eine neue sekundär- **33** rechtliche Grundlage gestellt. Es hatte sich gezeigt, dass die aufwändigen Ratifizierungen bei der Änderung der bis dahin bestehenden völkerrechtlichen Grundlage keine rasche Anpassung an neue kriminalpolitische Bedrohungslagen erlaubten.[33] Europol wurde zu einer „Stelle der Union", mithin zu einer **Agentur** umgestaltet. Als solche ist das Europäische Polizeiamt nicht mehr eine bloße internationale Organisation mit eigener Rechtspersönlichkeit[34] im Bereich der intergouvernementalen Zusammenarbeit, sondern steht als Institution der EU gleichberechtigt neben der Einheit für justizielle Zusammenarbeit der Europäischen Union (EUROJUST, vgl. unten Rn. 56 f.) und der Europäischen Polizeiakademie (CEPOL).

2. Entstehung und kontinuierliche Ausweitung der Aufgaben

Im Rahmen neuer bi- und multilateraler Vereinbarungen entstand 1975 die so genannte **34** **TREVI-Kooperation** (terrorisme, radicalisme, extrémisme et violence international). Es handelte sich um ein auf rein zwischenstaatlicher Ebene agierendes Gremium ohne rechtlichen Bezug zum EG-Rahmen, mithin um die „Begründung einer intergouvernementalen Zusammenarbeit außerhalb der bis dahin bestehenden Verträge".[35] Insbesondere zur Abwehr von Bedrohungen durch grenzüberschreitenden Terrorismus wurden im Rahmen der TREVI-Kooperation zwischen den beteiligten Staaten Informationen und Erfahrungen auf dem Gebiet des Terrorismus sowie Polizeibeamte ausgetauscht und bei Ausbildung und Strategieentwicklung zusammengearbeitet. Die 1985 gegründete Arbeitsgruppe TREVI III hingegen wurde speziell zur Bekämpfung von Drogenkriminalität und organisierter Kriminalität geschaffen. Im Jahr 1990 erfolgte die Einrichtung einer Unterarbeitsgruppe zur Errichtung einer Europäischen Kriminalpolizeilichen Zentralstelle gegründet wurde, die seit 1991 unter der Bezeichnung „*AG-Europol*" firmierte.

Durch den **Maastricht-Vertrag** wurde die informelle TREVI-Kooperation in den „Rat der **35** Innen- und Justizminister" überführt und parallel die Einrichtung eines europäischen Polizei-

---

33 Vgl. *Satzger* § 10 Rn. 3.
34 So noch gem. Art. 26 Abs. 1 der Europol-Konvention.
35 *Milke* S. 23.

amtes beschlossen. Gleichzeitig wurde das Mandat auf die „Vorbereitung genereller Situationsberichte und Kriminalitätsanalysen auf der Grundlage nicht-personenbezogener Informationen" ausgeweitet. Nachdem ab dem 1.1.1994 die Europäische Drogenstelle (EDU) als Vorläufer fungiert hatte, erfolgte die Gründung von Europol schließlich durch das am 26.7.1995 auf Grundlage des **Art. K.3 EUV a.F.** geschlossene Europol-Übereinkommen als internationale Organisation mit Sitz in Den Haag. Das Amt konnte allerdings erst im Juli 1999 seine Arbeit aufnehmen. Art. 3 Europol-Übk sah fünf wesentliche Tätigkeitsbereiche vor: (1) Erleichterung des Informationsaustausches zwischen den Mitgliedstaaten, (2) Informationen/Erkenntnisse sammeln, zusammenstellen und analysieren, (3) unverzügliche Unterrichtung der zuständigen Behörden der Mitgliedstaaten, (4) Unterstützung nationaler Ermittlungen durch Informationsübermittlung und (5) Unterhalten von automatisierten Informationssammlungen.

36 Obwohl die polizeiliche, strafjustizielle und die Zoll-Zusammenarbeit unter dem **Amsterdamer Vertrag** weiterhin im Rahmen der dritten Säule stattfinden sollte, also in Form der intergouvernementalen Zusammenarbeit zwischen den Mitgliedstaaten, wies von da an Titel IV des EUV Europol „eine herausgehobene Stellung bei der Kriminalitätsbekämpfung zu".[36] Dies spiegelte sich auch in der Aufgabenzuweisung wider. Gemäß Art. 29 Abs. 2 EUV i.d.F. des Amsterdamer Vertrags war Europol u.a. für die „Verhütung und Bekämpfung [...] der Bestechung und Bestechlichkeit sowie des Betrugs" zuständig.

37 Nachdem der **Rat von Tampere 2002** das Europol-Mandat noch einmal ausgedehnt hatte, erfolgte die Verankerung des Europäischen Polizeiamtes im Primärrecht durch den **Vertrag von Lissabon.** Nunmehr werden gem. Art. 88 Abs. 2 UAbs. 1 S. 1 AEUV Aufbau, Arbeitsweise, Tätigkeitsbereich und Aufgaben von Europol sekundärrechtlich im ordentlichen Gesetzgebungsverfahren festgelegt. Damit würde ein äußerer Rahmen ausgefüllt, den Art. 88 Abs. 2 UAbs. 1 S. 2 AEUV für die möglichen Aufgaben von Europol setzt, der aber nicht ausgeschöpft werden muss.

3. Struktur

38 Als ausschließliche Verbindung zwischen Europol und den Mitgliedstaaten dienen nach dem sog. **Liaison-Modell** die nationalen Stellen (Art. 8 Abs. 2 Europol-Beschluss), in Deutschland gem. Art. 2 § 1 EuropolG das Bundeskriminalamt. Grundsätzlich haben die Länder also nur einen geringen unmittelbaren Einfluss auf die zwischenstaatliche Kooperation. Über die nationalen Stellen geben die Mitgliedstaaten auf eigene Initiative Informationen an Europol weiter, eine entsprechende Verpflichtung zur Übermittlung besteht jedoch nicht.[37]

39 Die nationalen Stellen entsenden darüber hinaus **Verbindungsbeamte**, welche die Interessen des jeweiligen Mitgliedstaates durch die sog. Verbindungsbüros zu vertreten. Allerdings dürfen Europol und seine Bediensteten *„von keiner Regierung, Behörde, Organisation oder nicht Europol angehörenden Personen Weisungen entgegennehmen oder anfordern."*[38] Weisungsbefugt ist damit allein der Direktor von Europol.[39] Die Verbindungsbeamten kooperieren stattdessen untereinander durch permanenten elektronischen Informationsaustausch, wobei ihnen sowohl die behördlichen Datenbanken ihres Heimatstaates als auch die automatisierten Informationssammlungen von Europol (Art. 10 Europol-Beschluss) zur Verfügung stehen.

---

36 *Kremer* FS Meyer, S. 571, 575.
37 Sieber/Brüner/Satzger/v. Heintschel-Heinegg/*Neumann* § 44 Rn. 17.
38 So bereits Art. 30 Europol-Übk.
39 *Gleß* NStZ 2001, 623, 624.

Europol verfügt über eine Reihe **interner Kontrollelemente**: Den Verwaltungsrat, bestehend   40
aus Beamten der Mitgliedstaaten, die gemeinsame Kontrollinstanz mit Vertretern der nationalen Datenschutzbehörden, sowie den Finanzkontrolleur und den Rechnungsprüfungsaus-
schuss. Der **Primärrechtsschutz** gegen Maßnahmen soll dementsprechend v.a. von der
Gemeinsamen Kontrollinstanz gewährleistet werden, deren Aufgabe gem. Art. 24 EuropolG
darin besteht, die Tätigkeit von Europol daraufhin zu überprüfen, ob durch die Speicherung,
die Verarbeitung und die Nutzung der bei Europol vorhandenen Daten die Rechte der Personen verletzt werden. Darüber hinaus kontrolliert sie die Zulässigkeit der Übermittlung der von
Europol stammenden Daten. Konsequenterweise entscheidet dieses Sachverständigengremium
gem. Art. 32 des Ratsbeschlusses lediglich über Individualbeschwerden gegen nicht stattgege-
bene Anträge auf Auskunft, Berichtigung oder Löschung. Eine gerichtliche Überprüfung dieser Entscheidung bleibt dem Einzelnen aber nach wie vor versagt, denn gem. Art. 34 Abs. 8 S. 4
des Ratsbeschlusses ist die Entscheidung der Gemeinsamen Kontrollinstanz „endgültig".
Zudem handelt es sich nicht um eine wirklich unabhängige Einrichtung.[40] Auch der Verwaltungsrat gewährleistet keine umfassende Kontrolle sämtlicher Maßnahmen zugunsten der
Betroffenen.[41] Folglich genügt diese Regelung nicht dem Grundrecht auf effizienten Rechtsschutz.[42] Diese Bewertung wird durch einen Vergleich mit anderen Stellen der EU gestützt,
etwa in Bezug auf den unabhängigen fünfköpfigen Überwachungsausschuss des OLAF (vgl.
bereits oben unter Rn. 14 ff.).

Europol untersteht dem Personalstatut für EU-Institutionen und wird aus dem Gesamtbudget   41
der Union finanziert.[43] Überdies weist Art. 88 Abs. 2 UAbs. 2 AEUV dem Europäischen Parlament die Aufgabe zu, gemeinsam mit den nationalen Parlamenten die Einzelheiten der Kontrolle festzulegen. Es ist also in naher Zukunft eine Verordnung mit Detailregelungen zu
erwarten. Eine Berechtigung für Einzelweisungen wird es allerdings auch weiterhin nicht
geben. Gerade das Budgetrecht, Fragerechte und Informationspflichten sind aber für eine par-
lamentarische Kontrolle essenziell. Denn der nunmehr notwendige jährliche Haushaltsbe-
schluss des Europäischen Parlaments stellt eine direkte Einwirkungsmöglichkeit dar.[44]

4. Funktion und Zuständigkeiten

Das moderne Europäische Polizeiamt dient somit als permanente Serviceeinrichtung für die   42
nationalen Strafverfolgungsbehörden. Als solche ist das Unterhalten des **Europol-Informati-
onssystems** (Art. 11–13 Europol-Beschluss) und von **Arbeitsdateien zu Analysezwecken**
(Art. 14–16 Europol-Beschluss) weiterhin Hauptaufgabe von Europol. Auch als Agentur wird
Europol nur auf Anfrage und in unterstützender Funktion aktiv, sofern durch den vorgelegten
Sachverhalt eine Katalogtat verwirklicht sein kann, von welcher mindestens zwei Mitgliedstaa-
ten betroffen sind. Allerdings wurden die Voraussetzungen insoweit abgesenkt, dass für ein
Tätigwerden seit dem Europol-Beschluss keine starken Anhaltspunkte für OK-Netzwerke
mehr gegeben sein müssen. Es bleibt jedoch vorerst dabei, dass Europol keine originären
Ermittlungs- oder Operationsbefugnisse zukommen. Seinen Mitarbeitern bleibt es daher auch

---

40 Vgl. *Beaucamp* DVBl 2007, 802, 804.
41 Vgl. *Gleß* NStZ 2001, 623, 624.
42 Ebenso *Kremer* FS Meyer, S. 571, 581; *Satzger* § 10 Rn. 9; Däubler-Gmelin/Mohr/*Jekewitz* S. 151, 154, der
    sich auf die im Jahr 1999 vom BMJ bei den Max-Planck-Instituten in Heidelberg und Freiburg in Auftrag
    gegebenen Gutachten zur Notwendigkeit und Möglichkeit der Einbindung von Europol in ein System justi-
    zieller Verantwortung bezieht.
43 *Hecker* § 5 Rn. 59.
44 *Albrecht/Janson* EuR 2012, 230, 233.

bis auf weiteres unmöglich, etwa Vernehmungen, Kontrollen, Festnahmen oder Durchsuchungen vorzunehmen. Stattdessen sollen sie lediglich analytische, technische und operationelle Ermittlungsunterstützung für nationale Behörden leisten.

43 Auf einer ersten Ebene unterhält Europol Verbindungen zu den Strafverfolgungsbehörden der Mitgliedstaaten und fördert den gegenseitigen Informationsaustausch. Eine zweite Ebene umfasst ein Fahndungssystem, sowie ein Reference Index System, welches strafrechtliche Informationen innerhalb der EU verknüpft. Diese Instrumente werden nach und nach implementiert. Inhalt, Verwaltung, Zugang und Verwendung sind in der Europol-Konvention geregelt. Auf der dritten Ebene werden die zusammengetragenen Informationen analysiert und in analytische Arbeitsdateien umgesetzt. Im Einzelnen sammelt Europol sämtliche verfügbaren Informationen betreffend einen strafrechtsrelevanten Vorfall oder eine Entwicklung. Aufbau und Ablauf der Analyse sind strikt reglementiert.

44 Aufgabe von Europol ist zunächst der Abgleich nationaler strafrechtlicher Informationen und nachrichtendienstlicher Erkenntnisse mit den auf internationaler Ebene verfügbaren Daten. Auf diese Weise sollen internationale Zusammenhänge identifiziert werden. Darüber hinaus finden Expertentreffen statt. Die noch einmal ausgeweitete Zuständigkeit legt Art. 4 Abs. 1 Europol-Beschluss in Verbindung mit Anhang I in Form eines Deliktskatalogs fest. Demnach ist Europol u.a. zuständig für Geldwäschehandlungen, Betrugsdelikte und Korruption.

5. Verfahren

45 Nach Art. 3 der Europol-Konvention war das Europäische Polizeiamt von Beginn an auf die Kriminalitätsanalyse, den Daten- und Informationsaustausch sowie auf die Unterstützung und Förderung der (operativen) Ermittlungstätigkeit nationaler Polizei- und Strafverfolgungsbehörden beschränkt. Mit Ausnahme einer unterstützenden Teilnahme seiner Bediensteten an **gemeinsamen Ermittlungsgruppen** (GEG)[45] dürfen Europol-Beamte also nicht auf dem Gebiete der Mitgliedstaaten tätig werden. Die genannte Ausnahme besteht seit der Reform von 2009 gem. Art. 6 des Ratsbeschlusses für die Unterstützung von GEG, die auf Initiative von zwei oder mehr Mitgliedstaaten von diesen geschaffen wurden, sofern diese Gruppen Ermittlungen im Zusammenhang mit Straftaten führen, für die Europol zuständig ist. Während der Einsätze in GEG unterliegt das Europol-Personal gem. Art. 6 Abs. 6 des Ratsbeschlusses dem innerstaatlichen Recht des Einsatzmitgliedstaats, das auf Personen mit vergleichbaren Aufgaben Anwendung findet.

46 Zusätzlich eröffnet der Wortlaut von Art. 88 Abs. 3 S. 1 AEUV die Möglichkeit, Europol noch weitergehende operative Befugnisse zu übertragen. Demnach darf Europol „operative Maßnahmen nur in Verbindung und in Absprache mit den Behörden des Mitgliedstaats oder der Mitgliedstaaten ergreifen, deren Hoheitsgebiet betroffen ist". Dabei ist zu beachten, dass es sich um keine eigenständig anwendbare Rechtsgrundlage handelt. Vielmehr muss entweder zur Ausgestaltung eine Verordnung erlassen oder die Übergangsfrist abgewartet werden, nach der der Ratsbeschluss selbst als Verordnung behandelt wird. Auch wenn Art. 88 Abs. 3 S. 2 AEUV Zwangsmaßnahmen ausschließlich den zuständigen einzelstaatlichen Behörden zuweist, wird Europol nicht ausdrücklich auf die unterstützende Teilnahme an GEG beschränkt. Sofern eine

---

45 Art. 30 Abs. 2 lit. a EUV(2) lautete: *„Der Rat [...] ermöglicht es Europol, die Vorbereitung spezifischer Ermittlungsmaßnahmen der zuständigen Behörden der Mitgliedstaaten, einschließlich operativer Aktionen gemeinsamer Teams mit Vertretern von Europol in unterstützender Funktion, zu erleichtern und zu unterstützen und die Koordinierung und Durchführung solcher Ermittlungsmaßnahmen zu fördern."*

hinreichende Abstimmung mit dem jeweiligen Mitgliedstaat erfolgt, dürften Europol-Beamte also theoretisch auch selbstständig agieren.

6. Rechtsschutz

Nach der neueren Auslegung der sog. **Meroni-Doktrin**[46] ist eine Übertragung von Befugnissen auf ausgelagerte Einrichtungen, etwa auf Agenturen, nicht mehr grundsätzlich ausgeschlossen. Gleichwohl muss das delegierende Organ seiner Kontroll- und Überwachungsfunktion in ausreichendem Maße nachkommen und darf die grundsätzliche Entscheidungshoheit nicht aus der Hand geben. Zusätzlich muss gegen die Entscheidungen solcher Einrichtungen jedenfalls ausreichender Rechtsschutz gewährt werden. Beschlüsse unabhängiger Einrichtungen dürften auch weiterhin schlicht als unverbindlich anzusehen sein, wenn sie aufgrund einer unzulässigen Übertragung getroffen wurden. Aufgrund dieser sehr abstrakten Grundsätze blieb die umstrittene Frage nach einem Individualrechtsschutz gegen Maßnahmen der europäischen Agenturen lange Zeit unbeantwortet.[47]   **47**

Grundsätzlich besteht ein Anspruch des Einzelnen auf effektiven Rechtsschutz auch auf Gemeinschaftsebene.[48] Er ergibt sich u.a. ausdrücklich aus Art. 19 Abs. 2 S. 2 EUV, Art. 47 GRC sowie seit dem Beitritt der EU aus Art. 13 EMRK. Dass jede Handlung einer Unionseinrichtung, die dazu bestimmt ist, Rechtswirkungen gegenüber Dritten zu erzeugen, gerichtlich nachprüfbar sein muss, hat das EuG ausdrücklich festgestellt.[49] Der **EuGH** hatte bis zum Abschluss des Vertrages von Lissabon lediglich die Auslegungshoheit über das Europol-Übereinkommen,[50] überwacht nun aber gem. Art. 263 Abs. 1 AEUV „die Rechtmäßigkeit der Handlungen der Einrichtungen oder sonstigen Stellen der Union mit Rechtswirkung gegenüber Dritten". Für den Betroffenen einer Europol-Maßnahme eröffnet Art. 263 Abs. 4 AEUV nämlich die Möglichkeit, *„gegen die an sie gerichteten oder sie unmittelbar und individuell betreffenden Handlungen sowie gegen Rechtsakte mit Verordnungscharakter, die sie unmittelbar betreffen und keine Durchführungsmaßnahmen nach sich ziehen, Klage erheben."* Somit sind zukünftig auch Handlungen von Agenturen der EU zulässige Gegenstände einer **Individual-Nichtigkeitsklage**. Zudem wird der Ratsbeschluss, sobald er entweder in eine Verordnung umgesetzt wurde oder wegen Ablaufs der Umsetzungsfrist selbst als Verordnung zu behandeln sein wird, in dieser Form gem. Art. 258 ff. AEUV uneingeschränkt justiziabel.[51] Hinzu kommt die Möglichkeit einer **Individualbeschwerde** gegen Rechtsakte der EU gem. Art. 34 f. EMRK, die aber bislang noch nie im Zusammenhang mit Maßnahmen des Polizeiamtes erhoben wurde. Ein Vorgehen im Wege der Individualbeschwerde kann für einen Betroffenen vorteilhaft sein, da der EGMR nach eigenen Maßstäben entscheidet, wann der Beschwerdeführer als „Opfer" klagebefugt ist.   **48**

Allerdings genießen die Europol-Mitarbeiter weitreichende Immunität vor Strafverfolgung durch die Mitgliedstaaten. Grundlage hierfür ist das zusammen mit der Europol-Konvention in Kraft getretene **Immunitätsprotokoll**, welches Europol und seine Bediensteten generell von der nationalen Gerichtsbarkeit hinsichtlich der zur Amtsausübung erforderlichen Handlungen   **49**

---

46 *EuGH* Slg. 1958, 53 – Meroni.
47 Vgl. zur alten Rechtslage *Riedel* EuZW 2009, 565, 565 ff.
48 Vgl. nur *EuGH* Slg. 1986, 1651 – Johnston/Chief of Constable; *EuGH* Slg. 1987, 4097 – UNECTEF.
49 *EuG* Slg. 2008, II-2771, Nr. 37 – Sogelma.
50 *Beaucamp* DVBl 2007, 802, 806.
51 Vgl. *Hecker* § 5 Rn. 61.

freistellte.[52] Art. 6 Abs. 4 Europol-Beschluss durchbricht die Regelung der absoluten Immunität für Straftaten im Rahmen der Teilnahme von Europol-Personal an GEG, wobei das Recht des jeweiligen Einsatzmitgliedstaats zu gelten hat. Dementsprechend schließt die Verordnung des Rates vom 27.11.2008[53] diejenigen Europol-Bediensteten von den Vorrechten und Befreiungen aus, die einer GEG zur Verfügung gestellt werden, um Amtshandlungen vorzunehmen, die zur Wahrnehmung der im Europol-Beschluss aufgeführten Aufgaben erforderlich sind. Insoweit ist der primäre Rechtschutz für Betroffene als gewährleistet anzusehen.

50 Der **Sekundärrechtsschutz** hingegen erfolgt – ungeachtet des Art. 268 AEUV – gem. Art. 52 Abs. 1 Europol-Beschluss auch weiterhin allein auf Grundlage des nationalen Staatshaftungsrechts vor den nationalen Gerichten, z.B. bei falscher Datenverarbeitung durch das BKA.[54] Demnach haftet jeder Mitgliedstaat gemäß seinem innerstaatlichen Recht für den einer Person entstandenen Schaden, der durch in rechtlicher oder sachlicher Hinsicht fehlerhafte Daten, die von Europol gespeichert oder verarbeitet wurden, verursacht worden ist.

7. Datenschutz

51 Gerade weil die entsprechenden Rechtsgrundlagen bislang keinerlei Zwangsmaßnahmen gestatten, sondern Europol nach wie vor primär als **datenverarbeitende Zentralstelle** dient, stellt der Datenschutz ein Kernproblem dar, denn wegen einer möglichen Beeinträchtigung des Grundrechts auf informationelle Selbstbestimmung müssen auch die datenbezogenen Aktivitäten von Europol gerichtlich kontrollierbar sein.[55]

52 Über die von Europol vorgehaltenen Datenbanken können auch solche personenbezogenen Daten ausgetauscht werden können, zu deren Erhebung der Empfänger nach nationalem Recht nicht befugt ist bzw. dort länger als im Ursprungs-Staat erlaubt gespeichert werden. Sobald die Daten den Bereich der Bundesrepublik verlassen haben, sind sie demnach nicht mehr kontrollierbar. Es ist bislang ungeklärt, welche Folgen die Verwendung von Daten hätte, die deutsche Strafverfolgungsbehörden über Europol erhalten, die aber vor deutschen Gerichten einem Verwertungsverbot unterliegen. Sofern eine gesetzliche Ermächtigung für eine Überwachungsmaßnahme besteht, welche den Kernbereich privater Lebensgestaltung berühren kann, muss so weitgehend wie möglich sichergestellt sein, dass Daten mit Kernbereichsbezug nicht erhoben werden. Ist dies aber – etwa bei dem heimlichen Zugriff auf ein informationstechnisches System – praktisch unvermeidbar, muss für hinreichenden Schutz in der Auswertungsphase gesorgt sein.[56] Wurden etwa im Zuge von Überwachungsmaßnahmen kernbereichsrelevante Daten erhoben, sind diese unverzüglich zu löschen und eine Weitergabe oder Verwertung ist auszuschließen.[57] Allerdings ist die Herkunft solcher Daten aus anderen Mitgliedstaaten in der Regel nur schwerlich genau nachzuverfolgen.

---

52 Allerdings sollen Verletzungen der Verpflichtung zur Verschwiegenheit oder Geheimhaltung auch ohne vorherige Immunitätsaufhebung strafrechtlich verfolgt werden können, vgl. *Gleß* NStZ 2001, 623, 625; *Böse* NJW 1999, 2416, 2416. Kritisch zur Immunität etwa *Kühne* § 3 Rn. 100.

53 VO (EG) Nr. 371/2009 des Rates v. 27.11.2008 zur Änderung der Verordnung (Euratom, EGKS, EWG) Nr. 549/69 zur Bestimmung der Gruppen von Beamten und sonstigen Bediensteten der Europäischen Gemeinschaften, auf welche die Art. 12, 13 Abs. 2 und Art. 14 des Protokolls über die Vorrechte und Befreiungen der Gemeinschaften Anwendung finden.

54 Vgl. *Beaucamp* DVBl 2007, 802, 802; *Frowein/Krisch* JZ 1998, 589, 591.

55 *Beaucamp* DVBl 2007, 802, 803; *Frowein/Krisch* JZ 1998, 589, 590.

56 *BVerfG* NJW 2008, 822, 834.

57 Vgl. *BVerfGE* 109, 279, 324; 113, 348, 392.

Der Datenschutz ist – wie bereits nach dem Europol-Abkommen – zweigeteilt.[58] Für die Ein- **53**
gabe von Daten durch die einzelnen Mitgliedstaaten gilt der jeweilige nationale Datenschutz,
im Falle Deutschlands also das BDSG. Hingegen hat Europol gem. Art. 27 des Ratsbeschlusses
bei der Erhebung, Verarbeitung und Nutzung personenbezogener Daten die Grundsätze des
Übereinkommens des Europarates vom 28.1.1981 zum Schutz des Menschen bei der automatischen Verarbeitung personenbezogener Daten und der Empfehlung R (87) 15 des Minister-
komitees des Europarates vom 17.9.1987. Allerdings stellen Art. 11, 12 und 13 Europol-
Beschluss weitere Bestimmungen zum Datenschutz auf. Als sog. **Nationale Kontrollinstanz**
i.S.d. Art. 33 Europol-Beschluss fungiert gem. § 6 EuropolG der Bundesdatenschutzbeauf-
tragte. Dieser hat auf Antrag die Rechtmäßigkeit der Eingabe und der Übermittlung von eine
Person betreffenden Daten an Europol sowie des Abrufs dieser Daten durch den betreffenden
Mitgliedstaat zu prüfen. Mit demselben Begehren kann sich ein Betroffener auch direkt an
Europol wenden. Wird dem Antrag auf Auskunft, Berichtigung oder Löschung nicht entsprochen, bleibt die (abschließende) Anrufung der Gemeinsamen Kontrollinstanz.

III. EJN

Bereits im Jahr 1996 war ein einheitlicher Rahmen für den Austausch von **Verbindungsrich-** **54**
tern und -staatsanwälten geschaffen worden.[59] Diese verfügen nicht über eine zentrale Struktur, sondern sollen die justizielle Zusammenarbeit (insbesondere in rechtlich schwierigen bzw.
umfangreichen Fällen unter Beteiligung mehrerer Ermittlungsbehörden) durch die Herstellung direkter Kontakte fördern und beschleunigen. Im Aufnahmestaat sind die Verbindungsrichter und -staatsanwälte regelmäßig bei dem jeweiligen Justizministerium angesiedelt.[60] Der
Austausch erfolgt auf der Basis einer jeweils abzuschließenden bilateralen oder multilateralen
Vereinbarung. Sofern diese es vorsieht, können die Verbindungsrichter und -staatsanwälte
zudem Informationen und statistische Daten aus dem jeweiligen Aufnahmestaat in den Ent-
sendestaat übermitteln.

Davon zu unterscheiden ist das im Jahr 1998 eingerichtete Europäische Justizielle Netzwerk **55**
(EJN), also der **Verbund nationaler Kontaktstellen**, der die justizielle Zusammenarbeit zwischen
den Mitgliedstaaten vereinfachen soll.[61] Die Rechtsgrundlage des EJN wurde ausgetauscht, als
die ursprüngliche Gemeinsame Maßnahme im Jahr 2008 durch einen Ratsbeschluss aufgehoben
wurde.[62] Das Netzwerk, das v.a. auf die gegenseitige Rechtshilfe ausgerichtet ist, verfügt ebenfalls
über kein zentrales Netzwerk. Es besteht vielmehr aus Richtern, Staatsanwälten und Beamten
der Mitgliedstaaten, die – im Gegensatz zu Verbindungsrichtern und -staatsanwälten – in ihren
Heimatländern angesiedelt sind und dort als Kontaktstellen fungieren. Als solche verfügen sie
über keine eigenen Ermittlungs- und Entscheidungsbefugnisse, sondern sollen als aktive Vermittler, die justizielle Zusammenarbeit zwischen den Mitgliedstaaten insbesondere bei der Verfolgung der schweren Kriminalität erleichtern (Art. 4 Abs. 1 EJN-Beschluss). Darüber hinaus

---

58 *Hecker* § 5 Rn. 65; *Satzger* § 10 Rn. 8.
59 Gemeinsame Maßnahme 96/227/JI v. 22.4.1996 betreffend den Rahmen für den Austausch von Verbin-
dungsrichtern/-staatsanwälten zur Verbesserung der justiziellen Zusammenarbeit zwischen den Mitgliedstaaten der EU, ABlEG Nr. L 105/1 v. 27.4.1996.
60 Sieber/Brüner/Satzger/v. Heintschel-Heinegg/*Stiegel* § 46 Rn. 3.
61 Gemeinsame Maßnahme 98/428/JI v. 28.6.1998 zur Errichtung eines Europäischen Justiziellen Netzes, ABlEG
Nr. I. 191/4 v. 7.7.1998.
62 Beschluss d. Rates 2008/976/JI v. 16.12.2008 über das Europäische Justizielle Netz, ABlEU Nr. L 348/130 v.
24.12.2008 (EJN-Beschluss).

unterstützen sie die Justizbehörden ihres Entsendestaates, sowie die Kontaktstellen und die örtlichen Justizbehörden in den anderen Mitgliedstaaten bei Ersuchen um justizielle Zusammenarbeit (Art. 4 Abs. 2 EJN-Beschluss) und können für die Aus- und Fortbildung von Richtern und Staatsanwälten eingesetzt werden (Art. 4 Abs. 3 EJN-Beschluss).

IV. Eurojust

56 Zusätzlich zu den genannten Instrumenten wurde mit Eurojust eine zentrale Stelle geschaffen,[63] bei der **Vertreter der Justizbehörden aller Mitgliedstaaten** angesiedelt sind. Diese hat den Auftrag, die Koordinierung und Zusammenarbeit zwischen nationalen Behörden im Falle grenzüberschreitender schwerer Kriminalität zu unterstützen und zu verstärken (Art. 85 Abs. 1 AEUV). Die genaue Zuständigkeit von Eurojust orientiert sich an derjenigen von Europol und erfasst darüber hinaus auch

- Computerkriminalität,
- Betrug und Korruption sowie alle Straftaten, die die finanziellen Interessen der Europäischen Gemeinschaften berühren,
- Waschen von Erträgen aus Straftaten,
- Umweltkriminalität,
- die Beteiligung an bestimmten kriminellen Vereinigungen

sowie andere Straftaten, die zusammen mit derartigen Delikten begangen werden (Art. 4 Eurojust-Beschluss).

57 Eurojust ist aufgebaut als weisungsunabhängige justizielle Einrichtung der Union mit eigener Rechtspersönlichkeit und dient im Wesentlichen als eine „Dokumentations- und Clearingstelle" zur Erleichterung grenzüberschreitender Strafverfolgung.[64] Das Personal besteht v.a. aus abgeordneten Richtern, Staatsanwälten und Polizeibeamten der Mitgliedstaaten. Diese können im Rahmen des nationalen Rechts ihres Heimatstaates strafprozessuale Befugnisse ausüben und haben zudem Zugriff auf nationale Informationssysteme, was einen effektiven Informationsaustausch begünstigen soll. Auch wenn Eurojust über **keine eigenen Ermittlungskompetenzen** verfügt, können die Mitglieder die Einleitung von strafrechtlichen Ermittlungsmaßnahmen in den Mitgliedstaaten veranlassen (Art. 85 Abs. 1 UAbs. 2 S. 2 lit. a AEUV).

D. Verfahren der europäischen Zusammenarbeit in Strafsachen

58 Eine Reihe von Instrumenten regelt die allgemeine justizielle Zusammenarbeit zwischen den Mitgliedstaaten. Dabei ist zwischen der **horizontalen** und der **vertikalen** Rechtshilfe zu differenzieren. Während die horizontale Rechtshilfe die *klassischen* Instrumente zwischenstaatlicher Kooperation betrifft, u.a. das Auslieferungsrecht, beschreibt der Begriff der vertikalen Rechtshilfe die Zusammenarbeit der nationalen Justizbehörden mit zwischen- und überstaatlichen Einrichtungen.

---

63 Beschluss d. Rates v. 28.2.2002 über die Errichtung von Eurojust zur Verstärkung der Bekämpfung der schweren Kriminalität (2002/187/JI), ABlEG Nr. L 63/1 v. 6.3.2002 (Eurojust-Beschluss), geändert durch Beschluss d. Rates v. 16.12.2008 zur Stärkung von Eurojust und zur Änderung des Beschlusses 2002/187/JI über die Errichtung von Eurojust zur Verstärkung der Bekämpfung der schweren Kriminalität (2009/426/JI), ABlEU Nr. L 138/14 v. 4.6.2009 (Eurojust-Änderungsbeschluss).

64 *Satzger* § 10 Rn. 13.

I. Auslieferung von Personen

Das europäische Auslieferungs- und Rechtshilferecht ist von einer fast unüberschaubaren Vielzahl an Rechtsnormen gekennzeichnet und deshalb mitunter schon als „normative Anstiftung zur Rechtsbeugung" beschrieben worden.[65] Betrachtet man allein die **Auslieferung**, mithin das Ersuchen eines Staates an einen anderen um die Übergabe einer Person, die sich im ersuchten Staat aufhält und vom ersuchenden Staat zur Strafverfolgung oder -vollstreckung gesucht wird, offenbart sich ein mehrschichtiges Normensystem sowie ein komplexes Verfahren.   59

Im Verhältnis zu anderen europäischen Staaten sowie zu Israel stellen das Europäische Auslieferungsübereinkommen des Europarates (EuAlÜbk)[66] sowie seine beiden Zusatzprotokolle[67] die zentralen Regelwerke dar. Daneben bestehen bilaterale Auslieferungsverträge und deliktsspezifische Europaratsübereinkommen. Von großer Bedeutung für die „Schengen-Staaten" sind die Art. 59–66 SDÜ, die den Auslieferungsverkehr weiter vereinfachen. Diese Bestimmungen aus Titel III Kap. 4 SDÜ wurden zwar formal durch die Bestimmungen des RbEuHb ersetzt (Art. 31 Abs. 1 lit. e RbEuHb), gelten aber aufgrund der Öffnungsklausel in Art. 31 Abs. 2 RbEuHb bis auf weiteres fort. Schließlich beanspruchen mehrere Instrumente der früheren dritten Säule der EU nach wie vor Geltung, darunter das Übereinkommen vom 27.9.1996 über die Auslieferung zwischen den Mitgliedstaaten der EU (EUAuslÜbk)[68] und das Übereinkommen vom 10.3.1995 über das vereinfachte Auslieferungsverfahren zwischen den Mitgliedstaaten der EU (EUVereinfAuslÜbk).[69]   60

Da die Leistung von Rechtshilfe die Grundrechte des jeweils Betroffenen tangiert, erfordert nahezu jede derartige Maßnahme gegenüber dem ersuchenden Staat eine Ermächtigungsgrundlage. Gegen die einzelne Maßnahme muss dem Betroffenen aufgrund Art. 19 Abs. 4 GG die Möglichkeit gerichtlichen Rechtsschutzes zustehen. Das Auslieferungsverfahren gliedert sich in zwei Stufen, das sog. Zulässigkeits- und das Bewilligungsverfahren.   61

1. Voraussetzungen der Auslieferung

Eine Auslieferung setzt nach dem **Prinzip der beiderseitigen Strafbarkeit** zunächst voraus, dass das Verhalten eines Verfolgten, das zum Gegenstand des Ersuchens gemacht wurde, auch nach dem Recht des ersuchten Staates strafbar und in beiden Staaten mit einer Höchststrafe von mindestens einem Jahr Freiheitsentzug bedroht ist (§§ 2, 3 IRG; Art. 2 Abs. 1 EuAlÜbk).[70] Letzteres ist eine Ausprägung des Verhältnismäßigkeitsprinzips. Von der erforderlichen Höchststrafendrohung bestehen mehrere **Ausnahmen**. So erklärt z.B. Art. 2 Abs. 1 EUAuslÜbk auch Handlungen für auslieferungsfähig, die nach dem Recht des ersuchten Mitgliedstaats mit Höchststrafe von mindestens sechs Monaten Freiheitsentzug bedroht sind. Parallel zur erforderlichen Höchststrafendrohung kann die Auslieferungsfähigkeit im Fall der Vollstreckungshilfe an eine Mindestvollstreckungsdauer geknüpft sein (z.B. Art. 3 Abs. 1 lit. c. ÜberstÜbk). Zu beachten sind aber die vereinzelten Durchbrechungen dieses Prinzips. So erklärt etwa Art. 10 Abs. 4 des Übereinkommens vom 17.12.1997 über die Bekämpfung der Bestechung   62

---

65 Sieber/Satzger/v. Heintschel-Heinegg/*Lagodny* § 31 Rn. 9.
66 V. 13.12.1957, ETS Nr. 24; BGBl II 1964, 1369; 1976, 1778; I 1982, 2071; II 1994, 299.
67 V. 15.10.1975 und v. 17.3.1978, ETS Nr. 86 (von der BRD nicht ratifiziert) und ETS Nr. 98; BGBl II 1990, 118; 1991, 874.
68 ABlEG 1996 Nr. C 313/11 v. 23.10.1996; vgl. das dt. Zustimmungsgesetz v. 27.9.1998 (BGBl II 1998, 2253).
69 ABlEG 1995 Nr. C 78/2 v. 30.3.1995; vgl. das dt. Zustimmungsgesetz v. 7.9.1998 (BGBl II 1998, 2229, 2253; 1999, 357).
70 Vgl. Schomburg/*Lagodny* § 3 IRG Rn. 2 ff.

ausländischer Amtsträger im internationalen Geschäftsverkehr (IntBestÜbk) die aktive Bestechung ausländischer Amtsträger (einschließlich Abgeordneter) zur Erlangung von Vorteilen im internationalen Geschäftsverkehr und damit zusammenhängende Buchführungsdelikte für auslieferungsfähig, ohne dass es auf eine beiderseitige Strafbarkeit ankäme.[71]

63 Die Auslieferung hängt zusätzlich von der **Gegenseitigkeit** ab, dass also der ersuchende Staat im vergleichbaren umgekehrten Fall ebenfalls zu Rechthilfe bereit ist, wobei dieser Aspekt hauptsächlich im vertragslosen Bereich eine Rolle spielt (vgl. § 5 IRG; vgl. aber auch Art. 2 Abs. 7 EuAlÜbk).[72] Ein weiterer Prüfungspunkt liegt im **Prinzip der Spezialität**. Es soll sicherstellen, dass ein Ausgelieferter speziell nur wegen der Tat verfolgt wird, derentwegen die Auslieferung bewilligt wird, wobei der Betroffene auf diese Beschränkung ausdrücklich verzichten kann (z.B. nach Art. 10 Abs. 1 lit. d EUAuslÜbk).

2. Auslieferungshindernisse

64 Grundsätzlich können einer Auslieferung eine Reihe normierter Hindernisse entgegenstehen. Dazu gehören u.a.

- die Nichtauslieferung eigener Staatsangehöriger (§ 2 IRG; Art. 6 EuAlÜbk),
- die Gefahr drohender Todesstrafe (§ 8 IRG),
- die drohende Vollstreckung eines definitiven und für den Beschuldigten überraschenden Abwesenheitsurteils (Art. 3 2. ZP-EuAlÜbk, § 73, 83 Nr. 3 IRG) und
- weitere Fälle drohender Grund- und Menschenrechtsverletzungen (§ 73 IRG)

sowie Hindernisse hinsichtlich der Auslieferung/Rechtshilfe bei

- politischen (§ 6 IRG),
- militärischen (§ 7 IRG),
- fiskalischen Delikten (Art. 5 EuAlÜbk),
- Verjährung (§ 9 Nr. 2 IRG) und
- Amnestie (Art. 4 2. ZP-EuAlÜbk).

65 Im Geltungsbereich des Schengen-Besitzstandes beseitigen **Art. 59–66 SDÜ** bestimmte Auslieferungshindernisse. So kommt es für die Verjährung auf die Rechtslage im ersuchenden Staat an.[73] Ferner stehen eine eventuelle Amnestie sowie ein Strafantragserfordernis im ersuchten Staat einer Auslieferung grundsätzlich nicht entgegen (Art. 62 Abs. 2, 3 SDÜ). Weitere Auslieferungshindernisse sind durch die Erleichterungen des **EuAuslÜbk** beseitigt worden. Gemäß Art. 3 Abs. 1 EuAuslÜbk besteht eine Ausnahme vom Grundsatz der beiderseitigen Strafbarkeit in Fällen, in denen „die Verabredung einer strafbaren Handlung oder die Beteiligung an einer kriminellen Vereinigung" mit dem Ziel der Begehung bestimmter Straftaten, v.a. aus dem Bereich des Terrorismus und der organisierten Kriminalität, erfolgt sind.

3. Auslieferungshaft

66 Für dringende Fälle ermöglicht Art. 16 EuAlÜbk die Verhängung **vorläufiger Auslieferungshaft** nach dem Recht des jeweils ersuchten Staates. Die Auslieferungshaft darf ab dem Zeitpunkt der Verhaftung nicht länger als 40 Tage andauern (Art. 16 Abs. 4 EuAlÜbk), obgleich das IRG teilweise längere Fristen vorsieht.[74]

---

71 BGBl II 1998, 2327.
72 Sieber/Satzger/v. Heintschel-Heinegg/*Lagodny* § 31 Rn. 33.
73 *BGH* NStZ-RR 2010, 177.
74 *Ambos* § 12 Rn. 19.

4. Auslieferung wegen fiskalischer Delikte

Einige Besonderheiten gelten gerade im Hinblick auf fiskalische Delikte. Zunächst gilt der **67** Grundsatz, dass in **Abgaben-, Steuer-, Zoll- und Devisenstrafsachen** die Auslieferung nur bewilligt wird, wenn dies zwischen den betreffenden Staaten für einzelne oder Gruppen von strafbaren Handlungen dieser Art vereinbart worden ist (Art. 5 EuAlÜbk). Hierzu statuiert das Zweite Zusatzprotokoll vom 17.3.1978 (2. ZP-EuAlÜbk)[75] eine Rückausnahme und begründet eine Auslieferungspflicht auch in Fiskalsachen (Art. 2 Abs. 1), auch wenn es an einer gegenseitigen Strafbarkeit fehlt (Art. 2 Abs. 2).

Auch das EU-Recht bestimmt ausdrücklich die Auslieferungsfähigkeit von Fiskalstraftaten, **68** sofern diese im Höchstmaß mit einer Freiheitsstrafe von mindestens zwölf Monaten bedroht sind (Art. 2 Abs. 2, Art. 4 Abs. 2 Nr. 1 RbEuHb). Im Rahmen des Schengen-Besitzstandes sind die Vertragsstaaten bei Straftaten im Bereich indirekter Steuern zur Auslieferung verpflichtet (Art. 63 i.V.m. Art. 50 Abs. 1 SDÜ). Schließlich ist die Auslieferung in Abgaben-, Steuer-, Zoll- und Devisenstrafsachen grundsätzlich auch wegen Handlungen zu bewilligen, die nach dem Recht des ersuchten Mitgliedstaats einer strafbaren Handlung derselben Art entsprechen (Art. 6 Abs. 1 EUAuslÜbk) und darf nicht wegen Unterschieden in den Abgaben-, Steuer-, Zoll- und Devisenbestimmungen abgelehnt werden (Art. 6 Abs. 3 EUAuslÜbk).

II. Gemeinsame Ermittlungsgruppen (GEG)

Die Zusammenarbeit von zwei oder mehr Mitgliedstaaten in GEG kann sowohl auf Art. 13 **69** EU-RhÜbk[76] – auf nationaler Ebene umgesetzt durch § 93 IRG – als auch auf einen gesonderten Rahmenbeschluss[77] gestützt werden. GEG können **für einen bestimmten Zweck und für einen begrenzten Zeitraum** eingerichtet werden (Art. 13 Abs. 1 EU-RhÜbk). Dies kann insbesondere – wenn auch nicht ausschließlich – für Ermittlungsverfahren geschehen, die entweder besonders komplex sind oder einen besonderen grenzüberschreitenden Bezug aufweisen (Art. 13 Abs. 1 lit. a und b EU-RhÜbk). Folglich unterscheiden sich in der Praxis die GEG regelmäßig in Größe, Dauer und in Abhängigkeit von den maßgeblichen nationalen Vorschriften. Der Einsatz von GEG beschränkt sich regelmäßig auf Formen schwerer Kriminalität, sie werden teilweise aber auch in weniger umfangreichen Kriminalfällen erfolgreich eingesetzt.

1. Einrichtung von GEG

Die Einrichtung einer GEG erfordert zunächst den Abschluss einer zwischenstaatlichen Ver- **70** einbarung. Ersucht ein Mitgliedstaat um die Bildung einer GEG, ist dies einem Ersuchen um Rechtshilfe gleichzusetzen.[78] Seit 2010 steht hierfür eine Modell-Vereinbarung zur Verfügung, wonach u.a. die beteiligten Mitgliedstaaten, der Zweck der GEG, der Zeitraum sowie die

---

75 BGBl II, 1990, 118; 1991, II 1991, 874.

76 Rechtsakt des Rates v. 29.5.2000 über die Erstellung des Übereinkommens – gem. Art. 34 des Vertrags über die Europäische Union – über die Rechtshilfe in Strafsachen zwischen den Mitgliedstaaten der Europäischen Union (2000/C 197/01), ABlEG Nr. C 197/3 v. 12.7.2000.

77 Rahmenbeschluss des Rates v. 13.6.2002 über gemeinsame Ermittlungsgruppen (2002/465/JI), ABlEG Nr. L 162/1 v. 20.6.2002. Dieser wird gem. Art. 5 außer Kraft treten, sobald das EU-RhÜbk in allen Mitgliedstaaten in Kraft getreten ist. Derzeit steht nur noch die Umsetzung in Italien aus.

78 Sieber/Satzger/v. Heintschel-Heinegg/*Neumann* § 34 Rn. 4.

Zusammensetzung zu benennen sind.[79] Grundsätzlich wird die GEG von einem Vertreter der an den strafrechtlichen Ermittlungen beteiligten zuständigen Behörde des Mitgliedstaats, in dem der Einsatz der Gruppe erfolgt, geleitet (Art. 13 Abs. 3 lit. a EU-RhÜbk). Die Befugnisse des Gruppenleiters richten sich nach dem jeweiligen nationalen Recht, dem auch die für den konkreten Einsatz der GEG relevanten Rechtsvorschriften zu entnehmen sind (Art. 13 Abs. 1 lit. b EU-RhÜbk). Besondere Bedingungen können jedoch von den Entsendebehörden in der Vereinbarung zur Bildung der Gruppe festgelegt werden. Neben dem Gruppenleiter bestehen GEG regelmäßig aus den Teammitgliedern, abgeordneten Mitgliedern und sonstigen Teilnehmern. Die Teammitglieder rekrutieren sich aus Justiz-, Polizei- oder anderen Ermittlungs-Behörden der teilnehmenden Mitgliedstaaten. Abgeordnete Mitglieder stammen aus einem Mitgliedstaat, in welchem die GEG nicht tätig wird. Sonstige Teilnehmer repräsentieren keine Behörden aus Mitgliedstaaten sondern stammen z.B. aus Drittstaaten.

71 Schließlich liegt es in der Verantwortung des Einsatzmitgliedstaats, die notwendigen Voraussetzungen für den Einsatz der GEG zu schaffen. Dazu gehört insbesondere auch ein Anwesenheitsrecht bei den Einsatzmaßnahmen.[80] Ersuchen der GEG um Ermittlungsmaßnahmen an einen teilnehmenden Mitgliedstaat sind von den zuständigen nationalen Behörden wie innerstaatliche Anfragen zu behandeln (Art. 13 Abs. 7 EU-RhÜbk). Auch haben die Mitglieder der GEG in gleichem Umfang Zugang zu Informationen aus den polizeilichen Informationssystemen wie Mitglieder nationaler Behörden.[81] Unterstützung von nicht an der GEG beteiligten Mitgliedstaaten sowie Drittstaaten kann im Wege der „klassischen" Rechtshilfe erlangt werden (Art. 13 Abs. 8 EU-RhÜbk).

2. Beteiligung weiterer internationaler Organisationen

72 Das **Europol-Personal** kann in unterstützender Funktion an GEG mitwirken und Informationen mit allen Mitgliedern der GEG austauschen (Art. 6 Abs. 1 UAbs. 2 S. 1 Europol-Beschluss). Dazu gehören ausdrücklich auch solche Informationen, die aus den Informationsverarbeitungssystemen von Europol stammen, welche an die übrigen Mitglieder der GEG weitergegeben werden dürfen (Art. 6 Abs. 4 Europol-Beschluss). Umgekehrt ist das Europol-Personal befugt, solche Informationen, die im Rahmen der Teilnahme an der GEG erlangt werden, in die Informationsverarbeitungssysteme einzugeben, sofern die Zustimmung des betreffenden Mitgliedstaates vorliegt (Art. 6 Abs. 5 Europol-Beschluss).

73 An der Durchführung von Zwangsmaßnahmen teilzunehmen ist ihnen jedoch ausdrücklich untersagt (Art. 6 Abs. 1 UAbs. 2 S. 2 Europol-Beschluss). Hinsichtlich der Auslegung des Begriffs der *Teilnahme* finden sich indes keine konkreten Vorgaben. Nach den nationalen Vorschriften ist die reine Anwesenheit von Europol-Bediensteten während der Durchführung von Zwangsmaßnahmen jedenfalls nicht ausdrücklich ausgeschlossen (vgl. § 93 IRG). Indes genießen Europol-Bedienstete während ihrer Tätigkeit im Rahmen von GEG keine Immunität.[82]

---

79 Entschließung des Rates v. 26.2.2010 zu einem Modell für eine Vereinbarung über die Bildung einer gemeinsamen Ermittlungsgruppe (GEG) (2010/C 70/01), ABlEU Nr. C 70/1 v. 19.3.2010.

80 Sieber/Satzger/v. Heintschel-Heinegg/*Neumann* § 34 Rn. 4.

81 Sieber/Satzger/v. Heintschel-Heinegg/*Neumann* § 34 Rn. 5.

82 Art. 2 des zweiten Änderungsprotokolls, Rechtsakt des Rates v. 28.11.2002 zur Erstellung eines Protokolls zur Änderung des Übereinkommens über die Errichtung eines Europäischen Polizeiamts (Europol-Übereinkommen) und des Protokolls über die Vorrechte und Immunitäten für Europol, die Mitglieder der Organe, die stellvertretenden Direktoren und die Bediensteten von Europol, ABlEG Nr. C 312/2 v. 16.12.2002.

Auch **Eurojust** als Kollegium kann – im Gegensatz zu Europol – die Mitgliedstaaten um die   74
Einrichtung von GEG ersuchen (Art. 7 Abs. 1 lit. a Ziff. iv Eurojust-Beschluss). Bedienstete von
Eurojust können nach Art. 13 Abs. 12 EU-RhÜbk an GEG teilnehmen (Art. 9f Eurojust-
Beschluss). Die Institution spielt in diesem Zusammenhang aber auch deshalb eine besondere
Rolle, weil Eurojust das Sekretariat des Netzes gemeinsamer Ermittlungsgruppen beherbergt
(Art. 25a Abs. 2 Eurojust-Beschluss).

III. Europäischer Haftbefehl (EuHb)

Als erste Ausprägung des Paradigmenwechsels vom klassischen Rechtshilferecht hin zum Prin-   75
zip der gegenseitigen Anerkennung kann der Europäische Haftbefehl (EuHb) angesehen werden. Er dient der Übergabe von Personen zur Strafverfolgung und Strafvollstreckung gemäß
der Idee eines einheitlichen Rechtsraums und soll das als zeitaufwändig, schwerfällig und
komplex empfundene Auslieferungsverfahren klassischer Prägung durch ein „System des
freien Verkehrs strafrechtlich justizieller Entscheidungen" ersetzten.[83] Im Gegensatz zur traditionellen Auslieferung findet das Verfahren unmittelbar zwischen Justizbehörden statt, und die
Durchführung benötigt deshalb vergleichsweise wenig Zeit.

Der EuHB geht auf den Europäischen Rat von Tampere von 1999 sowie auf das Maßnahmen-   76
programm des Rates zur Umsetzung des Grundsatzes der gegenseitigen Anerkennung gerichtlicher Entscheidungen von 2000 zurück.[84] In einem weiteren Schritt erließ der Rat im Rahmen der
Tagung in Sevilla am 13.6.2002 den **Rahmenbeschluss** über den Europäischen Haftbefehl und
die Übergabeverfahren zwischen den Mitgliedstaaten (RbEuHb).[85] Der deutsche Gesetzgeber
setzte den RbEuHb zunächst durch das Europäische Haftbefehlsgesetz (EuHbG)[86] um, welches
als neuer „Achter Teil" in das IRG eingefügt wurde. Mit Urteil vom 18.7.2005[87] gab das BVerfG
einer Individualverfassungsbeschwerde statt und erklärte das EuHbG 2004 wegen Verletzung der
Auslieferungsfreiheit (Art. 16 Abs. 2 GG) sowie der Rechtsweggarantie (Art. 19 Abs. 4 GG) für
nichtig. Es wurde daraufhin durch das überarbeitete EuHbG 2006 vom 20.7.2006[88] ersetzt.

1. Auslieferungsverfahren

Bei einem EuHb handelt es sich um eine justizielle Entscheidung, die in einem Mitgliedstaat   77
ergangen ist und die Festnahme und Übergabe einer gesuchten Person durch einen anderen
Mitgliedstaat zur Strafverfolgung oder -vollstreckung bezweckt (Art. 1 Abs. 1 RbEuHb). Der
EuHb ist somit nicht nur als Antrag auf Festnahme, sondern auch als Antrag auf Auslieferung
anzusehen.[89] Konzeptionell ist der zugrunde liegende RbEuHb auf ein **einstufiges Übergabeverfahren** ausgerichtet, teilweise wird das Verfahren nach dem EuHbG 2006 aber weiterhin in
zwei Stufen unterteilt.[90]

---

83 Erwägungsgründe 1, 11 und 31, ABlEG Nr. L 190/1 v. 18.7.2002.
84 Vgl. *Ambos* § 12 Rn. 38.
85 Rahmenbeschluss des Rates v. 13.6.2002 über den Europäischen Haftbefehl und die Übergabeverfahren zwi-
    schen den Mitgliedstaaten (2002/584/JI), ABlEG Nr. L 190/1 v. 18.7.2002.
86 Gesetz zur Umsetzung des Rahmenbeschlusses über den Europäischen Haftbefehl und die Übergabeverfahren
    zwischen den Mitgliedstaaten der Europäischen Union v. 21.7.2004, BGBl I 2004, 1748.
87 *BVerfGE* 113, 273.
88 BGBl I 2006, 1721.
89 *OLG Köln* NStZ 2006, 112, 113.
90 Vgl. *Hackner/Schomburg/Lagodny/Gleß* NStZ 2006, 663, 665.

a) Bewilligungsverfahren

78   Im Rahmen des Bewilligungsverfahrens ist zunächst über das Vorliegen von Bewilligungshindernissen (§ 83b IRG) zu entscheiden. Ausweislich des abschließenden Katalogs kann die Bewilligung der Auslieferung abgelehnt werden, wenn

- gegen den Verfolgten wegen derselben Tat, die dem Auslieferungsersuchen zugrunde liegt, im Geltungsbereich des IRG ein strafrechtliches Verfahren geführt wird,
- die Einleitung eines strafrechtlichen Verfahrens wegen derselben Tat, die dem Auslieferungsersuchen zugrunde liegt, abgelehnt wurde oder ein bereits eingeleitetes Verfahren eingestellt wurde,
- dem Auslieferungsersuchen eines dritten Staates Vorrang eingeräumt werden soll oder
- nicht aufgrund einer Pflicht zur Auslieferung nach dem RbEuHb, aufgrund einer vom ersuchenden Staat gegebenen Zusicherung oder aus sonstigen Gründen erwartet werden kann, dass dieser einem vergleichbaren deutschen Ersuchen entsprechen würde.

79   Allerdings kann nach der deutschen Rechtsprechung Art. 49 Abs. 3 GRC der Auslieferung eines Verfolgten an einen anderen Mitgliedstaat auf Grund eines EuHb dann entgegenstehen, wenn die dem Verfolgten drohende Strafe unerträglich hart wäre. Ferner ist beim Erlass eines Auslieferungshaftbefehls auf Grund eines EuHb der deutsche Verhältnismäßigkeitsgrundsatz in vollem Umfang zu beachten.[91]

80   Für den Fall, dass **ein Ausländer seinen gewöhnlichen Aufenthalt in Deutschland hat**, gelten darüber hinaus noch weitere Ablehnungsgründe (§ 83b Abs. 2 IRG). Hält die Bewilligungsbehörde keinen der Ablehnungsgründe für einschlägig, hat sie eine begründete und gerichtlich überprüfbare Entscheidung abzugeben, keines der Bewilligungshindernisse nach § 83b IRG geltend zu machen. Anschließend führt die Behörde eine Entscheidung des Oberlandesgerichts über die Zulässigkeit der Auslieferung herbei. Eine erneute Entscheidung über die Nichtgeltendmachung von Bewilligungshindernissen und damit auch eine erneute Entscheidung des Oberlandesgerichts ist erforderlich, wenn sich die zugrunde liegenden Umstände ändern oder erst später bekannt werden (§ 79 Abs. 3 i.V.m. § 33 IRG). Die endgültige Entscheidung über die Bewilligung fällt erst nach der Zulässigkeitsentscheidung des Oberlandesgerichts.[92] Dabei entfaltet die Zulässigkeitsentscheidung des Oberlandesgerichts keine Bindungswirkung, so dass der Bewilligungsbehörde ein eigener Entscheidungsspielraum zukommt.[93]

b) Auslieferungsunterlagen

81   Für ein Auslieferungsersuchen genügt eine einzelne Urkunde, sofern sie alle notwendigen Angaben enthält, was dem EuHb-Muster im Anhang des RbEuHb entspricht (§ 83a Abs. 1 IRG). Eine Ausschreibung im SIS genügt nur dann, wenn sie die nach § 83a Abs. 1 IRG in einen EuHb aufzunehmenden Informationen enthält (§ 83a Abs. 2 IRG).

c) Vereinfachtes Verfahren

82   § 41 IRG eröffnet die Möglichkeit, die Auslieferung eines Verfolgten – auch wenn dieser deutscher Staatsangehöriger ist – zu bewilligen, ohne dass die Entscheidung der Bewilligungsbehörde zur Nichtgeltendmachung von Ablehnungsgründen eigens überprüft wird. Voraussetzung für die Anwendung dieses vereinfachten Verfahrens ist, dass der Verfolgte nach erfolgter Belehrung sein Einverständnis erklärt (§ 79 Abs. 2 S. 4 IRG).

---

91   *OLG Stuttgart* NJW 2010, 1617 ff.
92   Sieber/Brüner/Satzger/*v. Heintschel-Heinegg* § 37 Rn. 34.
93   Begr. RegE, BT-Drucks. 16/1024, S. 14.

2. Materielle Voraussetzungen

Grundsätzlich ist zwischen den Voraussetzungen und Hindernissen der Zulässigkeit (§§ 81, 83   **83**
i.V.m. § 82 IRG) einerseits und den Bewilligungshindernissen (§ 83b IRG) andererseits zu
unterscheiden.[94]

a) Eigene Staatsangehörige

Die Auslieferung deutscher Staatsangehöriger richtet sich primär nach § 80 IRG. Die **Ausliefe-**   **84**
rung zur Strafverfolgung (Abs. 1 und 2) setzt voraus, dass ein maßgeblicher Auslandsbezug
oder zumindest kein maßgeblicher Inlandsbezug der Tat vorliegt. Ist der maßgebliche Auslandsbezug gegeben, wurde also die Tathandlung vollständig oder in wesentlichen Teilen auf
dem Hoheitsgebiet des ersuchenden Mitgliedstaates begangen und ist der Erfolg zumindest in
wesentlichen Teilen dort eingetreten, oder handelt es sich um eine schwere Tat mit typisch
grenzüberschreitendem Charakter, die zumindest teilweise auch auf seinem Hoheitsgebiet
begangen wurde (§ 80 Abs. 1 S. 2 IRG), muss zusätzlich gewährleistet sein, dass der ersuchende
Staat für den Fall einer Verurteilung zu einer freiheitsentziehenden Strafe oder Maßregel der
Besserung und Sicherung bereit ist, den Verfolgten auf Verlangen zu deren Vollstreckung
zurück zu überstellen (§ 80 Abs. 1 S. 1 Nr. 1 IRG).

Eine Auslieferung zur Strafverfolgung kommt umgekehrt bei einem maßgeblichen Inlandsbe-   **85**
zug, wenn also die Tathandlung vollständig oder in wesentlichen Teilen im Gebiet der Bundesrepublik begangen wurde und der Erfolg zumindest in wesentlichen Teilen dort eingetreten ist,
nicht in Betracht (§ 80 Abs. 2 S. 1 Nr. 2 IRG). Problematisch sind hingegen Mischfälle bzw.
mehraktige Delikte. So fehlt es z.B. bei der Anbahnung eines betrügerischen Geschäfts im Ausland und dessen späterer Abwicklung im Inland an einem ausländischen Handlungsort, wenn
der erste Teilakt lediglich eine Vorbereitungshandlung darstellt.[95]

Ist weder ein maßgeblicher Inlands- noch Auslandsbezug gegeben, erfordert die Auslieferung   **86**
eines deutschen Verfolgten grundsätzlich auch das Vorliegen beiderseitiger Strafbarkeit (§ 80
Abs. 2 Nr. 3 IRG). Die beiderseitige Strafbarkeit ist jedoch ausnahmsweise dann nicht zu prü-
fen, wenn die dem Ersuchen zugrunde liegende Tat nach dem Recht des ersuchenden Mit-
gliedstaats im Mindestmaß mit drei Jahren Freiheitsstrafe bedroht ist und die entsprechende
Strafvorschrift sich auf der Positivliste in Art. 2 Abs. 2 RbEuHb wiederfindet (§ 81 Nr. 4 IRG).
Diese Positivliste umfasst u.a. die folgenden relevanten Deliktsgruppen:
- Beteiligung an einer kriminellen Vereinigung,
- Korruption,
- Betrugsdelikte, einschließlich Betrug zum Nachteil der finanziellen Interessen der Europäi-
  schen Gemeinschaften i.S.d. Übereinkommens v. 26.7.1995 über den Schutz der finanziel-
  len Interessen der Europäischen Gemeinschaften,
- Wäsche von Erträgen aus Straftaten,
- Geldfälschung, einschließlich der Euro-Fälschung,
- Betrug und
- Fälschung von Zahlungsmitteln.

In sonstigen Fällen, in denen die Prüfung der beiderseitigen Strafbarkeit erforderlich ist, darf   **87**
zusätzlich bei konkreter Abwägung der widerstreitenden Interessen das schutzwürdige Vertrauen des Verfolgten in seine Nichtauslieferung nicht überwiegen (§ 80 Abs. 2 Nr. 3 IRG).

---

94 Vgl. *Hackner/Schomburg/Lagodny/Gleß* NStZ 2006, 663, 666.
95 Sieber/Satzger/*v. Heintschel-Heinegg* § 37 Rn. 42.

Zulässig bleibt die Auslieferung auch ohne beiderseitige Strafbarkeit, wenn der ersuchende Mitgliedstaat die Auslieferung wegen einer in Deutschland nicht strafbaren Tat nicht isoliert begehrt, sondern akzessorisch in Zusammenhang mit einer auslieferungsfähigen Straftat.[96] Beachtlich ist zudem, dass die **Auslieferung in Steuer-, Zoll- und Währungsangelegenheiten** auch zulässig ist, wenn das deutsche Recht keine gleichartigen Steuern vorschreibt oder keine gleichartigen Steuer-, Zoll- und Währungsbestimmungen enthält wie das Recht des ersuchenden Mitgliedstaates (§ 81 Nr. 4 IRG).

88   Schließlich ist die **Auslieferung zur Strafvollstreckung** bzgl. eines deutschen Verfolgten nur dann möglich, wenn dieser nach Belehrung in einem richterlichen Protokoll zustimmt (§ 80 Abs. 3 IRG).

b)   Ausländer mit gewöhnlichem Inlandsaufenthalt

89   Praktisch häufiger als die Auslieferung deutscher Staatsangehöriger aufgrund von EuHb sind Ersuchen anderer Mitgliedstaaten um die **Auslieferung nichtdeutscher Staatsangehöriger,** die in der Bundesrepublik ihren gewöhnlichen und rechtmäßigen Aufenthalt haben. Der gewöhnliche Aufenthalt besteht an dem Ort, an dem sich jemand freiwillig, ständig oder für längere Zeit, wenn auch nicht ununterbrochen aufhält.[97] Ausländer mit gewöhnlichem Inlandsaufenthalt sind deutschen Verfolgten weitgehend gleichgestellt, denn die Bewilligung einer solchen Auslieferung kann gem. § 83b Abs. 2 IRG in zwei Fällen von der zuständigen Behörde abgelehnt werden, nämlich wenn (1) die Auslieferung eines deutschen Verfolgten nicht unzulässig wäre[98] und (2) der Verfolgte bei einer Auslieferung zum Zwecke der Strafvollstreckung nach Belehrung zu richterlichem Protokoll nicht zustimmt und sein schutzwürdiges Interesse an der Strafvollstreckung im Inland überwiegt. Allerdings indiziert das Vorliegen der tatbestandlichen Voraussetzungen des § 83b Abs. 2 lit. b IRG bereits ein Auslieferungshindernis, so dass eine Bewilligung der Auslieferung des Verfolgten nur ausnahmsweise in Betracht kommt.[99]

c)   Ausländer ohne gewöhnlichen Inlandsaufenthalt

90   Fehlt es bei einem ausländischen Verfolgten an einem gewöhnlichen und rechtmäßigen Aufenthalt im Bundesgebiet, so richten sich die formellen Voraussetzungen einer Auslieferung nach § 83a Abs. 1 IRG. Demnach ist v.a. eine hinreichend konkrete Beschreibung der Umstände, unter denen die Straftat begangen wurde, erforderlich. Dazu gehört insbesondere die Tatzeit, der Tatort sowie die Tatbeteiligung der gesuchten Person (§ 83a Abs. 1 Nr. 5 IRG). Eine Auslieferung trotz unpräziser Darstellung des Tatvorwurfs im EuHb stellt eine Verletzung des Art. 16 Abs. 2 S. 1 GG dar.[100]

---

96   *OLG Karlsruhe* 28.12.2009 – 1 AK 85/09.

97   Sieber/Satzger/*v. Heintschel-Heinegg* § 37 Rn. 48.

98   Vgl. § 80 Abs. 1 und 2 IRG. Folglich darf die Strafverfolgung keinen maßgeblichen Inlandsbezug aufweisen und im Falle der Verurteilung zu einer Freiheitsstrafe muss gewährleistet sein, dass der Verfolgte auf seinen Wunsch zur Strafvollstreckung nach Deutschland zurücküberstellt wird.

99   *OLG Karlsruhe* NStZ-RR 2009, 107, 109.

100 *BVerfG* 9.10.2009 – 2 BvR 2115/09.

IV. Europäische Beweisanordnung (EBA)

Die sog. Europäische Beweisanordnung (EBA) soll nach dem Willen des Rates das System der   **91** Rechtshilfe in Strafsachen zwischen den Mitgliedstaaten zur Erlangung von Sachen, Schriftstücken und Daten zur Verwendung in Strafsachen ersetzen. Ziel ist die Schaffung eines „europaweit verkehrsfähigen Beweises".[101] Mittels des zugrunde liegenden Rahmenbeschlusses des Rates vom 18.12.2008 (RhEBA)[102] wird das Prinzip der gegenseitigen Anerkennung auf die Durchsuchung und die Beschlagnahme ausgedehnt.[103] Die EBA stellt eine von der zuständigen Behörde des Anordnungsstaates erlassene justizielle Entscheidung dar, welche die Erlangung von Sachen, Schriftstücken und Daten aus dem Vollstreckungsstaat zur Verwendung in einem Strafverfahren bezweckt. Erfasst sind solche Beweismittel, die **bereits vorhanden sind oder im Wege der Durchsuchung beschlagnahmt werden können**. Außer in Strafverfahren kann die EBA auch in Bußgeldverfahren erlassen werden (Art. 5 lit. b RbEBA). Der Rahmenbeschluss nennt jedoch ausdrücklich bestimmte Beweismittel, um die nicht im Wege der EBA ersucht werden kann. Dazu gehören Vernehmungen, körperliche Untersuchungen einschließlich der Entnahme von DNA-Proben, heimliche Ermittlungsmaßnahmen und die Beschaffung von Telekommunikationsverbindungsdaten (Art. 4 Abs. 2 RbEBA). Auch ist die EBA nur dann zulässig, wenn die Beweisstücke in einem vergleichbaren Fall nach nationalem Recht des Anordnungsstaates erlangt werden könnten und für das betreffende Strafverfahren notwendig und angemessen sind.

Für die EBA steht im Anhang des RbEBA ein Formblatt zur Verfügung, welches durch die   **92** zuständige Behörde des Anordnungsstaates in einer der Amtssprachen des Vollstreckungsstaates auszustellen oder entsprechend zu übersetzen ist (Art. 6 RbEBA). Nach der Übermittlung an den Vollstreckungsstaat erfolgt die Vollstreckung unmittelbar, d.h. ohne vorherige staatliche Bewilligung (Art. 11 RbEBA). Anstelle mehrerer Durchsuchungs- und Beschlagnahmeanordnungen, wie sie im System der klassischen Rechtshilfe erforderlich sind, sollen die Strafverfolgungsbehörden einzelne EBA aus anderen Mitgliedstaaten also unmittelbar vollziehen können. Die Vollstreckung darf nur unter wenigen eng begrenzten Voraussetzungen abgelehnt werden. Zu den Versagungsgründen gehört insbesondere die Verletzung des *ne bis in idem*-Grundsatzes, die Unmöglichkeit der Beweiserhebung sowie ein maßgeblicher Inlandsbezug bzw. ein fehlender maßgeblicher Bezug zum Anordnungsstaat (Art. 13 RbEBA). Möchte der Vollstreckungsstaat eine EBA deshalb nicht exekutieren, weil die in Rede stehende Straftat zumindest teilweise auf dessen eigenem Hoheitsgebiet begangen wurde (Art. 13 Abs. 1 lit. f Ziff. i RbEBA), so ist vor einer Versagung eine Stellungnahme von Eurojust einzuholen (Art. 13 Abs. 4 EBA).

Hingegen soll die beiderseitige Strafbarkeit in der Regel nicht zu prüfen sein, auch wenn zur   **93** Vollstreckung der EBA eine Durchsuchung oder eine Beschlagnahme erforderlich ist. In diesem Fall entfällt die Prüfung der beiderseitigen Strafbarkeit, sofern die der EBA zugrunde liegende Tat im Anordnungsstaat mit einem Strafhöchstmaß von mindestens drei Jahren Freiheitsstrafe bedroht und in der Positivliste des Art. 14 Abs. 2 RhEBA aufgeführt ist. Darin finden sich insbesondere folgende relevante Delikte:

- Beteiligung an einer kriminellen Vereinigung,

---

101 Vgl. *Hecker* § 12 Rn. 13. So bereits das Grünbuch der Kommission v. 11.12.2001.

102 Rahmenbeschluss 2008/978/JI des Rates v. 18.12.2008 über die Europäische Beweisanordnung zur Erlangung von Sachen, Schriftstücken und Daten zur Verwendung in Strafsachen, ABlEU Nr. L 350/72 v. 30.12.2008.

103 *Park* Rn. 839.

- Korruption,
- Betrugsdelikte, einschließlich Betrug zum Nachteil der finanziellen Interessen der Europäischen Gemeinschaften im Sinne des Übereinkommens vom 26.7.1995 über den Schutz der finanziellen Interessen der Europäischen Gemeinschaften,
- Wäsche von Erträgen aus Straftaten,
- Geldfälschung, einschließlich der Euro-Fälschung,
- Betrug und
- Fälschung von Zahlungsmitteln.

94 Ist keine Durchsuchung oder Beschlagnahme erforderlich, darf die Anerkennung oder Vollstreckung der EBA erst recht nicht von der Überprüfung des Vorliegens der beiderseitigen Strafbarkeit abhängig gemacht werden (Art. 14 Abs. 1 RbEBA). Allerdings hat Deutschland von der „opt-out"-Klausel (Art. 23 Abs. 4 RbEBA) Gebrauch gemacht und sich die Prüfung der beiderseitigen Strafbarkeit für bestimmte Deliktsgruppen, u.a. Betrug, vorbehalten. In diesen Fällen hängt die Anerkennung bzw. Vollstreckung einer EBA davon ab, dass die Behörde des Anordnungsstaates erklärt, dass die Straftat nach dortigem Recht bestimmte Kriterien erfüllt.[104]

95 Die Mitgliedstaaten sind verpflichtet, die erforderlichen Maßnahmen zu treffen, damit alle Betroffenen (einschließlich gutgläubiger Dritter) gegen die Anerkennung und Vollstreckung einer EBA Rechtsbehelfe einlegen können, um ihre berechtigten Interessen zu wahren. Dieser **Rechtsschutz** kann allerdings auf Fälle beschränkt werden, in denen die EBA unter Anwendung von Zwangsmaßnahmen vollstreckt wird (Art. 18 Abs. 1 RbEBA). Hinsichtlich der gerichtlichen Zuständigkeit ist zu differenzieren: Grundsätzlich erfolgt die gerichtliche Überprüfung durch ein Gericht des Vollstreckungsstaates, wobei die Rechtsvorschriften dieses Staates gelten. Sollen jedoch die sachlichen Gründe für den Erlass einer EBA, einschließlich der Frage, ob die in Art. 7 RbEBA aufgestellten Voraussetzungen erfüllt sind, angefochten werden, ist für die Überprüfung ein Gericht des Anordnungsstaates zuständig (Art. 18 Abs. 2 RbEBA).

96 Die EBA ist kein vollständiger Ersatz für Instrumente der klassischen Rechtshilfe und auch nicht als solche ausgelegt. Neben dem Erlass einer EBA können die Anordnungsbehörden weiterhin auf Rechtshilfeverfahren zurückgreifen, um Gegenstände zu erlangen, die dem Anwendungsbereich der EBA unterfallen, wenn sie zu einem umfassenden Rechtshilfeersuchen gehören oder die Anordnungsbehörde der Auffassung ist, dass dies die Zusammenarbeit mit dem Vollstreckungsstaat erleichtert (Art. 21 Abs. 3 RbEBA). Im Rahmen der Umsetzung des RbEBA war ursprünglich eine Implementierung in das IRG vorgesehen. Diese könnte womöglich durch den Erlass der neuen Richtlinie über die Europäische Ermittlungsanordnung (EEA) überflüssig werden.[105]

V. Europäische Ermittlungsanordnung (EEA)

97 Gerade weil die EBA lediglich solche Beweismittel erfasst, die bereits erhoben sind, bleibt der entsprechende Rahmenbeschluss teilweise hinter den Forderungen des Stockholmer Programms zurück. Auf eine Initiative Belgiens erging daher die Richtlinie über die Europäische

---

104 *Park* Rn. 841.

105 Vgl. Antwort der Bundesregierung auf die Kleine Anfrage der Abgeordneten Jerzy Montag, Ingrid Hönlinger, Memet Kilic, weiterer Abgeordneter und der Fraktion Bündnis 90/Die Grünen (BT-Drucks. 17/1391), BT-Drucks. 17/1543 v. 3.5.2010, 2.

Ermittlungsanordnung in Strafsachen (RL EEA)[106], mit welcher diese Lücke geschlossen werden soll. Die EEA stellt nunmehr **ein einziges umfassendes Instrument zur grenzüberschreitenden Beweisgewinnung** dar. Einerseits vereinfacht sie das Verfahren im Vergleich zum Rahmenbeschluss über Sicherstellungsentscheidungen[107] und ergänzt andererseits den begrenzten Anwendungsbereich der Europäischen Beweisanordnung.[108] Die Richtlinie betrifft andererseits einen weiten Regelungsbereich, da sie (mit Ausnahme der GEG) „alle Ermittlungsmaßnahmen" erfasst (Art. 3 RL EEA). Dieser neue umfassende Geltungsbereich der Richtlinie ersetzt den bisherigen fragmentarischen Ansatz bei Instrumenten der gegenseitigen Anerkennung. Auch liegt ihm ein andersartiges Verständnis gegenseitigen Vertrauens zugrunde. Zwar wird grundsätzlich vermutet, dass andere Mitgliedstaaten das Unionsrecht und insbesondere die Grundrechte einhalten; diese Vermutung ist jedoch widerlegbar.[109] Indes ähnelt das vorgesehene Verfahren weitgehend dem des RbEBA. Bemerkenswert ist schließlich, dass es auch einer verdächtigen oder beschuldigten Person offen steht, eine EEA zu beantragen bzw. von ihrem Verteidiger beantragen zu lassen (Art. 1 Abs. 3 RL EEA), womit ein gewisses Maß an Waffengleichheit zwischen Strafverfolgung und Verteidigung hergestellt werden soll.

Die EEA unterliegt einer **doppelten Verhältnismäßigkeitsprüfung**, nämlich während des Erlasses (Art. 6 RL EEA) und während der Vollstreckung (Art. 11 RL EEA). Im ausstellenden Mitgliedstaat wird zunächst ein Validierungsverfahren durchlaufen, wobei die Anordnungsbehörde prüft, ob der Erlass der EEA unter Berücksichtigung der Rechte des Betroffenen notwendig und verhältnismäßig ist (Art. 6 Abs. 1 lit. a RL EEA) und die beabsichtigte Ermittlungsmaßnahme auch in einem vergleichbaren innerstaatlichen Fall angeordnet werden könnte (Art. 6 Abs. 1 lit. b RL EEA). Die Vollstreckung darf andererseits nur aus den in der Richtlinie festgelegten Gründen abgelehnt werden. Dazu gehört u.a. der Schutz von Immunitäten oder Vorrechten sowie von im Vollstreckungsstaat gewährten Grundrechten (Art. 11 Abs. 1 RL EEA). **98**

Fehlt es bei der Handlung, aufgrund deren die EEA erlassen wurde, an einer beiderseitigen Strafbarkeit, stellt dies grundsätzlich einen Versagungsgrund dar (Art. 11 Abs. 1 lit. g RL EEA). Dieser wird allerdings erheblich dadurch eingeschränkt, dass bestimmte Ermittlungsmaßnahmen, z.B. Vernehmungen und Auskünfte aus Datenbanken, „stets zur Verfügung stehen müssen" (Art. 10 Abs. 2 RL EEA). Ferner sind bestimmte Kategorien von Straftaten, die in Anhang D der Richtlinie aufgeführt sind, vom Erfordernis der beiderseitigen Strafbarkeit ausgenommen. Zu diesen Delikten gehört u.a. **99**

- Beteiligung an einer kriminellen Vereinigung,
- Korruption,
- Betrugsdelikte, einschließlich des Betrugs zum Nachteil der finanziellen Interessen der Europäischen Union im Sinne des Übereinkommens vom 26.7.1995 über den Schutz der finanziellen Interessen der Europäischen Gemeinschaften,
- Wäsche von Erträgen aus Straftaten,
- Geldfälschung einschließlich der Euro-Fälschung,
- Betrug und
- Fälschung von Zahlungsmitteln.

---

106 Richtlinie 2014/41/EU des Europäischen Parlaments und des Rates v. 3.4.2014 über die Europäische Ermittlungsanordnung in Strafsachen, ABlEU Nr. L 130/1 v. 1.5.2014.
107 Rahmenbeschluss 2003/577/JI des Rates v. 22.7.2003 über die Vollstreckung von Entscheidungen zur Sicherstellung von Vermögensgegenständen und Beweismitteln in der EU, ABlEU Nr. L 196/45 v. 2.8.2003.
108 Vgl. Erwägungsgründe 3 und 6 der EEA-Richtlinie.
109 Erwägungsgrund 19 der EEA-Richtlinie.

100 Die Vollstreckungsbehörde hat eine übermittelte EEA grundsätzlich ebenso zu behandeln wie die Anordnung einer innerstaatlichen Ermittlungsmaßnahme (Art. 9 Abs. 1 RL EEA). Insbesondere hat sie die angeordnete Ermittlungsmaßnahme, falls sie im Vollstreckungsstaat nicht zur Verfügung steht, mit einer zulässigen Maßnahme zu substituieren (Art. 10 Abs. 1 RL EEA). Neben den genannten Ablehnungsgründen kann die Anerkennung oder Vollstreckung einer EEA im Vollstreckungsstaat unter bestimmten Umständen **aufgeschoben** werden (Art. 15 RL EEA). Bestimmte Ermittlungshandlungen sind in diesem Zusammenhang besonders relevant. Dazu gehören

- die Auskunftserteilung betreffend Bankkonten (Art. 26 RL EEA),
- die einmalige oder laufende Überwachung von Finanztransaktionen (Art. 27, 28 RL EEA) und
- die Kontrolle von Lieferungen im Hoheitsgebiet des Vollstreckungsstaates (Art. 28 Abs. 1 lit. b RL EEA).

101 Die Verantwortung für einen angemessenen **Rechtsschutz** des Betroffenen liegt wiederum bei den Mitgliedstaaten. Diese haben dafür zu sorgen, dass gegen die in der EEA angegebenen Ermittlungsmaßnahmen Rechtsbehelfe zur Verfügung stehen, welche denen in innerstaatlichen Fällen gleichwertig sind (Art. 14 Abs. 1 RL EEA). Wie schon unter dem RbEBA ist die gerichtliche Zuständigkeit geteilt, je nachdem, ob die sachlichen Gründe für den Erlass der EEA angefochten werden sollen (Art. 14 Abs. 2 RL EEA).

VI. Europäische Überwachungsanordnung (EÜA)

102 Der Rahmenbeschluss über eine Europäische Überwachungsanordnung (RbEÜA)[110] vom 23.10.2009 umfasst Regeln, nach denen ein Mitgliedstaat eine in einem anderen Mitgliedstaat als **Alternative zur Untersuchungshaft** erlassene Entscheidung über Überwachungsmaßnahmen anerkennt, die einer natürlichen Person auferlegten Überwachungsmaßnahmen überwacht und die betroffene Person bei Verstößen gegen diese Maßnahmen dem Anordnungsstaat übergibt (Art. 1 RbEÜA). Die gegenseitig anzuerkennenden Maßnahmen sind enumerativ aufgeführt und umfassen v.a. Meldeauflagen, Betretungs- und Kontaktverbote (Art. 8 Abs. 1 RbEÜA), mithin solche Maßnahmen, die in der Phase des Ermittlungsverfahrens ohne Freiheitsentzug verhindern sollen, dass sich die verdächtige Person dem Verfahren entzieht.[111] Damit soll insbesondere verhindert werden, dass vorschnell der Haftgrund der Fluchtgefahr angenommen wird.[112] Darüber hinaus steht es allerdings jedem Mitgliedstaat frei, die Vollstreckung weiterer Überwachungsmaßnahmen zu übernehmen, etwa Berufs- und Fahrverbote (Art. 8 Abs. 2 RbEÜA).

103 Die Anerkennung der Entscheidung über Überwachungsmaßnahmen aus anderen Mitgliedstaaten erfordert in bestimmten Fällen keine Überprüfung der beiderseitigen Strafbarkeit. Diese Prüfung entfällt, wenn die zugrunde liegende Tat im Anordnungsstaat mit einer Freiheitsstrafe nicht unter drei Jahren bedroht ist und die verletzte Strafvorschrift von der Positivliste des RbEÜA erfasst ist. Zu den darin aufgeführten Deliktsgruppen (welche mit denen des Art. 14 Abs. 2 RbEBA identisch sind) gehören insbesondere

---

110 Rahmenbeschluss 2009/829/JI des Rates v. 23.10.2009 über die Anwendung des Grundsatzes der gegenseitigen Anerkennung auf Entscheidungen über Überwachungsmaßnahmen als Alternative zur Untersuchungshaft, ABlEU Nr. L 294/20 v. 11.11.2009.
111 *Satzger* § 10 Rn. 34.
112 *Müller-Gugenberger/Bieneck* § 5 Rn. 157.

- Beteiligung an einer kriminellen Vereinigung,
- Korruption,
- Betrugsdelikte, einschließlich Betrug zum Nachteil der finanziellen Interessen der Europäischen Gemeinschaften im Sinne des Übereinkommens vom 26.7.1995 über den Schutz der finanziellen Interessen der Europäischen Gemeinschaften,
- Wäsche von Erträgen aus Straftaten,
- Geldfälschung, einschließlich der Euro-Fälschung,
- Betrug und
- Fälschung von Zahlungsmitteln.

VII. Sicherstellung von Vermögensgegenständen oder Beweismitteln

Mit den §§ 94 ff. IRG wurde der europäische **Rahmenbeschluss 2003/577/JI**[113] in deutsches **104** Recht umgesetzt. Auch dieses Instrument basiert auf dem Prinzip der gegenseitigen Anerkennung und soll die europaweite Sicherstellung von Vermögenswerten und Beweismitteln unter Einschluss von Forderungen und Immobilien[114] ermöglichen. Ziel einer hiernach ergangenen Sicherstellungsentscheidung ist es, vorläufig die Vernichtung, Veränderung, Verbringung, Übertragung oder Veräußerung solcher Vermögensgegenstände zu verhindern, deren Einziehung angeordnet werden könnte oder die ein Beweismittel darstellen könnten (Art. 2 lit. c). Gemeint sind jedoch ausdrücklich auch Informationsträger oder Vermögensgegenstände, die bereits als Beweismittel für ein Strafverfahren vor einem deutschen Gericht beschlagnahmt wurden.[115]

Das Ersuchen um eine Sicherstellung muss mittels eines einheitlichen Formblattes in einer **105** Amtssprache des Vollstreckungsstaates an die von diesem benannten zuständigen Behörden übermittelt werden. Dort gliedert sich das anschließende Verfahren in die **Anerkennung** und die **Vollstreckung** einer Sicherstellungsanordnung. Grundsätzlich sollen übermittelte Sicherstellungsanordnungen „ohne weitere Formalität" anerkannt und unmittelbar wie inländische Sicherstellungsentscheidungen vollstreckt werden (Art. 5 Abs. 1). Über die Anerkennung soll stets sobald wie möglich, nach Möglichkeit innerhalb von 24 Stunden, entschieden werden (Art. 5 Abs. 3). Für die eigentliche Sicherstellung können auch (die nach dem Recht des Vollstreckungsstaates zulässigen) Zwangsmaßnahmen ergriffen werden (Art. 5 Abs. 2). Im Rahmen des Anerkennungs- und Vollstreckungsverfahrens bestehen vielfältige Informations- und Konsultationspflichten.[116]

Anerkennung und Vollstreckung können jedoch unter bestimmten Voraussetzungen vom **106** Vollstreckungsstaat versagt werden, etwa wenn notwendige Angaben in den Sicherungsunterlagen fehlen (§ 95 IRG) oder ein im Rahmenbeschluss ausdrücklich benannter Verweigerungsgrund eingreift (Art. 7 Abs. 1). Zwei dieser Gründe sind ausdrücklich in § 94 Abs. 2 IRG normiert; dabei handelt es sich um das Vorliegen eines **Beschlagnahmeverbots** nach § 77 Abs. 1 i.V.m. § 97 StPO (Nr. 1) sowie den **Strafklageverbrauch** (Nr. 2). Dagegen stellt eine mögliche Beeinträchtigung laufender strafrechtlicher Ermittlungen zwar keinen Verweigerungsgrund dar, kann aber zum Aufschub der Bewilligung führen (§ 94 Abs. 3 IRG). Die **gegenseitige**

---

113 Rahmenbeschluss 2003/577/JI v. 22.7.2003 des Rates über die Vollstreckung von Entscheidungen über die Sicherstellung von Vermögensgegenständen und Beweismitteln in der EU, ABlEU Nr. L 196/45 v. 2.8.2003.
114 Schomburg/Lagodny/Gleß/Hacker/*Trautmann* Vor § 94 Rn. 5.
115 Vgl. Art. 8 Abs. 1 lit. b) des Rahmenbeschlusses.
116 Vgl. dazu Sieber/Satzger/v. Heintschel-Heinegg/*Gleß* § 39 Rn. 26 ff.

Strafbarkeit ist unter zwei kumulativen Voraussetzungen nicht zu prüfen, nämlich wenn die dem Ersuchen zugrunde liegende Tat nach dem Recht des ersuchenden Staates mit einer Höchststrafe von mindestens drei Jahren Freiheitsentzug bedroht ist und zu den in Art. 3 Abs. 2 des Rahmenbeschlusses aufgeführten Deliktsgruppen gehört. Der dort niedergelegte Katalog entspricht weitestgehend demjenigen des RbEuHb. Eine Besonderheit besteht bei Ersuchen, welche **Steuer-, Abgaben-, Zoll- und Währungsstraftaten** betreffen. Diese sind auch dann zulässig, wenn das deutsche Recht keine gleichartigen Steuern vorschreibt oder keine gleichartigen Steuer-, Abgaben-, Zoll- und Währungsbestimmungen enthält wie das Recht des ersuchenden Mitgliedstaates (§ 94 Abs. 1 Nr. 2 IRG).

107 Sämtlichen Betroffenen, also allen von der Beweisanordnung in ihren Rechten beeinträchtigten Personen, gewährt Art. 11 des Rahmenbeschlusses einen **Rechtsbehelf**. Zu den Betroffenen zählen auch (gutgläubige) Dritte, sofern deren Vermögenswerte beschlagnahmt wurden. Wiederum können die sachlichen Gründe einer Sicherungsanordnung nur vor einem Gericht des Entscheidungsstaats angefochten werden, während Beschwerden gegen die Anerkennung und Vollstreckung derselben vor den Gerichten des Vollstreckungsstaates erhoben werden müssen. Somit stehen deutschen Betroffenen gegen einen dinglichen Arrest (§ 111d StPO) die Vollstreckungserinnerung (§ 766 ZPO) sowie die Drittwiderspruchsklage (§ 771 ZPO) zur Verfügung. Für Dritte, die von sichernden Maßnahmen nach §§ 111b StPO betroffen sind, kommt ergänzend die Drittwiderspruchsklage (§§ 771 ff. ZPO) in Betracht.

VIII. Anerkennung von Geldstrafen und Geldbußen

108 Ähnlich wie die Regelung der Sicherstellungsentscheidung basiert die gegenseitige Anerkennung von Geldstrafen und Geldbußen in der EU auf einem **Rahmenbeschluss**.[117] Die Umsetzung des Rahmenbeschlusses in nationales Recht erfolgte im Rahmen der §§ 84 ff. IRG, welche den Vollstreckungshilfeverkehr mit den Mitgliedstaaten der EU regeln. Grundsätzlich können hiernach sämtliche von einem Gericht oder einer zuständigen Behörde eines Mitgliedstaates verhängten Geldstrafen und Geldbußen von mindestens 70 € (§ 87b Abs. 3 Nr. 2) in allen anderen Mitgliedstaaten vollstreckt werden.

109 Dies setzt zunächst eine rechtskräftige Entscheidung eines Gerichtes oder einer Verwaltungsbehörde über die Zahlung eines Geldbetrags durch eine natürliche oder juristische Person voraus. Unter den Begriff der „Geldstrafe oder Geldbuße" fällt neben der eigentlichen Sanktion und den Verfahrenskosten auch die Opferentschädigung, sofern das Opfer im Rahmen des Verfahrens keine zivilrechtlichen Ansprüche geltend machen kann (Art. 1 lit. b).

110 Ausländische Straf- und Bußgeldbescheide, die mittels des zur Verfügung stehenden Formblattes beim Bundesamt der Justiz als der zuständigen Behörde eingehen, müssen zunächst für vollstreckbar erklärt werden. Diese Bewilligung hängt zunächst vom Vorliegen sämtlicher Zulässigkeitsvoraussetzungen (§ 87b IRG) ab. Neben der Mindesthöhe der Geldstrafe bzw. Geldbuße gehören dazu u.a. der Strafklageverbrauch (*ne bis in dem*). Überdies ist die Vollstreckung dann unzulässig, wenn es an der beiderseitigen Sanktionierbarkeit fehlt, sofern die zu ahndende Tat nicht im Katalog des Art. 5 Abs. 2 des Rahmenbeschlusses aufgelistet ist. Liegen die Zulässigkeitsvoraussetzungen vor, kann von der grundsätzlichen Pflicht zur Vollstreckung nur dann abgewichen werden, wenn im Einzelfall Verweigerungsgründe (§ 87d IRG) vorliegen.

---

117 Rahmenbeschluss 2005/214/JI des Rates v. 24.2.2005 über die Anwendung des Grundsatzes der gegenseitigen Anerkennung von Geldstrafen und Geldbußen, ABlEU Nr. L 76/16 v. 22.3.2005.

Dies sind ein wesentlicher Inlandsbezug (Nr. 1) oder ein fehlender Bezug zum Gebiet des ersuchenden Staates bei gleichzeitigem Fehlen einer Strafbarkeit nach deutschem Recht (Nr. 2). Vor der Entscheidung über die Bewilligung der Vollstreckbarkeit ist grundsätzlich der Betroffene anzuhören (§ 87c IRG).

Der Bereich der „automatischen Vollstreckung" ohne Prüfung der gegenseitigen Sanktionierbarkeit wird durch eine Positivliste mit Deliktsgruppen festgelegt (Art. 5 Abs. 1). In den hier relevanten Punkten stimmt dieser Katalog mit demjenigen der übrigen neueren Rahmenbeschlüsse und Richtlinien überein. Dazu gehören die Deliktsgruppen **111**

- Beteiligung an einer kriminellen Vereinigung,
- Korruption,
- Betrugsdelikte, einschließlich Betrug zum Nachteil der finanziellen Interessen der Europäischen Gemeinschaften im Sinne des Übereinkommens vom 26.7.1995 über den Schutz der finanziellen Interessen der Europäischen Gemeinschaften,
- Wäsche von Erträgen aus Straftaten,
- Geldfälschung, einschließlich der Euro-Fälschung,
- Betrug,
- Fälschung von Zahlungsmitteln und
- Warenschmuggel.

Da jedoch der Fokus des Rahmenbeschlusses auf der europaweiten Vollstreckung von Geldstrafen und -bußen aufgrund von „Massendelikten", v.a. Handlungen im Straßenverkehr liegt, ist die Relevanz für Fiskaldelikte gewissermaßen begrenzt. Bedeutsam ist jedoch die Vollstreckung von Sanktionen gegen juristische Personen. Hier ist insbesondere zu beachten, dass die in Deutschland fehlende strafrechtliche Verantwortlichkeit juristischer Personen keinen Verweigerungsgrund für die Vollstreckung von entsprechenden Geldstrafen darstellt (Art. 9 Abs. 3).[118] **112**

Der **Rechtsschutz** für den Betroffenen entspricht im Wesentlichen demjenigen gegen Sicherstellungsentscheidungen. Insbesondere besteht die bekannte Aufspaltung in Rechtsbehelfe gegen die sachlichen Gründe für die Verhängung der ursprünglichen Sanktion, welche nur vor Gerichten des Anordnungsstaates angegriffen werden können, und Rechtsbehelfe gegen die Anerkennung und Vollstreckung derselben. Letztere richten sich nach dem Recht des Vollstreckungsstaates, können also vor deutschen Gerichten geltend gemacht werden. Der Betroffene kann innerhalb von zwei Wochen Einspruch gegen die Bewilligungsentscheidung einlegen (§ 87f Abs. 4 IRG). Sofern die Bewilligungsbehörde hierauf nicht abhilft, entscheidet das zuständige Amtsgericht (§ 87g IRG). Gegen die Entscheidung des Amtsgerichts steht wiederum die Rechtsbeschwerde offen. **113**

IX. Anerkennung von Einziehungsentscheidungen

Schließlich wurde der Grundsatz der gegenseitigen Anerkennung mit dem Rahmenbeschluss 2006/783/JI auch auf **Einziehungsentscheidungen** ausgedehnt.[119] Der Rahmenbeschluss wird ergänzt durch den Beschluss 2007/845/JI, mit welchem die Zusammenarbeit zwischen den Vermögensabschöpfungsstellen der Mitgliedstaaten auf dem Gebiet des Aufspürens und der Ermittlung von Erträgen aus Straftaten oder anderen Vermögensgegenständen im Zusammen- **114**

---

118 *OLG Köln* NZV 2012, 450, 452.
119 Rahmenbeschluss 2006/783/JI des Rates v. 6.10.2006 über die Anwendung des Grundsatzes der gegenseitigen Anerkennung auf Einziehungsentscheidungen, ABlEU Nr. L 328/59 v. 24.11.2006.

hang mit Straftaten.[120] Die Umsetzung des Rahmenbeschlusses in deutsches Recht fand wiederum im Wege der Implementierung in den §§ 88 ff. IRG statt. Demnach können grundsätzlich alle von einem in Strafsachen zuständigen Gericht eines anderen Mitgliedstaates erlassenen Einziehungsentscheidungen im Inland vollstreckt werden. Das bereits erläuterte zweigeteilte Verfahren aus **Anerkennung** und **Vollstreckung** der ausländischen Entscheidung findet auch hier Anwendung.

115 Die nach §§ 50, 51 IRG zuständige Staatsanwaltschaft prüft die Zulässigkeit des Ersuchens sowie das Vorliegen von Ablehnungsgründen. Im Rahmen der Zulässigkeitsprüfung bei **Steuer-, Abgaben-, Zoll- oder Währungsangelegenheiten** ist es wiederum unschädlich, wenn das deutsche Recht keine gleichartigen Steuern oder Abgaben vorschreibt oder keine gleichartigen Steuer-, Abgaben-, Zoll- oder Währungsbestimmungen enthält wie das Recht des ersuchenden Mitgliedstaates (§ 88a Abs. 1 Nr. 2 lit. b IRG). Ist die Zulässigkeit des Ersuchens festgestellt, so kann die Vollstreckbarkeit nur noch aus einer begrenzten Anzahl von Gründen verweigert werden. Dazu gehören ein wesentlicher Inlandsbezug sowie das Vorliegen einer früheren Verfalls- oder Einziehungsanordnung, die sich auf dieselben Vermögenswerte bezieht (§ 88c Nr. 4 und 5 IRG). Damit soll gewährleistet werden, dass nur eine Entscheidung hinsichtlich desselben Vermögensgegenstandes auch tatsächlich vollstreckt wird.[121]

116 Macht die zuständige Staatsanwaltschaft keine **Ablehnungsgründe** geltend, leitet sie die erforderlichen Maßnahmen zur einstweiligen Sicherstellung gem. §§ 111b ff. StPO ein und gibt der verurteilten Person sowie Dritten, die den Umständen des Falles nach Rechte an dem zu vollstreckenden Gegenstand geltend machen könnten, Gelegenheit, sich zu äußern (§ 88d Abs. 1 S. 1 IRG). Vor allem, wenn zu befürchten steht, dass laufende Straf- und Vollstreckungsverfahren beeinträchtigt werden könnten, darf die zuständige Staatsanwaltschaft jedoch das Anerkennungsverfahren **aufschieben** (§ 88d Abs. 2 Nr. 2 IRG). Die eingezogenen Vermögenswerte werden gem. § 88f IRG grundsätzlich hälftig zwischen dem Anordnungsstaat und der Bundesrepublik Deutschland aufgeteilt. Der eigentlichen Einziehung kann eine vorherige **Sicherstellung**, ggf. grenzüberschreitend auf der Grundlage des Rahmenbeschlusses 2003/577/JI vorausgehen.[122]

117 Den **Individualrechtsschutz** hat auch dieser Rahmenbeschluss dem jeweiligen Mitgliedstaat überlassen. Betroffene können also gemäß den nationalen Vorschriften Rechtsbehelfe gegen die Anerkennung und Vollstreckung bei deutschen Gerichten einlegen. Allerdings können sie gegen die sachlichen Gründe für eine Einziehungsentscheidung nicht die Gerichte des Vollstreckungsstaates anrufen.[123] Sind Vermögenswerte gutgläubiger Dritter von der Vollstreckung einer Einziehungsentscheidung betroffen, können diese der Anordnung entgegenstehende Gründe als Rechtsbeschwer vortragen.[124]

---

120 Beschluss 2007/845/JI des Rates v. 6.12.2007 über die Zusammenarbeit zwischen den Vermögensabschöpfungsstellen der Mitgliedstaaten auf dem Gebiet des Aufspürens und der Ermittlung von Erträgen aus Straftaten oder anderen Vermögensgegenständen im Zusammenhang mit Straftaten, ABlEU Nr. L 332/103 v. 18.12.2007.

121 Vgl. auch Art. 11 des Rahmenbeschlusses.

122 Vgl. Sieber/Satzger/v. Heintschel-Heinegg/*Gleß* § 40 Rn. 1.

123 Art. 9 Abs. 2 des Rahmenbeschlusses. Es fehlt zudem an einer ausdrücklichen Rechtswegzuweisung zu den Gerichten des Entscheidungsstaates.

124 Sieber/Satzger/v. Heintschel-Heinegg/*Gleß* § 40 Rn. 35.

X. Bereiche der behördlichen Zusammenarbeit innerhalb der EU

Im Hinblick auf Kooperationen zwischen unterschiedlichen europäischen Stellen ist die horizontale von der vertikalen Zusammenarbeit abzugrenzen. Während die horizontale Zusammenarbeit mehrere grundsätzlich gleichrangige Behörden aus unterschiedlichen Mitgliedstaaten betrifft, findet die vertikale Zusammenarbeit zwischen den nationalen Justizbehörden und zwischen- bzw. überstaatlichen Einrichtungen statt. Beide Formen der Zusammenarbeit bestehen aus Elementen der Verwaltungsamtshilfe, zu welcher die Mitgliedstaaten und die EU-Organe einander gem. Art. 4 Abs. 3 AEUV verpflichtet sind, und der Rechtshilfe. Art. 87 Abs. 2 AEUV regelt darüber hinaus explizit die polizeiliche Zusammenarbeit, einschließlich bestimmter Gesetzgebungskompetenzen zugunsten des Europäischen Parlaments und des Rates. Abseits der Kooperation in Polizei- und Justizsachen, dient die Zusammenarbeit in strafrechtlicher Hinsicht v.a. dem **Schutz der EU-Finanzinteressen**, insbesondere im Rahmen der Betrugsbekämpfung, der Zollzusammenarbeit und der Prävention der Geldwäsche.[125] Auf Seiten der EU wird vorrangig die Kommission tätig.   118

1. Zusammenarbeit zum Schutz der EU-Finanzinteressen

Der Unions-Haushalt kann insbesondere durch die missbräuchliche Beantragung von Subventionen und sonstigen Beihilfen sowie durch das Nichtabführen von Zöllen geschädigt werden. Gemäß Art. 325 Abs. 3 S. 2 AEUV sorgen die Mitgliedstaaten zusammen mit der Europäischen Kommission für eine enge und regelmäßige Zusammenarbeit der für die Betrugsbekämpfung zuständigen Behörden (vgl. auch 2. Kap. Rn. 12 f.). Die horizontale Zusammenarbeit zwischen den mitgliedstaatlichen Behörden zum Zwecke der Bekämpfung von Betrug, Bestechung, Bestechlichkeit und Geldwäsche kann auch auf das 2. Protokoll zum Übereinkommen zum Schutz der EU-Finanzinteressen[126] gestützt werden. Neben der Harmonisierung der entsprechenden materiellen Straftatbestände, statuiert dieses auch eine Ausnahme vom Prinzip der beiderseitigen Strafbarkeit für Abgaben- und Zolldelikte (Art. 6). Hinsichtlich der vertikalen Zusammenarbeit weist Art. 7 der Europäischen Kommission die Aufgabe zu, den Mitgliedstaaten technische und operative Hilfe zu leisten. Wurden der Kommission im Rahmen dieser Zusammenarbeit personenbezogene Daten übermittelt, darf sie diese an andere Mitgliedstaaten weitergeben, muss den Quellenstaat aber vorab über die geplante Weitergabe unterrichten (Art. 10).   119

Die von der Kommission zu leistende **technische Hilfe** umfasst insbesondere die Zurverfügungstellung von Fachkenntnissen für die Betrugsbekämpfung und -prävention. Dagegen betrifft die **operative Hilfe** die Koordination der von den mitgliedstaatlichen Behörden eingeleiteten Ermittlungen und die Unterstützung etwaiger repressiver Maßnahmen.[127]   120

2. Zusammenarbeit in Steuersachen

Für die Zusammenarbeit der Steuerbehörden in den Mitgliedstaaten existieren unterschiedliche Rechtsgrundlagen. Zunächst sieht § 117 AO eine multilaterale Rechts- und Amtshilfe in Steuersachen vor. Daneben kann die bilaterale Zusammenarbeit auf Doppelbesteuerungsab-   121

---

125 Detailliert zur Abgrenzung und Überschneidung von Amts- und Rechtshilfe in Sieber/Satzger/v. Heintschel-Heinegg/*Schröder* § 33 Rn. 1.

126 Zweites Protokoll aufgrund von Art. K.3 des Vertrags über die Europäische Union zum Übereinkommen über den Schutz der finanziellen Interessen der Europäischen Gemeinschaften, ABlEG Nr. C 221/12 v. 19.7.1997.

127 Sieber/Satzger/v. Heintschel-Heinegg/*Schröder* § 33 Rn. 56.

kommen gestützt werden, die innerhalb der EU durch die EG-Amtshilfe Richtlinie[128] und durch die Konvention des Europarats und der OECD zur gegenseitigen Amtshilfe in Steuersachen ergänzt wird.[129]

122 Auf diesen Grundlagen findet die operative Zusammenarbeit unmittelbar zwischen den Steuerbehörden statt. Ihnen steht dabei die technische Unterstützung durch die Europäische Kommission zur Verfügung, die als gemeinsame Kommunikationsplattform das CCN/CSI-Netz bereitstellt sowie den ständigen Ausschuss für Zusammenarbeit in Steuersachen und die Finanzierung und Organisation von Fortbildungen im Rahmen des Fiscalis-Programms leitet.[130] Schließlich steht mit dem durch die VO (EU) Nr. 904/2010 geschaffenen Eufisc-Netzwerk eine neue Form der Kooperation zur Verfügung, welche die Verwaltungszusammenarbeit bei der **Bekämpfung des organisierten MwSt-Betrugs** begünstigen soll. Zu beachten ist, dass ausweislich der in Art. 26 Abs. 5 des OECD-Musterdoppelbesteuerungsabkommens enthaltenen Amtshilfeklausel, die auch in zahlreiche weitere Abkommen aufgenommen wurde, die Erteilung steuerlicher Informationen nicht unter Hinweis auf ein etwaiges Bankgeheimnis abgelehnt werden darf (vgl. auch 13. Kap. Rn. 62 ff.).

3. Zusammenarbeit in Zollsachen

123 Hinsichtlich der Zusammenarbeit der Zollbehörden sind die Amtshilfe auf Antrag (Ersuchen) und die Amtshilfe ohne Antrag (Spontanmitteilung) zu unterscheiden. Beide Formen der Zusammenarbeit können auf unterschiedliche gemeinschaftsrechtliche Grundlagen gestützt werden. Dazu gehören insbesondere die Zoll-Amtshilfe-VO[131] und das damit weitgehend deckungsgleiche Neapel-II-Übereinkommen.[132]

124 Hiernach können die Europäische Kommission und die Mitgliedstaaten untereinander als zweckdienlich erscheinende Informationen austauschen (Art. 17 Zoll-Amtshilfe-VO). Die Zollbehörden der Mitgliedstaaten sind zudem verpflichtet, die Europäische Kommission über konkrete Betrugsfälle zu informieren, sofern hieran ein besonderes Interesse besteht (Art. 18 Zoll-Amtshilfe-VO). Gelangt die Kommission zu der Auffassung, dass es in einem oder in mehreren Mitgliedstaaten zu Unregelmäßigkeiten gekommen ist, kann sie einen begründeten Antrag an die zuständigen Behörden des jeweiligen Mitgliedstaates stellen, die daraufhin Untersuchungen einzuleiten haben. Unabhängig von diesen Formen der Amtshilfe besteht die Möglichkeit, die klassischen Instrumente der Rechtshilfe zu nutzen.[133]

125 Werden im Rahmen dieser Zusammenarbeit Dokumente und Auskünfte ausgetauscht, können diese sowohl in Verwaltungs- als auch in Justizverfahren als Beweismittel verwendet werden

---

128 Richtlinie 2004/56/EG des Rates v. 21.4.2004 zur Änderung der Richtlinie 77/799/EWG über die gegenseitige Amtshilfe zwischen den zuständigen Behörden der Mitgliedstaaten im Bereich der direkten Steuern, bestimmter Verbrauchsteuern und der Steuern auf Versicherungsprämien, ABlEU Nr. L 127/70 v. 29.4.2004.

129 Vgl. hierzu Sieber/Satzger/v. Heintschel-Heinegg/*Schröder* § 33 Rn. 28.

130 Vgl. Sieber/Satzger/v. Heintschel-Heinegg/*Schröder* § 33 Rn. 27.

131 VO (EG) Nr. 515/97 des Rates v. 13.3.1997 über die gegenseitige Amtshilfe zwischen Verwaltungsbehörden der Mitgliedstaaten und die Zusammenarbeit dieser Behörden mit der Kommission im Hinblick auf die ordnungsgemäße Anwendung der Zoll- und der Agrarregelung, ABlEG Nr. L 82/1 v. 22.3.1997, ber. ABlEG Nr. L 123/25.

132 Übereinkommen aufgrund von Art. K.3 des Vertrags über die Europäische Union über die gegenseitige Amtshilfe und Zusammenarbeit der Zollverwaltungen, ABlEG Nr. C 189/1 v. 17.6.1998.

133 Vgl. Wabnitz/Janovsky/*Harder* Kap. 22 Rn. 207.

(Art. 12 Zoll-Amtshilfe-VO). Die vorgeschlagene Änderung der Zoll-Amtshilfe-VO[134] soll klarstellen, dass derartige Beweismittel in nationalen Strafverfahren von der Staatsanwaltschaft verwendet werden dürfen, wobei die Gerichte jedoch nicht verpflichtet sind, diese auch zuzulassen.

4. Zusammenarbeit in Agrarsachen

Betrügerische Praktiken im Agrarsektor haben aufgrund der umfangreichen Subventionsprogramme der EU deutlich spürbare Auswirkungen auf deren Haushalt (vgl. dazu ausführlich 20. Kap. Rn. 151 ff.).[135] Um solche Handlungen wirksam zu bekämpfen, haben sich die Mitgliedstaaten bereits früh auf bestimmte Formen der Zusammenarbeit abseits der Rechtshilfe in Strafverfahren geeinigt. So erlegt die VO (EWG) 595/91[136] den Mitgliedstaaten zunächst bestimmte Informations- und Auskunftspflichten auf. Insbesondere müssen sie der Kommission in regelmäßigen Abständen über amtlich oder gerichtlich festgestellte Unregelmäßigkeiten (Art. 3 VO), den Fortgang der hieraus entstehenden Verfahren (Art. 5 VO) sowie die finanzielle Größenordnung der aufgedeckten Unregelmäßigkeiten (Art. 9 VO) berichten. Zugleich wird der Kommission das Recht eingeräumt, in den Mitgliedstaaten Untersuchungen einleiten zu lassen, wenn sie der Auffassung ist, dass in diesem Mitgliedstaat zu Unregelmäßigkeiten gekommen ist (Art. 6 Abs. 1 VO). Beamten der Kommission wird ausdrücklich die Teilnahme an den innerstaatlichen Untersuchungen gestattet, wobei sie zwar nicht die nach mitgliedstaatlichem Recht bestehenden Exekutivrechte ausüben dürfen, jedoch Zugang zu denselben Räumlichkeiten und denselben Unterlagen erhalten müssen wie die Bediensteten des Mitgliedstaats (Art. 6 Abs. 4 VO). Neben dieser vertikalen Zusammenarbeit enthält die Verordnung auch Vorgaben zur horizontalen Zusammenarbeit zwischen den mitgliedstaatlichen Behörden. Darüber hinaus sieht sie aber weder Harmonisierungen der mitgliedstaatlichen Verfahrensvorschriften noch eine Sanktion für den Fall vor, dass die Mitteilungspflichten durch einen Mitgliedstaat verletzt werden. Die Verordnung wird inzwischen flankiert von der Zoll-Amtshilfe-VO (vgl. bereits oben unter Rn. 123 ff.) und der Beitreibungsrichtlinie 2010/24/EU.[137] | **126**

E. Verfahrensgrundrechte

Die Verfahrensrechte zugunsten Verdächtiger oder Beschuldigter in Strafverfahren unterscheiden sich innerhalb der EU teilweise erheblich.[138] Der Rat der Europäischen Union verfolgt | **127**

---

134 Vorschlag für eine Verordnung des Europäischen Parlaments und des Rates zur Änderung der Verordnung (EG) Nr. 515/97 v. 13.3.1997 über die gegenseitige Amtshilfe zwischen Verwaltungsbehörden der Mitgliedstaaten und die Zusammenarbeit dieser Behörden mit der Kommission im Hinblick auf die ordnungsgemäße Anwendung der Zoll- und der Agrarregelung, KOM (2013) 796 endg.

135 Zu den geschätzten Schäden (Stand 2008) vgl. *Fromm* HRRS 2008, 87.

136 Verordnung (EWG) Nr. 595/91 des Rates v. 4.3.1991 betreffend Unregelmäßigkeiten und die Wiedereinziehung zu Unrecht gezahlter Beitrag im Rahmen der Finanzierung der gemeinsamen Agrarpolitik sowie die Einrichtung eines einschlägigen Informationssystems und zur Aufhebung der Verordnung (EWG) Nr. 283/72, ABlEG Nr. L 67/11 v. 14.3.1991.

137 Richtlinie 2010/24/EU des Rates v 16.3.2010 über die Amtshilfe bei der Beitreibung von Forderungen in Bezug auf bestimmte Steuern, Abgaben und sonstige Maßnahmen, ABlEU Nr. L 84/1 v. 31.3.2010.

138 Zusammenfassende Informationen über die Rechte von Beschuldigten in Strafverfahren in sämtlichen Mitgliedstaaten finden sich auf dem Internetportal e-Justice (https://e-justice.europa.eu/content_rights_of_defendants_in_criminal_proceedings_-169-de.do).

einen sog. *step-by-step-approach* zur Stärkung der Verfahrensrechte von Verdächtigen oder Beschuldigen in Strafverfahren.[139] Dieser umfasst eine Reihe von Rechten:

I. Recht auf Dolmetscherleistungen und Übersetzungen in Strafverfahren

128 Bereits Art. 6 Abs. 3 lit. e EMRK gewährt dem Beschuldigten, sofern er der Verhandlungssprache des Gerichts nicht mächtig ist, einen Anspruch auf unentgeltliche Zuziehung eines Dolmetschers. Dies gilt unabhängig von der finanziellen Situation der Beschuldigten. Diese Rechte wurden mit Erlass der **Richtlinie 2010/64/EU**[140] wesentlich erweitert. Nunmehr soll eine Person ab dem Zeitpunkt, zu dem sie von der Verdächtigung oder Beschuldigung Kenntnis erlangt, bis zum Abschluss des Verfahrens, einschließlich der abschließenden Entscheidung in einem eventuellen Rechtsmittelverfahren, ein Recht auf Dolmetscherleistungen und Übersetzungen erhalten (Art. 1 Abs. 1, 2 RL).

129 Sofern festgestellt ist (Art. 2 Abs. 4 RL), dass der Verdächtige oder Beschuldigte die Verfahrenssprache nicht versteht, erhält er innerhalb einer angemessenen Frist eine **schriftliche Übersetzung aller wesentlicher Unterlagen** (Art. 3 Abs. 1 RL). Zu den „wesentlichen Unterlagen" gehören jedenfalls sämtliche Anordnungen einer freiheitsentziehenden Maßnahme, jegliche Anklageschrift und jegliches Urteil (Art. 3 Abs. 2 RL). Ob weitere Dokumente wesentlich und deshalb zu übersetzen sind, entscheiden die zuständigen Behörden im konkreten Einzelfall, wobei dem Betroffenen bzw. dessen Rechtsbeistand ein Antragsrecht zusteht (Art. 3 Abs. 3 RL). Von der obligatorischen Übersetzung ausgenommen sind jedoch „Passagen wesentlicher Dokumente, die nicht dafür maßgeblich sind, dass die verdächtigen oder beschuldigten Personen wissen, was ihnen zur Last gelegt wird" (Art. 3 Abs. 4 RL). Wird ein Antrag des Betroffenen abgelehnt, oder erscheint die Qualität einer Übersetzung für ein faires Verfahren als unzureichend, besteht ein **Rechtsbehelf** für den Betroffenen (Art. 3 Abs. 5 RL). Sofern es einem fairen Verfahren nicht entgegensteht, soll zudem „eine mündliche Übersetzung oder eine mündliche Zusammenfassung der wesentlichen Unterlagen anstelle einer schriftlichen Übersetzung" genügen (Art. 3 Abs. 7 RL).

130 Unabhängig vom Ausgang des Strafverfahrens sind die **Dolmetsch- und Übersetzungskosten** von dem jeweiligen Mitgliedstaat zu tragen (Art. 4 RL). Dem Angeklagten können die Kosten für Dolmetsch- bzw. Übersetzungsleistungen nur dann auferlegt werden, wenn sie auf eine ihm zurechenbare schuldhafte Säumnis oder sonstige schuldhafte Verursachung zurückzuführen sind (§§ 467 Abs. 2, 464c HS 1 StPO).[141] Wird die Anfertigung von Übersetzungen oder die Beiziehung eines Dolmetschers abgelehnt, kann der Betroffene hiergegen mit der **Beschwerde nach § 304 Abs. 1 StPO** vorgehen.

---

139 Entschließung des Rates v. 30.11.2009 über einen Fahrplan zur Stärkung der Verfahrensrechte von Verdächtigen oder Beschuldigten in Strafverfahren (2009/C 295/01), ABlEU Nr. 295/1 v. 4.12.2009.
140 Richtlinie 2010/64/EU des Europäischen Parlaments und des Rates v. 20.10.2010 über das Recht auf Dolmetscherleistungen und Übersetzungen in Strafverfahren, ABlEU Nr. L 280/1 v. 26.10.2010. Die Umsetzung in deutsches Recht erfolgte v.a. durch eine Änderung des § 187 GVG.
141 Sieber/Satzger/v. Heintschel-Heinegg/*Esser* § 53 Rn. 104.

II. Belehrung über die Rechte und Unterrichtung über die Beschuldigung

Die **Richtlinie 2012/13/EU**[142] festigt bestimmte Rechte auf Belehrung und Unterrichtung in Strafverfahren und setzt damit weitere Rechtsprechung des EGMR um. Insgesamt präzisiert die Richtlinie damit die „Achtung der Verteidigungsrechte" gem. Art. 48 GRC. Die Umsetzung der Richtlinie in deutsches Recht erfolgte v.a. durch Änderung der §§ 114b Abs. 2, 136 Abs. 2 S. 3, 168b Abs. 1, 3 StPO.

131

Zuvorderst erhalten verdächtige oder beschuldigte Personen ein Recht auf Belehrung über ihre Rechte im Strafverfahren und auf Unterrichtung über den gegen sie erhobenen Tatvorwurf (Art. 1 RL). Zu den Verfahrensrechten über die der Verdächtige oder Beschuldigte (im Falle der Festnahme oder Inhaftierung schriftlich, „Letter of Rights") belehrt werden muss, gehören das Recht auf **Hinzuziehung eines Rechtsanwalts** sowie ggf. das Recht auf **unentgeltliche Rechtsberatung**, das Recht auf **Dolmetschleistungen und Übersetzungen** sowie das Recht auf **Aussageverweigerung** (Art. 3 RL).

132

Sofern der Verdächtige bzw. Beschuldigte festgenommen oder inhaftiert wurde, ist er darüber hinaus in einer ihm verständlichen Sprache über das Recht auf **Einsicht in die Verfahrensakte**, das Recht auf **Unterrichtung der Konsularbehörden** und einer weiteren Person, das Recht auf **Zugang zu dringender medizinischer Versorgung** und darüber zu belehren, wie lange der Freiheitsentzug bis zur Vorführung vor eine Justizbehörde andauern darf (Art. 4 RL). Eine gesonderte Rechtsbelehrung ist dann vonnöten, wenn eine Person zur Vollstreckung eines EuHb festgenommen worden ist (Art. 5 RL). Die Unterrichtung über den eigentlichen **Tatvorwurf** hat spätestens bei Vorlage der Anklageschrift an das Gericht zu erfolgen und so detailliert zu sein, dass ein faires Verfahren und eine wirksame Ausübung der Verteidigungsrechte gewährleistet werden (Art. 6 Abs. 1 RL). Dazu gehören Informationen über die rechtliche Beurteilung der betreffenden Straftat, die Art der Beteiligung des Beschuldigten hieran sowie – im Falle der Festnahme oder Inhaftierung – die Gründe für die Freiheitsentziehung (Art. 6 Abs. 2 RL).

133

Schließlich garantiert das **Recht auf Einsicht in die Verfahrensakte** einer festgenommenen oder inhaftierten Person bzw. ihrem Rechtsbeistand Zugang zu allen Unterlagen, die sich im Besitz der zuständigen Behörden befinden, sofern diese für eine wirksame Anfechtung der Freiheitsentziehung wesentlich sind (Art. 7 Abs. 1 RL). Dasselbe gilt für den Zugang zu **Beweismitteln**, der den Verdächtigten oder Beschuldigten gewährt werden muss, sofern dies für ein faires Verfahren oder die Vorbereitung einer effektiven Verteidigung erforderlich ist (Art. 7 Abs. 2 RL). Nur wenn diese Einsicht das Leben oder die Grundrechte eines Dritten ernsthaft gefährden könnte oder ein wichtiges öffentliches Interesse entgegensteht, kann die Einsicht in „bestimmte Unterlagen" verweigert werden (Art. 7 Abs. 4 RL). Dem Betroffenen bzw. dessen Rechtsanwalt muss es ermöglicht werden, etwaige Verstöße gegen die Rechte aus dieser Richtlinie gemäß den nationalen Vorschriften **anzufechten** (Art. 8 Abs. 1 RL).

134

---

142 Richtlinie 2012/13/EU des Europäischen Parlaments und des Rates über das Recht auf Belehrung und Unterrichtung in Strafverfahren, ABlEU Nr. L 142/1 v. 1.6.2012.

III. Rechtsbeistand und Prozesskostenhilfe

135 Im Oktober 2013 erging die **Richtlinie 2013/48/EU**[143] über gemeinsame Mindestvorschriften für das Recht von Verdächtigen und Beschuldigten sowie von Personen, gegen die ein EuHb ergangen ist, auf Zugang zu einem Rechtsbeistand, auf Benachrichtigung eines Dritten von einem Freiheitsentzug sowie auf Kommunikation mit Dritten und mit Konsularbehörden während des Freiheitsentzugs (Art. 1 RL). Diese Rechte greifen ab dem Zeitpunkt, zu dem eine Person von den zuständigen Behörden davon in Kenntnis gesetzt wird, dass sie der Begehung einer Straftat verdächtig oder beschuldigt ist, und gelten bis zum Abschluss des Verfahrens, was auch eine abschließende Entscheidung im Rechtsmittelverfahren einschließt (Art. 2 Abs. 1 RL). Die gleichen Rechte stehen Personen zu, die zur Vollstreckung eines EuHb festgenommen worden sind (Art. 2 Abs. 2 RL) oder die erst während der Befragung durch die Strafverfolgungsbehörden zu Verdächtigen oder Beschuldigten werden (Art. 2 Abs. 3 RL). Der Anwendungsbereich der Richtlinie ist allerdings grundsätzlich beschränkt auf Ermittlungs- und Strafverfahren, die zu einer Sanktion mit freiheitsentziehender Wirkung führen können (Art. 2 Abs. 4 RL).

136 Verdächtige oder Beschuldigte erhalten nach der Richtlinie unverzüglich, spätestens aber vor ihrer Befragung durch die Polizei oder andere Strafverfolgung- oder Justizbehörden, ab der Vornahme bestimmter Ermittlungs- und Beweiserhebungshandlungen bzw. ab Entzug der Freiheit oder vor Erscheinen vor Gericht (Abs. 3 Abs. 2 RL) **Zugang zu einem Rechtsbeistand**. Dieses Recht umfasst die Kommunikation mit dem Rechtsbeistand, auch unter vier Augen sowie die Anwesenheit des Rechtsbeistands bei Vernehmungen, Gegenüberstellungen und Tatrekonstruktionen (Art. 3 Abs. 3 RL). Der Zugang zu einem Rechtsbeistand darf nur „unter außergewöhnlichen Umständen" verwehrt werden, und zwar wenn dies zur Abwehr einer Gefahr für Leib oder Leben oder für die Freiheit einer Person dringend erforderlich ist oder wenn ein sofortiges Handeln der Ermittlungsbehörden zwingend geboten ist, um eine erhebliche Gefährdung eines Strafverfahrens abzuwenden (Art. 3 Abs. 6 RL). Ist die verdächtige oder beschuldigte Person inhaftiert, besteht zudem ein Recht, unverzüglich mindestens eine von ihr benannte Person von dem Freiheitsentzug benachrichtigen zu lassen (Art. 5 Abs. 1 RL).

137 Dieser Anspruch auf einen Rechtsbeistand soll in Zukunft ergänzt werden durch gemeinsame Mindestnormen für das Recht einer Person, die einer Straftat verdächtigt oder beschuldigt wird und der die Freiheit entzogen ist, auf vorläufige **Prozesskostenhilfe in Strafverfahren** sowie für das Recht einer Person, gegen die ein EuHb erlassen wurde, auf Prozesskostenhilfe einschließlich vorläufiger Prozesskostenhilfe. Der Entwurf einer Richtlinie[144] sieht einen entsprechenden Anspruch für Beschuldigte oder Verdächtige auch schon für den Zeitraum vor der förmlichen Belehrung über den Tatvorwurf und der Festnahme vor (Art. 2 RL-E). Damit soll gewährleistet werden, dass das Recht auf Verteidigerkonsultation möglichst frühzeitig und effektiv genutzt werden kann.

---

143 Richtlinie 2013/48/EU des Europäischen Parlaments und des Rates v. 22.10.2013 über das Recht auf Zugang zu einem Rechtsbeistand in Strafverfahren und in Verfahren zur Vollstreckung des Europäischen Haftbefehls sowie über das Recht auf Benachrichtigung eines Dritten bei Freiheitsentzug und das Recht auf Kommunikation mit Dritten und mit Konsularbehörden während des Freiheitsentzugs, ABlEU Nr. L 294/1 v. 6.11.2013.

144 Vorschlag für eine Richtlinie des Europäischen Parlaments und des Rates über vorläufige Prozesskostenhilfe für Verdächtige oder Beschuldigte, denen die Freiheit entzogen ist, sowie über Prozesskostenhilfe in Verfahren zur Vollstreckung eines Europäischen Haftbefehls, KOM (2013) 824 final. Vgl. auch Empfehlung der Kommission C 8179/2 v. 27.11.2013 zum Recht auf Prozesskostenhilfe in Strafverfahren für Verdächtige oder Beschuldigte, ABlEU Nr. C 378/11 v. 24.12.2013.

IV. Doppelbestrafungsverbot

Das sog. **Verbot der Doppelbestrafung (ne bis in idem)** ist bereits in Art. 50 GRC niedergelegt. Demnach darf niemand wegen einer Straftat, deretwegen er bereits innerhalb der EU rechtskräftig verurteil oder freigesprochen worden ist, in einem Strafverfahren erneut verfolgt oder bestraft werden. Nach der Auslegung des EuGH ist es Sinn und Zweck der Vorschrift, den Gebrauch der Grundfreiheiten – insbesondere der Freizügigkeit – nicht durch die Gefahr mehrfacher Strafverfolgung zu behindern. Innerhalb der EU bestimmt sich der transnationale *ne bis in idem*-Grundsatz nach den sekundärrechtlichen Vorschriften des Art. 54 SDÜ, der zwar einen engeren Anwendungsbereich besitzt, dafür jedoch ein dem Art. 50 GRC fremdes „Vollstreckungselement". Nach der deutschen Rechtsprechung soll Art. 50 GRC nur nach Maßgabe des sekundärrechtlichen Art. 54 SDÜ Geltung beanspruchen können.[145] Eine Klärung dieser Frage durch den EuGH steht bislang aus. Letzterer hat allerdings in der sog. *Fransson-Entscheidung* die Auffassung vertreten, eine strafrechtliche und eine nicht-strafrechtliche (z.B. steuerliche) Sanktion dürften wegen derselben Handlung nebeneinander verhängt werden (vgl. hierzu auch 2. Kap. Rn. 71 und 17. Kap. Rn. 65 ff.).[146]

138

Gemäß Art. 54 SDÜ darf derjenige, der durch eine Vertragspartei rechtskräftig abgeurteilt worden ist, durch eine andere Vertragspartei wegen derselben Tat nicht verfolgt werden, vorausgesetzt, dass im Falle einer Verurteilung die Sanktion bereits vollstreckt worden ist, gerade vollstreckt wird oder nach dem Recht des Urteilsstaates nicht mehr vollstreckt werden kann. Der *ne bis in idem*-Grundsatz greift somit unter den folgenden Voraussetzungen:

139

- rechtskräftige Aburteilung zu einer Sanktion in einem Mitgliedstaat,
- die Aburteilung muss dieselbe Tat betreffen und
- es muss ein Vollstreckungselement vorliegen.

Die grundsätzlich weite Auslegung der Norm unterliegt allerdings Unsicherheiten auf mehreren Ebenen, insbesondere aufgrund der verschiedenen Verfahrensarten und Sanktionen im Schengener Rechtsraum. Zunächst setzt die **rechtskräftige Verurteilung** zu einer Sanktion i.S.d. Art. 54 SDÜ nicht zwingend ein formales Urteil voraus, sondern liegt jedenfalls vor, wenn die in Rede stehende Entscheidung folgende Voraussetzungen erfüllt:

140

- die Entscheidung wird von einer zur Mitwirkung an der Strafrechtspflege berufenen Behörde getroffen und hat verfahrensbeendende Wirkung,
- die Entscheidung hat Ahndungswirkung und
- die Strafklage ist nach nationalem Recht endgültig verbraucht.

Nach Auffassung des EuGH in seiner Entscheidung vom 11.2.2003 erfasst Art. 54 SDÜ alle faktischen Verfahrenserledigungen, unabhängig davon, ob sie mit richterlicher Beteiligung zustande gekommen sind oder nicht.[147] Als rechtskräftige Aburteilung gelten somit auch der Freispruch aus Mangel an Beweisen[148] und wegen Verjährung.[149] Keine Aburteilung liegt hingegen vor, wenn die Behörden eines Mitgliedsstaates entscheiden, das Verfahren ruhen zu lassen,[150] oder wegen eines in einem anderen Mitgliedstaat anhängigen Verfahrens auf die Strafverfolgung verzichten.[151]

---

145 *BGH* NStZ-RR 2011, 7; Beschluss v. 1.12.2010, 2 StR 420/10.
146 *EuGH* 26.2.2013 – C 617/10 – Fransson = NJW 2013, 1415 ff.
147 *EuGH* Slg. 2003, I-1345 – Gözütok/Brügge.
148 *EuGH* Slg. 2006, I-9327 – van Straaten.
149 *EuGH* Slg. 2006, I-9199 – Gasparini.
150 *EuGH* Slg. 2008, I-11039 – Turansky.
151 *EuGH* Slg. 2005, I-2009 – Miraglia.

141 Problematischer ist die Frage, unter welchen Voraussetzungen es sich i.S.d. Art. 54 SDÜ um *dieselbe Tat* handelt. Der vom EuGH entwickelte Tatbegriff[152] beruht zwar auf einer eigenständigen gemeinschaftsrechtlichen Auslegung, ist jedoch dem prozessualen Verständnis des Tatbegriffs i.S.d. § 264 StPO zumindest angenähert. Nach Auffassung des EuGH ist die Identität der materiellen Tat zu verstehen als „Vorhandensein eines Komplexes konkreter, unlösbar miteinander verbundener Umstände".[153] Ferner soll ein einheitlicher Vorsatz für sich allein nicht genügen, um mehrere Handlungen zu einer Tat i.S.d. Art. 54 SDÜ zu verknüpfen.[154] Allerdings können Urteile zu Art. 3 Abs. 2 RbEuHb zur Auslegung herangezogen werden, denn aus Gründen der Rechtseinheit soll der dort enthaltene Begriff „dieselbe Handlung" identisch ausgelegt werden.[155]

142 Schließlich schränkt Art. 54 SDÜ den Art. 50 GRC in zulässiger Weise dahingehend ein, dass die betreffende Sanktion *„bereits vollstreckt worden ist, gerade vollstreckt wird oder nach dem Recht des Urteilsstaats nicht mehr vollstreckt werden kann".*[156] Dieses **Vollstreckungselement** kann folglich in drei verschiedenen Varianten vorliegen.

143 Dass eine Sanktion i.S.v. Art. 54 SDÜ *„vollstreckt worden"* ist, setzt voraus, dass die Vollstreckung abgeschlossen ist, also eine Freiheitsstrafe verbüßt, eine Bewährung beendet oder eine Geldstrafe bezahlt ist. Eine Sanktion wird hingegen *„gerade vollstreckt"* wenn mit der Strafvollstreckung begonnen wurde, diese aber noch nicht abgeschlossen ist.[157] Auch zur Bewährung ausgesetzte Freiheitsstrafen sind wie Sanktionen zu behandeln die *„gerade vollstreckt"* werden.[158]

144 Dass eine Sanktion hingegen „nach dem Recht des Urteilsstaates nicht mehr vollstreckt werden kann", kann seinen Grund insbesondere in einer zwischenzeitlich eingetretenen Vollstreckungsverjährung haben. Noch nicht abschließend geklärt ist die Behandlung von Amnestien und Begnadigungen, die aufgrund ihres eher politischen Charakters nicht zwingend in den Regelungsbereich des Art. 54 SDÜ fallen. Weil für das Eingreifen der Sperrwirkung die Belastung des Betroffenen mit einem vollstreckbaren pekuniären Nachteil ausreichend sein dürfte, sofern damit nach der nationalen Rechtsordnung eine zumindest relative Rechtskraftwirkung einhergeht, dürfte jedoch eine Verfahrenseinstellung gem. § 153a StPO genügen.

145 Unklarheit besteht hinsichtlich der **Einbeziehung von Unternehmen** in den Schutzbereich des Art. 54 SDÜ. Ob diese Vorschrift auch auf juristische Personen Anwendung finden kann, ist durch den EuGH bislang nicht geklärt. Gegen eine generelle Anwendbarkeit scheint zu sprechen, dass im Rahmen des 2. Protokolls zum Übereinkommen zum Schutz der EU-Finanzinteressen das *ne bis in idem*-Prinzips auf juristische Personen erweitert wird, während dies im eigentlichen Übereinkommen nicht gelten soll (Art. 12 Abs. 2 2. Spiegelstrich). Vor dem Hintergrund der erläuterten Auslegungsgrundsätze erscheint es jedoch naheliegend, dass eine in Deutschland verhängte Unternehmensgeldbuße grundsätzlich über Art. 54 SDÜ berücksichtigt werden kann. Schwieriger stellt sich die Situation im Rahmen von Gewinnabschöpfungen dar. So hat das LG Darmstadt im Jahr 2007 in einem das Unternehmen *Siemens* betreffenden Verfahren entschieden, dass eine Gewinnabschöpfung nach italienischem Recht die Anordnung

---

152 Vgl. *Satzger* § 10 Rn. 77.
153 *EuGH* Slg. 2006, I-2333 – van Esbroeck = NStZ 2006,689, 691; *EuGH* Slg. 2006, I-9327 – van Straaten = NStZ 2007, 410.
154 *EuGH* Slg. 2007, I-6619 – Kraaijenbrink.
155 *EuGH* Slg. 2010, I-11477 – Mantello; vgl. auch Anm. *Rathgeber* ELR 2010, 30 ff.
156 *LG Aachen* Beschluss v. 8.1.2009 – 52 Ks 9/08.
157 *Satzger* § 10 Rn. 79.
158 *EuGH* Slg. 2007, I-6441 – Kretzinger.

eines Verfalls nach deutschem Recht nicht hindere, da es sich bei der Abschöpfung nach italienischem Recht nicht um eine strafähnliche Maßnahme, sondern – wie im deutschen Recht – um einen konditionsartigen Ausgleich handele, der in keiner Wechselwirkung mit der Strafhöhe stehe bzw. keinen Bezug zum Strafmaß aufweise.[159]

F. Aktuelle Entwicklungen

I.   PIF-Richtlinie

Gerade im Hinblick auf Fiskaldelikte kommt der avisierten PIF-Richtlinie,[160] die das Übereinkommen über den Schutz der finanziellen Interessen der Europäischen Gemeinschaften von 1995 sowie die diesbezüglichen Protokolle ersetzen soll, eine große Bedeutung zu. Das ursprüngliche Übereinkommen hatte zwar nur eine geringe prozessuale Relevanz, regelte aber etwa die Zulässigkeit des Indizienbeweises.[161] Ziel der geplanten PIF-Richtlinie ist die Einführung von Maßnahmen, die die **Vermögenswerte der EU und der Mitgliedstaaten** beeinträchtigen oder zu beeinträchtigen drohen, soweit letztere zur Unterstützung oder Stabilisierung der Wirtschaft oder der öffentlichen Finanzen der Mitgliedstaaten im Interesse der Unionspolitik bestimmt sind.[162] Hierzu sieht der Entwurf insbesondere Harmonisierungen auf dem Gebiet des materiellen Strafrechts vor, darunter für Betrug, Geldwäsche, Bestechlichkeit und Bestechung sowie die missbräuchliche Verwendung von Mitteln durch öffentliche Bedienstete (Art. 4 RL-E). Darüber hinaus ist eine akzessorische Haftung juristischer Personen vorgesehen, sofern eine einschlägige Straftat zu ihren Gunsten und durch eine Leitungsperson begangen wurde (Art. 6 RL-E).   **146**

Das Europäische Parlament hat sich am 16.4.2014 mit dem Richtlinien-Entwurf, für den der Haushaltskontrollausschuss und der Ausschuss für Bürgerliche Freiheiten, Justiz und Inneres gemeinsam verantwortlich zeichnen, befasst, eine EU-weite Angleichung der Mindeststrafen in Fällen solcher betrügerischer Handlungen aber abgelehnt. Zudem wurde die Rechtsgrundlage der Richtlinie geändert. Anstatt die Richtlinie, wir ursprünglich von der Europäischen Kommission vorgesehen, dem Bereich der Betrugsbekämpfung zuzuordnen (Art. 325 AEUV), soll sie nun auf die Rechtsgrundlage für die Strafrechtsharmonisierung (Art. 83 AEUV) gestützt werden.   **147**

II.   Europäische Staatsanwaltschaft

Art. 86 AEUV eröffnet dem Rat die Möglichkeit, zur Bekämpfung von Straftaten zum Nachteil der finanziellen Interessen der Union eine Europäische Staatsanwaltschaft einzusetzen. Dieses **European Public Prosecutor's Office (EPPO)** soll durch Verordnungen „ausgehend von Eurojust" errichtet werden. Während der ersten Verhandlungen im Jahr 2013 zeichnete sich eine   **148**

---

159 *LG Darmstadt* CCZ 2008, 37 ff. m.Anm. *Knierim.*

160 Vorschlag für [eine] Richtlinie des Europäischen Parlaments und des Rates über die strafrechtliche Bekämpfung von gegen die finanziellen Interessen der Europäischen Union gerichtetem Betrug, KOM (2012) 363 endg.

161 Gemäß Art. 1 Abs. 4 des Übereinkommens darf der vorsätzliche Charakter einer Handlung oder Unterlassung aus den objektiven Tatumständen geschlossen werden; vgl. auch *Kühne* § 3 Rn. 72.

162 Erwägungsgrund 1 RL-E.

breite Unterstützung für die Einrichtung des EPPO ab, wenn auch keine Einstimmigkeit zugunsten des Kommissionsvorschlags.[163] Stattdessen präferierten die Mitgliedstaaten ein Kollegium aus abgeordneten Beamten der Mitgliedstaaten. Vor diesem Hintergrund wird seit dem Frühjahr 2014 ein neuer Entwurf der Ratspräsidentschaft diskutiert. Dieser basiert auf einem Kollegial-Modell und umfasst die Einrichtung ständiger Kammern sowie Europäischer Staatsanwälte (European Prosecutors – EP) aus allen teilnehmenden Mitgliedstaaten.[164]

1. Aufbau

149 Der aktuelle Entwurf sieht für das EPPO eine hierarchische, aber dezentrale Struktur sowie eine eigene Rechtspersönlichkeit vor. Die Behörde soll von einem Europäischen Generalstaatsanwalt geführt werden, der die Sitzungen eines Kollegiums aus Europäischen Staatsanwälten leitet. Jeder Mitgliedstaat entsendet ein Mitglied in das Kollegium, welches wiederum die Tätigkeit der Staatsanwaltschaft überwacht. Somit wird die eigentliche Ermittlungsarbeit den **Europäischen Delegierten Staatsanwälten** (European Delegated Prosecutor – EDP) in den Mitgliedstaaten zufallen, die dabei (teilweise) auf der Grundlage des nationalen Rechts agieren werden. Jedoch soll dem EPPO das Recht vorbehalten bleiben, Fälle im Wege der Evokation an sich zu ziehen und zentral bearbeiten zu lassen. Des Weiteren sind am Sitz des EPPO ständige Kammern aus mindestens drei Europäischen Staatsanwälten vorgesehen, welche die Ermittlungen und Strafverfolgungsmaßnahmen leiten und überwachen. Diese können in Bezug auf die nationalen Ermittlungen und Strafverfolgungsmaßnahmen direkte Anweisungen erteilen.

2. Zuständigkeiten

150 Grundsätzlich soll eine konkurrierende Zuständigkeit des EPPO und der nationalen Strafverfolgungsbehörden um die Ermittlungsführung bestehen. Die Rechtsgrundlage der avisierten Europäischen Staatsanwaltschaft sieht eine Zuständigkeit zunächst ausschließlich für die strafrechtliche Untersuchung und Verfolgung sowie die Anklageerhebung in Bezug auf Personen, die als Täter oder Teilnehmer Straftaten zum Nachteil der finanziellen Interessen der Union begangen haben, vor. Es besteht jedoch die Möglichkeit, die Zuständigkeit des EPPO zukünftig auszuweiten, insbesondere auf die Bekämpfung sog. Eurocrimes.

151 Bei der zentralen Behörde, den EDP sowie den nationalen Strafverfolgungsbehörden soll u.a. die Kompetenz zustehen,
- ein Ermittlungsverfahren zu eröffnen,
- die Strafverfolgung aufzunehmen oder abzulehnen,
- zu bestimmen, in welchem Mitgliedstaat die Strafverfolgung stattfinden soll,
- die Ermittlungen durchzuführen,
- einen Fall zu verlegen,
- Rechtsmittel einzulegen und
- an das Kollegium zu verweisen, wenn es im Einzelfall strategisch geboten erscheint.

3. Verfahren

152 Aus den Verträgen selbst ergibt sich lediglich, dass das EPPO innerhalb seiner Zuständigkeit gegebenenfalls in Verbindung mit Europol tätig werden und vor den zuständigen Gerichten der Mitgliedstaaten die Aufgaben der Staatsanwaltschaft wahrnehmen soll.

---

163 KOM (2013) 534 final 2013/0255 (APP).
164 Ratsdok. 9834 REV 1/14 v. 21.5.2014.

Zu den bislang ungeklärten Punkten gehören u.a.

- Sicherung der Rechte von Betroffenen,
- Art der möglichen Ermittlungsmaßnahmen,
- Art, Umfang und Absicherung der Verfahrensgarantien,
- Möglichkeiten einer gerichtlichen Überprüfung,
- Datenschutz,
- Stellenbesetzungen sowie
- finanzielle Ausstattung.

III. Unschuldsvermutung

Trotz der beachtlichen Fortschritte bei der Harmonisierung von Verfahrensvorschriften einer- **153** seits und der Ausweitung des Prinzips der gegenseitigen Anerkennung andererseits, ist die Unschuldsvermutung bislang nicht Gegenstand von Gemeinschaftsrecht. Es liegt jedoch ein Entwurf der Kommission für eine **Richtlinie zur Stärkung bestimmter Aspekte der Unschuldsvermutung und des Rechts auf Anwesenheit in der Verhandlung in Strafverfahren**[165] vor. Dieser enthält u.a. Regelungen zur Beweislast, dem Beweismaß sowie der Selbstbelastungsfreiheit und dem Schweigerecht. Sämtlichen Behörden der Mitgliedstaaten soll es zudem untersagt sein, sich vorverurteilend über einen Angeklagten zu äußern. Schließlich sollen dem Verdächtigen oder Beschuldigten für den Fall der Verletzung der in dem Entwurf niedergelegten Garantien wirksame Rechtsbehelfe zur Verfügung gestellt werden. Der DAV hatte in einer Stellungnahme kritisiert, dass der Entwurf lediglich die bisherige EGMR-Rechtsprechung umsetze, nicht aber „in eigener Bewertung und Einschätzung der Beschuldigtenrechte" darüber hinausginge.[166]

---

165 KOM (2013) 821 endg. V. 27.11.2013.
166 DAV-Stellungnahme 15/2014.

7. Kapitel
Tatbestandsmäßigkeit, Rechtswidrigkeit und Schuld

Literatur: *Appel* Verfassung und Strafe, 1998; *Baumann* Über die notwendigen Veränderungen im Bereich des Vermögensschutzes, JZ 1972, 1; *Beling* Die Lehre vom Verbrechen, 1906; *Bülte* Die neuere Rechtsprechung des BGH zur Strafbewehrung von § 153 AO, BB 2010, 607; *ders.* Die Beschränkung der strafrechtlichen Geschäftsherrenhaftung auf die Verhinderung betriebsbezogener Straftaten, NZWiSt 2012, 176; *ders.* Der Irrtum über das Verbot im Wirtschaftsstrafrecht, NStZ 2013, 65; *ders.* Möglichkeiten und Grenzen beweiserleichternder Tatbestandsfassungen im Strafrecht, JZ 2014; *Chr. Dannecker* Die Folgen der strafrechtlichen Geschäftsherrenhaftung der Unternehmensleitung für die Haftungsverfassung juristischer Personen, NZWiSt 2012, 441; *G. Dannecker* Nullum crimen, nulla poena sine lee und seine Geltung im Allgemeinen Teil des Strafrechts, FS Otto, 2007, S. 25; *ders.* Grundfragen der Steuerhinterziehung durch Unterlassen, FS Achenbach, 2011, S. 83; *G. Dannecker/Bülte* Fehlverhalten im Gesundheitswesen, Teil 2: Begehung von Vermögensdelikten durch Nichterfüllung von Mitteilungspflichten?, NZWiSt 2012, 81; *G. Dannecker/Chr. Dannecker* Die „Verteilung" der strafrechtlichen Geschäftsherrenhaftung im Unternehmen, JZ 2010, 981; *Dinter* Der Pflichtwidrigkeitsvorsatz der Untreue, 2012; *Dusch/Rommel* Strafvereitelung (im Amt) durch Unterlassen am Beispiel von Finanzbeamten, NStZ 2014, 188; *Enderle* Blankettstrafgesetze, 2000; *Engisch* Der Unrechtstatbestand im Strafrecht, FS für den DJT, 1960, S. 401; *ders.* Die Kausalität als Merkmal der strafrechtlichen Tatbestände, 1931; *Engel/Schön (Hrsg.)* Das Proprium der Rechtswissenschaft, 2007, S. 156; *Engländer/Zimmermann* Whistleblowing als strafbarer Verrat von Geschäfts- und Betriebsgeheimnissen?, NZWiSt 2012, 328; *Eser/Hassemer/Burkhardt* Die deutsche Strafrechtswissenschaft vor der Jahrtausendwende, 2000, S. 111; *Frisch* Tatbestandsmäßiges Verhalten und Zurechnung des Erfolgs, 1988; *ders.* Zum gegenwärtigen Stand der Diskussion und zur Problematik der objektiven Zurechnungslehre, GA 2003, 719; *ders.* Zurechnung des Erfolgs – Entwicklung, Grundlinien und offene Fragen der Lehre von der Erfolgszurechnung, JuS 2011, 116; *Gaede* Der unvermeidbare Verbotsirrtum des anwaltlich beratenen Bürgers, HRRS 2013, 449; *Gerkau* Untreue und objektive Zurechnung, 2008; *Kaufmann* Die Dogmatik der Unterlassungsdelikte, 1959; *Kirch-Heim/Samson* Vermeidung der Strafbarkeit durch Einholung juristischer Gutachten, wistra 2008, 81; *Kirsch* Zur Geltung des Gesetzlichkeitsprinzip im Allgemeinen Teil des Strafrechts, 2014; *Knauer* Die strafrechtliche Haftung von Justiziaren, Innen-Revisoren und Compliance-Officers, FS I. Roxin, 2012, S. 465; *Koch* Korruptionsbekämpfung durch Geheimnisverrat? Strafrechtliche Aspekte des Whistleblowing, ZIS 2008, 500; *Konu* Die Garantenstellung des Compliance-Officers, 2014; *Krell* Probleme des Prozessbetrugs, JR 2012, 102; *Krümpelmann* Schutzzweck und Schutzreflex der Sorgfaltspflicht, FS Bockelmann, 1979, S. 443; *Kuhlen* Die Unterscheidung von vorsatzausschließendem und nichtvorsatzausschließendem Irrtum, 1987; *ders.* Objektive Zurechnung bei Rechtfertigungsgründen, FS C. Roxin, 2001, S. 331; *ders.* Zum Verhältnis vom Bestimmtheitsgrundsatz und Analogieverbot, FS Otto, 2007, S. 89; *ders.* Grundfragen der strafbaren Steuerhinterziehung, 2012; *Leitner (Hrsg.)* Finanzstrafrecht 2008, 2009, S. 64; *Löw* Erkundigungspflicht beim Verbotsirrtum nach § 17 StGB, 2002; *Mansdörfer* Zur Theorie des Wirtschaftsstrafrechts, 2011; *ders.* Die Verantwortlichkeit der Unternehmensleitung bei geheimen Abstimmungen, FS Frisch, 2013, S. 315; *Noll* Referat zum 49. Deutschen Juristentag, in Verhandlungen des dreiundsechzigsten Deutschen Juristentages, 1972, S. M20; *Otto* Konzeption und Grundsätze des Wirtschaftsstrafrechts, ZStW 96 (1984), 339; *Puppe* Tatirrtum, Rechtsirrtum, Subsumtionsirrtum, GA 1990, 145; *Rönnau* Die Zukunft des Untreuetatbestandes, StV 2011,

Krell

753; *Rotsch (Hrsg.)* Criminal Compliance vor den Aufgaben der Zukunft, 2013, S.87; *Roxin* Gedanken zur Problematik der Zurechnung im Strafrecht, FS Honig, 1970, S. 133; *Rudolphi* Unrechtsbewusstsein, Verbotsirrtum und Vermeidbarkeit des Verbotsirrtums, 1969; *ders.* Strafrechtliche Verantwortlichkeit für Gewässerverunreinigungen, FS Lackner, 1987, S. 863; *Schlüchter* Irrtum über normative Tatbestandsmerkmale im Strafrecht, 1983; *Schmidhäuser* Der Verbotsirrtum und das Strafgesetz (§ 16 I Satz 1 und § 17 StGB), JZ 1979, 361; *Schünemann/Suárez Gonzáles (Hrsg.)* Bausteine eines europäischen Wirtschaftsstrafrechts, 1994, S. 125; *Tiedemann* Tatbestandsfunktionen im Nebenstrafrecht, 1969; *ders.* Zum Verhältnis von Allgemeinem und Besonderem Teil des Strafrechts, FS Baumann, 1992, S.7; *ders.* Zum Stand der Irrtumslehre, insbesondere im Wirtschafts- und Nebenstrafrecht, FS Geerds, 1995, S. 95; *ders.* Zur Gesetzgebungstechnik im Wirtschaftsstrafrecht, FS Schroeder, 2006, S. 641; *Velten* Normkenntnis und Normverständnis, 2002; *Walter* Der Kern des Strafrechts, 2006; *ders.* Ist Steuerstrafrecht Blankettstrafrecht?, FS Tiedemann, 2008, S. 969; *Weber* Konzeption und Grundsätze des Wirtschaftsstrafrechts, ZStW 96 (1984), 376; *Wolff* Der Grundsatz „nulla poena sine culpa" als Verfassungsrechtssatz, AöR 124 (1999) 55.

A. Einführung

Im Rahmen der folgenden Ausführungen ist es weder möglich noch sinnvoll, die Verbrechenslehre oder gar den Allgemeinen Teil des Strafrechts auch nur annähernd umfassend zu erläutern. Wohl aber sollen die wesentlichen Grundlagen zumindest insoweit umrissen werden, als sie auch für fiskalstrafrechtliche Probleme relevant sind. Das ist zum einen deshalb nötig, weil im Allgemeinen Teil einige Grundlagen der strafrechtlichen Zurechnungslehre vor die Klammer gezogen sind; zum anderen hat sich gezeigt, dass es Schwierigkeiten bereiten kann, diese Regeln auf wirtschaftsstrafrechtliche Fragen anzuwenden. Insoweit beschränken sich die folgenden Erläuterungen allerdings auf solche Aspekte, die auch und gerade für Fiskalstraftaten relevant sind. Auf etwaige Besonderheiten im Ordnungswidrigkeitenrecht wird hingewiesen. **1**

Die heute herrschende Strafrechtswissenschaft geht von einem **dreistufigen Deliktsaufbau** aus, der sich aus Tatbestandsmäßigkeit, Rechtswidrigkeit und Schuld zusammensetzt.[1] Tatbestandsmäßigkeit und Rechtswidrigkeit werden dabei unter dem Begriff des **Unrechts** zusammengefasst.[2] **2**

Im gesetzlichen Tatbestand sind die **unrechtsbegründenden**, d.h. die verbots- oder gebotswidrigen Tatumstände enthalten. Das sind zunächst einmal diejenigen Voraussetzungen, die in den jeweiligen Straftatbeständen festgelegt sind. Letztere finden sich typischerweise im Besonderen Teil des StGB, ferner im Nebenstrafrecht, also insbesondere im Wirtschafts- und auch im Fiskalstrafrecht. Häufig sind die Straftatbestände dabei in den jeweiligen Fachgesetzen normiert. Exemplarisch sind die Steuerstraftaten und Steuerordnungswidrigkeiten zu nennen, die in der Abgabenordnung (§§ 370 ff.) geregelt sind. Die einzelnen Straftatbestände sollen aus der Fülle menschlicher Verhaltensweisen diejenigen herausheben, die von der sozialen Ordnung schwerwiegend abweichen und strafrechtlich relevantes **Unrecht typisierend beschreiben**.[3] **3**

---

1 *Jescheck/Weigend* AT S. 198 f.; *Roxin* AT I § 7 Rn. 4; *Stratenwerth/Kuhlen* AT § 7 Rn. 1.
2 *Roxin* AT I § 7 Rn. 7.
3 *Jescheck/Weigend* AT S. 244 ff.; Matt/*Renzikowski* Rn. 7 f. vor § 13; *Stratenwerth/Kuhlen* AT § 7 Rn. 9; LK-StGB/ *Walter* Vor § 13 Rn. 41.

4 Auf der Rechtswidrigkeitsebene geht es dagegen um den **Unrechtsausschluss**. Gerade weil die Beschreibung des strafrechtlich relevanten Unrechts nur typisierend erfolgen kann, ergibt sich aus der Tatbestandsverwirklichung nur ein vorläufiges Unrechtsurteil, das stets unter dem Vorbehalt einer Korrektur im jeweiligen Einzelfall steht. Ein Verhalten, das typischerweise Unrecht ist, kann aufgrund besonderer Umstände gleichwohl im **Einklang mit der Rechtsordnung** stehen.[4] Dieses Regel-Ausnahme-Verhältnis spiegelt sich wider in der geläufigen Formulierung, die Tatbestandsmäßigkeit indiziere die Rechtswidrigkeit.[5] Die Akzeptanz dieses Rechtssatzes ist freilich nur unter der Prämisse möglich, dass der gesetzliche Tatbestand wirklich typisiertes Unrecht beschreibt. Da es insbesondere im Wirtschaftsstrafrecht häufig schwierig ist, das strafrechtlich relevante Verhalten[6] so zu umschreiben, dass der Tatbestand erkennbar in diesem Sinne typisiert ist, ist das keine Selbstverständlichkeit.

5 Teils wird auch bestritten, dass sich Tatbestandsmäßigkeit und Rechtswidrigkeit analytisch sinnvoll trennen lassen und für einen zweistufigen Deliktsaufbau plädiert, der dann aus einem Gesamtunrechtstatbestand und der Schuld besteht.[7] Dass die Grenze zwischen unrechtsbegründenden und unrechtsausschließenden Umständen tatsächlich fließend ist, zeigt sich bereits daran, dass häufig Streit darüber herrscht, welche Ebene bei bestimmten Rechtsproblemen betroffen ist.[8] Da aber die Differenzierung, auf der der dreistufige Deliktsaufbau gründet, dennoch sinnvoll und dieser im Übrigen fest etabliert ist, wird er auch im Folgenden zugrunde gelegt. Dabei ist aber zu beachten, dass es wertungsmäßig keinen Unterschied macht, ob ein Verhalten nicht tatbestandlich oder „nur" gerechtfertigt ist.[9]

6 Im Rahmen der Schuld geht es schließlich um die **persönliche Vorwerfbarkeit** (Rn. 80). Ein solcher Vorwurf scheidet aus, wenn dem Täter die Einsichtsfähigkeit generell (§§ 19, 20 StGB) oder die konkrete Unrechtseinsicht fehlt (§ 17 StGB). Auch kann sich der Täter in einer besonderen Zwangslage befinden, derentwegen ihm kein persönlicher Vorwurf gemacht werden kann. Damit wird der strukturelle Unterschied zwischen Rechtswidrigkeit und Schuld deutlich: Bei ersterer geht es um Verhaltensweisen, die von der Rechtsordnung erlaubt sind, bei letzterer hingegen um ein Verhalten, das zwar nicht gebilligt, aber gleichwohl ausnahmsweise nicht bestraft wird.[10]

7 Daneben können sich noch weitere Strafbarkeitsvoraussetzungen außerhalb des überkommenen Deliktsaufbaus ergeben.[11] Diese können positiver Natur sein (dazu zählen insbesondere die so genannten objektiven Bedingungen der Strafbarkeit)[12], aber auch negativer Natur (dazu zählt das Fehlen von Strafausschließungsgründen, etwa eines strafbefreienden Rücktritts beim Versuch). Solche Strafbarkeitsvoraussetzungen bleiben in diesem Kapitel außen vor.[13]

---

4 *Jakobs* AT 6/51; *Stratenwerth/Kuhlen* AT § 7 Rn. 17 f.
5 *Roxin* AT I § 7 Rn. 7; krit. Matt/*Renzikowski* Rn. 33 vor § 13.
6 Vgl. Wabnitz/Janovsky/*Dannecker/Bülte* § 1 Rn. 40; ferner *Puppe* GA 1990, 181.
7 S. etwa *Engisch* FS DJT, S. 401, 406 f.
8 Näher *Roxin* AT I § 10 Rn. 17 f.; s. auch Matt/*Renzikowski* Vor § 13 Rn. 35.
9 *Stratenwerth/Kuhlen* AT § 7 Rn. 14; s. auch Matt/*Renzikowski* Vor § 13 Rn. 35.
10 *Roxin* AT I § 7 Rn. 8.
11 Vgl. umfassend MK-StGB/*Freund* Vor §§ 13 ff. Rn. 381 ff.
12 Dazu etwa *Jescheck/Weigend* AT S. 554 ff.
13 Vgl. zum Rücktritt vom Versuch 9. Kap. Rn. 38 ff.

B. Tatbestandslehre

Die Umschreibung des tatbestandlichen Verhaltens bezieht sich zum einen auf die Erfordernisse, die sich aus dem jeweiligen Straftatbestand ergeben. Insoweit ist auf die Ausführungen zu den einzelnen Fiskalstraftaten zu verweisen. Daneben gibt es allgemeine Voraussetzungen, die sich insbesondere aus „Zurechnungs- und Geltungsregeln" zusammensetzen.[14]   8

So ergibt sich die wesentliche Eingrenzung des strafrechtlich relevanten Verhaltens insbesondere bei solchen Delikten, deren tatbestandliche Beschreibung sich weitgehend in der Erfolgsverursachung erschöpft, erst im Rahmen der allgemeinen Lehren über Kausalität und objektive Zurechnung (Rn. 41 ff.). Die wenigsten Strafvorschriften treffen eine Aussage dazu, inwieweit sie auch durch Unterlassen verwirklicht werden können (Rn. 54). Gleiches gilt auch für die näheren Voraussetzungen, einer gesetzlich vorgesehenen Versuchsstrafbarkeit (dazu 9. Kap. Rn. 2 ff.), für die Zurechnung strafbaren Verhaltens Dritter bei Beteiligung mehrerer an einer Straftat (dazu 10. Kap. Rn. 2 ff.) sowie für Vorsatz und Fahrlässigkeit (dazu 8. Kap. Rn. 6 ff., 87 ff.); die zuletzt genannten Aspekte werden jeweils in eigenständigen Kapiteln behandelt. Ein weiteres Problem ergibt sich daraus, dass schon die typisierende Umschreibung des strafwürdigen Verhaltens im Wirtschaftsstrafrecht besondere Schwierigkeiten bereitet.   9

Die Regelungen des Allgemeinen Teils des StGB gelten gem. Art. 1 EGStGB grundsätzlich auch im Nebenstrafrecht. Dabei ist allerdings zu beachten, dass „das geltende Strafrecht und seine Dogmatik auf eine gegenständlich einfache **Mikrokriminalität** zugeschnitten sind, bei welcher ein einzelner Täter ein individualisiertes Opfer durch Wegnahme von Sachen, durch Täuschung, Nötigung usw. am Vermögen schädigt."[15] Von diesem Idealtypus unterscheidet sich die Wirtschaftskriminalität jedoch in vielfacher Hinsicht. Insofern ist es eine zentrale Aufgabe von Wissenschaft und Praxis, die hier gegebenen Besonderheiten strafrechtsdogmatisch umzusetzen. Daneben gibt es aber auch Regelungen im Allgemeinen Teil des StGB, die speziell auf das Wirtschaftsstrafrecht zugeschnitten sind, wie etwa die Organ- und Vertreterhaftung (§ 14 StGB, § 9 OWiG).[16]   10

I. Definition und Funktion des Tatbestandes

Der Begriff des Tatbestandes wird in verschiedener Weise verwendet. Anders als im Zivilrecht ist damit im Strafrecht üblicherweise nicht der zu beurteilende Lebenssachverhalt gemeint.[17] Im weitesten Sinne kann man unter dem Tatbestand alle Voraussetzungen der Strafbarkeit fassen; das entspricht der rechtstheoretischen Unterscheidung von Tatbestand einerseits und Rechtsfolge andererseits.[18] Strafrechtsdogmatisch ist ein solcher Tatbestandsbegriff allerdings nicht weiterführend.[19]   11

Beling hat den Begriff erstmals in einem systematischen Sinne verwendet, ihn von Rechtswidrigkeit und Schuld getrennt und diesen gegenübergestellt (**Systemtatbestand**).[20] Allerdings ver-   12

---

14 Vgl. *Tiedemann* FS Baumann, S. 7, 11; s. auch *Roxin* AT I § 7 Rn. 2.
15 *Noll* Referat, M20; vgl. auch *Baumann* JZ 1972, 1 ff.
16 *Weber* ZStW 96 (1984) 376, 382.
17 *Jakobs* AT 6/53; *Stratenwerth/Kuhlen* AT § 7 Rn. 3.
18 *Jescheck/Weigend* AT S. 246; NK-StGB/*Puppe* Rn. 23 Vor §§ 13 ff.
19 *Jakobs* AT 6/49; NK-StGB/*Puppe* Rn. 23 Vor §§ 13 ff. Rn. 23; *Roxin* AT I § 10 Rn. 1; *Stratenwerth/Kuhlen* AT § 7 Rn. 4.
20 *Beling* S. 20 ff.

stand er diesen Tatbestand noch als wertfrei. Erst später setzte sich die Erkenntnis durch, dass mit der typisierenden Umschreibung des Unrechts bereits eine vorläufige Wertung verbunden ist.[21]

13 Neben dieser systematischen Funktion erfüllt der Tatbestand eine kriminalpolitische Funktion,[22] für die sich der Begriff **Garantietatbestand** etabliert hat.[23] Sie setzt das strafrechtliche Gesetzlichkeitsprinzip (Art. 103 Abs. 2 GG, § 1 StGB) um, wonach Strafe nur verhängt werden darf, wenn sie gesetzlich bestimmt ist. Damit trennt die Garantiefunktion zwischen möglicherweise strafwürdigen und strafbaren Verhaltensweisen: Wenn der Gesetzgeber ein Verhalten für strafbar erachtet, muss er die Strafbarkeit gesetzlich anordnen.

14 Dadurch erhält der Tatbestand auch eine bedeutsame irrtumsregelnde Bedeutung, weil gem. § 16 StGB diejenigen Umstände, die zum gesetzlichen Tatbestand gehören, vom Vorsatz erfasst sein müssen (**Irrtumstatbestand**, s. auch 8. Kap. Rn. 16). Der Begriff ist allerdings enger als der des Systemtatbestandes, weil der Vorsatz selbst zum Tatbestand gehört, Bezugspunkt des Vorsatzes aber nur die objektiven Tatbestandsmerkmale sind.[24] In diesem Zusammenhang ist auch die Warn- und Appellfunktion des Tatbestandes zu erwähnen: Wenn der gesetzliche Tatbestand typisiertes Unrecht umschreibt, besteht für den tatbestandlich handelnden Täter Anlass, die Rechtmäßigkeit seines Handelns zu hinterfragen. Das ist aber im Nebenstrafrecht bisweilen nicht der Fall (Rn. 88, 104).

15 In Bezug auf die Garantiefunktion ist zu beachten, dass die Strafbarkeitsvoraussetzungen, die sich aus dem Allgemeinen Teil ergeben, deutlich weniger bestimmt sind als die einzelnen Merkmale in den Tatbeständen des Besonderen Teils (und des Nebenstrafrechts).[25] So sind die Voraussetzungen einer Unterlassungsstrafbarkeit in § 13 StGB lediglich grob umrissen; Kausalität und Zurechenbarkeit sind überhaupt nicht gesetzlich geregelt.

16 Deshalb leisten Strafrechtsprechung und Strafrechtswissenschaft zur Rechtskonkretisierung insbesondere im Allgemeinen Teil einen erheblichen Beitrag, der diesem Mangel an Gesetzesbestimmtheit entgegenwirkt.[26] Je mehr diese Konkretisierung durch eine kohärente Strafrechtsdogmatik im Wege der **Theorie- und Systembildung** erfolgt, desto größer ist der Gewinn an Rechtssicherheit.[27] Dabei spielt auch die Systematisierung des Verbrechensaufbaus eine bedeutsame Rolle.[28] Dementsprechend ist es nur konsequent, wenn verfassungsrechtlich zunehmend davon ausgegangen wird, (nicht nur der Gesetzgeber, sondern auch) die Rechtsprechung könne und müsse zur Gesetzesbestimmtheit beitragen, indem sie das Strafgesetz wenn nötig präzisierend auslegt.[29]

---

21 Näher *Roxin* AT I § 10 Rn. 10 ff.

22 Vgl. *Beling* S. 21 ff.

23 Schönke/Schröder/*Eisele* Vor §§ 13 ff. Rn. 43/44; *Roxin* AT I § 10 Rn. 1; *Tiedemann* Tatbestandsfunktionen im Nebenstrafrecht, S. 172, 200 ff.

24 *Roxin* AT I § 10 Rn. 5; NK-StGB/*Puppe* Vor §§ 13 ff. Rn. 25.

25 Zur Geltung des Gesetzlichkeitsprinzips in diesem Bereich s. *Dannecker* FS Otto, S. 25 ff.

26 Eser/Hassemer/*Burkhardt* S. 111, 115 ff.; *Tiedemann* FS Baumann, S. 7, 16; eingehend *Kirsch* S. 233 ff.

27 Zu den Vorzügen eines solchen Systemdenkens Engel/Schön/*Frisch* S. 156, 160 ff.; *Roxin* AT I § 7 Rn. 38 ff.; zu möglichen Nachteilen *Roxin* AT I § 7 Rn. 47 ff.

28 *Jescheck/Weigend* AT S. 195 f.

29 Grundlegend *Kuhlen* FS Otto, S. 89 ff.; s. nunmehr auch *BVerfGE* 126, 170, 198.

II. Aufbau der strafrechtlichen Tatbestände

1. Typen der Tatbestände

Es werden verschiedene Typen der Tatbestände unterschieden. Diese Typisierung basiert vor **17** allem auf Unterschieden im Unrechtsgehalt der jeweiligen Deliktstypen und ist damit für die Auslegung der Strafnorm oftmals von entscheidender Bedeutung.[30]

a) Verletzungs- und Gefährdungsdelikte

Den Prototyp des Straftatbestandes bilden die sog. Erfolgsdelikte.[31] Hier sanktioniert der **18** Gesetzgeber grundsätzlich (nur), dass ein Erfolg vorsätzlich und zurechenbar herbeigeführt wird. Wichtig ist in diesem Kontext, dass zu den Erfolgsdelikten auch die so genannten konkreten Gefährdungsdelikte zählen, bei denen ein konkreter Gefahrerfolg erforderlich, aber auch ausreichend ist.[32] Die Strafandrohung kann erweitert werden, indem eine Versuchsstrafbarkeit angeordnet (vgl. §§ 23 Abs. 1, 12 StGB) oder auf das grundsätzliche Vorsatzerfordernis (vgl. § 15 StGB) verzichtet wird. Letzteres ist auch der Fall, wenn es ausreicht, dass der Täter leichtfertig handelt.

Verletzungs- und Gefährdungsdelikte unterscheiden sich dadurch, dass bei ersteren das **19** geschützte Rechtsgut real beeinträchtigt werden muss.[33] Wichtiger ist die Unterscheidung zwischen konkreten und abstrakten Gefährdungsdelikten. Während erstere den Erfolgsdelikten zuzuordnen sind und bei ihnen im Wesentlichen dieselben Zurechnungskriterien erforderlich sind, inkriminieren letztere bereits bestimmte typischerweise gefährliche Verhaltensweisen als solche.[34] Die Normierung von (insbesondere abstrakten) Gefährdungsdelikten führt dazu, dass die Strafbarkeit nach vorne verlagert wird (Rn. 25 ff.).

b) Begehungs- und Unterlassungsdelikte

Geläufig ist auch die Unterscheidung nach den beiden Grundformen menschlichen Handelns: **20** Aktivität und Passivität.[35] Sie ist insbesondere deshalb wichtig, weil die allermeisten Straftatbestände auf die aktive Tatbegehung zugeschnitten sind. Das Unterlassen ist demgegenüber nur strafbar, wenn den Täter eine besondere Handlungspflicht trifft (Rn. 58 ff.).

c) Allgemein- und Sonderdelikte

Nach dem Kreis der tauglichen Täter werden Allgemein- und Sonderdelikte unterschieden. **21** Erstere können von jedermann begangen werden. Bei **echten Sonderdelikten** kommen dagegen nur besondere, durch den gesetzlichen Tatbestand näher spezifizierte Personen als Täter in Betracht. Ein Beispiel hierfür ist die Untreue. Daneben gibt es die **unechten Sonderdelikte**, die zwar von jedermann begangen werden können, bei denen aber die qualifizierte Stellung strafschärfend wirkt. Beispielhaft ist die Strafvereitelung im Amt (§ 258a StGB). Diese kommt etwa in Betracht, wenn ein Finanzbeamter Kenntnis von Steuerstraftaten erlangt und diese nicht weiter verfolgt (Rn. 64). Eine – im Hinblick auf das Doppelverwertungsverbot (§ 46 Abs. 3

---

30 *Jescheck/Weigend* AT S. 260.
31 *Mansdörfer* Theorie des Wirtschaftsstrafrechts, Rn. 137.
32 *Roxin* AT I § 10 Rn. 102, § 11 Rn. 147.
33 *Roxin* AT I § 10 Rn. 123; LK-StGB/*Walter* Rn. 65 Vor § 13.
34 *Mansdörfer* Theorie des Wirtschaftsstrafrechts, Rn. 157 f.; *Roxin* AT I § 11 Rn. 153; *Tiedemann* Wirtschaftsstrafrecht AT Rn. 181; LK-StGB/*Weigend* Einl. Rn. 9.
35 *Baumann/Weber/Mitsch* AT § 8 Rn. 33; *Jescheck/Weigend* AT S. 265.

StGB) nicht ganz unproblematische – Kumulation von echtem und unechtem Sonderdelikt gibt es bei der Haushaltsuntreue wegen § 266 Abs. 2 i.V.m. § 263 Abs. 3 Nr. 4 StGB, wonach bei Missbrauch der Amtsträgerstellung ein besonders schwerer Fall der Untreue vorliegt.[36]

2. Deskriptive und normative Tatbestandsmerkmale

22 Traditionell wird zwischen beschreibenden (deskriptiven) und wertenden (normativen) Tatbestandsmerkmalen unterschieden. Die **deskriptiven Tatbestandsmerkmale** sollen Umstände der realen Welt beschreiben und daher sinnlich wahrnehmbar sein.[37] Dagegen sollen sich die **normativen Tatbestandsmerkmale** erst unter Rückgriff auf rechtliche oder soziale Normen erschließen.[38] Die Unterscheidung ist insbesondere für Vorsatz- und Irrtumsfragen relevant (näher 8. Kap. Rn. 19 ff.).[39] Allerdings erhalten auch die deskriptiven Tatbestandsmerkmale durch ihre Verwendung im Strafgesetz eine Normativierung,[40] sodass die Grenze fließend ist und es schwierig sein kann, beide voneinander abzugrenzen.[41] Die normativen Tatbestandsmerkmale sind wiederum von Blankettmerkmalen abzugrenzen (Rn. 35 ff.).

III. Besonderheiten der Gesetzestechnik im Fiskalstrafrecht

23 Die Gesetzgebungstechnik im Wirtschaftsstrafrecht weist gewisse Besonderheiten auf,[42] die sich auch im Fiskalstrafrecht wiederfinden, und die auf strukturelle Schwierigkeiten zurückzuführen sind, mit denen sich der Gesetzgeber konfrontiert sieht. Oft geht es um wirtschaftlich komplexe Vorgänge. Ferner sind die Eigenarten des Wirtschaftslebens in besonderer Weise wandelbar und ist ihre Bewertung entsprechend wechselhaft. Der Gesetzgeber reagiert darauf unter anderem mit Blankettstrafgesetzen (Rn. 31 ff.), indem er die Strafbarkeit auf (leichtfertige) Rechtsgutgefährdungen vorverlagert (Rn. 27 ff.) sowie Generalklauseln und Maßstabsfiguren verwendet (Rn. 38 ff.).

24 Anders als im Kernstrafrecht, wo man es überwiegend mit Delikten zu tun hat, die die Verletzung elementarer sozialer Normen unter Strafe stellen (delicta mala per se), sind im Nebenstrafrecht – auch im Fiskalstrafrecht – **delicta mere prohibita** zahlreich.[43] Bei ihnen ist der gesetzliche Tatbestand häufig weitgehend unrechtsneutral.[44] Deshalb werden die oben beschriebenen Tatbestandsfunktionen, namentlich die typisierende Unrechtsumschreibung und damit auch die Appellfunktion, hier nur eingeschränkt erfüllt. Bedeutsam ist das insbesondere für die Diskussion um die Behandlung des Irrtums über Blankettmerkmale (8. Kap. Rn. 22 ff.);[45] aber auch für Verbotsirrtümer (Rn. 104, 113). Dieser Aspekt kann aber dadurch wieder abgeschwächt sein, dass die potenziellen Täter solcher Strafvorschriften sich im betroffenen Bereich besonders gut auskennen (Rn. 113).

---

36 Vgl. MK-StGB/*Dierlamm* § 266 Rn. 304; Schönke/Schröder/*Perron* § 266 Rn. 53; Satzger/Schluckebier/Widmaier/*Saliger* § 266 Rn. 112; LK-StGB/*Schünemann* § 266 Rn. 218.
37 *Jescheck/Weigend* AT S. 269 f.
38 *Jescheck/Weigend* AT S. 270.
39 *Roxin* AT I § 10 Rn. 57, § 12 Rn. 100 ff.
40 *Roxin* AT I § 10 Rn. 59; *Stratenwerth/Kuhlen* AT § 8 Rn. 69.
41 *Baumann/Weber/Mitsch* AT § 8 Rn. 17 f.; näher *Schlüchter* S. 7 ff.
42 Vgl. *Tiedemann* FS Schroeder, S. 641 ff.
43 Vgl. dazu *Bülte* NStZ 2013, 65, 69; Wabnitz/Janowsky/*Dannecker/Bülte* Kap. 1 Rn. 26.
44 NK-StGB/*Neumann* § 17 Rn. 90; *Tiedemann* Wirtschaftsstrafrecht AT Rn. 342.
45 S. auch *Bülte* NStZ 2013, 65, 70.

1. Vorverlagerung und Ausweitung der Strafbarkeit

Erfolgsdelikte bilden den Prototyp des Straftatbestandes (Rn. 18). Der strafrechtliche Schutz kann aber dadurch vorverlagert werden, dass der Täter nicht vorsätzlich handeln oder keinen Erfolg herbeiführen muss (Rn. 18). Praktisch bedeutsam sind insbesondere abstrakte Gefährdungsdelikte sowie die leichtfertige Tatbegehung. Nicht selten geschieht beides kumulativ. Beispiele sind etwa der Subventionsbetrug oder manche Steuerordnungswidrigkeiten. **25**

> **Beispiel:** Nach § 379 Abs. 1 Nr. 2 AO handelt ordnungswidrig, wer entgeltlich Belege in den Verkehr bringt, weil der Gesetzgeber davon ausgeht, dass dadurch Steuerstraftaten Vorschub geleistet wird und er den staatlichen Steueranspruch insoweit als besonders bedroht angesehen hat.[46] **26**

a) Gefährdungsdelikte

Gefährdungsdelikte finden sich im Wirtschaftsstrafrecht häufig.[47] Die Strafbarkeit wird hier nach vorne verlagert, weil insbesondere bei den „abstrakten" Gefährdungsdelikten – die verbotene Verhaltensweise weit im Vorfeld der realen Rechtsgutverletzung liegt.[48] Die Beweggründe für die Normierung abstrakter Gefährdungsdelikte sind durchaus unterschiedlich. Zumeist geht es darum, bestimmte Verhaltensweisen unter Strafe zu stellen, die typischerweise das geschützte Rechtsgut beeinträchtigen werden. Die grundsätzliche Legitimität abstrakter Gefährdungsdelikte wird heute nicht mehr bezweifelt.[49] Ob und wann sie im Einzelnen zulässig sind, richtet sich vor allem nach dem **Verhältnismäßigkeitsprinzip**.[50] Zum Teil geht es dem Gesetzgeber aber auch darum, Beweisschwierigkeiten durch das materielle Recht zu bewältigen.[51] Das ist weniger unproblematisch (Rn. 29 f.). **27**

Unabhängig von der Verhältnismäßigkeit der Strafandrohung als solche, stellt sich die Frage, ob und inwieweit im Einzelfall eine **teleologische Reduktion** abstrakter Gefährdungsdelikte in Betracht kommt, wenn die konkrete Verhaltensweise (im Einzelfall) erwiesenermaßen ungefährlich ist. Tendenziell wird dies unter Berufung auf das Verhältnismäßigkeitsprinzip für möglich gehalten, allerdings nur, wenn von Verhaltensregeln abgewichen wird, nicht bei formalen (Spiel-)Regeln des jeweiligen Verkehrskreises.[52] **28**

b) Leichtfertigkeit

Soweit der Gesetzgeber auch leichtfertiges Handeln unter Strafe stellt, wird die Strafbarkeit auf der subjektiven Tatseite ausgeweitet.[53] Unter Leichtfertigkeit versteht man im Wesentlichen eine besonders grobe Fahrlässigkeit (näher 8. Kap. Rn. 135 ff.). Diese Form der Gesetzgebung ist rechtspolitisch umstritten; kritisiert wird – insbesondere im Hinblick auf die leichtfertige Geldwäsche (§ 261 Abs. 5 StGB) –, es gehe dabei um eine missbräuchliche Beweiserleichterung.[54] **29**

---

46 Hübschmann/Hepp/Spitaler/*Bülte* § 379 Rn. 15, 19; Franzen/Gast/Joecks/*Jäger* § 379 Rn. 9.
47 *Otto* ZStW 96 (1984) 339, 362 f.
48 *Otto* ZStW 96 (1984) 339, 363 ff.; *Wittig* § 6 Rn. 10.
49 Näher Schünemann/Suárez Gonzáles/*Kindhäuser* S. 125 ff.
50 *Appel* S. 203; LK-StGB/*Weigend* Einl. Rn. 9.
51 *Wittig* § 6 Rn. 9.
52 *Tiedemann* Wirtschaftsstrafrecht AT Rn. 183.
53 *Tiedemann* Wirtschaftsstrafrecht AT Rn. 185.
54 *Bülte* JZ 2014, 603, 607.

30 Dient die fragliche Strafnorm tatsächlich ausschließlich der Beweiserleichterung, so verstößt sie gegen den strafprozessualen Grundsatz in dubio pro reo.[55] Denn dem deutschen Strafverfahrensrecht sind Beweisregeln fremd. Insoweit sollen aber im Ordnungswidrigkeitenrecht weniger strenge rechtsstaatliche Anforderungen gelten.[56] Teils liegt der Leichtfertigkeitsstrafbarkeit aber auch ein legitimer Gedanke zugrunde, dass nämlich aufgrund besonderer Umstände – etwa wegen einer gesteigerten Verantwortlichkeit – auch leichtfertige Verhaltensweisen strafwürdig erscheinen. Tiedemann hat das mit dem Gedanken der **Berufsfahrlässigkeit** beschrieben.[57] Dem Gesetzgeber steht es im Rahmen seiner Einschätzungsprärogative frei, das materielle Unrecht anders zu bestimmen und dadurch den Gegenstand der Beweiswürdigung zu beeinflussen.[58] Daher ist die Strafbewehrung leichtfertigen Verhaltens vor allem am **Verhältnismäßigkeitsprinzip** zu messen.[59]

2. Blankettstrafgesetze und Verweisungen

a) Allgemeines

31 Blanketttatbestände sind durch die Besonderheit geprägt, dass der Straf- oder Bußgeldtatbestand das **verbotene Verhalten nicht selbst beschreibt**, sondern insofern **auf andere Rechtsnormen** – derselben oder einer anderen Instanz – **verweist**. Die Gründe für diese Form der Gesetzgebungstechnik sind vielschichtig. Oft werden Blankette lediglich der Gesetzesökonomie wegen verwendet: Zunächst werden die allgemeinen wirtschaftlichen Ge- und Verbote vorangestellt; anschließend werden dann die Verstöße gegen diese Normen als Straftaten und/oder Ordnungswidrigkeiten angefügt.[60] Teils dient die Blankettgesetzgebung aber auch der Flexibilität, weil es oftmals schneller möglich ist, die blankettausfüllende Norm zu schaffen oder zu ändern und diese somit der jeweiligen Sachlage besser angepasst werden kann.[61]

32 Es gibt verschiedene Erscheinungsformen von Blankettgesetzen. So ist zwischen **Binnen- und Außenverweisungen** zu unterscheiden: Bei ersteren wird auf weitere Akte **derselben** Normsetzungsinstanz verwiesen (Blanketttatbestände im weiteren Sinne).[62] Dies betrifft insbesondere die soeben erwähnte Verweisungstechnik aus gesetzesökonomischen Gründen. Bei den Außenverweisungen dagegen ist eine andere Instanz zuständig, die Blankettnorm auszufüllen.[63] Verweisungsgegenstand können grundsätzlich wiederum ein Gesetz (im formellen Sinne), aber auch ein Verwaltungsakt oder Normen des Unionsrechts sein.[64] Ferner gibt es **statische und dynamische Verweisungen**, die sich dadurch unterscheiden, ob auf eine bestimmte oder die jeweilige – und damit für die Zukunft offene – Fassung der Ausfüllungsnorm verwiesen wird.[65]

33 Blanketttatbestände können erhebliche **verfassungsrechtliche Probleme** aufwerfen, müssen dies aber nicht zwangsläufig. So liegt es auf der Hand, dass Außenverweisungen problematischer sind als die rechtsstaatlich weitgehend unbedenklichen Binnenverweisungen. Probleme

---

55 Vgl. *Otto* ZStW 96 (1984) 339, 367; *Weber* ZStW 96 (1984) 376, 390.
56 *BVerfGE* 9, 167, 169 ff.
57 *Tiedemann* Wirtschaftsstrafrecht AT Rn. 186.
58 *Bülte* JZ 2014, 603, 608.
59 *Bülte* JZ 2014, 603, 608.
60 *Tiedemann* Wirtschaftsstrafrecht AT Rn. 197.
61 *Tiedemann* Wirtschaftsstrafrecht AT Rn. 179, 197.
62 *Wittig* § 6 Rn. 16.
63 *Wittig* § 6 Rn. 15.
64 LK-StGB/*Dannecker* § 1 Rn. 148.
65 Vgl. LK-StGB/*Dannecker* § 1 Rn. 157 f.; *Tiedemann* Wirtschaftsstrafrecht AT Rn. 206.

stellen sich insbesondere im Hinblick auf die Gesetzesbestimmtheit, daneben aber auch wegen des Vorbehalts des Gesetzes, namentlich wegen des Wesentlichkeitsprinzips.

Beispiel: Besonders deutlich werden die Probleme von Blankettgesetzen am Beispiel des § 379 Abs. 2 Nr. 1b AO. Nach dieser Vorschrift handelt ordnungswidrig, wer *„einer Rechtsverordnung nach § 117c Absatz 1 oder einer vollziehbaren Anordnung auf Grund einer solchen Rechtsverordnung zuwiderhandelt, soweit die Rechtsverordnung für einen bestimmten Tatbestand auf diese Bußgeldvorschrift verweist"*. Auf der Grundlage des § 117c Abs. 1 AO wurde die *„Verordnung zur Umsetzung der Verpflichtungen aus dem Abkommen zwischen der Bundesrepublik Deutschland und den Vereinigten Staaten von Amerika zur Förderung der Steuerehrlichkeit bei internationalen Sachverhalten und hinsichtlich der als Gesetz über die Steuerehrlichkeit bezüglich Auslandskonten bekannten US-amerikanischen Information- und Meldebestimmungen"* (FATCA-USA-UmsVO) erlassen. § 379 Abs. 2 Nr. 1b AO verweist also nicht nur auf § 11 FATCA-USA-UmsVO und dieser wiederum auf deren § 5, sondern das Blankett nimmt darüber hinaus auch die Anlagen des völkerrechtlichen Vertrages in Bezug.[66]

34

b) Abgrenzung zu normativen Tatbestandsmerkmalen

In diesem Lichte ist auch der Streit um die Frage zu sehen, wie Blankettstrafgesetze von Straftatbeständen mit normativen Tatbestandsmerkmalen abzugrenzen sind. Bedeutung hat die Abgrenzung einerseits im Hinblick auf die Anforderungen an die gesetzliche Bestimmtheit der Strafvorschrift (Rn. 33), andererseits wegen der Rückwirkung des milderen Gesetzes und für Irrtumskonstellationen (Rn. 112 f. und 8. Kap. Rn. 22 ff.).

35

Wie die Abgrenzung genau zu erfolgen hat, ist im Detail umstritten.[67] Im Kern geht es dabei um die Frage, inwieweit der jeweilige Tatbestand das verbotene Verhalten im Wesentlichen selbst beschreibt. Dass er auf außerstrafrechtliche Normen oder Wertungen Bezug nimmt, macht die Norm noch nicht unvollständig. Erst, wenn der Tatbestand derart unvollkommen ist, dass es an einer hinreichenden Unrechtstypisierung (Rn. 3) fehlt, wenn nicht die ausfüllende Norm hineingelesen wird, handelt es sich um ein Blankettgesetz.

36

Für das Fiskalstrafrecht erscheint die Frage auf den ersten Blick besonders bedeutsam, da sowohl bei der Steuerhinterziehung[68] als auch bei der Untreue[69] umstritten ist, ob darin ein Blankett oder ein normatives Tatbestandsmerkmal enthalten ist. Die Problematik entschärft sich für Irrtumsfragen allerdings dadurch, dass die st. Rspr. die Steuerhinterziehung zwar als Blankett versteht, entsprechende Irrtümer (sog. **Steueranspruchstheorie**; vgl. dazu 1. Kap. Rn. 10; 8. Kap. Rn. 20, 72 ff.; 17. Kap. Rn. 110 ff.) allerdings gleichwohl (noch) als Tatbestandsirrtum behandelt (vgl. 23. Kap. Rn. 23 ff.). Bei der Untreue ist die Behandlung des Irrtums über die Pflichtwidrigkeit dagegen umstritten (vgl. 23. Kap. Rn. 65 ff.).

37

3. Generalklauseln und Maßfiguren

Im Wirtschaftsstrafrecht finden sich überproportional viele normative Tatbestandsmerkmale und Generalklauseln. Dabei handelt es sich um ein Problem der Gesetzesbestimmtheit.[70] Ein

38

---

66 Hübschmann/Hepp/Spitaler/*Bülte* § 379 Rn. 108.
67 Vgl. *Enderle* S. 90 ff. m.N.
68 Eingehend *Walter* FS Tiedemann, S. 969 ff.
69 Eingehend *Dinter* Der Pflichtwidrigkeitsvorsatz der Untreue, 2012.
70 *Otto* ZStW 96 (1984) 339, 370 f.; *Tiedemann* Wirtschaftsstrafrecht AT Rn. 209, 213 ff.

Beispiel ist die Formulierung „den Anforderungen einer ordnungsgemäßen Wirtschaft grob widersprechende Weise" (§ 283 Abs. 1 Nr. 8 StGB). Auch der Untreuetatbestand ist generalklauselartig gefasst.[71] Solche Generalklauseln gelten zwar bei der Rechtsanwendung als praktikabel, geraten aber in einen evidenten Zielkonflikt mit dem Gesetzlichkeitsprinzip.[72] Entscheidend ist, ob sich mithilfe der üblichen Auslegungsmethoden eine zuverlässige Grundlage gewinnen lässt, auf deren Basis die Norm ausgelegt und angewendet werden kann.[73] Auch der Adressatenkreis kann eine Rolle spielen: Richtet sich die Vorschrift „ausschließlich an Personen, bei denen auf Grund ihrer Ausbildung oder praktischen Erfahrung bestimmte Fachkenntnisse regelmäßig vorauszusetzen sind, und regelt sie Tatbestände, auf die sich solche Kenntnisse zu beziehen pflegen", so kann das die Bestimmtheitsanforderungen lockern.[74]

39 Auch im Wirtschaftsrecht finden sich Generalklauseln und Maßfiguren, auf die das materielle Strafrecht verweist oder die für die Auslegung der Strafnorm relevant sein können. Im Wirtschaftsrecht begegnet einem die Maßfigur des ordentlichen Geschäftsmannes (vgl. §§ 93 AktG, 43 GmbHG). Dieser Standard wird vielfach herangezogen, um die tatbestandliche Untreuehandlung zu präzisieren.[75] Gleiches gilt bei der Haushaltsuntreue für den Grundsatz der Wirtschaftlichkeit und Sparsamkeit.[76] Hier verweist ein für sich genommen schon eher unbestimmtes Merkmal einer Strafnorm auf eine Generalklausel. Inwieweit in verfassungsrechtlich zulässiger Weise an außerstrafrechtliche Generalklauseln angeknüpft werden kann, hängt wegen der unterschiedlichen Bestimmtheitsanforderungen nicht zuletzt davon ab, ob die Strafnorm durch ein normatives Tatbestandsmerkmal oder ein Blankett Bezug nimmt. Umstritten ist daneben auch, ob für die Auslegung im Strafrecht teils ein engerer Maßstab gelten kann oder muss als im Wirtschaftsrecht (**Normambivalenz** bzw. Normspaltung).[77]

40 Eine für das Fiskalstrafrecht bedeutsame Generalklausel ist in § 42 AO, der bei **Umgehung des Steuergesetzes durch Missbrauch** anordnet, dass der Steueranspruch gleichwohl entsteht. Solche Schein- und Umgehungshandlungen sind im Wirtschaftsstrafrecht häufig; eine Bestrafung ist im Hinblick auf das Analogieverbot grundsätzlich problematisch.[78] Etwas anderes gilt aber, wenn – wie im Falle des § 42 AO – der Fall des Rechtsmissbrauchs gesetzlich geregelt ist.[79] Damit bleibt aber immer noch das Problem, dass die Umgehungsklausel in erhöhtem Maße unbestimmt ist. Nach h.M. ist § 42 AO im Strafrecht daher besonders restriktiv auszulegen.[80]

IV. Kausalität und objektive Zurechenbarkeit

41 Strafrechtlich relevantes Verhalten setzt stets menschliches Verhalten voraus; im Normalfall ist das ein aktives Tun, in Betracht kommt aber auch ein Unterlassen (Rn. 54 ff.). Zwischen diesem Verhalten und dem Erfolg muss eine bestimmte Beziehung bestehen. Der Täter muss den

---

71 *Wittig* § 6 Rn. 21.
72 LK-StGB/*Dannecker* § 1 Rn. 198.
73 LK-StGB/*Dannecker* § 1 Rn. 209.
74 LK-StGB/*Dannecker* § 1 Rn. 211.
75 Vgl. *BGHSt* 34, 379, 386 f.; MK-StGB/*Dierlamm* § 266 Rn. 170; Achenbach/Ransiek/*Seier* 5. Teil, Kap. 2 Rn. 117 f.; krit. AnwK/*Esser* § 266 Rn. 19.
76 Vgl. *BGH* NStZ 2008, 87, 88 f.; AnwK/*Esser* § 266 Rn. 272; Müller-Gugenberger/Bieneck/*Schmid* § 32 Rn. 14, 25; Achenbach/Ransiek/*Seier* 5. Teil, Kap. 2 Rn. 121.
77 Vgl. *Tiedemann* Wirtschaftsstrafrecht AT Rn. 209 ff.
78 Vgl. dazu allg. *Tiedemann* Wirtschaftsstrafrecht AT Rn. 236 ff.
79 *Kuhlen* Grundfragen, S. 49.
80 LK-StGB/*Dannecker* § 1 Rn. 266.

Erfolg erstens **verursacht** haben, und er muss ihm zweitens, gleichsam als sein Werk, **objektiv zuzurechnen** sein.

1. Kausalität

Voraussetzung aller Erfolgsdelikte ist es, dass der Erfolgseintritt kausale Folge der Tathandlung ist. Zu den Erfolgsdelikten zählen dabei nicht nur Verletzungs-, sondern auch konkrete Gefährdungsdelikte (Rn. 18).

a) Äquivalenztheorie

Ursächlichkeit setzt nach der ganz herrschenden **Conditio-sine-qua-non-Formel** voraus, dass die tatbestandliche Handlung nicht hinweggedacht werden kann, ohne dass der tatbestandliche Erfolg in seiner konkreten Form entfiele. Insofern ergeben sich im Wirtschaftsstrafrecht kaum Besonderheiten. Umstritten ist die Kausalität bei **Gremienentscheidungen**, wobei die Problematik stark von den erforderlichen Mehrheiten und dem Stimmenverhältnis sowie davon abhängt, ob es sich um eine offene oder eine geheime Abstimmung handelt.[81] Im Übrigen geht es um allgemeine Kausalitätsfragen. So müssen etwa bei der Steuerhinterziehung die unwahren Angaben ursächlich für die eingetretene Steuerverkürzung sein, woran es fehlt, wenn die unzutreffende Steuererklärung sich auf den Steuerbescheid nicht auswirkt, weil sie im Finanzamt verlorengeht.[82] Scheitert die Strafbarkeit an der fehlenden Kausalität, ist freilich stets eine mögliche Versuchsstrafbarkeit zu bedenken (die aber etwa bei der Untreue nicht vorgesehen ist).

b) Adäquanztheorie

Das Problem der Äquivalenztheorie liegt darin, dass sie nur eine sehr eingeschränkte Filterfunktion erfüllt. So setzen etwa die Eltern eine Ursache für sämtliche von ihren Kindern begangene Straftaten. Teils ist daher versucht worden, bereits auf der Ebene der Kausalität eine weitergehende Einschränkung des strafrechtlich relevanten Verhaltens zu erreichen. Die **Adäquanztheorie** basiert auf der Äquivalenztheorie, lässt allerdings nur solche Bedingungen als Ursache gelten, die erfahrungsgemäß geeignet sind, Erfolge der eingetretenen Art herbeizuführen.[83] Die h.M. hat demgegenüber aber den Vorteil, dass sie zwischen der rein objektiven Kausalitätsfrage und der normativen Bewertung des Täterverhaltens streng trennt.

2. Tatbestandsmäßiges Verhalten und Zurechnung des Erfolges

Die erforderliche normative Beurteilung des Täterverhaltens erfolgt nach h.M. dagegen im Rahmen der objektiven Zurechenbarkeit.[84] Diese setzt tradiertem Verständnis zufolge voraus, dass der Täter eine rechtlich relevante Gefahr geschaffen und diese sich im Erfolg realisiert hat.[85] Kritische Stimmen monieren allerdings zu Recht, dass es sich bei den beiden Elementen Risikoschaffung und Risikorealisierung um zwei wesensverschiedene Kategorien handele, die man systematisch besser trenne: Nur bei der Risikorealisierung handelt es sich um eine

---

81 Vgl. dazu Satzger/Schluckebier/Widmaier/*Kudlich* Vor §§ 13 ff. Rn. 43; *Mansdörfer* FS Frisch, S. 315 ff.; *Tiedemann* Wirtschaftsstrafrecht AT Rn. 281 ff.
82 *Kuhlen* Grundfragen, S. 9.
83 *Engisch* Kausalität, S. 41 ff., 45 ff.
84 Schönke/Schröder/*Eisele* Rn. 92 Vor §§ 13 ff.; *Jescheck/Weigend* AT S. 287; *Roxin* AT I § 11 Rn. 50 f.
85 Grundlegend *Roxin* FS Honig, S. 133 ff.

Zurechnungsfrage, während die Risikoschaffung bereits eine Frage des tatbestandlichen Verhaltens im engeren Sinne ist.[86] Hierbei handelt es sich allerdings vornehmlich um eine strafrechtsdogmatische Frage, die für die Praxis von untergeordneter Bedeutung ist, zumal sie sich auf die Lösung von Einzelproblemen nicht auswirkt.[87]

a) Risikoschaffung

46 Der Täter muss eine **tatbestandlich missbilligte Gefahr schaffen**. Eine Gefahrschaffung liegt vor, wenn die vorgenommene Handlung nach allgemeinem Erfahrungswissen möglicherweise oder wahrscheinlich das Risiko herbeiführt, dass der Erfolg eintrete.[88] Missbilligt ist diese Gefahr, wenn das Verhalten wegen der ihm anhaftenden Gefahr nach den Wertungen der Rechtsordnung prinzipiell zu unterbleiben hat.[89] Auch hier geht es also wieder um eine typisierende Betrachtungsweise. Damit wird insbesondere das verfassungsrechtliche **Verhältnismäßigkeitsprinzip** umgesetzt, weil die Frage, „ob sich ein Verhalten überhaupt als tatbestandlich erfasste Abweichung von der rechtlichen Verhaltensordnung darstellt" untrennbar mit der „Frage nach der Reichweite und den Grenzen der rechtlich anerkannten Freiheit" verbunden ist.[90] Die Risikomissbilligung muss daher zur Gewährleistung der jeweils tatbestandlich geschützten Güter geeignet, erforderlich und angemessen sein.[91]

47 Eine zentrale Bedeutung hat im Kontext der Risikoschaffung der Gedanke der **Sozialadäquanz**.[92] Aus wirtschaftsstrafrechtlicher Perspektive geht es dabei vor allem um die Frage, inwieweit bei **berufstypischen Verhaltensweisen** besondere Voraussetzungen an strafrechtlich relevantes Verhalten zu knüpfen sind.[93] Daneben tritt freilich noch ein weiterer Aspekt, nämlich die Frage, inwieweit es auch wegen der grundrechtlich geschützten Berufsfreiheit (Art. 12 GG) erforderlich ist, das Strafgesetz einschränkend auszulegen.[94] Hier ist also der Gesichtspunkt der Verhältnismäßigkeit deutlich erkennbar relevant. Das Problem wird zumeist im Rahmen der Teilnahmelehre unter dem Gesichtspunkt der **„neutralen" Beihilfe** diskutiert, so dass auf die diesbezüglichen Ausführungen verwiesen sei (11. Kap. Rn. 26 ff.).

b) Risikorealisierung

48 Die Risikorealisierung betrifft die Frage, ob sich in dem eingetretenen Erfolg das vom Täter geschaffene Risiko realisiert, schlagwortartig also um die Abgrenzung von Unrecht und Zufall.[95] Dabei geht es vor allem um die Beziehung zwischen einer Sorgfaltspflichtverletzung und einem konkreten Erfolg.[96] Das schlägt sich am deutlichsten nieder in der heute weitgehend anerkannten Formel, im Erfolg müsse sich gerade dasjenige Risiko realisieren, dessent-

---

86 Grundlegend *Frisch* Tatbestandsmäßiges Verhalten, S. 33 ff. und passim; ebenso etwa MK-StGB/*Freund* Vor §§ 13 ff. Rn. 352 ff.; NK-StGB/*Puppe* Vor §§ 13 ff. Rn. 154.
87 *Roxin* AT I § 11 Rn. 51.
88 *Frisch* JuS 2011, 116.
89 *Frisch* JuS 2011, 116.
90 *Frisch* GA 2003, 719 (734, 743); *ders.* Tatbestandsmäßiges Verhalten, S. 72 ff.
91 *Frisch* Tatbestandsmäßiges Verhalten, S. 74 ff., 83 ff., 106, 125 f., 137 ff. und öfter; s. auch *Jakobs* AT 7/35; Schönke/Schröder/*Eisele* Vor §§ 13 ff. Rn. 93.
92 Schönke/Schröder/*Eisele* Vor §§ 13 ff. Rn. 93; *Stratenwerth/Kuhlen* AT § 8 Rn. 30 ff.
93 Vgl. LK-StGB/*Schünemann* § 27 Rn. 26.
94 *Leitner/Dannecker/Hagemeier* S. 64, 88 ff.
95 Vgl. *Roxin* AT I, § 11 Rn. 69.
96 *Roxin* AT I, § 11 Rn. 87.

wegen die Handlung verboten ist.[97] Üblicherweise werden verschiedene Gesichtspunkte der Risikorealisierung unterschieden; die Grenzen sind allerdings fließend.[98]

aa) Pflichtwidrigkeitszusammenhang

Wenn sich das gesetzte Risiko im Erfolg realisieren muss, folgt daraus, dass insofern ein **49** **Pflichtwidrigkeitszusammenhang**. bestehen muss. An ihm fehlt es, wenn der Täter zwar ein unerlaubtes Risiko geschaffen hat, dieses sich aber nicht im Erfolg realisiert.[99] Das kann einerseits der Fall sein, weil sich das geschaffene Risiko auf den Erfolg überhaupt nicht auswirkt. Andererseits wird teils vertreten, dass eine Risikoerhöhung bereits ausreiche.[100] Zum Pflichtwidrigkeitszusammenhang gehört ferner die Konstellation, dass die Pflichtwidrigkeit für den Erfolg kausal wurde, aber das Risiko für dessen Eintritt nicht erhöht hat. Besondere Bedeutung hat das Erfordernis für Überwachungspflichten in Unternehmen. Nicht nur muss diese Pflicht verletzt worden sein, sondern überdies feststehen, dass der Erfolg ausgeblieben wäre, wäre sie eingehalten worden.[101]

In den Kontext des Pflichtwidrigkeitszusammenhangs gehört systematisch auch die neuerdings **50** aufgeworfene Frage, ob eine **hypothetische Einwilligung** bei der **Untreue** anzuerkennen ist.[102] Bei der Haushaltsuntreue kann sich die Frage etwa stellen, wenn ein Nachtragshaushalt gewährt wird (23. Kap. Rn. 39 ff.).[103]

Fordert das Gesetz Leichtfertigkeit, so stellt sich die Frage, ob damit auch das Erfordernis eines **51** **Leichtfertigkeitszusammenhangs** verbunden ist, ob also, mit anderen Worten, der Nachweis geführt werden muss, dass der Erfolg bei „nur" fahrlässigem Verhalten nicht eingetreten wäre.

bb) Schutzzweckzusammenhang

Bei den Fällen, die unter dem Gesichtspunkt des **Schutzzweckzusammenhangs** diskutiert wer- **52** den, steht dagegen fest, dass der Erfolg bei normgemäßem Verhalten ausgeblieben wäre. Fraglich ist allerdings, ob die verletzte Norm auch Erfolge der eingetretenen Art verhindern soll. Dabei geht es um die Abgrenzung zu bloßen Schutzreflexen, die strafrechtlich irrelevant sein sollen.[104]

Mit der Frage des Schutzzweckzusammenhangs nicht zu verwechseln ist es, wenn bei der **53** Untreue im Rahmen der Pflichtwidrigkeit neuerdings nach dem Schutzzweck der verletzten Norm gefragt wird (dazu 23. Kap. Rn. 16 ff.);[105] denn hier geht es nicht um Zurechnungsfragen, sondern um die Konturierung der tatbestandlichen Untreuehandlung.[106]

---

97 *Frisch* Tatbestandsmäßiges Verhalten, S. 525; Schönke/Schröder/*Eisele* Vor §§ 13 ff. Rn. 95/96; *Stratenwerth/ Kuhlen* AT § 8 Rn. 38.
98 *Roxin* AT I § 11 Rn. 87.
99 *Roxin* AT I § 11 Rn. 73 ff.
100 *Stratenwerth/Kuhlen* AT § 8 Rn. 36 f.
101 Hübschmann/Hepp/Spitaler/*Bülte* § 378 Rn. 88.
102 Vgl. *Rönnau* StV 2011, 753, 755 f.
103 Vgl. bereits *Kudlich* JA 2006, 826, 827, der die Frage unter dem Gesichtspunkt der Pflichtwidrigkeit aufwirft.
104 *Krümpelmann* FS Bockelmann S. 443 ff., *Roxin* AT I § 11 Rn. 86; krit. *Frisch* Tatbestandsmäßiges Verhalten, S. 80 ff.
105 S. etwa *Gerkau* S. 145 ff.; Achenbach/Ransiek/*Seier* 5. Teil, Kap. 2 Rn. 207.
106 Satzger/Schluckebier/Widmaier/*Saliger* § 266 Rn. 32b.

V. Unterlassungsstrafbarkeit

54 Im Strafrecht wird zwischen echten und unechten Unterlassungsdelikten unterschieden. **Echte Unterlassungsdelikte** setzen bereits tatbestandlich das Unterlassen voraus, sodass es auf die allgemeinen Lehren und somit auf § 13 StGB nicht ankommt.[107] Bei **unechten Unterlassungsdelikten** wird dagegen an das jeweilige Begehungsdelikt angeknüpft, der Täter allerdings nur dann bestraft, wenn er *„rechtlich dafür einzustehen hat, dass der Erfolg nicht eintritt"* (§ 13 Abs. 1 StGB).[108] Im Ordnungswidrigkeitenrecht gibt es ebenfalls unechte Unterlassungsdelikte (§ 8 OWiG).

55 Die Einordnung als echtes oder unechtes Unterlassungsdelikt ist bei § 370 Abs. 1 Nr. 2 und Nr. 3 AO streitig.[109] Einen Sonderfall nimmt insofern die **Untreue** ein: Nach h.M. handelt es sich um eine Kombination aus Begehungs- und Unterlassungsdelikt, so dass nach allgemeiner Meinung der Tatbestand durch Unterlassen verwirklicht werden kann, wobei allerdings umstritten ist, ob die Strafmilderungsmöglichkeit nach § 13 Abs. 2 StGB besteht.[110]

56 Die Unterlassungsstrafbarkeit hat im Fiskalstrafrecht eine erhebliche Bedeutung. Die staatliche Finanz- und Wirtschaftsverwaltung ist darauf angewiesen, zur Wahrnehmung ihrer Aufgaben zutreffend und umfassend über die relevanten Tatsachen informiert zu werden. Werden entscheidungserhebliche Angaben nicht gemacht, ist das daher grundsätzlich *„ebenso strafwürdig wie die aktive Unterbreitung unzutreffender Angaben, denn in beiden Fällen wird die Gefahr einer unrichtigen Behördenentscheidung mit schädlichen Folgen für gesamtwirtschaftliche Belange heraufbeschworen."*[111] Der Gesetzgeber hat daher in den entsprechenden Bereichen (§ 264 Abs. 1 Nr. 3 StGB, § 370 Abs. 1 Nr. 2 und Nr. 3 AO) die jeweiligen Handlungspflichten klar umschrieben, weshalb sich hier auch das Problem der Unbestimmtheit der allgemeinen Regelung der Garantenstellung in § 13 StGB (Rn. 58) entschärft.[112]

1. Die Abgrenzung von Tun und Unterlassen

57 Die **Abgrenzung von Tun und Unterlassen** ist umstritten. Sie hat oft entscheidende Bedeutung, weil bei einem Unterlassen eine Strafbarkeit nur für garantenpflichtige Personen in Betracht kommt. Die h.M. orientiert sich grundsätzlich an normativen Kriterien und stellt auf den **Schwerpunkt der Vorwerfbarkeit** ab.[113] Die Kritik an der h.M. richtet sich insbesondere gegen die erhebliche Unbestimmtheit dieses Kriteriums, die wegen der Tragweite der Abgrenzung besonders problematisch erscheint.[114] Objektivere Ansätze stellen darauf ab, ob der Täter einen Energieeinsatz in Richtung auf das gefährdete Rechtsgut unternommen hat, der sich kausal im Erfolg niederschlägt.[115] Im Fiskalstrafrecht ist die Problematik aber teils entschärft: Bei der (**Haushalts-**)**Untreue** regelt das Erfordernis einer Vermögensbetreuungspflicht ohne-

---

107 *Stratenwerth/Kuhlen* AT § 13 Rn. 8 ff.

108 *Stratenwerth/Kuhlen* AT § 13 Rn. 13 f.

109 Vgl. Graf/Jäger/Wittig/*Rolletschke* § 370 AO Rn. 17 m.w.N.

110 Vgl. dazu (bejahend) Achenbach/Ransiek/*Seier* 5. Teil, Kap. 2 Rn. 76 ff.; Graf/Jäger/Wittig/*Waßmer* § 266 Rn. 11, 282; a.A. Schönke/Schröder/*Perron* § 266 Rn. 35, 53; Satzger/Schluckebier/Widmaier/*Saliger* § 266 Rn. 33.

111 *Weber* ZStW 96 (1984) 376, 386.

112 *Weber* ZStW 96 (1984) 376, 387 f.

113 *BGHSt* 6, 46 (59); 51, 165, 173; Schönke/Schröder/*Stree/Bosch* Vor §§ 13 ff. Rn. 158; *Wessels/Beulke/Satzger* Rn. 700.

114 S. nur MK-StGB/*Freund* § 13 Rn. 5 ff.

115 MK-StGB/*Freund* § 13 Rn. 8 ff.; *Roxin* AT II § 31 Rn. 78 ff.

hin eine Garantenstellung sui generis.[116] Bei der **Steuerhinterziehung** durch pflichtwidriges Unterlassen (§ 370 Abs. 1 Nr. 2 AO) kann nach h.M. nicht auf die allgemeinen Garantenstellungen zurückgegriffen werden.[117]

2. Garantenstellung

a) Allgemeines

Täter eines unechten Unterlassungsdeliktes kann nur sein, wer *„rechtlich dafür einzustehen hat,* **58** *dass der Erfolg nicht eintritt"* (§ 13 StGB). Damit sind freilich nur Mindestvoraussetzungen beschrieben, und es bleibt Rechtsprechung und Literatur vorbehalten, diese näher auszuformen.[118] Da eine präzisere Beschreibung der Garantenstellung offensichtlich erhebliche Schwierigkeiten bereitet,[119] erscheint eine teils systematische, teils kasuistische Präzisierung der Unterlassungsdogmatik als einzig möglicher Weg. Wichtig ist in diesem Zusammenhang, dass es besonderer Umstände bedarf, um strafbewehrte Handlungspflichten zu begründen, weil grundsätzlich jede Person selbst für den Schutz ihrer Rechtsgüter zuständig ist.[120] Der Pflichtige muss daher aus besonderen Gründen zum Rechtsgüterschutz gleichsam „auf Posten gestellt"[121] sein.

Ein ebenso trag- wie konsensfähiges allgemeines Prinzip zur Begründung der Garantenstellun- **59** gen ist bisher allerdings nicht gefunden worden.[122] Das gilt insbesondere für die ursprüngliche Differenzierung nach dem Entstehungsgrund (Gesetz, Vertrag, gefahrbegründendes Vorverhalten, später dann auch noch besondere Gemeinschaftsverhältnisse). Diese sog. **formelle Rechtspflichttheorie** beschreibt lediglich unterschiedliche Erscheinungsformen von Garantenstellungen, ohne dabei etwas zu einer strafrechtsdogmatisch weiterführenden Systembildung beizutragen.[123]

Größere materielle Erkenntnisse ergeben sich dagegen aus der Unterscheidung der verschiede- **60** nen Funktionen von Garantenstellungen (sog. **Funktionenlehre**).[124] Danach gibt es einerseits **Beschützergaranten**, deren Stellung sich aus besonderer Verantwortung für das Opfer ergibt, das sie (typischerweise umfassend) vor Gefahren schützen sollen. Die Legitimation dieser Sonderpflichtigkeit ergibt sich aus einer gesteigerten Schutzbedürftigkeit des Rechtsguts, sei es, weil dieses generell besonders anfällig ist, sei es, weil sein Inhaber sein Verhalten im Vertrauen auf die Schutzbereitschaft des Garanten einrichtet.[125] Dagegen stehen **Überwachungsgaranten** der Gefahrquelle nah, und sind daher in besonderem Maße berufen, die mit ihr verbundenen Risiken zu kontrollieren.[126]

---

116 Satzger/Schluckebier/Widmaier/*Saliger* § 266 Rn. 33.
117 Graf/Jäger/Wittig/*Rolletschke* § 370 AO Rn. 55; a.A. *Dannecker* FS Achenbach, S. 83, 98 ff.; vgl. auch *Bülte* BB 2010, 607 ff.
118 *Stratenwerth/Kuhlen* AT § 13 Rn. 12.
119 *Stratenwerth/Kuhlen* AT § 13 Rn. 13.
120 *Murmann* § 29 Rn. 32; *Tiedemann* Wirtschaftsstrafrecht AT Rn. 291; *Wittig* § 6 Rn. 58.
121 So die eingängige Formulierung bei *Kaufmann* S. 283; *Rudolphi* FS Lackner, S. 863, 873; s. auch *StA Mannheim* NJW 1976, 585, 587.
122 *Kühl* § 18 Rn. 42; *Stratenwerth/Kuhlen* AT § 13 Rn. 15.
123 *Roxin* AT II § 32 Rn. 10 ff.
124 Grundlegend *Kaufmann* S. 283 ff.; s. ferner SK-StGB/*Rudolphi/Stein* § 13 Rn. 23.
125 *Murmann* § 29 Rn. 38.
126 *Kindhäuser* AT § 36 Rn. 54.

61   Die **Garantenstellung** ist von der **Garantenpflicht** zu unterscheiden. Zwar werden beide Begriffe teils synonym verwendet;[127] überwiegend bezieht sich die Garantenstellung dagegen auf die allgemeine Sonderstellung, während die Garantenpflicht die daraus abzuleitende konkrete Handlungspflicht meint.[128] Diese Differenzierung ist sinnvoll, weil sie die Unterlassungsdogmatik präzisiert, wobei man sehen muss, dass für eine mögliche Unterlassungsstrafbarkeit dann die jeweilige Garantenpflicht maßgeblich ist. Das zeigt etwa das Beispiel des Betriebsleiters, der zwar generell eine Garantenstellung innehat, dessen konkrete Garantenpflicht aber darauf beschränkt ist, bestimmte Straftaten von Mitarbeitern zu verhindern (Rn. 66).[129]

b)   Beschützergaranten

62   Da sich Fiskalstraftaten gegen das Vermögen des Staates richten, kommen als **Beschützergaranten** Personen in Betracht, die mit der Verwaltung staatlichen Vermögens betraut sind.

aa)   Haushaltsuntreue

63   Dann ist aber zumeist der Tatbestand der **Haushaltsuntreue** betroffen und die Vermögensbetreuungspflicht insoweit eine Garantenstellung sui generis. Eine eigenständige Bedeutung kommt der Beschützergarantenstellung also nur in solchen Fällen zu, in denen das maßgebliche Unterlassen nicht bereits als Haushaltsuntreue strafbar ist.

bb)   Strafvereitelung durch Finanzbeamte

64   Eine Beschützergarantenstellung können auch Finanzbeamte innehaben, sodass sie eine Strafvereitelung (im Amt) gem. §§ 258, 258a, 13 StGB begehen können, wenn sie **Steuerstraftaten nicht verfolgen**, die ihnen zur Kenntnis gelangen. Finanzbeamte ermitteln bei Steuerstraftaten allerdings nicht umfassend, sondern nur insoweit, wie sie unmittelbar mit dem Steuerstrafverfahren befasst sind (§ 386 Abs. 1 S. 1 AO), sodass es häufig an einer Garantenstellung fehlen wird.[130] Bei Korruptionstaten statuiert dagegen § 4 Abs. 5 Nr. 10 S. 3 EStG eine generelle Mitteilungspflicht; wird diese verletzt, so kommt eine Unterlassensstrafbarkeit nach h.M. daher unabhängig davon in Betracht, ob auch eine Steuerstraftat oder -ordnungswidrigkeit begangen wurde.[131]

c)   Überwachungsgaranten

aa)   Geschäftsherrenhaftung

65   Bei Überwachungsgaranten geht es vor allem um die Nichthinderung von (Fiskal-)Straftaten Dritter, namentlich im eigenen Unternehmen (sog. **Geschäftsherrenhaftung**).[132] Den Ausgangspunkt der neueren Diskussion bildet eine Entscheidung des BGH, der für den Leiter der Innenrevision eines öffentlichen Stadtreinigungsbetriebes eine Garantenpflicht bejahte, betrügerische Abrechnungen durch Mitarbeiter zu unterbinden.[133] Die Pflichtigkeit ergebe sich im konkreten Fall aufgrund besonderer Umstände, weil es um die Wahrung hoheitlicher Aufga-

---

127   S. etwa *Wessels/Beulke/Satzger* Rn. 715 ff.
128   *Murmann* § 29 Rn. 28; SK-StGB/*Rudolphi/Stein* § 13 Rn. 25.
129   *Knauer* FS I. Roxin, S. 465, 479.
130   Graf/Jäger/Wittig/*Bülte* § 258 Rn. 18; *Dusch/Rommel* NStZ 2014, 188, 189 f.
131   Graf/Jäger/Wittig/*Bülte* § 258 Rn. 30 f.; *Dusch/Rommel* NStZ 2014, 188, 190; zu den Details s. Rotsch/*Bülte* S. 87, 102 ff.
132   Vgl. *Tiedemann* Wirtschaftsstrafrecht AT Rn. 289 ff.
133   *BGHSt* 54, 44; hierzu eingehend *Dannecker/Dannecker* JZ 2010, 981 ff.

ben ging; hierzu gehöre es auch, dass eine gesetzmäßige Abrechnung gewährleistet werde. Auch wenn von „*Obhutspflichten für eine bestimmte Gefahrenquelle*" die Rede ist, hält es der BGH für unerheblich, ob es sich um eine Beschützer- oder Überwachungsgarantenstellung handelt und lässt dies daher offen.[134] Auch das war allerdings den Besonderheiten des entschiedenen Einzelfalls geschuldet und darf nicht darüber hinwegtäuschen, dass die Geschäftsherrenhaftung insgesamt eindeutig als ein Problem der Überwachung von Gefahrquellen einzuordnen ist.[135] Ihre eigentliche Tragweite erhält die Entscheidung ohnehin durch ein obiter dictum, das eine grundsätzliche Garantenstellung des **Compliance Officers** befürwortet, „im Zusammenhang mit der Tätigkeit des Unternehmens stehende Straftaten von Unternehmensangehörigen zu verhindern".[136]

In einer weiteren Entscheidung hat der BGH dann auch eine Garantenstellung des **Betriebsinhabers** bzw. des **Vorgesetzten** bejaht – und somit den Anwendungsbereich der Geschäftsherrenhaftung ausgedehnt –, zugleich aber betont, diese Pflicht könne sich nicht auf die Verhinderung jedweder Straftaten nachgeordneter Mitarbeiter beziehen.[137] Das maßgebliche Kriterium soll nach dem BGH in der **Betriebsbezogenheit** der Straftat liegen.[138] Dieses Erfordernis setzt strafrechtsdogmatisch konsistent die Legitimationsbedürftigkeit von Sonderpflichten um, weil es den erforderlichen Bezug zum Betrieb als „*besondere*" Gefahrquelle herstellt.[139] Ferner trägt die Entscheidung zur verfassungsrechtlich gebotenen Präzisierung des § 13 StGB bei.[140] Schließlich wird so auch dem Verhältnismäßigkeitsprinzip in begrüßenswerter Weise Rechnung getragen. Allerdings dürfte die Betriebsbezogenheit bei von Mitarbeitern begangenen Fiskalstraftaten zu Gunsten der Organisation durchweg gegeben sein und daher bei diesen zu keiner wesentlichen Einschränkung führen. **66**

Die Garantenstellung des **Compliance Officer** leitet sich von der des Geschäftsherrn ab.[141] Daraus folgt, dass ersterer keine weitergehenden Pflichten haben kann als letzterer.[142] Umgekehrt wird die Geschäftsleitung durch die Delegation nicht von ihrer eigenen Garantenstellung frei; sie treffen Auswahl-, Instruktions- und Aufsichtspflichten; werden diese verletzt, dann kann auch das zu einer Unterlassungsstrafbarkeit führen.[143] **67**

bb) Ingerenz

Bei der Garantenstellung aus **Ingerenz** liegt die besondere Nähe zur Gefahr nicht darin, dass diese beherrscht wird oder werden könnte, sondern vielmehr darin, dass sie *geschaffen* wurde.[144] Die daraus folgende Garantenstellung ist vor allem beim **Betrug** relevant, wenn entscheidungserhebliche Angaben unterlassen werden. Nach allgemeinen Grundsätzen kommt eine Garantenstellung aus Ingerenz in Betracht, wenn unerkannt falsche subventionserhebliche Angaben gemacht werden (und es somit an einer aktiven Täuschung bzw. am Täu- **68**

---

134 *BGHSt* 54, 44, 48; für Beschützergarantenstellung Graf/Jäger/Wittig/*Merz* § 13 Rn. 45.
135 Graf/Jäger/Wittig/*Merz* § 13 Rn. 39; eingehend *Konu* S. 164 ff.
136 *BGHSt* 54, 44, 50.
137 *BGHSt* 57, 42.
138 *BGHSt* 57, 42, 45 ff.; krit. *Konu* S. 177 ff.
139 *Bülte* NZWiSt 2012, 176, 177.
140 *Bülte* NZWiSt 2012, 176, 178.
141 Näher *Dannecker/Bülte* NZWiSt 2012, 81 ff.; s. auch *Konu* S. 183 f.
142 *Chr. Dannecker* NZWiSt 2012, 441, 447; *Wittig* § 6 Rn. 58d.
143 *Knauer* FS I. Roxin, S. 465, 479; *Wittig* § 6 Rn. 58d.
144 Satzger/Schluckebier/Widmaier/*Kudlich* § 13 Rn. 22; *Strathenwerth/Kuhlen* § 13 Rn. 26.

schungsvorsatz fehlt), nicht jedoch, wenn sich die maßgeblichen Umstände erst nachträglich ändern, weil dann noch nicht einmal ein gefahrerhöhendes Vorverhalten in Rede steht.[145] Auf diese Differenzierung kommt es allerdings beim **Subventionsbetrug** nach § 264 Abs. 1 Nr. 3 StGB nicht an, weil dieser insoweit eine eigenständige und strengere Reglung trifft.

3. Sonstige Strafbarkeitsvoraussetzungen

69   Die weiteren Voraussetzungen der Unterlassungsstrafbarkeit ergeben sich bei Erfolgsdelikten gleichsam spiegelbildlich zum Begehungsdelikt.[146] Es muss der tatbestandliche Erfolg eingetreten und das Unterlassen hierfür kausal geworden sein. Der Begriff des Erfolgs ist weit zu verstehen und umfasst auch abstrakte Gefährdungsdelikte.[147]

70   Zur Feststellung der Kausalität ist die Conditio-sine-qua-non-Formel allerdings unmittelbar nicht geeignet, da sie mit dem Wegdenken tatsächlich vorgenommener Handlungen operiert. Die h.M. modifiziert die Formel daher und fragt danach, ob der Erfolg ausgeblieben wäre, wenn man die erforderliche Handlung hinzudenkt (sog. **hypothetische Kausalität**).[148] Da es allerdings prinzipiell mit größeren Unsicherheiten behaftet ist, hypothetische Handlungen in den Kausalnexus hineinzudenken, reicht es aus, wenn der Erfolg mit an Sicherheit grenzender Wahrscheinlichkeit ausgeblieben wäre. Teile der Literatur lassen es aber – entsprechend der objektiven Zurechenbarkeit beim Begehungsdelikt (Rn. 49) – auch bei der Unterlassungskausalität ausreichen, dass das Risiko des Erfolgseintritts erhöht wurde.[149]

71   Für die notwendige Hypothesenbildung ist es unerlässlich, die erforderliche Handlung herauszuarbeiten und zu benennen, die der Garant hätte vornehmen müssen. Das ist insbesondere deshalb wichtig, weil nur an solche Handlungen angeknüpft werden kann, zu denen dieser individuell befähigt ist.[150] An einer solchen physisch-realen **Handlungsmöglichkeit** kann es neben physischen auch aus anderen Gründen, insbesondere wegen mangelnder Kenntnisse, fehlen. Allerdings kann es dann auch pflichtwidrig unterlassen worden sein, nicht auf fachkundige Hilfe zurückzugreifen (Übernahmeverschulden).

72   Auch die **Unzumutbarkeit** der Handlung führt im Ergebnis zur Straflosigkeit. Dabei handelt es sich allerdings nach h.M. grundsätzlich um eine Frage der individuellen Vorwerfbarkeit und somit der Schuld.[151] Die Grenzen zur Handlungsunfähigkeit können zwar fließend sein;[152] aber diese Grenzfälle betreffen in erster Linie die physischen Fähigkeiten des Garanten und damit vor allem Fragen, die sich im hier interessierenden Kontext nicht stellen. Unzumutbarkeit kann vorliegen, wenn die Vornahme der gebotenen Handlung den Garanten dem Risiko der Strafverfolgung aussetzen würde.[153] Bei Behörden kann sich die Unzumutbarkeit auch aus einer akuten Überlastung ergeben.[154]

---

145   So für den Prozessbetrug *Krell* JR 2012, 102, 104; zust. *Fischer* § 263 Rn. 43.
146   *Stratenwerth/Kuhlen* AT § 13 Rn. 51.
147   *Rengier* AT § 49 Rn. 7; Schönke/Schröder/Stree/*Bosch* § 13 Rn. 3.
148   *Baumann/Weber/Mitsch* § 15 Rn. 23; Satzger/Schluckebier/Widmaier/*Kudlich* § 13 Rn. 10; NK-StGB/*Wohlers/Gaede* § 13 Rn. 14 f.
149   *Stratenwerth/Kuhlen* AT § 13 Rn. 54.
150   *Kühl* § 18 Rn. 30.
151   A.A. NK-StGB/*Wohlers/Gaede* § 13 Rn. 17: Tatbestandsmerkmal.
152   *Kühl* § 18 Rn. 34.
153   BGH NJW 1964, 731, 732; NK-StGB/*Wohlers/Gaede* § 13 Rn. 18.
154   BGH NJW 1960, 1962; *Dusch/Rommel* NStZ 2014, 188, 190.

Die sog. Entsprechungsklausel (§ 13 Abs. 1 2. HS StGB) und das mit ihr verbundene Erfordernis der Modalitätsäquivalenz sind selten relevant und dürften auch im Fiskalstrafrecht keine Rolle spielen.

73

4. Abgrenzung von Täterschaft und Teilnahme

Problematisch ist die **Abgrenzung zwischen Täterschaft und Teilnahme** bei unterlassenden **Garanten**, die die Begehung von **Straftaten durch Dritte nicht verhindern**. Relevant ist das insbesondere im Zusammenhang mit der strafrechtlichen Geschäftsherrenhaftung (Rn. 65 ff.).[155] Nach einer Auffassung ist der unterlassende Garant stets Randfigur und damit bloßer Teilnehmer.[156] Nach der Lehre von den Pflichtdelikten soll er dagegen stets Täter sein.[157] Teils wird auch nach den verschiedenen Formen von Garantenstellungen (Rn. 60) differenziert: Beschützergaranten seien Täter, Überwachungsgaranten lediglich Gehilfen.[158] Die h.M. nimmt die Abgrenzung nach allgemeinen Kriterien vor und stellt auf die Tatherrschaft[159] des Garanten ab.[160] Dabei ist allerdings zu beachten, dass die bloße Möglichkeit, den Erfolgseintritt zu verhindern, allgemeine Voraussetzung der Unterlassungsstrafbarkeit ist und damit für sich genommen noch keine Tatherrschaft begründen kann.[161] Erforderlich ist also eine darüber hinausgehende, besondere Verhinderungsmacht. Die Rspr. nimmt auch hier die Abgrenzung nach subjektiven Kriterien vor.[162]

74

Unabhängig von den umstrittenen Details wird man – wenn man nicht gerade der zuerst genannten Auffassung anhängt – davon ausgehen dürfen, dass insbesondere der Finanzbeamte, der Fiskalstraftaten nicht verhindert, tendenziell als Täter einzustufen ist. Auch wenn er in der Regel kein eigenes Interesse an der Tat hat, so ist er zum einen Überwachungsgarant und hat zum anderen eine erhebliche Herrschaft über das Geschehen inne, die auch für die Rspr. von ausschlaggebender Bedeutung sein dürfte.

75

C. Rechtswidrigkeit

Bei der Rechtfertigung geht es um die Frage, ob tatbestandsmäßiges Verhalten, das typischerweise Unrecht ist, ausnahmsweise wegen besonderer Umstände von der Rechtsordnung gebilligt wird (Rn. 4). Die allgemeinen Rechtfertigungsgründe spielen im Wirtschaftsstrafrecht allerdings keine besonders große Rolle.[163] Durch die immer stärker werdende Überlagerung des Wirtschafts- und auch des Fiskalstrafrechts durch das Unionsrecht (dazu 2. Kap. Rn. 4 ff.) stellt sich allerdings mittelfristig die Frage, inwieweit eine Rechtfertigung unmittelbar unter Berufung auf die Grundfreiheiten in Betracht kommt.[164]

76

---

155 *Wittig* § 6 Rn. 58 f.
156 Satzger/Schluckebier/Widmaier/*Kudlich* § 13 Rn. 43; Lackner/*Kühl* § 13 Rn. 5.
157 *Roxin* AT II § 31 Rn. 140 ff.
158 LK-StGB/*Schünemann* § 25 Rn. 211 f.
159 Zur Tatherrschaftslehre s. 10. Kap. Rn. 17.
160 Schönke/Schröder/*Heine/Weißer* Rn. 102 Vor §§ 25 ff. Rn. 102; *Rengier* § 51 Rn. 18 ff.; LK-StGB/*Weigend* § 13 Rn. 94 f.
161 S. auch LK-StGB/*Weigend* § 13 Rn. 95.
162 *BGH* NStZ 2009, 321, 322.
163 Wabnitz/Janovsky/*Dannecker/Bülte* Kap. 1 Rn. 38; Müller-Gugenberger/Bieneck/*Niemeyer* § 17 Rn. 23; *Wittig* § 5 Rn. 12, § 7 Rn. 1.
164 Graf/Jäger/Wittig/*Dannecker* Vor §§ 32 ff. Rn. 4; LK-StGB/*Rönnau* Vor §§ 32 ff. Rn. 60.

I. Notwehr (§ 32 StGB)

77   Notwehr ist nur zu Lasten von Rechtsgütern des Angreifenden möglich.[165] Auf Wirtschaftsstraftäter wird aber in der Regel kein Angriff verübt.[166] Das gilt erst recht für Fiskalstraftaten, die sich typischerweise gegen öffentliches Vermögen richten, sodass es praktisch immer an einem notwehrfähigen Angriff durch den Rechtsgutinhaber fehlen wird.

II. Rechtfertigender Notstand (§ 34 StGB)

78   Ein rechtfertigender Notstand kommt nur in Betracht, wenn die Notstandshandlung angemessen ist. Das erfordert eine umfassende Interessenabwägung. In deren Rahmen sind gesetzliche (Vor-)Wertungen von entscheidender Bedeutung, die sich in gesetzlichen Regelungen außerhalb von § 34 StGB niedergeschlagen haben, oder bei Gefahren, für die ein **rechtlich geordnetes Verfahren** vorgesehen ist.[167] Für den Fall der Zahlungsunfähigkeit besteht aber eine solche Regelung insbesondere in Gestalt des **Insolvenzrechts**, sodass für eine Anwendung des § 34 StGB kaum Raum bleibt.[168] Eine Rechtfertigung ist nur im Einzelfall möglich, wenn es um besondere, gesetzgeberisch nicht einkalkulierte Gefahren geht.[169] Außerdem betont der BGH, dass bestimmte kollektive Rechtsgüter grundsätzlich anderen (Individual-)Interessen vorgehen, was namentlich für das staatliche Interesse am vollständigen Steueraufkommen gelte.[170]

79   Neuerdings wird diskutiert, inwieweit die Aufdeckung innerbetrieblicher Straftaten (sog. **whistle blowing**) über § 34 StGB gerechtfertigt sein kann.[171] Die Problematik stellt sich im Hinblick auf die herrschende Meinung, wonach auch rechtswidrige Geheimnisse von § 17 Abs. 1 UWG erfasst werden.[172] War der whistle blower selbst an den aufgedeckten Taten beteiligt, so stellt sich die Frage, inwieweit es bei der Strafzumessung zu seinen Gunsten berücksichtigt werden kann, dass er die Tat öffentlich gemacht hat.

III. Einwilligung

80   Die Einwilligung des Vermögensinhabers, die namentlich bei der Untreue von Bedeutung ist, lässt nach ganz h.M. dort bereits die Tatbestandsmäßigkeit entfallen. Soweit neuerdings die Anwendbarkeit der hypothetischen Einwilligung erwogen wird, handelt es sich um eine Frage des Pflichtwidrigkeitszusammenhangs (Rn. 49 ff.). Im Übrigen sind einem Einverständnis bei der Haushaltsuntreue ohnehin besonders enge Grenzen gesetzt, weil öffentliche Mittel prinzipiell nicht über die Grenzen hinweg eingesetzt werden dürfen, die das Haushaltsrecht zieht (näher 23. Kap. Rn. 14 ff.).

---

165   *Stratenwerth/Kuhlen* AT § 9 Rn. 76.
166   Wabnitz/Janovsky/*Dannecker/Bülte* Kap. 1 Rn. 38; *Weber* ZStW 96 (1984) 376, 394.
167   Graf/Jäger/Wittig/*Dannecker* § 34 Rn. 32 f ; *Jakobs* AT 13/36 f.; Schönke/Schröder/*Perron* § 34 Rn. 35, 41; *Roxin* AT I § 34 Rn. 51 ff.; *Stratenwerth/Kuhlen* AT § 9 Rn. 117.
168   *Jakobs* AT 13/37; NK-StGB/*Neumann* § 34 Rn. 119; Wabnitz/Janovsky/*Dannecker/Bülte* Kap. 1 Rn. 38.
169   Graf/Jäger/Wittig/*Dannecker* § 34 Rn. 32 f.; NK-StGB/*Neumann* § 34 Rn. 120; Schönke/Schröder/*Perron* § 34 Rn. 35.
170   *BGHSt* 5, 61.
171   Vgl. *Engländer/Zimmermann* NZWiSt 2012, 328, 330 f.; *Koch* ZIS 2008, 500 (503); *Tiedemann* Wirtschaftsstrafrecht AT Rn. 335.
172   Müller-Gugenberger/Bieneck/*Dittrich* § 33 Rn. 51; *Tiedemann* Wirtschaftsstrafrecht BT Rn. 235; krit. *Wittig* § 33 Rn. 43.

D. Schuld

I. Allgemeines

Strafe setzt Schuld voraus (nulla poena sine culpa). Das **Schuldprinzip** folgt aus Art. 1 Abs. 1, Art. 2 Abs. 1 und Art. 20 Abs. 3 GG und hat Verfassungsrang: Aus der Würde und Eigenverantwortlichkeit des Menschen sowie aus dem Rechtsstaatsprinzip folgt, dass der Täter nur für schuldhaftes Verhalten strafrechtlich zur Verantwortung gezogen werden kann.[173] Ansonsten würde der Täter zum Objekt der Verbrechensbekämpfung gemacht.[174] Im Rahmen der Schuld geht es daher um die **persönliche Vorwerfbarkeit**.[175] Das Schuldprinzip gilt auch im Ordnungswidrigkeitenrecht; aus der Menschenwürde leitet es das BVerfG aber nur her, wenn echte Kriminalstrafe angedroht wird.[176] 81

Dabei kann kategorial zwischen Schuldausschließungs- und Entschuldigungsgründen differenziert werden.[177] Bei den **Schuldausschließungsgründen** fehlt die Fähigkeit zur Unrechtseinsicht generell (§ 20 StGB) oder doch zumindest in Bezug auf die konkrete Tat (§ 17 StGB); dagegen geht es bei den **Entschuldigungsgründen** um grundsätzlich einsichtsfähige Täter, die sich aber in einer Sondersituation befinden, in der es ihnen möglicherweise nicht zumutbar ist, sich rechtmäßig zu verhalten.[178] Schuldunfähige Täter können auch im Zusammenhang mit Fiskalstraftaten auftauchen, dürften allerdings eher die Ausnahme darstellen. Auch ein entschuldigender Notstand (§ 35 StGB) ist im Wirtschaftsstrafrecht kaum denkbar.[179] Große Bedeutung hat dagegen der Verbotsirrtum (Rn. 82 ff.). Auch die Unzumutbarkeit normgemäßen Verhaltens kann die Schuld ausschließen (vgl. dazu schon Rn. 72). 82

II. Verbotsirrtum (§ 17 StGB)

„Fehlt dem Täter bei Begehung der Tat die Einsicht, Unrecht zu tun", so handelt er nach § 17 StGB ohne Schuld, *„wenn er diesen Irrtum nicht vermeiden konnte"*. Daraus folgt, dass die alte Volksweisheit „Unwissenheit schützt vor Strafe nicht" bei formaler Betrachtung nicht dem geltenden Recht entspricht.[180] Namentlich wegen der strengen Anforderungen an die Vermeidbarkeit des Irrtums durch die Rspr. (Rn. 101) sind allerdings zur Straflosigkeit führende Verbotsirrtümer selten. §§ 11 Abs. 2 OWiG trifft für das Ordnungswidrigkeitenrecht eine entsprechende Regelung. 83

1. Vorsatz- und Schuldtheorie

Vor der Einführung des § 17 StGB war der Verbotsirrtum gesetzlich nicht geregelt. Insofern war man sich in der Wissenschaft weitgehend einig, dass *ein unvermeidbarer Verbotsirrtum* zur Straflosigkeit führen müsse; aus diesem Grund wurde die nach Art dieses Irrtums differenzierende Rspr. (Rn. 88) auch kritisiert. Die Behandlung *vermeidbarer* Verbotsirrtümer war dagegen heftig umstritten. 84

---

173 *Appel* S. 109 ff.; *Wolff* AöR 123 (1999) 55 ff.
174 *BVerfGE* 45, 187 (228); *Wolff* AöR 123 (1999) 55, 72.
175 *Jakobs* AT 17/1; *Jescheck/Weigend* AT S. 425; *Stratenwerth/Kuhlen* AT § 7 Rn. 24; *Wolff* AöR 123 (1999) 55, 78 ff.
176 Vgl. *Wolff* AöR 123 (1999) 55, 77.
177 Krit. *Roxin* AT I § 19 Rn. 56 f.
178 *Stratenwerth/Kuhlen* AT § 10 Rn. 96.
179 Wabnitz/Janowsky/*Dannecker/Bülte* Kap. 1 Rn. 38; *Weber* ZStW 96 (1984) 376, 397 f.
180 Näher *BGHSt* 2, 194, 199 f.; *Stratenwerth/Kuhlen* AT § 10 Rn. 56.

85 Nach der **Vorsatztheorie** liegt das Wesen des Verbrechens darin, dass sich der Täter bewusst gegen die Rechtsnorm auflehnt.[181] Aus diesem Ungehorsam ergebe sich die Strafwürdigkeit. Daraus wurde gefolgert, das Unrechtsbewusstsein sei eine Voraussetzung des Vorsatzes. Damit unterlag der Verbotsirrtum im Ergebnis denselben Regeln wie der Tatbestandsirrtum.

86 Die **Schuldtheorie** betont demgegenüber wesentliche Unterschiede zwischen Tatbestands- und Verbotsirrtum, die eine unterschiedliche Behandlung rechtfertigen: Kenne der Täter die unrechtsbegründenden Umstände und fehle ihm nur das Bewusstsein der Rechtswidrigkeit, so sei dieser Irrtum weniger verzeihlich und erscheine es daher unangemessen, eine Strafbarkeit pauschal auszuschließen.[182] Nach dieser Auffassung reicht die Erkennbarkeit des Verbots aus.

87 In einer ebenso berühmten wie wegweisenden Entscheidung hat sich der Große Strafsenat des BGH 1952 zur Schuldtheorie bekannt.[183] 1975 hat dann der Gesetzgeber § 17 StGB eingeführt und den Streit damit endgültig in deren Sinne entschieden. Die Vorsatztheorie ist daher mit dem geltenden Recht nicht mehr vereinbar.[184]

88 Auch wenn der Streit damit praktisch entschieden ist, hat er nach wie vor mittelbare Bedeutung, weil aus der Entscheidung für die Schuldtheorie teils Konsequenzen für Fragen in der Irrtums-dogmatik abgeleitet werden. So hat das RG früher zwischen Tat- und Rechtsirrtümern unter-schieden: Während erstere generell vorsatzausschließend waren, wurde bei letzteren nach straf-rechtlichen und außerstrafrechtlichen Irrtümern differenziert.[185] Diese Differenzierung ist durch die Entscheidung des Großen Senats und die Einführung der §§ 16, 17 StGB überholt.[186] Bedeu-tung hat das insbesondere für die umstrittene Frage, wie der Irrtum über Blankettmerkmale zu behandeln ist (dazu näher 8. Kap. Rn. 22 ff.), weil hier teils angenommen wird, diese Streitfrage sei durch die Entscheidung für die Schuldtheorie präjudiziert.[187]

89 Insofern ist auch zu bedenken, dass die sozial-ethische Prämisse, auf der die Schuldtheorie beruht, dass sich nämlich das Verbot aus der Kenntnis der Tatumstände erschließen lässt, für das Nebenstrafrecht mit seiner unüberschaubaren Vielzahl an Strafbestimmungen und den delicta mere prohibita (Rn. 24) nicht gilt.[188] Teils wird daher die uneingeschränkte Anwendung der Schuldtheorie im Ordnungswidrigkeiten- und Nebenstrafrecht kritisiert.[189]

2.   Grundlagen des Verbotsirrtum

90 Die Behandlung des Verbotsirrtums resultiert aus dem verfassungsrechtlich garantierten **Schuldprinzip** (Rn. 80).[190] Die Schuld folgt dabei allein aus der Erkennbarkeit des Unrechts und nicht aus einer davon unabhängigen Verletzung einer Pflicht, das Gewissen anzuspannen,

---

181 Vgl. insb. *Schmidhäuser* JZ 1979, 361, 365 ff.
182 S. nur *Roxin* AT I § 21 Rn. 8 f.
183 *BGHSt* 2, 194, 204 ff.
184 *Jakobs* AT 19/15; *Roxin* AT I § 21 Rn. 11.
185 RGSt 1, 1, 2 ff.; ferner RGSt 8, 104, 105 ff.; 10, 254, 255 ff.; 12, 431, 432 f.; 23, 141, 148; 42, 26, 27; 137, 139; 61, 259, 263.
186 Vgl. *Bülte* NStZ 2013, 65, 69 f.
187 So etwa Schönke/Schröder/*Sternberg-Lieben/Schuster* § 15 Rn. 99; dagegen mit Recht *Kuhlen* Unterscheidung, S. 427.
188 *Krell* NZWiSt 2013, 114, 115; NK-StGB/*Neumann* § 17 Rn. 95; *Puppe* GA 1990, 145, 167; *Roxin* AT I § 21 Rn. 10; *Weber* ZStW 96 (1984) 376, 392 ff.
189 *Tiedemann* FS Geerds, S. 95, 103 f.
190 *Roxin* AT I § 21 Rn. 35; LK-StGB/*Vogel* § 17 Rn. 2, 7.

Erkundigungen einzuholen o.Ä.[191] Die Anforderungen, die an die Vermeidbarkeit gestellt werden, betreffen dabei unmittelbar das Verhältnismäßigkeitsprinzip, weil die Forderung, der Täter müsse sich permanent der Rechtslage vergewissern, eine freiheitseinschränkende Wirkung hätte.[192]

Auffällig ist eine gewisse Diskrepanz, die sich durch die gesetzliche Regelung der §§ 16, 17   **91**
StGB ergibt: Während der Tatbestandsirrtum es kategorisch ausschließt, dass aus dem Vorsatzdelikt bestraft wird, führt der Verbotsirrtum nur zur Straflosigkeit, wenn er unvermeidbar war. Das wird durch die strengen Anforderungen, welche die Rspr. insoweit stellt (Rn. 101), zusätzlich verschärft. Man kann diese Systematik mit guten Gründen kritisieren.[193] Das AG Pinneberg hat in ihr einen Verstoß gegen Art. 3 GG gesehen.[194] Dem ist jedoch das BVerfG entgegengetreten und hat die Reglung für verfassungsgemäß erklärt.[195] Problematisch ist die sehr unterschiedliche Behandlung nicht zuletzt auch deshalb, weil sich Tatbestands- und Verbotsirrtum oft nur schwer abgrenzen lassen (Rn. 112 f.). Beim vermeidbaren Verbotsirrtum kann sich ferner das Problem stellen, dass trotz im Einzelfall sehr geringer Schuld der Richter selbst bei Anwendung der Strafmilderung nach § 17 S. 2 i.V.m. § 49 Abs. 1 StGB noch an erhebliche Mindeststrafen gebunden ist.[196]

a) Erscheinungsformen

Es gibt verschiedene Erscheinungsformen des Verbotsirrtums. Der Prototyp ist der **direkte**   **92**
Verbotsirrtum: Der Täter kennt die Verbotsnorm nicht, gegen die er verstößt. Beim indirekten Verbotsirrtum (**Erlaubnisirrtum**) nimmt der Täter dagegen einen Rechtfertigungsgrund an, den es (in dieser Form) nicht gibt. Dabei kann er entweder die Grenzen eines anerkannten Rechtfertigungsgrundes irrig ausdehnen oder einen Rechtfertigungsgrund annehmen, den die Rechtsordnung überhaupt nicht kennt.

Der **Subsumtionsirrtum** ist ein Auslegungsirrtum und fällt daher nicht unter § 16 StGB   **93**
8. Kap. Rn. 16). In den meisten Fällen wird allerdings dem Täter infolge fehlerhafter Subsumtion die Unrechtseinsicht fehlen. Das muss allerdings nicht so sein, sodass nicht jeder Subsumtionsirrtum immer auch ein Verbotsirrtum ist: Ein Tierquäler, der wegen § 90a BGB das verletzte Tier nicht für eine Sache i.S.d. § 303 StGB hält, subsumiert zwar falsch; unter normalen Umständen wird ihm die Sozialschädlichkeit seines Verhaltens aber gleichwohl bewusst sein.[197] In diesem Fall liegt nur ein gänzlich unbeachtlicher Strafbarkeitsirrtum vor.

Beim **Gültigkeitsirrtum** kennt der Täter die Verbotsnorm (und in der Regel auch die Strafvor-   **94**
schrift), hält sie jedoch – insbesondere wegen Verstoßes gegen höherrangige Normen positiven Rechts – für ungültig.[198] Die Annahme eines solchen Irrtums steht aber unter äußerst engen Voraussetzungen. Da Bezugspunkt des Unrechtsbewusstseins die praktizierte Rechtsordnung ist, muss der Täter tatsächlich davon ausgehen, dass die zuständigen Gerichte im Sinne seiner Rechtsauffassung entscheiden werden.[199] Aus diesem Grund ist der Gültigkeitsirrtum praktisch

---

191 *Roxin* AT I § 21 Rn. 35; *Rudolphi* Unrechtsbewusstsein, S. 196 ff.; s. auch *Löw* S. 75 ff.
192 Vgl. dazu Matt/Renzikowski/*Gaede* § 17 Rn. 22 f.; *Gaede* HRRS 2013, 449 f.; *Velten* S. 122.
193 S. etwa *Walter* Kern des Strafrechts, S. 408 ff.
194 *AG Pinneberg* 25.8.1975 – 30 Ds 366/75.
195 *BVerfGE* 41, 21.
196 *Roxin* AT I § 21 Rn. 72; *Stratenwerth/Kuhlen* AT § 10 Rn. 81.
197 *Roxin* AT I § 21 Rn. 24.
198 NK-StGB/*Neumann* § 17 Rn. 48; *Roxin* AT I § 21 Rn. 25 f.; *Rudolphi* Unrechtsbewusstsein, S. 181 ff.
199 *Jakobs* AT 19/25; NK-StGB/*Neumann* § 17 Rn. 48.

von geringer Bedeutung. Er wird häufig im Zusammenhang mit Gewissens- und Überzeugungstätern diskutiert,[200] denen aber üblicherweise schon nicht die Unrechtseinsicht fehlt (Rn. 98).

95 Im Steuerstrafrecht könnte er allerdings durchaus praxisrelevant sein. Das ergibt sich aus der h.M. zur **Hinterziehung verfassungswidriger Steuern**, wenn das BVerfG die steuerrechtlichen Vorschriften nicht für nichtig erklärt, sondern lediglich den Gesetzgeber verpflichtet, sie für die Zukunft neu zu regeln.[201] Selbst wenn man hier davon ausgeht, dass eine Strafbarkeit wegen Steuerhinterziehung in Betracht kommt, stellt sich die Frage, ob nicht derjenige, der die Steuer im festen Vertrauen auf die Verfassungswidrigkeit des Steuergesetzes hinterzogen hat, sich in einem schuldausschließenden Gültigkeitsirrtums befindet.

b) Fehlende Unrechtseinsicht

96 Bei Verbotsirrtümern steht zumeist die Vermeidbarkeit im Mittelpunkt. Das ist aber erst für die Rechtsfolge wichtig. Dem vorgelagert ist die Frage, ob überhaupt ein Verbotsirrtum vorliegt. Das ist nur bei fehlender Unrechtskenntnis der Fall. Die Unterscheidung ist wichtig: Wenn dem Täter schon nicht die Unrechtseinsicht fehlt, so besteht nicht einmal die Milderungsmöglichkeit nach § 17 S. 2 StGB.[202]

97 „Bewusstsein der Rechtswidrigkeit bedeutet: der Täter weiß, dass das, was er tut, rechtlich nicht erlaubt, sondern verboten ist".[203] Mit dieser Kurzformel des Großen Strafsenats ist nicht viel gewonnen, weil sie den problematischen und umstrittenen Grenzbereich offen lässt. Der Täter muss sein Verhalten jedenfalls nicht für strafbar halten.[204] Nach herrschender Meinung reicht es allerdings nicht aus, wenn er sein Verhalten für sittenwidrig oder sozialschädlich hält.[205] Ersteres ergibt sich aus der Trennung von Recht und Moral. Die Sozialschädlichkeit wiederum ist zwar eine Voraussetzung staatlichen Strafens; umgekehrt ist aber nicht jedes sozialschädliche Verhalten stets strafbewehrt, sondern kann vielmehr erlaubt sein, sodass schon deshalb nicht von der Kenntnis der Sozialschädlichkeit auf das Unrechtsbewusstsein geschlossen werden kann.[206]

98 Nach der Rspr. muss der Täter wissen, „*dass sein Tun gegen die durch verbindliches Recht erkennbare Wertordnung verstößt*".[207] Dagegen soll es nicht darauf ankommen, ob er glaubt, straf-, zivil- oder öffentlich-rechtliche Normen zu verletzen.[208] Teils wird einschränkend gefordert, der Täter müsse wissen, dass er gegen ein sanktionsbewehrtes rechtliches Verbot verstößt.[209] Praktische Folgen ergeben sich daraus aber kaum, weil einerseits der juristische Laie selten zwischen den verschiedenen Rechtsbereichen differenziert und andererseits bei Kenntnis der materiellen Rechtswidrigkeit wenig Veranlassung besteht, von der Milderungsmöglichkeit des § 17 S. 2 StGB Gebrauch zu machen.[210]

---

200 *Kühl* AT § 11 Rn. 31.
201 *BGHSt* 47, 138; *Kuhlen* Grundfragen, S. 63 f.; Graf/Jäger/Wittig/*Rolletschke* § 370 AO Rn. 4.
202 *Roxin* AT I § 21 Rn. 13.
203 *BGHSt* 2, 194
204 *BGHSt* 2, 194, 202; *Roxin* AT I § 21 Rn. 13.
205 NK-StGB/*Neumann* § 17 Rn. 12 ff.
206 NK-StGB/*Neumann* § 17 Rn. 15.
207 *BGHSt* 52, 227 (240); so auch Lackner/*Kühl* § 17 Rn. 2.
208 *BGHSt* 52, 227 (240); Schönke/Schröder/*Sternberg-Lieben/Schuster* § 17 Rn. 5.
209 NK-StGB/*Neumann* § 17 Rn. 20 ff.; *Stratenwerth/Kuhlen* AT § 10 Rn. 63.
210 NK-StGB/*Neumann* § 17 Rn. 20; s. auch *Roxin* AT I § 21 Rn. 12 f.

Da es auf die Kenntnis der Rechtsordnung und nicht auf eine eigene Bewertung des Täters ankommt, fehlt dem **Überzeugungstäter** schon nicht die Unrechtseinsicht.[211] Die Auffassung des Täters lässt schließlich seine Verbotskenntnis unberührt. Wer also Steuern aus Protest hinterzieht und sich dazu für berechtigt hält, weil er der Meinung ist, der Staat verschwende die Steuergelder ohnehin nur, befindet sich schon gar nicht im Verbotsirrtum.

99

Besonderheiten gelten nach h.M. für ein **bedingtes Unrechtsbewusstsein** des Täters, wenn dieser sich also über die Rechtslage im Unklaren ist und dabei die Möglichkeit erkennt, dass das Verhalten verboten ist. Überwiegend wird hier davon ausgegangen, dass in solchen Fällen kein Verbotsirrtum vorliege: *„Wer die Vorstellung hat, möglicherweise Unrecht zu tun, und diese Möglichkeit in seinen Willen aufnimmt, hat das Unrechtsbewusstsein".*[212]

100

Nach inzwischen einhelliger Auffassung ist Gegenstand des Unrechtsbewusstseins nicht irgendein abstraktes Verbot, sondern das konkrete Unrecht des jeweiligen Tatbestandes.[213] Daraus folgt die **Teilbarkeit des Unrechtsbewusstseins:**[214] *„Weder das allgemeine Bewußtsein, etwas Unrechtes zu tun, noch das auf einen anderen Tatbestand bezogene Unrechtsbewußtsein kann den besonderen Schuldvorwurf für den vom Täter verwirklichten Tatbestand rechtfertigen".*[215]

101

> **Beispiel:**[216] Die Angeklagten hatten Personen entgeltlich befördert und dabei u.a. den Reisepreis an ein serbisches Reiseunternehmen gezahlt. Entgegen der Annahme der Angeklagten verstieß die entgeltliche Beförderung als solche nicht gegen § 34 AWG (Serbien-Embargo). Ein Embargoverstoß lag jedoch darin, dass man den Reisepreis gezahlt hatte. Dass die Angeklagten dazu ein Unrechtsbewusstsein entwickelt hatten, hatte das LG jedoch nicht ausdrücklich festgestellt. Daher war das Unrechtsbewusstsein nicht hinreichend belegt.

102

c)   Vermeidbarkeit des Verbotsirrtums

aa)   Allgemeines

Für die Vermeidbarkeit kommt es zunächst darauf an, nach welchem Maßstab die Tätervorstellung zu beurteilen ist. Die Praxis arbeitet hier mit verschiedenen Formeln. Nach einer überkommenen Wendung soll es darauf ankommen, ob der Täter das Unrecht bei der ihm zuzumutenden **Anspannung seines Gewissens** hätte erkennen können.[217] Das liegt aber schon deshalb neben der Sache, weil das Gewissen nur die eigene moralische Beurteilung betrifft, mit der sich die rechtliche Bewertung nicht decken muss.[218] Nach einer ebenfalls gebräuchlichen Formel wird vom Täter verlangt, dass er „alle seine geistigen Erkenntniskräfte einsetzt und etwa aufkommende Zweifel durch **Nachdenken** oder erforderlichenfalls durch **Einholung von Rat** beseitigt".[219] An dieser Rspr. wird überwiegend und zu Recht kritisiert, dass die Annahme einer allgemeinen Pflicht, das eigene Verhalten stets und unablässig auf seine Rechtmäßigkeit zu überprüfen, unverhältnismäßig ist.[220]

103

---

211 Lackner/*Kühl* § 17 Rn. 2; NK-StGB/*Neumann* § 17 Rn. 12, 40 ff.; *Roxin* AT I § 21 Rn. 15; *Stratenwerth/Kuhlen* AT § 10 Rn. 60.

212 *BGH* JR 1952, 285; s. auch *BGHSt* 4, 4.

213 Schönke/Schröder/*Sternberg-Lieben/Schuster* § 17 Rn. 8; LK-StGB/*Vogel* § 17 Rn. 21.

214 Anerkannt seit *BGHSt* 10, 35.

215 *BGHSt* 10, 35.

216 *BGH* wistra 1998, 306.

217 *BGHSt* 2, 194, 209; *BGH* NStZ 2000, 307, 309.

218 *Stratenwerth/Kuhlen* AT § 10 Rn. 83; s. auch NK-StGB/*Neumann* § 17 Rn. 57.

219 *BGHSt* 194, 201; 4, 1, 5; 21, 18, 20; *BGH* NStZ 2000, 307, 309.

220 *Stratenwerth/Kuhlen* AT § 10 Rn. 83.

104 Nach zutreffender Ansicht kommt es entscheidend darauf an, ob der Täter **hinreichenden Anlass** hatte, sich über die Rechtmäßigkeit seines Verhaltens Gedanken zu machen oder sich weitergehend zu informieren.[221] Das ist etwa beim bedingten Unrechtsbewusstsein der Fall, wenn man hier nicht ohnehin bereits die Voraussetzungen eines Verbotsirrtums verneint (Rn. 99).[222] Aber selbst wenn der Täter sein Verhalten für rechtmäßig hält, kann er Anlass zu Zweifeln haben, etwa weil er weiß, dass ähnliche Verhaltensweisen verboten sind.[223]

105 **Beispiel:** Wer Waren in ein Land liefert, für das ein Teil-Embargo besteht, hat Anlass, sich vor der jeweiligen Lieferung umfassend zu informieren, sodass hier eher wenig Raum für vermeidbare Irrtümer ist.

106 Eine andere Frage ist es, welches **Maß an Sorgfalt** an die Vergewisserungsbemühungen des Täters zu stellen ist. Die Rspr. vertritt eine sehr strenge Linie: Vermeidbar sei der Verbotsirrtum nur, „wenn der Täter trotz der ihm nach den Umständen des Falles, seiner Persönlichkeit sowie seinem Lebens- und Berufskreis zuzumutenden Anspannung des Gewissens die Einsicht in das Unrechtmäßige seines Handelns nicht zu gewinnen vermochte".[224] Dieser Maßstab sei strenger als derjenige der Tatfahrlässigkeit.[225] Auch das wird überwiegend als zu streng kritisiert.[226] Das gilt insbesondere für eines ihrer Hauptargumente, dass „mit der Tatbestandsmäßigkeit eines Verhaltens seine Rechtswidrigkeit in der Regel gegeben und dies allgemein bekannt" sei.[227] Zutreffend ist das so nur für den Kernbereich des Strafrechts, wo Verbotsirrtümer jedoch ohnehin selten sind.[228] Im Nebenstrafrecht dagegen drängt sich der Schluss auf die Rechtswidrigkeit dagegen keineswegs in gleichem Maße auf.[229] Da sich die Vermeidbarkeit nach den **individuellen Kenntnissen und Fähigkeiten** des Täters richtet,[230] wird von Rechtskundigen erwartet, dass sie sich zur Vermeidung von Verbotsirrtümern vertieft mit einschlägiger Fachliteratur befassen.[231]

107 Fraglich ist der Fall, indem der Täter erforderliche und zumutbare Erkundigungen nicht vorgenommen hat, die **hypothetische Auskunft** ihn aber nicht belastet hätte. Strukturell ist das ein vergleichbares Problem wie das des Pflichtwidrigkeitszusammenhangs (Rn. 49 ff.).[232] Nach inzwischen h.M. ist der Irrtum in diesem Fall unvermeidbar.[233] Der Täter wird schließlich nicht für die Verletzung irgendwelcher Pflichten, sondern nur deshalb bestraft, weil er die Rechtswidrigkeit hätte erkennen können (Rn. 89). Das ist aber nicht der Fall, wenn er bei pflichtgemäßem Verhalten zu keiner anderen Einsicht gelangt wäre. Dagegen kann der Irrtum

---

221 NK-StGB/*Neumann* § 17 Rn. 63 ff.; *Roxin* AT I § 21 Rn. 55; Schönke/Schröder/*Sternberg-Lieben/Schuster* § 17 Rn. 16; *Rudolphi* Unrechtsbewusstsein, S. 217 ff.; *Stratenwerth/Kuhlen* AT § 10 Rn. 83.

222 *Stratenwerth/Kuhlen* AT § 10 Rn. 85.

223 BGHSt 15, 377, 382 ff.; *Stratenwerth/Kuhlen* AT § 10 Rn. 86.

224 BGHSt 21, 18, 20; s. schon BGHSt 2, 194, 201.

225 BGHSt 4, 236 (243); 21, 18, 20.

226 Matt/Renzikowski/*Gaede* § 17 Rn. 22; NK-StGB/*Neumann* § 17 Rn. 60 f.

227 So BGHSt 4, 236, 243.

228 *Stratenwerth/Kuhlen* AT § 10 Rn. 69 f.

229 NK-StGB/*Neumann* § 17 Rn. 60; *Roxin* AT I § 21 Rn. 45; *Stratenwerth/Kuhlen* AT § 10 Rn. 91.

230 BGHSt 3, 357, 366; Matt/Renzikowski/*Gaede* § 17 Rn. 25; MK-StGB/*Joecks* § 17 Rn. 48; LK-StGB/*Vogel* § 17 Rn. 40.

231 Vgl. BGH NJW 1987, 2451, 2452; Schönke/Schröder/*Sternberg-Lieben/Schuster* § 17 Rn. 17; LK-StGB/*Vogel* § 17 Rn. 74.

232 Schönke/Schröder/*Sternberg-Lieben/Schuster* § 17 Rn. 22.

233 BGHSt 37, 55, 67; *Fischer* § 17 Rn. 9b; NK-StGB/*Neumann* § 17 Rn. 81; *Roxin* AT I § 21 Rn. 36; *Stratenwerth/Kuhlen* AT § 10 Rn. 93; anders die ältere Rspr., s. BGHSt 21, 18 (21).

auch dann als vermeidbar angesehen werden, wenn zum Tatzeitpunkt keine Erkundigungen (mehr) möglich sind, und zwar dann, wenn dem Täter ein **Vorverschulden** vorzuwerfen ist.[234]

bb) Rechtsauskünfte

Verbotsirrtümer treten vor allem bei schwieriger Rechtslage, insbesondere im Nebenstrafrecht, auf. Der Täter wird dann allerdings in den wenigsten Fällen durch Nachdenken weiterkommen.[235] Deshalb ist die **Einholung von Rat** durch **rechtskundige Personen** besonders praxisrelevant. Dabei gilt der Grundsatz, dass sich der Täter auf die **Auskunft eines Rechtsanwalts** verlassen darf.[236] Das trifft jedoch nur dann uneingeschränkt zu, wenn der Rechtsanwalt kompetent und vertrauenswürdig ist, ihm alle maßgeblichen Umstände mitgeteilt wurden und die Rechtsauskunft auf einer sorgfältigen und vor allem ergebnisoffenen Prüfung basiert.[237] Gegen die Vertrauenswürdigkeit spricht es insbesondere, wenn die Auskunftsperson für unseriöse Auskünfte bekannt ist[238] oder ein außergewöhnliches Eigeninteresse an der Rechtsfrage hat.[239] Ein generelles Misstrauen gegenüber der Auskunft von **Hausjuristen** ist allerdings nicht angebracht.[240] Auch unzutreffende Auskünfte von **Behörden** können den Täter entlasten, und zwar selbst dann, wenn die Behörde offensichtlich unzuständig ist, solange der Täter sie nur für zuständig hält und halten darf.[241] Im Fiskalstrafrecht kommt als Auskunftsperson insbesondere ein **Steuerberater** in Betracht. Da die Rechtsprechung den Irrtum über den Steueranspruch bisher nach § 16 StGB behandelt hat, kommt es insoweit auf die Vermeidbarkeit und damit auf die Verlässlichkeit der Information durch den Steuerberater bisher nicht an. Sollte der BGH die Steueranspruchstheorie aufgeben, dürfte sich dies jedoch ändern. Allerdings wird dann in aller Regel der Steuerpflichtige auf die Auskunft des Steuerberaters tendenziell schon deshalb vertrauen dürfen, weil dieser sich bei unrichtigen Angaben selbst strafbar macht. **108**

Bei alledem ist jedoch zu beachten, dass die **Pflicht**, das eigene Verhalten auf seine Rechtmäßigkeit zu prüfen, **höchstpersönlich** ist.[242] Die Einholung auch von zuverlässigem Rechtsrat entlastet den Täter also nicht ohne weiteres; er muss vielmehr auf dessen Basis zu einer **eigenen Einschätzung** gelangen und dabei auch die Auskunft kritisch hinterfragen.[243] Dabei kommt es auf die individuellen Kenntnisse des Täters an, sodass die Unvermeidbarkeit bei juristischen Laien eher gegeben ist.[244] **109**

Im Wirtschaftsleben werden häufig **präventive Gutachten** eingeholt.[245] Da der Täter damit seiner Erkundigungspflicht genügt, wäre es unzulässig, schon aus dem Umstand, dass er ein Gutachten einholt, auf Unrechtszweifel zu schließen, die dann einen Verbotsirrtum ausschlös- **110**

---

234 *Stratenwerth/Kuhlen* AT § 10 Rn. 94; LK-StGB/*Vogel* § 17 Rn. 43; a.A. *Jakobs* AT 19/37.

235 Graf/Jäger/Wittig/*Allgayer* § 17 Rn. 11.

236 *Fischer* § 17 Rn. 9a; Schönke/Schröder/*Sternberg-Lieben/Schuster* § 17 Rn. 18; LK-StGB/*Vogel* § 17 Rn. 76, 82.

237 BGHSt 40, 257, 264; Graf/Jäger/Wittig/*Allgayer* § 17 Rn. 16; Matt/Renzikowski/*Gaede* § 17 Rn. 28; Schönke/Schröder/*Sternberg-Lieben/Schuster* § 17 Rn. 18.

238 LK-StGB/*Vogel* § 17 Rn. 79.

239 Vgl. *BGHSt* 40, 257, 264; *BGH* NStZ 2000, 308, 309; 2011, 461, 462; Graf/Jäger/Wittig/*Allgayer* § 17 Rn. 16; NK-StGB/*Neumann* § 17 Rn. 75; Müller-Gugenberger/Bieneck/*Niemeyer* § 17 Rn. 10.

240 *OLG Hamburg* NJW 1967, 213 f.; *OLG Braunschweig* NStZ-RR 1998, 251; *Löw* S. 119 f.; NK-StGB/*Neumann* § 17 Rn. 75; Schönke/Schröder/*Sternberg-Lieben/Schuster* § 17 Rn. 18.

241 *BGH* NStZ 2000, 364; *Fischer* § 17 Rn. 9a; Matt/Renzikowski/*Gaede* § 17 Rn. 30; NK-StGB/*Neumann* § 17 Rn. 75; s. auch *OLG Stuttgart* NJW 2006, 2422.

242 *Kirch-Heim/Samson* wistra 2008, 81, 83.

243 *BGHSt* 21, 18, 21; *BGH* NStZ 2000, 307, 309; Graf/Jäger/Wittig/*Allgayer* § 17 Rn. 16.

244 *Kirch-Heim/Samson* wistra 2008, 81, 85.

245 Dazu eingehend *Kirch-Heim/Samson* wistra 2008, 81 ff.

sen.[246] Ein Verbotsirrtum liegt allerdings nur vor, wenn der Täter tatsächlich auf das Gutachten vertraut *hat*; ob er darauf vertrauen *durfte*, ist allein für die Vermeidbarkeit relevant.[247] Das führt materiell-rechtlich zu einer spürbaren Einschränkung, wobei sich in der Praxis erhebliche Beweisprobleme ergeben.[248] Es gilt der Grundsatz in dubio pro reo.[249] Für die Vermeidbarkeit kommt es dagegen entscheidend darauf an, inwieweit der Täter auf die Richtigkeit eines entlastenden Gutachtens vertrauen durfte. Bloße **Gefälligkeits-„Gutachten"** reichen nicht aus.[250] Insoweit ist wiederum zu beachten, dass das Gutachten nicht von der eigenen Prüfungspflicht entbindet (Rn. 108). Dafür sind v.a. die Person des Gutachters und die Qualität des Gutachtens maßgeblich.[251] Dieses muss zudem das Verhalten eindeutig und umfassend für rechtmäßig erklären,[252] und dieses Ergebnis plausibel begründen.[253] Die gezielte Suche nach **Gesetzeslücken** führt nicht ohne weiteres zur Vermeidbarkeit eines etwaigen Verbotsirrtums, mag auch das erstrebte Ziel moralisch verwerflich sein, solange der Täter glaubt, erlaubt zu handeln.[254] Der Täter muss aber wenigstens meinen, kein Unrecht zu verwirklichen; das bloße Vertrauen in die Straflosigkeit reicht nicht aus.[255]

cc) Rechtsprechung

111 Die Unrechtseinsicht bezieht sich nicht unmittelbar auf die Rspr.[256] Gleichwohl spielt diese eine bedeutende Rolle für die Frage der Verwerflichkeit, zumal die Vergewisserungspflicht es erfordern kann, sich über die einschlägige Rspr. zu informieren.[257] Eine **einheitliche Rspr.** präjudiziert weitgehend die Vermeidbarkeitsfrage. Bei übereinstimmend unrechtbejahender Rechtsprechung ist der Verbotsirrtum in aller Regel vermeidbar.[258] Auf eine einheitliche unrechtsverneinende Rechtsprechung darf dagegen vertraut werden. Ändert sich diese Rspr., so ist ein entsprechender Verbotsirrtum daher grundsätzlich unvermeidbar, es sei denn, die Rechtsprechungsänderung zeichnete sich *für den Täter erkennbar* ab.[259] Bei unklarer Rechtslage ist zu differenzieren. Auf vereinzelte Gerichtsentscheidungen darf sich der Täter jedenfalls nicht ohne weiteres verlassen.[260] Bei **uneinheitlicher Rspr.** ist der Verbotsirrtum grundsätzlich vermeidbar; sie kann sogar zum bedingten Unrechtsbewusstsein führen.[261] Ob das uneingeschränkt gelten kann, erscheint zweifelhaft, weil sonst letztlich auch einzelne und ersichtlich falsche Entscheidungen über die Vermeidbarkeit entscheiden und die Freiheit des Einzelnen (Rn. 89) beschränken würden.[262]

---

246 So aber *Kunz* GA 1983, 457, 461 ff.; wie hier *Kirch-Heim/Samson* wistra 2008, 81.
247 *Kirch-Heim/Samson* wistra 2008.
248 *Kirch-Heim/Samson* wistra 2008, 81 f.
249 Lackner/*Kühl* § 17 Rn. 5; LK-StGB/*Vogel* § 17 Rn. 11.
250 *BGH* NStZ 2013, 461; *Fischer* § 17 Rn. 9a; Matt/Renzikowski/*Gaede* § 17 Rn. 29; NK-StGB/*Neumann* § 17 Rn. 75; s. auch LK-StGB/*Vogel* § 17 Rn. 87.
251 Eingehend *Kirch-Heim/Samson* wistra 2008, 81, 83 ff.
252 LK-StGB/*Vogel* § 17 Rn. 89.
253 *Kirch-Heim/Samson* wistra 2008, 81, 85.
254 *Fischer* § 17 Rn. 9a.
255 Statt vieler LK-StGB/*Vogel* § 17 Rn. 89; krit. *Gaede* HRRS 2013, 449, 460 f., der dafür plädiert, insofern stärker auf ein voluntatives Element abzustellen.
256 *Rudolphi* Unrechtsbewusstsein, S. 94 ff., 100 f.; LK-StGB/*Vogel* § 17 Rn. 20.
257 LK-StGB/*Vogel* § 17 Rn. 58 f.
258 Graf/Jäger/Wittig/*Allgayer* § 17 Rn. 19; LK-StGB/*Vogel* § 17 Rn. 62.
259 MK-StGB/*Joecks* § 17 Rn. 50; LK-StGB/*Vogel* § 17 Rn. 63; a.A. NK-StGB/*Neumann* § 17 Rn. 68.
260 LK-StGB/*Vogel* § 17 Rn. 60.
261 Lackner/*Kühl* § 17 Rn. 7; LK-StGB/*Vogel* § 17 Rn. 67.
262 Vgl. NK-StGB/*Neumann* § 17 Rn. 72; *Stratenwerth/Kuhlen* AT § 10 Rn. 92; s. auch Matt/Renzikowski/*Gaede* § 17 Rn. 31; *Rudolphi* Unrechtsbewusstsein, S. 103 f.; Schönke/Schröder/*Sternberg-Lieben/Schuster* § 17 Rn. 21.

d) Rechtsfolge

Während der unvermeidbare Verbotsirrtum eine Bestrafung ausschließt, kommt bei Vermeid- | 112
barkeit nur eine fakultative Strafmilderung nach § 49 Abs. 1 StGB in Betracht. Ob dies sachgerecht ist oder ob nicht eine obligatorische Milderung vorzugswürdig wäre, ist rechtspolitisch
umstritten.[263] Die Frage ist aber schon deshalb von abgeschwächter Bedeutung, weil man sich
einig ist, dass aufgrund des Schuldprinzips in aller Regel gemildert werden muss.[264] Nur in
Ausnahmefällen – genannt wird etwa ein auf Rechtsfeindschaft beruhender Verbotsirrtum –
kann das Gericht von der Milderung absehen, was dann aber besonders begründet werden
muss.[265] Zu beachten ist auch, dass selbst wenn gemildert wird, der Richter immer noch an
eine Mindeststrafe gebunden sein kann, die im Hinblick auf die Schuld bedenklich ist
(Rn. 90).

3. Der Irrtum über Blankettmerkmale zwischen Vorsatz und Schuld

Soweit es um die Frage geht, ob der Irrtum über Blankettmerkmale unter § 16 StGB fällt, wird | 113
auf die diesbezüglichen Ausführungen verwiesen (8. Kap. Rn. 22 ff.). An dieser Stelle sei aber
immerhin angemerkt, dass eine kategorische Einordnung solcher Irrtümer – entweder bei § 16
StGB oder bei § 17 StGB – Probleme birgt, weil es sehr unterschiedliche Arten von Blanketten
gibt.[266] Das gilt insbesondere im Hinblick auf die Voraussetzungen und Rechtsfolgen dieser
Irrtümer (vgl. schon Rn. 90): Während bei der Annahme eines Tatbestandsirrtums eine
Bestrafung aus dem Vorsatzdelikt zwangsläufig ausscheidet, steht beim Verbotsirrtum bereits
dessen Vorliegen unter dem Vorbehalt der Unvermeidbarkeit. Die Problematik wird im Fiskal-
strafrecht teilweise dadurch praktisch entschärft, dass die Rspr. sowohl den Irrtum über die
Steuerschuld bei § 370 AO als auch den Irrtum über die Pflichtwidrigkeit bei der (Haushalts-)-
Untreue nach § 16 StGB behandelt (Rn. 37).

Im Übrigen ist zu bedenken, dass nicht nur der Grundgedanke der Schuldtheorie im Neben- | 114
strafrecht nur bedingt verfängt (Rn. 88, 104), sondern aus denselben Gründen hier wesentlich
häufiger unbekannte Strafvorschriften anzutreffen sind.[267] Gleiches gilt im Ordnungswidrigkeitenrecht.[268] Oftmals wird der durch das Zusammenlesen von Blankett und Ausfüllungsnorm entstehende Tatbestand auch gleichsam unrechtsneutral.[269] Für den Täter besteht dann
schon kein Anlass, sein Handeln zu hinterfragen. Die Strenge des § 17 StGB im Vergleich zu
§ 16 StGB lässt sich jedoch nur dann uneingeschränkt rechtfertigen, wenn die Tatbestandsverwirklichung einen hinreichenden Appell an den Täter begründet, die Rechtmäßigkeit seines
Handelns zu hinterfragen.[270] Unter diesen Umständen ist es, wenn die Rspr. Irrtümer schon in
wenig sachgerechter Pauschalität nur nach § 17 StGB behandelt, erforderlich, eventuellen
Unbilligkeiten durch die großzügige Annahme vermeidbarer Verbotsirrtümer zu begegnen.[271]
Das gilt selbstverständlich wiederum dann nicht, wenn für den Täter wegen besonderer Um-

---

263 Vgl. NK-StGB/*Neumann* § 17 Rn. 83; LK-StGB/*Vogel* § 17 Rn. 92.
264 Lackner/*Kühl* § 17 Rn. 8; *Roxin* AT I § 21 Rn. 71; *Walter* Kern des Strafrechts, S. 326.
265 *Roxin* AT I § 21 Rn. 71.
266 Zutr. LK-StGB/*Vogel* § 16 Rn. 40.
267 MK-StGB/*Joecks* § 17 Rn. 40; NK-StGB/*Neumann* § 17 Rn. 60, 90 ff.; *Roxin* AT I § 21 Rn. 45; *Weber* ZStW 96
      (1984) 376, 392 ff.
268 NK-StGB/*Neumann* § 17 Rn. 90; KK-OWiG/*Rengier* § 11 Rn. 5 f.
269 NK-StGB/*Neumann* § 17 Rn. 90; *Tiedemann* Wirtschaftsstrafrecht AT Rn. 342; s. auch *Krell* NZWiSt 2013,
      114, 115; *Roxin* AT I § 21 Rn. 10.
270 Matt/Renzikowski/*Gaede* § 17 Rn. 2.
271 *Roxin* AT I § 21 Rn. 10; wohl auch Satzger/Schluckbier/Widmaier/*Momsen* § 17 Rn. 48.

stände das Verbot nahelag. Damit kommt es entscheidend darauf an, ob der Täter über **bereichsspezifische Kenntnisse** verfügt, die ihn veranlassen (müssten), die Rechtmäßigkeit seines Handelns zu hinterfragen.[272]

115 **Beispiel:**[273] Nach § 34 Abs. 4 AWG i.V.m. der EG-VO Nr. 423/2007 über das Iran-Embargo wird bestraft, wer (irgendwelche) wirtschaftliche(n) Güter bestimmten, in Anhang A der VO gelisteten, natürlichen oder juristischen Personen zur Verfügung stellt. Das strafbewehrte Verbot ist damit völlig unrechtsneutral, weil es – wenn nicht aus dem Namen einer juristischen Person ersichtlich ist, dass diese Teil des iranischen Atomprogramms ist o.Ä. – einen objektiv völlig unverfänglichen wirtschaftlichen Vorgang beschreibt.[274] Gleichwohl besteht für Personen, die um die Iran-Embargo-VO wissen, Anlass, die Zulässigkeit der Lieferung zu überprüfen, weil diese wissen, dass in diesem spezifischen Bereich auch viele „unrechtsneutrale" Tätigkeiten verboten sind.

---

272 Satzger/Schluckbier/Widmaier/*Momsen* § 17 Rn. 51 ff.
273 *BGH* NZWiSt 2013, 113.
274 *Krell* NZWiSt 2013, 114, 115.

8. Kapitel
Vorsatz und Fahrlässigkeit

Literatur: *Adick* Organuntreue (§ 266 StGB) und Business Judgement: Die strafrechtliche Bewertung unternehmerischen Handelns unter Berücksichtigung von Verfahrensregeln, 2010; *Appel* Verfassung und Strafe, 1998; *Binding* Die Normen und ihre Übertretung: eine Untersuchung über die rechtmäßige Handlung und die Arten des Delikts, Band III: Der Irrtum, 1965; *Bohnert* Das Bestimmtheitserfordernis im Fahrlässigkeitstatbestand, ZStW 94 (1982), 68; *Böse* Der Beginn des beendeten Versuchs – Die Entscheidung des BGH zur "Giftfalle", JA 1999, 342; *Bülte* Der Irrtum über das Verbot im Wirtschaftsstrafrecht, NStZ 2013, 65; *ders.* Die neuere Rechtsprechung des BGH zur Strafbewehrung von § 153 AO: Prüfstein für Strafrechtsdogmatik und Verfassungsrecht im Steuerstrafrecht, BB 2010, 607; *Duttge* Fahrlässigkeit und Bestimmtheitsgebot, FS Kohlmann, 2003, S. 13; *ders.* Wider die Palmströmsche Logik: Die Fahrlässigkeit im Lichte des Bestimmtheitsgebotes, JZ 2014, 261; *ders.* Zur Bestimmtheit des Handlungsunwerts von Fahrlässigkeitsdelikten, 2001; *Felix* Einheit der Rechtsordnung: zur verfassungsrechtlichen Relevanz einer juristischen Argumentationsfigur, 1998; *Frisch* Vorsatz und Risiko, 1983; *ders.* Vorsatz und Mitbewußtsein – Strukturen des Vorsatzes. Zur normativen Relevanz psychologischer Befunde im Strafrecht, GS A. Kaufmann, 1989, S. 311; *Gaede* Auf dem Weg zum potentiellen Vorsatz?, ZStW 121 (2009), 239; *Geisler* Objektive Strafbarkeitsbedingungen und "Abzugsthese", GA 2000, 166; *Gußen* Praxiswissen Steuerstrafrecht, 2009; *von der Heide* Tatbestands- und Vorsatzprobleme bei der Steuerhinterziehung nach § 370 AO – zugleich ein Beitrag zur Abgrenzung der Blankettstrafgesetze zu Strafgesetzen mit normativen Tatbestandsmerkmalen, 1986; *Herzberg* Grundprobleme der deliktischen Fahrlässigkeit im Spiegel des Münchener Kommentars zum Strafgesetzbuch, NStZ 2004, 593; *Hirsch* Das Schuldprinzip und seine Funktion im Strafrecht, ZStW 106 (1994), 746; *Kaspar* Verhältnismäßigkeit und Grundrechtsschutz im Präventionsstrafrecht, 2014; *Kaufmann, Armin* Die Dogmatik der Unterlassungsdelikte, 1988; *Kindhäuser* Zur Unterscheidung von Tat- und Rechtsirrtum, GA 1990, 407; *Kohlrausch/Lange* Strafgesetzbuch mit Erläuterungen und Nebengesetzen, 1950; *Kuhlen* Die Unterscheidung von vorsatzausschließendem und nichtvorsatzausschließendem Irrtum, 1987; *ders.* Fragen einer strafrechtlichen Produkthaftung, 1989; *ders.* Vorsätzliche Steuerhinterziehung trotz Unkenntnis der Steuerpflicht, FS Kargl, 2015, S. 297; *Küper* Überlegungen zum sog. Pflichtwidrigkeitszusammenhang bei Fahrlässigkeitsdelikten, FS Lackner, 1987, S. 247; *Lange* Der Strafgesetzgeber und die Schuldlehre, JZ 1956, 73; *Lindemann* Voraussetzungen und Grenzen legitimen Wirtschaftsstrafrechts: eine Untersuchung zu den materiell- und prozessrechtlichen Problemen der strafrechtlichen Aufarbeitung von Wirtschaftskriminalität, 2012; *Löwe-Krahl* Der subjektive Tatbestand des § 370 AO, PStR 2012, 66; *Maiwald* Unrechtskenntnis und Vorsatz im Steuerstrafrecht, 1984; *Meine* Der Irrtum über das Kompensationsverbot, wistra 2002, 361; *Meyberg* Bedingter Vorsatz und Irrtum über Steueranspruch, PStR 2011, 308; *Meyer* Der Verbotsirrtum im Steuerstrafrecht, NStZ 1986, 443; *Otto* Kausaldiagnose und Erfolgszurechnung im Strafrecht, FS Maurach, 1972, S. 91; *Platzgummer* Die Bewußtseinsform des Vorsatzes, 1964; *Puppe* Tatirrtum, Rechtsirrtum, Subsumtionsirrtum, GA 1990, 145; *Ransiek* Blankettstraftatbestand und Tatumstandsirrtum, wistra 2012, 365; *ders.* Vorsatz des Arbeitgebers bei Vorenthalten von Arbeitsentgelt und Lohnsteuerhinterziehung, PStR 2011, 74; *ders.* Bestimmtheitsgrundsatz und Analogieverbot, FS Tiedemann, 2008; *Ransiek/Hüls* Zum Eventualvorsatz bei der Steuerhinterziehung, NStZ 2011, 678; *Roxin* Über Tatbestands- und Verbotsirrtum, FS Tiedemann, S. 375; *ders.* Pflichtwidrigkeit und Erfolg bei fahrlässigen Delikten, ZStW 74 (1962), 411; *Sauer* Die Fahrlässigkeitsdogmatik der Strafrechtslehre und der Strafrechtsprechung, 2003; *Schulz* Die Strafbarkeit des Arbeitgebers nach § 266a StGB bei der Beschäftigung von Scheinselbstständigen, NJW 2006, 183; *Schünemann* Moderne Tendenzen in der Dogmatik der Fahrlässigkeits- und Gefährdungsdelikte, JA 1975, 435; *ders.* Die deutschsprachige Strafrechtswissenschaft nach der Strafrechtsreform im Spiegel des Leipziger Kommentars und des Wiener Kommentars, GA 1985, 341; *ders.* Zum Kausalzusammenhang zwischen Unterlassung und Erfolgseintritt beim unechten Unterlassungsdelikt, StV 1985, 229; *Steinberg* Der Vorsatz zur Steuerhinterziehung und sein Beweis, WiVw 2014, 112; *Tiedemann* Zum Stand der Irrtumslehre, insbesondere im Wirtschafts- und Nebenstrafrecht – Rechtsvergleichende Überlegungen und Folgerungen –, FS Geerds, 1995, S. 95; *ders.* Tatbestandsfunktionen im Nebenstrafrecht: Untersuchungen zu einem rechtsstaatlichen Tatbestandsbegriff, entwickelt am Problem des Wirtschaftsstrafrechts, 1969; *ders.* Zur legislatorischen Behandlung des Verbotsirrtums im Ordnungswidrigkeiten- und Steuerstrafrecht, ZStW 81 (1969), 869; *ders.* Literaturbericht zum Ordnungswidrigkeitenrecht, ZStW 83 (1971), 792; *ders.* Verfassungsrecht und Strafrecht, 1991; *Tipke* Die Steuerrechtsordnung, Band III, 2012; *Volk* Reformüberlegungen zur Strafbarkeit der fahrlässigen Körperverletzung im Straßenverkehr, GA 1976, 161; *Walter* Der Kern des Strafrechts: die allgemeine Lehre vom Verbrechen und die Lehre vom Irrtum, 2006; *ders.* Ist Steuerstrafrecht Blankettstrafrecht?, FS Tiedemann, 2008, S. 969; *Warda* Die Abgrenzung von Tatbestands- und Verbotsirrtum bei Blankettstrafgesetzen, 1955; *ders.* Grundzüge der strafrechtlichen Irrtumslehre (2. Teil), Jura 1979, 71; *Wedler* § 126 Rechtswidrigkeit, FS P. Kirchhof, 2011; *dies.* Der Rechtsirrtum im Steuerstrafrecht, NZWiSt 2015, 99; *Weigend* Zum Verhaltensunrecht der fahrlässigen Straftat, FS Gössel, 2002, S. 129; *Welzel* Das deutsche Strafrecht: eine systematische Darstellung, 1969; *ders.* Irrtumsfragen im Steuerstrafrecht, NJW 1953, 486; *Wolff* Der Grundsatz „nulla poena sine culpa" als Verfassungsrechtssatz, AöR 124, 55; *Wolfslast* Kausalität bei unterlassenen ärztlichen Maßnahmen, NStZ 1981, 219; *Wolter* Objektive und personale Zurechnung von Verhalten, Gefahr und Verletzung in einem funktionalen Straftatsystem, 1981; *Wulf* Handeln und Unterlassen im Steuerstrafrecht: eine Untersuchung zum Verhaltensunrecht der Steuerhinterziehung, 2001; *ders.* Bedingter Vorsatz im Steuerstrafrecht – Abschied von der „Steueranspruchslehre"?, StB 2012, 19.

I. Schuldgrundsatz und Gesetzlichkeitsprinzip

1 Die überwiegende Zahl der Straftaten aus dem Bereich des Fiskalstrafrechts kann nur vorsätzlich begangen werden. Das Strafgesetzbuch ist jedoch mit Äußerungen über die als subjektive Tatbestandsmerkmale bezeichneten Bestandteile der Unrechtsdefinition – die Klassifizierung des Vorsatzes als Bestandteil der Schuld ist weitgehend aufgegeben[1] – zurückhaltend.[2] § 15 StGB bestimmt zunächst, dass **nur vorsätzliches Handeln strafbar** ist, wenn nicht das Gesetz fahrlässiges Handeln ausdrücklich mit Strafe bedroht. Dabei besteht zwischen Vorsatz und Fahrlässigkeit nach h.M. kein begriffslogisches aber ein normativ-ethisches Stufenverhältnis (vgl. Rn. 89).[3]

2 Diese Vorschrift ist über ihre gesetzestechnische Vereinfachungsfunktion (vor die Klammer ziehen")[4] hinaus von grundlegender Bedeutung. Sie bringt zum Ausdruck, dass der Gesetzge-

---

1 Vgl. LK-StGB/*Vogel* § 15 Rn. 78 auch zum Begriff der Vorsatzschuld; ferner *Kühl* AT § 5 Rn. 3 f.; Schönke/Schröder/*Sternberg-Lieben/Schuster* § 15 Rn. 8.
2 Vgl. auch *Kühl* AT § 5 Rn. 2.
3 Vgl. *BGHSt* 4, 340, 344; *Fischer* § 15 Rn. 12a; LK-StGB/*Vogel* § 15 Rn. 12 ff.
4 Vgl. LK-StGB/*Vogel* § 15 Rn. 2.

ber sich in jedem Fall, in dem ein Handeln mit Strafe bedroht werden soll, ausdrücklich entscheiden muss, ob die fahrlässige Tatbegehung ausreichend ist oder Vorsatz vorliegen muss, um Strafe zu begründen. Diese Entscheidung, die Ausdruck des **Gesetzlichkeits- und des Demokratieprinzips** ist,[5] ist am Verhältnismäßigkeitsprinzip zu messen, wobei dem Gesetzgeber naturgemäß eine erhebliche Einschätzungsprärogative zukommt.[6] Die Schaffung von § 15 StGB im Zuge der Großen Strafrechtsreform hat damit der zuvor herrschenden Auffassung ein Ende bereitet, es sei durch Auslegung zu bestimmen, ob eine Tat auch fahrlässig begangen werden kann.[7]

Soweit das Gesetz **fahrlässiges** Handeln mit Strafe bedroht, ist auch vorsätzliches Handeln   **3**
erfasst,[8] wenn auch Straf- oder Bußgeldvorschriften, die fahrlässiges Handeln mit Sanktion bedrohen, zumindest im Wirtschaftsstrafrecht die vorsätzliche Begehung stets ausdrücklich als ahndbar bezeichnen.

§ 15 StGB statuiert jedoch nicht nur den strafrechtsdogmatischen Grundsatz des Vorsatzdelik-   **4**
tes, sondern trägt darüber hinaus dem Verfassungsgrundsatz **nulla poena sine culpa**[9] Rechnung (vgl. auch § 29 StGB)[10]. Aus dem Gesetz selbst ergibt sich, dass eine Strafbarkeit nur in Betracht kommt, wenn dem Handelnden Vorsatz oder Fahrlässigkeit vorgeworfen werden kann.[11] Damit scheidet eine verschuldensunabhängige Strafbarkeit im Geltungsbereich des StGB, aber auch im Nebenstrafrecht – wie etwa dem Steuerstrafrecht – und im Ordnungswidrigkeitenrecht aus, mögen damit auch Schuldvermutungen – etwa durch die Statuierung von Leichtfertigkeitstatbeständen – noch nicht per se ausgeschlossen sein.[12]

Die Entscheidung des Gesetzgebers für die Strafbarkeit, die im Gesetz selbst zum Ausdruck   **5**
kommen muss, stellt aufgrund des **Gesetzlichkeitsprinzips** aus Art. 103 Abs. 2 GG Grund und Grenze der Strafbarkeit dar.[13] Voraussetzung für die Ahndbarkeit ist sowohl im (Kriminal-)Strafrecht als auch im Ordnungswidrigkeitenrecht (zusammenfassend Strafrecht im weiteren Sinne), dass sich Vorsatz oder Fahrlässigkeit auf den objektiven Unrechts- bzw. den Verfehlungstatbestand beziehen.[14] Diese verfassungsrechtlichen Grundsätze erscheinen im Kernstrafrecht als Selbstverständlichkeiten, werden aber in vielen Bereichen des sog. Nebenstrafrechts nicht hinreichend berücksichtigt, wie der Streit um den Gegenstand des Vorsatzes bei Blankettverweisungen zeigt (vgl. 7. Kap. Rn. 31 ff.).[15]

---

5   Vgl. *BVerfGE* 32, 346 (362 f.); ferner LK-StGB/*Dannecker* § 1 Rn. 115 ff.
6   Zu den Einzelheiten *Kaspar* S. 699 ff.
7   Vgl. hierzu nur *BGHSt* 23, 167 ff; ferner LK-StGB/*Vogel* § 15 Rn. 2.
8   LK-StGB/*Vogel* § 15 Rn. 3; zum Verhältnis zwischen Vorsatz und Fahrlässigkeit Rn. 9, 12 ff. m.w.N.
9   Vgl. nur BT-Drucks. IV/650, 96 ff.; 128 ff.; *BVerfGE* 34, 261, 266; 50, 205, 214; 96, 245, 249; ferner *BGHSt* 2, 194, 200 f.; zur verfassungsrechtlichen Herleitung dieses Grundsatzes *Wolff* AöR 124, 56, 76 ff.; zum normativen Gehalt des Schuldbegriffs ferner *Hirsch* ZStW 106 (1994), 746 ff.
10 Vgl. BT-Drucks. IV/650, 153; ferner *BGHSt* 24, 132, 133.
11 *Jescheck/Weigend* AT S. 291; vgl. auch BT-Drucks. IV/650, 137.
12 LK-StGB/*Vogel* § 15 Rn. 4; vgl. hierzu auch *Bülte* JZ 2014, 603 ff.
13 Vgl. nur BT-Drucks. IV/650, 101; LK-StGB/*Dannecker* § 1 Rn. 1 ff.
14 Vgl. LK-StGB/*Vogel* § 16 Rn. 19.
15 Vgl. hierzu nur *Tiedemann* Wirtschaftsstrafrecht AT, Rn. 336 ff.; ferner *Bülte* NStZ 2013, 65 ff.

II. Vorsatz

6 Auf eine Definition des Vorsatzes – ebenso wie der Fahrlässigkeit – hat der Gesetzgeber bewusst verzichtet.[16] Während im Entwurf von 1962 in § 16 und § 17 noch Definitionen des Vorsatzes und der Vorsatzformen enthalten waren,[17] wurden diese Begriffsbestimmungen in den späteren Gesetzesvorlagen mit der Begründung gestrichen, eine gesetzliche Fixierung berge die Gefahr einer „gewissen Erstarrung der weiteren dogmatischen Entwicklung".[18] Schließlich sei die definierende Ausfüllung dieser Begriffe nicht so sehr Aufgabe des Gesetzgebers als vielmehr der Rechtslehre.[19] Mit dieser heute verfassungsrechtlich kaum mehr haltbaren, weil der Wesentlichkeitsrechtsprechung des BVerfG[20] zuwiderlaufenden Begründung wurde also von einer Definition abgesehen. Das hat dazu beigetragen, dass die Diskussionen über Wesen und Reichweite des Vorsatzes bis heute nicht abgeschlossen sind.[21] In der Praxis bereitet jedoch weniger die abstrakte Umschreibung, als vielmehr ihre Anwendung auf den konkreten Einzelfall erhebliche Probleme.[22]

1. Grundlagen

7 Es ist damit bei einer unvollständigen Negativdefinition des Vorsatzes in § 16 StGB geblieben,[23] sodass diese Vorschrift zum strafrechtsdogmatischen und verfassungsrechtlichen Dreh- und Angelpunkt der Vorsatzbestimmung geworden ist. Dort sind durch die Umschreibung des Vorsatzausschlusses im Tatbestandsirrtum die Mindestvoraussetzungen des Vorsatzes mittelbar bestimmt: Nur wer bei Begehung der Tat alle Umstände kennt, die zum gesetzlichen Tatbestand gehören, kann vorsätzlich handeln. Ob diese Kenntnis allerdings ausreichend ist, oder ob zusätzlich ein **voluntatives Element** hinzukommen muss – also der Umkehrschluss aus § 16 StGB unter Annahme des Tatbestandswissens als einer notwendigen und hinreichenden Bedingung zulässig ist – ist in der Lehre streitig.[24]

a) Gegenstand des Vorsatzes

8 Auch ohne eine ausdrückliche gesetzliche Vorsatzdefinition gibt § 16 Abs. 1 S. 1 StGB einen gewissen Aufschluss über eine elementare Frage im Rahmen des subjektiven Tatbestandes: die Frage nach dem **Gegenstand**, dem **Bezugsobjekt des Vorsatzes**. Ausgehend von § 16 Abs. 1 S. 1 StGB ist Vorsatz – in der unpräzisen Kurzformel[25] – „*Wissen und Wollen sämtlicher Tatbes-*

---

16 BT-Drucks. V/4095, 8.

17 Vgl. zur Begründung BT-Drucks. IV/650, 129 ff.; vgl. hierzu auch LK-StGB/*Vogel* § 15 Rn. 73; ferner § 5 öStGB.

18 Zu Forderungen nach einer gesetzlichen Definition des Eventualvorsatzes *Roxin* JuS 1973, 201; ebenso *Jescheck/Weigend* AT S. 292

19 Vgl. hierzu auch *Jescheck/Weigend* AT S. 292.

20 Vgl. nur *BVerfGE* 40, 237, 248 f.; 49, 89, 126 f.; 83, 130, 152; 98, 218, 251 f.; 101, 1, 34; 105, 279, 301 ff.; 116, 24, 58.

21 Vgl. hierzu nur LK-StGB/*Vogel* § 15 Rn. 73 ff.

22 Spätestens seit der Entscheidung *BGHSt* 7, 363 ff.; vgl. Hübschmann/Hepp/Spitaler/*Hellmann* § 370 AO Rn. 224; ferner *Steinberg* WiVw 2014, 112 ff. mit Beispielen aus dem Steuerstrafrecht.

23 LK-StGB/*Vogel* § 16 Rn. 15 spricht von „*Legislativaskese*"; vgl. auch *Kühl* AT § 5 Rn. 13.

24 Vgl. nur die umfangreiche Darstellung bei *Roxin* AT I § 12 Rn. 21 ff.; ferner bei Schönke/Schröder/*Sternberg-Lieben/Schuster* § 15 Rn. 9 ff.

25 So zu Recht *Kühl* AT § 5 Rn. 6 m.w.N.; ferner Lackner/*Kühl* § 15 Rn. 3; *Lesch* JA 1997, 808.

tandsmerkmale"[26] oder mit dem BGH[27] etwas genauer der „*Wille zur Verwirklichung des gesetz-lichen Tatbestandes in Kenntnis aller Tatumstände*".[28]

Maßgeblicher **Bezugspunkt des Vorsatzes** ist damit der **gesetzliche Tatbestand** (tatbestands- **9** mäßige Handlung, Tatobjekt, Taterfolg, Täterqualität etc.),[29] dessen Verwirklichung der Täter wollen muss.[30] Aus der Bezugnahme des Vorsatzes auf den gesamten objektiven Unrechtstat-bestand[31] ergibt sich das Erfordernis, dass der Täter *alle* Umstände kennt, die zum **gesetzlichen Tatbestand** gehören.[32] Das Bewusstsein der Tatbestandsverwirklichung ist grundsätzlich auch dann gegeben, wenn es sich um „*unreflektiertes, aber jederzeit verfügbares Wissen*" handelt, wobei hier jedoch die Einzelheiten nicht ganz unstreitig sind.[33] Unstreitig ist jedoch, dass der Täter nicht im Zeitpunkt der Tathandlung über die Erfüllung des Tatbestandsmerkmals nach-denken muss;[34] es reicht aus, wenn er ein *sog.* **sachgedankliches Mitbewusstsein**[35] oder *dauern-des Begleitwissen*[36] aufweist, also ein latentes grundsätzliches Wissen um den relevanten Umstand; potenzielles Wissen im Sinne von Wissen-können reicht dagegen nicht aus (vgl. hierzu als Element der Fahrlässigkeit Rn. 106).[37] Dies spielt insbesondere bei automatisierten Handlungsabläufen eine Rolle.[38]

Ein lediglich *nach* Tatvollendung entstehendes Bewusstsein kann den Vorsatz ebenso wenig **10** begründen wie eine ausschließlich *vor* Tatbestandsverwirklichung gegebene Kenntnis.[39] Erkennt der Steuerpflichtige also unmittelbar nach Abgabe der Erklärung, dass er unrichtige Angaben über steuerlich erhebliche Umstände gemacht hat, so begründet dies keinen Vorsatz für die Begehung der Tat durch aktives Tun; es kommt dann allerdings eine Tatbegehung durch Unterlassen in Betracht (§ 370 i.V.m. § 153 AO).

Das Vorsatzerfordernis gilt auch für **ungeschriebene Tatbestandsmerkmale**,[40] die von Recht- **11** sprechung und Lehre entwickelt worden sind, wie etwa der Kausalverlauf in seinen wesentli-

---

26 *RGSt* 51, 305, 311; vgl. ferner *RGSt* 58, 247, 248; 70, 257, 258; *BGHSt* 36, 1 (9); *BGH* NStZ 1988, 175; *Jescheck/Weigend* AT S. 293; *Roxin* AT I § 10 Rn. 62; § 12 Rn. 4 m.w.N.

27 *BGHSt* 19, 295, 298; vgl. auch *Kühl* AT § 5 Rn. 6.

28 Vgl. zu den Versuchen den Vorsatz allgemein und einheitlich zu bestimmen LK-StGB/*Vogel* § 15 Rn. 75 ff.

29 MK-StGB/*Joecks* § 16 Rn. 7; Lackner/*Kühl* § 15 Rn. 10; eingehend LK-StGB/*Vogel* § 15 Rn. 77; zu den Bezugs-punkten des Steuerhinterziehungsvorsatzes Hübschmann/Hepp/Spitaler/*Hellmann* § 370 AO Rn. 231 ff.

30 Vgl. *Lackner/Kühl* § 15 Rn. 4 m.w.N.; zur hier vorgenommenen Abgrenzung zwischen Systemtatbestand und Vorsatztatbestand vgl. LK-StGB/*Vogel* § 15 Rn. 29.

31 So auch MK-StGB/*Joecks* § 16 Rn. 5; *Roxin* AT I § 12 Rn. 132.

32 Vgl. *Roxin* AT I § 12 Rn. 95; Schönke/Schröder/*Sternberg-Lieben/Schuster* § 15 Rn. 16; a.A. etwa *Frisch* (Vor-satz und Risiko, 1983, S. 101 f.), der meint, der Vorsatz könne sich nicht auf den zukünftigen Erfolg bezie-hen, aber damit bezieht sich der Vorsatz auf die Erfolgsprognose (Risikowissen als Vorsatz), was sachlich zu keiner Differenzierung führt; dagegen MK-StGB/*Joecks* § 16 Rn. 7; Schönke/Schröder/*Sternberg-Lieben/Schuster* § 15 Rn. 16; *Sauer* S. 228 ff.; diff. LK-StGB/*Vogel* § 15 Rn. 36.

33 Vgl. *Lackner/Kühl* § 15 Rn. 9.

34 Schönke/Schröder/*Sternberg-Lieben/Schuster* § 15 Rn. 51.

35 *BayObLG* NJW 1977, 1974; *Fischer* § 15 Rn. 4; Schönke/Schröder/*Sternberg-Lieben/Schuster* § 15 Rn. 51 m.w.N.; krit. NK-StGB/*Puppe* § 16 Rn. 162 ff.; abl. *Frisch* GS A. Kaufmann, S. 311 ff.

36 *Platzgummer* Die Bewußtseinsform des Vorsatzes, 1964, 89; *Roxin* ZStW 78 (1966), 254.

37 Vgl. hierzu näher *Kühl* AT § 5 Rn. 9 m.w.N.; *Wedler* NZWiSt 2015 99, 101; zu Tendenzen einer Normativie-rung des Vorsatzes in Richtung eines potenziellen Vorsatzes eingehend *Gaede* ZStW 121 (2009), 239 ff.

38 *Fischer* § 15 Rn. 4.

39 Vgl. *BGHSt* 6, 329, 331; 10, 151, 152 f.; *BGH* NStZ 1983, 452; 2004, 201 f.; 2010, 503; ferner *Fischer* § 15 Rn. 4a.

40 Vgl. *Kühl* AT § 5 Rn. 15 m.w.N.

chen Zügen[41] oder die Voraussetzungen der objektiven Zurechnung.[42] Das bedeutet für die Steuerhinterziehung, dass der Täter lediglich wissen bzw. billigend in Kauf nehmen muss, dass eine Steuerverkürzung eintreten wird.[43] Er muss jedoch keine Kenntnis haben, in welcher Weise und von welcher Stelle innerhalb eines Finanzamtes die fehlerhafte Festsetzung als Ursache der Steuerverkürzung erfolgt.[44]

12 Darauf, ob die **Tatbestandsmerkmale sinnlich wahrnehmbar** sind, kommt es nicht an, so dass auch die Vorstellung eines Dritten (innerpersonale Umstände oder Vorgänge)[45] Tatbestandsmerkmal sein kann (z.B. der Irrtum beim Betrug).[46] Ferner können Tatbestandsmerkmale **rechtlicher oder sonst wertender Natur** sein (normative Tatbestandsmerkmale).[47]

13 Nach der neueren Rechtsprechung des BGH zum Umsatzsteuerstrafrecht kann auch das Wissen oder das fahrlässige Nichtwissen selbst Gegenstand des Vorsatzes sein.[48] Wirkt ein Steuerpflichtiger an einer Umsatzsteuerhinterziehung mit, ohne es zu wissen, so handelt er vorsatzlos und kann nicht als Beteiligter bestraft werden.

Der Steuerpflichtige, der weder wusste noch wissen konnte, dass sein Umsatz in seine vom Leistenden begangene Steuerhinterziehung eingebunden war, hat einen Anspruch auf den Vorsteuerabzug. Dieser Anspruch entfällt nicht rückwirkend, wenn der Steuerpflichtige seine Mitwirkung an dem missbräuchlichen Umsatz erkennt. Umgekehrt gewendet ist damit die „schuldhafte" Mitwirkung an der Steuerhinterziehung des Leistenden Tatbestandsmerkmal einer Umsatzsteuerhinterziehung, die durch die Geltendmachung eines Vorsteuerabzugs begangen werden kann.[49]

14 Vom Vorsatz müssen sowohl strafbegründende als auch strafschärfende Tatbestandsmerkmale erfasst sein. Dies gilt auch für die Merkmale von **Regelbeispielen** des Besonderen Teils des StGB und des Nebenstrafrechts,[50] z.B. die Umstände, die nach § 370 Abs. 3 S. 2 AO regelmäßig einen besonders schweren Fall der Steuerhinterziehung begründen. Das bedeutet, dass der Täter einer Steuerhinterziehung die Entstehung eines Steuerschadens in Höhe von mehr als 50.000 € zumindest für möglich halten oder billigend in Kauf nehmen muss, damit er nach § 370 Abs. 3 S. 2 Nr. 1 AO bestraft werden kann.

15 Nicht Gegenstand des Vorsatzes sind dagegen die sogenannten **objektiven Bedingungen der Strafbarkeit bzw. Ahndbarkeit**[51] – wie z.B. die Zahlungsunfähigkeit oder Überschuldung in § 283 Abs. 6 StGB[52]–; wobei jedoch eingeräumt werden muss, dass eine Klärung der strafrechtsdogmatischen Stellung dieser Verbrechensmerkmale noch nicht erreicht worden ist.[53]

---

41 Lackner/*Kühl* § 15 Rn. 11.

42 *Fischer* § 16 Rn. 7; MK-StGB/*Joecks* § 16 Rn. 7; *Roxin* AT I § 12 Rn. 134; LK-StGB/*Vogel* § 15 Rn. 31.

43 Vgl. *BGH* PStR 2010, 57 f.; wistra 2011, 465; Klein/*Jäger* § 370 Rn. 175.

44 Vgl. nur *BGH* NJW 1999, 2533; NZWiSt 2012, 71 m.Anm. *Schützeberg*; *Adick* ZWH 2012, 155 f.; ferner *Ransiek/Hüls* NStZ 2011, 678, 681.

45 So *Fischer* § 16 Rn. 4.

46 *Roxin* AT I § 12 Rn. 133; vgl. auch LK-StGB/*Vogel* § 15 Rn. 28.

47 Vgl. *BGHSt* 3, 248, 255; ferner LK-StGB/*Vogel* § 15 Rn. 28; hier 7. Kap. Rn. 22.

48 *BGH* NStZ 2014, 331, 333.

49 *BGH* NZWiSt 2014, 112 m. Anm. *Bülte*.

50 Vgl. *Fischer* § 16 Rn. 11; *Jescheck/Weigend* AT S. 307; Schönke/Schröder/*Sternberg-Lieben/Schuster* § 15 Rn. 27.

51 Vgl. *Fischer* § 16 Rn. 27; hierzu näher *Geisler* GA 2000, 166 ff.; *Roxin* AT I § 23 Rn. 21 ff. jeweils m.w.N.

52 Vgl. nur *Fischer* Vor § 283 Rn. 12.

53 Vgl. hierzu nur *Geisler* GA 2000, 166 ff.

b) Der objektive Tatbestand und seine spezifischen Merkmale

Unmittelbar aus dem Wortlaut des § 16 Abs. 1 S. 1 StGB lässt sich schließen, dass der potenzi- **16** elle Täter nicht das Strafgesetz selbst oder den gesetzlichen Tatbestand kennen muss, um sich strafbar zu machen; noch weniger ist von ihm eine zutreffende Auslegung des Gesetzes zu verlangen.[54] Er muss lediglich die Umstände kennen, die den **gesetzlichen Tatbestand** ausmachen.[55] Ein Irrtum des Täters darüber, dass der von ihm verwirklichte Sachverhalt unter den Wortlaut des Gesetzes subsumierbar ist, ist irrelevant.[56] Ein entsprechender Fehler bei der Rechtsanwendung (Subsumtionsirrtum) ist – vorbehaltlich eines Verbotsirrtums[57] – unbeachtlich.[58] Dies soll nach dem BGH etwa gelten, wenn der Importeur im Kriegswaffenkontrollrecht eine Einfuhr nur als Durchfuhr ansieht.[59] Soweit sich daraus jedoch die Vorstellung des Täters ergibt, nichts Verbotenes zu tun, kann ein Verbotsirrtum i.S.d. § 17 StGB vorliegen.[60]

aa) Schuldtheorie als gesetzliches Vorsatzkonzept und Bewertungen als Vorsatzgegenstand

Nach mittlerweile herrschender Auffassung (sog. **Schuldtheorie**)[61] ist das dem Straftatbestand **17** zugrunde liegende Verbot, das der Täter mit der Erfüllung der Tatbestandsmerkmale verletzt, kein Bezugsobjekt des Vorsatzes: *„Das Verbot selbst ist kein Tatumstand. Es gehört nicht zum Inhalt des Tatbestandes, sondern hat ihn zum Inhalt.“*[62] Der Täter muss also Vorsatz hinsichtlich der das Unrecht konturierenden Tatbestandsmerkmale[63] haben, nicht aber Kenntnis oder Bewusstsein des Unrechts oder der Rechtswidrigkeit des Handelns selbst.[64]

Die h.M. nimmt ferner an, das **Verbotensein des Handelns** sei – unabhängig davon, ob es sich **18** um das grundsätzliche Verbot oder das Verbot im konkreten Einzelfall handelt[65] – nicht Gegenstand des Vorsatzes. Der Täter müsse also weder die von ihm verletzte Verbotsnorm kennen, noch wissen, dass sein Verhalten nicht gerechtfertigt ist, um vorsätzlich zu handeln.

Daraus darf aber nicht geschlossen werden, rechtliche Umstände könnten nicht zum objekti- **19** ven Tatbestand gehören und damit nicht Gegenstand des Vorsatzes sein. Tatbestandsmerkmale in diesem Sinne sind grundsätzlich *alle* vom Gesetz umschriebenen Umstände, auch dann, wenn es sich um Negativumschreibungen („ohne behördliche Erlaubnis“) handelt.[66] Unter *Umstand* i.S.v. § 16 Abs. 1 S. 1 StGB können damit nicht nur tatsächliche, sondern auch recht-

---

54 MK-StGB/*Joecks* § 16 Rn. 7; *Fischer* § 16 Rn. 13; LK-StGB/*Vogel* § 15 Rn. 24.

55 Vgl. MK-StGB/*Joecks* § 16 Rn. 7.

56 *Fischer* § 16 Rn. 13; *Rolletschke* Rn. 116a.

57 Vgl. Schönke/Schröder/*Sternberg-Lieben/Schuster* § 15 Rn. 44.

58 Zum Problem der Abgrenzung vom Tatbestandsirrtum vgl. etwa *Lackner/Kühl* § 17 Rn. 22; Schönke/Schröder/*Sternberg-Lieben/Schuster* § 15 Rn. 43a.

59 Vgl. etwa *BGH* NJW 1994, 62 m.Anm. *Puppe* NStZ 1993, 594; ferner *BGH* wistra 2013, 153; krit. *Tiedemann* Wirtschaftsstrafrecht, AT Rn. 341.

60 Vgl. *BGHSt* 7, 261, 265; 9, 341, 347; 13, 135, 138; NJW 2006, 522, 528 f.; *Fischer* § 16 Rn. 13.

61 Vgl. hierzu grundlegend *BGHSt* 2, 194, 204 ff., auch zum Meinungsstreit zwischen Schuldtheorie und Vorsatztheorie; Letztere betrachtet das Bewusstsein der Rechtswidrigkeit als elementaren Bestandteil des Vorsatzes.

62 So *BGHSt* 16, 295, 298.

63 Vgl. hierzu *Roxin* AT I § 10 Rn. 63.

64 Schönke/Schröder/*Sternberg-Lieben/Schuster* § 15 Rn. 35; vgl. zum Streit, ob die Tatbestandsmerkmale von Rechtfertigungsgründen zum Tatbestand gehören LK-StGB/*Vogel* § 15 Rn. 30; 16 Rn. 110 ff.

65 Zu dieser Unterscheidung *Bülte* NStZ 2013, 65, 70 f.

66 *Fischer* § 16 Rn. 4; vgl. hierzu eingehend *Puppe* NStZ 1993, 595, 596 f.; anders wohl *BGH* NStZ 1993, 594 für § 22a KWKG.

---

liche Gegebenheiten, wie insbesondere Rechtspflichten oder rechtliche Qualifikationen (z.B. Amtsträgereigenschaft), verstanden werden; es handelt sich nach herrschender Diktion insofern um **normative Tatbestandsmerkmale**.[67] Mit diesem Begriff werden solche Tatbestandsmerkmale bezeichnet, die einer rechtlichen Wertung bedürfen, um sie mit anwendungsfähigem Inhalt auszufüllen.[68] Die Unterscheidung zwischen normativem Tatbestandsmerkmal und Blankettmerkmal, auf die es nach h.M. für die Frage des Tatbestandsirrtums ankommen soll,[69] ist jedoch äußerst schwierig[70] und ihre Verwendung durch den Gesetzgeber erscheint oftmals zufällig.[71]

20 Ohne auf diese Differenzierung einzugehen (hierzu 7. Kap. Rn. 23 ff.) hat der BGH jedoch für das Steuerstrafrecht bereits in der Kakaobutter-Entscheidung festgestellt, das Bestehen eines **Steueranspruchs** könne ein *„Tatumstand des gesetzlichen Tatbestandes"* sein (sog. Steueranspruchstheorie).[72] Ebenso wurde in der Rechtsprechung angenommen, die rechtskräftige Anordnung eines Fahrverbots sei Tatbestandsmerkmal des § 22 StVG.[73] Zudem hat der BGH in diversen Entscheidungen angenommen und ausgeführt, dass die Rechtswidrigkeit der Bereicherung (z.B. § 263 StGB) – und damit das Bestehen oder Nichtbestehen eines Normbefehls – als normatives Merkmal zum objektiven Tatbestand gehört.[74] Die Annahme die durch Täuschung abgewehrte Klage, sei rechtswidrig, weil kein Anspruch bestehe, führt also zu einem vorsatzausschließenden Tatbestandsirrtum.[75]

21 Das bedeutet für die im Fiskalstrafrecht besonders relevante Untreue (§ 266 Abs. 1 StGB) Folgendes: Die Vermögensbetreuungspflicht des Handelnden, ihre Verletzung und der dadurch kausal hervorgerufene Vermögensnachteil müssen vollständig und in ihrer Bedeutung vom Vorsatz erfasst sein. Keines dieser Tatbestandsmerkmale ist rein deskriptiv, vielmehr sind alle im Gesetz genannten Merkmale nur durch eine rechtliche Bewertung zu erschließen. Voraussetzung für eine Kenntnis der Umstände, die zum gesetzlichen Tatbestand gehören, ist damit nicht nur das Wissen um die tatsächlichen Umstände, sondern auch das Erfassen ihrer Bedeutung und Wirkung im Rechtsleben[76] (sog. **Parallelwertung in der Laiensphäre**).[77] Wer zwar alle tatsächlichen Umstände kennt, die einen Zahlungsanspruch begründen, daraus aber nicht zumindest die Kenntnis der Möglichkeit herleitet, dass Zahlung verlangt werden kann, handelt ohne Vorsatz hinsichtlich eines Vermögensnachteils, wenn er die Erfüllung des Anspruchs vereitelt.[78] Nicht ausreichend ist dagegen, dass der Täter die Möglichkeit der Parallelwertung

---

67 Vgl. Schönke/Schröder/*Sternberg-Lieben/Schuster* § 15 Rn. 20; krit. *Fischer* § 16 Rn. 4 m.w.N.
68 Vgl. *Jescheck/Weigend* AT S. 130,
69 Vgl. nur Schönke/Schröder/*Sternberg-Lieben/Schuster* § 15 Rn. 99.
70 Vgl. hierzu nur die Unterscheidungskriterien bei NK-StGB/*Puppe* § 16 Rn. 18 ff.
71 *Tiedemann* Wirtschaftsstrafrecht, AT Rn. 198.
72 *BGHSt* 5, 90, 92; vgl. hierzu auch *Welzel* NJW 1953, 486; ferner *Steinberg* WiVw 2014, 112 ff.; dagegen bereits *Warda* Abgrenzung, S. 46 f.; *Maiwald* S. 19; *Meyer* NStZ 1986, 443, 445; mit Zweifeln an der Steueranspruchstheorie nun Klein/*Jäger* § 370 AO Rn. 173 f.
73 *BayOblG* NZV 2000, 133; *Fischer* § 16 Rn. 4.
74 Vgl. *BGHSt* 42, 268, 272 m.w.N.; vgl. auch *Fischer* § 16 Rn. 4.
75 Vgl. nur *BGHSt* 42, 268, 272; *BayObLG* GA 1969, 215 f.; *OLG Düsseldorf* wistra 1992, 74.
76 Vgl. *Welzel* JZ 1953, 120.
77 Vgl. hierzu grundlegend *Mezger* JW 1927, 2006, 2007; *ders.* JZ 1951, 179,180; ferner *BVerfGE* 113, 273, 302; *BVerfG* NJW 2011, 3020, 3022; *BGHSt* 3, 248, 255; 4, 347, 352; 40, 124, 137; *Bülte* NStZ 2013, 65; *Hübschmann/Hepp/Spitaler/Hellmann* § 370 AO Rn. 252; *Jescheck/Weigend* AT S. 295 m.w.N.; *Tiedemann* Wirtschaftsstrafrecht, AT Rn. 344; *ders.* FS Geerds, S. 95 f.; *Welzel* JZ 1953, 120; abl. gegenüber der Parallelwertung *Kindhäuser* GA 1990, 407, 417; *Puppe* GA 1990, 145, 157; vgl. auch *Kuhlen* Unterscheidung, S. 181 ff.
78 Vgl. nur *BGH* HRRS 2014, 511, Rn. 3 f.; ferner *OLG Bamberg* NJW 1982, 778.

hatte, dies liefe auf die Anerkennung eines potenziellen Vorsatzes hinaus.[79] Wenn das AG Köln dies anders gesehen hat, so stellt dies – um mit *Kuhlen* zu sprechen – ein „krasses Missverständnis der Parallelwertungslehre", einen „Anfängerfehler" dar.[80]

bb) Inhalt und Wertung von Verweisungsnormen als Tatbestandsmerkmale

Während mittlerweile weitgehend anerkannt ist, dass normative Tatbestandsmerkmale trotz ihrer tiefen rechtlichen Durchdringung Merkmale des objektiven Tatbestandes, also Gegenstand des Vorsatzes sind,[81] sieht der BGH dies für **Blankettverweisungen** z.T. anders, wie Entscheidungen, insbesondere aus dem Bereich des Außenwirtschaftsstrafrechts, zeigen.[82]   **22**

Durch Blankettverweisungen wie z.B. § 379 Abs. 2 Nr. 1 AO werden Tatbestandsmerkmale aus außerstrafrechtlichen Vorschriften in die Strafvorschrift einbezogen (vgl. hierzu 7. Kap. Rn. 31 ff.). Nach h.M. werden die in Bezug genommenen Vorschriften damit zwar nicht selbst zum Bestandteil der strafrechtlichen Vorschrift. Aber das Blankett und die Ausfüllungsvorschrift müssen zusammengelesen werden (sog. Inkoorperationstheorie)[83] und ergeben so die gesetzliche Strafvorschrift, aus der sich die Unrechtsumschreibung (Unrechtstatbestand) und die Sanktionsdrohung ergeben.[84] Die in Bezug genommene Vorschrift leistet damit in Kombination mit dem Blankett die abschließende Unrechtskonturierung und bringt die gesetzgeberische Entscheidung über die Sanktion zum Ausdruck.[85] Damit werden die Vorschriften, auf die verwiesen wird, zur Begründung strafrechtlicher Verantwortung herangezogen; sie nehmen an der Rechtsnatur der verweisenden Strafnorm teil.[86] Aus diesem Grund ist auch die das Blankett ausfüllende Vorschrift in ihrer Anwendung uneingeschränkt an den Vorgaben des **Art. 103 Abs. 2 GG** zu messen. Hier gelten insbesondere das Analogieverbot und der Bestimmtheitsgrundsatz.[87] Gegenstand des objektiven Tatbestandes ist damit auch – oftmals sogar allein – der Tatbestand der Ausfüllungsnorm. Nicht zum objektiven Tatbestand gehört dagegen nach h.M. die Existenz der ausfüllenden Norm selbst.[88] Soweit in der Ausfüllungsnorm normative Tatbestandsmerkmale enthalten sind, werden diese so zu Merkmalen des zusammengelesenen Tatbestandes.   **23**

Die Verweisungstechnik kann jedoch zu Beurteilungsproblemen hinsichtlich der Tatbestandszugehörigkeit von Merkmalen führen, soweit nicht nur auf einzelne Tatbestandsmerkmale aus anderen Vorschriften, sondern auf die Vorschrift selbst verwiesen wird und das Blankettgesetz insofern auch bestimmte Rechtspflichten ausdrücklich in Bezug nimmt.   **24**

§ 379 Abs. 2 Nr. 1 lautet: „*Ordnungswidrig handelt, wer vorsätzlich oder leichtfertig der Mitteilungspflicht nach § 138 Abs. 2 nicht, nicht vollständig oder nicht rechtzeitig nachkommt.*" Die Ausfüllungsnorm des § 138 Abs. 2 Nr. 1 lautet: „*Steuerpflichtige mit Wohnsitz, gewöhnlichem Aufenthalt, Geschäftsleitung oder Sitz im Geltungsbereich dieses Gesetzes haben dem nach den*   **25**

---

79 A.A. *AG Köln* NZWiSt 2015, 105, 108 m. Anm. *Wedler* S. 99 ff.

80 *Kuhlen* in FS Kargl S. 297, 307 f.; ebenso *Wedler* NZWiSt 2015, 99, 101, diesem Missverständnis unterliegt im Übrigen auch *Roth* ZWH 2013, 372, 373.

81 Vgl. hierzu nur *Tiedemann* Wirtschaftsstrafrecht, AT Rn. 344 ff.

82 Vgl. etwa *BGH* StV 1995, 632, 633; NStZ 2007, 644.

83 *Wessels/Beulke/Satzger* Rn. 106; ferner *Cornelius* NZWiSt 2014, 173 ff. m.w.N.

84 Vgl. hierzu *Appel* Verfassung, S. 129; LK-StGB/*Dannecker* § 1 Rn. 257; *Tiedemann* Tatbestandsfunktionen, S. 316; vgl. hierzu auch *Welzel* MDR 1952, 584, 586.

85 Vgl. *Jescheck/Weigend* AT S. 309.

86 LK-StGB/*Dannecker* § 1 Rn. 151, 257.

87 LK-StGB/*Dannecker* § 1 Rn. 152, 257 unter Hinweis auf die Teerfarben-Entscheidung (*BGHSt* 24, 54 ff.).

88 *Jescheck/Weigend* AT S. 309.

§§ 18 bis 20 zuständigen Finanzamt die Gründung und den Erwerb von Betrieben und Betrieb-stätten im Ausland nach amtlich vorgeschriebenem Vordruck mitzuteilen." Liest man diesen Ordnungswidrigkeitentatbestand zusammen, so ergibt sich folgende Vorschrift:

„Der Steuerpflichtige mit Wohnsitz, gewöhnlichem Aufenthalt, Geschäftsleitung oder Sitz im Geltungs-bereich dieses Gesetzes handelt ordnungswidrig, der vorsätzlich oder leichtfertig seiner Pflicht, die Gründung und den Erwerb von Betrieben und Betriebstätten im Ausland gegenüber dem nach den §§ 18 bis 20 zuständigen Finanzamt nach amtlich vorgeschriebenem Vordruck mitzuteilen, nicht, nicht vollständig oder nicht rechtzeitig nachkommt."

26 Hier werden folgende **objektive Tatbestandsmerkmale** statuiert: die Täterqualität (Steuer-pflichtiger mit Inlandssitz), Gründung oder Erwerb ausländischer Betriebe oder Betriebsstät-ten, Verletzung der Pflicht zur ordnungsgemäßen Mitteilung beim zuständigen Finanzamt. Nimmt man § 16 Abs. 1 S. 1 StGB in seinem Umkehrschluss ernst, so gehören alle diese Umstände zum gesetzlichen Tatbestand. Es kommt hier also maßgeblich darauf an, diesen Unrechtstatbestand zutreffend zu ermitteln, also die Normen richtig zusammenzulesen.

27 Dabei kommt es im Detail auf die Formulierung des Gesetzes an, wie im **Steuerordnungswid-rigkeitenrecht** deutlich wird. Verweist das Strafgesetz – wie in § 379 Abs. 2 Nr. 1 AO – auch auf die Rechtspflicht als solche (hier auf die Mitteilungspflicht), so wird die Pflicht selbst, also nicht nur die Pflichten*stellung*, sondern auch die Rechtsfolge der rechtlichen Verpflichtung, zum Tatbestandsmerkmal. Das führt dazu, dass der Täter nicht nur die Umstände kennen muss, die eine Mitteilungspflicht begründen, sondern auch um die Mitteilungspflicht selbst wissen muss. Gleiches gilt für § 380 AO, der die Einbehaltungs- und Abführungspflicht selbst in Bezug nimmt.[89] Bei §§ 381, 382 AO gilt dies ebenfalls: Diese Vorschriften setzen für die Sanktionsverhängung voraus, dass der Täter den Vorschriften über die Verbrauchsteuergesetze oder einer dazu erlassenen Rechtsverordnung bzw. den Zollvorschriften, Rechtsverordnungen oder Verordnungen der Europäischen Gemeinschaften oder Europäischen Union zuwidergehan-delt hat. Zum objektiven Tatbestand des § 383 AO gehört das Verbot des geschäftsmäßigen Erwerbs von steuerlichen Erstattungs- und Vergütungsansprüchen zum Zweck der Einziehung auf eigene Rechnung aus § 46 Abs. 4 S. 1 AO. Die Formulierung „entgegen" in § 383a AO ist ebenfalls dahingehend zu verstehen, dass der Normbefehl der Ausfüllungsnormen selbst Tat-bestandsmerkmal wird.[90]

28 Diese jeweils durch das Gesetz eindeutig vorgegebene Stellung als **Tatbestandsmerkmal** igno-riert die herrschende Auffassung mit dem Hinweis, der Gesetzgeber habe sich für die Schuld-theorie entschieden,[91] obwohl diese Theorie sich ausschließlich zu der Frage verhält, ob die außertatbestandliche Rechtswidrigkeit vom Vorsatz erfasst sein muss. Mit der Entscheidung für die Schuld- oder die Vorsatztheorie steht dieses Problem in keinem Zusammenhang.[92]

29 Soweit also eine Blankettverweisung nicht nur einzelne Tatbestandsmerkmale, sondern entwe-der ganze Vorschriften in Bezug nimmt oder auf Rechtspflichten verweist, wird – entgegen der sonstigen Struktur im Strafrecht – nicht nur ein rechtlich zuordnendes Merkmal (fremd, Ver-mögen, Zuständigkeit, Urkunde etc.), sondern auch der dahinterstehende **Normbefehl**, die Verhaltensnorm, der Ausfüllungsvorschrift zum Gegenstand des objektiven Tatbestandes. Die Pflicht bzw. die Pflichtwidrigkeit per se, das Zuwiderhandeln, also das Nichterfüllen der steu-

---

89 Vgl. Hübschmann/Hepp/Spitaler/*Bülte* § 380 AO Rn. 68 ff.
90 Vgl. hierzu insb. *Tiedemann* FS Geerds, S. 95 ff.; ferner *Bülte* NStZ 2013, 65, 70 ff.
91 So ausdrücklich Schönke/Schröder/*Sternberg-Lieben/Schuster* § 15 Rn. 99.
92 A.A. Schönke/Schröder/*Sternberg-Lieben/Schuster* § 15 Rn. 99.

erlichen Pflichten aus den Verbrauchsteuergesetzen oder den Rechtsverordnungen ist **Tatbe-standsmerkmal**.[93]

c) Bestimmtheit des Vorsatzes

Problematisch erscheint in der Praxis insbesondere die Antwort auf die Frage, wie **konkret** **30** **bestimmt** der Wille des Handelnden sein muss, um Vorsatz annehmen zu können. Aus dem Bezug des Vorsatzes auf den Tatbestand folgt zwangsläufig, dass allgemeine deliktische Absichten oder Kenntnisse sowie allgemeine Tatgeneigtheit nicht ausreichend sind.[94] Zwar steht der Annahme von Vorsatz nicht entgegen, wenn sich Kenntnis und Wille des Täters noch nicht auf ausschließlich einen Tatbestand beziehen und alternativ oder kumulativ mehrere Tatbestandserfüllungen erfasst sind. Jedoch fehlt es am Vorsatz, wenn durch den mangelnden Bezug der Vorstellung auf einen abgrenzbaren Sachverhalt eine „Tatbestandsunschärfe" entsteht, wenn also die Vorstellung jede Konkretisierung vermissen lässt.[95] Der Beschluss, von jetzt an keine Steuern mehr zu zahlen, ohne ein darüber hinausgehendes Bewusstsein der Modalitäten und des Angriffsobjekts der Tat (ESt, USt etc.) bedeutet keinen **hinreichenden Tatentschluss**, der den subjektiven Tatbestand erfüllen würde.

Nach der Rechtsprechung muss der Vorsatz in einer Weise sachverhaltsbezogen sein, dass er **31** die Tat „nach Gegenstand, Zeit und Ort usw. […] wenigstens **in allen wesentlichen Beziehungen**, wenn auch nicht mit sämtlichen Einzelheiten der Ausführung"[96] erfasst.[97] Dabei bestimmt sich die notwendige Sachverhaltsschärfe auch nach der Beteiligungsform. Vom Täter wird deutlich konkreteres Wissen und Wollen verlangt als von einem Gehilfen.[98]

Diese Notwendigkeit eines konkreten Bezugs des Vorsatzes auf den objektiven Tatbestand **32** führt zu Konkurrenzproblemen.[99] Je exakter die Vorstellung des Täters von der Tatbestandsverwirklichung ist, desto eher ist eine Abweichung von diesem Vorstellungsbild möglich. Die klassischen Abweichungsfälle in der strafrechtlichen Diskussion sind die aberratio ictus und der error in persona.[100] Diese im allgemeinen Strafrecht so heftig diskutierten Rechtsfiguren, dürften jedoch im Fiskalstrafrecht kaum auftauchen.

d) Zeitpunkt des Vorsatzes

Unstreitig ist, dass der Vorsatz als intellektuelles Element auf der Wissensseite im Zeitpunkt **33** der Tathandlung – nicht zwingend auch im Zeitpunkt der Tatvollendung – die Kenntnis aller Umstände des äußeren Tatbestands verlangt (**Simultanitätsprinzip**).[101] Maßgeblich ist hier nach h.A. der Moment des unmittelbaren Ansetzens. Gibt der Täter nach diesem Zeitpunkt den Willen zur Tatbestandsverwirklichung auf, so führt dies nicht zur unvorsätzlichen Tatbegehung, sondern allenfalls zu einem Rücktritt vom Versuch.[102] Ein bereits gefasster Vorsatz,

93 Vgl. hierzu auch Achenbach/Ransiek/*Dannecker/Bülte* Teil 2 Kap. 2 Rn. 72 ff. *Tiedemann* FS Geerds, S. 95, 103 ff.

94 *BGHSt* 10, 35, 39; 17, 259, 261; LK-StGB/*Vogel* § 15 Rn. 44.

95 Vgl. LK-StGB/*Vogel* § 15 Rn. 44.

96 *RGSt* 51, 305, 311; 70, 257, 258.

97 LK-StGB/*Vogel* § 15 Rn. 44.

98 Vgl. LK-StGB/*Vogel* § 15 Rn. 44 m.w.N.

99 LK-StGB/*Vogel* § 15 Rn. 48 ff.

100 Vgl. LK-StGB/*Vogel* § 15 Rn. 55 ff., 74 ff., 78 ff.

101 Vgl. bereits *RGSt* 51, 305, 311; ferner *Fischer* § 15 Rn. 4a; Lackner/*Kühl* § 15 Rn. 9; Schönke/Schröder/*Sternberg-Lieben/Schuster* § 15 Rn. 48 f.; zu den Einzelheiten LK-StGB/*Vogel* § 15 Rn. 52 ff.

102 LK-StGB/*Vogel* § 15 Rn. 53 m.w.N.

der vor dem Versuchsbeginn wieder aufgegeben wird, ist für die strafrechtliche Beurteilung grundsätzlich irrelevant.[103]

e) Vorsatz beim Unterlassungsdelikt

34 Auch für Unterlassungsdelikte gilt § 15 StGB. Hier ist die Kenntnis der Umstände, die den gesetzlichen Tatbestand erfüllen, erforderlich, um vorsätzliches Unterlassen zu begründen.[104] Der Vorsatz umfasst neben dem Wissen um die Sachumstände, also insbesondere um den **drohenden Erfolgseintritt** bzw. die drohende Tatbestandsverwirklichung, das Erkennen der **individuellen Abwendungsmöglichkeit**, deren Anwendung dem Garanten zugemutet werden kann.[105] Dolus eventualis ist hier ausreichend.[106] Ob der Vorsatz die **Rechtspflicht** zum Handeln umfasst, wird, je nachdem ob es sich um ein echtes oder unechtes Unterlassungsdelikt handelt, differenziert betrachtet und ist im Übrigen auch streitig (vgl. Rn. 76 ff.).

2. Vorsatzformen

35 Rechtsprechung und Lehre haben die Unterscheidung zwischen drei Vorsatzformen entwickelt, die sich auch im Gesetz wiederfindet: Absicht (dolus directus 1. Grades), direkter Vorsatz (dolus directus 2. Grades) und Eventualvorsatz (dolus eventualis).[107]

36 Dabei erfordert **Absicht**, ein zielgerichtetes Wollen der Tatbestandsverwirklichung (i.d.R. mit Blick auf den Erfolg).[108] Insofern muss – auch für die Absicht der Bereicherung – die Tatbestandsverwirklichung nicht das Endziel, den einzigen Grund oder die Motivation des Täters bilden.[109] Es reicht nach der Rechtsprechung[110] aus, wenn er „die rechtswidrigen, ihn im übrigen in erster Reihe nicht interessierenden Vermögensvorteile lediglich als das Mittel für einen anderweitigen dahinterliegenden Endzweck" erstrebt und er „solchergestalt dem ihn primär leitenden Beweggrund einen damit untrennbar verknüpften mehr subsidiären" unterordnet.[111] Voraussetzung auch für die Absicht ist jedoch, dass der Täter die Möglichkeit der Tatbestandsverwirklichung erkennt.[112] Das reine Herbeiwünschen eines Erfolgs, ohne eine Chance der Tatbestandsverwirklichung zu sehen, ist keine Absicht in diesem Sinne.[113]

37 Das bedeutet, dass nach zutreffender Auffassung auch dann Vorsatz in Form der **Absicht** gegeben ist, wenn der Täter die Erfolgsherbeiführung durch sein Handeln für sehr **unwahrscheinlich hält** und dennoch handelt, weil er den Erfolg unbedingt herbeiführen will. Dies gilt etwa dann, wenn er es für naheliegend hält, dass seine unrichtigen Angaben in der Steuererklärung

---

103 Vgl. Satzger/Schluckebier/Widmaier/*Momsen* § 16 Rn. 20.

104 Anders noch *Armin Kaufmann* S. 66 f., 110 f.; 149 ff., 309 ff.; 319, der einen Quasi-Vorsatz forderte; dagegen Schönke/Schröder/*Sternberg-Lieben/Schuster* § 15 Rn. 93; LK-StGB/*Vogel* § 15 Rn. 59.

105 Vgl. *BGHSt* 46, 373, 379 f.; *BGH* NJW 1997, 1357; *Fischer* § 16 Rn. 17; LK-StGB/*Vogel* § 15 Rn. 60.

106 LK-StGB/*Vogel* § 15 Rn. 60; zum Vorsatz der Steuerhinterziehung durch Unterlassen *BGH* NZWiSt 2012, 72 f. m.Anm. *Schützeberg*; vgl. auch *Steinberg* WiVw 2014, 112, 114 m.w.N.

107 Vgl. nur *Fischer* § 15 Rn. 6 ff.; Hübschmann/Hepp/Spitaler/*Hellmann* § 370 AO Rn. 218; Lackner/*Kühl* § 15 Rn. 20 ff.; *Roxin* AT I § 12 Rn. 2; LK-StGB/*Vogel* § 15 Rn. 96 ff.

108 *BGHSt* 4, 107, 108; 9, 142, 147; 21, 283, 284 f.; 29, 68, 73; *Fischer* § 15 Rn. 6; Hübschmann/Hepp/Spitaler/*Hellmann* § 370 AO Rn. 219 f.; vgl. zu den Einzelheiten nur *Roxin* AT I § 12 Rn. 7 ff. und LK-StGB/*Vogel* § 15 Rn. 79 ff.

109 Vgl. *BGHSt* 4, 107, 109 f.; 16, 1, 4; *Fischer* § 15 Rn. 6.

110 *RGSt* 27, 217, 220; *BGHSt* 16, 1, 4 f.; vgl. auch *Fischer* § 15 Rn. 6.

111 *BGHSt* 16, 1, 2 f.

112 Vgl. *BGHSt* 35, 325, 328; ferner *Fischer* § 15 Rn. 6.

113 *Fischer* § 15 Rn. 6

entdeckt werden, bevor es zur unrichtigen oder verzögerten Festsetzung kommt, er aber dennoch die unrichtige Erklärung abgibt, etwa weil er die Tat als einzigen Ausweg aus seiner prekären finanziellen Lage ansieht.[114] Für die Absicht ist also nicht zu fordern, dass der Täter die Möglichkeit des Erfolgseintritts für wahrscheinlich hält oder zumindest ernsthaft in Rechnung stellt; es reicht aus, wenn er die Tatbestandserfüllung für nicht ausgeschlossen hält.

Zu Recht wird beklagt, der **gesetzgeberische Sprachgebrauch** bringe häufig nicht hinreichend klar zum Ausdruck, welche der Vorsatzformen gefordert ist.[115] Insbesondere die Unterscheidung zwischen Wissentlichkeit und Absicht bereitet Schwierigkeiten. Doch im Fiskalstrafrecht dürften sich hier keine erheblichen Probleme ergeben, weil die Auslegung der subjektiven Tatbestandsmerkmale insofern geklärt erscheint.[116] **38**

Direkter Vorsatz verlangt das Wissen um das Vorliegen der Tatbestandsmerkmale (Wissentlichkeit) bzw. das sichere Vorhersehen ihres Eintretens, insbesondere des Erfolgseintritts.[117] Unschädlich ist es für diese Vorsatzform, wenn dem Täter der Erfolgseintritt unerwünscht ist, er ihn jedoch – etwa als Nebenfolge der beabsichtigten Hauptfolge[118] – als sicher voraussieht und zur Erreichung seines primären Ziels handelt.[119] Dies gilt auch dann, wenn er auf einen glücklichen Zufall hofft, der die Tatbestandsverwirklichung verhindern könnte.[120] Diese Fälle gehören jedoch bereits in den Grenzbereich zum Eventualvorsatz. Die Abgrenzung zwischen diesen Vorsatzformen gewinnt hier ausnahmsweise Bedeutung, weil dolus eventualis nicht ausreicht, wenn das Gesetz „wissentliches" oder Handeln „wider besseres Wissen" fordert.[121] **39**

Dolus eventualis wird allgemein als Handeln trotz erkannter und ernsthaft in Rechnung gestellter Möglichkeit sowie billigender Inkaufnahme des Erfolgseintritts definiert (vgl. zu dieser Vorsatzform näher Rn. 42 ff.).[122] **40**

a) Grundsatz der tatbestandlichen Gleichbehandlung der Vorsatzformen

Aus dem Umkehrschluss zu § 15 StGB ergibt sich, dass grundsätzlich jede der vorgenannten Vorsatzformen ausreichend ist, um den subjektiven Tatbestand des Strafgesetzes zu erfüllen (**Gleichwertigkeit der Vorsatzformen**).[123] Das gilt naturgemäß nur, soweit das Gesetz nicht ausdrücklich etwas anderes bestimmt. Dies ist etwa in § 263 StGB der Fall, wo eine zusätzliche, nicht auf den objektiven Tatbestand bezogene spezifische Bereicherungsabsicht (sog. überschießende Innentendenz) gefordert ist, gilt aber auch für § 257 StGB, dessen Erfüllung die Begünstigungsabsicht erfordert. § 370 AO fordert keine solche besondere Absicht.[124] **41**

---

114 Vgl. LK-StGB/*Vogel* § 15 Rn. 84 f.
115 Schönke/Schröder/*Sternberg-Lieben/Schuster* § 15 Rn. 70.
116 Vgl. zu den Abgrenzungsfällen Schönke/Schröder/*Sternberg-Lieben/Schuster* § 15 Rn. 70.
117 Vgl. Hübschmann/Hepp/Spitaler/*Hellmann* § 370 AO Rn. 221; *Roxin* AT I § 12 Rn. 2, 18 ff.; LK-StGB/*Vogel* § 15 Rn. 91 ff.
118 Vgl. Schönke/Schröder/*Sternberg-Lieben/Schuster* § 15 Rn. 68.
119 *Fischer* § 15 Rn. 7.
120 Vgl. *BGH* NStZ-RR 2006, 174, 175; *Fischer* § 15 Rn. 7.
121 Vgl. *Fischer* § 15 Rn. 7.
122 Grundlegend *BGHSt* 7, 363, 368 ff.; vgl. *Roxin* AT I § 12 Rn. 22 ff.; ferner zum Streit um die Voraussetzungen Schönke/Schröder/*Sternberg-Lieben/Schuster* § 15 Rn. 72 ff.; zum Eventualvorsatz bei der Steuerhinterziehung Hübschmann/Hepp/Spitaler/*Hellmann* § 370 AO Rn. 223 ff.
123 Vgl. *Jescheck/Weigend* AT S. 293; *Roxin* JZ 1998, 211, 212; Schönke/Schröder/*Sternberg-Lieben/Schuster* § 15 Rn. 69; ferner *Böse* JA 1999, 342, 346; näher zur steuerstrafrechtlichen Bedeutung *Bülte* BB 2010, 607 (612 f.).
124 Hübschmann/Hepp/Spitaler/*Hellmann* § 370 AO Rn. 213 ff.

b) Eventualvorsatz

42 Überragende Bedeutung hat im Fiskalstrafrecht dagegen der **Eventualvorsatz**, der zum Teil als Grundform des Vorsatzes angesehen wird.[125] Die Bezeichnung als **bedingter** Vorsatz ist missverständlich, weil der Täter seinen Tatentschluss gerade nicht unter eine Bedingung gestellt, sondern unbedingt gefasst haben muss, bloße Tatgeneigtheit reicht nicht aus.[126] Dabei schadet es dem Vorsatz allerdings nicht, wenn der Täter sich den Abbruch der Tat vorbehält oder den Tatentschluss bewusst auf unsicherer Tatsachengrundlage gefasst hat.[127]

Eine vorsätzliche Erfüllung des Tatbestandes von § 379 AO liegt vor, wenn der Täter inhaltlich unrichtige Belege i.S.d. § 379 Abs. 1 Nr. 1 AO herstellt, ohne zu wissen, ob er sie in seiner Steuererklärung zu Hinterziehungszwecken verwenden kann oder will.

aa) Voraussetzungen des Eventualvorsatzes

43 Die h.M.[128] nimmt vorsätzliches Handeln bereits an, wenn der Handelnde die **Möglichkeit** erkannt hat, dass der gesetzliche Tatbestand erfüllt, insbesondere der tatbestandsmäßige Erfolg herbeigeführt, wird, er diese Möglichkeit **ernsthaft in Rechnung stellt**, sie **billigend in Kauf nimmt** und sich mit der Tatbestandsverwirklichung abfindet, mag sie ihm auch höchst unerwünscht sein.[129] Das *Billigen* wird hier jedoch im Rechtssinne verstanden, also dahingehend, dass der Täter eher bereit ist die Tatbestandserfüllung hinzunehmen, als von der Vornahme der geplanten Handlung und damit der Tatbestandserfüllung abzusehen. Dies soll der Fall sein, wenn er lediglich **vage** darauf **hofft**, aber **nicht ernsthaft** darauf **vertraut**, dass die Tatbestandserfüllung **ausbleiben** werde. Der Täter, der trotz nur „ohnmächtigen Hoffens" die Entscheidung für die Rechtsverletzung trifft, verwirklicht Vorsatzunrecht.[130] Dieses Billigen kann aber bereits dann fehlen, wenn der Täter aufgrund der Überschätzung seiner eigenen Fähigkeiten – völlig zu Unrecht – auf ein Ausbleiben der Tatbestandsverwirklichung vertraut.[131] Wem der Eintritt der Tatbestandsverwirklichung dagegen völlig **gleichgültig** ist, dem ist zwangsläufig das Ausbleiben ebenso recht wie das Eintreten, so dass auch hier ein Billigen und damit Eventualvorsatz vorliegt.[132]

44 Zum Vorsatz der **Steuerhinterziehung** hat der BGH ausgeführt: *„Ob der Täter will, dass ein Steueranspruch besteht, ist für den Hinterziehungsvorsatz bedeutungslos. Es kommt insoweit allein auf die Vorstellung des Täters an, ob ein solcher Steueranspruch besteht oder nicht. Hält er die Existenz eines Steueranspruchs für möglich und lässt er die Finanzbehörden über die Besteuerungsgrundlagen gleichwohl in Unkenntnis, findet er sich also mit der Möglichkeit der Steuerverkürzung ab, handelt er mit bedingtem Tatvorsatz."*[133]

---

125 Vgl. LK-StGB/*Vogel* § 15 Rn. 99; ferner *Roxin* AT I § 12 Rn. 6.

126 Einhellige Auffassung, vgl. nur Hübschmann/Hepp/Spitaler/*Hellmann* § 370 AO Rn. 223; *Roxin* AT I § 12 Rn. 24; LK-StGB/*Vogel* § 15 Rn. 100 f.

127 Vgl. LK-StGB/*Vogel* § 15 Rn. 101 m.w.N.

128 Vgl. nur *BGHSt* 7, 363, 368; 21, 283, 285; 36, 1, 9; NStZ 1984, 19; 1988, 175; 1998, 616; *Fischer* § 15 Rn. 9b; *Roxin* AT I § 12 Rn. 37; vgl. ferner den Überblick bei LK-StGB/*Vogel* § 15 Rn. 18 ff. zu den Begründungsansätzen der Lehre Rn. 118 ff.

129 So seit *BGHSt* 6, 363, 368 ff., zum Streitstand *Roxin* AT I § 12 Rn. 21 ff.; LK-StGB/*Vogel* § 15 Rn. 107 ff.; zum Steuerhinterziehungsvorsatz Hübschmann/Hepp/Spitaler/*Hellmann* § 370 AO Rn. 223.

130 *Roxin* AT I § 12 Rn. 23.

131 Vgl. *Roxin* AT I § 12 Rn. 27.

132 *Roxin* AT I § 12 Rn. 30.

133 *BGH* NZWiSt 2012, 72, 73; vgl. ferner *Ransiek/Hüls* NStZ 2011, 678 ff.

Der Täter muss also um vorsätzlich zu handeln weder wissen, dass der Erfolg eintreten wird, noch muss es sein Handlungsziel sein,[134] er muss auf der **kognitiven Seite** des Vorsatzes lediglich mit der Tatbestandserfüllung rechnen.[135] Damit scheidet Vorsatz aus, wenn der Täter nicht lediglich die unbestimmte Hoffnung auf ein Ausbleiben des Erfolgs hegt, sondern ernsthaft und nicht nur vage darauf vertraut; wer nur hofft, rechnet mit dem Eintritt des Erfolgs.[136] Indiz für ein Vertrauen (voluntative Seite) auf ein Ausbleiben der Tatbestandsverwirklichung kann etwa das Ergreifen besonderer Sicherungsmaßnahmen sein.[137] Das Vertrauen kann aber ebenso auf einer Verkennung der Gefahr aufgrund mangelnder Sachkenntnis oder positiver Erfahrung in der Vergangenheit basieren.[138] Die besondere Interessenlage kann ebenfalls einen Hinweis auf das Vertrauen des Täters begründen,[139] etwa wenn der Vermögensbetreuungspflichtige nicht nur einen finanziellen Schaden für das betreute Vermögen, sondern auch für sein eigenes Vermögen riskiert. *Vogel* interpretiert die diesbezügliche Rechtsprechung dahingehend, dass ein *„nicht notwendigerweise vernünftiges, aber nachvollziehbares und im Mindestmaß 'tatsachenfundiertes' Vertrauen auf das Ausbleiben der Tatbestandsverwirklichung (des Erfolgseintritts) den bedingten Vorsatz ausschließt.“*[140] Der BGH kommt mit Blick auf diese Vielzahl der Indizien und Kriterien für den Eventualvorsatz zu dem Schluss, dass eine „Gesamtschau aller objektiven und subjektiven Tatumstände“ vorzunehmen sei: *„Hierbei können je nach der Eigenart des Falles unterschiedliche Wertungsgesichtspunkte im Vordergrund stehen. Aus dem Vorleben des Täters sowie aus seinen Äußerungen vor, bei oder nach der Tat können sich Hinweise auf seine Einstellung zu den geschützten Rechtsgütern ergeben. Für den Nachweis bedingten Vorsatzes kann insbesondere 'an die vom Täter erkannte objektive Größe und Nähe der Gefahr' angeknüpft werden …“*[141]

Die dem Eventualvorsatz **immanente Unsicherheit** kann sich dabei auf alle Tatbestandsmerkmale beziehen, so dass es ausreichend sein kann, wenn der Täter nur die Möglichkeit erkennt, er könnte vermögensbetreuungspflichtig (§ 266 StGB), Arbeitgeber (§ 266a StGB) oder zur Mitteilung des Erwerbs von Auslandsbeteiligungen verpflichtet (§ 379 Abs. 2 Nr. 1 AO) sein, ohne dies sicher zu wissen.

bb) Besonderheiten im Fiskalstrafrecht

Im Finanzstrafrecht hat der Eventualvorsatz eine besondere Bedeutung mit Blick auf die Herbeiführung eines Schadenserfolges, so etwa bei der **Untreue**. Hier ist es ausreichend, aber auch notwendig, dass der Täter die Möglichkeit erkannt und ernsthaft in Rechnung gestellt hat, dass seine Tat zu einem Nachteil an dem zu betreuenden Vermögen führt. Die Frage, inwiefern der Täter dieses Risiko dennoch eingehen durfte (z.B. Problematik der business judgement rule[142]), wäre dann im Rahmen der Pflichtverletzung und des diesbezüglichen Vorsatzes zu erörtern.

Vergleichbares gilt bei der **Steuerhinterziehung**, wo der Eventualvorsatz sich auch auf die Steuerverkürzung i.S.d. § 370 Abs. 1 S. 1, Abs. 4 AO beziehen kann, wenn der Täter sich unsicher

45

46

47

48

---

134 LK-StGB/*Vogel* § 15 Rn. 97.
135 Vgl. *Roxin* AT I § 12 Rn. 28; LK-StGB/*Vogel* § 15 Rn. 104.
136 Hübschmann/Hepp/Spitaler/*Hellmann* § 370 AO Rn. 224.
137 Vgl. *BGH* bei *Holtz* MDR 1980, 812; LK-StGB/*Vogel* § 15 Rn. 107.
138 LK-StGB/*Vogel* § 15 Rn. 107.
139 *BGHSt* 39, 206, 219.
140 LK-StGB/*Vogel* § 15 Rn. 107.
141 *BGHSt* 36, 1, 10.
142 Vgl. hierzu nur *Adick* S. 70 ff.

ist, ob seine Handlung überhaupt zu einer Verkürzung führt, weil er auf rechtliche Bewertungsprobleme gestoßen ist. Nimmt er die Verkürzung billigend in Kauf, weil er trotz mangelnder Steuerrechtskenntnis keine Erkundigungen einzieht, so handelt er diesbezüglich vorsätzlich.[143] Der Vorsatz der Steuerverkürzung erfordert nach zutreffender Ansicht zum einen die Kenntnis, dass ein gesetzlicher Steueranspruch besteht und zum anderen das Bewusstsein, durch die Tathandlung die rechtzeitige Festsetzung zu verhindern. Hierbei reicht es aus, dass er das Bestehen des Steueranspruchs erkennt; er muss ihn nicht zutreffend rechtlich begründen[144] und auch keine exakte Kenntnis über die Höhe des Steueranspruchs haben.[145]

49   Dolus eventualis ist damit zum einen in der Konstellation möglich, dass der Täter aufgrund **tatsächlicher Unsicherheiten** mit einer Verwirklichung des Steuertatbestandes rechnet, zum anderen ist die Konstellation denkbar, dass über die **Steuerrechtslage Unklarheit** besteht.[146] Hat der Steuerpflichtige einen Berater mandatiert und folgt seinem Rat, so dürfte regelmäßig ein Vertrauen in die Rechtzeitigkeit und Richtigkeit der abgegebenen Erklärung und damit kein Vorsatz vorliegen. Dies gilt jedoch nur soweit der Steuerpflichtige den Berater mit richtigen und vollständigen Informationen ausgestattet hat.[147]

50   Neben dem Taterfolg sind im Fiskalstrafrecht oftmals die **Handlungs- bzw. Unterlassungspflichten** nur über rechtlich anspruchsvolle Bewertungen zu bestimmen. Nach h.M. – zur hier vertretenen Auffassung vgl. Rn. 21 ff – handelt es sich bei diesen Pflichten, soweit sie durch Blankettverweisungen begründet sind, ohnehin nicht um Tatbestandsmerkmale, so dass sich der Vorsatz nicht auf die Pflicht als solche beziehen muss. Der Irrtum über das Bestehen der Pflicht soll ein Gebotsirrtum sein, der nach § 17 StGB zu behandeln sei. Soweit die Handlungspflicht jedoch durch normative Tatbestandsmerkmale begründet wird, kommt ein Tatbestandsirrtum nach wohl einhelliger Ansicht in Betracht. Das bedeutet, dass auch hier wieder die schwierige und im Einzelnen völlig ungeklärte Abgrenzung zwischen normativem Tatbestandsmerkmal und (vermeintlich) außertatbestandlicher Pflichtbegründung (vgl. 7. Kap. Rn. 35 ff.) im Zentrum der Betrachtung steht.

cc) Gefahrschaffung als Tatbestandsmerkmal

51   Soweit es sich bei den Straftaten des Fiskalstrafrechts um konkrete Gefährdungsdelikte handelt, also kein Verletzungserfolg vorausgesetzt ist, sondern lediglich die **Gefährdung des geschützten Interesses oder Tatobjekts** (z.B. § 370 Abs. 1 AO), muss sich der Vorsatz naturgemäß nicht auf die Verletzung, sondern lediglich auf die Gefährdung beziehen.[148] Der Täter kann also etwa bei der Steuerhinterziehung für ausgeschlossen halten, dass die Finanzverwaltung die Steuer endgültig zu niedrig festsetzt, weil er fest mit einer Außenprüfung und einer Aufdeckung der zutreffenden Besteuerungsgrundlagen rechnet und dennoch sogar mit sicherem Wissen um die gefährdende Verkürzung des Steueranspruchs durch die Abgabe einer unrichtigen Umsatzsteuererklärung oder das Unterlassen der Erklärungsabgabe handeln. Gleiches ist etwa der Fall, wenn der Steuerpflichtige nur eine Verkürzung auf Zeit im Sinn hat und geplant hatte, seine Angaben in der Erklärung zu berichtigen und die Steuern nachzuentrichten, sobald er wieder liquide ist.

---

143 Vgl. nur *BGHSt* 48, 108, 117; vgl. auch *Steinberg* WiVw 2014, 112, 113 f. m.w.N.
144 Hübschmann/Hepp/Spitaler/*Hellmann* § 370 AO Rn. 239.
145 Hübschmann/Hepp/Spitaler/*Hellmann* § 370 AO Rn. 242.
146 Hübschmann/Hepp/Spitaler/*Hellmann* § 370 AO Rn. 225.
147 Hübschmann/Hepp/Spitaler/*Hellmann* § 370 AO Rn. 226 f.
148 Vgl. *BGHSt* 22, 67, 74; 26, 176, 181 f.; LK-StGB/*Vogel* § 15 Rn. 130 m.w.N.

c) Rein subjektive Merkmale

Neben dem Vorsatz kann der subjektive Tatbestand auch rein subjektive Merkmale enthalten, **52**
wie z.B. **Absichten, Beweggründe, Tendenzen oder Gesinnungen**.[149] Diese rein subjektiven
Merkmale sind auch im Fiskalstrafrecht durchaus relevant. Dies gilt zunächst für das Steuerstrafrecht: So erfordert etwa § 374 AO **Bereicherungsabsicht**; gleiches gilt für § 263 StGB.[150]
§ 373 AO beinhaltet den Qualifikationstatbestand des gewerbsmäßigen Schmuggels; hierzu
muss der Täter in der Absicht handeln, sich durch die fortgesetzte Begehung der Taten eine
Einkommensquelle zu schaffen.[151] Aber auch im übrigen Fiskalstrafrecht kommen rein subjektive Merkmale durchaus vor. So etwa in § 370 Abs. 3 S. 2 Nr. 1 1. Var. AO a.F. und § 266a Abs. 4
StGB in Form des Regelbeispiels der Nr. 1, des Vorenthaltens von Beiträgen in großem Ausmaß aus **grobem Eigennutz**.[152] Diese subjektiven Merkmale müssen nicht und können auch
kaum vom Vorsatz umfasst sein.[153] Es handelt sich hierbei um neben dem Vorsatz selbstständige Unrechts- oder Schuldmerkmale, die zum inneren Tatbestand gehören.[154]

3. Tatbestandsirrtum (§ 16 StGB)

a) Grundlagen

Nach § 16 Abs. 1 S. 1 StGB handelt nicht vorsätzlich, wer bei Begehung der Tat einen Umstand **53**
nicht kennt, der zum gesetzlichen Tatbestand gehört. Dies gilt selbst bei **Tatsachenblindheit**,
also wenn der Irrtum Kenntnisse betrifft, die sich jedermann aufdrängen und der Handelnde
die Augen vor der Erkenntnis quasi verschlossen haben muss, und nur dadurch im Irrtum
geblieben ist.[155] Dies gilt ebenso, wenn die Unwissenheit aus einem Vorverschulden wie man-
gelndem Risikobewusstsein oder schlichten Desinteresse resultiert. Auf die Vermeidbarkeit des
Irrtums kommt es also nicht an.[156]

Dieser Vorsatzausschluss hat nur soweit Geltung, wie der Handelnde nicht die Erfüllung des **54**
ihm nicht bekannten Tatumstandes aus Gleichgültigkeit zumindest billigend in Kauf nimmt
(vgl. Rn. 43 ff.). Wer also in dem Bewusstsein sich ansonsten durch „zu viel Wissen" vielleicht
strafbar zu machen, die Augen verschließt, handelt dann vorsätzlich, wenn er den tatsächlichen Sachverhalt zumindest für möglich gehalten und sich deswegen gegen weitere Kenntniserlangung gesperrt hat.

Wenn das Gesetz in der Überschrift des § 16 StGB von Irrtum spricht, ist damit nicht nur die **55**
positive Fehlvorstellung, sondern auch die **mangelnde Vorstellung**, das Nichtwissen gemeint;
dies wird aus dem Wortlaut des § 16 StGB unmissverständlich deutlich.

---

149 Vgl. Lackner/*Kühl* § 15 Rn. 8.
150 Vgl. hierzu im einzelnen Hübschmann/Hepp/Spitaler/*Beckemper* § 374 Rn. 60 ff.
151 Vgl. hierzu im einzelnen Hübschmann/Hepp/Spitaler/*Beckemper* § 374 Rn. 55.
152 Zum Begriff des groben Eigennutzes vgl. nur Lackner/*Kühl* § 266a Rn. 16b; ferner zu § 370 Abs. 3 Nr. 1
     1. Var. AO a.F. *BGH* NStZ 1990, 497.
153 *Fischer* § 16 Rn. 19.
154 Vgl. Lackner/*Kühl* § 15 Rn. 8; *Warda* Jura 1979, 71, 74; a.A. *Walter* Kern des Strafrechts, 2006, S. 123, 346.
155 Vgl. auch *Fischer* § 16 Rn. 10 m.w.N.; Schönke/Schröder/*Sternberg-Lieben/Schuster* § 15 Rn. 50; *Steinberg*
     WiVw 2014, 112, 115 zum Vorsatz bei § 370 AO.
156 Hübschmann/Hepp/Spitaler/*Hellmann* § 370 AO Rn. 250.

56 Die sog. **Rechtsblindheit** – also das sich Verschließen vor rechtlichen Verboten oder Geboten – wird dagegen allgemein als dem Vorsatz nicht schädlich angesehen.[157] Jedoch darf nicht allein auf die Unterscheidung zwischen Tatsachen- und Rechtsirrtum abgestellt werden, um die Frage nach einem Tatbestandsirrtum zu beantworten (vgl. Rn. 58 ff.).[158] Bereits bei *Welzel* heißt es im Kontext des Tatbestandsirrtums: „*Ganz verfehlt ist der Begriff Tatsachenirrtum (mißverständlich auch Tatirrtum). Der maßgebende Unterschied zwischen den beiden Irrtumsarten [Tatbestands- und Verbotsirrtum] bezieht sich nicht auf den Gegensatz: Tatsache-Rechtsbegriff, sondern auf den Unterschied: Tatbestand-Rechtswidrigkeit.*"[159] Soweit der Vorsatz fehlt, kommt jedoch nach § 16 Abs. 1 S. 2 StGB eine **Fahrlässigkeitsstrafbarkeit** – soweit gesetzlich vorgesehen – in Betracht.

57 Allein der **objektive Tatbestand** bildet den **gesetzlichen Tatbestand** in diesem Sinne.[160] Über dessen Tatbestandsmerkmale muss der Täter sich bei Begehung der Tat entweder eine unrichtige oder gar keine Vorstellung gemacht haben, um in einem den Vorsatz ausschließenden Tatbestandsirrtum zu handeln. Dabei kommt es nicht darauf an, über welche Art von Tatbestandsmerkmal des objektiven Tatbestandes sich der Täter geirrt hat; maßgeblich ist allein, ob der Irrtum des Täters einen Umstand betrifft, der **zum gesetzlichen Tatbestand gehört**. Der Irrtum über einen Umstand, der außerhalb des gesetzlichen Tatbestands liegt (z.B. das dem Unrechtstatbestand zu Grunde liegende Verbot oder die Strafbarkeit als solche) kann allenfalls einen Verbotsirrtum begründen. Hier wird deutlich, warum die Zuordnung eines Umstandes zum gesetzlichen Tatbestand so elementare Bedeutung für die Strafbarkeit hat: Regelmäßig entscheidet die Klassifizierung eines Umstandes als tatbestandlich oder außertatbestandlich, also die Anwendung des § 16 Abs. 1 S. 1 StGB über die Strafbarkeit, da Fahrlässigkeitsstrafbarkeiten im Fiskalstrafrecht die Ausnahme sind. Zwar kommt in vielen Bereichen eine Ahndung der Fahrlässigkeitstat als Ordnungswidrigkeit in Betracht, aber diese Sanktion hat naturgemäß ein völlig anderes Gewicht für den von ihr Betroffenen.[161]

58 In der Rechtsprechung des **Reichsgerichts**[162] galt der Grundsatz, dass Irrtümer über Tatsachen den Vorsatz ausschließende Tatbestandsirrtümer seien, während Rechtsirrtümer den Vorsatz unberührt lassen und im Übrigen auch unbeachtlich sein sollten.[163] Eine Ausnahme sollte nur für **außerstrafrechtliche Irrtümer** gelten, also über rechtliche Bewertungen, die nicht durch das Strafrecht selbst, sondern durch eine Rechtsmaterie getroffen werden, auf die das Strafrecht lediglich Bezug nimmt. Dies betraf naturgemäß insbesondere Blankettverweisungen.[164] Diese Unterscheidung zwischen genuin strafrechtlicher und außerstrafrechtlicher Materie bereitete jedoch erhebliche Probleme, weil manchmal nur schwer erkennbar ist, ob der Irrtum auf der „Verkennung des Strafgesetzes" oder "außerstrafrechtliche Rechtssätze beruht".[165] Der Große Senat hat diese Lösung daher auch in seiner Grundsatzentscheidung aus dem Jahr 1952

---

157 Vgl. hierzu LK-StGB/*Vogel* § 16 Rn. 3 f.; zur Bedeutung der Rechtsblindheit im Steuerstrafrecht *Steinberg* WiVw 2014, 112, 114 mit Bsp. aus der Judikatur der Finanzgerichte.

158 So aber wohl *Tipke* Steuerrechtsordnung III, S. 1421, 1424; krit. *Kuhlen* FS-Kargl, S. 297, 302.

159 *Welzel* Lehrbuch § 22 III, S. 166 f.

160 Vgl. hierzu LK-StGB/*Vogel* § 16 Rn. 19 m.w.N.

161 Vgl. *Tiedemann* Wirtschaftsstrafrecht, AT Rn. 343.

162 Einen Überblick über diese Judikatur bietet *Tiedemann* Tatbestandsfunktionen, S. 290 ff.

163 Vgl. nur *RGSt* 1, 1, 2 ff.; 8, 104, 105 ff.; 10, 254, 255 ff.; 12, 431, 432 f.; 23, 141, 148; 374 ff.; 42, 26, 27; 137, 139; weitere Nachweise bei *BGHSt* 2, 194, 197 f.

164 Vgl. *BGHSt* 2, 194, 198.

165 *BGHSt* 2, 194, 203 spricht von einer „logisch unmöglichen" Differenzierung; vgl. näher zur Rspr. des RG und ihrer Widersprüchlichkeit *Kohlrausch-Lange* StGB, 39./40. Aufl., 1950, § 59 Anm. V.

zur Rechtswidrigkeit der Nötigung mit ausführlicher Begründung verworfen.[166] Hier stellte der Senat fest: *Der Irrtum über die Rechtswidrigkeit ist ein Verbotsirrtum.*[167] Diese Auffassung ist letztlich auch in den heutigen § 16 Abs. 1 S. 1 bzw. § 17 StGB eingeflossen; das Gesetz legt damit die **Schuldtheorie** – die diese Aussage des Großen Senats zum Inhalt hat – zu Grunde.[168]

Doch ist zu differenzieren: Die Schuldtheorie darf nämlich keinesfalls dahingehend missverstanden werden, dass nunmehr ein Rechtsirrtum keinesfalls mehr einen Tatbestandsirrtum darstellen könnte. Dies hat auch der Große Senat in seiner Grundsatzentscheidung niemals vertreten; er hat stets streng zwischen dem Irrtum über Tatbestandsmerkmale und dem **Irrtum über die allgemeine Rechtswidrigkeit der Tatbestandsverwirklichung** unterschieden: 59

> „Es [das Bewusstsein der Rechtswidrigkeit] hat also nicht die Tatumstände, die zum gesetzlichen Tatbestand gehören, zum Gegenstand, mögen diese auch in Rechtsbeziehungen oder Rechtsverhältnissen bestehen wie etwa die Fremdheit der Sache beim Diebstahl oder die Beschlagnahme beim Verstrickungsbruch. Die irrige Annahme, einer dieser Tatumstände liege nicht vor, ist Tatbestandsirrtum, der in § 59 StGB [§ 16 Abs. 1 S. 1 StGB n. F.] geregelt ist. Auch hier hält der Täter sein Tun für erlaubt, jedoch weil er nicht weiß, was er tut. Sein Wille ist nicht auf die Verwirklichung des Tatbestandes gerichtet. […] Dagegen betrifft der Irrtum über die Rechtswidrigkeit das Verbotensein der tatbestandsmäßigen Handlung. Der Täter weiß, was er tut, nimmt aber irrig an, es sei erlaubt. Der Irrtum kann darauf beruhen, daß er die Tat infolge Nichterkennens oder verkennen der Verbotsnorm für schlechthin erlaubt hält oder daß er meint, die Tat sei bei grundsätzlichem Verbot in diesem Falle durch eine Gegennorm gerechtfertigt, sei es, dass er deren rechtliche Grenzen verkennt sei es, dass er ihr Vorhandensein irrig annimmt.“[169]

Ob diese, durch die Rechtsprechung herausgearbeitete Unterscheidung zwischen dem Täter, der nicht weiß *was* er tut und dem Täter, der nicht weiß, dass sein Tun unerlaubt ist, tatsächlich weiterführt, mag hier dahinstehen. Festzuhalten ist in diesem Zusammenhang, dass der Große Senat unmissverständlich das **Differenzierungskriterium** des **Tatbestandsmerkmals** benannt hat. Dies hat sich im Wortlaut des § 16 Abs. 1 S. 1 StGB niedergeschlagen. Seine Anwendung steht und fällt damit, ob sich der Irrtum auf ein Tatbestandsmerkmal oder einen außertatbestandlichen Umstand bezieht.   60

b) Irrtum über normative Tatbestandsmerkmale

Die gesetzlichen Unrechtstatbestände beinhalten neben den vorwiegend deskriptiven Tatbestandsmerkmalen, also alltagssprachliche oder auch fachsprachliche Gesetzesbegriffe, die Gegenstände in der realen Welt beschreiben,[170] auch solche, die nur über eine **juristische Bewertung** erschlossen werden können (normative Tatbestandsmerkmale, vgl. Rn. 19; ferner 7. Kap. Rn. 22). Bei Ersteren muss der Vorsatztäter lediglich sinnhaft die natürlichen Eigenschaften wahrnehmen, die nach der juristischen Sprachregelung erforderlich sind.[171] Bei Letzteren muss er auch die Wertung nachvollziehen, die diese normativen Tatbestandsmerkmale ausmachen, sie definieren. Das kann eine rechtliche Bewertung (**rechtsnormative** Tatbestandsmerkmale) aber auch eine soziale oder sonstige (z.B. technische, medizinische oder betriebs-   61

---

166 *BGHSt* 2, 194 ff.; vgl. auch *Kuhlen* FS-Kargl, S. 297, 299 ff.
167 *BGHSt* 2, 194, 197.
168 LK-StGB/*Vogel* § 15 Rn. 38 f. auch zum Streit zwischen Vorsatz- und Schuldtheorie.
169 *BGHSt* 2, 194, 196 f.
170 LK-StGB/*Vogel* § 16 Rn. 21 ff. m.w.N.; *Rolletschke* Rn. 116a; Schönke/Schröder/*Sternberg-Lieben/Schuster* § 15 Rn. 18.
171 LK-StGB/*Vogel* § 16 Rn. 24.

wirtschaftliche) Bewertung sein. Hier reicht die Kenntnis der Tatsachen nicht aus, weil diese allein den Handelnden noch nicht befähigt, zu erkennen, – um mit dem BGH zu sprechen – *was* er tut.[172] Dieses „*Was*" erschließt sich erst aus dem sozialen, fachlichen oder rechtlichen Bedeutungsgehalt des Merkmals, das der Vorsatztäter daher erkennen muss. Nach h.M. ist es daher erforderlich, dass der Täter die jeweilige Bewertung in der ihm als **Laie möglichen Art** nachvollzieht (Parallelwertung in der Laiensphäre),[173] den **sozial-normativen Bedeutungsgehalt** des Tatbestandsmerkmals erkannt hat.[174]

62 Die Merkmale der **Vermögensbetreuungspflicht** in § 266 StGB[175] und der **steuerlichen Erheblichkeit** in § 370 Abs. 1 Nr. 1 und 2 AO sind[176] – entgegen der Rspr.[177] – ebenso wie das Merkmal der **Steuerverkürzung** rechtsnormative Tatbestandsmerkmale.[178] Ein Irrtum über die tatsächlichen Voraussetzungen dieser Merkmale stellt ebenso einen Tatbestandsirrtum i.S.v. § 16 Abs. 1 S. 1 StGB dar,[179] wie die rechtliche Fehleinschätzung, die den Handelnden zu dem Fehlschluss bringt, er verursache durch sein Verhalten keine zu niedrige Steuerfestsetzung oder erlange keinen ungerechtfertigten Steuervorteil. Selbst die „leichtfertigste" Fehleinschätzung der gesellschaftsrechtlichen Situation kann damit einen Tatbestandsirrtum nach § 16 StGB über die Erfüllung des Untreuetatbestandes bedeuten.[180]

c) Verhältnis des Tatbestandsirrtums zum Verbotsirrtum

63 § 17 StGB normiert den **Verbotsirrtum** (vgl. 7. Kap. Rn. 83 ff.). Dort heißt es, der Täter handelt **ohne Schuld**, dem bei Begehung der Tat die Einsicht fehlt, Unrecht zu tun, soweit der **Irrtum** für ihn **nicht vermeidbar** war. Die Formulierung des § 17 StGB verleitet zu der Annahme, dass in jedem Fall, in dem es an der Einsicht Unrecht zu tun fehlt, ein allenfalls die Schuld ausschließender Verbotsirrtum gegeben sei.[181] Diese Auffassung ist jedoch mit dem Wortlaut des Gesetzes zumindest insoweit nicht in Einklang zu bringen, wie der Gesetzgeber das Unrecht der Pflichtverletzung selbst zum Gegenstand des Tatbestandes gemacht hat. Daher kann es auf einen Verbotsirrtum beim Vorsatzdelikt erst dann ankommen, wenn der Tatbestand erfüllt ist, also der Vorsatz nicht durch einen Tatbestandsirrtum ausgeschlossen ist. „Im Zweistufenmodell des Gesetzes hat also die Frage nach dem Vorsatz (§ 16 StGB) Vorrang vor der nach dem Verbotsirrtum (§ 17 StGB).[182]

---

172 Vgl. auch *BGHSt* 3, 248, 255; 4, 347, 352.

173 Vgl. hierzu bereits *Binding* Normen III, S. 148 f., insbesondere aber *Mezger* JW 1927, 2006 (2007); *ders.* JZ 1951, 179, 180; ferner hierzu *BGHSt* 3, 248, 255; 4, 347, 352; *Tiedemann* FS Geerds, S. 95, 108; LK-StGB/*Vogel* § 16 Rn. 26; für das Steuerstrafrecht vgl. nur Franzen/Gast/Joecks/*Joecks* § 370 Rn. 235; 254.

174 Vgl. *Roxin* FS Tiedemann, S. 375, 377 m.w.N.

175 Vgl. *Tiedemann* Wirtschaftsstrafrecht, AT Rn. 344 m.w.N.

176 Wie hier die weit überwiegende Auffassung in der Literatur, vgl. nur LK-StGB/*Dannecker* § 1 Rn. 149; *von der Heide* Tatbestand- und Vorsatzprobleme, S. 200; Hübschmann/Hepp/Spitaler/*Hellmann* § 370 Rn. 47; Franzen/Gast/Joecks/*Joecks* § 370 Rn. 254 ff.; *Ransiek* FS Tiedemann, S. 171, 186 ff.; *Rolletschke*/Kemper § 370 Rn. 52; MK-StGB/*Schmitz/Wulf* § 370 AO Rn. 324 ff.; *Walter* FS Tiedemann, S. 969 ff.

177 *BVerfG* NJW 2011, 3778, 3779; *BGHSt* 34, 272, 282; *BGH* NJW 2009, 2546 f.; *BFHE* 193, 63, 67 ff.; Klein/*Jäger* § 370 Rn. 5; *Gußen* Rn. 27; zu § 370 Abs. 1 Nr. 2 AO *Wulf* Steuerhinterziehung durch Unterlassen, S. 120 ff.; offengelassen in *BVerfG* wistra 2010, 396, 403 Rn. 64; *BGHSt* 37, 266, 272.

178 Vgl. hierzu auch *Ransiek* wistra 2012, 365 ff.

179 Vgl. Schönke/Schröder/*Sternberg-Lieben/Schuster* § 15 Rn. 41.

180 *Tiedemann* Wirtschaftsstrafrecht AT Rn. 344 m.w.N.

181 So etwa MK-StGB/*Joecks* § 16 Rn. 74.

182 *Kuhlen* FS-Kargl, S. 297, 302.

Daraus folgt, dass der Irrtum des Handelnden über das Bestehen oder den Inhalt einer Handlungs- oder Unterlassungspflicht dann einen Tatbestandsirrtum darstellt, wenn diese Pflicht Gegenstand des Tatbestandes ist. Das setzt voraus, dass die **Pflicht im Gesetz genannt** und nicht lediglich vorausgesetzt ist. Ist der Normbefehl Teil des Tatbestandes, so ist der Irrtum über das Verbot kein Verbotsirrtum sondern ein Fall des § 16 Abs. 1 S. 1 StGB. **64**

Die herrschende Ansicht, insbesondere die Rechtsprechung, sieht dies jedoch überwiegend anders und geht davon aus, dass die **Unkenntnis des Normbefehls**, der durch eine Blankettverweisung ins Strafrecht transportiert wird, **Gegenstand der Vorwerfbarkeit ist.**[183] Diese Auffassung führt zu der überwundenen Differenzierung zwischen Sach- und Rechtsirrtum zurück,[184] indem die Voraussetzungen des § 17 S. 1 StGB zur notwendigen Bedingung der Straflosigkeit erhoben werden. Die Lösung ist mit dem Gesetz ebenso unvereinbar wie mit der Behandlung des (Rechts-)Irrtums über normative Tatbestandsmerkmale durch die h.M. **65**

Außerdem können hier **absurde Ergebnisse** entstehen, wenn z.B. der Täter, der sich leichtfertig über die Herkunft seines Vertragspartners irrt und daher Güter nach Belarus liefert, mit Freiheitsstrafe bis zu drei Jahren bestraft wird, derjenige, der sich leichtfertig darüber irrt, dass Belarus auf der Liste des § 74 Abs. 1 AWV steht, jedoch mit Freiheitsstrafe von nicht unter einem Jahr zu rechnen hat. In beiden Fällen wollte der Handelnde nicht von der Wertung des Gesetzes abweichen.[185] Den Vorwurf ein vorsätzlicher Krimineller zu sein, „dessen Werthaltung von derjenigen des Gesetzgebers abweicht, bei dem wir eine vorwerfbar-unzulängliche rechtsethische Gewissensbildung feststellen können"[186] wird man hier kaum erheben können. **66**

Schließlich sprechen auch **verfassungsrechtliche Gründe** gegen die Auffassung einen im Tatbestand enthaltenen Normbefehl „durch Auslegung" aus dem Tatbestand auszugliedern:[187] Der Tatbestand beinhaltet auch eine Garantiefunktion für die Grenzen der Strafbarkeit.[188] Soweit das Gesetz selbst in der Unrechtsumschreibung den Normbefehl oder die rechtliche Verweisungsnorm in Bezug nimmt, gehört der Normbefehl zum Tatbestand.[189] Dieser Ansicht wird entgegengehalten, es sei „nur eine Frage der Gesetzestechnik, ob die Voraussetzungen der strafrechtlichen Verhaltensnorm in der Deliktsbeschreibung selbst ausformuliert oder durch einen Verweis auf außerstrafrechtliche Normen geregelt werden. Wenn sich der Gesetzgeber für einen Verweis auf außerstrafrechtliche Normen entscheidet, so macht er den Inhalt dieser Normen, nicht aber den Verweis selbst zum Merkmal des gesetzlichen Tatbestands."[190] **67**

Dieser Einwand („nur" die Gesetzesformulierung) ist erstaunlich und lediglich auf den ersten Blick richtig. Im Ergebnis erweist sich die Lösung der h.M.[191] nämlich als gezielte Auslassung beim Zusammenlesen der fraglichen Norm. Das Merkmal „entgegen § ..." wird ignoriert. Zwar weisen die Vertreter der h.M. zu Recht darauf hin, dass es oftmals von Zufälligkeiten abhängig ist, ob der Normbefehl zum Gegenstand des Tatbestandes wird, also ob der Gesetz- **68**

183 Vgl. nur *BGH* NJW 1981, 355; krit. hierzu *Tiedemann* Wirtschaftsstrafrecht, AT Rn. 337 ff.

184 Das wird bei Klein/*Jäger* § 370 Rn. 173, der diese Lösung favorisiert, deutlich.

185 Vgl. hierzu auch *BGH* StV 1994, 632 f.; NStZ 2007, 644; *BayObLG* NStZ-RR 2001, 281.

186 So die Formulierung von *Roxin* ZStW 76 (1964), 658.

187 Vgl. hierzu insbesondere die Kritik von *Tiedemann* Wirtschaftsstrafrecht, AT Rn. 336; *Lange* hatte in der berühmten Kontroverse mit Welzel von willkürlicher Verformung des Tatbestandes gesprochen, JZ 1956, 73 ff.; 238 ff.; 519 ff.

188 Hierzu eingehend *Tiedemann* Tatbestandsfunktionen, S. 135 ff.

189 Vgl. hierzu insb. *Tiedemann* FS Geerds, S. 95, 98; *ders.* ZStW 83 (1971), 825 f.; ferner *Bülte* NStZ 2013, 65, 70.

190 *Frister* AT 11/38.

191 Vgl. Schönke/Schröder/*Sternberg-Lieben/Schuster* § 15 Rn. 99 ff. m.w.N.

Bülte 195

geber eine Pflicht in Bezug nimmt oder zugrunde legt. Diese Kritik der Zufälligkeit trifft jedoch ebenso – und mehr noch als die hier vertretene Ansicht – die von den Vertretern der h.M. angenommene maßgebliche Unterscheidung zwischen normativem Tatbestandsmerkmal und Blankett selbst. Während man durch Aufnahme der Pflicht oder des Verbots in den Tatbestand durch Lesen des Gesetzes noch das – nach der hier vertretenen Ansicht – richtige Ergebnis finden kann, ist die **Abgrenzung zwischen Blankettverweis und normativem Tatbestandsmerkmal heillos umstritten**.[192] Die h.M. führt damit nicht nur zu einer **Missachtung des Gesetzeswortlauts** – indem sie beim Zusammenlesen des Gesetzestext Tatbestandsmerkmale weglässt – und damit der **Garantiefunktion des Tatbestandes** (Art. 103 Abs. 2 GG), sondern bringt auch noch **erhebliche Rechtsunsicherheit** mit sich.[193]

69   Schließlich widerspricht die Lösung der herrschenden Meinung auch dem **historischen Willen des Gesetzgebers**. In der Begründung des Entwurfs zum Einführungsgesetz des OWiG, durch das die Sonderregelung über den Irrtum in § 6 WiStG aufgehoben wurde[194] heißt es, es werde nicht mehr *„zwischen Tatsachen- und Rechtsirrtum, sondern zwischen Tatbestandsirrtum und Verbotsirrtum unterschieden. Der Tatbestandsirrtum wird, auch wenn er in einem Irrtum über Rechtssätze und Rechtsbegriffe besteht, nach § 59 StGB beurteilt. Bei Wirtschaftsvergehen stellt der Irrtum über das Bestehen oder den Umfang einer Rechtspflicht häufig einen Tatbestandsirrtum dar, weil die Umstände, welche die Handlung als unrechtmäßig kennzeichnen, vielfach zu Tatbestandsmerkmalen erhoben sind.“* Die Aufhebung von § 6 WiStG sollte vermeiden, dass Irrtümer über Rechtsvorschriften in diesem Zusammenhang als Verbotsirrtümer angesehen werden: *„Das würde der geltenden Irrtumslehre widersprechen.“*[195]

70   Aus diesen Gründen stellt der Irrtum über das Verbot im Wirtschafts- und damit auch im Fiskalstrafrecht oftmals einen Tatbestandsirrtum dar. Denn hier kann der Normbefehl nicht als bekannt vorausgesetzt werden, weil er sozial-ethisch indifferent ist. Das Strafrecht muss sich – anders als im Kernstrafrecht – auf einen Normbefehl beziehen und ihn zum **Gegenstand des typisierten Unrechts**[196] – mithin des Tatbestandes – machen, soweit es sich um *mala prohibita*, also nicht aus sich selbst heraus verständliches Unrecht handelt. Soweit ein Umstand, der das Unrecht begründet, nicht mit ethischen Überlegungen erschließbar ist – z.B. die Erfüllung des § 370 Abs. 1 Nr. 2 AO durch Nichtabgabe der Umsatzsteuervoranmeldung bis zum 10. Tag nach Ende des Anmeldungszeitraums – muss er selbst Teil des Tatbestandes werden, mithin vom Vorsatz umfasst sein. Greift nämlich das Gesetz auf einen außerstrafrechtlichen Normbefehl zurück, um die Unrechtsumschreibung zu leisten, so **gehört** dieses **Ge- oder Verbot rein begrifflich zur Unrechtstypisierung**, zum Tatbestand.[197] *Tiedemann* hat diesen Befund zu Recht als verfassungsrechtlich „unabweisbar" bezeichnet.[198]

71   Die Lösung der Rechtsprechung stellt in der Sache eine Beweiserleichterung durch Tatbestandsverkürzung dar; nun muss nicht mehr die Überzeugung gebildet werden, dass der Täter das Verbot gekannt hat, sondern nur noch, dass er es kennen musste. Ausgangspunkt

---

192 Vgl. nur *Frister* AT 11/39, der auf die Problematik der Beurteilung des Merkmals „zuständige Stelle" in § 153 StGB hinweist und von einem „verkappten Blankettmerkmal" spricht; eingehende Nachweise zu diesem Streit bei NK-StGB/*Puppe* § 16 Rn. 23.

193 Vgl. *Bülte* NStZ 2013, 65, 69 ff.

194 Art. 51 Nr. 3 des Gesetzes v. 24.5.1968, BGBl I 1968, 503, 523.

195 BT-Drucks. V/1319, 102; vgl. hierzu *Bülte* NStZ 2013, 65, 69.

196 Vgl. hierzu nur *Tiedemann* ZStW 83 (1971), 825 f.; ferner *ders.* Tatbestandsfunktionen, S. 388 ff., 399; *ders.* Verfassungsrecht und Strafrecht, S. 57 f.

197 Vgl. *Tiedemann* FS-Geerds, S. 95, 106; *Roxin* FS Tiedemann, S. 375, 376.

198 *Tiedemann* FS-Geerds, S. 95, 106.

der Vorsatztat wird also die Rechtsfahrlässigkeit[199] unter den verschärften Anforderungen der Vermeidbarkeit.[200]

d) Steueranspruchstheorie und Tatbestandsirrtum

Für den wichtigen Bereich des Steuerstrafrechts ist die hier allgemein für das Wirtschaftsstrafrecht vertretene Lösung bereits seit langem durch den BGH anerkannt (vgl. Rn. 20, 44 f., 48): Als einen Sonderfall der Irrtumslehre sieht die Rechtsprechung offensichtlich den Irrtum über den Steueranspruch in § 370 AO an. Zwar geht die Judikatur des BGH – entgegen der zutreffenden Ansicht der h.L. – davon aus, es handele sich bei dem Merkmal der Steuerverkürzung (§ 370 Abs. 1 AO) um eine Blankettverweisung auf die jeweils den Steueranspruch bestimmenden Gesetze.[201] Dennoch ist nach der von BGH und BFH[202] vertretenen sog. **Steueranspruchstheorie** ein Irrtum über den Steueranspruch ein Tatbestandsirrtum nach § 16 Abs. 1 S. 1 StGB.[203]   **72**

Der Lobbyist, der seine Einnahmen nicht als gewerbesteuerpflichtig betrachtet, handelt demnach ohne Vorsatz, obwohl es sich um einen eindeutigen Fall eines Irrtums über die durch die (vermeintliche) Blankettverweisung begründete Erklärungspflicht handelt.[204] Verkennt der Handelnde bereits den Steueranspruch, weil er glaubt ein Umsatz sei steuerbefreit, so liegt nach zutreffender h.M. kein Vorsatz vor.[205] Berechnet der Steuerpflichtige seine Umsätze unrichtig und kommt daher zu dem Ergebnis, die Option nach § 19 UStG ausüben zu dürfen, so handelt es sich um einen Tatbestandsirrtum, wenn er keine Umsatzsteuer anmeldet und erklärt. Weil sich der Vorsatz auf den Steueranspruch als solchen beziehen muss, muss er sich auch auf die Auswirkungen des **Kompensationsverbots** beziehen. Nimmt der Handelnde daher Umstände an, die zu einer Minderung des Steueranspruchs führen und keine „anderen Gründe" i.S.d. § 370 Abs. 4 S. 3 AO darstellen, so liegt ein Tatbestandsirrtum vor.[206] Dies gilt auch dann, wenn der Täter aufgrund einer rechtlichen Fehleinschätzung nicht ernsthaft damit rechnet, es handele sich bei den betreffenden Umständen um „andere Gründe".[207] Völlig zu Recht hat der BGH ausgeführt, zur Annahme eines Tatbestandsirrtums reiche es nicht aus, wenn der Steuerpflichtige Grund habe, von der Steuerfreiheit eines Sachverhalts auszugehen. Hier müsse das Gericht über die Frage Beweis erheben, ob der Steuerpflichtige sich tatsächlich in einem Irrtum befunden hat; die reine Möglichkeit eines Irrtums – mag sie auch naheliegen – reicht als solche noch nicht aus.[208]   **73**

Diese Behandlung des Irrtums über den Steueranspruch widerspricht der Lösung der – hier bereits eingehend kritisierten (vgl. Rn. 22 f., 65 ff.) – h.M. für alle sonstigen Bereiche des Blan-   **74**

---

199 Eingehend zur Rechtsfahrlässigkeit *Walter* Kern des Strafrechts, S. 446 ff.

200 Vgl. hierzu etwa *Meyberg* PStR 2011, 308, 310.

201 Vgl. nur *BGHSt* 5, 90, 92; 24, 178, 183; 34, 272, 282; 40, 195, 196; *BGH* wistra 1991, 26, 29; offengelassen in *BGHSt* 37, 266, 272.

202 *BFHE* 220, 332, 343 ff.

203 Ständige Rspr.: vgl. nur *BGHSt* 5, 90; *BGH* DB 1977, 11776; NJW 1980, 1005, 1006; wistra 1983, 113, 114; 1986, 174; 1989, 263, 264; 1991, 107, 108; 1995, 191, 192; 2000, 217, 218 f.; *BayObLGSt* 1975, 109; 1980, 146, 148; 1990, 8, 9; *OLG Köln* NJW 2004, 3504; vgl. ferner *Bülte* NStZ 2013, 65, 68; Wabnitz/Janovsky/ *Dannecker/Bülte* Kap. 1 Rn. 39 ff.; Franzen/Gast/Joecks/*Joecks* § 370 Rn. 235; *Meine* wistra 2002, 361, 364; *Tiedemann* ZStW 81 (1969), 879 ff.

204 So ausdrücklich *OLG Köln* NJW 2004, 3504.

205 Hübschmann/Hepp/Spitaler/*Hellmann* § 370 AO Rn. 240.

206 Vgl. mit weiteren Bsp. Hübschmann/Hepp/Spitaler/*Hellmann* § 370 AO Rn. 246.

207 Vgl. auch *BGH* wistra 1991, 107, 108; *Meine* wistra 2002, 361, 364.

208 *BGH* wistra 2000, 217, 218 f.

kettstrafrechts. Die **Steueranspruchstheorie** ist nämlich nur haltbar, wenn man – den Blankettcharakter des Verweises in § 370 Abs. 1 AO unterstellt – den Steueranspruch und damit die sich aus ihm resultierende Erklärungspflicht dem Tatbestand zurechnet. Der BGH hat dieses Verständnis in der Kakaobutter-Entscheidung für das Steuerstrafrecht völlig zu Recht zugrunde gelegt.[209] Zudem hat er die Bedeutung des § 59 StGB a.F. betont, indem er diese Vorschrift als „Rückgrat aller Irrtumsfragen" bezeichnet hat und ausführte, durch die Entscheidung des Großen Senats[210] über die Rechtswidrigkeit habe sich nichts an der Geltung der reichsgerichtlichen Judikatur[211] geändert.[212] Diese Rechtsprechung wird auch durch die Begründung des Gesetzesentwurfs zur Abschaffung des § 395 RAO gestützt, der Sonderregelungen zum Irrtum im Steuerstrafrecht beinhaltete. Diese Regelung wurde aufgehoben, weil sie überflüssig geworden sei; § 16 StGB komme schließlich auch auf „Rechtsbegriffe und Rechtssätze" zur Anwendung, soweit sie zum Tatbestand gehören. Für das Steuerstrafrecht gelte dies insbesondere für die Kenntnis steuerlicher Pflichten.[213]

75 Wenn unter Berufung auf eine „Stimme aus der Justiz"[214] nun Tendenzen in der steuerstrafrechtlichen Rechtsprechung des BGH laut werden sollten, die Steueranspruchstheorie zu verwerfen und das Bestehen und die Höhe des Steueranspruchs nicht mehr als Gegenstand des Vorsatzes anzusehen,[215] so ist dies nicht nur **strafrechtsdogmatisch unzutreffend**, sondern auch **verfassungsrechtlich nicht mehr vertretbar**.[216]

e) Irrtümer im Unterlassungsdelikt

aa) Vorsatz beim unechten Unterlassungsdelikt

76 Der Täter muss beim vorsätzlichen Unterlassungsdelikt Kenntnis hinsichtlich aller Tatbestandsmerkmale haben. Streitig ist, inwieweit die Kenntnis auch die **Erfolgsabwendungspflicht** des § 13 StGB bei den **sog. unechten Unterlassungsdelikten** erfassen muss.[217] Rechtsprechung und h.L.[218] gehen davon aus, dass der Garant nur die „Umstände im Sinne der tatsächlichen Voraussetzungen" kennen muss, die seine Garantenpflicht begründen, nicht aber die daraus folgende Erfolgsabwendungspflicht selbst, die zur Rechtswidrigkeit gehöre.[219] Der BGH (GS) hat diese Auffassung – noch vor Geltung des § 13 StGB – damit begründet, dass es bei der Garantenpflicht nicht um „ein einzelnes, den Tatbestand mitbegründendes Merkmal, sondern um dessen Gesamtbewertung" gehe. „*Indem die Rechtsordnung den Garanten verpflichtet, zur Erfolgsabwendung tätig zu werden, fällt sie zugleich das Unwerturteil über das Verhalten dessen, der die Garantenstellung innehat, untätig bleibt und es hierdurch zum tatbestandsmäßigen Erfolg*

---

209 *BGHSt* 5, 90 ff.
210 *BGHSt* 2, 194 ff.
211 *RGSt* 61, 259, 263.
212 *BGHSt* 5, 90, 92.
213 BT-Drucks. IV/2476, 28.
214 Graf/Jäger/Wittig/*Allgayer* § 369 Rn. 28; zustimmend *Meyberg* PStR 2011, 308, 309 f.; *Roth* ZWH 2013, 373, der von „weiten Teilen der Literatur" spricht und damit zwei Stimmen meint; zweifelnd an der Steueranspruchstheorie auch *Klein/Jäger* § 370 Rn. 172.
215 Vgl. *BGH* NZWiSt 2012, 71, 73 m.Anm. *Schützeberg*.
216 I.E. ebenso *Duttge* HRRS 2012, 359 ff.; *Ransiek* wistra 2012, 365 (367); *ders.* PStR 2011, 74 f.; *Wulf* Stbg 2012, 19 ff.; völlig zu Recht warnt *Wulf* Stbg 2012, 19 ff. vor einem Standpunktwechsel der Rechtsprechung, weil ihm eine durchdachte und dogmatisch abgesicherte Begründung fehle und er so „gewissermaßen in den Nebel" führe; eingehend *Kuhlen* FS-Kargl, S. 297, 302 ff.
217 Zum Streitstand Schönke/Schröder/*Sternberg-Lieben/Schuster* § 15 Rn. 95 ff.
218 *Frister* AT Kap. 22/50.
219 So *BGHSt* 16, 155, 158.

        Bülte

kommen läßt".[220] Daher handele es sich bei der **Garantenpflicht nicht** um ein **normatives Tatbestandsmerkmal**, das Gegenstand des Vorsatzes sein müsse.[221]

Diese Auffassung der h.M.[222] überzeugt – z.T. aus den oben bereits zum Irrtum über die Blankettverweisung dargelegten Gründen – strafrechtsdogmatisch nicht: **77**

Allgemeine Gebots- und Verbotsnormen, die sich an alle Rechtsunterworfenen richten (Tötungsverbot, Diebstahlsverbot etc.), sind nicht Gegenstand des Tatbestandes, weil sie ihm vorgelagert sind, ihm zugrunde liegen.[223] Die Garantenpflicht ist aber keine allgemeine, dem **Tatbestand vorgelagerte Handlungspflicht**, sondern eine spezifische unter bestimmten Umständen für den Garanten geltende Rechtspflicht. Eine allgemeine strafbewehrte Pflicht, Gefahren von den Rechtsgütern abzuwenden, existiert nicht. Die spezifische Pflicht entsteht nur für den Garanten und ausschließlich in gefahrträchtigen Situationen. Nur der Garant wird durch das Gesetz dem aktiv Handelnden gleichgestellt, sodass der Zurechnungszusammenhang zwischen dem Unterlassen als Tathandlung und dem tatbestandlichen Erfolg über die (Verletzung der) Handlungspflicht begründet wird.

Dass die **Voraussetzungen der Abwendungspflicht Tatbestandsmerkmale** sind, ist ebenso **78** unstreitig wie die Tatbestandsqualität des Erfolgseintritts. Warum nun dieses, beide Tatbestandsmerkmale verbindende und damit die Erfolgszurechnung als Kern des Tatbestandes begründende Element nicht zum Tatbestand gehören soll, leuchtet nicht ein. Die h.M. ignoriert dementsprechend den inneren Zusammenhang zwischen Garantenpflicht und Erfolg und interpretiert die spezifische tatbestandliche Rechtspflicht in eine zum allgemeinen Verbot gehörende Rechtspflicht um.

Im Steuerstrafrecht führt die hier vertretene Auffassung zu dem Ergebnis, dass der Täter einer **79** Steuerhinterziehung, die durch Unterlassen begangen wird, nicht nur die Umstände kennen muss, aus denen sich die steuerliche Erklärungspflicht ergibt, sondern auch wissen muss, dass er selbst daraus pflichtig wird. Dies wird von der h.M. im Steuerstrafrecht jedoch abgelehnt: Der Irrtum über die Handlungspflicht sei ein Gebotsirrtum.[224] Diese Lösung hat jedoch zur Folge, dass das Tatbestandsmerkmal **pflichtwidrig** im Gesetz ignoriert wird.

bb) Vorsatz beim echten Unterlassungsdelikt

Für das **sog. echte Unterlassungsdelikt** – i.S.d. Delikts, das ausdrücklich das Handlungsgebot **80** mit Strafe bewehrt wie z.B. in § 266a StGB, § 379 Abs. 2 Nr. 1 AO oder §§ 26b, 26c UStG soll nach h.M. (gleichermaßen) Folgendes gelten: Die **Rechtspflicht zu Handeln** gehört nach dem BGH[225] nicht zum Tatbestand. Der Täter müsse dementsprechend zwar das Bewusstsein haben, Handeln zu können, aber nicht wissen, dass er handeln müsse. Im Einzelfall könne jedoch beides miteinander verbunden sein, so dass es nach der Rspr. am Vorsatz fehlen könne,

---

220 *BGHSt* 16, 155, 158.

221 I.E. ebenso Lackner/*Kühl* § 15 Rn. 7; Schönke/Schröder/*Sternberg-Lieben/Schuster* § 15 Rn. 95 ff.; LK-StGB/ *Vogel* § 15 Rn. 60.

222 Vgl. nur die Nachweise bei Schönke/Schröder/*Sternberg-Lieben/Schuster* § 15 Rn. 96 f.; a.A. NK-StGB/Wohlers/*Gaede* § 13 Rn. 20.

223 Vgl. hierzu auch bereits *BGHSt* 2, 194, 196 f.

224 Franzen/Gast/Joecks/*Joecks* § 370 Rn. 237; Kohlmann/*Ransiek* § 370 Rn. 667; Rolletschke/Kemper/*Rolletschke* § 370 Rn. 378; vgl. aber KG NStZ 1982, 73, 74: Irrtum darüber zur Abgabe einer Steuererklärung verpflichtet zu sein, begründet einen untauglichen Versuch.

225 *BGHSt* 19, 295, 297 ff.

wenn dem Unterlassenden die Handlungspflicht unbekannt sei und er sich deswegen nicht vorstelle, etwas ihm Mögliches zu unterlassen.[226]

81 In beiden Bereichen überzeugt die Annahme der **h.M.**, die **Rechtspflicht** selbst sei **nicht Tatbestandsmerkmal**, nicht. Dies wird aus der letztgenannten Entscheidung des BGH sehr deutlich, denn hier wird aus dem mangelnden Bewusstsein der Handlungspflicht der Mangel an einer Entscheidung für die Tatbestandserfüllung hergeleitet. Praktisch ist dem nicht zu widersprechen: Wer nicht weiß, dass er eine Mitteilung zu erstatten hat, entscheidet sich nicht die Mitteilung zu unterlassen.[227] Im Kernstrafrecht mit seinen *delicta mala per se*[228] (7. Kap. Rn. 24) mag dies noch anders sein, weil hier konkrete Tatbilder vor dem Auge des Täters ablaufen und unmittelbar psychische Impulse auslösen, wie bei einer Gefahrensituation, in der ein Ertrinkender gerettet werden muss. Bei nebenstrafrechtlichen Verhaltenspflichten, die oftmals nicht auf sozial-ethischen ermittelbaren Normen beruhen, kommt ohne Kenntnis der Rechtspflicht keine Entscheidung zustande. Nimmt man die Judikatur des BGH ernst, so wird man zumindest für das Fiskalstrafrecht in der Rechtsprechung eine faktische Abwendung von der Lehre der Rechtspflicht als Merkmal der Rechtswidrigkeit im echten Unterlassungsdelikt sehen müssen. Denn darauf, ob die Rechtspflicht selbst Tatbestandsmerkmal ist oder so mit der Handlungsmöglichkeit verbunden ist, dass sie in punkto **Vorsatz praktisch als Tatbestandsmerkmal behandelt** wird, kommt es letztlich nicht an. Wie ein Unterlassungstatbestand beschaffen sein muss, damit die Rechtspflicht selbst nicht Gegenstand des Tatbestandes wird, wird aus § 26b UStG deutlich. Dort wird nicht auf eine Rechtspflicht Bezug genommen, sie wird lediglich vorausgesetzt; allein die Nichtzahlung ist Gegenstand des Tatbestandes.[229]

82 Ein Blick auf die typischen Delikte des Fiskalstrafrechts zeigt die Uneinheitlichkeit in der Behandlung. Für § 266a StGB wurde in der zivilrechtlichen Judikatur und einem Teil der strafrechtlichen Literatur[230] angenommen, der Irrtum über das **Vorliegen und den Umfang der Abführungspflicht** sei ein Verbotsirrtum.[231] Dies wird jedoch in der strafrechtlichen Rechtsprechung bestritten,[232] und wenn man die o.g. Rechtsprechung des BGH in anderen Bereichen beachtet, so handelt es sich um einen Tatbestandsirrtum.[233] Dennoch hat der BGH zu § 266a StGB obiter dictum angenommen, der trotz Kenntnis der Sachlage bestehende Irrtum, „keine Arbeitgeberstellung" einzunehmen, sei ein Verbotsirrtum.[234] Diese Formulierung ist mit der h.M. – auch der BGH-Rechtsprechung – nicht in Einklang zu bringen. Gemeint war offensichtlich, dass der Irrtum über die sich aus der **Arbeitgeberstellung** ergebenden Pflichten trotz Vorsatz hinsichtlich des normativen Tatbestandsmerkmals Arbeitgeber den Vorsatz nicht beseitigt.[235] Dementsprechend heißt es auch bei *Saliger*: „*Deshalb unterliegt einem vorsatzausschließenden Tatbestandsirrtum (§ 16), wer ohne Bedeutungskenntnis irrig glaubt, nicht mehr Arbeitgeber*

---

226 *BGH* NStZ 2001, 600, 601.

227 Vgl. hierzu eingehend bereits *Tiedemann* Tatbestandsfunktionen, S. 373 ff.; ferner *Ransiek* PStR 2011, 74 ff.

228 *Tiedemann* Tatbestandsfunktionen, S. 374; vgl. aber bereits *Lange* JZ 1956, 73 ff.; 238 ff.; 519 ff.; ferner *Walter* Kern des Strafrechts, S. 361.

229 Zum Vorsatz des § 26b UStG Graf/Jäger/Wittig/*Bülte* §§ 26b, 26c Rn. 25; Flore/Tsambikakis/*Gaede* § 26b Rn. 33.

230 MK-StGB/*Radtke* § 266a Rn. 91; NK-StGB/*Tag* § 266a Rn. 81; *Schulz* NJW 2006, 183, 186.

231 Kritisch *Fischer* § 266a Rn. 23.

232 *LG Ravensburg* StV 2007, 412.

233 So Schönke/Schröder/*Perron* § 266a Rn. 17; SK-StGB/*Hoyer* § 266a Rn. 55; Lackner/*Kühl* § 266a Rn. 16; Satzger/Schluckebier/Widmaier/*Saliger* § 266a Rn. 24.

234 *BGH* wistra 2010, 29, 30 m.Anm. *Ransiek* PStR 2011, 74 ff.; a.A. u.a. Schönke/Schröder/*Perron* § 266a Rn. 17 m.w.N.

235 Vgl. aber Graf/Jäger/Wittig/*Wiedner* § 266a Rn. 80.

oder Vertreter zu sein."[236] Dies bestätigt auch die Rechtsprechung des BGH zur Verantwortlichkeit nach § 14 StGB in rechtlich schwer durchschaubaren Sachverhaltskonstellationen.[237]

4. Vorsatz und Beweis

„In der Praxis ist der Vorsatz im Schwerpunkt Tatfrage".[238] Das bedeutet, dass die Herausforderung für das Gericht darin besteht, sich im Strengbeweisverfahren nach § 261 StPO die **volle, von vernünftigen Zweifeln freie Überzeugung** von der vorsätzlichen Tatbegehung zu verschaffen. In der Praxis wird dies – weil es sich beim Vorsatz um eine innere Tatsache handelt –, wenn ein explizites Geständnis fehlt,[239] regelmäßig nur durch Schlüsse vom objektiven Geschehen auf den Vorsatz möglich sein.[240] Oftmals wird hier mit Vorsatzunterstellungen und formelhaften Feststellungen gearbeitet, die jedoch nicht ausreichend sind. Vielmehr ist es Aufgabe des Gerichts – nicht eines Sachverständigen[241] – sich im konkreten Fall anhand konkreter Anhaltspunkte die Überzeugung vom Vorsatz zu verschaffen.[242] Eine Ermittlung des Vorsatzes allein anhand von Erfahrungssätzen verbietet sich daher.[243] Solche Regeln begründen regelmäßig nur, dass jedermann etwas hätte erkennen müssen und damit fahrlässiges Handeln, nicht aber, dass der konkrete Beschuldigte die Kenntnis auch tatsächlich hatte.

83

Der Tatrichter muss zur Feststellung des **Eventualvorsatzes alle für und gegen eine Annahme des Vorsatzes sprechenden Aspekte des Einzelfalls** auch unter dem Gesichtspunkt einer möglichen bewussten Fahrlässigkeit **abwägen**.[244] Zum Betrugsvorsatz – und insofern vorsichtig übertragbar wohl auch auf spezifische Fiskaldelikte – hat der BGH[245] von der Notwendigkeit der Gesamtwürdigung im Einzelfall gesprochen und gefordert, die Motive und Interessenlage des Handelnden sowie den konkreten Zuschnitt eines Geschäfts und das Maß der Pflichtverletzung zu bewerten, um das Willenselement des Vorsatzes zu bestimmen.[246] An den Untreuevorsatz stellt die Rechtsprechung strenge Anforderungen und verlangt eine besonders sorgfältige Prüfung bei der Annahme von dolus eventualis.[247] Stimmen aus der Literatur sind dieser Auffassung mit dem Argument entgegengetreten, die Restriktionen müssten im objektiven Tatbestand erfolgen.[248]

84

Die **Kenntnis von der Möglichkeit der Tatbestandsverwirklichung** wird oftmals nur aus Indizien abzuleiten sein. Im Hinblick auf den Nachweis des Vorsatzes der Steuerhinterziehung ist die Betrachtung der Rechtsprechung von BGH und BFH aufschlussreich.[249] Als Indiz für die Beurteilung der Frage, ob der Beschuldigte die Möglichkeit der Steuerverkürzung erkannt hat, ist – neben der stets erforderlichen Prüfung seiner Einlassung auf Schlüssigkeit und Plausibilität – sein allgemeiner **steuerrechtlicher Kenntnisstand** und der **allgemeine Bekanntheitsgrad**

85

---

236 Satzger/Schluckebier/Widmaier/*Saliger* § 266a Rn. 24 unter Verweis auf *BGH* NJW 2003, 3787, 3790.
237 *BGH* NJW 2003, 3787, 3790.
238 LK-StGB/*Vogel* § 15 Rn. 63.
239 Vgl. hierzu *Steinberg* WiVw 2014, 112, 113.
240 Vgl. LK-StGB/*Vogel* § 15 Rn. 64 f.
241 Kritisch LK-StGB/*Vogel* § 15 Rn. 68.
242 Vgl. LK-StGB/*Vogel* § 15 Rn. 65.
243 Vgl. *BGH* NStZ 2003, 369, 370; 2004, 51, 52; LK-StGB/*Vogel* § 15 Rn. 68.
244 LK-StGB/*Vogel* § 15 Rn. 108.
245 Vgl. *BGH* NStZ 2004, 218, 220.
246 Vgl. LK-StGB/*Vogel* § 15 Rn. 113.
247 Vgl. *BGHSt* 3, 23, 25; *BGH* NJW 1975, 1234, 1236; vgl. hierzu auch *Lindemann* S. 35 f.
248 Vgl. nur *Fischer* § 266 Rn. 176: „Für die Feststellung des Vorsatzes gelten daher die allgemeinen Regeln".
249 Vgl. hierzu *Steinberg* WiVw 2014, 112, 116 ff. mit zahlreichen Nachweisen.

der relevanten **steuerrechtlichen Regelungen** heranzuziehen. Besondere Bedeutung hat in diesem Kontext zudem die Frage, ob der Beschuldigte auf die steuerrechtliche Rechtslage, insbesondere seine Steuerpflicht, von einem Berater oder der Behörde hingewiesen worden ist. Als Indikator dafür, dass der Beschuldigte zumindest eine steuerrechtliche Problemlage wahrgenommen hat, können auch die Umstände eines Geschäfts dienen. Weicht das Verhalten des Beschuldigten vom üblichen Geschäftsgebaren deutlich ab oder macht er nur selektive Angaben gegenüber der Finanzbehörde, so liegt das Für-Möglich-Halten einer Verkürzung nahe. Dagegen soll das Delegieren der Erfüllung steuerlicher Pflichten an einen Berater ein Anhaltspunkt für einen Irrtum sein.[250]

86 Der BGH hat hierzu ausgeführt: „*Ob ein Angeklagter das Bestehen eines Steueranspruchs für möglich gehalten hat, muss vom Tatgericht im Rahmen der Beweiswürdigung geklärt werden. Dabei hat das Gericht bei Kaufleuten deren Umgang mit den in ihrem Gewerbe bestehenden Erklärungspflichten in die Würdigung einzubeziehen. Informiert sich ein Kaufmann über die in seinem Gewerbe bestehenden steuerrechtlichen Pflichten nicht, kann dies auf seine Gleichgültigkeit hinsichtlich der Erfüllung dieser Pflichten hindeuten. Dasselbe gilt, wenn ein Steuerpflichtiger unterlässt, in Zweifelsfällen Rechtsrat einzuholen. Auch in Fällen, in denen ein nicht steuerlich sachkundiger Steuerpflichtiger eine von ihm für möglich gehaltene Steuerpflicht dadurch vermeiden will, dass er von der üblichen Geschäftsabwicklung abweichende Vertragskonstruktion oder Geschäftsabläufe wählt, kann es für die Inkaufnahme einer Steuerverkürzung sprechen, wenn er keinen zuverlässigen Rechtsrat einholt, sondern allein von seinem laienhaften Rechtsverständnis ausgeht.*"[251] In der Literatur wurde zu Recht kritisiert, dass es eher ein Indiz für das Für-Möglich-Halten des Steueranspruchs sein dürfte, wenn sich jemand aufgrund der erkannten schwierigen steuerrechtlichen Lage dafür entscheidet, **Rechtsrat** einzuholen.[252] Unterlässt der Beschuldigte dies, so liege darin eher ein Indiz dafür, dass er die Problematik nicht erkannt oder nicht ernst genommen, sich mithin im Irrtum befunden hat. Auch der BGH hat in einer späteren Entscheidung die Beweiswürdigung des Landgerichts nicht gerügt, dass aus einer umfangreichen steuerlichen Beratung gerade die Kenntnis des Beschuldigten von einer Möglichkeit der Tatbestandserfüllung abgeleitet hatte.[253]

III. Fahrlässigkeit

87 Das Wirtschaftsstrafrecht ist regelmäßig **Berufsstrafrecht**. Das bedeutet, dass die hier relevanten Taten im Rahmen der Ausübung beruflicher Tätigkeiten begangen werden. Für den Bereich des Fiskalstrafrechts ist kennzeichnend, dass anders als im Kernstrafrecht regelmäßig auch die **fahrlässige Tatbegehung** als Ordnungswidrigkeit mit Sanktion bedroht ist.[254] Im Steuerstrafrecht – auch wenn dies kein reines Berufsstrafrecht darstellt – als wesentlicher Bestandteil des Fiskalstrafrechts bedeutet dies insbesondere, die Sanktionierung der **leichtfertigen Steuerverkürzung** als Ordnungswidrigkeit (§ 378 AO). Darüber hinaus sind in den §§ 379 ff. AO eine Reihe von steuerlichen Verfehlungen auch bei fahrlässiger oder leichtfertiger Begehung mit Bußgeldern bedroht. Fahrlässigkeits*straftaten* finden sich dagegen auch im Fis-

---

250 *Steinberg* WiVw 2014, 112, 116 f.; vgl. auch *Löwe-Krahl* PStR 2012, 66, 69; *Beyer* AO-StB 2011, 323, 324.
251 *BGH* NZWiSt 2012, 72, 73.
252 *Steinberg* WiVw 2014, 112, 117.
253 *BGH* NZWiSt 2013, 77, 80; vgl. auch *Steinberg* WiVw 2014, 112, 117, Fn. 29.
254 Vgl. aber *Roxin* AT § 24 Rn. 1, der (unter Verweis auf *Schünemann* JA 1975, 435) darauf hinweist, dass die Hälfte aller Straftaten Fahrlässigkeitstaten seien.

kalstrafrecht nur vereinzelt; so ist der leichtfertig begangene Subventionsbetrug (§ 264 StGB) mit Strafe bedroht.[255]

Die Fahrlässigkeit hat sich im Strafrecht im Rahmen der Entwicklung von der kausalen zur finalen Handlungslehre und mit der personalen Unrechtslehre von der Schuldform zum **tatbestandlichen Deliktstypus** entwickelt.[256] Diese strafrechtsdogmatische Einordnung führt zum einen dazu, dass die objektiv nicht sorgfaltswidrige Tatbestandsverwirklichung nicht nur nicht schuldhaft, sondern bereits nicht rechtswidrig erfolgt. Zum Unrechtstatbestand gehört nach herrschender und zutreffender Auffassung neben der fahrlässigen Tathandlung auch der tatbestandsmäßige Erfolg.[257] Dementsprechend wird das Handlungsunrecht der Fahrlässigkeitstat – bei den fahrlässigen Erfolgsdelikten – von der h.A. in der Sorgfaltspflichtverletzung oder Schaffung eines missbilligten Risikos gesehen, während das Erfolgsunrecht in der Herbeiführung des tatbestandlichen Erfolgs liegt.[258]

88

1. Verfassungsrechtliche Bestimmtheit

Die Fahrlässigkeitsstrafbarkeit bereitet aufgrund mangelnder gesetzlicher Detailregelung schon im Ansatz, insbesondere **verfassungsrechtliche Probleme.**[259] Anders als im bürgerlichen Recht, wo die Fahrlässigkeit in § 276 Abs. 2 BGB geregelt ist, hat der Gesetzgeber trotz entsprechender Vorschläge einer Legaldefinition von einer strafrechtlichen Regelung abgesehen.[260] Aus den Formulierungen der §§ 15, 16 StGB kann lediglich ein normatives Stufenverhältnis dahingehend abgeleitet werden,[261] dass die Fahrlässigkeit von ihrem Unrechtsgewicht her zwischen dem Vorsatz als schwerwiegenderer Unrechtsform und der reinen Verursachung, die kein strafrechtliches Unrecht beinhaltet, chargiert.[262] Nach der Rechtsprechung kann dieselbe Tathandlung bei Verletzung desselben Rechtsguts nicht zugleich als vorsätzlich und als fahrlässig bestraft werden.[263]

89

Insbesondere an den Fahrlässigkeitstaten des Steuerordnungswidrigkeitenrechts wird deutlich, dass im Wirtschaftsstrafrecht nicht – wie in der Diskussion im allgemeinen Strafrecht, die sich insbesondere mit fahrlässiger Tötung und Körperverletzung im Straßenverkehr und bei medizinischen Eingriffen auseinandersetzt – das fahrlässige Verletzungsdelikt, sondern das Gefährdungsdelikt im Mittelpunkt steht. Im Steuerordnungswidrigkeitenrecht sind es – die §§ 379 ff. AO zeigen dies sehr deutlich – oftmals reine Tätigkeitsdelikte als **abstrakte Gefährdungsdelikte,** die fahrlässig begangen werden können, etwa durch die Verletzung von Mitteilungs-

90

255 Zur Kritik gegen die Fahrlässigkeitsstrafbarkeit als solche *Köhler* AT S. 178 ff.; vgl. ferner *Roxin* AT I § 24 Rn. 69.
256 Vgl. *Roxin* AT I § 24 Rn. 3 ff.
257 *Roxin* AT I § 24 Rn. 7 m.w.N. auch zur Gegenauffassung, die den Erfolg außerhalb des Tatbestandes ansiedelt.
258 Vgl. hierzu *Roxin* AT I § 24 Rn. 9 m.w.N.
259 Zur Kritik MK-StGB/*Duttge* § 15 Rn. 37 ff.; dagegen *Roxin* AT I § 24 Rn. 96; ferner *Herzberg* NStZ 2004, 593 ff.
260 Vgl. LK-StGB/*Vogel* § 15 Rn. 144.
261 Vgl. nur *BGHSt* 4, 340, 344; *Fischer* § 15 Rn. 12a: Fahrlässigkeit ist „kein minus" zum Vorsatz; anders LK-StGB/*Dannecker* § 1 Rn. 81: „begriffslogisches Stufenverhältnis", auch mit Nachweisen zum Streitstand, Rn. 82.
262 LK-StGB/*Vogel* § 15 Rn. 144; vgl. auch *BGHSt* 17, 210 ff.; 32, 48, 57; (normativ-ethisches Stufenverhältnis); *Roxin* AT I § 24 Rn. 77 ff.
263 *BGH* NStZ 1997, 493; NJW 2011, 2067 f.

pflichten,[264] oder **konkrete Gefährdungsdelikte** (wie § 378 AO), die im Zentrum der Betrachtung stehen. Aber auch § 264 StGB umschreibt ein (abstraktes) Gefährdungsdelikt.[265]

91 Aufgrund der **fehlenden gesetzlichen Umschreibung** der Fahrlässigkeit hat eine Auffassung in der Lehre die Verfassungsmäßigkeit der Fahrlässigkeitsstrafbarkeit dem Grunde nach in Frage gestellt.[266] Es fehle der Fahrlässigkeitsstrafbarkeit an verfassungsrechtlicher Bestimmtheit i.S.v. Art. 103 Abs. 2 GG, weil die Rechtsprechung ohne Hilfestellung im Gesetz vor der Aufgabe stehe, im Einzelfall die Sorgfaltspflichten festzustellen, die das Fahrlässigkeitsunrecht begründen.[267] Diese Kritik steht allerdings zum einen nicht mit der Rechtsprechung des Bundesverfassungsgerichts zum Bestimmtheitsgrundsatz im Einklang, die dem Gesetzgeber die Befugnis einräumt, die Konkretisierung unbestimmter Rechtsbegriffe oder dogmatischer Strukturen Rechtsprechung und Lehre zu überlassen. Damit richtet sich der Bestimmtheitsgrundsatz im Sinne eines Präzisierungsgebots auch an die Rechtsprechung.[268]

92 Zum anderen droht eine Forderung nach gesetzlicher Festlegung exakter Fahrlässigkeitskriterien die **Bestimmtheitsanforderungen zu überspannen**, weil die Sorgfaltspflichten sehr unterschiedlich sein können.[269] Der Gesetzgeber kann der „Vielgestaltigkeit des Lebens"[270] nur mit einer der Realität nacheilenden kasuistischen Gesetzgebung[271] oder mit einer sehr generellen Formel zu begegnen versuchen.[272] Man mag die Auffassung des BVerfG, der Bürger müsse in Grenzfällen *„wenigstens das Risiko einer Bestrafung"* erkennen können,[273] mit guten Gründen kritisieren,[274] aber im Bereich der Fahrlässigkeit würden zu hohe Anforderungen an die Bestimmtheit zu einem nicht mehr hinnehmbaren Verlust an Rechtsgüterschutz führen. Daher ist es in diesem Bereich, in dem eine Generalklausel keinen Gewinn an Rechtssicherheit erbringen würde, noch hinzunehmen, dass das Gesetz selbst über die Fahrlässigkeit schweigt. Dem Bürger ist es – oftmals, sicherlich nicht stets – zumindest durch Auslegung unter Heranziehung der einschlägigen Rechtsprechung möglich, zu erkennen, wann Strafbarkeit droht.

93 Das bedeutet jedoch auch, dass eine **Fortentwicklung der Rechtsprechung zu den Sorgfaltspflichten** und zur Fahrlässigkeit so behutsam vor sich gehen muss, dass sie berechenbar und vorhersehbar sein muss. In diesem Zusammenhang hat *Vogel* zu Recht darauf hingewiesen, dass ein verfassungsrechtliches Gebot der restriktiven Auslegung der Fahrlässigkeitsanforderungen besteht.[275] Nur auf diese Weise kann eine Überspannung der Sorgfaltspflichten vermieden und damit eine Vorhersehbarkeit der Strafbarkeit gewährleistet werden.

---

264 Vgl. auch LK-StGB/*Vogel* § 15 Rn. 146.
265 Lackner/Kühl/*Heger* § 264 Rn. 2.
266 Grundlegend *Duttge* FS Kohlmann, 2003, S. 13; *ders.* JZ 2014, 261 ff.; ferner *Bohnert* ZStW 94 (1982) 68 ff.
267 Vgl. nur *Duttge* Handlungsunwert, S. 202 ff.; *Kühl* AT § 17 Rn. 6; MK-StGB/*Schmitz* § 1 Rn. 47 f.; dagegen *Roxin* AT I § 24 Rn. 94 ff.
268 Ausdrücklich *BVerfG* 126, 170, 198 f.
269 I.E. ebenso LK-StGB/*Dannecker* § 1 Rn. 220: „noch mit dem Bestimmtheitsgebot vereinbar".
270 Vgl. nur aus neuerer Zeit *BVerfGE* 113, 29, 51; 125, 300, 339; 126, 170, 195; 131, 268, 307; ferner LK-StGB/*Dannecker* § 1 Rn. 183.
271 Vgl. *BVerfGE* 45, 363, 371; ferner *BVerfGE* 14, 245, 251.
272 Kritisch hierzu *Duttge* JZ 2014, 261, 264 f.
273 *BVerfGE* 87, 209, 224; 87, 363, 391 f.; 92, 1, 12.
274 LK-StGB/*Dannecker* § 1 Rn. 184: Vorhersehbarkeit als elementare Grundvoraussetzung für staatliches Strafen werde zur bloßen Fiktion; vgl. auch *Duttge* JZ 2014, 261, 264 f.
275 LK-StGB/*Vogel* § 15 Rn. 203 ff.

2. Die Fahrlässigkeit

Auch der strafrechtliche Begriff der Fahrlässigkeit wird oftmals aus der bürgerlich-rechtlichen **94**
Definition des § 276 Abs. 2 BGB hergeleitet:[276]*„Fahrlässig handelt, wer die im Verkehr erforderliche Sorgfalt außer Acht lässt."* Im Hinblick auf diese grundsätzlich auch für das Strafrecht
brauchbare, aber sehr allgemeine Definition, haben sich unterschiedliche Kategorien von
Fahrlässigkeit entwickelt.

a) Begriff und Differenzierungen der Fahrlässigkeit

Zunächst kann zwischen der **bewussten** (luxuria) und **unbewussten** (negligentia) **Fahrlässig-** **95**
keit unterschieden werden.[277] Diese Differenzierung findet sich auch in einer Reihe von Gesetzentwürfen wieder, ohne dass sie sich jedoch im Gesetz niedergeschlagen hätte. Der Entwurf
des StGB von 1962 definierte die Fahrlässigkeit in § 18 Abs. 1 wie folgt: *„Fahrlässig handelt, wer
die Sorgfalt außer Acht lässt, zu der er nach den Umständen und seinen persönlichen Verhältnissen verpflichtet und fähig ist und deshalb nicht erkennt, dass er den gesetzlichen Tatbestand verwirklicht."* § 18 Abs. 2 des Entwurfs lautete: *„Fahrlässig handelt auch, wer es für möglich hält,
daß er den gesetzlichen Tatbestand verwirklicht, jedoch pflichtwidrig und vorwerfbar im Vertrauen darauf handelt, daß er ihn nicht verwirklichen werde."*[278]

An diese im Gesetzgebungsverfahren angelegte, aber nicht umgesetzte Differenzierung knüpft **96**
der Gesetzgeber jedoch regelmäßig keine unterschiedlichen Rechtsfolgen. Man wird auch nicht
sagen können, dass die bewusste Fahrlässigkeit stets schwerwiegenderes Unrecht beinhaltet als
die unbewusste,[279] mag dies auch im Regelfall so sein.[280] Doch ist auch eine weniger schwerwiegende bewusste Fahrlässigkeit denkbar. Das ergibt sich allein daraus, dass unbewusste
Fahrlässigkeit auf Gleichgültigkeit und bewusste Fahrlässigkeit auf besonderer Sensibilität
beruhen kann.

Zu beachten ist in diesem Zusammenhang jedoch, dass bewusste Fahrlässigkeit regelmäßig **97**
einen **Gefahrvorsatz** beinhaltet.[281] Das bedeutet, dass bewusste Fahrlässigkeit im Hinblick auf
den Eintritt des Verletzungserfolgs Vorsatz hinsichtlich eines Gefährdungserfolgs bedeutet; bei
einem konkreten Gefährdungsdelikt reicht dies bereits aus, um Vorsatzunrecht zu begründen.

Die in der Praxis regelmäßig wichtigere Unterscheidung im Fahrlässigkeitsunrecht dürfte die- **98**
jenige nach dem **Gewicht der Fahrlässigkeit** zwischen einfacher und grober Fahrlässigkeit sein.
Diese Differenzierung stellt sich jedoch als deutlich schwieriger dar, als die oben erörterte nach
dem Bewusstsein des Täters. Eine Bewertung der Fahrlässigkeit nach dem Gewicht der Pflichtverletzung und der Intensität der Vorhersehbarkeit – der beiden Grundelemente der Fahrlässigkeit[282] – findet sich im Gesetz auch wieder. Die Strafbarkeit oder Ordnungswidrigkeit des
Handelns wird oft an das Merkmal der **Leichtfertigkeit** geknüpft, das in § 264 StGB und in
einer Reihe von Steuerordnungswidrigkeiten (§§ 378 ff. AO) vorkommt.

---

276 *BGH* bei *Holtz* MDR 1983, 450, 451.
277 Vgl. *Fischer* § 15 Rn. 14a.
278 BT-Drucks. IV/650, S. 14; zur Begründung S. 131 ff.; vgl. ferner LK-StGB/*Vogel* § 15 Rn. 148.
279 LK-StGB/*Vogel* § 15 Rn. 149; ferner *Roxin* AT I § 24 Rn. 68.
280 *Roxin* AT I § 24 Rn. 68.
281 *Fischer* § 15 Rn. 14a; SK-StGB/*Hoyer* Anh. zu § 16 Rn. 11.
282 Vgl. nur *Fischer* § 15 Rn. 12a.

99 Die Frage, ob es überhaupt sinnvoll und möglich ist, einen allgemeinen Fahrlässigkeitsbegriff zu entwickeln, ist umstritten.[283] Für die praktische Anwendung dürfte es jedoch kaum zu umgehen sein, eine **allgemeine Formel für den Fahrlässigkeitsmaßstab** zu verwenden. Mit Blick auf das Schuldprinzip kann die zivilrechtliche Fahrlässigkeitsdefinition hier nur Anhaltspunkte liefern. Insbesondere muss bei der Erhebung des Fahrlässigkeitsvorwurfs auf **die individuellen Kenntnisse und Fähigkeiten** des Täters Rücksicht genommen werden. Dies führt zu einem doppelten Fahrlässigkeitsmaßstab:[284]

100 In objektiver Hinsicht ist zunächst festzustellen, wie sich eine „**differenzierte Maßfigur**"[285] – *„der besonnene und gewissenhafte Mensch des jeweiligen Verkehrskreises in der konkreten Situation"* – verhalten hätte.[286] In subjektiver Hinsicht – nach (noch) herrschender und zutreffender Auffassung auf der Ebene der Schuld[287] – ist die Frage zu beantworten, ob der konkrete Täter aufgrund seiner individuellen Fähigkeiten und Kenntnisse in der Lage war, sich wie die differenzierte Maßfigur zu verhalten.[288]

101 In der Praxis spielt diese Unterscheidung jedoch nur selten eine Rolle, weil die Rechtsprechung oftmals eine Art Indizienbeweis bemüht, um formelhaft von der objektiven auf die subjektive Fahrlässigkeit zu schließen.[289] Fälle, in denen die subjektive Fahrlässigkeit in der Rechtsprechung verneint wurde, sind dementsprechend selten.[290] Wie Konstellationen zu behandeln sind, in denen der potenzielle Täter über **unterdurchschnittliche** Fähigkeiten verfügt, wird intensiv diskutiert.[291] In der Praxis dürfte es darauf jedoch oftmals nicht ankommen, weil auch demjenigen, der in der konkreten Situation nicht über die notwendigen Kenntnisse oder Fähigkeiten verfügt, eine **Übernahmefahrlässigkeit**[292] vorzuwerfen sein wird (vgl. Rn. 131 ff.; 7. Kap. Rn. 71).

102 Ebenso streitig ist, wie **überdurchschnittliche Fähigkeiten**, insbesondere **Sonderwissen** zu behandeln sind.[293] Hier sind zwei Wege denkbar: Zum einen kann man besondere Kenntnisse und Fähigkeiten einbeziehen, indem man den Verkehrskreis, zu dem der Täter gehört bereits entsprechend bestimmt, also nicht auf den Geschäftsführer im Allgemeinen, sondern auf den anwaltlichen Geschäftsführer abstellt, wenn man die fahrlässige Verletzung steuerlicher Pflichten prüft.[294] Zum anderen kann auf den konkreten Täter mit seinen Kenntnissen im Verkehrskreis Bezug genommen und danach die Sorgfalt unter der Prämisse bestimmt werden, dass ein **besonnener und gewissenhafter Angehöriger dieses Verkehrskreises**, seine vorhandenen Kenntnisse und Fähigkeiten einsetzen würde.[295]

---

283 Vgl. LK-StGB/*Vogel* § 15 Rn. 208 ff.

284 *Fischer* § 15 Rn. 12a; LK-StGB/*Vogel* § 15 Rn. 155; ferner *Roxin* AT I § 24 Rn. 54 ff.

285 Vgl. *Roxin* AT I § 24 Rn. 34 ff.; krit. *Fischer* § 15 Rn. 16 (zuweilen nur „tautologisch wirkende Analogien").

286 Vgl. *BGH* NJW 2000, 2754, 2758; NStZ 2003, 657, 658; *BGHR* StR Fahrlässigkeit 3; *BGHR* StR Pflichtverletzung 6; *BGH* 2 StR 239/02 v. 14.3.2003; 3 StR 442/99 v. 19.4.2000; *BGH* 1 StR 422/04 v. 1.2.2005; vgl. auch *BGHSt* 7, 307, 309.

287 Vgl. hierzu *Fischer* § 15 Rn. 17a; *Roxin* AT I § 24 Rn. 58 jeweils auch mit Nachweisen zur Gegenauffassung in der Literatur; ferner *Jescheck/Weigend* AT S. 564; zum Steuerstrafrecht Hübschmann/Hepp/Spitaler/*Bülte* § 378 Rn. 89 m.w.N.

288 Vgl. *BGHSt* 40, 341, 348; 49, 1, 5; vgl. auch *Fischer* § 15 Rn. 12a.

289 Vgl. LK-StGB/*Vogel* § 15 Rn. 156; vgl. auch *Volk* GA 1973, 161, 169.

290 Vgl. *RGSt* 22, 163, 164 f.; *BGH* NJW 1968, 1885; *OLG Hamm* VRS 56, 347, 349; weitere Nachweise bei LK-StGB/*Vogel* § 15 Rn. 157.

291 Vgl. *Roxin* AT I § 24 Rn. 54 ff.; LK-StGB/*Vogel* § 15 Rn. 158

292 Vgl. etwa *BGHR* § 15 StGB Fahrlässigkeit 4; *BGHSt* 55, 121, 133; 56, 277, 287.

293 Vgl. *Fischer* § 15 Rn. 17a.

294 Vgl. *Roxin* AT I § 24 Rn. 63.

295 *Roxin* AT I § 24 Rn. 61 f.

b) Definition der Fahrlässigkeit

Eine **allgemein anerkannte Definition der Fahrlässigkeit** existiert nicht. Bereits das Reichsgericht hatte jedoch angenommen, dass fahrlässig handele, *„wer die Sorgfalt, zu der er nach den Umständen und seinen persönlichen Kenntnissen und Fähigkeiten verpflichtet und imstande war, außer Acht gelassen hat, und daß er infolgedessen entweder den Erfolg, den er bei Anwendung der pflichtgemäßen Sorgfalt hätte voraussehen können, nicht vorausgesehen hat – unbewußte Fahrlässigkeit – oder den Eintritt des Erfolges zwar für möglich gehalten, aber darauf vertraut hat, er werde nicht eintreten – bewußte Fahrlässigkeit.“*[296] 103

Damit beinhaltet die Fahrlässigkeit das **Element der Pflichtverletzung** und das damit im engen Zusammenhang stehende Element der **Vorhersehbarkeit**[297] und **Vermeidbarkeit**.[298] Der Zusammenhang ergibt sich auf tatsächlicher und normativer Ebene, weil nur aus der Erkennbarkeit einer Rechtsgutsverletzung eine Pflicht zur Unterlassung oder Handlung in sorgfältiger Weise resultieren kann.[299] 104

Das BayObLG hatte dementsprechend **unbewusste Fahrlässigkeit** – angelehnt an § 18 Abs. 1 E-1962 – angenommen, wenn der Täter *„die Sorgfalt, zu der er nach den Umständen und nach seinen persönlichen Fähigkeiten und Kenntnissen verpflichtet und imstande ist, außer Acht lässt und infolgedessen die Tatbestandsverwirklichung nicht voraussieht.“*[300] 105

In der Literatur lehnen sich die meisten Fahrlässigkeitsbeschreibungen ebenfalls an diese Kriterien an.[301] *Vogel*[302] beschreibt in einer „Arbeitsdefinition“ die **unbewusste Fahrlässigkeit** wie folgt: *„Unbewusst fahrlässig handelt, wer sorgfaltswidrig/unerlaubt riskant handelt und dabei mindestens einen Umstand nicht kennt, der zum gesetzlichen Tatbestand gehört, aber dabei die nicht ganz entfernte Möglichkeit hätte erkennen können, dass die Umstände gegeben sind, die den gesetzlichen Tatbestand verwirklichen.“* Diese Definition hat den Vorteil, dass sie sowohl die Merkmale der **Sorgfaltspflichtverletzung** oder Risikoschaffung, als auch des **Kennen-Müssens** betont. 106

Die **bewusste Fahrlässigkeit** wird in der Arbeitsdefinition wie folgt umschrieben: Der Handelnde erkennt *„die nicht ganz entfernte Möglichkeit […], dass Umstände vorliegen oder eintreten, die zum gesetzlichen Tatbestand gehören (ihn verwirklichen), [vertraut] aber ernsthaft (nicht bloß vage) darauf […], dass die Tatbestandsverwirklichung ausbleibe“.*[303] Die Differenzierung zwischen bewusster und unbewusster Fahrlässigkeit sollte jedoch nicht überschätzt werden, weil sie sich im Gesetz nicht wiederfindet und damit nur in der Sanktionszumessung relevant werden kann.[304] 107

---

296 RGSt 67, 12, 18; ähnlich bereits RGSt 15, 151 f.; vgl. ferner *Roxin* AT I § 24 Rn. 66 ff.; LK-StGB/*Vogel* § 15 Rn. 164.

297 Zur Feststellung der Vorhersehbarkeit bereits *Volk* GA 1973, 161, 168 ff.

298 *Fischer* § 15 Rn. 14.

299 *Fischer* § 15 Rn. 14; *Weigend* FS Gössel, S. 129, 134.

300 *BayObLG* NStZ-RR 2002, 152 f.

301 *Lackner/Kühl* § 15 Rn. 35; *Fischer* § 15 Rn. 13.

302 LK-StGB/*Vogel* § 15 Rn. 211.

303 LK-StGB/*Vogel* § 15 Rn. 287.

304 Vgl. *Roxin* AT I § 24 Rn. 68.

3. Die Sorgfaltspflichtverletzung als objektiv fahrlässige Handlung

108 Aus den Umschreibungsbemühungen für die Fahrlässigkeit ergibt sich also neben dem **kognitiven Element** (Kennen-Müssen) das **normative Element** der Nichteinhaltung der im Verkehr erforderlichen Sorgfalt.[305] Diese **Sorgfaltspflichtverletzung** knüpft vornehmlich an die äußere Handlung an,[306] die den objektiven Anforderungen an erlaubtes Handeln widersprechen muss.[307] Reine Erfolgsverursachung ist keine Zurechnungsgrundlage für Unrecht. Zurechnung kann nur auf einem **rechtlich missbilligten**, den **Erfolg begünstigenden (gefährlichen) Verhalten** basieren, die insbesondere in der Rechtsprechung als Sorgfaltspflichtverletzung bezeichnet wird.[308] In der Lehre ist zwar heftig umstritten, welches Gewicht der Sorgfaltspflichtverletzung zukommt, ja ob es sie begrifflich überhaupt geben kann.[309] Unter anderen hat sich Vogel[310] jedoch zu Recht und mit guten Gründen für die Beibehaltung der Sorgfaltspflicht als Maßstab der Fahrlässigkeit und für die herkömmliche Terminologie ausgesprochen, zumal auch ihre Kritiker nicht zu anderen Ergebnissen im Einzelfall kommen, sondern „nur" methodische Vorteile für ihre Lösung in Anspruch nehmen.

a) Allgemeiner Sorgfaltsmaßstab

109 Maßfigur für das sorgfaltsgemäße Verhalten ist der „gewissenhafte und besonnene Mensch" des Verkehrskreises, dem der Handelnde zugehört (vgl. Rn. 99).[311] Diese Musterperson wird hypothetisch in die Situation versetzt, in der das Verhalten des potenziellen Täters beurteilt werden soll, also in die konkrete Tatsituation, die unmittelbar zu dem schädigenden Ereignis geführt hat.[312] Der BGH hat diesen verallgemeinernden Sorgfaltsmaßstab dahingehend zusammengefasst, dass sich Art und Maß der anzuwendenden Sorgfalt danach bestimmen, welche *„Anforderungen, die bei objektiver Betrachtung einer Gefahrenlage ex ante an einen besonnen und gewissenhaften Menschen in der konkreten Lage und sozialen Rolle des Handelnden zu stellen sind".*[313] Der jeweilige Verkehrskreis soll „nach längerfristigen Tätermerkmalen wie Beruf, Stellung oder längerfristiger oder wiederholt ausgeübter Tätigkeit" bestimmt werden.[314]

110 Für den Bereich des Fiskalstrafrechts dürften dies insbesondere die **berufliche Tätigkeit als Kaufmann oder Steuerberater, Rechtsanwalt** etc. sein. Verlangt wird hier naturgemäß der Vergleich mit einem **norm- und verkehrsgerechten Verhalten**, nicht mit dem berufsüblichen Verhalten, das auch berufstypische Missstände beinhalten kann.[315] Dabei dürften in der Regel die jeweiligen berufstypischen Regeln zumindest eine Leitlinie geben, unabhängig davon, ob es sich um berufsrechtliche Vorschriften oder nicht als Rechtsvorschriften kodifizierte Regeln der Berufs- oder Gewerbeausübung handelt.[316] Dies können etwa besondere betriebsinterne Compliance-Vorschriften sein, wenn hier auch im Einzelfall die Frage gestellt werden muss, wie Fälle zu behandeln sind, in denen diese Regeln über die von jedem Unternehmen zu fordernden Sorgfaltsanforderungen hinausgehen (überobligatorische unternehmensinterne Regeln).

---

305 Vgl. *Fischer* § 15 Rn. 14.
306 Vgl. LK-StGB/*Vogel* § 15 Rn. 164.
307 So bereits *RGSt* 8, 67.
308 Vgl. nur *BGHSt* 20, 315, 324; 40, 341, 348.
309 *Roxin* AT I § 24 Rn. 12 – im Anschluss an *Jakobs* AT 9/6 – hält den Begriff für „normlogisch falsch", weil irreführend; zu den Details der einzelnen Auffassungen LK-StGB/*Vogel* § 15 Rn. 164 ff.
310 LK-StGB/*Vogel* § 15 Rn. 174.
311 Vgl. nur *BGH* NJW 2000, 2754, 2758; NStZ 2003, 657, 658; *Roxin* AT I § 24 Rn. 34 ff. m.w.N.
312 *BGHSt* 49, 1, 4.
313 *BGH* JZ 2005, 685, 686; ebenso *BGH* NStZ 2003, 657, 658.
314 LK-StGB/*Vogel* § 15 Rn. 213. m.w.N.
315 Vgl. *Kuhlen* Fragen einer strafrechtlichen Produkthaftung, 1998, S. 106 ff.
316 Vgl. *Roxin* AT I § 24 Rn. 35.

In diesem Zusammenhang können zum einen **spezialisierte Verkehrskreise** zu bilden sein, etwa der Fachanwalt für Steuerrecht gegenüber dem Rechtsanwalt, so dass die Anforderungen sich erhöhen können.[317] In Sondersituationen (besondere Gefahren) können zum anderen strengere Sorgfaltspflichten gelten. Besondere Anlässe können in der konkreten Situation also dazu führen, dass höhere Anforderungen zu stellen sind.[318]

111

Anhaltspunkte für das gewissenhafte und besonnene Handeln können sich nach *Roxin* aber auch aus **behördlichen Warnungen** ergeben.[319] So liegt es etwa nahe, dass ein gewissenhafter und besonnener Steuerberater die Anwendungsvorschriften der Finanzverwaltung oder ein Geschäftsführer bei der Beantragung von Subventionen die Verfahrensanweisungen von Behörden oder individuelle Hinweise der Steuerverwaltung beachtet.[320] Zwingend ist dies jedoch nicht, weil insbesondere rechtliche Anweisungen von Behörden nicht stets die Gewähr für ihre Richtigkeit beanspruchen können.

112

Diese Vorgehensweise bei der **Sorgfaltspflichtbestimmung** führt dazu, dass der **Maßstab** im Ergebnis **kein empirischer**, sondern ein **normativer** ist, so dass man durchaus auch allein die Frage stellen könnte, ob ein risikoerhöhendes Verhalten vorliegt, also auf der Grundlage der Lehre von der objektiven Zurechnung nach einer rechtlich missbilligten Risikoschaffung fragen könnte. In der Praxis dürften jedoch hier kaum Unterschiede auftreten, weil die Rechtsprechung im Bereich der Fahrlässigkeit ebenso wie die Lehre die Notwendigkeit einer **objektiven Zurechnung** anerkennt.[321] Auf diese Weise werden Fälle des erlaubten Risikos aus dem Zurechnungszusammenhang ausgeschlossen. Roxin[322] hat insofern eine Grundregel formuliert, die die Erkundigungspflicht umschreibt: *„Wer sich zu einem Verhalten anschickt, dessen Risiko für strafrechtlich geschützte Rechtsgüter er nicht beurteilen kann, muss sich erkundigen; ist eine Erkundigung nicht möglich oder Erfolg versprechend, muss von dem Verhalten Abstand genommen werden."*

113

Abstrakt muss für die Bestimmung der Sorgfaltspflichten eine **Gesamtabwägung aller betroffenen Rechte und Interessen** vorgenommen werden.[323] Hier sind insbesondere die soziale Anerkennung, der Wert und Nutzen der Handlung (nicht allein die Sozialüblichkeit), der grundrechtliche Schutz des Verhaltens, die Gefährlichkeit des Verhaltens in Schadenswahrscheinlichkeit und -intensität sowie die Beherrschbarkeit der Gefahr zu berücksichtigen.[324] Zur Konkretisierung dieser abstrakten Abwägungskriterien haben Rechtsprechung und Lehre eine Reihe von Fallgruppen entwickelt, die Berücksichtigung finden, wie Erlaubnisnormen, den Vertrauensgrundsatz,[325] die Selbstgefährdung, einverständliche Fremdgefährdung oder die Selbstverantwortung.[326] Diese Rechtsfiguren dürften jedoch im Fiskalstrafrecht nur in Einzelfällen (Vertrauensgrundsatz bei Aufsichtspflichten oder Einverständnis in die Schädigung bei der Untreue[327]) Bedeutung haben.[328] So wird der **Vertrauensgrundsatz** allgemein bei arbeitstei-

114

---

317 Vgl. zu dieser Bildung spezieller Verkehrskreise *BGHSt* 7, 307, 309; LK-StGB/*Vogel* § 15 Rn. 213.
318 *BGH* NStZ 1991, 30 f.; vgl. auch Hübschmann/Hepp/Spitaler/*Bülte* § 378 Rn. 46 ff.
319 *Roxin* AT I § 24 Rn. 35.
320 Vgl. hierzu Hübschmann/Hepp/Spitaler/*Bülte* § 378 Rn. 42, 50.
321 *BGHSt* 38, 32, 34; 37, 179, 183; 53, 55, 60.
322 *Roxin* AT I § 24 Rn. 36.
323 Hierzu *Roxin* AT I § 24 Rn. 39 f.
324 LK-StGB/*Vogel* § 15 Rn. 217.
325 Vgl. LK-StGB/*Vogel* § 15 Rn. 226 ff.
326 Vgl. *BGHSt* 53, 55 ff.
327 Zur einverständlichen Fremdgefährdung LK-StGB/*Vogel* § 15 Rn. 237 ff.
328 Vgl. hierzu LK-StGB/*Vogel* § 15 Rn. 218 ff.; krit. MK-StGB/*Duttge* § 15 Rn. 113 ff., 135 ff.

ligem Zusammenwirken[329] relevant.[330] Dies kann etwa bei der strafrechtlichen Haftung von mehreren Geschäftsführern wegen der unterlassenen Hinderung von Straftaten eines Mitgeschäftsführers Bedeutung haben.

115 Das **Mitverschulden** des Opfers oder Dritter (etwa der Finanzverwaltung oder sonstiger Behörden) ändert an der Fahrlässigkeitsverantwortlichkeit solange nichts, wie das Opferverhalten nicht die Vorhersehbarkeit des Erfolgseintritts ausschließt[331] oder das Handeln des Dritten dazu führt, dass sich das Ursprungsrisiko nicht mehr verwirklicht.

b) Besonderer Sorgfaltsmaßstab

116 Bei der Bestimmung des Sorgfaltsmaßstabs wird man sich – soweit keine strafrechtliche Judikatur verfügbar ist – zunächst an der **zivilrechtlichen ggf. an der steuerrechtlichen Rechtsprechung** orientieren können. Diese wird oftmals als eine Art Obergrenze der Pflichtanforderungen verstanden: Eine Sorgfalt, die im Zivilrecht – oder Steuerrecht – nicht verlangt wird, darf auch im Strafrecht nicht gefordert werden.[332] Dies dürfte sich unmittelbar aus dem Gebot der **Widerspruchsfreiheit der Rechtsordnung**[333] ergeben. Zu Recht hat jedoch der BGH[334] angemahnt, die zivilrechtliche Judikatur, die an den Prinzipien des Schadenersatzes und nicht der Kriminalsanktion orientiert sei, dürfe nicht unbesehen zur Bestimmung strafrechtlicher Verantwortlichkeit übertragen werden. Insbesondere ist die Bestimmung der außerstrafrechtlichen Obergrenze der Sorgfaltspflichten nicht so zu verstehen, dass das Zivilgericht diese vorgeben könnte. Grundsätzlich bestimmt auch das Strafrecht diese zivilrechtliche Frage autonom (vgl. § 262 StPO).[335]

c) Zumutbarkeit

117 Eine Pflichtwidrigkeit scheidet aus, wenn dem Täter ein **normgemäßes Handeln nicht zuzumuten** war.[336] Konnte der Täter aus tatsächlichen Gründen die grundsätzlich geforderte Handlung nicht vornehmen oder unterlassen, so kann bereits nicht angenommen werden, dass überhaupt eine Rechtspflicht entstanden ist. Hier gilt der Grundsatz ultra posse nemo obligatur. Dies gilt bei den **Unterlassungsdelikten** auch dann, wenn die Erfüllung der Handlungspflicht aus Rechtsgründen nicht verlangt werden kann, etwa weil der Täter damit überwiegende eigene Interessen schädigen müsste.[337]

4. Erkennbarkeit der Tatbestandsverwirklichung

118 Das zweite Element der Fahrlässigkeitsstrafbarkeit ist die Erkennbarkeit der Tatbestandsverwirklichung (**Vorhersehbarkeit**);[338] ein voluntatives Element im Sinne eines Billigen des Er-

---

329 Vgl. *Roxin* AT I § 24 Rn. 25.

330 LK-StGB/*Vogel* § 15 Rn. 232.

331 LK-StGB/*Vogel* § 15 Rn. 244.

332 Dazu im Detail *Kuhlen* Fragen einer strafrechtlichen Produkthaftung, S. 87 ff.; ferner LK-StGB/*Vogel* § 15 Rn. 206; vgl. auch *BGHSt* 37, 106, 114 f.

333 Vgl. hierzu nur *Wedler* FS Kirchhof, § 126 Rn. 11 m.w.N.; zum Postulat der Einheit der Rechtsordnung *Felix* Einheit der Rechtsordnung, S. 401 ff.

334 *BGHSt* 37, 106, 114 f.

335 Vgl. LK-StGB/*Vogel* § 15 Rn. 207.

336 *Fischer* § 15 Rn. 16d unter Berufung auf *OLG Stuttgart* NStZ 1997, 190, 191.

337 Vgl. *Fischer* § 13 Rn. 80 ff.

338 Vgl. *BGH* NJW 2001, 1075, 1076; 2004, 237; *Fischer* § 15 Rn. 12a; LK-StGB/*Vogel* § 15 Rn. 250 ff.

folgs erfordert die Fahrlässigkeit nicht.[339] Nach h.M. bezieht sich diese Vorhersehbarkeit nur auf die Möglichkeit des Erfolgseintritts. Es muss also im Zeitpunkt des sorgfaltspflichtwidrigen Handelns erkennbar gewesen sein, dass die Möglichkeit der Tatbestandsverwirklichung besteht, letztlich also die Schaffung einer unerlaubten Gefahr.[340] Bezieht man jedoch die Erkennbarkeit auf das gleiche Objekt wie das Erkennen des Vorsatzes, so muss beides – mit Blick auf den Wortlaut von § 16 StGB – den gesamten gesetzlichen Tatbestand des Delikts erfassen. Daher muss nicht nur die Gefahrschaffung erkennbar gewesen sein, sondern auch die Verwirklichung aller anderen gesetzlichen Tatbestandsmerkmale.[341]

Soweit die Rechtsprechung es hier ausreichen lässt, dass der Täter das Endergebnis seiner Handlung erkennen konnte, nicht aber den **Kausalverlauf**,[342] überzeugt dieser Ansatz auch dann nicht, wenn keine Vorhersehbarkeit der Einzelheiten des Kausalverlaufs verlangt werden kann.[343] Der Ansatz der Judikatur ist im Übrigen auch für fahrlässige Tätigkeitsdelikte – wie im Fiskalstrafrecht – ohnehin nicht von Bedeutung. Zudem hat auch der BGH zur leichtfertigen Geldwäsche deutlich Stellung bezogen und ausgeführt: *„Bezugspunkt der Leichtfertigkeit sind dabei auch die Umstände, auf die sich sonst der Vorsatz zur Vornahme der Tathandlung bezüglich des aus einer Katalogtat herrührenden Gegenstands richten muß.“*[344] Was für die Leichtfertigkeit gilt, muss insofern auch für alle anderen Formen der Fahrlässigkeit gelten. Jedoch dürften sich die Fälle, an denen sich der Streit zwischen Judikatur und Lehre entzündet – unvorhergesehene Kausalverläufe – im Fiskalstrafrecht ohnehin selten ereignen.[345]

119

Soweit es die Kenntnis als solche betrifft, muss der Täter zumindest den **Stand erreichen können**, der dolus eventualis begründen würde. Erkennbarkeit scheidet daher aus, wenn der Täter ohnehin nur die ganz entfernte Möglichkeit der Tatbestandsverwirklichung erkennen konnte. Damit reicht die erreichbare Kenntnis nicht aus, **irgendetwas** Gefährliches (riskanter Gesamtbetrieb in Abgrenzung zur konkreten gefährlichen Betriebshandlung)[346] zu tun. Vielmehr muss der Täter zu der Erkenntnis gelangen können, mit seinem Handeln in einem bestimmten, möglichen Lebenssachverhalt die Umstände herbeizuführen, die den gesetzlichen Tatbestand ausmachen.[347]

120

Soweit es die **kognitiven Fähigkeiten** betrifft, darf kein überzogener Maßstab angelegt werden. Diese Gefahr besteht jedoch bereits deswegen, weil die Beurteilung stets aus der ex-ante Perspektive und nach Eintritt der Tatbestandsverwirklichung erfolgen muss. Diese Beurteilungsperspektive verführt dazu, an den Handelnden zu hohe Anforderungen zu stellen.[348] Die Rechtsprechung stellt für die Erkennbarkeit im konkreten Einzelfall darauf ab, ob der Handelnde die Möglichkeit der Tatbestandsverwirklichung vorhergesehen hätte, wenn er die Sorgfalt angewendet hätte, zu der er nach den Umständen und seinen individuellen Fähigkeiten und Kenntnissen in der konkreten Situation imstande war.[349] Dabei wird jedoch dieser indivi-

121

---

339 *Fischer* § 15 Rn. 13.
340 *BGH* NJW 2001, 1075 f.; 2004, 237 f.; *Jescheck/Weigend* AT § 54 I 4.
341 LK-StGB/*Vogel* § 15 Rn. 252.
342 *RGSt* 73, 370, 372; *BGHSt* 3, 62, 64; 12, 75, 77 f.; 31, 96, 101; vgl. aber *BGH* NStZ 2001, 143 ff.
343 Vgl. *Fischer* § 15 Rn. 12a.
344 *BGHSt* 43, 158, 168.
345 Zu den Einzelheiten des Irrtums beim Abweichen vom vorgestellten Kausalverlauf Schönke/Schröder/*Sternberg-Lieben/Schuster* § 15 Rn. 55 ff.
346 *Maurach/Gössel/Zipf* AT § 43 Rn. 25 ff.
347 Vgl. LK-StGB/*Vogel* § 15 Rn. 258 m.w.N.
348 Vgl. *Duttge* JZ 2014, 261 ff., 267 m.w.N.
349 LK-StGB/*Vogel* § 15 Rn. 260.

dualisierte Ausgangspunkt durch Faktoren wie das „nach der Lebenserfahrung Voraussehbare" objektiviert und die Verletzung von Sondernormen zur Gefahrvermeidung als Indiz für die Erkennbarkeit angesehen, weil diese Normen gerade auf der Erfahrung einer Gefahrverursachung durch das verbotene Handeln basieren.[350]

122 Diese Ansätze ändern aber nichts daran, dass die Erkennbarkeit, ebenso wie die Sorgfaltspflichtverletzung aus der **individuellen Perspektive des Handelnden** unter **Berücksichtigung aller Umstände des Einzelfalls** beurteilt werden muss. Nur wenn der Tatrichter auf dieser Grundlage zu der von vernünftigen Zweifeln freien Überzeugung gelangt, dass der konkrete Täter die Gefahr des Erfolgseintritts erkennen konnte, darf von Fahrlässigkeit ausgegangen werden.[351] Die Feststellung dieser Erkennbarkeit ist von einer Vielzahl von Faktoren abhängig, die der Richter ggf. auch unter Berücksichtigung ihrer kognitionspsychologischen Bedeutung – im Einzelfall auch durch einen Gutachter – zu würdigen hat. Zu berücksichtigen sind insbesondere die Anschaulichkeit, Zugänglichkeit, Kodierung, Regelmäßigkeit und Dauer von Gefahrensignalen und sonstigen Informationen, die auf die Gefahr hindeuten; ferner die Gefährdungswahrscheinlichkeit, Drittverhalten (Warnungen) sowie die zeitlichen Verhältnisse (Vorwarnzeiten).[352]

123 Faustformelartig wird in der Literatur angenommen, die Erkennbarkeit sei regelmäßig zu bejahen, wenn ein **besonderer Anlass** für den Handelnden bestanden habe, die Möglichkeit der Tatbestandsverwirklichung zu bedenken.[353] Jedoch wird man einen solchen *triftigen Anlass*[354] nicht bei jeder Fahrlässigkeit fordern können. Zum einen trägt ein Merkmal „triftiger Anlass" nicht zur Rechtsklarheit bei, weil es selbst unbestimmt ist. Zum anderen würde durch dieses Kriterium die Abgrenzung zur Leichtfertigkeit verwischt und die einfache Fahrlässigkeit letztlich aus dem Bereich des strafbaren Handelns herausgenommen.[355]

5. Erfolgszurechnung bei Fahrlässigkeit

124 Insofern geht jedoch die Fahrlässigkeit nicht über die Anforderungen der objektiven Zurechnung hinaus. Auch hier muss sich die durch die **Sorgfaltswidrigkeit geschaffene rechtlich missbilligte Gefahr des Erfolgseintritts im tatsächlich eingetretenen Erfolg verwirklichen.** Daraus ergibt sich, dass ein erlaubtes Verhalten selbst dann nicht sorgfaltswidrig sein kann, wenn es die Gefahr des Erfolgseintritts hervorgerufen oder verstärkt haben sollte.[356]

125 Insbesondere im Bereich des Fiskalstrafrechts mit seinen fahrlässigen Gefährdungsdelikten sollte jedoch berücksichtigt werden, dass die Lehre von der objektiven Zurechnung für die einfachen Erfolgsverletzungsdelikte entwickelt und auf sie zugeschnitten wurde. Für Gefährdungsdelikte, insbesondere **abstrakte Gefährdungsdelikte** sind insofern Modifikationen notwendig.[357] Für fahrlässige Erfolgsdelikte gilt, dass sie nur sanktioniert werden können, wenn der Erfolg kausal und objektiv zurechenbar verursacht worden ist, die Tatbestandsverwirkli-

---

350 LK-StGB/*Vogel* § 15 Rn. 260.
351 Vgl. *BGHSt* 21, 59; LK-StGB/*Vogel* § 15 Rn. 261.
352 LK-StGB/*Vogel* § 15 Rn. 262 ff.
353 Vgl. hierzu LK-StGB/*Vogel* § 15 Rn. 263.
354 So die Terminologie von *Duttge* JZ 2014, 266 f.; MK-StGB/*Duttge* § 15 Rn. 121.
355 So *Roxin* AT I § 24 Rn. 48, der jedoch die Forderung nach der Straflosigkeit geringfügig fahrlässigen Verhaltens unterstützt (Rn. 93) und bereits de lege lata über die Unzumutbarkeit lösen will.
356 LK-StGB/*Vogel* § 15 Rn. 175 f.
357 LK-StGB/*Vogel* § 15 Rn. 176.

chung also auf der Fahrlässigkeit basiert. Ein fahrlässiger Versuch ist nach allgemeiner Ansicht denklogisch oder zumindest mit Blick auf die gesetzgeberische Wertung ausgeschlossen.[358]

a) Rechtswidrigkeitszusammenhang und rechtmäßiges Alternativverhalten

Nach der ständigen Rechtsprechung setzt die Zurechnung eines Erfolgs über die Fahrlässigkeit **126** nicht nur voraus, dass der Täter mit seiner sorgfaltswidrigen Handlung den Erfolg verursacht hat. Vielmehr muss er den Erfolg verursacht haben, **weil** die Handlung sorgfaltswidrig war, er müsste also bei **rechtmäßigem (Alternativ-)Verhalten** ausgeblieben sein.[359] Wenn derselbe Erfolg auch bei verkehrsgerechtem Handeln eingetreten wäre, kommt eine verantwortlichkeitsbegründende Zurechnung demnach nicht in Betracht.[360] Insofern gilt nach der Rechtsprechung des BGH[361] der Zweifelsgrundsatz, so dass die Zurechnung ausscheidet, wenn nach der Überzeugung, die sich der Tatrichter aufgrund der erheblichen Feststellungen gebildet hat, nach lebensnaher Betrachtung **vernünftige Zweifel** daran bestehen bleiben, dass der Erfolg auch ohne die Pflichtwidrigkeit eingetreten wäre.[362] Zum Teil wird in der Judikatur sogar gefordert, dass der Rechtswidrigkeitszusammenhang **mit an Sicherheit grenzender Wahrscheinlichkeit** festgestellt werden müsse,[363] während der BGH jedoch schon früh betont hat, die nur theoretische Möglichkeit eines Zweifels, „entfernteste gegenteilige Möglichkeiten" seien nicht ausreichend, um den Rechtswidrigkeitszusammenhang zu verneinen.[364] Der BGH beschränkt dieses Zurechnungshindernis jedoch weiterhin dahingehend, dass ein **Zurechnungszusammenhang** gegeben ist, wenn der Erfolg bei rechtmäßigem Verhalten erheblich später oder weniger intensiv eingetreten wäre.[365]

Maßgeblich für den **Rechtswidrigkeitszusammenhang** ist die konkrete Tatsituation, die der **127** BGH im Verkehrsstrafrecht als „kritische Verkehrslage" bezeichnet hat, die „unmittelbar zu dem schädigenden Ereignis geführt hat".[366] Die Frage, welches Handeln pflichtgemäß gewesen wäre und damit als Vergleichsmaßstab heranzuziehen ist, sei im Hinblick auf denjenigen Pflichtenverstoß zu beantworten, der als unmittelbare Schadensursache in Betracht komme. Ferner sei der tatsächliche Geschehensverlauf zugrunde zu legen; nur der vorwerfbare Tatumstand dürfe hinweggedacht werden. Darüber hinaus dürfte nichts hinweg- oder hinzugedacht werden.[367] „Diese Prüfung scheidet Umstände aus der rechtlichen Bewertung aus, die im naturwissenschaftlichen Sinne zwar auch Bedingungen für den eingetretenen Erfolg sind, die aber für die strafrechtliche Haftung des Täters keine Rolle spielen können."[368]

---

358 Vgl. LK-StGB/*Vogel* § 15 Rn. 179.

359 Zu den Problemen bei der Bestimmung des hypothetischen Kausalverlaufs vgl. nur LK-StGB/*Vogel* § 15 Rn. 192 m.w.N.

360 Vgl. nur *RGSt* 15, 151, 154; 63, 211 ff.; *BGHSt* 11, 1, 7; 24, 32, 34; 30, 228, 230; 33, 61, 63 ff.; 49, 1, 4; NJW 2000, 2754, 2757; LK-StGB/*Vogel* § 15 Rn. 189 auch zu Gegenstimmen in der Literatur.

361 Seit *BGHSt* 11, 1, 4; ferner *BGHSt* 49, 1, 4.

362 *BGHSt* 11, 1, 5.

363 *BGH* NStZ 1985, 26 f.; StV 1994, 425.

364 *BGHSt* 11, 1, 4.

365 *BGH* NStZ 1985, 26 f.; *BGHSt* 21, 59, 61.

366 *BGHSt* 49, 1, 4.

367 *BGHSt* 33, 61, 64; 49, 1, 4; vgl. zu den Details LK-StGB/*Vogel* § 15 Rn. 188.

368 *BGHSt* 33, 61, 64.

128   Insbesondere *Roxin*[369] ist dem Konzept der Erfolgskausalität der Sorgfaltswidrigkeit mit der **Risikoerhöhungslehre**[370] entgegengetreten, weil ein Risiko nicht in einen erlaubten und einen unerlaubten Teil aufgespalten werden könne. Danach soll der Zurechnungszusammenhang bereits dann bestehen, wenn das sorgfaltswidrige Handeln dazu geführt hat, dass sich die Gefahr des Erfolgseintritts im Vergleich mit sorgfaltsgemäßem Handeln erhöht hat. Dabei soll es ausreichen, wenn bereits die Möglichkeit einer Erfolgserhöhung und damit der Überschreitung des erlaubten Risikos bestehe.[371] Gegen diese Lösung ist eingewandt worden, sie verletze den Zweifelsgrundsatz und wandle Verletzungsdelikte in konkrete Gefährdungsdelikte um.[372]

b)   Schutzzweckzusammenhang

129   Die Rechtsprechung zieht ferner bei der Beurteilung der objektiven Zurechnung den Gedanken des **Schutzzwecks der Norm** heran. Danach kann dem Täter der tatbestandliche Erfolg nur dann objektiv zugerechnet werden, wenn die Norm, gegen die er mit seiner pflichtwidrigen Handlung verstoßen hat, nach ihrem Sinn und Zweck darauf gerichtet war, den **Erfolg in seiner konkreten Gestalt zu vermeiden**, den es zuzurechnen gilt.[373] Das bedeutet, dass die Verletzung einer Pflicht, die nicht dem Schutz des durch die fragliche Strafvorschrift geschützten Interesses dient, die Fahrlässigkeitsstrafbarkeit nicht begründen kann.[374] Dies führt dazu, dass die Verletzung von Pflichten, die etwa ausschließlich dem Schutz der Anleger oder von Gläubigern dienen, kein Fahrlässigkeitsunrecht im steuerstrafrechtlichen Kontext begründen können. Haben diese Pflichten jedoch auch den Sinn, die Besteuerung zu erleichtern, so kommt eine Ordnungswidrigkeit nach § 378 AO bei leichtfertigem Handeln in Betracht.

6.   Subjektive Fahrlässigkeit (individuelles Unvermögen)

130   Nach h.M.[375] handelt derjenige – vorbehaltlich einer Übernahmefahrlässigkeit (Rn. 131 ff.) – **schuldlos**, der aufgrund **individuellen Unvermögens** die Anforderungen an die im Verkehr erforderliche Sorgfalt in der konkreten Gefahrensituation nicht erfüllen konnte. Strafbarkeit wegen Fahrlässigkeit kommt nur in Betracht, wenn der Täter auch nach seinen individuellen Kenntnissen die Möglichkeit der Tatbestandsverwirklichung erkennen konnte und er nach seinen individuellen Fähigkeiten in der Lage war, die Tatbestandsverwirklichung durch sorgfaltsgemäßes Handeln zu vermeiden.[376] Oftmals fehlt es in diesen Fällen bereits an der subjektiven Erkennbarkeit der Gefahr, nämlich dann, wenn der Täter aufgrund unterdurchschnittlicher Kenntnisse nicht in der Lage war, die Tatbestandsverwirklichung als eine Entwicklung vorauszusehen.

---

369 Vgl. nur *Roxin* AT I § 11 Rn. 88 ff.

370 Ebenso vertreten z.B. von *Otto* FS Maurach, S. 91, 101; *Wolter* Zurechnung, S. 334 ff.; ähnlich auch *Jescheck/Weigend* AT S. 584 ff.; *Küper* FS Lackner 247, 282 ff.; *Stratenwerth/Kuhlen* § 8 Rn. 35.

371 *Roxin* ZStW 74 (1962), 411 ff.

372 *Baumann/Weber/Mitsch* § 14 Rn. 87; SK-StGB/*Rudolphi* Vor § 1 Rn. 70; LK-StGB/*Vogel* § 15 Rn. 198; *Wolfslast* NStZ 1981, 219; vgl. hierzu *Schünemann* JA 1975, 651 ff.; *ders.* GA 1985, 354, *ders.* StV 1985, 229 mit Modifikationen, die dieser Kritik begegnen sollen.

373 RGSt 63, 392, 394; vgl. ferner *Fischer* § 15 Rn. 12a.

374 Vgl. nur *Roxin* AT I § 11 Rn. 84 ff.; 106 ff. m.w.N.

375 Vgl. nur *Roxin* AT I § 24 Rn. 53 ff.; 114 ff. m.w.N.

376 Vgl. *Roxin* AT I § 24 Rn. 114.

7. Übernahmefahrlässigkeit

Die sog. Übernahmefahrlässigkeit[377] spielt insbesondere im Wirtschafts- und Steuerstrafrecht **131** eine gewichtige Rolle. Sie wird dann angenommen, wenn dem Täter zwar im maßgeblichen Zeitpunkt der gefährlichen Situation die individuellen Kenntnisse oder Fähigkeiten fehlen, um den Sorgfaltsanforderungen gerecht zu werden, er seine Unfähigkeit, sich pflichtgemäß zu verhalten aber bereits hätte erkennen können, als er sich in die gefährliche Situation begab. Es kommt mithin zu einer **Vorverlagerung des Fahrlässigkeitsunrechts auf die Übernahmesituation**, indem dem Täter zwar zugutekommt, dass er nach seinen individuellen Fähigkeiten und Kenntnissen im Zeitpunkt der konkreten Gefahr nicht sorgfältig handeln konnte, er dann aber fahrlässig handelt, weil er sich selbst in die Situation gebracht hat, in der er nicht mehr sorgfältig handeln konnte. Mit dieser Lösung ist eine weitgehende Bedeutungslosigkeit der subjektiven oder individuellen Fahrlässigkeit verbunden.

Übernahmefahrlässigkeit liegt demnach vor, wenn dem Täter die Übernahme oder Fortset- **132** zung der gefährlichen Tätigkeit hinreichenden Anlass geben musste, sich mit den damit entstehenden Pflichten auseinanderzusetzen und sich zu fragen, ob er diese wird erfüllen können, ggf. dafür Sorge zu tragen, dass ihn jemand bei der Pflichterfüllung unterstützt oder er die Erfüllung zuverlässig delegieren kann. Das setzt jedoch wiederum voraus, dass der Täter zu diesem vorverlagerten Zeitpunkt individuell in der Lage war, seine Pflichtverletzung durch mangelnde Vorsorge zu erkennen und zu vermeiden.

Roxin hat für die Übernahmefahrlässigkeit die Regel formuliert, *„wer etwas möglicherweise* **133** *Rechtsgütergefährdendes unternehmen will und den Gefahren wegen körperlicher Mängel oder fehlender Übung oder Geschicklichkeit nicht gewachsen ist, muss das Verhalten unterlassen, andernfalls liegt schon in der Übernahme der Tätigkeit eine Fahrlässigkeit […]; wer etwas nicht kann, muss es lassen.“*[378] Dies ist insbesondere bei der Erfüllung von Pflichten relevant, die mit der **Übernahme einer Tätigkeit als Geschäftsführer oder Berater** einhergehen. Macht sich der Geschäftsführer nicht hinreichend mit seinen steuerlichen Pflichten vertraut oder sorgt er nicht durch steuerliche Beratung dafür, dass ihm die relevanten Pflichten bekannt sind und er weiß, wie er sie zu erfüllen hat, so kann ihn der Vorwurf wegen der Übernahme der Aufgabe treffen.

In der Literatur ist jedoch zu Recht darauf hingewiesen worden, dass der Zeitpunkt, auf den der **134** Fahrlässigkeitsvorwurf abstellt, nicht zu weit vorverlagert werden darf, weil es sonst letztlich zu einem **Lebensführungsvorwurf** komme. Es darf dem Geschäftsführer also nicht vorgeworfen werden, dass er im Rahmen seines Jurastudiums keine steuerrechtlichen Veranstaltungen besucht hat, um den Vorwurf der mangelnden Erfüllung steuerlicher Pflichten zu begründen. Vorgeworfen werden kann ihm jedoch ggf., dass er sich bei der Übernahme eines Geschäftsbetriebs nicht rechtzeitig so umfassend informiert hat, dass er die straf- oder bußgeldbewehrten steuerlichen Pflichten in seinem Geschäft kennt und sie erfüllen kann. Damit wird deutlich, dass das individuelle Unvermögen nur in engen Grenzen die Schuld ausschließt; nur „wo man dem Täter nicht vorwerfen kann, dass er sich hätte anders verhalten können, entfällt notwendig die Schuld“.[379]

---

377 Vgl. zum Folgenden LK-StGB/*Vogel* § 15 Rn. 304 ff.; ferner Hübschmann/Hepp/Spitaler/*Bülte* § 378 AO Rn. 74.
378 *Roxin* AT I § 24 Rn. 36.
379 *Roxin* AT I § 24 Rn. 119.

8. Leichtfertigkeit

135 In einer zunehmenden Zahl von Vorschriften wird die Strafbarkeit oder Ordnungswidrigkeit davon abhängig gemacht, dass der Täter bei der Tatbestandsherbeiführung leichtfertig gehandelt hat. Für den hier relevanten Zusammenhang des Fiskalstrafrechts gilt dies in kriminalstrafrechtlicher Hinsicht für § 264 StGB und in bußgeldrechtlicher Hinsicht u.a. für §§ 378, 379 Abs. 1 und 2, 380, 381, 383a AO (vgl. 18. Kap. Rn. 13 ff.). Die Leichtfertigkeit definiert das Gesetz ebenso wenig wie die Fahrlässigkeit. Nach § 18 Abs. 3 E 1962 sollte Leichtfertigkeit als Handeln „aus besonderem Leichtsinn oder besonderer Gleichgültigkeit", als eine **Form der groben Fahrlässigkeit** definiert werden. Auch die Rechtsprechung versteht die Leichtfertigkeit als grobe Fahrlässigkeit und lehnt sich insofern an die zivilrechtliche Rechtsprechung an.[380]

136 Der BGH führt zur **Leichtfertigkeit** aus: „*Mit Leichtfertigkeit umschreibt das Gesetz ein Verhalten, das [...] einen hohen Grad von Fahrlässigkeit aufweist [...], also in grobem Maße fahrlässig ist [...]. Damit deckt sich der auch vom Landgericht zugrunde gelegte Begriff der »groben Achtlosigkeit« (...). Leichtfertig handelt hiernach, wer die sich ihm aufdrängende Möglichkeit [der Tatbestandsverwirklichung] aus besonderem Leichtsinn oder aus besonderer Gleichgültigkeit außer acht läßt...*"[381]

137 Ähnliches hat der BGH für die **leichtfertige Geldwäsche** formuliert: „*In Anlehnung an die bei Erfolgsqualifikationen entwickelten Definitionen liegt Leichtfertigkeit bei der Geldwäsche im Sinne des § 261 Abs. 5 StGB nur dann vor, wenn sich die Herkunft des Gegenstands aus einer Katalogtat nach der Sachlage geradezu aufdrängt und der Täter gleichwohl handelt, weil er dies aus besonderer Gleichgültigkeit oder grober Unachtsamkeit außer acht läßt.*"

138 Zum **leichtfertigen Subventionsbetrug** hat der BGH konstatiert, die Leichtfertigkeit sei „*eine vorsatznahe Schuldform, die eine besondere Gleichgültigkeit oder grobe Unachtsamkeit voraussetzt*".[382] Die Tathandlung des § 264 Abs. 1 Nr. 3 i.V.m. Abs. 4 StGB liege darin, dass der Täter die Subventionsbehörde leichtfertig in Unkenntnis über subventionserhebliche Tatsachen lasse. Maßgeblich sei deshalb, „*dass er – nach seinen individuellen Fähigkeiten [...] – die an sich gebotene Handlung ohne weiteres hätte erkennen können.*" Leichtfertige Tatbegehung nimmt der BGH hat an, wenn der Täter die Umstände grob verkennt, die „*eine Unterrichtung der Subventionsbehörde über bestimmte Umstände geboten*" hätten.[383]

139 Damit werden die beiden Elemente der Leichtfertigkeit deutlich: Zum einen muss der Täter eine sich **aufdrängende Möglichkeit** der Tatbestandsverwirklichung verkennen (unbewusste Leichtfertigkeit) oder unterschätzen (bewusste Leichtfertigkeit); zum anderen muss er im Hinblick auf diese besonders deutliche Gefahr eine **grobe Pflichtverletzung** begehen. Die Leichtfertigkeit erfordert mithin eine erheblich gesteigerte Erkennbarkeit und eine schwerwiegende Sorgfaltspflichtverletzung. Letztere kann darin liegen, dass mehrere Sorgfaltspflichten verletzt werden, eine besonders wichtige Pflicht missachtet wird[384] oder der Verstoß gegen die Sorgfaltsanforderungen besonders schwerwiegend ist.[385]

---

380 *BGHZ* 89, 153, 161; *BGH* NJW 1992, 3235, 3236; NJW-RR 1994, 1469, 1471; krit. *Roxin* AT I § 24 Rn. 82; eingehend hierzu Hübschmann/Hepp/Spitaler/*Bülte* § 378 AO Rn. 40 ff.

381 *BGHSt* 33, 66, 67.

382 NStZ 2013, 406 f.; vgl. ferner *BGH* NStZ-RR 2010, 311; *BGHSt* 43, 158, 168.

383 NStZ 2013, 406 f.; vgl. auch *BGHSt* 50, 347, 352.

384 A.A. *Roxin* AT I § 24 Rn. 91: „keine selbständige Bedeutung".

385 Vgl. *Roxin* AT I § 24 Rn. 87; vgl. auch Hübschmann/Hepp/Spitaler/*Bülte* § 378 AO Rn. 40 ff.

Nicht ausreichend, aber auch nicht erforderlich ist, dass der Täter aus einer besonders „ver- **140** werflichen" Motivation wie Eigensucht oder Rücksichtslosigkeit handelt.[386] Daher ist Roxin zuzustimmen, der das Prädikat der Leichtfertigkeit *„primär einer besonders gefährlichen Handlung, nicht einer besonders verwerflichen inneren Einstellung"* zuschreibt.[387] Für die Bestimmung der Leichtfertigkeit gelten die Kriterien zur Berücksichtigung von **Sonderwissen** ebenso wie für die allgemeine Fahrlässigkeit; zudem wird in der Praxis die Leichtfertigkeit bei bewusst fahrlässigem Handeln eher anzunehmen sein, als bei unbewusster Fahrlässigkeit.[388]

---

386 Vgl. die Nachweise bei LK-StGB/*Vogel* § 15 Rn. 296; ferner *Roxin* AT I § 24 Rn. 85.
387 *Roxin* AT I § 24 Rn. 87; vgl. auch *Volk* GA 1976, 178 f.
388 Vgl. *Roxin* AT I § 24 Rn. 90.

9. Kapitel
Versuch, Vollendung, Beendigung und Verjährung

Literatur: *Bittmann* Rechtsfragen um den Einsatz des Wirtschaftsreferenten, wistra 2011, 47; *Bitzilekis* Über die strafrechtliche Bedeutung der Abgrenzung von Vollendung und Beendigung der Straftat, ZStW 99 (1987) 723; *Bosch* Unmittelbares Ansetzen zum Versuch, Jura 2011, 909; *Brenner* Strafverfolgungsverjährung und ihre Unterbrechung bei Steuerdelikten, BB 1985, 2041; *Brüning/Samson* Die Verjährung der besonders schweren Fälle der Steuerhinterziehung, wistra 2010, 1; *Bülte* Der Irrtum über das Verbot im Wirtschaftsstrafrecht, NStZ 2013, 65; *Burkhardt* Rechtsirrtum und Wahndelikt – Zugleich Anmerkung zum Beschluss des BayOblG v. 15.10.1980, JZ 1981, 715, JZ 1981, 681; *ders.* Zur Abgrenzung von Versuch und Wahndelikt im Steuerstrafrecht, wistra 1982, 19; *Ceffinato* Zum Versuchsbeginn bei der Steuerhinterziehung durch Unterlassen, wistra 2014, 88; *Dannecker* Zur Verfassungsmäßigkeit der verjährungsrechtlichen Anknüpfung an strafrechtliche Regelbeispiele der Steuerhinterziehung: Folgerichtigkeit als Verfassungsgebot für das Strafrecht?, NZWiSt 2014, 6; *Degener* Strafgesetzliche Regelbeispiele und deliktisches Versuchen, FS Stree/Wessels, 1993, S. 305; *Dörn* Strafrechtliche Beurteilung der Nichtabgabe von Steuererklärungen, StB 1992, 361; *ders.* Versuch oder Vollendung der Steuerverkürzung durch Nichtabgabe von Steuererklärungen bei Veranlagungssteuern, DStZ 1994, 39; *Eschenbach* Die Abgrenzung zwischen strafloser Vorbereitungsphase und Versuchsbeginn bei der Steuerhinterziehung nach § 370 AO, DStZ 1997, 851; *Exner* Versuch und Rücktritt vom Versuch eines Unterlassensdelikts, Jura 2010, 276; *Fabry* Der besonders schwere Fall der versuchten Tat, NJW 1986, 15; *Ferschl* Die Abgrenzung versuchter von vollendeter Steuerhinterziehung im Fall des § 370 Abs. 1 Nr. 2 AO bei Ergehen eines Schätzungssteuerbescheids, wistra 1990, 177; *Gössel* Der fehlgeschlagene Versuch: Ein Fehlschlag, GA 2012, 65; *Graul* „Versuch eines Regelbeispiels", JuS 1999, 852; *Grezesch* Hindert die Aussetzung nach § 396 AO den Eintritt der absoluten Verjährung?, wistra 1990, 289; *Gropp* Vom Rücktrittshorizont zum Versuchshorizont, FS Gössel, 2002, S. 175; *Haas* Zum Rechtsgrund von Versuch und Rücktritt, ZStW 123 (2011) 226; *Haas/Wilke* Steuerhinterziehung und Rechtsstaat – Zur Verlängerung der Verfolgungsverjährungsfrist durch das Jahressteuergesetz 2009, NStZ 2010, 297; *Harbusch* Vorbereitungshandlung und Versuch bei Zollstraftaten, DDZ 1985, F 1; *Hau* Die Beendigung der Straftat und ihre rechtlichen Wirkungen, 1974; *Hees* Zur persönlichen Reichweite der Verjährungsunterbrechung nach § 78c Abs. 1 Nr. 4 StGB, wistra 1994, 81; *Heuer* Unterbricht ein Durchsuchungsbeschluß gegen die Verantwortlichen eines Unternehmens die Verjährung?, wistra 1987, 170; *Höser* Vorbereitungshandlung und Versuch im Steuerstrafrecht, 1984; *Jescheck* Wesen und rechtliche Bedeutung der Beendigung der Straftat, FS Welzel, 1974, S. 683; *ders.* Versuch und Rücktritt bei Beteiligung mehrerer Personen an der Straftat, ZStW 99 (1987) 111; *Krack* Der Versuchsbeginn bei Mittäterschaft und mittelbarer Täterschaft, ZStW 110 (1998) 611; *Kühl* Die Beendigung des vorsätzlichen Begehungsdelikts, 1974; *ders.* Grundfälle zu Vorbereitung, Versuch, Vollendung und Beendigung, JuS 1979, 718, 874; 1980, 120, 273, 506, 650, 811; 1981, 193; 1982, 110, 189; *ders.* Vollendung und Beendigung bei den Eigentums- und Vermögensdelikten, JuS 2002, 729; *ders.* Versuchsstrafbarkeit und Versuchsbeginn, FS Küper, 2007, S. 289; *Lammerding* Nichtabgabe von Jahressteuererklärungen in strafrechtlicher Sicht, BB 1982, 1346; *Lübbersmann* Besonders schwere Fälle: § 370 Abs. 3 AO und die Technik der Regelbeispiele, PStR 2010, 258; *Meine* Die Abgrenzung von Vorbereitungshandlung und Versuchsbeginn bei der Hinterziehung von Veranlagungssteuern unter Zuhilfenahme einer falschen Buchführung, GA 1978, 321; *M.-K. Meyer* Das Unmittelbarkeitsprinzip am Beispiel des Versuchs, GA 2002, 367; *Mitsch* Unterbrechung strafrechtlicher Verjährung durch Bußgeldverfahren, NZWiSt 2013, 1; *ders.* Verjährungsvielfalt bei der Steuerhinterziehung, NZWiSt 2015, 8; *Mösbauer* Aktuelle Rechtsfragen bei der Abgrenzung des Versuchs von der Vorbereitungshandlung im Steuerstrafrecht, DStZ 1997, 577; *A. Müller* Straflose Vorbereitungshandlung oder strafbarer Hinterziehungsversuch, AO-StB 2005, 28; *J. Müller* Wann beginnt die Strafverfolgungsverjährung bei Steuerhinterziehung?, wistra 2004, 11; *Murmann* Rücktritt vom Versuch des Unterlassungsdelikts durch Verzicht auf aktive Erfolgsherbeiführung?, GA 2012, 711; *Otto* Schadenseintritt und Verjährungsbeginn, FS Lackner, 1987, S. 715; *Patzelt* Ungerechtfertigte Steuervorteile und Verlustabzug im Steuerstrafrecht – Vollendung und Verjährungsbeginn bei der Steuerhinterziehung, 1990; *Pelz* Neuregelung der Verfolgungsverjährung für Steuerhinterziehung – Neue Herausforderungen für die Praxis, NJW 2009, 470; *Pütz* Steuer- und Zollfahnder als Hilfsbeamte der Staatsanwaltschaft, wistra 1990, 212; *Reiche* Verjährungsunterbrechende Wirkung finanzbehördlicher oder fahndungsdienstlicher Ermittlungsmaßnahmen hinsichtlich allgemeiner Strafdelikte, insbesondere bei tateinheitlichem Zusammentreffen mit Steuerstraftaten, wistra 1988, 329; *ders.* Die strafrechtliche Ermittlungskompetenz der Zollfahndung, wistra 1990, 90; *Reichling/Winsel* Die neue (höchstrichterliche) Rechtsprechung zum Verjährungsbeginn bei ausgewählten Wirtschaftsstraftaten, JR 2014, 331; *Reiß* Zur Abgrenzung von untauglichem Versuch und Wahndelikt am Beispiel der Steuerhinterziehung, wistra 1986, 200; *Rönnau* Grundwissen Strafrecht: Versuchsbeginn, JuS 2013, 879; *Roxin* Die Abgrenzung von untauglichem Versuch und Wahndelikt, JZ 1996, 20; *Samson* Irrtumsprobleme im Steuerstrafrecht, Grundfragen, 1983; *Satzger* Die Verjährung im Strafrecht, JURA 2012, 433; *Schmitz* Der Beginn der Verjährungsfrist nach § 78a StGB bei der Hinterziehung von Einkommensteuer durch Unterlassen, wistra 1993, 248; *ders.* Versuchsbeginn, Vollendung und Beginn der Verfolgungsverjährung bei ausgebliebener Steuerfestsetzung, FS Kohlmann, 2003, S. 517; *Schubert* Der Versuch – Überlegungen zur Rechtsvergleichung und Harmonisierung, 2005; *Schuster* Das Verhältnis von Strafnormen und Bezugsnormen aus anderen Rechtsgebieten – Eine Untersuchung zum Allgemeinen Teil im Wirtschafts- und Steuerstrafrecht, 2012; *Stein* Beendeter und unbeendeter Versuch beim Begehungs- und Unterlassungsdelikt, GA 2010, 129; *Stree* Beginn des Versuchs bei qualifizierten Straftaten, FS Peters, 1974, S. 179; *Streng* Der Irrtum beim Versuch – ein Irrtum?, ZStW 109 (1997) 862; *Teske* Die Bekanntgabe der Einleitung eines Straf- oder Bußgeldverfahrens (§ 371 Abs. 2 Nr. 1 Buchst. b AO) durch Durchsuchungsbeschlüsse, wistra 1988, 287; *Timpe* Untauglicher Versuch und Wahndelikt, ZStW 125 (2014), 755; *Valerius* Untauglicher Versuch und Wahndelikt, JA 2010, 113; *Weidemann* Vorbereitungshandlung und Versuch bei der Tabaksteuerhinterziehung, wistra 2009, 174; *Wulf* Beginn der Verjährung der Steuerhinterziehung bei ausgebliebener Steuerfestsetzung, wistra 2003, 89.

A. Versuch, Vollendung und Beendigung

Bei einer vorsätzlichen Straftat werden gemeinhin vier verschiedene Verwirklichungsstadien unterschieden: Vorbereitung, Versuch, Vollendung und Beendigung. Vorbereitungshandlungen sind dabei nach der gesetzgeberischen Wertung grds. nicht strafbar, weil das Strafrecht als ultima ratio einen straffreien Raum auch bei Betätigung eines rechtsfeindlichen Willens belassen muss.[1] Die Abgrenzung strafloser Vorbereitungshandlungen zum Versuchsbeginn ist des- **1**

---

1 Vgl. LK-StGB/*Hillenkamp* Vor § 22 Rn. 6; s. auch bereits *Berner* Grundlagen des Preußischen Strafrechts, 1861, Erstes Buch § 4.

halb von entscheidender Bedeutung. In einigen Fällen hat der Gesetzgeber jedoch auch solche Handlungen pönalisiert, die strukturell als reine Vorbereitungen aufzufassen sind. Auch werden solche Handlungen häufiger in Form von Ordnungswidrigkeiten sanktioniert. Im Bereich des Steuerrechts werden beispielsweise manche typische Vorbereitungshandlungen einer Steuerhinterziehung von den Ordnungswidrigkeiten der Steuergefährdung nach §§ 379 ff. AO erfasst.[2] Eine Tat ist erst vollendet, wenn alle Merkmale des gesetzlichen Tatbestandes erfüllt sind. Die Beendigung bezeichnet demgegenüber den Abschluss des rechtsverneinenden Tuns, also den Abschluss des Tatunrechts.[3] Der Beendigungszeitpunkt ist vor allen Dingen für die Möglichkeit einer sukzessiven Teilnahme und den Beginn der Verjährung von Relevanz.

I. Versuch

1. Einführung

2 Der Versuch ist nur bei Vorsatztaten unter Strafe gestellt, da nur bei diesen eine dem § 22 StGB entsprechende Vorstellung vorliegen kann.[4] Der Versuch ist gem. § 23 Abs. 1 StGB bei Verbrechen i.S.v. § 12 Abs. 1 StGB stets, bei Vergehen i.S.v. § 12 Abs. 2 StGB jedoch nur in den vom Gesetz ausdrücklich bestimmten Fällen strafbar.

3 Diese Differenzierung führt etwa dazu, dass der Versuch eines **Subventionsbetruges** nur im Falle eines gewerbs- und bandenmäßigen Subventionsbetruges gem. §§ 264 Abs. 3, 263 Abs. 5 StGB strafbar ist, weil die Qualifikation eine Mindeststrafe von einem Jahr mit sich bringt und daher ein Verbrechen i.S.v. § 12 Abs. 1 StGB darstellt.[5] Für das Grunddelikt, das ein Vergehen ist, findet sich keine gesonderte Bestimmung der Versuchsstrafbarkeit. Dies ist auch deshalb geboten, weil der Tatbestand des Subventionsbetruges bereits sehr weitreichend ist und strukturelle Versuchshandlungen im Vorfeld des Betrugs erfasst.[6] Aufgrund dieser strukturellen Besonderheit darf eine Versuchsstrafbarkeit beim qualifizierten Subventionsbetrug nur unter begrenzten Voraussetzungen angenommen werden und erfordert eine enge Auslegung des § 263 Abs. 5 StGB. Demgegenüber sind der Versuch einer **Untreue** nach § 266 StGB oder der Versuch des **Veruntreuens und Vorenthaltens von Arbeitsentgelt** nach § 266a StGB oder der Versuch der **gewerbs- oder bandenmäßigen Schädigung des Umsatzsteueraufkommens** nach § 26c UStG nie strafbar.

4 Der Versuch des Vergehens der **Steuerhinterziehung** ist hingegen nach § 370 Abs. 2 AO strafbar, der Versuch des **Bannbruchs** nach §§ 372 Abs. 2, 370 Abs. 2 AO, der Versuch des **Schmuggels** nach § 373 Abs. 3 AO und der Versuch der **Steuerhehlerei** nach § 374 Abs. 3 AO.

5 Bei **Ordnungswidrigkeiten** ist der Versuch nur in den gesetzlich ausdrücklich bestimmten Fällen sanktioniert, vgl. § 13 OWiG, wobei auch dies nur bei vorsätzlichen Ordnungswidrigkeiten

---

2 Franzen/Gast/*Joecks* AO § 370 Rn. 261; Volk/*Lohr* § 32 Rn. 153.

3 *BGH* NStZ 2012, 511, 513; NStZ-RR 2009, 12, 13; *Fischer*, 62. Aufl. 2015, § 22 Rn. 6.

4 Konstruktiv ist jedoch auch der Versuch einer Fahrlässigkeitstat denkbar; vgl. hierzu *Jakobs* Strafrecht AT, 1988, S. 591.

5 Ausnahmen von der Versuchsstrafbarkeit von Verbrechen werden teilweise für bestimmte Unternehmensdelikte und für unselbständige Ausdehnungen von Straftatbeständen in das deliktische Vorfeld vorgenommen. Bei § 264 StGB handelt es sich jedoch um einen eigenständigen Sondertatbestand, sodass eine Versuchsstrafbarkeit hinzunehmen ist. Vgl. hierzu auch LK-StGB/*Hillenkamp* Vor § 22 Rn. 7 f., 119 ff., § 23 Rn. 3. Von einer Strafbarkeit ausgehend daher auch NK-StGB/*Hellmann* § 264 Rn. 124.

6 Vgl. in diese Richtung auch *Mischke* KommJur 2011, 282.

in Betracht kommt. Der Versuch der Ordnungswidrigkeitentatbestände der §§ 379 ff. AO ist nicht sanktioniert, was angesichts der bereits im Tatbestand angelegten Vorverlagerung der Sanktionierung auch sachgerecht ist.

Der **Strafgrund** des Versuchs ist äußerst umstritten und offenbart letztlich das jeweilige Verständnis von der Funktion des Strafrechts. Nach der auch in der Rechtsprechung herrschenden gemischt subjektiv-objektiven Theorie knüpft die Versuchsstrafbarkeit an die Betätigung des rechtsfeindlichen Willens an, dessen Eindruck auf die Allgemeinheit zu einer Erschütterung des Rechtsbewusstseins und zur Gefährdung des Rechtsfriedens führen kann.[7]   **6**

Für den Versuch kennzeichnend ist ein **Mangel des objektiven Unrechtstatbestandes** bei voller Erfüllung der subjektiven Voraussetzungen.[8] In § 22 StGB werden die für die Versuchsstrafbarkeit notwendigen Elemente genannt. Danach versucht eine Straftat, wer nach seiner Vorstellung von der Tat zur Verwirklichung des Tatbestandes unmittelbar ansetzt. Auf subjektiver Seite ist also ein Tatentschluss notwendig, auf objektiver Seite das unmittelbare Ansetzen.   **7**

2. Tatentschluss

Als Tatentschluss wird das gesamte subjektive Unrechtselement bezeichnet, also Vorsatz zur Verwirklichung aller objektiven Umstände sowie das Vorliegen sonstiger subjektiver Tatbestandsmerkmale, wie etwa bei Delikten mit überschießender Innentendenz – z.B. dem Betrug gem. § 263 Abs. 1 StGB – eine etwaig geforderte Absicht. Die **subjektive** Tatseite muss also derjenigen beim vollendeten Delikt entsprechen (zu den Einzelheiten Kap. 8).[9]   **8**

3. Unmittelbares Ansetzen

Objektiv muss der Täter unmittelbar zur Verwirklichung des Tatbestandes angesetzt haben. Wenn er bereits mit der tatbestandsmäßigen Ausführungshandlung begonnen hat, ist er regelmäßig auch in das Versuchsstadium eingetreten.[10] Ist dies jedoch nicht der Fall, stellen sich in Theorie und Praxis schwierige Abgrenzungsprobleme. Nach dem in Rechtsprechung und Literatur vorherrschenden Ansatz liegt ein unmittelbares Ansetzen vor, wenn der Täter subjektiv die Schwelle zum „Jetzt-geht-es-los" überschritten und objektiv zur tatbestandsmäßigen Handlung angesetzt hat, sodass diese nach seiner Vorstellung von der Tat bei ungestörtem Fortgang in unmittelbarem räumlichem und zeitlichem Zusammenhang zur Verwirklichung des Tatbestandes führt.[11] Im Einzelfall ist dabei zur Abgrenzung von Vorbereitung und Versuch in wertender Betrachtung auf die strukturellen Besonderheiten der jeweiligen Tatbestände abzustellen.[12]   **9**

Obschon eine **Qualifikation** einen eigenen Tatbestand darstellt, wird dadurch nicht das Versuchsstadium ausgedehnt. Auch hier ist im Einzelfall zu prüfen, ob mit Beginn der Verwirklichung eines qualifizierenden Merkmals zugleich zum Gesamttatbestand unmittelbar angesetzt wurde.[13] Die Frage der Strafbarkeit eines sog. erfolgsqualifizierten Versuchs ist umstritten,[14] im Fiskalstrafrecht aber von keiner praktischen Bedeutung.   **10**

---

7 Wessels/*Beulke/Satzger* Rn. 594 m.w.N.

8 Wessels/*Beulke/Satzger* Rn. 595.

9 Schönke/Schröder/*Eser/Bosch* § 22 Rn. 3.

10 *BGHSt* 37, 294, 296; Schönke/Schröder/*Eser/Bosch* § 22 Rn. 37.

11 *BGHSt* 48, 34, 35 f.; Schönke/Schröder/*Eser/Bosch* § 22 Rn. 41 m.w.N.

12 *BGH* NStZ 2004, 580, 581.

13 Schönke/Schröder/*Eser/Bosch* § 22 Rn. 58; vgl. auch Wessels/*Beulke/Satzger* Rn. 607.

14 Wessels/*Beulke/Satzger* Rn. 617; bejahend: Schönke/Schröder/*Eser/Bosch* Vorb. §§ 22 ff. Rn. 31.

11 Handelt es sich um ein Delikt, das einen höheren Strafrahmen für **besonders schwere Fälle** vorsieht (z.B. die Steuerhinterziehung in einem besonders schweren Fall nach § 370 Abs. 3 AO, der Betrug nach § 263 Abs. 3 StGB), so kann es bei benannten besonders schweren Fällen vorkommen, dass der Täter zunächst nicht mit der tatbestandsmäßigen Ausführungshandlung, sondern nur mit der Verwirklichung eines Regelbeispiels, beginnt. Dies stellt nicht zwingend ein unmittelbares Ansetzen zum Tatbestand selbst dar und markiert deshalb nicht automatisch den Versuchsbeginn. Dieser ist vielmehr im Einzelfall nach den obengenannten Kriterien zu prüfen; häufig wird jedoch hierin ein unmittelbares Ansetzen zu sehen sein.

12 Hiervon systematisch zu trennen ist die Frage, ob und unter welchen Voraussetzungen auch ein **Versuch in einem benannten besonders schweren Fall** vorliegen kann. Hierbei handelt es sich allein um eine Frage des Strafrahmens und der Strafzumessung. Ein besonders schwerer Fall einer Tat liegt dann vor, wenn sie sich nach ihrem Gewicht vom Unrecht und der Schuld durchschnittlicher Fälle so abhebt, dass die Anwendung des Ausnahmestrafrahmens geboten ist.[15] Dies ist nach der Rechtsprechung auch für den Versuch so zu beurteilen. Nach überwiegender Meinung ist ein Versuch in einem besonders schweren Fall jedenfalls dann gegeben, wenn zwar das Grunddelikt nur versucht wurde, das Regelbeispiel aber vollumfänglich verwirklicht wurde.[16] Sofern das Grunddelikt nur versucht wurde und das Regelbeispiel ebenfalls im „Versuchsstadium" stecken geblieben ist, kommt ihm nach der Rechtsprechung Indizwirkung zu.[17] Zwar wird teilweise die diesbezügliche Rechtsprechung als überholt betrachtet; bezüglich der Steuerhinterziehung hat der *BGH* jedoch in einer jüngeren Entscheidung diese Rechtsprechung bestätigt.[18]

13 **Beispiel:** Der Täter macht mit einer unrichtigen Umsatzsteuervoranmeldung einen Vorsteuerbetrag in Höhe von 500.000 € geltend. Das Finanzamt bemerkt die Unrichtigkeit und lehnt die Zustimmung nach § 168 S. 2 AO ab. In einem solchen Fall ist die Steuerhinterziehung nur versucht. Nach § 370 Abs. 3 S. 2 Nr. 1 Var. 2 AO liegt ein besonders schwerer Fall einer Steuerhinterziehung vor, wenn der Täter in großem Ausmaß nicht gerechtfertigte Steuervorteile erlangt. Obschon das Regelbeispiel nicht verwirklicht wurde, weil der Täter den Steuervorteil nicht erlangt, sondern dies nur angestrebt hat, liegt unter Zugrundelegung der Auffassung des BGH ein Versuch in einem besonders schweren Fall vor. Regelbeispiele sind danach wie ein Tatbestandsmerkmal zu behandeln.

14 Nach Auffassung des BGH kann es insoweit „nur darauf ankommen, ob der Täter nach seiner Vorstellung zur Verwirklichung des Regelbeispiels bereits unmittelbar angesetzt hat. Denn bei der versuchten Steuerhinterziehung ist auch für die Indizwirkung der Regelbeispiele auf die subjektive Tatseite abzustellen. Dabei sind bei der Bestimmung des für den strafbaren Deliktsversuch geltenden Strafrahmens die Regelbeispiele besonders schwerer Steuerhinterziehung im Ergebnis **wie ein Tatbestandsmerkmal** zu behandeln, weil sie einen gegenüber dem Tatbestand erhöhten Unrechts- und Schuldgehalt typisieren".[19]

---

15 *BGH* NZWiSt 2013, 224, 226 f.
16 *BGHSt* 33, 377; *Fischer*, 62. Aufl. 2015, § 46 Rn. 103; MK-StGB/*Schmitz* § 243 Rn. 86 m.w.N.; NK-StGB/ *Kindhäuser* § 243 Rn. 44; offenlassend: *BGH* NStZ 1984, 262, 263; NStZ 1985, 217.
17 *BGHSt* 33, 370; NJW 1986, 940 ff.; NK-StGB/*Kindhäuser* § 243 Rn. 48; offengelassen von *BGH* NStZ 1984, 262, 263.
18 Vgl. *BGH* NStZ 2011, 167; s. hierzu MK-StGB/*Schmitz* § 243 Rn. 89.
19 *BGH* NStZ 2011, 167 (Hervorhebung durch die Verfasserin); abl. *Steinberg/Burghaus* ZIS 2011 578.

Bei der Strafzumessung kann der Strafrahmen des besonders schweren Falles beim Versuch nach **§ 23 Abs. 2 i.V.m. § 49 Abs. 1 StGB** verschoben werden.[20] **15**

Nach der Rechtsprechung kann ein „versuchtes" Regelbeispiel bei einem vollendeten Grunddelikt zwar nicht zur Annahme eines benannten besonders schweren Falles führen.[21] Nach überwiegender Auffassung kann jedoch ein **unbenannter besonders schwerer Fall** vorliegen.[22] **16**

4. Der Versuch eines Unterlassungsdeliktes

Unterlassungsdelikte werden gemeinhin in echte und unechte Unterlassungsdelikte unterteilt (vgl. hierzu ausführlich 7. Kap. Rn. 54 ff.). **Echte Unterlassungsdelikte** sind solche, bei denen das Gesetz auf einer Gebotsnorm basiert, die verletzt wird,[23] z.B. das Vorenthalten von Arbeitsentgelt nach § 266a Abs. 1 StGB.[24] Sie enthalten häufig bereits keine Androhung einer Versuchsstrafbarkeit.[25] Strafbar ist aber etwa der Versuch des Unterlassens des Führens von Handelsbüchern unter den Voraussetzungen von §§ 283 Abs. 1 Nr. 5, Abs. 3 StGB. Ist der Versuch eines echten Unterlassungsdeliktes strafbar und erfordert das Delikt keinen Erfolgseintritt, muss für das unmittelbare Ansetzen der Entschluss zum Untätigbleiben sich äußerlich hinreichend manifestieren.[26] Dabei mündet das Versuchsstadium regelmäßig unmittelbar in die Vollendung ein, sodass im Wesentlichen untaugliche Versuche relevant werden.[27] **17**

Unechte Unterlassungsdelikte sind hingegen solche, bei denen der Täter Garant für die Erfolgsabwendung ist und bei denen das Unterlassen gem. § 13 StGB wertungsmäßig einem aktiven Tun entspricht bzw., nach materiellen Ansätzen, wenn ein Erfolgseintritt vorausgesetzt ist.[28] Beispielsweise stellt ein Betrug durch Unterlassen nach §§ 263 Abs. 1, 13 StGB ein unechtes Unterlassungsdelikt dar. **18**

Beim Versuch eines Unterlassungsdeliktes entspricht der **Tatentschluss** demjenigen beim Versuch durch aktives Tun insoweit, als Vorsatz bezüglich aller Merkmale des Tatbestands vorliegen muss. Naturgemäß muss sich dieser jedoch auf die besonderen Merkmale beim Unterlassen beziehen, also etwa auf einen *hypothetischen* Kausalverlauf. Differenzierungen werden jedoch bei der Bestimmung des unmittelbaren Ansetzens notwendig, da die Kriterien der aktiven Begehungsweise keine geeignete Grenzziehung ermöglicht. **19**

Streitig wird diskutiert, wann beim Unterlassungsdelikt das **unmittelbares Ansetzen** vorliegt. Extreme Ansichten stellen hier auf das Verstreichenlassen der ersten Rettungsmöglichkeit[29] oder auf das Verstreichenlassen der letzten Rettungschance ab.[30] Mittlerweile sind jedoch differenzierende Ansichten vorherrschend. Diese stellen auf den Grad der Gefährdung und die Nähe des **20**

---

20 *BGH* NStZ 2011, 167.
21 *BGH* NStZ 2003, 602 zu § 177 StGB.
22 *Fischer* § 46 Rn. 102; NK-StGB/*Kindhäuser* § 243 Rn. 46 f.; Schönke/Schröder/*Eser/Bosch* § 243 Rn. 44: unbenannter besonders schwerer Fall; vgl. hierzu auch *BGHSt* 33, 370, 376.
23 Schönke/Schröder/*Eisele* Vorb. §§ 13 ff. Rn. 134. Krit. MK-StGB/*Freund* § 13 Rn. 63; bzgl. § 370 Abs. 1 Nr. 2 AO ist die Rspr. uneinheitlich hinsichtlich der Einordnung als echtes (so etwa *BGH* NJW 2007, 1294, 1297) oder unechtes Unterlassungsdelikt (so etwa *BGHSt* 41, 1).
24 *BGH* NStZ 2002, 548.
25 Schönke/Schröder/*Eser/Bosch* § 22 Rn. 53.
26 Wessels/*Beulke/Satzger* Rn. 740.
27 Schönke/Schröder/*Eser/Bosch* § 22 Rn. 53; a.A. NK-StGB/*Zaczyk* § 22 Rn. 59.
28 Schönke/Schröder/*Eisele* Vorb. §§ 13 ff. Rn. 135.
29 *Herzberg* MDR 1973, 89, 93; *Schröder* JuS 1962, 81, 86.
30 *Kaufmann* Unterlassungsdelikte, S. 221 ff.; *Welzel* Das deutsche Strafrecht, 11. Aufl. 1969, S. 221.

Erfolgseintritts nach der Vorstellung des Täters ab.[31] Erst wenn danach das Untätigbleiben durch das Versäumen einer Erfolgsabwendungsmöglichkeit erstmals gefahrbegründend oder erhöhend wirkt,[32] soll ein unmittelbares Ansetzen vorliegen. Wenn nach der Vorstellung des Täters der Eintritt des Erfolgs nahe liegt, fällt dieser Zeitpunkt mit dem Verstreichenlassen der ersten Rettungschance zusammen.[33] Sieht im Einzelfall bereits das Gesetz eine Frist für das Tätigwerden vor – so insbesondere bei § 370 Abs. 1 Nr. 2 AO –, liegt regelmäßig im Verstreichenlassen dieser Frist der Versuchsbeginn.[34]

5. Unmittelbares Ansetzen bei unterschiedlichen Beteiligungsformen

21 Bei mehreren **Mittätern** wird nach herrschender, auch von der Rechtsprechung vertretener Auffassung der Versuchsbeginn einheitlich für alle Mittäter angenommen, wenn einer von ihnen im Rahmen des gemeinsamen Tatentschlusses die Schwelle des unmittelbaren Ansetzens überschreitet.[35] Der 4. Senat des BGH folgt dieser Argumentation auch dann, wenn der vermeintlich unmittelbar Ansetzende nur in der Vorstellung des Täters sein Mittäter ist, in Wahrheit aber nicht den Willen zur Tatausführung hat.[36]

22 Bei **mittelbarer Täterschaft** liegt das unmittelbare Ansetzen jedenfalls dann vor, wenn der Tatmittler zur tatbestandsmäßigen Handlung ansetzt, aber nach h.M. auch dann, wenn der Täter das von ihm in Gang gesetzte Geschehen so aus der Hand gegeben hat, dass der daraus resultierende Angriff nach seiner Vorstellung von der Tat ohne weitere Zwischenschritte und ohne längere Unterbrechung in die Tatbestandsverwirklichung einmünden soll.[37] Auch bei der Steuerhinterziehung nach § 370 Abs. 1 AO gelten insofern die allgemeinen Kriterien. Je nach den Umständen, d.h. der Vorstellung des Täters vom Fortgang, kann also bereits die Angabe falscher Daten gegenüber einem **gutgläubigen Steuerberater** den Versuchsbeginn markieren.[38]

23 Wird ein Steuerbüro etwa mit der Erstellung der gesamten Buchführung und der Einreichung der Steueranmeldungen betraut, so ist mit dem *BGH* die datenmäßige Erfassung und Verbuchung der Belege und die Erstellung des falschen Zahlenwerks für die später abzugebende Umsatzsteuervoranmeldung erst als **Vorbereitungshandlung** für die vom mittelbaren Täter beabsichtigte Steuerhinterziehung anzusehen, weil die Aufbereitung der Daten als weitere Prüfungsstufe anzusehen ist, die der in der Einreichung der Steuererklärung bei den Finanzbehörden liegenden tatbestandsmäßigen Handlung vorgeschaltet ist.[39] Sind jedoch buchungstechnische Abläufe nicht mehr nötig, etwa weil der Steuerberater lediglich die Umsätze und

---

31 *BGHSt* 40, 257, 271; NK-StGB/*Wohlers/Gaede* § 13 Rn. 23; Wessels/*Beulke/Satzger* Rn. 741 f.; *Fischer* § 22 Rn. 32 m.w.N.

32 Schönke/Schröder/*Eser/Bosch* § 22 Rn. 50.

33 *Fischer* § 22 Rn. 33; Wessels/*Beulke/Satzger* Rn. 741; vgl. auch *BGHSt* 40, 257, 271: je nach Vorstellung des Täters Beginn des Untätigbleibens.

34 Schönke/Schröder/*Eser/Bosch* § 22 Rn. 53; *OLG Düsseldorf* wistra 1987, 354 zu § 370 Abs. 1 Nr. 2 AO.

35 *BGHSt* 36, 249, 250; Schönke/Schröder/*Eser/Bosch* § 22 Rn. 55; Wessels/*Beulke/Satzger* Rn. 611 m.w.N. auch zur Gegenansicht.

36 *BGHSt* 40, 299, 302 – Münzhändlerfall; a.A. der 2. Senat in *BGHSt* 39, 236; dem 4. Senat zust. *Fischer* § 22 Rn. 23a m.w.N.; abl. *Rönnau* JuS 2014, 109, 110 f.; vgl. dazu auch: Schönke/Schröder/*Eser/Bosch* § 22 Rn. 55a.

37 *BGHSt* 40, 257, 268; Wessels/*Beulke/Satzger* Rn. 613 ff. m.w.N. zum Diskussionsstand, insbesondere zu vertretenen Differenzierungen nach Gut- oder Bösgläubigkeit des Tatmittlers; vgl. auch *Rönnau* JuS 2014, 109, 112.

38 Vgl. hierzu MK-StGB/*Wulf/Schmitz* AO § 370 Rn. 390.

39 *BGH* wistra 1994, 268; NZWiSt 2014, 432, 436.

Steuerbeträge aus wenigen ihm übergebenen Eingangs- und Ausgangsrechnungen aufaddieren und die Summen in einer Umsatzsteuervoranmeldung elektronisch an die Finanzbehörden übermitteln soll, so sind nach Vorstellung des Täters keine weiteren Zwischenschritte vor der Einreichung notwendig. In einem solchen Fall liegt daher nach dem BGH ein unmittelbares Ansetzen mit Übergabe der Rechnungen an den Steuerberater vor.[40]

6. Untauglicher Versuch und Wahndelikt

Die Tatverwirklichung muss nicht möglich sein. Auch der untaugliche Versuch ist strafbar,[41] wie unter anderem aus § 23 Abs. 3 StGB folgt,[42] nach dem in bestimmten Fällen des untauglichen Versuchs von Strafe abgesehen werden oder diese nach § 49 Abs. 2 StGB gemildert werden kann. Eine Strafmilderung nach § 23 Abs. 2 i.V.m. § 49 Abs. 1 StGB ist auch hier nicht zwingend; die Milderung nach § 23 Abs. 3 i.V.m. § 49 Abs. 2 StGB oder das Absehen von Strafe kommen darüber hinaus nur unter engen Voraussetzungen in Betracht.[43] Deshalb ist die Abgrenzung des untauglichen Versuchs vom Wahndelikt von entscheidender Bedeutung. Letztlich stellen sowohl der untaugliche Versuch als auch das Wahndelikt spezielle Irrtumskonstellationen dar.[44] **24**

Beim **untauglichen Versuch** stellt sich der Täter unrichtige Umstände vor, bei deren Vorliegen der Tatbestand erfüllt wäre. Es handelt sich nach h.M. um einen umgekehrten Tatbestandsirrtum.[45] Die Untauglichkeit kann dabei im Tatobjekt, im Tatmittel, aber auch im Tatsubjekt[46] vorliegen. **25**

> **Beispiel:** Ein untauglicher Versuch der Steuerhinterziehung kann etwa vorliegen, wenn der Täter die Finanzbehörden über einen Umstand in Unkenntnis lassen möchte, obschon diesen bereits alle relevanten Umstände bekannt sind.[47] Ebenso liegt ein untauglicher Versuch vor, wenn ein Steuerpflichtiger der Wahrheit entsprechend in seiner Einkommensteuererklärung angibt, 10.000 € aus Vermietung und Verpachtung erzielt zu haben, obschon er irrig glaubt, 20.000 € erzielt zu haben. **26**

Beim **Wahndelikt** nimmt der Täter dagegen irrig an, sein Verhalten sei strafbar, weil er die Grenzen einer bestehenden Strafnorm zu seinen Lasten überdehnt oder weil er an eine nicht-existierende Strafnorm glaubt. Es handelt sich also um einen Rechtsirrtum in Form des umgekehrten Verbots-, Subsumtions- bzw. Strafbarkeitsirrtums.[48] **27**

Dabei ist die Abgrenzung nicht gleichzusetzen mit einem Irrtum über Tatsachen und einem Irrtum über Rechtsfragen. Die Schwierigkeit der Abgrenzung wird insbesondere offenbar bei Irrtümern über normative Tatbestandsmerkmale und Irrtümern über blankettausfüllende **28**

---

40 *BGH* NZWiSt 2014, 432, 436.
41 *BGHSt* 30, 363.
42 Schönke/Schröder/*Eser/Bosch* § 22 Rn. 61.
43 S. hierzu unter Rn. 36.
44 Vgl. zum Meinungsspektrum NK-StGB/*Zaczyk* § 22 Rn. 41 ff.; krit. zu der vorherrschenden Dogmatik mit zahlreichen Nachweisen zur Gegenansicht NK-StGB/*Paeffgen* Vorb. §§ 32 ff. Rn. 256 ff.; vgl. allgemein auch *Burkhardt* GA 2013, 346.
45 Wessels/*Beulke/Satzger* Rn. 621; weiter differenzierend: Schönke/Schröder/*Eser/Bosch* § 22 Rn. 70 ff.
46 Vgl. zu diesem str. Punkt Wessels/*Beulke/Satzger* Rn. 623; Schönke/Schröder/*Eser/Bosch* § 22 Rn. 75 f. m.w.N.
47 *OLG Oldenburg* DStZ 1999, 188; str. ist allerdings im Einzelnen, welche Kenntnisse der Finanzbehörden sich wie auswirken, vgl. hierzu *Dörn* NStZ 2002, 189 ff.
48 Wessels/*Beulke/Satzger* Rn. 621, 623; s.a. Schönke/Schröder/*Eser/Bosch* § 22 Rn. 78 ff.

Normen. Bei **normativen Tatbestandsmerkmalen** – etwa der Rechtswidrigkeit der beabsichtigten Bereicherung im Rahmen von § 263 StGB – gehen Rechtsprechung und Lehre überwiegend nach dem **Umkehrprinzip** davon aus, dass eine im Einzelnen unrichtige Rechtsvorstellung hierüber zu einem untauglichen Versuch und nicht zu einem Wahndelikt führt, solange nicht das Tatbestandsmerkmal seinem Begriff nach verkannt wird.[49] Beantragt beispielsweise ein Beamter unter Angabe falscher Tatsachen und auf der Grundlage einer bestimmten Norm ein Trennungsgeld, auf welches er nur nach einer ihm unbekannten Anwendungspraxis einer anderen Norm einen Anspruch hat, läge hierin ein untauglicher Betrugsversuch.[50]

29 Die Irrtumsproblematik wird bei der Steuerhinterziehung nach § 370 AO – auch beim Versuch – besonders relevant. Die Irrtumslehre der Rechtsprechung im Steuerrecht ist jedoch eine spezielle.[51] Nach der bislang herrschenden Rechtsprechung ist das Tatbestandsmerkmal des Verkürzens von Steuern zwar eine Blankettnorm, die auf die entsprechenden steuerrechtlichen Normen verweist und durch diese ausgefüllt wird.[52] Ein **Irrtum über das Bestehen eines Steueranspruchs** ist nach der Rechtsprechung jedoch ein vorsatzausschließender Tatbestandsirrtum (zur sog. Steueranspruchstheorie 8. Kap. Rn. 72 ff.).[53] In der Konsequenz müsste dies bedeuten, dass ein entsprechender umgekehrter Irrtum über die Steuerrechtslage auch zu Lasten des Irrenden wirkt[54] und zu einem untauglichen Versuch, nicht zu einem straflosen Wahndelikt, führt. Dies wird von Teilen der Rechtsprechung und Literatur auch so gesehen.[55] Danach könnte selbst die unterbliebene Erklärung einer nur rechtsirrig steuerpflichtigen Einnahme zu einem strafbaren untauglichen Versuch führen. Der BGH hat diese Frage bewusst offengelassen.[56] Nach dem KG soll auch ein Irrtum über die Pflichtwidrigkeit der Nichtabgabe einer Steuererklärung aufgrund einer Verkennung der Gesetzeslage einen Versuch ermöglichen.[57]

30 Ähnliche Konsequenzen ergeben sich, wenn man die Merkmale der steuerlichen Erheblichkeit bzw. der Verkürzung von Steuern oder der ungerechtfertigten Steuervorteile als normative Tatbestandsmerkmale einordnet, sodass der Täter sich für einen Versuch in Umkehrung hierzu bloß „grundsätzlich zutreffende Vorstellungen" über das Merkmal machen muss.[58] Auch danach würde etwa die Vorstellung von der Gültigkeit eines in Wahrheit nichtigen oder verfassungswidrigen Steueranspruchs zum Versuch führen.[59] Beim Unterlassungsdelikt sollen nach Schmitz/Wulf zur Abgrenzung von Wahndelikt und untauglichem Versuch jedoch andere Kriterien gelten, weil die die Pflichtwidrigkeit ausfüllende Steuernorm fehle und daher nur ein Wahndelikt vorliegen könne. Ein solcher Widerspruch sei der unterschiedlichen Normstruktur der Varianten des § 370 AO geschuldet.[60]

---

49 *LG Mannheim* NJW 1995, 3398, 3399; *OLG Stuttgart* NJW 1962, 65 f.; a.A. allerdings insb. *Burkhardt* JZ 1981, 681 ff.; *ders.* GA 2013, 346 ff.

50 *Brandenburgisches OLG* 22.4.2009 – 1 Ss 16/09, Rn. 38 ff. – juris.

51 Vgl. dazu auch *Bülte* NStZ 2013, 65.

52 *BGH* NStZ 1994, 493, 494; vgl. hierzu insb. 7. Kap. Rn. 31 ff. und 17. Kap. Rn. 11 ff.

53 Zur Berechtigung des Vorsteuerabzugs *BGH* wistra 1986, 220.

54 Dies aus verfassungsrechtlichen Gründen ablehnend *Bülte* NStZ 2013, 65, 71 f.

55 So *BayObLG* NJW 1955, 1567, 1568; a.A. *OLG Düsseldorf* NStZ 1989, 370, 372; anders auch noch *RGSt* 65, 165, 171 f.; 64, 229, 238 f.

56 *BGH* 7.11.1996 – 5 StR 294/96, Rn. 22 – juris.

57 *KG* NStZ 1982, 73 f.

58 MK-StGB/*Schmitz/Wulf* AO § 370 Rn. 380.

59 Abl. *Plewka/Heerspink* BB 1999, 2429, 2432 f.

60 MK-StGB/*Schmitz/Wulf* AO § 370 Rn. 380.

Das **Umkehrprinzip** ist in seiner **Absolutheit abzulehnen**, da es dazu führt, dass ein tatbe- 31
standsloses Verhalten nur durch fehlende Rechtskenntnis des Täters der Versuchsstrafbarkeit
unterworfen wird, ohne dass eine materielle Eingrenzung vorgenommen würde.[61]

> **Beispiel:** Der Täter verkauft seine seit zehn Jahren selbst bewohnte Immobilie mit hohem 32
> Gewinn, wobei er irrig glaubt, dass dieser der Einkommensteuer als Gewinn aus einem pri-
> vaten Veräußerungsgeschäft gem. §§ 2 Abs. 1 S. 1 Nr. 7, 22 Nr. 2, 23 Abs. 1 S. 1 Nr. 1 EStG
> unterliege. Er gibt keine Einkommensteuererklärung ab. Nach einer teilweise in Rechtspre-
> chung und Literatur vertretenen Ansicht läge ein untauglicher Versuch vor, nach zutreffen-
> der Ansicht jedoch ein strafloses Wahndelikt.

7. Versuch der Beteiligung

Vorbereitungshandlungen sind regelmäßig straflos. Bei Verbrechen werden jedoch bestimmte 33
vorgelagerte Handlungen bei Beteiligung mehrerer Personen nach § 30 StGB pönalisiert;[62] im
Bereich des Fiskalstrafrechts kommen hierfür z.B. der gewerbs- und bandenmäßige Betrug
oder Subventionsbetrug nach § 263 Abs. 5, 1, 264 Abs. 3 StGB in Betracht.

Straflos ist die Vorfeldbeteiligung als Gehilfe, d.h. etwa der konstruktive Versuch einer Beihilfe. 34
Strafbar ist nach § 30 Abs. 1 StGB demgegenüber die versuchte Anstiftung. Auch Vorberei-
tungshandlungen von Täterschaft und Anstiftung, also das Bereiterklären, die Annahme des
Erbietens und die Verabredung eines **Verbrechens** oder die Anstiftung hierzu, sind gem. § 30
Abs. 2 StGB als Verbrechensverabredung strafbar. In allen Fällen ist erforderlich, dass der Vor-
satz auf die Vollendung der Tat gerichtet ist.[63]

Die Strafbarkeit aus § 30 StGB ist grds. subsidiär gegenüber der Strafbarkeit wegen einer Betei- 35
ligung an der geplanten Tat.[64] Der Rücktritt vom Versuch der Beteiligung ist in § 31 StGB
gesondert geregelt.[65]

8. Strafrahmen

Der Versuch **kann milder** bestraft werden als die vollendete Tat, wobei sich die Strafrahmen- 36
verschiebung gem. § 23 Abs. 2 i.V.m. § 49 Abs. 1 StGB bestimmt. Es kommt dabei auf eine
Gesamtwürdigung der Tatumstände nach allgemeinen Strafzumessungsregeln an.[66] Entscheidend sind insbesondere versuchsspezifische Umstände wie Vollendungsnähe, gescheiterte
Rücktrittsbemühungen o.Ä.[67] Wird ein Merkmal jedoch zur Ablehnung einer Strafrahmenverschiebung herangezogen, so darf es im Hinblick auf § 46 Abs. 3 StGB nicht noch einmal strafschärfend bei der Zumessung herangezogen werden.[68] Beim grob unverständigen Versuch,[69]

---

61 Vgl. auch *Burkhardt* JZ 1981, 681; NK-StGB/*Zaczyk* § 22 Rn. 47 ff.; krit. auch NK-StGB/*Paeffgen* Vorb.
  § 32 ff. Rn. 259 ff.
62 Vgl. hierzu *Hinderer* JuS 2011, 1072.
63 Schönke/Schröder/*Heine/Weißer* § 30 Rn. 4.
64 Vgl. zu Einzelheiten Schönke/Schröder/*Heine/Weißer* § 30 Rn. 37 ff. m.w.N.
65 Zu Einzelheiten s. *Bottke* Rücktritt vom Versuch der Beteiligung nach § 31 StGB, 1980.
66 *BGH* NStZ-RR 2003, 72; *Fischer* § 23 Rn. 3 m.w.N.
67 *BGH* NStZ-RR 2003, 72; *Fischer* § 23 Rn. 4.
68 *BGH* NStZ 2010, 512.
69 D.h. einer völlig abwegigen Vorstellung gemeinhin bekannter Ursachen, aufgrund derer der Täter verkannt
  hat, dass der Versuch überhaupt nicht zur Vollendung kommen konnte, vgl. *Fischer* § 23 Rn. 6 m.w.N

einem Sonderfall des untauglichen Versuchs, kommt jeweils fakultativ ein Absehen von Strafe oder eine Strafmilderung nach § 49 Abs. 2 StGB in Betracht.

37 Handelt es sich um einen Versuch, bei dem als besonders schwerer Fall ein höherer Strafrahmen zur Anwendung kommt, so kann nach der Rechtsprechung dieser erhöhte Strafrahmen nach § 23 Abs. 2 i.V.m. 49 Abs. 1 StGB verschoben werden.[70]

9. Rücktritt vom Versuch nach § 24 StGB

38 Befindet sich die Verwirklichung eines Delikts noch im Versuchsstadium, ist für den Täter ein Rücktritt vom Versuch mit der Folge der Straflosigkeit unter den Voraussetzungen von § 24 StGB möglich. Der Rücktritt stellt damit einen **persönlichen Strafaufhebungsgrund** dar.[71]

39 Grundvoraussetzung eines Rücktritts ist, dass der Versuch **nicht fehlgeschlagen** ist.[72] Fehlgeschlagen ist ein Versuch, wenn der Täter erkannt hat, dass er mit den ihm zur Verfügung stehenden Mitteln den tatbestandlichen Erfolg nicht oder nicht ohne zeitlich relevante Zäsur herbeiführen kann.[73] In einem solchen Falle kann der Täter bereits rein faktisch keine Tatausführung mehr aufgeben. Dabei folgt die h.M., auch in der Rechtsprechung, der sog. **Gesamtbetrachtungslehre**. Danach ist ein Versuch selbst dann nicht zwingend fehlgeschlagen, wenn der Täter nach Einsatz des geplanten Tatmittels bemerkt, nur mit diesem Akt den geplanten Erfolg nicht herbeigeführt zu haben bzw. herbeiführen zu können. Glaubt der Täter, im unmittelbaren Anschluss im Rahmen eines einheitlichen Geschehens erneut mit anderen bereitstehenden Mitteln einen erfolgreichen Angriff führen zu können, so ist der Versuch noch nicht fehlgeschlagen und ein Rücktritt möglich.[74]

40 Darüber hinaus muss der Rücktritt **freiwillig**, also aus autonomen Motiven,[75] erfolgen.

41 Im Rahmen des § 24 Abs. 1 S. 1 StGB, d.h. bei einem **Alleintäter**, sind die Anforderungen an einen strafbefreienden Rücktritt unterschiedlich, je nachdem, ob ein beendeter oder ein unbeendeter Versuch vorliegt.

42 **Beendet** ist ein Versuch, wenn der Täter glaubt, alles zur Erfolgsherbeiführung Notwendige getan zu haben oder er den Erfolgseintritt jedenfalls für möglich hält.[76] Solange der Täter jedoch glaubt, noch nicht alles getan zu haben, was nach seiner Vorstellung zur Erfolgsherbeiführung notwendig ist, ist der Versuch **unbeendet**.[77] Nach § 24 Abs. 1 S. 1 Var. 1 StGB reicht es beim unbeendeten Versuch aus, wenn der Täter die weitere Ausführung der Tat aufgibt. Beim beendeten Versuch muss er nach § 24 Abs. 1 S. 1 Var. 2 StGB demgegenüber den Erfolgseintritt verhindern.[78]

43 Entscheidend für die Abgrenzung ist wiederum nicht der objektive Verlauf, sondern die subjektive Vorstellung des Täters. Wichtig und umstritten ist daher die Frage, ob es auf die Vorstellung des Täters bei Tatbeginn oder bei Abschluss der letzten Ausführungshandlung

---

70 Dazu vgl. Rn. 15.
71 Im Einzelnen str., vgl. hierzu *Fischer* § 24 Rn. 2; Schönke/Schröder/*Eser/Bosch* § 24 Rn. 4 f.
72 Ganz überwiegende Meinung; nach anderer Auffassung ist der Fehlschlag eine Unterkategorie des unfreiwilligen Rücktritts, vgl. hierzu *Fahl* GA 2014, 453.
73 *BGH* NStZ-RR 2006, 168, 169 m.w.N.; Wessels/*Beulke/Satzger* Rn. 628.
74 Ständige Rspr., vgl. nur *BGH* NStZ 1993, 433 f. m.w.N.
75 Vgl. hierzu *BGH* StV 2012, 15 m.w.N.
76 *BGHSt* 33, 295, 299 f; 39, 221, 231.
77 *BGH* 27.11.2014 – 3 StR 458/14 Rn. 8 n.w.N., juris.
78 Vgl. zu den jeweiligen Anforderungen MK-StGB/*Herzberg/Hoffmann-Holland* § 24 Rn. 84 ff.

ankommt. Denn im Verlauf der Tatausführung kann sich die Vorstellung des Täters ändern. Der *BGH* folgt mittlerweile der sog. Lehre vom **korrigierten Rücktrittshorizont**, wonach ein unbeendeter Versuch auch dann vorliegt, wenn der Täter zunächst glaubte, alles zum Erfolgseintritt erforderliche getan zu haben, jedoch bei Abschluss der letzten Ausführungshandlung erkennt bzw. zu erkennen glaubt, dass dies nicht der Fall ist.[79] Damit ist auch hier eine „rücktrittsfreundlichere" Rechtsprechungsänderung vollzogen worden. Allerdings kann umgekehrt, wenn der Täter erst mit Abschluss der letzten Ausführungshandlung erkennt oder zu erkennen glaubt, dass seine vermeintlich noch unzureichenden Handlungen für die Herbeiführung des Taterfolges ausreichen, ein beendeter Versuch vorliegen.[80]

Tritt der Erfolg ohne Zutun des Täters nicht ein, etwa weil der Versuch objektiv, aber nicht subjektiv, fehlgeschlagen ist, untauglich war oder durch das Einschreiten Dritter nicht vollendet werden kann, so reicht das **freiwillige und ernsthafte Bemühen** des Täters um Verhinderung des Erfolgseintritts, § 24 Abs. 1 S. 2 StGB.[81]   **44**

Liegt ein Versuch eines **Unterlassungsdelikts** vor, so ist für einen Rücktritt stets eine Erfolgsverhinderung bzw. das Bemühen hierum erforderlich. Dennoch wird häufig terminologisch auch dort zwischen beendetem und unbeendetem Versuch differenziert.[82]   **45**

Sind an der Tat **mehrere beteiligt**, so richtet sich der Rücktritt grds. nach § 24 Abs. 2 StGB.[83] Die Vorschrift ist für jeden Beteiligten gesondert zu prüfen. Eine Differenzierung zwischen beendetem und unbeendetem Versuch gibt es hier nicht. Erforderlich ist nach § 24 Abs. 2 S. 1 StGB im Regelfall die Erfolgsverhinderung. Wird die Tat ohne Zutun des Beteiligten nicht vollendet, so reicht nach § 24 Abs. 2 S. 2 StGB das freiwillige und ernsthafte Bemühen entsprechend § 24 Abs. 1 S. 2 StGB. Gleiches gilt, wenn die Tat ohne sein Zutun vollendet wird, also Vollendung eintritt, obschon der Beteiligte die Kausalität seines Beitrags verhindert hat.   **46**

Bei einem **vollendeten Delikt** ist ein Rücktritt nicht möglich. Deshalb sieht das Gesetz in solchen Fällen bisweilen die Möglichkeit einer tätigen Reue (so etwa beim Subventionsbetrug nach § 264 Abs. 5 StGB[84]) oder der strafbefreienden Selbstanzeige vor (§ 371 AO[85]).   **47**

10. Der Versuch bei Steuerstraftaten

a) Steuerhinterziehung durch aktives Tun

Der Versuch des Vergehens der Steuerhinterziehung ist gem. § 370 Abs. 2 AO **strafbar**.   **48**

Die tatbestandsmäßige Handlung bei der Steuerhinterziehung durch aktives Tun (§ 370 Abs. 1 Nr. 1 AO) besteht im „Machen" bestimmter Angaben. Nach den allgemeinen Kriterien ist für das **unmittelbare Ansetzen** nicht erforderlich, dass diese Angaben der Finanzbehörde bereits zugehen. Vielmehr kommt es darauf an, wann diese auf den Weg zur Finanzbehörde gebracht werden.[86] Bei einer Steuererklärung geschieht dies etwa durch Einwurf in den Postbriefkasten,   **49**

---

79 *BGH* NJW 1983, 764; 17.12.2014 – 2 StR 78/14 Rn. 8 – juris.
80 Vgl. *BGH* NStZ 1998, 614, 615.
81 Vgl. hierzu MK-StGB/*Herzberg/Hoffmann-Holland* § 24 Rn. 138 ff.
82 Vgl. hierzu *Kudlich* JA 2008, 601, 604; *Küpper* JuS 2000, 225, 228 f.
83 Vgl. zu den Anforderungen MK-StGB/*Herzberg/Hoffmann-Holland* § 24 Rn. 154 ff.
84 Vgl. hierzu 21. Kap.
85 Vgl. hierzu 18. Kap.
86 MK-StGB/*Schmitz/Wulf* AO § 370 Rn. 386; Volk/*Lohr* § 32 Rn. 151; krit. Franzen/Gast/*Joecks* AO § 370 Rn. 261a; Kohlmann/*Ransiek* AO § 370 Rn. 705 ff.

Übergabe an einen Boten, oder bei elektronischer Übermittlung – wie dies grundsätzlich bei Umsatzsteuervoranmeldungen gem. § 18 Abs. 1 S. 1 UStG geschieht – durch die elektronische Absendung.[87] Teilweise wird vertreten, dass ein unmittelbares Ansetzen nur dann vorliege, wenn der Täter zu einer Übermittlung ansetze, bei der er nicht die Möglichkeit habe, den Zugang der Mitteilung zu verhindern.[88] Dies ist insoweit missverständlich, als bei wörtlichem Verständnis durch eine solche Auslegung bei der Steuerhinterziehung die Anforderungen gegenüber den allgemeinen Kriterien an ein unmittelbares Ansetzen höher angelegt würden. Es muss vielmehr – wie bei anderen Delikten – ausreichen, wenn der Täter glaubt, dass die Tatbestandsverwirklichung ohne wesentliche Zwischenschritte erfolgen wird und nicht etwa von einem weiteren Willensentschluss abhängt. Dies kann auch dann der Fall sein, wenn er eine Zugangsverhinderung seinerseits noch für theoretisch möglich hält, etwa durch Eingriff in den Postlauf.

50 Andererseits ist es nicht genügend, wenn nur Handlungen erfolgen, die solche Erklärungen erst ermöglichen sollen, wie zum Beispiel das Anfertigen falscher Belege, die Vornahme falscher Verbuchungen o.ä. Diese stellen nur **Vorbereitungshandlungen** dar.[89] Zum einen ergibt sich dies bereits aus der Tatsache, dass mit § 379 AO eigens ein Ordnungswidrigkeitentatbestand geschaffen wurde, der diese Handlungen umfasst. Wären sie typischerweise bereits von der Versuchsstrafbarkeit des § 370 AO umfasst, wäre die Norm in der vorsätzlichen Begehungsvariante überflüssig.[90] Zum anderen handelt es sich strukturell um typische Vorbereitungshandlungen, die auch bei allgemeinstrafrechtlichen Delikten – wie etwa dem Betrug – als solche eingestuft würden. Dies schließt nicht aus, dass im Einzelfall bereits mit der Vorbereitungshandlung andere Tatbestände verwirklicht werden, z.B. eine **Urkundenfälschung** gem. § 267 StGB oder eine **Bilanzfälschung** nach § 331 HGB. Es liegt deshalb noch kein Versuch einer Steuerhinterziehung vor, wenn mit gefälschten Urkunden beim Finanzamt eine Steuernummer beantragt wird, unter welcher zu einem späteren Zeitpunkt unzutreffende Steuererklärungen abgegeben werden sollen.[91]

51 Der BGH hat es aber im Gegensatz hierzu als **Versuch einer Veranlagungssteuerhinterziehung** – hier Einkommensteuer – angesehen, dass **überhöhte Rechnungen verbucht und bezahlt** wurden, die dann in einer unrichtigen **Umsatzsteuervoranmeldung** angegeben wurden. Denn hierdurch hätten die Täter sich praktisch festgelegt, in der später einzureichenden Veranlagungssteuererklärung falsche Angaben zu machen.[92] Dies wird zu Recht kritisiert.[93] Auch wenn sich die Täter tatsächlich festgelegt hätten, würde dies nur bedeuten, dass sie die Tat unbedingt ausführen wollten, also den notwendigen Tatentschluss i.S.v. § 22 StGB hatten. Die Tatausführung selbst war jedoch hierdurch nicht näher gerückt. Ein unmittelbares Ansetzen kann hier erst in der Abgabe der Veranlagungssteuererklärung liegen. Dafür spricht auch ein Vergleich mit Delikten des allgemeinen Strafrechts. Auch beim Betrug ist anerkannt, dass nicht jede Täuschungshandlung ein unmittelbares Ansetzen darstellt, sondern erst diejenige, die unmittelbar die Vermögensverfügung bewirken soll.[94] Dennoch sind viele Konstellationen denkbar, in

---

87 MK-StGB/*Schmitz/Wulf* AO § 370 Rn. 386; *Rolletschke* Steuerstrafrecht, Rn. 127.
88 MK-StGB/*Schmitz/Wulf* AO § 370 Rn. 385 m.w.N.
89 Kohlmann/*Ransiek* AO § 370 Rn. 704.
90 Franzen/Gast/*Joecks* AO § 370 Rn. 261; Volk/*Lohr* § 32 Rn. 153.
91 *BGH* NStZ-RR 2003, 20, 21.
92 *BGH* BB 1980, 1032; abl. Klein/*Jäger* AO § 370 Rn. 194.
93 MK-StGB/*Schmitz/Wulf* AO § 370 Rn. 387; Franzen/Gast/*Joecks* AO § 370 Rn. 261; Kohlmann/*Ransiek* AO § 370 Rn. 704; *Quedenfeld/Füllsack* Rn. 281.
94 Dazu s. unter Rn. 63.

Hüttemann

denen ein Täter sich bereits durch eine solche erste Täuschung praktisch festlegt. Parallel sollte dies auch hinsichtlich einer etwaig angestrebten Steuerfestsetzung gewertet werden.

Falls die Steuer trotz des unmittelbaren Ansetzens richtig oder eine zu hohe Steuerschuld festgesetzt wird, also keine Verkürzung eintritt, liegt so lange ein Versuch vor, wie der Steuerbescheid im Streit ist, der Täter also noch nicht alle Rechtsbehelfsmöglichkeiten ausgenutzt hat und der Steuerbescheid noch nicht formell bestandskräftig ist.[95] Mit **Bestandskraft eines ablehnenden Steuerbescheides** ist der Versuch jedoch fehlgeschlagen,[96] sodass ein Rücktritt nicht mehr in Betracht kommt. Soweit in der Literatur darauf hingewiesen wird, erst in diesem Zeitpunkt sei der Versuch auch beendet i.S.v. § 24 StGB,[97] ist dem – allerdings mit Einschränkungen – zuzustimmen. Entscheidend hierfür ist, dass der Rücktrittshorizont des Täters sich verschieben kann. Häufig wird ein Täter bereits bei Abgabe seiner Erklärung der Auffassung sein, hiermit alles für die Erfolgsherbeiführung Erforderliche getan zu haben. Wenn dann ein ablehnender bzw. ungünstiger Steuerbescheid ergeht, so wird dieser Rücktrittshorizont korrigiert. Auch im Rechtsbehelfsverfahren kommt es jedoch auf die Vorstellung des Täters an. Wenn er glaubt, durch ergänzende falsche Ausführungen nunmehr das für die Erfolgsherbeiführung Erforderliche getan zu haben, so ist der Versuch beendet, auch wenn noch keine Bestandskraft eingetreten ist. Ein Rücktritt würde also zu diesem Zeitpunkt eine Erfolgsverhinderung nach § 24 Abs. 1 S. 1 Var. 2 StGB erfordern.[98] **52**

Die bereits genannten, allgemeinen Kriterien für den Versuchsbeginn bei der Steuerhinterziehung gelten auch für **Anmeldungssteuern**. **53**

b) Steuerhinterziehung durch Unterlassen

Bei der Steuerhinterziehung durch Unterlassen nach § 370 Abs. 1 Nr. 2 AO gelten für die Bestimmung des unmittelbaren Ansetzens grds. die allgemeinen Kriterien. Das Verhalten des Täters kann darauf abzielen, dass ein Steuertatbestand nicht erkannt wird oder eine etwaige Schätzung zu seinen Gunsten ausfallen wird. **54**

Bezieht sich der Vorwurf auf das Unterlassen der Abgabe einer Steuererklärung bzw. -anmeldung, so liegt ein unmittelbares Ansetzen vor, wenn die Steuererklärung oder Steueranmeldung **nicht innerhalb der gesetzlichen Frist** unter Berücksichtigung etwaiger Nachfristen eingereicht wird.[99] **55**

Bei **Anmeldungssteuern** ergibt sich in der Regel eine besondere Frist aus dem Gesetz, etwa aus §§ 41a Abs. 1, 45a Abs. 1 EStG, § 18 Abs. 1 UStG, wobei für Umsatzsteuervoranmeldungen auf Antrag eine Dauerfristverlängerung gem. § 18 Abs. 6 UStG, §§ 46 ff. UStDV möglich ist. Bei Fälligkeitssteuern, die als Anmeldungssteuern (z.B. die USt) ausgestaltet sind, ist die Tat jedoch auch bereits mit Ablauf des **gesetzlichen Fälligkeitstermins** vollendet.[100] Deshalb mündet das Vorbereitungsstadium hierbei häufig unmittelbar in das Vollendungsstadium – sogar in das Beendigungsstadium – ein, ohne dass dazwischen ein eigenständiges Versuchsstadium **56**

---

95 Volk/*Lohr* § 32 Rn. 151.
96 *BGH* NJW 1991, 3227, 3228.
97 Volk/*Lohr* § 32 Rn. 151; *Rolletschke* Steuerstrafrecht, Rn. 128.
98 Vgl. dazu unter Rn. 41 ff.
99 Vgl. Wabnitz/Janovsky/*Pflaum* Hdb. des Wirtschafts- und Steuerstrafrechts, Kap. 20 II Rn. 17; Kohlmann/*Ransiek* AO § 370 Rn. 702; MK-StGB/*Schmitz/Wulf* AO § 370 Rn. 391 ff.; krit. im Hinblick auf Differenzen zum allgemeinen Strafrecht und daher auf die Nähe zum Veranlagungsabschluss rekurrierend Franzen/Gast/*Joecks* AO § 370 Rn. 263 ff.
100 *BGH* BeckRS 2011, 04341.

liegen würde.[101] Ein Versuch kommt allenfalls in Betracht, wenn vor Fristablauf fehlerhafte Voranmeldungen erfolgen oder wenn diese eine Zustimmung nach § 168 S. 2 AO erfordern.[102]

57 Umstritten ist jedoch bei bestimmten Steuern, welche Frist zu Grunde zu legen ist. Nach § 149 **Abs. 2 S. 1 AO** hat die Abgabe der Steuererklärung für solche Steuern, die sich auf ein Kalenderjahr beziehen, grds. bis zum 31.5. des Folgejahres zu erfolgen. Gem. § 109 AO sind jedoch allgemeine Fristverlängerungen möglich. Diese erfolgen jährlich für bestimmte **Veranlagungssteuern** für die Anfertigung von Steuererklärungen durch Angehörige der steuerberatenden Berufe (vgl. zuletzt Gleichlautender Erlass vom 2.1.2015 für das KJ 2014).[103] Danach ist die Abgabefrist in diesen Fällen allgemein bis zum 31.12. des Folgejahres verlängert.[104] Hat ein Steuerpflichtiger bereits vor dem 31.5. des Folgejahres einen Steuerberater beauftragt, liegt in der Nichtabgabe der Steuererklärung kein unmittelbares Ansetzen, weil die Frist sich verlängert hat. Nach teilweise in der Literatur vertretener Auffassung soll jedoch wegen der fortbestehenden Möglichkeit der pflichtgemäßen Abgabe einer Steuererklärung durch Beauftragung eines Steuerberaters generell kein unmittelbares Ansetzen vor Ablauf des 31.12. des Folgejahres vorliegen, und zwar unabhängig davon, ob ein Steuerberater beauftragt worden war bzw. werden sollte.[105] Andere wollen dies nur gelten lassen, sofern die Beauftragung eines Steuerberaters tatsächlich gewollt war.[106] Dem ist der BGH nunmehr entgegengetreten.[107] Danach handelt es sich um eine Fristverlängerung, die nur einem Steuerpflichtigen zu Guten kommt, der bereits tatsächlich einem Angehörigen der steuerberatenden Berufe einen Auftrag zur Anfertigung der Steuererklärung erteilt hat. Auch der Wille zur Beauftragung eines Steuerberaters noch vor Ablauf der allgemeinen Fristverlängerung soll daher einem unmittelbaren Ansetzen nicht entgegenstehen. Wird ein vor dem 31.5. des Folgejahres erteiltes Mandat durch den Steuerpflichtigen gekündigt, besteht zunächst die verlängerte Frist fort, auch wenn die Finanzbehörden als Folge eine kürzere Frist setzen können. Danach bestimmt sich auch der Zeitpunkt des unmittelbaren Ansetzens.[108]

c) Rücktritt vom Versuch der Steuerhinterziehung

58 Die Anwendbarkeit des Strafaufhebungsgrundes des strafbefreienden Rücktritts vom Versuch bei der Steuerhinterziehung kann als geklärt gelten. Während früher in der Literatur und in geringerem Umfang in der Rechtsprechung[109] vertreten wurde, der Strafaufhebungsgrund der **Selbstanzeige** nach § 371 AO sei eine abschließende Sonderregelung und verdränge als solche den **Rücktritt**, ist seit langer Zeit in Rechtsprechung und Literatur die Auffassung vorherrschend, beide Institute seien **nebeneinander anwendbar**, da ihre Voraussetzungen unterschiedlich seien.[110] Außerdem ist es Sinn des § 371 AO, zumindest auch aus steuerpolitischen Erwägungen – nicht allein aus Gründen der Verdienstlichkeit – eine weitere Möglichkeit zur Straflosigkeit

---

101 *Quedenfeld/Füllsack* Rn. 280.

102 *Quedenfeld/Füllsack* Rn. 280.

103 BStBl I 2015, 41.

104 Bis zum KJ 2004 erfolgte die allgemeine Verlängerung bis zum 30.9. des Folgejahres.

105 So MK-StGB/*Schmitz/Wulf* AO § 370 Rn. 396.

106 In diese Richtung wohl *Rolletschke* Steuerstrafrecht, Rn. 135, der aber nur auf die Würdigung sonstiger Tatumstände im Rahmen einer hypothetischen Einlassung abstellt.

107 *BGH* 12.6.2013 – 1 StR 6/13 Rn. 14 f. – juris.

108 *BGH* 12.6.2013 – 1 StR 6/13 Rn. 16 f. – juris.

109 *BGH* 18.10.1956 – 4 StR 166/65; differenzierend bereits *BGH* NStZ 1983, 415.

110 *BGH* NJW 1991, 2844, 2846; MK-StGB/*Schmitz/Wulf* AO § 370 Rn. 397; Kohlmann/*Ransiek* AO § 370 Rn. 372; Kohlmann/*Schauf* AO § 371 Rn. 32; Volk/*Lohr* § 32 Rn. 155.

zu gewähren, die über die Regelungen des Allgemeinen Teils hinausgeht.[111] Unterschiede ergeben sich in der Praxis vor allen Dingen aus den Anforderungen an die Freiwilligkeit eines Rücktritts. Anlass, dies durch das am 28.4.2011 in Kraft getretene Schwarzgeldbekämpfungsgesetz[112] oder durch die zum 1.1.2015 in Kraft getretene Novellierung der Selbstanzeige anders zu beurteilen, gibt es nicht (ausführlich hierzu 19. Kap. Rn. 3 ff.).

d)   Sonstige Steuerstraftaten

Das unmittelbare Ansetzen zum Versuch bestimmt sich bei den sonstigen Steuerstraftaten zwar nach den allgemeinen Kriterien. Gerade hier betont die Rechtsprechung jedoch, dass auf die **strukturellen Besonderheiten** der jeweiligen Tatbestände geachtet werden müsse.[113]   **59**

Bei steuerlichen Einfuhrdelikten wie dem **Schmuggel** nach § 373 AO ist ein unmittelbares Ansetzen erst mit Vorlage der wahrheitswidrigen (d.h. auch unvollständigen) Zollanmeldung zu bejahen, weil vor Erreichen der Zollgrenzstelle die Zollbehörden nicht die geschützten Kontroll- und Zugriffsrechte haben und den Steuerpflichtigen noch keine Erklärungspflichten treffen.[114] Manipulationen im Vorfeld sind daher nur Vorbereitungshandlungen.   **60**

Ein unmittelbares Ansetzen zum Versuch der **Steuerhehlerei** nach § 374 AO liegt in den Tatvarianten des Ankaufens oder sonstigen Sichverschaffens nur vor, wenn der Täter glaubt, die Verschaffung der Verfügungsgewalt stehe unmittelbar bevor. Dies ist insbesondere bei dem Eintritt in Kaufverhandlungen entscheidend für die Abgrenzung, weil diese sowohl Vorbereitungshandlung als auch Versuchsbeginn sein können.[115]   **61**

Der Versuch der **Steuerzeichenfälschung** ist nach § 369 Abs. 1 Nr. 3 AO, § 148 Abs. 1–3 StGB strafbar. In der Variante des Feilhaltens werden Versuchsbeginn und Vollendung regelmäßig zusammenfallen. Der Versuch ist daher vor allem bei Irrtümern im Hinblick auf das Tatobjekt relevant.[116]   **62**

11.   Besonderheiten des Betrugsversuchs

Beim Betrug stellt die Täuschung die tatbestandsmäßige Handlung dar. Durch die Täuschung ist nach überwiegender Auffassung das Versuchsstadium jedoch nur überschritten, wenn diese nach der Vorstellung des Täters unmittelbar in die irrtumsbedingte Vermögensverfügung münden soll.[117] Dadurch soll bei einem **mehraktigen Geschehen** eine Vorverlagerung der Versuchsstrafbarkeit verhindert werden. Solange nur die tatsächlichen Grundlagen für eine Täuschung geschaffen werden, etwa durch das Erstellen falscher Rechnungen, befindet sich die Tat im Vorbereitungsstadium. Vollendet ist die Tat mit Eintritt des Vermögensschadens, auch in Form des Gefährdungsschadens.[118]   **63**

Bei der Prüfung einer Verschiebung des Strafrahmens für besonders schwere Fälle nach § 263 Abs. 3 Nr. 2 Var. 1 StGB gelten beim Betrugsversuch Besonderheiten. Grundsätzlich behandelt   **64**

---

111   Vgl. hierzu *BGH* NJW 1991, 2844, 2846; *Volk/Lohr* § 32 Rn. 155; verstärkt auf die Honorierung der Rückkehr zur Steuerehrlichkeit abstellend *BGH* NJW 2010, 2146, 2147.

112   Krit. jedoch *Rolletschke* Steuerstrafrecht, Rn. 2; *ders.* NZWiSt 2013, 33 f.

113   *BGH* NStZ 2004, 580, 581.

114   *BGH* NStZ 2004, 580, 581 f.

115   Vgl. zur Abgrenzung *BGH* NStZ 2008, 409, 410.

116   Vgl. zu § 146 StGB *Fischer* § 146 Rn. 27.

117   Vgl. *BGH* NStZ 2011, 400, 401; 1991, 385; *OLG Hamm* BeckRS 2011, 26423.

118   *BGHSt* 19, 342; 32, 243; 33, 244.

die Rechtsprechung Regelbeispiele wie Tatbestandsmerkmale und nimmt daher bei einem versuchten Delikt, bei welchem auch zum Regelbeispiel nur unmittelbar angesetzt wird, eine Indizwirkung an, sodass ein besonders schwerer Fall des Versuchs bejaht werden kann. Ein solcher besonders schwerer Fall kann nach § 263 Abs. 3 Nr. 2 Var. 1 StGB vorliegen, wenn ein Vermögensverlust großen Ausmaßes herbeigeführt wird. Nach der Rechtsprechung hat das bloße **Ansetzen zu diesem Regelbeispiel keine Indizwirkung**.[119] Dies soll jedoch nicht allgemein gegen eine solche Indizwirkung „versuchter" Regelbeispiele beim versuchten Grunddelikt sprechen, sondern gründet in der Besonderheit des hier vorliegenden Regelbeispiels. Der „Verlust" soll es gerade nicht zulassen, auch Gefährdungsschäden – die etwa für den Tatbestand selbst ausreichen – zu berücksichtigen, sodass auch das Ansetzen hierzu keine Regelwirkung haben könne.[120] Insoweit besteht ein Unterschied zu § 370 Abs. 3 S. 2 Nr. 1 AO.

65 **Beispiel:** Ein Täter macht falsche Angaben gegenüber einer Behörde, um zu Unrecht Subventionen in Höhe von 200.000 € zu erlangen, ohne dass es sich um subventionserhebliche Tatsachen i.S.v. § 264 Abs. 8 StGB handelt. Vor der Gewährung wird die Täuschung bemerkt. Es handelt sich nach der Rechtsprechung nicht um einen benannten besonders schweren Fall des versuchten Betrugs.

II. Vollendung

1. Allgemeines

66 Eine Tat ist in dem Zeitpunkt vollendet, in welchem **sämtliche Merkmale des gesetzlichen Tatbestands erfüllt** sind. Bei Erfolgsdelikten erfordert die Tatvollendung daher den Eintritt des Taterfolges.[121]

2. Tatvollendung bei der Steuerhinterziehung

67 Der Taterfolg bei der Steuerhinterziehung nach § 370 Abs. 1 AO besteht entweder in der **Verkürzung von Steuern** oder dem Erlangen nicht gerechtfertigter **Steuervorteile**, wobei die Steuerverkürzung von größerer praktischer Relevanz ist.[122] Die Tat kann nicht nur im **Festsetzungsverfahren** erfolgen, sondern auch im **Beitreibungsverfahren**. Da nach § 370 Abs. 4 S. 1 AO Steuern auch dann verkürzt sind, wenn sie nicht, nicht in voller Höhe oder nicht rechtzeitig festgesetzt worden sind, wird die Gefährdung des Steueraufkommens im Festsetzungsverfahren ebenfalls als Taterfolg eingestuft.

68 Erfolgt die Tat nicht im Festsetzungsverfahren, sondern etwa im **Beitreibungsverfahren**,[123] so ist der Taterfolg der Steuerverkürzung eingetreten, sobald die tatsächlichen Einnahmen hinter den Soll-Einnahmen zurückbleiben.[124] Grundsätzlich kann auch hier ein Taterfolg in Form der

---

119 *BGH* NStZ-RR 2009, 206, 207; NStZ 2011, 167; MK-StGB/*Hefendehl* § 263 Rn. 847 m.w.N.
120 *BGH* NStZ 2011, 167 zur Abgrenzung von § 370 Abs. 3 AO m.w.N.; bei vollendeter Untreue vgl. auch *BGH* NJW 2003, 3717, 3718 f.
121 LK-StGB/*Hillenkamp* § 22 Rn. 15.
122 Franzen/Gast/*Joecks* AO § 370 Rn. 20; zum Taterfolg der Steuerhinterziehung vgl. 17. Kap. Rn. 50 ff.
123 Dazu *BGH* NStZ-RR 2012, 372 m.w.N.; NJW 1998, 1568, 1571 – Fall Zwick.
124 Klein/*Jäger* AO § 370 Rn. 80, 85; vgl. zur Frage einer wirtschaftlichen oder rechtlichen Betrachtung Franzen/Gast/*Joecks* AO § 370 Rn. 41.

verspäteten Durchführung von Vollstreckungsmaßnahmen herbeigeführt werden.[125] Der Steuervorteil ist nicht gesetzlich definiert.[126] Nach § 370 Abs. 4 S. 2 AO fallen jedenfalls Steuervergütungen darunter.

Beim Vollendungszeitpunkt unterscheiden sich Veranlagungs- und Anmeldungssteuern, weil **69** sie jeweils unterschiedliche Verfahren zur Folge haben. **Veranlagungssteuern** werden durch einen Steuerbescheid festgesetzt, der auf einem Verfahren des Finanzamts auf der Grundlage von Steuererklärungen oder von Amts wegen zu ermittelnden Besteuerungsgrundlagen basiert.[127] Davon umfasst sind Einkommens-, Körperschafts-, Gewerbe-, Grunderwerbs- Erbschaft- und Schenkungssteuer sowie die derzeit nicht erhobene Vermögenssteuer.[128]

Anmeldungssteuern werden demgegenüber vom Steuerpflichtigen durch Steueranmeldungen **70** bzw. Steuervoranmeldungen selbst berechnet, § 150 Abs. 1 S. 3 AO, wofür das Gesetz eine Frist bestimmt. Die Steuer wird dann zu einem bestimmten Zeitpunkt fällig. Hiervon umfasst sind etwa die Umsatzsteuer, die Lohnsteuer, die Kapitalertragsteuer und die Verbrauchssteuern.[129]

a)   Veranlagungssteuern

Die Steuerhinterziehung in Form der Steuerverkürzung ist bei Veranlagungssteuern regelmä- **71** ßig vollendet mit einer auf den unrichtigen Angaben basierenden fehlerhaften (d.h. zu niedrigen) Steuerfestsetzung, also der **Bekanntgabe des Steuerbescheids** an den Täter. Der Taterfolg kann jedoch auch darin bestehen, dass wegen eines Verhaltens des Täters kein Steuerbescheid erlassen wird.

Häufig werden in der Literatur, aber auch in der Rechtsprechung, unterschiedliche Anforde- **72** rungen an die Vollendung bei einem **Tun** oder einem **Unterlassen** des Täters gestellt, etwa indem postuliert wird, bei aktivem Tun sei eine Steuerhinterziehung mit Festsetzung einer zu niedrigen Steuer vollendet, beim Unterlassen hingegen, wenn der Täter bei ordnungsgemäßer Steuererklärung spätestens veranlagt worden wäre bzw. wenn ein zu niedriger Schätzungsbescheid ergeht.[130]

Richtiger Weise ist bei Erfolgsdelikten aber bei einem aktiven Tun und einem Unterlassen die **73** Vollendung unabhängig von der Begehungsweise die Gleiche. Letztlich kommt es für die Bestimmung des Taterfolges darauf an, ob das Verhalten des Täters auf ein Tun oder Unterlassen der Finanzbehörden, d.h. z.B. eine zu niedrige Veranlagung oder eine Nichtveranlagung, gerichtet ist.[131] Auch wer durch aktives Tun dafür Sorge trägt, nicht veranlagt zu werden – etwa durch Täuschungen über relevante Tatsachen oder korruptive Handlungen – begeht eine Tat, die nicht mit Zugang des Steuerbescheids vollendet sein kann. Umgekehrt kann auch durch Unterlassen ein zu niedriger Steuerbescheid herbeigeführt werden. Es ist daher vielmehr stets nach den obengenannten, allgemeinen Kriterien auch hier der Vollendungszeitpunkt zu

---

125 *BGH* NJW 1998, 1568, 1571 – Fall Zwick.

126 Vgl. jedoch zu § 392 AbgO a.F. *BGHSt* 25, 190, 202: „*wenn dem Täter etwas gewährt oder belassen worden ist, was gegenüber der normalen, dem Gesetz entsprechenden Festsetzung oder Einziehung von Steuern eine Ausnahme bedeutet […]; Steuerbefreiungen sind ebenfalls Steuervorteile*". Hierauf verweist auch *BGH* NJW 2009, 381, 383; zum Steuervorteil s. auch 17. Kap. Rn. 56 f.

127 Kohlmann/*Schauf* AO § 376 Rn. 71.

128 Vgl. Hübschmann/Hepp/Spitaler/*Bülte* AO § 376 Rn. 69; *Rolletschke* Steuerstrafrecht, Rn. 61.

129 Vgl. Hübschmann/Hepp/Spitaler/*Bülte* AO § 376 Rn. 109.

130 Vgl. z.B. Wabnitz/Janovsky/*Pflaum* Kap. 20 II Rn. 19; *Rolletschke* Steuerstrafrecht, Rn. 129, 138, 146 f.; im Ansatz auch *BGH* wistra 2012, 484.

131 Von „Steuerverkürzung durch Nicht-Festsetzung" spricht auch *Wulf* wistra 2012, 485.

bestimmen.[132] Die gängige Unterscheidung beruht auf einer Vermischung der Begehungs-weise – Tun oder Unterlassen – mit der Frage, ob der Erfolg in einem Tätigwerden oder Untätigbleiben der Finanzbehörden liegt. Die Tatsache, dass in der Praxis die Begehungsform des Unterlassens häufig auf eine Nichtveranlagung, also ein Untätigbleiben der Finanzbehörden, gerichtet ist, dürfte diese Einteilung zementiert haben.

74 Bei Veranlagungssteuern, bei denen der Taterfolg in einer zu niedrigen Steuerfestsetzung besteht, ist die Tat mit **Bekanntgabe des Steuerbescheides** vollendet.[133] Dies gilt auch bei einer Festsetzung unter dem Vorbehalt der Nachprüfung gem. § 164 AO oder einer vorläufigen Steuerfestsetzung gem. 165 AO. Nach überwiegender Ansicht ist dabei für die Bekanntgabe die Vorschrift des § 122 AO anwendbar. Dies bedeutet, dass selbst bei nachweislich früherem Zugang die Drei-Tages-Fiktion des § 122 Abs. 2 Nr. 1 AO gilt, die sich bei Zugang an Samstagen, Sonntagen oder Feiertagen noch weiter verlängert.[134] Auch nach tatsächlichem Zugang des Steuerbescheids befindet sich die Tat also unter Umständen noch im Versuchsstadium. Ein Rücktritt nach tatsächlich zugegangenem Steuerbescheid, aber vor Ablauf der Drei-Tages-Fiktion, ist demnach möglich, wenn auch in der Praxis schwierig umzusetzen.

75 Bei Veranlagungssteuern ist der Zeitpunkt der Vollendung jedoch in Fällen, in denen aufgrund des Verhaltens des Täters **keine Veranlagung** erfolgt, schwieriger zu bestimmen, etwa wenn ein steuerlich nicht geführter Täter keine Steuererklärung abgibt (aber ebenso, wenn er die Nicht-veranlagung durch aktives Tun herbeiführt). Es kommt nach überwiegender Meinung darauf an, wann in dem zuständigen Festsetzungsfinanzamt die Veranlagung für den Veranlagungsbe-zirk im betreffenden Veranlagungszeitraum „im Wesentlichen"[135] bzw. „im Großen und Gan-zen" abgeschlossen war, weil er zu diesem Zeitpunkt bei ordnungsgemäßer Abgabe steuerlich erfasst worden wäre. Unterstellt wird zu Gunsten des Beschuldigten, dass er als einer der Letz-ten veranlagt worden wäre, wobei bisweilen auf eine Veranlagungsrate von zwischen 90 und 95 % abgestellt wird.[136] Der BGH deutet an, auch die Verhältnisse des Steuerpflichtigen berücksichtigen zu wollen und in einfacheren Fällen eine hypothetische Veranlagung nach spätestens einem Jahr für denkbar zu halten.[137] Nicht in jedem Fall erforderlich sei, dass die Veranlagungsarbeiten im betroffenen Bezirk allgemein abgeschlossen seien, sodass nicht mehr mit einer Veranlagung zu rechnen sei.

76 Diese genannten Zeitpunkte sind sämtlich nur schwer mit den allgemeinen **dogmatischen Kri-terien** in Einklang zu bringen. Sie stellen letztlich einen Kompromiss dar. Denn nur mit bzw. nach einem Vollendungszeitpunkt kann auch eine Tatbeendigung eintreten, die einen Verjäh-rungseintritt möglich macht. Daher kann eine solche Bestimmung des Zeitpunktes sowohl für als auch gegen den Steuerpflichtigen wirken. Auch wenn dem *BGH* zuzustimmen ist, dass nicht stets mit dem Zweifelsgrundsatz davon auszugehen ist, eine Vollendung liege erst bei all-gemeinem Veranlagungsschluss (und damit quasi bei Beendigung) vor, so kann dennoch eine

---

132 Für den Verjährungsbeginn sieht dies auch MK-StGB/*Wulf* AO § 376 Rn. 11 ff. so. Im Ergebnis teilweise auch Franzen/Gast/*Joecks* AO § 376 Rn. 26.

133 *BGH* wistra 1984, 182; *BayObLG* wistra 1993, 236; Hübschmann/Hepp/Spitaler/*Bülte* AO § 376 Rn. 69.

134 Vgl. *Rolletschke* Steuerstrafrecht, Rn. 129 m.w.N. auch zur Gegenansicht. Zur Frage, ob bei der Beendigung in dubio pro reo ein früherer Zugang angenommen werden muss bzw. überhaupt relevant wäre vgl. *Madauß* NZWiSt 2015, 141 m.w.N.; wohl abl. *BGH* wistra 2015, 17.

135 *BGH* wistra 2011, 484, 485 m.w.N.

136 So *FG Hessen* EFG 2004, 1274; *Rolletschke* Steuerstrafrecht, Rn. 128; vgl. zum Meinungsstand auch *Wulf* wistra 2012, 485.

137 *BGH* wistra 2011, 284, 285.

dogmatisch saubere Lösung nur darauf abstellen, wann eine konkrete Veranlagung tatsächlich erfolgt wäre, und dies im Rahmen einer Beweisaufnahme ermitteln.[138]

Da mit Einleitung eines Ermittlungsverfahrens wegen des nemo-tenetur-Grundsatzes die **77** Sanktionsbewehrung der Erklärungspflicht entfällt, kann durch eine frühzeitige – d.h. recht-zeitige – Einleitung vor Veranlagungsschluss der Vollendungseintritt verhindert werden. Umgekehrt kann durch **verzögerte Einleitung** die Versuchsstrafbarkeit zu einer Vollendungs-strafbarkeit erstarken. Für einen solchen – dem Prinzip des fairen Verfahrens gem. Art. 6 Abs. 1 S. 1 EMRK zuwiderlaufenden – Fall sieht der BGH bislang eine reine Rechtsfolgenlösung vor.[139] Angesichts der Skepsis des EGMR, eine hinreichende Kompensation durch eine Berück-sichtigung missbräuchlicher Ermittlungstätigkeit auf Rechtsfolgenseite anzuerkennen,[140] ist fraglich, ob diese Auffassung Bestand haben kann.

Häufig wird jedoch auch bei Veranlagungssteuern zu einem früheren Zeitpunkt eine Schät- **78** zungsveranlagung erfolgen, etwa weil die Person beim Finanzamt steuerlich geführt wird.[141] Damit wäre die Tat vollendet, wobei der **Taterfolg** nur vorliegt, wenn die festgesetzte Steuer geringer ist als die gesetzlich verwirkte. Andernfalls bleibt es beim Versuch, wobei wiederum entscheidend auf das Vorstellungsbild des Täters abzustellen ist: Rechnete er mit einer recht-zeitigen und korrekten oder aber mit einer zu hohen Schätzung und verzichtete etwa zur Ersparnis von Arbeitsaufwand auf eine entsprechende Erklärung, ohne ernstlich mit der Mög-lichkeit einer verspäteten, zu gering ausfallenden Schätzung zu rechnen, läge bereits kein **Tat-entschluss** vor.

Wird die Schätzung erst nach dem Abschluss der Veranlagungsarbeiten ausgeführt, ist umstrit- **79** ten, wann **Tatvollendung** vorliegt. Teilweise wird dies erst im Zeitpunkt der Bekanntgabe eines zu geringen Steuerbescheids bejaht, weil das Finanzamt selbst Möglichkeiten habe, den Steuer-pflichtigen zu einer pflichtgemäßen Handlung anzuhalten.[142] Wenn man eine Steuerverkür-zung für eine gewisse Dauer für ausreichend erachtet, gibt es jedoch keinen Grund, hier von der obengenannten Argumentation abzuweichen.

Nach mittlerweile von der Rechtsprechung vertretener Auffassung stellt ein unzutreffender **80** **Feststellungsbescheid** zur gesonderten und einheitlichen Feststellung des Gewinns nach § 180 AO zwar keine Steuerverkürzung, aber bereits einen Steuervorteil i.S.v. § 370 Abs. 4 S. 2 AO dar.[143] Denn der Feststellungsbescheid ist ein für die Folgebescheide bindender Grundlagenbe-scheid, vgl. §§ 171 Abs. 10, 182 Abs. 1 AO. Wegen der Bindungswirkung für die Folgebescheide, mit denen die Steuerfestsetzung erfolgt, soll der Steueranspruch bereits konkret gefährdet sein; ein Verletzungserfolg soll bei der Steuerhinterziehung auch in der Variante der Erlangung steuerlicher Vorteile nicht erforderlich sein. Vollendung tritt deshalb mit der Bekanntgabe des Feststellungsbescheides ein. Diese Rechtsprechung führt dazu, dass nunmehr auch das Machen falscher Angaben, welches auf das Erlangen eines unrichtigen Feststellungsbescheides gerichtet ist, den Versuchsbeginn markiert.[144] Jedoch soll auch nach Ansicht des BGH hiermit keine Vorverlagerung des Beendigungsstadiums eintreten. Denn das angestrebte „(End)-Ziel" der

---

138 Vgl. auch *Wulf* wistra 2012, 485, insb. zur Gefahr der Interpretation des o.g. Beschlusses des *BGH* als Beweisregel.

139 *BGH* NStZ 2005, 519.

140 Vgl. zuletzt *EGMR* StraFo 2014, 504 – Furcht v. Deutschland.

141 Differenzierend hierzu *Steinburg/Burghaus* NStZ 2002, 578.

142 Vgl. zum Meinungsstand *Rolletschke* Steuerstrafrecht, Rn. 146 f.

143 *BGH* NJW 2009, 381, 383 f.; a.A. *Beckemper* NStZ 2002, 518, 521.

144 A.A. folgerichtig *Beckemper* NStZ 2002, 518, 522 f.

Steuerverkürzung durch den Erlass der Folgebescheide stelle lediglich einen weitergehenden Taterfolg dar, der für den Zeitpunkt der Tatbeendigung und damit für den Verjährungsbeginn der Steuerhinterziehung von Bedeutung sei.[145]

81 Ähnlich wertet die Rechtsprechung die durch Grundlagenbescheid erfolgende unrichtige Feststellung des **Verlustvortrags** nach § 10a GewStG als Steuervorteil aufgrund seiner Bindungswirkung nach § 182 Abs. 1 AO für den nächsten Steuerbescheid und den Verlustfeststellungsbescheid.[146] Würde man diese Rechtsprechung auf **Gewerbesteuermessbescheide** übertragen,[147] so läge auch mit Bekanntgabe des Gewerbesteuermessbescheids und nicht erst mit Bekanntgabe des Gewerbesteuerbescheids Vollendung vor.

b) Anmeldungssteuern

82 Wenn keine Steuererstattung angemeldet wird, so wirkt eine Steueranmeldung gem. § 168 S. 1 AO wie eine Steuerfestsetzung unter Vorbehalt nach § 164 AO. Gibt der Täter eine solche unrichtige Erklärung ab, ist die Tat daher bereits im Zeitpunkt des **Eingangs der Erklärung** bei der Finanzbehörde vollendet.[148] Ist jedoch die Zustimmung der Finanzbehörde nach § 168 S. 2 AO notwendig, weil eine Herabsetzung oder Steuervergütung erfolgen soll, ist die Tat erst mit – auch formlos möglicher (§ 168 S. 3 AO) – **Zustimmung** vollendet.[149]

83 Erfolgt keine Steueranmeldung,[150] so tritt Vollendung im **Fälligkeitszeitpunkt der Anmeldung** ein.[151] Das Finanzamt wird bei einer steuerlich erfassten Person zwar im Anschluss die Besteuerungsgrundlage schätzen. Eine nicht rechtzeitige Steuerfestsetzung – die für den Taterfolg ausreicht – liegt darin jedoch in jedem Falle. Ob darin auch der **Tatentschluss** im Hinblick auf eine dauerhafte Steuerhinterziehung liegt, oder nur im Hinblick auf eine zeitweise Verkürzung, hängt allein vom Vorstellungsbild des Täters ab[152] und ist von entscheidender Bedeutung für die Strafzumessung.

84 Umstritten ist, ob die Vollendung im Laufe des Tages, an dem die Erklärungsfrist abläuft, eintritt,[153] oder, so der BGH, erst mit **Beginn des Folgetages**.[154] Bedeutung kann diese Frage insbesondere für den Eintritt der Beendigung und damit der Verjährung erlangen. Diese würde bezüglich einer nicht abgegebenen Umsatzsteuerjahreserklärung nach der Rechtsprechung des BGH grds. mit Ablauf des 31.5., nach der Gegenansicht bereits mit Ablauf des 30.5. des dafür entscheidenden Jahres,[155] eintreten.[156]

---

145 *BGH* NJW 2009, 381, 384 unter Aufrechterhaltung von NStZ 1984, 414.

146 *BGH* 2.11.2010 – 1 StR 544/09 Rn. 94 m.w.N., juris.

147 Dafür *Rolletschke* Steuerstrafrecht, Rn. 130d.

148 Kohlmann/*Ransiek* AO § 370 Rn. 702; *Rolletschke* Steuerstrafrecht, Rn. 131 m.w.N.

149 Kohlmann/*Ransiek* AO § 370 Rn. 702; vgl. hierzu auch *BGH* NStZ 2014, 335, 336; wistra 2014, 486; wistra 2015, 188.

150 Im Hinblick auf die gesetzliche Rechtsfolgenverweisung des § 168 AO kann hier also bei bestimmten Begehungsarten ein früherer Vollendungszeitpunkt als beim Unterlassen liegen.

151 Kritisch hierzu Franzen/Gast/*Joecks* AO § 370 Rn. 42.

152 *Rolletschke* Steuerstrafrecht, Rn. 142.

153 So *Wulf* wistra 2012, 486.

154 *BGH* wistra 2012, 484, 485; zur Beendigung ausdrücklich auch *BGH* NStZ-RR 2011, 278.

155 Zur Verjährungsfrist s.u. Rn. 119 ff.

156 Vgl. dazu auch *Wulf* wistra 2012, 486 f.

III. Beendigung

1. Allgemeines

Während die Stadien von Versuch und Vollendung einer – relativ – klaren gesetzlichen Systematik folgen, werden Existenz, Voraussetzungen und Grenzen eines nachfolgenden sog. Beendigungsstadiums vielfach in Frage gestellt.[157] Die Beendigung einer Tat wird allgemein in dem Zeitpunkt angenommen, in dem die auf Tatbegehung gerichtete Tätigkeit ihren **endgültigen Abschluss** gefunden hat.[158] Deshalb wird die Beendigung auch als die „materielle Vollendung" der Tat bezeichnet.[159] Obschon der Beendigungszeitpunkt häufig mit dem Vollendungszeitpunkt zusammenfällt, kann er je nach den Tatumständen und dem jeweiligen Delikt auch deutlich nach dem Vollendungszeitpunkt liegen.

85

Relevanz entwickelt die Frage nach Existenz und Grenzen eines über die Vollendung hinausgehenden Beendigungsstadiums für die Fragen von Beteiligung und Verjährung. Nach ganz überwiegender Auffassung ist eine **Beihilfe**[160] und **Mittäterschaft**[161] an einer Tat bis zu ihrer Beendigung möglich, während die **Strafverfolgungsverjährungsfrist** nach § 78a S. 1 StGB erst mit Beendigung der Tat zu laufen beginnt. Auch **qualifizierende Merkmale** können nach überwiegender Auffassung unter bestimmten Umständen selbst dann erfüllt werden, wenn der Täter sie erst nach Vollendung des Grunddelikts, aber noch vor der Beendigung, verwirklicht.[162] Deshalb wirkt sich eine Ausdehnung der Grenzen des Beendigungsstadiums fast ausschließlich strafschärfend aus. Jedoch ist in der Phase zwischen Vollendung und Beendigung die Annahme von **Tateinheit** nach § 52 StGB zwischen der nicht beendeten Straftat und weiteren Straftaten möglich.[163] Da dies gegenüber der Annahme von Tatmehrheit eine mildere Regelung darstellt, kann ein später Beendigungszeitpunkt im Einzelfall auch zu Gunsten des Täters wirken.

86

Der Beendigungszeitpunkt unterscheidet sich je nach Art des Delikts.[164] Bei **Erfolgsdelikten** tritt die Beendigung mit Eintritt des Taterfolges ein, sofern eine Vertiefung des Tatunrechts nicht möglich ist oder nicht erfolgt.[165] Bei Delikten mit **überschießender Innentendenz** tritt Beendigung jedoch erst mit Verwirklichung derselben ein.[166] Bei **Tätigkeitsdelikten** wird Beendigung bereits mit Abschluss der Handlung angenommen.[167]

87

2. Besonderheiten beim Unterlassungsdelikt

Beim **echten Unterlassungsdelikt** ist die Tat nach überwiegender Meinung mit Wegfall der Handlungspflicht beendet.[168] **Unechte Unterlassungsdelikte** sind mit Eintritt des Taterfolges beendet. Hintergrund ist, dass nach vorherrschendem dogmatischem Verständnis unechte

88

---

157 Vgl. z.B. MK-StGB/*Mitsch* § 78a Rn. 5.
158 *BGH* NJW 1972, 64, 65; wistra 2004, 228.
159 Schönke/Schröder/*Eser/Bosch* Vor § 22 Rn. 4.
160 St. Rspr., vgl. nur *BGH* NStZ-RR 1996, 374; NJW 1954, 1495; Schönke/Schröder/*Heine/Weißer* § 27 Rn. 20 m.w.N.
161 Vgl. zum Schmuggel *BGH* NStZ 2000, 594.
162 Kritisch hierzu *Kühl* JuS 2002, 729, 734.
163 Schönke/Schröder/*Sternberg-Lieben/Bosch* § 52 Rn. 11 ff. m.w.N.
164 Zu Einzelheiten hier nicht ausgeführter Kategorien wird verwiesen auf NK-StGB/*Saliger* § 78a Rn. 10 ff.
165 Schönke/Schröder/*Sternberg-Lieben/Bosch* § 78a Rn. 2 ff.
166 NK-StGB/*Saliger* § 78a Rn. 12.
167 Lackner/*Kühl* § 78a Rn. 3.
168 Vgl. *Fischer* § 78a Rn. 14 m.w.N.

Unterlassungsdelikte Erfolgsdelikte sind, während echte Unterlassungsdelikte als Tätigkeitsdelikte einzustufen sind.[169]

3. Besonderheiten beim Versuch

89 Beim Versuch erlangt der Zeitpunkt der Beendigung Relevanz für die Frage des Verjährungsbeginns und kann naturgemäß nicht in Relation zur Vollendung gesetzt werden. Zunächst ist die Frage unabhängig von der Abgrenzung zwischen beendetem und unbeendetem Versuch beim Rücktritt zu beurteilen. Dies ergibt sich bereits daraus, dass ein Verjährungsbeginn und damit eine Beendigung auch für Fälle bestimmbar sein muss, bei denen ein i.S.v. § 24 StGB unbeendeter Versuch abgebrochen wird.[170] Es handelt sich insoweit um jeweils völlig andere systematische Funktionen eines zufällig gleichen Begriffs.

90 Für den Versuch eines untauglichen Erfolgsdeliktes wird überwiegend angenommen, dass Verjährungsbeginn mit dem tatsächlichen Ende der Tätigkeit, die der Vollendung der Tat dienen soll, eintritt.[171] Beim tauglichen Erfolgsdelikt ist diese Frage umstritten und vom BGH bislang offengelassen worden.[172] In der Literatur wird vertreten, dass unter bestimmten Voraussetzungen[173] darauf abgestellt werden müsse, wann der vollendungsvereitelnde Umstand seine Wirkung entfalte, weil hierin eine sich kontinuierlich steigernde Rechtsgutsgefährdung liege, die Relevanz für den Verjährungsbeginn entfalten müsse.

4. Besonderheiten bei der Steuerhinterziehung

91 Auch bei der Steuerhinterziehung beginnt die Verjährung mit der Beendigung der Tat. Diese wird hier nicht erst dann angenommen, wenn auch bereits Festsetzungsverjährung eingetreten ist. Zum einen würde dies einen endlosen Kreislauf heraufbeschwören, weil die Festsetzungsverjährung ihrerseits nicht vor Eintritt der Strafverfolgungsverjährung eintritt, vgl. §§ 171 Abs. 7, 169 Abs. 2 S. 2 AO.[174] Zum anderen ist eine solche Auslegung auch nach den allgemeinen Kriterien nicht geboten. Beispielsweise tritt auch bei einem Betrug, der auf Nichtgeltendmachung eines Anspruchs gerichtet ist, die Beendigung nicht erst dann ein, wenn ein solcher Anspruch verjährt wäre oder aus Rechtsgründen nicht mehr erhoben werden könnte.

92 Der bereits im Allgemeinen nur vage umrissene Begriff der Beendigung ist nicht konturiert genug, um die sich im Steuerstrafrecht stellenden Fragen zu lösen. Die allgemeinen Kriterien werden daher von spezifisch steuerrechtlichen Belangen in Bezug auf die Verjährung **überlagert**. Differenziert wird dabei in der Regel zwischen Veranlagungs- und Fälligkeitssteuern sowie der Steuerhinterziehung durch positives Tun und durch Unterlassen. Kritischen Stimmen[175] ist auch hier insoweit Recht zu geben, als diese Differenzierung letztlich nicht zur Missachtung systematischer Grundentscheidungen führen darf.[176]

---

169 Kritisch MK-StGB/*Freund* § 323c Rn. 9.

170 *BGH* NJW 1989, 1615, 1618.

171 *BGH* NJW 1989, 1615, 1618 m.w.N.; *OLG München* NStZ 2006, 630, 632.

172 *BGH* NJW 1989, 1615, 1618.

173 MK-StGB/*Mitsch* § 78a Rn. 7: dann, wenn nicht der Täter den Entschluss aufgibt und die weitere Ausführung aufgibt bzw. Gegenmaßnahmen ergreift.

174 Vgl. hierzu auch Kohlmann/*Schauf* AO § 376 Rn. 69 m.w.N.

175 MK-StGB/*Wulf* AO § 376 Rn. 11 ff.

176 Anders als bei der Tatvollendung, wofür der Tatrerfolg im gesetzlichen Tatbestand für aktive Begehungs- und Unterlassungsvariante gleich definiert ist, scheidet jedoch eine Differenzierung nach aktivem Tun oder Unterlassen für die Frage der Tatbeendigung nicht von vornherein aus.

Regelmäßig liegen sowohl bei Anmeldungs- als auch bei Veranlagungssteuern Tatvollendung   93
und Tatbeendigung im gleichen Zeitpunkt vor.[177] Verwiesen wird insoweit auf die oben
gemachten Ausführungen.

Bei einem auf Nichtveranlagung gerichteten Verhalten des Täters wird jedoch überwiegend   94
davon ausgegangen, dass die Beendigung erst vorliegt, wenn das zuständige Finanzamt die
Veranlagungsarbeiten in dem betreffenden Bezirk für den maßgeblichen Zeitraum allgemein
abgeschlossen hat. Allerdings wird, wie bereits dargestellt, teilweise vertreten, dieser späte Vollendungszeitpunkt sei dem Grundsatz in dubio pro reo geschuldet, der wiederum bei der
Beendigung dazu führe, dass im Zweifel von einer früheren Veranlagung und damit einem
früheren Beendigungszeitpunkt ausgegangen werden müsse.[178] Dem hat sich der BGH nicht
angeschlossen, weil während der Veranlagungsarbeiten stets mit einer Schätzung zu rechnen
sei.[179] Wie oben dargestellt, hat der BGH jedoch angedacht, in einfach gelagerten Fällen regelmäßig ein Jahr nach der Frist von einer hypothetischen Veranlagung auszugehen; für den
Beendigungszeitpunkt wurde demgegenüber an der ursprünglichen Formel festgehalten.[180]
Dies könnte dazu führen, dass in Zukunft nach der Rechtsprechung häufiger ein **Auseinanderfallen von Vollendung und Beendigung** bei Veranlagungssteuern angenommen werden kann.

Wie oben bereits dargestellt, nimmt die Rechtsprechung an, dass bei (bestimmten) bindenden   95
Feststellungsbescheiden die Tatvollendung zwar mit Bekanntgabe des Feststellungsbescheides
eintreten kann, die Beendigung aber erst mit dem letztendlichen Ziel der Steuerverkürzung
durch Bekanntgabe des Folgebescheids. Ist das Verhalten auf einen Nichterlass eines solchen
Bescheides gerichtet, so ist für die Bestimmung des Beendigungszeitpunktes in der Konsequenz auf den fiktiven Erlass eines Folgebescheides abzustellen.[181]

5. Sonstige Delikte

Der obengenannten Systematik folgend ist nach überwiegender Meinung der **Betrug** als Delikt   96
mit überschießender Innentendenz mit dem Eintritt des erstrebten Vermögensvorteils beendet. Ist der Betrug auf die mehrfache Leistung von Verfügungen gerichtet, etwa indem sich der
Täter durch eine fortwirkende Täuschung mehrere Subventionszahlungen verschafft, so ist erst
mit dem Erlangen der letzten Leistung die Tat beendet.[182] Der **Subventionsbetrug** ist nach
Auffassung des BGH ähnlich wie der Betrug erst beendet, wenn der Täter die letzte auf der
unrichtigen Angabe beruhende Subventionsleistung erlangt oder aber wenn diese endgültig
versagt ist.[183]

Die **Untreue** nach § 266 StGB ist mit dem endgültigen Vermögensverlust beendet,[184] bei meh-   97
reren Teilakten also mit dem letzten.

---

177 *BGH* wistra 1983, 70; zum Unterlassen: *OLG München* wistra 2002, 34, 35; Erbs/Kohlhaas/*Hadamitzky/
     Senge* AO § 370 Rn. 107 m.w.N; Klein/*Jäger* AO § 370 Rn. 201 f. mit Ausnahme für die Umsatzsteuerhinter-
     ziehung.
178 So *OLG Hamm* wistra 2001, 474.
179 *BGH* NStZ 2002, 265, 266 f.
180 *BGH* wistra 2011, 284, 285.
181 Für den Gewerbesteuermessbescheid und den nachfolgenden Gewerbesteuerbescheid *OLG Hamm* wistra
     2001, 474; *OLG Köln* BB 1970, 1335.
182 Vgl. hierzu und zu Ausnahmen beim Anstellungsbetrug *Fischer* § 263 Rn. 201 m.w.N.
183 *BGH* NStZ-RR 2008, 240; *Fischer* § 264 Rn. 38 m.N. auch zur Gegenansicht.
184 *BGH* NStZ 2001, 650 f.

98 Bei der **Steuerhehlerei** gem. § 374 AO als Delikt mit überschießender Innentendenz ist nach den allgemeinen Kriterien eine Beendigung erst mit Verwirklichung dieser gegeben.[185] Gleiches gilt für die **Steuerzeichenfälschung** nach §§ 269 Abs. 1 Nr. 3 AO, 148 StGB, sodass Beendigung im Regelfall mit dem Inverkehrbringen als echt vorliegt.[186]

99 Das **Vorenthalten und Veruntreuen von Arbeitsentgelt** gem. § 226a StGB wird als echtes Unterlassungsdelikt eingeordnet. Deshalb tritt Beendigung mit dem Erlöschen der Beitragspflicht ein.[187] Auch bei der gewerbs- oder bandenmäßigen Schädigung des **Umsatzsteueraufkommens** nach § 26c UStG soll Beendigung mit Wegfall der Handlungspflicht eintreten.[188] Gleiches gilt für die Ordnungswidrigkeit der Schädigung des Umsatzsteueraufkommens nach § 26b UStG.

100 Beim **Schmuggel** nach § 373 AO liegt Beendigung vor, wenn das Gut in Sicherheit gebracht und zur Ruhe gekommen ist, wenn es also seinem Bestimmungsort zugeführt ist.[189] Hierfür kommt das Ablagern in einer Lagerhalle in Betracht, nicht aber das bloße Zwischenlagern, wenn es einem Umladen auf dem Weg zum Bestimmungsort gleichkommt.[190] Gleiches gilt für den **Bannbruch** gem. § 372 AO.[191]

101 Bei **§ 378 AO** bestimmt sich die Beendigung genau wie bei § 370 AO.[192] Bei der Gefährdung der Abzugsteuern nach **§ 380 AO** ist die Tat wie bei sonstigen echten Unterlassungsdelikten beendet, wenn die Pflicht zum Handeln, z.B. durch Abführung der Beträge, entfällt.[193] Bei **§ 379 Abs. 1 AO** ist die Tat mit der Ermöglichung der Steuerverkürzung beendet.[194] Bei § 379 Abs. 2 Nr. 1 AO kommt es auf den Ablauf der Meldefrist nach § 138a Abs. 3 AO an,[195] bei § 379 Abs. 2 Nr. 1a liegt in der Variante des unvollständigen Erstellens Beendigung mit Vollendung vor, in den Unterlassungsvarianten jedoch erst mit Wegfall der Pflicht zur Erstellung der Aufzeichnung. Bei Nr. 1b und Nr. 2 kommt es auf die Vollendung durch die Zuwiderhandlung an, die zugleich die Beendigung markiert. Bei Nr. 2 kommt es auf den Zeitpunkt der Kontenerrichtung an.

B. Verjährung

102 Nach Ablauf einer bestimmten Zeit verzichtet der Staat darauf, strafrechtlich gegen einen Straftäter vorzugehen. Das Gesetz unterscheidet insoweit zwischen der Verfolgungs- und der Vollstreckungsverjährung. Die Verjährung der Strafverfolgung richtet sich im Grundsatz nach §§ 78–78c StGB, die Verjährung der Strafvollstreckung nach §§ 79–79b StGB. Im Nebenstrafrecht gibt es teilweise Sonderbestimmungen für die Fristen der Verfolgungsverjährung (dazu unten).

---

185 Bzw., beim Versuch, mit dem Scheitern derselben.
186 Hübschmann/Hepp/Spitaler/*Bülte* AO § 376 Rn. 124; beim Feilhalten kommt es auf den Einzelfall an, vgl. Kohlmann/*Schauf* AO § 376 Rn. 49.
187 *OLG Jena* NStZ-RR 2006, 170; nach a.A. soll Beendigung am Tag der Fälligkeit nach § 23 SGB IV Beendigung eintreten.
188 Hübschmann/Hepp/Spitaler/*Bülte* AO § 376 Rn. 124 m.w.N.; a.A.: Verstreichenlassen des Fälligkeitszeitpunkts.
189 Vgl. *BGH* NStZ 2000, 594 m.w.N.
190 *BGH* NJW 2007, 1294, 1295.
191 Hübschmann/Hepp/Spitaler/*Bülte* AO § 376 Rn. 122.
192 Im Ergebnis Klein/*Jäger* AO § 378 Rn. 50.
193 Str., vgl. hierzu Franzen/Gast/*Joecks* AO § 384 Rn. 13 m.w.N.
194 Hübschmann/Hepp/Spitaler/*Bülte* AO § 376 Rn. 122 m.w.N.
195 Kohlmann/*Matthes* AO § 379 Rn. 211; Hübschmann/Hepp/Spitaler/*Bülte* AO § 379 Rn. 159.

I. Die Strafverfolgungsverjährung

1. Allgemeines

Es gibt zahlreiche Gründe, die für die Verjährung von Strafverfolgung und Strafvollstreckung   **103**
benannt werden. In erster Linie dient das Rechtsinstitut der Verjährung dem **Rechtsfrieden**.
Sei dieser auch ohne Bestrafung durch „heilenden Zeitablauf" wieder eingetreten, bedürfe es
einer erneuten „Unruhe" durch Strafverfolgung nicht.[196] Dieser Gedanke ist eng verbunden
mit der Erkenntnis, dass die präventive Wirkung einer Strafe nach Ablauf der für die Verjährung nötigen Zeit bei strafloser Führung des Täters offenbar unnötig ist. Schließlich spielt
auch der Disziplinierungsgedanke eine Rolle, weil durch die Verjährung einer Untätigkeit der
Behörden in jedem Verfahrensstadium entgegengewirkt werden soll.[197] Durch die Verjährung
tritt auch eine Entlastung der Justiz ein, sodass eine Fokussierung auf jüngere Taten ermöglicht wird.[198] Oft wird auch die Verschlechterung der Beweislage als Grund genannt.[199] Dem
wird zu Recht entgegengehalten, dass dies nicht mit einer längeren Verjährungsfrist für schwe-
rere Delikte zu vereinbaren ist, bei denen gewiss keine geringeren Beweisanforderungen gelten
dürfen.[200]

Die Strafverfolgungsverjährung beginnt mit Beendigung der Tat und endet mit Rechtskraft des   **104**
gerichtlichen Urteils. Sie wird von der Vollstreckungsverjährung abgelöst. Entscheidend für
das Ende der Verfolgungsverjährung ist nicht die Rechtskraft eines etwaigen Schuldspruchs,
sondern die des Strafausspruchs.[201] Die Verfolgungsverjährung läuft sogar dann weiter, wenn
nur gegen Teile des Strafausspruchs, z.B. hinsichtlich der Strafaussetzung zur Bewährung,
Rechtmittel eingelegt sind.[202] Wird eine rechtskräftige Entscheidung durch Wiederaufnahme
beseitigt, ist umstritten, wie die Verfolgungsverjährung nunmehr zu bestimmen ist. Nach einer
Auffassung beginnt in jedem Fall die Verfolgungsverjährung mit Rechtskraft des Wiederauf-
nahmebeschlusses von neuem zu laufen, ohne dass es auf den vor Rechtskraft abgelaufenen
Teil der Verfolgungsverjährung oder den zwischen Rechtskraft und Wiederaufnahme abgelaufenen Zeitraum ankäme.[203] Nach vorzugswürdiger Ansicht läuft im Falle einer Wiederaufnahme der frühere Lauf der Verfolgungsverjährung fort.[204] Bei einer Wiederaufnahme zuun-
gunsten des Angeklagten ist zusätzlich der gesamte Zeitraum zwischen rechtskräftigem Urteil
und rechtskräftigem Wiederaufnahmebeschluss mit einzurechnen.[205]

a) Rechtsnatur der Verjährung und Folgen der prozessualen Theorie

Bei der Verjährung handelt es sich nach ganz überwiegender Meinung um ein **Prozesshin-**   **105**
dernis.[206] Früher vertretene materiell-rechtliche Theorien sahen in der Verjährung einen

---

196 *BGH* NJW 1963, 1209, 1210.
197 *BGH* NJW 1958, 1307, 1308 m.w.N.
198 MK-StGB/*Mitsch* § 78 Rn. 4.
199 Vgl. z.B. *Dannecker* NStZ 1985, 49, 51.
200 MK-StGB/*Mitsch* § 78 Rn. 2.
201 *BGH* NJW 1958, 1307, 1308.
202 *BGH* NJW 1958, 1307, 1308.
203 *OLG Düsseldorf* NJW 1988, 2251 f.; NStZ-RR 2001, 142.
204 Schönke/Schröder/*Sternberg-Lieben/Bosch* § 78a Rn. 15.
205 Schönke/Schröder/*Sternberg-Lieben/Bosch* § 78a Rn. 15.
206 *BGH* NJW 2005, 2566; MK-StGB/*Mitsch* § 78 Rn. 1.

Strafaufhebungsgrund,[207] der aus dem mit entsprechendem Zeitablauf gesunkenen Strafbedürfnis resultiere.[208]

106 Wegen dieser Rechtsnatur kann eine Verjährungsfrist durch Gesetz auch für in der Vergangenheit liegende Taten verlängert werden, ohne dass dies gegen das **Rückwirkungsverbot** aus Art. 103 Abs. 2 GG verstieße. Sofern die Verjährung nicht vor Inkrafttreten der neuen Bestimmung eingetreten war, liegt hierin auch kein Verstoß gegen sonstige verfassungsrechtliche Grundsätze wie den des **Vertrauensschutzes**.[209] Gleiches gilt, wenn der Eintritt der Verfolgungsverjährung durch Verschärfung der Vorschriften zum Ruhen und zur Unterbrechung hinausgezögert wird.[210] Ist Verjährung vor Inkrafttreten der Neuregelung bereits eingetreten, muss nach richtiger Ansicht der Vertrauensschutz überwiegen, weil andernfalls ein bereits abgeschlossener Sachverhalt einer nachteiligeren Regelung unterworfen würde.[211]

107 Anders ist es jedoch, wenn die Verjährungsfrist sich nach Beendigung der Tat verändert, weil die Höchststrafe modifiziert wird. Hier gilt der **Meistbegünstigungsgrundsatz** des § 2 Abs. 3 StGB; eine nachträgliche Verkürzung der Verjährungsfrist wird demzufolge berücksichtigt,[212] eine nachträgliche Verlängerung jedoch nicht.[213]

108 Die Theorien zur Rechtsnatur der Verjährung wirken sich auch auf die Frage der Anwendung des Zweifelssatzes „in dubio pro reo" aus. Denn nach traditionellem Verständnis handelt es sich hierbei um einen Grundsatz für das Recht des Schuldbeweises, der im Verfahrensrecht keine Rolle spielt. Aus diesem Grunde wurde von der Rechtsprechung zunächst der Zweifelsgrundsatz auf Verjährungsfragen nicht angewandt.[214] Mittlerweile entspricht es jedoch der gefestigten ständigen Rechtsprechung, dass die **Anwendbarkeit des Zweifelsgrundsatzes** eine Ausprägung des stets geltenden Rechtsstaatsprinzips ist und sich seine Grenzen unabhängig von der Frage der Rechtsnatur der Verjährung nach den Grundsätzen der „Gerechtigkeit und der Rechtssicherheit, Wesensmerkmalen der Rechtsstaatlichkeit"[215] richten. Im Falle der Verjährung erfordert dies nach der Rechtsprechung die Geltung des Grundsatzes „in dubio pro reo".[216]

109 Der Zweifelsgrundsatz gilt zunächst einmal dann, wenn sich nicht mehr feststellen lässt, wann eine Tat begangen bzw. beendet wurde, sodass der **Beginn der Verjährung** nicht feststellbar ist. In einem solchen Falle ist für den Verjährungsbeginn – und damit auch für das Ende – der für den Täter günstige, frühere Zeitpunkt zu Grunde zu legen.

---

207 Vgl. *RGSt* 12, 434, 436.

208 Ein Argument hierfür bildet die gesetzliche Differenzierung der Verjährungsfristen anhand der Strafandrohung des Gesetzes, also der Tatschwere. Das Reichsgericht ging zunächst von einem materiellen Verständnis aus, vertrat dann eine gemischte Auffassung und folgte zuletzt der prozessualen Theorie, die seitdem der ständigen Rechtsprechung entspricht. Vgl. hierzu die umfassenden Nachweise bei Kohlmann/*Schauf* AO § 376 Rn. 44.

209 Vgl. *BVerfG* NJW 1969, 1059; NStZ 2000, 251.

210 Vgl. *BVerfG* NJW 1995, 1145 zu § 78b Abs. 4; NStZ 2000, 251 zu § 78b Abs. 1 Nr. 1.

211 So auch NK-StGB/*Saliger* Vorb. §§ 78 ff. Rn. 9, allerdings unter Verweis auf *BVerfGE* 25, 269, 287 = NJW 1969, 1059, 1061, wo diese Frage m.E. offengelassen wurde und die echte Rückwirkung von Gesetzen nur für grds. unzulässig erklärt wurde. Von der Rechtsprechung ist dieser Fall daher, soweit erkennbar, noch nicht entschieden worden. Ebenso *Heuer/Lilie* DtZ 1993, 354, 357.

212 *BGH* NStZ 2006, 32.

213 *BGH* NStZ 2006, 32 m.w.N.; zu weiteren Einzelheiten vgl. *Fischer* § 2 Rn. 7a.

214 Hierzu *BGH* NJW 1963, 1209, 1210.

215 *BGH* NJW 1963, 1209, 1210.

216 *BGH* NJW 1963, 1209, 1210 m.w.N.

Der Grundsatz gilt regelmäßig jedoch auch bei Zweifeln im Hinblick auf **sonstige Verjährungsvoraussetzungen**, sodass sich diese zugunsten des Täters auswirken. Ist nicht aufklärbar, ob die Voraussetzungen eines Ruhens nach § 78b StGB vorliegen, so ist von der für den Täter günstigeren Variante auszugehen.[217] Auch wenn nicht aufklärbar ist, ob oder wann eine Unterbrechungshandlung i.S.v. § 78c StGB erfolgt ist oder auf welche Tat oder welchen Täter sie sich bezieht, so ist grds. von der dem Täter günstigeren Variante auszugehen.[218] 110

Umstritten ist dies jedoch in Bezug auf § 78c Abs. 2 S. 2 StGB. Nach § 78c Abs. 2 S. 1 StGB ist für Unterbrechungshandlungen des Abs. 1, die durch schriftliche Anordnung oder Entscheidung eintreten, der Zeitpunkt maßgeblich, in welchem diese unterzeichnet wird. Nach S. 2 ist jedoch – in Ausnahme hiervon – auf den Zeitpunkt abzustellen, in welchem ein Schriftstück in den Geschäftsgang gelangt, sofern dies nicht „alsbald nach der Unterzeichnung" erfolgt. Problematisch ist, worauf bei Unaufklärbarkeit hinsichtlich des Merkmals „alsbald" abzustellen ist. Nach einer vielfach vertretenen Auffassung soll bei Zweifeln diesbezüglich, auch wenn dies zu Lasten des Täters geht, auf den Zeitpunkt der Unterzeichnung abgestellt werden.[219] Einen sachlichen Grund zu einer Differenzierung der Beweisanforderungen bei diesem Merkmal und sonstigen Verjährungsmerkmalen gibt es jedoch nicht. Auch der Wortlaut der Norm bietet, anders als zum Teil behauptet,[220] keinerlei Anhaltspunkt für eine Beweislastregel. Auch hier ist daher der Grundsatz „in dubio pro reo" anzuwenden.[221] 111

b)   Prozessuale Konsequenzen der Strafverfolgungsverjährung

Nach § 78 Abs. 1 S. 1 StGB schließt die Verfolgungsverjährung zunächst die Ahndung der Tat aus. Die Strafverfolgungsverjährung ist in jedem Verfahrensstadium, auch im Rechtsmittelverfahren, von Amts wegen zu beachten.[222] Sie steht bereits der Aufnahme von Ermittlungen, also der Einleitung des Ermittlungsverfahrens, entgegen. Wird sie erst im Laufe des Ermittlungsverfahrens erkannt oder tritt erst dann ein, so ist das Verfahren nach § 170 Abs. 2 StPO einzustellen. Im Zwischenverfahren steht die Verjährung der Eröffnung des Hauptverfahrens nach § 203 StPO entgegen. Nach Eröffnung des Hauptverfahrens kann außerhalb der Hauptverhandlung gem. § 206e Abs. 1 StPO durch Beschluss, im Rahmen der Hauptverhandlung gem. § 260 Abs. 3 StPO durch Urteil eingestellt werden. Grundsätzlich schließt eine eingetretene Verjährung daher ein Sachurteil – auch ein freisprechendes – aus. Ein freisprechendes Sachurteil kann jedoch unter bestimmten Voraussetzungen Vorrang vor einem einstellenden Prozessurteil haben, um die Rehabilitierung des Angeklagten zu ermöglichen. Voraussetzung ist, dass die Verjährung erst zu einem Zeitpunkt eintritt oder erkannt wird, in welchem bereits eine richterliche Überzeugung dahingehend besteht, dass dem Angeklagten die Tat nicht nachzuweisen ist, der festgestellte Sachverhalt also ohne weiteres einen Freispruch rechtfertigt.[223] Bei 112

---

217 Kohlmann/*Schauf* AO § 376 Rn. 61.

218 Schönke/Schröder/*Sternberg-Lieben/Bosch* § 78c Rn. 26 m.w.N.; *BGH* NStZ 1996, 147; *BayObLG* NJW 1969, 147.

219 *OLG Köln* VRS 1955, 386 (Nr. 173) in Bezug auf § 33 OWiG; BT-Drucks. 7/1261, 10, spricht von einer „Umkehr der Beweislast", nach der nur bei positiver Feststellung einer nicht alsbald erfolgten Weiterleitung auf die tatsächliche Weiterleitung abgestellt werden soll, um „sachlich ungerechtfertigte [...] Einstellungen" zu vermeiden, was in der Gesetzesformulierung zum Ausdruck kommen soll.

220 BT-Drucks. 7/1261, 10.

221 So auch Schönke/Schröder/*Sternberg-Lieben/Bosch* § 78c Rn. 21a; Kohlmann/*Schauf* AO § 376 Rn. 61.

222 *BGH* NJW 1961 228, 229; MK-StGB/*Mitsch* § 78 Rn. 9 m.w.N.

223 *KG* JR 1990, 124; *BGH* NJW 1959, 1449, 1450: „allgemeiner Rechtsgrundsatz"; die Frage einer Beschwer durch einstellendes Urteil erwägt (obiter) *BGH* NStZ-RR 1996, 299, 300; bei Nichtnachweisbarkeit der Vorsatztat und Verjährung der fahrlässigen Begehungsvariante: *BGH* NStZ 1990, 240.

tateinheitlicher Begehung eines verjährten und eines unverjährten Tatbestandes erfolgt im Hinblick auf den verjährten Tatbestand keine Teileinstellung; vielmehr ergeht ggf. insgesamt ein freisprechendes Urteil.[224]

113 Sollte eine **mitbestrafte Nachtat** (oder im Einzelfall auch eine mitbestrafte Vortat) nicht verjährt sein, während die Haupttat verjährt ist, so wird die Nachtat nach gefestigter Rechtsprechung bestraft, da der Grund für ihre Straflosigkeit – nämlich die Sühne des Unrechts durch die Bestrafung der Haupttat – entfällt.[225] Ein Täter soll demnach nicht dadurch begünstigt werden, dass er außer der Nachtat zusätzlich eine weitere Straftat begangen hat. In der Literatur wird demgegenüber vereinzelt eine Straflosigkeit auch der Nachtat gefordert, weil der Eingriff als ein einheitlicher gewertet wird.[226] Differenzierende Ansichten stellen darauf ab, ob die Haupttat bereits vor Begehung der Nachtat verjährt war[227] oder ob Vor- und Nachtat im Unrechtsgehalt übereinstimmen.[228]

114 **Beispiel**[229]: Der Täter gibt für ein Kalenderjahr keine Umsatzsteuervoranmeldungen und zunächst keine Umsatzsteuerjahreserklärung innerhalb der Frist ab. Mit Ablauf der Erklärungsfrist liegt eine vollendete und beendete Umsatzsteuerhinterziehung vor. Im Anschluss gibt jedoch der Täter eine falsche Umsatzsteuerjahreserklärung ab. Die Verfolgung der durch Unterlassen begangenen Tat verjährt. Die durch aktives Tun begangene unverjährte Steuerhinterziehung wird verfolgt. Nach der Rechtsprechung kann die Nachtat verfolgt werden, nach den genannten Literaturansichten jedoch nicht.

115 Ein Prozessurteil wegen Strafverfolgungsverjährung führt zwar keine strafklageverbrauchende Wirkung i.S.d. § 103 Abs. 3 GG herbei, steht aber wegen der formellen Rechtskraft einer erneuten Verhandlung der Sache entgegen.[230] Während die Frage der Prozessbeendigung durch Sach- oder Prozessurteil in rein nationalen Fällen für den Angeklagten daher von geringer praktischer Bedeutung ist, kann sie in **grenzüberschreitenden europäischen Fällen** für den Betroffenen entscheidend sein, weil sich die Frage stellt, inwieweit eine Entscheidung über die Verjährung eine europaweite **ne-bis-in-idem-Wirkung** gem. Art. 54 SDÜ und Art. 50 der Grundrechtecharta hat. Gesichert ist auf der einen Seite, dass ein sog. gerichtlicher Freispruch wegen Verjährung hierunter zu subsumieren ist.[231] Demgegenüber muss der bloße Eintritt der Verfolgungsverjährung in einem Staat von einem anderen nicht berücksichtigt werden.[232] Wenn also Ermittlungsbehörden im Hinblick auf eine Verjährung schon keine Ermittlungen einleiten, ist dies im Hinblick auf Art. 54 SDÜ bzw. Art. 50 der Grundrechtecharta ohne Belang. Was im Falle von Einstellungen nach § 170 Abs. 2, Nichteröffnungsbeschlüssen, Einstellungsbeschlüssen und einstellenden Prozessurteilen wegen Verjährung der Fall gilt, ist bis-

---

224 *BGH* BeckRS 2011, 24533.
225 *BGH* NStZ 1993, 96, 97; NJW 1968, 2115 unter Verweis auf *BGH* 5 StR 468/54 vom 11.1.1955, mitgeteilt bei *Dallinger* MDR 55, 269; *BGH* NStZ 1993, 493; NStZ 2009, 203; a.A. Schönke/Schröder/*Sternberg-Lieben/Bosch* Vorb. §§ 52 ff. Rn. 136 m.w.N.
226 Schönke/Schröder/*Sternberg-Lieben/Bosch* Vorb. §§ 52 ff. Rn. 136 m.w.N.
227 Hierzu Kohlmann/*Schauf* AO § 376 Rn. 122.
228 So *Schneider* wistra 2001, 408, 412 ff.
229 Nach *BGH* NStZ 1993, 96, 97.
230 Vgl. MK-StGB/*Mitsch* § 78 Rn. 8.
231 *EuGH* NJW 2006, 3403 – Gasparini u.a.
232 Die Nichtberücksichtigung bloßer Verjährung ergibt sich zum Beispiel auch aus Art. 4 Nr. 4 RB EuHB, nach der der Eintritt der Verfolgungsverjährung im ersuchten Staat diesem eine Möglichkeit der Versagung der Vollstreckung des Europäischen Haftbefehls bietet. Bereits nach dem Rahmenbeschluss ist aber weder der ersuchte noch der ersuchende Staat dazu verpflichtet, dies zu beachten.

lang nicht entschieden worden. Die bisherige Rechtsprechung des EuGH zum ne bis in idem ist grundsätzlich weitreichend und erfordert gerade nicht, dass sich die Behörden bzw. Gerichte mit dem Tatvorwurf in der Sache auseinandergesetzt haben. Andererseits ist bereits nach dem Wortlaut, aber auch nach der bisherigen Judikatur, die Rechtskraftfähigkeit der Entscheidung von grundlegender Bedeutung. Im Verjährungsfall kann daher derzeit die größte Rechtssicherheit für den Betroffenen durch ein freisprechendes Sachurteil erzielt werden.

Ausgeschlossen ist im Verjährungsfall aber auch die Anordnung von Maßnahmen i.S.d. § 11 Abs. 1 Nr. 8 StGB, wobei hiervon vor allem **Verfall, Einziehung und Unbrauchbarmachung** relevant sind. Die selbständige Anordnung von Einziehung, Verfall und Unbrauchbarmachung unter den Voraussetzungen des § 76a Abs. 2 S. 1 Nr. 1 StGB bleibt jedoch gem. § 78 Abs. 1 S. 1 StGB zulässig. **116**

Dennoch bedeutet die Verfolgungsverjährung nicht, dass die verjährte Tat sich nicht mehr zu Lasten des Täters auswirken kann. Vielmehr können verjährte Taten im Rahmen der Behandlung unverjährter Taten in der Strafzumessung **strafschärfend** berücksichtigt werden.[233] Im Gegensatz zu unverjährten Taten dürfen sie jedoch nicht ihrer vollen Schwere nach gewertet werden,[234] um den Sinn der Verjährung nicht zu unterlaufen. Dies müssen die Urteilsgründe auch erkennen lassen.[235] Rechtlicher Anknüpfungspunkt ist die Berücksichtigung des Vorlebens des Täters nach § 46 Abs. 2 S. 2 StGB.[236] **117**

c) Bedeutung im Rahmen der Auslieferung

Die Strafverfolgungsverjährung ist außerdem von Bedeutung für eine Auslieferung. Wenn für eine Straftat auch die deutsche Gerichtsbarkeit begründet ist, so ist eine **Auslieferung** gem. § 9 Nr. 2 IRG unzulässig, wenn die Verfolgung oder Vollstreckung nach deutschem Recht verjährt ist.[237] Die Reichweite der Norm ist enger, als ihr Wortlaut nahelegt: Nach ganz überwiegender Meinung wird § 9 Nr. 2 IRG nicht so ausgelegt, dass ein Auslieferungshindernis besteht, wenn in Deutschland wegen der Tat entweder die Verfolgungsverjährung oder die Vollstreckungsverjährung eingetreten ist, sondern so, dass bei Auslieferungsersuchen zum Zwecke der Strafverfolgung Verfolgungsverjährung eingetreten sein muss und bei Auslieferungsersuchen zum **118**

---

233 Vgl. *BGH* NStZ-RR 2009, 43; NStZ 2008, 146; *BGH* NJW 1996, 1293; 31.3.2011 – 4 StR 657/10 Rn. 3 – juris; MK-StGB/*Mitsch* § 78 Rn. 3.

234 *BGH* 22.3.1994 – 4 StR 117/94 Rn. 7 – juris; 4.5.1993 – 5 StR 206/93; NJW 1993, 2693, 2694; NStZ-RR 2009, 43; 31.3.2011 – 4 StR 657/10 Rn. 3 – juris.

235 Andernfalls kann das Urteil in der Revision mit der Sachrüge angegriffen werden, vgl. *BGH* 22.3.1994 – 4 StR 117/94 Rn. 8 – juris.

236 NK-StGB/*Saliger* Vor §§ 78 ff. Rn. 14; vgl. auch *BGH* 22.3.1994 – 4 StR 117/94 Rn. 7: „wie andere Umstände aus dem Lebensbereich genommen".

237 Der Anwendungsbereich der Norm im Einzelnen, insbesondere im Rahmen von Verfahren nach dem Europäischen Haftbefehl, ist str. Nach richtiger Auffassung findet die Vorschrift auch im Rahmen von Verfahren nach dem Europäischen Haftbefehl Anwendung. Die Norm dient – über die Verweisungsnorm des § 78 Abs. 1 IRG – der Umsetzung des Art. 4 Nr. 4 RbEuHb, der für den Fall der Verjährung im Vollstreckungsstaat, also im ersuchten Staat, bei Bestehen konkurrierender Gerichtsbarkeit fakultativ einen Ablehnungsgrund zulässt. Außerdem nennt § 82 IRG gerade nicht § 9 IRG im Rahmen der nichtanwendbaren Vorschriften. Die grundsätzliche Anwendbarkeit von § 9 Nr. 2 IRG auch in Verfahren in Folge eines Europäischen Haftbefehls wird von der Rechtsprechung anerkannt, vgl. z.B. *OLG München* 9.3.2011 – Ausl 3 Ausl A 150/11 (29/11); vgl. auch Grützner/Pötz/Kreß/*Böse* IRG § 82 Rn. 9 ff.; Grützner/Pötz/Kreß/*Vogel/Burchard* IRG § 9 Rn. 75 ff. Str. ist auch, ob bi- oder multilaterale Übereinkommen, die die Auslieferung hinsichtlich der Verjährung erleichtern, weil sie nur auf die Verjährung im ersuchenden Staat abzielen, gem. Art. 31 Abs. 2 RbEuHb als auslieferungsfreundlichere Regelungen ergänzend herangezogen werden können.

Zwecke der Strafvollstreckung Vollstreckungsverjährung.[238] Der Eintritt der Vollstreckungsverjährung wird dabei nach h.M. nicht nach dem in Deutschland zulässigen Höchstmaß, sondern nach dem tatsächlich verhängten Strafmaß nach § 79 StGB bestimmt. Dabei ist allerdings die Auslieferung eines deutschen Staatsangehörigen an EU-Staaten[239] zur Strafvollstreckung von seiner Zustimmung abhängig, vgl. § 80 Abs. 3 IRG. Ausländische Akte, die bei sinngemäßer Umstellung in Deutschland eine Verjährungsunterbrechung bewirken würden, werden nicht berücksichtigt und bewirken in Deutschland keine Unterbrechung der Verjährung,[240] auch nicht begrenzt für die Auslegung des § 9 Nr. 2 IRG.[241]

2. Verjährungsfrist

a) Dauer

aa) Allgemeines

119 Die Dauer der Verjährung richtet sich gem. § 78 Abs. 3 StGB nach dem Höchstmaß der Strafdrohung des Deliktes und wird in fünf Stufen eingeteilt.[242] Bei Taten, die mit lebenslanger Freiheitsstrafe bedroht sind, beträgt die Verjährungsfrist 30 Jahre (§ 78 Abs. 3 Nr. 1 StGB). Bei Taten, deren Höchststrafmaß mehr als zehn Jahre beträgt, beträgt die Verjährungsfrist 20 Jahre (§ 78 Abs. 3 Nr. 2 StGB), bei einem Höchstmaß von mehr als fünf Jahren beträgt sie zehn Jahre (§ 78 Abs. 3 Nr. 3 StGB), bei einem Höchstmaß von einem bis fünf Jahren fünf Jahre (§ 78 Abs. 3 Nr. 4 StGB) und im Übrigen (§ 78 Abs. 3 Nr. 5 StGB) drei Jahre.

120 Nach § 78 Abs. 4 StGB bleiben besonders schwere oder minder schwere Fälle bei der Berechnung ebenso außer Betracht wie sonstige Modifizierungen des Allgemeinen Teils, z.B. nach § 28 Abs. 2 StGB. Die Erfüllung von Regelbeispielen ist daher für die Verjährungsfrist grds. ohne Belang. Eine wichtige Ausnahme vom Grundsatz des § 78 Abs. 4 StGB findet sich in § 376 Abs. 1 AO, wonach die besonders schweren Fälle der Steuerhinterziehung in zehn Jahren verjähren (vgl. dazu unter Rn. 122 ff.). Die einfache Steuerhinterziehung verjährt demgegenüber nach fünf Jahren.

121 **Privilegierungen** und **Qualifikationen** haben jedoch als eigenständige Tatbestände eine eigene, ggf. abweichende, Verjährungsfrist.[243] So verjährt der Betrug nach § 263 Abs. 1, 3 StGB in fünf Jahren, der gewerbs- und bandenmäßige Betrug nach § 263 Abs. 5 StGB jedoch nach zehn Jahren.[244]

bb) Besonderheiten bei der Steuerhinterziehung

122 § 376 Abs. 1 AO bestimmt, dass die Verfolgungsverjährung der Steuerhinterziehung in besonders schweren Fällen nach § 370 Abs. 3 S. 2 AO zehn Jahre beträgt. Die Vorschrift ist das Ergebnis gescheiterter Bemühungen,[245] im Steuerrecht eine Parallelität zwischen der strafrechtlichen

---

238 Vgl. statt vieler Grützner/Pötz/Kreß/*Vogel/Burchard* IRG § 9 Rn. 53; zur möglichen Gegenansicht ablehnend *v. Bubnoff* NStZ 1987, 354, 356.

239 An Nicht-EU-Staaten erfolgt keine Auslieferung deutscher Staatsangehöriger.

240 Vgl. für Deutsche BVerfG 3.9.2009 – 2 BvR 1826/09 Rn. 13, 27 ff. – juris und in gleicher Sache vom 9.10.2009 – 2 BvR 2115/09.

241 Vgl. Schomburg/Lagodny/Gleß/Hackner/*Lagodny/Schomburg* IRG § 9 Rn. 20.

242 Nur die Verfolgung von Mord (nach § 78 Abs. 2 StGB) und Verbrechen nach dem Völkerstrafgesetzbuch (nach § 5 VStGB) verjähren nicht.

243 Zur Qualifikation *BGH* NStZ 1998, 36.

244 Vgl. *BGH* NJW 2011, 574, auch zu den erforderlichen tatrichterlichen Feststellungen.

245 Vgl. *Rolletschke* Steuerstrafrecht, Rn. 544.

Verfolgungsverjährung und der steuerverfahrensrechtlichen Festsetzungsverjährung zu erzielen.[246] Die Festsetzungsverjährung markiert den Zeitpunkt, in welchem nach § 169 Abs. 1 S. 1 und 2 AO eine Steuerfestsetzung, ihre Aufhebung und Änderung sowie ihre Berichtigung wegen offensichtlicher Unrichtigkeiten nicht mehr zulässig ist und der Anspruch aus dem Steuerschuldverhältnis erlischt (§ 47 AO). Ein gewisser Zusammenhang zur Verfolgungsverjährung besteht, weil manche Handlungen, die die Strafverfolgung unterbrechen, auch die Festsetzungsverjährung hemmen, so z.B. die Bekanntgabe der Einleitung eines Steuerstrafverfahrens oder Bußgeldverfahrens gem. § 171 Abs. 5 S. 2 AO. Auch besteht bei einer Steuerhinterziehung bis zum Eintritt der Strafverfolgungsverjährung eine Ablaufhemmung, vgl. § 171 Abs. 7 AO. Bei vorsätzlicher Steuerhinterziehung beträgt die Festsetzungsfrist zehn Jahre, bei leichtfertiger Verkürzung fünf.[247]

§ 376 Abs. 1 AO verlängert die Verjährung der Steuerhinterziehung in benannten besonders **123** schweren Fällen nach § 370 Abs. 3 S. 2 AO auf zehn Jahre. Die Vorschrift gilt nicht für unbenannte besonders schwere Fälle nach § 370 Abs. 3 S. 1 AO.[248] Die zuletzt im Referentenentwurf des BMF vom 27.8.2014[249] vorgesehene Ausweitung der Vorschrift des § 376 Abs. 1 AO auf alle Fälle der vorsätzlichen Steuerhinterziehung wurde nicht verabschiedet. Die Norm stellt deshalb auch weiterhin eine Ausnahmevorschrift zu § 78 Abs. 4 StGB dar, was einige systematische Probleme aufwirft.

Die **zehnjährige Verjährungsfrist** gilt nach dem BGH auch dann, wenn die Tat zu einem Zeit- **124** punkt begangen wurde, zu welchem die konkrete Begehungsweise noch nicht unter ein benanntes Regelbeispiele fiel und sogar, wenn die Tat bereits **vor Erweiterung der Merkmale der Regelbeispiele** beendet war. Entscheidend soll danach nur sein, dass die Tat bei Inkrafttreten der erweiterten Verjährungsvorschrift noch nicht verjährt war.[250]

Eine umstrittene Frage ist, ob für die Anwendbarkeit des § 376 Abs. 1 AO die Tat letztlich als **125** ein besonders schwerer Fall geahndet werden muss (sog. **Ahndungstheorie**)[251] oder ob es reicht, wenn die Merkmale eines Regelbeispiels erfüllt werden, auch wenn sich die Tat bei einer Gesamtwürdigung dennoch nicht als besonders schwer darstellt, weil die Indizwirkung widerlegt ist (sog. **Begehungsweisentheorie**).[252] Der BGH hat sich der letzteren Ansicht angeschlossen und teilt verfassungsrechtliche Bedenken nicht.[253] Er wird dadurch einem prakti-

---

246 Krit. hinsichtlich der vermeintlichen Notwendigkeit einer Parallelität *Haas/Wilke* NStZ 2010, 297, 299 f.; vgl. ausführlicher zur Festsetzungsverjährung *Rolletschke* Steuerstrafrecht, Rn. 535 ff.

247 Der Beginn wird allerdings grundlegend unterschiedlich bestimmt.

248 BT-Drucks. 16/11108, S. 47; Franzen/Gast/*Joecks* AO § 376 Rn. 14a; Klein/*Jäger* AO § 376 Rn. 12; MK-StGB/*Wulf* AO § 376 Rn. 6. Im Hinblick auf Art. 3 Abs. 1 GG die Differenzierung zwischen benannten und unbenannten besonders schweren Fällen ablehnend: *Haas/Wilke* NStZ 2010, 297 ff.; *Wegner* PStR 2009, 33, 35; *Bender* wistra 2009, 215, 217, 219. Dagegen wiederum mit dem Hinweis auf legislatorischen Gestaltungsspielraum Hübschmann/Hepp/Spitaler/*Bülte* AO § 376 Rn. 48; Klein/*Jäger* AO § 376 Rn. 15; vgl. allgemein zum weiteren Diskussionsstand über die Verfassungsmäßigkeit der Norm (etwa im Hinblick auf eine etwaige Unbestimmtheit oder eine Ungleichbehandlung zu § 263 Abs. 3 StGB) Hübschmann/Hepp/Spitaler/*Bülte* AO § 376 Rn. 37 ff.

249 Art. 1 Nr. 5 des RefE des BMF (Entwurf eines Gesetzes zur Änderung der Abgabenordnung und des Einführungsgesetzes zur Abgabenordnung, Bearbeitungsstand 27.8.2014, 7:44 Uhr).

250 *BGH* 13.6.2013 – 1 StR 226/13, Rn. 7 f. – juris; NStZ 2013, 415 m.w.N.; a.A. im Hinblick auf das Gesetzlichkeitsprinzip Hübschmann/Hepp/Spitaler/*Bülte* AO § 376 Rn. 15 ff.

251 So *Pelz* NJW 2009, 470, 473; Kohlmann/*Schauf* AO § 376 Rn. 20; so *Bender* wistra 2009, 215, 218; zu Anwendungsproblemen in der Praxis: Kohlmann/*Schauf* AO § 376 Rn. 23.

252 *BGH* NStZ 2013, 415; *Mitsch* NZWiSt 2015, 8, 10; *Wegner* PStR 2009, 33, 35; Franzen/Gast/*Joecks* AO § 376 Rn. 14 f.; Klein/*Jäger* AO § 376 Rn. 11; differenzierend MK-StGB/*Wulf* AO § 376 Rn. 6.

253 *BGH* NStZ 2013, 415.

schen Bedürfnis gerecht, weil andernfalls das Verfahrenshindernis der Verjährung erst nach umfänglicher Beweisaufnahme festgestellt werden könnte.[254]

126 Umstritten ist die Frage, welche Verjährungsfrist beim „**Versuch des Regelbeispiels**" zur Anwendung kommen soll, d.h. wenn der Täter zum Regelbeispiel nur unmittelbar angesetzt hat. Nach den obengenannten Kriterien besteht die Indizwirkung eines Regelbeispiels, wenn das Grunddelikt versucht und das Regelbeispiel „versucht" oder „vollendet" worden ist. In diesem Fall müsste nach der Rechtsprechung deshalb die zehnjährige Verjährungsfrist zur Anwendung kommen.

127 Ist jedoch das Grunddelikt vollendet, führt ein „versuchtes" Regelbeispiel nach der Rechtsprechung[255] nicht zu einem benannten, sondern allenfalls zu einem unbenannten besonders schweren Fall. Würde man diese Rechtsprechung auf § 370 Abs. 3 S. 1 AO übertragen, käme in einem solchen Fall die regelmäßige fünfjährige Verjährungsfrist zur Anwendung. Dies hätte jedoch zur Folge, dass eine versuchte Steuerhinterziehung, bei der der Täter auch ein Regelbeispiel nur „versucht", einer längeren Verjährungsfrist unterläge als eine vollendete Steuerhinterziehung, bei der ein Regelbeispiel versucht wurde.

128 **Beispiel:** Der Täter erstrebt die Hinterziehung von 500.000 €. Die Tat hat nur in Höhe von 30.000 € Erfolg. Lehnt man nun einen Fall des § 370 Abs. 3 S. 2 Nr. 1 AO ab, so würde die Tat nach fünf Jahren verjähren. Wäre gar kein Taterfolg eingetreten, weil die Tat insgesamt im Versuch steckengeblieben wäre, würde die Tat bei Weiterführung der obengenannten Rechtsprechung nach zehn Jahren verjähren.

129 Dieser Wertungswiderspruch spricht dafür, eine einheitliche fünfjährige[256] Verjährungsfrist für „versuchte Regelbeispiele" anzunehmen. Wird mit Teilen der Literatur eine Indizwirkung von „versuchten Regelbeispielen" ohnehin auch bei versuchtem Grunddelikt abgelehnt, so käme bereits aus diesem Grunde die fünfjährige Verjährungsfrist zur Anwendung.[257] Eine einheitliche zehnjährige Verjährungsfrist wäre zu Lasten des Täters mit dem Wortlaut nicht vereinbar. Der Wertungswiderspruch kann auch nicht vermieden werden, wenn man in einem solchen Fall den Täter der vollendeten Tat nur wegen des Versuchs verfolgen würde. Denn ein bloßes Regelbeispiel schafft kein gegenüber der Vollendung eigenständiges Risiko, sodass es bei der grundsätzlichen Subsidiarität des Versuchs gegenüber der Vollendungsstrafbarkeit bleiben muss.

130 Demgegenüber wird behauptet,[258] die Begehungsweisentheorie müsse in einem solchen Fall zu einer einheitlichen zehnjährigen Frist bei vollendetem Grunddelikt gelangen, weil es danach nicht auf die Indizwirkung, sondern nur auf die Modalität der Begehung ankomme. Dem ist jedoch entgegenzuhalten, dass, auch wenn keine Ahndung als besonders schwerer Fall erfolgen muss, die Möglichkeit der Indizwirkung für § 376 Abs. 1 AO jedenfalls nicht bereits abstrakt ausgeschlossen sein darf.

---

254 So *LG Dortmund* in der gleichen Sache mit Urteil vom 25.10.2012 – 10 KLs 9/12; Hübschmann/Hepp/Spitaler/*Bülte* AO § 376 Rn. 42; *Mitsch* NZWiSt 2015, 8, 10.

255 *BGH* NStZ 2003, 602 zu § 177 StGB.

256 So i.E. auch *Mitsch* NZWiSt 2015, 8, 11, der ohnehin die Indizwirkung bei versuchten Regelbeispielen ablehnt; i.E. auch *Lübbbersmann* PStR 2010, 258, 261.

257 So deshalb *Mitsch* NZWiSt 2015, 8, 11.

258 *Lübbersmann* PStR 2010, 258, 261.

b) Beginn

Die Verjährung beginnt mit der **Beendigung** der Tat (dazu oben Rn. 85 ff.), vgl. § 78a S. 1   **131**
StGB. Nach § 78a S. 2 StGB beginnt die Verjährung jedoch erst mit dem Eintritt des zum Tatbestand gehörenden Erfolges, wenn dieser nach der Beendigung eintritt. Da ein zum Tatbestand gehörender Erfolg nicht dem Taterfolg oder gar der Beendigung nachfolgen kann, geht
diese Bestimmung ins Leere.[259]

aa) Verjährungsbeginn bei Teilnehmern

Der Beginn des Laufs der Verjährungsfrist richtet sich bei der **Beihilfe** nach der Beendigung   **132**
der Haupttat.[260] Dies liegt in der Akzessorietät der Beihilfe begründet, deren Strafbarkeit ja
auch nicht vor dem Ansetzen des Haupttäters zur Haupttat beginnen kann. In der Folge kann
ein ganz erheblicher, auch jahrelanger, Zeitraum zwischen dem Gehilfenbeitrag und dem Ver-
jährungseintritt liegen, etwa wenn der Gehilfe Unterlagen für eine Steuerhinterziehung mani-
puliert oder einen Rat zur Umsetzung der Tat erteilt, diese jedoch erst deutlich später verwirklicht wird.

Leistet ein Gehilfe durch mehrere **Beiträge zu mehreren Haupttaten** Hilfe, so beginnt die Ver-   **133**
jährung für jede Gesetzesverletzung gesondert, also mit der Beendigung der jeweiligen Haupttat, auch wenn die Gehilfenbeiträge in Tateinheit zueinander stehen.

Umstritten ist jedoch, wie es sich verhält, wenn ein **einzelner Gehilfenbeitrag für mehrere**   **134**
Haupttaten genutzt wird. Voraussetzung ist wie stets der Gehilfenvorsatz, auch unter Berücksichtigung ggf. notwendigen direkten Wissens bei berufstypischen Handlungen. Jedoch wird
dieser häufig vorliegen. Teilweise wird behauptet, die Teilnahme sei eine Tat, die mit Verwirklichung des ersten tatbestandsmäßigen Erfolgs beendet sei, sodass etwa eine Beihilfe zu einer
Serie von Steuerhinterziehungen regelmäßig fünf Jahre nach der ersten Steuerhinterziehung
verjähren würde.[261] Dies ist mit der Natur der Beihilfe nicht vereinbar. Das OLG Oldenburg
nimmt demgegenüber an, die Verjährung der Beihilfe zu allen Taten würde erst mit Beendigung der letzten Haupttat beginnen.[262] Eine solche Auffassung lässt jedoch unberücksichtigt,
dass es sich um eine gleichartige tateinheitliche Beihilfe zu mehreren Taten handelt und würde
zudem den Teilnehmer gegenüber dem Haupttäter benachteiligen. Denn die Auffassung
könnte zur Folge haben, dass manche Haupttaten für den Haupttäter verjährt sind, während
für den Gehilfen die Verjährungsfrist in diesem Zeitpunkt noch nicht einmal zu laufen begonnen hat.[263] Deshalb beginnt die Verjährung der Beihilfetat nach richtiger Ansicht jeweils mit
Beendigung der jeweiligen Haupttat.

Der Beginn der Verjährung der **Anstiftung** ist entsprechend der Beihilfe zu beurteilen.   **135**

---

259 So auch Kohlmann/*Schauf* AO § 376 Rn. 66 f.; a.A. (Klarstellung für erfolgsqualifizierte Delikte) Schönke/
    Schröder/*Sternberg-Lieben/Bosch* § 78a Rn. 1.

260 *BGH* NJW 1965, 1817; Franzen/Gast/*Joecks* AO § 396 Rn. 35 m.w.N.

261 *Voßmeyer* DStR 1998, 842 allerdings mit Verweis auf den fehlenden Vorsatz; vgl. zu diesem Problem auch
    Pelz wistra 2001, 11, 12 f.

262 *OLG Oldenburg* wistra 2005, 352, 353.

263 So in der Vorinstanz auch *LG Oldenburg* wistra 2005, 60, 70; offen *Jäger* wistra 2000, 344, 347.

bb) Verjährungsbeginn bei Mittäterschaft und mittelbarer Täterschaft

136 Bei der **Mittäterschaft** beginnt die Verjährung für sämtliche Mittäter mit der Beendigung der gemeinschaftlichen Tat zu laufen.[264] Bei der mittelbaren Täterschaft beginnt die Verjährungsfrist mit der Beendigung der Tat des Tatmittlers zu laufen.[265]

c) Unterbrechung und absolute Verjährung

137 Der Lauf einer Verjährung kann unterbrochen werden. Durch die Unterbrechung der Verjährung soll ein Ausgleich ermöglicht werden zwischen dem Interesse, auch bei eigentlich drohendem Eintritt der Verjährung ein Verfahren aufzunehmen oder zweckmäßig fortzuführen, während andererseits der Eintritt der Verjährung nicht beliebig hinausgezögert werden soll.[266] Sofern die Strafverfolgungsbehörden daher das Verfahren durch bestimmte, in § 78c Abs. 1 StGB enumerierte, Handlungen voran bringen, sollen sie nicht zusätzlich unter dem zeitlichen Druck eines Verfahrenshindernisses stehen.[267] § 78c Abs. 1 StGB beschreibt abschließend[268] den Katalog der möglichen Unterbrechungshandlungen.

138 Die Vorschriften über die Unterbrechung sind **eng auszulegen**, weil es sich um Ausnahmevorschriften handelt und im Übrigen der Aspekt der Rechtssicherheit bei der Verjährung von entscheidender Bedeutung ist.

139 Nach jeder Unterbrechung beginnt die Verjährung gem. § 78c Abs. 3 S. 1 StGB **von neuem**. Dies bedeutet, dass der bereits abgelaufene Teil der Verjährung ohne Belang ist. Unterbrechungshandlungen können beliebig oft vorgenommen werden,[269] wobei manche Unterbrechungstatbestände ihrer Natur nach nur einmalig vorgenommen werden können.

140 Um dennoch die Verjährung nicht unbegrenzt hinauszuzögern, bestimmt § 78c Abs. 3 S. 2 StGB eine Grenze für die Verjährung (sog. **absolute Verjährung**). Diese beträgt das Doppelte der gesetzlichen Verjährungsfrist, mindestens jedoch drei Jahre. Hierbei wird die Dauer, während der die Verjährung ruht, nicht mit eingerechnet, vgl. § 78c Abs. 3 S. 3 StGB. Das heißt unter anderem, dass die Ablaufhemmung, etwa nach § 78b Abs. 3 StGB, gegenüber der verlängerten Frist vorrangig ist.[270] Gleiches gilt für die Ablaufhemmung nach § 396 Abs. 3 AO. Deshalb ist die Grenze, trotz der anderslautenden Bezeichnung, nicht „absolut".

141 Schwierig zu bestimmen sind der sachliche und persönliche Anwendungsbereich der Unterbrechung sowie die Frage der Wirksamkeit rechtlich **fehlerhafter oder unsachlicher Unterbrechungshandlungen**. In der Praxis entstehen hier häufig Probleme, die für das Verfahren entscheidend sind.

aa) Anwendungsbereich

142 **(1) Persönlicher Anwendungsbereich** Eine Unterbrechungshandlung wirkt gem. § 78c Abs. 4 StGB nur gegenüber demjenigen, auf den sie sich bezieht. Deshalb muss von Anfang an erkennbar sein, auf welche **bestimmte Person** oder Personen sich die Unterbrechungshand-

---

264 NK-StGB/*Saliger* § 78a Rn. 30.
265 NK-StGB/*Saliger* § 78a Rn. 30.
266 BeckOK-StGB/*Dallmeyer* § 78c Rn. 1.
267 Vgl. *Kölbel* NStZ 2014, 145, 146.
268 Kohlmann/*Schauf* AO § 376 Rn. 133.
269 Vgl. *Fischer* § 78c Rn. 2a.
270 Schönke/Schröder/*Sternberg-Lieben/Bosch* § 78c Rn. 22.

lung bezieht. Der Täter muss zumindest seiner Person nach – wenn auch nicht unter richtigem Namen – bekannt sein. Eine Handlung, die erst die Ermittlung eines noch unbekannten Täters ermöglichen soll, reicht demgegenüber nicht. Deshalb kann nach der Rechtsprechung in einem Verfahren gegen unbekannt keine Unterbrechungswirkung eintreten.[271] Dies gilt auch gegenüber einer Person, die zunächst Beschuldigter war, wenn das Verfahren gegen diese vor der Unterbrechungshandlung nach § 170 Abs. 2 StPO eingestellt und gegen unbekannt weitergeführt wurde.[272] Sollte jedoch das Verfahren – zu Unrecht – formal noch gegen unbekannt geführt werden, obschon aus der Unterbrechungshandlung hervorgeht, dass sich die Maßnahme gegen eine bestimmte Person als Verdächtigen richtet, kommt eine Verjährungsunterbrechung gleichwohl in Betracht, weil § 78c Abs. 4 StGB auf die Zielrichtung der Handlung selbst abstellt.[273] Im Übrigen wird eine Person durch einen entsprechenden Inkulpationsakt auch dann zum Beschuldigten, wenn die Staatsanwaltschaft nicht die Umtragung des Aktenzeichens verfügt oder eine entsprechende Einleitung in der Akte vermerkt wird. Ist eine Person jedoch formal nicht Beschuldigter, sind besonders hohe Anforderungen an die Feststellung der Zielrichtung der Unterbrechungshandlung zu stellen, um die Rechtssicherheit zu wahren.

Der Bezug auf eine konkrete Person darf nicht dahingehend missverstanden werden, dass die Personalien oder Name der Person bereits bekannt sein müssten. Vielmehr genügt es, wenn die Person individuell **bestimmt oder bestimmbar** ist.[274] Die Rechtsprechung hat für Bußgeldverfahren entschieden, dass ein bei den Akten befindliches Foto einer Person nicht zur Identifizierung ausreiche und daher nicht die Verjährung unterbreche.[275] Dem ist zuzustimmen. Auch ist die Argumentation ihrer Natur nach auf Unterbrechungshandlungen in strafrechtlichen Ermittlungsverfahren übertragbar, da sich dort keine Unterschiede hinsichtlich der Identifizierbarkeit ergeben.[276] **143**

Hinweis: In der Praxis kommt es immer wieder vor, dass sich eine Unterbrechungshandlung, etwa ein Durchsuchungsbeschluss oder ein Anhörungsbogen, gegen die **Verantwortlichen des Unternehmens** als solche richtet. Dies kann nach der Rspr. für eine hinreichende Individualisierung nur ausreichen, wenn damit eine bestimmte Person als Beschuldigter erfasst sein soll. Eine solche Handlung kann jedoch nicht pauschal so ausgelegt werden, dass sich der Verdacht gegen alle davon erfassten Personen richtet, da dies lediglich einen „abstrakten Tatverdacht" darstellt, der i.d.R. erst die Konkretisierung auf bestimmte Personen ermöglichen soll.[277] **144**

Bei einer Beschuldigtenvernehmung reicht die **Vernehmung eines Mitbeschuldigten** zur Verjährungsunterbrechung gegenüber den anderen nicht aus, selbst wenn die Vernehmung auch deren Tatbeitrag aufklären soll.[278] **145**

---

271 *BGH* NJW 2013, 1174; 21.12.1951 – 2 StR 333/51, BeckRS 1951, 31194170; im Ergebnis auch *RGSt* 6, 212, 213 ff.
272 *BGH* NJW 2013, 1174.
273 So auch *Kölbel* NStZ 2014, 145, 146.
274 BeckOK-StGB/*Dallmeyer* § 78c Rn. 8.
275 *BGH* NJW 1997, 598 f.
276 A.A. aber *Senge* NStZ 1997, 348; Lackner/*Kühl* § 78c Rn. 22.
277 *BGH* NJW 2007, 2648.
278 *BayObLG* NJW 1979, 1218 (LS) im Hinblick auf Ordnungswidrigkeitenverfahren. Dies ist bemerkenswert, weil im Ordnungswidrigkeitenverfahren sogar die richterliche Vernehmung eines *Zeugen* gem. § 33 Abs. 1 Nr. 2 OWiG zur Verjährungsunterbrechung ausreichen würde.

146 **(2) Sachlicher Anwendungsbereich** Die sachliche Reichweite einer Unterbrechungshandlung bestimmt sich nach dem **Verfolgungswillen** der Strafverfolgungsbehörde.[279] Dieser muss hinreichend **konkretisiert** werden. Zur Bestimmung kommt es letztlich auf die konkreten Umstände des Einzelfalles an,[280] wobei neben dem Zweck der Maßnahme auch der Sach- und Verfahrenszusammenhang[281] und der Wortlaut der Verfügung bzw. Anordnung herangezogen werden müssen. Auch der Akteninhalt ist für die Auslegung zu berücksichtigen.[282] Eine Unterbrechungshandlung bezieht sich regelmäßig[283] auf eine konkretisierte Tat im prozessualen Sinne gem. § 264 StPO,[284] wobei es nicht darauf ankommt, ob die in Betracht kommenden Delikte zueinander im Konkurrenzverhältnis der Tateinheit oder der Tatmehrheit stehen.[285] Jedoch bilden Taten, die materiellrechtlich als eine Tat zu werten sind, auch prozessual eine Tat. Selbst wenn hinsichtlich eines Antragsdeliktes im Zeitpunkt der Unterbrechungshandlung der erforderliche Antrag fehlt, so wirkt die wegen eines tateinheitlichen Deliktes vorgenommene Unterbrechungshandlung auch für das Antragsdelikt.[286]

147 Unter anderem aus diesem Grund bezieht sich eine verjährungsunterbrechende Maßnahme bei der **Einkommensteuerhinterziehung** auf die Steuererklärung insgesamt und damit auf die verkürzten Steuern aller Einkunftsarten, auch wenn für einzelne Einkunftsarten die Umstände im Zeitpunkt der Unterbrechungshandlung noch nicht bekannt waren.[287]

148 Auch Taten, bezüglich derer die Verfolgung bei Vornahme der Unterbrechungshandlung nach § 154a StPO beschränkt ist, werden deshalb von der Unterbrechungswirkung umfasst.[288] Die **Wirkung für alle in Tateinheit zueinander stehenden Delikte** gilt auch dann, wenn diese im Zeitpunkt der Unterbrechungshandlung noch nicht erkannt sind.[289] Wird in einem Ermittlungsverfahren wegen mehrerer Taten im prozessualen Sinne ermittelt, so erstrecken sich verjährungsunterbrechende Handlungen grundsätzlich auf all diese Taten.[290] Anders ist dies zu beurteilen, wenn sich der Verfolgungswille erkennbar auf eine oder mehrere dieser Taten beschränkt.[291] Zweifel hierüber wirken sich wie bei anderen Verjährungsvoraussetzungen zu Gunsten des Beschuldigten aus.[292]

149 Allerdings ist die Rechtsprechung großzügig, was die Einbeziehung von Taten in die Unterbrechungswirkung anbelangt. Nach Auffassung des BGH kann „bei einer Vielzahl von Taten zu Beginn der Ermittlungen eine zusammenfassende Kennzeichnung des Tatkomplexes ausreichend sein, wobei die Auführung aller zugehörigen Einzelfälle häufig noch gar nicht möglich, auch nicht erforderlich ist".[293] Darüber hinaus deutet der BGH an, gerade in **Wirtschaftsstrafsachen** eine großzügigere Auslegung zu favorisieren, da bereits im Anfangsstadium der Ermitt-

279 *BGH* NJW 2011, 2310; NStZ 2004, 275, 276; NStZ 2000, 427.
280 *BGH* NStZ 2001, 191, 192.
281 *BGH* NStZ 2001, 191, 192.
282 *BGH* NStZ 2001, 191, 192; NStZ 2000, 427 f.
283 Zu Ausnahme etwa bei Ermittlungen von begrenzt zuständigen Finanzbehörden, vgl. Rn. 150 f.
284 MK-StGB/*Mitsch* § 78c Rn. 5 m.w.N.
285 Zu den Tatbegriffen im Verjährungsrecht instruktiv *Bohnert* NStZ 2001, 192 f.
286 *BGH* NJW 1968, 901, 902.
287 *BGH* NStZ-RR 2009, 340, 341.
288 *BGH* NJW 1968, 901 f.
289 *BGH* NStZ 2000, 85; wistra 1990, 146, 148.
290 *BGH* NStZ 1996, 274.
291 *BGH* NStZ 1990, 436, 437.
292 *BGH* NStZ 1996, 274 f.
293 *BGH* NStZ 2001, 191.

lungen Durchsuchungen erfolgen müssten, deren Zweck weit gefasst sei, was wiederum eine entsprechende Auslegung bei der Unterbrechung erfordere.[294]

Bei Ermittlungen von **Zollfahndungsämtern** und **Finanzbehörden** ist umstritten, inwieweit ihre   **150** Handlungen auch die Verjährung in Bezug auf **Nichtsteuerdelikte** unterbrechen können. Häufig relevant wird diese Frage im Zusammenhang mit Urkundenfälschungen und Vermögensdelikten, vor allem Betrug, Diebstahl und Untreue. Die Beantwortung der Frage hängt wesentlich davon ab, wie die Ermittlungskompetenz der Behörden ausgelegt wird. Nach engerer Auffassung beschränkt sich die Kompetenz der Finanzbehörden und Zollfahndungsämter nach § 404 AO auf Steuervergehen und entfällt bei tateinheitlichem Zusammentreffen mit anderen Delikten. Selbst bei tateinheitlicher Begehung soll danach eine Unterbrechungshandlung der Behörden keine Unterbrechungswirkung hinsichtlich des allgemeinen Deliktes haben.[295] Dem ist der BGH für tateinheitliche Delikte ausdrücklich entgegengetreten. Danach hat die Behörde bei einem Ersuchen nach § 161 StPO „dem Ersuchen zu genügen und in dem dadurch vorgegebenen Rahmen die Steuerstraftaten in ihrem ganzen tatsächlichen Umfang zu erforschen. Das gilt auch dann, wenn die verfolgte Tat zugleich andere Strafgesetze verletzt."[296] Durch § 386 AO wird danach nicht die Ermittlungsbefugnis geregelt, sondern nur die Frage, wer das Verfahren selbständig führt. Hierdurch soll zugleich einem praktischen Bedürfnis entsprochen werden, weil die Staatsanwaltschaften sonst bei Steuerdelikten stets gezwungen wären, Ermittlungsersuchen an die nichtspezialisierte Kriminalpolizei zu erteilen, um für den nicht seltenen Fall vorzusorgen, dass im Verlaufe der Ermittlungen allgemeine Delikte zu Tage treten.[297]

Das *OLG Braunschweig* hat dies für **alle Delikte** – also auch tatmehrheitliche – die zur selben   **151** prozessualen Tat zählen, erweitert und die Frage im Übrigen (also für sonstige prozessuale Taten) offengelassen.[298] Dies wird unter anderem daraus hergeleitet, dass § 386 Abs. 1 AO von dem „Sachverhalt" spricht. Der BGH hat die Frage für tatmehrheitlich begangene Delikte offengelassen. In einem obiter dictum aus dem Jahr 1990 hat er jedoch angedeutet, dass er eine Unterbrechung (nur) in Fällen annimmt, in denen das tatmehrheitlich begangene allgemeine Delikt wiederum in Tateinheit zu einem Steuerdelikt stehen könnte, für dessen Verfolgung die Behörden zuständig sind.[299]

bb) Fehlerhafte oder missbräuchliche Unterbrechungshandlungen

Grundsätzlich wird die Verjährung auch dann unterbrochen, wenn eine **Maßnahme rechtlich**   **152** **fehlerhaft** ist. Wenn ein Richter ausgeschlossen,[300] abgelehnt[301] oder örtlich unzuständig[302] ist, wirken seine Handlungen dennoch unterbrechend.

Eine **unwirksame** Unterbrechungshandlung wie etwa eine entgegen § 200 StPO zu unbe-   **153** stimmte Anklage,[303] aber auch bloß eine nicht konkretisierte richterliche Durchsuchungs- und Beschlagnahmeanordnung[304] – kann die Verjährung demgegenüber nicht unterbrechen.

---

294 *BGH* NStZ 2007, 213, 215.
295 *OLG Frankfurt* wistra 1987, 32; *Reiche* wistra 1988, 329, 335 f.
296 *BGH* NStZ 1990, 38.
297 *BGH* NStZ 1990, 38, 39.
298 *OLG Braunschweig* NStZ-RR 1998, 212, 213: „jedenfalls".
299 *BGH* NJW 1991, 1764.
300 *BGH* NJW 1981, 133.
301 *OLG Köln* VRS 59, 428 Nr. 8.
302 *OLG Stuttgart* NJW 1968, 1340.
303 *BGH* NStZ 2009, 206 m.w.N.
304 *BGH* NStZ 2000, 427, 428; NStZ 2004, 275.

154　Die Rücknahme einer Maßnahme nimmt ihr nicht die Unterbrechungswirkung, wenn sie nicht unmittelbar im Anschluss, etwa zur Korrektur eines Irrtums, erfolgt.[305]

155　Umstritten ist aber die Wirkung von Unterbrechungshandlungen, die ungeeignet sind, die Strafverfolgung zu fördern, von Maßnahmen, deren einziges Ziel darin besteht, eine Verjährungsunterbrechung herbeizuführen und von Scheinmaßnahmen. Zu Recht wird teilweise gefordert, dass eine Maßnahme dazu **geeignet und bestimmt** sein muss, das Verfahren zu fördern oder dass jedenfalls die Möglichkeit einer Verfahrensförderung bestehen muss.[306] Andernfalls handelt es sich um eine missbräuchliche Handlung bzw. eine Scheinmaßnahme. Demgegenüber soll es nach anderer Ansicht genügen, wenn eine Maßnahme allein zum Zweck der Verjährungsunterbrechung vorgenommen wird.[307] Die Bestimmung des subjektiven Zwecks ist nicht nur dann möglich, wenn er ausdrücklich von der Strafverfolgungsbehörde genannt wird. Auch bestimmte objektive Merkmale können hierauf hindeuten, z.B. die bloß wiederholte Vornahme identischer Unterbrechungshandlungen, etwa richterlichen Vernehmungen, bei denen keine Einlassung erwartet werden kann.[308]

156　Bei echten **Scheinmaßnahmen**, also solchen, die von vornherein nur zum Schein vorgenommen werden, ist allgemein anerkannt, dass sie keine Unterbrechung bewirken.[309] Allerdings wären solche Maßnahmen auch regelmäßig keine wirksamen Handlungen.

157　An eine zwingende **Form** sind Unterbrechungshandlungen nicht gebunden. Auch mündliche Anordnungen müssen aber zweifelsfrei für die Verfahrensbeteiligten nach Zeitpunkt und Inhalt erkennbar sein, etwa durch entsprechende Vermerke.[310] Schriftliche Anordnungen und Entscheidungen müssen grds. unterzeichnet, bei internen Vorgängen jedenfalls mit Handzeichen versehen sein;[311] elektronische Anordnungen müssen eindeutig rückverfolgbar und zuzuordnen sein.[312]

cc)　Einzelne Unterbrechungstatbestände

158　Die Unterbrechungshandlungen sind in § 78c Abs. 1 S. 1 StGB abschließend dargelegt, sodass eine analoge Anwendung auf andere Konstellationen nicht in Betracht kommt.[313]

159　**(1) Erste Vernehmung des Beschuldigten, Bekanntgabe der Einleitung des Ermittlungsverfahrens, Anordnung der Vernehmung oder Bekanntgabe**　Nach § 78c Abs. 1 S. 1 Nr. 1 StGB stellen die erste Vernehmung des Beschuldigten, die Bekanntgabe, dass gegen ihn das Ermittlungsverfahren eingeleitet ist, oder die Anordnung dieser Vernehmung oder Bekanntgabe einen Unterbrechungsgrund dar. Im Gegensatz zu sonstigen Unterbrechungshandlungen sind alle Maßnahmen des § 78c Abs. 1 Nr. 1 StGB als Einheit zu werten, sodass sie nur alternativ einmalig durchgreifen und die jeweils erste der vorgenommenen Handlungen zur Unterbrechung führt. Anders als die anderen Nummern des § 78c Abs. 1 StGB gibt es bei der Nr. 1 daher **keine belie-**

305　*OLG Stuttgart* NJW 1968, 1340; *RGSt* 30, 300, 309.

306　Hübschmann/Hepp/Spitaler/*Bülte* AO § 376 Rn. 153

307　*BGH* NStZ 2001, 270, 272; *OLG Köln* BB 1970, 1335, 1336 zu § 402 Abs. 2 RAO (Verfahrenseinleitung als Verjährungsunterbrechung); die Abgrenzung zu sonstigen strafrechtlichen Ermittlungen im Urteil erfolgt, weil insoweit dort noch die Generalklausel des § 68 Abs. 1 StGB a.F. (richterliche Handlung) galt.

308　Vgl. *Rolletschke* Steuerstrafrecht, S. 234 f., der in diesem Fall bereits von einer Scheinmaßnahme ausgeht.

309　Vgl. *BGH* NStZ 2009, 205, 206; NStZ 2005, 33 jeweils m.w.N.

310　*BGH* NJW 1979, 2414 m.w.N.; NJW 2006, 2338, 2340.

311　BeckOK/*Dallmeyer* § 78c Rn. 6 m.w.N.

312　Zu einem OWi-Verfahren *BGH* NJW 2006, 2338.

313　Vgl. *BGH* NStZ 2009, 205, 206.

bige **Wiederholbarkeit** der Maßnahmen.[314] Dies bedeutet, dass weder durch eine Wiederholung derselben Art von Maßnahme noch durch eine Vornahme einer anderen unter Nr. 1 aufgeführten Maßnahme zu einem späteren Zeitpunkt eine erneute Unterbrechung eintreten kann.

Die Vernehmung des Beschuldigten erfordert, dass der **Beschuldigte als solcher** angehört wird, ihm also die Gelegenheit zur Äußerung gegeben wird; es reicht nicht aus, wenn er als Zeuge vernommen wird, wenn eine bloße informatorische Befragung stattfindet oder eine Selbstbezichtigung in Form einer Spontanäußerung erfolgt.[315] Unerheblich ist innerhalb der bereits aufgezeigten Grenzen, wer die Vernehmung vornimmt, ob dies also eine richterliche, staatsanwaltschaftliche oder polizeiliche Vernehmung ist oder ob die Vernehmung durch die Zollfahndungsämter oder die Steuerfahndung erfolgt.   160

Die Bekanntgabe der **Einleitung des Ermittlungsverfahrens** muss nicht in einer bestimmten Form erfolgen. Die Versendung eines Anhörungsbogens an den Beschuldigten ist deshalb ausreichend.[316] Auch kann eine solche Bekanntgabe gegenüber einem Verteidiger erfolgen.[317] Die Gewährung von **Akteneinsicht** an einen Verteidiger ist dann genügend, wenn sie der Information des Beschuldigten über Existenz, Inhalt und Umfang des Ermittlungsverfahrens dienen soll und auch tatsächlich gedient hat.[318]   161

Die Bekanntgabe muss jedoch erkennen lassen, dass gegen den Adressaten Ermittlungen wegen einer **bestimmten Tat** eingeleitet worden sind. Die Anforderungen an die Individualisierung der Tat werden von der Rechtsprechung uneinheitlich gehandhabt. Rein floskelhafte Beschreibungen reichen jedoch nicht aus.[319] Der Beschuldigte soll durch die Bekanntgabe „ins Bilde" gesetzt werden. Da dadurch insbesondere eine Unterscheidbarkeit zu anderen Taten ermöglicht werden soll, wird in Steuerverfahren vor allen Dingen die Angabe eines Tatzeitraums von Bedeutung sein.[320]   162

Auch die **Anordnung der Vernehmung bzw. der Bekanntgabe** ist nicht formgebunden, sondern liegt in jeder Willensäußerung des Strafverfolgungsorgans, dass der Beschuldigte als solcher vernommen werden soll bzw. dass ihm die Einleitung des Verfahrens bekannt gegeben werden soll. Inhaltlich muss die Anordnung auch den obengenannten Anforderungen an die Maßnahme (Vernehmung bzw. Bekanntgabe) entsprechen. Unerheblich ist dann, ob und wann die Vernehmung bzw. Bekanntgabe im Anschluss tatsächlich erfolgt.[321]   163

(2) Richterliche Vernehmung des Beschuldigten, Anordnung   Auch jede richterliche Vernehmung als Beschuldigter bzw. die Anordnung derselben unterbricht nach § 78c Abs. 1 S. 1 Nr. 2 StGB die Verjährung. Wenn die richterliche Beschuldigtenvernehmung die erste Vernehmung als Beschuldigter ist, fällt sie bereits unter Nr. 1. Relevant ist die Vorschrift daher für **nachfolgende richterliche Beschuldigtenvernehmungen**, da diese, anders als die Vernehmungen nach Nr. 1, beliebig oft wiederholbar sind und jedes Mal erneut die Verjährung unterbrechen, solange nicht die Grenzen zur Scheinhandlung überschritten werden.   164

---

314 Hübschmann/Hepp/Spitaler/*Bülte* AO § 376 Rn. 158.

315 *OLG Braunschweig* DAR 2007, 397; Hübschmann/Hepp/Spitaler/*Bülte* AO § 376 Rn. 159.

316 *BGH* NJW 1972, 914.

317 *BGH* NStZ 2002, 429.

318 *BGH* NStZ 2008, 214.

319 Schönke/Schröder/*Sternberg-Lieben/Bosch* § 78c Rn. 7.

320 Vgl. *OLG Hamburg* wistra 1987, 189, 190; *BayObLG* wistra 1988, 81, 82.

321 *BGHSt* 25, 6.

165 **(3) Beauftragung eines Sachverständigen** Die Verjährung wird auch unterbrochen durch die Beauftragung eines Sachverständigen durch den Richter oder die Staatsanwaltschaft oder, im selbständig geführten Steuerstrafverfahren, durch die Straf- und Bußgeldsachenstelle, vgl. § 78c Abs. 1 S. 1 Nr. 3 StGB.

166 Problematisch ist die Einschaltung von **Wirtschaftsreferenten der Staatsanwaltschaft**, weil diese in die Organisation der Staatsanwaltschaft eingebettet sind und wie Gehilfen derselben tätig werden. Es spricht daher viel dafür, ihre Tätigkeit als Ermittlungstätigkeit zu betrachten. Grundsätzlich ist daher die interne Beauftragung nicht als verjährungsunterbrechend zu betrachten.[322] Wenn jedoch der Wirtschaftsreferent zu einem bestimmten Beweisthema erkennbar eigenverantwortlich und weisungsfrei mit der Erstattung eines Gutachtens beauftragt wird, soll dies nach überwiegender Auffassung genügen.[323]

167 **(4) Richterliche Beschlagnahme- oder Durchsuchungsanordnung** Auch durch richterliche **Anordnung der Beschlagnahme oder Durchsuchung** sowie Entscheidungen, die diese aufrechterhalten, wird gem. § 78c Abs. 1 S. 1 Nr. 4 StGB eine Unterbrechung bewirkt. Eine staatsanwaltschaftliche Anordnung oder eine solche der Finanzbehörde bzw. von Fahndungsbeamten bei Gefahr im Verzug reicht daher nicht aus.[324] Die Durchsuchung muss nicht beim Beschuldigten erfolgen, sondern kann auch bei Dritten vorgenommen werden, und zwar unabhängig von der Kenntnis des Betroffenen vom Ermittlungsverfahren.[325]

168 Wie auch bei den übrigen Unterbrechungstatbeständen ist die Nr. 4 als Ausnahmevorschrift eng auszulegen. Anstelle der genannten Beschlüsse ergehende Beschlüsse reichen daher nicht aus. Bei steuerstrafrechtlichen, aber auch sonstigen, Ermittlungen kommt es bisweilen vor, dass die Herausgabe von Unterlagen und Daten bei Banken oder Unternehmen beabsichtigt ist, diese sich aber aus – teilweise nur vermeintlich berechtigten – rechtlichen oder sonstigen Gründen an einer freiwilligen Herausgabe gehindert sehen. Die Ermittlungsbehörden bemühen sich daher häufig um richterliche Beschlüsse, bisweilen auch, um diesen Dritten entgegenzukommen. Erfolgt nun auf Antrag einer Staatsanwaltschaft ein richterlicher „Auflagenbeschluss", der gegenüber einer Bank die Auskunftserteilung und Duldung von Einsichtnahme und Anfertigung von Kopien der Kontounterlagen verlangt, wird die Verjährung daher **nicht unterbrochen**.[326]

169 **(5) Haft-, Unterbringungs- und Vorführungsbefehl** Der Haftbefehl, Unterbringungsbefehl und Vorführungsbefehl unterbrechen nach § 78c Abs. 1 S. 1 Nr. 5 StGB ebenfalls die Verjährung, ebenso wie richterliche Entscheidungen, die diese aufrechterhalten. Bei selbständigen Verfahren der Straf- und Bußgeldstellensache geht die Verfahrensherrschaft mit Haft- oder Unterbringungsbefehl auf die Staatsanwaltschaft über, vgl. § 386 Abs. 3 AO.

170 **(6) Erhebung der öffentlichen Klage** Die Erhebung der öffentlichen Klage unterbricht die Verjährung, ebenso wie gleichgestellte Handlungen, also der Antrag der Staatsanwaltschaft oder Finanzbehörde auf Erlass eines Strafbefehls (§ 407 Abs. 1 S. 3 StPO) oder Anträge nach § 414 Abs. 2 S. 1 StPO. Entscheidend ist der Zeitpunkt des Eingangs bei Gericht,[327] weil erst in diesem Zeitpunkt wirksam Anklage erhoben ist.

---

322 Noch enger: *Fischer* § 78c Rn. 13; a.A. *OLG Zweibrücken* NJW 1979, 1995.
323 *BGH* wistra 1986, 257; Kohlmann/*Schauf* AO § 376 Rn. 153; vgl. auch *BGH* NJW 1979, 2414.
324 Hübschmann/Hepp/Spitaler/*Bülte* AO § 376 Rn. 173.
325 Hübschmann/Hepp/Spitaler/*Bülte* AO § 376 Rn. 170 m.w.N.
326 *LG Kaiserslautern* NStZ 1981, 438 ff.
327 *BGH* NStZ 2009, 205, 207.

Hüttemann

(7) Eröffnung des Hauptverfahrens; Anberaumung einer Hauptverhandlung Die Eröffnung des Hauptverfahrens unterbricht gem. § 78c Abs. 1 Nr. 7 StGB die Verjährung, wobei es nach § 78c Abs. 2 StGB auf die Unterzeichnung des Eröffnungsbeschlusses ankommt. Auch die Anberaumung einer Hauptverhandlung unterbricht die Verjährung gem. § 78c Abs. 1 Nr. 8 StGB, wobei nach der Rspr. eine Terminsverlegung grds. ausreicht.[328]   171

(8) Sonstige Unterbrechungsgründe Der Erlass eines **Strafbefehls** oder einer dem **Urteil entsprechenden Entscheidung**,[329] also etwa ein Einstellungsbeschluss nach § 206a StPO, unterbricht ebenfalls die Verjährung (§ 78c Abs. 1 S. 1 Nr. 9 StGB). Das Urteil selbst wird von § 78b Abs. 3 StGB erfasst und stellt keine Unterbrechung dar.   172

Außerdem unterbrechen **vorläufige Einstellungen im Falle von Abwesenheit** (§ 78c Abs. 1 S. 1 Nr. 10 StGB) bzw. Verhandlungsunfähigkeit (§ 78c Abs. 1 S. 1 Nr. 11 StGB) die Verjährung, ebenso wie bestimmte nachgelagerte staatsanwaltschaftliche und richterliche Anordnungen.   173

Richterliche Ersuchen zur Vornahme von Untersuchungshandlungen im Ausland unterbrechen ebenfalls die Verjährung (§ 78c Abs. 1 S. 1 Nr. 12 StGB). Dies ist folgerichtig, weil Handlungen ausländischer Stellen die Verjährung in Deutschland nicht unterbrechen können.[330]   174

(9) Sonderregeln im Steuerstrafrecht Die in § 78c StGB genannten Maßnahmen werden für das Steuerstrafrecht durch § 376 Abs. 2 AO ergänzt. Danach reicht es für die Unterbrechung der Verjährung von Steuerstraftaten aus, wenn dem Beschuldigten bekannt gegeben wird, dass gegen ihn ein Bußgeldverfahren eingeleitet worden ist oder wenn diese Bekanntgabe angeordnet wird. Es handelt sich systematisch um eine Erweiterung des § 78c Abs. 1 S. 1 Nr. 1 StGB. Ratio der Norm ist, dass sich der Ordnungswidrigkeitentatbestand der leichtfertigen Steuerverkürzung und die Straftat der vorsätzlichen Steuerverkürzung im Wesentlichen nur auf der subjektiven Seite unterscheiden. Ergibt sich erst im Laufe längerer Ordnungswidrigkeitenermittlungen der Verdacht auf vorsätzliches Handeln, könnte diese bereits verjährt sein, wenn bisherige Unterbrechungshandlungen nicht wirken. Die praktische Relevanz der Vorschrift wird als gering erachtet.[331] Durch ihre Existenz begegnet sie aber dem Risiko, dass andernfalls vorzeitig und ggf. rechtswidrig strafrechtliche Ermittlungen eingeleitet würden.[332]   175

Wird umgekehrt eine **Steuerordnungswidrigkeit zunächst als Straftat verfolgt**, so folgt die Wirkung der Unterbrechungshandlungen auch für die Ordnungswidrigkeit aus der allgemeinen Regelung des § 33 Abs. 4 S. 2 OWiG. Es genügt, wenn es sich um eine Tat im prozessualen Sinne handelt.[333]   176

d) Ruhen der Verfolgungsverjährung

Die Verfolgungsverjährung ruht in den in § 78b StGB abschließend aufgezählten Fällen, also wenn eine Verfolgung aus den aufgezählten Gründen nicht möglich ist. Ruhen bedeutet, dass   177

---

328 Eine Verlegung um 15 Minuten reicht aus nach *OLG Köln* VRS 69 (1985), 451, eine Verlegung um 5 Minuten reicht als missbräuchliche Handlung nicht nach *OLG Düsseldorf* NJW 1999, 2055.

329 Vgl. hierzu Hübschmann/Hepp/Spitaler/*Bülte* AO § 376 Rn. 180.

330 S.o. Rn. 118.

331 Kohlmann/*Schauf* AO § 376 Rn. 11.

332 Kohlmann/*Schauf* AO § 376 Rn. 12 m.N. zu weiteren Gründen; Hübschmann/Hepp/Spitaler/*Bülte* AO § 376 Rn. 23.

333 KK-OWiG/*Graf* § 33 Rn. 126 m.w.N.

der Beginn beziehungsweise der Weiterlauf der **Verfolgungsverjährung gehemmt** wird. Nach dem Ende des Ruhens läuft die Verjährungsfrist weiter.[334]

178 Von praktischer Bedeutung ist hier vor allen Dingen § 78b Abs. 3 StGB, wonach ein **erstinstanzliches Urteil**, welches vor Eintritt der Verfolgungsverjährung ergeht, zu einem Ruhen der Verjährung bis zum rechtskräftigen Verfahrensabschluss führt (sog. **Ablaufhemmung**). Bei einer Wiederaufnahme läuft die ursprüngliche Verjährungsfrist nach richtiger Ansicht fort,[335] beginnt nach Auffassung der Rechtsprechung hingegen von neuem.[336]

179 Ebenso von Bedeutung ist die Vorschrift des § 78b Abs. 4 StGB. Die Vorschrift bezieht sich auf Straftaten, bei denen das Gesetz für **besonders schwere Fälle** eine Freiheitsstrafe von mehr als fünf Jahren androht. Ist daraufhin das Hauptverfahren vor dem **Landgericht** eröffnet worden, so ruht die Verjährung in den Fällen des § 78 Abs. 3 Nr. 4 StGB von der Eröffnung an für bis zu fünf Jahre. Ein weiteres Ruhen nach § 78b Abs. 3 StGB infolge eines erstinstanzlichen Urteils ist gem. § 78b Abs. 4 S. 2 StGB möglich. Der Verweis auf die Fälle des § 78 Abs. 3 Nr. 4 StGB wird im Regelfall so verstanden, dass das Grunddelikt eine Verjährungsfrist von fünf Jahren aufweisen müsse. Unstreitig fallen also etwa **Betrug** und **Untreue** hierunter, weil die regelmäßige Verjährungsfrist gem. § 78 Abs. 3 Nr. 4 StGB fünf Jahre beträgt und beide nach § 263 Abs. 3 bzw. § 266 Abs. 2 i.V.m. § 263 Abs. 3 StGB für besonders schwere Fälle eine Strafdrohung von über fünf Jahren androhen.

180 Dieser Ruhenstatbestand soll aber trotz der verlängerten Verjährungsfrist der besonders schweren Fälle der Steuerhinterziehung gem. § 376 Abs. 1 AO auch für die **Steuerhinterziehung** gelten, weil das Grunddelikt in fünf Jahren verjährt und daher vom Wortlaut umfasst ist.[337] Diese Auslegung ist jedoch nicht zwingend. Das Gesetz verweist bloß auf Fälle des § 78 Abs. 3 Nr. 4 StGB. Dies kann man auch so verstehen, dass damit Fälle gemeint sind, in denen die angeklagte Tat in fünf Jahren verjährt. Dies ist zwar im Hinblick auf § 78 Abs. 4 StGB regelmäßig die Verjährung des Grunddelikts. Bei § 376 Abs. 1 AO könnte man jedoch auch davon ausgehen, dass die Verjährung der Tat nicht im Lichte von § 78 Abs. 4 StGB auszulegen ist, sondern im Lichte von § 376 Abs. 1 AO. Es handelt sich also nicht um eine Tat, die in fünf Jahren verjährt, sondern um eine solche, die in zehn Jahren verjährt.

181 Dafür spricht auch das gesetzgeberische Motiv.[338] Denn als wesentlicher Grund für die 1993 eingeführte Regelung wird mitgeteilt, dass es unbefriedigend erscheine, dass bei besonders schweren Fällen zwar eine Strafdrohung von zehn Jahren bestehe, die Verjährung aber trotzdem nach fünf Jahren eintrete und absolute Verjährung bereits nach 10 bzw., mit der Neuregelung, nach 15 Jahren. Denn Regelbeispiele kämen den echten Tatbeständen, die in 10 Jahren verjähren und deren absolute Verjährung bei 20 Jahren liegt, nahe. Diese Parallelität, die § 78b Abs. 4 StGB herstellen sollte, wurde jedoch später für die Steuerhinterziehung durch die Einführung von § 376 Abs. 1 AO im Jahr 2009 hergestellt. Für eine weitere Ausdehnung des Verjährungseintritts auf 25 Jahre speziell bei der Steuerhinterziehung ist kein Grund ersichtlich.[339]

182 Im Steuerstrafrecht ist in diesem Kontext die **Ablaufhemmung nach § 396 Abs. 3 AO** besonders relevant. Nach § 396 Abs. 1 und 2 AO kann das Strafverfahren von der Staatsanwaltschaft

---

334 Vgl. Hübschmann/Hepp/Spitaler/*Bülte* AO § 376 Rn 193; Kohlmann/*Schauf* AO § 376 Rn. 173.
335 *Fischer* § 78b Rn. 11a m.w.N.
336 Vgl. *OLG Düsseldorf* NJW 1988, 2251 m.w.N.
337 So Kohlmann/*Schauf* AO § 376 Rn. 174; Hübschmann/Hepp/Spitaler/*Bülte* AO § 376 Rn. 199.
338 Vgl. BT-Drucks. 12/3832, 44.
339 Im Ergebnis ebenso *Mitsch* NZWiSt 2015, 8, 12 f.

bzw. der Finanzbehörde (§ 386 Abs. 2 AO) und nach Anklageerhebung vom Gericht ausgesetzt werden, bis das Besteuerungsverfahren rechtskräftig abgeschlossen ist, wenn die Beurteilung der Tat als Steuerhinterziehung davon abhängt, ob ein Steueranspruch besteht, Steuern verkürzt oder nicht gerechtfertigte Steuervorteile erlangt sind. Die Aussetzung dient also der Klärung einer Vorfrage im Besteuerungsverfahren. Die Entscheidung hierüber muss nach pflichtgemäßem Ermessen getroffen werden.[340] Ist das Verfahren ausgesetzt worden, so bestimmt § 396 Abs. 3 AO für die Dauer der Aussetzung das Ruhen des Verfahrens. Wenn das Verfahren ausgesetzt wird, so in der Regel bis zum rechtskräftigen Abschluss des Besteuerungsverfahrens, weil es erst dann effektiv möglich ist, widersprüchliche Entscheidungen im Besteuerungs- und im Strafverfahren sicher zu vermeiden. In einem solchen Fall tritt nach § 396 Abs. 3 AO die Strafverfolgungsverjährung nicht vor rechtskräftigem Abschluss des Besteuerungsverfahrens ein. Es ist aber auch möglich, dass die Aussetzung von vornherein nur für einen bestimmten Zeitraum erfolgt oder das Strafverfahren später doch vor rechtskräftigem Abschluss des Besteuerungsverfahrens fortgeführt wird, etwa weil ab einem bestimmten Punkt ein weiteres Zuwarten dem Beschleunigungsgrundsatz im Strafverfahren zuwiderliefe oder weil eine höchstrichterliche Entscheidung ergeht, die die Vorfrage abstrakt klärt.[341] In einem solchen Falle ruht die Verfolgungsverjährung auch nur bis zu diesem früheren Zeitpunkt. Einigkeit besteht darüber, dass bei Tateinheit eine Aussetzung auch für alle anderen tateinheitlich verwirklichten Delikte – seien diese auch nicht steuerstrafrechtlicher Natur – gilt. Bei tatmehrheitlichen Delikten wird teils eine nur teilweise Aussetzung für möglich gehalten.[342] Umstritten ist, ob die verjährungshemmende Wirkung auch bei fehlerhafter Aussetzung eintritt.[343]

Das Ruhen der Verjährung **hemmt** auch den Ablauf der **absoluten Verfolgungsverjährung** **183** gem. § 78b Abs. 3 S. 2 StGB, geht dieser also vor. Nichts anderes folgt daraus, dass § 78c Abs. 3 S. 3 StGB nur auf § 78b StGB, nicht aber auf § 396 Abs. 3 AO, verweist. Es handelt sich insoweit um eine rein deklaratorische Verweisung, die gerade das systematische Verhältnis von Ruhen und absoluter Verjährung klarstellt.[344] Dadurch kann sich der Zeitpunkt der Verfolgungsverjährung theoretisch weit über diesen Zeitpunkt hinaus nach hinten verschieben, ohne dass vorab ein endgültiger Verjährungszeitpunkt benannt werden könnte.

II. Strafvollstreckungsverjährung

Die Strafvollstreckungsverjährung richtet sich nach § 79 StGB. Nach Ablauf der Frist darf eine **184** rechtskräftig verhängte Strafe oder Maßnahme nicht mehr vollstreckt werden. Die Frist ist gestaffelt nach der Höhe der erkannten Strafe und beginnt mit Rechtskraft der Entscheidung zu laufen. Unter bestimmten Voraussetzungen ruht die Vollstreckungsverjährung (§ 79a StGB). Die Frist kann bei Verurteilten, die sich im Ausland aufhalten, unter bestimmten Voraussetzungen einmalig um die Hälfte verlängert werden (§ 79b StGB).

---

340 Franzen/Gast/*Joecks* AO § 396 Rn. 32 m.w.N.
341 Vgl. hierzu und zu weiteren Gründen Franzen/Gast/*Joecks* AO § 396 Rn. 46 f.
342 Franzen/Gast/*Joecks* AO § 396 Rn. 31.
343 Vgl. hierzu Hübschmann/Hepp/Spitaler/*Bülte* AO § 376 Rn. 203 m.w.N.
344 Klein/*Jäger* AO § 396 Rn. 18.

III. Verjährung von Ordnungswidrigkeiten

1. Allgemeines

185 Die Verfolgungsverjährung von Ordnungswidrigkeiten gem. § 31 OWiG ist weitgehend der Systematik des § 78 StGB angepasst. So beginnt auch für Ordnungswidrigkeiten die Verjährung mit der Beendigung der Tat, vgl. § 31 Abs. 3 OWiG (anders noch § 27 Abs. 3 OWiG 1968).

186 Auch **Nebenfolgen** können bei Verjährung der Tat nicht mehr angeordnet werden, vgl. § 31 Abs. 1 S. 1 OWiG, wobei die selbständige Anordnung bestimmter Einziehungen gem. §§ 31 Abs. 1 S. 2, 27 Abs. 2 Nr. 1, 22 Abs. 2 Nr. 2, Abs. 3 OWiG möglich bleibt.

187 Wie auch bei Straftaten richtet sich die Dauer der Verjährungsfrist nach dem abstrakten **Höchstmaß der Bußgelddrohung**. Die Verfolgung verjährt in drei Jahren bei Ordnungswidrigkeiten, die im Höchstmaß mit einer Geldbuße von mehr als 15.000 € bedroht sind, in zwei Jahren bei einem Höchstmaß von mehr als 2.000–15.000 €, in einem Jahr bei einem Höchstmaß von mehr als 1.000–2.500 € und in sechs Monaten bei den übrigen Ordnungswidrigkeiten. Wenn die betreffende Vorschrift fahrlässiges und vorsätzliches Handeln ahndet, aber in der Höhe der Geldbuße nicht differenziert, so kann nach § 17 Abs. 2 OWiG die fahrlässige Begehungsweise im Höchstmaß nur mit der Hälfte des angedrohten Höchstbetrages der Geldbuße geahndet werden. Damit kann für die **fahrlässige Begehung** eine kürzere Verjährungsfrist gelten. Die Unterbrechung richtet sich nach § 33 OWiG, welcher im Wesentlichen § 78c StGB entspricht. Die Vollstreckungsverjährung richtet sich nach § 34 OWiG. Die Frist beträgt fünf Jahre bei Geldbußen über eintausend Euro und im Übrigen drei Jahre (§ 34 Abs. 2 OWiG).

2. Ausgesuchte Tatbestände

188 Spezialgesetze, insbesondere im fiskalischen Bereich, können längere oder kürzere Fristen vorsehen. So bestimmt § 384 AO, dass die in §§ 378–380 AO genannten Steuerordnungswidrigkeiten – wie die einfache Steuerhinterziehung – in **fünf Jahren** verjähren. Hintergrund ist unter anderem, dass Steuerordnungswidrigkeiten häufig erst bei einer Jahre später erfolgenden Betriebsprüfung auffallen.[345] Auch ist gerade bei der leichtfertigen Steuerverkürzung nach § 378 AO der Unrechtsgehalt der einfachen Steuerhinterziehung vergleichbar.

189 Die gleiche fünfjährige Frist sieht § 128 **Abs. 3 BranntwMonG** auch für Ordnungswidrigkeiten nach § 126 Abs. 2 BranntwMonG vor.

190 Bei der **Verbandsgeldbuße nach § 30 OWiG** ist keine gesonderte Verfolgungsverjährungsfrist vorgesehen. Überwiegend wird zu Recht davon ausgegangen, dass sich die Verjährung akzessorisch nach der Anknüpfungstat der Leitungsperson richtet.[346] Die Strafvollstreckungsverjährung dagegen richtet sich nach § 34 OWiG.[347] Da die Strafvollstreckungsverjährung bei §§ 378 ff. AO unabhängig von der Höhe der Geldbuße fünf Jahre beträgt, könnte man erwägen, diese Norm für die Verbandsgeldbuße, deren Anknüpfungstaten Steuerordnungswidrigkeiten darstellen, entsprechend anzuwenden. Ist die Bezugstat verjährt, kann grds. keine selbständige Verbandsgeldbuße oder Maßnahme mehr verhängt werden, vgl. § 30 Abs. 4 S. 3 OWiG, wobei bestimmte Arten der Einziehung nach § 27 Abs. 2 Nr. 1 OWiG möglich bleiben. Auch bei der Berechnung des wirtschaftlichen Vorteils nach § 17 Abs. 4 OWiG dürfen nur

---

345 Vgl. Klein/*Jäger* AO § 384 Rn. 1.
346 *BGH* NJW 2001, 1436; Achenbach/Ransiek/Rönnau/*Achenbach* 1. Teil, 2. Kap. Rn. 21.
347 KK-OWiG/*Rogall* § 30 Rn. 251.

unverjährte Bezugstaten berücksichtigt werden.[348] Unterbrechungshandlungen, die im Ermittlungsverfahren gegen die natürliche Person vorgenommen werden, wirken auch gegen die juristische Person, sofern gegen diese kein selbständiges Verfahren geführt wird. Dies gilt auch im Falle einer späteren Eröffnung eines selbständigen Verfahrens für zuvor vorgenommene Unterbrechungshandlungen gegenüber der natürlichen Person.[349] Im selbständigen Verfahren gelten gegenüber der juristischen Person die für die Unterbrechung der Verjährung der Tat der natürlichen Person maßgeblichen Vorschriften gem. § 33 Abs. 1 S. 2 OWiG entsprechend.

Die Verjährung der **Aufsichtspflichtverletzung** nach § 130 OWiG richtet sich nicht nach der zu Grunde liegenden Anknüpfungstat, sondern nach § 31 OWiG.[350] Dennoch können die Anknüpfungstaten sich auf Beginn der Verjährung auswirken.[351]   **191**

---

348 *BayObLG* NStZ-RR 1999, 248, 250.
349 *BGH* NStZ-RR 1996, 147, 148; Achenbach/Ransiek/Rönnau/*Achenbach* 1. Teil, 2. Kap. Rn. 21.
350 KK-OWiG/*Rogall* § 130 Rn. 128; vgl. zum Diskussionsstand *Wolter* GA 2010, 441.
351 KK-OWiG/*Rogall* § 130 Rn. 128.

10. Kapitel
Täterschaft und Teilnahme

Literatur: *Behr* Die Strafbarkeit von Bankmitarbeitern als Steuerhinterziehungsgehilfen bei Vermögenstransfers ins Ausland, wistra 1999, 245; *Burkhard* Keine Ehegattenverantwortlichkeit im Steuerstrafrecht, DStZ 2002, 750; *Dannecker* Grundfragen der Steuerhinterziehung durch Unterlassen: Pflichtwidriges In-Unkenntnis-Lassen als blankettverweisendes Jedermannsdelikt oder als abschließend geregeltes Sonderdelikt?, in Hellmann u.a. (Hrsg.), FS Achenbach, 2011, S. 83; *Dörn* Verfolgung von Subventionsbetrug (§ 264 StGB) durch die Finanzbehörden, DStZ 1995, 164; *Eberle* Der Subventionsbetrug nach Paragraph 264 StGB – Ausgewählte Probleme einer verfehlten Reform, 1983; *Gössel* Probleme notwendiger Teilnahme bei Betrug, Steuerhinterziehung und Subventionsbetrug. Zugleich ein Beitrag zur sogenannten Parteispendenaffäre, wistra 1985, 125; *Gribbohm/Utech* Probleme des allgemeinen Steuerstrafrechts, NStZ 1990, 209; *Harzer/Vogt* „Mitarbeit" von Banken an Steuerhinterziehungen: Ein Problem der Beihilfekausalität, StraFo 2000, 39; *Kindhäuser* Strafrecht AT, 7. Aufl. 2015; *Kuhlen* Internationaler Schmuggel, europäischer Gerichtshof und deutsches Strafrecht, in Müller-Dietz u.a. (Hrsg.), FS Jung, 2007, S. 445; *Leitner (Hrsg.)* Finanzstrafrecht 2008, 2009; *Löwe-Krahl* Beteiligung von Bankangestellten an Steuerhinterziehungen ihrer Kunden – die Tatbestandsmäßigkeit berufstypischer Handlungen, wistra 1995, 201; *Ranft* Die Rechtsprechung zum sog. Subventionsbetrug (§ 264 StGB). Eine kritische Bestandsaufnahme, NJW 1986, 3163; *Ransiek* Pflichtwidrigkeit und Beihilfeunrecht. Der Dresdner Bank-Fall und andere Beispiele, wistra 1997, 41; *Reichle* Ehegattenverantwortlichkeit im Steuerstrafrecht, wistra 1998, 91; *Rengier* Strafrecht AT, 6. Aufl. 2014; *Rolletschke* Einmal mehr: Die Steuerhinterziehung eines Ehegatten durch Mitunterzeichnung der gemeinsamen Steuererklärung. Eine Anmerkung zum Urteil des BFH vom 16.4.2002 – IX 40/00 (wistra 2002, 353), wistra 2002, 454; *Samson/Schillhorn* Beihilfe zur Steuerhinterziehung durch anonymisierten Kapitaltransfer?, wistra 2001, 1; *Tormöhlen* Steuerstrafrechtliche Verantwortlichkeit des Ehegatten unter besonderer Berücksichtigung der Haftungsnorm des § 71 AO. Zugleich Anmerkung zum Urteil des FG Köln vom 6. Oktober 1999, EFG 2000, 201, wistra 2000, 406; *Volk* Tendenzen zur Einheitstäterschaft – Die verborgene Macht des Einheitstäterbegriffs, in Schünemann u.a. (Hrsg.), FS Roxin, 2001, S. 563; *Voßmeyer* Von der Weitsicht eines Bankers – Bemerkungen zur Tragweite des Gehilfenvorsatzes, DStR 1998, 842.

A. Grundsätze

1   Auch für Fiskalstraftaten, die sich gegen die öffentlichen Haushalte der deutschen Gebietskörperschaften und der Europäischen Union richten, gelten üblicherweise die **allgemeinen strafrechtlichen Regeln** über Täterschaft und Teilnahme. So finden die Vorschriften der §§ 25, 26, 27 StGB grundsätzlich auch bei solchen Fiskalstraftatbeständen Anwendung, die außerhalb des StGB geregelt sind. Beispielsweise normiert die Regelung des § 369 Abs. 2 AO, dass für Steuerstraftaten (i.S.d. § 369 Abs. 1 AO) die allgemeinen Gesetze über das Strafrecht gelten, soweit die Strafvorschriften der Steuergesetze nichts anderes bestimmen.

I. Dualistisches Beteiligungssystem

Bei Vorsatzdelikten[1] wird im deutschen Strafrecht[2] zwischen verschiedenen Formen und Graden der Beteiligung unterschieden. Nach der Legaldefinition des § 28 Abs. 2 StGB umschließt der im StGB gebräuchliche[3] Begriff der Beteiligung die Institute der **Täterschaft und Teilnahme**. Mit einer gewissen Simplifizierung lässt sich die Täterschaft dabei als Verwirklichung einer eigenen Straftat umschreiben, wohingegen sich die Teilnahme auf eine fremde Tat bezieht, die von einem Dritten begangen wird (sog. Haupttat).[4] Für das hiermit angedeutete dualistische Beteiligungssystem, das sich in der Differenzierung zwischen Täterschaft und Teilnahme offenbart, lässt sich die mitunter bestehende Unterschiedlichkeit des Unrechts- und Schuldgehalts der verschiedenen Beteiligungsformen anführen.[5]

2

II. Abgrenzung zwischen Täterschaft und Teilnahme

Das dualistische Beteiligungssystem (vgl. oben Rn. 2) macht bei Vorsatztaten eine Abgrenzung zwischen Täterschaft und Teilnahme erforderlich. Ausgangspunkt dieser Differenzierung ist die Ausgestaltung des betreffenden gesetzlichen Straftatbestandes. Diesbezüglich kann etwa zwischen Sonder-, Pflicht- und Allgemeindelikten unterschieden werden.

3

1. Sonderdelikte

Ein (echtes) Sonderdelikt kann täterschaftlich nur von demjenigen Personenkreis verwirklicht werden, der einen spezifischen Status oder eine besondere Subjekteigenschaft aufweist.[6] Soweit diese Voraussetzung nicht gegeben ist, kommt (jedenfalls soweit man die Möglichkeit der Organ- und Vertreterhaftung des § 14 StGB ausblendet – vgl. hierzu unten Rn. 13) von vornherein nur Teilnahme in Betracht.

4

Beispiel (§ 264 Abs. 1 Nr. 3 StGB): Der Straftatbestand des § 264 Abs. 1 Nr. 3 StGB (Subventionsbetrug) verlangt in seinen tatbestandlichen Voraussetzungen, dass der Täter „den Subventionsgeber entgegen den Rechtsvorschriften über die Subventionsvergabe über sub-

5

---

1 Im Gegensatz hierzu gibt es weder eine Teilnahme an fahrlässigen Delikten noch eine fahrlässige Teilnahme an Vorsatztaten. Die Teilnahmeregelungen der §§ 26, 27 StGB setzen nämlich ausdrücklich voraus, dass sowohl die Teilnahmehandlung (die Anstiftung bzw. die Beihilfe) als auch die jeweilige Haupttat vorsätzlich begangen werden (vgl. hierzu *Rengier* § 53 Rn. 1 f.). Allerdings stellt die Regelung des § 11 Abs. 2 StGB klar, dass Teilnahme auch bei erfolgsqualifizierten Delikten i.S.d. § 18 StGB möglich ist (*Wessels/Beulke/Satzger* Rn. 554).

2 Demgegenüber gilt im österreichische Strafrecht das sog. Einheitstäterprinzip (MK-StGB/*Joecks* Vor § 25 Rn. 4), wonach alle Beteiligten als Täter behandelt werden. So normiert § 12 des österreichischen StGB: „Nicht nur der unmittelbare Täter begeht die strafbare Handlung, sondern auch jeder, der einen anderen dazu bestimmt, sie auszuführen, oder der sonst zu ihrer Ausführung beiträgt". – Auch im deutschen Ordnungswidrigkeitenrecht gilt das Einheitstäterprinzip (vgl. hierzu KK-OWiG/*Rengier* § 14 Rn. 1 ff.). § 14 Abs. 1 S. 1 OWiG legt diesbezüglich fest: „Beteiligen sich mehrere an einer Ordnungswidrigkeit, so handelt jeder von ihnen ordnungswidrig".

3 Vgl. etwa § 24 Abs. 2, § 29, § 30, § 31 StGB. Mitunter verwendet das StGB den Begriff der „Beteiligung" aber auch ohne unmittelbaren Bezug zu §§ 25 ff. StGB, so etwa in § 285 StGB (vgl. zum dort verwendeten Begriff der „Beteiligung" etwa MK-StGB/*Hohmann* § 285 Rn. 8 f.).

4 *Wessels/Beulke/Satzger* Rn. 505.

5 *Rengier* § 40 Rn. 1.

6 BeckOK-StGB/*Kudlich* § 25 Rn. 7; *Wittig* § 6 Rn. 70.

ventionserhebliche Tatsachen in Unkenntnis lässt". Maßgebliche *Rechtsvorschrift über die Subventionsvergabe* in diesem Sinne ist § 3 Abs. 1 SubvG,[7] der grundsätzlich solche Pflichten normiert, die an den Subventionsnehmer gerichtet sind.[8] § 264 Abs. 1 Nr. 3 StGB stellt demnach ein Sonderdelikt dar,[9] sodass solche Personen, die nicht selbst Subventionsnehmer sind, grundsätzlich nur Teilnehmer sein können.[10] In Betracht kommt allerdings auch eine Anwendung von § 14 StGB, da es sich bei der Eigenschaft des Subventionsnehmers um ein besonderes persönliches Merkmal i.S.d. Vorschrift handelt.[11]

6   **Beispiel (§ 266a StGB):**   Ein Sonderdelikt ist auch § 266a StGB, der das Vorenthalten und Veruntreuen von Arbeitsentgelt erfasst und der etwa im Rahmen sogenannter Schwarzarbeit Bedeutung erlangt (vgl. dazu 22. Kap.). Täter können hier grundsätzlich nur der Arbeitgeber oder eine der von § 266a Abs. 5 StGB erfassten Personen sein.[12] Da die Arbeitgebereigenschaft jedoch ein besonderes persönliches Merkmal i.S.d. § 14 Abs. 1 StGB darstellt,[13] kommt gemäß dieser Bestimmung eine Ausdehnung der Anwendbarkeit der Regelung des § 266a StGB in Betracht.

2.   Pflichtdelikte

7   Ähnliches wie für Sonderdelikte gilt für sog. Pflichtdelikte, bei denen die Täterschaft die Adressierung durch eine spezifische Pflichtenstellung voraussetzt[14] und die deshalb durchaus eine „gewisse Nähe zu den Sonderdelikten" aufweisen.[15]

8   **Beispiel (§ 370 Abs. 1 Nr. 2 AO):**   Ein Beispiel eines Pflichtdeliktes ist § 370 Abs. 1 Nr. 2 AO,[16] der als Tatbestandsvoraussetzung normiert, dass der Täter „die Finanzbehörden pflichtwidrig über steuerlich erhebliche Tatsachen in Unkenntnis lässt". Tauglicher Täter kann daher nur sein, wer selbst zur Aufklärung steuerlich erheblicher Tatsachen verpflichtet ist.[17]

3.   Allgemeindelikte

9   Anders als bei Sonder- und Pflichtdelikten kann bei Allgemeindelikten grundsätzlich jedermann **Täter** sein, da der Tatbestand nicht auf eine bestimmte Tätergruppe beschränkt ist.[18]

---

7   Vgl. *Fischer* § 264 Rn. 28.
8   LK-StGB/*Tiedemann* § 264 Rn. 35.
9   Vgl. zur entsprechenden Regelung nach § 264 Abs. 1 Nr. 2 StGB a.F.: *BayObLG* NJW 1982, 2202, 2203; *Tiedemann* JR 1981, 470.
10 Vgl. *Fischer* § 264 Rn. 28, 39.
11 LK-StGB/*Tiedemann* § 264 Rn. 35.
12 *Wittig* § 22 Rn. 8.
13 MK-StGB/*Radtke* § 266a Rn. 34; Lackner/Kühl/*Heger* § 266a Rn. 4.
14 *Wessels/Beulke/Satzger* Rn. 522.
15 BeckOK-StGB/*Kudlich* § 25 Rn. 9.
16 *Volk* FS Roxin, 2001, S. 563, 569; vgl. MK-StGB/*Schmitz/Wulf* § 370 AO Rn. 262 [Sonder- oder Pflichtdelikt]. Abw. [Allgemein- bzw. Jedermannsdelikt]: *Kuhlen* FS Jung, 2007, S. 445, 458–460; *Dannecker* FS Achenbach, 2011, S. 83, 104 f.
17 BGHSt 58, 218 ff.; BGH NJW 2003, 446 f.; *Fischer* § 25 Rn. 47. – Vgl. aber auch: Klein/*Jäger* § 370 Rn. 26 f.
18 *Kühl* AT § 20 Rn. 11; *Wittig* § 6 Rn. 67.

Beispiel (§ 370 Abs. 1 Nr. 1 AO): Der Straftatbestand der Steuerhinterziehung nach § 370 Abs. 1 Nr. 1 AO stellt kein Sonderdelikt dar,[19] sodass etwa eine täterschaftliche aktive Begehung auch durch denjenigen möglich ist, der der in Rede stehenden Steuerpflicht nicht selbst unterliegt,[20] jedoch auf ein steuerliches Verfahren Einfluss nimmt[21] bzw. zugunsten des Steuerpflichtigen handelt.[22]   **10**

Beispiel (§ 264 Abs. 1 Nr. 1 StGB): Ein Allgemeindelikt stellt auch der Straftatbestand des Subventionsbetrugs nach § 264 Abs. 1 Nr. 1 StGB dar.[23] Danach macht sich strafbar, wer dem Subventionsgeber „über subventionserhebliche Tatsachen für sich oder einen anderen unrichtige oder unvollständige Angaben macht, die für ihn oder den anderen vorteilhaft sind". Täter kann hiernach grundsätzlich[24] jedermann sein.[25]   **11**

Bei Allgemeindelikten wird die **Abgrenzung zwischen Täterschaft und Teilnahme** nach der neueren Rechtsprechung des BGH in wertender Betrachtung vorgenommen, wobei als wesentliche Kriterien regelmäßig der Grad des eigenen Interesses am Erfolg, der Umfang der Tatbeteiligung, die Tatherrschaft sowie der Wille zur Tatherrschaft genannt werden.[26] Die Literatur stellt in dieser Frage überwiegend auf die Tatherrschaft als maßgebliches Kriterium ab.[27]   **12**

B. Täterschaft

I. Allgemeine Voraussetzung: Täterqualität

Täterschaft setzt allgemein voraus, dass der betreffende Beteiligte die erforderliche Täterqualität aufweist. Wie zuvor (oben Rn. 9) dargestellt, ist dies bei **Allgemeindelikten** in aller Regel der Fall, da dieser Deliktstyp von jedermann begangen werden kann.[28] Demgegenüber ist die Gruppe tauglicher Täter bei **Sonder- und Pflichtdelikten** beschränkt (vgl. hierzu oben Rn. 4, 7). Allerdings sieht die Regelung des § 14 StGB eine Ausdehnung des Anwendungsbereichs bestimmter Sonder- und Pflichtdelikte auf solche Personen vor, die zwar die maßgeblichen besonderen persönlichen Merkmale nicht in eigener Person aufweisen, jedoch in Vertretung, im Auftrag etc. für die Person handeln, die die besonderen persönlichen Merkmale verwirklicht.   **13**

Beispiele (Besondere persönliche Merkmale i.S.d. § 14 Abs. 1 StGB): Eigenschaft als Subventionsnehmer bei § 264 Abs. 1 Nr. 3 StGB (vgl. hierzu oben Beispiel [Rn. 5]); Arbeitgebereigenschaft bei § 266a Abs. 1 StGB (vgl. hierzu oben Beispiel [Rn. 6]).   **14**

---

19 *Dannecker* FS Achenbach, 2011, S. 83, 104; *Gribbohm/Utech* NStZ 1990, 209, 211.

20 BGH NJW 2003, 2924; NStZ 1986, 463; Flore/Tsambikakis/*Flore* § 370 AO Rn. 32; *Fischer* StGB, § 25 Rn. 28, 47.

21 BGH NJW 2007, 2864, 2865.

22 BGH NStZ-RR 2007, 345; BGHSt 38, 37, 41.

23 Vgl. *Tiedemann* JR 1981, 470.

24 Vgl. zu den Sonderfällen des in das Subventionsverfahren involvierten Amtsträgers *Ranft* NJW 1986, 3163, 3171 f.; NK-StGB/*Hellmann* § 264 Rn. 89.

25 LK-StGB/*Tiedemann* § 264 Rn. 33; *Eberle* S. 135.

26 Vgl. (zur Mittäterschaft): BGH NStZ-RR 2006, 88 f.; NStZ 2003, 253 f.; BGHSt 39, 381, 386; 37, 289, 291.

27 Vgl. nur *Roxin* Strafrecht AT II, § 25 Rn. 27–32 (m.w.N.).

28 *Kühl* AT § 20 Rn. 11; *Wittig* § 6 Rn. 67.

Im Recht der **Ordnungswidrigkeiten** gilt § 9 OWiG, der der Regelung des § 14 StGB grundsätzlich entspricht.

II. Formen der Täterschaft

15 Unter die in § 25 StGB geregelte Täterschaft fallen die Figuren der unmittelbaren Täterschaft (§ 25 Abs. 1 Alt. 1 StGB), der mittelbaren Täterschaft (§ 25 Abs. 1 Alt. 2 StGB) sowie der Mittäterschaft (§ 25 Abs. 2 StGB).

1. Unmittelbare Täterschaft (§ 25 Abs. 1 Alt. 1 StGB)

16 Unmittelbarer Täter ist, wer die Tat „*selbst […] begeht*" (§ 25 Abs. 1 Alt. 1 StGB). Dies setzt grundsätzlich voraus, dass der Täter in eigener Person alle Tatbestandsmerkmale des betreffenden Straftatbestandes erfüllt. Anwendungsfälle der unmittelbaren Täterschaft sind etwa die Alleintäterschaft oder die sog. Nebentäterschaft, bei welcher mehrere Personen denselben Taterfolg herbeiführen, ohne untereinander Mittäter (§ 25 Abs. 2 StGB) zu sein, und hierbei in eigener Person alle in Rede stehenden Tatbestandsmerkmale verwirklichen.[29]

2. Mittäterschaft (§ 25 Abs. 2 StGB)

17 Mittäterschaft liegt dann vor, wenn „*mehrere die Straftat gemeinschaftlich*" begehen (§ 25 Abs. 2 StGB). Jeder einzelne, der in dieser Weise an der Tat beteiligt ist, wird nach dieser Vorschrift „*als Täter bestraft*". Mittäterschaft setzt allgemein voraus, dass die Beteiligten die Tat gemeinsam durch **bewusstes und gewolltes Zusammenwirken** begehen.[30] Dies ist üblicherweise dann der Fall, wenn die Betreffenden auf Basis eines gemeinschaftlich getragenen (ausdrücklichen oder konkludenten) Tatentschlusses jeweils einen Beitrag leisten, der die Herbeiführung des Taterfolges fördert.[31] Der Tatbeitrag jedes einzelnen Mittäters muss sich dabei so in die gemeinschaftliche Tat einfügen, dass er als Teil der Tätigkeit aller Mittäter erscheint.[32] Der BGH charakterisiert die Rolle eines Mittäters als die „eines gleichberechtigten Partners"[33]; in der Terminologie der Tatherrschaftslehre ist die Mittäterschaft durch funktionelle Tatherrschaft gekennzeichnet.[34]

18 Nach Rechtsprechung[35] und h.L.[36] können zur Begründung von Mittäterschaft auch bloße Tatbeiträge im **Vorbereitungsstadium** ausreichen; erforderlich ist hierbei jedoch, dass der Mangel an unmittelbarer Tatbeteiligung im Ausführungsstadium anderweitig kompensiert wird, beispielsweise durch eine überragende Bedeutung des jeweiligen Beteiligten bei der Planung der Tat.[37] Umstritten ist jedoch, ob einem Beteiligten, der sich dem gemeinsamen Tatplan erst **nach Tatbeginn** unterwirft, nach § 25 Abs. 2 StGB auch solche Tatbeiträge zugerechnet werden können, die im Zeitpunkt seines Hinzutretens bereits umgesetzt worden sind.[38]

---

29 *Rengier* § 42 Rn. 3.
30 Lackner/*Kühl* § 25 Rn. 9; *Rengier* § 44 Rn. 2.
31 *Wessels/Beulke/Satzger* Rn. 527 f.
32 *BGH* NStZ-RR 2011, 57; NStZ-RR 2007, 345; *BGHSt* 37, 289, 291.
33 *BGHSt* 34, 124 f.
34 *Roxin* Strafrecht AT II, § 25 Rn. 28.
35 *BGH* NStZ 2009, 25; *BGHSt* 39, 381, 386.
36 *Jescheck/Weigend* § 63 III. 1. (S. 680); BeckOK-StGB/*Kudlich* § 25 Rn. 46.
37 Schönke/Schröder/*Heine/Weißer* § 25 Rn. 67; *Rengier* § 44 Rn. 43.
38 Für eine Zurechenbarkeit (unter bestimmten Voraussetzungen): *BGH* NStZ 2008, 280; 1997, 336; NK-StGB/*Schild* § 25 Rn. 145; Schönke/Schröder/*Heine/Weißer* § 25 Rn. 96.

Kuhli

Liegen die Voraussetzungen einer Mittäterschaft vor, so erfolgt über § 25 Abs. 2 StGB grund- **19**
sätzlich nur eine gegenseitige **Zurechnung fremder Tathandlungen**.[39] Im Übrigen (also jenseits
der zuzurechnenden fremden Handlungen) muss jeder Mittäter vollständig objektiv und subjektiv tatbestandsmäßig handeln. Mittäter kann demnach auch nur sein, wer die **taugliche
Tätereigenschaft** besitzt (vgl. zur Täterschaft bei Sonder- und Pflichtdelikten oben Rn. 4, 7).
Bei **eigenhändigen Delikten** (wie etwa bei der Trunkenheit im Verkehr nach § 316 StGB[40])
kommt als Täter von vornherein nur derjenige in Betracht, der die maßgebliche Tathandlung
in eigener Person durchführt.[41] Soweit dies nicht der Fall ist, ist lediglich Teilnahme möglich;
eine mittäterschaftliche Zurechnung (oder auch eine mittelbare Täterschaft) scheidet in diesen
Fällen also aus.[42]

3. Mittelbare Täterschaft (§ 25 Abs. 1 Alt. 2 StGB)

a) Voraussetzungen

Wegen Begehung der Tat in mittelbarer Täterschaft macht sich derjenige strafbar, der *„die* **20**
Straftat [...] durch einen anderen begeht" (§ 25 Abs. 1 Alt. 2 StGB). Erfasst werden hiervon
Konstellationen, in denen der Täter (der sog. „Hintermann") vorsätzlich den sog. „Tatmittler"
(bzw. „Vordermann") als Werkzeug zur Herbeiführung des Taterfolges instrumentalisiert.[43]
Die Tatherrschaft trägt hier die Form der Willensherrschaft[44] und ergibt sich üblicherweise
daraus, dass der Hintermann die Handlung des Tatmittlers lenkt[45] und hierbei ein Defizit des
Vordermannes ausnutzt, das dogmatisch auf der Ebene der Tatbestandsmäßigkeit, Rechtswidrigkeit oder Schuld angesiedelt ist und in der Regel[46] zur Straflosigkeit des Vordermanns in
Bezug auf das betreffende Delikt führt. Am relevantesten dürften im Fiskalstrafrecht diejenigen Fälle sein, in denen der Hintermann den Umstand ausnutzt, dass der Vordermann aufgrund fehlenden Vorsatzes die strafrechtlich relevante Tragweite seines Tuns verkennt.

Beispiele (Mittelbare Täterschaft beim Subventionsbetrug)[47]:   Mittelbare Täterschaft **21**
nach § 264 Abs. 1 Nr. 1 StGB kommt in Betracht, wenn der Hintermann (beispielsweise ein
Steuerberater) vorsätzlich einen inhaltlich unrichtigen Subventionsantrag vorbereitet, den
der gutgläubige Antragsteller sodann gegenüber dem Subventionsgeber vorlegt. Entsprechendes gilt dann, wenn der Hintermann (etwa ein Angehöriger des Betriebs des Antragstellers oder ein Lieferant) vorsätzlich den gutgläubigen Antragsteller zur Erstellung und
Vorlage eines inhaltlich falschen Subventionsantrags veranlasst, indem der Hintermann den
Antragsteller über das Vorliegen subventionsrelevanter Tatsachen täuscht.

---

39 *Fischer* § 25 Rn. 24.
40 MK-StGB/*Pegel* § 316 Rn. 2.
41 *Kindhäuser* Strafrecht AT, 6. Aufl., § 8 Rn. 23.
42 *Wessels/Beulke/Satzger* Rn. 521.
43 MK-StGB/*Joecks* § 25 Rn. 54 f.; *Jescheck/Weigend* § 62 I. 1. (S. 663 f.).
44 *Roxin* Strafrecht AT II, § 25 Rn. 28, 45 f.
45 *Fischer* § 25 Rn. 5.
46 Vgl. demgegenüber die umstrittenen Sonderfälle des „Täters hinter dem Täter" bzw. der Organisationsherrschaft, bei denen der Vordermann unter Umständen strafrechtlich voll verantwortlich handelt: *Roxin* Strafrecht AT II, § 25 Rn. 94 ff., 105 ff. (jeweils m.w.N.).
47 Vgl. zu diesen und entsprechenden Beispielen: *BGH* JR 1981, 468; *Dörn* DStZ 1995, 164, 172; Schönke/
   Schröder/*Perron* § 264 Rn. 70.

22 Beispiel (Mittelbare Täterschaft bei Steuerhinterziehung)[48]: Mittelbare Täterschaft nach § 370 Abs. 1 Nr. 1 AO kommt in Betracht, wenn ein Hintermann ein von ihm beauftragtes Frachtunternehmen über den Gegenstand der jeweiligen Fracht täuscht und diese Gutgläubigkeit dazu ausnutzt, durch den Transporteur objektiv unrichtige Angaben über steuerlich erhebliche Tatsachen machen zu lassen.

23 In dogmatischer Hinsicht stellt die mittelbare Täterschaft grundsätzlich eine Figur zur **Zurechnung fremder Handlungen** dar.[49] Der (mittelbare) Täter muss also etwa die taugliche **Tätereigenschaft** besitzen (vgl. zur Täterschaft bei Sonderdelikten oben Rn. 4) und die subjektiven Tatbestandsvoraussetzungen in eigener Person aufweisen.[50] Bei **eigenhändigen Delikten** scheidet eine mittelbare Täterschaft aus[51] – diesbezüglich gilt das oben zur Mittäterschaft Gesagte entsprechend (vgl. dazu oben Rn. 19).

b) Abgrenzung zur Anstiftung

24 Vgl. zur Abgrenzung zwischen mittelbarer Täterschaft und Anstiftung unten Rn. 37.

C. Teilnahme

25 Die Teilnahme (an der vorsätzlichen Straftat einer anderen Person[52]) umfasst nach der Legaldefinition des § 28 Abs. 1 StGB sowohl die Anstiftung (§ 26 StGB) als auch die Beihilfe (§ 27 StGB) (dazu unten Rn. 29 ff.). Beiden Rechtsfiguren liegt das sog. Prinzip der limitierten Akzessorietät zugrunde (dazu im Folgenden).

I. Prinzip der limitierten Akzessorietät

26 Sowohl die Anstiftung als auch die Beihilfe setzen eine von einem Dritten verwirklichte Haupttat voraus, nämlich eine *„vorsätzlich begangene[…] rechtswidrige[…] Tat"* (§§ 26, 27 StGB). Die hierdurch normierte **Akzessorietät der Teilnahme** ist allerdings dadurch **limitiert**, dass die Haupttat nach der Legaldefinition des § 11 Abs. 1 Nr. 5 StGB zwar tatbestandsmäßig und rechtswidrig, nicht aber schuldhaft sein muss.[53] Wie sich aus der Regelung des § 29 StGB ergibt, wird jeder Beteiligte ohne Rücksicht auf die Schuld des anderen gemäß seiner eigenen Schuld bestraft.

27 Darüber hinaus ist die Akzessorietät der Teilnahme in verschiedener Hinsicht **gelockert bzw. durchbrochen**.[54] So sieht § 28 StGB unter anderem Strafrahmen- (Abs. 1) bzw. Tatbestandsverschiebungen (Abs. 2) für den Fall vor, dass der Teilnehmer (im Gegensatz zum Haupttäter)

---

48 Vgl. zu diesem Beispiel: *BGH* BeckRS 2002, 30295478; *Kuhlen* FS Jung, 2007, S. 445 ff.; Flore/Tsambikakis/ *Schmitz* § 25 StGB Rn. 18.
49 Vgl. *Rengier* § 43 Rn. 4.
50 *Kindhäuser* Strafrecht AT, § 39 Rn. 9.
51 *Wessels/Beulke/Satzger* Rn. 521.
52 *Fischer* Vor § 25 Rn. 6.
53 NK-StGB/*Schild* Vor §§ 26, 27 Rn. 10; BeckOK-StGB/*Kudlich* § 26 Rn. 4.
54 Schönke/Schröder/*Heine/Weißer* § 28 Rn. 1.

besondere persönliche Merkmale[55] (wie z.B. das Treueverhältnis bei § 266 Abs. 1 StGB als Fall des § 28 Abs. 1 StGB[56]) nicht in eigener Person aufweist. Da sich die Teilnahme ihrer Struktur nach auf eine fremde Straftat bezieht, muss der Anstifter bzw. Gehilfe bei **Sonderdelikten** die erforderliche Täterqualität nicht in eigener Person aufweisen.[57] Auch eine Teilnahme an **eigenhändigen Delikten** ist möglich, da sich das Erfordernis der eigenhändigen Begehungsweise nur auf den Täter bezieht.[58]

II. Formen der Teilnahme

Allgemeine Formen der Teilnahme sind die Rechtsfiguren der Anstiftung (§ 26 StGB) und Beihilfe (§ 27 StGB) (vgl. dazu im Folgenden Rn. 29 ff.). Hiervon zu unterscheiden sind Fälle der sog. **notwendigen Teilnahme**, die dann gegeben sind, wenn zur Verwirklichung eines Tatbestandes begrifflich erforderlich ist, dass verschiedene Personen miteinander agieren[59] (Bsp.: Tatbestand des Wuchers nach § 291 StGB[60]). Soweit der betreffende Straftatbestand für einige der Personen keine explizite Strafdrohung vorsieht, können sie sich jedenfalls durch eine Handlung, die das für die notwendige Teilnahme erforderliche Maß nicht überschreitet, auch nicht nach den allgemeinen Regeln der Teilnahme gem. §§ 26, 27 StGB strafbar machen.[61]

28

1. Anstiftung (§ 26 StGB)

Wegen Anstiftung zu einer Straftat macht sich strafbar, „wer vorsätzlich einen anderen zu dessen vorsätzlich begangener rechtswidriger Tat bestimmt hat" (§ 26 StGB). Erfasst werden also diejenigen Personen, die in vorsätzlicher Weise den Tatentschluss einer anderen Person hervorrufen, ohne selbst Täter zu sein.[62]

29

> **Beispiel (Anstiftung zur Steuerhinterziehung)[63]:** Eine Anstiftung zur Steuerhinterziehung kann etwa ein Notar begehen, der den Parteien eines Grundstückskaufvertrages empfiehlt, zur Ermöglichung der Steuerhinterziehung im schriftlichen Vertrag einen Kaufpreis auszuweisen, der im Vergleich zum realen Preis niedriger ist.

30

a) Voraussetzungen

Die Strafbarkeit wegen Anstiftung setzt das Vorliegen einer Haupttat voraus (dazu unten Rn. 32 f.), zu der der Haupttäter vom Anstifter bestimmt worden ist (dazu unten Rn. 34). In subjektiver Hinsicht ist zudem erforderlich, dass der Anstifter hinsichtlich des Bestimmens und im Hinblick auf die Begehung der Haupttat vorsätzlich handelt (sog. doppelter Anstiftervorsatz[64] – dazu unten Rn. 35).

31

---

55 § 28 Abs. 1 StGB verweist zwar für das Institut der *besonderen persönlichen Merkmale* ausdrücklich auf § 14 Abs. 1, jedoch wird überwiegend vertreten, dass die *besonderen persönlichen Merkmale* in § 14 Abs. 1 und § 28 Abs. 1 StGB nicht zwingend deckungsgleich sind (NK-StGB/*Böse* § 14 Rn. 12; *Rengier* § 42 Rn. 9).

56 *BGH* NStZ-RR 2008, 6.

57 Vgl. (zur Anstiftung): *Fischer* § 26 Rn. 2.

58 Baumann/Weber/Mitsch/*Weber* § 30 Rn. 91; vgl. (zur Anstiftung): Schönke/Schröder/*Heine/Weißer* § 26 Rn. 31.

59 *Rengier* § 45 Rn. 7; vgl. hierzu *Gössel* wistra 1985, 125.

60 *Kindhäuser* Strafrecht AT, § 38 Rn. 6.

61 Lackner/*Kühl* Vor §§ 25 ff. Rn. 12.

62 MK-StGB/*Joecks* § 26 Rn. 5.

63 Vgl. zu diesem Beispiel: *Franzen/Gast/Joecks* § 370 AO Rn. 241; vgl. auch (Beihilfe): *RGSt* 60, 6 (8).

64 Vgl. Schönke/Schröder/*Heine/Weißer* § 26 Rn. 17.

aa) Haupttat

32 § 26 StGB umschreibt die Haupttat als *„vorsätzlich begangene[…] rechtswidrige[…] Tat".* Wie sich aus der Legaldefinition des § 11 Abs. 1 Nr. 5 StGB ergibt, muss die Haupttat zwar tatbestandsmäßig und rechtswidrig, **nicht** aber **schuldhaft** sein.[65] (Vgl. zu diesem Prinzip der limitierten Akzessorietät oben Rn. 26 f.).

33 Die Haupttat muss vollendet sein oder zumindest das Stadium des strafbaren Versuchs erreicht haben.[66] Soweit ihr die zuletzt genannte Mindestvoraussetzung gegeben ist, kommt eine **Anstiftung zum Versuch** in Betracht, die grundsätzlich strafbar ist. Soweit die Haupttat jedoch nicht das Stadium des Versuchs erreicht, liegt lediglich eine **versuchte Anstiftung** vor, die grundsätzlich nur unter den Voraussetzungen des § 30 Abs. 1 StGB mit Strafe bedroht ist[67] – also nur dann, wenn die (nicht ins Versuchsstadium gelangte, aber vom Anstifter gewollte bzw. gebilligte) Haupttat ein Verbrechen i.S.d. § 12 Abs. 1 StGB bildet (so etwa im Fall des gewerbsmäßigen Bandenbetrugs nach § 263 Abs. 5 StGB).

bb) Anstiftungshandlung

34 Anstiftungshandlung ist das Bestimmen. Hierunter wird üblicherweise das Hervorrufen des Tatentschlusses beim Haupttäter verstanden,[68] also die Einflussnahme auf den Willen eines anderen, die diesen zur tauglichen Haupttat veranlasst.[69] Berücksichtigt man hierbei, dass der Anstifter nach § 26 StGB *„gleich einem Täter bestraft"* wird, so verdient die einschränkende Auffassung Zustimmung, der zufolge zwischen dem Bestimmenden (dem Anstifter) und dem Bestimmten (dem Haupttäter) ein kommunikativer Akt stattfinden muss.[70] Allerdings lässt die Rechtsprechung weitergehend jegliche *„Einflußnahme auf den Willen eines anderen"* ausreichen.[71]

cc) Doppelter Anstiftervorsatz

35 In subjektiver Hinsicht ist erforderlich, dass der Anstifter Vorsatz hinsichtlich seiner Anstiftungshandlung (also des Bestimmens) besitzt als auch im Hinblick auf das Vorliegen der tatbestandsmäßigen und rechtswidrigen Haupttat (sog. doppelter Anstiftervorsatz).[72] Auch wenn die Haupttat letztlich im Versuchsstadium steckenbleibt, muss sich der Vorsatz auf deren Vollendung gerichtet haben.[73] In jedem Fall ist es aber ausreichend, dass der Anstifter nur die wesentlichen Grundzüge der konkret-individuellen Haupttat in seinen Vorsatz aufgenommen hat.[74] Eine strengere Ansicht würde dem Umstand nicht gerecht, dass der Anstifter einer anderen Person die Tatherrschaft überlassen hat.[75]

---

65 *Fischer* Vor § 25 Rn. 8.
66 *Kühl* AT § 20 Rn. 137; *Wessels/Beulke/Satzger* AT Rn. 560.
67 *Jescheck/Weigend* § 65 II. (S. 703).
68 BeckOK-StGB/*Kudlich* § 26 Rn. 12.
69 *BGH* NStZ 2000, 421.
70 Dahingehend auch: *Stratenwerth/Kuhlen* § 12 Rn. 143; *Rengier* § 45 Rn. 30. – Weitergehend jedoch: Lackner/ *Kühl* § 26 Rn. 2 („Verursachen […], gleichgültig durch welches Mittel"); *Kindhäuser* Strafrecht AT, 6. Aufl., § 41 Rn. 9 f. („jede beliebige intellektuelle Beeinflussung"); *Baumann/Weber/Mitsch/Weber* § 30 Rn. 63 („Hervorrufung des Tatentschlusses durch Schaffung tatprovozierender Umstände").
71 *BGH* NStZ 2000, 421 m.w.N.
72 BeckOK-StGB/*Kudlich* § 26 Rn. 19; vgl. zum Vorsatz hinsichtlich der Haupttat auch: BGHSt 34, 63 f.
73 *Kindhäuser* Strafrecht AT, § 41 Rn. 25 f.
74 BGHSt 34, 63 (66); *Jescheck/Weigend* § 64 II. 2. b. (S. 688).
75 *Rengier* § 45 Rn. 49.

b) Sanktionierung

Nach § 26 StGB wird der *„Anstifter […] gleich einem Täter bestraft"*; die Strafdrohung für die 36
Anstiftungshandlung folgt also grundsätzlich dem Sanktionsrahmen der Tätertat.[76] Vgl. allerdings zur Strafrahmenverschiebung nach § 28 Abs. 1 StGB oben Rn. 27.

c) Abgrenzung zur mittelbaren Täterschaft

Das Erfordernis, zwischen Anstiftung und mittelbarer Täterschaft abzugrenzen, kann sich im 37
Besonderen dann stellen, wenn der Vordermann, der die unmittelbare Tatausführung begeht,
schuldlos handelt; dieser Strafbarkeitsmangel kann nämlich prinzipiell einerseits gerade die
überlegene Stellung des Hintermannes (und demnach das Vorliegen mittelbarer Täterschaft)
begründen, schließt aber andererseits auch nicht die Möglichkeit einer Anstiftung aus, da die
Teilnahme aufgrund des Prinzips der limitierten Akzessorietät keine schuldhafte Haupttat
voraussetzt (vgl. dazu oben Rn. 26).[77] Einen Fall der mittelbaren Täterschaft bildet prinzipiell
die Konstellation der „Benutzung Schuldunfähiger" zur Tatausführung.[78]

2. Beihilfe (§ 27 StGB)

a) Voraussetzungen

Nach § 27 Abs. 1 StGB ist Gehilfe, *„wer vorsätzlich einem anderen zu dessen vorsätzlich begange-* 38
ner rechtswidriger Tat Hilfe geleistet hat", diese Haupttat also mittels eines Tatbeitrages unterstützt, der – etwa im Vergleich zur mittäterschaftlichen Begehung – von geringerer Bedeutung
ist.[79]

aa) Haupttat

Die Strafbarkeit wegen Beihilfe setzt das Vorliegen einer Haupttat voraus. Die bei der Anstif- 39
tung getroffenen Darlegungen zur Haupttat (oben Rn. 32 f.) gelten grundsätzlich bei der Beihilfe entsprechend. Ebenso wie bei der Anstiftung (§ 26 StGB) muss die Haupttat auch bei der
Beihilfe (§ 27 StGB) vollendet sein oder zumindest das Stadium des strafbaren Versuchs erreichen.[80] Für den Fall, dass lediglich die zuletzt genannte Mindestvoraussetzung gegeben ist,
kommt eine **Beihilfe zum Versuch** in Betracht, die grundsätzlich strafbar ist. Soweit die
Haupttat jedoch nicht das Stadium des mit Strafe bedrohten Versuchs erreicht, liegt der Sache
nach eine **versuchte Beihilfe** vor, die als solche grundsätzlich nicht mit Strafe bedroht ist[81]
(anders etwa als die versuchte Anstiftung, die zumindest unter den Voraussetzungen des § 30
Abs. 1 StGB strafbar ist [vgl. oben Rn. 33]).

bb) Beihilfehandlung

Die Beihilfehandlung besteht in einer Hilfeleistung. Die Rechtsprechung lässt hierfür grund- 40
sätzlich jede Handlung ausreichen, die die Herbeiführung des Taterfolgs des Haupttäters
objektiv fördert, ohne dass es darauf ankommen soll, ob die Beihilfehandlung für den Erfolg

---

76 *MK-StGB/Joecks* § 26 Rn. 96.
77 *Wessels/Beulke/Satzger* Rn. 538; *Kühl* AT § 20 Rn. 61.
78 Vgl. hierzu und zu weiteren Fallgruppen: *Roxin* Strafrecht AT II, § 25 Rn. 140.
79 Vgl. *Rengier* § 40 Rn. 6.
80 Lackner/*Kühl* § 27 Rn. 8.
81 *Kühl* AT § 20 Rn. 246, 248; *Fischer* Vor § 25 Rn. 9.

selbst ursächlich ist.[82] Was die Formen der Hilfeleistung anbelangt, wird gemeinhin zwischen physischer und psychischer Beihilfe unterschieden.[83] Jedoch reicht in zuletzt genannter Hinsicht nicht schon der schlichte Umstand aus, dass der Betreffende die Haupttat gebilligt hat; stattdessen wird zurecht in der Literatur darauf abgestellt, ob eine „nachweisbare psychische Beeinflussung" des Haupttäters durch den Gehilfen vorliegt.[84]

41 **Beispiel (Physische Beihilfe zur Steuerhinterziehung):** Eine physische Beihilfe zur Steuerhinterziehung kommt bei der Veräußerung von Software in Betracht, die dazu dient, Kassenabrechnungen zu manipulieren.[85]

42 **In zeitlicher Hinsicht** ist es ausreichend, dass die Beihilfe im Vorbereitungsstadium geleistet wird, solange dadurch die spätere Tatausführung erleichtert wird.[86] Umstritten ist jedoch, ob auch eine Beihilfe zwischen Vollendung und Beendigung der Haupttat möglich ist.[87]

cc) Doppelter Gehilfenvorsatz

43 In subjektiver Hinsicht muss der Gehilfe vorsätzlich hinsichtlich der Begehung der Haupttat und im Hinblick auf seine Hilfeleistung handeln.[88] Dieser sog. doppelte Gehilfenvorsatz ist gegeben, wenn der Gehilfe die Haupttat in ihren wesentlichen Merkmalen kennt und in dem Bewusstsein handelt, durch sein Verhalten das Vorhaben des Haupttäters zu fördern.[89] Auch in dem Fall, dass die Haupttat lediglich das Versuchsstadium erreicht, muss der Gehilfenvorsatz auf die Vollendung der Haupttat gerichtet sein.[90]

b) Sanktionierung

44 Die Regelung des § 27 Abs. 2 StGB normiert, dass sich die Strafe für den Gehilfen nach der Strafdrohung für den Täter richtet (S. 1), allerdings nach S. 2 obligatorisch gemäß § 49 Abs. 1 StGB zu mildern ist. Unter Umständen[91] kommt eine weitere Milderung aufgrund der Strafrahmenverschiebung nach § 28 Abs. 1 StGB (dazu oben Rn. 27) in Betracht.

c) Einzelfälle bei Steuerhinterziehung (§ 370 AO)

aa) Beratungstätigkeit durch Bankangestellte

45 Unter anderem[92] bei Beratungstätigkeiten von Bankangestellten, die im Kontext mit steuerrelevantem Verhalten des beratenen Kunden stehen, kann sich die Frage stellen, ob die prinzipielle Möglichkeit einer Beihilfe zur Steuerhinterziehung durch die Grundsätze des **berufstypischen Verhaltens**[93]

---

82 *BGHSt* 46, 107 (109).

83 *Jescheck/Weigend* § 64 III. 2. a. (S. 691); Baumann/Weber/Mitsch/*Weber* § 31 Rn. 32.

84 So *Stratenwerth/Kuhlen* § 12 Rn. 159 (im Original mit Hervorhebung).

85 *FG Rheinland-Pfalz* NZWiSt 2015, 147, 151 m.Anm. *Gehm* NZWiSt 2015, 153.

86 *Jakobs* 22. Abschn. Rn. 38; NK-StGB/*Schild* § 27 Rn. 12.

87 Vgl. hierzu *Roxin* Strafrecht AT II, § 26 Rn. 257 ff. m.w.N.

88 *Voßmeyer* DStR 1998, 842; *Kindhäuser* Strafrecht AT, § 42 Rn. 29.

89 *BGHSt* 46, 107, 109.

90 *Wessels/Beulke/Satzger* Rn. 584.

91 Vgl. zu den Fallgruppen: Schönke/Schröder/*Stree/Kinzig* § 49 Rn. 6.

92 Einen anderen Fall, in dem die Grundsätze des berufstypischen Verhaltens zum Tragen kommen können, bildet etwa die Tätigkeit eines Steuerberaters.

93 Vgl. hierzu etwa *BGHSt* 46, 107, 110 f.; *Roxin* Strafrecht AT II, § 26 Rn. 218 ff.

beschränkt ist.[94] Eine solche Strafbarkeitsreduktion könnte sich etwa aus der grundrechtlich geschützten Berufsfreiheit nach Art. 12 GG ergeben,[95] allerdings gilt diese Gewährleistung nicht schrankenlos. In dem hierdurch angesprochenen Spannungsverhältnis sind Lösungen zu finden, die dem Bedürfnis nach wirtschaftlicher Betätigung und dem Erfordernis eines legitimen Rechtsgüterschutzes gleichermaßen Rechnung tragen.

Bezogen auf die Fallgestaltung der Finanzberatung durch Bankangestellte lassen sich demnach **46** verschiedene **Konstellationen** unterscheiden:[96] Für sich genommen ist die Einrichtung eines üblichen Inlandsgeldanlagedepots grundsätzlich ein bankentypisches Verhalten, das per se auch dann keine strafbare Beihilfe zur Steuerhinterziehung begründet, wenn der betreffende Bankkunde bei der Kontoeröffnung ankündigt, die anfallenden Kapitaleinkünfte gegenüber den Finanzbehörden nicht angeben zu wollen.[97] Eine strafbare Beihilfe kommt allerdings jedenfalls dann in Betracht, wenn der Bankangestellte eine Steuerhinterziehung des Kunden dadurch erleichtert, dass jener

- ein Konto unter Verzicht auf die Identitätsprüfung nach § 154 Abs. 2 AO einrichtet,[98]
- unter Verstoß gegen § 154 Abs. 1 AO ein Konto unter falschem Namen eröffnet,[99]
- den Finanzbehörden (etwa durch eine spezifische Kommunikationsform zwischen der Bank und dem Kunden oder in sonstiger Weise) erschwert, die Identität des Kunden festzustellen.[100]

In den zuletzt genannten Fällen lässt sich die Annahme strafbarer Beihilfe sowohl mit fehlen- **47** der Sozialadäquanz begründen als auch mit der Erwägung, dass die Kontoeröffnung in der konkreten Form grundsätzlich nur dann sinnvoll ist, wenn sie zur Steuerhinterziehung genutzt wird.

bb) Buchführung und Verträge

Die Anfertigung inhaltlich unrichtiger Schriftstücke (Scheinrechnungen, -verträge etc.) kann **48** eine strafbare Beihilfe zur Steuerhinterziehung darstellen, wenn dieses Verhalten einer anderen Person dazu dient, das Vorliegen steuerrelevanter Tatsachen zu verschleiern.[101] So kann eine Beihilfe zur Steuerhinterziehung etwa dann in Betracht kommen, wenn ein Unternehmer, der die Ware an einen Weiterveräußerer liefert, seinen eigenen Warenausgang entgegen § 144 Abs. 1 AO nicht aufzeichnet und dem Empfänger hierdurch erleichtert, die betreffende Ware außerhalb der Geschäftsbücher weiterzuveräußern.[102]

---

94 Vgl. auch *Löwe-Krahl* wistra 1995, 201, 202 ff.
95 Vgl. in diesem Kontext Leitner/*Dannecker/Hagemeier* S. 63, 69 f.; vgl. überdies die Darstellung bei *Rengier* § 45 Rn. 104.
96 Vgl. zu diesem Problemkreis auch: Leitner/*Dannecker/Hagemeier* S. 63, 68 ff.; *Samson/Schillhorn* wistra 2001, 1; *Harzer/Vogt* StraFo 2000, 39; *Behr* wistra 1999, 245; *Voßmeyer* DStR 1998, 842; *Ransiek* wistra 1997, 41; *Löwe-Krahl* wistra 1995, 201.
97 *Franzen/Gast/Joecks* § 370 AO Rn. 251; Flore/Tsambikakis/*Flore* § 370 AO Rn. 98 f.
98 Flore/Tsambikakis/*Flore* § 370 AO Rn. 98.
99 *Franzen/Gast/Joecks* § 370 AO Rn. 251a.
100 Vgl. *LG Bochum* NJW 2000, 1430 (1430); Flore/Tsambikakis/*Schmitz* § 27 StGB Rn. 22; Flore/Tsambikakis/*Flore* § 370 AO Rn. 101.
101 *BGH* NJW 2002, 1963; Klein/*Jäger* § 370 Rn. 219; *Franzen/Gast/Joecks* § 370 AO Rn. 248; Flore/Tsambikakis/*Schmitz* § 27 StGB Rn. 24.
102 *Peter/Kramer* Steuerstrafrecht, S. 112 f.

cc) Ehegatten

49 Die Frage strafrechtlicher Beteiligung an einer Steuerhinterziehung nach § 370 AO kann sich auch in Fällen stellen, in denen zwei Ehegatten eine **Zusammenveranlagung (§ 26b EStG)** gewählt haben und deshalb gem. § 25 Abs. 3 S. 2 EStG eine gemeinsame Steuererklärung abzugeben haben, die von beiden Ehepartnern eigenhändig unterschrieben ist. Unproblematisch dürften diesbezüglich etwa diejenigen Konstellationen sein, in denen solche **Einkünfte** in Rede stehen, die **von beiden Eheleuten** gemeinsam erzielt wurden; in derartigen Fälle machen nämlich beide Eheleute in ihrer gemeinsamen Steuererklärung „Angaben" i.S.d. § 370 Abs. 1 Nr. 1 AO über diese Einkünfte,[103] sodass in objektiver Hinsicht Mittäterschaft gegeben ist.

50 **Im Übrigen** gilt grundsätzlich, dass die Zustimmung eines Ehegatten zur Zusammenveranlagung nach § 26b EStG und die eigenhändige Unterzeichnung der Steuererklärung gem. § 25 Abs. 3 S. 2 EStG für sich genommen auch dann keine Hilfeleistung (§ 27 StGB) oder mittäterschaftliche Begehungsweise (§ 25 Abs. 2 StGB) darstellen, wenn der eine Ehegatte weiß, dass der Partner in der betreffenden Steuererklärung unrichtige Angaben nach § 370 Abs. 1 Nr. 1 AO zu seinen eigenen Einkünften macht.[104] Der Umstand, dass der Ehegatte nach § 25 Abs. 3 S. 2 EStG eine gemeinsame Steuererklärung unterzeichnet, ändert nämlich grundsätzlich nichts daran, dass er nur hinsichtlich der ihn betreffenden steuererheblichen Tatsachen „Angaben" i.S.d. § 370 Abs. 1 Nr. 1 AO macht.[105] Der Erklärungsgehalt der jeweiligen Unterschrift beschränkt sich also prinzipiell nur auf eigene Einkünfte des jeweiligen Unterzeichners.[106] Auch in Fällen des § 26b EStG sind die individuellen Einkünfte der Ehepartner nämlich grundsätzlich gesondert zu ermitteln, ehe die Zusammenveranlagung vorgenommen wird.[107]

51 Der **Bereich strafrechtlich relevanter Beteiligung** beginnt in den genannten Konstellationen also erst dann, wenn der Tatbeitrag des jeweiligen Ehegatten über die bloße Unterzeichnung hinausgeht, etwa indem er den anderen Ehegatten, der über seine eigenen Einkünfte unrichtige Angaben macht, aktiv unterstützt und in seinem Vorgehen bestärkt (psychische Beihilfe).[108] Nach der Rechtsprechung reicht für die Annahme strafbarer Teilnahme jedoch nicht aus, dass der Ehegatte ein „massives Eigeninteresse" am Erfolg der von dem anderen Ehegatten begangenen Steuerhinterziehung besitzt.[109]

---

103 Vgl. Flore/Tsambikakis/*Flore* § 370 AO Rn. 107.
104 *BFH* NJW 2002, 2495 f.; *OLG Karlsruhe* NStZ 2008, 413 f.; *Tormöhlen* wistra 2000, 406, 408; Klein/*Jäger* § 370 Rn. 227; Flore/Tsambikakis/*Schmitz* § 25 StGB Rn. 21; Flore/Tsambikakis/*Flore* § 370 AO Rn. 104; *Franzen/Gast/Joecks* § 370 AO Rn. 249. – A.A. *Reichle* wistra 1998, 91 f. [Täterschaftliche Steuerhinterziehung, da die Unterschrift sich auf sämtliche Angaben der betreffenden Steuererklärung erstrecke]; *Rolletschke* wistra 2002, 454, 456 [Mittäterschaft bzw. Beihilfe].
105 Klein/*Jäger* § 370 Rn. 227.
106 *BFH* NJW 2002, 2495 f.
107 *BFH* NJW 2002, 2495 f.; *Burkhard* DStZ 2002, 750, 752; vgl. *Franzen/Gast/Joecks* § 370 Rn. 249.
108 *OLG Karlsruhe* NStZ 2008, 413 f.; *Tormöhlen* wistra 2000, 406, 408; Flore/Tsambikakis/*Flore* § 370 AO Rn. 115; *Franzen/Gast/Joecks* § 370 AO Rn. 249a; Klein/*Jäger* AO, § 370 Rn. 227.
109 *OLG Karlsruhe* NStZ 2008, 413 f.; vgl. auch Flore/Tsambikakis/*Flore* § 370 AO Rn. 112; a.A. *Franzen/Gast/Joecks* § 370 AO Rn. 249a.

Kuhli

11. Kapitel
Strafbarkeit der Berater

Literatur: *Achenbach/Wannemacher* Der BGH zu den Strafbarkeitsrisiken des nachträglich bösgläubigen Steuerberaters – Klärung und offene Fragen, Stbg 1996, 299; *Amelung* Die „Neutralisierung" geschäftsmäßiger Beiträge zu fremden Straftaten im Rahmen des Beihilfetatbestandes, FS Grünwald, 1999, S. 9; *Backes* Versicherung gegen Strafverfolgung oder Beihilfe zur Haupttat?, FS Brauneck, 1999, S. 239; *Beckemper* Strafbare Beihilfe durch alltägliche Geschäftsvorgänge, Jura 2001, 163; *Behr* Die Strafbarkeit von Bankmitarbeitern als Steuerhinterziehungsgehilfen bei Vermögenstransfers ins Ausland, wistra 1999, 245; *Bielefeld* Strafrechtliche Risiken der Steuerberatung, FS Imme Roxin, 2012, S. 393; *Bildorfer/Weyand* Der Steuerberater im Steuerstrafrecht, 2. Aufl. 1996; *Blumers* Steuerberatung und Strafrecht – Grenzbereich zum strafrechtlich relevanten Handeln, StbJb 1983/84, S. 319; *Boley* Teilnahme durch Rat, 1998; *Dannecker* Zur Strafbarkeit ausländischer Bankangestellter wegen Beihilfe zur Steuerhinterziehung deutscher Kapitalanleger, FS Mangakis, 1999, S. 267; *Dickopf* Steuerberatung und steuerstrafrechtliche Risiken, 1991; *Dörn* Fragen des Steuerstraf- und Steuerordnungswidrigkeitenrechts bei Beauftragung des Steuerberaters, DStZ 1993, 478; *ders.* Steuerhinterziehung und Steuerrecht, wistra 1992, 241; *ders.* Steuerstraf- oder bußgeldrechtliche Verantwortung des Steuerberaters, wistra 1994, 290; *Durst* Der steuerliche Berater zwischen Beratung und Beihilfe, PStR 2008, 235; *Gallandi* Straftaten von Bankverantwortlichen und Anlegerschutz, wistra 1989, 125; *Graf* Neue Strafbarkeitsrisiken für den Wirtschaftsprüfer durch das KonTraG, BB 2001, 562; *Hartmann* Sonderregeln für die Beihilfe durch „neutrales" Verhalten?, ZStW 2004, 585; *Harzer/Vogt* „Mitarbeit" von Banken an Steuerhinterziehungen: Ein Problem der Beihilfekausalität, StraFo 2000, 39; *Hassemer* Professionelle Adäquanz – Bankentypisches Verhalten und Beihilfe zur Steuerhinterziehung, wistra 1995, 41, 81; *Herrmann/Backhaus* Staatlich gebundene Freiberufe im Wandel, 1998; *Ignor* Beratungsmandat und Beteiligungsverdacht, StraFo 2001, 42; *Joecks* Berichtigungspflichten des nachträglich bösgläubigen Steuerberaters, InfStW 1997, 21; *Kudlich* Die Unterstützung fremder Straftaten durch berufsbedingtes Verhalten, 2004; *Leitner* Finanzstrafrecht, 2008; *Lesch* Strafbare Beteiligung durch berufstypisches Verhalten, JA 2001, 986; *Löwe-Krahl* Steuerstrafrechtliche Risiken typischer Bankgeschäfte, 1989; *Mallison* Rechtsauskunft als strafbare Teilnahme, 1979; *Meyer-Arndt* Beihilfe durch neutrale Handlungen?, wistra 1989, 281; *Müller* Die Beihilfestrafbarkeit von Bankmitarbeitern im Steuerstrafrecht, 2003; *Niedermair* Straflose Beihilfe durch neutrale Handlungen?, ZStW 1995, 507; *Niewerth* Strafrechtliche Verantwortlichkeit des Wirtschaftsprüfers, 2004; *Otto* Strafvereitelung durch berufstypische oder alltägliche Verhaltensweisen als Beihilfe, FS Lenckner, 1998, S. 193; *ders.* Das Strafbarkeitsrisiko berufstypischen, geschäftsmäßigen Verhaltens, JZ 2001, 436; *ders.* Beihilfe des Bankangestellten zur Steuerhinterziehung, Zeitschrift für Kreditwesen 1994, 775; *Raschke* Strafverteidigung als „privilegiertes" Berufsbild – „privilegium" oder „a minore ad maius"?, NStZ 2012, 606; *Reichling/Lange* Der Täterkreis der Steuerhinterziehung durch Unterlassen, NStZ 2014, 311; *Rogat* Die Zurechnung der Beihilfe. Zugleich eine Untersuchung zur Strafbarkeit von Rechtsanwälten nach § 27 StGB, 1997; *Samson/Langrock* Beihilfe zur Steuerhinterziehung durch „Schwarzverkäufe"?, wistra 2007, 161; *Samson/Schillhorn* Beihilfe zur Steuerhinterziehung durch anonymisierten Kapitaltransfer?, wistra 2001, 1; *Schlüchter* Steuerberatung im strafrechtlichen Risiko, 1986; *Schneider* Neutrale Handlungen: Ein Oxymoron im Strafrecht? Zu den Grenzlinien der Beihilfe, NStZ 2004, 312; *Schulz* Die Bestrafung des Ratgebers, 1980; *Streck* Der Steuerhinterzieher als Mandant, BB 1984, 2005; *Tipke* Über

Abhängigkeiten des Steuerstrafrechts vom Steuerrecht, FS Kohlmann, 2003, S. 555; *Vahrenbrink* Die vorgeleistete Begünstigung (§§ 257, 258 StGB): Zugleich ein Beitrag zur Kausalität der Beihilfe 1997; *Volk* Zum Strafbarkeitsrisiko des Rechtsanwaltes bei Rechtsrat und Vertragsgestaltung, BB 1987, 139; *Wannemacher/Partner (Hrsg.)* Steuerstrafrecht Handbuch, 6. Aufl. 2013; *Wessing* Strafbarkeitsgefährdungen für Berater, NJW 2003, 2265; *Wohlers* Hilfeleistung und erlaubtes Risiko – zur Einschränkung der Strafbarkeit gem. § 27 StGB, NStZ 2000, 169; *Wohlleben* Beihilfe durch äußerlich neutrale Handlungen, 1996.

I. Die Bedeutung von Beratern und die Risiken bei der Beratungstätigkeit

1   Die Anforderungen an eine zeitgemäße Steuerberatung haben sich in den vergangenen Jahren maßgebend gewandelt.

2   Zum einen rücken neben der steigenden Komplexität des nationalen Steuerrechts durch die **Internationalisierung** der Wirtschaft zunehmend auch internationale und grenzüberschreitende Steuerfragen in den Mittelpunkt der Beratung.[1] Zum anderen ist – nicht zuletzt bedingt durch den Wechsel der **Spezialzuständigkeit für Steuerstrafsachen** vom 5. Strafsenat zum 1. Strafsenat des Bundesgerichtshofs[2] – die Tendenz einer fortlaufend strengeren Ahndung von Steuerstraftaten unverkennbar.[3]

3   Daneben schränkt die Rechtsprechung auch die **Exkulpationsmöglichkeiten** für nicht beratene Steuerpflichtige zunehmend ein. Informiert sich ein Steuerpflichtiger nicht hinreichend über die ihm obliegenden Pflichten, *„kann dies auf seine Gleichgültigkeit hinsichtlich der Erfüllung dieser Pflichten hindeuten. Dasselbe gilt, wenn es ein Steuerpflichtiger unterlässt, in Zweifelsfällen Rechtsrat einzuholen".*[4] Eine Verurteilung wegen bedingt vorsätzlicher Steuerhinterziehung kann die Folge sein.[5]

4   Der aus den vorgenannten Gründen folgende **erhöhte Beratungsbedarf** schlägt sich auch in der Anzahl der steuerberaterlichen Berufsträger nieder. Gab es nach der Statistik der Bundessteuerberaterkammer in Deutschland im Jahr 1962 noch 23 919 Steuerberater, waren es im Jahr 1995 bereits 45 394, im Jahr 2013 sogar 82 390.[6] Unter Steuerberatern herrscht – im Gegensatz zu Rechtsanwälten – de facto Vollbeschäftigung.[7]

5   Die Tätigkeit der Berater ist dabei jedoch auf verschiedensten Ebenen mit **erheblichen Risiken** verbunden.

---

1   Vgl. hierzu im Einzelnen *Bielefeld* FS Imme Roxin, S. 393 ff.
2   *Wessing/Biesgen* NJW 2010, 2689 sprechen insoweit von einem „Paradigmenwechsel".
3   Vgl. *BGH* NJW 2012, 1458; 2011, 3249; 2010, 2146; wistra 2009, 107; vgl. zu aktuellen Beispielen aus der Rechtsprechung ausführlich auch *Wessing/Biesgen* NJW 2010, 2689.
4   *BGH* wistra 2011, 465, 467.
5   *BGH* wistra 2011, 465, 467.
6   Www.bstbk.de/export/sites/standard/de/ressourcen/Dokumente/01_bstbk/berufsstatistik/Berufsstatistik_2012.pdf.
7   Www.faz.net/aktuell/beruf-chance/arbeitslos-werden-die-wenigsten-1254590.html; *Voßmeier* Der Beruf des Steuerberaters, 2007, S. 60.

In *zivilrechtlicher* Hinsicht hat die Rechtsprechung für die Ausgestaltung und Durchführung des Beratungsverhältnisses ein umfangreiches Pflichtenprogramm entwickelt,[8] bei dessen Verletzung der Berater gegenüber seinem Mandanten gem. § 280 Abs. 1 BGB in Verbindung mit dem (Steuer)Beratervertrag für die dadurch verursachten Schäden einzustehen hat. Beispielsweise soll der Berater für den seinem Mandanten entstandenen Schaden haften, wenn der Mandant im Vertrauen darauf, dass sich die Steuerlast auf den vom Berater errechneten Betrag beschränkt, Investitionen tätigt, die er später aufgrund der tatsächlich höheren Forderungen des Finanzamts wieder rückgängig machen muss. Des Weiteren hat der Berater zivilrechtlich auch für die Folgen einer **verunglückten Selbstanzeige** einzustehen.[9]   6

Abgabenrechtlich setzt sich der Berater einem erheblichen **Haftungsrisiko** aus, wenn er sich als   7
Täter oder Teilnehmer an einer Steuerhinterziehung oder einer Steuerhehlerei beteiligt. Denn gem. § 71 AO haftet er dann sowohl für die verkürzten Steuern und die zu Unrecht gewährten Steuervorteile als auch für die diesbezüglichen Zinsen (§ 235 AO). Für eine entsprechende Inanspruchnahme des Beraters ist dabei keine strafrechtliche Verurteilung erforderlich[10]; selbst das Entgegenstehen von Verfahrenshindernissen bei der strafrechtlichen Verfolgung berührt die **abgabenrechtliche Haftung** des Beraters nicht.[11] Auch kann der Berater von der Finanzverwaltung direkt in Anspruch genommen werden und haftet nicht etwa nur im Rahmen einer bloßen Ausfallhaftung (vgl. § 219 S. 2 AO). Die Haftungsfreistellung eines Täters oder Teilnehmers einer Steuerstraftat ist im Gegenteil sogar nach der Rechtsprechung regelmäßig ermessensfehlerhaft.[12]

Schließlich besteht für den Berater die im Folgenden näher zu untersuchende Gefahr einer   8
strafrechtlichen Verantwortung. Hierbei ist zu beachten, dass insoweit kein spezielles „Beraterstrafrecht“[13] existiert, so dass sich die Strafbarkeit nach allgemeinen Grundsätzen beurteilt. Die Rechtsprechung hat diesbezüglich eine Vielzahl von Sorgfaltspflichten statuiert, die jedoch in Abhängigkeit von der konkreten Beratungssituation teils erheblich divergieren. So gelten zum Beispiel für **Steuerberater** andere Sorgfaltspflichten als für **Rechtsanwälte** oder **Insolvenzverwalter**. Die konkreten Haftungs- bzw. Strafbarkeitsrisiken werden daher maßgeblich durch die individuelle Beratungssituation und die berufsrechtliche Stellung der jeweiligen Berater bestimmt.

II. Strafrechtliche Risiken für Berater

Die Beratertätigkeit in steuerlichen Angelegenheiten und anderen Fragestellungen mit Bezug   9
zum Fiskalvermögen kann aus strafrechtlicher Sicht durchaus als **gefahrgeneigte Tätigkeit** bezeichnet werden.[14]

---

8 Vgl. ausführlich *Lutter* DZWIR 2011, 265; *Fischer* DB 2009, 1111; vgl. zum Ganzen auch Palandt/*Grüneberg* § 280 BGB Rn. 66 ff., 76 ff.
9 *BGH* BB 2010, 1353; vgl. ausführlich auch *Heuel* StB 2013, 36.
10 *BFH* BStBl II 1973, 666; Klein/*Rüsken* § 71 Rn. 6.
11 Klein/*Rusken* § 71 Rn. 6.
12 Klein/*Rüsken* § 71 Rn. 15.
13 *Wessing* NZI 2003, 1.
14 So auch Wannemacher/Partner/*Gotzens* S. 733.

10 Deutlich zu weitgehend wäre es jedoch, die Berater aufgrund ihrer „*naturgemäßen Nähe zum strafbaren Geschehen*" unter eine Art **Generalverdacht** zu stellen.[15] Eine entsprechend gesteigerte Kriminalitätsquote bei Beratern im Vergleich zu anderen Berufsgruppen wird nämlich weder durch die Kriminalstatistik gestützt noch ist die insoweit mitunter angenommene „*hohe Dunkelziffer*"[16] tatsächlich belegbar. Entsprechende Mutmaßungen widersprechen zudem der besonderen gesetzlichen Stellung eines Teils der Beraterberufe als Organe der Rechtspflege, die ein Ausdruck besonderer Vertrauenswürdigkeit ist.

11 Davon abgesehen ist bezogen auf die steuerrechtliche Beratung dennoch eine Verschärfung der strafrechtlichen Risiken der Berater zu verzeichnen: Die deutlich strengere Rechtsprechung zum Steuerstrafrecht seit Übergang der **Spezialzuständigkeit für Steuerstrafsachen** von dem 5. auf den 1. Strafsenat beim Bundesgerichtshof[17] hat nicht nur Auswirkungen auf (potenzielle) Steuersünder, sondern auch auf die jeweiligen Berater. Auch diese werden – unabhängig von der Frage nach Täterschaft oder Teilnahme – im Fall einer Mitwirkung an einer Steuerhinterziehung mit deutlich empfindlicheren Strafen bis hin zu nichtbewährungsfähigen Freiheitsstrafen rechnen müssen.

12 Das gesteigerte Risiko strafrechtlicher Verfolgung für steuerliche Berater hat Bielefeld wie folgt auf den Punkt gebracht:

„*Der Druck, den Legislative, Exekutive und Judikative auf die Steuerpflichtigen mit Hilfe des Strafrechts ausüben, wird auch steuerliche Berater treffen. Je höher der Druck auf die Steuerpflichtigen, desto zwangsläufiger wird es Fälle geben, in denen Berater mitbeschuldigt werden. Beschuldigte Steuerpflichtige werden viel häufiger überlegen, ob sie sich mit Verweis auf den Berater exkulpieren können*".[18]

1. Die Beteiligung des Beraters an Straftaten und Ordnungswidrigkeiten

a) Steuerdelikte

13 Die für den Steuerpflichtigen geltenden Straf- und Ordnungswidrigkeitentatbestände gelten grundsätzlich gleichermaßen auch für dessen Berater. So ist der Tatbestand der **Steuerhinterziehung** (§ 370 AO) als Jedermann-Delikt formuliert („*wer*") und erfasst zudem explizit auch das Erlangen von Steuervorteilen *für einen anderen*. Auch die **leichtfertige Steuerverkürzung** (§ 378 AO) bezieht sich bereits dem Wortlaut nach auf die *Wahrnehmung der Angelegenheiten eines Steuerpflichtigen* (vgl. Rn. 20 ff). Schließlich knüpft der Tatbestand der **Steuergefährdung** (§ 379 AO) an die Tätigkeit der Buchführung an, die häufig nicht durch den Steuerpflichtigen selbst, sondern durch den Berater ausgeführt wird.

aa) Die Beteiligung des Beraters als Täter

14 Der Berater kann zunächst selbst als **Täter** an den Taten des Steuerpflichtigen beteiligt sein.

---

15 Tendenziell in diese Richtung aber Häcker (*Müller-Gugenberger/Bieneck* S. 2614): „*Es hat sich auch gezeigt, dass selbst die traditionellen, staatlich gebundenen Beraterberufe – Rechtsanwälte, Steuerberater, Wirtschaftsprüfer, Notare – trotz besonders geregelter und überwachter Berufspflichten in keiner Weise davor gefeit sind, sich in Straftaten ihrer Mandanten verstricken zu lassen. Bezüglich strafbarer Verstrickungen in Wirtschaftsstraftaten muss auch die Dunkelziffer gerade dieser Beraterberufe hoch veranschlagt werden*".
16 Müller-Gugenberger/Bieneck/*Häcker* S. 2614.
17 S.o. Rn. 1 f.
18 *Bielefeld* FS Imme Roxin, S. 409.

(1) Steuerhinterziehung (§ 370 AO) Täter einer **Steuerhinterziehung** kann entgegen weniger 15
Stimmen[19] auch derjenige sein, der selbst nicht Steuerpflichtiger ist.[20] Gegen die Einordnung
der Steuerhinterziehung als Sonderdelikt, das nur durch den Abgabepflichtigen begangen
werden kann, spricht bereits der eindeutige Wortlaut des § 370 Abs. 1 AO, der ausdrücklich
auch das Erlangen von Steuervorteilen für einen anderen als tatbestandlich konstituiert.[21] Freilich gilt dies nur insoweit, als die Deliktsvarianten des § 370 AO tatbestandlich nicht ausdrücklich an die Eigenschaft als Abgabepflichtigen anknüpfen. Pflichtwidrig in Unkenntnis lassen
i.S.d. § 370 Abs. 1 Nr. 2 AO und pflichtwidrig unterlassen i.S.d. § 370 Abs. 1 Nr. 3 AO kann nur
derjenige, der tatsächlich auch Träger der steuerlichen Erklärungspflicht ist. Dies ist grundsätzlich nur der Steuerpflichtige selbst, nicht hingegen sein Berater.[22]

Eine **Täterschaft** des Beraters wegen Steuerhinterziehung gem. § 370 Abs. 1 Nr. 1 AO kommt 16
nur dann in Betracht, wenn der Berater selbst nach außen hin auftritt. Anderenfalls *„macht
[er] den Finanzbehörden"* keine unrichtigen Angaben.[23] In Ausnahmefällen kann auch eine
mittelbare Täterschaft gegeben sein. Dies wird teilweise bereits für den Fall angenommen,
dass ein Vorsatz des Steuerpflichtigen nicht nachzuweisen ist.[24] Richtigerweise kommt eine
mittelbare Täterschaft aber in einer solchen Konstellation allenfalls dann in Betracht, wenn ein
Vorsatz des Vordermanns auszuschließen ist.[25]

Eigene Angaben macht der Steuerberater insbesondere dann, wenn er die Steuererklärung sei- 17
nes Mandanten selbst unterschreibt. Denn mit der Unterschrift macht der Berater deutlich,
selbst für die Angaben einstehen zu wollen.[26] Kein für § 370 Abs. 1 AO relevanter Erklärungsgehalt kommt demgegenüber dem reinen **Mitwirkungsvermerk** des Beraters in einer Steuererklärung zu, da diese Angaben für die Richtigkeit der Steuererklärung irrelevant sind.[27]

Auch außerhalb der Abgabe von Steuererklärungen bestehen Möglichkeiten zur Abgabe 18
unrichtiger Angaben durch den Berater, so z.B. bei **Begleitschreiben zur Steuererklärung,
Stundungs- und Erlassanträgen** oder im Rahmen einer **tatsächlichen Verständigung** mit den
Finanzbehörden.[28] So ist nach der Rechtsprechung der Tatbestand der (versuchten) Steuerhinterziehung auch dann erfüllt, wenn der Berater im Rahmen einer tatsächlichen Verständigung
gegenüber den Finanzbehörden bewusst den Sachverhalt verfälscht, um eine niedrigere Festsetzung zu erreichen.[29] Gleiches gilt für falsche Angaben gegenüber der Betriebsprüfung.[30]
Ebenfalls ist der Anwendungsbereich des § 370 AO eröffnet, wenn durch unzutreffende Angaben zu den Vermögensverhältnissen des Steuerpflichtigen ein Erlass oder eine Stundung der
Steuerforderungen erreicht werden soll.[31]

---

19 Vgl. insoweit z.B. MK-StGB/*Schmitz/Wulf* § 370 AO Rn. 260, 343.
20 *BGHSt* 38, 37, 41; *BGH* NJW 2003, 446, 447; *BGH* NJW 2003, 2924; *Fischer* § 25 Rn. 47.
21 A.A. MK-StGB/*Schmitz/Wulf* § 370 AO Rn. 260, 343, welche die Steuerhinterziehung insgesamt als Sonderdelikt ansehen.
22 Vgl. hierzu *BGH* NJW 2013, 2449; NStZ 1996, 563, 565; *Höll* wistra 2013, 455; *Reichling/Lange* NStZ 2014, 311.
23 *BayObLG* wistra 1994, 34, 35; *OLG Zweibrücken* wistra 2009, 127.
24 Klein/*Jäger* § 370 Rn. 225.
25 Vgl. zur mittelbaren Täterschaft ausführlich auch *Gräfe/Lenzen/Schmeer* Steuerberaterhaftung, Rn. 1387.
26 *BFH* wistra 2014, 65; Wannemacher/Partner/*Gotzens* Steuerstrafrecht S. 718 m.w.N. Dies gilt freilich wiederum nur insoweit, als die Erklärung nicht vom Steuerpflichtigen selbst unterschrieben sein muss.
27 *BFH* wistra 2014, 65; *BGH* NJW 1998, 1568, 1573; *BayObLG* NStZ 1994, 136, 137; *Bielefeld* FS Imme Roxin,
S. 394; *Krekeler* PStR 2002, 129.
28 *BGH* wistra 1999, 103.
29 *BGH* wistra 1999, 103.
30 *BGHSt* 38, 37; *BGH* wistra 1993, 302.
31 *BGHSt* 43, 381.

19 Dennoch bleibt festzuhalten, dass sich die Tätigkeit des Beraters in der Praxis regelmäßig auf eine Beratung des Mandanten im Innenverhältnis bzw. eine Vorbereitung der durch den Mandanten in der Folge abzugebenden Erklärungen beschränkt. Diesen Handlungen kommt nach außen kein Erklärungsgehalt zu,[32] so dass das typische Risiko des Beraters, sich wegen einer Beteiligung an Straftaten des Mandanten selbst strafbar zu machen, im Bereich der Beihilfe liegt.[33]

20 **(2) Leichtfertige Steuerverkürzung (§ 378 AO)** Auch Täter einer **leichtfertigen Steuerverkürzung** (§ 378 AO) kann der Berater sein, da er im Rahmen seiner Tätigkeit regelmäßig „Angelegenheiten eines Steuerpflichtigen wahrnimmt". Wie die Steuerhinterziehung (§ 370 AO) setzt indes auch eine Täterschaft wegen leichtfertiger Steuerverkürzung voraus, dass der Berater den Steuerpflichtigen auch nach außen hin vertritt.[34] Sofern der steuerliche Berater die Erklärung lediglich vorbereitet und diese letztlich von dem Steuerpflichtigen selbst unterschrieben wird, fehlt es hingegen an eigenen Angaben des Beraters.[35] Soweit der 4. Senat des Bundesfinanzhofs zwischenzeitlich die Auffassung vertreten hatte, dass als Täter des § 378 AO auch der steuerliche Berater in Betracht kommt, der nicht gegenüber dem Finanzamt hervortritt[36] und damit an die reichsgerichtliche Rechtsprechung angeknüpft hat,[37] ist er auf Anfrage des 8. Senats von dieser Auffassung wieder abgerückt.[38]

21 **Leichtfertig** handelt der Berater, wenn er die Sorgfalt außer Acht lässt, zu der er nach den besonderen Umständen des Einzelfalls und seinen persönlichen Fähigkeiten und Kenntnissen verpflichtet und imstande ist, obwohl sich ihm aufdrängen musste, dass dadurch eine Steuerverkürzung eintreten wird (vgl. ausführlich 18. Kap. Rn. 13 ff.)[39]

22 Ein steuerlicher Berater unterliegt dabei – entsprechend seiner Zulassung zur berufsmäßigen Ausübung einer steuerberatenden Tätigkeit – in Bezug auf Vorbildung, Ausbildung, Erfahrung und Fähigkeiten einem erhöhten **Sorgfaltsmaßstab**.[40] Insbesondere hat er die einschlägigen Steuergesetze sowie die darauf bezogene höchstrichterliche Rechtsprechung zu kennen und zu verfolgen.[41] Gehen die persönlichen Fähigkeiten des Beraters darüber hinaus, z.B. aufgrund besonderer Spezialkenntnisse, sind diese bei der Beurteilung des Sorgfaltsmaßstabs mit einzubeziehen.[42] Anhand des ermittelten Sorgfaltsmaßstabs ist in der Folge die Tätigkeit des Beraters zu messen.

23 **(3) Steuergefährdung (§ 379 AO)** Der Ordnungswidrigkeitentatbestand der **Steuergefährdung** gem. § 379 AO knüpft an die Tätigkeit der **Buchführung** an. Wird diese durch den Berater ausgeführt, kommt dieser unproblematisch als Täter der Steuergefährdung in Betracht (vgl. ausführlich 18. Kap. Rn. 28 ff.).

---

32 *BFH* wistra 2014, 65.
33 S. sogleich Rn. 24 ff.
34 S.o. Rn. 16; vgl. *BFH* NJW 2014, 653; *OLG Zweibrücken* DStRE 2009, 321; *BayObLG* NStZ 1994, 136, 137 m.w.N.
35 *BFH* NJW 2014, 653; *OLG Zweibrücken* DStRE 2009, 321.
36 *BFHE* 200, 495; Franzen/Gast/*Joecks* § 378 Rn. 12, 13.
37 *RGSt* 57, 218.
38 *BFH* NJW 2014, 653.
39 *BGH* HRF 2010, 866; vgl. auch Klein/*Jäger* § 378 Rn. 20.
40 *FG Baden-Württemberg* EFG 2004, 867, 867-869.
41 *FG Baden-Württemberg* EFG 2004, 867, 867-869; Franzen/Gast/*Joecks* § 378 Rn. 46.
42 *BFH* NJW 1987, 2253.

bb) Die Beteiligung des Beraters als Gehilfe

Das größte Risiko des Beraters, sich wegen einer Beteiligung an Straftaten des Mandanten selbst strafbar zu machen, liegt im Bereich der **Beihilfe** nach § 27 StGB. Denn für eine Beihilfestrafbarkeit ist grundsätzlich bereits ausreichend, dass der Berater die Tat des Steuerpflichtigen in irgendeiner Weise erleichtert oder fördert, ohne dass die Hilfeleistung für den Taterfolg ursächlich sein muss.[43] Die Beihilfe kann dabei physischer oder auch nur psychischer Natur sein, wobei die Rechtsprechung für den Fall der nur psychischen Beihilfe verlangt, dass der Berater die Tat objektiv gefördert oder erleichtert hat und dass der Berater sich dessen bewusst war.[44] Eine reine Billigung der Tat reicht insoweit nicht aus.[45] **24**

Eine Beteiligung in Form der **Anstiftung** setzt hingegen voraus, dass der Berater bei einem noch nicht zur Tat entschlossenen Mandanten erstmalig einen Tatentschluss hervorruft. Insoweit wird der praktische Nachweis in der Regel kaum zu erbringen sein. Insbesondere bei der aktiven Gestaltung von Steuersparmodellen ist insoweit jedoch Vorsicht geboten. **25**

(1) Gesteigerte Voraussetzungen der Beihilfe bei berufsneutralen Handlungen Da sich nach den allgemeinen Beihilfegrundsätzen zahlreiche Berufsgruppen im Rahmen ihrer täglichen **Berufsausübung** einem regelmäßigen Strafbarkeitsrisiko ausgesetzt sähen, besteht im Hinblick auf die durch Art. 12 GG geschützte Berufsausübungsfreiheit Einigkeit dahingehend, dass bei sogenannten „berufstypischen" oder „**neutralen Handlungen**" im Rahmen der Berufsausübung höhere Anforderungen an eine Strafbarkeit zu stellen sind.[46] **26**

Von der Literatur werden Einschränkungen der Strafbarkeit dabei auf verschiedensten Ebenen der Zurechnung angenommen.[47] Ein Teil der Lehre setzt bereits auf der Ebene des objektiven Tatbestandes an. So will die sog. „Lehre von der professionellen Adäquanz" nach den Grundsätzen der allgemeinen Sozialadäquanz regelkonformes und neutrales Verhalten aus dem Bereich der Beihilfestrafbarkeit ausnehmen.[48] Ähnlich verfahren andere Stimmen, die ein grundsätzlich konformes Handeln nur dann als strafbar ansehen, wenn es sich nicht von dem deliktischen Plan des Haupttäters distanziert.[49] Ein anderer Teil der Lehre stellt hingegen maßgeblich auf das voluntative Vorsatzelement ab und fordert eine Beschränkung der Strafbarkeit auf Fälle mit „speziellem Tatförderungswillen",[50] direktem Vorsatz[51] oder gar dolus directus 1. Grades.[52] Schließlich wird zum Ausschluss der Strafbarkeit auf gemischt objektiv-subjektive Modelle zurückgegriffen. Nach der insoweit vorherrschenden Lehre vom deliktischen Sinnbezug liegt eine Beihilfestrafbarkeit dann vor, wenn der Handelnde den strafbaren Tatentschluss des Hintermannes kennt und sein Beitrag einen entsprechenden Sinnbezug aufweist. In diesem verliere das Verhalten des Beraters seinen alltäglichen Charakter.[53] **27**

---

43 *BGHSt* 2, 130; 54, 140; *BGH* NStZ 1996, 563, 564; MK-StGB/*Joecks* § 27 Rn. 46; Schönke/Schröder/*Heine*/
   Weißer § 27 Rn. 3 ff.
44 *BGH* NStZ 1993, 233.
45 *BGH* NStZ 1996, 563.
46 Vgl. zu den einzelnen dogmatischen Ansätzen ausführlich Leitner/*Dannecker*/*Hagemeier* S. 63 ff.; *Putzke*
   ZjS 2014, 635.
47 Vgl. insoweit ausführlich Volk/*Knauer*/*Kämpfer* § 3 Rn. 83.
48 Vgl. *Hassemer* wistra 1995, 41, 81, 83.
49 *Jakobs* ZStW 89 (1977), 1, 23.
50 *Baumgarte* wistra 1992, 41; *Bilsdorfer* DStP 1989, 115.
51 *Carl*/*Klos* wistra 1994, 211, 213; *Otto* FS Lenckner, S. 215.
52 SK-StGB/*Hoyer* § 27 Rn. 29 ff.
53 Vgl. insbesondere *Roxin* FS Stree/Wessels, S. 378 ff.; *ders.* FS Miyazawa, S. 501, 513, jeweils m.w.N.

28 Die neuere Rechtsprechung hat die Lehre vom deliktischen Sinnesbezug im Wesentlichen übernommen. So hat der 5. Strafsenat in seiner Rechtsanwaltsentscheidung vom 20.9.1999[54] ausgeführt: *„Zielt das Handeln des Haupttäters ausschließlich darauf ab, eine strafbare Handlung zu begehen, und weiß dies der Hilfeleistende, so ist sein Tatbeitrag als Beihilfehandlung zu werten [...] In diesem Fall verliert sein Tun stets den ‚Alltagscharakter‘.* Gleiches gilt, wenn der Hilfeleistende zwar nicht positiv weiß, dass sein Beitrag die Begehung einer Straftat fördert, er eine Förderung illegalen Tuns jedoch für *überaus wahrscheinlich* hält.[55]

29 Zwar legt der BGH für die Ermittlung des Wissens um die Förderung einer Straftat strenge Maßstäbe an und lässt einen nur teilweise deliktischen Zweck des Handelns bei gleichzeitig legitimen Zielen des Hintermannes für eine Beihilfestrafbarkeit nicht ausreichen.[56] So hat der BGH in der sog. „Jahresbefehlsentscheidung" die Strafbarkeit der Angeklagten deswegen entfallen lassen, weil neben der strafbaren Tötung der Grenzverletzer in der damaligen DDR auch die legitime Landesverteidigung zu beachten war.[57] Andererseits hat der BGH aber in der sog. „Bankenentscheidung" auch ausdrücklich klargestellt, dass allein die Tatsache, dass jemand im Rahmen seiner Berufsausübung handelt, dessen Strafbarkeit als Teilnehmer nicht entfallen lassen kann. Im betreffenden Fall hatten Bankangestellte ihren Kunden durch Einrichtung von Sammel-Konten, einer an sich legitimen und insbesondere berufstypischen Handlung, den anonymisierten Kapitaltransfer ins Ausland ermöglicht.[58] Noch deutlicher geht diese Prämisse aus der Entscheidung im sog. „Mannesmann-Prozess" hervor. Die augenscheinlich berufsneutrale Vorbereitung von Beschlüssen und deren Umsetzung ist hier nach Ansicht des BGH schon deshalb nicht mehr als *berufstypische Handlung mit Alltagscharakter* zu qualifizieren, weil die Angeklagten damit gezielt die Zuwendung von Sonderzahlungen förderten.[59]

30 **(2) Privilegierung von Rechtsanwälten** Die dargestellten Grundsätze berufsneutralen Verhaltens sind von der Rechtsprechung ausdrücklich auch für die Berufsgruppe der **Rechtsanwälte** anerkannt.[60]

31 Darüber hinaus hat die Rechtsprechung eine **Vermutung** dahingehend entwickelt, dass das Bewusstsein und der Wille des Rechtsanwalts im Fall einer *„bloße[n] Rechtsberatung“*,[61] ausschließlich dahin geht, nach den Regeln seiner **Standespflicht** Rechtsauskunft und Rechtsrat zu erteilen, und nicht darauf gerichtet ist, strafbare Handlungen seiner Mandanten zu fördern.[62] Da es zu den Standes- und Berufspflichten des Rechtsanwalts gehöre, *„denjenigen, die seinen Rat erfordern, nach bestem Wissen diesen Rat zu erteilen“*, müsse von vornherein davon ausgegangen werden, dass der Rechtsanwalt allein dieser Pflicht nachkommen wolle.[63] Der Bundesgerichtshof hat allerdings ebenfalls klargestellt, dass diese Vermutung dann nicht mehr gilt, wenn die Tätigkeit des Rechtsanwalts *„über eine bloße Rechtsberatung hinaus“* geht.[64] Dies sei

---

54 *BGH* NStZ 2000, 34.
55 *BGHSt* 46, 107, 113.
56 *BGH* NStZ 2001, 364.
57 *BGH* NStZ 2001, 364.
58 *BGHSt* 46, 107.
59 *BGH* NJW 2006, 528.
60 *BGH* NStZ 2000, 34.
61 *BGH* NStZ 2000, 34.
62 *BGH* NStZ 2000, 34; NJW 1992, 3047; RGSt 37, 321, 323; *OLG Stuttgart* NJW 1987, 2883; *Ignor* StraFo 2001, 42, 44.
63 *RGSt* 37, 321, 323; vgl. auch *OLG Stuttgart* NJW 1987, 2883; *Ignor* StraFo 2001, 42, 44.
64 *BGH* NStZ 2000, 34.

beispielsweise dann der Fall, wenn der Rechtsanwalt für seine Mandanten eine Werbebroschüre erstelle, welche zur betrügerischen Erlangung von Anlagegeldern verwendet wird.[65]

(3) Privilegierung von Steuerberatern Mit Urteil vom 21.8.2014[66] hat der 1. Strafsenat des   **32** Bundesgerichtshofs ausdrücklich festgestellt, dass die oben dargestellten Grundsätze für berufsneutrales Verhalten auch für die Berufsgruppe der **Steuerberater** gelten: Ziele das Handeln des Steuerpflichtigen ausschließlich darauf ab, eine strafbare Handlung zu begehen, und wisse dies der Berater, so sei sein Tatbeitrag als Beihilfehandlung zu werten, da sein Tun in diesem Fall seinen *„Alltagscharakter"* verliere und als *„Solidarisierung"* mit dem Täter zu deuten sei. Halte es der Berater hingegen lediglich für möglich, dass sein Tun zur Begehung einer Straftat genutzt wird, so sei *„sein Handeln regelmäßig noch nicht als strafbare Beihilfehandlung zu beurteilen, es sei denn, das von ihm erkannte Risiko strafbaren Verhaltens des von ihm Unterstützten war derart hoch, dass er sich mit seiner Hilfeleistung die Förderung eines erkennbar tatgeneigten Täters angelegen sein ließ".*[67]

Eine – wie bei Rechtsanwälten – darüber hinausgehende Vermutung, dass im Falle einer blo-   **33** ßen Beratung der Wille des Beraters ausschließlich darauf gerichtet sei, nach den Regeln seiner **Standespflicht** Rechtsauskunft und Rechtsrat zu erteilen, hat die Rechtsprechung bisher für Steuerberater nicht statuiert. Eine solche Ausweitung wäre indessen zu befürworten.[68] Denn die Stellung des Steuerberaters ist mit der des Rechtsanwalts vergleichbar: Auch für den Steuerberater gelten umfassende Standespflichten, auch sein Beruf ist besonders geschützt und erfordert eine besondere Ausbildung. Die steuerrechtliche Beratungssituation zwischen Steuerberater und Mandant ist ebenso wie die Beratungssituation zwischen Rechtsanwalt und Mandant durch ein schutzwürdiges Vertrauensverhältnis gekennzeichnet.[69] Auch ist der Steuerberater gem. § 392 AO berechtigt, einen Beschuldigten, dem Steuerstraftaten zur Last gelegt werden, zu verteidigen.[70] Schließlich treffen den Steuerberater auch umfassende Pflichten nach dem Geldwäschegesetz.[71] Vor diesem Hintergrund ist dem Steuerberater im gleichen Maße ein besonderes Vertrauen dahingehend entgegenzubringen, dass auch er bei der Erteilung eines Rats allein seinen beruflichen Pflichten nachkommen möchte.

b)   Geldwäsche

Im Bereich des Fiskalstrafrechts besteht für Berater zudem stets das Risiko, in den Bereich   **34** strafbarer Geldwäsche zu gelangen.[72]

aa)   Geldwäsche bei Steuerdelikten

Tatobjekt der Geldwäsche sind sämtliche Gegenstände, die aus einer der in § 261 Abs. 1 S. 2   **35** StGB aufgezählten **Vortaten** herrühren. Wer sich oder einem Dritten einen solchen Gegenstand in Kenntnis seiner Herkunft verschafft oder einen solchen Gegenstand verwahrt oder verwendet, macht sich wegen Geldwäsche strafbar.

---

65 *BGH* NStZ 2000, 34.
66 *BGH* NStZ-RR 2014, 316.
67 *BGH* NStZ-RR 2014, 316.
68 Ebenso *Krekeler* PStR 2002, 129.
69 *Raschke* NStZ 2012, 606, 610.
70 *Raschke* NStZ 2012, 606, 610.
71 S. hierzu Rn. 34.
72 Vgl. zur Geldwäsche ausführlich Volk/*Berndt* § 21.

36 Zwar ist aus dem Bereich der Steuerdelikte als Vortat alleine die gewerbsmäßige oder bandenmäßige Steuerhinterziehung erfasst, § 261 Abs. 1 S. 2 Nr. 4b StGB. Diese hat jedoch insbesondere über den Bereich der sogenannten „Umsatzsteuerkarusselle" in der steuerstrafrechtlichen Praxis eine erhebliche Bedeutung. Zudem wird der Anwendungsbereich der Geldwäsche für die erfassten Steuerdelikte gem. § 261 Abs. 1 S. 3 StGB auf durch die Steuerhinterziehung ersparte Aufwendungen und unrechtmäßig erlangte Steuererstattungen und –vergütungen ausgeweitet. Auch Gegenstände, hinsichtlich derer Abgaben hinterzogen worden sind, sind taugliche Tatobjekte, was insbesondere bei der Hinterziehung von **Einfuhr- und Ausfuhrabgaben** relevant wird.[73]

bb) Geldwäsche durch Honorarannahme

37 Auch bei der Entgegennahme von Beraterhonorar bestehen für Berater erhebliche Risiken.

38 Insoweit hat der 2. Strafsenat des Bundesgerichtshofs mit Urteil vom 4.7.2001[74] ausdrücklich entschieden, dass die Annahme von gem. § 261 Abs. 1 S. 2 StGB bemakelten Geldern als **Beraterhonorar** den Tatbestand der Geldwäsche erfüllt, sofern der Berater das Honorar in Kenntnis seiner Herkunft annimmt. Im betreffenden Fall hatten die Verteidiger Bargeld als Honorarvorschuss entgegengenommen, wobei sie billigten, dass dieses Geld aus strafbewehrten Geschäften herrührte, denen auch die Verteidigung zugrunde lag.

39 Zwar hat das Bundesverfassungsgericht[75] diese Entscheidung insoweit relativiert, als § 261 Abs. 2 StGB bei der Honorarzahlung für Strafverteidiger nur eingeschränkt Anwendung findet. Namentlich sei bei der Annahme von **Verteidigerhonoraren** eine Tatbestandseinschränkung dahingehend vorzunehmen, dass eine strafbare Geldwäsche lediglich dann vorliegt, wenn der Verteidiger *sicheres Wissen* von der Honorarherkunft besitzt. Eine Strafbarkeit bereits bei bloßem Eventualvorsatz würde den Verteidiger hingegen unzumutbar in seiner Berufsausübung (Art. 12 GG) beschränken, da es gerade in der strafrechtlichen Beratung naheliegend sein kann, dass der Mandant seine finanziellen Mittel auf deliktische Weise erlangt hat und der Verteidiger daher einem signifikant erhöhten und im Ergebnis nicht gerechtfertigten Strafbarkeitsrisiko ausgesetzt wäre.

40 Die Entscheidung des Bundesverfassungsgerichts gilt jedoch ausdrücklich nur für den Fall anwaltlicher Strafverteidigung. Ob die Entscheidung auch für **andere Berufsgruppen** Geltung beansprucht, ist bis heute nicht entschieden. Da aber auch Steuerberater, Steuerbevollmächtigte, Wirtschaftsprüfer und vereidigte Buchprüfer in Steuerstrafverfahren verteidigen dürfen (§ 392 AO), erscheint es zwingend geboten, eine entsprechende Tatbestandeinschränkung auch für diese Berufsgruppen vorzunehmen, soweit sie als Verteidiger tätig sind. Insbesondere bei den sonstigen Bereichen der Steuerberatung ist jedoch nach wie vor erhöhte Vorsicht geboten.[76]

cc) Pflichten nach dem Geldwäschegesetz

41 Schließlich gehört ein Großteil der steuerlichen Berater, wie zum Beispiel Rechtsanwälte, Steuerberater oder Wirtschaftsprüfer, gem. § 2 Abs. 1 Nr. 7, Nr. 8 GwG zu den **Verpflichteten des Geldwäschegesetzes** (GwG). Sie unterliegen daher zum Zwecke der Geldwäsche- und Terrorismusbekämpfung einer Reihe von – gem. § 17 GwG bußgeldbewehrten – Pflichten, deren Ein-

---

73 Vgl. hierzu ausführlich *Fischer* § 261 Rn. 8c, 16a ff.; Wannemacher/Partner/*Gotzens* S. 715.
74 *BGHSt* 47, 68.
75 *BVerfG* NJW 2004, 1305.
76 Vgl. zum Ganzen ausführlich *Raschke* NStZ 2012, 606.

haltung von den jeweiligen berufsständischen Kammern überwacht wird (§ 16 Abs. 1, Abs. 2 Nr. 4, Nr. 7, Nr. 8 GwG).

§ 3 GwG legt dabei die **allgemeinen Sorgfaltspflichten** fest, die aus der Stellung als Verpflichteter resultieren. Je nach Risikogeneigtheit der Beratungssituation sind diese Pflichten für bestimmte Fälle vereinfacht (§ 5 GwG) oder verschärft (§ 6 GwG) ausgestaltet. Mit den so definierten Sorgfaltsanforderungen haben die Berater insbesondere ausreichende Informationen über ihre Mandanten und den Zweck der Beratung einzuholen und in der Folge die Geschäftsbeziehung zu ihren Mandanten kontinuierlich zu überwachen. | **42**

Bei Verdachtsfällen sind die Berater verpflichtet, diese ihrer berufsständischen Kammer zu melden, sofern sich der meldepflichtige Sachverhalt nicht auf Informationen bezieht, die der Berater im Rahmen der Beratung oder Vertretung seines Mandanten erlangt, § 11 Abs. 1, Abs. 3 GwG. Zur Bestellung eines **Geldwäschebeauftragten** sind sie hingegen nicht verpflichtet, auch wenn sie gesellschaftlich oder partnerschaftlich organisiert sind. | **43**

c)   Sonstige Delikte

Auch an den sonstigen Delikten des Fiskalstrafrechts[77] kann sich der Berater nach den oben dargestellten Grundsätzen als (Mit-)Täter oder Gehilfe seines Mandanten beteiligen. | **44**

Gerade im Bereich des Fiskalstrafrechts sind jedoch zahlreiche Delikte als Sonderdelikte ausgestaltet, wie z.B. die **Untreue** (§ 266 StGB) oder die **Insolvenzdelikte** der §§ 283 ff. StGB, so dass seitens des Beraters oftmals lediglich eine Beihilfe in Betracht kommt. | **45**

Anderes gilt jedoch für den **Insolvenzverwalter**, da dieser durch seine Bestellung gesetzlicher Vertreter i.S.d. § 14 Abs. 1 Nr. 3 StGB wird, jedenfalls aber § 14 Abs. 2 Nr. 1 StGB unterfällt, so dass er mit einer besonderen Pflichtenstellung i.S.v. § 14 StGB handelt. Für die Strafbarkeit des Insolvenzverwalters ist daher regelmäßig gesondert zu prüfen, ob die strafbegründenden Merkmale, die den Unrechtsgehalt der Tat beim Täter ausmachen, bei ihm als Teilnehmer auch vorliegen; anderenfalls greift zu seinen Gunsten eine Strafmilderung ein.[78] | **46**

2.   Konkrete Beratungsrisiken

Neben den oben dargestellten, allgemeinen Strafbarkeitsrisiken bestehen für Berater spezifische, aus bestimmten Beratungssituationen resultierende Risiken. | **47**

Im Rahmen der Steuerberatung besteht dabei – dies liegt aufgrund des Gegenstands der Beratung auf der Hand – vor allem die Gefahr, sich als Täter oder Teilnehmer eines Steuerdelikts gem. §§ 369 ff. AO strafbar zu machen. Anders als sein Mandant hat der Berater als Steuerrechtskundiger auch kaum die Möglichkeit der **Exkulpation** aufgrund einer **Verantwortungsdelegation**, da ihn auch hinsichtlich seiner Angestellten eine Nachprüfungspflicht trifft.[79] Darüber hinaus gilt für den Berater aufgrund seiner Vorbildung, Ausbildung, Erfahrung und Fähigkeiten[80] ein höherer Sorgfaltspflichtmaßstab.[81] Bei der steuerlichen Beratung ist daher eine Vielzahl von Pflichten zu beachten, deren Verletzung straf- oder ordnungswidrigkeitsrechtliche Konsequenzen nach sich ziehen kann: | **48**

---

77   Vgl. 21. Kap. ff.
78   Vgl. zur Strafbarkeit des Insolvenzverwalters allgemein auch *Richter* NZI 2002, 121; *Wessing* NZI 2003, 1.
79   *Krekeler* PStR 2002, 129; Müller-Gugenberger/Bieneck/*Häcker* S. 2758.
80   Klein/*Jäger* § 378 Rn. 10.
81   S.o. Rn. 22.

a) Vertrauen auf die Angaben des Mandanten

49 Grundsätzlich darf der Berater den **Angaben des Mandanten** vertrauen. Der steuerliche Berater ist Helfer des Steuerpflichtigen und nicht Sachwalter der Finanzbehörden. Ihn trifft daher keine Pflicht, die Angaben seines Mandanten zu überprüfen oder eigene Nachforschungen anzustellen.[82] Sind keine besonderen Anhaltspunkte dafür gegeben, dass die Angaben unrichtig oder unvollständig sind, so darf er sich auf deren Korrektheit verlassen.

50 Etwas anderes gilt jedoch dann, wenn sich Zweifel an den Angaben des Mandanten aufdrängen.[83] In einem solchen Fall ist eine **Nachforschungspflicht** gegeben.[84] Kommt der Steuerberater dieser Pflicht nicht nach und stellt sich im Nachhinein heraus, dass er an einer Steuererklärung mitgearbeitet hat, die nicht zutreffend war, läuft er Gefahr, sich strafbar zu machen. Ob dann der Straftatbestand der (Beihilfe zur) Steuerhinterziehung gem. § 370 AO oder – vorausgesetzt, der Steuerberater hat die Erklärung unterschrieben[85] – lediglich der Ordnungswidrigkeitentatbestand der leichtfertigen Steuerverkürzung gem. § 378 AO erfüllt ist, hängt entsprechend der allgemeinen Kriterien für die Abgrenzung von Vorsatz und (bewusster) Fahrlässigkeit[86] vor allem davon ab, ob der Berater auf den günstigen Ausgang, also die Korrektheit der Angaben, vertraut hat (dann liegt § 378 AO nahe) oder nicht (dann wäre § 370 AO gegeben).[87] Selbst bei Zweifeln kommt allenfalls eine leichtfertige Steuerverkürzung und dies auch nur dann in Betracht, wenn sich dem Berater die Unrichtigkeit oder Unvollständigkeit der Angaben aufdrängt. Einfache Zweifel genügen insoweit nicht.[88]

b) Kenntlichmachung abweichender Rechtsauffassungen

51 Die Frage, ob der Steuerberater bei Abgabe einer Steuererklärung für den Mandanten verpflichtet ist, auch diejenigen Sachverhalte mitzuteilen, die eine Steuerrelevanz zwar nicht nach der eigenen, wohl aber unter Zugrundelegung einer **abweichenden Rechtsauffassung** begründen können, ist umstritten.[89]

52 Gegen eine entsprechende **Mitteilungspflicht** spricht grundsätzlich bereits der Wortlaut der §§ 370, 378 AO, der ausdrücklich an steuerlich erhebliche *Tatsachen*, nicht hingegen an steuerliche Rechtsauffassungen anknüpft. Zudem ist zu berücksichtigen, dass der Berater zivilrechtlich in der Pflicht steht, seinem Mandanten das günstigste erfolgversprechende Vorgehen anzuraten.[90] Aus diesem Grund darf er der Steuererklärung nicht ohne Weiteres eine Gesetzesauslegung zugrundelegen, die zweifelsohne vom Finanzamt anerkannt wird, jedoch für den Mandanten nachteilhaft ist.[91] Vielmehr hat der Berater gegebenenfalls eine solche Rechtsauf-

---

82 *OLG Bremen* StV 1985, 282, 284; *Bielefeld* FS Imme Roxin S. 395; Müller-Gugenberger/Bieneck/*Häcker* S. 2752.

83 Wannemacher/Partner/*Gotzens* S. 715.

84 *RGSt* 68, 411, 413; *Bielefeld* FS Imme Roxin, S. 395; Klein/*Jäger* § 378 Rn. 10; Müller-Gugenberger/Bieneck/*Häcker* S. 2757.

85 *BGH* NJW 1998, 1568, 1573; *BayObLG* NStZ 1994, 136, 137; *Bielefeld* FS Imme Roxin, S. 394.

86 Vgl. dazu etwa MK-StGB/*Joecks* § 16 Rn. 51 ff.

87 Vgl. hierzu auch *Krekeler* PStR 2002, 129.

88 Wannemacher/Partner/*Gotzens* S. 715.

89 Vgl. hierzu etwa *BGH* wistra 2000, 137; 2000, 217; 1995, 69; *Dörn* wistra 1992, 241, 246; *Hild* BB 2001, 493; Klein/*Jäger* § 370 Rn. 226; Wannemacher/Partner/*Gotzens* S. 711.

90 *BGH* NJW 1995, 3248; Wannemacher/Partner/*Gotzens* S. 711.

91 Wannemacher/Partner/*Gotzens* S. 711.

fassung zu wählen, die das Finanzamt möglicherweise (zunächst) ablehnt, die er aber für zutreffend hält und hinsichtlich derer er realistische Chancen sieht, sie auch durchzusetzen.[92]

Jedoch werden gerade in Steuererklärungen und anderen Steuerformularen oftmals Rechtsfragen und Tatsachen vermischt. Zudem sind die am Steuerfestsetzungsverfahren Beteiligten nach § 90 Abs. 1 S. 2 AO dazu verpflichtet, alle steuerrelevanten Tatsachen offenzulegen – auch wenn dies aufgrund des § 150 Abs. 1 AO zumeist nur in Form der Wiedergabe von Beträgen ohne Sachverhaltsschilderung geschieht. Werden daher bestimmte Tatsachen nicht vorgetragen, die zwar nicht nach der zugrunde gelegten, jedoch nach einer anderen Rechtsauffassung vorzutragen wären, so besteht die Gefahr, dass die Steuererklärung als unvollständig bewertet wird.   53

Dementsprechend nimmt die strafrechtliche Rechtsprechung eine **Offenbarungspflicht** für *„diejenigen Sachverhaltsteile, deren rechtliche Relevanz objektiv zweifelhaft ist"*, an.[93] Die Pflicht bestehe insbesondere dann, *„wenn die von dem Steuerpflichtigen vertretene Auffassung über die Auslegung von Rechtsbegriffen oder die Subsumtion bestimmter Tatsachen von der Rechtsprechung, Richtlinien der Finanzverwaltung oder der regelmäßigen Veranlagungspraxis abweicht"*.[94] Es könne aber in einem derartigen Fall *„ausreichend sein, die abweichende Rechtsauffassung mitzuteilen, wenn deren Schilderung die erforderliche Tatsachenmitteilung enthält"*.[95]   54

Demgegenüber wird in der Literatur vertreten, dass der Offenlegungspflicht genügt ist, solange eine *vertretbare* Rechtsauffassung zugrunde gelegt und die danach relevanten Tatsachen dargelegt worden sind.[96]   55

Nach wiederum anderer Ansicht kann eine derartige Beschränkung des Tatsachenvortrags jedenfalls dann erfolgen, wenn die Auffassung sich auf die Rechtsprechung zumindest eines Finanzgerichts stützt und dieser keine jüngere Rechtsprechung des Bundesfinanzhofs entgegensteht.[97]   56

Aus Gründen der Praktikabilität dürfen keine übertriebenen Anforderungen an die Offenlegungspflicht gestellt werden;[98] daher ist das Postulat der Rechtsprechung, dass alle Sachverhaltsteile vorzutragen sind, deren Relevanz *objektiv zweifelhaft*[99] ist, durchaus kritisch zu sehen.[100] Dennoch sollten entsprechend der Rechtsprechung grundsätzlich **auch diejenigen Tatsachen mitgeteilt** werden, bezüglich derer aufgrund von Verwaltungsrichtlinien bzw. einer ständigen Veranlagungspraxis oder aktuellen Rechtsprechung anzunehmen ist, dass das Finanzamt sie – entgegen der vom Berater vertretenen Rechtsauffassung – für steuerrelevant erachtet.[101] Sind in diesem Sinne alle auch nur potenziell relevanten Tatsachen vorgetragen, kann gefahrlos eine abweichende Rechtsauffassung vertreten und der Steuererklärung zugrunde gelegt werden.[102]   57

---

92 Ähnlich Wannemacher/Partner/*Gotzens* S. 711.
93 *BGH* wistra 2000, 137, 140; 2000, 217; 1995, 69; Klein/*Jäger* § 370 Rn. 226; a.A. *Dörn* wistra 1992, 241, 246.
94 *BGH* wistra 2000, 137, 140.
95 *BGH* wistra 2000, 137, 140.
96 *Dörn* wistra 1992, 241, 246.
97 Wannemacher/Partner/*Gotzens* S. 713 f.
98 Ebenso *Hild* BB 2001, 493.
99 *BGH* wistra 2000, 137, 140.
100 Ebenso *Dörn* wistra 1992, 241, 246; *Hild* BB 2001, 493; Wannemacher/Partner/*Gotzens* S. 713 f.
101 Vgl. *BGH* wistra 2000, 137; 2000, 217; 1995, 69; Klein/*Jäger* § 370 Rn. 226.
102 Klein/*Jäger* § 370 Rn. 226.

c) Berichtigungspflicht bei nachträglich als unrichtig erkannten Angaben

58 Weiterhin stellt sich die Frage, ob der Steuerberater, der nach Abgabe einer Steuererklärung erkennt, dass diese unrichtige oder unvollständige Angaben enthalten hat, verpflichtet ist, die **Erklärung zu berichtigen** und sich im Falle der Missachtung einer etwaigen Pflicht sogar wegen **Steuerhinterziehung durch Unterlassen** strafbar macht. Die Antwort auf diese Frage hängt zunächst davon ab, wer überhaupt Täter einer Steuerhinterziehung durch Unterlassen nach § 370 Abs. 1 Nr. 2 AO sein kann.

59 Nach der weitestgehenden Auffassung kann (Mit-)Täter dieses Unterlassungsdelikts sogar derjenige sein, den selbst keine Pflicht zur Aufklärung trifft.[103] Diese Auffassung ist aber schon aufgrund des eindeutigen Wortlauts des § 370 Abs. 1 Nr. 2 StGB, der ein *pflichtwidriges* Unterlassen voraussetzt, abzulehnen.[104]

60 Auch zwischen den Vertretern der insofern vorzugswürdigen herrschenden Auffassung, die für eine Täterschaft nach § 370 Abs. 1 Nr. 2 AO eine eigene **Aufklärungspflicht** voraussetzt,[105] besteht jedoch Streit hinsichtlich der Frage, ob eine solche Aufklärungspflicht alleine aus dem Steuerrecht begründet sein oder sich auch aus allgemeinen strafrechtlichen Grundsätzen ergeben kann, mithin eine nach § 13 StGB anerkannte Garantenpflicht ausreicht.

61 Insoweit hat der Bundesgerichtshof wiederholt betont, dass auch die Verletzung einer außersteuerrechtlich begründeten Aufklärungspflicht im Rahmen des § 370 Abs. 1 Nr. 2 AO tatbestandlich sein kann.[106] Hinsichtlich der Annahme einer konkreten Aufklärungspflicht hat sich der Bundesgerichtshof bislang aber zurückhaltend gezeigt und speziell für Steuerberater ausgeführt, *„dass sich für den Steuerberater aus der bloßen beruflichen Stellung auch keine Garantenstellung aus § 13 I StGB herleiten lässt".*[107] Nach der Rechtsprechung des Bundesgerichtshofs kann eine Garantenstellung nach § 13 StGB aber beispielsweise aus **Ingerenz** hergeleitet werden.[108] Eine solche könnte etwa dann angenommen werden, wenn der Berater an einer objektiv falschen Erklärung selbst mitgewirkt hat und die Unrichtigkeit nunmehr im Nachhinein erkennt.

62 Nach vorzugswürdiger Ansicht kann indes entgegen der Rechtsprechung eine Pflicht i.S.d. § 370 Abs. 1 Nr. 2 AO ausschließlich aus dem Steuerrecht (in der genannten Konstellation allein aus § 153 AO) hergeleitet werden.[109] Denn bei Annahme einer strafrechtlichen Garantenpflicht entstünde in der hiesigen Konstellation eine Pflichtenkollision. Zu beachten ist nämlich, dass dem Berater im Falle des Nachholens oder der Korrektur von Angaben gegenüber dem Finanzamt eine Strafbarkeit nach § 203 Abs. 1 S. 1 Nr. 3 StGB drohen würde, weil dies objektiv ein Verrat von Privatgeheimnissen wäre. In der Konsequenz müsste der Steuerberater dann entscheiden, ob er eher eine Strafbarkeit aus § 203 Abs. 1 S. 1 Nr. 3 StGB oder eine

---

103 *LG Mannheim* in der Vorinstanz zu *BGH* NJW 2013, 2449; Klein/*Jäger* § 370 Rn. 26.
104 So ausdrücklich auch *BGH* NJW 2013, 2449, 2452.
105 *BGH* NJW 2013, 2449, 2452; *BGH* wistra 2007, 112; 2004, 393; *BGH* NJW 2003, 446; *BGH* NStZ 1996, 563; Franzen/Gast/*Joecks* § 370 Rn. 18; MK-StGB/*Schmitz/Wulf* § 370 AO Rn. 346; *Reichling/Lange* NStZ 2014, 311.
106 *BGH* NJW 2013, 2449, 2452; *BGH* NStZ 1996, 563; Franzen/Gast/*Joecks* § 370 Rn. 161 ff.
107 *BGH* NStZ 1996, 563, 565.
108 Dafür Klein/*Jäger* § 370 Rn. 65; eingeschränkt auch Müller-Gugenberger/*Bieneck/Häcker* S. 2750: „Ingerenz kommt insbesondere dann in Betracht, wenn die nachträgliche Berichtigung durch einen Berater für den Steuerpflichtigen zwar zur Erhebung der zutreffenden höheren Steuern führt, nicht aber zu sonstigen erheblichen Nachteilen".
109 Ebenso MK-StGB/*Schmitz/Wulf* § 370 AO Rn. 17, 264; *Reichling/Lange* NStZ 2014, 311; Wannemacher/Partner/*Gotzens* S. 710.

Kämpfer/Buhlmann

solche aus § 370 Abs. 1 Nr. 2 StGB riskieren möchte. Folgerichtig müsste man sich dann mit zu seinen Gunsten bestehenden Rechtfertigungsgründen, namentlich § 34 StGB, oder Formen des übergesetzlichen Notstands auseinandersetzen, um abschließend zu einem korrekten Ergebnis für die Beurteilung seiner Strafbarkeit zu gelangen. Gegen eine Aufklärungspflicht spricht zudem, dass der Steuerberater gem. § 57 StBerG auch berufsrechtlich gegenüber seinem Mandanten zur Verschwiegenheit verpflichtet ist.[110] Zuletzt würde die Annahme einer entsprechenden Pflicht auch einen massiven Eingriff in die Berufsfreiheit des Steuerberaters nach Art. 12 GG darstellen. Essentielle Voraussetzung der beruflichen Tätigkeit des Steuerberaters ist das **Vertrauensverhältnis** zwischen ihm und seinem Mandanten. Wenn nun aber der Mandant befürchten müsste, dass sein Berater unter Umständen verpflichtet wäre, früher gemachte falsche Angaben dem Finanzamt zu melden – und dies gegebenenfalls die Einleitung eines Steuerstrafverfahrens gegen den Mandanten zur Folge hätte –, wäre dem Vertrauensverhältnis die Grundlage entzogen.

Daher kann der Steuerberater grundsätzlich nicht in einer strafbewehrten Pflicht stehen, eine bereits eingereichte, jedoch objektiv falsche Steuererklärung ohne Auftrag des Mandanten gegenüber dem Finanzamt zu korrigieren. Eine Ausnahme gilt nur dann, wenn den Berater selbst eine **Berichtigungspflicht** nach § 153 AO trifft. Zwar betrifft diese Pflicht nach dem eindeutigen Wortlaut der Norm ausschließlich den Steuerpflichtigen und gegebenenfalls dessen Rechtsnachfolger, nicht aber Dritte.[111] Dies gilt aber dann nicht, wenn der Berater über seine Rolle als solcher hinaus die rechtliche Verantwortung für die Abgabe von Steueranmeldungen übernommen hat, weil der Mandat ihm – in nur ausnahmsweise zulässiger Weise, wie etwa bei der Abgabe von **Umsatzsteuervoranmeldungen** – steuerliche Pflichten übertragen hat.[112]   **63**

Zusammengefasst bedeutet dies, dass ein Steuerberater, der nachträglich erkennt, dass bereits gemachte Angaben unrichtig waren, nur dann zur Berichtigung verpflichtet ist, wenn ihm wirksam steuerliche Pflichten übertragen worden sind, was nur in bestimmten gesetzlich geregelten Fällen überhaupt möglich ist. Eine darüber hinausgehende Aufklärungspflicht aus allgemeinen, in der Dogmatik der unechten Unterlassungsdelikte anerkannten Garantenpflichten wie der Ingerenz ist entgegen der Rechtsprechung abzulehnen. Es ist insoweit aber nochmals darauf hinzuweisen, dass der Bundesgerichtshof eine Garantenpflicht aus Ingerenz nicht ausgeschlossen hat.[113]   **64**

d) Hinweispflicht auf §§ 153, 371 AO

Zwar trifft den Steuerberater bei nachträglich als unrichtig erkannten Angaben gegenüber den Finanzbehörden keine strafrechtliche Mitteilungspflicht.[114] Unstreitig ist jedoch, dass der Berater aufgrund des Mandatsverhältnisses zivil- und berufsrechtlich dazu verpflichtet ist, den steuerpflichtigen Mandanten auf die als unrichtig erkannten Angaben sowie **Berichtigungspflicht nach § 153 AO** hinzuweisen[115] und über die Möglichkeit einer Selbstanzeige nach § 371 AO aufzuklären.[116] Anderenfalls macht er sich zivilrechtlich haftbar.   **65**

---

110 Vgl. etwa *BGH* NJW 1998, 1568, 1573.

111 Vgl. auch *BGH* NStZ 1996, 563, 565; *BGH* wistra 1996, 184, 188; Wannemacher/Partner/*Gotzens* S. 710.

112 *BGH* NJW 1999, 3482; Wannemacher/Partner/*Gotzens* S. 710.

113 *BGH* NJW 2013, 2449, 2452; *BGH* NStZ 1996, 563; Franzen/Gast/*Joecks* § 370 Rn. 161 ff.

114 S.o. Rn. 58 ff.

115 Wannemacher/Partner/*Gotzens* S. 710; vgl. auch *Bielefeld* (FS Imme Roxin, S. 403), der dazu rät, die etwaige Weigerung eines Mandanten, seiner Pflicht nach § 153 AO nachzukommen, zur eigenen Absicherung zu dokumentieren.

116 Müller-Gugenberger/Bieneck/*Häcker* S. 2748.

66 Eigeninitiativ darf der Berater eine **Selbstanzeige** indes nur abgeben, wenn er ansonsten selbst straf- oder ordnungswidrigkeitenrechtliche Konsequenzen zu befürchten hätte, etwa weil er an einer vorangegangenen Steuerhinterziehung oder leichtfertigen Steuerverkürzung beteiligt gewesen ist.[117] In diesem Fall ist eine Selbstanzeige ohne die Einwilligung des Mandanten nicht von § 203 Abs. 1 S. 1 Nr. 3 StGB erfasst;[118] die durch diese Vorschrift geschützte Pflicht zur Verschwiegenheit über **Mandatsgeheimnisse** geht nicht so weit, dass der Berater sehenden Auges eine eigene Bestrafung in Kauf nehmen muss.

e) Einhalten von Fristen

67 Der steuerliche Berater hat auf die genaue Einhaltung der **Fristen** zur Abgabe der Steuererklärungen und Steueranmeldungen zu achten (vgl. § 149 AO). Neben einer zivilrechtlichen Haftung droht ansonsten – in den gesetzlich möglichen Fällen[119] – eine Strafbarkeit wegen Beihilfe zur **Steuerhinterziehung durch Unterlassen**, da der Tatbestand des § 370 Abs. 1 Nr. 2 AO bei einer vorsätzlich und pflichtwidrig nicht rechtzeitig abgegebenen Steuererklärung mit entsprechenden Steuervorteilen für den Steuerpflichtigen verwirklicht ist.[120]

68 Zu beachten ist in diesem Zusammenhang, dass schon der **Antrag auf Fristverlängerung** zum Zwecke der faktischen **Stundung** fälliger Steuerzahlungen bei bereits fertiggestellter Steuererklärung eine Steuerhinterziehung darstellen kann, da bereits die verspätete Festsetzung oder Beitreibung von Steuerforderungen einen steuerlichen Vorteil darstellt.[121]

69 In der steuerstrafrechtlichen Verfolgungspraxis ist im Hinblick auf **verspätet eingereichte Steuererklärungen** eine deutliche Verschärfung eingetreten, da bis zum Jahr 2010 verspätet eingegangene Erklärungen auch bei Unrichtigkeit oder Unvollständigkeit bis zu einem gewissen Grad noch als wirksame **Teilselbstanzeigen** gewertet werden konnten.[122] Seit dem Beschluss des Bundesgerichtshofs vom 20.5.2010 sind jedoch Teilselbstanzeigen nicht mehr zulässig;[123] dieser Grundsatz wurde anschließend im Rahmen der Reform des § 371 AO durch das **Schwarzgeldbekämpfungsgesetz** gesetzlich verankert. Das bedeutet, dass verspätet abgegebene Steuererklärungen vollständig und richtig sein müssen, um als wirksame Selbstanzeigen gewertet werden zu können.[124]

70 Vor diesem Hintergrund sind die Anweisungen für das Straf- und Bußgeldverfahren Steuer (AStBV) in den letzten Jahren mehrfach geändert worden. Nach der ursprünglichen Nr. 132 AStBV konnte von der Vorlage verspäteter Anmeldungen an die Straf- und Bußgeldsachenstelle abgesehen werden. Diese Regelung wurde jedoch am 30.10.2011 gestrichen, so dass insofern alle verspäteten Anmeldungen zu melden waren.[125] In der Folge wurde die Vorschrift allerdings wieder dahingehend entschärft, dass bei der Umsatz- und Lohnsteuer berichtigte

---

117 Müller-Gugenberger/Bieneck/*Häcker* S. 2750 f.
118 Wannemacher/Partner/*Gotzens* S. 714; Franzen/Gast/*Joecks* § 371 Rn. 86.
119 S. zur Möglichkeit des Beraters, sich wegen einer täterschaftlichen Steuerhinterziehung durch Unterlassen strafbar zu machen, ausführlich oben Rn. 58 ff.).
120 *Bielefeld* FS Imme Roxin, S. 401; Klein/*Jäger* § 370 Rn. 105.
121 BGHSt 43, 381.
122 BGHSt 35, 36, 36f.; BGH wistra 1988, 356.
123 BGH NJW 2010, 2146.
124 Lediglich bei einem Abweichen der Angabe des Verkürzungsbeitrags von bis zu 5 % besteht unter Umständen *bei wertender Betrachtung* die Möglichkeit, die Selbstanzeige als wirksam anzuerkennen, vgl. *BGH* NJW 2011, 3249.
125 Vgl. *Bielefeld* FS Imme Roxin, S. 401.

oder verspätet abgegebene Steuer(vor)anmeldungen nur noch *in begründeten Einzelfällen* an die Bußgeld- und Strafsachenstelle weiterzuleiten sind.[126]

Zusammengefasst bedeutet dies, dass ein Steuerberater auf die rechtzeitige Abgabe einer Steuererklärung zu achten hat, da ansonsten eine Strafbarkeit wegen (Beihilfe zur) Steuerhinterziehung durch Unterlassen droht.[127] **71**

f) Verhalten im Falle eines erkennbar tatgeneigten Mandanten

Eine schwierige Konstellation entsteht, wenn der Steuerpflichtige trotz Hinweises seines Beraters auf die Unrichtigkeit einer in der Vergangenheit abgegebenen Steuererklärung keine **Korrektur** (§ 153 AO) vornehmen und keine **Selbstanzeige** (§ 371 AO) abgeben will. **72**

Hieraus kann sich zwar nicht per se eine Pflicht zur **Mandatsniederlegung** ergeben.[128] Grundsätzlich hat nämlich auch der steuerunehrliche Mandant einen Anspruch auf steuerliche Beratung,[129] wenn auch nur hinsichtlich einer legalen Tätigkeit. In einem solchen Fall besteht indes die Gefahr, dass sich die Unrichtigkeit der Angaben auch auf die folgenden Steuererklärungen auswirkt und diese somit ebenfalls „kontaminiert" werden.[130] **73**

Es ist daher durch den Berater genau zu prüfen, ob die konkrete, durch die Beratung geförderte Tätigkeit rechtmäßig ist. Ist dies nicht der Fall, etwa weil die aktuell zu erstellende Steuererklärung ebenfalls unzutreffende Angaben enthält, so darf das Mandat nicht weiter bearbeitet werden, ohne dass der Berater eine Strafbarkeit wegen – mindestens – psychischer Beihilfe riskiert.[131] **74**

III. Zusammenfassung

Die berufliche Tätigkeit steuerlicher und rechtlicher Berater ist eng mit dem Risiko verwoben, selbst zum Ziel straf- oder ordnungswidrigkeitenrechtlicher Ermittlungen zu werden. Dieses Risiko hat sich durch den insgesamt gestiegenen Fahndungsdruck im Steuerstrafrecht noch erhöht und zudem durch die generelle Verschärfung der verhängten Strafen auch qualitativ verändert. **75**

Eine Strafbarkeit der Berater kommt dabei in erster Linie in Form der Beihilfe in Betracht, die grundsätzlich nur geringen Anforderungen unterliegt. Zwar hat die Rechtsprechung insoweit die Anforderungen an eine Strafbarkeit für „berufstypische Handlungen" erhöht, das Risiko einer eigenen Strafbarkeit wird dadurch jedoch keineswegs vollständig ausgeräumt. Im Hinblick darauf sind vorstehend die verstärkt risikobehafteten Aspekte der (steuer)rechtlichen Beratung dargestellt und mit entsprechenden Handlungsempfehlungen versehen worden, um das Risiko einer eigenen Strafverfolgung zu minimieren.[132] Der Berater sollte sich danach soweit wie möglich auf die reine Rechtsberatung seines Mandanten beschränken. Denn das **76**

---

126 Nr. 132 AStBV 2013.
127 S. zur Möglichkeit des Beraters, sich wegen einer täterschaftlichen Steuerhinterziehung durch Unterlassen strafbar zu machen, ausführlich Rn. 58 ff.
128 So aber Müller-Gugenberger/Bieneck/*Häcker* S. 2748.
129 Wannemacher/Partner/*Gotzens* S. 715.
130 Vgl. Franzen/Gast/*Joecks* § 371 Rn. 86.
131 Müller-Gugenberger/Bieneck/*Häcker* S. 2748.
132 Zu weiteren, allgemeinen Handlungsempfehlungen s. auch *Wessing* NJW 2003, 2265.

Risiko eigener Strafbarkeit steigt, je weiter der Berater den Bereich der reinen Rechtsberatung verlässt und an der Planung oder Durchführung der konkreten Geschäfte seines Mandanten mitwirkt.[133] Da jedoch gerade die steuerliche Gestaltung oftmals einen wesentlichen Teil der Beratertätigkeit einnimmt, ist dann jedenfalls zu empfehlen, das Mandat mit einer üblichen Vergütungsvereinbarung zu versehen und von der Vereinbarung einer Erfolgsvereinbarung abzusehen.

---

133 Vgl. dahingehend auch die Wertung des § 2 Abs. 1 Nr. 7 GwG.

12. Kapitel
Rechtsfolgen für Unternehmen

Literatur: *Achenbach* Verbandsgeldbuße und Aufsichtspflichtverletzung (§§ 30 und 130 OWiG) – Grundlagen und aktuelle Probleme, NZWiSt 2012, 321; *Baumbach/Hopt* Handelsgesetzbuch, 35. Aufl. 2012; *Baums/Thoma (Hrsg.)* Kommentar zum Wertpapiererwerbs- und Übernahmegesetz, Band 2, 2012; *Brenner* Das Bruttoprinzip gilt für den Einzeltäter und für Unternehmen, nicht nur für den unschuldigen Täter oder Dritten, NStZ 2004, 256; *Dannecker* Anmerkung zu: BGH, Urteil vom 16. Mai 2006 – I StR 46/06, NStZ 2006, 283; *Drüen* Zum Betriebsausgabenabzug von Geldbußen, DB 2013, 1133; *Eidam* Die Verbandsgeldbuße des § 30 Abs. 4 OWiG – Eine Bestandsaufnahme, wistra 2003, 447; *Helmrich* Straftaten von Mitarbeitern zum Nachteil des „eigenen" Unternehmens als Anknüpfungstaten für eine Verbandsgeldbuße?, wistra 2010, 331; *Hofmann, A.* Verfallsanordnung gegen tatunbeteiligte Unternehmen, wistra 2008, 401; *Hunsmann* Die Aufsichtspflichtverletzung (§ 130 OWiG) unter besonderer Berücksichtigung des Steuerrechts, DStR 2014, 855; *Immenga/Mestmäcker* Wettbewerbsrecht, Band 2, 4. Aufl. 2007; *Jaeger/Pohlmann/Schroeder (Hrsg).* Frankfurter Kommentar zum Kartellrecht, Band 6; *Joecks/Ostendorf/Rönnau (Hrsg.)* Recht – Wirtschaft – Strafe, FS Samson, 2010, S. 65; *Kiethe/Hohmann* Das Spannungsverhältnis von Verfall und Rechten Verletzter (§ 73 I 2 StGB) – Zur Notwendigkeit der effektiven Abschöpfung von Vermögensvorteilen aus Wirtschaftsstraftaten, NStZ 2003, 505; *Kleszczewski* Ordnungswidrigkeitenrecht, 2010; *Knierim/Rübenstahl/Tsambikakis (Hrsg.)* Internal Investigations, 2013; *Korte* Aus der Rechtsprechung zum Gesetz über Ordnungswidrigkeiten – 2000, NStZ 2001, 582; *Kracht* Gewinnabschöpfung und Wiedergutmachung bei Umweltdelikten – Ein Beitrag zum Potential des Verfallsrechts, wistra 2000, 326; *Labi* Der gemäß § 29a OWiG abzuschöpfende Vorteil bei Verstößen gegen öffentlich-rechtliche Anzeige- und Genehmigungspflichten, NZWiSt 2013, 41; *Loewenheim/Meessen/Riesenkampff (Hrsg.)* Kartellrecht, 2. Aufl. 2009; *Matt/Renzikowski* StGB Strafgesetzbuch, 2013; *Müther* Die Vorteilsabschöpfung im Ordnungswidrigkeitenrecht in § 17 Absatz 4 OWiG unter Berücksichtigung des deutschen und europäischen Kartellrechts, Diss. 1999; *Podolsky/Brenner* Vermögensabschöpfung im Strafverfahren, 2003; *Ransiek* Unternehmensstrafrecht – Strafrecht, Verfassungsrecht, Regelungsalternativen, Habil. 1996; *Rebmann/Roth/Herrmann (Hrsg.)* Gesetz über Ordnungswidrigkeiten, Band 2, Loseblatt; *Reichling* Selbstanzeige und Verbandsgeldbuße im Steuerstrafrecht, NJW 2013, 2233; *Rönnau* Vermögensabschöpfung in der Praxis, 2003; *Rübenstahl* Anmerkungen zu OLG Celle, Beschluss vom 29. März 2013 – II Ws 81/12, NZWiSt 2013, 68; *Säcker/Rixecker (Hrsg.)* Münchener Kommentar zum BGB, Band 1, 6. Aufl. 2012; *Schlösser* Die Bestimmung des erlangten Etwas i.S.v. § 73 I 1 StGB bei infolge von Straftaten abgeschlossenen gegenseitigen Verträgen – Zum Streit des 5. Senats und des 1. Senats des BGH über den Umfang der Verfallserklärung –, NStZ 2011, 121; *Schmidt K.* Zur Verantwortung von Gesellschaften und Verbänden im Kartellordnungswidrigkeitenrecht – Diskussionsbeitrag eines Wirtschaftsrechtlers zu § 30 OWiG und zum Verständnis der Bußgeldpraxis nach dem GWB, wistra 1990, 131; *Spindler/Stilz (Hrsg.)* Aktiengesetz, Bd. 1, 2. Aufl. 2010; *Többens* Die Bekämpfung der Wirtschaftskriminalität durch die Troika der §§ 9, 130 und 30 des Gesetzes über Ordnungswidrigkeiten, NStZ 1990, 1; *Wallschläger* Die strafrechtlichen Verfallsvorschriften. Eine rechtssystematische, verfassungsrechtliche und kriminalpolitische Analyse, Diss. 2002; *Wegner* Die Auswirkungen fehlerhafter Organisationsstrukturen auf die Zumessung der Unternehmensgeldbuße, wistra 2000, 361; *ders.* Die Systematik der Zumessung unternehmensbezogener Geldbußen, Diss. 2000; *ders.* Ist § 30 OWiG tatsächlich der „Königsweg" in dem Banken-Strafverfahren?, NJW 2001, 1979; *Weißgerber* Das Einsehen kennwortgeschützter Privatdaten des Arbeitnehmers durch den Arbeitgeber, NZA 2003, 1005; *Wieser* Gesetz über Ordnungswidrigkeiten.

A. Einleitung

1 In Deutschland existiert noch[1] kein Unternehmensstrafrecht. Während viele ausländische Rechtsordnungen die Bestrafung von Unternehmen und die Durchführung von Ermittlungsverfahren gegen Unternehmen als selbstverständlich ansehen, gilt in Deutschland noch weitestgehend der Grundsatz *societas delinquere non potest*. Natürliche Personen stehen im Fokus des staatlichen Strafens. Eine Sanktionierung von Unternehmen ist lediglich im Ordnungswidrigkeitenrecht vorgesehen. Die Möglichkeiten zur Verhängung einer Unternehmensgeldbuße gem. § 30 OWiG sind jedoch in den vergangenen Jahrzehnten stetig erweitert worden. Nach einer neueren Gesetzesreform können die Geldbußen bis zu 10 Mio. € betragen. Dieser Betrag kann sogar überschritten werden, um eine Abschöpfung von aus Verfehlungen erzielten Vermögenswerten vorzunehmen. Aber nicht nur eine Geldbuße kann für ein Unternehmen wirtschaftlich einschneidend sein. Gleiches gilt für Verfallsanordnungen, die ebenfalls der Vermögensabschöpfung nach Straftaten oder Ordnungswidrigkeiten dienen. Daneben hat ein Straf- oder Bußgeldverfahren für ein Unternehmen oftmals weitere nachteilige Folgen. Dies gilt etwa für Eintragungen im Gewerbezentralregister oder in einem der sog. Korruptionsregister der Bundesländer, welche den Ausschluss von öffentlichen Ausschreibungen bedingen. Im weiteren wird die Rolle des Unternehmens im Strafverfahren skizziert, sodann erfolgt ein Überblick über die das Unternehmen betreffenden Rechtsfolgen und abschließend wird kurz auf die aktuelle Diskussion über die Schaffung eines Verbandsstrafgesetzbuches in Deutschland eingegangen.

B. Die Rolle des Unternehmens im Straf- und Bußgeldverfahren

I. Typische Konstellationen der Unternehmensbeteiligung

2 Das deutsche Recht kennt keinen einheitlich verwendeten Unternehmensbegriff.[2] Im vorliegenden Beitrag wird ein rechtsformneutraler Unternehmensbegriff genutzt. Als Unternehmen kann damit jede *organisatorische und in unterschiedlichem Maße auch rechtlich verselbstständigte Einheit*[3] angesehen werden, die am Wirtschaftsleben teilnimmt. Erfasst ist damit eine Vielzahl von Organisationseinheiten unterschiedlicher Rechtsformen, von den Kapitalgesellschaften über die Stiftungen bis hin zu Vereinen.

3 Die Mehrzahl der Verfahren wegen Straftaten und Ordnungswidrigkeiten im wirtschaftsstrafrechtlichen Bereich richtet sich derzeit noch ausschließlich gegen natürliche Personen. In der Praxis ist jedoch, gerade im fiskalstrafrechtlichen Bereich, eine zunehmende Einbeziehung von Unternehmen zu beobachten. Das Unternehmen gerät dabei typischerweise in folgenden Konstellationen in den Fokus:

---

1 Zu den entsprechenden Reformbestrebungen s.u. Rn. 85 ff.
2 Allgemeine Ansicht: Baumbach/*Hopt* Einleitung Vorb. § 1 Rn. 31; Spindler/Stilz/*Schall* § 15 Rn. 10.
3 *Ransiek* Unternehmensstrafrecht, S. 1.

Ein Strafverfahren gegen Mitarbeiter oder Leitungspersonen des Unternehmens wird geführt **4** und es besteht der Verdacht, dass sich im Vermögen des Unternehmens noch aus den Straftaten erlangte Vermögenswerte befinden. In diesem Fall kann gegenüber dem Unternehmen durch ein gerichtliches Urteil der sog. Drittverfall gem. § 73 Abs. 1 und 3 StGB angeordnet werden. Hierdurch entsteht ein Anspruch des Staates auf Rückgabe von aus oder für die Straftaten erlangten Gegenständen bzw. eines entsprechenden Wertersatzes.

In Ordnungswidrigkeitenverfahren, die im Zusammenhang mit der wirtschaftlichen Betäti- **5** gung eines Unternehmens stehen, werden die Unternehmen oftmals neben den natürlichen Personen am Verfahren beteiligt. Gegen das Unternehmen kann in diesem Verfahren eine Unternehmensgeldbuße (auch Verbandsgeldbuße genannt) gem. § 30 OWiG festgesetzt werden oder der ordnungswidrigkeitenrechtliche Verfall gem. § 29a Abs. 1 und 2 OWiG angeordnet werden.

Eine Unternehmensgeldbuße kann auch an eine Straftat anknüpfen. In der Praxis wird diese **6** Möglichkeit gerade bei Steuerstraftaten zunehmend genutzt. In von der Staatsanwaltschaft geführten Verfahren wegen anderer Delikte stellt die Unternehmensgeldbuße jedoch noch eine Ausnahme dar. Sie unterliegt dem im Ordnungswidrigkeitenrecht geltenden Opportunitätsprinzip. Das heißt ihre Verhängung steht im Ermessen der Behörden und Gerichte. Demgegenüber ist die Verfallsanordnung gem. § 73 StGB zwingend insofern die gesetzlichen Voraussetzungen vorliegen. Ein Verzicht auf den Verfall oder eine Reduzierung des Verfallsbetrags kommt ausschließlich aufgrund der Härtefallklausel des § 73c StGB in Betracht.

Da sowohl mit der Unternehmensgeldbuße als auch mit den Verfallsanordnungen nach § 73 **7** StGB und § 29a OWiG eine Abschöpfung von Vermögenswerten verbunden ist, ist in § 30 Abs. 5 OWiG festgeschrieben, dass die Festsetzung der Unternehmensgeldbuße die Anordnung des Verfalls wegen derselben Tat ausschließt. Beide Maßnahmen können demnach nicht parallel angeordnet werden.

II. Reaktion des Unternehmens auf Verdachtslagen

Die Möglichkeiten des Unternehmens, sich bei dem Verdacht von durch Mitarbeiter begange- **8** nen Straftaten zu positionieren, sind vielfältig. Das Vorgehen hängt zunächst davon ab, ob der Verdacht nur intern bekannt geworden ist oder ob bereits ein Straf- oder Bußgeldverfahren gegen Mitarbeiter oder das Unternehmen eingeleitet wurde.

In jedem Fall besteht eine Pflicht der Unternehmensleitung bei Kenntnis von etwaigen began- **9** genen Straftaten, diese zumindest intern aufzuklären, um Schaden vom Unternehmen abzuwenden.[4] Bei einem Untätigbleiben können sich die Unternehmensverantwortlichen selbst Regressforderungen ausgesetzt sehen. Zudem kann die Nichtgeltendmachung von bestehenden Schadensersatzansprüchen eine Strafbarkeit wegen Untreue gem. § 266 StGB begründen.[5] Bei dieser internen Untersuchung, die entweder von den Unternehmensverantwortlichen selbst oder von einer damit beauftragten Rechtsanwaltskanzlei durchgeführt werden kann,[6] sind die

---

4 Hierzu umfassend mit Ausführungen hinsichtlich unterschiedlicher Rechtsformen: Knierim/Rübenstahl/Tsambikakis/*Potinecke*/*Block* 2. Kap. 2 Rn. 4 ff.; s. auch Volk/*Kempf*/*Schilling* § 10 Rn. 34; Böttger/*Minoggio* Kap. 18 Rn. 1 ff.

5 Vgl. *Fischer* § 266 Rn. 55; Schönke/Schröder/*Perron* StGB § 266 Rn. 15-16; zur Pflicht des Aufsichtsrats Wabnitz/Janovsky/*Raum* Kap. 4 A, Rn. 56.

6 Zur Auswahl der Untersuchungsverantwortlichen: Böttger/*Minoggio* Kap. 18, Rn. 17 ff.

rechtlichen Rahmenbedingungen für mögliche „Untersuchungshandlungen" zu beachten. So können zum Beispiel regelmäßig nicht ohne weiteres alle E-Mails von Mitarbeitern kontrolliert werden.[7] Auch sind in arbeitsrechtlicher Hinsicht bestimmte rechtliche Vorgaben einzuhalten. So kommt etwa eine außerordentliche Kündigung wegen des Verdachts von Straftaten gem. § 626 Abs. 2 BGB nur in einer Frist von zwei Wochen ab Kenntnis von den *maßgebenden Tatsachen* aufgrund derer die Kündigung erfolgt in Betracht.

10   Ist den Strafverfolgungsbehörden die Verfehlung noch nicht bekannt, stellt sich die Frage, ob eine offene Kommunikation mit den Behörden gesucht werden soll, um eine entsprechende Meldung zu machen (etwa eine Strafanzeige gegen einzelne Mitarbeiter oder eine steuerliche Selbstanzeige[8]) oder ob zunächst nur intern Maßnahmen ergriffen werden, um entsprechendes rechtswidriges Verhalten, etwa durch neue Verhaltensanweisungen, in Zukunft zu verhindern.

11   Soweit das Unternehmen mit dem Bekanntwerden von Verfehlungen bei den Strafverfolgungsbehörden in naher Zukunft rechnet, ist es sinnvoll, sich auf mögliche Ermittlungsmaßnahmen vorzubereiten. So können etwa alle den Sachverhalt betreffenden Unterlagen zusammengestellt und kopiert werden, damit diese im Falle einer Durchsuchung direkt an die Behörden übergeben werden können. Dies kann im Ernstfall verhindern, dass Polizeibeamte über längere Zeit die Büroräumlichkeiten durchsuchen und wichtige Originalunterlagen beschlagnahmen, die für den weiteren Geschäftsablauf benötigt werden.

12   Aus Unternehmen heraus begangene Straftaten und Ordnungswidrigkeiten sind vielgestaltig. Von der gezielten Schädigung des Unternehmens zur Eigenbereicherung reichen sie bis zu lediglich fahrlässigen oder formalen Verstößen gegen Verwaltungsrecht. Entsprechend unterschiedlich können die Reaktionen des Unternehmens gegenüber Mitarbeitern und Führungspersonen ausfallen. Während die Geschäftsführung im ersten Fall dazu verpflichtet ist, Schadenersatzansprüche gegen den Mitarbeiter zu prüfen und gegebenenfalls arbeitsrechtliche Maßnahmen gegen ihn zu ergreifen, wird es im letzteren Fall regelmäßig angemessen und strategisch sinnvoll sein, dass sich das Unternehmen hinter den Mitarbeiter stellt und eine gemeinsame Verteidigungsstrategie verfolgt wird. In dem zwischen diesen beiden Extremfällen liegenden Bereich muss das Unternehmen eine Linie für das weitere Vorgehen finden.

13   Sofern die Verhängung einer Geldbuße gegen das Unternehmen selbst im Raum steht, bedeutet dies zunächst ein hohes wirtschaftliches Risiko. Die Unternehmensgeldbuße kann jedoch auch als Gestaltungsinstrument genutzt werden. Durch Gespräche mit den zuständigen Behörden können – gerade in fiskalstrafrechtlichen Verfahren – oftmals einvernehmliche Entscheidungen herbeigeführt werden. Ergebnis kann eine Unternehmensgeldbuße sein, während die Verfahren gegen die handelnden Unternehmensverantwortlichen eingestellt werden. Ob dies den Zielen des Unternehmens, zu denen regelmäßig eine schnelle und „geräuschlose" Beendigung der rechtlichen Auseinandersetzung zählt, am ehesten dient, ist unter Abwägung der Gesamtumstände und möglicher Nebenfolgen (etwa Eintragungen in das Korruptionsregister), zu entscheiden.

---

7   Knierim/Rübenstahl/Tsambikakis/*Schulz* 11. Kap. Rn. 126 ff.; *Weißgerber* NZA 2003, 1005 ff.; zur Auswertung von Daten allgemein: Böttger/*Minoggio* Kap. 18, Rn. 93 ff.

8   S. dazu Rn. 20 f.

III. Rechtlicher Rahmen der Beteiligung von Unternehmen

Ist der Verband im Strafverfahren unter Umständen von einem Verfall oder einer Einziehung betroffen, erhält er die Stellung als Einziehungs- oder Verfallsbeteiligter, § 431 ff. StPO.[9] Die Anordnung der Beteiligung ist rechtlich notwendig, um dem Unternehmen rechtliches Gehör zu gewähren und ihm die Möglichkeit zu geben, seine Rechtsansichten vorzutragen und gegebenenfalls Rechtsmittel gegen Entscheidungen des Gerichts einzulegen. Zu diesem Zweck kann sich das Unternehmen durch einen Rechtsanwalt vertreten lassen, § 434 Abs. 1 StPO.   **14**

Ziehen Gerichte im Strafverfahren die Verhängung einer Unternehmensgeldbuße in Betracht, wird das Unternehmen gem. § 444 StPO am Verfahren beteiligt. Die Verfahrensbeteiligung von Unternehmen im Strafverfahren wird grundsätzlich erst nach Erhebung der Anklage gegen die natürliche Person angeordnet.[10] Dies bedeutet jedoch nicht, dass sich ein Unternehmen bis zu diesem Punkt nicht aktiv an dem Ermittlungsverfahren beteiligen sollte. Die wesentlichen Weichen für das Verfahren werden regelmäßig im Ermittlungsverfahren gestellt und das Unternehmen muss sich – zumindest unternehmensintern – positionieren und seine Strategie für das Verfahren festlegen.   **15**

Eine Verbandsgeldbuße kann entweder im selbstständigen oder im verbundenen Verfahren verhängt werden. Der gesetzliche Regelfall ist das verbundene Verfahren, in dem in einem einheitlichen Verfahren sowohl gegen den Täter der Anknüpfungstat[11] eine Geldbuße oder Strafe verhängt wird, als auch die Unternehmensgeldbuße festgesetzt wird.[12] Gemäß § 30 Abs. 4 OWiG kann eine Geldbuße gegen den Verband selbstständig festgesetzt werden, insoweit gegen eine natürliche Person ein Straf- oder Bußgeldverfahren nicht eingeleitet oder eingestellt wird, sowie in weiteren durch das Gesetz bestimmten Fällen. Die selbstständige Festsetzung einer Geldbuße gegen das Unternehmen ist jedoch dann ausgeschlossen, wenn die Straftat oder Ordnungswidrigkeit aus rechtlichen Gründen nicht verfolgt werden kann.   **16**

Auch wenn das verbundene Verfahren nach der Gesetzessystematik der Regeltypus ist, bedeutet dies keine Verpflichtung der Verfolgungsbehörde, diesen Weg zu gehen. Sofern keine Straftat vorliegt, sondern eine Ordnungswidrigkeit, liegt es aufgrund des im Ordnungswidrigkeitenrecht geltenden Opportunitätsprinzips grundsätzlich im Ermessen der Behörde, ob auch Ermittlungen gegen natürliche Personen eingeleitet werden. In der Praxis kann beobachtet werden, dass gerade im Bereich des Ordnungswidrigkeitenrechts eine Ermittlungstendenz dahingehend besteht, dass Unternehmen zu bebußen und die Verfahren gegen Mitarbeiter einzustellen. Dies hat für die Verfolgungsbehörden den Vorteil, dass – wie unten noch erläutert wird[13] – der konkrete Täter nicht festgestellt werden muss. Insofern lassen sich die Verhängungsvoraussetzungen für eine Unternehmensgeldbuße oftmals einfacher darlegen. Aber auch aus Unternehmenssicht ist es oft gewünscht, das Verfahren einheitlich und zügig durch eine Unternehmensgeldbuße zu beenden, anstatt langwierige und umfangreichere Verfahren gegen einzelne Mitarbeiter zu beobachten, an deren Ende möglicherweise Geldbußen gegen die Mitarbeiter und eine Unternehmensgeldbuße stehen.   **17**

---

9   Die Regelung über die Einziehung gem. § 430 ff. findet gem. § 442 Abs. 1 StPO auch auf den Verfall Anwendung.
10   KK-StPO/*Schmidt* § 444 Rn. 2.
11   Zum Begriff der Anknüpfungstat s.u. Rn. 25 ff.
12   Achenbach/Ransiek/*Achenbach* 1. Teil, 2. Kap. Rn. 16.
13   S.u. Rn. 37.

18 Zuständig für die Festsetzung der Unternehmensgeldbuße ist im verbundenen und im selbstständigen Verfahren die Verwaltungsbehörde, die zur Ahndung der Ordnungswidrigkeit der Leitungspersonen berufen ist. Im Strafverfahren entscheidet im verbundenen Verfahren das Gericht, das für die Verfolgung der Anknüpfungstat zuständig ist, vgl. § 444 Abs. 1 StPO. Im selbstständigen Verfahren kann ebenfalls das Gericht entscheiden, das für eine Verhandlung gegen den Täter zuständig wäre. Zudem bestimmt § 444 Abs. 3 S. 2 StPO einen weiteren Gerichtsstand, nämlich das Gericht, in dessen Bezirk das Unternehmen seinen Sitz oder seine Zweigniederlassung hat.

19 Die Anordnung des Verfalls wegen einer Ordnungswidrigkeit gem. § 29a Abs. 1 und 2 OWiG kann ebenfalls im selbstständigen und im verbundenen Verfahren erfolgen. Auch hier ist ein selbstständiges Verfahren nur zulässig, wenn ein Bußgeldverfahren gegen eine natürliche Person nicht eingeleitet oder eingestellt wird. Sofern gegen den Täter ein Bußgeldverfahren geführt wird und gegen das Unternehmen eine Verfallsanordnung vorgesehen ist, ist das Unternehmen daher zwingend an diesem Verfahren zu beteiligen.[14]

IV. Sonderfall steuerliche Verfehlungen

20 Wenn der Verdacht auftritt, dass das Unternehmen seine steuerlichen Erklärungen nicht korrekt oder nicht vollständig abgegeben hat, empfiehlt sich – insofern die Behörden noch keine Kenntnis hiervon haben – die Erstattung einer strafbefreienden Selbstanzeige gem. § 371 AO. Hierbei sind diverse Aspekte zu beachten. Sofern etwa durch eine falsche rechtliche Bewertung über mehrere Jahre falsche steuerliche Angaben gemacht wurden, hat sich oftmals nicht nur die aktuelle Geschäftsleitung als Verpflichteter gem. § 34 AO, sondern auch die ehemalige Geschäftsführung strafbar gemacht. Damit all diese Personen in die Selbstanzeige miteinbezogen werden, empfiehlt sich ein abgestimmtes Vorgehen. Sofern nur einer der Verantwortlichen eine Selbstanzeige abgibt, kann dies zur Folge haben, dass die anderen Beteiligten keine strafbefreiende Selbstanzeige mehr einreichen können.[15]

21 Dies ist nicht nur für die persönlich Verantwortlichen, sondern ebenso für das Unternehmen von Bedeutung. Wenn alle Unternehmensverantwortlichen eine wirksame strafbefreiende Selbstanzeige abgegeben haben, besteht nämlich kein Anknüpfungspunkt für die Verhängung einer Unternehmensgeldbuße gem. § 30 OWiG.[16] Eine Verfallsanordnung wegen einer Steuerhinterziehung scheidet ohnehin regelmäßig aus: Gem. § 73 Abs. 1 S. 2 StGB darf der Verfall nicht angeordnet werden, *soweit dem Verletzten aus der Tat ein Anspruch erwachsen ist, dessen Erfüllung dem Täter oder Teilnehmer den Wert des aus der Tat Erlangten entziehen würde.* Von der höchstrichterlichen Rechtsprechung wird auch der Steuerfiskus als Verletzter i.S.d. § 73 Abs. 1 S. 2 StGB angesehen.[17] Der Rückforderungsanspruch des Steuerfiskus steht demnach der Anordnung des Verfalls entgegen. Eine wirksame Selbstanzeige aller Verantwortlichen führt demnach dazu, dass das Unternehmen lediglich zur Zahlung der nicht abgeführten Steuern samt Zinsen verpflichtet ist. Zudem sind bei höheren Hinterziehungsbeträgen Strafzuschläge gem. § 398a AO zu zahlen.

---

14 KK-OWiG/*Mitsch* § 29a Rn. 49 f.; *Göhler* § 29a Rn. 28 f.
15 S. hierzu ausführlich 19. Kap.
16 S. hierzu im Detail *Reichling* NJW 2013, 2233 ff.
17 *BGH* NStZ 2001, 155, 157; *BGH* NStZ-RR 2007, 237, 238; *Fischer* § 73 Rn. 21.

C. Die Unternehmensgeldbuße gem. § 30 OWiG

In § 30 OWiG ist die auch Verbands- oder Unternehmensgeldbuße genannte „Geldbuße gegen juristische Personen und Personenvereinigungen" normiert. Die Bezeichnung als Unternehmensgeldbuße wird zwar teilweise als unzureichend angesehen, da sie ignoriere, dass die Rechtsträger der Unternehmung Adressat der Geldbuße sind,[18] sie ist jedoch mittlerweile gebräuchlich und wird hier – aufgrund ihrer semantisch größeren Nähe zum Wirtschaftsleben – vorrangig genutzt.

22

Die Verhängung einer Unternehmensgeldbuße gem. § 30 OWiG setzt voraus, dass eine Leitungsperson eine Straftat oder Ordnungswidrigkeit begangen hat, durch die Pflichten, die das Unternehmen treffen, verletzt worden sind oder das Unternehmen bereichert worden ist oder werden sollte (sog. Anknüpfungstat).

23

I. Normadressaten

Die Unternehmensgeldbuße kann gegen alle juristischen Personen und Personenvereinigungen verhängt werden. Der Kreis der Normadressaten ergibt sich dabei aus § 30 Abs. 1 OWiG. Demnach können Unternehmensgeldbußen gegen juristische Personen verhängt werden, § 30 Abs. 1 Nr. 1 OWiG. Hierzu zählen die GmbH, die Aktiengesellschaft, die Kommanditgesellschaft auf Aktien, der eingetragene Verein oder auch die eingetragene Genossenschaft. Nach herrschender Meinung sind juristische Personen des öffentlichen Rechts ebenfalls Normadressaten des § 30 OWiG.[19] Die Unternehmensgeldbuße kann sich gem. § 30 Abs. 1 Nr. 2 OWiG ebenso gegen nicht rechtsfähige Vereine i.S.v. § 55 BGB richten, hierzu zählen etwa politische Parteien oder Gewerkschaften.[20] Gemäß § 30 Abs. 1 Nr. 3 OWiG können zudem alle rechtsfähigen Personengesellschaften Adressaten einer Unternehmensgeldbuße sein. So etwa die Kommanditgesellschaft (§§ 161 ff. HGB), die offene Handelsgesellschaft (§§ 105 ff. HGB), die Partnerschaftsgesellschaft (§§ 1 ff. PartGG) und die Gesellschaft bürgerlichen Rechts als Außengesellschaft.[21]

24

II. Die Anknüpfungstat

Grundvoraussetzung für die Verhängung einer Unternehmensgeldbuße ist eine sog. Anknüpfungstat oder auch Bezugstat. Die Anknüpfungstat muss einen Straftat- oder Bußgeldtatbestand im technischen Sinne erfüllen. Erforderlich ist eine rechtswidrige und schuldhafte bzw. vorwerfbare Erfüllung des Tatbestandes.[22]

25

---

18 *Achenbach* NZWiSt 2012, 321.
19 Baums/Thoma/*Achenbach* Vorb. § 60 Rn. 44; Rebmann/Roth/Hermann/*Förster* § 30 Rn. 3; KK-OWiG/*Rogall* § 30 Rn. 59.
20 *BVerfG* NvWZ 2009, 441, 442.
21 KK-OWiG/*Rogall* § 30 Rn. 38; *Achenbach/Ransiek* Kap. 2 Rn. 4 f.; zu den Personenhandels-gesellschaften: *BGH* NStZ 1986, 79, Ls.
22 *OLG Hamm* 28.6.2000 – Ss OWi 604/99 = BeckRS 2000, 06083; *KG Berlin* NJW-RR 1987, 637, 638; Rebmann/Roth/Hermann/*Förster* § 30 Rn. 23; KK-OWiG/*Rogall* § 30 Rn. 71; Baums/Thoma/*Achenbach* Vorb. § 60 Rn. 45.

26 Der Kreis der geeigneten Anknüpfungstaten ist in personeller und in sachlicher Hinsicht beschränkt. Die Anknüpfungstat ist eine Straftat oder Ordnungswidrigkeit, die durch eine der in § 30 Abs. 1 Nr. 1-5 OWiG genannten Leitungspersonen begangen wurde (personelle Begrenzung des Tatenkreises) und durch die Pflichten, die das Unternehmen treffen, verletzt worden sind oder durch die das Unternehmen bereichert worden ist oder werden sollte (sachliche Begrenzung des Tatenkreises).

1. Täterkreis der Anknüpfungstat

27 Die Leitungspersonen, an deren Tatbegehung eine Unternehmensgeldbuße anknüpfen kann, sind in § 30 Abs. 1 Nr. 1-5 OWiG normiert. Diese sind das vertretungsberechtigte Organ einer juristischen Person oder Mitglieder eines solchen Organs (Nr. 1), der Vorstand und die Vorstandsmitglieder nicht rechtsfähiger Vereine (Nr. 2), vertretungsberechtigte Gesellschafter einer rechtsfähigen Personengesellschaft (Nr. 3), Generalbevollmächtigte oder in leitender Stellung tätige Prokuristen und Handlungsbevollmächtigte einer juristischen Person, eines nicht rechtsfähigen Vereins oder einer rechtsfähigen Personengesellschaft (Nr. 4) sowie eine sonstige Person, die für die Leitung des Betriebs oder Unternehmens [...] verantwortlich handelt, wozu auch die Überwachung der Geschäftsführung oder die sonstige Ausübung von Kontrollbefugnissen in leitender Stellung gehört [...].[23]

a) Vertretungsberechtigte Organe und Organmitglieder einer juristischen Person gemäß § 30 Abs. 1 Nr. 1 OWiG

28 Wer vertretungsberechtigtes Organ einer juristischen Person oder Mitglied eines solchen Organs ist, richtet sich nach den gesellschaftsrechtlichen Vorgaben.[24] Beispielhaft seien hier der Geschäftsführer der GmbH, §§ 6, 35 GmbHG, oder das Vorstandsmitglied einer AG, §§ 78, 82 AktG, genannt.[25] Organe bzw. Organmitglieder juristischer Personen des öffentlichen Rechts werden ebenso in den Kreis der tauglichen Täter einbezogen.[26]

29 „Vertretungsberechtigt" i.S.d. § 30 Abs. 1 Nr. 1 und 3 OWiG sind alle Organe, Vertreter und Gesellschafter, denen das Gesetz die Vertretungsbefugnis grundsätzlich zuweist. Auf eine Vertretungsbefugnis im konkreten Einzelfall kommt es nicht an. Dies ergibt sich daraus, dass ein Handeln *mit* Vertretungsbefugnis bei den in Betracht kommenden Bezugstaten oftmals nicht gegeben ist. Die Möglichkeit, eine Unternehmensgeldbuße zu verhängen, soll jedoch nicht davon abhängen, ob die Leitungsperson im Innen- und Außenverhältnis dazu berechtigt war, das Unternehmen rechtswirksam zu vertreten.[27] Der Geschäftsführer einer GmbH ist demnach tauglicher Täter einer Anknüpfungstat, selbst wenn er aufgrund eines Vier-Augen-Prinzips im Innenverhältnis nicht dazu berechtigt gewesen wäre, die Gesellschaft wirksam zu vertreten. Würde ein Ausschluss der Vertretungsmacht für bestimmte Geschäfte die Haftung nach § 30 OWiG ausschließen, so stünde es zur Disposition der handelnden Personen, ob einzelne Personen in den Kreis der tauglichen Täter einzubeziehen sind und die Haftung könnte leicht umgangen werden.[28]

---

23 § 30 Abs. 1 Nr. 5 OWiG.
24 *Wieser* § 30 Rn. 6.1.
25 Eine umfassende Darstellung findet sich bei KK-OWiG/*Rogall* § 30 Rn. 51 ff.
26 Baums/Thoma/*Achenbach* Vorb. § 60 Rn. 44; Rebmann/Roth/Hermann/*Förster* § 30 Rn. 3; KK-OWiG/*Rogall* § 30 Rn. 59.
27 *Göhler* § 30 Rn. 12b.
28 KK-OWiG/*Rogall* § 30 Rn. 62; Rebmann/Roth/Hermann/*Förster* § 30 Rn. 19; *Lemke/Mosbacher* OWiG, § 30 Rn. 31.

b) Vorstände oder Vorstandsmitglieder nicht rechtsfähiger Vereine gemäß § 30 Abs. 1 Nr. 2 OWiG

Umstritten ist, ob neben den Vorständen und Vorstandsmitgliedern nicht rechtsfähiger Vereine, die in § 30 Abs. 1 Nr. 2 OWiG ausdrücklich als taugliche Täter einer Anknüpfungstat genannt werden, auch besondere Vertreter i.S.d. § 30 BGB in den Kreis der tauglichen Täter einzubeziehen sind. Nach der in der Literatur herrschenden Meinung ist dies nicht der Fall, da die Norm explizit nur Vorstände und Vorstandsmitglieder, jedoch keine weiteren Personen nennt. Die besonderen Vertreter nicht rechtsfähiger Vereine seien jedoch über § 30 Abs. 1 Nr. 4 OWiG als Generalbevollmächtigte oder Handlungsbevollmächtigte in leitender Stellung in den Kreis der tauglichen Täter einzubeziehen.[29] Vereinzelt wird jedoch vertreten, dass die Nichtnennung der besonderen Vertreter nicht rechtsfähiger Vereine eine ungewollte Gesetzeslücke darstellt. Die Nennung des Vorstandes in § 30 Abs. 1 Nr. 2 OWiG stelle nur eine rechtsformspezifische Benennung von typischerweise vertretungsberechtigten Personen dar und lasse keinen Schluss auf eine Exkludierung der besonderen Vertreter zu.[30] Zudem werde die Person durch die Bestellung zum besonderen Vertreter gem. § 30 BGB de facto ein Vorstand. Es sei kein Grund dafür zu erkennen, die besonderen Vertreter rechtsfähiger Vereine, die Organe i.S.d. § 30 Abs. 1 Nr. 1 OWiG sind, anders zu behandeln als die besonderen Vertreter nicht rechtsfähiger Vereine. Dies vor allem, da das Tätigwerden des nicht rechtsfähigen Vereins an geringere gesetzliche Voraussetzungen geknüpft sei.[31]

30

Bei einer Entscheidung der Streitfrage ist zu bedenken, dass die besonderen Vertreter rechtsfähiger Vereine in § 30 Abs. 1 Nr. 1 OWiG nicht ausdrücklich erwähnt werden. Sie werden vielmehr unter den Begriff des vertretungsberechtigten Organs subsumiert.[32] Vor diesem Hintergrund drängt sich ein gesetzgeberischer Irrtum nicht auf. Der von der herrschenden Meinung gezogene Schluss, mangels ausdrücklicher Erwähnung solle eine Einbeziehung gerade nicht erfolgen, ist somit nachvollziehbar und wird durch das Analogieverbot flankiert. Entscheidend ist jedoch, dass die Position der besonderen Vertreter nicht annähernd mit der Position eines Vorstands zu vergleichen ist. Die Möglichkeit der Ernennung besonderer Vertreter durch die Mitgliederversammlung wurde vorgesehen, um für bestimmte Sachverhalte zuständige Personen auf einer Ebene *unterhalb* des Vorstandes zu bestimmen.[33] Die besonderen Vertreter stehen demnach nicht auf einer Ebene mit den Vorstandsmitgliedern. Sie handeln nur in den ihnen zugewiesenen Geschäftskreisen mit Vertretungsbefugnis. Sie haben damit nicht qua Stellung eine Leitungsfunktion inne.

31

c) Vertretungsberechtigte Gesellschafter einer rechtsfähigen Personengesellschaft gemäß § 30 Abs. 1 Nr. 3 OWiG

Gemäß § 30 Abs. 1 Nr. 3 OWiG zählen die vertretungsberechtigten Gesellschafter rechtsfähiger Personengesellschaften zum Kreis der tauglichen Täter der Anknüpfungstat. Auch hier bestimmt sich nach den gesellschaftsrechtlichen Vorgaben, wer vertretungsberechtigter Gesellschafter einer Personengesellschaft ist. Erwähnt seien hier beispielhaft die Gesellschafter der oHG, § 125 Abs. 1 HGB, oder die Komplementäre der KG, §§ 161, 125 HGB.

32

---

29 So *Eidam* wistra 2003, 447, 450 f.; Rebmann/Roth//Hermann/*Förster* § 30 Rn. 17; *Göhler* § 30 Rn. 11; KK-OWiG/*Rogall* § 30 Rn. 60; *Wieser* § 30 Rn. 6.3.
30 *Schmidt, K.* wistra 1990, 131, 136.
31 So *Lemke/Mosbacher* OWiG, § 30 Rn. 30.
32 *BAG* NZA 1997, 959, 960; *BGH* 25.10.1988 – KRB 3/88 = BeckRS 1988, 31168161.
33 MK-BGB/*Reuter* § 30 Rn. 1.

d) Generalbevollmächtigte, Prokuristen und Handlungsbevollmächtigte gemäß § 30 Abs. 1 Nr. 4 OWiG

33 Generalbevollmächtigte oder in leitender Stellung tätige Prokuristen und Handlungsbevollmächtigte einer juristischen Person, eines nicht rechtsfähigen Vereins oder einer rechtsfähigen Personengesellschaft sind gem. § 30 Abs. 1 Nr. 4 OWiG ebenfalls taugliche Täter der Anknüpfungstat. Hinsichtlich der Prokuristen und Handlungsbevollmächtigten ist jedoch nach dem Gesetzeswortlaut einschränkend erforderlich, dass sie in leitender Stellung tätig sind. Ob eine Tätigkeit in leitender Stellung vorliegt, bestimmt sich nach den Befugnissen und Verantwortlichkeiten im Rahmen der Vertretung und Geschäftsführung des Unternehmens sowie der Stellung innerhalb der Organisationsstruktur.[34]

e) Sonstige Personen in leitender Stellung gemäß § 30 Abs. 1 Nr. 5 OWiG

34 In § 30 Abs. 1 Nr. 5 OWiG nennt das Gesetz schließlich sonstige Personen, die für die Leitung des Betriebs oder Unternehmens verantwortlich handeln, *„wozu auch die Überwachung der Geschäftsführung oder die sonstige Ausübung von Kontrollbefugnissen in leitender Stellung gehört,"* als Täter der Anknüpfungstat. Eine formale Rechtsposition wie in den Nummern 1 bis 4 wird hier nicht vorausgesetzt.[35]

35 Der Gesetzeswortlaut unterscheidet zwischen Personen mit Leitungsverantwortung und Personen mit Kontroll- und Überwachungsbefugnissen in leitender Stellung. Die Gesetzesbegründung nennt hierfür beispielhaft Leitungspersonen, denen die Verantwortung für einen bestimmten Unternehmensbereich übertragen ist, wie etwa den Leiter der Rechnungsprüfungsabteilung oder andere Personen, die in bestimmten Unternehmensbereichen eine Gesamtverantwortung wahrnehmen, etwa der Umweltbeauftragte.[36] Als Beispiel für Personen mit Kontroll- und Überwachungsfunktion nennt die Gesetzesbegründung Aufsichtsratsmitglieder.[37] Der Gesetzgeber wollte mit der Einfügung des § 30 Abs. 1 Nr. 5 OWiG im Jahre 2002 verdeutlichen, dass ein Fehlverhalten „einfacher Mitarbeiter" nach der Haftungskonzeption des § 30 OWiG nicht ausreichend für die Verhängung einer Unternehmensgeldbuße ist. Auf der anderen Seite sollte eine Abwälzung der Verantwortlichkeit auf Personen ohne formale Leitungsstellung verhindert werden.[38]

36 Eine umfangreiche Rechtsprechungskasuistik zu der Frage, welche Personen sich im Einzelnen unter § 30 Abs. 1 Nr. 5 OWiG subsumieren lassen, liegt nicht vor. Das OLG Celle hat entschieden, dass der stellvertretende Niederlassungsleiter einer Firma als Leitungsperson einzustufen ist, „soweit" dieser als Vertreter für den Niederlassungsleiter handelt.[39] Dieses Urteil ist in der Literatur kritisiert worden. Es könne als Abkehr von dem Grundsatz, dass die Funktionsangaben in § 30 Abs. 1 OWiG nur beschreibende Funktion haben, aufgefasst werden, da im konkreten Fall – zu Lasten des Unternehmens – die Unternehmensgeldbuße an die Tat einer Person angeknüpft wurde, der grundsätzlich keine Vertretungsbefugnis zukommt, die jedoch nur im Einzelfall („soweit") mit Vertretungsbefugnis tätig wird. Die Übernahme einer einzelnen Leitungsaufgabe oder einer zeitlich stark begrenzten Leitungsfunktion soll jedoch für die

---

34 Rebmann/Roth/Hermann/*Förster* § 30 Rn. 18c; KK-OWiG/*Rogall* § 30 Rn. 67; *Többens* NStZ 1999, 1, 6.
35 FK-Kartellrecht/*Achenbach* Vorb. § 81 GWB Rn. 98; Rebmann/Roth/Hermann/*Förster* § 30 Rn. 18d.
36 BT-Drucks. 14/8998, 10.
37 BT-Drucks. 14/8998, 10.
38 BT-Drucks. 14/8998, 11.
39 *OLG Celle* wistra 2012, 318, 321.

Annahme einer leitenden Stellung i.S.d. § 30 Abs. 1 Nr. 5 OWiG nicht genügen.[40] Auf der anderen Seite ist zu berücksichtigen, dass der Stellvertreter des Niederlassungsleiters im konkreten Fall tatsächlich mit Vertretungsbefugnis gehandelt hat. Sofern man in diesem Fall die Annahme einer leitenden Stellung i.S.d. § 30 Abs. 1 Nr. 5 verneinen würde, könnte dies die Möglichkeit zur Umgehung einer Haftung gem. § 30 OWiG eröffnen.

f) Faktische Organstellung

Umstritten ist, ob sog. faktische Organe taugliche Täter der Anknüpfungstat sein können. **37** Grundsätzlich geht die Rechtsprechung im strafrechtlichen Bereich regelmäßig davon aus, dass auch faktische Organe gegen strafbewehrte Organpflichten verstoßen und sich damit strafbar machen können. Dies gilt z.B. für die sog. Insolvenzverschleppung gem. § 15a InsO.[41] Im Ordnungswidrigkeitenrecht werden für die Einbeziehung faktischer Organe die Regelungen der §§ 9 Abs. 3 und 29 Abs. 2 OWiG angeführt. Hiernach sind faktische Organe, wenn ihr Bestellungsakt gewünscht, jedoch unwirksam war, den wirksam bestellten Organen in mehreren Punkten gleichgestellt.[42] Vor diesem Hintergrund wird teilweise davon ausgegangen, dass bei § 30 OWiG eine faktische Betrachtungsweise vorzunehmen ist.[43]

Dem wird jedoch entgegengehalten, dass eine entsprechende Regelung zur Gleichstellung faktischer Organe in § 30 OWiG nicht existiert.[44] Der Wortlaut des § 30 OWiG „*vertretungsberechtigtes Organ*" spreche gegen eine Einbeziehung faktischer Organe. Eine andere Sichtweise würde eine unzulässige Analogie zu Lasten des Unternehmens darstellen.[45] Zudem habe der Gesetzgeber die Einführung des § 30 Abs. 1 Nr. 5 OWiG auch damit begründet, dass diese „*die bislang – teilweise auch über eine ‚faktische Betrachtungsweise*'[46] –" erfolgte Einbeziehung von Leitungspersonen erleichtert. Damit habe er deutlich gemacht, dass faktische Organe grundsätzlich nicht von § 30 Abs. 1 Nr. 1–4 OWiG erfasst sein sollen, wohl aber eine Einordnung unter § 30 Abs. 1 Nr. 5 OWiG in Betracht kommt, wenn die Voraussetzungen dieser Norm vorliegen.[47] Im Ergebnis sind faktische Organe damit regelmäßig entweder über § 30 Abs. 1 Nr. 1–4 oder über Nr. 5 OWiG taugliche Täter der Anknüpfungstat. **38**

g) Feststellungsvoraussetzungen

Der Gesetzgeber hat in der Gesetzesbegründung zum Ausdruck gebracht, es sei für die Verhängung einer Unternehmensgeldbuße ausreichend, wenn feststehe, dass irgendeine Person gehandelt hat, die sich in den Kreis der tauglichen Täter des § 30 OWiG einordnen lässt.[48] Erforderlich ist demnach nicht, dass das Gericht oder die Verwaltungsbehörde im Verfahren gegen das Unternehmen feststellt, welche Leitungsperson die Anknüpfungstat begangen hat, ausreichend ist, *dass* eine Leitungsperson die Anknüpfungstat begangen hat.[49] Hierin soll aller- **39**

---

40 So im Ergebnis auch *Rübenstahl* NZWiSt 2013, 68, 72.

41 *BGH* NJW 2000, 2285, 2286; *BGH* NStZ 1983, 240, 241.

42 S. hierzu KK-OWiG/*Rogall* § 9 Rn. 83 ff. m.w.N.

43 So *Göhler* § 30 Rn. 14; *Többens* NStZ 1999, 1, 6.

44 *Eidam* wistra 2003, 447, 452; KK-OWiG/*Rogall* § 30 Rn. 70; *Wegner* NJW 2001, 1979, 1980.

45 *Eidam* wistra 2003, 447, 452; KK-OWiG/*Rogall* § 30 Rn. 70; *Wegner* NJW 2001, 1979, 1980; *Lemke/Mosbacher* OWiG, § 30 Rn. 42.

46 BT-Drucks. 14/8998, 11.

47 So auch *Wieser* § 30 Rn. 5.6; a.A. *Eidam* wistra 2003, 447, 452 und KK-OWiG/*Rogall* § 30 Rn. 70, die eine Einbeziehung faktischer Organe auch unter § 30 Abs. 1 Nr. 5 OWiG ablehnen.

48 BT-Drucks. 10/318, 40.

49 *BGH* NStZ 1994, 346; *OLG Rostock* 14.1.2013 – 2 Ss (OWi) 254/12 I 276/12 = BeckRS 2013, 03057; *OLG Hamm* 5.7.2000 – 2 Ss OWi 462/2000 = BeckRS 2000, 30121035; *OLG Hamm* 28.6.2000 – 2 Ss OWi 604/99 = BeckRS 2000, 06083; *Göhler* § 30 Rn. 40; KK-OWiG/*Rogall* § 30 Rn. 165; *Többens* NStZ 1999, 1, 7.

dings keine weitere Beweiserleichterung gesehen werden. Die Feststellungen zur Tatbegehung durch eine Leitungsperson müssen den an die richterliche Überzeugungsbildung anzulegenden Maßstäben genügen.[50]

2. Handeln „als" Organ bzw. Vorstand

40 Die Bezugstat muss nach dem Gesetzeswortlaut „*als*" Organ oder Vorstand usw. begangen werden. Das Tatbestandsmerkmal „*als*" zeigt nach allgemeiner Ansicht, dass zwischen der Bezugstat und der Stellung des Täters zumindest ein innerer, funktionaler Zusammenhang bestehen muss (sog. Funktionstheorie).[51] Die Bezugstat muss als Tat *in Wahrnehmung der Angelegenheiten*[52] des Unternehmens angesehen werden. Bei der Verletzung betriebsbezogener Pflichten ist dies regelmäßig der Fall.[53] Etwas anderes gilt, wenn der Täter objektiv nicht mehr im Rahmen der ihm in seiner Leitungsfunktion übertragenen Aufgaben, sondern wie ein „beliebiger Betriebsangehöriger"[54] handelt.

41 Umstritten ist in diesem Zusammenhang, ob ausschließlich auf die Nutzung der funktionstypischen Wirkungsmöglichkeiten abzustellen ist, oder ob gerade ein Handeln im Interesse des Unternehmens erforderlich ist. Überwiegend wird in Literatur und Rechtsprechung angenommen, dass der Anknüpfungstäter zumindest *auch* im Interesse des Unternehmens handeln muss. Sofern er ausschließlich Eigeninteressen verfolgt, liegt kein Handeln in Wahrnehmung der Angelegenheiten des Verbandes („als") mehr vor.[55] Dies ist etwa der Fall, wenn ein Geschäftsführer bei einer unternehmensinternen Besprechung aus Wut über schlechte Quartalszahlen einen Mitarbeiter körperlich verletzt oder beleidigt. In diesem Fall bot dem Geschäftsführer zwar seine geschäftliche Tätigkeit die Möglichkeit für die Straftat, jedoch handelte er nicht in Wahrnehmung der Angelegenheiten des Unternehmens, sondern wie ein beliebiger Betriebsangehöriger.

3. Taugliche Anknüpfungstaten

42 Neben der Begrenzung der Anknüpfungstaten in personeller Hinsicht besteht auch eine Eingrenzung der Anknüpfungstaten in sachlicher Hinsicht. Der Kreis der tauglichen Taten wird dadurch eingeschränkt, dass durch die Tat *Pflichten, „welche juristische Personen oder die Personenvereinigung treffen"*, verletzt worden sein müssen (erste Alternative des § 30 Abs. 1 OWiG) oder *„die juristische Person oder die Personenvereinigung bereichert worden ist oder werden sollte"* (zweite Alternative des § 30 Abs. 1 OWiG).

a) Betriebsbezogene Pflichten

43 Die Gesetzesbegründung nennt als Pflichten, welche die juristische Person oder die Personenvereinigung treffen die sog. betriebsbezogenen Pflichten.[56] Hieraus ergibt sich, dass es sich nicht um Jedermanns-Pflichten handelt. Vielmehr handelt es sich um (Organisations-)Pflich-

---

50 Vgl. *OLG Rostock* 14.1.2013 – 2 Ss (OWi) 254/12 I 276/12, BeckRS 2013, 03057.

51 KK-OWiG/*Rogall* § 30 Rn. 91 f.; ebenso FK-Kartellrecht/*Achenbach* Vorb. § 81 GWB Rn. 100.

52 *Göhler* § 30 Rn. 25; Rebmann/Roth/Hermann/*Förster* § 30 Rn. 33; *Klesczewski* Rn. 662.

53 *Göhler* § 30 Rn. 25.

54 Rebmann/Roth/Hermann/*Förster* § 30 Rn. 34; *Göhler* § 30 Rn. 25; KK-OWiG/*Rogall* § 30 Rn. 91.

55 *BGH* NStZ 1997, 30, 31; Rebmann/Roth/Hermann/*Förster* § 30 Rn. 33; *Göhler* § 30 Rn. 25; KK-OWiG/*Rogall* § 30 Rn. 93.

56 BT-Drucks. 5/1269, 60.

ten, die *aus der Tätigkeit des Unternehmens folgen.*[57] Es besteht die Pflicht, im Rahmen der unternehmerischen Tätigkeit keine Gefahren zu verursachen bzw. entstehende Gefahrenquellen zu minimieren.[58] Demnach sind betriebsbezogen alle Pflichten, die aus dem Wirkungskreis des geschäftlichen Handelns entspringen.[59] Es können alle Ge- und Verbote, welche bei dem Betrieb eines Unternehmens zu berücksichtigen sind, als betriebsbezogene Pflichten bezeichnet werden.[60] Hierzu zählt etwa die Pflicht, den steuerlichen Verpflichtungen des Unternehmens nachzukommen,[61] die erforderlichen zollrechtlichen Genehmigungen bei dem Import und Export von Gütern einzuholen oder bei der Beantragung von Subventionen korrekte Angaben zu machen.

b) Verletzung der Aufsichtspflicht gem. § 130 OWiG

Als bedeutsamste Pflichtverletzung i.S.d. § 30 Abs. 1 1. Alt OWiG ist die Verletzung der Aufsichtspflicht gem. § 130 OWiG zu nennen.[62] Wie dargestellt, muss Täter einer Bezugstat i.S.d. § 30 OWiG eine Leitungsperson sein. In der betrieblichen Realität werden betriebsbezogene Gesetzesverstöße jedoch oftmals von Mitarbeitern begangen, die sich nicht in den Kreis der tauglichen Täter des § 30 OWiG einordnen lassen. In derartigen Fällen kommt als Bezugstat allerdings eine Verletzung der Aufsichtspflicht gem. § 130 OWiG durch den Betriebsinhaber bzw. eine ihm gem. § 9 OWiG gleichgestellte Person in Betracht. § 130 OWiG dient somit als „Transmissionsriemen"[63] zur Schließung dieser „Sanktionslücke"[64]. **44**

Die Verletzung der Aufsichtspflicht gem. § 130 OWiG ist ein echtes Unterlassungsdelikt.[65] § 130 OWiG setzt eine Zuwiderhandlung gegen eine betriebsbezogene Straf- oder Bußgeldnorm voraus.[66] Als solche gelten ähnlich wie bei § 30 OWiG alle Normen, die bei der unternehmerischen Tätigkeit zu beachten sind. Eine solche Zuwiderhandlung wäre etwa eine Betrugsstraftat auf der zu beaufsichtigenden Ebene. Voraussetzung des Bußgeldtatbestandes ist weiterhin, dass die Zuwiderhandlung durch die gehörige Aufsicht hätte erschwert werden können oder wesentlich erschwert worden wäre. An die Feststellung der mangelhaften Aufsicht werden in der Praxis regelmäßig keine besonders hohen Anforderungen gestellt. Vielmehr ist zu beobachten, dass von dem objektiven Vorliegen des Verstoßes auf eine mangelnde Aufsicht geschlossen wird. Die gehörige Aufsicht umfasst Leitungs-, Koordinations-, Organisations- und Kontrollpflichten, vorgelagert ist gem. § 130 Abs. 1 S. 2 OWiG die sorgfältige Mitarbeiterauswahl[67] **45**

c) Straftaten zu Lasten des Unternehmens

Nach dem Wortlaut der §§ 130, 30 OWiG ist nicht ausgeschlossen, dass auch Straftaten zu Lasten des Unternehmens zur Verhängung einer Geldbuße gegen das geschädigte Unternehmen selbst führen. Der Sinn und Zweck der §§ 130, 30 OWiG liegt jedoch darin, dass die Verant- **46**

---

57 *Ransiek* S. 115.
58 *Ransiek* S. 115.
59 Baums/Thoma/*Achenbach* Vorb. § 60 Rn. 45; Rebmann/Roth/Hermann/*Förster* § 30 Rn. 26.
60 *Eidam* wistra 2003, 337, 353, Rebmann/Roth/Hermann/*Förster* § 30 Rn. 26; KK-OWiG/*Rogall* § 30 Rn. 72.
61 Ganz h.M. und in der Praxis so gelebt, hierzu im Detail *Hunsmann* DStR 2014, 855 f.
62 *Achenbach* NZWiSt 2012, 321, 323; *Eidam* wistra 2003, 447, 453; Rebmann/Roth/Hermann/*Förster* § 30 Rn. 27; *Helmrich* wistra 2010, 331, 332; KK-OWiG/*Rogall* § 30 Rn. 75.
63 *Többens* NStZ 1999, 1, 8.
64 *Achenbach* NZWiSt 2012, 321, 323.
65 *Bohnert* OWiG, § 30 Rn. 37; *Többens* NStZ 1999, 1, 3.
66 Hierzu ausführlich KK-OWiG/*Rogall* § 130 Rn. 81 ff.
67 Achenbach/Ransiek/*Achenbach* 1. Teil, 3. Kap. Rn. 51.

wortlichen die erforderlichen Maßnahmen ergreifen, um Gefahren abzuwenden, die von dem Betrieb oder Unternehmen für Dritte ausgehen. Der Betriebsinhaber soll durch § 130 OWiG nicht zum Schutz seiner eigenen Rechtsgüter verpflichtet werden. Hierdurch würde der Betriebsinhaber auch für Verhaltensweisen haftbar gemacht, die er selbst sanktionslos begehen könnte.[68] Es sind jedoch auch Sachverhaltskonstellationen denkbar, in denen die Tat eines Mitarbeiters zu Lasten des Unternehmens in unmittelbarem Zusammenhang mit einer Tat zu Lasten der Allgemeinheit oder eines Dritten steht. Dies kann z.B. für eine Bestechungshandlung gelten, die gleichzeitig eine Untreue zu Lasten des Unternehmens darstellt. In einem derartigen Fall kann die Bestechung, die durch die erforderliche und zumutbare Aufsicht verhindert worden wäre, als Anknüpfungspunkt für eine Verletzung der Aufsichtspflicht und eine Unternehmensgeldbuße dienen.[69]

d) Bereicherung des Unternehmens

47 Die Unternehmensgeldbuße kann auch bei einer Anknüpfungstat verhängt werden, durch die das Unternehmen bereichert worden ist oder bereichert werden sollte. In diesen Fällen ist keine Verletzung einer betriebsbezogenen Pflicht erforderlich.[70] Jede Verbesserung der Vermögenslage des Unternehmens stellt eine Bereicherung in diesem Sinne dar.[71] Dabei reichen lediglich mittelbare Vorteile, wie z.B. eine Verbesserung der Wettbewerbssituation durch Bestechung, nicht aus.[72] Es besteht hingegen keine Einschränkung auf klassische Vermögensdelikte, wie etwa Betrugsstraftaten. Erfasst sind ebenfalls andere Delikte, die zu einem wirtschaftlichen Vorteil führen, wie zum Beispiel Umweltdelikte. Eine lediglich erstrebte Bereicherung i.S.d. § 30 Abs. 1 OWiG liegt etwa bei versuchten Vermögensdelikten vor.[73] Eine Bereicherung ist erstrebt, wenn es der Leitungsperson gerade auf die Bereicherung des Unternehmens durch die Bezugstat ankommt.[74] Ausreichend ist in diesem Zusammenhang, dass die Bereicherung zwar gewünscht, jedoch nicht Hauptzweck der Tat ist.[75]

III. Bemessung der Unternehmensgeldbuße

48 Zum 30.6.2013 sind die Höchstmaße der Unternehmensgeldbuße mit Inkrafttreten der 8. GWB-Novelle deutlich erhöht worden.[76] Gemäß § 30 Abs. 2 S. 1 OWiG beträgt die Geldbuße im Falle einer vorsätzlichen Straftat bis zu 10 Mio. €, im Falle einer fahrlässigen Straftat bis zu 5 Mio. €. Das Höchstmaß der Geldbuße bei einer Ordnungswidrigkeit bestimmt sich nach dem für die Ordnungswidrigkeit angedrohten Höchstmaß, vgl. § 30 Abs. 2 S. 2 OWiG. Verweist eine Norm auf § 30 Abs. 2 S. 3 OWiG, so kann das Höchstmaß der Geldbuße verzehnfacht werden. Ein solcher Verweis ist bisher nur in § 130 Abs. 3 S. 2 OWiG eingefügt worden.

---

68 *Helmrich* wistra 2010, 331 ff.
69 So im Ergebnis auch *Lemke/Mosbacher* OWiG, § 30 Rn. 59.
70 *Eidam* wistra 2003, 447, 454; KK-OWiG/*Rogall* § 30 Rn. 79; *Többens* NStZ 1999, 1, 6.
71 *Bohnert* OWiG, § 30 Rn. 37; Rebmann/Roth/Hermann/*Förster* § 30 Rn. 31; *Lemke/Mosbacher* OWiG, § 30 Rn. 52; KK-OWiG/*Rogall* § 30 Rn. 82.
72 *Bohnert* OWiG, § 30 Rn. 37; *Lemke/Mosbacher* OWiG, § 30 Rn. 52; KK-OWiG/*Rogall* § 30 Rn. 82.
73 KK-OWiG/*Rogall* § 30 Rn. 87.
74 *Eidam* wistra 2003, 447, 454; *Göhler* § 30 Rn. 22; KK-OWiG/*Rogall* § 30 Rn. 87; *Többens* NStZ 1999, 1, 7.
75 So *Göhler* § 30 Rn. 22; *Lemke/Mosbacher* OWiG, § 30 Rn. 52.
76 BGBl I 2013, 1738.

Neben diesem grundsätzlichen Rahmen der Geldbuße ordnet § 30 Abs. 3 OWiG an, dass § 17 Abs. 4 OWiG entsprechend anzuwenden ist. Dieser stellt für die ordnungswidrigkeitenrechtlichen Geldbußen den Grundsatz auf, dass die Geldbuße den wirtschaftlichen Vorteil, den der Täter aus der Ordnungswidrigkeit gezogen hat, übersteigen soll. Durch diese Norm wird die Abschöpfungsfunktion der Unternehmensgeldbuße statuiert. Die Geldbuße kann demnach zum Zwecke der vollumfänglichen Abschöpfung erlangter Tatvorteile das gesetzliche Höchstmaß überschreiten. **49**

Entsprechend wird die Geldbuße in der Praxis aus einem Ahndungs- und einem Abschöpfungsteil berechnet. Da eine Abschöpfung in jedem Fall vorgenommen werden soll, bildet der Abschöpfungsbetrag die Untergrenze der Geldbuße. Die Geldbuße wird dementsprechend berechnet, indem der festgestellte Abschöpfungsbetrag um den Ahndungsteil erhöht wird.[77] Auf die entsprechende Aufteilung der Geldbuße im Bußgeldbescheid ist aus steuerlichen Gründen zu achten.[78] **50**

1. Abschöpfungsteil

Nach dem Wortlaut des § 17 Abs. 4 OWiG soll der *„wirtschaftliche Vorteil"* der Tat abgeschöpft werden. Ausweislich der Gesetzesbegründung sollte durch diese Formulierung deutlich gemacht werden, dass hierunter nicht nur erzielte Gewinne, sondern jegliche wirtschaftliche Vorteile fallen.[79] Ein wirtschaftlicher Vorteil kann demnach nicht nur in durch Straftaten erzielten Gewinnen oder Tatentgelten gesehen werden, sondern ebenso in ersparten Aufwendungen.[80] Neben diesen oftmals leicht bestimmbaren Werten, werden auch mittelbare Vorteile, wie z.B. Wettbewerbsvorteile, vom Begriff des Vorteils in § 17 Abs. 4 OWiG umfasst.[81] Derartige Vorteile können ggf. durch Schätzung ermittelt werden. Dabei wird ein Vergleich zwischen der wirtschaftlichen Situation des Unternehmens nach der Tat und seiner hypothetischen Situation ohne Begehung der Tat angestellt. Erforderlich ist demnach, dass der Vorteil wirtschaftlich messbar ist. **51**

Die Berechnung des wirtschaftlichen Vorteils erfolgt nach dem sog. Nettoprinzip.[82] Dies bedeutet, dass bei der Berechnung des Abschöpfungsteils Aufwendungen, welche das Unternehmen aufgrund der Tatbegehung hatte, wertmindernd in Abzug zu bringen sind. Hierbei wird also lediglich der tatsächlich beim Unternehmen verbliebene Tatgewinn abgeschöpft. So können etwa Einkaufskosten für betrügerisch weiterverkaufte Ware oder bei der Tatbegehung entstandene Reise- oder Versandkosten in Abzug gebracht werden.[83] Ist dem Unternehmen durch die Anknüpfungstat kein wirtschaftlicher Vorteil entstanden, so wird die Geldbuße naturgemäß ohne Abschöpfungsvorteil berechnet. **52**

---

77 *Rönnau* Rn. 27; KK-OWiG/*Rogall* § 30 Rn. 121.
78 S. dazu Rn. 51 f.
79 BT-Drucks. 5/2600, 4.
80 Rebmann/Roth/Hermann/*Förster* § 17 Rn. 47; *Müther* S. 53; KK-OWiG/*Rogall* § 30 Rn. 122; *Wieser* § 17 Rn. 6.
81 *Brenner* NStZ 2004, 256, 254; *Wieser* § 17 Rn. 6; a.A. *Wallschläger* S. 55.
82 OLG Rostock 23.11.2011 – 2 Ss (OWi) 187/11 I 208/11 = BeckRS 2011, 29486; *OLG Oldenburg* 7.5.2009 – 2 SsBs 21/09 = BeckRS 2009, 14514; *OLG Karlsruhe* NJW 1979, 703 ff.; *Bohnert* OWiG, § 30 Rn. 42; KK-OWiG/*Rogall* § 30 Rn. 122 m.w.N.; *Wegner* NJW 2001, 1979, 1982; a.A. *Brenner* NStZ 2004, 256, 259; *Labi* NZWiSt 2013, 41.
83 Vgl. Rechtsprechung zum Nettoprinzip: *BGH* NJW 1989, 3156; NJW 1982, 774; NJW 1979, 1942.

53 Gemäß § 4 Abs. 5 Nr. 8 EStG dürfen Geldbußen, Ordnungsgelder und Verwarngelder nicht als gewinnmindernde Betriebsausgaben bei der Besteuerung berücksichtigt werden. Das Abzugsverbot ist gem. § 8 Abs. 1 KStG für die KSt zu berücksichtigen und findet gem. § 7 S. 1 Gewerbesteuergesetz auch bei der Bemessung des Gewerbeertrags Anwendung.[84] Gemäß § 4 Abs. 5 Nr. 8 S. 4 EStG gilt dieses Abzugsverbot jedoch nicht *„für Geldbußen [...], soweit der wirtschaftliche Vorteil der durch den Gesetzesverstoß erlangt wurde, abgeschöpft worden ist, wenn die Steuern vom Einkommen und Ertrag, die auf den wirtschaftlichen Vorteil entfallen, nicht abgezogen worden sind.“*

54 Der Abschöpfungsteil der Geldbuße ist demnach im Gegensatz zum Ahndungsteil gewinnmindernd in Abzug zu bringen. Entsprechend der gesetzlichen Systematik können die anfallenden oder bereits festgesetzten Steuern direkt bei der Bemessung des Abschöpfungsteils der Unternehmensgeldbuße als Aufwendung berücksichtigt werden und den Abschöpfungsbetrag entsprechend mindern. Anderenfalls kann ein gewinnmindernder Abzug bei der Steuerfestsetzung selbst vorgenommen werden.[85] Vor diesem Hintergrund sollte bei Gesprächen, die mit Bußgeldbehörden oder Gerichten über eine etwaige Unternehmensgeldbuße geführt werden, darauf hingewirkt werden, eine höhere Abschöpfung zu Gunsten eines niedrigeren Ahndungsteils vorzunehmen. Dabei bietet sich eine konkrete Festschreibung des in dem Bußgeld enthaltenen Abschöpfungsbeitrags im Bußgeldbescheid oder Urteil an. Insofern dies unterbleibt, können die Finanzbehörden den Abschöpfungsteil durch Schätzung ermitteln.[86]

2. Ahndungsteil

55 Für die Zumessung des Ahndungsteils einer Unternehmensgeldbuße gibt es keine speziellen gesetzlich normierten Zumessungskriterien. Zentrale Norm für die Zumessung des Ahndungsteils von Geldbußen gegenüber natürlichen Personen ist § 17 Abs. 3 OWiG. Demnach ist Grundlage für die Zumessung der Geldbuße die Bedeutung der Ordnungswidrigkeit und der Vorwurf der den Täter trifft; nach Satz 2 kommen die wirtschaftlichen Verhältnisse des Täters „in Betracht“. Aus dieser Formulierung wird geschlussfolgert, dass die wirtschaftlichen Verhältnisse erst nachrangig zu berücksichtigen und lediglich als Korrektiv anzuwenden sind, um unbillige Ergebnisse zu vermeiden.[87]

56 In der Literatur wird teilweise bestritten, dass § 17 Abs. 3 OWiG auf die Bemessung der Geldbuße gegenüber Unternehmen anzuwenden ist. Dies hat den Hintergrund, dass § 30 Abs. 3 OWiG lediglich auf die Anwendbarkeit der §§ 17 Abs. 4, 18 OWiG für die Bußgeldbemessung verweist und § 17 Abs. 3 OWiG damit explizit nicht in Bezug nimmt.[88] Der überwiegende Teil der Literatur und die Rechtsprechung gehen jedoch davon aus, dass die Zumessungskriterien des § 17 Abs. 3 OWiG auch ohne ausdrückliche Verweisung bei der Bemessung der Unternehmensgeldbuße Anwendung finden.[89] Für die Bemessung der Geldbuße gegenüber

---

84 *Drüen* DB 2013, 1133, 1137 m.w.N. aus der Rechtsprechung.
85 *Drüen* DB 2013, 1133, 1138; *Wallschläger* S. 56.
86 *BFH* DStR 1999, 1518, 1521.
87 *Göhler* § 17 Rn. 22; KK-OWiG/*Mitsch* § 17 Rn. 84.
88 So *Göhler* § 30 Rn. 36a; *Korte* NStZ 2001, 582, 584.
89 *Bohnert* OWiG, § 30 Rn. 41; Loewenheim/Meessen/Riesenkampff/*Cramer/Pananis* § 81 GWB Rn. 60; Immenga/Mestmäker/*Dannecker/Biermann* § 81 GWB Rn. 360; *Lemke/Mosbacher* OWiG, § 30 Rn. 63; KK-OWiG/*Rogall* § 30 Rn. 115 m.w.N.; *Wegner* wistra 2000, 361, 362 m.w.N.; *Wieser* § 30 Rn. 9.3.; *OLG Frankfurt* 25.1.2012-1SS36/11 = BeckRS 2012, 10887; *OLG Hamm* wistra 2000, 393, 394.

dem Unternehmen spielt daher die Schuld des Anknüpfungstäters eine Rolle.[90] Weiterhin werden als Zumessungskriterien die Höhe des Schadens sowie das Gewicht und das Ausmaß der Bezugstat genannt.[91]

Allerdings wird zunehmend darauf hingewiesen, dass sich die Geldbuße gegen ein Organisationsverschulden des Unternehmens richtet und daher ebenso unternehmensbezogene Zumessungskriterien Berücksichtigung finden müssen. Entsprechend sollten Compliance-Bemühungen des Unternehmens, die der Verhinderung von Verfehlungen dienen, bußgeldmildernd berücksichtigt werden.[92] Der Gesetzgeber hat in der Begründung zur letzten Gesetzesänderung an § 30 OWiG durch die 8. GWB-Novelle vor dem Hintergrund der Erhöhung des Bußgeldhöchstmaßes erklärt, dass ein effektives Compliance-System als unternehmensbezogener Umstand bei der Bußgeldbemessung berücksichtigt werden kann.[93] Gesetzliche Leitlinien für den Aufbau eines „effektiven Compliance-Systems" bestehen in Deutschland allerdings nicht.

57

IV. Verjährung

Die Unternehmensgeldbuße kann nicht mehr festgesetzt werden, wenn die Verjährung eingetreten ist. Die Verjährung der Unternehmensgeldbuße verläuft akzessorisch zur Verjährung der Anknüpfungstat der Leitungspersonen.[94] Eine Besonderheit gilt lediglich hinsichtlich etwaiger Verjährungsunterbrechungen im selbstständigen Verfahren gegen das Unternehmen. Gemäß § 33 Abs. 1 S. 2 OWiG wird die Verjährung gegenüber dem Unternehmen durch bestimmte Handlungen im selbstständigen Verfahren, etwa die Bekanntgabe, dass ein Ermittlungsverfahren geführt wird, oder die Eröffnung des Hauptverfahrens unterbrochen. Nach der Unterbrechung beginnt die Verjährung von neuem, § 33 Abs. 3 S. 1 OWiG. Zudem ist zu beachten, dass auch die Unterbrechungshandlungen gegenüber dem Anknüpfungstäter gem. § 78c Abs. 1 S. 1 StGB oder § 33 Abs. 1 S. 1 OWiG im selbstständigen Verfahren die Verjährung gegenüber dem Unternehmen unterbrechen.[95]

58

D. Verfallsanordnung

Eine Vermögensabschöpfung nach Straftaten oder Ordnungswidrigkeiten kann auch durch eine Verfallsanordnung gem. § 73 StGB bzw. § 29a OWiG erfolgen. Dabei wird das *aus oder für die Tat* Erlangte zugunsten der Staatskasse für verfallen erklärt. Verfallsanordnungen dienen dem Grundsatz, dass sich Rechtsverstöße nicht lohnen sollen.[96] Ob es sich hierbei lediglich um eine ordnende Maßnahme oder um eine Strafe handelt, ist umstritten. Während die Rechtsprechung auf dem Standpunkt steht, der Verfall sei eine Maßnahme eigener Art, die Präventi-

59

---

90 *BGH* NStZ-RR 2008, 13, 15; Rebmann/Roth/Hermann/*Förster* Vorb. § 30 Rn. 9; KK-OWiG/*Rogall* § 30 Rn. 116 m.w.N.; *Wieser* § 30 Rn. 93.
91 *Göhler* § 30 Rn. 36a; KK-OWiG/*Rogall* § 30 Rn. 16.
92 Immenga/Mestmäker/*Dannecker/Biermann* § 81 GWB Rn. 394; Rebmann/Roth/Hermann/*Förster* § 30 Rn. 43; KK-OWiG/*Rogall* § 30 Rn. 118; *Wegner* Zumessung unternehmensbezogener Geldbußen, S. 93.
93 BT-Drucks. 17/11053, 21.
94 *BGHSt* 46, 207, 211; *Achenbach/Ransiek* 2. Kap. Rn. 21.
95 *BGH* NStZ-RR 1996, 147 f.
96 LK/*Schmidt* § 73 Rn. 7 ff.

onszwecken diene, und keine Strafe,[97] geht die überwiegende Meinung in der Literatur davon aus, dass die Verfallsanordnung eine Strafe darstellt[98].

60 Die Voraussetzungen einer Verfallsanordnung und die – ebenfalls hochumstrittene – Berechnung des Verfallsbetrages werden umfangreich im 15. Kapitel dargestellt. Hierauf wird an dieser Stelle verwiesen. Es soll lediglich ein Überblick zu den besonderen Voraussetzungen des Verfalls gegenüber Unternehmen gegeben werden.

I. Der Drittverfall nach StGB gegenüber Unternehmen

61 Die Grundnorm des Verfalls nach Straftaten, § 73 Abs. 1 StGB, sieht eine Verfallsanordnung gegenüber dem Täter oder Teilnehmer einer Tat vor. Ist das ursprüngliche Verfallsobjekt bei diesem nicht mehr vorhanden, kann gem. § 73a StGB der Verfall des Wertersatzes angeordnet werden.

62 Gegenüber Dritten kann der Original- bzw. der Wertersatzverfall gem. § 73 Abs. 3 (i.V.m. § 73a StGB) angeordnet werden, wenn der Täter oder Teilnehmer *für einen anderen gehandelt* und dieser *dadurch* etwas erlangt hat. Abgesehen von dieser Modifikation sind die Voraussetzungen des § 73 Abs. 1 und 2 StGB auch beim Drittverfall zu beachten. Der Drittverfall ist insoweit *streng akzessorisch*,[99] er stellt eine Erweiterung des Verfalls gegen den Tatbeteiligten dar.[100]

63 Grundsätzlich richtet sich das StGB nur an natürliche Personen, dennoch kann der *andere* i.S.d. § 73 Abs. 3 StGB nach allgemeiner Meinung eine juristische Person sein.[101] Dass Personenverbände betroffen sein können, geht schon aus der Regelung des § 30 Abs. 5 OWiG hervor. Die Vorschrift bestimmt, dass die Festsetzung einer Unternehmensgeldbuße die Anordnung des Verfalls wegen derselben Tat ausschließt.[102] Welche Personenverbände im Einzelnen betroffen sein können, ist hingegen nicht gesetzlich geregelt. Es ist davon auszugehen, dass alle – auch nichtrechtsfähigen – Personengesellschaften und -vereinigungen Verfallsadressaten sein können, deren Vermögen von dem ihrer Gesellschafter unterschieden werden kann.[103] Nach der Anerkennung ihrer Rechtsfähigkeit gilt dies ebenfalls für die GbR.[104]

64 Umstritten ist jedoch, wie die Merkmale *„für einen anderen gehandelt* und *dadurch"* des § 73 Abs. 3 StGB auszulegen sind. Das Meinungsspektrum zu dieser Frage war in seinen Nuancen sehr vielfältig.[105] In einer Grundsatzentscheidung des BGH vom 19.1.1999[106] haben die Merkmale eine höchstrichterliche Auslegung erfahren, der sich Teile der Literatur angeschlossen

---

97 *BGH* NJW 2002, 2257, 2258 f.; *BGH* NJW 1995, 2235, 2235.

98 *Dannecker* NStZ 2006, 283, 283; Schönke/Schröder/*Eser* Vorb. Siebenter Teil des StGB, Rn. 19; *Hofmann* wistra 2008, 401, 406; Lackner/*Kühl* § 73 Rn. 4b; NK-StGB/*Saliger* Vorb. §§ 73 ff. Rn. 5; *Schlösser* NStZ 2011, 121, 121; uneindeutig: *Fischer* § 73 Rn. 3 m.w.N. zur Diskussion; a.A. Matt/Renzikowski/*Altenhain* § 73 Rn. 1; MK-StGB/*Joecks* § 73 Rn. 14 ff.; *Kracht* wistra 2000, 326, 329 f.; *Podolsky/Brenner* S. 13; LK/*Schmidt* § 73 Rn. 7 ff.

99 *Rönnau* Rn. 264.

100 Matt/Renzikowski/*Altenhain* § 73 Rn. 2.

101 *BGH* NJW 2002, 3339, 3341; *Fischer* § 73 Rn. 29 m.w.N.; *Korte* FS Samson, S. 65, 68.

102 Matt/Renzikowski/*Altenhain* § 73 Rn. 16; *Korte* FS Samson, S. 65, 68.

103 *Kiethe/Hohmann* NStZ 2003, 505, 508; LK/*Schmidt* § 73 Rn. 51.

104 *Fischer* § 73 Rn. 29; *Kiethe/Hohmann* NStZ 2003, 505, 508; LK/*Schmidt* § 73 Rn. 51.

105 Vgl. hierzu die Darstellung verschiedener Ansichten durch den *BGH* NJW 2000, 297, 298 f. m.w.N.

106 *BGH* NJW 2000, 297 ff.; bestätigt durch *BGH* 3.12.2007 – 1 StR 53/13 = BeckRS 2014, 04053.

haben.[107] Andere Stimmen in der Literatur kritisieren jedoch, dass die Entscheidung des BGH nicht dazu geführt hat, dass der „kontroversen Diskussion Struktur und Richtung" verliehen wurde.[108] Da im Übrigen kaum höchstrichterliche Rechtsprechung zu den Fragen des Drittverfalls existiert, ist eine Übertragung der Grundsatzentscheidung auf einzelne Fallbeispiele bisher kaum erfolgt, was zu Unsicherheiten bei der Rechtsanwendung führt.[109]

Aus der Entstehungsgeschichte des § 73 Abs. 3 StGB ergibt sich eine Eingrenzung seines **65** Anwendungsbereichs. Die zunächst im Bundestag diskutierte Version des Gesetzes sah vor, dass *„der Täter oder Teilnehmer als Vertreter eines anderen oder sonst für einen anderen gehandelt"* haben musste,[110] um einen Drittverfall zu ermöglichen. Die Worte *Vertreter eines anderen* wurden jedoch bewusst nicht in die finale Gesetzesfassung aufgenommen.[111] Der Gesetzgeber wollte kein nach außen erkennbares oder nach zivilrechtlichen Maßstäben bestehendes Vertretungsverhältnis zur Voraussetzung des Verfalls machen. Mit den Worten *„für einen anderen gehandelt"* hat er sich bewusst für eine Gesetzesfassung entschieden, die einen Drittverfall gegenüber gutgläubigen Dritten ermöglicht. Entscheidend ist, dass bei dem Dritten ein Vorteil eingetreten ist, selbst wenn dieser nicht Ziel des Täterhandelns war. Als einschränkendes Korrektiv dient jedoch das Merkmal *dadurch*. Es hebt hervor, dass dem Dritten das Verfallsobjekt unmittelbar und nicht erst nach weiteren Rechtsgeschäften zufließen muss.

Auf dieser Basis hat der BGH drei Fallgruppen skizziert, um den Anwendungsbereich des § 73 **66** Abs. 3 StGB abzugrenzen. In den sog. Vertretungsfällen und den sog. Verschiebungsfällen kommt die Anordnung eines Drittverfalls gegenüber dem Unternehmen in Betracht. Demgegenüber scheidet die Verfallsanordnung in den sog. Erfüllungsfällen aus.

1. Vertretungsfälle

Bei den Vertretungsfällen wird zwischen den Vertretungsfällen im engeren Sinne und den Vertretungsfällen im weiteren Sinne unterschieden. Ein Vertretungsfall im engeren Sinne liegt vor, **67** wenn Organe, Vertreter oder Beauftragte i.S.d. § 14 StGB, also klassische gesetzliche Vertreter, für das Unternehmen gehandelt haben. Die Vertretung im weiteren Sinne liegt immer dann vor, wenn der Täter oder Teilnehmer *faktisch auch*[112] im Interesse des Dritten handelte. Damit ist ein *„Bereicherungszusammenhang"*[113] durch das *(betriebliche) Zurechnungsverhältnis*[114] gegeben. Als Beispiele werden Angehörige einer Organisation und Angestellte, wie der Buchhalter, der ohne Wissen der Unternehmensverantwortlichen Steuern hinterzieht, genannt.

2. Verschiebungsfälle

In den sog. Verschiebungsfällen kann ebenfalls eine Verfallsanordnung gegenüber Dritten vor- **68** genommen werden. Der Verschiebungsfall liegt vor, wenn der Täter dem Dritten *unentgeltlich* oder auf der Basis eines *bemakelten* Rechtsgeschäfts den Vermögenswert zukommen lässt, *um ihn dem Zugriff der Gläubiger zu entziehen oder die Tat zu verschleiern.* In diesen Fällen kommt es nicht darauf an, ob der Täter – wie bei den Vertretungsfällen – im Einflussbereich

107 So Schönke/Schröder/*Eser* § 73 Rn. 37 mit Einschränkungen; Lackner/*Kühl* § 73 Rn. 9; LK/*Schmidt* § 73 Rn. 63; a.A. *Fischer* § 73 Rn. 37.
108 *Rönnau* Rn. 266.
109 Dies konstatierte *Rönnau* Rn. 268 bereits 2003, der Zustand besteht jedoch fort.
110 BR-Drucks 200/62.
111 BT-Drucks. 5/4095, 40.
112 *BGH* NJW 2000, 297, 300.
113 *BGH* NJW 2000, 297, 300.
114 *BGH* NJW 2000, 297, 300.

des Unternehmens steht. Denn der Täter bedient sich regelmäßig eines gutgläubigen Dritten, um seine Tatbeute vor dem Zugriff zu sichern.[115]

3. Erfüllungsfälle

69 Bei den sog. Erfüllungsfällen ist der Drittverfall hingegen ausgeschlossen. Ein Erfüllungsfall liegt nach der Definition des BGH vor, wenn der Täter oder Teilnehmer die Bereicherung dem gutgläubigen Dritten *„in Erfüllung einer nicht bemakelten entgeltlichen Forderung, deren Entstehung und Inhalt in keinem Zusammenhang mit der Tat*[116]*"* steht, zuwendet. In einem derartigen Fall kann – so der BGH – nicht negiert werden, dass die Zuwendung regelmäßig rein faktisch im Interesse des Dritten ist, da diesem gegenüber eine Verbindlichkeit erfüllt wird. Hier kommt jedoch der fehlenden Unmittelbarkeit die entscheidende Bedeutung zu: Durch das rechtmäßige, von der Tat vollkommen unabhängige Rechtsgeschäft entsteht eine Zäsur. Die Unmittelbarkeit ist durchbrochen, sodass ein Verfall gegen den Dritten nicht gem. § 73 Abs. 3 StGB angeordnet werden kann. Der BGH begründet dies mit einer Parallele zu § 822 BGB. Der Verfall soll ausweislich der Gesetzesbegründung nicht weiter gehen als der Durchgriff auf den gutgläubigen Dritten nach § 822 BGB.[117] Nach § 822 BGB kann der Durchgriff gegenüber dem gutgläubigen Dritten erfolgen, wenn diesem die Bereicherung unentgeltlich zugewandt wurde. Dies diene nicht nur dem Schutz des Gläubigers vor Vermögensverschiebungen, sondern werde zudem der Tatsache gerecht, dass der Beschenkte weniger schutzwürdig ist. Der Gutgläubige, der die Tatvorteile als Erfüllung einer Verbindlichkeit entgegennimmt, hat sie hingegen nicht unentgeltlich erhalten und ist entsprechend schutzwürdiger als der Dritte im dargestellten Verschiebungsfall.

70 In Ergänzung hierzu hat der BGH 2013 entschieden, dass ein Erfüllungsfall selbst dann angenommen werden kann, wenn der Dritte bei Annahme des Geldes von dem Täter oder Teilnehmer der Tat weiß, dass das Geld aus einer Straftat stammt. Denn die Gutgläubigkeit des Dritten muss im Zeitpunkt des Vertragsabschlusses vorliegen, jedoch nicht mehr im Zeitpunkt seiner Erfüllung.[118]

II. Der Drittverfall nach OWiG gegenüber Unternehmen

71 Der ordnungswidrigkeitenrechtliche Verfall kann nach seiner Grundnorm, dem § 29a Abs. 1 OWiG, ebenfalls nur gegen den Täter einer mit Geldbuße bedrohten Handlung verhängt werden. § 29a Abs. 2 OWiG bestimmt jedoch, dass der Verfall gegen Dritte angeordnet werden kann, wenn der Täter *„für einen anderen gehandelt und [...] dieser dadurch etwas erlangt"* hat. *„Anderer"* im Sinne der Norm können auch juristische Personen,[119] nichtrechtsfähige Vereine[120] und rechtsfähige Personengesellschaften[121] sein.

---

115 *BGH* NJW 2000, 297, 300.
116 *BGH* NJW 2000, 297, 300.
117 *BGH* NJW 2000, 297, 300.
118 Der *BGH* (wistra 2014, 219) weißt jedoch zu Recht darauf hin, dass bei der Annahme bemakelten Geldes eine Strafbarkeit wegen Geldwäsche drohen kann.
119 Rebmann/Roth/Herrmann/*Förster* § 29a Rn. 15c; *Göhler* § 29a Rn. 20; *Kleczewski* Rn. 616; KK-OWiG/ *Mitsch* § 29a Rn. 35.
120 KK-OWiG/*Mitsch* § 29a Rn. 35.
121 *Göhler* § 29a Rn. 20; *Kleczewski* Rn. 616; KK-OWiG/*Mitsch* § 29a Rn. 35.

Der Zurechnungszusammenhang zum Unternehmen wird dabei in § 29a Abs. 2 OWiG mit **72** denselben Worten beschrieben wie in § 73 Abs. 3 StGB. Beim ordnungswidrigkeitenrechtlichen Drittverfall werden von der h.M. die vom BGH aufgestellten Fallgruppen der Vertretungsfälle, der Verschiebungsfälle und der Erfüllungsfälle angewendet.[122] Insofern kann auf die obigen Ausführungen verwiesen werden.[123]

E. Sonstige Rechtsfolgen

Neben den unmittelbar wirtschaftlichen Rechtsfolgen kann das Unternehmen ebenfalls von **73** verwaltungsrechtlichen Folgen, wie etwa der Eintragung in das Gewerbezentralregister oder ein sog. Korruptionsregister betroffen sein. Dies kann – da diese Register bei der Vergabe von Aufträgen durch öffentliche Unternehmen befragt werden – ebenfalls wirtschaftlich einschneidende Konsequenzen haben.

I. Gewerbezentralregister

1. Eintragungstatbestände

Wird gegen ein Unternehmen aufgrund einer Straftat oder Ordnungswidrigkeit ein Bußgeld- **74** bescheid festgesetzt, kann dies in das Gewerbezentralregister (GZR) eingetragen werden. Gemäß § 149 Abs. 2 Nr. 3 GewO sind in das Register rechtskräftige Bußgeldentscheidungen, insbesondere wegen einer Steuerordnungswidrigkeit einzutragen, die

- bei oder im Zusammenhang mit der Ausübung eines Gewerbes oder dem Betrieb einer sonstigen wirtschaftlichen Unternehmung oder
- bei der Tätigkeit in einem Gewerbe oder einer sonstigen wirtschaftlichen Unternehmung von einem Vertreter oder Beauftragten i.S.d. § 9 OWiG oder von einer Person, die in einer Rechtsvorschrift ausdrücklich als Verantwortlicher bezeichnet ist

begangen wurden. Voraussetzung ist weiterhin, dass die Geldbuße 200 € übersteigt.

Das Gewerbezentralregister wird durch das Bundesamt für Justiz als Registerbehörde geführt. **75** Sofern die Registerbehörde Meldung über eine eintragungsfähige Tatsache erhält, ist sie dazu verpflichtet, die Eintragung vorzunehmen. Rechtsmittel gegen den Inhalt der Eintragung sind grundsätzlich bei der über den Bußgeldbescheid entscheidenden Stelle vorzubringen. In der Praxis kann beobachtet werden, dass die für den Bußgeldbescheid verantwortliche Stelle teilweise keine Meldung an das GZR vornimmt. Etwas anderes gilt in den Fällen, in denen eine Meldung gesetzlich vorgeschrieben ist; so etwa gem. § 405 Abs. 5 i.V.m. § 404 Abs. 2 SGB III für falsche Auskünfte gegenüber der Bundesagentur für Arbeit im Zusammenhang mit der Beschäftigung von Ausländern oder die Abgabe unvollständiger oder falscher Arbeitsbescheinigungen.

---

122 FK-Kartellrecht/*Achenbach* Vorb. § 81 GWB, Rn. 119; *Göhler* § 29a Rn. 21; KK-OWiG/*Mitsch* § 29a Rn. 36a.
123 S. Rn. 67 ff.

2. „bei oder im Zusammenhang mit der Ausübung eines Gewerbes"

76 Eine Ordnungswidrigkeit wird nach der Definition in § 2 der ersten GZRVbV bei Ausübung des Gewerbes begangen, wenn die bußgeldbewehrte Vorschrift entweder eine Tätigkeit in einem Gewerbe voraussetzt oder für jedermann gilt, die Zuwiderhandlungen jedoch durch die Ausübung des Gewerbes verursacht wird. Die Ordnungswidrigkeit wird im Zusammenhang mit der Ausübung eines Gewerbes begangen, wenn die Gewerbeausübung gerade dazu dient, die Ordnungswidrigkeit vorzubereiten, unmittelbar zu fördern oder sie anschließend auszunutzen oder zu verdecken.[124]

77 Im Zusammenhang mit der Ausübung des Gewerbes begangen sind insbesondere Steuerstraftaten und -ordnungswidrigkeiten, Straftaten nach §§ 10 und 11 des Schwarzarbeitsbekämpfungsgesetztes, nach den §§ 15 und 15a des Arbeitnehmerüberlassungsgesetzes oder nach § 266a StGB.

3. Auskünfte und Tilgung

78 Auskünfte aus dem GZR können auf Antrag Behörden und öffentliche Auftraggeber erhalten. Die genauen Voraussetzungen hierfür sind in § 150a GewO geregelt. Auskünfte werden insbesondere bei Vergabeentscheidungen oder Bußgeld- und Strafverfahren im Zusammenhang mit der Gewerbeausübung eingeholt.

79 Eine Tilgung der Eintragung erfolgt gem. § 153 Abs. 1 GewO nach drei Jahren, wenn die Geldbuße nicht mehr als 300 € beträgt und nach fünf Jahren in allen übrigen Fällen. Diese Frist beginnt mit der Rechtskraft der Entscheidung zu laufen. Sollte das Register mehrere Eintragungen enthalten, so ist die Tilgung einer Eintragung erst möglich, wenn alle anderen Eintragungen ebenfalls tilgungsreif sind, § 153 Abs. 4 GewO. Tilgung bedeutet, dass über die Eintragung keine Auskunft mehr erteilt werden darf. Ein Jahr nach Eintritt der Tilgungsreife wird die Eintragung schließlich aus dem Register entfernt.

II. Vergabe- und Korruptionsregister

80 In vielen Bundesländern werden sogenannte Vergabe- oder Korruptionsregister geführt. Der wiederholt vorgetragene politische Wunsch, ein bundesweit einheitliches Korruptionsregister zu schaffen, hat bisher noch keinen Niederschlag in der Gesetzgebung gefunden. In derartigen Vergabe- oder Korruptionsregistern werden Daten über natürliche und juristische Personen gespeichert, die bestimmte Verfehlungen begangen haben.

81 Zweck dieser Speicherung ist es, die Unternehmen von öffentlichen Aufträgen auszuschließen. Vor diesem Hintergrund korrespondiert mit der Eintragungspflicht regelmäßig eine Abfragepflicht seitens öffentlicher Unternehmen ab bestimmten Auftragssummen. Anders als der Name Korruptionsregister vermuten lässt, werden hier regelmäßig nicht nur Korruptionsstraftaten eingetragen. Nach dem nordrhein-westfälischen Korruptionsbekämpfungsgesetz werden neben Korruptionsstraftaten auch Geldwäsche, Subventionsbetrug, Untreue, Vorenthalten und Veruntreuen von Arbeitsentgelt, wettbewerbsbeschränkende Absprachen bei Ausschreibungen, Verstöße gegen § 16 des Arbeitnehmerüberlassungsgesetzes und Verstöße gegen das Schwarzarbeitsbekämpfungsgesetz eingetragen.

---

124 Erbs/Kohlhaas/*Ambs* § 149 GewO Rn. 21.

Dabei erfolgt eine Eintragung nicht erst bei einer rechtskräftigen Verurteilung oder einem rechtskräftigen Bußgeldbescheid, sondern kann schon während der Durchführung des Straf- oder Bußgeldverfahrens vorgenommen werden, wenn *im Einzelfall angesichts der Beweislage bei der meldenden Stelle kein vernünftiger Zweifel an einer schwerwiegenden Verfehlung besteht*, § 5 Abs. 2 Nr. 6 Korruptionsbekämpfungsgesetz NW. Vor diesem Hintergrund ist es empfehlenswert, dass Unternehmen im Straf- und Bußgeldverfahren möglichst frühzeitig zu positionieren und zu versuchen einer Eintragung entgegenzuwirken.

Bei den Korruptions- und Vergaberegistern gilt wie beim GZR, dass die Registerbehörde nur das eintragen kann, was ihr tatsächlich gemeldet wird. In Bezug auf das Korruptionsregister Berlin hat das Oberverwaltungsgericht Berlin festgestellt, dass die Strafverfolgungsbehörden beim Vorliegen der Voraussetzung für eine Eintragung verpflichtet sind, eine entsprechende Meldung an die Registerbehörde zu machen.[125] Im zu Grunde liegenden Fall hatte der Staatsanwalt bei einer verfahrensbeendenden Absprache („Deal im Strafprozess") zugesichert, dass eine Eintragung in das Korruptionsregister nicht vorgenommen würde.

III. Weitere verwaltungsrechtliche Maßnahmen

Neben diesen Eintragungen können Straftaten bei der Behörde auch zur Annahme einer gewerberechtlichen Unzuverlässigkeit des Gewerbetreibenden gem. § 35 GewO führen. Eine Gewerbeuntersagung kommt in Betracht, *sofern die Untersagung zum Schutze der Allgemeinheit oder der im Betrieb Beschäftigten erforderlich ist*. Erfahrungsgemäß ist dies ein Schritt, der von den Gewerbebehörden nur gegangen wird, wenn aus dem Gewerbe heraus wiederholt Straftaten begangen worden sind. Daneben bestehen weitere Möglichkeiten, ein Unternehmen bei gesetzeswidrigen Verhalten aufzulösen und damit seine Tätigkeit zu beenden, so etwa gem. § 396 AktG oder § 62 GmbHG. Diese verwaltungsrechtlichen Maßnahmen werden allerdings kaum praktiziert.

F. Reformbestrebungen Unternehmensstrafrecht

Ende 2013 hat die Justizministerkonferenz beschlossen, den Entwurf eines Gesetzes zur Einführung der strafrechtlichen Verantwortlichkeit von Unternehmen und sonstigen Verbänden (VerbStrG-E),[126] welcher vom nordrhein-westfälischen Justizministerium erarbeitet wurde, in den Bundesrat einzubringen. Bis dato ist noch keine weitergehende Beratung des Gesetzesentwurfs erfolgt. Der Koalitionsvertrag der aktuellen Bundesregierung sieht im Hinblick auf die Sanktionierung von Unternehmen lediglich die Prüfung eines Unternehmensstrafrechts für multinationale Konzerne vor. Im Übrigen könne das bestehende Ordnungswidrigkeitenrecht ausgebaut werden.[127] Ob und in welchem Rahmen, das vorliegende Verbandsstrafgesetzbuch zur Gesetzesrealität wird, ist demnach noch vollkommen offen.

Der Gesetzesentwurf würde die Rechtsrealität für Unternehmen in Deutschland erheblich verändern. Dies vor allem, da eine Verfolgung nicht wie bei der derzeitigen Unternehmensgeldbuße gem. § 30 OWiG im Ermessen der Behörden und Gerichte stehen würde, sondern die

---

125 *OVG Berlin* 1S159.11.
126 Gesetzesentwurf VerbStrG, Landtag Nordrhein-Westfalen, Information 16/127.
127 Koalitionsvertrag zwischen CDU, CSU und SPD zur 18. Legislaturperiode, S. 145.

neu zu schaffenden materiellen Unternehmensstraftatbestände dem Legalitätsprinzip unterworfen werden sollen und somit ein Verfolgungszwang besteht.

87   Jede „Unternehmensstraftat" würde demnach zwangsläufig zu einem staatsanwaltschaftlichen Ermittlungsverfahren führen. Die angedachten Regelungen zum materiellen Unternehmensstrafrecht weisen starke Parallelen zu den bereits bestehenden Regelungen in § 30 OWiG auf. So soll eine Verbandssanktion verhangen werden, wenn durch *„einen Entscheidungsträger in Wahrnehmung der Angelegenheiten eines Verbandes vorsätzlich oder fahrlässig eine verbandsbezogene Zuwiderhandlung begangen wurde"*[128] oder – und hier besteht eine Parallele zu der Systematik aus den §§ 9, 30, 130 OWiG – wenn *„in Wahrnehmung der Angelegenheiten eines Verbands eine verbandsbezogene Zuwiderhandlung begangen worden ist"*[129] und ein Entscheidungsträger vorsätzlich oder fahrlässig zumutbare Aufsichtsmaßnahmen unterlassen hat, durch die die Zuwiderhandlung verhindert oder wesentlich erschwert worden wäre.

88   Das Verbandsstrafgesetzbuch würde zudem neue Regeln für die Beteiligung des Unternehmens am Strafverfahren aufstellen. Gerade in diesem Bereich ist der Gesetzesentwurf kritikwürdig, denn er regelt viele seit Langem in der Praxis auftretende Probleme im Bereich der Wirtschaftsstraftaten nicht. Dies gilt etwa für den Widerspruch zwischen der Verpflichtung des Arbeitnehmers, gegenüber dem Arbeitgeber wahrheitsgemäße Angaben zu etwaigen Straftaten zu machen, zu seinem Schweigerecht als Beschuldigter im Strafverfahren. Auf der anderen Seite werden neue Probleme geschaffen. Nach der geplanten Gesetzessystematik wird sich das Unternehmen etwa regelmäßig im Strafverfahren nicht mehr durch seine Geschäftsführer oder den Vorstand vertreten lassen können. Diese werden nämlich oftmals ebenfalls eine Beschuldigtenstellung innehaben und sind dadurch nach dem Gesetzesentwurf von der Vertretung des Unternehmens im Strafverfahren ausgeschlossen. In der Praxis würde dies für Unternehmen zu erheblichen Problemen führen.

89   Die Berechnung der angedachten Verbandsgeldstrafe erfolgt in Tagessätzen, die sich am Ertrag des Unternehmens orientieren. Ein Tagessatz soll dem 360. Teil des Jahresertrages entsprechen, mindestens jedoch 100 € betragen. Dabei darf die Verbandsgeldstrafe insgesamt 10 % des durchschnittlichen Gesamtumsatzes des Unternehmens bzw. des Konzerns, dem das Unternehmen angehört, nicht übersteigen.

---

128   Gesetzesentwurf VerbStrG, Landtag Nordrhein-Westfalen, Information 16/127, 8.
129   Gesetzesentwurf VerbStrG, Landtag Nordrhein-Westfalen, Information 16/127, 8.

13. Kapitel
Durchsuchung und Beschlagnahme

Literatur: *Amerlung* Die Entscheidung des BVerfG zur „Gefahr im Verzug" i.S. des Art. 13 GG, NStZ 2001, 337; *Ballo* Beschlagnahmeschutz im Rahmen von Internal Investigations – Zur Reichweite und Grenze des § 160a StPO, NZWiSt 2013, 46; *Campos Nave/Bonenberger* Korruptionsaffären, Corporate Compliance und Sofortmaßnahmen für den Krisenfall, BB 2008, 734; *Dieners (Hrsg.)* Handbuch Compliance im Gesundheitswesen, 3. Aufl. 2010; *Dieners/Reese (Hrsg.)* Handbuch des Pharmarechts, 2010; *Dölling/Duttge/Rössner* Gesamtes Strafrecht, 3. Aufl. 2013; *Eisele* Rechtsweg zur Überprüfung nichtrichterlich angeordneter abgeschlossener Durchsuchungen, StV 1999, 298; *Fiala/Walter* Die Handakte des Steuerberaters, Wirtschaftsprüfers und Rechtsanwalts (Teil II), DStR 1998, 736; *Gehrmann/Wegner* Was ist bei Erscheinen der Steuerfahndung zu tun? – Ein Verhaltensleitfaden für die Praxis, SteuK 2010, 338; *Graf (Hrsg.)* Strafprozessordnung mit RiStBV und MiStra, Edition 18, 2014; *Grützner/Jakob (Hrsg.)* Compliance von A-Z, 2010; *Haefcke* Beschlagnahmefähigkeit der Interviewprotokolle einer Internal Investigation, CCZ 2014, 39; *Hahne/Munzig (Hrsg.)* FamFG Kommentar, 13. Edition, 2014; *Hermann* Durchsuchung persönlicher Datenspeicher und Grundrechtsschutz, NJW 2011, 2922; *Heuchemer* Die Praxis der Hausdurchsuchung und Beschlagnahme und die Wirksamkeit von Rechtsbehelfen im Wirtschaftsstrafrecht, NZWiSt 2012, 137; *Hofmann* Der „unwillige" Bereitschaftsrichter und Durchsuchungsanordnungen wegen Gefahr im Verzug, NStZ 2003, 230; *Jahn/Kirsch* Anmerkung zu LG Bonn, Beschluss vom 21.6.2012 – 27 Qs 2/12, NZWiSt 2013, 28; *Jahn/Kirsch* Anmerkung zu LG Mannheim, Beschluss vom 3.7.2012 – 24 Qs 1, 2/12, NStZ 2012, 718; *Kramer* Die Beschlagnahmefähigkeit von Behördenakten im Strafverfahren, NJW 1984, 1502; *Krekeler* Beweisverwertungsverbote bei fehlerhaften Durchsuchungen, NStZ 1993, 263; *Kunz* Durchsuchung und Beschlagnahme im Steuerstrafverfahren, BB 2000, 438; *Mehle, B./Mehle, V.* Beschlagnahmefreiheit von Verteidigungsunterlagen – insbesondere in Kartellbußgeldverfahren, NJW 2011, 1639; *Michalke* Durchsuchung und Beschlagnahme – Verfassungsrecht im Alltag, StraFo 2014, 89; *ders.* Wenn der Staatsanwalt klingelt – Verhalten bei Durchsuchung und Beschlagnahme, NJW 2008, 1490; *Minoggio (Hrsg.)* Firmenverteidigung, 2. Aufl. 2010; *Misch* Die richterliche Beschlagnahmeanordnung gem. § 98 Abs. 1 StPO im Steuerstrafverfahren, DB 1977, 1970; *Obenhaus* Cloud Computing als neue Herausforderung für Strafverfolgungsbehörden und Rechtsanwalt, NJW 2010, 651; *Pahlke/Koenig (Hrsg.)* Abgabenordnung, 2. Aufl. 2009; *Park (Hrsg.)* Durchsuchung und Beschlagnahme, 2. Aufl., 2009; *ders.* Die Anfechtung von Durchsuchungs- und Beschlagnahmeanordnungen, StRR 2008, 4; *Pelka/Niemann (Hrsg.)* Beck'sches Steuerberaterhandbuch 2013/2014, 14. Aufl. 2013; *Pfeiffer (Hrsg.)* Strafprozessordnung, 5. Aufl. 2005; *Quedenfeld/Füllsack (Hrsg.)* Verteidigung in Steuerstrafsachen, 4. Aufl. 2012; *Rau* Durchsuchungs- und Beschlagnahmemaßnahmen im Zusammenhang mit Rechtsanwalts- und Notaranderkonten, wistra 2006, 410; *Rotsch (Hrsg.)* Criminal-Compliance Handbuch, 2015; *Römermann (Hrsg.)* BORA, Edition 5, Stand: 01.10.2014; *Schimansky/Bunte/Lwowski (Hrsg.)* Bankrechts-Handbuch, 4. Aufl. 2011; *Schuster* Anmerkung zu LG Hamburg, Beschluss vom 15.10.2010 – 608 Qs 18/10, NZWiSt 2012, 28; *Sterzinger* Durchsuchung von Büro- und Kanzleiräumen durch die Steuerfahndung, NJOZ 2010, 1766; *Süptitz/Utz/Eymann* State-of-the-Art: Ermittlungen in der Cloud, DuD 2013, 307; *Taschke* Zum Beschlagnahmeschutz der Handakten des Unternehmensanwaltes, FS Hamm, 2008, S. 751; *ders.* Die behördliche Zurückhaltung von Beweismitteln im Strafprozeß, 1989; *von Galen* Anmerkung zu LG Hamburg, Beschluss vom 15.10.2010 – 608 Qs 18/10, NJW 2011, 945; *Wicker* Durchsuchung in der Cloud – Nutzung von Cloud-Speichern und der strafprozessuale Zugriff deutscher Ermittlungsbehörden, MMR 2013, 765.

A. Einleitung

1   In Steuerstrafverfahren sind Durchsuchungen und Beschlagnahmen stets eine bewährte Maßnahme der Ermittlungsbehörden, um an die aus ihrer Sicht benötigten **Beweismittel** zu gelangen. Die Durchsuchungen richten sich dabei sowohl gegen Individualpersonen – als Beschuldigte oder als Zeugen – als auch gegen Unternehmen. Bei größer angelegten Steuerstrafverfahren, etwa wegen des Verdachts eines Umsatzsteuerkarussells, erfolgen diverse Durchsuchungen zeitgleich bei mehreren Beschuldigten und auch bei Unternehmen, bei denen die Ermittlungsbehörden davon ausgehen, dass diese Unterlagen im Gewahrsam haben, die für die Ermittlungen von Bedeutung sein können.

2   In jüngster Zeit sind mehrere Durchsuchungen im Zusammenhang mit Steuerstrafverfahren medial begleitet worden, zum Teil waren die Medien bereits zu Beginn des Einsatzes vor Ort. Diese Situationen erfordern ein besonnenes und ruhiges Handeln, das aufgrund der teilweise „hochkochenden" Emotionen nur schwer zu erreichen ist. Umso mehr ist der rechtliche Beistand hier gefordert, um ein **Fehlverhalten** bei der Durchsuchung zu vermeiden. Dies kann etwa in Spontanäußerung, Herausgabe geschützter Unterlagen, Vernichtung von Unterlagen oder Warnung von Betroffenen liegen. Darüber hinaus ist der von der Durchsuchung Betroffene aber auch vor unzulässigen Eingriffen in seine Rechte zu schützen. Dies gilt etwa für Beschlagnahme geschützter Unterlagen oder den Zugriff auf elektronische Daten, die außerhalb der Bundesrepublik Deutschland gespeichert sind.

3   Insbesondere aus Unternehmenssicht erscheint es sehr sinnvoll, sich nicht nur rechtlich, sondern auch durch geeignete Maßnahmen im Vorfeld auf eine Durchsuchung vorzubereiten.

4   Im Folgenden sollen daher zunächst die rechtlichen Grundlagen beleuchtet, hiernach eine Übersicht der wichtigsten Verhaltensempfehlungen und abschließend Vorschläge zur Vorbereitung auf eine Durchsuchung für Unternehmen gegeben werden.

B. Rechtliche Grundlagen für die Durchsuchung und Beschlagnahme

I.   Durchsuchung

1.   Anordnungskompetenz

a)   Richtervorbehalt

5   Durchsuchungen gehören zu den stärksten Grundrechtseingriffen – hier Art. 13 GG –, welche die Strafprozessordnung den Ermittlungsbehörden erlaubt. Daher stehen die Durchsuchung und auch die Beschlagnahme unter Richtervorbehalt, mithin bedarf es einer **richterlichen Anordnung** der Durchsuchung.[1]

b)   Gefahr im Verzug

6   Sofern **Gefahr im Verzug** vorliegt, darf ausnahmsweise auch die Staatsanwaltschaft oder einer ihrer Ermittlungspersonen die Durchsuchung und die Beschlagnahme anordnen. In bestimmten Fällen ist auch den Beamten der Steuerfahndung die Durchsuchung und die Beschlagnahme gestattet: Es muss sich um ein Steuerstrafverfahren handeln und das Finanzamt führt

---

1 Vgl. *Franzen/Gast/Joecks* § 399 Rn. 34; *Park* Kap. 1 Rn. 26; Hahne/Munzig/*Sieghörtner* § 91 Rn. 2; *Michalke* StraFo 2014, 89, 90.

das Verfahren in eigener Kompetenz durch (§ 385 AO) oder die Beamten der Steuerfahndung werden von der Staatsanwaltschaft als Ermittlungspersonen eingesetzt.[2]

Gefahr im Verzug soll vorliegen, wenn aus zeitlichen Gründen eine richterliche Anordnung des Durchsuchungs- und Beschlagnahmebeschlusses nicht mehr zu erreichen ist, ohne dass der Durchsuchungszweck gefährdet ist.[3] Die reine Vermutung einer solchen Möglichkeit reicht nicht aus.[4] Vielmehr bedarf es einer **konkreten, durch Tatsachen belegten Gefahr** eines Beweismittelverlustes.[5] Das Bundesverfassungsgericht hat in mehreren Entscheidungen klargestellt, dass die Gefahr eines Beweismittelverlustes nicht vorschnell angenommen werden darf.[6] Reine Spekulationen, hypothetische Erwägungen oder lediglich auf kriminalistische Alltagserfahrungen gestützte, fallunabhängige Vermutungen reichen nicht aus.[7]

7

Die Entscheidung über das Vorliegen einer Gefahr im Verzug ist gerichtlich voll nachprüfbar.[8] Daher müssen sowohl das Ergebnis als auch die Grundlagen der Entscheidung im unmittelbaren zeitlichen Zusammenhang mit der Durchsuchung in den Ermittlungsakten dokumentiert werden.[9]

8

Sofern die Durchsuchung wegen Gefahr im Verzug stattfindet, muss der Durchsuchungsleiter gegenüber dem Betroffenen die Gründe erläutern, weshalb die Einholung einer richterlichen Anordnung nicht möglich gewesen sein soll. Der Empfänger dieser Erklärung sollte die Begründung in seinen Akten **dokumentieren**, damit der anwaltliche Berater diese Begründung später – etwa im Rahmen einer späteren Aktensicht – nachvollziehen und insbesondere prüfen kann, ob sich ein gleichlautender Vermerk in den Ermittlungsakten findet.

9

Im steuerstrafrechtlichen Ermittlungsverfahren dürfte eine Gefahr im Verzug **eher selten** sein und ist etwa dann denkbar, wenn Umstände vorliegen, die den Rückschluss zulassen, dass der Verdächtige Kenntnis von der Tatentdeckung hat und nunmehr gezielt damit beginnt, Daten zu vernichten, die im Zusammenhang mit der möglichen Steuerstraftat stehen.[10]

10

---

2 Vgl. Klein/Orlopp/*Jäger* § 386 Rn. 6; Graf/*Bachler* § 386 AO Rn. 1; *Franzen/Gast/Joecks* § 386 Rn. 4.

3 Vgl. *BVerfG* BVerfGE 51, 97, 111; NStZ 2001, 382; *Park* Kap. 2 Rn. 178; *Kunz* BB 2000, 438, 440; ähnlich *Hofmann* NStZ 2003, 230, 232.

4 Vgl. *BVerfG* NStZ 2001, 382, 384; Meyer-Goßner/*Schmitt* § 98 Rn. 7; Graf/*Bruckauf* § 43 Rn. 4; *Biermann/Wehser* § 3 Rn. 5.4.3.

5 Vgl. *BVerfG* NStZ 2001, 382, 384; Meyer-Goßner/*Schmitt* § 98 Rn. 7; ähnlich *Amelung* NStZ 2001, 337, 339.

6 Vgl. nur *BVerfG* NJW 2001, 1121, 1123. Mit der genannten Grundsatzentscheidung hat das Bundesverfassungsgericht die Justiz zugleich verpflichtet, in den sich aus § 188 Abs. 1 ZPO und § 104 Abs. 3 StPO ergebenden Zeiträumen einen „richterlichen Bereitschaftsdienst" einzurichten, um damit dem Richtervorbehalt des Art. 13 GG praktische Wirksamkeit zu verleihen, vgl. *Schulz* NStZ 2003, 635.

7 Vgl. *BVerfG* Beschluss vom 12.2.2004 – 2 BvR 1687/02, BeckRS 2004, 21090; NStZ 2001, 382.

8 Vgl. ausführlich hierzu *BVerfG* NStZ 2001, 382, 385.; vgl. Wabnitz/Janovsky/*Möhrenschlager* Kap. 27 Rn. 32; ebenso *Amelung* NStZ 2001, 337, 339, der eine Dokumentationspflicht für die umfassende gerichtliche Überprüfung der Annahme eines Gefahrenverzugs voraussetzt.

9 Vgl. *BVerfG* NStZ 2001, 382, 385; *Amelung* NStZ 2001, 337, 339; *Park* Kap. 2 Rn. 91.

10 Fraglich ist, ob Gefahr im Verzug auch dann vorliegt, wenn der Richter „unwillig" ist. Gemeint sind die Fälle, in denen es ein Bereitschaftsrichter ablehnt, sich zur Abend- und Nachtzeit mit Durchsuchungsanträgen der Staatsanwaltschaft oder der Finanzbehörde zu befassen, mit der Begründung, ohne Akten und Schreibkraft keinen Durchsuchungsbeschluss erlassen zu können, vgl. *Hofmann* NStZ 2003, 230. Sofern man gemäß der Rechtsprechung des Bundesgerichtshofs davon ausgeht, dass auch mündliche richterliche Durchsuchungsbeschlüsse statthaft sind (vgl. *BGH* NJW 2005, 1060), sind die Fälle des „unwilligen" Richters mit jenen gleichzustellen, in denen kein Richter erreichbar ist. Es gibt nämlich keinen Unterschied zwischen dem „unwilligen" Richter und dem, der den Telefonhörer neben das Telefon legt, um nicht erreicht werden zu können, vgl. *Franzen/Gast-Dehann/Joecks* § 399 Rn. 24.

11 Das Bundesverfassungsgericht hat entscheiden, dass eine willkürliche Annahme von Gefahr im Verzug zu einem **Beweisverwertungsverbot** führen kann, wobei nicht jeder Verstoß gegen den Richtervorbehalt stets zu einem Beweisverwertungsverbot führen muss. Die Frage, ob ein Bewertungsverbot greift, ist vielmehr eine Abwägungsfrage. Nach der Rechtsprechung des Bundesgerichtshofs ist jeweils nach den Umständen des Einzelfalls, insbesondere nach der Art des Verbots und dem Gewicht des Verstoßes – Verschuldensmaßstab des handelnden Beamten – unter Abwägung der widerstreitenden Interessen zu entscheiden.[11] Ein Beweisverwertungsverbot ist jedoch stets dann anzunehmen, wenn der Richtervorbehalt bewusst oder willkürlich missachtet wurde.[12]

2. Zum Durchsuchungsbeschluss beim Verdächtigen

a) Verdachtslage

12 Ausreichend, aber auch zwingend ist bei der Durchsuchung beim Verdächtigen nach § 102 StPO ein auf Tatsachen beruhender **Anfangsverdacht**. Vage Anhaltspunkte oder bloße Vermutungen genügen nicht.[13] Das Bundesverfassungsgericht hat klar entschieden, dass der Durchsuchungsbeschluss keine bloße und lästige Formalität ist.[14] Dem Durchsuchungsbeschluss kommt vielmehr die Funktion zu, den Rahmen der Durchsuchung und Beschlagnahme vorzugeben, diese Maßnahmen somit messbar und kontrollierbar zu machen, um den Grundrechtseingriff damit zu begrenzen.[15]

b) Inhaltliche Anforderungen an den Durchsuchungsbeschluss

13 Der Richter muss im Durchsuchungsbeschluss den Tatverdacht konkret begründen und die gesuchten Beweismittel zumindest konkretisieren.[16] Keinesfalls ausreichend ist es daher, wenn die mögliche Straftat lediglich kurz benannt wird, etwa mit den Worten „Es besteht der Verdacht der Steuerhinterziehung" und eine weitere Beschreibung ausbleibt.[17] Erforderlich ist daher die Darlegung der Tatsachen, aus denen sich die Wahrscheinlichkeit einer Straftat ergibt.[18] So müssen bei dem Verdacht einer Steuerhinterziehung stets auch die betroffenen **Steuerarten** und die maßgeblichen **Einzelbestimmungen**, aber auch der **Tatzeitraum** genannt werden.[19] Der zweite Senat des Bundesverfassungsgerichts stellt insofern klar, „*dass angegeben [werden muss], welche Steuer und welcher steuerbare Gegenstand betroffen sind und durch welche Verletzung einer steuerrechtlichen Verpflichtung die Steuerverkürzung oder der Steuervorteil bewirkt worden sein soll.*"[20]

14 Um der vom Bundesverfassungsgericht geforderten **Begrenzungsfunktion** gerecht zu werden, sollte der Durchsuchungsbeschluss auch die Art und den in Betracht kommenden Inhalt

---

11 Vgl. *BGH* NJW 2007, 2269, 2271; NJW 1999, 959, 961; NJW 1992, 1463, 1464.
12 Vgl. *BVerfG* NJW 2005, 1917, 1923; Meyer-Goßner/*Schmitt* § 98 Rn. 7; *Park* Kap. 3 Rn. 656.
13 Vgl. *BVerfG* NJW 2006, 2974, 2975; NJW 2007, 1804, 1805; Klein/Orlopp/*Jäger* § 399 Rn. 36a; *Michalke* StraFo 2014, 89.
14 Vgl. *BVerfG* NJW 1981, 2111; NStZ 2002, 372; *Michalke* StraFo 2014, 89.
15 Vgl. *BVerfG* NJW 1976, 1735; NJW 2012, 2097, 2098; ebenso *Heuchemer* NZWiSt 2012, 137, 141.
16 Vgl. *BVerfG* NJW 1976, 1735, 1736; *Krekeler* NStZ 1993, 263; *Wicker* MMR 2013, 765, 766.
17 Vgl. *BVerfG* NStZ 2000, 601; wistra 2006, 377; *Kunz* BB 2000, 438, 439.
18 Vgl. *BVerfG* 7.9.2007 – 2 BvR 620/02, BeckRS 2007, 26571; ähnlich NJW 2012, 2097, 2098; *Michalke* StraFo 2014, 89.
19 Vgl. *BVerfG* NStZ 2000, 601; *Kunz* BB 2000, 439, 440.
20 *BVerfG* NJW 2006, 2974, 2975.

beschreiben, nach denen die Ermittlungsbeamten suchen sollen.[21] Insofern können pauschale Formulierungen nicht genügen, wie etwa der Hinweis, es sei zu vermuten, dass bei der Durchsuchung Beweismittel gefunden werden.[22] Die Durchsuchung darf nämlich nicht der Ausforschung dienen.[23]

c) Zeitliche Begrenzung

Dem Durchsuchungsbeschluss kommt nicht nur eine sachliche, sondern auch eine zeitliche Begrenzung zu. Die Staatsanwaltschaft oder die Finanzbehörden dürfen sich den vom Gericht erlassenen Durchsuchungsbeschluss nicht auf Vorrat einholen. Spätestens nach sechs Monaten kann die Durchsuchung nicht mehr auf den Durchsuchungsbeschluss gestützt werden,[24] ggf. kann dies nach den Umständen des Einzelfalls auch früher der Fall sein.[25]

15

3. Durchsuchung beim Unverdächtigen

Gerade bei unternehmensbezogenen Steuerstrafverfahren finden sich die für das Ermittlungsverfahren relevanten Unterlagen in der Regel nicht bei den Verdächtigen zu Hause, sondern beim Unternehmen selbst. Auch bei sonstigen Steuerstrafverfahren sind relevante Unterlagen vielfach bei einem Nicht-Tatverdächtigen aufzufinden, etwa bei dem Steuerberater, dem Wirtschaftsprüfer oder auch dem Anwalt. In jüngster Zeit gelangen auch Unternehmen in den Fokus der Durchsuchungen, die Speicherplätze beim sogenannten Cloud Computing anbieten. Auch diese Unternehmen sind Unverdächtige.

16

§ 103 StPO gestattet unter gewissen, strengeren Voraussetzungen auch die Durchsuchung beim Unverdächtigen. Die Durchsuchung beim Unverdächtigen erfordert nach § 103 StPO die auf Tatsachen begründete Annahme, dass Beweismittel gefunden werden können. Bei dem Verdacht einer Wirtschaftsstraftat, wozu auch unternehmensbezogene Steuerstraftaten zählen, dürfte diese Voraussetzung für eine Vielzahl von Geschäftsräumen im Unternehmen zutreffen.[26] Die Durchsuchung von Büros von verdächtigen Organen juristischer Personen kann sich sowohl nach den Voraussetzungen der Durchsuchung beim Verdächtigen (§ 102 StPO) als auch nach den Vorgaben des § 103 StPO richten.[27]

17

---

21 Der Richter muss durch geeignete Formulierungen des Durchsuchungsbeschlusses sicherstellen, dass der Grundrechtseingriff angemessen begrenzt wird sowie messbar und kontrollierbar bleibt. Mithin hat der richterliche Durchsuchungsbeschluss die rechtliche Grundlage der konkreten Maßnahme zu schaffen und muss Rahmen, Grenzen und Ziel der Durchsuchung definieren, vgl. *BVerfG* NJW 1997, 2165, 2166; NJW 1976, 1735.

22 Vgl. *BVerfG* wistra 2004, 295; *Kunz* BB 2000, 438, 439; *Minnogio* Rn. 936.

23 Vgl. *LG Berlin* NStZ 2004, 571, 573; *Kunz* BB 2000, 438, 439.

24 Vgl. *BVerfG* NJW 1997, 2165, 2166.

25 Das *BVerfG* NJW 1997, 2165, 2166, hat hierfür folgenden Maßstab festgelegt: *„Wie lange eine richterliche Durchsuchungsanordnung die Durchführung einer konkreten Durchsuchungsmaßnahme trägt, richtet sich, solange es diesbezüglich an einer gesetzlichen Regelung fehlt, zunächst nach der Art des Tatverdachts, der Schwierigkeit der Ermittlungen insbesondere im Blick auf die Zahl der Beschuldigten und der Beweismittel und der sonstigen Besonderheiten des Falles, aber auch nach der Dauerhaftigkeit der tatsächlichen Grundlagen für die Beurteilung der Erforderlichkeit und Zumutbarkeit der Durchsuchungsmaßnahme. Es kann sich nach den gegebenen Umständen ein Verdacht rasch zur Gewissheit verdichten oder auch zerstreuen und damit eine Durchsuchungsmaßnahme erübrigen. Beweismittel, zu deren Sicherstellung die Durchsuchung dient, werden unter Umständen nicht mehr gebraucht oder sind nicht mehr an dem im Durchsuchungsbeschluss bezeichneten Ort zu vermuten."*

26 Vgl. nur *Minnogio* Rn. 918.

27 Vgl. *BVerfG* NJW 2003, 2669, 2670; Meyer-Goßner/*Schmitt* § 103 StPO Rn. 1; KK-StPO/*Bruns* § 102 Rn. 8.

18 Nach der Rechtsprechung des Bundesverfassungsgerichts sind bei der Durchsuchung beim Unverdächtigen an die Prüfung des Verhältnismäßigkeitsgrundsatzes erhöhte Anforderungen zu stellen.[28] In der Regel soll der Unverdächtige zunächst zur freiwilligen Herausgabe des Beweisgegenstandes aufgefordert werden.[29]

19 Auch der Durchsuchungsbeschluss beim Unverdächtigen in einem Steuerstrafverfahren muss hinreichend begründet werden. Das **Steuergeheimnis** des Beschuldigten steht dem nicht entgegen und **schafft keine erleichterteren Anforderungen** (vgl. § 30 Abs. 4 Nr. 1 i.V.m. Abs. 2 Nr. 1 lit. a AO).[30] Das Steuergeheimnis des Betroffenen kann es aber gebieten, die Steuerdaten des Beschuldigten bei der Beschreibung des steuerstrafrechtlichen Vorwurfs nicht offenzulegen, soweit sich die Anordnung der Durchsuchung an einen Dritten (§ 103 StPO) richtet.[31]

4. Durchsuchung bei den von § 160a StPO geschützten Berufsgeheimnisträgern

20 Durch die Einführung des § 160a StPO stellt sich aber die Frage, ob es überhaupt noch zulässig ist, beim unverdächtigen **Berufsgeheimnisträger**, etwa dem Rechtsanwalt oder dem Verteidiger, zu durchsuchen. Diese Frage ist dahingehend zu beantworten, dass eine Durchsuchung **unzulässig** ist. § 160a StPO verbietet dem Wortlaut nach jede Ermittlungsmaßnahme u.a. gegen einen Verteidiger oder einen Rechtsanwalt, die Erkenntnisse erbringen würde, über die das Zeugnis verweigert werden kann. Da eine Durchsuchung zum Auffinden von Unterlagen führen kann, die Informationen enthalten, über der der Anwalt und der Verteidiger nach § 53 StPO das Zeugnis verweigern könnten, darf demnach auch die Ermittlungsmaßnahme „Durchsuchung" nicht gegen diese Berufsgeheimnisträger durchgeführt werden.

5. Durchsuchungsgegenstände

21 Zu den **Durchsuchungsobjekten** zählen neben der Wohnung und den Geschäftsräumen auch der PKW sowie EDV-Anlagen und die Person selbst. Die Durchsuchung ist aber nur auf die im Durchsuchungsbeschluss genannten Orte und Räumlichkeiten zu beschränken. Dieses Thema wird etwa dann relevant, wenn die Ermittlungsbeamten bei der Durchsuchung des Unternehmens feststellen, dass relevante Unterlagen im Nachbarkomplex lagern, der nicht vom Durchsuchungsbeschluss umfasst ist. Hier kommt ggf. eine Ausweitung der Durchsuchung wegen „Gefahr im Verzug" in Betracht.[32] Soweit den Ermittlungsbehörden allerdings im Vorfeld der Durchsuchung diese Möglichkeit bekannt gewesen sein dürfte, kann auch keine Gefahr im Verzug vorliegen. Denn dann hätte die Durchsuchung der entsprechenden Räumlichkeit mit beantragt werden können und sollen.[33] Aus anwaltlicher Sicht sollte auf jeden Fall auf eine Erweiterung des richterlichen Durchsuchungsbeschlusses gedrungen werden.

---

28 Vgl. *BVerfG* NJW 2007, 1804, Meyer-Goßner/*Schmitt* § 103 StPO Rn. 1a; ähnlich *Wicker* MMR 2013, 765, 768.

29 Vgl. *LG Mühlhausen* wistra 2007, 195; *LG Kaiserslautern* NStZ 1981, 438; Meyer-Goßner/*Schmitt* § 103 Rn. 1a; *Hermann* NJW 2011, 2922, 2924.

30 Vgl. *LG Koblenz* wistra 2004, 438, 439; *Pahlke/Koenig* § 30 Rn. 121; Klein/Orlopp/*Rüsken* § 30 Rn. 91.

31 Vgl. *BVerfG* NStZ 2002, 372, 373; *LG Konstanz* wistra 2000, 118.

32 Vgl. *Park* Kap. 2 Rn. 114; ähnlich *Sterzinger* NJOZ 2010, 1766, 1767.

33 Vgl. *Kunz* BB 2000, 440.

Schoop

II. Sicherstellung und Beschlagnahme

1. Allgemeines

Gegenstände, die bei einer Durchsuchung gefunden werden und denen Beweisfunktion zukommt, können sichergestellt werden, siehe § 94 StPO. Unter **Sicherstellung** ist die Herstellung staatlicher Gewalt über den als Beweismittel in Betracht kommenden Gegenstand zu verstehen.[34] Sofern keine freiwillige Herausgabe des Gegenstandes erfolgt, bedarf es der Beschlagnahme, § 94 Abs. 2 StPO.[35] **Beschlagnahme** ist die amtliche Verwahrung oder sonstige Sicherstellung eines Gegenstandes aufgrund einer ausdrücklichen Anordnung.[36] Geht es hingegen um die Beschlagnahme von Gegenständen, die der Einziehung oder dem Verfall unterliegen, ist eine gesonderte Anordnung nach § 111e StPO erforderlich.[37] **22**

Für die Beschlagnahme bedarf es einer richterlichen Anordnung (§ 98 Abs. 1 StPO). Die Anordnung der Beschlagnahme ist vielfach bereits im Durchsuchungsbeschluss enthalten. Im steuerstrafrechtlichen Ermittlungsverfahren nach § 399 AO kann die Finanzbehörde beim zuständigen Ermittlungsrichter, nicht aber die Steuerfahndung den Antrag auf einen Beschlagnahmebeschluss stellen.[38] Ebenso wie beim Durchsuchungsbeschluss können aber die Finanzbehörde und die Steuerfahndung (s. § 404 AO) gem. § 98 Abs. 1 S. 1 HS 2 StPO bei Gefahr im Verzug die Beschlagnahme selbständig anordnen. Unter bestimmten Umständen besteht dann die Verpflichtung gem. § 98 Abs. 2 StPO den Richter hierüber zu unterrichten. Zu den Anforderungen an die Annahme einer Gefahr im Verzug, s. bereits vorstehend. **23**

Eine im Durchsuchungsbeschluss enthaltene Beschlagnahmeanordnung hat die Beweismittel so zu konkretisieren, dass eine Unterscheidung von anderen Gegenständen möglich und für die Beteiligten eindeutig ist, welche Beweismittel angesprochen sind.[39] Die Auswahl der Beweismittel hat der Richter vorzugeben und steht nicht im Belieben der Ermittlungsbeamten.[40] Pauschale Formulierungen, die die Beschlagnahme aller aufgefundenen Beweismittel bestimmen, genügen daher nicht, wie etwa: „wird ferner die Beschlagnahme der aufgefundenen Beweismittel angeordnet, soweit sie für das Verfahren von Bedeutung sein können".[41] **24**

---

34 Vgl. LR-*Schäfer* § 94 Rn. 4.
35 Nach *Misch* DB 1977, 1970, ersetzt *„[d]ie Beschlagnahme nach § 94 Abs. 1 StPO […] lediglich die vom Gewahrsamsinhaber verweigerte Herausgabe von Gegenständen, die als Beweismittel für eine Untersuchung von Bedeutung sein können oder die der Entziehung unterliegen."*
36 Vgl. *Kohlmann* § 385 Rn. 268; LR-*Schäfer* § 94 Rn. 6.
37 Meyer-Goßner/*Schmitt* § 111e Rn. 5; Graf/*Huber* § 111e Rn. 2; KK-StPO/*Spillecke* § 111e Rn. 3; *Pfeiffer* § 111e Rn. 1.
38 Vgl. *Franzen/Gast/Joecks* § 399 Rn. 20. Für einen Antrag der Finanzbehörde auf eine richterliche Untersuchungshandlung muss zumindest ein Anfangsverdacht vorliegen, vgl. Klein/*Jäger* § 399 Rn. 24. Die beantragte Beschlagnahmeanordnung darf nicht lediglich durch pauschale und formelhafte Bezeichnungen beschränkt sein. Voraussetzung ist vielmehr, dass ermittlungs- und potenziell beweiserhebliche Unterlagen hinreichend bestimmt bezeichnet werden, vgl. LG Chemnitz NStZ-RR 1999, 337. Zu den inhaltlichen Anforderungen an den Durchsuchungsbeschluss und die Beschlagnahmeanordnung vgl. oben unter Rn. 13 f.
39 Vgl. *BVerfG* NStZ 1992, 91, 92; *Krekeler* NStZ 1993, 263.
40 Vgl. *BVerfG* NJW 1997, 2165; *Kunz* BB 2000, 438, 439.
41 Vgl. *Minnogio* Rn. 936; sowie den vom Bundesverfassungsgericht zu Grunde gelegten Maßstab, *BVerfG* wistra 1997, 223.

2. Zufallsfunde

25 § 108 StPO gestattet den Ermittlungsbeamten die Sicherstellung von sogenannten **Zufallsfunden**. Gemeint sind hiermit Gegenstände oder Unterlagen, die auf eine **andere** – nicht vom Durchsuchungsbeschluss erfasste – **Straftat** hindeuten.[42] Finden die Ermittlungsbeamten solche Zufallsfunde im Rahmen der Durchsuchung, dürfen sie diese Gegenstände und Unterlagen nach § 108 StPO sicherstellen. Erfolgt also etwa die Durchsuchung wegen des Verdachts der Untreue und werden bei der Durchsuchung Unterlagen gefunden, die auf eine Steuerhinterziehung hindeuten, so dürfen auch diese Unterlagen sichergestellt werden. Von einem Zufallsfund kann allerdings nicht mehr gesprochen werden, wenn **systematisch oder gezielt** nach anderen als vom Durchsuchungsbeschluss genannten Gegenständen und Unterlagen gesucht wird.[43]

26 Dann ist die Sicherstellung nach § 108 StPO nicht gestattet und es kommt – jedenfalls bei einem absichtlichen Verstoß – ein **Beweisverwertungsverbot** in Betracht.[44] So bejaht das Bundesverfassungsgericht ein Verwertungsverbot dann, wenn der prozessuale Verstoß gegen § 108 StPO so schwerwiegend ist, dass nach Abwägung aller Umstände – auch unter Berücksichtigung der Schwere des Tatvorwurfs – das staatliche Interesse an der Tataufklärung zurückstehen müsse.[45] Die Abwägung führt bei einem absichtlichen Verstoß gegen § 108 StPO regelmäßig zu der Annahme eines Verwertungsverbots.[46]

27 Nicht vom Durchsuchungsbeschluss umfasste Gegenstände, die aber im Zusammenhang mit dem Tatvorwurf des Durchsuchungsbeschlusses stehen, sollen beschlagnahmefähig sein, sofern damit nicht die Begrenzungsfunktion des Durchsuchungsbeschlusses faktisch umgangen wird.[47]

3. Zur Beschlagnahmefreiheit nach § 97 StPO

28 Die Möglichkeit zur Beschlagnahme besteht allerdings nicht uneingeschränkt. Eine Grenze findet sich insoweit in der Beschlagnahmefreiheit nach § 97 StPO. § 97 Abs. 1 Nr. 1 StPO knüpft hierbei an die Zeugnisverweigerungsrechte der §§ 52 ff. StPO an. Danach besteht ein Beschlagnahmeverbot für den Schriftverkehr zwischen dem Beschuldigten und den nach §§ 52 ff. StPO Zeugnisverweigerungsberechtigten sowie für Aufzeichnungen und Erkenntnisse der in § 53 StPO genannten Berufsträger, wie etwa Rechtsanwälte, Steuerberater und Wirtschaftsprüfer.

a) Beschlagnahmefreiheit von Unterlagen bestimmter Berufsträger

29 Im Steuerstrafverfahren sind daher jedenfalls etwa bei einer Durchsuchung aufgefundene schriftliche Mitteilungen – z.B. Briefe, Durchschriften, Abschriften sowie sonstige Aufzeichnungen – zwischen dem Beschuldigten und den in § 53 Abs. 1 Nr. 1–3a StPO genannten Berufsträgern, die anlässlich des Beratungsverhältnisses entstanden sind, beschlagnahmefrei, wenn diese sich im Gewahrsam der in § 53 Abs. 1 Nr. 1–3a StPO bezeichneten Personen befin-

---

42 Vgl. *Park* Kap. 2 Rn. 207; *Quedenfeld*/Füllsack Teil 4 Rn. 719; *Kunz* BB 2000, 439; 440.
43 Vgl. *LG Berlin* NStZ 2004, 571, 573; *Meyer-Goßner*/*Schmitt* § 108 Rn. 1; *Quedenfeld*/Füllsack Teil 4 Rn. 719.
44 Vgl. *LG Berlin* NStZ 2004, 571; *Graf*/*Hegmann* § 108 Rn. 4.
45 Vgl. *BVerfG* NJW 2005, 1917, 1921; *Park* Kap. 2 Rn. 410.
46 Vgl. *LG Bremen* StV 1984, 505, 506; *LG Berlin* StV 1987, 97, 98; *LG Baden-Baden* wistra 1990, 118, 119; *Kunz* BB 2000, 439, 440.
47 Vgl. hierfür beispielsweise *LG Berlin* NStZ 2004, 571, 573.

den (z.B. Verteidiger des Beschuldigten, Wirtschaftsprüfer, vereidigte Buchprüfer, Rechtsanwälte, Notare, Steuerberater und Steuerbevollmächtigte).[48] Ob weitergehend auch andere Schriftstücke, die etwa dem Steuerberater nur zum Zweck der Bearbeitung übergeben worden sind, auch dem Beschlagnahmeverbot unterfallen, ist in der obergerichtlichen Rechtsprechung umstritten.[49]

b) Beschlagnahmefreiheit von Steuerunterlagen

Nicht dem Beschlagnahmeschutz sollen **Steuerunterlagen** unterliegen, zu deren Aufbewahrung der Beschuldigte gesetzlich verpflichtet ist, etwa Buchhaltungsunterlagen einer GmbH.[50] Dies wird damit begründet, dass der Gesetzgeber mit der Aufbewahrungspflicht die Vertraulichkeit der Unterlagen gerade nicht anerkannt hat.[51] Sofern die GmbH diese Unterlagen an ihren Steuerberater versendet, sollen diese dann bei dem Steuerberater beschlagnahmefähig sein.[52] Dies erscheint aber dann zweifelhaft, wenn der Beschuldigte die Buchführungsunterlagen dem Steuerberater zur Erstellung der Steuererklärung übergeben hat. **30**

Diese Unterlagen sind jedenfalls dann beschlagnahmefrei, wenn der Steuerberater die Unterlagen mit eigenen Anmerkungen zum Zwecke der Auswertung versehen hat,[53] da dann das von § 53 StPO geschützte Beratungsverhältnis zum Mandanten eindeutig betroffen ist. Ebenso soll der Prüfungsbericht eines Wirtschaftsprüfers, mit dem die Bilanz eine Einheit bildet, als typisches **Produkt der vertraulichen Berufstätigkeit** des Wirtschaftsprüfers beschlagnahmefrei sein.[54] **31**

Für die betroffenen Berufsträger gilt jedenfalls eins: Keinesfalls sollten sie Unterlagen freiwillig herausgeben. Geht doch damit immer das Risiko eines Verstoßes gegen das Berufsgeheimnis einher, was schlimmstenfalls sogar eine Strafbarkeit nach § 203 StGB nach sich ziehen kann. Es empfiehlt sich daher, der Beschlagnahme zu widersprechen und eine Versiegelung der Unterlagen zu verlangen, soweit die Durchsuchungsbeamten nicht nach § 110 StPO zur Durchsicht befugt sind. Das hindert den Berufsgeheimnisträger aber nicht daran, die Unterlagen in seiner Kanzlei herauszusuchen, um damit eine umfangreiche Durchsuchung seiner Räumlichkeiten zu vermeiden. **32**

---

48 Vgl. *LG Essen* wistra 2010, 78, 79; Müller-Gugenberger/Bieneck/*Häcker* § 93 Rn. 21; *Franzen/Gast/Joecks* § 399 Rn. 47; KK-StPO/*Greeven* § 97 Rn. 16; *Sterzinger* NJOZ 2010, 1766, 1768.

49 Bei der Beschlagnahme von Steuerberaterunterlagen differenziert die Rechtsprechung zwischen beschlagnahmefähigen Buchhaltungs- und Abschlussunterlagen einerseits und den einer Beschlagnahme entzogenen Unterlagen einer steuerrechtlichen oder wirtschaftlichen Beratung andererseits, vgl. Pelka/Niemann/*Koslowski* Kap. W Rn. 73. Strittig ist beispielsweise die Frage, ob schriftliche Mitteilungen, die ein Beschuldigter seinem Steuerberater ausgehändigt hat, damit dieser die Buchhaltung führt, beschlagnahmefrei i.S.d. § 97 Abs. 1 StPO sind (vgl. hierfür *BGH* NStZ 1981; *LG Braunschweig* NJW 1978, 2108 f.; *LG Berlin* NJW 1977, 725, sowie *LG Stade* NStZ 1987, 38). Ist der steuerliche Berater darüber hinaus mit der Aufstellung von Jahresabschlüssen oder Steuererklärungen betraut, sind diejenigen Unterlagen beschlagnahmefrei, die für die Aufstellung der Jahresabschlüsse und Steuererklärungen benötigt werden (vgl. hierfür *LG Dresden* NJW 2007, 2709, 2711).

50 Vgl. *LG Darmstadt* NStZ 1988, 286, 287; *Kunz* BB 2000, 438, 441.

51 Vgl. *LG Darmstadt* NStZ 1988, 286, 287. Für das Erfordernis eines Vertrauensverhältnisses vgl. *LG Berlin* NJW 1977, 725; ähnlich *Gehrmann/Wegner* SteuK 2010, 338, 341.

52 Vgl. *LG Darmstadt* NStZ 1988, 286, 287.

53 Vgl. *LG München* I NJW 1989, 536, 537; *Fiala/Walter* DStR 1998, 736, 738; *Gehrmann/Wegner* SteuK 2010, 338, 342.

54 Vgl. *OLG Köln* NStZ 1991, 452.

c) Zur Beschlagnahmefreiheit von Unterlagen des Nicht-Beschuldigten im Gewahrsam des Rechtsanwalts

33 Nach alter Rechtslage war der Anwendungsbereich der Beschlagnahmefreiheit für Korrespondenz zwischen Rechtsanwalt und Mandant nach § 97 Abs. 1 Nr. 3 StPO auf das Verhältnis zwischen Verteidiger und Beschuldigten beschränkt.[55] Die Einführung des § 160a StPO hat diese Beschränkung zu Recht in Frage gestellt. Das *LG Mannheim* hat in einer viel beachteten Entscheidung die Auffassung vertreten, dass gem. § 97 Abs. 1 Nr. 3 StPO die Beschlagnahme sämtlicher Unterlagen, die im Rahmen eines bestehenden Mandatsverhältnisses gleich welcher Art in den Gewahrsamsbereich eines Rechtsanwaltes gelangen – also auch Unterlagen zwischen dem Rechtsanwalt und dem nichtbeschuldigten Unternehmen – unzulässig ist.[56] Diese zutreffende Auslegung ergibt sich bereits aus dem Wortlaut des § 97 Abs. 1 Nr. 3 StPO, weil anders als in den beiden vorangegangenen Ziffern, der „Beschuldigte" keine Erwähnung findet.[57]

34 Es wird sich zeigen, ob dieser Ansatz weitere Zustimmung findet. Mit Blick auf das andernfalls ungeschützte Beratungsverhältnis zwischen Rechtsanwalt und Nicht-Beschuldigten erscheint es erforderlich, den Beschlagnahmeschutz auszudehnen. Ansonsten würde das vom Gesetzgeber nach § 53 StPO geschützte Beratungsgeheimnis durch die Möglichkeit der Beschlagnahme der Unterlagen aus dem Beratungsverhältnis völlig ausgehöhlt. Der Anwalt dürfte in der Zeugenbefragung zwar schweigen, seine Informationen könnten aber trotzdem in das Verfahren eingeführt werden, indem einfach seine Notizen, Vermerke etc. beschlagnahmt werden. Das notwendige Vertrauensverhältnis zwischen Anwalt und Mandant wäre nicht mehr gewährleistet.

d) Beschlagnahmefähigkeit von Unterlagen eines Ander- oder Treuhandkontos

35 Grundsätzlich dürften auch Unterlagen zu Ander- und Treuhandkonten eines Rechtsanwalts oder Notars unter den Beschlagnahmeschutz fallen.[58] Dies gilt jedenfalls dann, wenn der Notar oder Anwalt nicht tatverdächtig ist.[59] Hier stellt sich aber die Frage, ob nicht die Unterlagen bei der kontoführenden Bank beschlagnahmt werden dürfen. Das wird teilweise mit der Begründung abgelehnt, dass es sich bei der Bank um Gehilfen des Notars bzw. des Rechtsanwalts handelt und zur Erreichung des Schutzzweckes der Zeugnisverweigerungsrechte auch die im Gewahrsam der Bank befindlichen Unterlagen vom Beschlagnahmeschutz umfasst sein müssen.[60]

36 Wenn die kontoführende Bank zur Herausgabe der Unterlagen aufgefordert wird und keine Zustimmung des Rechtsanwalt bzw. Notars oder seines Mandanten vorliegt, sollte **aus Banksicht** zur Vermeidung strafrechtlicher Konsequenzen ein gerichtlicher Beschluss über die Beschlagnahmefähigkeit der Unterlagen eingeholt werden. Zur Herausgabepflicht nach § 95 StPO siehe nachstehend.

---

55 Vgl. Meyer-Goßner/*Schmitt* § 97 Rn. 10a m.w.N.; vgl. *LG Hambug* NJW 2011, 942.

56 Vgl. *LG Mannheim* NZWiSt 2012, 424, 425; a.A. Meyer-Goßner/*Schmitt* § 97 Rn. 10a m.w.N.

57 Vgl. *Jahn/Kirsch* NStZ 2012, 718, 720.

58 Vgl. *OLG Frankfurt* NJW 2002, 1135; Wabnitz/Janovsky/*Möhrenschlager* Kap. 25 Rn. 24.

59 Auf selbst beschuldigte Zeugnisverweigerungsberechtigte ist das Beschlagnahmeverbot des § 97 StPO nicht anwendbar, vgl. *BVerfG* NJW 2001, 1663; Meyer-Goßner/*Schmitt* § 97 Rn. 4; Graf/*Ritzert* § 97 Rn. 5.

60 Vgl. *LG Darmstadt* DNotZ 1991, 560; *AG Münster* NStZ-RR 1998, 283; *Rau* wistra 2006, 410, 413; a.A. *LG Würzburg* wistra 1990, 118.

e) Gewahrsam als Voraussetzung der Beschlagnahmefreiheit

Als weitere Voraussetzung für die Beschlagnahmefreiheit gilt, dass sich der zu beschlagnah- **37** mende Gegenstand im Gewahrsam des Zeugnisverweigerungsberechtigten befinden muss (§ 97 Abs. 2 S. 1 StPO). Hat der Beschuldigte hingegen Gewahrsam oder zumindest Mitgewahrsam an den Beweismitteln, soll der Beschlagnahmeschutz des § 97 Abs. 1 StPO keine Anwendung finden.[61]

Etwas anderes gilt für die **Korrespondenz** zwischen dem Verteidiger und dem Beschuldigten. **38** Diese darf selbst dann nicht beschlagnahmt werden, wenn sie sich im Alleingewahrsam des Beschuldigten befindet.[62] Das ergibt sich § 148 Abs. 1 StPO. In Steuerstrafverfahren kann sich dieses erweiterte **Beschlagnahmeverbot für die Verteidigerkorrespondenz** u.a. auch auf Steuerberater erstrecken, da sie gem. § 392 AO abweichend von § 138 Abs. 1 StPO in diesen Verfahren als Verteidiger bestellt werden dürfen.[63] Zum Beschlagnahmeschutz nach § 160a StPO siehe nachstehend.

f) Einschränkung der Beschlagnahmefreiheit für verdächtige Zeugnisverweigerungsberechtigte

Hingegen soll § 97 StPO auf selbst beschuldigte Zeugnisverweigerungsberechtigte nicht **39** anwendbar sein.[64] Die Beschlagnahme der an sich nach § 97 StPO geschützten Beweismittel soll demnach dann zulässig sein, wenn der Rechtsanwalt oder Steuerberater zumindest teilnahmeverdächtig oder einer Straftat verdächtig ist, die im Zusammenhang mit der seinem Mandanten vorgeworfenen Tat steht (§ 97 Abs. 2 S. 3 StPO).[65] Um dem besonders geschützten Vertrauensverhältnis zwischen Beschuldigten und Verteidiger Rechnung zu tragen, genügt in diesem Fall für die Beschlagnahme dieser Korrespondenz ein einfacher Teilnahmeverdacht gegen den Verteidiger nicht.[66] Für die Beschlagnahme der Verteidigerkorrespondenz bedarf es vielmehr gewichtiger Anhaltspunkte für eine Tatbeteiligung des Verteidigers, die im Rahmen einer umfassenden Verhältnismäßigkeitsprüfung zu berücksichtigen sind.[67] Besonderes Gewicht kommt dabei dem Ausmaß der Beeinträchtigung der beruflichen Tätigkeit der Betroffenen zu.[68]

g) Beschlagnahme von Unterlagen des Syndikusanwalts

Besonderheiten ergeben sich für Syndikusanwälte. Der von § 97 StPO gewährte Schutz soll **40** sich nicht auf den unternehmens- und konzerninternen Schriftverkehr mit Syndikusanwälten

---

61 Vgl. *BGHSt* 19, 374; Hannich/*Greeven* § 98 Rn. 8; Meyer-Goßner/*Schmitt* § 97 Rn. 12.
62 Vgl. *BGH* NJW 1982, 2508; *Pfeiffer* § 97 Rn. 1; Pelka/Niemann/*Randt* Kap. N Rn. 93; *Mehle/Mehle* NJW 2011, 1639.
63 Vgl. Pelka/Niemann/*Randt* Kap. N Rn. 93.
64 Vgl. *BVerfG* NJW 2001, 1663; Meyer-Goßner/*Schmitt* § 97 Rn. 4; Graf/*Ritzert* § 97 Rn. 5.
65 Vgl. *Franzen/Gast/Joecks* § 399 Rn. 51; Meyer-Goßner/*Schmitt* § 97 Rn. 4; Dölling/Duttge/Rössner/*Hartmann* § 97 Rn. 25; Knierim/Rüberstahl/Tsambikakis/*Bock/Gerholf* Internal Investigations, 5. Kap. Rn. 48.
66 Vgl. *BGH* NJW 2001, 3793, 3794; Wabnitz/Janovsky/*Dannecker/Bülte/Möhrenschlager* Kap. 25 Rn. 31.
67 Vgl. *BGH* NJW 1973, 2035, 2036; Wabnitz/Janovsky/*Möhrenschlager* Kap. 25 Rn. 31; Meyer-Goßner/*Schmitt* § 97 Rn. 38.
68 Vgl. Dölling/Duttge/Rössner/*Hartmann* § 102 Rn. 9. Nach höchstrichterlicher Rechtsprechung des Bundesgerichtshofs, NJW 2005, 1917, 1919, muss der Rechtsanwalt als Organ der Rechtspflege stets darauf bedacht sein, das Interesse seiner Mandanten zu verfolgen. Das infolge Durchsuchungsmaßnahmen berührte Tätigwerden des Anwalts muss sich im Interesse der Allgemeinheit an den Grundsätzen einer wirksamen und geordneten Rechtspflege halten. Die fundamentale objektive Bedeutung einer „freien Advokatur" darf daher nicht durch uferlose Durchsuchungsmaßnahmen gefährdet werden.

erstrecken. Nach der hier nicht geteilten Auffassung des EuGH setzt das Erfordernis der Unabhängigkeit des Rechtsanwalts das Fehlen jedes Beschäftigungsverhältnisses zwischen dem Rechtsanwalt und seinem Mandanten voraus, was bei Syndikusanwälten nicht der Fall sei.[69]

h) Beschlagnahme von Unterlagen interner Ermittlungen

41 Eine weitere Besonderheit ergibt sich bei Unterlagen, die im Zusammenhang mit **internen Untersuchungen** stehen.[70] Unternehmen führen – oftmals unter zu Hilfenahme von Rechtsanwaltskanzleien und Wirtschaftsprüfungsgesellschaften – bei dem Verdacht von Straftaten interne Untersuchungen durch, um verschiedenen Verpflichtungen nachzukommen.[71] Soweit es sich um einen Korruptionsverdacht handelt und die vermeintlichen Korruptionszahlungen auch steuerlich in Abzug gebracht wurden, findet sich eine solche Verpflichtung zur Aufklärung und Korrektur in § 153 AO.[72]

42 Gegenstand solcher Untersuchungen sind vielfach E-Mails, Verträge, Korrespondenz, Präsentation etc. und die Arbeitsprodukte der Berater, wie Zwischen- und Endberichte sowie Protokolle zu Mitarbeiterbefragungen. Hier stellt sich die Frage, ob diese Unterlagen beschlagnahmt werden können und zwar sowohl beim Unternehmen als auch beim Rechtsanwalt.

43 Sofern die Unterlagen beim Rechtsanwalt in Gewahrsam sind, greift der Beschlagnahmeschutz nach § 97 Abs. 1 Nr. 3 StPO.[73] Das soll für solche Unterlagen gelten, die dem Mandatsverhältnis unterliegen.[74] Der **Beschlagnahmeschutz** umfasst dabei **sämtliche Unterlagen**, die für die Beratung des Rechtsanwalts im Zusammenhang mit internen Untersuchung Bedeutung hatten. Dem kann nicht entgegengehalten werden, dass etwa mit Blick auf Unterlagen zu Interviews mit beschuldigten Organen kein mandatsähnliches Vertrauensverhältnis gegeben sein soll.[75] Das ist zwar gegenüber dem beschuldigten Organ zutreffend, nicht aber gegenüber dem Unternehmen für das der Rechtsanwalt das Interview durchführt.

44 Teilweise wird für diese Unterlagen auch der Beschlagnahmeschutz direkt aus § 160a StPO gefolgt und zwar unabhängig davon, ob sich die Unterlagen im Gewahrsam des Unternehmens oder des beratenden Anwalts, befinden.[76] Diese Auffassung verdient Zustimmung mit Blick auf die Unterlagen, die sich im Gewahrsam des Unternehmens befinden. Sofern die gegenteilige Auffassung darauf abstellt, dass aus § 160a Abs. 5 StPO folge, dass eine Beschlagnahme stets zulässig sei, wenn § 97 StPO sie nicht verbiete,[77] ist dem entgegen zu halten, dass

---

69 Vgl. *EuGH* NJW 2010, 3557; Römermann/*Zimmermann* Kap. H Rn. 80; Meyer-Goßner/*Schmitt* § 97 Rn. 10c; Rotsch/*Taschke/Schoop* § 34 Rn. 119; a.A. *Hassemer* wistra 1986, 1, 13 f., wonach dem Syndikusanwalt ein Zeugnisverweigerungsrecht zu steht, wenn er mit typischen anwaltlichen Aufgaben betraut ist, folgerichtig im Einzelfall nach seiner freien anwaltlichen Überzeugung handeln kann. Einen ähnlichen Ansatz vertritt *Roxin* NJW 1992, 1129, 1136, der auf das Merkmal der „Unabhängigkeit der Berufsausübung" abstellt.

70 Vgl. Meyer-Goßner/*Schmitt* § 97 Rn. 10b; Rotsch/*Taschke/Schoop* § 34 Rn. 119.

71 Vgl. *Ballo* NZWiSt 2013, 46, 47; Rotsch/*Taschke/Schoop* § 34 Rn. 99; *Haefcke* CCZ 2014, 39.

72 Vgl. *Ballo* NZWiSt 2013, 46, 47; Rotsch/*Taschke/Schoop* § 34 Rn. 99.

73 Vgl. *LG Mannheim* NZWiSt 2012, 424.

74 Vgl. Meyer-Goßner/*Schmitt* § 97 Rn. 10a.

75 So der Meyer-Goßner/*Schmitt* § 97 Rn. 10b unter Verweis auf die zur alten Rechtslage ergangene Entscheidung des *LG Hamburg* NJW 2011, 942, 943.

76 Vgl. *Ballo* NZWiSt 2013, 46, 51; *Schuster* NZWiSt 2012, 28, 30; ähnlich Knierim/Rüberstahl/Tsambikakis/Bock/*Gerhalf* Internal Investigations, 5. Kap. Rn. 68.

77 Vgl. *LG Hamburg* NJW 2011, 942 ff.

§ 97 StPO nicht die Grundlagen für die Beschlagnahme regelt, sondern diese eingrenzt.[78] Diese Eingrenzung ist aber keineswegs abschließend.[79] Vielmehr ergänzt § 160a StPO den Schutz von § 97 StPO für solche Unterlagen, die Gegenstand der internen Ermittlungen sind und die sich im Gewahrsam des Unternehmens befinden.

Darunter fallen regelmäßig allerdings nicht die Geschäftsunterlagen, die für die Aufklärung **45** des zugrunde liegenden Sachverhalts maßgeblich sind, wie Beraterverträge, Rechnungen und geschäftliche E-Mail-Korrespondenz.[80] Die vom LG Mannheim angesprochene Missbrauchsgefahr der Verlagerung von Unterlagen in den Gewahrsam des Rechtsanwalts, um diese Unterlagen dem Zugriff der Ermittlungsbehörden zu entziehen,[81] ist daher nicht gegeben, zumal der Gesetzgeber mit der Regelung des § 160a Abs. 4 StPO bereits missbräuchliche Gestaltungen vom Beschlagnahmeschutz ausgenommen hat. Eine weitergehende Eingrenzung ist nicht erforderlich.[82]

i) Beschlagnahmeschutz von Verteidigungsunterlagen des Unternehmens

Ein weitergehender Beschlagnahmeschutz liegt jedenfalls dann **unstreitig** vor, wenn es sich um **46** **Unterlagen der juristischen** Person handelt und – wie bei unternehmensbezogenen Steuerstraftaten nicht ausgeschlossen – die juristische Person die Stellung eines **Beteiligten** nach § 442 oder § 444 StPO innehat.[83] Über § 434 Abs. 1 S. 2 StPO findet dann der Beschlagnahmeschutz des § 148 StPO umfassend Anwendung.[84]

Umstritten ist allerdings, ob dieser Schutz erst dann greift, wenn das Unternehmen in förmlicher Hinsicht die beschuldigten-ähnliche Verfahrensstellung eines Beteiligten inne hat oder ob **47** bereits das Anbahnungsverhältnis zur Vermeidung der Einleitung eines Ermittlungsverfahrens bereits ausreichend ist.[85]

Für einen umfassenden Schutz bereits vor der förmlichen Einleitung eines Verfahrens gegen **48** das Unternehmen spricht insbesondere, dass es nicht auf den Willen der Ermittlungsbehörden ankommen kann, ob und falls ja, zu welchem Zeitpunkt sie dem Unternehmen eine Beteiligtenstellung zukommen lassen möchten oder nicht. Das Risiko besteht grundsätzlich bei einer unternehmensbezogenen Straftat. Und es steht zumindest teilweise im Ermessen der Behörde, ob und wann sie ein Verfahren einleitet. Oftmals kommt es erst im späten Verlauf des Ermittlungsverfahrens zu einer Unternehmensbeteiligung. Auch die im Vorfeld ausgetauschte Anwaltskorrespondenz enthält oftmals wichtige Hinweise zu einem möglichen Tatvorwurf. Würde man demnach sämtliche Vorkorrespondenzen vom Schutzbereich des § 148 StPO aus-

---

78 Vgl. Knierim/Rüberstahl/Tsambikakis/*Bock*/*Gerholf* Internal Investigations, 5. Kap. Rn. 68; *Schuster* NZWiSt 2012, 28, 30; *von Galen* NJW 2011, 945.

79 Vgl. *Ballo*, NZWiSt 2013, 46, 49.

80 Vgl. *Ballo* NZWiSt 2013, 46, 52.

81 Vgl. *LG Mannheim* NZWiSt 2012, 424, 427.

82 Vgl. *Ballo* NZWiSt 2013, 46, 52.

83 Vgl. Meyer-Goßner/*Schmitt* § 97 Rn. 10c.

84 Vgl. *Pfeiffer* § 434 Rn. 1; Meyer-Goßner/*Schmitt* § 97 Rn. 10c; *Taschke* FS Hamm, S. 751, 762.

85 Für die Anwendbarkeit bereits beim Anbahnungsverhältnis, vgl. *Jahn/Kirsch* NZWiSt 2013, 28, 30; *Mehlen/Mehlen* NJW 2011, 1639, 1643. Auch nach *Taschke* FS Hamm, S. 751, 758, sind die Bemühungen eines Unternehmens, die Einleitung von strafprozessualen Maßnahmen zu vermeiden, als Verteidigung zu qualifizieren. Demnach kann Verteidigung auch schon dann stattfinden, wenn gegen einen Betroffenen noch nicht förmlich ermittelt wird, weil etwa einzelne Beschuldigte nicht förmlich konkretisiert wurden. Auch in diesem Stadium nimmt der Unternehmensanwalt bei funktionaler Betrachtungsweise bereits Verteidigeraufgaben wahr; ähnlich *LG Gießen* wistra 2012, 409, 410.

klammern, wäre das Gebot, jeden mittelbaren Zwang des Unternehmens zur Selbstbelastung von vornherein zu unterbinden, nicht beachtet.[86] Würde man dem Unternehmen vor einer Verfahrenseinleitung den notwendigen Schutz versagen, wäre das Unternehmen ist in solchen Fällen völlig schutzlos gestellt,

49   Der Beschlagnahmeschutz muss auch für die Fälle gelten, in denen dem Unternehmen potenziell eine Unternehmensgeldbuße droht. § 46 OWiG ermöglicht die Anwendung der insoweit einschlägigen Normen der §§ 97, 137 und 148 StPO. Auch hier gilt, dass der Beschlagnahmeschutz aus den vorstehenden Erwägungen heraus bereits vor der Einleitung eines Verfahrens gegen das Unternehmen greifen muss.[87]

4.   Beschlagnahme von EDV-Daten

50   Auch EDV-Anlagen und sonstige technische Geräte (z.B. der Computer des Beschuldigten oder Smartphones) sind beschlagnahmefähige Gegenstände i.S.d. § 94 StPO.[88] Für sie gelten die allgemeinen Regeln der Durchsuchung- und Beschlagnahme.[89] Ermittlungsbehörden finden mittlerweile die aus ihrer Sicht entscheidenden Beweise für den Tatnachweis auf Festplatten, in E-Mails und auf Smartphones mit Programmen wie WhatsApp etc.

51   Nicht umfasst von der Durchsuchung und Beschlagnahme ist die sogenannte **Online-Durchsuchung**, auch bekannt unter der Stichwort „Bundestrojaner". Hierbei soll es sich um einen verdeckten Zugriff auf ein fremdes informatorisches System, etwa einen Computer, handeln, um den Computer mittels einer bestimmten Software zu durchsuchen und/oder die Tätigkeit des Benutzers über einen längeren Zeitraum zu überwachen. Der Bundesgerichtshof hat entschieden, dass zu Zwecken der Strafverfolgung insoweit eine Ermächtigungsgrundlage nicht vorhanden ist und solche Maßnahmen daher nicht zulässig sind.[90]

52   EDV-Daten können aber nach §§ 94 ff. StPO sichergestellt bzw. beschlagnahmt werden, jedenfalls dann, wenn sie sich auf einem Speichermedium befinden.[91] Das Abfangen von E-Mails beim Senden durch den Absender und beim Abrufen durch den Empfänger richtet sich hingegen nach § 100a StPO.[92]

53   Das Bundesverfassungsgericht weist bei der Beschlagnahme von elektronischer Kommunikation dem **Verhältnismäßigkeitsgrundsatz** eine besondere Bedeutung zu.[93] So muss nach der Rechtsprechung des Bundesverfassungsgerichts im Falle der Beschlagnahme von Datenträgern

---

86   Vgl. LR-*Lüderssen/Jahn* § 148 Rn. 8.
87   Vgl. Rotsch/*Taschke* § 36 Rn. 26.
88   Vgl. *BVerfG* wistra 2005, 295; *Park* Kap. 4 Rn. 771; *Franzen/Gast/Joecks* § 399 Rn. 62.
89   Vgl. *Park* Kap. 4 Rn. 762.
90   Vgl. *BGH* NJW 2007, 930 m.Anm. *Hamm.*
91   Vgl. *BVerfG* NJW 2009, 2431 ff.
92   Siehe *Park* Kap. 4 Rn. 778 m.w.N; für ein besseres Verständnis sind Grundkenntnisse des digitalen Kommunikationsvorganges von essenzieller Bedeutung: Zunächst wird die E-Mail auf dem eigenen PC-Endgerät des Absenders im dortigen Mail User Agent (MUA) verfasst. Die E-Mail wird anschließend vom Endgerät des Absenders über eine Verbindung an seinen Mail-Server übermittelt, wo sie zwischengespeichert wird. Vom E-Mail-Server des Absenders wird die Nachricht an den E-Mail-Server des Empfängers weitergeleitet. Der Empfänger kann die E-Mail im Nachgang von dort abrufen. Der Empfänger hat dann die Möglichkeit, die E-Mail in sein eigenes E-Mail-Postfach auf seinem PC herunterzuladen (ein Vorgang, den Smartphones in der Regel automatisch durchführen) oder aber unmittelbar auf dem Server zu lesen und zu beantworten, weiterzuleiten oder anderweitig zu bearbeiten, vgl. für eine umfassende Darstellung des E-Mail-Kommunikationsvorganges *Park* Kap. 4 Rn. 775 f.
93   Vgl. *BVerfG* NJW 2009, 2431 ff. siehe auch *Park* Kap. 4 Rn. 779b.

und darauf vorhandenen Daten der **Zugriff auf** für das Verfahren **bedeutungslose Informationen** im Rahmen des Vertretbaren **vermieden** werden.[94] Die Ermittlungsbehörden müssen daher prüfen, ob eine Trennung von potenziell beweiserheblichen von der übrigen elektronischen Kommunikation möglich ist. Die Beschlagnahme des gesamten Datenträgers dürfte daher unverhältnismäßig sein, wenn sich die verfahrensrelevanten E-Mails – etwa durch **Suchfunktionen** – herausfiltern lassen. Die Ermittlungsbeamten sind unter den Voraussetzungen des § 110 StPO auch zur Durchsicht befugt, und zwar auch dann, wenn der Server sich an einem anderen Standort in der Bundesrepublik Deutschland befindet. Im Steuerstrafverfahren ist dabei darauf zu achten, dass ohne Genehmigung des Betroffenen ebenso wie bei der Durchsicht von Papieren, die Durchsicht der E-Mails nur durch die Staatsanwaltschaft oder gem. § 404 AO i.V.m. § 110 StPO durch die Beamten der Steuerfahndung erfolgen darf.

5. Beschlagnahme von Cloud-Daten

Weitere Besonderheiten ergeben sich im Rahmen der Durchsuchung und Beschlagnahme von sogenannten **Cloud-Daten**. Cloud Computing beschreibt die über ein Netzwerk auf Abruf erfolgende Bereitstellung von IT-Ressourcen (beispielsweise Netze, Server, Speichersysteme, Anwendungen und Dienste), auf die schnell und mit minimalem Managementaufwand oder geringer Serviceprovider-Interaktion zugegriffen werden kann.[95] De Facto handelt es sich um ein externes Speichermedium, auf welches Nutzer ihre Daten abspeichern und bei Bedarf abrufen können.[96] Im Rahmen einer Durchsuchungs- bzw. Beschlagnahmemaßnahme ist daher denkbar, dass sich die Strafverfolgungsbehörden an den verdächtigen Cloud-Nutzer oder den Cloud-Anbieter wenden. **54**

Als praktisch bedeutsam, zugleich jedoch als rechtlich problematisch gestaltet sich der transnationale Charakter des Cloud Computing, weil in der Regel nicht feststellbar ist, in welchem Hoheitsgebiet – konkreter auf welchem Server – sich die Daten befinden.[97] **55**

Zwar wird teilweise vertreten, dass es sich beim Zugriff auf das im Ausland befindliche externe Speichermedium vom Computer des verdächtigen Cloud-Nutzers über dessen Account um eine rechtmäßige Ermittlungshandlung im Inland gem. § 110 Abs. 3 StPO handelt.[98] **56**

Dieser Auffassung kann jedoch nicht gefolgt werden, weil § 110 Abs. 3 StPO ausschließlich den Zugriff in, hingegen nicht außerhalb der Bundesrepublik Deutschland regeln kann. Anderenfalls würde in die Hoheitsrechte fremder Staaten eingegriffen.[99] Denn obwohl sich die ermittelnde Person bei der Durchsicht eines externen Speichermediums auf deutschem Territorium befindet, führt dies zu Datenverarbeitungsprozessen im Drittstaat und tangiert somit die völkerrechtlich anerkannte Souveränität.[100] Daher sind Fälle, in denen auf **ausländische Server** zugegriffen wird, über internationale Abkommen sowie **Rechtshilfeersuchen** zu lösen.[101] **57**

---

94 Vgl. *BVerfG* wistra 2005, 295, 301.
95 Vgl. Bundesamt für Sicherheit und Informationstechnik, www.bsi.bund.de/DE/Themen/CloudComputing/ Grundlagen (abgerufen am 12.12.2014); *Süptitz/Utz/Eymann* DuD 2013, 307.
96 Vgl. KK-StPO/*Bruns* § 110 Rn. 8; *Obenhaus* NJW 2010, 651; *Wicker* MMR 2013, 765, 766.
97 Vgl. Meyer-Goßner/*Schmitt* § 110 Rn. 7b; Graf/*Hergmann* § 110 Rn. 13; *Wicker* MMR 2013, 765, 766.
98 Vgl. Meyer-Goßner/*Schmitt* § 110 Rn. 7b; *Wicker* MMR 2013, 765, 769. Eine „transborder search" verbietet sich bereits aus dem Rechtsgedanken des Art. 19 Abs. 2 Cyber Crime Convention sowie dem völkerrechtlichen Souveränitätsprinzip, vgl. *Süptitz/Utz/Eymann* DuD 2013, 307, 310.
99 Vgl. Graf/*Hegmann* § 110 Rn. 15; *Obenhaus* NJW 2010, 651, 654.
100 Vgl. *Süptitz/Utz/Eymann* DuD 2013, 307, 310.
101 Vgl. Graf/*Hegmann* § 110 Rn. 15; *Obenhaus* NJW 2010, 651, 654.

58 Soweit die Durchsuchungsmaßnahme beim Cloud-Anbieter, also demjenigen, der physischen Zugriff auf das externe Speichermedium hat, erfolgt, ist auch hier zu unterscheiden, ob sich der Serverbetreiber im In- oder Ausland befindet.[102] Handelt es sich um einen inländischen Cloud-Anbieter, kann die Ermittlungsbehörde eine Sicherstellung der betreffenden Daten entsprechend den Voraussetzungen des § 99 StPO mit der Herausgabepflicht des § 95 Abs. 1 StPO bzw. die Beschlagnahme gem. § 94 Abs. 2 StPO anordnen.[103] Befindet sich der Cloud-Anbieter hingegen im Ausland, stoßen auch hier die inländischen Strafverfolgungsbehörden auf die Grenzen ihrer Befugnisse.[104] Auch in diesem Fall muss die Strafverfolgungsbehörde den ausländischen Staat, indem sich der Server befindet, um Rechtshilfe ersuchen.[105]

59 Anzumerken ist jedoch, dass ein Verstoß gegen das Gebot des Rechtshilfeersuchens regelmäßig nur bei willkürlicher Vorgehensweise ein Beweisverwertungsverbot nach sich ziehen soll, weil es bei der Frage um Beweisverwertungsverbote regelmäßig einer Einzelfallabwägung bedarf und der Verstoß nicht den Rechtskreis des Beschuldigten berühren soll.[106] Ein Beweisverwertungsverbot ist jedoch dann anzunehmen, wenn die Sicherstellungsmaßnahme bzw. die Auswertung der Daten gegen den ausdrücklichen Widerspruch des Drittstaates erfolgt.[107]

6. Beschlagnahme von Behördenakten

60 Zu den beschlagnahmefähigen Gegenständen i.S.d. §§ 94, 103 StPO gehören nach höchstrichterlicher Rechtsprechung des Bundesgerichtshofs auch **Behördenakten**.[108] Insbesondere aus § 96 StPO lässt sich kein allgemeines und ausnahmsloses Beschlagnahmeverbot ableiten.[109] § 96 StPO stellt ein bedingtes Beschlagnahmeverbot für Behördenakten dar und schränkt somit die Amtshilfepflicht des Art. 35 Abs. 1 GG gegenüber Strafverfolgungsbehörden ein.[110] Danach dürfen in amtlicher Verwahrung befindliche Akten und Schriftstücke nur beschlagnahmt bzw. deren Beschlagnahme aufrecht erhalten werden, wenn dem keine verbindliche **Sperrerklärung** der obersten Dienstbehörde entgegensteht.[111] Eine solche Sperrerklärung kann hingegen nur mit einer Gefahr für das Wohl des Bundes oder eines deutschen Landes begründet werden, beispiel-

---

102 Vgl. *Obenhaus* NJW 2010, 651, 653. Der genaue Standort des Servers lässt sich regelmäßig über das sogenannte „trace-routing"-Verfahren ermitteln.

103 Vgl. *Obenhaus* NJW 2010, 651, 653; *Süptitz/Utz/Eymann* DuD 2013, 307, 311.

104 Vgl. *Obenhaus* NJW 2010, 651, 653; *Süptitz/Utz/Eymann* DuD 2013, 307, 311.

105 Vgl. *Obenhaus* NJW 2010, 651, 653. Interessant ist diesem Zusammenhang die Frage, wie jene Fälle zu behandeln sind, in welchen international tätige Cloud-Anbieter eine inländische Niederlassung haben und eine Beschlagnahmemaßnahme bei der inländischen Niederlassung durchzuführen ist. Nach hier vertretener Auffassung sollte in derartig gelagerten Fällen stets um Rechtshilfe ersucht werden, weil anderenfalls die transnationale Problematik lediglich umgegangen, mithin die völkerrechtliche Souveränität des Drittstaates tangiert wird, vgl. hierfür *Süptitz/Utz/Eymann* DuD 2013, 307, 312.

106 Vgl. Graf/*Hegmann* § 110 Rn. 16; Meyer-Goßner/*Schmitt* § 110 Rn. 7c; *Park* Kap. 2 Rn. 373.

107 Vgl. *BGH* NJW 1987, 2168; Meyer-Goßner/*Schmitt* § 110 Rn. 7c.

108 Vgl. *BGH*, NJW 1992, 1973. Die Frage, ob Akten oder sonstige in amtlicher Verwahrung befindliche Schriftstücke grundsätzlich beschlagnahmt werden dürfen, war in Rechtsprechung und Literatur umstritten. Der Bundesgerichtshof sowie der überwiegende Teil der Literatur nehmen an, dass eine Beschlagnahmefähigkeit von Behördenunterlagen bereits deshalb erforderlich ist, um dem verfassungsmäßig verankerten Prinzip der Gewaltenteilung hinreichend Rechnung zu tragen und um zu gewährleisten, dass die justiziellen Aufgaben ordnungsgemäß erfüllt werden, vgl. *Park* Kap. 3 Rn. 599; *Kramer* NJW 1984, 1502; *Taschke* Die behördliche Zurückhaltung von Beweismitteln im Strafprozeß, 273 ff.

109 Vgl. *BGH* NJW 1992, 1973, 1974; *Park* Kap. 3 Rn. 603.

110 Vgl. *Park* Kap. 3 Rn. 603; Meyer-Goßner/*Schmitt* § 96 Rn. 1.

111 Vgl. *Park* Kap. 3 Rn. 600; *Pfeiffer* § 96 Rn. 1; *Franzen/Gast/Joecks* § 399 Rn. 61; Meyer-Goßner/*Schmitt* § 96 Rn. 2.

Schoop

weise wenn die Publizität der Beweismittel die Erfüllung öffentlicher Aufgaben ernstlich gefährden oder erheblich erschweren würde, insbesondere wenn Leben und Freiheit von Menschen gefährdet oder sonstige Rechtsgüter betroffener Bürgern zu schützen sind.[112] Ob ein solcher Fall vorliegt, ist im Einzelfall anhand anerkannter Abwägungskriterien zu entscheiden.[113] Etwas anderes gilt freilich, wenn die Sperrerklärung offensichtlich willkürlich oder missbräuchlich ist; in diesem Fall kann ohne Weiteres eine Beschlagnahme erfolgen.[114]

Fraglich bleibt jedoch, ob die Anordnung der Beschlagnahme bei Behördenakten ausschließlich dem Richter vorbehalten ist, da nur selten Gefahr im Verzug gegeben sein wird.[115] Dem ist entgegenzuhalten, dass zumindest im Korruptionsbereich die Gefahr besteht, das auch Beschäftigte der betroffenen Behörde in das Tatgeschehen involviert sein können, mitunter nicht auszuschließen ist, dass ein Zuwarten der Ermittlungsbehörde den Ermittlungserfolg gefährden könnte.[116]   **61**

7. Herausgabepflichten

Werden bestimmte Gegenstände, die bei einer Durchsuchung gefunden werden, nicht entdeckt, besteht aber gleichwohl Gewissheit, dass sich die Gegenstände bei einem Nicht-Beschuldigten befinden, besteht die Verpflichtung diesen Gegenstand auf Erfordern herauszugeben, vgl. § 95 Abs. 1 StPO.[117]   **62**

In der Praxis ist der **Hauptanwendungsbereich** der Herausgabeverpflichtung aber wohl eher in der Anforderung von **Geschäftsunterlagen**, meistens **Bankunterlagen**, zu sehen und trägt hier dem Verhältnismäßigkeitsgrundsatz Rechnung.[118] Unternehmen, die nicht im Fokus der Ermittlungen stehen, dürften grundsätzlich bereit sein, Unterlagen bei einer staatlichen Anforderung herauszugeben, so dass es einer Durchsuchung und Beschlagnahme nicht bedarf und diese unverhältnismäßig wäre. Zumal das Bankgeheimnis der Herausgabepflicht nicht entgegenstehen soll.[119]   **63**

Da das Herausgabeverlangen auch mit einem Durchsuchungs- und Beschlagnahmebeschluss verbunden werden kann, werden Unternehmen nicht selten unter Vorlage des Durchsuchungs- und Beschlagnahmebeschluss, aufgefordert die Unterlagen herauszugeben.[120] Damit erhalten die Unternehmen die **Möglichkeit, eine Durchsuchung abzuwenden**, in dem sie die angeforderten Unterlagen herausgeben. Kommt das Unternehmen dann dem Verlangen nicht nach, wird der Durchsuchungs- und Beschlagnahmebeschluss von den Ermittlungsbehörden umgesetzt. Zur Durchsetzung des einfachen Herausgabeverlangens können im Falle der Weigerung gem. § 95 Abs. 2 StPO aber auch zunächst Ordnungs- und Zwangsmittel festgesetzt werden.   **64**

---

112 Vgl. *BGH* NStZ 1981, 357, 359; Dölling/Duttge/Rössner/*Hartmann* § 96 Rn. 6.
113 Vgl. umfassend für die Abwägungskriterien Dölling/Duttge/Rössner/*Hartmann* § 96 Rn. 6 m.w.N.
114 Vgl. hierfür *KG* NJW 1989, 541, 542; ähnlich *BGH* NJW 1980, 464, 465; *Park* Kap. 3 Rn. 601.
115 Vgl. hierfür *Franzen/Gast/Joecks* § 399 Rn. 61.
116 Vgl. Wabnitz/Janovsky/*Möhrenschlager* Kap. 25 Rn. 68.
117 Vgl. *LG Bonn* NStZ 1983, 327, Meyer-Goßner/*Schmitt* § 95 Rn. 1.
118 Vgl. *Franzen/Gast/Joecks* § 399 Rn. 39.
119 Vgl. *LG Hamburg* NJW 1978, 958, 959; *Franzen/Gast/Joecks* § 399 Rn. 39; Meyer-Goßner/*Schmitt* § 94 Rn. 20.
120 Vgl. *Franzen/Gast/Joecks* § 399 Rn. 39; Schimansky/Bunte/Lwowski/*Krepol* § 39 Rn. 201.

65 Da die Herausgabepflicht an die Zeugenpflicht anknüpft, ist **der Beschuldigte nicht** zur Herausgabe verpflichtet.[121] Die Pflicht zur Herausgabe besteht für den nicht beschuldigten Gewahrsamsinhaber, soweit nicht eine Beschlagnahmefreiheit der Gegenstände nach § 97 StPO gegeben ist.[122] In diesem Fall darf die Herausgabe nicht erzwungen werden. Erfolgt dennoch eine zwangsweise Herausgabe, dann besteht für die nach § 97 StPO nicht der Beschlagnahme unterliegenden Gegenstände ein Beweisverwertungsverbot.[123]

66 Die Anordnungsbefugnis zur Herausgabe knüpft an die Beschlagnahmebefugnis an.[124] Sofern Gefahr im Verzug vorliegt, können Staatsanwaltschaft und u.U. die Polizei und bei steuerstrafrechtlichen Verfahren nach § 399 AO die Finanzbehörden und die Steuerfahndung die Anordnung aussprechen.[125] Liegt allerdings keine Gefahr im Verzug vor, wird teilweise vertreten, dass dann auch nur das Gericht die Anordnung aussprechen darf.[126] Dem wird entgegengehalten, dass die Herausgabepflicht an die Zeugenpflicht anknüpft und Zeugen zumindest gegenüber der Staatsanwaltschaft und den Finanzbehörden verpflichtet sind zu erscheinen. Diese Verpflichtung könne auch zwangsweise durchgesetzt werden.[127] Der Polizei und der Steuerfahndung fehlt allerdings diese Kompetenz, so dass diesen auch keine Anordnungskompetenz nach § 95 Abs. 1 StPO zukommen sollte.

67 Fordern Ermittlungsbehörden beim Unternehmen **Kundendaten** an, sollte das Unternehmen jedenfalls auf eine staatsanwaltliche oder finanzbehördliche Anordnung bestehen. Andernfalls kann sich das Unternehmen dem Vorwurf ausgesetzt sehen, die Kundendaten ohne Verpflichtung herausgegeben zu haben, was zum Teil gegen **vertragliche Verpflichtungen verstoßen** oder auch **datenschutzrechtliche** Fragen aufwerfen kann, da die Daten ohne zwangsweise Verpflichtung preisgegeben werden.

III. Beweisverwertungsverbote

68 Während § 160a Abs. 1 S. 2 StPO klar normiert, dass entgegen der Regelung des § 160a StPO gewonnene Erkenntnisse einem Verwertungsverbot unterliegen, fehlt eine solche Regelung für andere denkbare Verstöße bei der Durchsuchung und Beschlagnahme. Einige Verwertungsverbote sind bereits vorstehend umfassend erörtert worden. Insgesamt ist festzuhalten, dass hier verschiedene Konstellationen erörtert werden und sich eine Kasuistik entwickelt. So ist ein Gegenstand etwa unverwertbar, den eine zeugnisverweigerungsberechtigte Person ohne Belehrung herausgegeben hat.[128] Auch das gänzliche Fehlen einer Beschlagnahmeanordnung führt zu einem Verwertungsverbot und zwar selbst dann, wenn eine Anordnung hypothetisch zu erlangen gewesen wäre.[129] Während die Verkennung des Begriffs der „Gefahr im Verzug" nicht

---

121 Vgl. Meyer-Goßner/*Schmitt* § 95 Rn. 6; Dölling/Duttge/Rössner/*Hartmann* § 95 Rn. 1; *Pfeiffer* § 95 Rn. 1.

122 Vgl. Dölling/Duttge/Rössner/*Hartmann* § 95 Rn. 3; Meyer-Goßner/*Schmitt* § 95 Rn. 5 f.; KK-StPO/*Greeven* § 95 Rn. 3, 5.

123 Vgl. *Franzen/Gast/Joecks* § 95 Rn. 43; Meyer-Goßner/*Schmitt* § 95 Rn. 11; Dölling/Duttge/Rössner/*Hartmann* § 95 Rn. 6; KK-StPO/*Greeven* § 95 Rn. 7.

124 Vgl. *Franzen/Gast/Joecks* § 399 Rn. 42.

125 Vgl. *LG Gera* NStZ 2001, 276, *LG Halle* NStZ 2001, 276; *LG Lübeck* NJW 2000, 3148; Meyer-Goßner/*Schmitt* § 95 Rn. 2.

126 Vgl. *LG Düsseldorf* wistra 1993, 199, 200; *LG Bonn* NStZ 1983, 327; *Franzen/Gast/Joecks* § 399 Rn. 41.

127 Vgl. *Franzen/Gast/Joecks* § 399 Rn. 42; Meyer-Goßner/*Schmitt* § 95 Rn. 2.

128 Vgl. Meyer-Goßner/*Schmitt* § 97 Rn. 6 m.w.N.

129 Vgl. *BGH* NStZ 2007, 601.

Schoop

zu einem Verwertungsverbot führen soll, hat jedenfalls die willkürliche Annahme dieser Voraussetzung ein Verwertungsverbot zur Folge.[130]

IV. Rechtsschutzmöglichkeiten

1. Rechtsschutz gegen die Durchsuchung

Während die richterlich angeordnete Durchsuchung – auch nach dem Abschluss der Durchsuchung[131] – mit der Beschwerde nach § 304 StPO angegriffen werden kann,[132] erfolgt die Überprüfung der Rechtmäßigkeit der Durchführung der richterlich angeordneten Durchsuchung mit einem Antrag auf gerichtliche Entscheidung entsprechend § 98 Abs. 2 S. 2 StPO.[133] Dies gilt sowohl für die noch andauernde als auch für die bereits beendete Durchsuchung.[134] Gegen diese gerichtliche Entscheidung steht dem Betroffene dann das Rechtsmittel der Beschwerde nach § 304 StPO zur Verfügung.[135] **69**

Sofern die Durchsuchung durch die Staatsanwaltschaft oder die Polizei angeordnet worden ist, kann der Betroffene – auch für die bereits beendete Durchsuchung – Antrag auf gerichtliche Entscheidung entsprechend § 98 Abs. 2 S. 2 StPO stellen, um die Anordnung an sich, aber auch um die Art und Weise der Durchführung gerichtlich überprüfen zu lassen.[136] Diese Entscheidung kann der Betroffene dann mit der Beschwerde nach § 304 StPO anfechten.[137] **70**

Soweit der Rechtsweg erschöpft ist (vgl. § 90 Abs. 2 S. 1 BVerfGG) kommt auch eine Verfassungsbeschwerde, insbesondere wegen der Verletzung des Grundrechts auf Unverletzlichkeit der Wohnung nach Art. 13 GG, in Betracht. Weiterhin ist auch an eine Dienstaufsichtsbeschwerde zu denken. *Park* weist zutreffend darauf hin, dass dies sorgfältig abzuwägen und Vorsicht geboten ist.[138] **71**

2. Rechtsschutz gegen die Beschlagnahme

Es gelten die vorstehenden Ausführungen zur Durchsuchung mit folgenden Besonderheiten: **72**

Möchte der Betroffene beschlagnahmte Gegenstände zurückerhalten, die aufgrund einer richterlichen Anordnung beschlagnahmt worden sind, ist gegen die Beschlagnahmeanordnung mit dem Rechtsmittel der **Beschwerde** vorzugehen.[139] Ergeht allerdings zwischenzeitlich ein gerichtlicher Beschlagnahmebestätigungsbeschluss nach § 98 Abs. 2 S. 2 StPO, wird die Beschwerde gegen die Beschwerdeanordnung gegenstandlos.[140]

---

130 Vgl. *Park* Kap. 2 Rn. 418 mit zahlreichen weiteren Beispielen; vgl. auch *Krekeler* NStZ 1993, 263 ff.; Graf/ *Ritzert* § 97 Rn. 25 ff.
131 Vgl. *Park* StRR 2008, 4.
132 Vgl. Meyer-Goßner/*Schmitt* § 105 Rn. 15 m.w.N.
133 Vgl. Meyer-Goßner/*Schmitt* § 98 Rn. 23 m.w.N.
134 Vgl. *Park* Kap. 2 Rn. 312.
135 Vgl. Kohlmann/*Hilgers-Klautzsch* § 385 Rn. 347.
136 Vgl. *BGH*St 28, 206, 209.
137 Vgl. *Eisele* StV 1999, 298, 300.
138 Vgl. *Park* Kap. 2 Rn. 346.
139 Vgl. *BGH* StV 1995, 622, 623.
140 Vgl. *BGH* NStZ 2000, 154.

V. Hinzuziehung eines Verteidigers und Beistandes

73   Wird beim Beschuldigten durchsucht, so darf er schon wegen § 137 StPO einen Verteidiger bei der Durchsuchung hinzuziehen.[141] Mit der Einführung des § 68b StPO ist aber auch klar, dass sich Zeugen eines Beistandes bedienen dürfen.[142] Nach § 68b Abs. 1 S. 1 StPO gilt dieses Recht uneingeschränkt und ist nicht auf Vernehmungen beschränkt, mithin muss das Recht auch bei der Durchsuchung nach § 103 StPO gelten.[143] Zwar ist damit noch nicht gesagt. dass die Ermittlungsbeamten das Eintreffen des Zeugenbeistandes abwarten müssen. Um dem Recht auf Hinzuziehung eines Zeugenbeistandes Rechnung zu tragen, müssen nach hier vertretener Ansicht die Ermittlungsbeamten zumindest einen vertretbaren Zeitraum, etwa 30 Minuten, abwarten, bis der Zeugenbeistand eintrifft, es sei denn, dass belegbare Tatsachen vorliegen, die einen Beweismittelverlust befürchten lassen.[144]

C. Verhaltensempfehlungen

I. Das Eintreffen der Ermittler

74   Die Ermittlungsbeamten treffen zunächst am Empfang ein. Den Ermittlern darf der Zugang nicht versagt werden. Auch besteht keine Notwendigkeit, dass Ermittlungsbeamte Besucherausweise tragen. Sofern Sicherheitskleidung notwendig ist, etwa Sicherheitsschuhe, sollten die Beamten hierauf hingewiesen und diese zur Verfügung gestellt werden.[145]

II. Information der Rechts- oder Compliance-Abteilung bzw. der Geschäftsführung

75   Der Pförtner oder die Empfangsperson muss wissen, wen sie sofort zu kontaktieren hat.[146] Das kann, je nachdem wie sich das Unternehmen aufstellt, die Rechts- oder die Compliance-Abteilung und/oder die Geschäftsführung (im Folgenden: Der Unternehmensverantwortliche) sein. Der Empfangsbereich sollte dann die Ermittlungsbeamten bitten, bis zum Eintreffen des Unternehmensverantwortlichen zu warten. Sofern möglich, sollten die Ermittlungsbeamten in einen gesonderten Raum geführt werden, in dem sie warten können.[147] In diesem Raum sollten sich keine Unterlagen oder Computer befinden.

---

141 Die Hinzuziehung des Verteidigers ist in jeder Verfahrenslage gestattet, vgl. Graf/*Wessing* § 137 Rn. 2.

142 Vgl. Graf/*Monka* § 68b Rn. 2; KK-StPO/*Senge* § 68b Rn. 1.

143 Vgl. Meyer-Goßner/*Schmitt* § 68b Rn. 3; Graf/*Monka* § 68b Rn. 2.

144 Eine rechtliche Wartepflicht der Ermittlungsbeamten besteht zwar nicht, jedoch wird in der Praxis – zumindest in Wirtschafts- und Steuerstrafsachen – dieser Bitte regelmäßig entsprochen, sofern es sich nicht um eine überproportional lange Wartezeit handelt, vgl. *Park* Kap. 2 Rn. 256.

145 Sofern dies der Rahmen der Durchsuchung gebietet, sollte darauf hingewirkt werden, das Durchsuchungsklima positiv zu beeinflussen, vgl. *Minnogio* Rn. 932.

146 Vgl. Dieners/*Taschke* Kap. 2 Rn. 34.

147 Vgl. *Park* Kap. 2 Rn. 259

III. Information des Unternehmensanwalts

Der Unternehmensverantwortliche sollte dann den Unternehmensanwalt unterrichten, damit **76** dieser sich unverzüglich auf den Weg machen kann.[148] Viele Anwaltskanzleien verfügen über sogenannte Notfallnummern für den Fall der Durchsuchung.[149] Sofern die Ermittler eine Telefonsperre verhängen, ist jedenfalls das Telefonat mit dem Unternehmensanwalt gestattet.[150]

IV. Erstes Gespräch mit den Ermittlern durch den Unternehmensverantwortlichen

1. Keine Konfrontation

Der Unternehmensverantwortliche sollte die Ermittlungsbeamten unverzüglich aufsuchen. Ein **77** zu langes Warten-Lassen kann dazu führen, dass die Ermittlungsbeamten mit der Durchsuchung beginnen und unmittelbar zum Vorstand gehen. Es sollte darauf geachtet werden, eine ruhige und professionelle Atmosphäre zu schaffen.[151] Keinesfalls sollte konfrontativ auf die Ermittlungsbeamten zugegangen werden.

2. Abwarten bis zum Eintreffen des Unternehmensanwalts, Durchsuchungsbeschluss, Namen der Ermittler, Dienstausweise

Der Unternehmensverantwortliche sollte die Ermittlungsbeamten bitten bis zum Eintreffen des **78** Unternehmensanwalts zu warten. In der Zwischenzeit sollte um Aushändigung des Durchsuchungsbeschlusses gebeten, die Namen der Beamten notiert und die Dienstausweise eingesehen werden.[152] Dabei ist darauf zu achten, dass dies nicht zu einem Konfrontationskurs führt.[153]

3. Klärung technischer und organisatorischer Fragen

Der Durchsuchungsbeschluss sollte unverzüglich an den Unternehmensanwalt geschickt werden. Den Ermittlungsbeamten kann auch bereits gezeigt werden, wo Unterlagen kopiert werden.[154] Ferner kann mit der IT-Abteilung Kontakt aufgenommen werden, damit diese mit den IT-Verantwortlichen der Ermittlungsbehörden technische Fragen abstimmen können, wie etwa Entschlüsselung von E-Mails.[155] Falls möglich, sollten die Beamten gebeten werden, in der Tiefgarage zu parken.

4. Keine Vernichtung und Löschung von Unterlagen

Es ist darauf zu achten, dass Mitarbeiter keinesfalls Unterlagen vernichten, Daten löschen oder **80** Unterlagen „beiseite" schaffen.[156]

---

148 Vgl. *Park* Kap. 6 Rn. 882.
149 Vgl. *Minnogio* Rn. 919.
150 Vgl. *Park* Kap. 2 Rn. 191.
151 Vgl. *Minnogio* Rn. 917; *Park* Kap. 6 Rn. 883.
152 Vgl. Wabnitz/Janovsky/*Dannecker/Bülte/Möhrenschlager* Kap. 29 Rn. 65; *Park* Kap. 6 Rn. 884.
153 Vgl. *Minnogio* Rn. 919.
154 Vgl. *Minnogio* Rn. 925.
155 Vgl. Wabnitz/Janovsky/*Dannecker/Bülte/Möhrenschlager* Kap. 29 Rn. 65.
156 Vgl. *Park* Kap. 2 Rn. 271.

5. Falls gewünscht: Begleitpersonen

81 Die Ermittlungsbeamten kennen die Örtlichkeiten zumeist nicht. Die Ermittler sollten daher gefragt werden, wonach sie genau suchen. Es sollte den Ermittlern daher angeboten werden, dass geschulte Mitarbeiter sie zu den relevanten Büros, die zu durchsuchen sind, begleiten.[157] Dabei ist darauf zu achten, dass es sich hierbei nicht um Mitarbeiter handelt, die ggf. als Zeugen in Betracht kommen oder gar Beschuldigte sind.

V. Eintreffen des Unternehmensanwalts/Herausgabe von Unterlagen

82 Sobald der Unternehmensanwalt eintrifft, sollte dieser mit dem Ermittlungsführer den Gegenstand der Durchsuchung erörtern und besprechen, welche Unterlagen benötigt werden. Anschließend sollte mit dem Unternehmen besprochen werden, wie diese Unterlagen zusammengestellt werden können. Das freiwillige Heraussuchen der Unterlagen reduziert im Übrigen das Risiko von Zufallsfunden.[158] Vom freiwilligen Heraussuchen ist die freiwillige Herausgabe zu unterscheiden. Hier gilt der Grundsatz, dass Unterlagen grundsätzlich nicht freiwillig herausgegeben werden sollten und vielmehr eine Beschlagnahme bzw. Sicherstellung der Unterlagen erfolgen sollte.[159]

83 Sofern die Ermittler nach dem Fundort bestimmter Gegenstände fragen, besteht außerhalb einer formellen Zeugenvernehmung keine Verpflichtung diesen anzugeben.[160] Allerdings empfiehlt es sich grundsätzlich, diesen zu nennen, um ein unnötiges Durchsuchen der Räumlichkeiten zu vermeiden. Ähnlich verhält es sich mit der Nennung von Passwörtern. Wird das Passwort nicht genannt, wird der Computer beschlagnahmt. Um dies zu vermeiden, sollten Passwörter grundsätzlich genannt werden.

VI. Kopieren von Unterlagen und elektronischen Daten

84 Vor der Beschlagnahme von Unterlagen sollten die Unterlagen kopiert werden. Hierauf besteht kein Anspruch. Mit Blick auf Unterlagen, die für den täglichen Geschäftsablauf wesentlich sind, sollte hierauf bestanden werden.[161] Allerdings wird dies von den Ermittlungsbeamten grundsätzlich zugelassen.[162] Auch nehmen die Ermittlungsbeamten oftmals gar nicht die Originalunterlagen mit, sondern geben sich mit Kopien zufrieden. Die Mitarbeiter, die die Ermittlungen begleiten, sollten notieren, welche Unterlagen mitgenommen werden.[163] Von den mitgenommen Unterlagen sind dann nochmals Kopien für die Rechtsabteilung und den Unternehmensanwalt zu machen.

---

157 Ohnehin sollte der ranghöchste bzw. hierfür vorgesehene und geschulte Mitarbeiter den Ermittlungsbeamten als Ansprechpartner dienen, vgl. *Minnogio* Rn. 919.

158 Vgl. *Minnogio* Rn. 926.

159 Vgl. *Park* Kap. 6 Rn. 886.

160 Vgl. *Minnogio* Rn. 926.

161 Es empfiehlt sich von existenziellen Unterlagen (beispielsweise Kundendaten; Rechnungen; Vorgänge, mit denen täglich gearbeitet wird; besonders relevante wichtige Dokumente) bereits im Vorfeld Kopien anzufertigen, vgl. *Campos Nave/Bonenberger* BB 2008, 734, 738; *Franzen/Gast/Joecks* § 399 Rn. 81.

162 Vgl. *Michalke* NJW 2008, 1490, 1493.

163 Vgl. *Park* Kap. 6 Rn. 889.

Auch von gesicherten elektronischen Daten sollten elektronische Kopien hergestellt werden, die die Rechtsabteilung und die Unternehmensanwälte im Nachgang einer Risikobewertung unterziehen können.[164]

85

VII. Versiegelung von Räumen

Sofern Ermittler Räume versiegeln, ist strengstens darauf zu achten, dass das Siegel nicht durchbrochen wird. Das hat für die Siegelbrecher persönlich strafrechtliche Konsequenzen und kann auch zu einer Bebußung des Unternehmens führen.

86

VIII. Vernehmung von Mitarbeitern

Vielfach möchten die Ermittler bereits während der Durchsuchung Mitarbeiter als Zeugen oder gar als Beschuldigte **vernehmen**. Vielfach bemühen sich die Ermittler auch, **informatorische Befragungen** durchzuführen. Sowohl Vernehmungen als auch informatorische Befragungen sollten im Rahmen der Durchsuchung **vermieden** werden.[165]

87

Beschuldigtenvernehmungen sollten mit dem Recht auf das Schweigerecht verhindert werden. Sofern die Polizei oder die Steuerfahndung Zeugenvernehmungen durchführen möchten, besteht ohnehin keine Aussagepflicht.[166] Sofern aber die Staatsanwaltschaft eine Zeugenvernehmung durchführen möchte, ist der Zeuge hierzu grundsätzlich verpflichtet, sofern nicht die Gefahr einer Selbstbelastung besteht.[167]

88

Diese Frage kann der Zeuge aber zunächst mit einem anwaltlichen **Zeugenbeistand** erörtern. Dies ist auch anzuraten. Der Zeuge hat das Recht sich vor einer Aussage mit seinem Zeugenbeistand zu beraten.[168] Das ist in der Durchsuchungssituation jedoch nahezu unmöglich. Der anwesende Unternehmensanwalt wird in dieser Situation gerade mit Blick auf eine Interessenkollision das Mandat für eine Zeugenbeistandschaft nicht übernehmen können.[169] Der Unternehmensanwalt kann und sollte dies mit Staatsanwaltschaft besprechen und gegenüber der Staatsanwaltschaft deutlich machen, dass der Mitarbeiter, der als Zeuge vernommen werden soll, seiner Zeugenpflicht nachkommen wird, sich aber zunächst mit seinem Zeugenbeistand beraten möchte, was kurzfristig erfolgen wird, aber eben nicht am Durchsuchungstag.

89

Für eine Beratung muss sich der Zeugenbeistand auch erst einarbeiten. Die Beratung am Durchsuchungstag durch den gewählten Zeugenbeistand kann von der Staatsanwaltschaft nicht verlangt werden.[170] Es sollten daher seitens der Mitarbeiter nur Angaben gemacht werden, die den Ablauf der Durchsuchung ermöglichen, aber keine Angaben zum Durchsuchungsgegenstand.

90

Sollte es dennoch zu einer Vernehmung kommen, ist darauf zu achten, dass der Mitarbeiter sich durch einen Zeugenbeistand begleiten lässt.

91

---

164 Vgl. *Monnogio* Rn. 927.
165 Vgl. *Michalke* StraFo 2013, 92.
166 Vgl. *Minnogio* Rn. 923.
167 Vgl. *Grützner/Jakob* unter: „Aussageverweigerungsrecht".
168 Vgl. *Minnogio* Rn. 924.
169 Vgl. *Minnogio* Rn. 942.
170 Vgl. *Minnogio* Rn. 942.

IX. Beschlagnahme-/Sicherstellungsverzeichnis

92 Die Ermittler müssen ein vollständiges **Verzeichnis** der beschlagnahmten bzw. sichergestellten Gegenstände erstellen.[171] Hier ist darauf zu achten, dass die Gegenstände möglichst **genau** bezeichnet werden.[172] Die Ermittler müssen eine Kopie des Beschlagnahme-/Sicherstellungsverzeichnisses aushändigen.[173] Vor der Unterzeichnung ist das Verzeichnis sorgfältig durchzulesen. Es sollte erst dann unterschrieben werden, wenn keine Ergänzungen mehr erforderlich sind. Ferner sollte der **Sicherstellung vorsorglich widersprochen** werden. Der Widerspruch kann jederzeit zurückgenommen werden.

X. Abschlussgespräch mit Ermittlern

93 Zum Abschluss der Durchsuchung sollte der Unternehmensanwalt und der Unternehmensverantwortliche ein Abschlussgespräch mit den Ermittlern führen, um noch offene Fragen zu klären, wie etwa das Nachreichen von Unterlagen, die Beschlagnahme von geschützten Unterlagen oder das Abstimmen von Terminen für Zeugenvernehmungen.[174] Ferner sollten die Ermittler gefragt werden, ob die Durchsuchung tatsächlich beendet ist. Solange dies nicht erklärt worden ist, ist die Durchsuchung noch nicht beendet und die Ermittler können – auch am nächsten Tag – wiederkommen. Auch die Frage, ob und inwieweit die Medien auf Nachfragen unterrichtet werden können, sollte geklärt werden.[175] Hierbei spielt sicherlich auch eine Rolle, ob die Staatsanwaltschaft plant, eine Medienerklärung herauszugeben oder nicht.

XI. Maßnahmen nach Beendigung der Durchsuchung

1. Bericht über Durchsuchung

94 Nach Abschluss der Durchsuchung sollte ein umfassender Bericht angefertigt werden, der beinhaltet, welche Büros durchsucht, welche Fragen gestellt und welche Mitarbeiter ggf. befragt wurden. Die Mitarbeiter sollten hierfür Gedächtnisprotokolle erstellen.[176]

2. Besprechung zur Risikobewertung und notwendiger Schritte/Informationen von Kunden, Medien

95 Ferner sollte nach der Beendigung der Durchsuchung zeitnah eine Besprechung der Rechtsabteilung, der Unternehmensleitung und des Unternehmensanwalts erfolgen.[177] Hier ist dann unter anderem zu klären, welche Risiken sich aus der Durchsuchung für das Unternehmen ergeben, ob Rechtsmittel gegen die Durchsuchung und Beschlagnahme eingelegt bzw. – sofern bereits erfolgt – zurückgenommen werden sollen, Verteidiger für bestimmte Mitarbeiter gestellt werden sollen, eine interne Untersuchung zu veranlassen ist, es Meldepflichten gibt,

---

171 Vgl. *Michalke* NJW 2008, 1490, 1493.
172 Vgl. *Minnogio* Rn. 929.
173 Vgl. Meyer-Goßner/*Schmitt* § 107 Rn. 2.
174 Vgl. *Park* Kap. 6 Rn. 890.
175 Vgl. *Campos Nave/Bonenberger* BB 2008, 734, 740.
176 Vgl. Dieners/*Taschke* Kap. 2 Rn. 33.
177 Vgl. *Park* Kap. 6 Rn. 891.

Kunden unterrichtet werden müssen, die Geschäftspolitik zu ändern, Richtlinien zu ergänzen sind und ob die Geschäftsbeziehungen, etwa zu bestimmten Zulieferern, zu beenden sind.[178] Auch sollte nach Rücksprache mit der Staatsanwaltschaft eine Medienerklärung vorbereitete werden.

3. Informationen von Mitarbeitern

Schließlich ist nach der Durchsuchung zu überlegen, ob und inwiefern die Mitarbeiter zu unterrichten sind.[179] Vielfach empfiehlt sich eine Information der Mitarbeiter, die die Durchsuchung mitbekommen haben. Hier sollte darauf hingewiesen werden, dass Dritte nicht über die Durchsuchung informiert werden dürfen. Ferner sollte darum gebeten, Anfragen von Dritten zu der Durchsuchung an eine bestimmte Person weiterzuleiten. Es ist vom Einzelfall abhängig, ob auch über den Gegenstand der Durchsuchung informiert werden sollte.[180] Das ist in jedem Fall mit den Ermittlern abzustimmen.
96

D. Vorbereitende Maßnahmen

Unternehmen sind oftmals Betroffene von Durchsuchungen in Wirtschafts- und Steuerstrafverfahren, sei es weil sich der Verdacht des Ermittlungsverfahrens gegen Mitarbeiter des Unternehmens richtet, sei es weil ein Verdacht gegen Dritte besteht, sich aber beweisrelevante Unterlagen im Unternehmen befinden.
97

Erhält das Unternehmen etwa durch Medienberichte bereits Kenntnis von Vorwürfen, die Anlass für ein entsprechende Ermittlungsverfahren geben können, oder von einem laufenden Ermittlungsverfahren, zu dem das Unternehmen Informationen und Unterlagen hat, ist zu überlegen, ob eine Kontaktaufnahme – ggf. durch den beratenden Unternehmensanwalt – sinnvoll sein kann, um so den Anlass für eine Durchsuchung zu nehmen.
98

Abgesehen von diesem eher selten anzutreffenden Fall, kann sich das Unternehmen insbesondere wie folgt auf eine Durchsuchung vorbereiten:
99

I. Information über das Eintreffen der Ermittlungsbeamten

Es sollte in einem **Ablaufplan** unternehmensintern geregelt sein, wer im Fall einer Durchsuchung von wem zu informieren ist; dies gilt für den Vorstand bzw. die Geschäftsführung, die Rechtsabteilung und die Kommunikationsabteilung. Da die Ermittlungsbeamten zunächst am Empfang eintreffen, ist der Empfang anzuweisen, wen sie im Unternehmen kontaktieren sollen.[181] Hier empfiehlt es sich, Vertreter der Rechts- oder der Compliance-Abteilung zu benennen. Dann kann die Rechts- oder Compliance-Abteilung die weiteren Ansprechpartner im Unternehmen unterrichten und ggf. auch entschieden, ob ein Unternehmensanwalt hinzugezogen werden soll. Die Kontaktdaten des Unternehmensanwalt sollten sofort griffbereit sein.[182]
100

---

178 Vgl. *Park* Kap. 6 Rn. 891.
179 Vgl. *Minnogio* Rn. 946.
180 Vgl. *Minnogio* Rn. 946.
181 Vgl. *Park* Kap 6 Rn. 865; Dieners/*Taschke* Kap. 2 Rn. 34.
182 Vgl. Dieners/*Taschke* Kap. 2 Rn. 34.

II. Begleitung der Ermittlungsbeamten

101 Ferner sollte im Unternehmen klar definiert sein, wer die Beamten bei der Durchsuchung begleitet. Da die Ermittlungsbeamten die Örtlichkeiten meistens nicht kennen, ist es hilfreich, den Ermittlungsbeamten Begleitpersonen zur Seite zu stellen.[183] Diese Begleitpersonen sind im Vorfeld besonders zu schulen.[184]

III. Warteraum und Equipment

102 Sofern die Ermittlungsbeamten sich bereit erklären, das Eintreffen des Unternehmensanwalts abzuwarten, sollte im Vorfeld ein Raum bestimmt sein, der für den Fall der Durchsuchung als Warteraum genutzt werden kann.[185] Auch das Vorhalten eines Kopierers und von Datenträgern empfiehlt sich.[186]

Auch sollte überlegt werden, ob den Ermittlungsbeamten – sofern vorhanden – Parkplätze in der Tiefgarage angeboten werden können, um Aufsehen vor dem Gebäude zu vermeiden.

103 Dem leider in letzter Zeit vermehrt anzutreffenden Phänomen, dass Medienvertreter Durchsuchungen begleiten, ist ebenfalls Rechnung zu tragen. Hier sollte ebenfalls ein gesonderter Raum zur Verfügung stehen, in dem die Medienvertreter gebeten werden können, das Unternehmen wieder zu verlassen und der Hinweis erfolgt, dass zeitnah eine Medienerklärung erfolgen wird.[187]

IV. Kommunikation

104 Weiterhin sollte festgelegt sein, wer gegenüber der Staatsanwaltschaft kommuniziert, etwa die Rechtsabteilung oder der Unternehmensanwalt. Gegenüber den Medien kann etwa die Kommunikationsabteilung nach Rücksprache mit der Rechtsabteilung die Kommunikation führen.[188] Die Gespräche mit Geschäftspartnern können etwa der Vorstand oder die Geschäftsführung veranlassen. Auch die Zuständigkeit für die interne Unternehmenskommunikation sollte festgelegt sein. Bei sämtlicher Kommunikation ist darauf zu achten, dass die Ermittlungen der Staatsanwaltschaft hierdurch nicht gefährdet oder gar vereitelt werden. Es empfiehlt sich daher, die Kommunikation auch mit der Staatsanwaltschaft abzustimmen, auch dann wenn entsprechende Mitteilungspflichten für das Unternehmen bestehen.

---

183 Vgl. *Minoggio* Rn. 919; Der sogenannte Koordinator muss ferner in der Lage sein, Fragen der Belegschaft im Durchsuchungsfall beantworten zu können, vgl. *Park* Kap. 6 Rn. 876.

184 Grundsätzlich sollten sämtliche Mitarbeiter, die mit möglichen Durchsuchungs- und Beschlagnahmemaßnahmen konfrontiert werden könnten, in regelmäßigen Abständen geschult werden, vgl. Dieners/*Taschke* Kap. 2 Rn. 34. Idealerweise werden diese Schulungen durch einen externen Rechtsanwalt oder der Rechtsabteilung durchgeführt, vgl. *Park* Kap. 6 Rn. 871.

185 Vgl. *Park* Kap. 2 Rn. 259.

186 Vgl. *Campos Nave/Bonenberger* BB 2008, 734, 738.

187 Entsprechende Vorkehrungen diesbezüglich sollten hierbei von der Pressestelle koordiniert werden, *Campos Nave/Bonenberger* BB 2008, 734, 737.

188 Vgl. *Dieners*/Reese/*Klümper*/Oeben § 12 Rn. 179; *Campos Nave/Bonenberger* BB 2008, 734, 737.

V. Schulungen und schriftliche Handlungsempfehlungen

Die Mitarbeiter des Unternehmens sollten über die **wesentlichen Verhaltensregeln** (siehe vorstehend Rn. 100) geschult werden, damit Fehlreaktionen bei einer Durchsuchung vermieden werden. In eine solche Schulung können die Mitarbeiter mit einbezogen werden, die mutmaßlich von einer Durchsuchung betroffen sein können.[189] Bei Industrieunternehmen dürften Durchsuchungen der Werkshallen eher selten sein, während die Büros von Ein- und Verkauf, Buchhaltung etc. typische Durchsuchungsobjekte sind. Für den relevanten Personenkreis sollte eine kurze (!) schriftliche Handlungsanweisung erstellt werden, die die wesentlichen Verhaltensregeln zusammenfasst.[190] Gerade mit Blick auf die Hektik und Nervosität bei einer Durchsuchung sollten die Mitarbeiter auf einen Blick erkennen können, was die wesentlichen Regeln sind.[191] Hier gilt das alte Sprichwort: Weniger ist Mehr. **105**

Mitarbeiter, die die Ermittlungsbeamten begleiten, sollten zum einen mit den wesentlichen Rechtsgrundlagen vertraut sein und sich auch im Unternehmen auskennen, damit sie die Ermittlungsbeamten zielsicher durch das Unternehmen führen können. **106**

---

189 Vgl. *Park* Kap. 6 Rn. 871.
190 Vgl. *Park* Kap. 6 Rn. 867.
191 Vgl. *Park* Kap. 6 Rn. 867.

14. Kapitel
Untersuchungshaft

Literatur: *Eidam* Das Apokryphe an den apokryphen Haftgründen – Neue Dimensionen von versteckten Haftgründen im Strafprozess?, HRRS 2013, 292; *Gercke* Der Haftgrund der Fluchtgefahr bei EU-Bürgern, StV 2004, 675; *Hassemer* Die Voraussetzungen der Untersuchungshaft, StV 1984, 38; *Krekeler* Zum Haftgrund der Verdunkelungsgefahr, insbesondere bei Wirtschaftsdelikten, wistra 1982, 8; *Münchhalffen* Apokryphe Haftgründe in Wirtschaftsstrafverfahren, StraFo 1999, 332; *Neuhaus* Haftverschonungsauflagen und ihre Kontrolle, StV 1999, 340; *Peters* Immer häufiger Untersuchungshaft bei § 370 AO?, ZWH 2014, 1 und 48; *Püschel/ Bartmeier/Mertens* Untersuchungshaft in der anwaltlichen Praxis, 2011; *Schlothauer/Weider* Untersuchungshaft, 4. Aufl. 2010

A. Grundlagen

I.   Die Wirkungen der Untersuchungshaft auf den Beschuldigten

1   Die Anordnung und insbesondere der Vollzug von Untersuchungshaft stellen die schärfste strafprozessuale Ermittlungsmaßnahme dar, die dem Staat zur Verfügung steht.[1] Die Wirkung der Untersuchungshaft auf den von dieser Betroffenen geht häufig erheblich über den mit dem Vollzug der (Untersuchungs-)Haft zwangsläufig verbundenen Freiheitsverlust hinaus. Denn: i.d.R. trifft die Untersuchungshaft den Beschuldigten unvorbereitet. Anders als beim Strafvollzug nach einer rechtskräftigen Verurteilung kann er sich nicht auf die Freiheitsentziehung vorbereiten und zumindest versuchen, seine persönlichen, beruflichen und wirtschaftlichen Angelegenheiten zu ordnen.[2] Der Beschuldigte wird vielmehr durch seine Verhaftung von einem Moment auf den anderen aus seinen bisherigen Lebenszusammenhängen herausgerissen, ohne dass die Gründe für ihn stets nachvollziehbar sind. Hinzu kommt, dass für den Beschuldigten – anders als beim Strafvollzug – weder die Dauer des Untersuchungshaftvollzuges noch die Art und Weise der Beendigung des Strafverfahrens und die sich hieraus unmittelbar ergebenden Folgen für sein Leben absehbar sind.

2   Gerade dann, wenn die Untersuchungshaft über längere Zeit vollzogen wird, muss der Beschuldigte mit ansehen, wie das bisher Erreichte und seine weitere Lebensplanung sowohl im Privat- als auch im Berufsleben nachhaltig gefährdet und oft schlechterdings zerstört werden.[3] So drohen insbesondere der Verlust des Arbeitsplatzes und der wirtschaftlichen Existenzgrundlage wie auch der Ansehensverlust bei Verwandten, Freunden und Geschäftspartnern und letztlich die Distanzierung durch diese. Gegen all dies kann er – aufgrund seiner Inhaftierung und der äußerst eingeschränkten Kontaktmöglichkeiten – nichts unternehmen. Eine bei einigen Untersuchungshäftlingen einsetzende Lethargie kann diesen Effekt noch verstärken.

---

1   Satzger/Schluckebier/Widmaier/*Herrmann* Vor §§ 112 ff. Rn. 1.
2   *Schlothauer/Weider* Rn. 2.
3   *Schlothauer/Weider* Rn. 3.

Die beschriebenen Auswirkungen der Untersuchungshaft wirken sich oft auch auf die Verteidigungsmöglichkeiten des Beschuldigten aus. Während er in Freiheit die Möglichkeit hätte, die gegen ihn erhobenen Vorwürfe zu analysieren, unter Rückgriff auf sämtliche Ressourcen, wie etwa Geschäftsunterlagen oder durch Rücksprache mit möglichen Zeugen, Verteidigungsargumente herauszuarbeiten und uneingeschränkt mit seinem Verteidiger zu kommunizieren, bestehen diese Optionen während des Vollzuges der Untersuchungshaft allenfalls bedingt. Dies ist ein Grund für die **hohe Geständnisbereitschaft** von Untersuchungsgefangenen; ein Effekt, der den Strafverfolgungsbehörden, die einen Haftbefehl bewirken, nicht nur bekannt, sondern häufig gerade von ihnen beabsichtigt ist. Dabei kommt es auch immer wieder zu Falschgeständnissen und Falschbelastungen dritter Personen.[4]

3

II. Die verfassungsrechtlichen Grundlagen und der Zweck der Untersuchungshaft

Bereits vor 30 Jahren konstatierte *Hassemer*: Untersuchungshaft ist Freiheitsberaubung an einem Unschuldigen.[5] Dies klingt drastisch, ist aber im Kern zutreffend: Dem bis zu seiner rechtskräftigen Verurteilung als unschuldig zu betrachtenden Beschuldigten wird – mit den oben skizzierten Folgen – seine persönliche Freiheit genommen. Weil der Begriff „Freiheitsberaubung" eine Rechtswidrigkeit der Maßnahme indiziert,[6] die i.d.R. nicht anzunehmen sein wird, ist indes die folgende Neuformulierung geboten: Untersuchungshaft ist die Freiheitsentziehung an einem Unschuldigen, die nur unter engen, gesetzlich abschließend geregelten Voraussetzungen zulässig ist. Es ist nämlich trotz der Unschuldsvermutung und einer berechtigten Kritik an der Praxis der Anordnung von Untersuchungshaft und deren Vollzug nicht von der Hand zu weisen, dass das Rechtsinstitut der Untersuchungshaft als solches verfassungsrechtlich zulässig ist und ihre Anordnung und ihr Vollzug im konkreten Fall als ultima ratio für eine wirksame Strafrechtspflege unentbehrlich sein kann.[7]

4

Das Rechtsinstitut der Untersuchungshaft und seine praktische Anwendung werden durch das **Spannungsverhältnis** zwischen dem Recht des Beschuldigten auf persönliche Freiheit (Art. 2 Abs. 2 S. 2 sowie Art. 104 GG) und den Bedürfnissen einer wirksamen Strafverfolgung geprägt. Die Erduldung der Untersuchungshaft wird allgemein als **Sonderopfer** betrachtet, das dem Beschuldigten von der Allgemeinheit abverlangt wird.[8] Als Sonderopfer darf die Untersuchungshaft indes nur in engen Grenzen angeordnet und erst recht vollzogen werden.[9] Auch bei der Ausgestaltung des Untersuchungshaftvollzuges kommt der Unschuldsvermutung und damit auch dem Gedanken des Sonderopfers eine Bedeutung zu; dieser ist so zu gestalten, dass die Belastungen für den Beschuldigten so gering wie möglich ausfallen.

5

---

4 *Schlothauer/Weider* Rn. 5; vgl. hierzu auch: *Neuhaus* StV 1999, 340, 340: „Beinahe jeder als Verteidiger tätige Praktiker wird von Fällen berichten können, in denen von seinem inhaftierten Mandanten die Abgabe eines ganz oder teilweise unrichtigen Geständnisses zumindest erwogen wurde; ein für unser auf Wahrheit und Gerechtigkeit ausgerichtetes Strafrechtssystem besonders bedrückendes Phänomen."; vgl. auch: *Münchhalffen* StraFo 1999, 332, 333.

5 *Hassemer* StV 1984, 38, 40.

6 SK-StPO/*Paeffgen* Vor §§ 112 ff. Rn. 9.

7 Radtke/Hohmann/*Tsambikakis* § 112 Rn. 2; Satzger/Schluckebier/Widmaier/*Herrmann* Vor §§ 112 ff. Rn. 1.

8 KK-StPO/*Graf* Vor § 112 Rn. 13; vgl. auch *BGHZ* 60, 302 ff., wobei die Entscheidung – durch eine ex-post-Betrachtung – ein Sonderopfer nur desjenigen Untersuchungshaftgefangenen annimmt, der später wegen der ihm vorgeworfenen Tat nicht verurteilt wird.

9 Satzger/Schluckebier/Widmaier/*Herrmann* Vor §§ 112 ff. Rn. 3.

6 **Zweck der Untersuchungshaft** ist die Sicherung des Strafverfahrens gegen den Beschuldigten. Die Freiheitsentziehung erfolgt, um zum einen die Durchführung des Erkenntnisverfahrens – vom Ermittlungs- bis zum Rechtsmittelverfahren – und zum anderen (im Fall einer Verurteilung) die Strafvollstreckung zu gewährleisten.[10] Selbstverständlich erlaubt nicht jede Beeinträchtigung die Anordnung und den Vollzug von Untersuchungshaft. Vielmehr ist dies nur dann zulässig, wenn – neben einem dringenden Tatverdacht und der Feststellung, dass die Maßnahme im Einzelfall verhältnismäßig ist – ein gesetzlich geregelter Haftgrund vorliegt. Andere Zwecke als diese dürfen mit der Untersuchungshaft nicht verfolgt werden. Ist die Untersuchungshaft zur Erreichung der zulässigen Zwecke nicht mehr erforderlich, so ist diese unverhältnismäßig und darf weder angeordnet noch weiter vollzogen werden.[11] Das KG hat im Jahr 2013 den Prüfungsmaßstab wie folgt klargestellt: „Bei der Prüfung der Voraussetzungen der Untersuchungshaft ist nicht zu fragen, ob diese angeordnet werden kann, sondern ob ihre Verhängung – als ultima ratio – wegen überwiegender Belange des Gemeinwohls zwingend geboten ist.“[12]

B. Materielle Voraussetzungen für die Anordnung von Untersuchungshaft

7 Untersuchungshaft darf nach den §§ 112 ff. StPO[13] nur angeordnet bzw. aufrechterhalten werden, wenn

- ein auf Tatsachen beruhender **dringender Tatverdacht** besteht (§ 112 Abs. 1 S. 1 i.V.m. § 114 Abs. 2 Nr. 4 StPO),
- aufgrund bestimmter Tatsachen ein gesetzlich geregelter **Haftgrund** vorliegt (§ 112 Abs. 1 S. 1, Abs. 2 S. 1 StPO),
- die Anordnung oder die Fortsetzung des Vollzuges der Untersuchungshaft zu der Bedeutung der Sache und der zu erwartenden Strafe oder Maßregel **im Verhältnis steht** (vgl. §§ 112 Abs. 1 S. 2, 120 Abs. 1 S. 1 StPO) und
- die Existenz des Haftbefehls und die Dauer des Untersuchungshaftvollzuges **nicht gegen das Beschleunigungsgebot verstoßen**.[14]

8 Keine Voraussetzung für den Erlass eines Haftbefehls soll nach h.M.[15] die **Haftfähigkeit** des Beschuldigten sein. Allerdings ist anerkannt, dass schwerwiegende Erkrankungen regelmäßig die Aussetzung des Vollzuges der Untersuchungshaft gebieten.[16] Zudem ist zu beachten, dass eine schwere Erkrankung ggf. zur Verhandlungsunfähigkeit und damit zum Vorliegen eines Verfahrenshindernisses mit der Folge führen kann, dass der Haftbefehl nicht erlassen werden darf bzw. aufzuheben ist.[17]

---

10 Satzger/Schluckebier/Widmaier/*Herrmann* Vor §§ 112 ff. Rn. 6.

11 *BVerfGE* 19, 342, 349; *Broß* StraFo 2009, 10, 12.

12 *KG* StV 2014, 26, 27; vgl. auch *EGMR* NJW 2005, 3125 ff.

13 Auf die Darstellung anderer Formen des Freiheitsentzuges, wie etwa die sog. Ungehorsamshaft zur Erzwingung der Anwesenheit des Angeklagten in der Hauptverhandlung (§§ 230 Abs. 2, 236, 329 Abs. 4 S. 1, 412 S. 1 StPO) oder die Sicherungshaft vor Widerruf der Strafaussetzung zur Bewährung (§ 453c Abs. 1 StPO), musste aus Platzgründen verzichtet werden. Besonderheiten im Deliktbereich des Fiskalstrafrechts sind hier ohnehin nicht vorhanden.

14 *Schlothauer/Weider* Rn. 408.

15 *KG* NStZ 1990, 142; Meyer-Goßner/Schmitt/*Schmitt* § 112 Rn. 3; MK-StPO/*Böhm/Werner* § 112 Rn. 14; zu Recht kritisch: *Neuhaus* StraFo 2000, 13, 14.

16 Umfassend hierzu: *Gatzweiler* StV 1996, 283 ff.

17 Radtke/Hohmann/*Tsambikakis* § 112 Rn. 19.

Auch bei dem Vorliegen der gesetzlichen Voraussetzungen des § 112 StPO besteht indes keine Verpflichtung, sondern allein eine Ermächtigung zum Erlass eines Haftbefehls, von der das Gericht nach pflichtgemäßem Ermessen Gebrauch zu machen hat. **9**

I. Dringender Tatverdacht

§ 112 Abs. 1 S. 1 i.V.m. § 114 Abs. 2 Nr. 4 StPO enthält das Erfordernis eines auf Tatsachen beruhenden dringenden Tatverdachts. Ein solcher liegt vor, wenn nach dem bisherigen Ermittlungsergebnis eine **hohe Wahrscheinlichkeit** dafür besteht, dass der Beschuldigte Täter oder Teilnehmer einer rechtswidrig und schuldhaft begangenen Straftat ist.[18] Hiervon ist auch die Begehung eines strafbaren Versuches einer Tat erfasst.[19] Die Wahrscheinlichkeit, dass Rechtfertigungs-, Schuld- oder Strafausschließungsgründe vorliegen, schließt den dringenden Tatverdacht aus.[20] Dasselbe gilt auch für (derzeit) nicht behebbare **Verfahrenshindernisse**.[21] **10**

Wesentliche Teile der Rechtsprechung[22] und der strafprozessualen Literatur[23] fordern zusätzlich die Prognose, dass eine Verurteilung wahrscheinlich ist; die wohl noch herrschende Gegenauffassung[24] setzt hingegen lediglich voraus, dass die Möglichkeit einer Verurteilung besteht. Dies – wie auch die folgenden Ausführungen zur Verdachtsbegründung – gilt aber allein für Tatfragen. **Rechtsfragen** müssen hingegen vom Richter beim Erlass des Haftbefehls (oder bei der Entscheidung über dessen Aufrechterhaltung) immer eindeutig entschieden werden.[25] Eine zweifelhafte Auslegung oder Anwendung der materiellen Strafnorm kann keinen dringenden Tatverdacht begründen.[26] Dies hat im Wirtschaftsstrafrecht eine größere Bedeutung als im allgemeinen Strafrecht, weil dieses Rechtsgebiet von der Bezugnahme auf außerstrafrechtliche Normen geprägt ist. Daher müssen vor dem Erlass des Haftbefehls mitunter schwierige Rechtsfragen beantwortet werden – wie etwa die, ob die vom Steuerpflichtigen gewählte steuerliche Gestaltung noch ein erlaubtes Mittel zur Steuerersparnis oder eben bereits ein Verschleierungsmodell für eine ggf. verwirklichte Steuerhinterziehung darstellt.[27] Auch die Anwendung und Auslegung von Verfahrensvorschriften, die für die Annahme des dringenden Tatverdachts von Bedeutung sind, muss eindeutig geklärt werden.[28] **11**

Indem § 112 Abs. 1 StPO eine hohe Wahrscheinlichkeit für die Täterschaft voraussetzt, verlangt er mehr als einen hinreichenden Verdacht, von dessen Vorliegen nach § 203 StPO die Eröffnung des Hauptverfahrens abhängt. Allerdings ist das Wahrscheinlichkeitsurteil bei der Anordnung der Untersuchungshaft aufgrund des gegenwärtigen – und damit im Ermittlungs- **12**

---

18 *OLG Köln* StV 1999, 156, 157; Meyer-Goßner/Schmitt/*Schmitt* § 112 Rn. 5.

19 KK-StPO/*Graf* § 112 Rn. 4.

20 HK-StPO/*Posthoff* § 112 Rn. 4; Radtke/Hohmann/*Tsambikakis* § 112 Rn. 27; SK-StPO/*Paeffgen* § 112 Rn. 4.

21 *OLG München* StV 1998, 270; *LG Bielefeld* StV 2006, 642; Meyer-Goßner/Schmitt/*Schmitt* § 112 Rn. 5.

22 *OLG Koblenz* StV 1994, 316, 317; *OLG Köln* StV 1999, 156, 157; in diese Richtung auch: *BGHSt* 38, 276, 278: Bei einem nicht geständigen Beschuldigten müssen Beweise vorhanden sein, durch die er mit großer Wahrscheinlichkeit überführt werden kann.

23 HK-StPO/*Posthoff* § 112 Rn. 5; LR/*Hilger* § 112 Rn. 17; *Püschel/Bartmeier/Mertens* § 7 Rn. 2.

24 *BGH* bei *Paeffgen* NStZ 1981, 93, 94; KK-StPO/*Graf* § 112 Rn. 3; Meyer-Goßner/Schmitt/*Schmitt* § 112 Rn. 5; Satzger/Schluckebier/Widmaier/*Herrmann* § 112 Rn. 10.

25 LR/*Hilger* § 112 Rn. 18; Satzger/Schluckebier/Widmaier/*Herrmann* § 112 Rn. 13.

26 SK-StPO/*Paeffgen* § 112 Rn. 6.

27 *Peters* ZWH 2014, 1, 3.

28 *Schlothauer/Weider* Rn. 421.

verfahren zumeist unvollständigen – Ermittlungsstandes[29] zu fällen, während der Entscheidung nach § 203 StPO wegen des Abschlusses der Ermittlungen in aller Regel eine breitere Beurteilungsbasis zugrunde liegt. Es handelt sich somit nach der h.M. um unterschiedliche Perspektiven der Verdachtsbegründung: Während bei der Prüfung des dringenden Tatverdachts retrospektiv die Frage der Tatbegehung zu beantworten ist, ist bei der Prüfung des hinreichenden Tatverdachts (zusätzlich) prospektiv eine Prognose über die Verurteilung erforderlich.[30] Zum Zeitpunkt der Anklageerhebung muss der dringende Tatverdacht aber stärker sein als der hinreichende. Dies bedeutet, dass die bloße Annahme eines hinreichenden Tatverdachts durch das Gericht im Zwischenverfahren und das Vorliegen eines Haftgrundes per se weder die Anordnung noch die Aufrechterhaltung der Untersuchungshaft begründen können.

13 Der Begriff des dringenden Tatverdachts ist zudem **dynamisch**.[31] Dies zeigt sich insbesondere darin, dass allein durch Zeitablauf – d.h. ohne sonstige Veränderung des Ermittlungsergebnisses – ein ursprünglich dringender Tatverdacht auf einen unter dieser Schwelle liegenden Verdachtsgrad absinken kann.[32] Dies kann etwa auch dann der Fall sein, wenn die Ermittlungsbehörden es unterlassen haben, mögliche und zumutbare Ermittlungen mit dem Ziel zu führen, diese Beweislage zu verifizieren.[33]

14 Der dringende Tatverdacht darf nur **auf Grund bestimmter Tatsachen** angenommen werden. Auf bloße Vermutungen darf er nicht gestützt werden.[34] Auch mögliche künftige Ermittlungsergebnisse können den dringenden Tatverdacht nicht begründen.[35] Maßgebend ist bei dem Erlass eines Haftbefehls im Ermittlungsverfahren vielmehr das sich im Zeitpunkt der Haftentscheidung aus den Ermittlungsakten ergebende **Ermittlungsergebnis**. Bei Haftentscheidungen in der Hauptverhandlung oder nach erstinstanzlichem Hauptverfahren ist auch das Ergebnis der Beweisaufnahme zu berücksichtigen.[36] Im Falle einer Entscheidung des Beschwerdegerichts über eine Haftbeschwerde während laufender Hauptverhandlung bzw. nach Beendigung der Hauptverhandlung, aber vor dem Vorliegen schriftlicher Urteilsgründe, ist der dringende Tatverdacht hingegen nach Auffassung der herrschenden Rechtsprechung nur eingeschränkt überprüfbar.[37] In diesen Fällen soll eine Einschätzungsprärogative des sachnäheren Tatrichters bestehen, der über die besseren Erkenntnismöglichkeiten verfügt, weshalb die beschwerdegerichtliche Überprüfung auf die Frage der Vollständigkeit und Vertretbarkeit der tatrichterlichen Entscheidung beschränkt ist.[38] Dies gilt indes nicht, wenn die Haftentscheidung sich gar nicht mit dem dringenden Tatverdacht auseinandersetzt.[39] Nach einer (noch nicht rechtskräftig gewordenen) Verurteilung ist bei der Prüfung des dringenden Tatverdachts grundsätzlich auf den im Urteil festgestellten Sachverhalt abzustellen.[40] Dieser ist allerdings daraufhin zu überprüfen, ob wesentliche tatsächliche Umstände nicht berücksichtigt wurden.[41]

---

29 *OLG Celle* StV 1986, 392.
30 Satzger/Schluckebier/Widmaier/*Herrmann* § 112 Rn. 12.
31 Radtke/Hohmann/*Tsambikakis* § 112 Rn. 22.
32 *OLG Brandenburg* StV 1996, 157; *Püschel/Bartmeier/Mertens* § 7 Rn. 9; SK-StPO/*Paeffgen* § 112 Rn. 9, 9b.
33 *OLG Celle* StV 1986, 392; *OLG Karlsruhe* StV 2004, 325, 326; *Schlothauer/Weider* Rn. 417.
34 *LG Dresden* StV 2013, 163; Satzger/Schluckebier/Widmaier/*Herrmann* § 112 Rn. 10.
35 *OLG Koblenz* StV 1994, 316, 317; *LG Frankfurt/Main* StV 2009, 477; Satzger/Schluckebier/Widmaier/*Herrmann* § 112 Rn. 10.
36 *OLG Frankfurt/Main* StV 2000, 374 f.; *OLG Jena* StV 2005, 559, 560; KK-StPO/*Graf* § 112 Rn. 7a.
37 *BGH* NStZ 2006, 297; *OLG Hamm* NStZ 2008, 649; *OLG Bremen* StV 2010, 581 f.
38 *OLG Jena* StV 2005, 559, 560; vgl. hierzu zusammenfassend: KK-StPO/*Graf* § 112 Rn. 7a.
39 *OLG Jena* StV 2005, 559, 560.
40 Satzger/Schluckebier/Widmaier/*Herrmann* § 112 Rn. 11.
41 *OLG Brandenburg* StraFo 2000, 318, 319.

Ob ein dringender Tatverdacht vorliegt, hat der Haftrichter im **Freibeweisverfahren** zu prüfen.[42] Das Gericht kann ergänzende Ermittlungen vornehmen bzw. vornehmen lassen (etwa
durch telefonische Auskunft), soweit dadurch keine unzulässige Verzögerung eintritt.[43] Auf
unverwertbare Beweise darf der Haftbefehl hingegen nicht gestützt werden.[44] Das bedeutet,
dass keinesfalls solche belastenden Ermittlungsergebnisse zugrunde gelegt werden dürfen, für
die ein Beweisverwertungsverbot besteht.[45] Daher sind etwa beschlagnahmefreie Gegenstände,
aus denen sich Hinweise auf eine Täterschaft des Beschuldigten ergeben,[46] ebenso wenig wie
unverwertbare Ergebnisse einer Telekommunikationsüberwachung[47] zur Begründung des
dringenden Tatverdachts und damit zur Anordnung der Untersuchungshaft heranzuziehen.
Der Haftrichter muss sich mit dem vorliegenden Beweismaterial sowie den für und gegen den
Beschuldigten sprechenden Umständen auseinandersetzen; Beweismittel mit geringerem
Beweiswert – etwa Zeugen vom Hörensagen – sind sorgfältig zu würdigen.[48] Die Annahme des
dringenden Tatverdachts erfordert nicht die – für eine Verurteilung erforderliche – volle rich-
terliche Überzeugung.[49] Gravierende **Mängel der Beweiswürdigung** schließen hingegen die
Annahme eines dringenden Tatverdachts aus.[50] So ist es etwa unzulässig, das Schweigen des
Beschuldigten zur Begründung des dringenden Tatverdachts heranzuziehen.[51] Von besonderer
Bedeutung sind hier auch die Fälle, in denen der Beschuldigte nur von einem einzigen Zeugen
belastet wird und Aussage gegen Aussage steht. Wenn es in einem solchen Fall naheliegt, dass
der Belastungszeuge ein Motiv für eine Falschbelastung hat, wird die Schwelle des dringenden
Tatverdachts nicht erreicht.[52]

15

II. Haftgründe

Die StPO enthält in §§ 112 ff. fünf Haftgründe: Flucht, Fluchtgefahr, Verdunkelungsgefahr,
Tatschwere und Wiederholungsgefahr. Die Relevanz dieser Haftgründe in der Praxis ist sehr
unterschiedlich: Überragende Bedeutung kommt dem Haftgrund der Fluchtgefahr gem. § 112
Abs. 2 Nr. 2 StPO zu; dieser ist als – ggf. einer von mehreren – Haftgrund in etwa 90 % aller
Haftbefehle enthalten.[53] Von Relevanz in Fiskalstrafsachen sind daneben aber auch die Haft-
gründe der Flucht und der Verdunkelungsgefahr.

16

---

42 HK-StPO/*Posthoff* § 112 Rn. 9; LR/*Hilger* § 112 Rn. 20.
43 SK-StPO/*Paeffgen* § 112 Rn. 8.
44 *BGHSt* 36, 396, 398.
45 HK-StPO/*Posthoff* § 112 Rn. 8; KK-StPO/*Graf* § 112 Rn. 8; *Püschel/Bartmeier/Mertens* § 7 Rn. 3.
46 *Schlothauer/Weider* Rn. 444.
47 *Püschel/Bartmeier/Mertens* § 7 Rn. 3.
48 KK-StPO/*Graf* § 112 Rn. 8.
49 HK-StPO/*Posthoff* § 112 Rn. 9; SK-StPO/*Paeffgen* § 112 Rn. 8.
50 Vgl. hierzu umfassend: *Schlothauer/Weider* Rn. 446.
51 LR/*Hilger* § 112 Rn. 21.
52 *Schlothauer/Weider* Rn. 446; vgl. auch: *OLG Koblenz* StV 2002, 313: Stehen „Aussage gegen Aussage" und lie-
    gen weder Erkenntnisse vor, durch die sich die belastenden Angaben eines Mitbeschuldigten als richtig
    erwiesen haben, noch Erkenntnisse, die gegen die Glaubhaftigkeit der Einlassung des Angeklagten sprechen,
    reicht dies für die Annahme eines dringenden Tatverdachts nicht aus.
53 Vgl. Satzger/Schluckebier/Widmaier/*Hermann* § 112 Rn. 17 m.w.N.

1. Der Haftgrund der Flucht gem. § 112 Abs. 2 Nr. 1 StPO

17 Der Haftgrund der Flucht gem. § 112 Abs. 2 Nr. 1 StPO liegt vor, wenn der Beschuldigte flüchtig ist oder sich verborgen hält. **Flüchtig** ist, wer sich von seinem bisherigen räumlichen Lebensmittelpunkt absetzt, um für Strafverfolgungsbehörden oder das Gericht (zumindest auch) in dem gegen ihn anhängigen Verfahren unerreichbar zu sein und ihrem Zugriff zu entgehen.[54] **Verborgen** hält sich, wer seinen Aufenthalt verschleiert, insbesondere unangemeldet, unter falschem Namen oder an einem unbekannten Ort lebt und dadurch dauernd oder für längere Zeit unauffindbar ist.[55] Eine präzise Abgrenzung zwischen den beiden Alternativen „Flüchtig-Sein" und „Sich-verborgen-Halten" ist schwierig, aber auch entbehrlich, zumal ein Beschuldigter zugleich flüchtig sein und sich verborgen halten kann.[56] Beide Alternativen haben sowohl eine objektive als auch eine subjektive Komponente.[57] Der Haftgrund der Flucht verlangt stets ein aktives und zweckgerichtetes „Sich-Entziehen". Erforderlich ist damit ein unmittelbarer innerer Zusammenhang zwischen der Straftat bzw. dem Strafverfahren auf der einen und der Absetzbewegung des Beschuldigten auf der anderen Seite.[58] Grundsätzlich spricht ein offenes und transparentes Vorgehen des Beschuldigten bei der Verlagerung seines Wohnsitzes bzw. Lebensmittelpunktes gegen die Annahme von Flucht. Das bedeutet, dass etwa der Umstand, dass sich der Beschuldigte vor seinem Umzug ordnungsgemäß beim Einwohnermeldeamt abgemeldet hat, für eine Verlagerung aus verfahrensunabhängigen Gründen und damit gegen die Annahme von Flucht spricht. Auch die Erreichbarkeit des Beschuldigten über seinen Verteidiger kann den Haftgrund ausschließen.[59] Hierfür spricht, dass die Untersuchungshaft nur die Durchführung des Strafverfahrens sichern soll, und dieser Zweck durch eine bloße persönliche Unerreichbarkeit nicht beeinträchtigt wird. Die vereinzelt in der StPO vorgesehenen Anwesenheitspflichten können auch durch eine Ladung über den Verteidiger gewährleistet werden.[60]

18 Keine Flucht ist gegeben, wenn ein Beschuldigter an seinen im Ausland gelegenen Wohnsitz zurückkehrt oder dorthin seinen Lebensmittelpunkt verlegt, ohne dass dies mit der ihm vorgeworfenen Straftat bzw. mit dem gegen ihn geführten Ermittlungsverfahren im Zusammenhang steht.[61] Dies gilt nicht nur für ausländische Staatsangehörige, sondern ebenso für deutsche Staatsbürger.[62] Auch ein **passives Verhalten** allein begründet den Haftgrund der Flucht nicht.[63] Nach zum Teil vertretener Auffassung[64] soll der Haftgrund der Flucht allerdings sogar auch vorliegen, wenn ein Beschuldigter mit deutscher Staatsangehörigkeit aus dem Ausland nicht zurückkehren möchte. Dies wird damit begründet, dass für die Beantwortung der Frage, ob der Beschuldigte „flüchtig" ist, nicht allein der Zeitpunkt der Tatvollendung zugrunde gelegt werden kann. Vielmehr sei auch das vorangegangene Verhalten des Beschuldigten, auch soweit es strafrechtlich noch nicht relevant war, aber in unmittelbarer Beziehung zu der späteren Tat stand, für die Beurteilung heranzuziehen.[65]

---

54 *OLG Düsseldorf* NJW 1986, 2204, 2205; KK-StPO/*Graf* § 112 Rn. 11; SK-StPO/*Paeffgen* § 112 Rn. 22a.

55 *OLG Saarbrücken* StV 2000, 208, 209; LR/*Hilger* § 112 Rn. 30; Meyer-Goßner/Schmitt/*Schmitt* § 112 Rn. 14; Satzger/Schluckebier/Widmaier/*Herrmann* § 112 Rn. 27.

56 KK-StPO/*Graf* § 112 Rn. 10; Meyer-Goßner/Schmitt/*Schmitt* § 112 Rn. 12.

57 *Püschel/Bartmeier/Mertens* § 7 Rn. 13.

58 *Schlothauer/Weider* Rn. 497.

59 *OLG Dresden* StV 2007, 587.

60 Radtke/Hohmann/*Tsambikakis* § 112 Rn. 37.

61 *OLG Köln* StV 2005, 393 f.; *Püschel/Bartmeier/Mertens* § 7 Rn. 13.

62 *OLG Karlsruhe* StV 1999, 36, 37; *OLG München* StV 2002, 205.

63 *OLG Bremen* StV 1997, 533, 534; *OLG Karlsruhe* StV 2005, 33, 34 f.

64 *OLG Frankfurt/Main* NJW 1974, 1835; Meyer-Goßner/Schmitt/*Schmitt* § 112 Rn. 13; zu Recht a.A. SK-StPO/*Paeffgen* § 112 Rn. 22a.

65 *OLG Frankfurt/Main* NJW 1974, 1835.

Der Haftgrund der Flucht muss sich aus **bestimmten Tatsachen** ergeben. Allerdings soll es 19
ausreichen, dass angesichts der Umstände des konkreten Falles die Flucht als Grund für die
Unerreichbarkeit des Beschuldigten wahrscheinlicher ist als ein anderer Grund.[66] Sobald der
Beschuldigte festgenommen wurde, ist er nicht mehr flüchtig.[67] Der Haftbefehl kann in diesem
Fall nicht mit dem Haftgrund der Flucht aufrechterhalten werden.[68] Allerdings werden die
Strafverfolgungsbehörden und Gerichte in diesen Fällen in aller Regel den Haftgrund der
Fluchtgefahr annehmen und den Haftbefehl hierauf stützen. Anders ist es aber insbesondere
dann, wenn der Beschuldigte nicht aufgegriffen wurde, sondern sich selbst gestellt hat.[69]

2. Der Haftgrund der Fluchtgefahr gem. § 112 Abs. 2 Nr. 2 StPO

a) Grundsätzliches

Der Haftgrund der Fluchtgefahr, der in einem Großteil der Haftbefehle als (ein) Haftgrund 20
aufgeführt wird, ist gegeben, wenn bei Abwägung aller Umstände des Einzelfalles die überwiegende Wahrscheinlichkeit besteht, dass der Beschuldigte sich dem Verfahren entziehen werde.[70]
Bereits aus dieser Definition wird deutlich, dass der Begriff der Fluchtgefahr zu kurz greift:
Neben der Flucht im Sinne eines körperlichen Entweichens kommen auch andere Konstellationen in Betracht, in denen der Verdacht besteht, dass der Beschuldigte sich dem Verfahren
entziehen wird.[71] Hiervon ist auch der Fall erfasst, in dem der Beschuldigte sich gezielt, etwa
durch Drogenkonsum, für längere Zeit verhandlungsunfähig gemacht hat.[72] Nach zweifelhafter
Auffassung soll dies auch dann der Fall sein, wenn der gleiche Effekt durch das Absetzen ärzt-
lich verordneter Medikamente und damit durch ein Unterlassen bewirkt wird.[73] Dies ist aber
schon deshalb nicht zutreffend, weil dem Beschuldigten allein eine aktive Verfahrenssabotage
untersagt ist, er aber keinerlei Verpflichtung hat, sich für das Strafverfahren gesund zu halten.[74] Eine Suizidgefahr bei dem Beschuldigten rechtfertigt nach heute ganz h.M. die Annahme
des Haftgrundes der Fluchtgefahr nicht.[75] Hierfür spricht nicht zuletzt auch, dass der Beschuldigte sich mit dem Suizid dem Verfahren nicht entziehen, sondern dieses vielmehr beenden
würde, weil der Tod eines Beschuldigten als Verfahrenshindernis zwingend zur Einstellung des
Verfahrens führt.[76]

In der Praxis wird der Haftgrund der Fluchtgefahr häufig auf Standardbegründungen und 21
Leerformeln gestützt. Grundsätzlich ist zwischen Fluchtvorbereitungen des Beschuldigten und
sonstigen Umständen, mit denen die Fluchtgefahr begründet werden kann, zu unterscheiden.

---

66 Meyer-Goßner/Schmitt/*Schmitt* § 112 Rn. 15; Satzger/Schluckebier/Widmaier/*Herrmann* § 112 Rn. 30.
67 HK-StPO/*Posthoff* § 112 Rn. 22; SK-StPO/*Paeffgen* § 112 Rn. 23.
68 *Schlothauer/Weider* Rn. 498; prägnant LR/*Hilger* § 112 Rn. 31: „Dass jemand flüchtig war oder sich verbor-
    gen gehalten hatte, ist kein gesetzlicher Haftgrund."
69 *Püschel/Bartmeier/Mertens* § 7 Rn. 16.
70 *OLG Karlsruhe* StV 2001, 118, 119; Meyer-Goßner/Schmitt/*Schmitt* § 112 Rn. 17; Satzger/Schluckebier/Wid-
    maier/*Herrmann* § 112 Rn. 37.
71 *Schlothauer/Weider* Rn. 515.
72 HK-StPO/*Posthoff* § 112 Rn. 26.
73 *OLG Koblenz* StV 1990, 165; Meyer-Goßner/Schmitt/*Schmitt* § 112 Rn. 18.
74 SK-StPO/*Paeffgen* § 112 Rn. 28; LR/*Hilger* § 112 Rn. 38.
75 *OLG Oldenburg* NJW 1961, 1984; LR/*Hilger* § 112 Rn. 37; SK-StPO/*Paeffgen* § 112 Rn. 28.
76 MK-StPO/*Böhm/Werner* § 112 Rn. 45.

b) Fluchtvorbereitungen

22 Dass aus Fluchtvorbereitungen eines Beschuldigten, d.h. aus Verhaltensweisen, die unmittelbar darauf gerichtet sind, sich dem Strafverfahren zu entziehen, auf eine Fluchtgefahr geschlossen werden kann, ist nachvollziehbar und nicht zu beanstanden. Problematisch ist indes, welches Verhalten des Beschuldigten im Einzelfall als Fluchtvorbereitung gewertet werden kann. Freilich gibt es mitunter auch eindeutige Fälle: Wenn der Beschuldigte sich falsche Ausweispapiere besorgt, sein Fluchtvorhaben vor Dritten geäußert und sein Vermögen ohne sonstigen erkennbaren Anlass in das Ausland transferiert hat und es sich hierbei nicht um bloße „Kurzschlusshandlungen" handelt, von denen er nach Reflexion dieses Verhaltens wieder Abstand nimmt, spricht vieles für die Annahme des Haftgrundes.

23 In der Praxis werden als Fluchtvorbereitung häufig aber schlicht alle Verhaltensweisen begriffen, die zu einer **Lösung bisher bestehender Bindungen** an das soziale und persönliche Umfeld des Beschuldigten führen.[77] Dieses Verhalten kann aber nur dann als Fluchtvorbereitung angesehen werden, wenn es darauf angelegt ist, sich dem Verfahren zu entziehen. Für die Aufgabe persönlicher, beruflicher und wirtschaftlicher Bindungen kann es zahlreiche Gründe geben, die zwar in einem Zusammenhang mit dem Strafverfahren stehen, aber gleichwohl keinen Schluss auf eine Fluchtabsicht des Beschuldigten zulassen. Dies gilt etwa dann, wenn der Beschuldigte sein Vermögen „versilbert", indem er etwa Immobilien oder Gesellschaftsanteile veräußert. Die hierdurch generierten liquiden Mittel wird der Beschuldigte häufig nicht für die Flucht benötigen, sondern etwa vielmehr zur Schadenswiedergutmachung oder zur Finanzierung einer angemessenen Strafverteidigung.

c) Sonstige Umstände

24 Sofern Fluchtvorbereitungen nicht festgestellt werden können, kommt es auf die Würdigung zahlreicher anderer Faktoren an. Diese sind in einer **Gesamtschau** unter Berücksichtigung des Einzelfalles zu prüfen und zu gewichten. Die nachfolgend aufgeführten Aspekte stellen naturgemäß lediglich einen Ausschnitt möglicher relevanter Faktoren dar.

25 **Für** die Annahme einer **Fluchtgefahr** können – insbesondere nach Auffassung der Rechtsprechung – sprechen:
- das Fehlen einer festen Wohnung oder eines festen Aufenthalts,[78]
- das Fehlen üblicher familiärer oder sonstiger persönlicher Bindungen,[79]
- das Fehlen einer beruflichen Perspektive,
- eine hohe Straferwartung[80] sowie
- die Flucht während eines früheren Verfahrens.[81]

26 **Gegen** die Annahme einer **Fluchtgefahr** sprechen etwa:
- berufliche Bindungen und gesicherte Lebens- und Einkommensverhältnisse am Wohnort,[82]
- fehlende finanzielle und sprachliche Möglichkeiten zur Flucht,[83]

---

77 *Schlothauer/Weider* Rn. 517.
78 HK-StPO/*Posthoff* § 112 Rn. 27.
79 *OLG Hamm* JR 1983, 513, 514.
80 Statt aller *OLG Oldenburg* StV 2010, 255.
81 HK-StPO/*Posthoff* § 112 Rn. 27.
82 *OLG Köln* StV 1997, 642, 643; Radtke/Hohmann/*Tsambikakis* § 112 Rn. 52.
83 *OLG Köln* StV 1995, 475, 476; Satzger/Schluckebier/Widmaier/*Herrmann* § 112 Rn. 46.

- hohes Alter[84] oder ein schlechter Gesundheitszustand, der ständiger qualifizierter ärztlicher Betreuung bedarf,[85]
- Selbststellung[86] oder Verbleiben trotz Fluchtmöglichkeiten[87] und
- erfolgte Unterstützung der Ermittlungsbehörden.[88]

Im Folgenden sollen drei dieser Aspekte aufgrund ihrer besonderen Praxisrelevanz vertieft erläutert werden: die Straferwartung, das Verhalten im bisherigen Strafverfahren und die Auslandskontakte des Beschuldigten.   **27**

aa) Straferwartung

In der Praxis der Staatsanwaltschaften und Amtsgerichte wird die Fluchtgefahr sehr häufig aus einer hohen Straferwartung im Falle einer Verurteilung hergeleitet, die einen **erheblichen Fluchtanreiz** begründen soll. Mitunter wird die Fluchtgefahr sogar alleine mit dieser Erwägung begründet. Dies ist bereits in grundsätzlicher Hinsicht zweifelhaft, weil es keinerlei empirische Erkenntnisse über den Zusammenhang zwischen der zu erwartenden Strafe und Fluchtbemühungen eines Beschuldigten gibt.[89]   **28**

Die neuere obergerichtliche Rechtsprechung[90] wie auch die h.L.[91] gehen davon aus, dass die Straferwartung zumindest als alleinige Begründung für die Annahme der Fluchtgefahr nicht genügen kann. Das LG München I hat im Jahr 2004 hierzu in bemerkenswerter Prägnanz ausgeführt: „Wie vielfach an anderer Stelle betont, ist der im Haftbefehl zitierte Fluchtanreiz nicht durch eine angeblich hohe Straferwartung begründbar, auch wenn die Leerfloskel in vielen Gerichtsentscheidungen unausrottbar erscheint. Sie ist schlichtweg gesetzeswidrig, soweit sie nicht auf andere Umstände gestützt werden kann.“[92] Dies ist auch deshalb zutreffend, weil die Norm des § 112 Abs. 2 Nr. 2 StPO ausdrücklich von den „Umständen des Einzelfalles" spricht, deren Würdigung die Fluchtgefahr begründen muss. Damit erteilt das Gesetz einem allein an die (im Falle einer Verurteilung zu erwartende) Strafhöhe oder gar an den abstrakten Strafrahmen des vorgeworfenen Delikts anknüpfenden Automatismus bei der Annahme von Fluchtgefahr eine eindeutige Absage.[93] Die Straferwartung als solche stellt eben gerade keinen Haftgrund dar. Die heute h.M. geht indes davon aus, dass die Erwartung einer besonders hohen Strafe jedenfalls dann den Haftgrund der Fluchtgefahr begründen kann, wenn nicht besondere schwerwiegende Gründe gegen die Annahme von Fluchtgefahr sprechen.[94] Damit wird die Straferwartung – bedenklicherweise – zu einer nur in Ausnahmefällen widerlegbaren Vermutung für die Fluchtgefahr und führt praktisch zu einer Umkehr der Beweislast.[95]   **29**

---

84 *OLG Hamm* StV 2003, 509, 510; *Püschel/Bartmeier/Mertens* § 7 Rn. 30.

85 *OLG Karlsruhe* StV 2006, 312, 313; KK-StPO/*Graf* § 112 Rn. 24.

86 *OLG Braunschweig* StV 1995, 257, 258; HK-StPO/*Posthoff* § 112 Rn. 28.

87 *LG Koblenz* StV 2011, 290, 290; *Püschel/Bartmeier/Mertens* § 7 Rn. 30.

88 *OLG Bremen* StV 1995, 85.

89 SK-StPO/*Paeffgen* § 112 Rn. 25a m.w.N.

90 *OLG Bremen* StV 1995, 85; *KG* StV 1998, 207; *OLG Saarbrücken* StV 2000, 208; *OLG Köln* StV 2006, 313; *OLG Karlsruhe* StV 2010, 31, 32.

91 HK-StPO/*Posthoff* § 112 Rn. 31; Meyer-Goßner/Schmitt/*Schmitt* § 112 Rn. 24; Satzger/Schluckebier/Widmaier/*Herrmann* § 112 Rn. 63; *Schlothauer/Weider* Rn. 565 ff.

92 *LG München I* StV 2005, 38, 38.

93 *Schlothauer/Weider* Rn. 566.

94 *KG* StV 1996, 383, 383; *OLG Hamm* StV 2001, 115, 116; *OLG Hamburg* StV 2002, 490, 491; Meyer-Goßner/Schmitt/*Schmitt* § 112 Rn. 25.

95 LR/*Hilger* § 112 Rn. 39; *Schlothauer/Weider* Rn. 567.

30 In der Praxis gilt hierbei Folgendes: Es kommt allein auf die konkrete in dem anhängigen Strafverfahren zu erwartende und zur Vollstreckung führende Freiheitsstrafe (sog. **Nettostraferwartung**) an.[96] Damit sind alle bekannten Strafzumessungskriterien heranzuziehen und zu würdigen. Sofern der Beschuldigte sich noch nicht zur Sache eingelassen hat, stellen die im Haftbefehl genannten Tatsachen und Umstände die Basis der fiktiven Straferwartung dar.[97] Allerdings besteht Einigkeit, dass eine allgemein gültige Grenze, welche Straferwartung als hoch anzusehen ist, nicht gezogen werden kann. Dies hängt vielmehr stets von den Einzelheiten des Falles ab. Bedeutung bei der Prüfung der zu erwartenden Nettostrafe hat auch die Frage der Anrechnung von Untersuchungshaft gem. § 51 StGB oder der zu erwartenden Strafaussetzung zur Bewährung.[98] Hingegen ist unerheblich, ob in dem Verfahren, in dem der Haftbefehl erlassen wurde, oder auch in einem anderen Strafverfahren, dem Beschuldigten weitere Straftaten zur Last gelegt werden.[99] Etwas anderes kann allenfalls dann gelten, wenn auch hinsichtlich dieser anderen Taten gerichtlich das Vorliegen eines dringenden Tatverdachts festgestellt wurde. Ebenso bleibt unberücksichtigt, ob dem Beschuldigten in einem rechtskräftig abgeschlossenen Strafverfahren der Widerruf einer Bewährung oder einer Reststrafenaussetzung aufgrund des im Haftbefehl enthaltenen Tatvorwurfs droht.[100]

31 Selbst wenn von einer hohen Straferwartung und damit unter Zugrundelegung der h.M. von einem erheblichen Fluchtanreiz auszugehen sein sollte, muss in jedem Einzelfall geprüft werden, ob es Umstände in der Person des Beschuldigten, seinem Umfeld oder in dem konkreten Strafverfahren gibt, die der Annahme von Fluchtgefahr entgegenstehen.

bb) Das Verhalten im bisherigen Strafverfahren

32 Eine gewichtige Rolle bei der Prüfung der Fluchtgefahr kommt dem Verhalten des Beschuldigten im bisherigen Strafverfahren zu. Dieses ist naturgemäß nur dann von Bedeutung, wenn der Beschuldigte bereits Kenntnis von der (jedenfalls bevorstehenden) Einleitung eines Ermittlungsverfahrens hat. Sofern dies nicht der Fall ist, kann aber jedenfalls das Verhalten des Beschuldigten in vorherigen Strafverfahren Berücksichtigung finden.

33 Die Rechtsprechung hat hierzu bislang folgende Leitlinien aufgestellt, wobei auffällig ist, dass in den veröffentlichten Entscheidungen das Verhalten des Beschuldigten im Strafverfahren bzw. der Umgang mit den gegen ihn erhobenen Vorwürfen regelmäßig als gegen die Fluchtgefahr sprechend angesehen wurde. Das OLG Köln hat etwa entschieden, dass entscheidend gegen die Annahme von Fluchtgefahr spreche, wenn der Angeklagte nach Entlassung aus der Untersuchungshaft in der Hauptverhandlung erschienen ist und trotz Kenntnis der Absicht des Gerichts, einen neuen Haftbefehl zu erlassen, den Gerichtssaal nicht verlassen hat, sondern bis zu seiner Festnahme geblieben ist.[101] Das OLG Hamm ist der Erwägung, der Fluchtanreiz habe sich durch die Eröffnung des Hauptverfahrens derart erhöht, dass nunmehr Fluchtgefahr bestehe, entgegengetreten, weil sich der Beschuldigte bereits mit der Anklageerhebung des hohen Risikos einer Verurteilung bewusst gewesen sein müsse und gleichwohl keine Fluchtbe-

---

96 *LG Koblenz* StV 1993, 372, 373; HK-StPO/*Posthoff* § 112 Rn. 32; Satzger/Schluckebier/Widmaier/*Herrmann* § 112 Rn. 64.
97 Satzger/Schluckebier/Widmaier/*Herrmann* § 112 Rn. 64.
98 *OLG Düsseldorf* StV 1991, 305; HK-StPO/*Posthoff* § 112 Rn. 32; KK-StPO/*Graf* § 112 Rn. 20.
99 *Schlothauer/Weider* Rn. 571.
100 *OLG Oldenburg* StV 1987, 110; *Schlothauer/Weider* Rn. 571; a.A. *OLG Düsseldorf* StV 1994, 85.
101 *OLG Köln* StV 1993, 201.

mühungen ergriffen habe.[102] Auch der Umstand, dass der Beschuldigte die Zeit der Außervollzugsetzung des Haftbefehls nicht zur Flucht genutzt hat, sondern sich in Kenntnis weiterer gegen ihn erhobener Vorwürfe sowohl für die Strafvollstreckung als auch für ein neues Verfahren zur Verfügung gestellt hat, spricht entscheidend gegen die Annahme von Fluchtgefahr.[103] Hinsichtlich dieser Punkte ist zu beachten, dass das gegenteilige Verhalten des Beschuldigten regelmäßig gerade für die Bejahung der Fluchtgefahr spricht. Konkret: Wer etwa die Außervollzugsetzung des Haftbefehls nachweisbar für die Vorbereitung seiner Flucht nutzt, versucht selbstverständlich sich dem Strafverfahren zu entziehen.

Auch der Umstand, dass der Beschuldigte die Tätigkeit der **Ermittlungen** (im konkreten Fall   **34** durch die Entbindung seines Steuerberaters von der Verschwiegenheit und durch Erteilung von Auskünften gegenüber dem Insolvenzverwalter) **unterstützt**, lässt darauf schließen, dass er sich dem Verfahren stellt und spricht damit gegen den Haftgrund der Fluchtgefahr.[104] Gleiches gilt für ein glaubhaftes Geständnis. Umgekehrt lässt die Fluchtgefahr nicht auf die fehlende Kooperationsbereitschaft des Beschuldigten stützen. Das bedeutet, dass das Fehlen eines Geständnisses bzw. das Bestreiten der Vorwürfe oder auch der Umstand, dass der Beschuldigte die Ermittlungen nicht unterstützt, selbstverständlich nicht die Fluchtgefahr begründen kann. Soweit dies – rechtswidrig – doch geschieht, handelt es sich um einen der klassischen apokryphen Haftgründe, vgl. hierzu Rn. 43 f.

cc) Auslandskontakte

Insbesondere in Wirtschaftsstrafverfahren wird die Fluchtgefahr häufig auch mit den „Aus-   **35** landskontakten" des Beschuldigten begründet, wobei dieser Begriff eine Sammelbezeichnung für letztlich jeden grenzüberschreitenden Kontakt bzw. jede Kontaktmöglichkeit angesehen wird.

In der Vergangenheit begründete die Rechtsprechung die Fluchtgefahr zum Teil mit privaten   **36** Beziehungen des Beschuldigten in das Ausland. Vereinzelt wurden als ein Indiz für Fluchtgefahr bereits Fremdsprachenkenntnisse des Beschuldigten herangezogen. In der jüngeren Vergangenheit hat sich die Rechtsprechung – mit erheblicher Verzögerung – angesichts tiefgreifender gesellschaftlicher Veränderungen gewandelt. Aufgrund der Internationalisierung des Geschäfts- und Privatlebens und der zunehmenden Mobilität reichen die vorgenannten pauschalen Annahmen zur Bejahung einer Fluchtgefahr nicht mehr aus.[105] Der Umstand, dass der Beschuldigte **Fremdsprachen** beherrscht, dürfte heute als Indiz für Fluchtgefahr nicht mehr heranzuziehen sein. Andererseits können fehlende Fremdsprachenkenntnisse ein gegen die Annahme dieses Haftgrundes sprechender Umstand sein. Auch das Vorhandensein von **Auslandsvermögen** des Beschuldigten kann regelmäßig für sich genommen keine Fluchtgefahr begründen.[106] Dieser Umstand kann allenfalls als ein Indiz herangezogen werden, wenn es sich um beachtliche Vermögenswerte im Ausland handelt, denen nichts annähernd vergleichbar „Verlierbares" im Inland gegenübersteht.[107]

---

102 *OLG Hamm* StV 2000, 320; ähnlich auch: *KG* StV 2014, 26, 28: Dass für den Angeklagten durch die Eröffnung des Hauptverfahrens eine völlig neue Situation eingetreten sei, liege u.a. angesichts der fortdauernden Zwangsmaßnahmen und der Anklageerhebung fern.
103 *OLG Karlsruhe* StV 2006, 312, 313; *OLG Hamm* StV 2008, 257, 258.
104 *OLG Bremen* StV 1995, 85.
105 Satzger/Schluckebier/Widmaier/*Herrmann* § 112 Rn. 51.
106 *OLG Saarbrücken* StV 2002, 489 f.
107 SK-StPO/*Paeffgen* § 112 Rn. 26.

37 Auch kann die Fluchtgefahr inzwischen nicht mehr allein darauf gestützt werden, dass der Beschuldigte (s)einen **Wohnsitz im Ausland** hat.[108] Es bedarf vielmehr konkreter Anhaltspunkte dafür, die auf ein gezieltes Entziehen hindeuten.[109] Besonderheiten bestehen insbesondere bei einem Wohnsitz im EU-Ausland: Angesichts der Niederlassungsfreiheit innerhalb der EU und der erleichterten grenzüberschreitenden Strafverfolgung kann ein Wohnsitz in einem der EU-Mitgliedsländer weder bei einem ausländischen noch bei einem deutschen Staatsangehörigen ohne das Hinzutreten weiterer Umstände die Annahme begründen, der Beschuldigte wolle sich dem Strafverfahren entziehen.[110] Denn insbesondere aufgrund der Möglichkeit der Vollstreckung eines **Europäischen Haftbefehls** ist die Auslieferung an Deutschland ohne größere Probleme möglich.[111]

3. Der Haftgrund der Verdunkelungsgefahr gem. § 112 Abs. 2 Nr. 3 StPO

a) Grundsätzliches

38 Der Haftgrund der Verdunkelungsgefahr liegt gem. § 112 Abs. 2 Nr. 3 StPO vor, wenn das Verhalten des Beschuldigten den dringenden Verdacht begründet, er werde Beweismittel vernichten, verändern, beiseite schaffen, unterdrücken oder fälschen oder auf Mitbeschuldigte, Zeugen oder Sachverständige in unlauterer Weise einwirken oder andere zu solchem Verhalten veranlassen, und wenn deshalb die Gefahr droht, dass die Ermittlung der Wahrheit erschwert werde. Dieser Haftgrund ist damit gegeben, wenn der Beschuldigte durch – in der Norm **abschließend aufgeführtes**[112] – unlauteres Einwirken auf sachliche oder persönliche Beweismittel die Feststellung des strafrechtlich relevanten Sachverhaltes beeinträchtigt.[113] Die Verdunkelungshandlungen müssen dabei mit der für den dringenden Tatverdacht erforderlichen Wahrscheinlichkeit für den Fall zu erwarten sein, dass keine Untersuchungshaft angeordnet wird,[114] und sich auf die Taten beziehen, die dem Haftbefehl zu Grunde liegen.[115] Die bloße Möglichkeit von Verdunkelungshandlungen reicht hierfür ebenso wenig[116] wie eine lediglich günstige Ausgangslage für Verdunkelungshandlungen.[117]

39 Bei allen Varianten muss es sich um ein aktives und unlauteres Einwirken des Beschuldigten handeln. Ist die Einwirkung nicht unlauter oder prozessrechtswidrig, besteht keine Verdunkelungsgefahr. Dies gilt insbesondere, wenn der Beschuldigte einen Zeugen oder Mitbeschuldigten bittet oder auffordert, von seinem Aussage- oder Zeugnisverweigerungsrecht bzw. seinem Schweigerecht Gebrauch zu machen, ohne sich dabei der Mittel der Drohung oder Täuschung zu bedienen.[118] Auch Besprechungen mit dem Zeugen über den Inhalt seiner möglichen Aussage können dann keine Verdunkelungsgefahr begründen, wenn dieser nicht unter Druck

---

108 *OLG Dresden* StV 2005, 224, 225.
109 Satzger/Schluckebier/Widmaier/*Herrmann* § 112 Rn. 51.
110 Satzger/Schluckebier/Widmaier/*Herrmann* § 112 Rn. 52.
111 Umfassend hierzu: *Gercke* StV 2004, 675 ff.; vgl. auch: *OLG Köln* StV 2003, 510; *LG Offenburg* StV 2004, 326, 327.
112 SK-StPO/*Paeffgen* § 112 Rn. 29.
113 *OLG Köln* StV 1997, 27; *OLG Frankfurt* StV 2010, 583; HK-StPO/*Posthoff* § 112 Rn. 33.
114 *OLG Hamm* StraFo 2004, 134, 135; Meyer-Goßner/Schmitt/*Schmitt* § 112 Rn. 27.
115 *OLG Stuttgart* StV 1987, 110; *OLG Karlsruhe* StV 2001, 686.
116 *OLG München* StV 1995, 86; *OLG Köln* StV 1999, 37, 38; HK-StPO/*Posthoff* § 112 Rn. 34.
117 LR/*Hilger* § 112 Rn. 42; SK-StPO/*Paeffgen* § 112 Rn. 30c.
118 *OLG Karlsruhe* StV 2001, 686; *OLG Frankfurt/Main* StV 2010, 583; HK-StPO/*Posthoff* § 112 Rn. 38.

gesetzt wird und ihm keine falsche Erinnerung suggeriert wird.[119] Auch das Verschweigen des Aufbewahrungsortes des aus der Tat Erlangten rechtfertigt die Annahme von Verdunkelungsgefahr nicht, weil die Untersuchungshaft keine Beugehaft ist und der Beschuldigte nicht verpflichtet ist, sich zur Sache einzulassen.[120] Die Annahme einer Verdunkelungsgefahr setzt indes nicht voraus, dass der Beschuldigte Verdunkelungshandlungen bereits vollzogen, versucht oder auch nur vorbereitet hat.[121] Umgekehrt kann auch ein **situationsbedingtes einmaliges Fehlverhalten** des Beschuldigten im ersten Moment der Konfrontation mit den Tatvorwürfen, das dann unverzüglich aufgegeben wird, nicht die für die Annahme der Verdunkelungsgefahr erforderliche Wahrscheinlichkeit weiterer Verdunkelungshandlungen begründen.[122]

Durch das (erwartete) Verhalten des Beschuldigten muss die **konkrete Gefahr** bestehen, dass **40** die Wahrheitsermittlung erschwert wird. Die nahezu immer gegebene abstrakte Gefahr möglicher Verdunkelungshandlungen reicht zur Annahme dieses Haftgrundes nicht aus.[123] Die Verdunkelungsgefahr kann weder damit begründet werden, dass die Ermittlungen bislang nicht abgeschlossen sind,[124] noch damit, dass Mittäter flüchtig oder unbekannt sind.[125] Auch von vornherein untaugliche Maßnahmen des Beschuldigten begründen keine Verdunkelungsgefahr.[126] Eine zunächst bestehende Verdunkelungsgefahr kann durch den **Fortgang des Strafverfahrens** und eine somit geänderte Beweislage entfallen, etwa wenn eine richterliche Vernehmung von Mitbeschuldigten bzw. Zeugen durchgeführt worden ist.[127] Denn auch in diesem Fall kann der Beschuldigte sein Ziel der Beweisvereitelung objektiv nicht mehr erreichen. Grundsätzlich gilt dabei, dass je weiter das Strafverfahren fortgeschritten ist und je umfangreichere Ermittlungsergebnisse vorliegen, desto unwahrscheinlicher ist die Gefahr einer Verdunkelung.[128] Eine Verdunkelungsgefahr ist somit zu verneinen, wenn die verfahrensgegenständlichen Vorwürfe vollumfänglich aufgeklärt oder die Beweise so gesichert sind, dass der Beschuldigte die Wahrheitsermittlung nicht mehr erfolgreich vereiteln kann.[129] Dies ist etwa dann der Fall, wenn ein glaubhaftes richterliches Geständnis des Beschuldigten vorliegt,[130] oder dann, wenn die Ermittlungen abgeschlossen sind und die Anklageerhebung möglich ist.[131]

b) Keine Begründung der Verdunkelungsgefahr durch den Typ der vorgeworfenen Tat

Die wohl immer noch h.M.[132] geht davon aus, dass Verdunkelungsgefahr bei dem Verdacht auf **41** die Begehung solcher Delikte zu vermuten ist, die typischerweise auf Irreführung und Verschleierung angelegt sind. Nach zum Teil vertretener Auffassung[133] soll die Annahme von Verdunkelungsgefahr in diesen Fällen sogar i.d.R. anzunehmen sein. Diese Auffassung ist mit dem

---

119 *OLG Hamm* wistra 2006, 278, 280; LR/*Hilger* § 112 Rn. 48; Satzger/Schluckebier/Widmaier/*Herrmann* § 112 Rn. 79.
120 *OLG Frankfurt/Main* StV 2009, 652.
121 *OLG Köln* NJW 1961, 1880, 1881; KK-StPO/*Graf* § 112 Rn. 33; SK-StPO/*Paeffgen* § 112 Rn. 33.
122 Satzger/Schluckebier/Widmaier/*Herrmann* § 112 Rn. 79.
123 *OLG Hamm* StV 1985, 114.
124 KK-StPO/*Graf* § 112 Rn. 28; Meyer-Goßner/Schmitt/*Schmitt* § 112 Rn. 28.
125 Radtke/Hohmann/*Tsambikakis* § 112 Rn. 55; Satzger/Schluckebier/Widmaier/*Herrmann* § 112 Rn. 83.
126 HK-StPO/*Posthoff* § 112 Rn. 41.
127 HK-StPO/*Posthoff* § 112 Rn. 41.
128 Satzger/Schluckebier/Widmaier/*Herrmann* § 112 Rn. 87.
129 *OLG Oldenburg* StV 1983, 248, 249.
130 *OLG Stuttgart* StV 2005, 225; Radtke/Hohmann/*Tsambikakis* § 112 Rn. 56.
131 *OLG Frankfurt/Main* StV 1994, 583; *OLG Köln* StV 1994, 582, 583.
132 *OLG Köln* NJW 1961, 1880, 1881; *OLG Frankfurt/Main* StV 1994, 583; KK-StPO/*Graf* § 112 Rn. 31; Meyer-Goßner/Schmitt/*Schmitt* § 112 Rn. 30.
133 *OLG Frankfurt/Main* StV 1994, 583.

geltenden Recht nicht vereinbar: Aus dem Delikt, für dessen Begehung ein dringender Tatverdacht besteht, folgt für den Haftgrund der Verdunkelungsgefahr unmittelbar gar nichts.[134] Denn die Verdunkelungsgefahr kann sich weder aus der „Natur der Straftat" ergeben noch sich „deliktsspezifisch" erklären lassen, sondern kann stets nur mit den konkreten Umständen der Tat, dem Verhalten des Beschuldigten nach der Tat sowie dessen persönlichen Verhältnissen begründet werden.[135] Dies liefe sonst auf die Annahme eines gesetzlich (aus guten Gründen) nicht vorgesehenen Haftgrundes der Art und Weise der Tatbegehung hinaus.[136]

4. Sonstige gesetzlich geregelte Haftgründe

42   Die beiden weiteren gesetzlich vorgesehenen Haftgründe haben in Wirtschaftsstrafverfahren keine Bedeutung. Der Haftgrund der **Tatschwere** gem. § 112 Abs. 3 StPO findet ausschließlich dann Anwendung, wenn ein dringender Tatverdacht für die Begehung eines der in der Norm aufgeführten Kapital-, Terrorismus- und Brandstiftungsdeliktes besteht. Der Haftgrund der **Wiederholungsgefahr** gem. § 112a StPO greift nur dann, wenn neben dem dringenden Tatverdacht für bestimmte in der Vorschrift genannte Delikte auch bestimmte Tatsachen vorliegen, die die Gefahr begründen, dass der Beschuldigte vor rechtskräftiger Aburteilung weitere erhebliche Straftaten gleicher Art begehen oder die Straftat fortsetzen werde und die Haft zur Abwendung der drohenden Gefahr erforderlich ist. Auch die in dieser Norm aufgeführten Straftaten haben indes keinen Bezug zum Wirtschaftsstrafrecht.

5. Sog. apokryphe Haftgründe – der Missbrauch der Untersuchungshaft

43   Neben den fünf gesetzlich geregelten Haftgründen gibt es in der Praxis das Phänomen der sog. apokryphen Haftgründe.[137] Es handelt sich hierbei um Gründe, die für die Anordnung und die Aufrechterhaltung der Untersuchungshaft maßgeblich sind. Da sie gesetzlich nicht vorgesehen sind, „verbergen"– apokryph bedeutet verborgen – sie sich hinter den gesetzlich vorgesehenen Haftgründen, die allein mit Leerfloskeln begründet werden, um so den Anschein der Rechtmäßigkeit zu suggerieren. Denn ein Haftbefehl, der sich tatsächlich nicht mit dem Vorliegen eines gesetzlichen Haftgrundes begründen lässt, ist stets rechtswidrig. Die Existenz des Phänomens ist inzwischen nahezu unbestritten;[138] die Feststellung, in welchen Fällen ausschließlich ein apokrypher Haftgrund vorliegt, bereitet hingegen erhebliche Schwierigkeiten; eine statistische Erfassung dürfte gar unmöglich sein.

44   Im Kern dürfte es zwei Arten von apokryphen Erwägungen geben, die zur Anordnung (und ggf. Aufrechterhaltung) von Untersuchungshaft in Wirtschaftsstrafverfahren führen:[139] Zum einen wird die Untersuchungshaft als **Druckmittel** verwendet, um die Durchführung der straf-

---

134   *OLG München* StV 1996, 439; *OLG Hamm* StV 2002, 205; SK-StPO/*Paeffgen* § 112 Rn. 32a.

135   Satzger/Schluckebier/Widmaier/*Herrmann* § 112 Rn. 84.

136   HK-StPO/*Posthoff* § 112 Rn. 37; LR/*Hilger* § 112 Rn. 43.

137   Umfassend hierzu: *Eidam* HRRS 2013, 292 ff.; *Münchhalffen* StraFo 1999, 332 ff.

138   Anders wohl im Wesentlichen lediglich noch *Lemme* wistra 2004, 288 ff., sowie HK-StPO/*Posthoff* Vor §§ 112 ff. Rn. 9: „Mangels weitergehender Erkenntnisse ist der Diskussion um apokryphe´ Haftgründe nur eines sicher zu entnehmen: Ein deutliches Misstrauen gegenüber der Befähigung oder Lauterkeit der Strafjustiz, das jeden manifesten Beweis für seine Berechtigung schuldig bleibt."

139   Daneben spielen in anderen Deliktsbereichen bzw. bei gegen Jugendliche und Heranwachsende geführten Strafverfahren auch andere Aspekte in der Praxis eine bedeutende Rolle, wie etwa der Gedanke einer „Kriseninterventionˮ durch die Inhaftierung sowie gerade im Bereich der Drogenkriminalität im weiteren Sinne die Förderung der Therapie- und Behandlungsbereitschaft des Beschuldigten.

rechtlichen Ermittlungen zu vereinfachen. Von größter Bedeutung ist dabei die „Förderung der Geständnisbereitschaft" bzw. der einer weitergehenden Kooperation. Hierunter fallen etwa auch die Fälle, in denen die Außervollzugsetzung des Haftbefehls nicht nur wie das Gesetz in § 116 Abs. 1 S. 2 Nr. 4 StPO vorsieht, von der Leistung einer angemessenen Sicherheit abhängig gemacht wird, sondern zusätzlich eine bedingte Verzichtserklärung des Beschuldigten für den Fall der Steuerfestsetzung zu Gunsten des Steuerfiskus gefordert wird. Dass die Anordnung der Untersuchungshaft „zur Förderung der Geständnisbereitschaft" die Gefahr sowohl von Falschgeständnissen als auch von unzutreffenden Belastungen Dritter erhöht, dürfte auf der Hand liegen.[140] Zum anderen kann mit der Anordnung der Untersuchungshaft auch versucht werden, eine **Strafhaft vorwegzunehmen**, was mitunter eine Reaktion auf einen öffentlichen, insbesondere medial aufgebauten, Druck ist.

III. Verhältnismäßigkeit

1. Grundsätzliches

Untersuchungshaft darf gem. § 112 Abs. 1 S. 2 StPO nur angeordnet werden, wenn sie zur Bedeutung der Sache und der zu erwartenden Strafe (oder Maßregel) nicht außer Verhältnis steht. Aus dieser negativen Formulierung schlussfolgert die h.M.,[141] dass die Verhältnismäßigkeit keine positive Voraussetzung der Untersuchungshaft sei; vielmehr stelle nur die festgestellte Unverhältnismäßigkeit einen Haftausschließungsgrund dar. Nach zutreffender Auffassung[142] hingegen muss die Verhältnismäßigkeit in jedem Einzelfall positiv festgestellt werden, weil dem Grundsatz der Verhältnismäßigkeit **Verfassungsrang** zukommt, weshalb er nicht durch einfaches Gesetz eingeschränkt werden kann. Die Untersuchungshaft ist nur dann zulässig, wenn die umfassende Aufklärung der Tat und die zügige Durchführung des Verfahrens einschließlich der Verurteilung und Vollstreckung des Urteils nicht anders gesichert werden können.[143] Es ist daher nicht danach zu fragen, ob Untersuchungshaft angeordnet werden kann, sondern ob ihre Verhängung – als **ultima ratio** – wegen überwiegender Belange des Gemeinwohls zwingend geboten ist.[144] Sie ist daher auf streng begrenzte Ausnahmefälle zu beschränken.

45

Im Rahmen der Abwägung der Verhältnismäßigkeit müssen sämtliche Umstände des Einzelfalls berücksichtigt werden. Zu berücksichtigen ist hierbei zunächst die **Schwere des Eingriffs** für den Beschuldigten. Hier spielt der Gesundheitszustand des Beschuldigten ebenso eine Rolle wie die Folgen der Inhaftierung für seine sozialen Bindungen und die Auswirkungen auf seine berufliche und wirtschaftliche Existenz.[145] Weiterhin mit in die Abwägung einzubeziehen

46

---

140 Satzger/Schluckebier/Widmaier/*Herrmann* § 112 Rn. 22. Dieser nimmt unter Berufung auf eine erfreuliche Entscheidung des *LG Bad Kreuznach* (StV 1993, 629 ff.) ein Verwertungsverbot hinsichtlich der Angaben des Beschuldigten an, die dieser während der Untersuchungshaft macht, sofern diese objektiv rechtswidrig angeordnet wurde. Der *BGH* nimmt hingegen ein solches Verwertungsverbot allein dann an, wenn die Untersuchungshaft gezielt eingesetzt wurde, um eine Aussage des Beschuldigten zu erlangen, *BGH* NJW 1995, 2933 ff. Dies wird freilich kaum nachweisbar sein.

141 *OLG Düsseldorf* NStZ 1993, 554; HK-StPO/*Posthoff* § 112 Rn. 10; KK-StPO/*Graf* § 112 Rn. 46; Meyer-Goßner/Schmitt/*Schmitt* § 112 Rn. 8.

142 Radtke/Hohmann/*Tsambikakis* § 112 Rn. 64; Satzger/Schluckebier/Widmaier/*Herrmann* § 112 Rn. 107; SK-StPO/*Paeffgen* § 112 Rn. 10.

143 *BVerfGE* 20, 144, 147; Meyer-Goßner/Schmitt/*Schmitt* § 112 Rn. 9.

144 *KG* StV 2014, 26, 27.

145 Radtke/Hohmann/*Tsambikakis* § 112 Rn. 66; *Püschel/Bartmeier/Mertens* § 7 Rn. 69.

ist die **Bedeutung der Sache**, die sich u.a. aus der gesetzlichen Strafandrohung und der konkreten Art der Tatbegehung ergibt. Dabei dürfen ausschließlich die Tatvorwürfe berücksichtigt werden, die im Haftbefehl aufgeführt sind und die die Anordnung der Untersuchungshaft begründen.[146] Zudem sind die zu **erwartenden Rechtsfolgen** einer möglichen Verurteilung zu werten und zu gewichten. Von Bedeutung für die Abwägung können schließlich auch eine eventuelle Schadenswiedergutmachung sowie der Verlauf des Verfahrens und etwaige Verfahrensverzögerungen sein.[147]

2. Dauer der Inhaftierung

47 Der Verhältnismäßigkeitsgrundsatz spielt gerade bei der Dauer der Untersuchungshaft eine zentrale Bedeutung. Denn je mehr von der zu erwartenden Strafe durch die vollzogene Untersuchungshaft bereits „verbüßt" ist, desto stärker reduziert sich der staatliche Anspruch auf eine weitere Vollstreckung. Auch der Haftgrund der Fluchtgefahr kann nach einem längeren Vollzug der Untersuchungshaft entfallen: Wenn man mit der h.M. davon ausgeht, dass eine hohe Straferwartung den Haftgrund jedenfalls mitbegründen kann, reduziert sich die Dauer der noch zu verbüßenden Strafe mit zunehmender Dauer der Untersuchungshaft, sodass der (unterstellte) Fluchtanreiz des Beschuldigten sinkt.

48 Wenngleich sich die Dauer der Untersuchungshaft schon bereits deshalb nicht unmittelbar an der zu erwartenden Freiheitsstrafe orientieren darf, weil sie gerade keine vorweggenommene Strafvollstreckung darstellen darf, spielt das Verhältnis von vollzogener Untersuchungshaft und zu erwartender (Netto-)Freiheitsstrafe eine entscheidende Rolle. Dabei geht man grundsätzlich davon aus, dass die Fortsetzung der Untersuchungshaft jedenfalls dann unverhältnismäßig wird, wenn deren Dauer nahezu den Zeitpunkt erreicht hat, zu dem bei Verbüßung einer zu erwartenden Freiheitsstrafe fiktiv eine Haftentlassung anzunehmen wäre.[148] Dies kann indes nur als absolute Obergrenze einer noch als verhältnismäßig anzusehenden Untersuchungshaftdauer betrachtet werden. Grundsätzlich gilt: Je niedriger die Strafprognose ist, desto eher dürfte die Anordnung bzw. Aufrechterhaltung der Untersuchungshaft unverhältnismäßig sein. Grundsätzlich wird Untersuchungshaft aber nicht allein dadurch ausgeschlossen, dass nur eine Geldstrafe oder eine Freiheitsstrafe, deren Vollstreckung zur Bewährung ausgesetzt wird, zu erwarten ist. Allerdings müssen in diesen Fällen zusätzlich erhebliche Gründe vorliegen, die zur Annahme der Verhältnismäßigkeit der Untersuchungshaft führen.[149]

49 Eine besondere Ausprägung findet dieser Gedanke (in Verbindung mit dem Beschleunigungsgrundsatz) in §§ 121, 122 StPO. Nach diesen Normen ist die Fortdauer der Untersuchungshaft über sechs Monate hinaus vom OLG im Rahmen einer Haftprüfung von Amts wegen zu prüfen. Eine Fortdauer über sechs Monate hinaus ist nur zulässig, wenn die besondere Schwierigkeit oder der besondere Umfang der Ermittlungen oder ein anderer wichtiger Grund das Urteil noch nicht zulassen und die Fortdauer der Haft rechtfertigen. Nach zutreffender Auffassung des *BVerfG* sind diese Ausnahmetatbestände eng auszulegen.[150] Zusätzlich zu den vorgenannten Gründen (besondere Schwierigkeit, besonderer Umfang der Ermittlungen oder ein anderer wichtiger Grund) ist zu prüfen, ob diese die Haftfortdauer rechtfertigen. Es bedarf somit einer zweistufigen Prüfung: In einem ersten Schritt sind Feststellungen zur besonderen

---

146 Satzger/Schluckebier/Widmaier/*Herrmann* § 112 Rn. 108.
147 Satzger/Schluckebier/Widmaier/*Herrmann* § 112 Rn. 111.
148 Satzger/Schluckebier/Widmaier/*Herrmann* § 112 Rn. 128.
149 LR/*Hilger* § 112 Rn. 63; Meyer-Goßner/Schmitt/*Schmitt* § 112 Rn. 11.
150 *BVerfGE* 36, 264, 271; *BVerfG* NStZ-RR 1999, 12, 13.

Schwierigkeit und zum besonderen Umfang der Ermittlungen sowie zu anderen wichtigen Gründen zu treffen. Erst dann ist in einem zweiten Schritt zu prüfen, ob diese Gründe die Fortdauer der Untersuchungshaft im eigentlichen Sinne rechtfertigen.[151] Zu den verfahrensrechtlichen Einzelheiten vgl. Rn. 87.

3. Die Bedeutung des Beschleunigungsgrundsatzes

Besondere Bedeutung bei der Frage der Verhältnismäßigkeit hat – oft auch in Verbindung mit der Frage der Dauer der Inhaftierung – der Beschleunigungsgrundsatz. Dieser ergibt sich aus dem Freiheitsanspruch des Beschuldigen sowie der Unschuldsvermutung. Der Beschleunigungsgrundsatz ist nur dann gewahrt, wenn die Strafverfolgungsbehörden und Gerichte alle **möglichen und zumutbaren Maßnahmen** ergreifen, um eine rechtskräftige Entscheidung über den Tatvorwurf in der gebotenen Schnelligkeit herbeiführen.[152] Das Beschleunigungsgebot gilt auch im Fall der Außervollzugsetzung des Haftbefehls[153] oder bei Überhaft.[154] Der Beschleunigungsgrundsatz gilt für das gesamte Strafverfahren.[155]

50

Aus dem Beschleunigungsgrundsatz folgt, dass **erhebliche Verfahrensverzögerungen**, die ihren Grund weder in der Sache selbst noch in einem dem Beschuldigten zurechenbaren Verhalten haben, die Unverhältnismäßigkeit der Untersuchungshaft bewirken.[156] Die Schwere der vorgeworfenen Tat ist dabei ebenso wenig wie die im Raum stehende Straferwartung von Bedeutung.[157] Auch der Umstand, dass die Strafverfolgungsbehörden oder das befasste Gericht überlastet sind, steht der Verletzung des Beschleunigungsgrundsatzes und damit der Unverhältnismäßigkeit des Haftbefehls nicht entgegen. Das BVerfG hat hierzu in einer Entscheidung aus dem Jahr 2005[158] ausgeführt: „Die Überlastung eines Gerichts fällt – anders als unvorhersehbare Zufälle und schicksalhafte Ereignisse – in den Verantwortungsbereich der staatlich verfassten Gemeinschaft. Der Staat kann sich dem Beschuldigten gegenüber nicht darauf berufen, dass er seine Gerichte nicht so ausstattet, wie es erforderlich ist, um die anstehenden Verfahren ohne vermeidbare Verzögerung abzuschließen. Es ist seine Aufgabe, im Rahmen des Zumutbaren alle Maßnahmen zu treffen, die geeignet und nötig sind, einer Überlastung der Gerichte vorzubeugen und ihr dort, wo sie eintritt, rechtzeitig abzuhelfen. Er hat die dafür erforderlichen – personellen wie sächlichen – Mittel aufzubringen, bereitzustellen und einzusetzen. Dem Beschuldigten darf nicht zugemutet werden, eine längere als die verfahrensangemessene Aufrechterhaltung des Haftbefehls nur deshalb in Kauf zu nehmen, weil der Staat es versäumt, dieser Pflicht zu genügen." Dem ist nichts hinzuzufügen. Auch in diesen Fällen ist der Haftbefehl aufzuheben und zwar selbst dann, wenn dieser bereits außer Vollzug gesetzt wurde.

51

---

151 *BVerfG* StV 2007, 369, 370; Satzger/Schluckebier/Widmaier/*Herrmann* § 121 Rn. 59.

152 *OLG Oldenburg* StraFo 2008, 26, 27.

153 *OLG Dresden* StV 2004, 495; *OLG Köln* StV 2005, 396, 397; Radtke/Hohmann/*Tsambikakis* § 112 Rn. 69.

154 *KG* StV 1993, 646; *OLG Brandenburg* StV 1999, 161, 161; MK-StPO/*Böhm/Werner* § 112 Rn. 6;. Radtke/ Hohmann/*Tsambikakis* § 112 Rn. 70.

155 *BVerfG* StV 2011, 31 ff.; HK-StPO/*Posthoff* Vor §§ 112 Rn. 19.

156 HK-StPO/*Posthoff* § 112 Rn. 11; *Püschel/Bartmeier/Mertens* § 7 Rn. 73.

157 *BVerfG* StV 2011, 31, 33; *OLG Hamm* StV 2006, 191, 193; *KG* StV 2007, 644, 644; Satzger/Schluckebier/Widmaier/*Herrmann* § 121 Rn. 15.

158 *BVerfG* NJW 2006, 668, 671.

52 In den einzelnen Verfahrensabschnitten hat der Beschleunigungsgrundsatz folgende Auswirkungen:

- Bereits der Erlass eines Haftbefehls darf nicht außergewöhnlich lange dauern.[159]
- Ein erlassener Haftbefehl wird dann unverhältnismäßig, wenn er nicht zügig vollstreckt wird.[160]
- Das Ermittlungsverfahren ist zügig und vorausschauend zu betreiben. Hierfür sind etwa Zweit- oder Doppelakten anzulegen.[161]
- Ein Sachverständiger ist nur im Fall seiner Erforderlichkeit einzuschalten, dann aber ohne Verzögerung.[162] Bei unnötiger Verzögerung der Gutachtenanfertigung ist ein Sachverständiger ggf. auszuwechseln.[163]
- Auch das Zwischenverfahren ist zügig durchzuführen. Hierbei soll regelmäßig eine Zeitspanne von drei Monaten ab Eingang der Anklageschrift beim Gericht bis zum Beginn der Hauptverhandlung angemessen sein.[164]
- Bei Überlastung der Gerichte sind ggf. Hilfsstrafkammern zu bilden.[165]
- Die Terminierung der Hauptverhandlung hat vorausschauend zu erfolgen und Hauptverhandlungstage sind regelmäßig durchzuführen. Bei umfangreicheren Verfahren haben jedenfalls mindestens vier Hauptverhandlungstage pro Monat stattzufinden;[166] zum Teil wird auch eine engere Terminierung gefordert.[167]

53 Eine „Kompensation" von einerseits verzögert geführten mit andererseits beschleunigt geführten Verfahrensabschnitten findet nicht statt. Eine einmal eingetretene Verfahrensverzögerung kann daher nicht durch eine besonders schnelle Bearbeitung in einem späteren Verfahrensabschnitt beseitigt werden kann.[168]

C. Formelle Voraussetzungen der Untersuchungshaft

I. Zuständigkeit

54 Gem. § 125 Abs. 1 StPO erlässt vor Anklageerhebung – und damit im Ermittlungsverfahren – der Richter bei dem AG, in dessen Bezirk ein Gerichtsstand begründet ist oder der Beschuldigte sich aufhält, auf Antrag der Staatsanwaltschaft oder, wenn ein Staatsanwalt nicht erreichbar und Gefahr im Verzug ist, von Amts wegen den Haftbefehl. Damit ist im Ermittlungsverfahren der **Haftbefehlsantrag der Staatsanwaltschaft** grundsätzlich notwendige Voraussetzung für den Erlass eines Haftbefehls. Dabei ist der Amtsrichter an den von der Staatsanwaltschaft im Antrag dargestellten Lebenssachverhalt gebunden. Über die rechtliche Qualifikation der Tat kann er hingegen ebenso wie über das Vorliegen etwaiger Haftgründe selbstständig entschei-

---

159 Satzger/Schluckebier/Widmaier/*Herrmann* § 112 Rn. 133.
160 *OLG Köln* NStZ-RR 2009, 87; Radtke/Hohmann/*Tsambikakis* § 112 Rn. 67.
161 *BVerfG* StV 1999, 162 f.; *OLG Düsseldorf* StV 2001, 695, 696; Meyer-Goßner/Schmitt/*Schmitt* § 121 Rn. 23.
162 *OLG Oldenburg* StV 1993, 429; Püschel/Bartmeier/Mertens § 7 Rn. 79.
163 *OLG Zweibrücken* StV 1994, 89 f.
164 *BVerfG* StV 2008, 421, 423; *OLG Nürnberg* StV 2009, 367.
165 *KG* StV 1985, 116; *OLG Hamburg* StV 1989, 489.
166 *LG München II* StV 2009, 253.
167 *BVerfG* StV 2006, 318, 319; 2011, 31 ff.: mindestens zwei Hauptverhandlungstage pro Woche; vgl. auch: *OLG Oldenburg* StraFo 2008, 26.
168 *OLG Frankfurt/Main* NStZ-RR 1996, 268, 270; Satzger/Schluckebier/Widmaier/*Herrmann* § 121 Rn. 36; a.A. *BGH* NStZ 2003, 384 ff.

den.[169] Erlässt ein unzuständiges Gericht einen Haftbefehl, so ist dieser auf die Beschwerde des Beschuldigten aufzuheben, wenn das zuständige Gericht nicht zum Bezirk des Beschwerdegerichts gehört; eine Verweisung an das zuständige Gericht kommt nicht in Betracht.[170]

Nach Anklageerhebung erlässt gem. § 125 Abs. 2 S. 1 StPO das Gericht den Haftbefehl, das mit der Sache befasst ist, und, wenn Revision eingelegt ist, das Gericht, dessen Urteil angefochten ist. Nach S. 2 der Norm kann in dringenden Fällen auch der Vorsitzende den Haftbefehl erlassen. **55**

II. Form- und Begründungserfordernisse

Der Haftbefehl bedarf gem. § 114 Abs. 1 StPO der **Schriftform**, d.h., dass dieser vom Richter **56** unterzeichnet sein muss. Zum Zeitpunkt der mündlichen Verkündung des Haftbefehls gem. § 114a StPO muss der Haftbefehl noch nicht in schriftlicher Form vorliegen; die schriftliche Fassung muss indes unverzüglich erstellt werden.[171] Ausreichend ist, wenn der Haftbefehl, der in der Hauptverhandlung erlassen wird, vollständig in das Protokoll aufgenommen wird.[172] Auch ein im Anschluss an die Urteilsverkündung beschlossener und in das Hauptverhandlungsprotokoll aufgenommener Haftbefehl muss den Formerfordernissen des § 114 Abs. 1 StPO genügen.[173] Die ausdrückliche Anordnung der Untersuchungshaft ist notwendiger Bestandteil des Haftbefehls. Daher ist es etwa nicht ausreichend, dass die Entscheidung lediglich als Haftbefehl bezeichnet wird.[174]

Gem. § 114 Abs. 2 StPO sind in dem Haftbefehl anzuführen: **57**
- der Beschuldigte,
- die Tat, derer er dringend verdächtig ist, Zeit und Ort ihrer Begehung, die gesetzlichen Merkmale der Straftat und die anzuwendenden Strafvorschriften (vgl. Rn. 58 f.),
- der Haftgrund (vgl. Rn. 60) sowie
- die Tatsachen, aus denen sich der dringende Tatverdacht und der Haftgrund ergibt (vgl. Rn. 61), soweit nicht dadurch die Staatssicherheit gefährdet wird.

Der Haftbefehl muss – neben einer genauen Bezeichnung der Personalien des Beschuldigten – **58** zunächst den **strafrechtlichen Vorwurf** enthalten, der die Anordnung der Untersuchungshaft rechtfertigen soll. Dabei muss die Tat aus sich heraus verständlich dargestellt werden.[175] Bezugnahmen auf bei den Akten befindliche Unterlagen sind nur dann zulässig, wenn diese dem Haftbefehl als Anlagen beigefügt sind.[176] Das Tatgeschehen ist nach Ort, Zeit und Art der Durchführung der Tat, ggf. der Person des Geschädigten sowie den sonstigen Umständen so genau zu bezeichnen, dass der historische Vorgang, der dem Beschuldigten zur Last gelegt wird, genau beschrieben wird.[177] Diesen Anforderungen wird das Gericht etwa dann nicht gerecht, wenn der Vorwurf des Betruges erhoben wird, Angaben zur Anzahl der Geschädigten und zur Höhe des Schadens in dem Haftbefehl aber nicht enthalten sind.[178] Auch eine allge-

169 *Schlothauer/Weider* Rn. 268.
170 *KG* StV 1998, 384.
171 HK-StPO/*Posthoff* § 114 Rn. 2.
172 *OLG Oldenburg* StraFo 2006, 282, 283.
173 *Püschel/Bartmeier/Mertens* § 6 Rn. 7.
174 HK-StPO/*Posthoff* § 114 Rn. 4.
175 Satzger/Schluckebier/Widmaier/*Herrmann* § 114 Rn. 15.
176 *OLG Celle* StV 1998, 385; HK-StPO/*Posthoff* § 114 Rn. 9; KK-StPO/*Graf* § 114 Rn. 7.
177 *OLG Hamm* StV 2000, 153, 154; *OLG Celle* StV 2005, 513; Meyer-Goßner/Schmitt/*Schmitt* § 114 Rn. 7.
178 *OLG Karlsruhe* StV 2002, 147, 148.

mein gehaltene und pauschale Darstellung des Tatvorwurfs, etwa des Zigarettenschmuggels, genügt nicht.[179] Insgesamt ist erforderlich, dass in dem Haftbefehl der Tatvorwurf in einer dem Anklagesatz angenäherten Weise angegeben wird.[180] Dies gilt jedenfalls mit zunehmender Fortdauer der Ermittlungen.[181] Anzugeben sind weiterhin die Straftat nach ihren gesetzlichen Merkmalen und die anzuwendenden Strafvorschriften.

59   Genügt der Haftbefehlsantrag im Ermittlungsverfahren diesen Konkretisierungserfordernissen nicht, ist der Antrag abzulehnen. Das Gericht ist nicht befugt, dem Mangel des Antrags durch den Erlass eines ordnungsgemäß gefassten Haftbefehls abzuhelfen.[182] Denn: „Ist die Staatsanwaltschaft nicht in der Lage, einen hinsichtlich der Vorwürfe hinreichend konkretisierten Antrag zu stellen, fehlt es am dringenden Tatverdacht der Begehung einer konkreten Tat."[183]

60   Weiterhin muss der Haftbefehl nach § 114 Abs. 2 Nr. 3 StPO den **Haftgrund** bezeichnen. Umstritten ist, ob bei Vorliegen mehrerer Haftgründe diese sämtlich im Haftbefehl aufzuführen sind. Die wohl h.M. verneint dies.[184] Dem kann nicht gefolgt werden: Der Haftbefehl hat u.a. die Funktion, dem Beschuldigten zu eröffnen, aus welchen Gründen er inhaftiert wird. Nur wenn der Haftbefehl sämtliche Haftgründe enthält, hat der Beschuldigte die Möglichkeit, sich umfassend gegen die Inhaftierung zu verteidigen.[185] Er sollte nicht damit rechnen müssen, dass er nach erfolgreicher Verteidigung gegen den im Haftbefehl benannten Haftgrund (bei unveränderter Sachlage) mit einem anderen Haftgrund konfrontiert wird, mit dessen Vorliegen der Haftbefehl bzw. dessen Aufrechterhaltung begründet werden soll. Dies gebietet bereits der Grundsatz des fairen Verfahrens.[186] Zudem ist zu beachten, dass die im Haftbefehl aufgeführten Haftgründe den Zweck der Untersuchungshaft definieren. Sie sind daher Grundlage für mögliche Beschränkungen, die der Beschuldigte im Untersuchungshaftvollzug hinzunehmen hat.[187] Auch aus diesem Grund müssen sämtliche aus Sicht des Gerichts vorliegenden Haftgründe im Haftbefehl aufgeführt werden.

61   Schließlich muss der Haftbefehl gem. § 114 Abs. 2 Nr. 4 StPO die **Tatsachen** aufführen, aus denen sich der dringende Tatverdacht sowie der Haftgrund ergeben. Der in der Norm enthaltene Ausschlussgrund („soweit nicht dadurch die Staatssicherheit gefährdet wird") hat in Fiskalstrafsachen keine Bedeutung. Die Benennung der Tatsachen hat so ausführlich zu erfolgen, dass der Beschuldigte sich sinnvoll dagegen verteidigen kann.[188] Diesen Anforderungen wird die amtsgerichtliche Praxis häufig nicht gerecht.

62   Umstritten ist, ob der Haftbefehl **Ausführungen zur Beweiswürdigung** enthalten muss. Während dies von der wohl noch h.M.[189] verneint wird, geht die im Vordringen befindliche Gegen-

---

179   *OLG Celle* StV 2005, 513.
180   HK-StPO/*Posthoff* § 114 Rn. 9; *Schlothauer/Weider* Rn. 269.
181   Vgl. *OLG Brandenburg* StV 1997, 140; *OLG Celle* StV 2005, 513.
182   *OLG Düsseldorf* StV 1996, 440, 441; *Püschel/Bartmeier/Mertens* § 6 Rn. 8.
183   *Schlothauer/Weider* Rn. 271.
184   *OLG Hamm* StV 1998, 35, 36; KK-StPO/*Graf* § 114 Rn. 12; einschränkend: HK-StPO/*Posthoff* § 114 Rn. 14 sowie Meyer-Goßner/Schmitt/*Schmitt* § 114 Rn. 14, die bei Zusammentreffen von Flucht- und Verdunkelungsgefahr die Angabe beider Haftgründe verlangen.
185   Radtke/Hohmann/*Tsambikakis* § 114 Rn. 7; *Schlothauer/Weider* Rn. 272.
186   Satzger/Schluckebier/Widmaier/*Herrmann* § 114 Rn. 22.
187   *Püschel/Bartmeier/Mertens* § 6 Rn. 8.
188   Satzger/Schluckebier/Widmaier/*Herrmann* § 114 Rn. 26.
189   *OLG Düsseldorf* StV 1988, 534; 1991, 521, 522; Meyer-Goßner/Schmitt/*Schmitt* § 114 Rn. 11.

auffassung[190] von diesem Erfordernis aus. Letztere Auffassung ist zutreffend: Denn nur dann, wenn der Beschuldigte über den eigentlichen Tatvorwurf hinaus weiß, was ihn aus Sicht des Gerichts der ihm vorgeworfenen Tat hinreichend verdächtig macht, kann er sich angemessen gegen den Vorwurf verteidigen.[191]

Gem. § 114 Abs. 3 StPO muss der Haftbefehl dann, wenn die **Unverhältnismäßigkeit** der Untersuchungshaft naheliegt, darlegen, aus welchen Gründen die Verhältnismäßigkeit im konkreten Fall gewahrt ist. Die Verwendung von Leerfloskeln genügt auch insoweit nicht.   63

D. Verfahren bei Festnahme aufgrund eines bestehenden Haftbefehls

Wird der Beschuldigte aufgrund eines bestehenden Haftbefehls festgenommen wird, wird der Haftbefehl vollstreckt, so dass ab diesem Zeitpunkt Untersuchungshaft vollzogen wird.[192] Gemäß § 114a StPO ist dem Beschuldigten bei der Verhaftung eine Abschrift des Haftbefehls auszuhändigen. Hierdurch wird – auch für den Beschuldigten – klargestellt, dass Rechtsgrundlage für die Verhaftung ein bereits bestehender Haftbefehl ist und nicht etwa lediglich eine vorläufige Festnahme gem. § 127 StPO erfolgt, bei der erst die weiteren Ermittlungen ergeben müssen, ob die Staatsanwaltschaft einen Haftbefehl beantragen und das Gericht diesen u.U. erlassen wird.[193]   64

Zugleich sind die in §§ 114a–c StPO normierten **Belehrungen** vorzunehmen. Von besonderer Bedeutung ist dabei die Belehrung nach § 114b Abs. 1 Nr. 4 StPO über das **Anwaltskonsultationsrecht** des Beschuldigten. Weil mit der Festnahme aufgrund eines Haftbefehls die Untersuchungshaft bereits vollzogen wird, ist dem Beschuldigten gem. §§ 140 Abs. 1 Nr. 4, 141 Abs. 3 S. 4 StPO „unverzüglich" ein Pflichtverteidiger zu bestellen, vgl. Rn. 92. Auch hierüber ist der Beschuldigte zu belehren.   65

Das weitere Verfahren nach der Verhaftung des Beschuldigten aufgrund eines Haftbefehls richtet sich nach § 115 StPO. Nach § 115 Abs. 1 StPO ist der Beschuldigte dem zuständigen Gericht – i.d.R. dem Gericht, das den Haftbefehl erlassen hat – unverzüglich vorzuführen. Unverzüglichkeit bedeutet, dass die Vorführung spätestens am Tag nach der Verhaftung des Beschuldigten zu erfolgen hat. Weitere Ermittlungen rechtfertigen keine Verzögerung.[194] Der Beschuldigte soll möglichst rasch über die Grundlagen des Haftbefehls unterrichtet werden und Gelegenheit erhalten, sich zu verteidigen.[195] Zugleich wird dem Beschuldigten nachträglich rechtliches Gehör gewährt.[196] Nach § 115 Abs. 2 StPO hat der zuständige Richter den Beschuldigten unverzüglich, spätestens am nächsten Kalendertag, über den Gegenstand der Beschuldigung zu vernehmen, und zwar auch dann, wenn der Beschuldigte bereits zuvor in   66

---

190 Satzger/Schluckebier/Widmaier/*Herrmann* § 114 Rn. 29; für eine Haftentscheidung nach erstinstanzlicher Verurteilung: *OLG Hamm* NStZ 2008, 649; vgl. auch: Radtke/Hohmann/*Tsambikakis* § 114 Rn. 9: Eine Beweiswürdigung ist bei schwierigen Beweiskonstellationen – wie etwa Aussage gegen Aussage – erforderlich.

191 Satzger/Schluckebier/Widmaier/*Herrmann* § 114 Rn. 29.

192 *Schlothauer/Weider* Rn. 333; *Deckers* StraFo 2009, 441, 443.

193 *Schlothauer/Weider* Rn. 333.

194 *BGH* StV 1995, 283, 283; Meyer-Goßner/Schmitt/*Schmitt* § 115 Rn. 4.

195 HK-StPO/*Posthoff* § 115 Rn. 1; KK-StPO/*Graf* § 115 Rn. 1a.

196 *BVerfG* NStZ 1994, 551, 552; HK-StPO/*Posthoff* § 115 Rn. 1.

dem Strafverfahren richterlich vernommen wurde.[197] Der Ablauf der Vernehmung und das Belehrungserfordernis ergeben sich aus § 115 Abs. 3 StPO. Gem. § 115 Abs. 4 StPO entscheidet der Richter nach der Vernehmung, ob der Haftbefehl aufrechterhalten, nach § 120 Abs. 1 StPO aufgehoben oder gem. § 116 StPO außer Vollzug gesetzt wird. Sofern der Haftbefehl aufrechterhalten wird, kann dieser ergänzt, verändert oder gar neu gefasst werden.[198]

67 Kann der Beschuldigte nicht spätestens am Tag nach der Ergreifung dem zuständigen Gericht vorgeführt werden, so ist er nach § 115a Abs. 1 StPO unverzüglich dem **nächsten AG** vorzuführen. Das „nächste" AG ist entweder das, in dessen Bezirk der Beschuldigte festgenommen wurde oder dasjenige, das verkehrstechnisch am schnellsten erreicht werden kann.[199] Nach § 115a Abs. 2 S. 1 StPO ist der Beschuldigte auch hier zu vernehmen. Die Entscheidungskompetenz des Richters ist im Verhältnis zu dem originär zuständigen Gericht nach § 115 Abs. 4 StPO eingeschränkt. Nach § 115 Abs. 2 S. 3 StPO ist dieser nur berechtigt, den Verhafteten mit der Begründung freizulassen, dass dieser nicht die im Haftbefehl bezeichnete Person ist, der Haftbefehl unwirksam oder wieder aufgehoben ist oder die Staatsanwaltschaft die Aufhebung beantragt. Daneben kommt eine Freilassung lediglich in Fällen der Haftunfähigkeit des Beschuldigten in Betracht.[200] Das weitere Vorgehen für den Fall, dass der Beschuldigte gegen den Haftbefehl oder dessen Vollzug weitere Einwendungen erhebt, regelt § 115a Abs. 2 S. 4 StPO.

E. Außervollzugsetzungsmöglichkeiten

I. Grundsätzliches

68 Die Möglichkeit der Außervollzugsetzung des Haftbefehls stellt eine besondere Ausprägung des Verhältnismäßigkeitsgrundsatzes dar: Genügen für den Beschuldigten weniger einschneidende Maßnahmen, um den Zweck der Untersuchungshaft zu erreichen, muss der Vollzug des Haftbefehls ausgesetzt werden.[201] Allerdings gilt der Verhältnismäßigkeitsgrundsatz auch für den außer Vollzug gesetzten Haftbefehl. Das bedeutet, dass der Haftbefehl aufzuheben ist, wenn seine Aufrechterhaltung trotz der Außervollzugsetzung unverhältnismäßig ist.[202] Die Außervollzugsetzung kommt während des gesamten Strafverfahrens in Betracht. Sie kann auch bereits zusammen mit dem Erlass des Haftbefehls erfolgen.[203] Ob die Voraussetzungen für eine Außervollzugsetzung vorliegen, ist bei jeder Haftentscheidung gesondert zu prüfen. Grundsätzlich ist eine Außervollzugsetzung in rechtlicher Hinsicht nicht von der Zustimmung des Beschuldigten abhängig.[204] Weil aber nahezu jede Auflage seine Mitwirkung erfordert, ist faktisch eine Außervollzugsetzung gegen oder ohne den Willen des Beschuldigten nicht denkbar.

69 Allgemein geht es bei der Außervollzugsetzung des Haftbefehls um die Anordnung von Maßnahmen, die für den Beschuldigten weniger einschneidend als der Vollzug der Untersuchungshaft sind. Dem Beschuldigten dürfen dabei keine unzumutbaren Auflagen gemacht werden. Der

---

197 HK-StPO/*Posthoff* § 115 Rn. 13.

198 KK-StPO/*Graf* § 115 Rn. 14.

199 HK-StPO/*Posthoff* § 115a Rn. 2.

200 *LG Frankfurt/Main* StV 1985, 464; KK-StPO/*Graf* § 115a Rn. 4; SK-StPO/*Paeffgen* § 115a Rn. 5.

201 *BVerfGE* 19, 342, 347 ff.; HK-StPO/*Posthoff* § 116 Rn. 1; Satzger/Schluckebier/Widmaier/*Herrmann* § 116 Rn. 1.

202 *OLG Köln* StV 2005, 396, 397; LR/*Hilger* § 116 Rn. 1.

203 Meyer-Goßner/Schmitt/*Schmitt* § 116 Rn. 1; SK-StPO/*Paeffgen* § 116 Rn. 4.

204 MK-StPO/*Böhm* § 116 Rn. 4.

Katalog der Weisungen in § 116 StPO ist nicht abschließend.[205] Vielmehr kann das Gericht grundsätzlich jede mögliche Verhaltensweise des Beschuldigten zum Gegenstand einer Auflage machen, sofern diese zum einen dem Zweck des Haftbefehls dient und zum anderen für den Beschuldigten zumutbar ist. Auch eine **Kombination** verschiedener (benannter oder unbenannter) Auflagen ist möglich und in der Praxis verbreitet. Sofern **mehrere Haftgründe** vorliegen, ist eine Außervollzugsetzung nur dann möglich, wenn für jeden Haftgrund geltende Aussetzungsvoraussetzungen nebeneinander erfüllt sind.[206] Eine Außervollzugsetzung des Haftbefehls ohne Sicherungsauflagen scheidet zum einen aufgrund des eindeutigen Wortlautes des § 116 StPO, zum anderen aber auch deshalb aus, weil dann, wenn der Zweck der Untersuchungshaft bei Freilassung des Beschuldigten ohne jegliche Auflage erreichbar wäre, tatsächlich gar kein Haftgrund bestünde.[207]

II. Die Außervollzugsetzungsmöglichkeiten bei den einzelnen Haftgründen

§ 116 StPO differenziert in seinen Abs. 1–3 hinsichtlich der Voraussetzungen für eine Außervollzugsetzung nach den im Haftbefehl angegebenen Haftgründen. Wenn im Haftbefehl mehrere Haftgründe genannt sind, ist stets zu prüfen, ob der mit diesen Haftgründen verbundene konkrete Zweck der Untersuchungshaft im Hinblick auf sämtliche Haftgründe durch geeignete Auflagen gesichert werden kann. Die nachfolgende Darstellung beschränkt sich auf die Außervollzugsetzung eines auf die Haftgründe der Fluchtgefahr oder der Verdunkelungsgefahr gestützten Haftbefehls. Die Außervollzugsetzung gem. § 116 Abs. 3 StPO beim Haftgrund der Wiederholungsgefahr spielt ebenso wenig wie die Frage der analogen Anwendung des § 116 StPO auf den Haftgrund der „Tatschwere" gem. § 112 Abs. 3 StPO im Fiskalstrafrecht eine Rolle, da beide Haftgründe in diesem Deliktsbereich nicht einschlägig sind.

70

1. Außervollzugsetzung des Haftbefehls gem. § 116 Abs. 1 StPO bei Fluchtgefahr

Gem. § 116 Abs. 1 S. 1 StPO setzt der Richter den Vollzug eines Haftbefehls, der lediglich wegen Fluchtgefahr gerechtfertigt ist, aus, wenn weniger einschneidende Maßnahmen die Erwartung hinreichend begründen, dass der Zweck der Untersuchungshaft auch durch diese erreicht werden kann. Dies ist dann der Fall, wenn mit großer Wahrscheinlichkeit anzunehmen ist, dass der Beschuldigte sich dem Verfahren nicht entziehen werde.[208] Einer diesbezüglichen Gewissheit bedarf es nicht.[209] § 116 Abs. 1 S. 2 StPO führt exemplarisch vier mögliche Auflagen auf. Nr. 1 der Norm enthält die sog. **Meldeauflage.** Danach wird der Beschuldigte verpflichtet, sich an bestimmten Tagen bzw. zu bestimmten Zeiten bei Gericht, der Staatsanwaltschaft oder – was der Regelfall ist – bei der Polizei zu melden. Auch die Auferlegung einer Meldepflicht bei einer privaten Stelle, etwa dem Arbeitgeber, soll zulässig sein, setzt aber das Einverständnis derselben und deren Verschwiegenheit voraus.[210] Die Intensität bzw. Frequenz der Meldepflicht hängt von der Stärke der bei dem Beschuldigten angenommenen Fluchtge-

71

---

205 HK-StPO/*Posthoff* § 116 Rn. 13.

206 KK-StPO/*Graf* § 116 Rn. 11; MK-StPO/*Böhm* § 116 Rn. 8; SK-StPO/*Paeffgen* § 116 Rn. 4.

207 HK-StPO/*Posthoff* § 116 Rn. 7; SK-StPO/*Paeffgen* § 116 Rn. 6.

208 *OLG Karlsruhe* StraFo 1997, 90, 91; HK-StPO/*Posthoff* § 116 Rn. 11; LR/*Hilger* § 116 Rn. 12, SK-StPO/*Paeffgen* § 116 Rn. 10.

209 Radtke/Hohmann/*Tsambikakis* § 116 Rn. 9.

210 MK-StPO/*Böhm* § 116 Rn. 22.

fahr ab.[211] Daher kommt es mitunter auch zur Verpflichtung täglicher Meldung. § 116 Abs. 1 S. 2 Nr. 2 StPO regelt, dass der Beschuldigte verpflichtet werden kann, seinen Wohn- oder Aufenthaltsort oder einen bestimmten Bereich nicht ohne Erlaubnis des Richters oder der Staatsanwaltschaft zu verlassen. Eine solche **Aufenthaltsbeschränkung** ermöglicht die Außervollzugsetzung des Haftbefehls (jedenfalls ohne das Hinzutreten weiterer Auflagen) nur bei besonderem Vertrauen.[212] Gem. § 116 Abs. 1 S. 2 Nr. 3 StPO kann der Beschuldigte angewiesen werden, seine Wohnung nur unter Aufsicht zu verlassen. Diese (auch als **Hausarrest** bezeichnete) Auflage spielt in der Praxis bedauerlicherweise nahezu keine Rolle. Die Bereitschaft der Gerichte, aufgrund dieser Auflage einen Haftbefehl außer Vollzug zu setzen, dürften auch deshalb gering sein, weil naheliegende Maßnahmen der Überwachung der Auflage – wie insbesondere die elektronische Fußfessel – nicht zur Verfügung stehen.[213]

72 Von großer Bedeutung in Wirtschaftsstrafsachen ist die Außervollzugsetzung des Haftbefehls gegen **Hinterlegung einer Sicherheitsleistung** gem. § 116 Abs. 1 S. 2 Nr. 4 StPO. Die Kaution kann entweder vom Beschuldigten oder aber auch von einem Dritten aufgebracht werden. Sie soll nicht nur die Anwesenheit des Beschuldigten im Strafverfahren sicherstellen, sondern auch, dass dieser eine später verhängte Freiheitsstrafe antritt.[214] Die Möglichkeit der Vollzugsaussetzung gegen Sicherheitsleistung verstößt nicht gegen Art. 3 Abs. 1 GG, weil deren Höhe sich nach den jeweiligen Einkommens- und Vermögensverhältnissen des Beschuldigten bemisst, sodass auch weniger vermögenden Beschuldigten diese Möglichkeit offensteht.[215] Die Sicherheit ist gem. § 116a Abs. 1 S. 1 StPO durch Hinterlegung in barem Geld, in Wertpapieren, durch Pfandbestellung oder durch Bürgschaft geeigneter Personen zu leisten. Der Begriff der Pfandbestellung ist nicht im engen Sinne des BGB zu verstehen, vielmehr werden etwa auch die Sicherungsübereignung und die Bestellung von Grundschulden erfasst.[216] Das bloße Angebot, die Sicherheit zu leisten, reicht für die Haftverschonung nicht aus.[217] Nach § 124 Abs. 1 S. 1 StPO verfällt eine hinterlegte Sicherheit der Staatskasse, wenn der Beschuldigte sich der Untersuchung oder dem Antritt einer erkannten Freiheitsstrafe entzieht. Zu beachten ist, dass die Sicherheitsleistung ausschließlich der Erfüllung des Zweckes der Untersuchungshaft und damit dem Ziel, dass der Beschuldigte sich dem Verfahren stellt, dient.[218] Daher ist insbesondere eine Verrechnung der Sicherheitsleistung mit einer ggf. später durch Urteil festgesetzten Geldstrafe oder den Verfahrenskosten unzulässig.[219] Dem Beschuldigten darf eine gegenteilige Erklärung nicht abverlangt werden.[220]

---

211 *Schlothauer/Weider* Rn. 592.

212 Vgl. *OLG Karlsruhe* StV 2010, 31, 33; Satzger/Schluckebier/Widmaier/*Herrmann* § 116 Rn. 18.

213 Zur Diskussion zur Einführung der elektronischen Fußfessel bzw. eines elektronisch überwachten Hausarrestes: *Hochhayr* NStZ 2013, 13 ff.; *Neuhaus* StV 1999, 340, 342 f. sowie *Püschel* StraFo 2009, 134, 140.

214 MK-StPO/*Böhm* § 116a Rn. 2.

215 *OLG Bamberg* MDR 1958, 788; HK-StPO/*Posthoff* § 116 Rn. 17; Meyer-Goßner/Schmitt/*Schmitt* § 116 Rn. 10; zudem wird z.T. auf Folgendes hingewiesen: Selbst, wenn die Erbringung einer Sicherheitsleistung für wohlhabende Beschuldigte leichter möglich sein sollte, liege hierin noch nicht zwingend eine Verletzung des Gleichheitsgrundsatzes. Denn das Grundgesetz gehe von der bestehenden Wirtschaftsordnung aus, die wirtschaftliche Ungleichheiten kennt. Zwar müsse die Rechtsordnung die Rechte unabhängig von der wirtschaftlichen Lage des Beschuldigten ausgestalten; sie könne aber dem Vermögenden nicht deshalb ein Recht versagen, weil der weniger Vermögende dieses Rechtes nicht in gleicher Weise bedienen kann; so etwa: MK-StPO/*Böhm* § 116a Rn. 5 m.w.N.

216 MK-StPO/*Böhm* § 116a Rn. 20.

217 HK-StPO/*Posthoff* § 116 Rn. 17.

218 Satzger/Schluckebier/Widmaier/*Herrmann* § 116 Rn. 27.

219 *OLG Frankfurt/Main* StV 2000, 509; *LG München II* StV 1998, 554; *Schlothauer/Weider* Rn. 604.

220 *LG München I* StraFo 2003, 92; Satzger/Schluckebier/Widmaier/*Herrmann* § 116 Rn. 27.

Neben den in § 116 Abs. 1 S. 2 StPO aufgeführten Auflagen kann auch jede sonst denkbare Maß- 73
nahme als Bedingung für die Außervollzugsetzung des Haftbefehls bestimmt werden, soweit
diese als Ersatz für den Vollzug des Haftbefehls geeignet erscheint und dem Beschuldigten
zumutbar ist. Selbstverständlich dürfen derartige Auflagen den Beschuldigten nicht in seinen
Grundrechten verletzen. In der Praxis sind die Anordnungen an den Beschuldigten, sämtliche
Ausweisdokumente zu hinterlegen,[221] oder, dass der Beschuldigte eine bestimmte Wohnung zu
nehmen hat, von Bedeutung.

2. Außervollzugsetzung des Haftbefehls gem. § 116 Abs. 2 StPO bei Verdunkelungsgefahr

Gem. § 116 Abs. 2 S. 1 StPO kann der Richter den Vollzug eines Haftbefehls, der auf Verdunke- 74
lungsgefahr gestützt wird, aussetzen, wenn weniger einschneidende Maßnahmen die Erwartung hinreichend begründen, dass sie die **Verdunkelungsgefahr** erheblich **vermindern** werden.
Nicht erforderlich ist, dass die Gefahr möglicher Verdunkelungshandlungen vollständig beseitigt sein muss.[222] Wenngleich die Norm anders als § 116 Abs. 1 S. 1 StPO, der die Außervollzugsetzung eines auf den Haftgrund der Fluchtgefahr gestützten Haftbefehls regelt, nach ihrem
Wortlaut eine „Kann-Vorschrift" darstellt, geht die h.M.[223] davon aus, dass das Gericht die
Außervollzugsetzung anordnen muss, wenn die Voraussetzungen der Norm vorliegen.

§ 116 Abs. 2 S. 1 StPO führt als Auflage die Anweisung an den Beschuldigten auf, mit Mitbe- 75
schuldigten, Zeugen oder Sachverständigen keine Verbindung aufzunehmen. Dabei müssen
die betreffenden Personen konkret benannt werden. Dem Beschuldigten sind dann sowohl die
unmittelbare als auch die mittelbare Kontaktaufnahme untersagt. Eine Ausnahme gilt hier
indes für den Verteidiger des Beschuldigten: Diesem kann die Kontaktaufnahme zu Mitbeschuldigten, Sachverständigen und (möglichen) Zeugen nicht untersagt werden.[224] Daneben
kommt auch bei diesem Haftgrund nach inzwischen h.M. die Außervollzugsetzung gegen
Sicherheitsleistung in Betracht.[225]

III. Das Verfahren bei der Außervollzugsetzung

Die Aussetzung der Vollzuges erfolgt von Amts wegen oder auf Antrag der Staatsanwaltschaft 76
oder des Beschuldigten. Die Zuständigkeit des Gerichts ergibt sich aus § 126 StPO. Sofern kein
Antrag der Staatsanwaltschaft vorliegt, ist diese nach § 33 Abs. 2 StPO zu hören. Gegen die
Außervollzugsetzung kann die Staatsanwaltschaft Beschwerde gem. § 304 Abs. 1 StPO einlegen.
Gegen einen die Haftverschonung nicht gewährenden Beschluss steht dem Beschuldigten der
Beschwerdeweg offen. Die Frage, in welchen Fällen im Einzelnen eine weitere Beschwerde
nach § 310 Abs. 1 Nr. 1 StPO zulässig ist, ist höchst umstritten.[226]

---

221 *OLG Köln* StV 2010, 29, 30; LR/*Hilger* § 116 Rn. 23; Radtke/Hohmann/*Tsambikakis* § 116 Rn. 22.
222 Meyer-Goßner/Schmitt/*Schmitt* § 116 Rn. 14.
223 HK-StPO/*Posthoff* § 116 Rn. 7; KK-StPO/*Graf* § 116 Rn. 4; LR/*Hilger* § 116 Rn. 8; Satzger/Schluckebier/Wid-
     maier/*Herrmann* § 116 Rn. 37; *Neuhaus* StV 1999, 340, 341.
224 *Püschel/Bartmeier/Mertens* § 8 Rn. 33; *Schlothauer/Weider* Rn. 639; *Neuhaus* StV 1999, 340, 343; vgl. auch:
     LG München I StraFo 1998, 209, 210.
225 *OLG Hamm* StV 2001, 688; *OLG Nürnberg* StraFo 2003, 89, 90; *LG Bochum* StV 1998, 207, 208; HK-StPO/
     Posthoff § 116 Rn. 22; *Püschel* StraFo 2009, 134, 138; a.A. Meyer-Goßner/Schmitt/*Schmitt* § 116 Rn. 16.
226 Vgl. die Darstellungen bei: HK-StPO/*Posthoff* § 116 Rn. 31 f. sowie SK-StPO/*Paeffgen* § 116 Rn. 21 ff.

IV. Die erneute Involizugsetzung des Haftbefehls

77 Nach der (unangefochtenen) Außervollzugsetzung des Haftbefehls ist jede neue Entscheidung, mit der die Haftverschonung aufgehoben oder auch nur geändert wird, unter den engen Voraussetzung des § 116 Abs. 4 StPO zulässig.[227] Die einzelnen Gründe ergeben sich aus der Norm. Danach ordnet der Richter den Vollzug des Haftbefehls an, wenn

- der Beschuldigte den ihm auferlegten Pflichten oder Beschränkungen gröblich zuwiderhandelt,
- der Beschuldigte Anstalten zur Flucht trifft, auf ordnungsgemäße Ladung ohne genügende Entschuldigung ausbleibt oder sich auf andere Weise zeigt, dass das in ihn gesetzte Vertrauen nicht gerechtfertigt war, oder
- neu hervorgetretene Umstände die Verhaftung erforderlich machen.

78 Auch beim Vorliegen dieser Gründe hat das Gericht indes aufgrund des Verhältnismäßigkeitsgrundsatzes stets zu prüfen, ob mildere Mittel der Verfahrenssicherung – insbesondere eine Verschärfung der bereits bestehenden Auflagen – in Betracht kommen.[228] Wird der außer Vollzug gesetzte Haftbefehl aufgehoben und durch einen neuen Haftbefehl ersetzt, liegt in der Sache eine erneute Involizugsetzung des Haftbefehls vor, die nur unter den Voraussetzungen des § 116 Abs. 4 StPO zulässig ist.[229]

F. Rechtsbehelfe und die besondere Haftprüfung durch das OLG

I. Überblick

79 Grundsätzlich steht dem in Untersuchungshaft befindlichen Beschuldigten eine Reihe von Handlungsmöglichkeiten gegen den Haftbefehl bzw. dessen Vollzug zur Verfügung. Zunächst kann er an das für den Erlass des Haftbefehls zuständige Gericht bzw. nach Anklageerhebung an das mit der Sache befasste Gericht folgende Anträge richten:[230]

- Antrag auf Aufhebung des Haftbefehls,
- Antrag auf Außervollzugsetzung des Haftbefehls,
- Antrag auf Haftprüfung im schriftlichen Verfahren gem. § 117 Abs. 1 StPO sowie
- Antrag auf Haftprüfung.

80 Weiterhin kann er

- Beschwerde gem. § 304 Abs. 1 StPO gegen den Haftbefehl,
- gem. § 117 Abs. 2 S. 2 i.V.m. § 304 Abs. 1 StPO Beschwerde gegen eine negative Haftprüfungsentscheidung und
- die weitere Beschwerde gegen die vom LG auf eine Beschwerde hin erlassenen Beschlüsse (§ 310 Abs. 1 StPO)

einlegen.

---

227 *BVerfG* StV 2008, 25, 26; *OLG Düsseldorf* StV 2002, 207; *OLG Dresden* StV 2010, 29; Meyer-Goßner/Schmitt/*Schmitt* § 116 Rn. 22; Satzger/Schluckebier/Widmaier/*Hermann* § 116 Rn. 51.
228 *BVerfG* StV 2007, 84, 87; 2008, 25, 27; *Püschel/Bartmeier/Mertens* § 8 Rn. 43.
229 *OLG Karlsruhe* wistra 2005, 316, 317; HK-StPO/*Posthoff* § 116 Rn. 34.
230 Vgl. die Übersicht bei *Schlothauer/Weider* Rn. 725.

Reichling

Schließlich kann er bis zur Anklageerhebung versuchen, die Staatsanwaltschaft zu bewegen, einen Antrag auf Aufhebung des Haftbefehls gem. § 120 Abs. 3 StPO zu stellen. Neben diesen vom Beschuldigten (bzw. seinem Verteidiger) initiierten gerichtlichen Überprüfungen der Haftentscheidung sieht die StPO in ihrem § 122 die besondere Haftprüfung durch das OLG im Falle der Fortdauer der Untersuchungshaft über sechs Monate vor. **81**

II. Haftprüfung

Gem. § 117 Abs. 1 StPO kann der Beschuldigte, solange er in Untersuchungshaft ist, jederzeit die gerichtliche Überprüfung beantragen, ob der Haftbefehl aufzuheben oder dessen Vollzug nach § 116 StPO auszusetzen ist. Die Überprüfung der Haftentscheidung im Rahmen der Haftprüfung ist während der gesamten Dauer des Verfahrens möglich. Voraussetzung ist aber – bereits nach dem Wortlaut des § 117 Abs. 1 StPO – grundsätzlich, dass der Haftbefehl sich in Vollzug befindet. Der Haftprüfungsantrag richtet sich gem. § 126 StPO vor Erhebung der Anklage an das Gericht, das den Haftbefehl erlassen hat, und danach an das mit der Sache befasste Tatgericht. Der Antrag ist form- und fristfrei. Es handelt sich bei der Haftprüfung im Grundsatz um ein **schriftliches Verfahren**. **82**

Das Gericht entscheidet über den Haftprüfungsantrag nach Gewährung rechtlichen Gehörs. Prüfungsmaßstab für seine Entscheidung sind dabei das Vorliegen des dringenden Tatverdachts und der im Haftbefehl aufgeführten Haftgründe sowie die Wahrung des Verhältnismäßigkeitsgrundsatzes. Darüber hinaus ist der gesamte Akteninhalt zum Gegenstand der gerichtlichen Überprüfung zu machen. Das Gericht kann vor seiner Entscheidung einzelne Beweise erheben, sofern dies ohne wesentlichen Zeitverlust möglich ist.[231] Dem Gericht steht eine umfassende Entscheidungskompetenz zu: Es kann den Haftbefehl aufrechterhalten, diesen gem. § 120 StPO aufheben oder entsprechend § 116 StPO außer Vollzug setzen. Weiterhin kann es den Haftbefehl auch inhaltlich ändern.[232] Die Entscheidung ergeht durch begründeten Beschluss. In der Begründung kann – bei unveränderter Sachlage – auf die Gründe des Haftbefehls oder einer früheren Haftentscheidung Bezug genommen werden.[233] **83**

Gem. § 118 Abs. 1 StPO wird bei der Haftprüfung auf Antrag des Beschuldigten oder nach dem Ermessen des Gerichts von Amts wegen nach **mündlicher Verhandlung** entschieden. § 118 Abs. 3 StPO enthält eine Sperrfrist: Demnach hat der Beschuldigte dann, wenn die Untersuchungshaft nach mündlicher Verhandlung aufrechterhalten worden ist, nur dann einen Anspruch auf eine erneute mündliche Verhandlung, wenn die Untersuchungshaft mindestens drei Monate andauert und seit der letzten mündlichen Verhandlung mindestens zwei Monate vergangen sind. Gem. § 118 Abs. 4 StPO besteht weiterhin während laufender Hauptverhandlung oder dann, wenn ein Urteil ergangen ist, das auf eine Freiheitsstrafe oder eine freiheitsentziehende Maßregel der Besserung und Sicherung erkennt, kein Anspruch auf Durchführung einer mündlichen Verhandlung im Rahmen der Haftprüfung. **84**

---

231 HK-StPO/*Posthoff* § 117 Rn. 8; Meyer-Goßner/Schmitt/*Schmitt* § 117 Rn. 6.
232 KK-StPO/*Graf* § 117 Rn. 11; Satzger/Schluckebier/Widmaier/*Herrmann* § 117 Rn. 22.
233 HK-StPO/*Posthoff* § 117 Rn. 9; SK-StPO/*Paeffgen* § 117 Rn. 10.

III. Haftbeschwerde

85 Die Haftbeschwerde nach § 304 Abs. 1 StPO kann jederzeit erhoben werden und richtet sich gegen die zuletzt ergangene negative Haftentscheidung. Die Beschwerde ist somit zulässig gegen jede im Zusammenhang mit der Untersuchungshaft ergangene gerichtliche Entscheidung. Sie kann sich daher nicht nur gegen den Haftbefehl als solchen richten, sondern auch etwa gegen die Entscheidung im Haftprüfungsverfahren oder die Anordnung von Auflagen und Weisungen im Zusammenhang mit der Außervollzugsetzung des Haftbefehls.[234] Anfechtbar ist aber immer nur die zuletzt ergangene, den Bestand des Haftbefehls betreffende Entscheidung.[235] Soweit der Haftbefehl mit der Beschwerde angegriffen wird, ist es nicht erforderlich, dass dieser bereits vollstreckt wird; es genügt vielmehr bereits der Erlass.[236] Die Haftbeschwerde ist gem. § 306 Abs. 1 StPO bei dem Gericht einzulegen, dessen Entscheidung angegriffen wird. Neben einem Antrag auf Haftprüfung ist die Haftbeschwerde gem. § 117 Abs. 2 S. 1 StPO unzulässig. Die Einlegung der Beschwerde ist weder an eine Frist noch an eine bestimmte Form gebunden. Die Beschwerde kann in demselben Verfahren mehrfach erhoben werden. Das Gericht, das die mit der Beschwerde angegriffene Haftentscheidung erlassen hat, hat die Möglichkeit, der Beschwerde abzuhelfen. Wenn das Ausgangsgericht nicht abhilft, soll die Beschwerde sofort, gem. § 306 Abs. 2 HS 2 StPO spätestens vor Ablauf von drei Tagen, dem Beschwerdegericht vorgelegt werden. Das zuständige Beschwerdegericht ist dann, wenn eine amtsgerichtliche Entscheidung angegriffen wird, gem. § 73 GVG das LG.

86 Die Entscheidung über die Haftbeschwerde ergeht i.d.R. nach Aktenlage, sofern nicht gem. § 118 Abs. 2 StPO auf Antrag des Beschuldigten oder von Amts wegen nach mündlicher Verhandlung zu entscheiden ist. Das Beschwerdegericht entscheidet gem. § 309 Abs. 2 StPO in der Sache selbst. Es kann daher nicht nur den Haftbefehl aufrechterhalten oder aufheben, sondern diesen auch durch einen anderen Haftbefehl ersetzen.[237] Als Rechtsbehelf gegen die Entscheidung des Beschwerdegerichts kann weitere Beschwerde gem. § 310 Abs. 1 Nr. 1 StPO eingelegt werden.

IV. Besondere Haftprüfung durch das OLG

87 § 122 StPO regelt die besondere Haftprüfung durch das OLG und stellt die verfahrensrechtliche Ergänzung zu § 121 StPO dar. Nach dieser Norm ist eine Aufrechterhaltung des Untersuchungshaftvollzuges über sechs Monate hinaus nur dann zulässig, wenn die besondere Schwierigkeit oder der besondere Umfang der Ermittlungen oder ein anderer wichtiger Grund das Urteil noch nicht zulassen und die Fortdauer der Haft rechtfertigen, vgl. hierzu Rn. 49. Die besondere Haftprüfung nach § 122 StPO setzt voraus, dass der Haftbefehl vollzogen wird. Gem. § 122 Abs. 1 StPO legt das (bislang) zuständige Gericht die Akten durch Vermittlung der Staatsanwaltschaft dem OLG zur Entscheidung vor, wenn es die Fortdauer der Untersuchungshaft für erforderlich hält oder die Staatsanwaltschaft es beantragt. Das zur Vorlage verpflichtete Gericht hat zuvor zu prüfen, ob der Haftbefehl gem. § 120 StPO aufzuheben oder gem. § 116 StPO außer Vollzug zu setzen ist.[238] Vor einer Entscheidung durch das OLG ist dem Beschuldigten und seinem Verteidiger gem. § 122 Abs. 2 StPO rechtliches Gehör zu gewähren.

---

234 Satzger/Schluckebier/Widmaier/*Herrmann* § 117 Rn. 33.

235 *OLG Hamburg* StV 1994, 323, 324; HK-StPO/*Posthoff* § 117 Rn. 11.

236 *OLG Hamm* NStZ-RR 2001, 254; *Püschel/Bartmeier/Mertens* § 9 Rn. 24.

237 Meyer-Goßner/Schmitt/*Schmitt* § 117 Rn. 11.

238 LR/*Hilger* § 122 Rn. 13 ff.

Hierzu sind dem Verteidiger auch die Stellungnahmen der Staatsanwaltschaft und der Generalstaatsanwaltschaft zuzuleiten.[239] Auf Antrag eines Verfahrensbeteiligten kann nach mündlicher Verhandlung entschieden werden; ein entsprechender Anspruch der Verfahrensbeteiligten besteht indes nicht.

Das OLG darf die Fortdauer der Untersuchungshaft nur dann anordnen, wenn sämtliche **88** Voraussetzungen hierfür vorliegen. Neben dem dringenden Tatverdacht, dem Haftgrund und der Verhältnismäßigkeit gehören hierzu insbesondere die Voraussetzungen des § 121 StPO, vgl. hierzu Rn. 49. Das OLG entscheidet durch begründeten Beschluss. Ein ordentlicher Rechtsbehelf gegen diesen Beschluss besteht nicht. Ordnet das OLG die Fortdauer der Untersuchungshaft an, obliegt ihm gem. § 122 Abs. 3 S. 2 StPO die weitere Haftprüfung, bis ein Urteil in dem Verfahren ergeht, mit dem der Beschuldigte zu einer Freiheitsstrafe (oder einer freiheitsentziehenden Maßregel) verurteilt wird. Gem. § 122 Abs. 4 S. 2 StPO muss die Prüfung durch das OLG spätestens nach Ablauf von drei weiteren Monaten wiederholt werden.

G. Die Ausgestaltung des Untersuchungshaftvollzuges

Durch die Föderalismusreform im Jahr 2006[240] ist die Zuständigkeit für die Regelung der Haft- **89** bedingungen bei der Untersuchungshaft zwischen dem Bund und den Ländern aufgeteilt worden, wobei partiell Doppelzuständigkeit besteht. Vereinfacht kann wie folgt unterschieden werden: § 119 StPO regelt die Zuständigkeit des Haftgerichts für Beschränkungen der Außenkontakte, wenn und soweit diese durch den Haftzweck gefordert werden.[241] Die Untersuchungshaftgesetze der Länder[242] regeln die Zuständigkeit der einzelnen Vollzugsanstalten für Beschränkungen jeglicher Art und Weise und zwar auch der Außenkontakte, sofern die Sicherheit und Ordnung der Anstalt diese erforderlich machen.[243]

Gem. § 119 Abs. 1 S. 1 StPO können einem inhaftierten Beschuldigten Beschränkungen aufer- **90** legt werden, soweit dies zur Abwehr einer Flucht-, Verdunkelungs- oder Wiederholungsgefahr erforderlich ist. § 119 Abs. 1 S. 2 StPO führt – nicht abschließend – als mögliche Beschränkungen u.a. auf, dass der Empfang von Besuchen und die Telekommunikation der Erlaubnis bedürfen, dass Besuche, Telekommunikation sowie der Schrift- und Paketverkehr zu überwachen sind, sowie, dass der Beschuldigte von einzelnen oder allen anderen Inhaftierten getrennt wird. Jede Beschränkung muss im Einzelfall auf ihre Erforderlichkeit geprüft und gem. § 34 StPO begründet werden.[244] Die Anordnung trifft nach § 119 Abs. 1 S. 3 StPO das zuständige Gericht, also gem. § 126 Abs. 1 StPO im Ermittlungsverfahren der Haftrichter und gem. § 126 Abs. 2 StPO nach Anklageerhebung das mit der Sache befasste Gericht. Nach § 119 Abs. 2 S. 1 StPO obliegt die Ausführung der Anordnungen, also etwa die Durchführung der Postkontrolle, grundsätzlich der anordnenden Stelle und somit dem Gericht. S. 2 der Norm macht hiervon die Ausnahme, dass das Gericht die Ausführung der Anordnungen an die Staatsanwaltschaft übertragen kann. Dies stellt in der Praxis den Regelfall dar.

---

239 Satzger/Schluckebier/Widmaier/*Hermann* § 122 Rn. 14.
240 BGBl I 2006, 2034 ff.
241 *Schlothauer/Weider* Rn. 999.
242 Die einzelnen Untersuchungshaftgesetze sind abrufbar im Internet unter www.cfmueller.de/u-haft.
243 *Schlothauer/Weider* Rn. 999.
244 *KG* StV 2010, 370, 372; *OLG Köln* StV 2011, 743; Meyer-Goßner/Schmitt/*Schmitt* § 119 Rn. 7.

91 Die Untersuchungshaftgesetze der Länder regeln zum einen das gesamte „Innenleben" der Anstalten. Gegenstand der Gesetze sind somit etwa das Procedere bei der Aufnahme, die Unterbringung und Versorgung, die Religionsausübung, aber auch die Datenerhebung und die Anwendung unmittelbaren Zwangs.[245] Daneben enthalten die Gesetze aber auch die Möglichkeit, die Außenkontakte der Untersuchungsgefangenen aus Gründen der Sicherheit und Ordnung der Anstalt zu beschränken. Anstaltsintern steht diese Kompetenz grds. der Anstaltsleitung zu.[246]

H. Besondere Beschuldigten- und Verteidigerrechte während des Untersuchungshaftvollzuges

I. Notwendige Verteidigung

92 Ein Fall der notwendigen Verteidigung liegt gem. § 140 Abs. 1 Nr. 4 StPO u.a. dann vor, wenn gegen den Beschuldigten Untersuchungshaft vollstreckt wird. Ab Beginn der Untersuchungshaft und für deren Dauer ist dem Beschuldigten somit ein Verteidiger zu bestellen, wobei dies gem. § 141 Abs. 3 S. 4 StPO unverzüglich nach dem Beginn der Vollstreckung des Haftbefehls zu erfolgen hat. Wenn gegen den Beschuldigten ein Haftbefehl vorliegt, dieser aber nicht vollstreckt wird, sei es, weil der Beschuldigte flüchtig ist, sei es, weil der Haftbefehl gem. § 116 Abs. 1 StPO außer Vollzug gesetzt wurde, liegt hingegen kein Fall der notwendigen Verteidigung vor. Umgekehrt gilt: Wenn gegen den Beschuldigten in einem Strafverfahren Untersuchungshaft vollzogen wird, liegt auch für andere Strafverfahren als dasjenige, in dem der Haftbefehl vollzogen wird, ein Fall der notwendigen Verteidigung vor.[247] Gem. § 141 Abs. 4 StPO ist für die Beiordnung im Ermittlungsverfahren das nach § 126 StPO zuständige Gericht zuständig, also dasjenige, das den Haftbefehl erlassen hat. Die erforderliche Pflichtverteidigerbestellung ab Vollzug der Untersuchungshaft führt zu einer Reihe praktischer Probleme, hinsichtlich derer auf die einschlägige Spezialliteratur zu verweisen ist.[248]

II. Akteneinsichtsrecht

93 Befindet sich der Beschuldigte in Untersuchungshaft oder ist diese nach einer vorläufigen Festnahme beantragt, sind dem Verteidiger nach § 147 Abs. 2 S. 2 StPO die für die Beurteilung der Rechtmäßigkeit der Freiheitsentziehung wesentlichen Informationen zugänglich zu machen. Hierfür ist in der Regel vollständige Akteneinsicht zu gewähren. Denn bei der Anwendung des § 147 Abs. 2 S. 2 StPO ist zu beachten, dass der *EGMR* – dessen Rechtsprechung[249] die Einfügung der Norm im Jahr 2009[250] überhaupt veranlasst hat – die mündliche Information und die schriftliche Zusammenfassung dieser Informationen durch die Ermittlungsbehörde oder

---

245 *Schlothauer/Weider* Rn. 1004.
246 *Schlothauer/Weider* Rn. 1021.
247 *OLG Frankfurt/Main* NStZ-RR 2011, 19; *LG Itzehoe* StV 2010, 562; Meyer-Goßner/Schmitt/*Schmitt* § 140 Rn. 14.
248 Siehe hierzu insb. *Schlothauer/Weider* Rn. 282 ff.
249 Vgl. insb. die Entscheidungen *Mooren* (StV 2008, 475 f.) sowie *Lietzow* (StV 2001, 201 ff.) und *Garcia Alva* (StV 2001, 205 f.), in denen der *EGMR* aufgrund der Verweigerung der Akteneinsicht bei Untersuchungshaft einen Verstoß gegen Art. 5 Abs. 4 EMRK annahm.
250 BGBl I 2009, 2274 ff.

Reichling

den Richter nicht hat ausreichen lassen.[251] Bei der Entscheidung über die Haftanordnung bzw. -fortdauer müssen solche Aktenbestandteile unberücksichtigt bleiben, deren Einsicht dem Verteidiger verweigert wurde.[252] Danach besteht für eine bevorstehende gerichtliche Haftentscheidung ein Verwertungsverbot hinsichtlich solcher für die Haftfrage – d.h. für den dringenden Tatverdacht, den Haftgrund und die Verhältnismäßigkeit – bedeutsamen Tatsachen und Beweismittel, die durch die Verweigerung der Akteneinsicht dem Verteidiger und dem Beschuldigten vorenthalten wurden.[253]

Die Vorschrift des § 147 Abs. 2 S. 2 StPO gilt nach h.M. nicht, wenn der **Haftbefehl noch nicht** **94** **vollzogen** ist.[254] Dies hätte zur Konsequenz, dass sich der Beschuldigte, gegen den ein Haftbefehl vorliegt, in die Untersuchungshaft begeben muss, um Akteneinsicht nehmen zu können.[255] Um in diesen Fällen die Vollziehung der Untersuchungshaft zu vermeiden, ist nach zutreffender Auffassung Akteneinsicht – jedenfalls im Umfang des § 147 Abs. 2 S. 2 StPO – auch dann zu gewähren, wenn der Beschuldigte von der Existenz des Haftbefehls Kenntnis hat, weil sein Anspruch auf rechtliches Gehör – insbesondere dann, wenn er Beschwerde gegen den Haftbefehl eingelegt hat – zur Vermeidung der Untersuchungshaft dem staatlichen Interesse an dem Schutz der Ermittlungen vorgeht.[256]

---

251 *EGMR* NJW 2002, 2013, 2014 f.; StV 2008, 475, 482.
252 Meyer-Goßner/Schmitt/*Schmitt* § 147 Rn. 25a unter Berufung auf BT-Drucks. 16/11644, 34.
253 *Schlothauer/Weider* Rn. 436.
254 *OLG München* NStZ 2009, 109, 110; NStZ-RR 2012, 317; *KG* StraFo 2012, 15f. mit kritischer Anm. *Herrmann*.
255 Daher zu Recht kritisch *Wohlers* StV 2009, 539, 540.
256 *OLG Köln* StV 1998, 269, 270; *LG Aschaffenburg* StV 1997, 644, 645; HK-StPO/*Julius* § 147 Rn. 15.

15. Kapitel
Sicherung von Vermögenswerten

Literatur: *Adick* Strafprozessuale Arrestanordnung bei Unzulässigkeit steuerlicher Arrestanordnung?, PStR 2011, 86; *Aue* StPO: Dinglicher Arrest nur beim Steuerschuldner, PStR 2013, 139; *Bittmann* Anmerkung zum Beschluss des OLG Rostock vom 13.5.2013 (Ws 61/13; ZWH 2014, 24); *ders.* Zum Drittverfall nach § 73 Abs. 3 StGB, ZWH 2014, 25; *ders.* Zum dinglichen Arrest beim Steuerschuldner, ZWH 2013, 330; *Bittmann/Kühn* Der Arrestgrund beim strafprozessualen dinglichen Arrest, wistra 2002, 248; *Brundiers/Löwe-Krahl* Vorrang des steuerlichen Arrests vor der strafprozessualen Rückgewinnungshilfe?, PStR 2009, 36; *Bülte* Anmerkung zu einer Entscheidung des OLG Bamberg, Urteil vom 12.11.2012 (4 U 168/12; ZWH 2013, 290) – Zur Sicherung des Anspruchs auf Schadensersatz, ZWH 2013, 293; *ders.* Anmerkung zum Beschluss des OLG Frankfurt vom 13.03.2014 (4 W 12/14, ZWH 2014, 325) – Zum Arrestgrund im Sinne des § 917 ZPO, ZWH 2014, 326; *ders.* Dinglicher Arrest und strafprozessuale Rückgewinnungshilfe, ZWH 2012, 453; *Gehrmann* Aus eins mach zwei – Verfallsanordnung im Steuerstrafrecht, PStR 2010, 233; *Hellerbrand* Der dingliche Arrest zur Sicherung des Verfalls von Wertersatz im Ermittlungsverfahren, wistra 2003, 201; *Kempf/Schilling* Vermögensabschöpfung, 2007; *Madauß* Vermögensabschöpfung im Steuerstrafverfahren Verhältnis von StPO-Arrest und AO-Arrest, NZWiSt 2013, 128; *Mertins* Der dingliche Arrest, JuS 2008, 692; *Roth* Der StPO-Arrest im Steuerstrafverfahren – Ausschluss des Steuerfiskus von der Rückgewinnungshilfe nach § 111b Abs. 2 und 5 StPO?, wistra 2010, 335; *Theile* Art. 14 GG und der strafprozessuale dingliche Arrest, StV 2009, 161; *Webel* Rückgewinnungshilfe in Steuerstrafverfahren – unzulässig oder unverzichtbar und zwingend?, wistra 2004, 249; *Werner* Vermögensabschöpfung im (Steuer-) Strafverfahren, PStR 2002, 8.

A. Einleitung

1 Straftaten bzw. Ordnungswidrigkeiten, die hier unter dem Oberbegriff „Fiskalstraftaten" zusammengefasst werden, richten sich gegen das Vermögen der öffentlichen Hand als Wirtschaftssubjekt, d.h. gegen den Fiskus. Dabei ist es für den Fiskus essentiell, etwaige geldwerte Verluste bzw. Schäden aus entsprechenden Fiskalstraftaten ganz oder teilweise zu vermeiden, etwaige **Verluste zu kompensieren** bzw. **Restitutionsansprüche durchzusetzen**. Insoweit stehen dem betroffenen öffentlich-rechtlichen Rechtsträger je nach Natur der Straftat verschiedene Wege der Geltendmachung und Durchsetzung zur Verfügung. In erster Linie wird dabei an die hoheitliche Durchsetzung entsprechender Ansprüche im Bescheidwege zu denken sein. Hier interessierende Hauptanwendungsfälle sind insoweit die Festsetzung etwaig verkürzter Steuern und (Sozial-)Abgaben oder die Rückforderung etwaig gewährter Subventionen bzw. Beihilfen. Daneben ist bei einigen Fiskalstraftaten, wie etwa der Haushaltsuntreue, bei der Geltendmachung von Sozialabgaben gegenüber Verantwortlichen der betroffenen Unternehmen sowie in einigen im Rahmen dieses Handbuchs bearbeiteten besonderen Betrugskonstellationen, auch die Geltendmachung von Schadensersatz nach § 823 Abs. 2 BGB i.V.m. einem Schutzgesetz oder gem. § 826 BGB im Privatrechtsweg bzw. Ansprüche aus ungerechtfertigter Bereicherung nach §§ 812 BGB ff. denkbar.

Vor dem Hintergrund des (potentiellen) Bestehens derartiger Ansprüche kommt es in der Praxis immer häufiger vor, dass es erforderlich ist oder zumindest aus der Sicht des Fiskus angezeigt erscheint, bereits vor der Erlangung etwaiger vollstreckbarer Titel zur finalen Durchsetzung derartiger Ansprüche, Vermögenswerte zu sichern bzw. sichern zu lassen, um nicht mit der späteren Vollstreckung auszufallen. Denn der Täter einer Fiskalstraftat soll das Erlangte selbstverständlich nicht behalten können.[1]   **2**

Im Zusammenhang mit Fiskalstraftaten sind verschiedene Möglichkeiten der Sicherung von Vermögenswerten denkbar. Gegenstand des nachfolgenden Beitrags ist primär das Recht der vorläufigen Sicherung der späteren Durchsetzung von Ansprüchen des Fiskus entsprechend den Vorschriften der StPO, der AO und der ZPO.[2] Gegenstand soll im Folgenden auch das Verhältnis der jeweiligen Normen untereinander sein, die in der Praxis erhebliche Anwendungsschwierigkeiten auslösen können, dem Strafverteidiger jedoch auch einiges Verteidigungspotential bieten.   **3**

Die Darstellung im Folgenden konzentriert sich neben einer Kurzdarstellung der jeweils relevanten Vorschriften auf die nach der Auffassung des Verfassers wesentlichen Probleme im fiskalstrafrechtlichen Kontext.   **4**

B. Sicherung von Vermögenswerten bei Fiskalstraftaten

Im Folgenden wird unter Rn. 6 ff. zunächst auf die strafrechtlichen Bestimmungen der Sicherung von Vermögenswerten, insbesondere auf den dinglichen Arrest zur Rückgewinnungshilfe nach §§ 111b–d StPO i.V.m. §§ 73, 73a StGB eingegangen werden (Rn. 6 ff.). Im Anschluss daran folgen Ausführungen zum steuerlichen Arrest nach § 324 AO (Rn. 56 ff.). Dem schließt sich eine kurze Darstellung des zivilprozessualen Arrests nach §§ 716 ff. ZPO (Rn. 69 ff.) und der Handlungsmöglichkeiten der Sozialversicherungsträger im Zusammenhang mit der Einziehung von Sozialversicherungsbeiträgen an (Rn. 85 ff.). Hierauf folgend wird das Verhältnis zwischen den zuvor dargestellten Sicherungsmöglichkeiten und dem strafprozessualen Arrest beleuchtet (Rn. 91 ff.).   **5**

I. Sicherung von Vermögenswerten durch strafprozessualen Arrest

1. Allgemeines

Das StGB enthält **materiell-rechtliche Regelungen zur Vermögensabschöpfung** in der Form des Verfalls (§§ 73–73e StGB) und der Einziehung (§§ 74–75 StGB). §§ 76, 76a StGB sind gemeinsame Vorschriften zur nachträglichen und selbständigen Anordnung.[3] Relevant im Bereich des Fiskalstrafrechts sind dabei primär die Bestimmungen des Verfalls nach §§ 73 ff. StGB. Beim Verfall handelt es sich **nicht** um eine **Strafe**. Vielmehr hat der Verfall eher den   **6**

---

1 Vgl. für Steuerstrafsachen *Madauß* NZWiSt 2013, 128 unter Verweis auf BT-Drucks. 16/700, wobei der Grundgedanke auf alle Fiskalstrafsachen übertragbar erscheint.
2 Insbesondere die Vorschriften des § 29a OWiG und deren vorläufige Sicherung entsprechend den §§ 111b ff. StPO i.V.m. § 46 OWiG sollen wegen der geringeren praktischen Bedeutung im Rahmen dieses Beitrags außen vor bleiben.
3 Vgl. *Kempf/Schilling* S. 26.

Charakter eines Rückgabeanspruchs aus ungerechtfertigter Bereicherung und soll dem Grundsatz „Verbrechen lohnt nicht" zur Durchsetzung verhelfen.[4]

7 Zur Absicherung dieser Maßnahmen zur Vermögensabschöpfung dienen dabei die Regelungen in §§ 111b–n StPO, die ein Bündel an Sicherungsmaßnahmen bereithalten.[5] Nahezu alle Verfallsanordnungen in der Praxis betreffen den **Wertersatzverfall** und insoweit die Anordnung des dinglichen Arrests in das Vermögen des potentiellen Fiskalstraftäters.[6]

8 Auch im Bereich der Fiskalstraftaten stellt dabei der dingliche Arrest nach §§ 111 b, 111d StPO in der Form der **Rückgewinnungshilfe** bzgl. **Wertersatzverfall** nach §§ 111b Abs. 5, 111d StPO i.V.m. §§ 73 Abs. 1 S. 2, 73a StGB den wesentlichen Anwendungsfall dar. Denn nach §§ 111b Abs. 5, 111d StPO i.V.m. §§ 73 Abs. 1 S. 2, 73a StGB ist die Anordnung des dinglichen Arrests auch zur Sicherung von Ansprüchen Verletzter zulässig (Rückgewinnungshilfe). Dies ist nach § 111b Abs. 5 StGB dann der Fall, wenn zwar der Erlass einer Verfallsanordnung nach § 73 Abs. 1 S. 2 StGB wegen bestehender Ansprüche des Verletzten aus der Tat nicht angeordnet werden darf, da dies dem Täter oder Teilnehmer der Tat den Wert der erlangten Vermögenswerte entziehen würde, jedoch im Übrigen die Voraussetzungen des Verfalls vorliegen. In bestimmten Konstellationen, wie etwa bestimmten Verschiebefällen, kommt bei Fiskalstraftaten auch der Grundfall der Sicherung des Wertersatzverfalls zu Gunsten des Justizfiskus in Betracht (hierzu sogleich).

9 Im Folgenden werden zunächst allgemein die wesentlichen Voraussetzungen des Verfalls nach §§ 73, 73a StGB als inzidente Voraussetzungen für den Erlass des dinglichen Arrests beleuchtet (vgl. Rn. 10 ff.) und sodann der Frage nachgegangen, inwieweit der Fiskus als „Verletzter" i.S.d. § 73 Abs. 1 S. 2 StGB einzustufen ist (vgl. Rn. 25 ff.). Im Anschluss daran schließen sich Ausführungen zum Anordnungsgrund (vgl. Rn. 35 ff.) und zu verfahrensrechtlichen Aspekten an (vgl. 43 ff.).

2. Voraussetzungen von §§ 73, 73a StGB

a) Anknüpfungstat

10 Der Verfall knüpft gem. § 73 Abs. 1 S. 1 StGB an die Begehung einer „rechtswidrigen Tat" an, die jedoch nicht schuldhaft verwirklicht sein muss.[7] Der Deliktscharakter ist insoweit unerheblich.[8] Im Falle der Strafbarkeit des Versuchs stellt der Versuch die relevante Anknüpfungstat dar.[9] Fiskalstraftaten sind insoweit auch als gegen das Vermögen des Fiskus gerichtete Straftaten taugliche Anknüpfungstaten für den Verfall.

b) Das Erlangte

11 Gegenstand des Verfalls nach § 73 Abs. 1 StGB ist, was der Täter oder Beteiligte für die Tat oder aus der Tat erlangt hat[10] und an denen dieser die faktische Mitverfügungsgewalt erlangt hat.[11] „Etwas" meint dabei die Gesamtheit des **„materiell-tatsächlich Erlangten"**, nicht ange-

---

4 *Werner* PStR 2002, 8; *Kempf/Schilling* S. 26.
5 *Kempf/Schilling* S. 105.
6 *Werner* PStR 2002, 8.
7 *Kempf/Schilling* S. 33.
8 *Kempf/Schilling* S. 34.
9 *Kempf/Schilling* S. 33.
10 *Fischer* § 73 Rn. 7.
11 BGH NStZ-RR 1997, 262; *Fischer* § 73 Rn. 13 m.w.N.

strebte Vermögensvorteile.[12] Erlangt sind auch Vermögensvorteile, auf die nicht gegenständlich zugegriffen werden kann, wie etwa die **Befreiung von Verbindlichkeiten** oder **ersparte Aufwendungen**.[13] Insoweit gilt das **Bruttoprinzip**. Es sollen sämtliche wirtschaftliche Werte, die in **irgendeiner Phase des Tatablaufs** vom Vorbereitungs- bis zum Beendigungsstadium (unmittelbar) erlangt wurden, in ihrer Gesamtheit abgeschöpft werden können.[14]

Von wesentlicher praktischer Bedeutung in diesem Zusammenhang ist gerade in Fiskalstrafsachen, in denen der Verdacht besteht, dass Steuern oder Sozialbeiträge zu Gunsten einer juristischen Person, etwa vom Organ, verkürzt wurde, dass nach der Rechtsprechung des BVerfG streng zwischen der Vermögenssphäre des Organs bzw. Vertreters und der von ihm vertretenen juristischen Person zu trennen ist.[15] So stellt der „Zufluss in das Gesellschaftsvermögen einer Kapitalgesellschaft trotz abstrakter **Zugriffsmöglichkeit** nicht ohne weiteres einen privaten Vermögensvorteil der zur Geschäftsführung berufenen Personen dar".[16] Vielmehr sei in solchen Fällen die Anwendung des § 73 Abs. 3 StGB zu erwägen.[17] Dementsprechend bedürfe es für eine Arrestanordnung gegenüber dem Organ einer „über die **faktische Verfügungsmacht hinausgehenden Feststellung**, ob das Organ etwas erlangt hat".[18] Es gäbe hierfür keine „tatsächliche oder rechtliche Vermutung".[19] **12**

Falls das Erlangte aufgrund seiner Beschaffenheit oder einem anderen Grund nicht für verfallen erklärt werden kann, kann nach § 73a StGB der **Verfall eines Geldbetrages** angeordnet werden, der dem **Wert des Erlangten** entspricht. Bei Zuwächsen des Vermögens, die sich nicht in einem bestimmten Gegenstand oder Recht konkretisieren, sondern sich in „saldierungsbedürftigen Gewinnen" niederschlagen, etwa bei der Ersparung von Aufwendungen, ist der Verfall regelmäßig wegen der Beschaffenheit des Erlangten nicht durchführbar.[20] **13**

Bei den hier behandelten Fiskalstraftaten wird dies regelmäßig der Fall sein. Bei der Steuerhinterziehung sind in der Regel zwei Varianten denkbar. Durch die falsche, unrichtige oder unterlassene Steuererklärung i.S.d. § 370 AO kann sich der Täter entweder eine **Steuerzahlung ersparen** oder eine **Steuererstattung erschleichen**.[21] In den jeweiligen Fällen geht es nicht um einen bestimmten (Original-)Gegenstand, sondern um einen rechnerisch erfassbaren Vermögensvorteil, sodass der Verfall wegen der Beschaffenheit des Erlangten ausgeschlossen ist.[22] Es ist daher im Regelfall davon auszugehen, dass hinterzogene Steuern als **ersparte Aufwendungen** aus der Tat erlangt sind.[23] Insoweit sind die Voraussetzungen des § 73a StGB einschlägig. Auch Sozialversicherungsbeiträge sind aus der Tat erlangt und unterfallen als ersparte Aufwendungen dem Wertersatzverfall nach § 73a StGB.[24] **14**

---

12 *Fischer* § 73 Rn. 8.
13 *Graf/Jäger/Wittig/Wiedner* § 73 Rn. 17.
14 *BGH* NJW 2006, 2500; *Fischer* § 73 Rn. 8; *Graf/Jäger/Wittig/Wiedner* § 73 Rn. 17 jeweils m.w.N.
15 *BVerfG* NJW 2005, 3630.
16 *BVerfG* NJW 2005, 3630, 3631.
17 *BVerfG* NJW 2005, 3630, 3631.
18 *BVerfG* NJW 2005, 3630, 3631.
19 *BVerfG* NJW 2005, 3630, 3631.
20 *Webel* wistra 2004, 249; *Schönke/Schröder/Eser* § 73a Rn. 4.
21 *Webel* wistra 2004, 249.
22 *Webel* wistra 2004, 249; ähnlich *OLG Hamm* 26.2.2013 III-1 Ws 534/12, 1 Ws 534/12 – juris; *OLG Schleswig* v. 8.1.2002 – 1 Ws 407/01 – juris.
23 *BGH* 13.7.2010 – 1 StR 239/10 – juris; 28.6.2011 – 1 StR 37/11 – juris; *OLG Hamm* 26.2.2013 – III-1 Ws 534/12, 1 Ws 534/12 – juris; *Fischer* § 73 Rn. 9; *Webel* wistra 2004, 249.
24 *OLG Düsseldorf* 2.4.2009 – III-1 Ws 119/09 – juris.

c) Verfall gegen Drittbegünstigte gem. § 73 Abs. 3 StGB

15 Der Verfall gegen Drittbegünstigte nach § 73 Abs. 3 StGB richtet sich anders als der Verfall nach § 73 Abs. 1 StGB nicht gegen einen Tatbeteiligten, sondern einen Dritten, wenn der Tatbeteiligte für ihn gehandelt hat.[25] Im Bereich der Fiskalstraftaten ist diese Vorschrift von besonderer Bedeutung, da regelmäßig Vermögensvorteile bei Unternehmen oder „Hintermännern" anfallen oder ggf. zur Verschleierung auf „Scheinfirmen" verschoben werden.[26] Dabei entsprechen Art und Umfang des Verfalls nach § 73 Abs. 3 StGB dem Verfall nach § 73 Abs. 1 StGB.[27] Insbesondere gelten auch das Bruttoprinzip und die Bestimmung des Wertersatzverfalls nach § 73a StGB.[28]

16 Die Bestimmung der Konturen von § 73 Abs. 3 StGB, insbesondere der Merkmale „für einen anderen" und „dadurch", sind in der Rechtsprechung und Literatur umstritten und uneinheitlich.[29] Für die Praxis lässt sich dabei zunächst auf die insoweit grundlegende Entscheidung des 5. Strafsenats des BGH vom 19.10.1999 zurückgreifen.[30] Demnach verlange das Handeln für einen anderen keinen „echten, offenen nach außen erkennbaren Vertretungsfall", jedoch sei eine faktische Handlung im „Interesse des Dritten" erforderlich.[31] Entsprechend sei eine Kategorisierung in „**Vertretungsfälle**", „**Verschiebungsfälle**" und „**Erfüllungsfälle**" vorzunehmen.[32]

17 Der **Erfüllungsfall** fällt nicht unter § 73 Abs. 3 StGB, da der Tatbeteiligte hier einem Dritten „Tatvorteile in Erfüllung einer nicht bemakelten entgeltlichen Forderung, deren Entstehung und Inhalt nicht im Zusammenhang mit der Tat steht", zuwendet.[33]

18 Mit **Vertretungsfällen** sind insbesondere die Fälle gemeint, in denen der Täter **als Organ, Vertreter oder sonstiger Beauftragter** i.S.d. § 14 StGB handelt.[34] Im Bereich des Fiskalstrafrechts sind dabei insbesondere die Fälle erfasst, in denen die Organe von juristischen Personen oder teil-rechtsfähigen Personengesellschaften zu Gunsten der jeweiligen Gesellschaft Fiskalstraftaten begehen. Sei es durch Hinterziehung von Steuern oder das Vorenthalten oder Veruntreuen von Sozialversicherungsbeiträgen zu Gunsten der Gesellschaft.

19 Ein **Verschiebefall** liegt dann vor, wenn der Täter dem Dritten die Tatvorteile „**unentgeltlich oder aufgrund eines jedenfalls bemakelten Rechtsgeschäfts** zukommen lässt."[35] Derartige Fallkonstellationen von unentgeltlichen Verfügungen seien von § 73 Abs. 3 StGB erfasst, wie auch die Parallele zu § 822 BGB zeige.[36]

20 Der 1. Strafsenat des BGH hat in einem Beschluss vom 13.7.2010 auch einen Fall, in dem eine Verfahrensbeteiligte einen Betrag von mehr als 950.000 €, die aus Steuerhinterziehungen stammten, in einer ununterbrochenen Bereicherungskette jeweils unentgeltlicher Zuwendun-

---

25 *Fischer* § 73 Rn. 29; Achenbach/Ransiek/*Retemeyer* Rn. 27.
26 *Graf/Jäger/Wittig* § 73 Rn. 45.
27 *Graf/Jäger/Wittig* § 73 Rn. 45.
28 *Graf/Jäger/Wittig* § 73 Rn. 45.
29 *Kempf/Schilling* S. 59; vgl. nur die Nachweise bei *Fischer* § 73 Rn. 29 ff.
30 *BGH* NJW 2000, 297 ff.
31 *BGH* NJW 2000, 297, 299; vgl. auch *Kempf/Schilling* S. 59.
32 *BGH* NJW 2000, 297, 299; vgl. auch *Kempf/Schilling* S. 59.
33 *BGH* NJW 2000, 297, 300; vgl. auch *Kempf/Schilling* S. 59 f.
34 *BGH* NJW 2000, 297, 299; vgl. auch *Kempf/Schilling* S. 59 f.
35 *BGH* NJW 2000, 297, 300; vgl. auch *Kempf/Schilling* S. 59 f.
36 *BGH* NJW 2000, 297, 300.

gen ausgehend vom Täter erhalten hatte, als Verschiebefall eingeordnet.[37] Dabei geht aus dem veröffentlichten Sachverhalt nicht hervor, in welcher Art und Weise eine entsprechende Weitergabe des für verfallen erklärten Betrages erfolgt ist.

Soweit es sich um den Fall der Erschleichung einer Steuererstattung handelt, erschlösse sich **21** die Einordnung als Verschiebefall unproblematisch mit der Weitergabe des entsprechenden erstatteten Betrages. Soweit es sich bei dem Erlangten um eine ersparte Aufwendung der Steuerzahlung handelt,[38] ist zu begründen, wie eine derartige unentgeltliche Weitergabe von ersparten Aufwendungen möglich sein soll. Denn jedenfalls ist die Tatunbeteiligte nicht Schuldnerin der jeweiligen Steuern und erspart selbst keine Steuern. Insoweit wird eine derartige Konstellation im Rahmen einer faktischen Betrachtungsweise derart einzuordnen sein, dass der Taterlös mit sonstigem Vermögen vermischt und dann erst an einen Dritten weitergeleitet wurde.[39] Die ersparten Aufwendungen „kontaminieren" insoweit das weitergegebene Vermögen.[40] Ähnlich hat dies im Bereich des § 266a StGB das OLG Düsseldorf unter Hinweis auf das Vorliegen eines Verschiebefalls gelöst, wobei in diesem Fall nach der Arrestierung gegen den Täter sämtliche Einnahmen aus einem Taxibetrieb auf das Konto eines „böswilligen" Dritten überwiesen worden waren und das Konto offenbar eigentlich eher treuhänderisch für den Täter gehalten wurde.[41]

Demgegenüber hat das OLG Hamm entschieden, dass im Falle der Vereinnahmung von Einnahmen durch einen zwar Tatbeteiligten aber nicht Steuerschuldner gegen diesen kein dinglicher Arrest nach § 111d StPO, §§ 73 Abs. 3, 73a StGB angeordnet werden dürfe, da dieser nichts erlangt habe.[42] Denn zwischen vereinnahmten Geldern und darauf zu entrichtenden Steuern bestünde keine Stoffgleichheit, da die Steuer zu diesem Zeitpunkt weder entstanden oder gar fällig gewesen sei.[43]

Ähnlich argumentiert das OLG Rostock vor dem Hintergrund des durch die Rechtsprechung **23** des BVerfG konturierten Grundsatzes der Verhältnismäßigkeit.[44] Die schenkweise Übertragung einer aus legalen Mitteln mit „unbemakeltem Geld" erworbenen Immobilie an die gutgläubige Ehefrau des Beschuldigten sei nicht „aus der Tat" erfolgt. Dies gelte auch, wenn später die Bedienung der Finanzierung für den Erwerb der Immobilie wirtschaftlich aus Fördergeldern stamme, die durch einen etwaigen Subventionsbetrug (§ 264 StGB) erschlichen wurden. Die ursprünglich „legalen Mittel würden nicht nachträglich illegal".[45] Insoweit entfalle die Anwendung des § 73 Abs. 3 StGB und ein hierauf gestützter Arrest gem. §§ 111b Abs. 5, 111d StPO.

---

37 *BGH* 13.7.2010 – 1 StR 239/10 – juris; dem folgend Achenbach/Ransiek/*Retemeyer* Rn. 27; zu der Frage der mangelnden Verletzteneigenschaft und der hierdurch entstehenden Problematik vgl. Rn. 29 ff.

38 *BGH* 13.7.2010 – 1 StR 239/10 – juris; 28.6.2011 – 1 StR 37/11 – juris; *OLG Hamm* 26.2.2013 III -1 Ws 534/12, 1 Ws 534/12 – juris; *Fischer* § 73 Rn. 9; *Webel* wistra 2004, 249.

39 *Volk/Rönnau* HdB § 13 Rn. 126 unter Verweis auf *OLG Hamburg* NJW 2005, 1383.

40 *Volk/Rönnau* HdB § 13 Rn. 126 Fn. 306.

41 *OLG Düsseldorf* 2.4.2009 – III-1 Ws 119/09; ähnlich auch *OLG Köln* 23.9.2009 – 2 Ws 440/09 – juris.

42 *OLG Hamm* 26.2.2013 III-1 Ws 534/12, 1 Ws 534/12 – juris.

43 *OLG Hamm* 26.2.2013 III-1 Ws 534/12, 1 Ws 534/12 – juris; zustimmend *Aue* PStR 139, 139, 140; kritisch und im Ergebnis ablehnend *Bittmann* ZWH 2013, 330, 331, der auch zumindest sehr bedenkenswerte andere Möglichkeiten des „Zugriffs" aufwirft.

44 *OLG Rostock* ZWH 2014, 24 f. mit abl. Anm. *Bittmann* ZWH 2014, 25, 26, der auf eine sehr (zu) weite wirtschaftliche Betrachtungsweise, insb. auf das „Behaltenkönnen" der Immobilie in Folge der Finanzierung abstellt.

45 *OLG Rostock* ZWH 2014, 24, 25.

24 Die vorgenannten Entscheidungen zeigen, dass sich in derartigen Konstellationen jedenfalls **vielfältige Schwierigkeiten** ergeben, die sowohl der Staatsanwaltschaft als auch der Verteidigung **erhebliches Argumentationspotential** für die jeweilige Seite an die Hand geben. Der Verteidiger oder anwaltliche Berater des Dritten hat insbesondere stets genau zu prüfen, ob ein **Erfüllungsfall** vorliegt oder ob die **Zuwendung** an den Dritten tatsächlich „aus der Tat" erfolgt ist, was jeweils die Anwendung des § 73 Abs. 3 StGB ausschließt.[46]

3. Fiskus als Verletzter i.S.d. § 73 Abs. 1 S. 2 StGB

a) Allgemeines

25 Verletzter ist derjenige, der durch die Tat individuell geschädigt wurde.[47] Ansprüche des Verletzten sind sämtliche auf **Restitution gerichteten zivilrechtlichen und öffentlich-rechtlichen Ansprüche**, wie u.a. Ansprüche auf Naturalrestitution, Schadensersatzansprüche, etc.[48]

26 Nach einer grundlegenden Entscheidung des BGH[49] ist mittlerweile allgemein anerkannt, dass auch der **Steuerfiskus als Verletzter** i.S.d. § 73 Abs. 1 S. 2 StGB einzuordnen ist.[50] Der BGH hat dies damit begründet, dass der Wortlaut von § 73 Abs. 1 S. 2 StGB nicht zwischen privatrechtlichen und öffentlich-rechtlichen Ansprüche differenziere und auch der Sinn und Zweck der Vorschrift dies nicht gebiete.[51] Denn der Grundgedanke des § 73 Abs. 1 S. 2 StGB liege darin, die beim Täter erlangten Vorteile der Tat abzuschöpfen, dies jedoch nicht zulasten des durch die Straftat Geschädigten.[52] Zudem sei der **Justizfiskus nicht** mit dem **Steuerfiskus** gleichzusetzen, sodass dem Umstand, dass die dem Verfall zu Grunde liegenden Beträge ohnehin dem Staat zuflössen, keine Bedeutung zuzumessen sei.[53] Die **Steueransprüche** seien auch i.S.d. § 73 Abs. 1 S. 2 StGB „aus der Tat erwachsen", da das Gesetz keine Einschränkungen dahingehend vornehme, dass die Vorschrift nur solche Ansprüche erfasse, deren Entstehung an die Verwirklichung des Tatbestands anknüpfe und der „Rückholung" eines Vermögensanteils dienten, der durch die Straftat verloren wurde.[54] Mit dieser Anerkennung des Steuerfiskus als Verletzter i.S.d. § 73 Abs. 1 S. 2 StGB ist damit grundsätzlich das „Feld der **Rückgewinnungshilfe**" auch **zu Gunsten des Steuerfiskus** eröffnet.[55]

27 Soweit Sozialversicherungsansprüche betroffen sind, gelten die vorgenannten Ausführungen wegen der Vergleichbarkeit der Sachverhalte entsprechend.[56] Auch die **Sozialversicherungsträger** bzw. **Einzugsstellen** sind insoweit als **Verletzte** i.S.d. § 73 Abs. 1 S. 2 StGB einzuordnen.[57] Dies gilt umso mehr, als dass entsprechende Ansprüche der Sozialversicherungsträger diesen als vom Justizfiskus **eigenständige Körperschaften des öffentlichen Rechts** zustehen.

---

46 *Volk/Rönnau* HdB, § 13 Rn. 126 f.; hierzu auch *OLG Köln* 23.9.2009 – 2 Ws 440/09 – juris.
47 *BGH* NStZ 2001, 156; *Fischer* § 73 Rn. 21.
48 *Kempf/Schilling* S. 35.
49 *BGH* NStZ 2001, 155 ff.
50 *BGH* NStZ 2003, 423; NStZ-RR 2003, 242; NStZ 2007, 238; NStZ 2013, 403; *Fischer* § 73 Rn. 21; *Kempf/Schilling* S. 39 f.
51 *BGH* NStZ 2001, 155, 156.
52 *BGH* NStZ 2001, 155, 156.
53 *BGH* NStZ 2001, 155, 156.
54 *BGH* NStZ 2001, 155, 157; zusammenfassend auch *Kempf/Schilling* S. 40.
55 *Roth* wistra 2010, 335.
56 *OLG Düsseldorf* 2.4.2009 – II-1 Ws 119/09 – juris; ähnlich auch *LG Halle* wistra 2009, 39.
57 *OLG Düsseldorf* 2.4.2009 – II-1 Ws 119/09 – juris.

Handelt der Fiskus privatrechtlich und macht auf diesem Wege etwaige Schadensersatz- oder   **28**
Herausgabeansprüche aus Fiskalstraftaten geltend, ist der Fiskus ebenfalls unmittelbar als Verletzter i.S.d. § 73 Abs. 1 S. 2 StGB einzuordnen.[58]

b) Verschiebefälle

Bei dem Vorliegen sog. „Verschiebefälle" wirft die Bestimmung der Verletzteneigenschaft des   **29**
Fiskus Schwierigkeiten auf.

In dem bereits unter vorstehend (Rn. 20 f.) dargestellten Beschluss vom 13.7.2010 hat der BGH   **30**
auch entschieden, dass in einem **Verschiebefall**, in dem einer **tatunbeteiligten Dritten** die aus
der Steuerhinterziehung resultierenden ersparten Aufwendungen zugewendet wurden, der
Steuerfiskus nicht als Verletzter i.S.d. § 73 Abs. 1 S. 2 StGB anzusehen sei.[59] Dies begründet der
BGH damit, dass dem Steuerfiskus kein Haftungsanspruch gegen die nicht tatbeteiligte Dritte
zustand, da diese weder Täterin noch Tatbeteiligte der Steuerhinterziehung war.[60] Insoweit hat
der BGH die Anordnung des Verfalls nach § 73a i.V.m. 73 Abs. 3 StGB durch das Instanzgericht aufrechterhalten.

Demgegenüber hatte etwa das OLG Düsseldorf[61] in der vorerwähnten Entscheidung vom   **31**
2.4.2009 die Auffassung vertreten, dass die Einzugsstelle als Verletzte nach § 73 Abs. 1 S. 2 StGB
einzuordnen sei, wenn der Arrestbeteiligte sein Konto für Bareinzahlungen zur Verschleierung
des Vorenthaltens und Veruntreuens von Sozialversicherungsbeiträgen nach § 266a StGB zur
Verfügung gestellt habe. Bezüglich des Ersatzanspruchs hat das OLG Düsseldorf dabei auf den
Anspruch der Einzugsstelle gegen den Beschuldigten und nicht gegen den Tatbeteiligten, der
freilich „böswillig gewesen sei" (was eigentlich eine Tatbeteiligung vermuten lässt), abgestellt.[62]
Ähnlich ging auch das OLG Karlsruhe offenbar von einer Verletzteneigenschaft des Steuerfiskus in Verschiebefällen auf tatunbeteiligte Dritte aus, wobei diese Frage in dem dort entschiedenen Fall letztlich nicht entscheidungserheblich war.[63]

Zu Recht hat Gehrmann[64] zu der vorgenannten Entscheidung des BGH vom 13.7.2010[65] ange-   **32**
merkt, dass diese zwar dem Gesetzeswortlaut entspreche, Konsequenz sei jedoch, dass quasi
eine **Verdoppelung des ursprünglich bestehenden Steueranspruchs** eintrete. Denn zum einen
bleibe der Anspruch des Steuerfiskus gegen den Täter der Steuerhinterziehung bestehen, zum
anderen entstehe gleichsam ein eigenständiger Anspruch des Justizfiskus gegen die Dritte. Dies
sei nicht nur wirtschaftlich kein sinnvolles Ergebnis, sondern widerspräche auch dem Sinn
und Zweck von § 73 Abs. 1 S. 2 StGB, der eigentlich vor doppelter Inanspruchnahme schützen
wolle. Ebenso sähe auch § 822 BGB, dessen Grundgedanke prägend für § 73 Abs. 3 StGB[66] sei,
die Enthaftung des Erstempfängers vor.[67]

Hierin zeigt sich, dass die Anwendung der Verschiebefälle auf Fallgestaltungen, wo es um   **33**
ersparte Aufwendungen geht, auch bei wirtschaftlicher Betrachtung zurückhaltend zu handha-

---

58 Z.B. Schönke/Schröder/*Eser* § 73 Rn. 26 (für den Fall der Untreue gegenüber dem Fiskus).
59 *BGH* 13.7.2010 – 1 StR 239/10 – juris.
60 *BGH* 13.7.2010 – 1 StR 239/10 – juris.
61 *OLG Düsseldorf* 2.4.2009 – II-1 Ws 119/09 – juris.
62 *OLG Düsseldorf* 2.4.2009 – II-1 Ws 119/09 – juris.
63 *OLG Karlsruhe* NJW 2008, 162, 163.
64 *Gehrmann* PStR 2010, 233.
65 *BGH* 13.7.2010 – 1 StR 239/10 – juris.
66 Vgl. auch *BGH* NJW 2000, 297, 300; *Fischer* § 73 Rn. 29.
67 *Gehrmann* PStR 2010, 233.

ben und genau zu prüfen ist, ob die Zuwendung aus der Tat stammt.[68] Denn eigentlich widerspricht das hierdurch erzielte Ergebnis dem Grundgedanken der Regelungen zum Verfall, der gerade keine Strafe sein soll und nur das Erlangte abschöpfen will. Natürlich kann aber auch das praktische Bedürfnis, derartige „Vollstreckungsvereitelungen" zu erfassen, nicht verkannt werden. Evtl. bietet sich insoweit eine Lösung über die Bestimmungen zur (Insolvenz)Anfechtung oder entsprechend dem Rechtsgedanken der Gesamtschuldnerschaft an, bei dem ja sämtliche **Gesamtschuldner** gegenüber dem Gläubiger frei werden, wenn ein Gesamtschuldner leistet (vgl. §§ 421, 422 BGB).[69] Ferner könnte auch die Anwendung der **Härtefallvorschrift** des § 73c StGB zumindest entsprechend in Betracht kommen, soweit tatsächlich eine doppelte Inanspruchnahme, die auch faktisch vollzogen wird, vorliegt.[70]

34 Jedenfalls sollte gerade aus Verteidiger- oder Beratersicht versucht werden, in einem derartigen Fall mit entsprechenden Argumentationen die Ausbringung eines dinglichen Arrests oder gar des Verfalls zu verhindern.

4. Arrestgrund

35 Neben dem Anordnungsanspruch bedarf es auch beim strafprozessualen Arrest eines **Arrestgrunds**, wie sich aus § 111d Abs. 2 StPO i.V.m. § 917 ZPO ergibt. Dieser muss sich ex ante aus der objektiven Sicht eines verständigen Dritten unter Berücksichtigung der objektiven Gesamtumstände ergeben.[71] Auf einen „Vereitelungswillen" oder „Böswilligkeit" kommt es nicht an.[72]

36 Gemäß § 111d Abs. 2 StPO i.V.m. § 917 Abs. 2 ZPO liegt zunächst ein **„vertypter"** Arrestgrund vor, wenn das Urteil im **Ausland vollstreckt** werden müsste und die Gegenseitigkeit nicht verbürgt ist.[73]

37 Der praktisch wichtigere Fall ist die Generalklausel des § 917 Abs. 1 ZPO, die auf die **Besorgnis der Vereitelung oder wesentlichen Erschwerung der Zwangsvollstreckung** abstellt. Dies ist insbesondere dann der Fall, wenn erwartet werden kann, dass die Arrestforderung von einem Täter, der sich durch die Straftat einen rechtswidrigen Vermögensvorteil verschafft hat, nicht mehr beigetrieben werden kann.[74] Dies kann etwa dann gegeben sein, wenn der Täter seine Vermögensverhältnisse **verschleiert** sowie Vermögenswerte **versteckt** oder **verschleudert**.[75] Teilweise werden enger besondere Umstände in der Tatbegehung oder Lebensführung verlangt.[76] Insoweit bedarf es einer **Prognoseentscheidung**, die sich auf konkrete Anhaltspunkte stützen muss. Einer Glaubhaftmachung des Arrestgrunds bedarf es anders als im Zivilprozess nicht.[77]

---

68 Vgl. etwa *OLG Rostock* ZWH 2014, 24 f.

69 Vgl. hierzu, wenn auch kritisch *Volk/Rönnau* HdB, § 13 Rn. 94 unter Verweis auf die Andeutung in *BGHSt* 52, 227, 252 f.

70 Für den Fall einer doppelten Inanspruchnahme wird die Anwendung des § 73c StGB angedeutet in *BGHSt* 52, 227, 257.

71 *Bittmann/Kühn* wistra 2002, 249; *Hellerbrand* wistra 2003, 203.

72 *Bittmann/Kühn* wistra 2002, 250; *Hellerbrand* wistra 2003, 203; *Kempf/Schilling* S. 131.

73 Vgl. *Kempf/Schilling* S. 129 f.

74 *KG Berlin* wistra 2003, 203; *OLG Frankfurt* NStZ-RR 2005, 111; *OLG Stuttgart* NJW 2008, 1605, 1607; *Bittmann/Kühn* wistra 2002, 248; *Hellerbrand* wistra 2003, 203; *Meyer-Goßner* § 111d Rn. 8; *Zöller/Vollkommer* § 917 Rn. 5.

75 *Hellerbrand* wistra 2003, 203; *Meyer-Goßner* § 111 d, Rn. 8; *Odenthal* FS Dahs, S. 421; vgl. auch *OLG Frankfurt* NStZ-RR 2005, 111.

76 *OLG Köln* NStZ 2011, 174.

77 *Meyer-Goßner* § 111d Rn. 10.

Auch wenn dies nicht vollständig übertragbar erscheint, kann zumindest im Ausgangspunkt auf die Rechtsprechung und Literatur zu § 917 ZPO zurückgegriffen werden.[78] **Schlechte Vermögensverhältnisse** an sich stellen jedenfalls **keinen Arrestgrund** dar, da es nicht um die Besserstellung des Gläubigers, sondern um die Verhinderung der Verschlechterung der späteren Vollstreckung geht.[79] Daher genügt auch nicht die drohende Konkurrenz anderer Gläubiger.[80] Verhält sich der Beschuldigte **kooperativ**, spricht dies **gegen einen Arrestgrund**.[81]

Allerdings kann nach zutreffender Ansicht die zumindest weit verbreitete Meinung im Zivilverfahrensrecht zu § 917 ZPO, nach der das Vorliegen einer **Vermögensstraftat** quasi auf einen Arrestgrund schließen lasse, nach zutreffender Ansicht nicht auf den strafprozessualen Arrest übertragen werden.[82] Denn der strafprozessuale Arrest setzt bereits den Verdacht einer Straftat voraus und statuiert darüber hinaus noch die Anforderung an das Vorliegen eines Arrestgrunds (§ 111d Abs. 2 StPO i.V.m. § 917 ZPO).[83]   **38**

Bezogen auf Fiskalstraftaten erscheint es sachgerecht, jedenfalls soweit es sich bei der vorgeworfenen Tat um eine Steuerhinterziehung oder um einen Fall des § 266a StGB handelt, auf die vom BFH für den steuerlichen Arrest entwickelten Grundsätze zurückzugreifen, nach denen zu dem bloßen Verdacht der Steuerhinterziehung weitere Aspekte hinzukommen müssen, die eine Vollstreckungsvereitelung befürchten lassen.[84]   **39**

Soweit die **Rückgewinnungshilfe** betroffen ist, wird das **Sicherstellungsbedürfnis** im Rahmen des Anordnungsgrunds teilweise verneint, wenn nicht mehr damit zu rechnen ist, dass von den **Geschädigten in nennenswertem Umfang Ansprüche** geltend gemacht werden.[85] In Hinblick auf den Grundsatz der Verhältnismäßigkeit bestimmt sich insoweit auch die temporäre Komponente des Sicherungsbedürfnisses.[86] „Denn ein zugunsten eines Verletzten möglicher dinglicher Arrest dient nicht dazu, diesem eigene Arbeit und Mühe abzunehmen, sondern nur dazu, ihn zu unterstützen, soweit dies erforderlich ist."[87] Auch das BVerfG ist diesem Gedanken beigetreten und hat entschieden, dass das **Sicherstellungsbedürfnis sinkt, je länger der Geschädigte vorwerfbar untätig** bleibt.[88] Je nach Umständen des Einzelfalls[89] sind hier in der Vergangenheit unterschiedliche Höchstgrenzen angenommen worden, die zwischen zwei Jahren[90] und drei Monaten lagen.[91]   **40**

---

78 *Odenthal* FS Dahs, S. 405, 419; vgl. insoweit etwa den Überblick in Baumbach/Lauterbach/Albers/*Hartmann* ZPO, § 917 Rn. 6 oder *Zöller/Vollkommer* § 917 Rn. 6 f.

79 BGHZ 131, 95, 105; *OLG Frankfurt* StV 1994, 234; *LG Kiel* wistra 2001, 319; *Meyer-Goßner* § 111d Rn. 8; *Kempf/Schilling* S. 131.

80 BGHZ 131, 95, 105; *Kempf/Schilling* S. 131.

81 *OLG Bamberg* ZWH 2013, 290, 291; MK-StPO/*Bittmann* § 111b Rn. 5.

82 *Kempf/Schilling* S. 132; *Odenthal* FS Dahs, S. 419; a.A. wohl *Bittmann/Kühn* wistra 2002, 248, 250.

83 *Kempf/Schilling* S. 132; *Odenthal* FS Dahs, S. 419.

84 Vgl. hierzu die Ausführungen unter Rn. 61.

85 *OLG Düsseldorf* 20.2.2002 – 2 Ws 375-377/01 – juris; Volk/*Rönnau* HdB, § 13 Rn. 255; *Kempf/Schilling* S. 133.

86 Volk/*Rönnau* HdB, § 13 Rn. 255.

87 *OLG Düsseldorf* 20.2.2002 – 2 Ws 375-377/01 – juris; Volk/*Rönnau* HdB, § 13 Rn. 255 m.w.N.

88 *BVerfG* StraFo 2005, 338, 340; hierzu auch Volk/*Rönnau* HdB, § 13 Rn. 255 m.w.N.

89 Ausführlich m.w.N. Volk/*Rönnau* HdB, § 13 Rn. 255.

90 *OLG Düsseldorf* 20.2.2002 – 2 Ws 375-377/01 – juris.

91 *LG Hildesheim* StraFo 2003, 166, 167.

41 Inwieweit sich der seit dem 1.1.2007 neu gefasste § 111i StPO, der einen **Auffangrechtserwerb** zu Gunsten des Justizfiskus vorsieht, auf diese Auslegung des Sicherstellungsbedürfnisses auswirkt, ist noch nicht geklärt.[92]

42 Im Rahmen der Verteidigung sollte insoweit weiterhin auf die entsprechenden Argumentationslinien hingewiesen werden. Für die Staatsanwaltschaft ergibt sich aus § 111i StPO eine entsprechend gegenläufige Argumentationslinie.

5. Arrestanordnung

43 Der **Grundsatz der Verhältnismäßigkeit** ist in jedem Stadium der Anordnung, des Vollzugs und der Aufrechterhaltung des Arrests zu beachten.[93]

44 Für den Erlass des dinglichen Arrests bedarf es nach § 111b Abs. 2 StPO „Gründen für die Annahme", dass die Voraussetzungen des Verfalls bzw. der Rückgewinnungshilfe vorliegen. Dementsprechend ist der **einfache Tatverdacht** einer Straftat für den Erlass eines Arrests ausreichend.[94] Soweit der **Arrest länger als sechs Monate** aufrechterhalten werden soll, bedarf es nach § 111b Abs. 3 StPO dringender Gründe, d.h. eines **dringenden Tatverdachts**, wobei die entsprechende Frist im Falle besonders schwieriger Ermittlungen auf bis zu **zwölf Monate** verlängert werden kann. Liegt dann kein dringender Tatverdacht vor, ist der Arrest aufzuheben.[95] Ist dies jedoch der Fall, kann der Arrest, unter Beachtung der Verhältnismäßigkeit, zeitlich unbegrenzt aufrechterhalten werden.[96]

45 Insoweit fordert der Grundsatz der Verhältnismäßigkeit nach der Rechtsprechung des BVerfG insbesondere bei Zugriffen auf das gesamte Vermögen, „nicht lediglich eine Vermutung, dass es sich um strafrechtlich erlangtes Vermögen handelt. Vielmehr bedarf dies einer besonders **sorgfältigen Prüfung und einer eingehenden Darlegung** der dabei maßgeblichen tatsächlichen und rechtlichen Erwägungen in der Anordnung, damit der Betroffene dagegen Rechtsschutz suchen kann".[97]

46 Nach § 111d Abs. 2 i.V.m. § 920 Abs. 1 ZPO muss die **Arrestanordnung** den Arrestanspruch sowie den Arrestgrund bezeichnen. Entsprechend § 923 ZPO muss auch die **Hinterlegungssumme** genannt werden, durch deren Hinterlegung die Vollziehung des Arrests abgewendet werden kann.[98] Die StPO enthält mit Ausnahme der Bekanntgabe an den möglicherweise Verletzten nach § 111e Abs. 3, 4 StPO keine ausdrücklichen Regelungen zur Bekanntgabe der Arrestanordnung.[99]

47 Zuständig für den Erlass des Arrests ist nach § 111e Abs. 1 StPO das Gericht, bei Gefahr im Verzug auch die Staatsanwaltschaft. Soweit das Steuerstrafverfahren gem. § 386 Abs. 2 AO von der BuStrA geführt wird, steht dieser nach § 399 AO die **Anordnungskompetenz** bei Gefahr im Verzug zu. Angesichts der Rechtsprechung des BVerfG zur Bedeutung der eigenständigen

---

92 Volk/*Rönnau* HdB § 13 Rn. 256 f. geht wohl aus systematischen Gründen weiterhin von einer restriktiven Handhabung aus, wohingegen MK-StPO/*Bittmann* § 111b Rn. 20 auf eine Art steigendes Sicherstellungsinteresse des Justizfiskus abstellt.

93 *Odenthal* FS Dahs, S. 422.

94 Vgl. *BGH* NStZ 2008, 419; Volk/*Rönnau* HdB § 13 Rn. 4 f.; a.A. wohl *Odenthal* FS Dahs, S. 415.

95 *Meyer-Goßner* § 111b Rn. 8 m.w.N.

96 *Meyer-Goßner* § 111b Rn. 8 m.w.N.

97 *BVerfG* StV 2004, 409, 410; *BVerfG* StraFo 2005, 430, 434.

98 Vgl. nur *Kempf/Schilling* 134 f.

99 *Kempf/Schilling* 136 f.

richterlichen Kontrolle von Arrestentscheidungen[100] und zu den Voraussetzungen bei Gefahr im Verzug,[101] kommt eine derartige Anordnung durch die Staatsanwaltschaft bzw. BuStrA nur in Ausnahmefällen in Betracht.[102]

6. Vollziehung des Arrests

Die **Vollziehung** des Arrests erfolgt gem. § 111d Abs. 2 StPO, § 928 ZPO entsprechend den Bestimmungen der ZPO zur Zwangsvollstreckung.[103]   **48**

§ 111d Abs. 2 StPO verweist nicht auf § 929 Abs. 2, Abs. 3 ZPO, nach dem die Vollziehung des Arrests unstatthaft ist, wenn die Zustellung des Arrestbeschlusses bei Vollziehung vor Zustellung innerhalb einer Woche (§ 929 Abs. 3 ZPO) bzw. binnen eines Monats nach Beschlussfassung/Verkündung (§ 929 Abs. 2 ZPO) erfolgt.[104] Dies ist ein wesentlicher Unterschied des strafprozessualen Arrests zum zivilprozessualen, wie auch dem steuerlichen Arrest. Dennoch kann auch der **Vollzug des Arrests** wegen der verfassungsrechtlichen Vorgaben des BVerfG **nicht unbeschränkt** erfolgen.[105] In Hinblick auf diese verfassungsrechtlichen Vorgaben einerseits und praktischen Bedürfnisse andererseits ist jedoch im Anschluss an Bittmann[106] zu fordern, dass die Vollziehung **binnen Monatsfrist** versucht werden muss.[107]   **49**

Der Arrest in das bewegliche Vermögen wird durch Pfändung bewirkt (§ 930 ZPO). Schiffe und Schiffbauwerke werden gepfändet (§ 931 ZPO). Bei Grundstücken und grundstücksgleichen Rechten erfolgt nach § 932 Abs. 1 ZPO die Eintragung einer Sicherungshypothek in das Grundbuch für die zu sichernde Geldforderung. Die Zuständigkeit für die Vollstreckung ergibt sich aus § 111f Abs. 3 StPO.   **50**

Nach § 111d Abs. 2 StPO i.V.m. § 923 ZPO kann die Vollziehung des Arrests durch **Hinterlegung** der festgesetzten **Lösungssumme** gehemmt werden.[108] Entsprechend § 108 ZPO kann die Sicherheit anerkanntermaßen auch etwa durch **Bankbürgschaft** geleistet werden. Die **Sicherheit kann** von dem **Arrestschuldner** selbst oder aber **von einem Dritten** geleistet werden. Der Arrest bleibt bei der Vollziehung bestehen, nur der Vollzug wird ausgesetzt. Auch kann die Aufhebung der Vollziehung beantragt werden, soweit dieser bereits vollzogen wurde.   **51**

7. Realisierung der Rückgewinnungshilfe

Die Realisierung der Rückgewinnungshilfe erfolgt nach den Vorschriften der §§ 111g–h StPO.[109] Dies kann eine schwierige und langwierige Angelegenheit sein. Insbesondere ersetzt die Rückgewinnungshilfe nicht die **zivilrechtliche oder steuerrechtliche Auseinandersetzung des Geschädigten mit dem Schädiger**.[110] Der Geschädigte muss **selbst einen Titel erstreiten**, wobei auch vorläufige Titel, wie etwa ein zivilrechtlicher oder steuerrechtlicher Arrest ausrei-   **52**

---

100 Vgl. *BVerfG* NJW 2005, 3630.
101 Vgl. *BVerfG* NJW 2001, 1121; NJW 2003, 2303.
102 Hierzu auch *Kempf/Schilling* 139 f.
103 Vgl. *Meyer-Goßner* § 111d Rn. 12 ff.
104 Vgl. *Kempf/Schilling* S. 137.
105 *BVerfG* StrAFo 2008, 338; MK-StPO/*Bittmann* § 111d Rn. 14 m.w.N.
106 MK-StPO/*Bittmann* § 111d Rn. 14 m.w.N.
107 So auch Volk/*Rönnau* HdB § 13 Rn. 212.
108 Hierzu ausführlich *Kempf/Schilling* S. 151.
109 Vgl. hierzu ausführlich *Kempf/Schilling* S. 154 ff.
110 *Kempf/Schilling* S. 155.

chend sind.[111] Liegt ein solcher Titel vor, kann der Geschädigte nach § 111g Abs. 2, Abs. 3 StPO einen entsprechenden Zulassungsantrag stellen. Nach §§ 111g Abs. 1, 111h StPO rückt der Geschädigte bei der Zwangsvollstreckung dabei rangwahrend in die Rechtsposition der Staatsanwaltschaft ein. Entsprechend § 111i Abs. 2, Abs. 3 kann die Sicherung der Vermögenswerte zugunsten der Verletzten noch für drei Jahre aufrecht erhalten bleiben. Während dieses Zeitraums können die Geschädigten die Zwangsvollstreckung in die gesicherten Vermögenswerte betreiben. Ist der Dreijahreszeitraum abgelaufen, stellt das Gericht auf Antrag der Staatsanwaltschaft den Eintritt und Umfang des staatlichen Rechtserwerbs fest.[112] Abschließend sei darauf hingewiesen, dass die Staatsanwaltschaft die Rückgewinnungshilfe für den Geschädigten kostenlos betreibt.[113]

8. Rechtsmittel

53 Für den Betroffenen ist gem. § 304 Abs. 1 StPO gegen die Anordnung des dinglichen Arrests die einfache (form- und fristlose) Beschwerde statthaft.[114] Nach der Rechtsprechung des BVerfG ist dem Betroffenen **vor Erlass einer nachteiligen Letztentscheidung Akteneinsicht** zu gewähren.[115]

54 Übersteigt die Arrestsumme nach § 310 Abs. 1 Nr. 3 StPO 20.000 €, unterliegt die Anordnung des Arrests der **weiteren Beschwerde** zum OLG. Sehr umstritten und für die Verteidigung von besonderer Bedeutung ist in diesem Zusammenhang, ob die **weitere Beschwerde auch für die Aufhebung oder Bestätigung der Ablehnung einer solchen Arrestentscheidung** für die Staatsanwaltschaft zulässig ist. Dies wird von Teilen der Rechtsprechung und Literatur insbesondere in Hinblick auf die Ungewöhnlichkeit derartiger „asymetrischer" Rechtsbehelfe und den Telos der Norm bejaht.[116] Überzeugend in Hinblick auf den Wortlaut „Anordnung" und die Entstehungsgeschichte des § 310 Abs. 1 Nr. 3 StPO ist jedoch die insbesondere vom OLG München begründete Gegenauffassung, dass eine derartige weitere Beschwerde für die Staatsanwaltschaft nicht zulässig ist.[117]

55 Gegen sämtliche Maßnahmen der Vollziehung des Arrests kann stets die **Entscheidung des Gerichts** nach § 111f Abs. 5 StPO beantragt werden.[118] Der Antrag auf gerichtliche Entscheidung ist statthaft, sofern die Staatsanwaltschaft oder BuStrA den dinglichen Arrest angeordnet, jedoch die Akte noch nicht dem Ermittlungsrichter vorgelegt haben (§ 111e Abs. 2 S. 3 StPO).

---

111 *Kempf/Schilling* S. 155; Achenbach/Ransiek/*Retemeyer* Rn. 124.
112 Achenbach/Ransiek/*Retemeyer* Rn. 124.
113 Achenbach/Ransiek/*Retemeyer* Rn. 106.
114 Achenbach/Ransiek/*Retemeyer* Rn. 151.
115 *BVerfG* NJW 2004, 2443; NJW 2006, 1048.
116 *OLG Celle* wistra 2008, 359; *OLG Hamburg* NStZ-RR 2009, 377; *KG Berlin* wistra 2010, 317; *OLG Jena* wistra 2011, 399; *Roth* wistra 2010, 335, 338 f.
117 *OLG München* wistra 2008, 78; *OLG Oldenburg* NStZ-RR 2011, 282; *Meyer-Goßner* § 310 Rn. 9; *Theile* StV 2009, 161, 162; *Pfordte* StV 2008, 243 f. In der Tendenz für andere Verfahrensbeteiligte auch noch *OLG Hamburg* NJW 2008, 389.
118 Achenbach/Ransiek/*Retemeyer* Rn. 151.

II. Sicherung von Vermögenswerten durch „steuerlichen" Arrest

1. Allgemeines

Gemäß § 324 AO kann die zuständige Finanzbehörde zur **Sicherung von künftigen Geldvoll-** **56**
streckungen aus Steuerschuldverhältnissen, insbesondere Steuern, einen dinglichen Arrest in
das bewegliche oder unbewegliche Vermögen des Steuerschuldners anordnen. Ebenso wie der
strafrechtliche oder der zivilprozessuale Arrest ist auch der steuerliche Arrest **keine Befriedi-**
gungs-, sondern eine Sicherungsmaßnahme.[119] Dementsprechend liegt in der Beschlagnahme
von Vermögenswerten **keine Steuerzahlung**, sodass etwa auch für die Zeit nach der Beschlagnahme des Vermögens im Falle von Steuerhinterziehungen Hinterziehungszinsen festgesetzt
werden können.[120] Grundsätzlich ist das Arrestverfahren in zwei Teile untergliedert, das Verfahren zur Anordnung und Aufhebung des Arrests (hierzu nachfolgend Rn. 57 ff.) und das
Verfahren zur Vollziehung des Arrests (hierzu Rn. 66 ff.), wobei das Anordnungsverfahren eine
besondere Form des Steuerfestsetzungsverfahrens ist.[121]

2. Tatbestandsvoraussetzungen

Der Arrest nach § 324 AO setzt sowohl einen Arrestanspruch als auch einen Arrestgrund **57**
voraus.

a) Arrestanspruch

Jede Geldforderung, die nach den §§ 249–322 AO vollstreckt werden kann, kann Arrestan- **58**
spruch sein.[122] Hierzu gehören im Wesentlichen die **Ansprüche aus dem Steuerschuldverhält-**
nis nach § 37 AO, etwa Steuern, Haftungsansprüche und (Hinterziehungs-)Zinsen.[123] Bei dem
Arrest handelt es sich um ein Verfahren vorläufiger Natur, sodass Arrestanspruch und Arrestgrund nicht zur vollen Überzeugung des Gerichts feststehen müssen.[124] Es genügt demgemäß
für den Arrestanspruch, dass die ihm zu Grunde liegenden Tatsachen mit hinreichender
Wahrscheinlichkeit festgestellt werden können.[125] Nach § 324 Abs. 1 S. 2 AO kann der Arrest
auch dann angeordnet werden, wenn die **Geldforderung noch nicht zahlenmäßig feststeht**
oder bedingt oder befristet ist. Umstritten ist, ob auch für **künftige** Forderungen ein Arrest
zulässig ist, d.h. ob etwa auch für zukünftige Einkommensteuern vor Ablauf des Veranlagungszeitraums oder bei Umsatzsteuer vor Ablauf des Voranmeldezeitraums ein Arrest angeordnet werden kann. Dies wird teilweise unter Verweis auf das Steuerverfahrensrecht verneint,
da insoweit der Steueranspruch noch nicht festsetzbar oder einforderbar sei.[126] Die h.M. demgegenüber beruft sich auf die zivilprozessuale Situation und lässt den **Arrest auch für künftige**
Steuerforderungen zu, wenn der den Anspruch begründende Tatbestand bereits verwirklicht

---

119 *Klein/Brockmeyer* § 324 Rn. 2.
120 *BFH*/NV 3, 353; *Klein/Brockmeyer* § 324 Rn. 2.
121 *Tipke/Kruse* § 324 Rn. 3.
122 *Tipke/Kruse* § 324 Rn. 7.
123 Vgl. den Überblick bei *Tipke/Kruse* § 324 Rn. 7 f., insb. auch zu weiteren Arrestansprüchen außerhalb des
     Steuerschuldverhältnisses.
124 *BFH* 6.2.2013 – XI B 125/12 – juris; *BFH*/NV 2002, 352.
125 *BFH* 6.2.2013 – XI B 125/12 – juris; *BFH*/NV 1986, 508; *BFH* BStBl II 2001, 464; *FG München* EFG 1995,
     954; *FG Saarland* 1.3.2005 openJur 2010, 994.
126 *Klein/Brockmeyer* § 324 Rn. 3; ähnlich *BG/Thormöhlen* Rn. 15 unter Verweis auf eine Selbstbindung der
     Verwaltung nach Abschn. 54 I Nr. 1 VollstrA.

ist.[127] Der restriktiven Auffassung dürfte zuzugestehen sein, dass künftige Steuerforderungen weder durchsetzbar sind, noch vor Ablauf des jeweiligen Veranlagungszeitraums feststehen. Denn auch im Zivilprozessrecht muss eine künftige Forderung bereits einklagbar sein. Soweit aber dennoch der Anspruch begründende Tatbestand für zukünftige Steuerforderungen bereits feststeht,[128] spricht vieles dafür, auch den Arrest in künftige Forderungen zuzulassen, um dem Sicherungszweck des Arrests Genüge zu tun. Insoweit bedarf es jedoch nicht nur einer hinreichenden Wahrscheinlichkeit des Vorliegens des jeweiligen Tatbestands, sondern einer Gewissheit. In den hier interessierenden Kontexten der Verkürzung von Steuern wird es sich jedoch ohnehin regelmäßig nicht um zukünftige Steuerforderungen handeln.

b) Arrestgrund

59 Der Arrestgrund besteht vom Grundsatz ähnlich wie beim straf- und zivilprozessualen Arrest, „wenn bei objektiver Würdigung unter ruhiger und vernünftiger Abwägung aller Umstände die Besorgnis gerechtfertigt ist, dass ohne sofortige Sicherung durch Arrestanordnung die **Vollstreckung des Anspruchs vereitelt oder wesentlich erschwert wird**".[129] Einer Absicht des Steuerpflichtigen die Vollstreckung zu vereiteln bedarf es nicht.[130] Es geht dabei nicht darum, die Möglichkeit der Vollstreckung überhaupt zu sichern, sondern insbesondere um die Sicherung der Leichtigkeit der Vollstreckung und des unmittelbaren Zugriffs auf das Vermögen des Steuerpflichtigen.[131] Der **Arrestgrund entfällt,** wenn ein **vollstreckbares Leistungsgebot**, etwa in Form eines Schätzbescheids, ergeht.[132]

60 Die Rechtsprechung hat insoweit etwa dann einen Arrestgrund angenommen, wenn Grundstücke veräußert wurden, weil Bargeld oder Geldforderungen der Vollstreckung einfacher entzogen werden können als Immobilien.[133] Dies gilt auch schon dann, wenn nur die nach außen erkennbare Absicht besteht, entsprechend zu verfahren.[134] Der Umstand allein, dass eine Vollstreckung im Ausland erfolgen muss, begründet mangels einer Parallelnorm zu § 917 Abs. 2 ZPO jedoch keinen Arrestgrund.[135] Jedoch können nach der Rechtsprechung des BFH ebenso wie **Vermögensumschichtungen im Inland** auch **Vermögensverlagerungen ins Ausland** einen Arrestgrund darstellen, insbesondere dann, wenn das gesamte Vermögen ins Ausland verbracht wird.[136] Weitere Arrestgründe können etwa häufiger Wechsel des Wohnsitzes[137], Beseitigung der Geschäftsbücher,[138] Verschwendungssucht und leichtfertige Geschäftsführung, Vermögensumschichtung durch Rechtsformwechsel sein, wenn dadurch eine wesentliche Erschwerung der Vollstreckung zu befürchten ist,[139] erhebliche Schmälerung des Betriebsver-

---

127 *Tipke/Kruse* § 324, Rn. 9; Hübschmann/Hepp/Spitaler/*Hohrmann* § 324 Rn. 17; Pahlke/König/*Zöllner* AO § 324 Rn. 6.
128 *Klein/Brockmeyer* § 324 Rn. 3 u.a. unter Verweis auf *OLG Düsseldorf* NJW RR 1994, 450.
129 *BFH* 6.2.2013 – XI B 125/12 – juris; *BFH*/NV 1995, 1037.
130 *BFH* BStBl 78, 548; *Tipke/Kruse* § 324 Rn. 14.
131 *BFH* 6.2.2013 – XI B 125/12 – juris; *BFH*/NV 1995, 1037; *FG München* EFG 2009, 949; *Klein/Brockmeyer* § 324 Rn 5.
132 *Tipke/Kruse* § 324 Rn. 21.
133 *BFH* 6.2.2013 – XI B 125/12 – juris; *BFH* BStBl II 1983, 401.
134 *BFH* 6.2.2013 – XI B 125/12 – juris; *BFH* BStBl II 1983, 401.
135 *Klein/Brockmeyer* § 324 Rn. 5.
136 *BFH* 6.2.2013 – XI B 125/12 – juris; *BFH*/NV 1995, 1037; *Klein/Brockmeyer* § 324 Rn. 5.
137 Tipke/Kruse/*Reinhold* § 917 Rn. 1; *Klein/Brockmeyer* § 324 Rn. 5.
138 *RFH* StuW 22, Nr. 619; *Tipke/Kruse* § 324 Rn. 16.
139 *BFH*/NV 1995, 1037; *Klein/Brockmeyer* § 324 Rn. 5.

mögens durch **Einbuchung von Scheinrechnungen**[140] oder steuerunehrliches Verhalten, wenn es Anhaltspunkte dafür gibt, dass der Steuerpflichtige auch die Vollstreckung vereiteln oder wesentlich erschweren würde.[141]

Eine schlechte Vermögenslage oder die bloße Möglichkeit, dass der Arrestschuldner sein Ver-   61
mögen beiseiteschaffen könnte, stellen jedoch keinen Arrestgrund dar.[142] Besonders hervorzuheben ist, dass nach gefestigter Rechtsprechung des BFH **weder der dringende Tatverdacht der**
Steuerhinterziehung, noch sonstige steuerliche Unzuverlässigkeit allein einen **Arrestgrund**
darstellen.[143] Denn der bestehende dringende Tatverdacht der Steuerhinterziehung bedeutet
nicht per se, dass auch die Beitreibung der Steuern wesentlich erschwert werden wird. So
genügt insbesondere auch der allgemeine Hinweis darauf, dass der dringende Tatverdacht
bestehe, der Steuerpflichtige sei an einem Umsatzsteuerkarussell beteiligt und deswegen als
besonders steuerunehrlich einzustufen, nicht zur Begründung eines Arrestgrundes.[144] Auch ist
nach der Rechtsprechung des BFH etwa die allgemeine Behauptung für die Begründung eines
Anordnungsgrunds nicht tragfähig, dass derjenige, der sich oder einem anderen durch eine
Straftat einen Vermögensvorteil verschafft hat, nachhaltige Unternehmungen anstelle, um Tatvorteile dauerhaft zu sichern.[145] Kein Arrestgrund besteht etwa auch bei zusammenveranlagten
Ehegatten gegenüber dem Ehegatten, auf den im Aufteilungsverfahren nach §§ 286 ff. AO
keine anteilige Steuer entfallen würde.[146] Dieser Aspekt gewinnt immer besonders dann an
Bedeutung, wenn der Verdacht der Steuerhinterziehung, wie etwa regelmäßig in Unterneh-
merfamilien oder bei der Hinterziehung von Einkünften aus ausländischen Kapitalvermögen,
nur gegen einen Ehegatten besteht. Insoweit ist es konsequent, dass gegenüber jedem Ehegatten der Arrest nur in der Höhe der Steuern angeordnet werden darf, die bei der Aufteilung an
diesen anfallen würden.[147]

3.   Verfahrensfragen

Nach § 324 Abs. 1 S. 1 AO ist für die Anordnung des Arrests die für die Steuerfestsetzung beru-   62
fene Finanzbehörde zuständig. Die **Arrestanordnung ist ein Verwaltungsakt**.[148] Insoweit besteht
im Bereich des Steuerrechts die Besonderheit, dass der Anspruchsgläubiger sich gleichsam selbst
ohne Einschaltung eines Gerichts auch einen Arresttitel verschaffen und damit eine gewisse Fak-
tenlage schaffen kann. Die BuStrA kann daher bei Verdacht einer Steuerhinterziehung nicht im
Rahmen des § 324 AO selbst tätig werden, insoweit bedarf es der **Einschaltung des jeweils**
zuständigen Festsetzungsfinanzamts, was einen entsprechenden Koordinationsaufwand auslöst. Die Zuständigkeit für die Anordnung des dinglichen Arrests in **Gewerbesteuersachen** liegt
je nach Bundesland bei der Gemeinde oder teilweise auch bei den Finanzämtern.[149]

Auch wenn § 920 Abs. 2 ZPO (Glaubhaftmachung der Arrest begründenden Tatsachen) im   63
Rahmen des Besteuerungsverfahrens keine Anwendung findet, genügt für die Feststellung des
Arrestanspruchs dennoch, dass dieser lediglich „**hinreichend wahrscheinlich**" sein und nicht

140 *FG Saarland* EFG 2004, 242; *Klein/Brockmeyer* § 324 Rn. 5.
141 *BFHE* 56, 225; *Klein/Brockmeyer* § 324 Rn. 5.
142 *BFH* 6.2.2013 – XI B 125/12 – juris; *Klein/Brockmeyer* § 324 Rn. 6.
143 *BFH* 6.2.2013 – XI B 125/12 – juris; *BFH* BStBl. 2001, 464; *Klein/Brockmeyer* § 324 Rn. 6.
144 *BFH* 6.2.2013 – XI B 125/12 – juris.
145 *BFH* 6.2.2013 – XI B 125/12 – juris.
146 *Klein/Brockmeyer* § 324 Rn. 6.
147 *FG Niedersachsen* EFG 1989, 612; *FG Bremen* EFG 1996, 307; *Klein/Brockmeyer* § 324 Rn. 6.
148 *Tipke/Kruse* § 324 Rn. 29.
149 *Tipke/Kruse* § 324 Rn. 22.

mit derartiger Sicherheit wie im Besteuerungsverfahren feststehen muss.[150] Es müssen dementsprechend **überwiegende Gründe für das Bestehen eines Arrestanspruchs** vorliegen, was in
etwa der Glaubhaftmachung entspricht.[151] Zur Aufklärung von Sachverhalten, die für die
Besteuerung notwendig sind, können auch staatsanwaltliche oder polizeiliche Ermittlungsakten hinzugezogen werden, soweit Grundrechte der Bürger nicht verletzt werden.[152] **Unzulässig**
nach der Rechtsprechung des BFH ist insbesondere die **Verwertung von Erkenntnissen aus
einer Telefonüberwachung.**[153] Dabei soll es umso unwahrscheinlicher sein, dass ein Arrestanspruch besteht, je länger ein Ermittlungsverfahren dauert, ohne dass ausreichende Beweise
gefunden werden.[154]

Die Arresthöhe wird durch die **Angabe der Arrestsumme**, d.h. den Geldbetrag, bis zu dessen
Höhe der Arrest vollzogen werden kann, bestimmt.[155] Die Arrestsumme darf die Höhe des
Arrestanspruchs nicht übersteigen, kann aber niedriger sein.[156] Nach § 324 Abs. 2 AO ist die
Arrestanordnung zuzustellen und zu begründen. Die Zustellung richtet sich nach den Vor-
schriften des VwZG.[157] Die Arrestanordnung muss unterschrieben sein und die elektronische
Form ist ausgeschlossen (§ 324 Abs. 2 S. 3 AO). Die **Begründung** der Arrestanordnung muss
Ausführungen zum Arrestanspruch und Arrestgrund und insoweit die jeweils bedeutsamen
Tatsachen enthalten. Die bloße Wiedergabe des Gesetzeswortlauts genügt nicht.[158] Die Begründung kann allerdings vor dem Finanzgericht bis zum Schluss der mündlichen Verhandlung
nachgeholt werden.[159] Es bedarf **keiner Anhörung des Arrestschuldners vor Erlass der Arrestanordnung.**[160] Nach § 324 Abs. 1 S. 3 AO muss in der **Arrestanordnung ein Geldbetrag** angegeben werden, durch dessen Hinterlegung die Vollziehung des Arrestes gehemmt bzw. der vollzogene Arrest aufzuheben ist.

4. Rechtsbehelfe

64 Gegen die Arrestanordnung ist zum einen der **Einspruch** nach § 347 Abs. 1 AO statthaft. Darüber hinaus kann die Arrestanordnung aber auch direkt gem. § 45 Abs. 4 FGO mit der **Sprung-
klage** ohne Vorverfahren angefochten werden. Einspruchsverfahren und finanzgerichtliches Verfahren können auch parallel betrieben werden, insoweit ist der Abschluss des Vorverfahrens
keine Zulässigkeitsvoraussetzung.[161] Das Finanzgericht prüft im Rahmen des Verfahrens sowohl,
ob der Arrest von Anfang an nicht gerechtfertigt war bzw. ob dieser wegen zwischenzeitlich ein-
getretener Umstände ex nunc gem. § 325 AO nicht mehr gerechtfertigt ist.[162]

65 Der Einspruch gegen die Arrestanordnung hat keine aufschiebende Wirkung. Der Steuerpflichtige kann nach § 361 Abs. 1, 2 AO einen **Antrag auf Aussetzung der Vollziehung** stellen.

---

150 *BFH* BStBl 2001, 464, 466; *FG Niedersachsen* EFG 1995, 155; *Klein/Brockmeyer* § 324 Rn. 7; *Tipke/Kruse*
    § 324 Rn. 23.
151 *FG Baden-Württemberg* EFG 1990, 507, 509; *Tipke/Kruse* § 324 Rn. 24.
152 *Tipke/Kruse* § 324 Rn. 25.
153 *BFH* 6.2.2013 – XI B 125/12 – juris.
154 *FG Düsseldorf* EFG 1978, 60; *Tipke/Kruse* § 324 Rn. 26.
155 *Tipke/Kruse* § 324 Rn. 33; vgl. auch *FG Köln* EFG 1982, 283.
156 *Tipke/Kruse* § 342 Rn. 33.
157 *Klein/Brockmeyer* § 324 Rn. 11.
158 *BFH* BStBl 1952, 90; *Tipke/Kruse* § 324 Rn. 8; *Klein/Brockmeyer* § 324 Rn. 11.
159 *Klein/Brockmeyer* § 324 Rn. 11.
160 *Klein/Brockmeyer* § 324 Rn. 11.
161 *FG Düsseldorf* EFG 1978, 60; *Klein/Brockmeyer* § 324 Rn. 15.
162 *BFH* BStBl 2004, 392; *Klein/Brockmeyer* § 324 Rn. 15.

In vielen Fällen wird eine derartige Aussetzung der **Vollziehung nur gegen Sicherheitsleistung** gewährt werden können, wobei der BFH nunmehr entschieden hat, dass dies gerade in eindeutigen Fällen der rechtswidrigen Arrestanordnung **keine zwingende Voraussetzung** ist.[163]

5. Vollziehung des Arrests

Gemäß § 324 Abs. 3 S. 1 AO ist die Arrestanordnung binnen **einem Monat** nach ihrer Unterzeichnung zu vollziehen, sonst wird sie unzulässig. Dabei reicht es aus, dass binnen dieser Frist mit der Vollziehung begonnen wird.[164] Besondere Aufmerksamkeit ist darauf zu richten, ob nach Fristablauf noch andere Vollstreckungsmaßnahmen eingeleitet wurden, außer denen, die bereits vor Fristablauf begonnen wurden. Dies ist allenfalls unter engen Voraussetzungen zulässig, soweit sie mit den fristgerecht eingeleiteten Maßnahmen eine wirtschaftliche und zeitliche Einheit bilden.[165] Zuständig für die Vollziehung ist die Vollstreckungsstelle, der die Rechte nach § 249 AO zustehen. | **66**

Die Vollziehung der Arrestanordnung ist gem. § 324 Abs. 3 S. 2 AO bereits vor der Zustellung an den Arrestschuldner möglich, verliert jedoch ihre Wirkung, wenn die Zustellung nicht innerhalb einer Woche nach Vollziehung und innerhalb der Monatsfrist nach Unterzeichnung erfolgt. Bei Zustellungen im Ausland und bei öffentlichen Zustellungen gilt gem. § 324 Abs. 3 S. 3 i.V.m § 169 Abs. 1 S. 3 AO entsprechend, sodass es zur Fristwahrung genügt, wenn im Falle der Auslandszustellung die Arrestanordnung den Bereich des festsetzenden Finanzamts verlassen hat bzw. bei öffentlicher Zustellung die Bekanntmachung nach § 10 Abs. 2 VwZG erfolgt ist. | **67**

Die Vollziehung des Arrests kann durch **Hinterlegung der Arrestsumme** bei der Finanzkasse abgewendet werden.[166] In Ergänzung des Wortlauts des § 324 Abs. 1 S. 3 AO kann auch nach Maßgabe der §§ 241 ff. AO Sicherheit geleistet werden.[167] Die Arrestanordnung als solche ist bei Sicherheitsleistung nicht aufzuheben, da diese die Rechtsgrundlage für die Sicherheitsleistung bildet.[168] Nach § 324 Abs. 3 S. 1 AO finden im Übrigen auf die Vollziehung des Arrestes die §§ 930–932 ZPO sowie § 99 Abs. 2 und § 106 Abs. 1, 3 und 5 des Gesetzes über Rechte an Luftfahrzeugen entsprechende Anwendung. | **68**

6. Schadensersatz

Ist der Arrest von Anfang an ungerechtfertigt oder lassen sich die Voraussetzungen des Verfügungsanspruchs nicht beweisen, gilt § 945 ZPO analog.[169] Dementsprechend ist der Steuergläubiger dem Steuerpflichtigen zum **Ersatz des Schadens** verpflichtet, der ihm aus der Vollziehung des Arrestes oder aus einer entsprechenden Sicherheitsleistung (etwa Darlehenszinsen) entstanden ist.[170] Für die Geltendmachung des Schadensersatzanspruchs gilt der ordentliche Rechtsweg.[171] | **69**

---

163 Vgl. *BFH* 6.2.2013 – XI B 125/12, juris; *BFH* BStBl 1968, 501; NV 1988, 374, 376; *FG Köln* EFG 1988, 524; *Tipke/Kruse* § 324 Rn. 48.

164 *Klein/Brockmeyer* § 324 Rn. 12.

165 *FG Baden-Württemberg* EFG 1990, 507; *OLG München* NJW 1968, 708; *Tipke/Kruse* § 324 Rn. 66; *Klein/ Brockmeyer* § 324 Rn. 12.

166 *Tipke/Kruse* § 324 Rn. 69.

167 *Klein/Brockmeyer* § 324 Rn. 14; *Tipke/Kruse* § 324 Rn. 69.

168 *Klein/Brockmeyer* § 324 Rn. 14.

169 H.M. zum Streitstand vgl. ausführlich etwa *Tipke/Kruse* § 324 Rn. 54 ff.; insoweit u.a. auch *BGH* NJW 1988, 3268; NJW 1975, 540; NJW 1978, 2024; *FG München* EFG 1995, 954.

170 *Tipke/Kruse* § 324 Rn. 54.

171 *BGHZ* 30, 123; *BGHZ* 63, 277; *FG Münster* EFG 1979, 317; *Tipke/Kruse* § 324 Rn. 59; zur Gegenmeinung vgl. die Nachweise bei *Tipke/Kruse* § 324 Rn. 59.

III. Sicherung von Vermögenswerten durch zivilprozessualen Arrest

1. Allgemeines

70 Im Bereich der Fiskalstraftaten kommt dem zivilprozessualen Arrest ebenfalls eine gewisse Bedeutung zu. Dies ist insbesondere dann der Fall, wenn Sozialversicherungsträger bzw. Einzugsstellen gegen Verantwortliche von Unternehmen Schadensersatzansprüche wegen nicht abgeführter Sozialversicherungsbeiträge gem. § 823 Abs. 2 BGB i.V.m. § 266a StGB durch die Ausbringung eines zivilrechtlichen Arrestes sichern wollen. Darüber hinaus kann es auch in Konstellationen der Haushaltsuntreue und in den im Rahmen dieses Handbuchs dargestellten ausgewählten Betrugskonstellationen zu Arresten zur Sicherung von Ansprüchen aus § 823 Abs. 2 BGB i.V.m. § 266 bzw. § 263 StGB kommen. Im Folgenden werden kursorisch die Voraussetzungen der Anordnung und Aufhebung (Rn. 71 ff.) sowie der Vollziehung des zivilprozessualen Arrests nebst Schadensersatz (Rn. 84) dargestellt.

2. Voraussetzungen des dinglichen Arrests

71 Funktion des dinglichen Arrestes ist es, die Zwangsvollstreckung in das bewegliche oder unbewegliche Vermögen wegen einer Geldforderung zu sichern, § 916 Abs. 1 ZPO. Voraussetzungen für den Arrest ist wiederum ein Arrestanspruch (§ 916 ZPO) und ein Arrestgrund (§ 917 ZPO). Diese sind im Rahmen des Arrestantrags glaubhaft zu machen (§§ 920, 324 ZPO).

a) Arrestanspruch

72 Arrestanspruch ist die **Hauptsacheforderung**, deren Vollstreckung für den Fall ihrer (in der Regel) späterer Titulierung gesichert werden soll.[172] Er betrifft alle Geldforderungen (d.h. Ansprüche auf Zahlung einer Geldsumme) sowie alle vermögensrechtlichen Ansprüche, sofern diese in eine Geldforderung übergehen können.[173] Selbstverständlich ist auch ein Anspruch aus § 823 Abs. 2 BGB i.V.m. einem Schutzgesetz, wie regelmäßig bei Fiskalstraftaten, eine grundsätzlich durch Arrest sicherbare Hauptforderung.

b) Arrestgrund

73 Ebenso wie beim strafprozessualen und beim steuerrechtlichen Arrest bedarf es auch hier eines Arrestgrundes. Da sich insoweit die vorstehend bereits dargestellten Grundsätze in weiten Teilen am zivilprozessualen Arrest orientieren, soll hierauf nur noch kurz allgemein eingegangen werden.

74 Ein Arrestgrund gem. § 917 Abs. 1 ZPO liegt vor, wenn zu besorgen ist, dass ohne dessen Verhängung die Vollstreckung des Urteils vereitelt oder wesentlich erschwert werden würde. Der Arrest dient demgemäß nicht dazu, die Lage des Gläubigers gegenüber dem Vermögen des Schuldners zu verbessern oder dessen Vorrang gegenüber anderen Gläubigern zu sichern, sondern dient der Verhinderung einer Verschlechterung.[174] Daher ist allein eine Verschlechterung der Vermögenslage des Schuldners für sich noch kein Arrestgrund.[175] Die Konkurrenz anderer Gläubiger[176] oder vertragswidriges Verhalten ohne konkrete Anhaltspunkte, dass der Schuldner

---

172 *Zöller/Vollkommer* § 916 Rn. 1.
173 *BGH* NJW 1996, 321, 324; *Zöller/Vollkommer* § 916 Rn. 4.
174 *BGH* NJW 1996, 321, 324.
175 *Mertins* JuS 2008, 692.
176 *Mertins* JuS 2008, 692.

sein Vermögen dem Gläubigerzugriff entzieht,[177] genügen ebenfalls nicht. Die Judikatur ist im Übrigen von Einzelfallentscheidungen geprägt.[178]

Besteht bereits eine anderweitige Sicherung des Gläubigers, kann ein Arrestgrund ausscheiden. **75** Es bedarf nämlich gem. § 917 ZPO eines besonderen Sicherungsbedürfnisses als Ausfluss des allgemeinen Rechtsschutzbedürfnisses.[179] Das Sicherungsbedürfnis fehlt auch dann, wenn der Gläubiger bereits einen Titel besitzt, der rechtskräftig oder ohne Sicherheitsleistung vorläufig vollstreckbar ist.[180]

c) Fiskalstraftat als Arrestgrund

Fiskalstraftaten richten sich gegen das Vermögen des Fiskus. Die Frage, ob eine solche gegen **76** das Vermögen gerichtete Straftat per se einen Arrestgrund i.S.d. § 917 ZPO darstellt, ist in der zivilrechtlichen Rechtsprechung umstritten.

Konkret geht es dabei um die Frage, ob bereits aus dem **Vorliegen oder dem Verdacht einer** **77** **Straftat** darauf rückgeschlossen werden kann, ob ein spezifisches **Sicherungsbedürfnis** auch für die aus der Straftat resultierenden Schadensersatzansprüche besteht. D.h., ob aus dem bloßen Vorliegen von Straftaten auf eine Vollstreckungsvereitelung oder -erschwerung geschlossen werden kann.

Die Einzelheiten dieser Frage sind umstritten, wobei sowohl die eher gläubigerfreundliche, als **78** auch die eher restriktivere Auffassung als h.M. bezeichnet werden.[181] Beide Seiten proklamieren auch jeweils den BGH für sich.[182]

Nach der weiteren Auffassung „**indiziert**" der Verstoß einer gegen den Gläubiger gerichteten **79** Straftat die Gefahr der „Vollstreckungserschwerung oder -vereitelung".[183] Insoweit wird der Arrestgrund damit begründet, dass die unerlaubte Handlung nach den Umständen des Einzelfalles die Annahme rechtfertige, der Schuldner werde seine rechtsfeindliche Verhaltensweise fortsetzen, um den rechtswidrig erlangten Vermögensvorteil zu behalten, also die Zwangsvollstreckung zu vereiteln.[184] Es bestehe „regelmäßig ein Arrestgrund, wenn das vorsätzliche vertragswidrige Verhalten mit einer gegen den Gläubiger gerichteten strafbaren Handlung zusammenfällt".[185] Denn eine solche vorsätzliche Schädigung erbringe praktisch einen **Anscheinsbeweis für das maßgeblich künftige Verhalten.**[186]

---

177 *OLG Saarbrücken* NJW-RR 1999, 143.
178 Zur Kasuistik vgl. Baumbach/Lauterbach/Albers/*Hartmann* ZPO, § 917 Rn. 6 oder *Zöller/Vollkommer* § 917 Rn. 6 f.
179 *Zöller/Vollkommer* § 917 Rn. 10.
180 *Zöller/Vollkommer* § 917 Rn. 12.
181 Vgl. nur *Bittmann* wistra 2002, 248, 250 einerseits und *OLG Bamberg* ZWH 2013, 290.
182 *BGH* WM 1983, 614 für das Ausreichen eines Arrestgrunds als Straftat einerseits und *BGH* WM 1975, 641 dagegen andererseits. Letztere Entscheidung ist jedoch älter und betrifft die Thematik nur mittelbar, weil es hier nur inzident um eine Fragestellung ging, bei der primär vertragswidriges Verhalten im Raum stand. Erstere Entscheidung wird gelegentlich auch für die Begründung der restriktiveren Auffassung herangezogen; vgl. *OLG Köln* NJW-RR 2000, 69; *Bülte* ZWH 2013, 293.
183 *Bittman/Kühn* wistra 2002, 248, 250.
184 *BGH* WM 1983, 614; *OLG Dresden* MDR 1998, 795; *OLG München* MDR 1970, 934; *LAG Frankfurt/Main* NJW 1965, 989; Baumbach/Lauterbach/Albers/*Hartmann* ZPO, § 917 Rn. 11.
185 *BGH* WM 1983, 614, 615; auch *Zöller/Vollkommer* § 917 Rn. 5 für vermögensbezogene Straftaten.
186 Baumbach/Lauterbach/Albers/*Hartmann* ZPO, § 917 Rn. 11.

80   Die Gegenmeinung lehnt es ab, aus dem Vorliegen einer Straftat gegen das Vermögen des Gläubigers bereits per se auf einen Arrestgrund zu schließen.[187] Denn es gäbe keinen „Regelfall" einer Straftat und es entstünde nach Aufdeckung der unerlaubten Handlung ohnehin eine neue Situation für den Täter. Eine **Regel**, anhand derer sich die kriminelle Energie eines Täters **über die Entdeckung der Tat hinaus auch auf Vollstreckungsvereitelung erstrecke**, würde es schließlich **nicht geben**.[188] Es bedürfe vielmehr konkreter „Anhaltspunkte", die die Besorgnis rechtfertigen, der Schuldner werde – gewissermaßen auf der Linie der zurückliegenden Straftaten – seine unredliche Verhaltensweise gegenüber dem Tatopfer fortsetzen und sein Vermögen dem drohenden Zugriff der Gläubigerseite zu entziehen versuchen.[189] Es müsse vielmehr hinzukommen, dass der Schuldner durch zusätzliche weitere Maßnahmen den Anspruch des Gläubigers gefährdet hat und deshalb konkret gem. § 917 Abs. 1 ZPO zu befürchten sei, dass die spätere Vollstreckung vereitelt oder erschwert werden würde. Denn ein in der Vergangenheit liegendes strafbares Handeln begründe ebenfalls nicht automatisch eine Wiederholungsgefahr.[190] Lediglich im „Ausnahmefall" können sich bereits aus dem Umfang oder sonstigen Umständen der Straftat Tatsachen ergeben, die auf eine Vereitelung der Zwangsvollstreckung schließen lassen.

81   Die beiden vorstehenden Auffassungen sind nach Meinung des Verfassers nicht so weit auseinander, wie teilweise angenommen wird. Insbesondere der Umstand, dass beide Seiten sich jeweils auf den BGH beziehen, zeigt dies schon. Insgesamt ist es sicher richtig, auf die **Umstände des Einzelfalls** abzuzielen. Andererseits muss bedacht werden, dass es wegen des Erfordernisses zur Glaubhaftmachung (§ 294 ZPO) durch den Antragsteller in der Praxis eines erheblichen Begründungsaufwands bedarf, um überhaupt einen auf einer Straftat beruhenden Arrestanspruch nach § 823 Abs. 2 BGB darzulegen. Der Antragsteller ist in diesem Zusammenhang regelmäßig darauf angewiesen, strafbewährte (§ 156 StGB) Versicherungen an Eides Statt vorzulegen. Hinzu kommt für den Antragsteller das **Risiko** des auf den strafprozessualen Arrest nicht anwendbaren **Schadensersatzanspruchs nach § 945 ZPO**.[191] Gelingt dem Antragsteller daher im Rahmen des Zivilverfahrens die **Glaubhaftmachung eines deliktischen Anspruchs**, geht der Tatnachweis regelmäßig über das hinaus, was etwa für einen Anfangsverdacht nach § 152 Abs. 2 StPO oder auch einen strafrechtlichen Arrest ausreichend ist. In der Praxis wird daher zumindest bei erheblichen insbesondere unter Heimlichkeit gegen das Vermögen gerichteten Straftaten regelmäßig zunächst von einem Arrestgrund auszugehen sein, wenn es gelingt, einen derartigen Anspruch glaubhaft zu machen.[192] Selbstverständlich kann dies im Einzelfall widerlegt werden.

82   Neben dem Hinweis auf die Judikatur der vorstehend dargestellten weiteren Auffassung, sollte der Berater des geschädigten Fiskus bei Antragstellung über die Glaubhaftmachung strafbaren Verhaltens hinaus **möglichst weitere Umstände glaubhaft machen**, die auf eine Fortsetzung der kriminellen Handlungen zu einer Vollstreckungsvereitelung hindeuten.[193] Bei der Abwehr entsprechender Ansprüche bietet sich in der vorgenannten restriktiveren Rechtsprechung eine

---

187   *OLG Bamberg* ZWH 2013, 290; *OLG Rostock* v. 23.2.2005 – 6 U 159/04 – juris; *OLG Hamm* NJW-RR 2007, 288, 289; *OLG Düsseldorf* MDR 1980, 150; *OLG Köln* NJW-RR 2000, 69; *Bülte* ZWH 2013, 293.
188   *OLG Hamm* NJW-RR 2007, 288, 289; *OLG Düsseldorf* MDR 1980, 150; *OLG Köln* NJW-RR 2000, 69.
189   *OLG Bamberg* ZWH 2013, 290 mit zustimmender Anmerkung *Bülte* ZWH 2013, 293.
190   *OLG Bamberg* ZWH 2013, 290, 291; *OLG Rostock* 23.2.2005 – 6 U 159/04 – juris.
191   Wird der strafprozessuale dingliche Arrest angeordnet, kommt nur der (marginale) Entschädigungsanspruch gegen die Staatskasse nach § 2 Abs. 2 Nr. 4 StrEG zum Tragen.
192   Vgl. Baumbach/Lauterbach/Albers/*Hartmann* ZPO, § 917 Rn. 11 „was soll der Antragsteller eigentlich noch abwarten".
193   *Bülte* ZWH 2013, 293.

gute Verteidigungsmöglichkeit, ohne in der Sache zum Arrestanspruch und damit explizit zu Sachverhaltsfragen im Zusammenhang mit potentiellen Fiskalstraftaten vortragen zu müssen.

3. Rechtsmittel

Die Anordnung eines Arrests kann durch **Widerspruch nach § 924 ZPO** angegriffen werden. **83** Gegen die Ablehnung eines Arrestantrags ohne mündliche Verhandlung ist die sofortige Beschwerde nach § 567 Abs. 1 Nr. 2 ZPO statthaft. Sofern der Widerspruch zulässig ist, findet eine mündliche Verhandlung statt. Das Gericht entscheidet durch Urteil, gegen das die Berufung eingelegt werden kann. Ist der Widerspruch unzulässig, wird er nach § 341 Abs. 1 S. 2 ZPO analog verworfen. Nach § 524 Abs. 2 S. 1 ZPO entscheidet letztinstanzlich grundsätzlich das OLG.

4. Vollziehung des Arrests und Schadensersatz

Für die Vollziehung des Arrests und die Hinterlegung des Lösungsbetrages gelten die Ausfüh- **84** rungen zur Vollziehung des strafprozessualen Arrests, die auf die Bestimmungen der ZPO verweisen, entsprechend. Darüber hinaus sei auf die Schadensersatzpflicht gem. § 945 ZPO verwiesen, die für den Antragsteller eines dinglichen Arrests ein stets zu bedenkendes Prozessrisiko darstellt.

IV. Sicherung von Vermögenswerten durch Arreste durch Krankenkasse als Einzugsstelle

1. Vorgehen gegen den Schuldner der Sozialversicherungsbeiträge

Für die Einziehung des Gesamtsozialversicherungsbeitrags ist grundsätzlich die Krankenkasse **85** nach §§ 28h Abs. 1 S. 1, 28i S. 1 SGB X als **Einzugsstelle** zuständig.

Anknüpfungspunkt für die Möglichkeit der Krankenkassen einen Arrest zu erwirken, ist dabei **86** § 66 SGB X. Handelt es sich um eine **bundesunmittelbare Krankenkasse** sind gem. § 66 Abs. 1 S. 1 SGB X die Vorschriften des VwVG des Bundes heranzuziehen. Diese Regelung gilt nunmehr gem. § 66 Abs. 3 S. 3 SGB X entsprechend für **landesunmittelbare Krankenkassen**, die sich über mehr als ein Bundesland erstrecken. Insoweit findet für **Krankenkassen** aus Gründen der Rechtssicherheit und Gleichbehandlung jetzt generell das **Vollstreckungsrecht des Bundes Anwendung**.[194] Dementsprechend findet gem. § 66 Abs. 1 S. 1 SGB X, § 5 Abs. 1 VwVG i.V.m. § 324 AO der steuerliche Arrest Anwendung.

Vor diesem Hintergrund können Einzugsstellen unter den Voraussetzungen des vorstehend **87** (Rn. 56 ff.) dargestellten **steuerlichen Arrests** ebenso wie die Finanzbehörden dingliche Arreste in das Vermögen der jeweiligen potentiellen Schuldner der vorenthaltenen Sozialversicherungsbeiträge ausbringen. Vollstreckungsbehörde für bundesunmittelbare Krankenkassen sind gem. § 66 Abs. 1 S. 1 SGB X i.V.m. § 4 VwVG die Hauptzollämter.[195] Die zuständige **Vollstreckungsbehörde** bestimmt sich bei landesunmittelbaren Krankenkassen nach dem **jeweiligen Landesrecht**.[196]

---

194 Von Wulffen/Schütze/*Roos* § 66 Rn. 4.
195 Von Wulffen/Schütze/*Roos* § 66 Rn. 4a.
196 Vgl. von Wulffen/Schütze/*Roos* § 66 Rn. 4 sowie den Überblick bzgl. der Bestimmungen der Bundesländer Rn. 5.

88   Daneben ist für Krankenkassen unter Umständen die Vollstreckung durch eigenes Vollstre-
      ckungs- und Vollziehungspersonal (§ 66 Abs. 1 S. 3 SGB X) sowie über eine andere Kranken-
      kasse oder einen Krankenkassenverband (§ 66 Abs. 1 S. 4 und 5 SGB X) denkbar.[197]

89   Die in § 66 Abs. 4 SGB X vorgesehene Möglichkeit für die Krankenkasse wahlweise nach den
      Bestimmungen der ZPO zu vollstrecken, setzt einen bestehenden Verwaltungsakt voraus.[198] Da
      insoweit ein vollstreckbarer Leistungsbescheid besteht, dürfte der Erlass eines zivilprozessualen
      Arrests nach §§ 916, 917 ff. ZPO mangels Sicherungsbedürfnisses ausscheiden.

2.   Vorgehen aufgrund zivilrechtlicher Ansprüche

90   Insbesondere soweit die Einzugsstelle **bürgerlich-rechtliche Ansprüche** verfolgt, etwa gegen
      Mitglieder der Gesellschaftsorgane aus § 823 Abs. 2 BGB i.V.m. § 266a StGB, kann diese bei
      Vorliegen der Voraussetzungen den Erlass eines zivilprozessualen Arrests nach § 916 ff. ZPO
      beantragen.

V.   Verhältnis der verschiedenen Arrestformen zum strafprozessualen Arrest

1.   Verhältnis zum zivilprozessualen Arrest

91   Soweit der Geschädigte bereits einen zivilprozessualen Arrest in das Vermögen des Täters
      erwirkt hat, dürfte es regelmäßig an einem **Sicherungsinteresse** für einen dinglichen Arrest zur
      Rückgewinnungshilfe nach §§ 111b–d StPO i.V.m. §§ 73, 73a StGB fehlen. Denn das Gericht
      bzw. die Staatsanwaltschaft/BuStrA muss im Rahmen seiner Ermessensentscheidung auch die
      tatsächlichen und rechtlichen Möglichkeiten des Opfers prüfen, seine Rechte selbst durchzu-
      setzen.[199]

92   Umgekehrt stellt sich ebenfalls die Frage, ob ein Arrestgrund i.S.d. § 917 ZPO entfällt, wenn
      bereits im Wege der Rückgewinnungshilfe ein strafprozessualer dinglicher Arrest nach § 111b–
      d i.V.m. §§ 73 Abs. 1 S. 2, 73a StGB zu Gunsten des Verletzten angeordnet wurde und insoweit
      eine **Sperrwirkung** eintritt.[200] Ausgangspunkt ist insoweit, dass ein Arrestgrund nach § 917
      ZPO entfällt, wenn der Gläubiger anderweitig hinreichend gesichert ist.[201]

93   Teilweise wird davon ausgegangen, dass der strafprozessuale dingliche Arrest zur Rückgewin-
      nungshilfe eine ausreichende Sicherheit darstelle.[202] Das OLG Bamberg hat jüngst in zwei Ent-
      scheidungen ebenfalls eine restriktive Auffassung vertreten.[203] Demnach soll **grundsätzlich ein
      Vorrang der Rückgewinnungshilfe** gegenüber dem zivilprozessualen Arrest bestehen. Allerdings
      gelte dieser Vorrang nicht generell, sondern sei eine **Frage der Beurteilung des Einzelfalls**.[204]
      Dieser Vorrang ergebe sich aus der Begründung des Entwurfs des „Gesetzes zur Stärkung der

---

197 Vgl. von Wulffen/Schütze/*Roos* § 66 Rn. 4a ff.
198 Von Wulffen/Schütze/*Roos* § 66 Rn. 17.
199 *Meyer-Goßner* § 111d Rn. 4.
200 Vgl. *Bülte* ZWH 2014, 166.
201 *Zöller/Vollkommer* § 917 ZPO Rn. 11.
202 Musielak/*Huber* ZPO, 11. Aufl. 2013, § 917 Rn. 8 ohne nähere Begründung.
203 *OLG Bamberg* NStZ 2010, 348 f.
204 *OLG Bamberg* ZWH 2013, 290, 292; NStZ 2010, 348, 349.

Rückgewinnungshilfe und der Vermögensabschöpfung bei Straftaten vom 21.2.2006".[205] Hier sei der drohende Ablauf der Dreijahresfrist nach § 111i Abs. 3 StPO ausdrücklich als Arrestgrund genannt.[206] Dennoch könne der Arrestgrund nur entfallen, wenn dem Geschädigten eine **hinreichende Sicherheit** zustünde. Dies sei jedoch bei einer bloßen Anordnung eines Arrests nicht der Fall, weil der Geschädigte nahezu keinen Einfluss auf die Aufrechterhaltung der Arreste habe.[207] Jedoch soll ein gem. § 111i Abs. 3 StPO durch rechtskräftiges Urteil auf **drei Jahre verlängerter Arrest** zumindest in der Anfangszeit eine hinreichende Sicherung darstellen, die das Sicherungsbedürfnis für den zivilrechtlichen Arrest entfallen lasse.[208] Insoweit geht das OLG Bamberg im Ergebnis von einer **eingeschränkten Sperrwirkung aus.**

Demgegenüber hat das OLG Frankfurt[209] und (indirekt) auch das KG Berlin[210] entschieden, dass der strafprozessuale Arrest überhaupt **keine Sperrwirkung** gegenüber dem zivilprozessualen Arrest auslöst. Denn durch das Aufrechterhalten des dinglichen Arrests erhalte der Gläubiger lediglich eine privilegierte Vollstreckungsmöglichkeit, dennoch werde ein **zivilrechtlicher Titel benötigt**, um sich Zugriff auf die von den Strafverfolgungsbehörden sichergestellten Gegenstände zu verschaffen.[211] Daher ergäbe sich ein Sicherungsbedürfnis des Gläubigers zur Erlangung eines zivilprozessualen Arrests daraus, schneller als andere Gläubiger einen Titel zu erlangen, da bei der Vollstreckung das Prioritätsprinzip gelte.[212] **94**

Die **besseren Argumente** sprechen in Anschluss an Bülte[213] dafür, **keine Sperrwirkung** des strafprozessualen Arrests gegenüber dem zivilprozessualen Arrest anzunehmen. Zunächst läge bei der Anordnung des dinglichen Arrests keine Insolvenzfestigkeit vor.[214] Es würde jedoch insbesondere den Zweck der Rückgewinnungshilfe „konterkarieren", wenn der Gläubiger hierdurch an der Sicherung seiner Forderung im Arrestwege gehindert würde.[215] Der am Strafverfahren beteiligte Gläubiger würde vielmehr gegenüber einem nicht beteiligten Gläubiger schlechter gestellt, dem mangels Kenntnis einer strafprozessualen Sicherung ein zivilprozessualer Arrest gewährt werden würde.[216] **95**

2. Verhältnis zum steuerlichen Arrest

Es wird intensiv diskutiert, ob und inwieweit durch die Möglichkeit der Finanzbehörde, einen steuerlichen Arrest nach § 324 AO zu erwirken, eine **Sperrwirkung für den strafprozessualen Arrest** eintritt. Insbesondere, ob im Rahmen der Verhältnismäßigkeit das Sicherungsbedürfnis für den dinglichen Arrest nach §§ 111b–d StPO entfällt. **96**

Gerade die **frühere Rechtsprechung und Teile der Literatur** gehen davon aus, dass durch die Möglichkeit des steuerlichen Arrests das Sicherungsbedürfnis für einen strafprozessualen **97**

205 BT-Drucks. 16/700; vgl. auch *Bülte* ZWH 2012, 454.
206 *OLG Bamberg* NStZ 2010, 348 f.
207 *OLG Bamberg* NStZ 2010, 348 f.
208 *OLG Bamberg* ZWH 2013, 290, 292.
209 *OLG Frankfurt* ZWH 2012, 470; *OLG Frankfurt* ZWH 2014, 325.
210 *KG Berlin* ZWH 2014, 165; vgl. hierzu *Bülte* ZWH 2014, 166.
211 *OLG Frankfurt* ZWH 2012, 470; *OLG Frankfurt* ZWH 2014, 325 f.
212 *OLG Frankfurt* ZWH 2014, 326.
213 *Bülte* ZWH 2012, 454 f.; ZWH 2013, 294 f.; ZWH 2014, 326 f.
214 *BGH* NJW 2000, 2027; *Bülte* ZWH 2013, 294.
215 *Bülte* ZWH 2012, 453, 455; ZWH 2013, 293, 294.
216 *Bülte* ZWH 2012, 453, 455; ZWH 2013, 293, 294.

Arrest nicht per se ausgeschlossen wird.[217] Diese Auffassung stützt sich insbesondere darauf, dass der **steuerliche und der strafprozessuale Arrest unterschiedliche Voraussetzungen** aufweisen. So genüge für den strafprozessualen Arrest der einfache Tatverdacht, für den steuerlichen Arrest bedürfe es zumindest einer hinreichenden Wahrscheinlichkeit des Bestehens des Steueranspruchs.[218] Zudem sei der strafprozessuale Arrest auch zulässig, wenn noch nicht eindeutig feststehe, wer überhaupt Steuerpflichtiger sei. Zudem statuiere der steuerliche Arrest anders als der strafprozessuale Arrest eine einmonatige Vollziehungsfrist.[219] Hinzu kommen Praktikabilitätserwägungen. Zuständig für den Erlass des steuerlichen Arrests sei das Veranlagungsfinanzamt. Dieses sei zum einen nicht immer in Ermittlungen eingebunden und solle dies auch aus taktischen Gründen nicht werden.[220] Darüber hinaus sei bei einer Vielzahl von potentiellen Tätern eine Vielzahl von Finanzämtern eingebunden, wohingegen der strafprozessuale Arrest einheitlich erlassen werden könne.[221] Insoweit wird dafür plädiert, auch noch weitere Kriterien in die Prüfung des Sicherstellungsbedürfnisses aufzunehmen, wie etwa Anzahl der Geschädigten, Verhalten der Beschuldigten, Aufwand der Ermittlungsbehörden, etc.[222] Große Probleme entstünden auch bei den Verschiebefällen und bei der Gewerbesteuer, die nicht vom Finanzamt veranlagt werde.[223]

98 Demgegenüber betont die mittlerweile h.M. in der Rechtsprechung und der Literatur den grundsätzlichen Vorrang des steuerlichen Arrests.[224] Teilweise wird von einem vollständigen Vorrang des § 324 AO ausgegangen.[225] Die Rechtsprechung geht jedoch in der Tendenz davon aus, das Sicherungsbedürfnis entfalle unter dem Gesichtspunkt der Verhältnismäßigkeit insbesondere dann, wenn das Finanzamt in Kenntnis aller Umstände von seiner Möglichkeit des dinglichen Arrests nicht Gebrauch mache.[226] So habe auch der strafprozessuale Arrest gegenüber dem dinglichen Arrest keine wesentlichen Vorteile. Lediglich in **Ausnahmefällen** käme der Erlass eines strafprozessualen Arrests in Betracht, wenn „die Tatsachenlage noch unklar ist, eine zeitnahe Arrestanordnung aber unerlässlich erscheint".[227]

99 Der h.M. ist zuzustimmen. Grundsätzlich statuiert der **steuerliche Arrest höhere Anforderungen an den Erlass eines Arrests als der strafprozessuale Arrest**. In Hinblick auf die Gewährleistung **des Art. 14 GG** ist daher ein Vorrang des steuerlichen Arrests verfassungsrechtlich geboten. Die hiergegen vorgetragenen Argumente sind weitgehend fiskalisch getragen und können dem nicht entgegenstehen. In Ausnahmefällen, wie etwa vom OLG Nürnberg postuliert, ist eine parallele Anwendung nicht ausgeschlossen. Jedenfalls kann es nicht Sache des Strafverfahrens sein, der Steuerverwaltung die im Rahmen des steuerlichen Arrests notwendige Präzisierung der Besteuerungsgrundlagen vorzunehmen. Denn nur so kann der restriktiven Rechtsprechung des BFH als Fachgericht Rechnung getragen werden, die umgangen würde.

---

217 *OLG Schleswig* 8.1.2009 – 1 Ws 407/01 – juris; *LG Halle* wistra 2009, 39 f.; *LG Berlin* wistra 1990, 157; vgl. hierzu auch die weiteren Nachweise bei *Brundiers/Löwe-Krahl* PStR 2009, 36, 28; *Madauß* NZWiSt 2013, 128; *Roth* wistra 2010, 335.

218 *Roth* wistra 2010, 335, 337; *Madauß* NZWiSt 2013, 128, 129.

219 *Roth* wistra 2010, 335, 337; *Madauß* NZWiSt 2013, 128, 129 f.

220 *Madauß* NZWiSt 2013, 128, 130.

221 *Madauß* NZWiSt 2013, 128, 129 f.

222 *Roth* wistra 2010, 335, 337; *Madauß* NZWiSt 2013, 128, 129.

223 *Roth* wistra 2010, 335, 337; *Madauß* NZWiSt 2013, 128, 129 f.

224 *OLG Nürnberg* wistra 2011, 40; *OLG Celle* StV 2009, 121; *OLG Oldenburg* wistra 2008, 1119; *OLG Karlsruhe* wistra 2008, 35; *Theile* StV 2009, 161, 162 ff.; *Volk/Rönnau* HdB § 13 Rn. 259; *Adick* PStR 2011, 86 f.

225 *LG Mannheim* 21.12.2006 – 25 Qs 14/06 – juris.

226 *OLG Celle* StV 2009, 121, 122; *Theile* StV 2009, 161, 165; *Volk/Rönnau* HdB § 13 Rn. 259

227 *OLG Nürnberg* wistra 2011, 40; hierzu *Adick* PStR 2011, 86 f.

Die Kenntnis der vorstehend dargestellten bestehenden Judikatur und Literatur sind sowohl **100** für den Berater/Verteidiger als auch für die Strafverfolgungs- und Finanzbehörden für einen sachgerechten Umgang mit diesem Problemkreis hilfreich. In jedem Fall hat der Verteidiger darauf hinzuwirken, dass die restriktive Auslegung der h.M. im Falle einer Arrestanordnung gegen den Mandanten zum Tragen kommt

3. Verhältnis strafprozessualer Arrest zum Arrest der Einzugsstelle

Soweit ersichtlich gibt es zum Verhältnis zwischen dem strafprozessualen Arrest und dem **101** Arrest durch die Einzugsstelle keine Rechtsprechung. Aufgrund der **vergleichbaren Situation** und der Anwendbarkeit des § 324 AO (Rn. 86 ff.) gilt für das Verhältnis zwischen dem durch die Sozialversicherungsträger ausgebrachten abgabenrechtlichen Arrest und dem strafprozessualen Arrest das unter vorstehend Rn. 99 Gesagte, sodass der mögliche Arrest der Einzugsstelle i.d.R. vorrangig sein dürfte. Insoweit ist auch hier von einem generellen Vorrang des abgabenrechtlichen Arrests auszugehen.

C. Fazit

Der Problemkreis der vermögenssichernden Maßnahmen im Rahmen von Fiskalstraftaten ist **102** im Fluss. Nicht nur die jeweiligen Arresttatbestände bieten vielfältige rechtliche und tatsächliche Fallstricke und Schwierigkeiten, sondern auch das Verhältnis der jeweiligen Arrestvorschriften untereinander ist vielfach ungeklärt. Dem jeweiligen Rechtsanwender, sei es auf gerichtlicher, behördlicher oder Verteidigerseite bietet sich daher eine breite Klaviatur an Maßnahmen und Argumenten. Bei alledem sollte jedoch auch immer im Auge behalten werden, dass die Ausbringung von Arresten, egal in welchem Rechtsgebiet diese ihren Ursprung haben, für den Betroffenen eine sehr einschneidende Maßnahme darstellt. Derartige negative Effekte auf Bonität, Ansehen etc. können auch durch spätere Schadensersatzansprüche nicht immer ausgeglichen werden. Insoweit bedarf es eines sorgsamen Umgangs mit der Anordnung derartiger Maßnahmen und einer engagierten Verteidigung zur Wahrung der Grundrechte der Betroffenen.

16. Kapitel
Fiskalstrafrechtliche Besonderheiten im Hauptverfahren

Literatur: *Bender/Nack* Tatsachenfeststellung vor Gericht, Band I Glaubwürdigkeits- und Beweislehre, 1995; *ders.* Tatsachenfeststellung vor Gericht, Band II Vernehmungslehre, 1995; *Burhoff* Handbuch für die strafrechtliche Hauptverhandlung, 2010; *Erhardt* Sind aus der Sicht der Praxis nach dem Verständigungsurteil des BVerfG Reformen des Strafprozesses erforderlich?, StV 2013, 655; *Firgau* Das Zusammentreffen von Wirtschafts- und Nichtwirtschaftsstraftaten gem. § 74c GVG, wistra 1988, 140; *Foth* Überlegungen zur Behandlung des Sachbeweises im Strafverfahren, NStZ 1989, 166; *Grünwald* Beweisverbote und Verwertungsverbote im Strafverfahren, JZ 1966, 489; *Hahn* Die gesamten Materialien zu den Reichsjustizgesetzten, 1983; *Malek* Die Verteidigung in der Hauptverhandlung, 2011; *Niemöller/Schlothauer/Weider* Das Gesetz zur Verständigung im Strafverfahren, 2010; *Roxin/Schünemann* Strafverfahrensrecht, 2012; *Rudolphi* Die Revisibilität von Verfahrensmängeln im Strafprozess, MDR 1970, 93; *Schlothauer* Die Verteidigung im Revisionsverfahren, 2013; *Sommer* Moderne Strafverteidigung, StraFo 2004, 295.

A. Einleitung

1 Das **Hauptverfahren** nach der StPO, welches mit dem Erlass des Eröffnungsbeschlusses nach § 203 StPO beginnt und mit dem rechtskräftigen Abschluss der Untersuchung endet, hat das Ziel, die Aufklärung der durch die öffentliche Klage gem. § 200 StPO umgrenzten Tatvorwürfe nach dem Prinzip der materiellen Wahrheit zu erreichen. Kernstück dieser Untersuchung ist die **Hauptverhandlung**. Nur auf ihre Ergebnisse darf sich ein Urteil stützen (§ 261 StPO). Der Satz *quod non est in actis, non est in mundo* gilt insoweit nicht, es herrscht der Amtsaufklärungsgrundsatz, welcher sich prozessual in der Aufklärungspflicht des Gerichts (§ 244 Abs. 2 StPO) niederschlägt.

2 Dieses Kapitel widmet sich den prozessualen Besonderheiten in solchen Hauptverfahren, die fiskalstrafrechtliche Sachverhalte zum Gegenstand haben. Alle in diesem Handbuch behandelten Tatbestände des materiellen Strafrechts beziehen sich auf den Schutz des staatlichen Vermögens. Naturgemäß sind daher oft komplizierte **wirtschaftliche Zusammenhänge** von ausschlaggebender Bedeutung für die aus diesen Tatbeständen resultierende Strafbarkeit und ihre Rechtsfolgen. Diesem Umstand hat der Gesetzgeber beispielsweise mit der **Konzentration wirtschaftsstrafrechtlicher Verfahren** vor den als besondere Strafkammern im Sinne des § 74c des GVG eingerichteten **Wirtschaftsstrafkammern** Rechnung getragen.

3 Aber auch in den Verfahren, die aufgrund der Vorschriften des GVG vor den Amtsgerichten verhandelt werden, findet deren wirtschaftsrechtliche Prägung gesetzgeberische Beachtung. Allerdings wurde die Konzentration der bei den Amtsgerichten anhängig gemachten Wirtschaftssachen lediglich durch eine Soll-Bestimmung vorgenommen und in Form einer sog. Geschäftsverteilungsanweisung, gerichtet an das jeweilige Gerichtspräsidium, delegiert.

Einheitliches Ziel dieser gesetzgeberischen Maßnahmen war es, die Qualität der mit der Aburteilung von Wirtschaftsdelikten befassten Gerichte in personeller Hinsicht zu steigern und so für eine ökonomischere und sachgerechtere Behandlung der Verfahren zu sorgen. Demgemäß wird in diesem Kapitel auf die **Zuständigkeitsregeln** – insbesondere im Bereich der wirtschaftsstrafrechtlichen (und damit auch der fiskalstrafrechtlichen) Sachverhalte – einzugehen sein. **4**

Aus der Position des Fiskus als „Geschädigter" folgen eine ganze Reihe zunächst spezifisch prozessrechtlicher Fragestellungen, die ebenfalls Behandlung finden. So ist von besonderer Relevanz, in welcher Weise der Fiskus **am Hauptverfahren zu beteiligen** ist, welche **prozessualen Rechte** ihm zustehen und wie er damit **Einfluss auf die Beweisaufnahme** im Rahmen der Hauptverhandlung nehmen kann. Dabei ist in einem weiteren Abschnitt zu klären, ob eine „doppelte Vertretung" des Staatsinteresses durch die in jedem (gerichtlichen) Verfahren präsente Staatsanwaltschaft und (zusätzlich) die beteiligte Behörde notwendig, sinnvoll und prozessrechtlich zulässig ist. **5**

Da in aktuellen Diskussionen – insbesondere im Zusammenhang mit der **Verständigung im Strafverfahren** gem. § 257c StPO – die der Hauptverhandlung bislang zugemessene „zentrale Bedeutung als Kernstück" des Strafprozesses in Frage gestellt wird, bedarf es weiter eines Eingehens auf die Vorschriften zur Verständigung. Diese stehen naturgemäß in untrennbarem Widerstreit mit den „althergebrachten" Prozessmaximen der Unmittelbarkeit der Beweisaufnahme und des Aufklärungsgrundsatzes. In fiskalstrafrechtlichen Fallgestaltungen ergeben sich bisher nicht (oder nur marginal) erörterte Fragen hinsichtlich der **Beteiligung von Behörden am Verständigungsverfahren.** **6**

Soweit hinsichtlich der **Schuldfrage** zwischen Staatsanwaltschaft und Verteidigung differierende Auffassungen vertreten werden (und nicht allein die Rechtsfolgen Gegenstand „streitigen" Verhandelns sind), ist die in wirtschaftsstrafrechtlichen Sachverhalten oft umfangreiche Beweiserhebung in der Hauptverhandlung vor dem erkennenden Gericht der einzig gangbare Weg das Prozessziel der Wahrheitserforschung zu realisieren. Dementsprechend müssen die bei fiskalstrafrechtlichen Sachverhalten fast immer virulenten prozessrechtlichen und sachlichen Besonderheiten der **Vernehmung vom Beamten** und Behördenangehörigen aufgezeigt werden; vgl. hierzu Rn. 48 ff. **7**

Neben der Beweisaufnahme im Bereich des Personalbeweises liegt gerade in jenen Verfahren, die aktenmäßig bereits dokumentiert sind (Besteuerungs-, Subventionsgewährungs-, Zoll- und anderen Verwaltungsverfahren) ein Schwerpunkt im Bereich des **Urkundsbeweises**, dessen Regeln, Möglichkeiten und zuletzt auch Gefahren in einem weiteren Abschnitt Gegenstand der Überlegung sind. **8**

Um die Darstellung zu verschlanken bleiben allgemeine prozessrechtliche Vorschriften insoweit außer Betracht, als sie keinen Bezug zu spezifisch fiskalstrafrechtlichen Verhandlungsgegenständen oder prozessrechtlichen Besonderheiten haben. **9**

B. Die Zuständigkeit für das fiskalstrafrechtliche Hauptverfahren

Für das Hauptverfahren und naturgemäß auch für das Zwischenverfahren in fiskalstrafrechtlichen Angelegenheiten ergeben sich keine Besonderheiten hinsichtlich der sachlichen **Zustän-** **10**

digkeit nach dem GVG. Da es sich um Strafsachen handelt, sind die ordentlichen Gerichte nach § 13 GVG zuständig. Innerhalb der ordentlichen Gerichtsbarkeit (§ 12 GVG) werden die Amts- und Landgerichte erstinstanzlich und damit im Hauptverfahren tätig.

11   Die Oberlandesgerichte versehen gem. § 121 GVG (soweit der eher nur theoretisch bestehende Fall eines Sachzusammenhanges einer fiskalstrafrechtlichen Angelegenheit mit einer Staatsschutzangelegenheit gem. § 120 GVG außer Betracht bleibt) und der Bundesgerichtshof gem. § 135 Abs. 1 GVG Aufgaben ausschließlich als Rechtsmittelgericht.

12   Außerdem sind Landgerichte zur Entscheidung über Berufungen in Strafsachen gegen Urteile des Amtsgerichts bestimmt (§ 74 Abs. 3 GVG), in denen gem. § 324 StPO ebenfalls eine Hauptverhandlung stattzufinden hat.

13   Je nach Deliktsgegenstand, Straferwartung und Umfang bzw. Bedeutung des Verfahrens findet daher die Hauptverhandlung für fiskalstrafrechtliche Sachverhalte vor dem Amtsgericht oder dem Landgericht statt.

I.   Amtsgerichtliche Zuständigkeit

14   Für die Hauptverhandlung in (Fiskal-) Strafsachen ist das Amtsgericht nach § 24 Abs. 1 S. 1 Nr. 1 GVG zuständig, wenn **nicht** die Land- oder Oberlandesgerichte in Schwurgerichts- oder Staatsschutzsachen gem. §§ 74 Abs. 2 sowie 74 a, 120 GVG zur Entscheidung berufen sind. Darüber hinaus in allen Fällen, in denen **nicht** eine höhere Strafe als vier Jahre Freiheitsstrafe oder die Unterbringung des Beschuldigten in einem psychiatrischen Krankenhaus oder die Sicherungsverwahrung zu erwarten ist (§ 24 Abs. 1 S. 1 Nr. 2 GVG). Zudem **nicht**, wenn die Staatsanwaltschaft wegen der besonderen Schutzbedürftigkeit von Verletzten oder wegen des besonderen Umfanges oder der **besonderen Bedeutung des Falles Anklage** beim Landgericht erhebt (§ 24 Abs. 1 S. 1 Nr. 3 GVG). Die amtsgerichtliche Zuständigkeit grenzt sich insoweit von der Landgerichtlichen **negativ** ab.

15   Innerhalb der Zuständigkeit der Amtsgerichte werden Vergehen mit einer Straferwartung von bis zu zwei Jahren vor dem **Strafrichter** und Verbrechen (unabhängig von der Straferwartung) sowie Vergehen (in Fällen mit einer Straferwartung von mehr als zwei Jahren) vor dem **Schöffengericht** verhandelt. Hinsichtlich der Straferwartung hat die Staatsanwaltschaft bei der Auswahl des Spruchkörpers, bei dem sie anklagt, eine Prognoseentscheidung zu treffen, bei der sie eine etwaig zu bildende Gesamtstrafe mit einbeziehen muss.[1] Diese unterliegt – wie auch die Einschätzung, es handele sich um einen Fall mit besonderem Umfang oder besonderer Bedeutung nach § 24 Abs. 1 S. 1 Nr. 3 GVG – in vollem Umfang der gerichtlichen Prüfung.[2]

16   Eine gesetzliche Regelung im Sinne der Zuweisung eines bestimmten Prozessstoffes an bestimmte Abteilungen des Amtsgerichts existiert nicht und bleibt daher der jeweiligen, vom Präsidium des Amtsgerichts beschlossenen **Geschäftsverteilung** vorbehalten. Für die im fiskalstrafrechtlichen Kontext interessierenden Strafsachen wegen Straftaten nach der Abgabenordnung enthält § 391 Abs. 3 der Abgabenordnung[3] jedoch eine Konzentrationsempfehlung dahingehend, dass Strafsachen wegen Steuerstraftaten (§ 369 AO) einer bestimmten Abteilung des Amtsgerichts zugewiesen werden „sollen". Eine verbindliche Regelung enthält diese Vor-

---

1   Meyer-Goßner/*Schmitt* § 26 GVG Rn. 3.
2   *BVerfGE* 9, 223 = NJW 59, 871.
3   Im Folgenden: AO.

schrift jedoch nicht. Gleichwohl gehen viele richterliche Geschäftsverteilungspläne an Amtsgerichten darauf ein und weisen „Wirtschaftssachen" einer bestimmen Abteilung oder einem bestimmten Turnus zu.

II. Landgerichtliche Zuständigkeit (insbesondere nach § 74c GVG)

Der Kanon des Gerichtsverfassungsgesetzes für die Zuständigkeit der Landgerichte weist im Bereich der fiskalstrafrechtlichen Angelegenheiten einige bedeutsame Regelungen auf. Nach § 74c GVG sind für dort **katalogmäßig genannte Prozessgegenstände** Strafkammern als sog. **Wirtschaftsstrafkammern** zuständig. **17**

Von den fiskalstrafrechtlichen Angelegenheiten besteht für Straftaten nach dem **Steuer- und Zollrecht** (§ 74c Abs. 1 S. 1 Nr. 3 GVG) sowie für die Straftat des **Subventionsbetruges** (§ 74c Abs. 1 S. 1 Nr. 5 GVG) eine **strikte Zuweisung** der Sache an die Wirtschaftsstrafkammer. **18**

Daraus folgt, dass alle Anklagen zum Landgericht, die z. B. Steuerstraftaten (gem. § 369 AO) zum Gegenstand haben, vor der Wirtschaftsstrafkammer verhandelt werden. Ausnahmen hiervon statuiert lediglich § 74c Abs. 1 S. 1 Nr. 3 letzter HS GVG: Treffen in derselben Handlung (§ 52 StGB) Steuerstraftat und eine Straftat nach dem Betäubungsmittelgesetz zusammen, so ist hinsichtlich dieser Handlung die Zuständigkeit der Wirtschaftsstrafkammer nicht gegeben. Für den Fall, dass mehrere Handlungen (§ 53 StGB) unterschiedlicher (d. h. wirtschaftsstrafrechtlicher und allgemeinstrafrechtlicher) Qualität angeklagt sind, setzt sich die Zuständigkeit der Wirtschaftsstrafkammer durch[4]. **19**

Für die ebenfalls den fiskalstrafrechtlichen Angelegenheiten zuzurechnenden Delikte des **Betruges** und der **Untreue** zum Nachteil öffentlicher Vermögen als auch für Straftaten nach dem **Schwarzarbeitsbekämpfungsgesetz** besteht gem. § 74c Abs. 1 S. 1 Nr. 6 GVG eine sog. „normative" Zuständigkeitsregelung.[5] Danach sind bei den letztgenannten Anklagegegenständen die Wirtschaftsstrafkammern zuständig, wenn zur Beurteilung des Falles **besondere Kenntnisse des Wirtschaftslebens** erforderlich sind (§ 74c Abs. 1 S. 1 Nr. 6 a) und b) GVG). Die danach wiederum erforderliche Einschätzung obliegt dem Staatsanwalt, der die maßgeblichen Umstände seiner Erwägungen nach § 113 **Abs. 2 S. 2 RiStBV** aktenkundig zu machen hat, sofern diese nicht offensichtlich sind. **20**

Wie bei der Anklageerhebung zum Landgericht aufgrund des besonderen Umfanges oder der besonderen Bedeutung der Sache nach § 24 Abs. 1 Nr. 3 GVG (s. o. Rn. 13) unterliegt auch diese Entscheidung der vollen Nachprüfung des mit der Anklage adressierten Spruchkörpers und des vor Eröffnung des Hauptverfahrens mit der Sache befassten Rechtsmittelgerichts.[6] Hierbei ist allerdings stets zu beachten, dass die Regelung des § 74c GVG nur dann relevant wird, wenn die Zuständigkeit der Strafkammern des Landgerichts über § 74 Abs. 1 S. 1 und 2 GVG eröffnet ist. Dies bedeutet, dass **erste Voraussetzung** für die Hauptverhandlung vor der Wirtschaftsstrafkammer ist, dass eine Straferwartung von **mehr als vier Jahren Freiheitsstrafe** besteht und/oder der Fall von besonderer Bedeutung bzw. besonderem Umfang ist. Erst dann kommt die Regelung des § 74c GVG zum Tragen. In einem zweiten Schritt ist dann zu prüfen, ob eine Katalogtat nach § 74c Abs. 1 S. 1 GVG vorliegt. **21**

---

4 *Firgau* wistra 1988, 141.
5 Meyer-Goßner/*Schmitt* § 74c GVG Rn. 5.
6 *OLG Koblenz* NStZ 1986, 327.

22 Folgende Übersicht soll die maßgeblichen, zuständigkeitsbegründenden Umstände visualisieren:

besonderer Umfang/besondere Bedeutung des Verfahrens gem. § 24 Abs. 1 S. 1 Nr. 3 GVG	**ohne** besonderen Umfang oder besonderer Bedeutung				**mit** besonderem Umfang oder besonderer Bedeutung	
Prognose der Gesamtstrafenerwartung gem. § 74 Abs. 1 S. 2 GVG	Vergehen bis 2 Jahre	Verbrechen bis 4 Jahre und Vergehen von 2 bis 4 Jahre	Verbrechen und Vergehen über 4 Jahre		**unabhängig** von der Straferwartung	
besondere Kenntnisse des Wirtschaftslebens gem. § 74 Abs. 1 S. 1 Nr. 6 GVG	**unabhängig** von besonderen Kenntnissen des Wirtschaftslebens		**keine** besonderen Kenntnisse des Wirtschaftslebens erforderlich	besondere Kenntnisse des Wirtschaftslebens **erforderlich**	**keine** besonderen Kenntnisse des Wirtschaftslebens erforderlich	besondere Kenntnisse des Wirtschaftslebens **erforderlich**
Fiskalbetrug (§ 263 StGB)	Strafrichter	Schöffengericht	allg. Strafkammer	Wirtschafsstrafkammer	allg. Strafkammer	Wirtschafsstrafkammer
Fiskaluntreue (§ 266 StGB)	Strafrichter	Schöffengericht	allg. Strafkammer	Wirtschafsstrafkammer	allg. Strafkammer	Wirtschafsstrafkammer
Steuerstraftaten (§ 369 Abs. 1 AO)	Strafrichter gem. § 391 Abs. 3 AO	Schöffengericht gem. § 391 Abs. 3 AO	Wirtschaftsstrafkammer	Wirtschafsstrafkammer	Wirtschaftsstrafkammer	Wirtschafsstrafkammer
Zollstraftaten (§ 369 Abs. 1 AO)	Strafrichter gem. § 391 Abs. 3 AO	Schöffengericht gem. § 391 Abs. 3 AO	Wirtschaftsstrafkammer	Wirtschafsstrafkammer	Wirtschaftsstrafkammer	Wirtschafsstrafkammer
Subventionsbetrug (§ 264 StGB)	Strafrichter	Schöffengericht	Wirtschaftsstrafkammer	Wirtschafsstrafkammer	Wirtschaftsstrafkammer	Wirtschafsstrafkammer
Veruntreuen u. Vorenthalten v. Arbeitsentgelt (§ 266a StGB)	Strafrichter	Schöffengericht	allg. Strafkammer	Wirtschafsstrafkammer	allg. Strafkammer	Wirtschafsstrafkammer

Übersicht: Zuständigkeitsbegründende Umstände in Fiskalstrafsachen

III. Besetzung der Spruchkörper

23 Nach § 25 GVG entscheidet „*Der Richter beim Amtsgericht … als Strafrichter*" bei den in diese Zuständigkeit fallenden Angelegenheiten. Strafrichterliche Verfahren sind daher **Einzelrichtersachen**. Dies bedeutet, dass auch bei Entscheidungen, die nach der StPO dem Gericht obliegen (z.B. die gerichtliche Entscheidung über Beanstandungen von Anordnungen des Vorsitzenden

von Dahlen

gem. § 238 Abs. 2 StPO oder über die Zulässigkeit von Fragen gem. § 242 StPO), der Einzelrichter als Gericht (und zugleich nicht in seiner Funktion als Vorsitzender) durch Beschluss entscheidet.

Das Schöffengericht nach § 28 GVG entscheidet in einer **Dreierbesetzung**, es besteht aus dem **24** Richter am Amtsgericht und zwei Schöffen (§ 29 Abs. 1 S. 1 GVG). In Fällen besonderen Umfanges kann auf Antrag der Staatsanwaltschaft gleichzeitig mit dem Eröffnungsbeschluss die Hinzuziehung eines weiteren Richters beschlossen werden (erweitertes Schöffengericht gem. § 29 Abs. 2 S. 1 GVG), so dass auch eine Viererbesetzung (zwei Berufsrichter und zwei Schöffen) möglich ist.

Bei den Landgerichten bestehen in Strafsachen – anders als in Zivilsachen – faktisch aus- **25** schließlich Kollegialgerichte. Liegen in den hier interessierenden Verfahren die Voraussetzungen des § 74c GVG (Zuständigkeit der Wirtschaftsstrafkammer) vor, hat dies Auswirkungen auf die Besetzung des Spruchkörpers:

Grundsätzlich sind die Strafkammern mit **drei Berufsrichtern und zwei Schöffen** (große Straf- **26** kammer) besetzt, im Verfahren über Berufungen gegen Urteile der Amtsgerichte mit dem Vorsitzenden und zwei Schöffen (kleine Strafkammer). Nach § 76 Abs. 2 S. 3 GVG beschließt die große Strafkammer allerdings *„bei Eröffnung des Hauptverfahrens über ihre Besetzung in der Hauptverhandlung"*. § 76 Abs. 3 GVG stellt insoweit die Regel auf, dass die Mitwirkung eines dritten Richters notwendig ist, wenn die große Strafkammer als Wirtschaftsstrafkammer zuständig ist. Die Strafkammer hat bei ihrer Entscheidung einen weiten **Beurteilungsspielraum**,[7] ob die Voraussetzungen des § 76 Abs. 2 S. 3 GVG vorliegen. Sie darf diesen aber nicht in unvertretbarer Weise überschreiten und objektiv willkürlich entscheiden[8] oder in verminderter Besetzung verhandeln, auch wenn dies aus Gründen der Ressourcenschonung gefordert wird.[9] Auf die revisionsrechtlichen Konsequenzen wird insoweit noch einzugehen sein.

Die Entscheidung über die Besetzung trifft die nach dem Geschäftsverteilungsplan eingerich- **27** tete Wirtschaftsstrafkammer durch unanfechtbaren[10] Beschluss „bei" Eröffnung des Hauptverfahrens. Gleichwohl soll die Strafkammer nach überwiegend vertretener Auffassung in Fällen, in denen sie von einer eklatanten Fehlbesetzung ausgeht, berechtigt sein, die Hauptverhandlung auszusetzen und die Fehlbesetzung zu korrigieren.[11]

IV. Revisibilität von Verstößen gegen Zuständigkeit und Besetzung

Erstinstanzliche Urteile des Amtsgerichts (Strafrichter, Schöffengericht) können mit der **28** Sprungrevision, solche des Landgerichts (große Strafkammer) mit der Revision angegriffen werden. Im Zusammenhang mit der Zuständigkeit und Besetzung interessieren hier die **absoluten Revisionsgründe** des § 338 Nr. 1 und Nr. 4 StPO, die sich auf die gerichtliche Zuständigkeit und die Besetzung kaprizieren.

Während der absolute Revisionsgrund des § 338 Nr. 1 StPO das in der Verfassung verankerte **29** Recht auf den gesetzlichen Richter sichert, verkörpert der unter Nr. 4 der vorzitierten Vor-

---

7   *BGHSt* 44, 328 = NStZ 1999, 367.
8   *BGH* 5 StR 555/09.
9   *Erhard* StV 2013, 657.
10 *OLG Bremen* 27.4.1993, Ws 46/93 = StV 1993, 350.
11 *OLG Hamm* 27.1.2014, III-1 Ws 50/14.

schrift kodifizierte Regelungsgegenstand eine jederzeit von Amts wegen zu beachtende **Prozessvoraussetzung** (vgl. § 6 StPO).

30 Verstöße gegen die sachliche Zuständigkeit des erkennenden Gerichts führen im Erfolgsfall zur Aufhebung des Urteils und zur Verweisung an das zuständige Gericht.[12] Hierzu gehört etwa der Fall, dass anstatt des Landgerichts das Schöffungsgericht auf eine Freiheitsstrafe von mehr als vier Jahren erkannt und damit seine Strafgewalt überschritten hat.[13] Die unzutreffende Beurteilung der besonderen Bedeutung der Sache i.S.d. §§ 24 Abs. 1 Nr. 3, 74 Abs. 1 S. 1 GVG ist nur **bei Willkür** revisibel.[14] Aus der Regelung des § 269 StPO lässt sich zudem ableiten, dass eine Entscheidung eines (eigentlich unzuständigen) Gerichtes höherer Ordnung mit der Revision nicht erfolgreich angegriffen werden kann.[15]

31 Besondere Bedeutung im Zusammenhang mit fiskalstrafrechtlichen Angelegenheiten hat auch die Vorschrift des § 6a StPO. Hiernach entsteht nach der Vernehmung des Angeklagten in der Hauptverhandlung eine **Rügepräklusion** dahingehend, dass die Zuständigkeit besonderer Strafkammern nur bis zu diesem Zeitpunkt eingewendet werden kann. Im Revisionsverfahren kann der Angeklagte den Einwand der Zuständigkeit eines anderen gleichrangigen Spruchkörpers (scil. Strafkammern i.S.d. § 74e Nr. 1–3 GVG), nur dann mit Erfolg der Prüfung des Revisionsgerichts anheimstellen, wenn er diesen Einwand bereits vor der Vernehmung des Angeklagten zur Sache – allerdings nach dem Beschluss über die Eröffnung des Hauptverfahrens – vorgetragen hat.[16]

C. Besonderheiten im Hinblick auf das Prozessrecht

32 Nach § 3 EGStPO findet die Strafprozessordnung Anwendung auf alle Strafsachen, die vor den ordentlichen Gerichten verhandelt werden. Hinsichtlich der hier zu behandelnden Sachverhalte gilt für die Verfahren wegen **Steuerstraftaten** i.S.d. § 369 AO die Ausnahme des § 385 AO. Danach enthalten die §§ 386 ff. AO **besondere Bestimmungen** für das Verfahrensrecht, die den allgemeinen prozessrechtlichen Regelungen (insbesondere GVG und StPO) vorausgehen.

I.   Beteiligung der öffentlichen Hand am Hauptverfahren

33 Ob und wie aus einer Behördenbeteiligung im Hauptverfahren prozessrechtliche Konsequenzen erwachsen, richtet sich nach den Vorschriften der StPO und der AO, die eine **Beteiligung** von staatlichen Stellen teilweise ausdrücklich vorsehen. Ob darüberhinaus eine Beteiligung an Hauptverfahren und Beweisaufnahme nach den allgemeinen Vorschriften zulässig ist, wurde bislang nicht höchstrichterlich entschieden.

---

12 *BGHSt* 40, 120 = JR 1995, 255.
13 *Schlothauer* S. 64.
14 *BGH* GA 81, 321; *BGHSt* 57, 165.
15 *Schlothauer* S. 65.
16 Meyer-Goßner/*Schmitt* § 6a Rn. 16.

1. Öffentliche Hand als „Verletzte" außerhalb des Steuerstrafverfahrens

Durch vielfältige Bestrebungen des Gesetzgebers wird dem **Opferschutz** eine immer größere
Bedeutung zugemessen. Im Laufe fortwährender Prozessrechtsnovellierungen – zuletzt durch
das Opferschutzgesetz vom 18.12.1986 – avancierte der Verletzte zum **selbstständigen Prozessbeteiligten**. Dem folgend weist auch die Rechtsprechung dieser Stellung immer weitere Befugnisse zu.[17]

34

Für die außerhalb der Abgabenordnung zu beurteilenden Fälle – etwa den einer Behörde als
„Geschädigte" eines Subventionsbetruges – ist bislang noch nicht abschließend geklärt, ob eine
Beteiligung der Behörde als Verletzte i.S.d. §§ 403 ff. StPO zulässig ist. In der Literatur wird
diese Frage differenziert beantwortet.

35

Einhellig wird diesbezüglich jedoch festgestellt, dass zumindest eine Stellung als **Adhäsionsklägerin für die Behörde nicht in Betracht kommt**,[18] da öffentlich-rechtliche Erstattungsansprüche nicht der ordentlichen Gerichtsbarkeit unterfallen und aus diesem Grunde eine Geltendmachung im Adhäsionsverfahren gem. § 403 StPO unstatthaft ist.[19]

36

Anders als nach früher geltendem Recht ist *de lege lata* auch eine behördliche Nebenklage
nicht mehr vorgesehen.[20] Eine Beteiligung von „geschädigten" Behörden am Strafverfahren
kann sich demnach nur auf die in den §§ 406d und 406e StPO kodifizierten **Informationsrechte** beziehen, welche wegen der für öffentliche Stellen nach § 474 Abs. 2 Nr. 1 StPO geltenden Auskunftsrechte eines speziellen Anwendungsbereiches entbehren. Eine informationsbegehrende Behörde kann jederzeit nach dieser für alle öffentlichen Stellen geltenden Vorschrift
umfängliche Auskünfte aus den Strafverfahrensakten beziehen.

37

In einem solchen Falle wird jedoch mit Blick auf die Effektivität und Authentizität der Beweismittel vor dem Schluss der Beweisaufnahme von der Gewährung von Aktenauskünften an solche Behörden, deren **Angehörige als Zeugen in Betracht kommen**, zurückhaltend Gebrauch
zu machen sein. Diesem Umstand tragen die §§ 406e Abs. 2 S. 2 StPO und der auch für die
Aktenauskunft an öffentliche Stellen gem. § 474 StPO geltende § 477 Abs. 2 S. 1 StPO Rechnung, in dem sie dann einen Versagungsgrund statuieren, wenn der **Untersuchungszweck
gefährdet** ist. Namentlich soll dies gerade dann der Fall sein, wenn im Hauptverfahren noch
zu vernehmende Zeugen vom Akteninhalt Kenntnis nehmen können.[21] Werden solche Zeugen
in der Hauptverhandlung vernommen, so ist die Frage nach der Aktenkenntnis des Zeugen
Grundlage jeder Beweiswürdigung. Soweit dahingehende Fragen vom Gericht nicht gestellt
werden, so sollte die Staatsanwaltschaft und die Verteidigung diese Umstände unter Verweis
auf § 69 Abs. 2 S. 1 StPO aufklären und zum Gegenstand der Hauptverhandlung machen.

38

2. Verfahren nach § 407 AO

Die Beteiligung staatlicher Stellen im **Hauptverfahren wegen Steuerstraftaten** richtet sich nach
§ 407 AO. Danach hat das Gericht der Finanzbehörde den Termin zur Hauptverhandlung **mitzuteilen**. Weiter konstatiert § 407 AO ein Anwesenheits-, Äußerungs- und Fragerecht des Vertreters der Finanzbehörde.

39

---

17 Vgl. Meyer-Goßner/*Schmitt* Vor § 403 Rn. 2.
18 MK-StGB/*Wohlers/Mühlbauer* § 264 Rn. 146.
19 LK-StGB/*Tiedemann* § 264 Rn. 199.
20 Meyer-Goßner/*Schmitt* Vor § 395 Rn. 3.
21 Vgl. Meyer-Goßner/*Schmitt* § 474 Rn. 4: *„Begrenzungen können sich aus § 477 Abs. 2 ergeben".*

40 Hierbei ist von besonderer Bedeutung, dass Finanzbehörde i.S.d. § 407 AO die nach den §§ 378–390 AO sachlich und örtlich zuständige Finanzbehörde ist.[22] Nach § 387 Abs. 2 AO sind insoweit meistenteils die **Bußgeld- und Strafsachenstellen**, soweit die Landesregierungen die Zuständigkeit auf solche übertragen haben, zuständig und insoweit Finanzbehörde i.S.d. § 387 Abs. 2 und § 407 AO.

41 Gerade der Steuer- und Zollfahndung kommt damit **kein besonderes Mitwirkungsrecht** im gerichtlichen Steuerstrafverfahren zu.[23]

42 Aus dem Rechtsgedanken des § 403 AO ergibt sich auch eine im Hinblick auf das nach § 407 AO bestehende Beteiligungsrecht bedeutsame materielle Beschränkung. In Verfahren wegen Allgemeindelikten betrifft das Beteiligungsrecht der Finanzbehörde hinsichtlich des Anhörungs- und Fragerechts der Finanzbehörde nur den **Tatkomplex der in der Hauptverhandlung verhandelten Steuerdelikte**.[24] Für die Situation, dass der gem. § 407 AO an der Hauptverhandlung teilnehmende Vertreter als Zeuge in Betracht kommt, gelten keine Besonderheiten. Eine etwaige Kollision mit der Vorschrift des § 58 Abs. 1 StPO soll – ähnlich wie bei einem Nebenkläger – über eine dies berücksichtigende Beweiswürdigung gelöst werden.[25]

II. Beteiligung von Verteidigern und Beiständen am Hauptverfahren wegen Steuerstraftaten

43 Für die Verteidigung in Verfahren, die **ausschließlich Steuerstraftaten** zum Gegenstand haben und in denen die Finanzbehörde das Strafverfahren selbstständig durchführt, können abweichend von § 138 Abs. 1 StPO gem. § 392 Abs. 1 AO auch Personen zu Verteidigern gewählt werden, die nicht Rechtsanwälte oder Rechtslehrer an einer deutschen Hochschule sind. Die vorgenannte Vorschrift begrenzt die zulässigen Wahlverteidiger auf **Steuerberater, Steuerbevollmächtigte, Wirtschaftsprüfer und vereidigte Buchprüfer**. Die vorgenannte Möglichkeit der Verteidigung ausschließlich durch einen Vertreter der vorgenannten Qualifikationen endet zu dem Zeitpunkt, in dem die Staatsanwaltschaft das Verfahren übernimmt oder ein Gericht mit der Sache befasst ist. Ab diesem Zeitpunkt ist allein die **gemeinschaftliche Verteidigung** gem. § 392 Abs. 1 2. Alt. AO geboten.

44 Für Verfahren, in denen sowohl Steuerstraftaten als auch Allgemeindelikte Anklagegegenstand sind, bedarf es für den Teil der angeklagten Steuerstraftaten keiner Genehmigung i.S.d. § 138 Abs. 2 StPO, wenn der Steuerberater o.Ä. in Gemeinschaft mit einem Rechtsanwalt oder Rechtslehrer und als Wahlverteidiger tätig wird. Soweit die Verteidigung des Steuerberaters o.Ä. sich auf die mitangeklagten Allgemeindelikte erstreckt, ist eine **Genehmigung nach § 138 Abs. 2 StPO** durch das mit der Sache befasste Gericht notwendig. In diesen Fällen hat das erkennende Gericht nach pflichtgemäßem Ermessen zu entscheiden. Anhaltspunkte dieser Interessensabwägung sind einerseits das Interesse des Angeschuldigten an der Zulassung einer Person seines Vertrauens als Verteidiger und andererseits die Bedürfnisse der Rechtspflege an einer sachgerechten Verfahrensdurchführung.[26] Darüber hinaus besteht wie in jedem Strafverfahren schon nach den allgemeinen Regeln der Strafprozessordnung die Möglichkeit, den Ehe-

---

22 *Kohlmann* § 407 AO, Rn. 6.
23 *Kohlmann* § 407 AO, Rn. 7
24 *Kohlmann* § 403 AO, Rn. 12; Flore/Tsambikakis/*Webel* § 407 AO, Rn. 6.
25 *LG Dresden* 10.11.1997, 8 Ns 101 Js 44995/95 = NStZ 1999, 313.
26 *LG Hildesheim* 18.10.2010, 25 KLs 5101 Js 76196/06.

gatten oder Lebenspartner eines Angeklagten in der Hauptverhandlung als **Beistand** zuzulassen (§ 149 Abs. 1 S. 1 StPO). Ein derart zugelassener Beistand ist kein Verteidiger, er fungiert als Berater des Angeklagten und hat das Recht zur Stellungnahme zur Sache. Darüber hinaus wird ihm ein Fragerecht gem. § 240 Abs. 2 StPO einzuräumen sein.[27]

III. Besonderheiten der Verständigung

Wenn auch die mit dem Gesetz zur Regelung der Verständigung im Strafverfahren vom 29.7.2009 einhergegangene Kodifikation der Verfahrensabsprachen häufig Gegenstand revisions- und verfassungsgerichtlicher Entscheidungen geworden ist, so ist bislang die Frage, ob Verfahrensbeteiligter i.S.d. § 257c Abs. 2 StPO z.B. auch die am Hauptverfahren gem. § 407 StPO zu beteiligende Finanzbehörde ist, nicht höchstrichterlich entschieden. Ebenso sind die Beteiligungsrechte etwaiger geschädigter Behörden in der Judikatur unbeachtet geblieben. **45**

Während explizit der **Nebenkläger** zu etwaigen Verständigungsvorschlägen nach vielfach vertretener Auffassung „zu hören" sein soll,[28] konstatiert der Gesetzeswortlaut, dass „die Verfahrensbeteiligten" Gelegenheit zur Stellungnahme erhalten (§ 257c Abs. 2 S. 3 StPO). Demnach dürften auch am Verfahren beteiligte Finanzbehörden in einem Verständigungsverfahren zu hören sein. Dies wird sich auf die Maßgabe – wie bereits erörtert – beschränken, dass nur zu den in Rede stehenden Steuerstraftaten und ihren Rechtsfolgen seitens der Finanzbehörde Stellung genommen werden darf. **46**

Eine darüberhinausgehende Beteiligung kommt weder für „geschädigte Behörden", noch für eine etwaige Beteiligung der Finanzbehörde an dem verbindlichen Zustandekommen der Verständigung (im Sinne eines Zustimmungserfordernisses) in Betracht. Einerseits ergibt sich dies nicht aus dem Gesetzeswortlaut (vgl. § 257c Abs. 2 S. 4 StPO, der ausdrücklich von „Gericht", „Angeklagtem" und „Staatsanwaltschaft" spricht), andererseits kann derartiges nicht aus systematischen Erwägungen hergeleitet werden. **47**

IV. Fiskalstrafrechtliche Besonderheiten bei der Beweisaufnahme

1. Zeugenbeweis

Oftmals wird der **Vernehmung von Beamten** oder Mitarbeitern einer im Zusammenhang mit dem Tatvorwurf getäuschten und/oder geschädigten Behörde zentrale Bedeutung für das Ergebnis der Beweisaufnahme und damit für den Schuldausspruch zukommen. **48**

Im umgekehrt reziproken Verhältnis zur zentralen Bedeutung der tatrichterlichen Feststellung steht allerdings der allgemein bekannte Befund, dass der Zeuge das **unzuverlässigste Beweismittel** sei. Eine völlig fehlerfreie Aussage vor Gericht ist daher eher die Ausnahme als die Regel.[29] Herkömmlicherweise wird die Glaubwürdigkeit einer Beweisperson auf Grundlage der Persönlichkeit, der Motivation und der Aussagesituation tatrichterlich beurteilt. Häufig liest man in tatrichterlichen Urteilen zur Beweiswürdigung Wendungen wie: *Der Zeuge bekundete detailreich, widerspruchsfrei und frei von Belastungstendenzen. Das Gericht glaubt ihm.* **49**

---

27 *BGHSt* 47, 64.

28 Meyer-Goßner/*Schmitt* § 257c Rn. 24; *Niemöller/Schlothauer/Wieder* B. Rn. 41.

29 *Bender/Nack* Band I, Rn. 2.

50 Werden Mitarbeiter von Behörden als Zeuge vernommen, so geht die Tendenz dahin, die Persönlichkeit des Zeugen und die Motivation zu einer etwaigen Falschaussage (auch einer irrtumsbedingten) sowie die Aussagesituation **nur verkümmert zu würdigen** und die Zuverlässigkeit einer Aussage schon aufgrund ihrer „amtlichen Herkunft" unkritisch zu unterstellen.

51 Ähnlich wie bei der in der Literatur häufig thematisierten Vernehmung von Polizeibeamten im Rahmen der Beweisaufnahme zu allgemeindeliktischen Strafvorwürfen sind in der Motivation, Aussagesituation und Persönlichkeit des Zeugen begründete (zumindest unbeabsichtigte) **Falschaussagen** nur schwer zu entdecken.

52 So wird darauf zu Recht hingewiesen, dass bei Polizeibeamten die „Berufsehre" und der „Erfolgszwang" gegen die Glaubwürdigkeit sprechen können.[30] Dies kann für betroffene Behördenmitarbeiter nicht anders gelten, wenn von ihrer Aussage abhängig ist, ob eventuell ein Rückforderungsbescheid rechtmäßig wäre oder aber eine Steuerhinterziehung (strafgerichtlich) festgestellt werden kann und die damit verbundene Steuernachforderung durchsetzbar wird.

53 In den hier interessierenden Konstellationen wirken zudem weitere Umstände, die bei einer Vernehmung z.B. eines Beamten der „geschädigten" Fiskalstelle im Hinblick auf die Glaubwürdigkeit und Verlässlichkeit der Bekundung zu beachten sein werden: Einerseits mag der Zeuge mit **Aktenkenntnis** ausgestattet sein, andererseits steht er **im Lager der vermeintlich Geschädigten** und drittens genießt er als Beamter meistensteils einen Vorschuss an Objektivität. Die angemessene und umsichtige Relativierung dieses Setups wird demnach die Kernaufgabe einer zutreffenden Beweiswürdigung sein. Hierauf sollten alle Prozessbeteiligten hinwirken.

54 Die Staatsanwaltschaft, der Angeklagte und die Verteidigung sind – soweit eine defizitäre Aufklärung dieser Umstände durch das Gericht zu besorgen ist – nach der Vorschrift des § 257 **Abs. 2 StPO**[31] berufen, die nach ihrer Auffassung maßgeblichen Momente der Glaubwürdigkeitbeurteilung in der Hauptverhandlung aufzuzeigen und so das Gericht schon im Laufe der Beweisaufnahme auf die Umstände aufmerksam zu machen, die bei der Würdigung von Bedeutung sein werden.

a) Aussagegenehmigung § 54 StPO

55 Bei Vernehmung von Behördenmitarbeitern als Zeugen im Hauptverfahren wird überdies die Problematik einer etwaig einzuholenden Aussagegenehmigung virulent. Angehörige des öffentlichen Dienstes sind nach den für sie geltenden Bestimmungen (Gesetz oder Tarifvertrag) zur **Amtsverschwiegenheit** verpflichtet. § 54 StPO überträgt diese Pflicht auf das Verfahrensrecht.[32] Das prozessuale Zeugnisverweigerungsrecht folgt bei § 54 StPO der materiellen Verschwiegenheitspflicht.[33] Zur Beantwortung der Frage, ob ein Zeuge aus diesem Personenkreis zur Verschwiegenheit verpflichtet und damit zur Aussageverweigerung berechtigt (und verpflichtet) ist, verweist § 54 StPO auf die jeweiligen **beamtenrechtlichen Vorschriften**.[34] So heißt es beispielsweise in § 61 Abs. 1 S. 1 Bundesbeamtengesetz[35]: *Der Beamte hat, auch nach Beendigung des Beamtenverhältnisses, über die ihm bei seiner amtlichen Tätigkeit bekanntgewor-*

---

30 Vgl. *Bender/Nack* Band II, Rn. 881 f.
31 *Malek* Rn. 526.
32 Meyer-Goßner/*Schmitt* § 54 Rn. 1.
33 LR/*Ignor/Bertheau* § 54 StPO, Rn. 1.
34 LR/*Ignor/Bertheau* § 54 Rn. 1.
35 Im Folgenden: BBG.

denen Angelegenheiten Verschwiegenheit zu bewahren. In § 61 Abs. 2 S. 1 BBG heißt es weiter: *Der Beamte darf ohne Genehmigung über solche Angelegenheiten weder vor Gericht noch außergerichtlich aussagen oder Erklärungen abgeben.* § 54 StPO lässt also – gewissermaßen als Scharnier zwischen materiellem und prozessualem Recht, ein verfahrensrechtliches Vernehmungsverbot entstehen, wenn beamtenrechtlich ein Aussageverbot besteht.[36] Das dienstrechtliche Aussageverbot wird auf diese Weise in ein **prozessuales Vernehmungsverbot** umgewandelt.[37] Dieses Vernehmungsverbot entfällt jedoch, wenn eine Genehmigung der zuständigen Stelle für die Zeugenaussage über schweigepflichtige Umstände erteilt wird.[38] Eine solche Genehmigung darf nach § 68 Abs. 1 BBG nur dann versagt werden, wenn die Aussage dem **Wohl der Bundesrepublik oder eines ihrer Länder Nachteile** bereiten oder die Erfüllung der öffentlichen Aufgaben ernstlich gefährden oder erheblich erschweren würde.

§ 54 StPO schützt im Gegensatz zu den in den §§ 52, 53 StPO geregelten Aussageverweigerungsrechten nicht Vertrauensverhältnisse persönlicher Natur, sondern **öffentliche Geheimhaltungsinteressen.**[39] Zweck der Norm ist es, das Interesse, das der Staat an der Wahrung der Amtsgeheimnisse hat, insbesondere das an einer reibungslosen öffentlichen Verwaltung, zu schützen.[40] § 54 StPO dient demnach allein dem Schutz des Staatswohls und der Wahrung der Erfüllung öffentlicher Aufgaben durch Geheimhaltung im Strafverfahren und hilft diesen Zielen gerade auch gegenüber dem strafverfahrensrechtlichen Erkenntnis- und Aufklärungsinteresse zum Durchbruch.[41] Nach wohl überwiegender Meinung werden vor diesem Hintergrund von § 54 StPO nur öffentliche Geheimhaltungsinteressen geschützt, amtlich zu Tage getretene Privatgeheimnisse dagegen nur dann, wenn ihre Geheimhaltung gleichzeitig auch im dienstlichen Interesse ist.[42] **56**

b) Konsequenz in der Hauptverhandlung

Es liegt nicht im Aufgabenbereich des Gerichts, den Zeugen auf seine Verschwiegenheitspflicht besonders hinzuweisen, eine Belehrung ist **gesetzlich nicht vorgeschrieben** und muss daher grundsätzlich auch nicht erfolgen.[43] **57**

Der Zeuge hat zunächst **selbst darüber zu entscheiden**, ob er nach den für ihn bindenden Vorschriften zur Aussage berechtigt ist.[44] Kommt er zu dem Schluss, dass er – ohne Genehmigung – zur Verschwiegenheit verpflichtet ist, so muss er zwar dennoch der Ladung Folge leisten, ist aber berechtigt und verpflichtet, das Zeugnis zu verweigern.[45] Das Gericht darf den Zeugen dann über Umstände, auf die sich seine Schweigepflicht bezieht, nicht vernehmen, und dieses Vernehmungsverbot auch nicht dadurch umgehen, dass es ihn zwar nicht unmittelbar über die dienstlichen Angelegenheiten selbst, aber mittelbar über Ausführungen befragt, die er in diesem Zusammenhang in privaten Gesprächen getätigt hat.[46] Ist der Zeuge bereit, **58**

---

36 Im Folgenden: BBG.
37 SK-StPO/*Rogall* § 54 Rn. 1.
38 SK-StPO/*Rogall* § 54 Rn. 2.
39 SK-StPO/*Rogall* § 54 Rn. 2.
40 SK-StPO/*Rogall* § 54 Rn. 2.
41 SK-StPO/Rogall § 54 StPO, Rn. 4.
42 So Meyer-Goßner/*Schmitt* § 54 StPO, Rn. 1; a.A. LR/*Ignor/Bertheau* § 54 Rn. 1.
43 Meyer-Goßner/*Schmitt* § 54 Rn. 2; vgl. LR/*Ignor/Bertheau* § 54 Rn. 1: aus Fürsorgegesichtspunkten kann jedoch im Einzelfall eine Belehrung geboten sein.
44 LR/*Ignor/Bertheau* § 54 Rn. 14; SK-StPO/*Rogall* § 54 Rn. 44.
45 LR/*Ignor/Bertheau* § 54 Rn. 14.
46 SK-StPO/*Rogall* § 54 Rn. 44.

das Zeugnis abzulegen, so darf sich das Gericht mit dessen Einschätzung nur zufrieden geben, wenn seine rechtliche Beurteilung plausibel ist, **verbleiben diesbezüglich Zweifel, so ist ebenso wie bei der Zeugnisverweigerung eine Aussagegenehmigung** einzuholen.[47]

59 Verweigert der Zeuge vor dem Hintergrund seiner Schweigepflicht die Aussage, so hat das Gericht von Amts wegen die Aussagegenehmigung der zuständigen Behörde einzuholen.[48] Dem Zeugen darf dies nicht auferlegt werden.[49] Ist von Anfang an erkennbar, dass der Zeuge zu Umständen vernommen werden soll, die von seiner Amtsverschwiegenheit erfasst sind, so ist die Einholung der Genehmigung schon vorher zu veranlassen.[50] Bei **Ermittlungspersonen der Staatsanwaltschaft** geht man hingegen davon aus, dass ihnen **grundsätzlich eine Genehmigung** zur Aussage vor Gericht u.a. erteilt ist, so dass hier eine Genehmigungseinholung im Regelfall entbehrlich ist.[51]

60 Wird die Genehmigung erteilt, so lebt die allgemeine Zeugenpflicht des Angehörigen des öffentlichen Dienstes wieder auf. Wird die Genehmigung hingegen versagt, so fällt der Zeuge als zulässiges Beweismittel aus.[52] Einer Zeugenladung muss er zwar auch dann folgen, seine Vernehmung ist hingegen unzulässig. Dies gilt auch dann, wenn das Gericht die Gründe der Versagung rechtlich als für nicht tragfähig erachtet, das Gericht ist an die Versagung gebunden.[53] Der Vernehmung steht damit ein **Beweiserhebungsverbot** entgegen.[54]

c) Verwertbarkeit und Revisibiliät von Verstößen gegen § 54 StPO

61 Finden unter Verstoß gegen die vorstehenden Grundsätze gewonnene Beweisergebnisse Eingang in ein strafgerichtliches Urteil, so wird der entsprechenden Rüge im Rahmen eines Revisionsverfahrens nach der herrschenden Meinung **kein Erfolg** beschieden sein:

62 Die Rechtsprechung begründet eine Verwertbarkeit von unter Verstoß gegen § 54 StPO zustande gekommenen Aussagen damit, dass die Norm nicht **dem Schutz des Angeklagten** diene, sondern staatliche Geheimhaltungsinteressen wahren solle, mit der Folge, dass bei einer Verletzung der Vorschrift das Verteidigungsrecht des Angeklagten nicht beeinträchtigt sei.[55] Desweiteren wird gegen die Annahme eines Verwertungsverbotes angeführt, dass bereits mit dem Bekanntwerden des Dienstgeheimnisses durch die getätigte Aussage der gesetzgeberische Grund für die Unverwertbarkeit **abschließend weggefallen** sei, und so der Schutzzweck der Vorschrift unumkehrbar vereitelt sei.[56]

63 Diejenigen, welche sich für ein Verwertungsverbot und ein Rügerecht des Angeklagten in der Revision aussprechen, führen an, § 54 StPO diene insoweit auch dem Schutz des Angeklagten, als dieser allgemein einen Anspruch auf ein **prozessordnungsmäßiges Verfahren** habe, der eben auch dann verletzt sei, wenn gegen diese Vorschrift verstoßen werde.[57] Eine solche Verlet-

---

47 SK-StPO/*Rogall* § 54 Rn. 44.
48 SK-StPO/*Rogall* § 54 Rn. 45.
49 LR/*Ignor/Bertheau* § 54 Rn. 15.
50 LR/*Ignor/Bertheau* § 54 Rn. 15.
51 LR/*Ignor/Bertheau* § 54 Rn. 14.
52 SK-StPO/*Rogall* § 54 Rn. 68.
53 SK-StPO/*Rogall* § 54 Rn. 68.
54 SK-StPO/*Rogall* § 54 Rn. 65.
55 *RG* 9.12.1913, V 805/13 = RGSt 48, 38-39; *BGH* 16.1.1951, 3 StR 34/50; *BGH* 12.10.1951, 2 StR 393/51 = NJW 1952, 151 (152); *BGH* 18.4.1978, 5 StR 692/77; *OLG Celle* 19.12.1958, 2 Ws 63/58 = MDR 1959, 414; KK-StPO/*Senge* § 54 Rn. 26; Meyer-Goßner/*Schmitt* § 54 Rn. 32.
56 *Grünwald* JZ 1966, 498; *Roxin* § 24 Rn. 35.
57 LR/*Ignor/Bertheau* § 54 Rn. 34.

von Dahlen

zung seines Anspruchs müsse der Angeklagte rügen können.[58] Außerdem vereitle eine Verwertung von geheimhaltungsbedürftigen Umständen den Schutzzweck des § 54 StPO, wenn die schutzbedürftigen Umstände im Urteil niedergeschrieben würden.[59] Denn mit der Norm des § 54 StPO habe der Gesetzgeber deutlich gemacht, dass er das Geheimhaltungsinteresse über das Wahrheiterforschungsinteresse stelle und infolgedessen auch Urteile, die auf einer Verletzung des § 54 StPO beruhen, nicht hinnehmen wolle.[60]

Unabhängig von der Frage nach einem generellen Verwertungsverbot und Rügerecht des Angeklagten bei einem Verstoß gegen § 54 StPO, ist es sachgerecht, ein **Verwertungsverbot** und Rügerecht des Angeklagten im Rahmen der Revision jedenfalls dann anzunehmen, wenn das Vernehmungsorgan, hier das Gericht, dem Zeugen sein Weigerungsrecht zu Unrecht abspricht oder der Zeuge über das Bestehen seines Weigerungsrechts getäuscht wird.[61] Denn dann ist der Angeklagte in seinem Recht auf ein faires Verfahren verletzt.[62]   **64**

2. Urkundsbeweis

Nach den Strengbeweisregeln der StPO dürfen nur Beweisergebnisse Eingang in das Urteil finden, die auf prozessordnungsgemäße Weise in das Verfahren eingeführt wurden. Eine dieser Möglichkeiten stellt der Beweis mit Urkunden gem. § 249 StPO dar. Diese sind in der Hauptverhandlung **grundsätzlich zu verlesen.**   **65**

Einen zweiten Grundsatz des Strengbeweises konstatiert § 250 StPO. Diese Norm soll die **Unmittelbarkeit der Beweisaufnahme** und damit die Qualität der Beweismittel sichern. Nach ihr ist die Vernehmung einer Beweisperson in der Hauptverhandlung stets der Verlesung eines Protokolls über eine frühere Vernehmung oder einer schriftlichen Erklärung **vorzuziehen.**   **66**

Neben den Ausnahmen vom Beweisverbot des § 250 StPO, welche § 251 StPO statuiert, lässt die Vorschrift des § 256 Abs. 1 StPO weitere **Durchbrechungen** des Unmittelbarkeitsgrundsatzes zu. Danach können die ein Zeugnis oder ein Gutachten enthaltenden Erklärungen **öffentlicher Behörden** verlesen, zum Gegenstand der Beweisaufnahme und zur Grundlage des Urteils gemacht werden. Sowohl die Standardkommentierung als auch das OLG Koblenz sehen die Begründung dieser Strengbeweisregel in der „besonderen Autorität" von Behörden[63] und im Zusammenhang mit einem „besonderen Vertrauen" das diesen – wie auch privaten vereidigten Sachverständigen – entgegengebracht werden könne. Insoweit weist die Situation strukturelle Gemeinsamkeiten mit der Würdigung von Zeugenaussagen behördlicher Herkunft auf, denen es kritisch zu begegnen gilt.   **67**

Ein anderer Ansatz ergibt sich allerdings, wenn man die systematischen Erwägungen des Normgebers mit in die Überlegung zum Zweck der Vorschrift einstellt. In diesem Lichte lässt sich eine gesetzgeberisch unterstellte besondere Zuverlässigkeit von Beweismitteln – hier: Urkunden behördlicher Herkunft – den ursprünglichen Motiven der Normsetzung nicht entnehmen. Die erleichterte Verlesbarkeit von behördlichen Urkunden dürfte demnach eher dem Umstand geschuldet sein, dass Behörden zumeist aus mehreren Personen bestehen und daher als Zeuge aus prozessualen Gründen nicht vernommen werden können.[64]   **68**

---

58 LR/*Ignor/Bertheau* § 54 Rn. 34.
59 *Rudolphi* MDR 1970, 98.
60 *Rudolphi* MDR 1970, 98.
61 *Roxin* § 24 Rn. 35.
62 *Roxin* § 24 Rn. 35; SK-StPO/*Rogall* § 54 Rn. 79.
63 Meyer-Goßner/*Schmitt* § 256 Rn. 1; *OLG Koblenz* NJW 1984, 2424.
64 *Hahn* S. 195.

69 Erwähnenswert in diesem Zusammenhang ist weiter, dass § 256 Abs. 1 Nr. 1a StPO nicht für Äußerungen der mit der Sache befassten Strafverfolgungsorgane, insbesondere nicht für Aktenvermerke der Polizei und der Staatsanwaltschaft, gilt.[65] Die Konsequenz für fiskalstrafrechtliche Verfahren ist indes sehr weitreichend. Während man bei der Erweiterung des zulässigen Urkundsbeweises durch das erste Justizmodernisierungsgesetz noch darüber diskutiert hat, ob die **Objektivität der Strafverfolgungsbehörden** ausreiche, um „gefahrlos" auf den Personalbeweis im Zusammenhang mit Polizei und sonstigen Strafverfolgungsbehörden verzichten zu können,[66] so drängt sich einem vor dem Hintergrund geschädigter Behörden diese Problematik gleich mehrfach auf. Anders als Polizei und Staatsanwaltschaft dürfte den „geschädigten" bzw. „getäuschten" Behörden eine solche notwendige Objektivität und Neutralität wesentlich eher abzusprechen sein.

70 Wenn schon gegen die Änderung des § 256 Abs. 1 Nr. 5 StPO eingewandt wurde, dass das **Dokumentationsinteresse** eines Polizeibeamten oftmals erheblich von dem **Erkenntnisinteresse** der Verfahrensbeteiligten im Prozess abweiche,[67] so wirkt dieser Umstand für die Sachverhalte, in denen geschädigte Behörden ihre Wahrnehmungen in Form von Aktenvermerken und Prüfungsfeststellungen festhalten, die dann ohne den prozessualen Filter der Befragung in der Hauptverhandlung Eingang in ein strafrichterliches Urteil finden können, **besonders kritisch.**

71 Letztlich wird es der Verantwortung eines jeden Tatrichters im Hinblick auf die durch § 256 Abs. 1 Nr. 1a und 5 StPO nicht berührte[68] Aufklärungspflicht gem. § 244 Abs. 2 StPO vorbehalten bleiben, die mit dieser Verkürzung des Beweiswegs verbundenen Gefahren zu begrenzen. Soweit eine Verlesung unter Verstoß gegen die Aufklärungspflicht vom Vorsitzenden angeordnet wird, sollte der Verteidiger dies beanstanden und eine Entscheidung des Gerichts herbeiführen.[69] Dem Verteidiger wird in den Fällen, in denen er die Behörde für befangen hält, nur die Möglichkeit eines **Widerspruchs** gegen die Verlesung der Urkunde an die Hand gegeben. Wird der Gutachtenverfasser jedoch als Sachverständiger vernommen, so ist ein Ablehnungsgesuch hingegen prozessual zulässig.[70]

72 Daher sollte grundsätzlich dann von der Möglichkeit, Behördengutachten oder Zeugnisse – ohne Vernehmung ihres Urhebers – gem. § 256 StPO in der Hauptverhandlung zu verlesen, Abstand genommen werden, wenn es sich bei der **Behörde um die im Verfahren geschädigte** handelt.

---

65 Meyer-Goßner/*Schmitt* § 256 Rn. 5; *BGH* NStZ 1982, 79.
66 Vgl. LR/*Stuckenberg* § 256 Rn. 8 mit Verweis auf *BVerfGE* 103, 154.
67 *Sommer* StraFo 2004, 298.
68 LR/*Stuckenberg* § 256 Rn. 3.
69 *Burhoff* Rn. 1005.
70 *Foth* NStZ 1989, 170.

17. Kapitel
Steuerhinterziehung

Literatur: *Adick* Strafzumessung bei Steuerhinterziehung in Millionenhöhe, PStR 2012, 121; *Adick/Höink* Umsatzsteuerhinterziehung – Aktuelle steuer- und strafrechtliche Tendenzen bei betrugsbehafteten Lieferungen, ZWH 2014, 220; *Birnbaum/Matschke* Gestaltungsmissbrauch und Steuerhinterziehung, NZWiSt 2013, 446; *Bülte* Zur Strafbarkeit der Verschleierung von Sanktionsansprüchen als Umsatzsteuerhinterziehung, HRRS 2011, 465; *ders.* § 398a AO im Lichte des europäischen Grundsatzes ne bis in idem, NZWiSt 2014, 321; *Cornelius* Verweisungsfehler bei Bezugnahmen nationaler Strafnormen auf europäische Richtlinien, NZWiSt 2014, 173; *ders.* Die Verbotsirrtumsläsung zur Bewältigung unklarer Rechtslagen, GA 2015, 101; *Dannecker* Steuerhinterziehung im internationalen Wirtschaftsverkehr, 1983; *ders.* Grundfragen der Steuerhinterziehung durch Unterlassen, FS Achenbach, 2011, S. 83; *ders.* Zur Strafbarkeit verdeckter Gewinnausschüttungen: Steuerhinterziehung, Untreue, Bilanzfälschung, FS Samson, 2010, S. 257; *Eder* Die Einbindung vorsatzloser Dritter in ein Umsatzsteuerkarussell, NZWiSt 2014, 90; *Flore/Tsambikakis* Steuerstrafrecht, 2013; *Gehm* Der Tatbestand der Steuerhinterziehung im Licht des Rechts der EU – ein Überblick anlässlich der Rechtsprechung des EuGH v. 7.12.2010 (C-285/09), NZWiSt 2013, 53; *ders.* Überblick zur Haftung des Steuerhinterziehers und Steuerhehlers nach § 71 AO, NZWiSt 2014, 93; *Jacobs/Endres/Sprengel* Internationale Unternehmensbesteuerung, 2011; *Jäger* Strafzumessung im Steuerstrafrecht, DStZ 2012, 737; *Jehke/Dreher* Was bedeutet „unverzüglich" i.S. von § 153 AO?, DStR 2012, 2467; *Jung* Zur Strafzumessung in Steuerstrafsachen, FS-Samson, S. 54; *Kaiser/Grimm* Die Ausweitung der Rechtsprechung zu § 35 AO, DStR 2014, 179; *Leitner* Handbuch verdeckte Gewinnausschüttung, 2014; *Mack/Wollweber* § 42 AO – viel Lärm um Nichts?, DStR 2008, 182; *Madauß* Bekämpfung der Umsatzsteuerhinterziehung. Quo vadis? NZWiSt 2013, 386; ders., Aspekte der Umsatzsteuerhinterziehung, NZWiSt 2015, 23; *Muhler* Die Umsatzsteuerhinterziehung, wistra 2009, 1; *Peters* Steuerhinterziehung trotz Erklärung wahrer Tatsachen, NZWiSt 2012, 361; *Quedenfeld* Verteidigung in Steuerstrafverfahren, 2012; *Ransiek* Blankettstraftatbestand und Tatumstandsirrtum, wistra 2012, 365; *ders.* Bestimmtheitsgrundsatz, Analogieverbot und § 370 AO, FS Klaus Tiedemann, S. 171; *Ransiek/Hüls* Zum Eventualvorsatz bei der Steuerhinterziehung, NStZ 2011, 678; *Reichling/Lange* Der Täterkreis der Steuerhinterziehung durch Unterlassen, NStZ 2014, 311; *Schaumburg* Internationales Steuerrecht, 2011; *Schaumburg/Peters* Internationales Steuerstrafrecht, 2015; *Schwedhelm* Der Eingriff der Steuerfahndung: Sieben Regeln zum richtigen Verhalten von Mandant und Berater, DStR 2014, 2; *Seer/Krumm* Die Kriminalisierung der Cum-/Ex-Dividende-Geschäfte als Herausforderung für den Rechtsstaat, DStR 2013, 1814; *Schork/Groß* Bankstrafrecht, 2013; *Sontheimer* Steuerhinterziehung bei unklaren Rechtslagen, DStR 2014, 357; *Stam* Das „große Ausmaß" – ein unbestimmbarer Rechtsbegriff, NStZ 2013, 144; *Zugmaier/Kaiser* Entkriminalisierung der Anmeldungen bei USt und Lohnsteuer?, DStR 2013, 17.

A. Einleitung

Die Steuerhinterziehung nach § 370 AO ist eine Zentralnorm des Fiskalstrafrechts. Sie erfasst **1** Angriffe auf die Vermögensinteressen des steuererhebenden Staates. Insoweit ist sie **Vermö-**

gensdelikt und schützt das staatliche Vermögen auf der Einnahmenseite; zum Schutz der Ausgabenseite vgl. ausführlich 21. und 24. Kapitel:

- **Steuern** sind gem. § 3 Abs. 1 AO Geldleistungen, die keine Gegenleistung für eine besondere Leistung darstellen und von einem öffentlich-rechtlichen Gemeinwesen zur Erzielung von Einnahmen allen auferlegt werden, bei denen der Tatbestand zutrifft, an die das Gesetz die Leistungspflicht knüpft.
- **Einfuhr- und Ausfuhrabgaben** gem. § 3 Abs. 3 AO gehören nach Art. 4 Nr. 10 und 11 des Zollkodex zu den Steuern.
- **Zölle** sind Steuern, die zolltariflich beim Warenverkehr über die Grenze erhoben werden.

2 Die Steuerhinterziehung ist **Erklärungsdelikt**. Allein die Nichtzahlung von Steuern, Abgaben oder Zöllen ist nicht nach § 370 AO strafbar.[1] Hinzutreten muss vielmehr stets ein (Erklärungs-)Verhalten, das einen strafwürdigen Handlungsunwert hat.

3 Strukturell ist § 370 AO also dem Betrug (§ 263 StGB) ähnlich;[2] vgl. auch 24. Kap. Rn. 2. Geht es in der öffentlichen Diskussion um steuerunehrliches Verhalten wird möglicherweise auch deshalb oftmals von „Steuerbetrug" gesprochen. Rechtstechnisch gesehen ist dies allerdings nicht ganz zutreffend. Denn der Tatbestand von § 370 AO ist deutlich weiter gefasst als der allgemeine Betrugstatbestand nach § 263 StGB. Insbesondere erfordert die Steuerhinterziehung nach der Rechtsprechung des BGH keine Täuschung und keinen Irrtum aufseiten der Finanzbehörde.[3] Auch ist die Erfüllung besonderer innerer Merkmale (z.B. Bereicherungsabsicht), die einschränkend wirken könnten, nicht erforderlich.

4 Dieser Befund – eine im Vergleich zu § 263 StGB herabgesetzte Strafbarkeitsschwelle für im Kern betrügerische Handlungen – trifft auch für andere Tatbestände zu, die öffentliches Vermögen schützen. Auch der Subventionsbetrug (§ 264 StGB) setzt keinen Irrtum aufseiten der Behörde oder über den Vorsatz hinausgehende innere Merkmale voraus; vgl. hierzu auch 21. Kapitel. Hingegen werden Regelbeispiele wie z.B. das „große Ausmaß" des Schadens bei den Fiskalstraftaten ebenso ausgelegt wie im allgemeinen Vermögensstrafrecht. Unter dem Gesichtspunkt der Widerspruchsfreiheit der Rechtsordnung leuchtet dies zwar ein.[4] Allerdings können die Ergebnisse im Einzelfall unbillig sein und eine **restriktive Auslegung** der Strafgesetze fordern.

5 Steuerhinterziehung wird zunehmend intensiv verfolgt und härter bestraft. In den letzten Jahren sind einige grundlegende Entscheidungen ergangen. Besonders relevant ist die Entscheidung des BGH vom 21.12.2008. Die seinerzeit erstmals genannten **Leitlinien für die Strafzumessung**, die sich u.a. an bestimmten Beträgen orientierten, werden nicht selten als zwingende Vorgaben (fehl-)verstanden.[5] Im Zusammenspiel mit den mehrfach höher gelegten Hürden für eine Selbstanzeige (§ 371 AO) hat dies zu einer erheblichen **Verschärfung der Rechtslage** im Steuerstrafrecht beigetragen, vgl. hierzu auch 19. Kap. Rn. 6 ff. Diese hat sich in einem gesellschaftlichen Umfeld entwickelt, in dem Steuerstrafverfahren immer öfter zum Spektakel

---

1 Vgl. auch *BGH* 22.7.2014 – 1 StR 189/14 unter Hinweis auf § 26c UStG, der an die Nichtentrichtung von in Rechnungen ausgewiesener USt zum Fälligkeitszeitpunkt anknüpft.
2 Vgl. *Kohlmann/Ransiek* § 370 AO Rn. 9 ff. und Rn. 36; Wabnitz/Janovsky/*Pflaum* Rn. 8: „im Grundsatz vergleichbar einem Betrug an der Gesamtheit der ehrlichen Steuerzahler"; *Jäger* DStZ 2012, 737.
3 Vgl. *BGHSt* 37, 266, 285.
4 *Kohlmann/Ransiek* § 370 AO Rn. 40.
5 *Kohlmann/Ransiek* § 370 AO Rn. 37: „Das bedeutet aber nicht, dass die Strafzumessung damit auf die Feststellung der Grenzbeträge reduziert wäre; nach § 46 Abs. 1 S. 1 StGB ist die Schuld des Täters Grundlage der Strafzumessung."

Adick

und zur Herausforderung für die Strafjustiz werden, ein faires Verfahren durchzuführen. Öffentlich bekannte Personen werden bereits bei dem Verdacht steuerlicher Verfehlungen trotz Geltung der Unschuldsvermutung an einen „medialen Pranger"[6] gestellt; die Auswüchse und Entgleisungen einer nicht selten auf **Durchstechen** von Informationen sowie **Verletzungen des Steuergeheimnisses** (§ 30 AO) beruhenden Berichterstattung sind zuweilen geeignet, die Rechtsstaatlichkeit des Verfahrens zu gefährden. Befördert wurde diese Entwicklung jedoch nicht allein durch im gesamten politischen Spektrum laut werdende Rufe nach hartem Durchgreifen gegen Steuersünder. Ihren Teil dazu beigetragen hat auch eine Rechtsprechung des BGH, die sich zeitweise berufen sah, die „Rechtstreue der Bevölkerung auch auf dem Gebiet des Steuerrechts zu erhalten" – durch härtere Strafen – und die eine „verbreitete Einstellung" ausmachte, welche „eine durch einen erheblichen Unrechtsgehalt gekennzeichnete Norm nicht ernst nimmt und von vornherein auf die Strafaussetzung vertraut."[7] Diese auf kriminalpolitische Erwägungen zurückgehende Rechtsprechung des Revisionsgerichts sorgt in der Instanz oftmals für nicht mehr mit §§ 46 ff. StGB zu vereinbarende **Brüche in der Strafzumessung**; vgl. hierzu Rn. 122 ff. Zum einen wird die Feststellung persönlicher Schuld des Täters als Ausgangspunkt für die Bestimmung der individuellen Strafe vielfach und insbesondere bei der **Millionengrenze** durch schablonenhafte Erwägungen zum Steuerschaden substituiert; eine entsprechend begründete Straferwartung wird nicht selten bereits im Ermittlungsverfahren herangezogen, um den Haftgrund der Fluchtgefahr zu begründen und die Untersuchungshaft anzuordnen, vgl. hierzu 14. Kap. Rn. 28 ff. Zum anderen hat die insbesondere auf rechtspolitische Erwägungen begründete Verschärfung des Steuerstrafrechts die Gefahr eines dem heutigen Strafrecht aus guten Gründen fremden, in manchen Steuerstrafverfahren aber augenfälligen Moralisierens geschaffen. Es ruft Beklommenheit hervor, wenn eine Strafkammer die Zumessung einer mehrjährigen Haftstrafe maßgeblich daran knüpft, dass ein wegen Hinterziehung von Schenkungsteuer angeklagter Steuerpflichtiger auch im Fall steuerehrlichen Verhaltens „ein sehr reicher Mann" gewesen wäre oder „in Saus und Braus" hätte leben können.[8] Manche Entwicklungen der jüngeren Vergangenheit sehen auch Angehörige der Finanzverwaltung und der Justiz mit erheblicher Skepsis.

Grundsätzlich stellt sich die Frage, ob das Strafrecht ein taugliches Instrument zur Korrektur missliebiger wirtschaftlicher oder gesellschaftlicher Verhaltensweisen ist. Immer wieder wird die Frage gestellt, ob sich Steuerflucht und Steuerhinterziehung nicht durch eine vom Steuerbürger als gerecht empfundene **Steuerpolitik** wirksamer eindämmen lassen als durch erhöhte Strafdrohungen. Dies führt zu der Frage, ob Änderungen des materiellen Steuerrechts sich besser zum Schutz des staatlichen Vermögens eignen als strafrechtliche Sanktionen. Beispielhaft sei auf den mit dem wohl größten Betrugs- und Schädigungspotenzial[9] verbundenen Bereich der USt verwiesen, vgl. hierzu Rn. 67 ff. Durch die als Maßnahme der Betrugsbekämpfung in manchen Bereichen erfolgte Umkehrung der Steuerschuldnerschaft (Reverse Charge-Verfahren) lässt sich ein wirksamerer Schutz erzielen als durch immer schärfere strafrechtliche Mittel.[10]

Im Zusammenhang mit steuerlichen Verfehlungen besteht daher regelmäßig Anlass, die **Ultima-Ratio-Funktion** des Strafrechts zu betonen. Strafe ist die letzte Reaktionsform des

6

7

---

6 *Bilsdorfer* NJW 2012, 1413.
7 *BGH* NStZ 2012, 634, 637.
8 So das LG Augsburg in einer später durch den BGH hinsichtlich der Strafzumessung aufgehobenen Entscheidung, vgl. *BGH* NStZ 2014, 105.
9 Im Jahr 2013 beliefen sich die Einnahmen aus Steuern vom Umsatz auf rund 196 Mrd. €
10 *Kohlmann/Ransiek* § 370 AO Rn. 43; *Madauß* NZWiSt 2013, 386, 388.

Staates; sie darf erst zum Einsatz kommen, wenn andere Möglichkeiten nicht ausreichen, um ein Rechtsgut zu schützen.[11] Dabei ist unbestritten, dass staatliches Vermögen grundsätzlich ein durch Strafe schutzwürdiges Rechtsgut darstellt. Die Diskussion kreiste früher jedoch insbesondere um die Frage, ob Steuerstraftaten im Vergleich zu Kernstraftaten zu mild bestraft werden. Insbesondere die jüngere Entwicklung, die maßgeblich durch die vorstehend erwähnten Grundsätze des BGH zur Strafzumessung geprägt wurde, lässt jedoch den Schluss zu, dass die Rechtsfolgen im Steuerstrafrecht denen im allgemeinen Vermögensstrafrecht nicht nachstehen.

8 Insbesondere für die präventive Beratung (Tax-Compliance) ist zu bedenken, dass das strafrechtliche **Verfolgungsrisiko** im Zusammenhang mit steuerlich relevanten Sachverhalten gestiegen ist. Zum einen ist die Schwelle für die Einleitung steuerstrafrechtlicher Ermittlungen gering; es genügt der strafprozessuale Anfangsverdacht (§ 152 StPO). Ausreichend ist es demnach, wenn aus Sicht der Ermittlungsbehörden aufgrund konkreter Tatsachen die Möglichkeit besteht, dass Steuerstraftaten oder Steuerordnungswidrigkeiten begangen worden sein könnten; vgl. hierzu 4. Kap. Rn. 62 ff. Zum anderen wird eine grundsätzliche Neigung, steuerunehrliches Verhalten zu unterstellen, auch dadurch befördert, dass Vorwürfe strafbaren oder ordnungswidrigen Verhaltens die Tür zu weiteren staatlichen Maßnahmen öffnen können. Zu denken ist etwa an

- Verlängerung der Fristen für die Festsetzung von Steuern auf 5 bzw. 10 Jahre;
- Festsetzung von Hinterziehungszinsen (§ 235 AO);
- Haftung für hinterzogene Steuern (§ 71 AO);
- Zuschlag von 5 % auf die verkürzte Steuer als Voraussetzung für ein Absehen von der Strafverfolgung (§ 398a AO);
- Geldauflagen im Fall einer Einstellung (§ 153a StPO);
- unternehmensbezogene Sanktionen wie Verbandsgeldbußen (§ 30 OWiG) oder Verfallsanordnungen (§ 73 StGB, § 29a OWiG);
- Bußgelder für unterlassene Aufsichtspflicht (§ 130 OWiG).

9 Die Finanzverwaltung scheint solche straf- und bußgeldrechtlichen Sanktionen gelegentlich als willkommene Zugaben zum steuerlichen Mehrergebnis zu begreifen. Insbesondere in streitigen Betriebsprüfungen werden strafrechtliche Vorwürfe zuweilen erhoben, um die Kompromissbereitschaft des bis dahin renitenten Steuerpflichtigen zu fördern. Solche gelegentlich sogar expressis verbis kommunizierten Erwägungen, die dazu dienen, den Steuerpflichtigen unter Druck zu setzen, stellen evidente Rechtsverletzungen dar. Nicht zuletzt infolge der gerade im strafrechtlichen Ermittlungsverfahren eher schwach ausgeprägten richterlichen Kontrolle besteht jedoch kaum eine Möglichkeit, einem solchen Vorgehen der Ermittlungsbehörden unmittelbar entgegenzutreten. Aus rechtsstaatlicher Sicht gibt es Anlass zur Sorge, wenn erfahrene Praktiker resümieren, dass Rechtsmittel im Strafverfahren „kaum Aussicht auf Erfolg" haben, weil es den Strafgerichten „in der Regel an der Bereitschaft" mangelt, sich „mit den steuerlichen Fragen des Verfahrens auseinanderzusetzen". Der Befund, dass „die Finanzverwaltung diesen in **Steuerstrafsachen mangelhaften Rechtsschutz** verbunden mit der massiven Strafdrohung des BGH zunehmend nutzt [...] und durch die Einleitung des Strafverfahrens Druck auf den Steuerpflichtigen ausüben will, damit dieser streitige Steuern akzeptiert",[12] dürfte in Beraterkreisen zustimmungsfähig sein und wird zumindest hinter vorgehaltener Hand auch von Strafverfolgern nicht bestritten.

---

11 *Kohlmann/Ransiek* § 370 AO Rn. 30; vgl. *auch Seer/Krumm* DStR 2013, 1814.
12 *Schwedhelm* DStR 2014, 2, 4.

Bemerkenswert ist auch, dass die Finanzgerichte mit Vorwürfen von Straftaten oder Ordnungswidrigkeiten zurückhaltender umzugehen scheinen als es die Strafjustiz zuweilen tut. Entsprechende Tendenzen lassen sich an Entscheidungen festmachen, in denen es für eine dem Fiskus günstige steuerliche Rechtsfolge (z.B. verlängerte Festsetzungsverjährung, Hinterziehungszinsen) auf subjektive Merkmale wie z.B. Wissen, Kennen-Müssen oder Erkennen-Können ankommt. In der strafrechtlichen Praxis ist eine **Erosion subjektiver Anforderungen** zu beobachten; vgl. zu den Beweisanforderungen für den Vorsatz 7. Kap. Rn. 83 ff. Die finanzgerichtliche Praxis hingegen scheint die abgabenrechtlichen Darlegungs- und Beweislasten konsequenter anzuwenden und im Zweifel eher bereit zu sein, zugunsten des Steuerpflichtigen zu entscheiden. Exemplarisch ist etwa eine jüngst ergangene Entscheidung des BFH zu nennen, mit der die Anforderungen an die seitens der Finanzämter gelegentlich vorschnell angenommene Leichtfertigkeit zugunsten des Steuerpflichtigen deutlich erhöht wurden.[13]

I. Blankettgesetz und Schutzzweck

§ 370 AO ist nach Auffassung der Rechtsprechung und eines Teils der Literatur als **Blankettgesetz** ausgestaltet.[14] Gegen diese Auslegung wendet sich eine starke Auffassung in der Literatur, die – grob vereinfacht – in § 370 AO ein Strafgesetz mit normativen Tatbestandsmerkmalen sieht.[15] Der Streit kann an dieser Stelle nicht erschöpfend dargestellt werden. Praktisch zeigt sich das hinter der Kontroverse stehende Problem darin, dass § 370 AO als Norm unvollständig ist und lediglich die Strafdrohung regelt. Inhaltlich wird sie erst von den Vorschriften des materiellen Steuerrechts ausgefüllt. Ob sich eine potenziell strafbare Handlung des Täters auf „steuerlich erhebliche Tatsachen" bezieht oder ob „Steuern verkürzt" wurden, ergibt sich nicht aus § 370 AO, sondern erst aus den jeweiligen **Einzelsteuergesetzen**. Demnach bilden § 370 AO und die ausfüllenden steuerrechtlichen Regelungen zusammen die maßgeblichen Strafvorschriften.[16] Diese gesetzliche Regelungstechnik ist angesichts der Vielgestaltigkeit der Sachverhalte, welche die Vorschrift erfassen muss, alternativlos. Gleichwohl erschwert sie die Feststellung tatbestandsmäßigen Verhaltens im Steuerstrafrecht. Versteht man § 370 AO als Blankettstraftatbestand, gilt insbesondere das verfassungsrechtliche Gebot der gesetzlichen Bestimmtheit auch für die ausfüllenden Normen des Steuerrechts.[17]

Das verfassungsrechtliche **Bestimmtheitsgebot** (Art. 103 Abs. 2 GG) verlangt, dass die Strafnorm die Voraussetzungen der Strafbarkeit so konkret umschreibt, dass Tragweite und Anwendungsbereich der Straftatbestände zu erkennen sind und sich durch Auslegung ermitteln lassen. Der Wortlaut ist so zu fassen, dass die Adressaten der Norm im Regelfall bereits anhand des Wortlauts der gesetzlichen Vorschrift voraussehen können, ob ein Verhalten strafbar ist oder nicht.[18] Hieraus folgt zunächst, dass steuerliche Analogien in strafrechtlicher Hinsicht nicht zulasten des Steuerpflichtigen gehen dürfen (**Analogieverbot**); strafrechtlich ebenfalls unzulässig ist die im Steuerrecht zulässige tatbestandliche Rückanknüpfung.[19] Zulässig ist

10

11

12

---

13 *BFH* 24.7.2014, V R 44/13.

14 *Klein/Jäger* § 370 AO Rn. 5; vgl. auch die Nachweise bei Schaumburg/Peters/*Peters* Internationales Steuerstrafrecht, Rn. 10.1 (dort Fn. 1).

15 Vgl. nur LK-StGB/*Dannecker* § 1 Rn. 149; *ders.* FS Samson, S. 257 ff.; *Ransiek* HRRS 2009, 421 ff.; *Hüls* NZWiSt 2012, 12 ff.; Graf/Jäger/Wittig/*Rolletschke* § 370 Rn. 19 ff.

16 *BGH* 12.5.2009 – 1 StR 718/08 Rn. 12.

17 Vgl. auch Schaumburg/Peters/*Peters* Internationales Steuerstrafrecht, Rn. 10.9 ff.

18 *BVerfGE* 126, 170, 195; *BGH* 20.11.2013 – 1 StR 544/13.

19 Schaumburg/Peters/*Peters* Internationales Steuerstrafrecht, Rn. 10.9 m.w.N.

hingegen der Verweis auf unmittelbar geltendes Gemeinschaftsrecht (z.B. Verordnungen der EU), solange hinreichend deutlich ist, worauf sich der Verweis bezieht.[20] Der strafrechtliche Bestimmtheitsgrundsatz gilt jedoch auch für das europäische Recht, wobei dynamische Verweisungen auf die jeweils anwendbare Rechtsvorschrift der EU oder eines ihrer Mitgliedstaaten nach zutreffender Ansicht nicht mit Art. 103 Abs. 2 GG vereinbar und somit verfassungswidrig sind.[21]

13   Eine Änderung des Steuerrechts kann unter dem Gesichtspunkt des milderen Gesetzes (§ 2 Abs. 3 StGB) zu berücksichtigen sein oder den Steueranspruch sogar ganz entfallen lassen.[22] Darüber hinaus wirkt sich der zumindest blankettartige Charakter der Vorschrift auf die Prüfung des Vorsatzes aus;[23] die Abgrenzung zwischen (legaler) Steuergestaltung und vorsätzlicher Steuerhinterziehung gelingt nicht zuletzt aufgrund der inhaltlichen Bezugnahme der Strafnorm auf das materielle Steuerrecht zumindest mit den bekannten, im Kernstrafrecht entwickelten Abgrenzungstheorien oftmals nur unbefriedigend.

14   Nach überwiegender Auffassung schützt § 370 AO das öffentliche Interesse am vollständigen und rechtzeitigen Steueraufkommen jeder einzelnen Steuerart.[24] Weitergehende Ansätze, die eine gerechte und gleichmäßige Lastenverteilung in den Schutzbereich des Tatbestandes einbeziehen wollen,[25] haben Bedenken an der Bestimmtheit von Begriffen wie „gerecht" geäußert. Diese beziehen sich unter anderem darauf, dass solche Begriffe unterschiedlich interpretiert werden. Tatsächlich können subjektive Ansichten des Steuerpflichtigen über (Steuer-)Gerechtigkeit der Auslöser steuerunehrlichen Verhaltens sein; vgl. Einleitung Rn. 3 ff.

II. Erfolgsdelikt

15   Die Steuerhinterziehung gem. § 370 Abs. 1 AO setzt voraus, dass der Täter **Steuern verkürzt** oder für sich oder einen anderen nicht gerechtfertigte **Steuervorteile erlangt**. Damit ist § 370 AO ein Erfolgsdelikt.[26] Tritt der tatbestandsmäßige Erfolg nicht ein, kommt lediglich eine Strafbarkeit wegen **Versuchs** gem. § 370 Abs. 2 AO in Betracht.

B. Täterkreis

I. Aktives Tun

16   Täter einer Steuerhinterziehung durch aktives Tun kann **jedermann** sein.[27] Insbesondere setzt die Strafbarkeit nach § 370 Abs. 1 Nr. 1 AO keine besondere Pflichtenstellung voraus. Täter

---

20 *Cornelius* NZWiSt 2014, 173.
21 Schaumburg/Peters/*Peters* Internationales Steuerstrafrecht, Rn. 10.12.
22 *Kohlmann/Ransiek* § 370 AO Rn. 24.
23 Vgl. *Ransiek* wistra 2012, 365.
24 Vgl. aus der ständigen Rspr. nur *BGH* NJW 2013, 1750, 1752; aus der Lit. vgl. *Kohlmann/Ransiek* § 370 Rn. 52; *Klein/Jäger* § 370 Rn. 2; a.A. *Franzen/Gast/Joecks* § 370 Rn. 17: staatliche Interesse am vollständigen und rechtzeitigen Aufkommen der Steuern im Ganzen; eingehende Darstellung zum Schutzgut bei *Dannecker* Steuerhinterziehung, S. 167 ff.
25 Vgl. *Dannecker* Steuerhinterziehung, S. 174 zum Besteuerungssystem als Schutzobjekt von § 370 AO.
26 *Franzen/Gast/Joecks* § 370 AO Rn. 20; *BGH* NJW 2013, 1750, 1752.
27 *Kohlmann/Ransiek* § 370 Rn. 204; *Klein/Jäger* § 370 AO Rn. 25.

kann demnach sein, wer in der Lage ist, auf die Erhebung, Festsetzung oder Vollstreckung des Steueranspruchs Einfluss zu nehmen. Dies bedeutet, dass neben dem Steuerpflichtigen als **Täter** (§ 25 Abs. 1 Var. 1 StGB) auch Dritte wegen Steuerhinterziehung strafbar sein können, wenn sie als **Mittäter** (§ 25 Abs. 2 StGB) oder **mittelbare Täter** (§ 25 Abs. 1 2. Var. StGB) anzusehen sind.[28] Folglich ist die Steuerhinterziehung durch aktives Tun ein Allgemeindelikt.

II. Unterlassen

Der Deliktscharakter einer Steuerhinterziehung durch Unterlassen ist umstritten. Die h.L. betrachtet § 370 Abs. 1 Nr. 2 AO als **Sonderdelikt**.[29] Nach der Rechtsprechung des BGH ist sie jedoch ebenso wie die Variante durch aktives Tun ein sog. „Jedermanndelikt." Diese Kontroverse[30] sorgt für Verwirrung, verstellt aber ggf. den Blick auf das für die Praxis Wesentliche. Denn auch nach der Rechtsprechung des BGH kann Täter einer Steuerhinterziehung durch Unterlassen nur sein, wer selbst zur Aufklärung steuerlich erheblicher Tatsachen **besonders verpflichtet** ist.[31] Der BGH hatte jüngst Anlass, diese Rechtsprechung erneut zu bestätigen. In dem zugrunde liegenden Fall war zu klären, ob einen Hintermann die steuerlichen Pflichten eines von ihm gesteuerten und als Unternehmer auftretenden **Strohmannes** treffen.[32] Das LG hatte den Hintermann mit der Begründung verurteilt, diesem seien die Pflichtverletzungen des Strohmanns zuzurechnen. Insoweit hatte es den Standpunkt eingenommen, die Beschränkung des Täterkreises auf Personen, die eine eigene Offenbarungspflicht verletzen, träfe nicht zu; § 370 Abs. 1 Nr. 2 AO formuliere keine besonderen Anforderungen an den Täter und enthalte insbesondere keinen Statusbegriff (z.B. „als Geschäftsführer"). **17**

Allerdings kommt nach dem BGH **keine Zurechnung steuerlicher Pflichtverletzungen in** Betracht. Insbesondere bezieht sich das Merkmal „pflichtwidrig" allein auf das Verhalten des Täters. Eine andere Auslegung würde gegen den Bestimmtheitsgrundsatz verstoßen (Art. 103 Abs. 2 GG). Dies gilt nach dem BGH auch für den Fall, dass nach den allgemeinen Grundsätzen (§ 25 Abs. 2 StGB) Mittäterschaft vorliegen würde.[33] Für den Hintermann können bei Einsatz eines Strohmanns jedoch *eigene* steuerliche Pflichten entstehen, deren Verletzung eine Strafbarkeit auslösen kann. Zwar kann auch ein Strohmann grundsätzlich Unternehmer und Leistender i.S.d. UStG sein, jedoch führt allein die Tatsache, dass er für einen Hintermann agiert, nicht zum Verlust der Unternehmereigenschaft.[34] Folglich treffen den Strohmann steuerliche Erklärungspflichten, deren Verletzung nach § 370 Abs. 1 Nr. 2 AO strafbar sein kann. Daneben kann jedoch auch der Hintermann strafbar sein. Wer als Verfügungsberechtigter im eigenen oder fremden Namen auftritt, hat nach **§ 35 AO** die Pflichten eines gesetzlichen Vertreters (§ 34 Abs. 1 AO), soweit er sie rechtlich und tatsächlich erfüllen kann. Verfügungsberechtigt ist, wer der nach dem Gesamtbild der Verhältnisse rechtlich und wirtschaftlich über Mittel, die einem anderen zuzurechnen sind, verfügen kann und als solcher nach außen auftritt.[35] Wenn und soweit dies für einen Hintermann zutrifft und er z.B. die steuerliche Pflicht hat, als Verfügungsberechtigter zutreffende USt-Erklärungen abzugeben, kommt eine Strafbar- **18**

---

28 *Flore/Tsambikakis* § 370 Rn. 32 ff.
29 *Kohlmann/Ransiek* § 370 AO Rn. 87.
30 Vgl. die Darstellung von *Dannecker* FS Achenbach, S. 89 ff.
31 *BGH* DStR 2013, 1177.
32 Vgl. auch *Adick* PStR 2014, 252 ff.
33 *Klein/Jäger* § 370 AO Rn. 26b.
34 *BGH* DStR 2013, 1177.
35 *BGH* DStR 2013, 1177, 1183.

keit nach § 370 Abs. 1 Nr. 2 AO in Betracht. Ein Rückgriff auf die Rechtsfigur des faktischen Geschäftsführers wird neben § 35 AO abgelehnt.[36]

C. Tathandlungen

I.   § 370 Abs. 1 Nr. 1

19   Eine Steuerhinterziehung durch aktives Tun setzt nach § 370 Abs. 1 Nr. 1 AO voraus, dass der Täter gegenüber den Finanzbehörden (§ 6 Abs. 2 AO) oder anderen Behörden über steuerlich erhebliche Tatsachen unrichtige oder unvollständige Angaben gemacht hat.[37]

1.   Tatsachen

20   **Tatsachen** sind reale, dem Beweise zugängliche äußere oder innere Zustände der Vergangenheit oder Gegenwart.[38] Sie sind abzugrenzen von **bloßen Rechtsausführungen**, die den Tatbestand der Steuerhinterziehung nicht erfüllen. Für das Steuerstrafrecht ist diese Abgrenzung besonders problematisch. Denn bei der Abgabe von Steuererklärungen auf den amtlichen Erklärungsvordrucken (§ 150 Abs. 1 AO) ist jeder Eintrag einer Zahl das Ergebnis einer vorausgegangenen steuerrechtlichen Bewertung durch den Steuerpflichtigen.[39] Teilweise wird daher kritisiert, dass § 370 AO nur bedingt mit der steuerverfahrensrechtlichen Wirklichkeit abgestimmt ist.[40]

21   Besonders augenfällig wird die Problematik bei der Frage, ob der Steuerpflichtige (ggf. unzutreffende) unrichtige Angaben macht, wenn er eine andere Rechtsansicht vertritt als die Finanzverwaltung. Grundsätzlich gilt, dass der Steuerpflichtige seiner Erklärung die für ihn **günstigste Rechtsansicht** zu Grunde legen darf.[41] Insbesondere darf er eine Ansicht auch dann vertreten, wenn diese von der Rechtsprechung, von Richtlinien der Finanzverwaltung oder der regelmäßigen Veranlagungspraxis abweicht.[42]

22   Erkennt der Steuerpflichtige, dass er eine insoweit abweichende Rechtsansicht vertritt, muss er die steuerlich erheblichen **Tatsachen richtig und vollständig mitteilen**. Nach Ansicht des BGH besteht eine solche Offenbarungspflicht jedenfalls für diejenigen Sachverhaltselemente, deren Relevanz objektiv zweifelhaft ist.[43] Entscheidend ist, dass der Steuerpflichtige „mit offenen Karten" spielt und die Finanzverwaltung nicht über steuerlich erhebliche Tatsachen im Unklaren lässt.[44] Die Finanzverwaltung muss in den Stand versetzt werden, aufgrund vollständiger Kenntnis des Sachverhaltes eine eigene rechtliche Würdigung vorzunehmen und die Steuern entsprechend festzusetzen. Nach dem BGH ist es dem Steuerpflichtigen möglich und zumut-

---

36   *Reichling/Lange* NStZ 2014, 311, 314.
37   *Klein/Jäger* § 370 AO Rn. 40 ff.
38   *Flore/Tsambikakis* § 370 AO Rn. 161.
39   *Flore/Tsambikakis* § 370 AO Rn. 130 ff.; *Sontheimer* DStR 2014, 357.
40   *Seer/Krumm* DStR 2013, 1814.
41   *BFH* 16.1.1996, IX R 13/92 = BFHE 179, 400 ff.; v. 25.1.1994, IC R 97.98/90 = BStBl II 1994, 738; *Flore/ Tsambikakis* § 370 AO Rn. 133; Schaumburg/Peters/*Peters* Internationales Steuerstrafrecht Rn. 10.74; Kohlmann/*Ransiek* § 370 AO Rn. 244.
42   *BGH* NStZ 2000, 203.
43   *BGH* NStZ 2000, 203; wistra 1986, 27, 28; zust. Kohlmann/*Ransiek* § 370 AO Rn. 244.
44   *Klein/Jäger* § 370 AO Rn. 44.

bar, **offene Rechtsfragen** nach Aufdeckung des zutreffenden Sachverhaltes **im Besteuerungs-verfahren** zu klären.[45]

Ungeklärt ist bisher, ob der Steuerpflichtige es **offenbaren** muss, wenn er lediglich für möglich **23** hält, dass die Finanzverwaltung eine andere Rechtsansicht einnehmen könnte. Veröffentlichte Rechtsprechung existiert nicht, während in der Literatur gefordert wird, die Offenbarungs-pflicht auf Fälle zu beschränken, in denen die Finanzverwaltung ihre Rechtsansicht in veröf-fentlichten Verwaltungsvorschriften (z.B. Richtlinien oder Erlasse) dargelegt habe.[46] Begründet wird diese Auffassung unter anderem damit, dass hinreichend bestimmt (Art. 103 Abs. 2 GG) sein muss, wie der Steuerpflichtige seine Erklärungspflichten zu erfüllen hat. Ferner wird darauf hingewiesen, dass die Möglichkeit einer abweichenden Beurteilung selten mit Sicher-heit auszuschließen ist und der Steuerpflichtige daher nahezu alle Angaben gegenüber der Finanzverwaltung erläutern müsste.[47]

Um das Risiko steuerstrafrechtlicher Vorwürfe möglichst zu reduzieren empfiehlt es sich, den **24** Finanzbehörden **in Zweifelsfällen eher mehr als weniger** Informationen zu erteilen.

2. Steuerlich erheblich

Die Tatsachen müssen steuerlich erheblich sein. Dies ist der Fall, wenn sie zur Ausfüllung eines **25** Besteuerungstatbestandes herangezogen werden müssen, also Grund und Höhe des Steueran-spruchs oder des Steuervorteils beeinflussen.[48] Darüber hinaus sind aber auch solche Tatsa-chen steuerlich erheblich, welche die Finanzbehörde sonst zur Einwirkung auf den Steueran-spruch veranlassen können. Dazu gehören z.B. Angaben, die für die Stundung oder die Fort-setzung der Vollstreckung bedeutsam sind.[49]

3. Unrichtigkeit oder Unvollständigkeit

Tatbestandlich sind unrichtige und unvollständige Angaben. **26**

- Eine Angabe ist **unrichtig**, wenn die in ihr enthaltene Behauptung von der Wirklichkeit abweicht.[50] Um dies festzustellen muss der objektive Erklärungswert der gemachten Angabe ermittelt werden. Es kommt also darauf an, wie der Empfänger der Erklärung – i.d.R. also das FA – die Angaben nach allgemeiner Verkehrsanschauung und unter Berücksichtigung der besonderen Umstände des Falls verstehen durfte und musste.[51]
- Eine **unvollständige** Angabe liegt vor, wenn eine Erklärung des Steuerpflichtigen so gewer-tet werden muss, dass sie zu einem bestimmten Sachverhalt eine vollständige Aussage ent-hält. Das Verschweigen von Tatsachen hat dann den Erklärungswert, dass weitere zu offen-barende Sachverhalte nicht vorhanden sind.[52]

Ob der Täter **unvollständige Angaben macht** oder über steuerlich erhebliche Tatsachen in **27** **Unkenntnis lässt** (§ 370 Abs. 1 Nr. 2 AO), kann ggf. schwer abzugrenzen sein. Das Beispiel, in

---

45 *Klein/Jäger* § 370 AO Rn. 44; *BVerfG* 16.6.2011, 2 BvR 542/09.
46 *Sontheimer* DStR 2014, 357, 358.
47 *Sontheimer* DStR 2014, 357, 358.
48 *Kohlmann/Ransiek* § 370 AO Rn. 229; *Franzen/Gast/Joecks* § 370 AO Rn. 130.
49 *Franzen/Gast/Joecks* § 370 AO Rn. 130; *Kohlmann/Ransiek* § 370 AO Rn. 246.
50 *Franzen/Gast/Joecks* § 370 AO Rn. 129; *Kohlmann/Ransiek* § 370 AO Rn. 246.
51 *Kohlmann/Ransiek* § 370 AO Rn. 246.
52 *Kohlmann/Ransiek* § 370 AO Rn. 248; Schaumburg/Peters/*Peters* Internationales Steuerstrafrecht, Rn. 10.52; *Flore/Tsambikakis* § 370 AO Rn. 143.

dem der Täter in seiner USt-Voranmeldung zu niedrige Umsätze angibt,[53] verdeutlicht dies. Die USt-Voranmeldung kann ebenso als (insgesamt) unrichtig wie als (hinsichtlich der nicht enthaltenen Umsätze) unvollständig angesehen werden. In der Praxis wird oftmals nicht besonders genau differenziert, insbesondere dann, wenn der Täter ohnehin steuerlich zur Offenbarung der verschwiegenen Tatsachen verpflichtet war. Liegt eine entsprechende Pflicht jedoch nicht vor, so dass eine Strafbarkeit wegen Unterlassens ausscheidet, kann sich eine genaue Prüfung lohnen, ob eine unvollständige Angabe vorliegt.

4. Scheingeschäfte und Gestaltungsmissbrauch

28 Nach der Rechtsprechung steht es dem Steuerpflichtigen frei, einen Sachverhalt steuerlich so zu gestalten, dass er eine möglichst geringe Steuerbelastung auslöst. Der BFH hat festgehalten, dass es „dem Steuerpflichtigen nicht verwehrt ist, seine Rechtsverhältnisse beliebig zu gestalten und insbesondere seine Angelegenheiten in einer für ihn auch steuerlich günstigen und vorteilhaften Weise zu ordnen".[54] Das Motiv, Steuern zu sparen, macht eine rechtliche Gestaltung also nicht suspekt.[55] Erst recht muss niemand einen Sachverhalt so gestalten, dass ein Steueranspruch überhaupt entsteht.[56] Gleichwohl werden Gestaltungen, die zur Steuervermeidung oder Steuerverringerung gewählt werden, von den Finanzbehörden kritisch beäugt. Dabei besteht ein erhöhtes Risiko, dass sie bei Entdecken solcher Gestaltungen (z.B. in der Betriebsprüfung) zumindest anfänglich unterstellen, es liege ein Scheingeschäft oder ein Missbrauch rechtlicher Gestaltungsmöglichkeiten vor.

a) Scheingeschäfte

29 Als Scheingeschäfte i.S.v. § 41 Abs. 2 AO werden Geschäfte definiert, bei denen die Vertragspartner **einverständlich** den äußeren Schein eines Rechtsgeschäfts hervorrufen, aber die Rechtswirkungen nicht eintreten lassen wollen. Zivilrechtlich sind Scheingeschäfte nach § 117 BGB nichtig, steuerlich sind sie unbeachtlich.[57] Als praxistypische Beispiele kommen etwa in Betracht:

- unzutreffende Angaben über Kaufpreise, Unterfakturierungen etc.;
- Darlehensverträge, bei denen Einigkeit darüber besteht, dass der Darlehensnehmer dauerhaft zur Rückzahlung nicht willens oder imstande ist;
- Treuhandverhältnisse, aus denen die Folgen willentlich nicht gezogen werden;[58]
- Verträge zwischen nahestehenden Personen, soweit deren äußere Umstände gegen eine ernstliche Vereinbarung sprechen (z.B. Hausmeistertätigkeit für die Mutter,[59] Arbeits- oder Gesellschaftsverträge zwischen Ehegatten[60] etc.).

30 In der Praxis wird nicht selten die Gründung ausländischer **Basisgesellschaften** problematisiert. Hierbei handelt es sich um Kapitalgesellschaften, die in Niedrigsteuerländern gegründet werden, um die ausländischen Einkünfte abzuschirmen und einer Besteuerung durch den deutschen Fiskus zu entziehen. Da Körperschaften als eigenständige Steuerrechtssubjekte von

---

53 Vgl. *Kohlmann/Ransiek* § 370 AO Rn. 248 m.N. in Fn. 3.
54 *BFH* NJW 1966, 2427, 2428.
55 *BFH* NJW 1996, 2327; DStRE 2007, 673, 674; Flore/Tsambikakis/*Hartmann/Wietschorke* § 42 AO Rn. 10.
56 *Klein/Ratschow* § 42 AO Rn. 42 m.w.N.
57 Vgl. *BGH* NZWiSt 2014, 112, 114 (m.Anm. *Bülte*).
58 Vgl. *Klein/Ratschow* § 42 AO Rn. 44–46.
59 Vgl. *Pahlke/Koenig* § 42 AO Rn. 40.
60 *Franzen/Gast/Joecks* § 370 AO Rn. 136.

Adick

ihren Anteilseignern getrennt stehen, unterliegen sie nur der Steuerbelastung ihres Sitzlandes, sofern Erträge nicht ausgeschüttet werden (Abschirmwirkung).[61]Steuerlich sind solche Konstruktionen auch dann zu berücksichtigen, wenn die ausländische Kapitalgesellschaft keine Tätigkeit entfaltet, sondern lediglich passiv zwischengeschaltet wird. Nach der Rechtsprechung des BFH liegt im Zweifel kein Scheingeschäft vor, weil die Errichtung einer Kapitalgesellschaft ernstlich gewollt ist.[62] Denkbar ist jedoch ein Missbrauch rechtlicher Gestaltungsmöglichkeiten. Auch liegt kein Scheingeschäft vor, wenn die Beteiligten lediglich einen unzutreffenden Rechtsgrund vorspiegeln oder die Art des Geschäfts falsch bezeichnen.[63]

Selbst wenn ein Scheingeschäft vorliegt, ist dies steuerstrafrechtlich zunächst unkritisch. Es **31** kommt auch insoweit auf das konkrete Erklärungsverhalten an. Legt der Steuerpflichtige seiner Erklärung ausschließlich das Scheingeschäft zugrunde und verschweigt er das verdeckte Geschäft, kommt eine Steuerhinterziehung in Betracht. Im Ergebnis kann sich demnach auch strafbar machen, wer dem FA einen **Sachverhalt vorspiegelt**, den es in der Realität nicht gibt.

b) Gestaltungsmissbrauch

Nach § 42 Abs. 1 S. 1 AO kann das Steuergesetz nicht durch Missbrauch von Gestaltungsmög- **32** lichkeiten umgangen werden (**Steuerumgehung**). Liegt ein Missbrauch vor, entsteht der Steueranspruch so, wie er bei einer den wirtschaftlichen Vorgängen angemessenen rechtlichen Gestaltung entsteht. Nach der Rechtsprechung des BFH liegt ein Missbrauch dann vor, wenn eine rechtliche Gestaltung gewählt wird, die mit Blick auf das erstrebte Ziel unangemessen ist, der Steuervermeidung dienen soll und durch wirtschaftliche oder sonst beachtliche nichtsteuerliche Gründe nicht zu rechtfertigen ist.[64] Im Ergebnis setzt § 42 AO damit voraus, dass die gewählte Gestaltung nach den der jeweiligen Steuerrechtsnorm zugrunde liegenden gesetzgeberischen Wertung der Steuerumgehung dienen soll.

Diese Steuerumgehung ist abzugrenzen von der **Steuervermeidung**. Letztere liegt vor, wenn **33** ein Sachverhalt verwirklicht wird, der keine Steuer entstehen lässt. Wer sich keinen Hund anschafft, umgeht die Hundesteuer nicht, sondern er vermeidet sie. Eine potenziell kritische Steuerumgehung liegt erst vor, wenn der Gesetzeszweck verfehlt wird, weil aufgrund des gezielt gestalteten Sachverhalts eine an sich vorgesehene belastende Rechtsfolge nicht eintritt (Tatbestandsvermeidung) oder weil eine begünstigende Rechtsfolge eintritt, die an sich nicht eintreten sollte (Tatbestandserschleichung). Beide Formen der Verfehlung des Gesetzeszwecks sind durch § 42 AO erfasst.[65]

Kein Raum ist für § 42 AO auch dort, wo der Steuerpflichtige einen Weg beschreitet, den das **34** Steuergesetz ihm eröffnet.[66] Das Ausnutzen von Gestaltungsmöglichkeiten ist solange unbedenklich, wie **steuerliche Wahlrechte** ausgeübt werden. Denn von den Gestaltungsmöglichkeiten des Rechts darf grundsätzlich Gebrauch gemacht werden; die Absicht, Steuern zu sparen oder zu vermeiden, ist unschädlich.[67] Die durch das JStG 2008 in das Gesetz eingeführte Defi-

---

61 Jacobs/Endres/Sprengel/*Jacobs* Rn. 434.
62 *BFH* BStBl II 1989, 216; vgl. auch Jacobs/Endres/Sprengel/*Jacobs* Rn. 436; Schaumburg/Peters/*Peters* Internationales Steuerstrafrecht, Rn. 15.214 f.
63 *Pahlke/Koenig* § 42 AO Rn. 40; *BFH* BStBl II 1988, 640.
64 Vgl. *BFH* BStBl II 2008, 789; *BFH/NV* 2005, 186.
65 *Klein/Ratschow* § 42 AO Rn. 35.
66 Vgl. *BFH* BStBl II 2004, 980 m.w.N.
67 *Klein/Ratschow* § 42 AO Rn. 42 m.w.N.

nition des **Missbrauchs**[68] entspricht weitgehend der früheren Rechtsprechung des BFH. Hiernach konnte ein Missbrauch „nur dann ernsthaft in Betracht gezogen werden, wenn nicht nur zur Erreichung des angestrebten wirtschaftlichen Ziels ein nach bürgerlichem Recht ungewöhnlicher Weg gewählt wird; entscheidend muss hinzukommen, dass durch diesen ungewöhnlichen Weg ein steuerlicher Erfolg erreicht werden soll, der bei sinnvoller, Zweck und Ziel der Rechtsordnung berücksichtigender Auslegung vom Gesetz missbilligt wird." Damit steht im Zentrum des Missbrauchsbegriffs die Frage, ob der Steuerpflichtige eine den wirtschaftlichen Vorgängen, Tatsachen und Verhältnissen **unangemessene Rechtsgestaltung** gewählt hat.[69]

35 Diese Definition ist nicht unproblematisch. Denn was „unangemessen" bedeutet, lässt sich kaum sicher bestimmen. Die Rechtsprechung stellt auf Indizien ab. Der *BFH* führt etwa aus: „Unangemessen ist danach im Allgemeinen eine rechtliche Gestaltung, die verständige Parteien in Anbetracht des wirtschaftlichen Sachverhalts, insbesondere des erstrebten wirtschaftlichen Ziels, als unpassend nicht wählen würden."[70] Somit ist „**in der Regel der einfachste rechtliche Weg der angemessene**" und Rechtsgestaltungen, die „umständlich, kompliziert, schwerfällig, gekünstelt u.Ä." erscheinen, sind unangemessen. Allerdings existiert keine allgemeine Vermutung, dass eine ungewöhnliche Gestaltung auch unangemessen ist.[71] **Indizien** für die Unangemessenheit einer Gestaltung erblickt die **Finanzverwaltung** (AEAO § 42 Nr. 2.2) insbesondere in folgenden Konstellationen:

- die Gestaltung wäre von einem verständigen Dritten in Anbetracht des wirtschaftlichen Sachverhalts und der wirtschaftlichen Zielsetzung ohne den Steuervorteil nicht gewählt worden;
- die Vor- oder Zwischenschaltung von Angehörigen oder nahe stehenden Personen oder Gesellschaften war rein steuerlich motiviert;
- die Verlagerung oder Übertragung von Einkünften oder Wirtschaftsgütern auf andere Rechtsträger war rein steuerlich motiviert.

36 Bei einer grenzüberschreitenden Gestaltung geht die Finanzverwaltung von Unangemessenheit insbesondere dann aus, wenn die gewählte Gestaltung rein künstlich ist und nur dazu dient, die Steuerentstehung im Inland zu umgehen. Insoweit nimmt die Finanzverwaltung auf die Rechtsprechung des EuGH in der Rechtssache C-196/04 – *Cadbury Schweppes*[72] – Bezug.

37 Ob § 42 AO ein subjektives Element, eine Missbrauchsabsicht erfordert, wird auch von den einzelnen Senaten des BFH nicht einheitlich beantwortet.[73] Nach teilweise vertretener Auffassung lässt allein die Tatsache, dass der Steuerpflichtige eine unangemessene Gestaltung gewählt hat, den Schluss auf das Vorliegen einer Umgehungsabsicht zu (sog. **Missbrauchsvermutung**). Ob dies ohne weiteres zutrifft, wird man zumindest in den praktisch keineswegs seltenen Fällen bezweifeln können, in denen ein steuerlicher Laie die fragliche Gestaltung auf Anraten Dritter (z.B. Steuerberater, Banken, Vermögensberater) wählt. Eine starke Gegenauffassung verlangt daher auch für § 42 AO ein subjektives Merkmal im Sinne einer zweckgerichteten Handlung. Diese Ansicht hat den Vorzug, dass sie Momente wie Gutgläubigkeit, Rechtsun-

---

68 BGBl I 2007, 3150; vgl. auch *Mack/Wollweber* DStR 2008, 182 ff.

69 *Klein/Ratschow* § 42 AO Rn. 48; zu früheren Definitionen bereits *Franzen/Gast/Joecks* § 370 AO Rn. 138 m.w.N.

70 *BFH* BFHE 194, 13.

71 *Klein/Ratschow* § 370 AO Rn. 81.

72 *EuGH* EuZW 2006, 625

73 Vgl. zum Stand in der Rechtsprechung *Birnbaum/Matschke* NZWiSt 2013, 446, 447.

Adick

kenntnis, Unerfahrenheit oder Ungeschicklichkeit berücksichtigt; zudem werden Gründe des Vertrauensschutzes angeführt.[74]

Nach § 42 Abs. 2 S. 2 AO soll ein Missbrauch ausscheiden (*„dies gilt nicht"*), wenn der Steuer-   **38** pflichtige für die gewählte Gestaltung **außersteuerliche Gründe** nachweist, die nach dem Gesamtbild der Verhältnisse beachtlich sind. Hierbei handelt es sich um eine abgabenrechtliche Beweislastregel, nicht um eine persönliche Rechtfertigung des Steuerpflichtigen.[75] Die außersteuerlichen Gründe können persönlicher oder wirtschaftlicher Art sein.[76] Denkbar ist zum Beispiel, dass eine bestimmte Gestaltung z.B. zivil-, aufsichts- oder kartellrechtlichen Erwägungen sowie Haftungsbegrenzungen o.Ä. geschuldet ist, so dass steuerliche Auswirkungen jedenfalls nicht im Vordergrund stehen. Ob die jeweiligen Gründe beachtlich sind, richtet sich nach der Auffassung der Finanzverwaltung (AEAO zu § 42 Nr. 2.6) danach, ob sie „im Vergleich zum Ausmaß der Unangemessenheit der Gestaltung und den vom Gesetzgeber nicht vorgesehenen Steuervorteilen nicht wesentlich oder sogar nur von untergeordneter Bedeutung" sind. Hiergegen ist eingewendet worden, dass dieser Erlass die „Vorlage für rational nicht mehr überprüfbare Ergebnisbehauptungen"[77] schafft. Umso mehr ist daher zu betonen, dass die Finanzverwaltung die **Feststellungslast** dafür trifft, dass eine missbräuchliche Gestaltung vorliegt. Zweifel über das Vorliegen einer missbräuchlichen Gestaltung gehen zu Lasten der Finanzbehörde. Der BFH geht jedoch von einer erhöhten Mitwirkungspflicht des Steuerpflichtigen aus, die außersteuerlichen Gründe darzulegen, die gegen eine missbräuchliche Gestaltung sprechen.[78]

Liegt ein Gestaltungsmissbrauch vor, ist dies nicht ohne Weiteres als Steuerhinterziehung   **39** strafbar.[79] Vielmehr kommt eine Strafbarkeit nach § 370 Abs. 1 Nr. 2 AO erst dann in Betracht, wenn der Steuerpflichtige in seiner Erklärung die **Umgehung der Steuer verschleiert**, indem er die Finanzbehörde über die den Missbrauch begründenden Umstände in Unkenntnis lässt.

Für die strafrechtliche Praxis sind insoweit erhöhte Bedenken anzumelden, als sich die in der   **40** steuerlichen Literatur befürchtete „Vorlage für rational nicht mehr überprüfbare Ergebnisbehauptungen" dort ggf. sogar strafbarkeitsbegründend auswirken kann. Wird der Vorwurf der Steuerhinterziehung auf die Annahme eines Gestaltungsmissbrauchs nach § 42 AO gestützt, ist daher sorgfältig zu prüfen, ob das **Bestimmtheitsgebot** (Art. 103 Abs. 2 GG) gewahrt ist; dass, wie vom BVerfG gefordert, in der Regel für den Steuerpflichtigen bereits anhand des Wortlauts von § 42 AO vorauszusehen ist, ob sein Verhalten nach § 370 AO strafbar ist, ist zweifelhaft.[80] Zwar haben sich in der Rechtsprechung der Finanz- und Strafgerichte bestimmte **Fallgruppen** herausgebildet, die bestimmte typische Missbrauchssituationen beschreiben. Allerdings können Fallgruppen eine Rechtssicherheit suggerieren, die so nicht besteht. Zum einen sind die Sachverhalte in aller Regel vielfältig, unterscheiden sich in ggf. entscheidenden Details, so dass sie jeweils genau betrachtet werden müssen. Zum anderen sind Fallgruppen notwendigerweise vergangenheitsbezogen. Zwar mag für den Steuerpflichtigen anhand der umfassenden Kasuistik erkennbar sein, dass die Rechtsprechung z.B. die Einschaltung funktionsloser Briefkastengesellschaften als missbräuchlich angesehen hat. Ob eine konkret vorliegende Konstellation (z.B. Einkaufsgesellschaft im nicht niedriger besteuerten EU-Ausland zur Umgehung arznei-

---

74 Vgl. *Birnbaum/Matschke* NZWiSt 2013, 446, 447.
75 *Klein/Ratschow* § 42 AO Rn. 71.
76 Flore/Tsambikakis/Hartmann/*Wietschorke* § 42 AO Rn. 13 m.w.N.
77 *Klein/Ratschow* § 42 AO Rn. 72.
78 *Klein/Ratschow* § 42 AO Rn. 81.
79 *Pahlke/Koenig* § 42 AO Rn. 9; *Klein/Ratschow* § 42 AO Rn. 15.
80 Vgl. hierzu *Ransiek* FS Tiedemann, S. 171 ff.

mittelrechtlicher Preisbindung im Inland) aber die Kriterien erfüllt und unter § 42 AO subsumiert würde, ist nicht so klar und zukunftsbezogen ggf. nicht mit der erforderlichen Sicherheit zu antizipieren.

II. § 370 Abs. 1 Nr. 2

1. Allgemeines

41   Eine Steuerhinterziehung durch Unterlassen setzt nach § 370 Abs. 1 Nr. 2 AO voraus, dass der Täter die Finanzbehörden über steuerlich erhebliche Tatsachen **pflichtwidrig** in Unkenntnis lässt. In dieser Variante kann Täter nur sein, wen eine besondere Pflicht zur Aufklärung der Finanzbehörde trifft.[81] Der Tatbestand ist erfüllt, wenn durch pflichtwidriges Unterlassen ein Verkürzungserfolg herbeigeführt wird. Ob es sich um ein echtes oder unechtes Unterlassungsdelikt handelt, wird nicht einheitlich gesehen, kann jedoch offen bleiben.[82] Pflichtwidrig handelt, wer eine Rechtspflicht zur Offenbarung steuerlich erheblicher Tatsachen verletzt. Täter kann nur sein, wen die betreffende Pflicht selbst trifft; eine Zurechnung von Pflichtverletzungen anderer Personen findet bei § 370 Abs. 1 Nr. 2 AO nicht statt. Die zahlreichen abgabenrechtlichen **Erklärungs- und Offenbarungspflichten**, deren Verletzung unter Strafe steht, ergeben sich zumeist aus den Einzelsteuergesetzen.[83]

2. Anzeige- und Berichtigungspflicht gem. § 153 AO

42   Von großer praktischer Bedeutung ist die abgabenrechtliche Pflicht zur **Berichtigung von Erklärungen** aus § 153 Abs. 1 AO. Erkennt ein Steuerpflichtiger **nachträglich** vor Ablauf der Festsetzungsfrist, dass eine von ihm oder für ihn abgegebene Erklärung unrichtig oder unvollständig ist und es dadurch zu einer Verkürzung von Steuern kommen kann oder bereits gekommen ist, so ist er nach dieser Vorschrift verpflichtet, dies unverzüglich anzuzeigen und die erforderliche Richtigstellung vorzunehmen.

43   Die Pflicht trifft auch den Gesamtrechtsnachfolger und die gesetzlichen Vertreter juristischer Personen (z.B. Geschäftsführer); letztere haben die steuerlichen Pflichten der juristischen Person zu erfüllen. In der Praxis sind vor allem die Fälle häufig, in denen der **Erbe** auf steuerunehrliches Verhaltes des Erblassers oder der neu berufene **Geschäftsführer** auf vor seiner Zeit aufgetretene steuerliche Verfehlungen aufmerksam werden, vgl. hierzu auch 19. Kap. Rn. 69 ff.

44   Die Anzeige- und Korrekturpflicht entsteht, wenn der Steuerpflichtige nachträglich die Unrichtigkeit von Steuererklärungen der GmbH erkennt. Das Merkmal „erkennen" bedeutet, dass der Geschäftsführer die Unrichtigkeit **tatsächlich positiv erkennt**; ein bloßes Erkennen-Müssen reicht dafür nicht aus.[84] So betont der BGH: *„Die Pflichten aus § 153 AO entstehen damit erst in dem Zeitpunkt, in dem der Steuerpflichtige die Unrichtigkeit tatsächlich erkennt. Die bloße Möglichkeit, die Unrichtigkeit zu erkennen, genügt angesichts des eindeutigen Wortlauts des Gesetzes nicht."*[85]

---

81 *Klein/Jäger* § 370 AO Rn. 61; grundlegend *Dannecker* FS Achenbach, S. 83 ff.
82 Vgl. Kohlmann/*Ransiek* § 370 AO Rn. 272; *Klein/Jäger* § 370 AO Rn. 60a.
83 Vgl. die Aufzählung bei Graf/Jäger/Wittig/*Rolletschke* § 370 AO Rn. 33 ff. oder *Klein/Jäger* § 370 AO Rn. 62.
84 *Klein/Rätke* § 153 AO Rn. 9.
85 *BGH* NJW 2009, 1984, 1985 Rn. 15 m.w.N.

Das Merkmal „nachträglich" grenzt die Anzeige- und Korrekturpflicht nach § 153 AO von der **45**
strafbefreienden Selbstanzeige nach § 371 AO ab, vgl. hierzu 19. Kap. Rn. 75. Letztere eröffnet
eine **Möglichkeit**, durch Selbstbelastung (Nacherklärung) und unter den weiteren Voraussetzungen für dolose (und damit strafbare) Steuerverkürzungen Straffreiheit oder ein Absehen
von der Verfolgung zu erreichen. Die Option der Selbstanzeige **kann** der Steuerpflichtige wählen, er muss es aber nicht. Hingegen begründet § 153 AO eine abgabenrechtliche Pflicht, die
mangels dolosen Vorverhaltens nicht mit dem Grundsatz der Selbstbelastungsfreiheit (*nemo
tenetur se ipsum accusare*) kollidiert. Gerade deshalb überzeugt es nicht, dass nach dem *BGH*
auch der Steuerpflichtige nach § 153 Abs. 1 AO verpflichtet sein soll, der zuvor mit Eventualvorsatz unrichtige oder unvollständige Tatsachen erklärt hat.[86] Soweit darauf verwiesen wird,
dass die Konfliktlage dadurch gemildert werde, dass die Berichtigung nach § 153 AO zur Strafbefreiung führe, weil in ihr eine Selbstanzeige zu sehen sei,[87] überzeugt dies nur bedingt, weil
eine Selbstanzeige i.d.R. erheblich mehr voraussetzt als eine Anzeige und Berichtigung nach
§ 153 AO.

Die Anzeige nach § 153 AO muss unverzüglich[88] erfolgen. Die zutreffende Auslegung dieses **46**
Merkmals sorgt regelmäßig für Schwierigkeiten. Der Begriff „unverzüglich" bedeutet bei § 153
AO entsprechend der bürgerlich-rechtlichen Legaldefinition (§ 122 BGB) „ohne schuldhaftes
Zögern".[89] Soweit ersichtlich, existiert bisher keine Rechtsprechung zu absoluten Höchstgren-
zen. Demnach ist offen, innerhalb welches Zeitraumes die Anzeigepflicht wahrzunehmen ist.
Diese Frage ist vor dem Hintergrund der sog. **aufgedrängten Selbstanzeige** brisant und in der
Praxis nicht zu unterschätzen. Die Finanzämter tendieren zunehmend dazu, steuerliche Korrekturen, insbesondere bei Volumina von mehr als 50.000 €, prinzipiell als Selbstanzeige zu
behandeln. Diesen Fall muss der Berater antizipieren. Regelmäßig wird geraten, die Korrektur
vorsorglich an den Anforderungen von § 371 AO auszurichten. Dann ist es jedoch mit einer
reinen Anzeige gegenüber dem FA nicht getan, sondern muss eine vollständige Nacherklärung
abgegeben werden. Der Steuerpflichtige befindet sich insoweit in einem zuweilen schwer auf-
zulösenden Dilemma. Entweder er gibt unmittelbar nach Erkennen der steuerlichen Unrichtigkeit eine Anzeige ab. Dies erspart ihm Diskussionen über die Unverzüglichkeit, setzt ihn
jedoch einem nicht unerheblichen Risiko aus, sich steuerstrafrechtlicher Vorwürfe erwehren
zu müssen, ohne den Schutz des § 371 AO zu genießen. Oder er bereitet mit der gebotenen
Sorgfalt eine Nacherklärung vor, die jedoch ihrerseits dem Fall erst einen strafrechtlichen
Anstrich geben und zu Diskussionen über die Unverzüglichkeit führen kann. Ob und wenn ja,
inwieweit sich diese Situation dadurch ändern wird, indem das **Vollständigkeitsgebot** für Steueranmeldungen im Bereich der USt und der LSt **partiell durchbrochen** wird,[90] scheint derzeit
noch fraglich. Zwar lässt sich die Problematik der sog. Selbstanzeige nach der Selbstanzeige
ggf. auflösen; nicht beseitigt wird indes das eigentliche Problem der unsauberen Abgrenzung
zwischen § 153 AO und § 371 AO, die zur aufgedrängten Selbstanzeige führt.

Eine zustimmungswürdige Ansicht in der Literatur geht davon aus, dass für das Merkmal **47**
„unverzüglich" eine **Einzelfallbetrachtung** anzustellen und dem Steuerpflichtigen jedenfalls
die Möglichkeit einzuräumen ist, Rechtsrat einzuholen und komplexe Sachverhalte – erforder-

---

86   *BGH* NJW 2009, 1984, 1986; vgl. auch Hübschmann/Hepp/Spitaler/*Hellmann* § 370 Rn. 95; *Wulf* PStR 2009,
     190 ff.
87   *Klein/Rätke* § 153 AO Rn. 8.
88   Maßstab ist § 121 Abs. 1 BGB, vgl. *Klein/Rätke* § 153 AO Rn. 20.
89   *BGH* 7.3.2009 – 1 StR 479/08 Rn. 11 m.w.N.
90   Referentenentwurf *BMF* v. 27.8.2014, S. 12.

lichenfalls dann auch mehrere Wochen – aufzubereiten.[91] Diese Ansicht ist pragmatisch und praxisnah, vgl. auch 19. Kap. Rn. 77 f. Sie gleicht die Interessen des Fiskus mit denen des Steuerpflichtigen aus und entschärft eine Lage, die durch die vermehrte Anwendung des Steuerstrafrechts erst geschaffen wurde. Alles spricht dafür, bei Inanspruchnahme der Zeit, die zur Aufbereitung der dem FA zu erteilenden Informationen aus Sicht des Steuerpflichtigen erforderlich ist, ein „schuldhaftes" Zögern zu verneinen. Allerdings ist diese Ansicht nicht unumstritten[92] und es bleibt abzuwarten, wie sich der BGH hierzu positioniert.

48 Die Anzeige- und Berichtigungspflicht entfällt mit Ablauf der **Festsetzungsfrist**. Danach ist eine Änderung der Steuerfestsetzung nicht mehr möglich. Eine Anzeige liefe also leer. Daher besteht die Anzeige- und Berichtigungspflicht generell nicht, wenn eine Festsetzung, Aufhebung oder Änderung des Bescheids nicht mehr zulässig ist.[93] Besonders wichtig sind **Verlängerungen** der Festsetzungsfrist. Lag in der Abgabe der ursprünglichen Erklärung eine leichtfertige Steuerverkürzung oder Steuerhinterziehung, gilt eine Frist von **5 bzw. 10** Jahren.[94] Ausdrücklich vorsorglich wird man in Fällen, in denen das Risiko entsprechender Vorwürfe des FA besteht, den zeitlichen Umfang der Anzeige und Berichtigung an der im Fall einer Steuerhinterziehung verlängerten Frist von 10 Kalenderjahren (vgl. § 371 Abs. 1 S. 2 AO) ausrichten. Im anschließenden Besteuerungsverfahren bleibt die Möglichkeit, der Annahme einer verlängerten Festsetzungsfrist mit den Mitteln des Einspruchs (und ggf. der Aussetzung der Vollziehung) oder der Klage zum FG entgegenzutreten.

III. § 370 Abs. 1 Nr. 3

49 Der Tatbestand enthält ein Sonderdelikt für die pflichtwidrige Nichtverwendung von Steuerzeichen oder Steuerstemplern. Diese dienen dem Nachweis der Entrichtung einer geschuldeten Steuer. Einziger Fall der Entrichtung durch Steuerzeichen ist derzeit § 12 TabStG. In der Praxis fristet der Tatbestand ein Schattendasein.[95]

D. Taterfolg

I. Allgemeines

50 Die Steuerhinterziehung ist ein **Erfolgsdelikt**. Sie ist vollendet, wenn eine **Steuerverkürzung** eingetreten ist oder ein nicht gerechtfertigter Steuervorteil erlangt wurde. Tritt der Erfolg nicht ein, kommt allenfalls ein strafbarer Versuch in Betracht.[96]

---

91 *Jehke/Dreher* DStR 2012, 2467, 2472.
92 Vgl. *Klein/Rätke* § 153 AO Rn. 20.
93 Vgl. *Kohlmann/Ransiek* § 370 Rz. 350; *Tipke/Kruse-Seer* § 153 AO Rz. 14; a.A. *Pahlke/Koenig-Cöster* § 153 AO Rn. 17.
94 Ferner Hübschmann/Hepp/Spitaler/*Bülte* § 376 Rn. 36 ff.
95 Soweit ersichtlich, existiert lediglich eine Gerichtsentscheidung: *BFH* BFH/NV 1996, 934 ff.
96 *Klein/Jäger* § 370 AO Rn. 85.

II. Steuerverkürzung

Eine Steuerverkürzung liegt nach § 370 Abs. 4 AO vor, wenn Steuern **nicht**, **nicht rechtzeitig** 51
oder **nicht vollständig** festgesetzt werden. Eine vollendete Steuerhinterziehung setzt voraus,
dass die Ist-Einnahmen des Fiskus hinter den Soll-Einnahmen zurückbleiben. Hierbei ist zum
einen zwischen Veranlagungs- und Fälligkeitssteuern, zum anderen zwischen aktivem Tun und
Unterlassen zu unterschieden

1. Veranlagungssteuern

Für Veranlagungssteuern (z.B. ESt, KSt) gilt überblickartig Folgendes:[97] 52

- Die Steuerhinterziehung durch **aktives Tun** ist vollendet, wenn das FA aufgrund unrichtiger
  Angaben die Steuern zu niedrig festsetzt. Veranlagungssteuern werden regelmäßig durch
  Bescheid festgesetzt (§§ 155, 157 AO). Deshalb ist die Tat vollendet, sobald der unrichtige
  Steuerbescheid dem Steuerpflichtigen **bekannt gegeben** wird (§ 124 AO).
- Die Steuerhinterziehung durch **Unterlassen** ist in dem Zeitpunkt vollendet, in dem das FA
  einen Schätzungsbescheid mit zu niedrigen Festsetzungen bekannt gibt. Ergeht infolge
  unterbliebener Angaben überhaupt kein Steuerbescheid, ist die Tat in dem Zeitpunkt vollendet, zu dem der Täter spätestens veranlagt worden wäre, wenn er seine Steuererklärung
  ordnungsgemäß abgegeben hätte.[98] Nach dem BGH ist dies der Fall, wenn die Veranlagungsarbeiten im Veranlagungsbezirk des FA für die betreffende Steuerart „im Großen und
  Ganzen" abgeschlossen sind.[99]

2. Fälligkeitssteuern

Bei Fälligkeitssteuern entstehen zu gesetzlich festgelegten Terminen steuerliche Pflichten, die 53
Steuer ist von dem Steuerpflichtigen selbst zu berechnen(§ 150 Abs. 1 S. 3 AO). Typische Fälligkeitssteuern sind USt (§ 18 UStG), LSt (§ 41a Abs. 1 EStG) oder KSt (§ 48 KStG). Für die strafrechtliche Relevanz ist zu unterscheiden, ob die Steueranmeldung nicht, verspätet oder mit
unrichtigem Inhalt abgegeben wird:

- Gibt der Steuerpflichtige die Steueranmeldung **nicht** oder **verspätet** ab, liegt eine Steuerhinterziehung durch Unterlassen nach § 370 Abs. 1 Nr. 2 AO vor.
- Gibt er eine Steueranmeldung mit **unrichtigem** Inhalt ab, steht diese einer Festsetzung
  unter Vorbehalt der Nachprüfung gleich (§ 168 S. 1 AO). Führt die Steueranmeldung zu
  einer Herabsetzung der bisher festgesetzten Steuer oder zu einer Steuervergütung, gilt dies
  jedoch erst, wenn das FA zustimmt (§ 168 S. 2 AO). Ob eine unrichtige Steueranmeldung in
  diesem Sinne als Festsetzung anzusehen ist, richtet sich also danach, ob sie zu einer **Erstattung** führt. Ist dies der Fall und stimmt das FA zu, ist die Steuerhinterziehung vollendet.
  Andernfalls kommt lediglich ein Versuch in Betracht.[100]

Soweit die nicht rechtzeitige Festsetzung oder Anmeldung als sog. **Steuerverkürzung auf Zeit** 54
den Tatbestand von § 370 Abs. 1 AO erfüllt, liegt der Nachteil des Fiskus in dem erlittenen
Zinsschaden.

---

97 Zu den Einzelheiten vgl. Hübschmann/Hepp/Spitaler/*Bülte* § 376 Rn. 57 ff.
98 *BGH* wistra 1999, 385.
99 Ständige Rspr. seit *BGH* BGHSt 30, 122.
100 Vgl. auch *BGH* wistra 2013, 463.

3. Versuch

55 Der Versuch der Steuerhinterziehung ist gem. § 370 Abs. 2 AO strafbar. Die allgemeinen strafrechtlichen Regeln (§ 22 StGB) gelten auch im Steuerstrafrecht (§ 369 Abs. 2 AO). Demnach setzt ein strafbarer Versuch insbesondere voraus, dass der Steuerpflichtige zur Verwirklichung von § 370 AO unmittelbar ansetzt. Insoweit ist eine Abgrenzung zu straflosen Vorbereitungshandlungen, z.B. unrichtige und unterlassene Buchführung, Aufstellen falscher Bilanzen und unmittelbarem Ansetzen erforderlich. Das Versuchsstadium beginnt jedoch spätestens mit Einreichen von Steuererklärungen beim Finanzamt. Im Falle der Untätigkeit eines zur Abgabe von Steuererklärungen Verpflichteten beginnt das Versuchsstadium bei Veranlagungssteuern in dem Zeitpunkt, in dem bei pflichtgemäßem Verhalten die Steuererklärung spätestens hätte abgegeben werden müssen.[101]

III. Erlangung nicht gerechtfertigter Steuervorteile

56 Der Begriff des Steuervorteils ist nicht gesetzlich definiert. Einigkeit besteht darin, dass es sich um vermögenswerte Vergünstigungen spezifisch steuerlicher Art handeln muss und sonstige Vermögensvorteile nicht tatbestandsmäßig sind.[102] Nach § 370 Abs. 4 S. 2 AO stellen jedenfalls **Steuervergütungen**, die auf Grund eines steuerrechtlich erheblichen Verhaltens zu Unrecht gewährt oder belassen wurden, Steuervorteile dar. Als Steuervorteil kommt insbesondere die Vergütung von Vorsteuern (§ 168 S. 2 AO) in Betracht. Daneben können aber auch **verfahrensrechtliche Vergünstigungen** wie die Gewährung einer Wiedereinsetzung in den vorigen Stand, Fristverlängerung zur Abgabe der Steuererklärung oder die Stundung einer Steuer tatbestandsmäßig sein.[103]

57 Ungerechtfertigt ist der Steuervorteil, wenn der Sachverhalt, der nach dem Gesetz die Voraussetzung für die Gewährung bildet, nicht vorliegt. Liegt die Gewährung des Vorteils im Ermessen des FA, ist er nach dem BGH stets ungerechtfertigt, wenn das FA ihn aufgrund unrichtiger Angaben bewilligt hat.[104]

IV. Kompensationsverbot

58 Nach § 370 Abs. 4 S. 3 AO ist unerheblich, ob die Steuer aus anderen Gründen hätte ermäßigt oder der Steuervorteil aus „anderen Gründen" hätte beansprucht werden können. Der Zweck dieses sog. Kompensationsverbotes ist umstritten. Nach Ansicht der Rechtsprechung soll es sicherstellen, dass im Strafverfahren nicht der gesamte Steuerfall neu aufgerollt und der Steueranspruch unter Berücksichtigung neuer Tatsachen auf seine Berechtigung geprüft werden muss.[105] Der Steuerpflichtige hat demnach keine Möglichkeit, im Strafverfahren noch Gründe nachzuschieben, aufgrund derer der Strafrichter ermitteln muss, ob sich eine Steuerermäßigung ergibt, die den durch die Hinterziehung erzielten Vorteil wieder egalisiert.[106] Es dient also einer Vereinfachung des Strafverfahrens.

---

101 *OLG Düsseldorf* wistra 1987, 354.
102 *Kohlmann/Ransiek* § 370 AO Rn. 426.
103 *Klein/Jäger* § 370 AO Rn. 120 ff.
104 *Klein/Jäger* § 370 AO Rn. 125; *Kohlmann/Ransiek* § 370 AO Rn. 440; *BGH* BGHSt 25, 190, 202.
105 *OLG Karlsruhe* wistra 1985, 163; vgl. Kohlmann/*Ransiek* § 370 AO Rn. 511 m.w.N.
106 *Klein/Jäger* § 370 AO Rn. 130.

Die im Tatbestand genannten „anderen Gründe" sind Tatsachen, auf die sich der Täter im **59** Strafverfahren beruft, obwohl er sie im Besteuerungsverfahren nicht vorgebracht hat, und die – hätte er sie dem FA vorgetragen – eine Ermäßigung der Steuerschuld begründet hätten.[107] Beispielhaft sind nicht geltend gemachte Vorsteuerabzüge bei einer Steuerhinterziehung, die durch Verschweigen von Umsätzen begangen wird. Der BGH hat entschieden, dass diese Vorsteuerbeträge dem Kompensationsverbot unterfallen. Allerdings sind sie bei der Strafzumessung zu berücksichtigen, weil sie die verschuldeten Auswirkungen der Tat i.S.v. § 46 StGB reduzieren.[108]

Ist der Umfang steuermindernder Umstände nicht bekannt, so ist er zu schätzen.[109] Wenn die **60** steuermindernden Tatsachen, und zwar auch diejenigen, die dem Kompensationsverbot unterfallen, und die verschwiegenen steuererhöhenden Faktoren sich gegenseitig aufheben, kann dies ein Umstand sein, der für die Frage des Vorsatzes von Bedeutung ist.[110]

Das Kompensationsverbot gilt nach der Rechtsprechung lediglich dann nicht, wenn zwischen **61** den steuermindernden Umständen und den verschwiegenen steuererhöhenden Umständen ein **unmittelbarer wirtschaftlicher Zusammenhang** besteht.[111] Allerdings ist dieses Kriterium schwer greifbar zu machen. Die Vielzahl von Einzelfallentscheidungen deutet die fehlende Rechtssicherheit an.[112] Als grobe Orientierung lässt sich festhalten, dass ein Kompensationsverbot i.d.R. nicht besteht, wenn der steuermindernde Umstand von Amts wegen zu berücksichtigen ist. Demgegenüber ist die Anwendung des Kompensationsverbotes überwiegend wahrscheinlich, wenn der steuermindernde Umstand einen Antrag des Steuerpflichtigen, eine Ermessensentscheidung des FA eine Entscheidung in einem nach der Tat ablaufenden Verwaltungsverfahren, voraussetzt.[113]

V. Ausländische Abgaben und Auslandstaten

1. Ausländische Abgaben

Nach § 370 Abs. 6 S. 1 AO kann sich die Steuerhinterziehung auch auf Einfuhr- und Ausfuhr- **62** abgaben beziehen, die von einem anderen Mitgliedstaat der EU verwaltet werden oder die einem Mitgliedstaat der Europäischen Freihandelsassoziation oder einem mit dieser assoziierten Staat zustehen. Nach § 370 Abs. 6 S. 2 AO sind die Vorschriften über die Steuerhinterziehung auch dann anzuwenden, wenn sich die Tat auf USt oder auf die in der EG-Richtlinie 2008/118/EG genannten harmonisierten Verbrauchsteuern bezieht, die von einem anderen Mitgliedstaat der EU verwaltet werden. Hierbei handelt es sich u.a. um Mineralöle, Tabak, alkoholische Getränke etc.

---

107 *Klein/Jäger* § 370 AO Rn. 130.
108 *Klein/Jäger* § 370 AO Rn. 139.
109 *BGH* BeckRS 2011, 24533
110 *BGH* BeckRS 2011, 24533; vgl. auch *Quedenfeld/Füllsack* Rn. 317.
111 *BGH* 24.10.1990 – 3 StR 16/90 = HFR 1991, 619; *BFH* NZWiSt 2015, 111 m.Anm. *Gehm* S. 116.
112 Für den innergemeinschaftlichen Erwerb hat der BFH entschieden, dass innergemeinschaftliche Lieferung und innergemeinschaftlicher Erwerb ein und derselbe wirtschaftliche Vorgang sind, so dass das Kompensationsverbot für die Versteuerung des innergemeinschaftlichen Erwerbs und der sich hieraus ergebenden Berechtigung zum Vorsteuerabzug nicht gilt, vgl. *BFH* NZWiSt 2015, 111 m.Anm. *Gehm* S. 116.
113 Vgl. auch *Quedenfeld/Füllsack* Rn. 316a.

63 Aus § 370 Abs. 6 AO folgt, dass deutsches Steuerstrafrecht prinzipiell auch Handlungen erfasst, die im Ausland begangen werden und die zur Verletzung eines ausländischen Steueranspruchs führen. Diese uferlos anmutende Ausdehnung der Strafbarkeit ist in der Literatur als „völlig überzogen und missglückt" bezeichnet worden.[114] Die gewählte Regelungstechnik hat Bedenken im Hinblick auf die hinreichende Bestimmtheit hervorgerufen. Allerdings hat der BGH Zweifel an der Bestimmtheit in einer jüngeren Entscheidung selbst für einen Fall verneint, in dem die Tat zwischen der Ersetzung einer früheren durch die jetzt in Bezug genommene Richtlinie und der Anpassung von § 370 Abs. 6 S. 2 AO begangen wurde.[115]

2. Auslandstaten

64 Aus § 370 Abs. 7 AO ergibt sich, dass der Straftatbestand der Steuerhinterziehung unabhängig vom Recht des Tatortes auch für Taten gilt, die außerhalb des Geltungsbereichs der AO begangen werden (sog. **Weltrechtsprinzip**). Die praktische Relevanz dieser Vorschrift ist gering, weil sich eine Anwendbarkeit deutschen Strafrechts oftmals schon aus den über § 369 Abs. 2 AO geltenden allgemeinen Gesetzen ergibt.[116] Nach § 3 StGB gilt das deutsche Strafrecht für alle Taten, die im Inland begangen werden. Da nach § 9 StGB als Tatort sowohl der Ort der Tat als auch der Ort anzusehen sind, an dem der Erfolg eintritt, liegen trotz Handelns oder Unterlassens im Ausland oftmals Inlandstaten vor.[117] Zu prüfen ist jedoch insbesondere bei Auslandssachverhalten stets, ob die fragliche Abgabe vom Schutzbereich des § 370 AO erfasst ist. Denn die Steuerhinterziehung schützt ausschließlich Steuern i.S.v. § 3 Abs. 1 AO. Dies sind „Geldleistungen, die nicht eine Gegenleistung für eine besondere Leistung darstellen und von einem öffentlich-rechtlichen Gemeinwesen allen auferlegt werden, bei denen der Tatbestand zutrifft, an den das Gesetz die Leistungspflicht knüpft; die Erzielung von Einnahmen kann Nebenzweck sein." Ob die Erzielung von Einnahmen noch zumindest Nebenzweck ist, kann bei Tatbeständen, die Steuerbefreiungen zur Verhinderung von Steuerhinterziehung, -missbrauch oder -umgehung versagen, indes zweifelhaft sein.[118]

65 Durch die Anwendbarkeit deutschen Strafrechts auf **Auslandssachverhalte** besteht bei international gelagerten Sachverhalten zumindest theoretisch die Gefahr, dass die Tat in mehreren Staaten strafrechtlich verfolgt und bestraft wird. Ein entsprechendes Verbot existiert zwar in den meisten Rechtsordnungen (z.B. Art. 103 Abs. 3 GG), nicht aber auf internationaler Ebene. Insbesondere existiert keine allgemeine völkerrechtliche Regel, die es gebietet, die Strafverfolgung gegen eine Person wegen eines Lebenssachverhaltes zu unterlassen, dessentwegen sie bereits in einem dritten Staat verfolgt und rechtskräftig abgeurteilt ist.[119] Mit der Internationalisierung gerade im Bereich des Fiskalstrafrechts nimmt daher die Bedeutung des europarechtlichen **Verbots der Doppelbestrafung** (*ne bis in idem*) zu. Dieses ist in Art. 50 der Charta der Grundrechte der EU (GRCh) sowie in Art. 54 des Durchführungsabkommens „Schengen II" (SDÜ) geregelt.[120] Wer durch eine Vertragspartei rechtskräftig abgeurteilt worden ist, darf nach Art. 54 SDÜ durch eine andere Vertragspartei wegen derselben Tat nicht verfolgt werden, vorausgesetzt dass im Fall einer Verurteilung die Sanktion bereits vollstreckt worden ist, gerade vollstreckt wird oder nach dem Recht des Urteilsstaates nicht mehr vollstreckt werden

---

114 MK-StGB/*Schmitz/Wulf* § 370 AO Rn. 43.
115 *BGH* NZWiSt 2014, 172 m.Anm. *Cornelius* S. 173.
116 Vgl. auch Schaumburg/Peters/*Peters* Internationales Steuerstrafrecht, Rn. 3.15.
117 *Klein/Jäger* § 370 AO Rn. 160.
118 Eingehend *Bülte* HRRS 2011, 465, 471.
119 Schaumburg/Peters/*Peters* Internationales Steuerstrafrecht, Rn. 4.3.
120 SDÜ, vgl. BGBl II 1993, 1013.

kann. Es handelt sich um ein Verfahrenshindernis, das von Amts wegen in jeder Lage des Verfahrens zu berücksichtigen ist.[121] Nicht mehr verfolgt werden dürfen Straftaten, wegen derer in einem Partnerstaat

- eine rechtskräftige Verurteilung vorliegt und die Strafe ganz oder zum Teil vollstreckt worden ist;
- ein Freispruch rechtskräftig geworden ist;
- die Staatsanwaltschaft nach Erfüllung von Auflagen das Ermittlungsverfahren eingestellt hat;
- eine Verwarnung mit Strafvorbehalt (§ 59 StGB) ausgesprochen wurde.[122]

Nicht geklärt ist bislang, ob auch eine strafbefreiende Selbstanzeige im Rahmen von Art. 54 **66** SDÜ zu berücksichtigen ist.[123] Hierfür dürfte insbesondere sprechen, dass auch eine Selbstanzeige das Steuerstrafverfahren beendet; auf den Umstand, dass die Steuerstraftat infolge der Selbstanzeige nicht sanktioniert wird, kommt es für die insoweit allein maßgebliche Beendigung eines Strafverfahrens indes nicht an.[124] Für die ggf. entscheidende Frage, ob es sich um **dieselbe Tat** handelt, kommt es nach dem EuGH[125] und dem BGH im Ergebnis nicht auf die nationalen Rechtsordnungen der Vertragsstaaten an. Es gilt ein eigenständiger, autonom nach unionsrechtlichen Maßstäben auszulegender Tatbegriff. Nach dieser Rechtsprechung ist maßgebendes Kriterium allein die Identität der materiellen Tat, verstanden als das Vorhandensein eines Komplexes konkreter, in zeitlicher und räumlicher Hinsicht sowie nach ihrem Zweck unlösbar miteinander verbundener Tatsachen.[126] Das Verbot der Doppelbestrafung nach Art. 54 SDÜ greift ein, wenn ein solcher Komplex unlösbar miteinander verbundener Tatsachen besteht und die verschiedenen Verfahren jeweils Tatsachen aus dem einheitlichen Komplex zum Gegenstand haben. Auf materiell-rechtliche Bewertungen, insbesondere dahin, ob die verschiedenen begangenen Delikte nach deutschem Recht sachlich-rechtlich im Verhältnis von Tateinheit oder Tatmehrheit stehen, kommt es demnach nicht.[127]

E. Hinterziehungen bei einzelnen Steuerarten

I. Umsatzsteuer

Die USt erfasst Lieferungen und Leistungen gegen Entgelt, die ein Unternehmer im Rahmen **67** seines Unternehmens im Inland ausführt (§ 1 Abs. 1 Nr. 1 UStG). Die meisten Wirtschaftsgüter durchlaufen bis zum Endabnehmer mehrere verschiedene Phasen. Sie werden hergestellt, dann z.B. an einen Großhändler verkauft, der an weitere Händler verkauft, die letztlich an den Endverbraucher verkaufen. Bei jedem einzelnen Erwerbsvorgang in der Kette wird USt erhoben; jeder beteiligte Unternehmer kann jedoch die von ihm bei dem Erwerbsvorgang an den Lieferanten gezahlte USt als Vorsteuer abziehen (§ 15 UStG). Effektiv wird daher nur die Schöpfung des Mehrwertes besteuert (**Netto-Allphasen-USt mit Vorsteuerabzug**).

---

121 *Meyer-Goßner/Schmitt* StPO Einl. Rn. 150.
122 Schaumburg/Peters/*Peters* Internationales Steuerstrafrecht, Rn. 4.11; Klein/*Jäger* § 370 AO Rn. 11.
123 Schaumburg/Peters/*Peters* Internationales Steuerstrafrecht, Rn. 4.12.
124 Vgl. auch die eingehenden Ausführungen bei Schaumburg/Peters/*Peters* Internationales Steuerstrafrecht, Rn. 4.25 ff.
125 Vgl. nur *EuGH* 16.11.2010, C-261/09 – Mantello; 9.3.2006, C-436/04 – Van Esbroeck.
126 Eingehend und m.w.N. Schaumburg/Peters/*Peters* Internationales Steuerstrafrecht, Rn. 4.33 ff.
127 *BGH* 12.12.2013 – 3 StR 531/12 Rn. 15 – juris.; vgl. hierzu auch *EuGH* 18.7.2007 – C 288/05 – Kretzinger, juris –Datenbank.

68 Die Erhebung der Steuer liegt weitgehend in den Händen des steuerpflichtigen Unternehmers. Dieser hat bis zum 10. Tag nach Ablauf jedes Voranmeldungszeitraums eine Voranmeldung nach amtlich vorgeschriebenem Datensatz zu übermitteln, in der er die Steuer für den Voranmeldungszeitraum selbst zu berechnen hat (§ 18 Abs. 1 S. 1 UStG). Die sich aus der berechneten Steuerlast ergebende Vorauszahlung ist grundsätzlich bis zum 10. Tag des Folgemonats zu leisten (§ 18 Abs. 1 S. 3 UStG). Nach Ablauf eines Kalenderjahres hat der Unternehmer eine USt-Jahreserklärung abzugeben (§ 18 Abs. 3 S. 1 UStG). Weil sich dies alles weitgehend in der Sphäre des Steuerpflichtigen vollzieht, ist die USt stark betrugsanfällig. Schätzungen zufolge entgehen dem deutschen Fiskus jährlich rund zehn Milliarden € durch USt-Betrug.[128]

69 Verkürzungen von USt sind in mehreren Konstellationen möglich.[129] In Betracht kommen insbesondere:
- unrichtige oder unvollständige Deklaration von Ausgangsumsätzen;
- Inanspruchnahme von Befreiungen von der USt;
- Deklaration mit unzutreffendem Steuersatz;
- Vorsteuerabzug im Zusammenhang mit Eingangsumsätzen, die nicht entstanden sind oder bei denen ein Recht zum Vorsteuerabzug nicht besteht.

1. Versagung des Vorsteuerabzugs

70 Für Betrugshandlungen besonders anfällig ist der **Vorsteuerabzug**. Er ermöglicht nicht nur eine Senkung der Steuerlast. Vielmehr können relativ leicht auch Erstattungen erschlichen werden. Hierfür wird zunächst lediglich eine Eingangsrechnung mit offen ausgewiesener USt benötigt. Oftmals werden von Betrügern hierzu Schein- oder Abdeckrechnungen von tatsächlich nicht existierenden Unternehmen verwendet oder Rechnungen bekannter Unternehmen gefälscht. Der Vorsteuerabzug wird von den Finanzbehörden daher aus gegebenem Anlass regelmäßig besonders kritisch beäugt.[130] Neben einer ordnungsgemäßen **Rechnung** (§§ 14, 14a UStG) setzt der Vorsteuerabzug nach § 15 Abs. 1 S. 1 Nr. 1 UStG voraus, dass der **Liefergegenstand** das Unternehmen des Liefernden tatsächlich verlassen hat und in den Unternehmensbereich des Empfängers gelangt ist.

71 Da die Bekämpfung von Steuerhinterziehungen, Steuerumgehungen und etwaigen Missbräuchen als ein Ziel des Unionsrechts (u.a. MwStSystRL) anerkannt und gefördert wird, und eine betrügerische oder missbräuchliche Berufung auf die Bestimmungen des Unionsrechts nicht gestattet ist, haben die nationalen Behörden und Gerichte das Recht auf **Vorsteuerabzug** zu **versagen**, wenn aufgrund der objektiven Sachlage feststeht, dass dieses Recht in betrügerischer Weise oder missbräuchlich geltend gemacht wird.[131] Auf der anderen Seite ist der Vorsteuerabzug ein Grundprinzip des Mehrwertsteuersystems, das nur ausnahmsweise eingeschränkt werden darf. In diesem Zusammenhang besteht erhebliches steuerliches Konflikt- und strafrechtliches Risikopotenzial. Nach der Rechtsprechung des EuGH gilt Folgendes:
- Wenn der Unternehmer selbst eine Steuerhinterziehung (§ 370 AO) begeht oder er **wusste** oder **hätte wissen müssen**, dass er sich mit seinem Erwerb an einem Umsatz beteiligt, der in eine vom Lieferer oder von einem anderen Wirtschaftsteilnehmer auf einer vorhergehen-

---

128 Vgl. *Bunjes/Geist-Leonard* UStG, 11. Aufl. 2012, § 25d Rn. 1.
129 Vgl. grundlegend zur Hinterziehung von USt den Beitrag von *Muhler* wistra 2009, 1 ff.
130 Vgl. insoweit auch *Madauß* NZWiSt 2013, 386 ff.
131 Vgl. in diesem Sinne *EuGH* 6.7.2006 – C-439/04 und C-440/04, *Kittel* und Recolta Recycling, ABlEU 2006, Nr. C 212/4, v. 21.6.2012 – C-80/11 und C-142/11, C-80/11, C-142/1 – Mahagében und Dávid, ABlEU 2012, Nr. C 250/5, HFR 2012, 917, Rn. 42; v. 6.12.2012 – C-285/11 – Bonik, ABlEU 2013, Nr. C 26/10.

den oder nachfolgenden Umsatzstufe der Lieferkette begangene Steuerhinterziehung einbezogen war, sind die Voraussetzungen für eine Versagung des Vorsteuerabzugs erfüllt.[132]

- Demgegenüber ist es mit der Vorsteuerabzugsregelung nicht vereinbar, einem Unternehmer, der weder wusste noch wissen konnte, dass der betreffende Umsatz in eine vom Lieferer begangene Steuerhinterziehung einbezogen war oder dass in der Lieferkette bei einem anderen Umsatz, der dem vom Steuerpflichtigen getätigten Umsatz vorausging oder nachfolgte, Mehrwertsteuer hinterzogen wurde, durch die Versagung dieses Rechts mit einer Sanktion zu belegen.[133]

Im Zentrum zahlreicher Steuer- und Strafverfahren steht oftmals die Frage, ob der Steuerpflichtige von steuerunehrlichem Verhalten in der Lieferkette wusste oder hätte wissen müssen. Auch Unternehmen, die **unwissentlich** in ein Betrugssystem involviert werden,[134] droht regelmäßig eine Versagung des Vorsteuerabzugs, obwohl zunächst genau geprüft und nachgewiesen sein müsste, dass der Umsatz nicht stattgefunden hat oder der den Vorsteuerabzug begehrende Unternehmer von der Betrugsabsicht wusste oder hätte wissen müssen. Die Anforderungen, die insbesondere die Finanzverwaltung stellt, sind zuweilen überspannt. Insoweit lassen sich die folgenden Eckpunkte festhalten: **72**

- Liegen Anhaltspunkte für Unregelmäßigkeiten oder steuerunehrliches Verhalten vor, kann ein Unternehmer zwar nach den Umständen des konkreten Falls **verpflichtet** sein, über einen anderen Wirtschaftsteilnehmer, von dem er Gegenstände oder Dienstleistungen zu erwerben beabsichtigt, Auskünfte einzuholen, um sicherzustellen, dass dessen Umsätze nicht in einen von einem Wirtschaftsteilnehmer auf einer vorhergehenden Umsatzstufe begangenen Betrug einbezogen sind.[135]
- Die Finanzverwaltung kann jedoch von dem Unternehmer, der sein Recht auf Vorsteuerabzug ausüben möchte, **nicht generell** verlangen, zu **prüfen**, ob der Aussteller der Rechnung über die Gegenstände und Dienstleistungen, für die dieses Recht geltend gemacht wird, Unternehmer (§ 2 Abs. 1 UStG) ist, über die fraglichen Gegenstände verfügte und sie liefern konnte und seinen Verpflichtungen hinsichtlich der Erklärung und der Abführung der Mehrwertsteuer nachgekommen ist, um sich zu vergewissern, dass auf der Ebene der Wirtschaftsteilnehmer einer vorgelagerten Umsatzstufe keine Unregelmäßigkeiten und Steuerhinterziehung vorliegen, oder entsprechende Unterlagen vorzulegen.[136]

Der EuGH hat jüngst nochmals ausdrücklich betont, dass es **Sache der Steuerbehörden** ist, bei den Unternehmen die erforderlichen Kontrollen durchzuführen, um Unregelmäßigkeiten aufzudecken und gegen steuerunehrliche Unternehmer Sanktionen zu verhängen. Die Finanzbe- **73**

---

132 Vgl. in diesem Sinne *EuGH* 6.7.2006 – C-439/04 und C-440/04, *Kittel* und Recolta Recycling, ABlEU 2006, Nr. C 212/4, *EuGH* HFR 2006, 939, Rn. 56–61; v. 21.6.2012 – C-80/11 und C-142/11, C-80/11, C-142/1, Mahagében und Dávid, ABlEU 2012, Nr. C 250/5, HFR 2012, 917, Rn. 45; v. 6.12.2012 – C-285/11 – Bonik, ABlEU 2013, Nr. C 26/10, 8 ff.; *Wabnitz/Janovsky/Dannecker/Bülte* Kap. 2 Rn. 242; *Adick/Höink* ZWH 2014, 220 ff.

133 Vgl. u.a. *EuGH* 6.7.2006 – C-439/04 und C-440/04, *Kittel* und Recolta Recycling, ABlEU 2006, Nr. C 212/4, *EuGH* HFR 2006, 939, Rn. 45, 46 und 60, v. 21.6.2012 C-80/11 und C-142/11, C-80/11, C-142/1 – Mahagében und Dávid, ABlEU 2012, Nr. C 250/5, HFR 2012, 917, Rn. 47, v. 6.12.2012 C-285/11, *Bonik* ABlEU 2013, Nr. C 26/10,

134 Vgl. *Eder* NZWiSt 2014, 90 ff.

135 *EuGH* v. 21.6.2012 – C-80/11 und C-142/11, C-80/11, C-142/1, Mahagében und Dávid, ABlEU 2012, Nr. C 250/5, HFR 2012, 917, Rn. 60.

136 *EuGH* 21.6.2012 – C-80/11 und C-142/11, C-80/11, C-142/1, Mahagében und Dávid, ABlEU 2012, Nr. C 250/5, HFR 2012, 917, Rn. 61–65; v. 31.1.2013 – C-643/11, LVK, ABlEU 2013, Nr. C 86/6, *EuGH* UR 2013, 346 = HFR 2013, 361, Rn. 61.

hörde würde ihre eigenen Kontrollaufgaben auf die Unternehmer übertragen, wenn sie diese Maßnahmen aufgrund der Gefahr der Verweigerung des Vorsteuerabzugsrechts den Steuerpflichtigen auferlegt.[137] Ein nationales Gericht muss nach dem EuGH in diesem Zusammenhang dafür Sorge tragen, dass die Beweiswürdigung nicht dazu führt, dass der Rechnungsempfänger mittelbar zu Nachprüfungen bei seinem Vertragspartner verpflichtet wird, die ihm grundsätzlich nicht obliegen.

74 Zwar entfaltet die Rechtsprechung des EuGH zunächst keine unmittelbar rechtsetzende Wirkung in Deutschland.[138] Gleichwohl hat das Urteil erhebliche Bedeutung für die Fragen, wer welche Nachweispflicht für den Vorsteuerabzug zu erfüllen hat sowie unter welchen Voraussetzungen dieser versagt werden kann. Nach den Grundsätzen des EuGH trägt das FA die Feststellungslast für das dolose Verhalten des Unternehmers, der den Vorsteuerabzug begehrt. Hierbei dürfen keine überspannten Anforderungen insbesondere an die Dokumentation des Steuerpflichtigen gestellt werden. Bereits in seinem Urteil vom 27.9.2007 (C-146/05 – Collee) hatte der EuGH für die Inanspruchnahme einer Steuerbefreiung klargestellt, dass eine gesetzliche Regelung, die ein solches Recht im Wesentlichen von der Einhaltung formeller Pflichten abhängig macht, ohne die materiellen Anforderungen zu berücksichtigen und insbesondere ohne in Betracht zu ziehen, ob diese erfüllt sind, über das hinausgeht, was erforderlich ist, um eine genaue Erhebung der Steuer sicherzustellen. Gleichwohl laufen in der Praxis und selbst im Steuerstrafverfahren die Anforderungen der Finanzverwaltung teils darauf hinaus, dass der redliche Unternehmer beweisen muss, steuerunehrliches Verhalten in der Lieferkette nicht erkannt zu haben. Dieser faktischen, jedoch rechtswidrigen Beweislastumkehr ist durch die eindeutige Rechtsprechung des EuGH der Boden entzogen.

75 Erkennbar ist, dass insbesondere die Finanzgerichte die restriktive Tendenz der EuGH-Rechtsprechung umsetzen und den Schutz des Steuerpflichtigen stärken. In einer jüngeren Entscheidung hat das FG Münster[139] nochmals klar gestellt, dass die objektive Feststellungslast für die Umstände, die eine Versagung des Vorsteuerabzugs wegen betrügerischen Handelns begründen, bei dem FA liegt. Insbesondere ist der den Vorsteuerabzug begehrende Unternehmer nicht verpflichtet, einen „Negativbeweis" dahingehend zu führen, dass er keine Anhaltspunkte für etwaige Ungereimtheiten bezüglich des Leistenden und/oder der Leistung hatte.[140] Auch der BGH[141] hatte kürzlich Gelegenheit, zur Steuerhinterziehung durch unberechtigten Vorsteuerabzug Stellung zu nehmen. In dem entschiedenen Fall hatte der Angeklagte erst nach Ausführung der Lieferung, aber vor Einreichung der Steuererklärungen, Kenntnis von der Einbeziehung in einen Steuerbetrug erlangt. Der BGH betont in der vorstehend genannten Entscheidung, dass das **Vorsteuerabzugsrecht nicht rückwirkend entfällt**, wenn der Leistungsempfänger eine Leistung „in gutem Glauben" bezieht und erst nachträglich eine Einbeziehung in einen Umsatzsteuerbetrug oder sonstigen Betrug erkennt. Nach Ansicht des BGH ergibt sich aus einer späteren Kenntnis im Übrigen auch keine Berichtigungspflicht (§ 153 AO), weil der Vorsteuerabzug im Zeitpunkt seiner Geltendmachung berechtigt war.

76 Die Finanzverwaltung hat auf die geänderten Bedingungen, die sich insbesondere aus der EuGH-Rechtsprechung ergeben, bei ihren Aktivitäten zur Betrugsbekämpfung reagiert. Ob

---

137 *EuGH* 21.6.2012 – C-80/11 und C-142/11, C-80/11, C-142/1, Mahagében und Dávid, ABlEU 2012, Nr. C 250/5, HFR 2012, 917, Rn. 62 ff.

138 Vgl. zur Wirkung von Entscheidungen des EuGH jedoch *Gehm* NZWiSt 2013, 53, 61.

139 *FG Münster* DStRE 2014, 226.

140 *FG Münster* 12.12.2013 – 5 V 1394/13; *Sächsisches FG* StBW 2014, 531; *FG München* 20.5.2014 – 2 K 875/11.

141 *BGH* NZWiSt 2014, 112 ff.

dies in allen Details gelungen ist, muss indes bezweifelt werden. In einem **BMF-Schreiben** v. 7.2.2014 fordert die Finanzverwaltung, dass alle Unternehmen sich über Ihre Zulieferer und Kunden vergewissern und im Rahmen von „Compliance"-Maßnahmen der Unternehmer alle Maßnahmen ergreift, die vernünftigerweise von ihm verlangt werden können, um sicherzustellen, dass seine Umsätze nicht in einen Betrug einbezogen sind. Hierunter versteht die Finanzverwaltung z.B. eine dokumentierte Vergewisserung über die Unternehmereigenschaft des Leistenden, Prüfung der gehandelten Liefergegenstände durch Aufzeichnung von Geräte-Identifikationsnummern etc. Aus der Nichtexistenz derartiger Maßnahmen will die Finanzverwaltung ein Indiz dafür ableiten, dass der Unternehmer mit seinem Warenerwerb an einem Umsatzsteuer- oder sonstigen Betrug beteiligt war. Problematisch ist, dass sich das BMF-Schreiben zumindest teilweise in Widerspruch zur Rechtsprechung des *EuGH* befindet.[142] Darüber hinaus ist die Finanzverwaltung im Jahr 2014 dazu übergegangen, an ausgewählte Unternehmen schriftliche Hinweise (**Merkblatt zur Umsatzsteuer, Beachtung des gemeinschaftsrechtlichen Missbrauchsverbots**) zu versenden. Diese sog. „Berliner Liste" enthält zahlreiche Umstände, die aus Sicht der Finanzverwaltung verdächtig sind und auf ein Hinterziehungsgeschehen hindeuten können. Liegen diese vermeintlich suspekten Umstände vor, sollen insbesondere eine Versagung der Steuerbefreiung für innergemeinschaftliche Lieferungen und des Vorsteuerabzuges in Betracht kommen. Zwar ist grundsätzlich jede Konkretisierung der Verwaltungsauffassung zu begrüßen, falls sie dem steuerehrlichen Unternehmer hilft, Betrug zu erkennen und soweit ihre dokumentierte Beachtung für ihn entlastend wirken kann. Problematisch ist aber, dass die Finanzverwaltung mit ihrem vorstehend angesprochenen Merkblatt diverse Umstände als verdachtsbegründend bezeichnet, die in zahlreichen Branchen geschäftsüblich sind. Insbesondere Kettengeschäfte, bei denen eine Ware nicht durch ein Lager des Veräußerers geht, bevor sie durch eine einlagernde Spedition direkt an den Endabnehmer geliefert wird, sind keineswegs unüblich. Wenn die Finanzverwaltung es jedoch als verdächtig einstuft, dass ein Unternehmer keine Lagerräume vorhält oder sich eines Speditionslagers bedient, bekommt der um Steuerehrlichkeit bemühte Unternehmer insoweit keine Hilfestellung. Jenseits dessen stellt sich bereits die Frage, ob das Handeln der Finanzverwaltung in diesem Bereich eine **Rechtsgrundlage** erfordert und wenn ja, welche Vorschrift insoweit in Betracht kommt. Für das Erfordernis einer Rechtsgrundlage spricht dabei insbesondere der Umstand, dass die Finanzverwaltung von dem Unternehmer insoweit ein Handeln verlangt, als er die Kenntnisnahme von dem Merkblatt durch seine Unterschrift bestätigen soll. Insoweit liegt also mehr als eine reine Information vor. Hinzu kommt, dass an die ggf. dokumentierte Kenntnisnahme später ggf. nachteilige Rechtsfolgen geknüpft werden sollen, da die Kenntnis des Unternehmens für eine mögliche Versagung des Vorsteuerabzuges, von Steuerbefreiungen oder für innere Tatsachen wie Vorsatz oder Leichtfertigkeit herangezogen werden soll.

2. Innergemeinschaftliche Lieferungen

Ein erhöhtes Betrugs- sowie ein erhebliches Risikopotenzial für steuerehrliche Unternehmer 77 bergen **innergemeinschaftliche Lieferungen**. Diese sind unter den Voraussetzungen von § 6a Abs. 1 S. 1 UStG steuerfrei. Der Unternehmer hat die Voraussetzungen beleg- und buchmäßig nachzuweisen (§ 6a Abs. 3 UStG i.V.m. §§ 17a ff. UStDV). Hat er eine Lieferung als steuerfrei behandelt, obwohl die Voraussetzungen nicht vorliegen, ist die Lieferung gleichwohl steuerfrei, wenn die Inanspruchnahme der Steuerbefreiung auf unrichtigen Angaben des Abnehmers

---

142 Vgl. hierzu *Adick/Höink* ZWH 2014, 220.

beruht und der Unternehmer die Unrichtigkeit dieser Angaben auch bei Beachtung der Sorgfalt eines ordentlichen Kaufmanns nicht erkennen konnte (§ 6a Abs. 4 S. 1 UStG).

78 Nach dem EuGH[143] muss der Lieferer in gutem Glauben handeln und alle Maßnahmen ergreifen, die vernünftigerweise verlangt werden können, um sicherzustellen, dass der von ihm getätigte Umsatz nicht zu seiner Beteiligung an einer Steuerhinterziehung führt. Nach dieser Rechtsprechung ist es, wenn eine Steuerhinterziehung vorliegt, gerechtfertigt, das Recht des Lieferers auf Mehrwertsteuerbefreiung von seiner Gutgläubigkeit abhängig zu machen. Hierzu sind alle Gesichtspunkte und tatsächlichen Umstände der Rechtssache umfassend zu beurteilen, um festzustellen, ob der Lieferer in gutem Glauben gehandelt und alle Maßnahmen ergriffen hat, die von ihm vernünftigerweise verlangt werden konnten, um sicherzustellen, dass er sich aufgrund des getätigten Umsatzes nicht an einer Steuerhinterziehung beteiligt hat. Insoweit verweist der EuGH auf den BFH, nach dessen Rechtsprechung der Unternehmer Nachforschungen bis zur Grenze der Zumutbarkeit durchführen muss.[144]

79 Danach kann sich die zur Steuerpflicht führende **Bösgläubigkeit** auch aus Umständen ergeben, die nicht mit den Beleg- und Buchangaben zusammenhängen. Dementsprechend hat der BFH entschieden, dass **ungewöhnliche Umstände** wie z.B. ein Barverkauf hochwertiger Wirtschaftsgüter mit „Beauftragten" ohne Überprüfung der Vertretungsmacht nicht bereits für sich allein die Anwendung von § 6a Abs. 4 S. 1 UStG ausschließen, sondern bei der Würdigung zu berücksichtigen sind, ob der Unternehmer mit der erforderlichen kaufmännischen Sorgfalt gehandelt hat.

80 Wann ungewöhnliche Umstände gegeben sind, die den Steuerpflichtigen zu weiteren Nachforschungen veranlassen müssen, lässt sich losgelöst vom Einzelfall kaum sagen. Aus der Rechtsprechung ergeben sich jedoch einige Umstände, die in der Vergangenheit kritisch betrachtet wurden. Hierzu gehören insbesondere:

- geschäftlicher Erstkontakt nicht über den Geschäftssitz des Vertragspartners im EU-Ausland;
- Verwendung von Telekommunikationseinrichtungen mit deutscher Vorwahl;
- Wechsel des Liefernden nach Abgabe des Angebotes;
- Bargeschäfte mit hochpreisigen Wirtschaftsgütern über „Beauftragte", deren Legitimation nicht geprüft wird.

81 Nach der Rechtsprechung des EuGH[145] in der Rechtssache R und deren Umsetzung durch den BGH[146] ist die Steuerbefreiung zu versagen, wenn der Empfänger **verschleiert** wird, um eine USt-Hinterziehung im Bestimmungsland zu ermöglichen. Wirkt der Unternehmer kollusiv mit dem Erwerber zusammen, greift § 6a UStG also wegen gemeinschaftsrechtlicher Erwägungen nicht. Nach der Rechtsprechung des BGH bestehen nebeneinander zwei Versagungsgründe:[147]

- **Kollusive Täuschung:** Dieser Versagungsgrund beruht darauf, dass die für die Steuerfreiheit einer innergemeinschaftlichen Lieferung erforderliche Besteuerung des Erwerbs im Bestimmungsland verhindert wird, wenn der Lieferer mit dem Abnehmer kollusiv zusammenwirkt und dabei die Identität des Abnehmers verschleiert. Maßgeblich für die Steuerbefreiung

---

143 *EuGH* 6.9.2012 Nr. C 273/11 – Mecsek-Gabona.
144 *BFH* DStR 2013, 753.
145 *EuGH* NJW 2011, 203.
146 *BGH* ZWH 2013, 454.
147 *BGH* 19.3.2013 – 1 StR 318/12 Rn. 54 mit Verweis auf *BFH* DStR 2011, 1901.

Adick

sind nach dem BGH der zwischen innergemeinschaftlicher Lieferung und innergemeinschaftlichem Erwerb bestehende Besteuerungszusammenhang und die damit bezweckte Verlagerung des Steueraufkommens auf den Bestimmungsmitgliedstaat durch die dort beim Abnehmer als Steuerschuldner vorzunehmende Besteuerung. Diese lasse es nicht zu, die Steuerfreiheit trotz absichtlicher Täuschung über die Person des Abnehmers (Erwerbers) in Anspruch zu nehmen.

- Verstoß gegen die Pflichten zum **Buch- und Belegnachweis**: Dieser zweite Versagungsgrund greift ein, wenn – obwohl die Voraussetzungen für die Steuerfreiheit objektiv vorliegen – der Steuerpflichtige unter Verstoß gegen die Pflichten zum Buch- und Belegnachweis die Identität des Erwerbers verschleiert, um diesem im Bestimmungsmitgliedstaat eine Mehrwertsteuerhinterziehung zu ermöglichen.

Nicht entschieden haben der BFH oder der BGH bisher, ob eine Steuerpflicht einer innergemeinschaftlichen Lieferung trotz Vorliegens der objektiven Voraussetzungen hierfür auch dann in Betracht kommt, wenn dem Unternehmer – der nicht über die Identität des Abnehmers täuscht – nur bekannt ist, dass der Abnehmer, den er nach seinen Belegen und buchmäßigen Aufzeichnungen als Abnehmer führt, seine steuerlichen Verpflichtungen im Bestimmungsmitgliedstaat nicht erfüllt.[148] Den Steuerpflichtigen kann für die fiskalischen Interessen eines EU-Mitgliedsstaates nur insoweit Verantwortung treffen, wie er sie durch eigenes Verhalten beeinträchtigt. Aus steuerunehrlichem Verhalten anderer können ihm keine Nachteile erwachsen, solange er dieses Verhalten nicht ermöglicht, fördert oder entgegen einer Rechtspflicht geschehen lässt. Auch wenn die Bekämpfung von Betrug im Bereich der USt eine gemeinsame Aufgabe innerhalb der EU ist, sind in erster Linie die Mitgliedstaaten gefordert, das Verhalten der Steuerpflichtigen zu kontrollieren und, soweit erforderlich, zu sanktionieren. Zudem stünde zu befürchten, dass die dann zusehends (zumindest steuerlich) uferlose Haftung die ohnehin vorhandene Rechtsunsicherheit in einer den Handelsinteressen der Gemeinschaft zuwiderlaufenden Weise verstärken könnte. Ebenso wenig vermag es zu überzeugen, die Grundsätze der EuGH-Rechtsprechung auf Staaten, mit denen Assoziierungsabkommen bestehen, auszudehnen. Insoweit ist u.a. zu bedenken, dass die Entscheidung in der Rechtssache R auch auf der Ebene der EU keineswegs unumstritten war. So hatte seinerzeit insbesondere der Generalanwalt beim EuGH unter Verweis auf den objektiven Charakter sowie die Territorialität und Neutralität des Systems der Mehrwertsteuer eine Steuerbefreiung befürwortet. Gleichwohl hat sich die Situation für den Steuerpflichtigen durch die Entscheidung des EuGH vom 18.12.2014[149] nicht verbessert. In der genannten Entscheidung stellte der EuGH insbesondere klar, dass die nationalen Behörden und Gerichte einem Steuerpflichtigen unter den in der Rechtssache R genannten Voraussetzungen die Rechte auf Vorsteuerabzug, auf Mehrwertsteuerbefreiung oder auf Mehrwertsteuererstattung auch dann versagen müssen, wenn das nationale Recht keine Bestimmung enthält, die solche Versagungen vorsehen. Diese Rechte können nach dem EuGH ungeachtet der Tatsachen versagt werden, dass die Steuerhinterziehung in einem anderen Mitgliedstaat als dem begangen wurde, in dem sie beansprucht werden und dass der Steuerpflichtige die national gültigen Voraussetzungen erfüllt hat.

82

3. Karussellgeschäfte

Schon wegen der regelmäßig hohen Geschäftsvolumina bergen Geschäftsbesorgungen, bei denen ein Unternehmer (ggf. unbemerkt) in ein **USt-Karussell** eingebunden wird, enorme

83

---

148 Ausdrücklich offengelassen in *BGH* 19.3.2013 – 1 StR 318/12 Rn. 65.; vgl. auch *BFH* IStR 2011, 658.
149 *EuGH* 14.12.2014, Nr. C 131/13 – Italmoda.

Strafbarkeits- und Haftungsrisiken. Diese Gefahr ist in Märkten besonders hoch, in denen mit hochpreisigen und leicht transportablen Gütern und grenzüberschreitend mit anderen EU-Mitgliedsstaaten gehandelt wird (z.B. Luxusfahrzeuge, Computerchips, Elektronikteile). Ziel eines USt-Karussells ist es, durch die Einschaltung von Unternehmen, die keine USt abführen, für deren Waren die Empfänger jedoch nach § 15 UStG die Vorsteuer in Abzug bringen, Steuern zu sparen. Die durch die Nichtentrichtung ersparte USt wird dabei in die Kalkulation der Warenpreise einbezogen und führt so zu einer Verbilligung der Ware.[150]

84 Ein USt-Karussell funktioniert i.d.R. grenzüberschreitend. Manchmal werden tatsächlich Waren geliefert, in anderen Fällen gibt es die Waren nicht, sondern werden lediglich Fakturierungsketten (Scheinrechnungen) erstellt. Vereinfacht lässt sich die Funktionsweise jedoch wie folgt skizzieren:

- Ein in einem EU-Mitgliedsstaat tätiger Händler (Initiator) verkauft ein Wirtschaftsgut an einen Händler in einem anderen EU-Mitgliedsstaat. Dieser verschwindet, ohne dass er die geschuldete USt entrichtet, oder er benutzt eine entwendete USt-Id.-Nr. (sog. Missing Trader).[151]
- Weil er die nicht entrichtete USt einpreist, kann der Missing Trader die Ware zu einem unter dem Bruttoeinkaufspreis liegenden Preis an eine Puffergesellschaft (sog. Buffer I) verkaufen. Hierbei ist anzumerken, dass es einem „Buffer" nicht zwingend bewusst sein muss, dass er als solcher eingeschaltet ist;[152] zuweilen werden gerade steuerehrliche Unternehmer in einem Karussell zwischengeschaltet, um das Karussell zu verschleiern etc.
- Diese erste Puffergesellschaft verkauft wiederum an eine in demselben Mitgliedstaat ansässige zweite Puffergesellschaft (sog. Buffer II).
- Der letzte Buffer verkauft das Zertifikat schließlich an den letzten inländischen Erwerber der Leistungskette (sog. Distributor).

85 Auch Banken können in USt-Karusselle involviert werden. Das Landgericht **Frankfurt am Main**[153] entschied im Jahr 2011 über ein Hinterziehungssystem im Handel mit **Emissionszertifikaten**, mit dem über 260 Mio. € hinterzogen wurden. Die Zertifikate waren aus einem anderen EU-Mitgliedsstaat an einen inländischen Missing Trader verkauft worden, um danach an Buffer weiterverkauft zu werden. **Distributor** war nach den Feststellungen eine deutsche **Großbank**. Sie erwarb Zertifikate von den Buffern, wobei ein Bankmitarbeiter jeweils mitteilte, welche Zertifikatmengen die Bank zu welchen Preisen kaufe. Der Ankauf durch den Buffer erfolgte, sobald der Weiterverkauf gesichert war. Zahlungen leistete der Buffer ohne Risiko, nachdem er seinerseits den Kaufpreis vereinnahmt hatte.[154] Aus Medienberichten geht hervor, dass die Strafverfolgungsbehörden gegen Mitarbeiter der als Distributor tätigen Bank im Zusammenhang mit unrichtigen USt-Erklärungen Vorwürfe erheben.

86 Liegt ein USt-Karussell vor, sind regelmäßig insbesondere die folgenden **steuerlichen** Gesichtspunkte relevant:

- Welche Akteure sind als Unternehmer nach dem UStG anzusehen und haben eine Lieferung bewirkt?

---

150 *Klein/Jäger* § 11 AO, § 370 AO Rn. 373; zu den Einzelheiten vgl. insb. *Muhler* wistra 2009, 1 ff.; *Graf/Jäger/ Wittig/Bülte* § 370 Rn. 394.
151 *BGH* NJW 2003, 2924; *Gehm* NJW 2012, 1257.
152 Vgl. auch *Muhler* wistra 2009, 1, 5.
153 *LG Frankfurt/Main* 15.8.2011 – 5/2 KLs 4/11 7510 Js 258673/09 Wl.
154 *BGH* UStB 2013, 115.

- Waren einzelne Unternehmer zum Vorsteuerabzug berechtigt oder ist dieses Recht aufgrund der Einbindung in das Karussell zu versagen?
- Waren die Unternehmer berechtigt, auf Ausgangsrechnungen die USt auszuweisen?
- Welche Folgen hat ein unberechtigter Ausweis von USt für den Rechnungssteller?
- Lagen die Voraussetzungen für eine steuerbefreite innergemeinschaftliche Lieferung vor?
- Wurden Scheinrechnungen erstellt und hat der Aussteller ggf. nach § 14c Abs. 3 UStG für die USt einzustehen?

In steuerlicher Hinsicht ist die Lieferung (§ 15 Abs. 1 Nr. 1 UStG) oftmals das entscheidende Kriterium. Findet eine Warenlieferung nicht statt und wird ein Rechnungskreislauf lediglich inszeniert, um eine ordnungsgemäße Lieferkette vorzutäuschen, kann aus solchen Rechnungen kein Vorsteuerabzug vorgenommen werden. Darüber hinaus versagen der EuGH[155] und der BFH[156] den Vorsteuerabzug jedoch auch dann, wenn der Steuerpflichtige **wusste** oder **wissen konnte** bzw. **hätte wissen müssen**, dass er sich mit seinem Erwerb an einem Umsatz beteiligte, der in eine Mehrwertsteuerhinterziehung eingebunden war.

In **strafrechtlicher** Hinsicht stehen zumeist die folgenden Aspekte im Zentrum des Verfahrens: **87**

- War der Unternehmer wissentlich in ein USt-Karussell eingebunden, so dass er vorsätzlich insbesondere einen unberechtigten Vorsteuerabzug vorgenommen haben könnte?
- Hätte der nicht vorsätzlich handelnde Unternehmer eine Einbindung in das Karussell erkennen müssen, so dass er ggf. leichtfertig i.S.d. § 378 AO handelte?
- Liegt ein besonders schwerer Fall der Steuerhinterziehung gem. § 370 Abs. 3 AO vor?

Zu beachten ist, dass nicht selten vorsatzlose Dritte in ein Karussell eingebunden werden. Die **88**
Gründe, aus denen dies für die Täter sinnvoll ist, können vielgestaltig sein. Teils geht es darum, bestimmte Leistungen abzurufen, welche die eigentlichen Täter nicht erbringen könnten (z.B. Transportkapazitäten, Liefermöglichkeiten, Reputation etc.). Teils steht eine Verschleierung der Lieferwege im Vordergrund. Wird ein steuerehrlicher Unternehmer vorsatzlos in ein Karussell eingebunden, besteht ein erhebliches Risiko, dass er zunächst und ggf. für eine ganze Weile als Beschuldigter geführt wird. Zurecht wird in der Literatur darauf hingewiesen, dass die Verteidigung für den steuerehrlichen Unternehmer umso schwieriger ist, je geschickter die Drahtzieher agiert haben.[157]

II. Einkommensteuer

Steuerunehrliches Verhalten bei der ESt besteht typischerweise im Verschweigen von Einkünf- **89**
ten oder in der Geltendmachung tatsächlich nicht entstandener oder nicht abzugsfähiger Ausgaben. Auch wenn die Hinterziehung von USt regelmäßig nicht nur höhere Schäden verursacht, sondern auch ein anderes Maß an krimineller Energie erfordert, wurde die jüngere öffentliche Diskussion von Fällen der ESt-Hinterziehung bestimmt. Insbesondere das Verschweigen von (ausländischen) Kapitaleinkünften hat – in der Zusammenschau mit der Debatte um die Selbstanzeige (§ 371 AO) – in der Vergangenheit die Berichterstattung dominiert. Jenseits dieser klassischen Fälle treten in der Praxis Fälle der ESt-Hinterziehung insbesondere in den Konstellationen des Wegzugs aus Deutschland und der verdeckten Gewinnausschüttung[158] auf.

---

155 *EuGH* DStR 2006, 1274.
156 *BFH* DStR 2007, 1524.
157 Vgl. *Eder* NZWiSt 2014, 90, 92: „sehr ungünstige Indizienlage".
158 Zu den Einzelheiten vgl. Leitner/*Dannecker* S. 427, 453 ff.

1. Wegzug aus Deutschland

90 Mit einigen Risiken behaftet ist es, wenn der Steuerpflichtige aus Deutschland **wegzieht**, um eine Besteuerung hier zu vermeiden. Problematisch ist häufig, dass die Voraussetzungen für ein Ende der unbeschränkten Steuerpflicht (§ 1 Abs. 1 EStG) oftmals unerkannt nicht vorliegen. Ob im Inland der Wohnsitz aufgegeben wurde, richtet sich nicht nach dem Willen des Steuerpflichtigen, sondern allein nach den tatsächlichen Gegebenheiten.[159] Verzieht der Steuerpflichtige etwa in das Ausland und lässt seine Wohnung leer stehen, hat er gleichwohl weiterhin einen Wohnsitz (§ 8 AO) in Deutschland und ist **unbeschränkt** steuerpflichtig. Dies gilt zunächst unabhängig davon, ob und wenn ja, an wie vielen Tagen der Steuerpflichtige in Deutschland war; solange er einen inländischen Wohnsitz hat, sind seine gesamten Einkünfte dem Welteinkommensprinzip der deutschen ESt zu unterwerfen. Die Abmeldung bei den zuständigen Behörden ist zwar als Indiz für eine Aufgabe des Wohnsitzes heranzuziehen, genügt für sich betrachtet nicht aber nicht zur Tatbestandserfüllung. Hinzu treten müssen weitere Anhaltspunkte, wie z.B. Abmeldung von Strom, Gas und Wasser, Nachsendeantrag bei der Post etc. An die Qualität eines Wohnsitzes werden dabei geringe Anforderungen gestellt; als ausreichend werden etwa Hotelzimmer, Ferienhäuser etc. angesehen. Von erheblicher praktischer Relevanz ist auch das Merkmal des Innehabens einer Wohnung; insoweit genügen insbesondere abgeleitete Verfügungsbefugnisse (z.B. Möglichkeit, an den Familienwohnsitz zurück zu kehren).[160] Ist ein Wohnsitz anzunehmen, können sich ggf. aus DBA noch Änderungen, etwa die Möglichkeit einer Anrechnung von im Ausland gezahlten Steuern, ergeben. Selbst wenn der Steuerpflichtige seinen Wohnsitz tatsächlich wirksam aufgibt, kann er noch immer **beschränkt** steuerpflichtig sein. In diesem Fall unterliegen sämtliche Einkünfte, die in § 49 Abs. 1 EStG genannt sind, in Deutschland der ESt. Verlagert der Steuerpflichtige seinen Wohnsitz und zugleich Betriebsvermögen ins Ausland, kann dies zu einer Wegzugsbesteuerung führen. In diesem Fall sind insbesondere die stillen Reserven aufzudecken und zu versteuern (§ 16 Abs. 3 EStG). In jedem Fall ist dem Steuerpflichtigen zu raten, in diesen Konstellationen qualifizierte steuerliche Beratung in Anspruch zu nehmen. Hierbei sollte nicht nur der Gegenstand der Beratung eindeutig dokumentiert sein, sondern auch die Informationsgrundlage, auf welcher der Steuerberater tätig wird. Im Zweifel schützt lediglich der Rat eines vollständigen informierten Beraters vor dem Vorwurf leichtfertigen (§ 378 AO) oder sogar bedingt vorsätzlichen Verhaltens.

2. Verdeckte Gewinnausschüttung

91 Erhebliche Praxisrelevanz hat auch die sog. **verdeckte Gewinnausschüttung**.[161] Die Rechtsprechung definiert sie i.S.d. § 8 Abs. 3 S. 2 KStG als Vermögensminderung oder verhinderte Vermögensmehrung, die durch das Gesellschaftsverhältnis veranlasst ist, sich auf die Höhe des Einkommens, d.h. des Unterschiedsbetrages (§ 4 Abs. 1 S. 1 EStG, § 8 KStG) auswirkt und in keinem Zusammenhang mit einer offenen Ausschüttung steht. Als typischerweise praxisrelevante Beispiele sind exemplarisch zu nennen:[162]

- überhöhte Geschäftsführergehälter oder Arbeitsentgelte;
- Verlagerung privater Aufwendungen des Gesellschafters in die GmbH;
- Scheindienstverhältnisse;

---

159 Schaumburg/Peters/*Schaumburg* Internationales Steuerstrafrecht, Rn. 15.23 m.w.N.
160 Schaumburg/Peters/*Schaumburg* Internationales Steuerstrafrecht, Rn. 15.23 m.w.N.
161 Vgl. hierzu eingehend *Dannecker* FS Samson, S. 257 ff.
162 Detailliert *Dannecker* FS Samson, S. 260.

Adick

- Darlehensvergaben der GmbH an den Gesellschafter;
- Bezug von Leistungen für die Gesellschaft bei dem Gesellschafter oder einer diesem nahestehenden Person.

Ob die fragliche Zuwendung aus betrieblichen Gründen gewährt oder durch das Gesellschaftsverhältnis veranlasst wurde, ist anhand eines Fremdvergleichs zu bestimmen. Danach ist eine Zuwendung dann nicht durch das Gesellschaftsverhältnis veranlasst, wenn die Gesellschaft bei Anwendung der Sorgfalt eines ordentlichen und gewissenhaften Geschäftsleiters den Vorteil auch einer Person gewährt hätte, die nicht Gesellschafter ist. Auf der Ebene des Gesellschafters führt eine verdeckte Gewinnausschüttung zu **Einkünften aus Kapitalvermögen** (§ 20 Abs. 1 Nr. 1 S. 2 EStG), wenn die Gesellschaft dem Gesellschafter außerhalb der gesellschaftsrechtlichen Gewinnverteilung einen Vermögensvorteil zuwendet und diese Zuwendung ihren Anlass ausschließlich im Gesellschaftsverhältnis hat.[163] Zwar ist grundsätzlich ein Zufluss (§ 11 EStG) beim Gesellschafter erforderlich. Allerdings genügt es, wenn der Vorteil mittelbar in der Weise zufließt, dass eine dem Gesellschafter nahestehende Person Vorteile aus der Gestaltung zieht (z.B. hohes Gehalt an die Ehefrau des Gesellschafter-Geschäftsführers). Liegt eine verdeckte Gewinnausschüttung vor, ist dies allein nicht als Steuerhinterziehung strafbar. Eine Steuerhinterziehung kommt erst dann in Betracht, wenn der Steuerpflichtige eine unzutreffende oder unvollständige Erklärung abgibt, indem er den Zufluss nicht als Teil seiner steuerpflichtigen Einkünfte deklariert.

92

III. Lohnsteuer

Die Lohnsteuer ist keine eigene Steuerart, sondern eine besondere **Erhebungsform der Einkommensteuer**. Bei der Lohnsteuer handelt es sich um eine Abzugsteuer i.S.v. § 36 Abs. 2 Nr. 2 EStG, die gem. § 38 Abs. 1 EStG durch Steuerabzug vom Lohn erhoben wird. Schuldner der Lohnsteuer ist der Arbeitnehmer (§ 38 Abs. 2 S. 1 EStG).[164] Den Arbeitgeber treffen jedoch steuerliche Pflichten. Er hat die Lohnsteuer vom Arbeitslohn einzubehalten (§ 38 Abs. 3 S. 1, § 39b EStG) und an das zuständige FA (Betriebsstätten-FA) abzuführen (§ 41a Abs. 1 EStG). Die Lohnsteuer entspricht der Höhe nach der ESt, die der Arbeitnehmer schuldet, wenn er ausschließlich Einkünfte aus nichtselbständiger Arbeit erzielt (vgl. § 38a Abs. 2 EStG). Die nach § 36 Abs. 2 Nr. 2 EStG vorgesehene Anrechnung der vom Arbeitgeber einbehaltenen Lohnsteuer ist dabei nicht der materiell-rechtlichen Bestimmung des festzusetzenden Steueranspruchs des Staates gegenüber dem Arbeitnehmer, sondern dem verfahrensrechtlichen Bereich des Erhebungsverfahrens nach Festsetzung der vom Arbeitnehmer geschuldeten Einkommensteuer zuzuordnen. Dabei tilgt die nach § 36 Abs. 2 Nr. 2 EStG anzurechnende Lohnsteuer die Steuerschuld, mindert aber nicht die festgesetzte Einkommensteuerschuld.[165]

93

Die Höhe der vom Arbeitgeber einzubehaltenden und abzuführenden Lohnsteuer bemisst sich nach dem Arbeitslohn. Bereits diese Feststellung der Bemessungsgrundlage ist fehleranfällig. Der **Lohnbegriff** umfasst alle Einnahmen, die dem Arbeitnehmer aus dem Dienstverhältnis zufließen (§ 2 Abs. 1 S. 1 LStDV). Dies sind alle Einnahmen, die durch das Dienstverhältnis veranlasst sind (Veranlassungsprinzip).[166] Hierzu zählen insbesondere Vorteile, die dem

94

---

163 Vgl. *BGH* NJW 2012, 3455, 3457.
164 Vgl. *BVerfG* NJW 1977, 891.
165 *BGH* 8.2.2011 – 1 StR 651/10.
166 Vgl. *BFH* BStBl II 1983, 39.

Arbeitnehmer von Dritten zufließen, sofern der Arbeitgeber weiß oder erkennen kann, dass sie erbracht werden (§ 38 Abs. 1 S. 3 EStG). Zu beachten ist insoweit die (widerlegbare) gesetzliche Vermutung, dass der Arbeitgeber Kenntnis über Vergütungen hat, die dem Arbeitnehmer von verbundenen Unternehmen des Arbeitgebers zugewendet wurden.

95 Von erheblicher Bedeutung ist zunächst die Eigenschaft als Arbeitnehmer. Der für Zwecke der Lohnsteuer anzulegende **Arbeitnehmerbegriff** ist nicht vollständig deckungsgleich mit dem im Sozial- und Arbeitsrecht verwendeten Begriff.[167] Ob jemand lohnsteuerlich als Arbeitnehmer anzusehen ist, bestimmt sich auch hier nach dem Gesamtbild der Verhältnisse. Die strafrechtliche Bewertung entsprechender Sachverhalte wird hierdurch zusätzlich erschwert. Der Arbeitnehmerbegriff lässt sich nicht durch Aufzählung feststehender Merkmale abschließend bestimmen.[168] Nach der insoweit auch für die Finanzverwaltung maßgeblichen Rechtsprechung des BFH sprechen insbesondere Kriterien wie

- Weisungsgebundenheit,
- persönliche Abhängigkeit,
- feste Arbeitszeiten,
- feste Bezüge bei Fortzahlung im Krankheitsfall,

für die Eigenschaft als Arbeitnehmer.

96 Verfehlungen im Bereich der Lohnsteuer sind nicht selten auf eine irrige Auslegung des Arbeitnehmerbegriffs zurück zu führen. Verstärkt wird die in diesem Bereich bestehende Rechtsunsicherheit dadurch, dass in der modernen Arbeitswelt die Konturen für eine Abgrenzung zwischen abhängiger Beschäftigung und Selbständigkeit verwischen können. Es entstehen immer mehr Tätigkeitsformen, die jedenfalls auch Merkmale freiberuflicher oder gewerblicher Tätigkeit aufweisen. Die Tätigkeit von sog. „Freelancern" ist z.T. branchen- oder marktüblich und wird zuweilen nicht kritisch hinterfragt. Derartige Tätigkeiten sind jedoch lohnsteuerlich manchmal schwierig einzuordnen. Auch wenn der sozialversicherungs- und der steuerrechtliche Begriff nicht völlig kongruent sind, kann es sich ggf. insbesondere anbieten, ein sog. optionales Statusfeststellungsverfahren (§ 7a Abs. 1 S. 1 SGB IV) über die Deutsche Rentenversicherung durchzuführen.

97 Eine weitere Fehlerquelle ist die Ermittlung des Arbeitslohns.[169] Insoweit ist zu beachten, dass nicht nur das regelmäßig gezahlte Gehalt, sondern auch geldwerte Vorteile (z.B. Parkplatz, Dienstwagen, etc.) eine Steuerpflicht auslösen können.[170]

98 Strafrechtliche Risiken entstehen verstärkt bei Konstellationen, die aus Sicht der Finanzverwaltung prima vista den Eindruck einer Umgehung abgabenrechtlicher Pflichten erzeugen können. Hierzu gehört insbesondere das sog. **Lohnsplitting**. Hierbei werden Teile der Vergütung abweichend deklariert (z.B. als Auslagenersatz) und auf ausländische Konten der Beschäftigten überwiesen.[171] Potenziell ebenso kritisch sind z.B. verzögerte Auszahlungen (deferred payments), kreative Pensionsmodelle (z.B. Beitragszahlung in ausländische Renten-, Pensionsversicherung o.Ä.) etc. Grundsätzlich gilt auch hier, dass bereits der Anschein heimlichen oder ohne plausiblen Grund von den Üblichkeiten abweichenden Vorgehens die Gefahr strafrechtlicher Vorwürfe erheblich verstärkt.

---

167 Vgl. *BFH* BStBl II 1999, 534.
168 Vgl. *BFH* BStBl II 2009, 931.
169 Vgl. hierzu auch Streck/Mack/Schwedhelm/*Olgemöller* Tax Compliance, S. 142 f.
170 Vgl. *FG Köln* EFG 2006, 1516.
171 Vgl. *FG Hamburg* NZWiSt 2014, 37 (m.Anm. *Dütz*).

Vereinbaren der Arbeitnehmer und der Arbeitgeber, dass ein bestimmtes Arbeitsentgelt ohne   99
Abzüge gezahlt wird, weil der Lohn nicht in Steueranmeldungen aufgenommen wird (sog,
Schwarzlohnabrede), ist der ausgezahlte Lohn der Bruttolohn; vgl. insoweit auch 22. Kapitel.
Soweit in Fällen dieser Art regelmäßig eine Strafbarkeit wegen Vorenthaltens und Veruntreuens von Arbeitsentgelt (§ 266a StGB) neben die LSt-Hinterziehung tritt, ist zunächst zu beachten, dass die Bemessungsgrundlagen für LSt und Sozialversicherung (§ 14 Abs. 2 S. 2 SGB IV)
voneinander abweichen können. Ferner ist zu beachten, dass nach dem BGH auch dann Tatmehrheit (§ 53 StGB) vorliegt, wenn sich die Tat auf dasselbe Arbeitsverhältnis und denselben
Zeitraum bezieht.

Bei der Zumessung der Strafe wegen LSt-Hinterziehung wird im ersten Schritt der Nominal-   100
betrag der LSt zugrunde gelegt. Das Strafgericht hat jedoch festzustellen, wie die konkreten
steuerlichen Verhältnisse des Arbeitnehmers gelagert waren.[172] Denn als endgültiger Erfolg
i.S.d. § 370 AO kann nur berücksichtigt werden, was nach Anrechnung (§ 36 Abs. 2 Nr. 2 EStG)
an Steuerschaden verblieben ist.[173]

IV. Verrechnungspreise

Der Bereich der sog. Verrechnungspreise ist primär ein Feld für die (Groß- und Konzern-)Be-   101
triebsprüfung. Tatsächlich umfassen die steuerlichen Außenprüfungen zunehmend die Prüfungen internationaler Verrechnungspreise.[174] Weil sich das Steuerstrafrecht jedoch in Bereiche des
Konzern- und Unternehmenssteuerrechts ausdehnt, nehmen die Sanktionsrisiken auch hier zu.
Werden Einkünfte eines Steuerpflichtigen aus einer Geschäftsbeziehung zum Ausland mit einer
ihm nahe stehenden Person dadurch gemindert, dass er seiner Einkünfteermittlung andere
Bedingungen, insbesondere Preise (Verrechnungspreise), zugrunde legt als sie voneinander
unabhängige Dritte unter gleichen oder vergleichbaren Verhältnissen vereinbart hätten (**Fremdvergleichsgrundsatz**), sind seine Einkünfte unbeschadet anderer Vorschriften nach § 1 Abs. 1 S. 1
AStG so anzusetzen, wie sie unter den zwischen voneinander unabhängigen Dritten vereinbarten Bedingungen angefallen wären. Ein Wahlrecht, ob überhaupt eine Weiterberechnung erfolgt,
besteht dabei nicht. Unterbliebe sie, würde dies auf der Ebene der leistenden Gesellschaft jedenfalls dann zu einer Verkürzung von Einnahmen führen, wenn der Aufwand als Betriebsausgabe
abgezogen wird. Die Weiterberechnung korrigiert diesen Aufwand.[175]

Für die Bewertung der Leistungen gilt der international verbreitete **Fremdvergleichsgrundsatz**   102
(arm's length principle). Dies bedeutet, dass Steuerpflichtige für die Ermittlung ihrer Einkünfte die Preise anzusetzen haben, die voneinander unabhängige Dritte unter gleichen oder
vergleichbaren Verhältnissen vereinbart hätten. Für die Anwendung des Fremdvergleichs-
grundsatzes ist nach § 1 Abs. 1 S. 3 AStG davon auszugehen, dass die voneinander unabhängigen Dritten alle wesentlichen Umstände der Geschäftsbeziehung kennen und nach den Grundsätzen ordentlicher und gewissenhafter Geschäftsleiter handeln.

Über die Art und den Inhalt der Geschäftsbeziehungen hat der Steuerpflichtige Aufzeichnungen   103
zu erstellen (§ 90 Abs. 3 AO); bei außergewöhnlichen Geschäftsvorfällen hat die Aufzeichnung

---

172 *Klein/Jäger* § 370 AO Rn. 412 m.N. aus der Rspr.
173 *Klein/Jäger* § 370 AO Rn. 412.
174 Vgl. *Schaumburg* Internationales Steuerrecht, Rn. 19.24.
175 Quedenfeld/*Füllsack/Krauter* Rn. 371.

zeitnah zu erfolgen (§ 90 Abs. 3 S. 3 AO).[176] Dabei hat der Gesetzgeber die Anforderungen an die Aufzeichnungen in der sog. Gewinnaufzeichnungsverordnung genau festgesetzt. Legt der Steuerpflichtige diese Aufzeichnungen nicht innerhalb der Frist von 60 bzw. 30 Tagen vor oder sind die vorgelegten Aufzeichnungen im Wesentlichen unverwertbar, so wird im Rahmen der Schätzung nach § 162 AO **widerlegbar vermutet**, dass seine **Einkünfte höher** als die von ihm erklärten Einkünfte sind (§ 162 Abs. 3 S. 1 AO). Insoweit handelt es sich um eine Beweisvermutung zulasten des Steuerpflichtigen, die unmittelbar auf die Rechtsfolge, nämlich höhere Einkünfte, abzielt.[177] Allerdings wird der im Besteuerungsverfahren geltende Untersuchungsgrundsatz (§ 88 AO) durch die Möglichkeit einer Schätzung der Besteuerungsgrundlagen nicht suspendiert; die Finanzbehörde darf insbesondere keine Strafschätzung vornehmen oder ihr anderweitig zur Verfügung stehende Erkenntnisse außer Acht lassen, die zu einer Angemessenheit der Verrechnungspreise führen.[178] Zulässig sind hingegen steuerliche Zuschläge; diese stellen jedoch ein Beugemittel gegen den Steuerpflichtigen und keine Strafen dar.[179]

104 In strafrechtlicher Hinsicht ist zu betonen, dass der bloße Verstoß gegen Dokumentationspflichten keine Straftat oder Ordnungswidrigkeit begründet. Die Grenze zum objektiv nach § 370 Abs. 1 AO tatbestandsmäßigen Verhalten wird vielmehr erst überschritten, wenn der Steuerpflichtige seiner Deklaration nicht fremdübliche Verrechnungspreise zugrunde legt und dies zu einer Steuerverkürzung führt. In diesem Zusammenhang ist es aber Aufgabe des Strafrichters, sich eine volle eigene Überzeugung davon zu bilden, dass die ermittelten Verrechnungspreise dem Fremdvergleich nicht standhalten. Insoweit wird in der steuerrechtlichen Lehre darauf hingewiesen, dass es den einzig richtigen Verrechnungspreis nicht gibt, so dass eine Unangemessenheit erst in evidenten Konstellationen anzunehmen ist.[180] Erst recht scheidet im Strafverfahren damit die Heranziehung einer Schätzung nach § 162 Abs. 3 S. 1 AO aus. Zu Recht wird darauf hingewiesen, dass die Prüfung des subjektiven Tatbestandes besonderer Sorgfalt bedarf und dem Steuerpflichtigen insbesondere eine Kenntnis des bei richtiger Ermittlung der Verrechnungspreise bestehenden Steueranspruchs nicht ohne weiteres unterstellt werden kann. Im Gegenteil dürfte ein Vorsatz nur ausnahmsweise anzunehmen sein, wenn der Steuerpflichtige – nachweislich – bewusst Verrechnungspreise festlegt, die außerhalb der steuerlichen Bandbreiten liegen.[181] Ist die Ermittlung der Verrechnungspreise nach nur einer anerkannten Methode **vertretbar**, scheidet die Annahme einer Steuerhinterziehung auch dann aus, wenn das Ergebnis nach Auffassung des Gerichts, das eine andere Methode zugrunde legt, unzutreffend ist. Eine Strafbarkeit wegen Steuerhinterziehung ist in diesem Bereich auf **evidente Fälle von Manipulation** oder Missbrauch zu begrenzen.

V. Erbschaft- und Schenkungsteuer

105 Im Zusammenhang mit der Deklaration von Erbschaften oder Schenkungen bestehen grundsätzlich zwei steuerliche Pflichten. Liegt ein steuerpflichtiger Erwerb vor, ist er von dem Erwer-

---

176 Vgl. eingehend *Schaumburg* Internationales Steuerrecht, Rn. 19.24.
177 Schaumburg/Peters/*Schaumburg* Internationales Steuerstrafrecht, Rn. 15.124.
178 Schaumburg/Peters/*Schaumburg* Internationales Steuerstrafrecht, Rn. 15.125.
179 Schaumburg/Peters/*Schaumburg* Internationales Steuerstrafrecht Rn. 15.126.
180 Vgl. Schaumburg/Peters/*Schaumburg* Rn. 15.129: „(...) Verrechnungspreis nur dann unangemessen, wenn er bei Anwendung des tatsächlichen Fremdvergleichs(...) außerhalb feststellbarer Bandbreiten und bei Anwendung des hypothetischen Fremdvergleichs (...) außerhalb des maßgeblichen Einigungsbereichs liegt."
181 Vgl. Schaumburg/Peters/*Schaumburg* Internationales Steuerstrafrecht, Rn. 15.129.

Adick

ber nach § 30 Abs. 1 ErbStG, von dem Schenker nach § 30 Abs. 2 ErbStG binnen drei Monaten anzuzeigen (**Anzeigepflicht**). Fordert das Finanzamt eine Steuererklärung an, ist diese gem. § 31 ErbStG abzugeben (**Erklärungspflicht**). Da in Schenkungsfällen der Schenker und der Beschenkte jeweils Steuerschuldner sind, trifft die Anzeigepflicht beide. Die Anzeigepflicht entfällt jedoch insbesondere, wenn dem Finanzamt der betreffende Erwerb bereits bekannt ist, auf einer vor einem deutschen Gericht oder Notar eröffneten Verfügung von Todes wegen beruht und sich aus dieser das Verhältnis zum Erblasser unzweifelhaft ergibt oder wenn eine Schenkung unter Lebenden notariell beurkundet wurde. Hintergrund ist, dass auch Gerichte, Behörden und Notare entsprechende Anzeigepflichten treffen (§ 34 ErbStG), so dass eine Information der Finanzbehörden anderweitig gesichert ist. Lediglich in Fällen, in denen Auslandsvermögen von dem fraglichen Erwerb umfasst ist, muss eine Anzeige erfolgen (§ 30 Abs. 3 S. 1 ErbStG).

Sowohl die Verletzung der Anzeigepflicht als auch der Erklärungspflicht können eine Strafbarkeit wegen Steuerhinterziehung durch Unterlassen gem. § 370 Abs. 1 Nr. 2 AO oder wegen leichtfertiger Steuerverkürzung gem. § 378 AO begründen. In der Praxis treten regelmäßig Fallgestaltungen auf, in denen die Pflicht zur Zahlung von Schenkungsteuer durch abweichende Gestaltungen des Sachverhaltes zu umgehen versucht wird. Insoweit sind etwa das Vorgeben von Zuwendungen durch andere Personen (zur Ausnutzung von Freibeträgen) oder das Verschleiern freigebiger Zuwendungen (z.B. durch angebliche Darlehensgeschäfte) geradezu klassische Fälle. Ebenso große Bedeutung haben Konstellationen, in denen trotz unbeschränkter Steuerpflicht im Inland ausländisches Vermögen schlicht verschwiegen wird. **106**

Zunehmend relevant geworden sind die sog. **Nachlassfälle**. Gemeint sind Sachverhalte, in denen die Erben nachträglich feststellen, dass der Erblasser über Auslandsvermögen, dessen Erträgnisse in den Steuererklärungen nicht berücksichtigt wurden. Für die Erben besteht in solchen Konstellationen grundsätzlich die abgabenrechtliche Pflicht, diese Tatsache den Finanzbehörden unverzüglich anzuzeigen und die insoweit unzutreffenden Steuererklärungen des Erblassers zu korrigieren (§ 153 Abs. 1 AO). Eine Verletzung dieser Anzeigepflicht kann als Steuerhinterziehung durch Unterlassen strafbar sein, vgl. insoweit auch Rn. 42 ff. Auch dies dürfte ein weiteres Argument dafür sein, die Offenlegung nicht deklarierten Vermögens als Baustein einer umfassenden Nachfolgeplanung zu sehen und nicht den Erben zu überlassen. Angesichts des immer dichteren Netzes zwischenstaatlicher Auskunftsregelungen und der Veränderungen an Bankplätzen wie der Schweiz, Luxemburg etc. ist jedoch damit zu rechnen, dass solche Fälle mittelfristig weniger häufig auftreten werden. **107**

VI. Verbrauchsteuern

Verfehlungen im Bereich der Verbrauchsteuern (z.B. Tabaksteuer, Kaffeesteuer) sind insbesondere dadurch gekennzeichnet, dass die Steuer durch Überführung der Waren in den steuerrechtlich freien Verkehr, also einen Realakt, entsteht. Die Steuerhinterziehung nach § 370 AO erfasst jedoch nicht diesen Realakt, sondern die Verletzung steuerlicher Erklärungspflichten.[182] **108**

Eine Tathandlung i.S.d. § 370 Abs. 1 AO kommt folglich erst dann in Betracht, wenn die betreffende Steuer infolge des Realaktes entstanden ist und die jeweils bestehenden Erklärungspflichten nicht erfüllt wurden. In der Praxis steuerstrafrechtlicher Unternehmensbera- **109**

---

182 *Klein/Jäger* § 370 AO Rn. 391.

tung kommt es häufig im Zusammenhang mit der Entnahme von Waren aus einem Steuerlager zu Verfehlungen bei der Abgabe von Steuererklärungen oder Steueranmeldungen. Zunehmend relevant ist hier insbesondere der Bezug verbrauchsteuerpflichtiger Waren aus dem EU-Ausland.

F. Subjektiver Tatbestand

I.   Anforderungen an den Vorsatz

110   Nach ständiger Rechtsprechung gehört zum Vorsatz der Steuerhinterziehung, dass der Täter den **Steueranspruch** dem Grunde und der Höhe nach **kennt** oder zumindest **für möglich hält** und ihn auch verkürzen will (Steueranspruchstheorie).[183] Für eine Strafbarkeit wegen Steuerhinterziehung bedarf es dabei keiner Absicht oder eines direkten Hinterziehungsvorsatzes; es genügt, dass der Täter die Verwirklichung der Merkmale des gesetzlichen Tatbestands für möglich hält und billigend in Kauf nimmt (**Eventualvorsatz**). Der Hinterziehungsvorsatz setzt deshalb weder dem Grunde noch der Höhe nach eine sichere Kenntnis des Steueranspruchs voraus;[184] ausreichend ist eine Parallelwertung in der Laiensphäre. Im Übrigen wird auf die ausführliche Darstellung zum Vorsatz im 8. Kapitel verwiesen.

111   Der Vorsatz unterliegt im Strafverfahren als innere Tatsache der Beweisaufnahme und ist Gegenstand der richterlichen Aufklärungspflicht (§ 244 Abs. 2 StPO). Wird die vorsätzliche Begehungsweise nicht eingeräumt und fehlen eindeutige Sach- und/oder Personalbeweise, so sind die erforderlichen Feststellungen im Wege des Indizienbeweises zu treffen. Bei der erforderlichen **Gesamtwürdigung** ist auf die gesamte überschaubare Tätigkeit des Steuerpflichtigen abzustellen.[185]

112   In der Praxis können sich erhebliche Schwierigkeiten bei der Abgrenzung zwischen (bedingt) vorsätzlichem und leichtfertigem Handeln ergeben. Die Unterscheidung kann entscheidend sein, weil leichtfertige Steuerverkürzung nur als Ordnungswidrigkeit (§ 378 AO) mit einem Bußgeld geahndet werden kann; vgl. zu Steuerordnungswidrigkeiten die umfassende Darstellung im 18. Kapitel. Selbstverständlich ist diese Konzeption gerade bei Fiskaldelikten nicht; so begründet leichtfertiges Handeln im Zusammenhang mit Subventionen eine Straftat, vgl. hierzu 21. Kapitel. Leichtfertig handelt, wer die Sorgfalt außer Acht lässt, zu der er nach den besonderen Umständen des Einzelfalls und seinen persönlichen Fähigkeiten und Kenntnissen verpflichtet und imstande ist, obwohl sich ihm aufdrängen musste, dass dadurch eine Steuerverkürzung eintreten wird.[186]

113   Problematisch ist regelmäßig schon die Feststellung des kognitiven Vorsatzelementes, also der Frage, ob der Täter subjektiv das Bestehen des verletzten Steueranspruchs für möglich gehalten hat. Während die Ermittlungsbehörden dieses Element in der Praxis zuweilen unterstellen oder Tatsachenkenntnis mit Rechtskenntnis gleichsetzen, sind die Anforderungen für das Gericht im Fall einer Verurteilung höher. Im Strafurteil muss nachvollziehbar ausgeführt und dargelegt werden, auf welche **äußeren Umstände** das Gericht seine Überzeugung vom inneren

---

183   Vgl. *BGH* 13.11.1953 – 5 StR 342/53, BGHSt 5, 90, 91 f.; *BGH* wistra 1986, 174; *BGH* HFR 2010, 866; BGHR § 370 AO Abs. 1 Vorsatz 2, 4, 5.
184   Vgl. *BGH* HFR 2010, 866; a.A. *OLG München* 15.2.2011 – 4 StRR 167/10 m. Anm. *Roth* StRR 2011, 235.
185   *BFH* NJW 2008, 2941, 2942.
186   *BGH* BFH/NV 2010, 1071.

Vorstellungsbild des Täters gestützt hat. Hierbei zeigt sich regelmäßig, dass Vorgehensweisen, die den **Anschein einer bewussten Verschleierung** steuerlicher Sachverhalte erzeugen können, zur Begründung des Eventualvorsatzes herangezogen werden. Der *BGH* hat in der Vergangenheit u.a. auf **abweichende Geschäftsabläufe** oder Verschleierungen innerhalb der Lieferkette im Buch- und Belegwesen als Anhaltspunkt für den Vorsatz gewertet.[187] Ferner soll nach dem BGH bei Kaufleuten auch der Umgang mit **Erkundigungspflichten** für den Eventualvorsatz relevant sein. Informiert sich ein Kaufmann nicht über die in seinem Gewerbe bestehenden steuerrechtlichen Pflichten, soll dies auf seine Gleichgültigkeit hinsichtlich der Erfüllung dieser Pflichten hindeuten können. Der BGH weist darauf hin, dass der Steuerpflichtige „in Zweifelsfällen" zuverlässigen **Rechtsrat** einholen muss. Das Erfordernis nach Information und ggf. externer Beratung durch einen Spezialisten ist zwar etwa aus Handlungsempfehlungen für Compliance-Beauftragte nicht unbekannt, birgt aber Unsicherheiten. Denn unter welchen Voraussetzungen ein zur Einholung von Rechtsrat verpflichtender **Zweifelsfall** vorliegt, ist bisher nicht geklärt; rechtliche Zweifelsfälle dürften zudem gerade im Steuerrecht eher Regel als Ausnahme sein. Ebenso wenig ist geklärt, auf welche Weise der Kaufmann dokumentieren kann, dass er sich über die ihn betreffenden steuerrechtlichen Pflichten informiert hat oder unter welchen Voraussetzungen ein dem Kaufmann ggf. erteilter Rechtsrat „zuverlässig" ist. Die Abgrenzung des Eventualvorsatzes zur straflosen Fahrlässigkeit und zur ordnungswidrigen Leichtfertigkeit (§ 378 AO) bleibt also weiterhin fließend, wobei sich diese Rechtsunsicherheit in der Praxis regelmäßig als Nachteil für den Steuerpflichtigen erweist. Als Grundregel wird man jedoch festhalten dürfen, dass an den Nachweis des Vorsatzes umso höhere Anforderungen zu stellen sind, je steuerlich komplexer sich der Sachverhalt darstellt.[188]

G. Rechtsfolgen der Steuerhinterziehung

I. Strafe

1. Begriff und Arten von Strafe

Unter **Strafe** wird eine missbilligende hoheitliche Reaktion auf ein **schuldhaftes** Verhalten verstanden.[189] Aus der Verknüpfung zwischen Schuld im Sinne persönlicher Vorwerfbarkeit[190] und Strafe folgt, dass ausschließlich natürliche Personen, nicht aber Verbände (z.B. juristische Personen wie AG, GmbH etc.) in diesem Sinne „bestraft" werden können. Ein Verbandsstrafrecht, das die Verhängung von Strafe gegen Verbände ermöglicht, existiert bisher lediglich im Stadium sehr kontrovers diskutierter Entwürfe. Gleichwohl können bereits nach geltendem Recht auch gegen Verbände als Reaktion auf rechtswidrige Handlungen Sanktionen verhängt werden. Insbesondere die Verbandsgeldbuße (§ 30 OWiG) oder der Verfall (§§ 73 StGB bzw. § 29a OWiG) spielen in der steuerstrafrechtlichen Praxis eine erhebliche Rolle; exemplarisch seien die Verbandsgeldbußen erwähnt, die aufgrund des gegen Mitarbeiter erhobenen Vorwurfs der Beihilfe zur Steuerhinterziehung gegen Schweizer Banken verhängt wurden. Allerdings knüpfen diese sog. unternehmensbezogenen Sanktionen stets an das persönliche Fehl-

114

---

187 Vgl. *BGH* 20.10.2011 – 1 StR 41/09.
188 Ähnlich wohl Schaumburg/Peters/*Peters* Internationales Steuerstrafrecht, Rn. 10.124; vgl. auch *Cornelius* Die Verbotsirrtumslösung zur Bewältigung unklarer Rechtslagen, GA 2015, 101 ff.
189 Vgl. *BVerfGE* 105, 135, 157.
190 Vgl. *Fischer* § 46 Rn. 5 m.w.N.: Schuld ist als *„das individuelle Maß des Vorwurfs zu verstehen, der dem Täter für die konkrete Tat zu machen ist."*

verhalten natürlicher Personen (Gesellschaftsorgane, Leistungspersonen etc.) an, so dass Grundlage der Sanktion letztlich doch wieder die persönliche Vorwerfbarkeit ist. Das deutsche Strafrecht kennt auf der Rechtsfolgenseite für natürliche Personen nicht ausschließlich, aber insbesondere die **Freiheitsstrafe** und die **Geldstrafe**.

115 Die **Freiheitsstrafe** ist zeitig, wenn das Gesetz nicht lebenslange Freiheitsstrafe androht (§ 38 Abs. 1 StGB). Das Höchstmaß der zeitigen Freiheitsstrafe beträgt nach dem StGB fünfzehn Jahre, ihr Mindestmaß einen Monat (§ 38 Abs. 2 StGB). Die konkrete Strafdrohung ist jedoch den einzelnen Straftatbeständen unter Berücksichtigung dort getroffener Regelung für Verschiebungen des Strafrahmens (z.B. in besonders schweren Fällen) zu entnehmen.

a) Geldstrafe

116 Die Geldstrafe wird nach § 40 Abs. 1 StGB in sog. **Tagessätzen** verhängt. Sie beträgt mindestens fünf und, wenn das Gesetz nichts anderes vorsieht, höchstens 360 volle Tagessätze. Die **Zumessung** einer Geldstrafe erfolgt in zwei Schritten.

117 Im **ersten Schritt** muss das Gericht die **Anzahl** der Tagessätze festlegen. Hierbei handelt es sich um den eigentlichen Schritt der Strafzumessung, der zunächst lediglich mit Blick auf die Tat und grundsätzlich ohne Rücksicht auf die wirtschaftlichen Verhältnisse des Täters vollzogen wird.[191] Etwas anderes kann jedoch gelten, wenn die wirtschaftliche Situation des Täters den Unrechts- oder Schuldgehalt seiner Tat beeinflusst (z.B. Handeln aus wirtschaftlicher Not). Das **Mindestmaß** einer Geldstrafe sind fünf, das **Höchstmaß** sind grundsätzlich 360 Tagessätze. Ausnahmen gelten für **obligatorische Strafmilderungen** (§ 49 Abs. 1 Nr. 2 StGB), was im Steuerstrafrecht insbesondere für den **Gehilfen** (§ 27 Abs. 2 StGB) relevant sein kann; das Höchstmaß sind dann grundsätzlich 270 Tagessätze. Im Fall einer Gesamtstrafe (§ 54 Abs. 2 StGB) beträgt das Höchstmaß 720 Tagessätze. Die Zahl der Tagessätze kann für den Beschuldigten zumindest dann von erheblicher Bedeutung sein, wenn die Möglichkeit besteht, dass maximal 90 oder weniger Tagessätze verhängt werden. Denn in diesen Fällen erfolgt keine Eintragung in das Bundeszentralregister bzw. der Beschuldigte darf sich gem. § 53 Abs. 1 Nr. 1 BZRG weiterhin als „unbestraft" bezeichnen. Maßgebend für die Anzahl der Tagessätze sind die allgemeinen Strafzumessungskriterien (insb. § 46 StGB). Äußerst fraglich ist der Versuch einer „Umrechnung" der hypothetisch zu verhängenden Freiheitsstrafe in eine Geldstrafe nach dem Maßstab „ein Tag Freiheitsstrafe gleich ein Tagessatz Geldstrafe",[192] dieser Ansatz überzeugt schon deshalb nicht vollständig, weil der Entzug von Freiheit einen qualitativ anderen, i.d.R. wesentlich intensiveren Eingriff in die Grundrechte bedeutet. Auch lässt sich der individuelle Wert von Freiheit nicht allgemein gültig beziffern, was sich u.a. auch daran zeigt, dass mancher Beschuldigte eher eine Freiheitsstrafe akzeptiert, deren Vollstreckung zur Bewährung ausgesetzt wird, als eine Geldstrafe, die sein Vermögen tatsächlich schmälert.[193]

118 Im **zweiten Schritt** legt das Gericht die **Höhe** der Tagessätze fest. Hier werden erstmals die wirtschaftlichen Verhältnisse des Beschuldigten berücksichtigt. Es soll sichergestellt werden, dass den Vermögenden die Folgen seines Verhaltens ebenso spürbar treffen wie einen weniger bemittelten Beschuldigten. Die Feststellung der wirtschaftlichen Verhältnisse erfolgt nach dem **Nettoeinkommensprinzip**. Dies bedeutet, dass ein Nettoeinkommen des Täters als Saldo der anzurechnenden Einkünfte und der abziehbaren Belastungen zu bilden ist. Hinsichtlich des

---

191 AnwK-StGB/*Matthies/Scheffler* § 40 Rn. 10 m.w.N.
192 So aber Schaumburg/Peters/*Peters* Internationales Steuerstrafrecht Rn. 10.214.
193 Kritisch insb. auch zum sog. „Ausweichen in die Freiheitsstrafe" AnwK-StGB/*Matthies/Scheffler* § 40 Rn. 23, 38.

Einkommens gelten im Strafrecht andere Begriffe als im Steuerrecht,[194] so dass insbesondere ein zu versteuerndes Einkommen, welches sich ggf. aus einem Steuerbescheid ergibt, nicht ohne weiteres in das Strafverfahren übernommen werden kann. Das Einkommen in strafrechtlicher Hinsicht umfasst alle Einkünfte aus selbständiger und nichtselbständiger Arbeit sowie aus sonstigen Einkunftsarten; Gewinne und Verluste sind i.d.R. zu saldieren. Es ist **alles** einzubeziehen, was der Täter im Rahmen seiner Lebenssituation an Einkünften hat oder haben könnte (potenzielles Einkommen), wobei insoweit jedoch lediglich das **zumutbar erzielbare Einkommen** heranzuziehen ist. Entscheidend ist, ob der Täter bewusst sein Einkommen herabsetzt. Letzteres kann z.B. der Fall sein, wenn der Beschuldigte seine Erwerbstätigkeit mit dem Zweck einstellt oder reduziert, im maßgeblichen Zeitpunkt der Entscheidung des Gerichts kein oder nur ein geringes Einkommen auszuweisen.

Das **Vermögen** spielt bei der Ermittlung der Tagessatzhöhe grundsätzlich keine Rolle, weil die **119** Geldstrafe nicht den Zweck hat, Vermögen abzuschöpfen. Soweit zum Teil diskutiert wird, ob Vermögende bei Verhängung einer Geldstrafe privilegiert werden, weil ein finanzielles Opfer sie nicht in derselben Intensität trifft wie weniger Vermögende und in der Folge gefordert wird, dass die Zahl der Tagessätze zur Herstellung von „Opfergleichheit" bei vermögenden Personen „am oberen Rand des Schuldrahmens abgesteckt" werden müsse,[195] weckt dies Unbehagen. Zum einen ist eine solche Forderung schwerlich mit der Erkenntnis zu vereinbaren, dass sich die Strafe nach der Schwere der Schuld richtet;[196] eine Steuerhinterziehung respektive der ihr innewohnende Angriff auf das staatliche Vermögen wiegt aber nicht schwerer, wenn der Täter vermögend ist. Zum anderen wäre die infolge einer solchen Aufweichung des Nettoeinkommensprinzips gesteigerte Gefahr willkürlicher Entscheidungen nicht zu unterschätzen; bereits jetzt äußern Ermittlungspersonen zuweilen Erwartungen, die von der konkreten Tat entkoppelt und von vorhandenem Vermögen befördert sind.[197] Schließlich dürfte nicht mit genügender Bestimmtheit zu quantifizieren sein, wann eine Person als „vermögend" gilt und lässt sich auch das individuell subjektive Empfinden über die infolge einer Geldstrafe erlittene Einbuße (i.S. einer Strafempfindlichkeit) nicht generalisieren. Lediglich am Rande sei der Eindruck geäußert, dass es nicht selten gerade wohlhabende Personen sind, die Schmälerungen ihres Vermögens durch Steuern, Sanktionszahlungen etc. sensibel wahrnehmen.[198]

Unter den Voraussetzungen von § 41 StGB ist es möglich, eine **Geldstrafe neben** einer **Frei-** **120** **heitsstrafe** zu verhängen. Die Vorschrift hat grundsätzlich Ausnahmecharakter, gewinnt aber gerade im Steuerstrafrecht, wo typischerweise eine Bereicherung des Steuerpflichtigen stattfindet, zunehmend Bedeutung. Insbesondere in Konstellationen, in denen der Täter mit einer Freiheitsstrafe zu rechnen hat, deren Vollstreckung nicht mehr zur **Bewährung** ausgesetzt werden kann, ermöglicht die zusätzliche Geldstrafe u.U. eine entsprechende Reduzierung der Freiheitsstrafe. Nach der Rechtsprechung darf dies jedoch nicht der einzige Zweck sein; erforder-

---

194 *Fischer* StGB § 40 Rn. 7
195 Vgl. jedoch AnwK-StGB/*Matthies/Scheffler* § 40 Rn. 24: „*Ist der Täter vermögend, so wird ihn, weil das Vermögen die Tagessatzhöhe nach h.M. nur unwesentlich beeinflusst, die Warn- und Denkzettelfunktion der Geldstrafe relativ wenig erreichen. Um hier wenigstens ansatzweise Opfergleichheit herzustellen, ist es geboten, unter dem Gesichtspunkt der Strafempfindlichkeit die Zahl der Tagessätze am oberen Rand des Schuldrahmens abzustecken.*"
196 Nicht ganz konsistent daher AnwK-StGB/*Matthies/Scheffler* § 40 Rn. 10, 24.
197 Exemplarisch seien die insb. bei Verhandlungen über Einstellungen des Verfahrens gegen Geldauflagen keineswegs seltenen Formulierungen von Ermittlern genannt, dass „*er* (der Mandant) *es ja hat*" oder sich „*das* (Verfahrensergebnis) *aber ordentlich was kosten lassen*" müsse.
198 Worin im Übrigen nicht selten gerade das Motiv für die Hinterziehung von Steuern zu suchen ist.

lich ist vielmehr, dass das Nebeneinander von Freiheits- und Geldstrafe der Tat und dem Täter insgesamt besser gerecht wird.[199]

b) Freiheitsstrafe

121   Alle Steuerstraftaten werden mit Freiheitsstrafe allein oder wahlweise mit Freiheits- oder Geldstrafe geahndet. Bei den Strafrahmen ist zu differenzieren:

- Für den **einfachen** Fall der Steuerhinterziehung eröffnet § 370 Abs. 1 AO einen Strafrahmen von Geldstrafe oder Freiheitsstrafe bis zu fünf Jahren.
- Im **besonders schweren** Fall verschiebt sich der Strafrahmen auf Freiheitsstrafe von sechs Monaten bis zu zehn Jahren.
- Einen minder schweren Fall mit der Folge einer gesetzlichen Strafmilderung gibt es bei der Steuerhinterziehung nicht.[200]

2. Zumessung von Strafe

122   Strafzumessung ist die Bestimmung der konkreten Strafe im **Einzelfall**, die auf einer Gesamtbetrachtung von Tatgeschehen und Täterpersönlichkeit beruht.[201] Der Vorgang der Strafzumessung ist in einzelne Phasen einzuteilen und setzt im Wesentlichen drei Einzelakte voraus. Zunächst hat das Gericht den anzuwendenden gesetzlichen Strafrahmen festzulegen. Bereits an dieser Stelle öffnen sich dem Gericht erhebliche Spielräume zwischen niedriger Geld- und langer Haftstrafe. Sodann hat das Gericht die konkreten Strafzumessungstatsachen zu ermitteln und im Urteil darzulegen. Schließlich hat es die zu verhängende Strafe nach Art und Höhe zu bestimmen, also die Strafe i.e.S. zuzumessen.[202] Dies geschieht durch eine Abwägung aller für und gegen den Täter sprechenden Strafzumessungsgesichtspunkte. Die Strafzumessung ist demzufolge stets Sache des erkennenden Gerichts. Es ist seine ureigene Aufgabe, auf der Grundlage des umfassenden Eindrucks, den es in der Hauptverhandlung von der Tat und der Persönlichkeit des Täters gewonnen hat, die wesentlichen entlastenden und belastenden Umstände festzustellen, sie zu bewerten und hierbei gegeneinander abzuwägen. Ein Eingriff des Revisionsgerichtes in diese Einzelakte der Strafzumessung ist in der Regel nur möglich, wenn die Zumessungserwägungen in sich fehlerhaft sind, wenn das Tatgericht gegen rechtlich anerkannte Strafzwecke verstößt oder wenn sich die verhängte Strafe nach oben oder unten von ihrer **Bestimmung** löst, **gerechter Schuldausgleich** zu sein.[203] Damit kommt den erkennenden Richtern eine enorme Verantwortung zu, aus dem Rahmen, den das Gesetz eröffnet, die im Einzelfall gerechte Strafe zu finden. Dieser Vorgang kann denknotwendig nicht schematisch sein, sondern setzt die Anwendung eines **Spielraumes** durch das insoweit nach seinem Ermessen entscheidende Tatgericht voraus. Ob dies im Bereich der Fiskaldelikte und insbesondere für die Steuerhinterziehung noch so uneingeschränkt gewährleistet ist, muss angesichts der vielfach missverstandenen Rechtsprechung des BGH indes bezweifelt werden, vgl. Rn. 124 ff.

123   Grundlage jeder konkreten Zumessung einer Strafe ist die **persönliche Schuld** des Täters. Innerhalb des anzuwendenden Strafrahmens ist die Strafe auf der Grundlage der individuellen Schuld des Täters unter Berücksichtigung der Strafzwecke und des Schutzzwecks des verwirk-

---

199   AnwK-StGB/*Matthies/Scheffler* § 41 Rn. 16 f. m.w.N.
200   Vgl. aber die minder schweren Fälle bei anderen Steuerstraftaten nach § 373 Abs. 1 S. 2 (Schmuggels) oder § 374 Abs. 2 S. 2 (Steuerhehlerei).
201   *Fischer* StGB § 46 Rn. 14 m.N. aus der Rspr. des BGH.
202   Vgl. eingehend Flore/Tsambikakis/*Rübenstahl* § 46 StGB Rn. 10 ff.
203   Ständige Rspr. vgl. *BGH* NStZ 2014, 105 ff.

lichten Tatbestands zu bestimmen. Der BGH vertritt hierzu die sog. Spielraumtheorie, nach der sich aus dem **Schuldmaß** zwar **keine feste Strafgröße** für eine konkrete Tat, wohl aber ein gegenüber dem gesetzlichen Strafrahmen konkretisierter Schuldrahmen finden lässt. Innerhalb dessen ist hiernach die schuldangemessene Strafe für die konkrete Tat zuzumessen.[204]

3. Die Höhe der Steuerverkürzung

Nach Auffassung des BGH kommt bei der Steuerhinterziehung den „verschuldeten Auswirkungen der Tat" (§ 46 Abs. 2 S. 2 StGB) bei der Strafzumessung ein besonderes Gewicht zu. Die Auswirkungen der Tat bestehen insbesondere in dem Grad der Beeinträchtigung des geschützten Rechtsgutes. Da § 370 AO das Interesse des Staates am rechtzeitigen und vollständigen Aufkommen der Steuern schütze, sei die Höhe der verkürzten Steuern ein bestimmender Strafzumessungsgrund. In einer Grundsatzentscheidung vom 2.12.2008 hat der BGH insbesondere entschieden: **124**

- Bei Verkürzungsbeträgen von mehr als 100.000 € sei eine **Geldstrafe** nur dann noch tat- und schuldangemessen, wenn gewichtige Milderungsgründe vorliegen.[205]
- Bei Verkürzungsbeträgen von mehr als 1 Mio. € soll eine **bewährungsfähige Freiheitsstrafe** nur verhängt werden können, wenn besonders gewichtige Milderungsgründe vorliegen. Bei mehrfacher tateinheitlicher Verwirklichung des Tatbestandes addiert die Rechtsprechung das Ausmaß des jeweiligen Taterfolgs.[206]

Diese Rechtsprechung hat der BGH in den vergangenen Jahren mehrfach bestätigt.[207] Für die Praxis ist sie ebenso maßgeblich wie unglücklich. Zwar ergibt sich aus den hierzu ergangenen Entscheidungen gerade **nicht**, dass die genannten Beträge starre oder zwingende Wertgrenzen sind, zumal dies mit §§ 46 ff. StGB ersichtlich nicht vereinbar wäre. Vielmehr betont der BGH immer wieder, dass Strafe gerechter Ausgleich für individuelle Schuld sein muss und sie sich von diesem Zweck weder nach unten noch nach oben lösen darf.[208] Auch ist völlig klar, dass sich eine Betrachtung individueller Schuld nicht ersetzen lässt, indem ein Gericht die Höhe des Steuerschadens feststellt und darauf bezogen eine Strafe verhängt.[209] Allerdings wird die Rechtsprechung des BGH in der Praxis vielfach eben doch als starre Wertgrenze interpretiert.[210] Innerhalb der Finanzverwaltung kursieren tabellarische Aufstellungen, aus denen sich die vermeintlich „richtige" Strafe in Abhängigkeit vom Verkürzungsbetrag ergibt; auch Staatsanwaltschaften verfügen über sog. „Haustarife", die in nahezu vollständiger Akzessorietät zum Verkürzungsbetrag stehen.[211] Zwar sind solche behördeninternen Vorgaben nach zutreffender Ansicht für die Gerichte bedeutungslos. Gleichwohl ist nicht zu verkennen, dass die zitierte Rechtsprechung die Gefahr einer vom individuellen Schuldmaß entkoppelten Strafzumessung „nach Tarif" geschaffen[212] und dazu geführt hat, dass die Schadensfrage das Steuerstrafverfahren dominiert. **125**

---

204 *Fischer* § 46 StGB Rn. 20 m.N.
205 *BGH* NJW 2009, 528.
206 *Klein/Jäger* § 370 AO Rn. 280.
207 Vgl. die Nachweise bei *Klein/Jäger* § 370 AO Rn. 281.
208 Vgl. *BGH* NStZ 2014, 154 ff.
209 Vgl. Schaumburg/Peters/*Peters* Internationales Steuerstrafrecht, Rn. 10.211: „Denn allein die Höhe der hinterzogenen Beträge besagt noch nichts über den individuellen Schuldvorwurf."
210 Vgl. aber *Schäfer/Sander/van Gemmeren* Rn. 1842: „quasigesetzliche Richtlinien zur Strafzumessung".
211 Vgl. die Kritik sowie die tabellarischen Übersichten bei Kohlmann/*Schauf* § 370 Rn. 1075 ff.
212 Kohlmann/*Schauf* § 370 Rn. 1078.

4. Besonders schwere Fälle

126 Ein besonders schwerer Fall der Steuerhinterziehung kommt insbesondere in Betracht, wenn eines der in § 370 Abs. 3 Nr. 1–5 AO genannten **Regelbeispiele** vorliegt. Es besteht dann eine **widerlegbare Vermutung** für einen besonders schweren Fall; diese kann jedoch in einer Gesamtwürdigung der strafzumessungsrelevanten Umstände entfallen.[213]

a) Großes Ausmaß

127 In der Praxis spielt die Steuerverkürzung **„in großem Ausmaß"** nach § 370 Abs. 3 Nr. 1 AO eine zentrale Rolle. Nach dem BGH liegt ein großes Ausmaß bei einer Steuerverkürzung ab **50.000 €** vor.[214] Beschränkt sich das Verhalten des Täters darauf, die Finanzbehörden pflichtwidrig über steuerlich erhebliche Tatsachen in Unkenntnis zu lassen (§ 370 Abs. 1 Nr. 2 AO) und gefährdet er hierdurch den Steueranspruch, ist das große Ausmaß erst ab einem Betrag von **100.000 €** erreicht.[215] Ob nach den genannten Werten ein besonders schwerer Fall vorliegt, entscheidet zunächst über den Strafrahmen, der dem Gericht als Ausgangspunkt für die Zumessung einer konkreten Strafe zur Verfügung steht. Der Regelstrafrahmen verschiebt sich gem. § 370 Abs. 3 AO auf Freiheitsstrafe von sechs Monaten bis zu zehn Jahren.

128 Jenseits dessen ist die Wertgrenze bei der Bestimmung der **Strafverfolgungsverjährung** zu beachten. Gem. § 376 Abs. 1 AO beträgt die Verjährungsfrist in Fällen besonders schwerer Steuerhinterziehung zehn Jahre. Insoweit verdient es Beachtung, dass der BGH insoweit allein darauf abstellt, ob nach **aktuell geltender Fassung** von § 370 Abs. 3 AO ein besonders schwerer Fall vorliegt. Unbeachtlich soll für die Strafverfolgungsverjährung sein, ob zur Tatzeit ein Regelbeispiel vorlag.[216]

b) Bandenmäßige Begehung

129 Ein besonders schwerer Fall liegt auch dann vor, wenn der Täter als Mitglied einer **Bande** handelt, die sich zur fortgesetzten Begehung von Taten nach § 370 Abs. 1 AO verbunden hat, **Umsatz- oder Verbrauchsteuern** verkürzt oder entsprechende Steuervorteile erlangt. Das Regelbeispiel erfasst ausdrücklich nur USt und Verbrauchsteuern; andere Steuerarten können allenfalls ausnahmsweise den erweiterten Strafrahmen nach § 370 Abs. 3 AO eröffnen. Eine Bande ist ein Zusammenschluss von mindestens 3 Personen, die sich für eine gewisse Dauer ausdrücklich oder stillschweigend zur Verübung fortgesetzter, im Einzelnen noch ungewisser Straftaten verbunden hat.[217]

130 Beachtung verdient auch der Umstand, dass die bandenmäßig begangene Steuerhinterziehung bei Umsatz- und Verbrauchsteuern als sog. Anlasstat für Maßnahmen der **Telekommunikationsüberwachung** (§ 100a Abs. 2 Nr. 2 StPO) gilt. Diese kommen jedoch nur in Betracht, wenn ein auf Tatsachen gestützter Verdacht einer solchen Straftat (§ 100a Abs. 1 Nr. 1 StPO) vorliegt, die Tat auch im Einzelfall schwer wiegt (§ 100a Abs. 1 Nr. 2 StPO) und die Erforschung des Sachverhalts oder die Ermittlung des Aufenthaltsorts des Beschuldigten auf andere Weise wesentlich erschwert oder aussichtslos wäre (§ 100a Abs. 1 Nr. 3 StPO).[218]

---

213 *Klein/Jäger* § 370 AO Rn. 277.
214 *BGH* 2.12.2008 – 1 StR 416/08.
215 *BGH* 2.12.2008 –1 StR 416/08; Quedenfeld/Füllsack/*Krauter* Rn. 205.
216 *BGH* 5.3.2013 – 1 StR 73/13; zur Kritik vgl. nur C. *Dannecker* NZWiSt 2014, 6 ff. m.w.N.
217 *BGHSt* GrS 46, 321; *Klein/Jäger* § 370 AO Rn. 299.
218 *Klein/Jäger* § 370 AO Rn. 450.

5. Strafzumessungserwägungen

Soweit es nach dem BGH je nach Konstellation auf „gewichtige" oder „besonders gewichtige" **131**
Milderungsgründe ankommt, können insbesondere, aber nicht ausschließlich, die folgenden
Umstände **zugunsten** des Beschuldigten in Betracht zu ziehen sein:[219]

- Relation der hinterzogenen Steuern zu der gesamten steuerbaren Tätigkeit;
- Steuerehrlichkeit über einen längeren Zeitraum;
- steuerliche Lebensleistung;
- Verhalten nach Tatentdeckung, insbesondere eine geständige Einlassung;
- ggf. „verunglückte" Selbstanzeige (z.B. infolge undolosen Verhaltens unvollständig);
- Nachzahlung der Steuern oder ernsthafte Bemühungen ggf. strafmildernd zu berücksichtigen;
- Zweck der Hinterziehung (Eigennutz oder Erhalt des Unternehmens etc.);
- negative berufliche Konsequenzen (z.B. Maßnahmen einer Berufsaufsicht).

Die **Nachzahlung** der verkürzten Steuern soll nach dem BGH nicht besonders ins Gewicht fal- **132**
len, wenn der Täter sie „ohne besondere Anstrengungen" und „ohne Einschränkung seiner
Lebensführung" bewirken kann. Eine so weitgehende Entwertung der Nachzahlung ist unter
dem Gesichtspunkt der Schadenswiedergutmachung kaum ohne dogmatische Verzerrungen
zu begründen. Ferner soll der Täter-Opfer-Ausgleich (§ 46a StGB) bei Steuerstraftaten grundsätzlich nicht anzuwenden sein. Was für § 46a Nr. 1 StGB, der den Ausgleich immaterieller
Schäden meint, einleuchten mag, ist für § 46a Nr. 2 StGB, der eine fakultative Strafmilderung
für den Fall der Schadenswiedergutmachung regelt, nicht so klar. In der Literatur wird darauf
hingewiesen, dass der Gesetzgeber die Vorschrift des § 46a StGB nicht auf bestimmte Deliktsgruppen beschränkt hat.[220]

Zu **Ungunsten** des Beschuldigten werden regelmäßig die folgenden Umstände herangezogen: **133**

- aufwändige Hinterziehungsstrukturen,
- Verstrickung weiterer Personen,
- Hinterziehung als Geschäftsmodell,
- langer Zeitraum steuerunehrlichen Verhaltens,
- Manipulation von Belegen oder Unterlagen,
- Aufbau von Strukturen im Ausland zur Verschleierung.

Die Relation von Geschäftsvolumen und Steuerschaden kann insbesondere in die erforderliche **134**
Gesamtwürdigung eingestellt werden, ob trotz Vorliegens eines benannten Regelbeispiels im
Einzelfall kein besonders schwerer Fall gegeben ist.[221]

II. Steuerliche Haftung

Nach § 71 AO haftet für die verkürzten Steuern und die Zinsen nach § 235 AO, wer eine Steu- **135**
erhinterziehung begeht oder an einer solchen Tat teilnimmt.[222] Die Norm bezweckt einen
umfassenden Ausgleich des Schadens, der dem Steuerfiskus durch die Tat entstanden ist.

Die Haftung setzt voraus, dass der objektive und der subjektive Tatbestand der Steuerhinter- **136**
ziehung – mithin alle Merkmale von § 370 AO – erfüllt sind. Insoweit trägt das FA die Feststel-

---

219 Vgl. auch *Adick* PStR 2012, 121 ff.
220 Schaumburg/Peters/*Peters* Internationales Steuerstrafrecht, Rn. 10.222.
221 *Klein/Jäger* § 370 AO Rn. 282; Quedenfeld/Füllsack/*Krauter* Rn. 210.
222 Vgl. ausführlich *Gehm* NZWiSt 2014, 93 ff.

lungslast.[223] Sind die tatbestandlichen Voraussetzungen von Normen des materiellen Straf-rechts – hier insbesondere § 370 AO – bei der Anwendung steuerrechtlicher Vorschriften von dem FA oder dem FG festzustellen, sind verfahrensrechtlich die Vorschriften der AO und der FGO maßgeblich. Gleichwohl ist der Zweifelssatz (in dubio pro reo) zu beachten, weil die steuerliche Haftung materiell das Vorliegen strafrechtlicher Schuld voraussetzt. Allerdings ist bezüglich des Vorliegens einer Steuerhinterziehung kein höherer Grad von Gewissheit erfor-derlich als für die Feststellung anderer Tatsachen, für die das FA die Feststellungslast trägt.[224]

137   Liegt bereits eine strafgerichtliche Entscheidung vor, sind das FA oder das FG an die tatsächli-chen Feststellungen nicht gebunden. Weder steht ein **Freispruch** dem Erlass eines Haftungsbe-scheides entgegen[225] noch ist das FG gehindert, sich die Feststellungen des Strafgerichts zu eigen zu machen, auf denen die **Verurteilung** wegen Steuerhinterziehung beruht. Erforderlich ist dann jedoch, dass es nach dem Gesamtergebnis des Verfahrens (§ 96 Abs. 1 S. 1 FGO) die Überzeugung gewinnt, dass die Feststellungen in dem vorliegenden Strafurteil richtig sind.[226] Eine **Einstellung** des Steuerstrafverfahrens gegen Auflagen (§ 153a StPO) lässt keinen Schluss darauf zu, dass eine Steuerstraftat begangen wurde. Insbesondere kann aus der nach dem Tat-bestand erforderlichen Zustimmung des Beschuldigten nicht hergeleitet werden, dass er den Tatvorwurf ganz oder in Teilen einräumt. Die Zustimmung zu einer Verfahrenseinstellung kann auch nicht als „schwaches Indiz" für eine Steuerstraftat herangezogen werden;[227] eine andere Auslegung wäre mit der Unschuldsvermutung, die nach dem BVerfG in vollem Umfang fortbesteht,[228] nicht in Einklang zu bringen und liefe auf eine Geständnisfiktion hinaus.

138   Bezieht sich die Haftung auf eine Vielzahl von Taten, ist zu verlangen, dass das FG diese Taten **individuell und konkret** feststellt.[229] Insbesondere reicht es nicht aus, dass eine Haftung auf Erwägungen zur Wahrscheinlichkeit gestützt wird, mit der Steuerstraftaten begangen wurde. In seiner Entscheidung vom 15.1.2013[230] hat der BFH ausgeführt, dass die „hinreichend sichere Annahme" einer Steuerhinterziehung im Sinne einer „gruppenbezogenen Betrach-tung" zur Begründung der Haftung nach § 71 AO im Gesetz keine Stütze findet. Die Anwen-dung materiellen Strafrechts erfordert es, den Einzelfall zu betrachten. Im Entscheidungsfall hatte das FA den Standpunkt eingenommen, der Beklagte – ein Mitarbeiter einer Luxembur-ger Bank – hafte nicht nur für Beihilfe zur Steuerhinterziehung enttarnter, sondern auch für (angebliche) Steuerhinterziehung anonym gebliebener Bankkunden, weil eine gewisse Wahr-scheinlichkeit dafür spreche, dass auch diese Steuerstraftaten begangen hätten.

139   Die Haftung nach § 71 AO reicht soweit, wie der Vorsatz gereicht hat.[231] War vom Vorsatz des Haupttäters ein höherer Schaden umfasst als vom Vorsatz eines Teilnehmers, haftet dieser auch nur teilweise.[232] Die Haftungsquote zu ermitteln ist Sache der Finanzbehörde. Insoweit treffen den potenziellen Haftungsschuldner die Mitwirkungspflichten aus §§ 90, 93 AO; der *nemo-tenetur*-Grundsatz gilt im reinen Steuerrecht nicht. Gegen das Auskunftsersuchen der Finanzverwaltung, das als Verwaltungsakt ergeht, ist jedoch der Einspruch statthaft. Alternativ

---

223   *Klein/Rüsken* § 71 AO Rn. 6.
224   *BFH* 7.11.2006, VIII R 81/04; vgl. auch *FG Münster* NZWiSt 2014, 312 (m.Anm. *Wedler/Bülte*).
225   *Klein/Rüsken* § 71 AO Rn. 6
226   Vgl. *Klein/Rüsken* § 71 AO Rn. 6 mit Verweis auf *FG Berlin* EFG 99/680.
227   So aber *Klein/Rüsken* § 71 AO Rn. 6.
228   *BVerfG* 29.5.1990 – 2 BvR 254/88; vgl. auch *VerfGH Berlin* 20.6.2014 – 128/12.
229   Vgl. *Klein/Rüsken* § 71 AO Rn. 7a: „noch nicht restlos geklärt".
230   *BFH* PStR 2013, 146 m.Anm. *Adick/Höink*.
231   *Gehm* NZWiSt 2014, 93, 95.
232   *BFH* BeckRS 1991, 06503; BeckRS 2006, 25009840.

kann die Finanzbehörde die Haftungsquote schätzen.[233] Der Haftungsanspruch ist durch **Haftungsbescheid** (§ 191 AO) geltend zu machen. Das Auswahlermessen des FA ist insoweit vorgeprägt, als die Haftung vorrangig gegenüber dem Täter geltend zu machen ist.[234] Ergeht ein Haftungsbescheid und spricht das Strafgericht vom Vorwurf der Steuerhinterziehung frei, hat das FA zu prüfen, ob der Bescheid ganz oder teilweise zurückgenommen werden muss. Eine Bindung des FA an die Entscheidung des Strafgerichts besteht jedoch nicht.[235]

III. Nebenfolgen

Eine Verurteilung oder der Erlass eines Strafbefehls wegen Steuerhinterziehung können für den Täter empfindliche außerstrafrechtliche Folgen haben. Im Einzelfall kann die berufliche und wirtschaftliche Existenz gefährdet sein. Je nach Berufsgruppe ist insbesondere unter dem Gesichtspunkt gesetzlich angeordneter, branchentypischer **Zuverlässigkeitskriterien** an Folgendes zu denken: **140**

- Bei **Beamten** werden auch außerdienstliche Steuerhinterziehungen als Dienstvergehen angesehen; jedenfalls bei Verkürzungsbeträgen von mehr als 1 Mio. € erkennt das BVerfG eine Entfernung aus dem Beamtenverhältnis oder die Aberkennung des Ruhegehaltes als verhältnismäßig an. Unterhalb dieser Schwelle ist das ganze Sanktionsinstrumentarium des Disziplinarrechts eröffnet.
- Bei **Steuerberatern**, die eine eigene Steuerhinterziehung begehen, liegt eine Berufspflichtverletzung (§ 57 Abs. 2 StBerG) vor, die mit berufsgerichtlichen Maßnahmen geahndet werden kann.
- Bei **Ärzten** können jedenfalls schwerwiegende, beharrlich begangene Steuerstraftaten zur Annahme der Unwürdigkeit und damit zum Widerruf der Approbation führen.[236]

Ferner können z.B. Gewerbe-, Personenbeförderungs-, Jagd- oder Waffenschein entzogen oder versagt werden.[237]   **141**

H. Besonderheiten im Strafverfahren und praktische Hinweise

Zu den Grundsätzen des Ermittlungsverfahrens in Steuersachen wird zunächst auf die ausführliche Darstellung im 4. Kapitel verwiesen. Nachstehend werden lediglich einige Punkte nochmals erläutert, die insbesondere aus Sicht der Verteidigung besonders relevant sind.   **142**

I. Beendigung des Ermittlungsverfahrens

Besteht nach Abschluss der Ermittlungen kein hinreichender Verdacht, weil eine vorsätzliche oder leichtfertige Steuerverkürzung nicht mit Sicherheit nachgewiesen werden kann, wird das Ermitt-   **143**

---

233 Vgl. *Gehm* NZWiSt 2014, 92, 95.
234 *Pahlke/Koenig/Intemann* § 71 AO Rn. 24.
235 *Pahlke/Koenig/Intemann* § 71 AO Rn. 28.
236 Vgl. *OVG Niedersachsen* MedR 2010, 578; *VGH München* 19.7.2013 – 21 ZB 12.2581.
237 Vgl. insoweit z.B. Schaumburg/Peters/*Peters* Internationales Steuerstrafrecht, Rn. 10.223 ff.; eingehend zu den Nebenfolgen der Steuerhinterziehung Flore/Tsambikakis/*Flore* § 370 AO Rn. 614 ff.

lungsverfahren eingestellt (§ 170 Abs. 2 StPO). Hat sich der Anfangsverdacht hingegen aus Sicht der Ermittlungsbehörde **erhärtet**, ergeben sich mehrere Möglichkeiten, vgl. hierzu 4. Kap. Rn. 60 ff. Das Ziel der Verteidigung wird zumeist darin bestehen, die Erhebung der Anklage abzuwenden und eine Beendigung ohne öffentliche Hauptverhandlung zu ermöglichen.

1. Einstellung gegen Auflagen

144 Eine in Wirtschafts- und Steuerstrafverfahren häufig angewendete Vorschrift ist § 153a StPO, die eine Einstellung des Verfahrens gegen (Geld-)Auflagen ermöglicht. Sie wird teils als „das Zaubermittel zur Erledigung von Steuerstrafsachen" gepriesen. Gleichwohl ermöglicht die Vorschrift entgegen einem in der öffentlichen Diskussion immer wieder geäußerten Verdacht mitnichten einen Freikauf vom Verfolgungsrisiko. Die Norm ermöglicht eine effiziente Erledigung von Verfahren,[238] was zum einen die Ressourcen der Strafjustiz schont und zum anderen die Interessen des Beschuldigten wahrt, dem in aller Regel an einem ggf. jahrelang dauernden Strafprozess mit allen Unwägbarkeiten, Reputationsrisiken etc. nicht gelegen ist. Erst recht ist § 153a StPO kein Sonderstrafrecht für eine angebliche Oberschicht, sondern – im Gegenteil – gerade in der amtsgerichtlichen Praxis massenhafter Erledigung von Bagatellkriminalität tief verankert. Insoweit ist zu betonen, dass die Rechtsprechung des BGH zur Strafzumessung bei Steuerhinterziehung einer Einstellung gegen Geldauflage auch dann nicht entgegensteht, wenn der Steuerschaden jenseits von 50.000 € bzw. 100.000 € liegt. Auch insoweit kommt es stets auf den Einzelfall an.[239] Für den Beschuldigten besteht ein erheblicher Vorteil der Einstellung nach § 153a StPO darin, dass die **Unschuldsvermutung** (Art. 6 Abs. 2 MRK) in vollem Umfang fortbesteht.[240] Eine Feststellung strafrechtlicher Schuld findet demnach nicht statt; insbesondere kann in der erforderlichen Zustimmung des Beschuldigten keine Geständnisfiktion gesehen werden. Die Beweggründe, einer Einstellung nach § 153a StPO zuzustimmen, können vielfältig sein. Soweit insbesondere auf Ebene des FA zuweilen versucht wird, aus dem Grad des im Zeitpunkt der Einstellung bestehenden Tatverdachts, der Höhe der akzeptierten Auflage etc. für das Besteuerungsverfahren dergestalt Honig zu saugen, dass sich die Position des Steuerpflichtigen verschlechtere, ist dem unter Hinweis auf die Rechtsprechung des BVerfG, die keinen Raum für solche Erwägungen eröffnet, entgegenzutreten. Auch das nicht seltene Ansinnen der Staatsanwaltschaften, dem Beschuldigten zunächst als Voraussetzung für eine Einstellung des Verfahrens ein Geständnis abzuverlangen, ist zu Recht als „vermehrt zu verzeichnende Unsitte" abgelehnt worden.[241]

145 Für die Höhe der Geldauflage existieren keine festen Tarife. Nach dem Wortlaut des Gesetzes muss die Auflage geeignet sein, das öffentliche Interesse an der Strafverfolgung zu beseitigen; zur Geringfügigkeit bei Einstellungen nach § 398 AO vgl. 4. Kap. Rn. 61. In der Praxis hat es sich durchgesetzt, insoweit die wirtschaftlichen Verhältnisse des Beschuldigten zu berücksichtigen, was letztlich zu einer gedanklichen Übertragung der Grundsätze zur Bemessung einer Geldstrafe führt. Andererseits gibt es Gerichtsbezirke, in denen sog. „**Haustarife**" gelten. Nicht nur weichen diese bundesweit zum Teil drastisch voneinander ab, was schon unter Gleichheitsgesichtspunkten äußerst bedenklich ist. Manche Staatsanwälte, Steuerfahnder etc. rühmen sich sogar in demselben Bundesland einer besonders harten Linie der eigenen Behörde. Dies führt dazu, dass gleichgelagerte Sachverhalte bei der Bemessung einer Geldauflage völlig

---

238 Vgl. BeckOK StPO/*Beukelmann* § 153a StPO Rn. 1.
239 Schaumburg/Peters/*Peters* Internationales Steuerstrafrecht, Rn. 10.200.
240 *BVerfG* NStZ-RR 1996, 168.
241 BeckOK StPO/*Beukelmann* § 153a StPO Rn. 2.

unterschiedlich berücksichtigt werden, je nachdem in welchem Bundesland oder gar Gerichtssprengel die Tat zur Aburteilung steht. Das insoweit festzustellende gesetzliche Regelungsdefizit verstärkt die Gefahr sachfremder Erwägungen. Im Behördenjargon wird mehr oder minder ernstgemeint von einer „orientalischen Phase" gesprochen, in die das Strafverfahren eintrete, sobald die Möglichkeit einer Verfahrenseinstellung gegen Auflagen zur Diskussion steht.[242] Tatsächlich können die jedem Praktiker vertrauten Gespräche über die Höhe einer Geldauflage durchaus Züge von Verhandlungen auf dem Basar tragen. Dass auf diese Weise Konkordanz zwischen den Rechten des Beschuldigten und dem Sanktionsanspruch des Staates erzielt wird, dürfte indes nicht nur Außenstehenden und rechtlichen Laien schwer zu vermitteln sein.

2. Tatsächliche Verständigung

Bestandteil von Gesprächen über die Verfahrenseinstellung sind oftmals auch Aspekte des   **146**
Besteuerungsverfahrens. Das Ziel der Verteidigung wird i.d.R. darin bestehen, das Verfahren umfassend – steuerlich und strafrechtlich – zu erledigen. Besondere Bedeutung kommt dabei regelmäßig einer tatsächlichen Verständigung über den steuerlich relevanten Sachverhalt zu. Eine **Tatsächliche Verständigung** ist im Gesetz nicht geregelt, durch die Rechtsprechung des BFH jedoch anerkannt.[243] Insoweit gilt Folgendes:

- Es ist zulässig, zwischen dem FA und dem Steuerpflichtigen eine Einigung über die Annahme eines bestimmten Sachverhaltes und über eine bestimmte Sachbehandlung mit bindender Wirkung herbeizuführen.
- Die Vereinbarung kommt in Betracht, wenn die Beteiligten entsprechend den Umständen des Einzelfalles ihre Aufklärungs- bzw. Mitwirkungspflichten erfüllt haben und ein Schätzungs-, Bewertungs- oder Beweiswürdigungsspielraum verbleibt.
- Mit dem Abschluss der Vereinbarung sind die Beteiligten an die vereinbarte Tatsachenbehandlung gebunden. Diese ist damit späteren Rechtsstreitigkeiten grundsätzlich entzogen.
- Die Vereinbarung bedarf grundsätzlich der Umsetzung in den Verwaltungsakt (z.B. Steuerbescheid), für den die tatsächliche Verständigung bestimmt ist (Verwirklichung).
- Ihre Bindungswirkung bleibt auch dann bestehen, wenn dieser Verwaltungsakt unter dem Vorbehalt der Nachprüfung steht oder ganz oder teilweise vorläufig ergangen ist.
- Eine Änderung des die tatsächliche Verständigung enthaltenden Verwaltungsaktes lässt die Bindungswirkung der Vereinbarung grundsätzlich unberührt. Der geänderte Verwaltungsakt muss daher insoweit regelmäßig von denselben Tatumständen ausgehen.
- Eine Aufhebung oder Änderung des Verwaltungsaktes, dessen Bestandteil die tatsächliche Verständigung ist, ist nur möglich, wenn dies nach den verfahrens-rechtlichen Bestimmungen zulässig ist.

Die Tatsächliche Verständigung ermöglicht demnach keine Einigung über steuerliche Rechts-   **147**
fragen, sondern über den Sachverhalt, welcher der Besteuerung dann zugrunde gelegt werden kann. Die strafrechtliche Bewertung des Geschehens ist einer bindenden Absprache zwischen dem Steuerpflichtigen und dem FA entzogen. Gleichwohl ist es aus Sicht des Beraters oder Verteidigers kaum im Sinne des Mandanten, Einigkeit über die Besteuerungsgrundlagen herbeizuführen, ohne zugleich ein möglichst hohes Maß an Rechtssicherheit auch in strafrechtlicher Hinsicht zu erlangen. Daher kann ein Element einer in der Praxis als **Gesamt- oder Paketlösung** bezeichneten Abrede darin bestehen, auch konsensuale Steuerbescheide zunächst

---

242 Vgl. auch *Schwedhelm* DStR 2014, 2, 5: Die Praxis des Arrangements scheint hier das Recht zu überspielen; es wird von „Grauzonen" und von „Dämmerlicht" gesprochen.

243 *BFH* BStBl II 1985, 354; BStBl II 1991, 45.

mit dem Einspruch anzufechten und diese ggf. nach einvernehmlicher Beendigung des Strafverfahrens zurück zu nehmen.

3. Aussetzung

148 Kommt eine Gesamtlösung nicht in Betracht, liegt es angesichts der Akzessorietät von § 370 Abs. 1 AO zum materiellen Steuerrecht nahe, die Entscheidung im Strafverfahren solange hinauszuschieben, bis steuerlich Klarheit herrscht. Das entsprechende rechtliche Instrument der Aussetzung des Strafverfahrens hält § 396 AO bereit. Hängt die Beurteilung der Tat als Steuerhinterziehung davon ab, ob ein Steueranspruch besteht, ob Steuern verkürzt oder ob nicht gerechtfertigte Steuervorteile erlangt sind, so kann das Strafverfahren gem. § 396 Abs. 1 AO ausgesetzt werden, bis das Besteuerungsverfahren rechtskräftig abgeschlossen ist. Über die Aussetzung entscheidet im Ermittlungsverfahren die Staatsanwaltschaft, im Verfahren nach Erhebung der öffentlichen Klage das Gericht, das mit der Sache befasst ist. Zweck des § 396 AO ist, **divergierende Entscheidungen** im Straf- und im Besteuerungsverfahren zu vermeiden. Die Möglichkeit der Aussetzung steht in einem erheblichen Spannungsverhältnis mit dem Gebot zügiger Verfahrensdurchführung.[244] Für die Strafgerichte besteht jedoch auch bei schwierigen Vorfragen keine Rechtspflicht zur Aussetzung; Entscheidungen der Strafgerichte über die Bewilligung oder Ablehnung eines Aussetzungsantrages sind nicht anfechtbar.[245] In der Praxis spielt die Norm wohl auch deshalb so gut wie keine Rolle. Selbst in Verfahren, in denen komplexe steuerliche Sachverhalte zu beurteilen sind, werden Anklagen erhoben und zur Hauptverhandlung zugelassen, obwohl der Steueranspruch streitig ist.[246] Die Rechtsprechung sieht es als ungeschriebenes Tatbestandsmerkmal von § 396 AO an, dass die zu klärende Frage eine **Steuerrechtsfrage** sein muss. Hiermit ist gemeint, dass in teleologischer Reduktion des Wortlauts des § 396 Abs. 1 AO Zweifel über das Bestehen eines Steueranspruchs, den Eintritt eines Verkürzungserfolges oder die Erlangung ungerechtfertigter Steuervorteile insofern bestehen muss, als mehrere Finanzbehörden in der Auslegung einer steuerrechtlichen Vorschrift unterschiedliche Auffassungen vertreten, die Finanzverwaltung ihre Rechtsauffassung geändert hat, mehrere Finanzgerichte dieselbe steuerrechtliche Frage unterschiedlich beurteilt haben oder der Bundesfinanzhof in einer bereits ergangenen Entscheidung zu derselben **Rechtsfrage** das Bestehen eines Steueranspruchs verneint hat, die Strafverfolgungsorgane oder die Finanzbehörden aber zu einer gegenteiligen Auffassung gelangt sind.[247] Vor diesem Hintergrund ist ggf. abzugrenzen, ob die zu klärende Frage rechtlicher Natur ist oder ob es um die Aufklärung streitiger Tatsachen und die Würdigung von Indizien geht. Für letztgenannte Konstellationen ist § 396 AO ohnehin nicht anwendbar.

II. Anklageschrift

149 Die Anforderungen, denen eine Anklageschrift genügen muss, ergeben sich aus den ihr zugedachten gesetzlichen Funktionen.

- Die wichtigste Funktion besteht darin, durch Beschreibung der zur Aburteilung gestellten Tat (§§ 155 Abs. 2, 264) den Prozessgegenstand des gerichtlichen Verfahrens festzulegen

---

244 *Klein/Jäger* § 396 AO Rn. 1.
245 *Klein/Jäger* § 396 AO Rn. 11.
246 Vgl. auch *Schwedhelm* DStR 2014, 2.
247 *LG Halle* NZWiSt 2014, 385 f. unter Verweis auf Kohlmann/*Schauf* § 396 Rn. 43.

(**Umgrenzungsfunktion**). Über die solchermaßen gezogenen Grenzen darf das Gericht bei der Urteilsfindung ohne Nachtragsanklage (§ 266 StPO) nicht hinausgehen.

- Darüber hinaus soll die Anklageschrift den Verfahrensbeteiligten die für die Durchführung der Hauptverhandlung belangvollen Informationen vermitteln (**Informationsfunktion**). Wichtig sind die tatkonkretisierenden Angaben im Anklagesatz, vor allem in Gestalt von **Tatort**, **Tatzeit** und **Tatausführung**; hinzu kommt die Bezeichnung der Merkmale der Strafvorschriften, die nach vorläufiger rechtlicher Bewertung der Tat von der StA für einschlägig erachtet werden.[248]

Zur Wahrung dieser Funktionen genügt es nicht, wenn die StA lediglich die betroffene Steuerart und die Summe der verkürzten Steuern nennt. Soweit in der strafrechtlichen Literatur **detaillierte Angaben** insbesondere zu den Grundlagen des Steueranspruchs, dem inkriminierten Verhalten des Täters, der Berechnung der verkürzten Steuern etc. gefordert werden, bleibt die Praxis oftmals hinter diesen Anforderungen zurück. Dies dürfte daran liegen, dass weniger präzise Angaben zwar den Strafprozess erheblich erschweren, aber folgenlos bleiben. Insbesondere soll die Umgrenzungsfunktion der Anklage bereits gewahrt sein, wenn die Daten der Steuererklärung, der Steuerarten und der Veranlagungszeiträume so genannt werden, dass eine Unterscheidung von anderen denkbaren strafbaren Verhaltensweisen gesichert ist.[249]

150

III. Urteil

1. Notwendige Feststellungen

Eine Verurteilung wegen Steuerhinterziehung setzt u.a. voraus, dass das Strafgericht zu allen Merkmalen des gesetzlichen Tatbestandes tatsächliche Feststellungen getroffen hat. Relevant sind insbesondere die Tatsachen, die den Steueranspruch begründen sowie die Tatsachen, aus denen sich die Höhe der geschuldeten und der verkürzten Steuern ergibt.[250] Insoweit hat das Gericht insbesondere festzustellen,

151

- wann der Beschuldigte welche Steuererklärung abgegeben hat;
- welchen konkreten Erklärungsinhalt diese hatte;
- welche Steuern das FA festgesetzt hat (Ist-Steuer);
- welche Steuer das FA richtigerweise festzusetzen gehabt hätte (Soll-Steuer);
- wie die Verkürzung bezogen auf jede Steuerart und jeden Zeitraum berechnet wurde.

In den Urteilsgründen ist dies **nachvollziehbar** darzulegen. Die Ausführungen müssen erkennen lassen, dass der Tatrichter sich eigenständig davon überzeugt hat, dass der Beschuldigte Steuern hinterzogen hat. Auch wenn er seine Überzeugung nach dem BGH „insoweit auch auf verlässliche Wahrnehmungen von Beamten der Finanzverwaltung zu den tatsächlichen Besteuerungsgrundlagen stützen" kann und deren Angaben zu „tatsächlichen Gegebenheiten" als Grundlage für die Überzeugung des Gerichts herangezogen werden können,[251] darf er **nicht ungeprüft** die Feststellungen der Steufa oder BuStra übernehmen.

152

---

248 KK-StPO/*Schneider* § 200 Rn. 1.
249 *Klein/Jäger* § 370 AO Rn. 460a m.w.N.
250 *BGH* 24.6.2009 – 1 StR 229/09.
251 *BGH* 12.5.2009 – 1 StR 718/08 Rn. 19.

2. Schätzung von Besteuerungsgrundlagen

153 Eine Sonderkonstellation ist die **Schätzung** von Besteuerungsgrundlagen. Grundsätzlich können die Grundlagen der Besteuerung – nicht die Steuer selbst – nicht nur im Besteuerungsverfahren (§ 162 AO), sondern wegen § 261 StPO auch im Strafverfahren geschätzt werden; zur Schätzung im Rahmen einer Selbstanzeige vgl. 19. Kap. Rn. 18 ff. Das BVerfG hat entschieden, dass tatgerichtliche Feststellungen auf tragfähige Schätzgrundlagen gestützt werden dürfen.[252] Eine Schätzung ist danach grundsätzlich unter folgenden allgemeinen Voraussetzungen sowie unter Beachtung der strafprozessualen Verfahrensgrundsätze möglich:[253]

- für eine annähernd genaue Berechnung fehlen aussagekräftige Beweismittel (z.B. Belege und Aufzeichnungen);
- die Parameter der Schätzgrundlage müssen tragfähig sein;
- es sprechen verfahrensökonomische Gründe für eine Schätzung (z.B. unangemessener Aufklärungsaufwand und bei exakter Berechnung wären für den Schuldumfang nur vernachlässigbare Abweichungen zu erwarten);
- im Rahmen der Gesamtwürdigung des Schätzergebnisses ist der Zweifelssatz zu beachten;
- die Grundlagen der Schätzung müssen im tatrichterlichen Urteil für das Revisionsgericht nachvollziehbar dargestellt werden.

154 Im Steuerstrafverfahren muss **feststehen**, dass der Beschuldigte einen Besteuerungstatbestand verwirklicht hat; ungewiss darf nur das Ausmaß sein. Bei der Entscheidung, welche Methode (z.B. Nachkalkulation, Geldverkehrs- und Vermögenszuwachsrechnung, Richtsatzvergleich etc.) dem Ziel der Schätzung, der Wirklichkeit durch Wahrscheinlichkeitsüberlegungen möglichst nahe zu kommen, am besten dient, hat das Tatgericht einen Beurteilungsspielraum.[254]

155 Die Schätzung der Besteuerungsgrundlagen dient dazu, den Tatbestand und den Schuldumfang festzustellen. Sie ist eigene **Sache des Tatgerichts.** Zwar kann das Tatgericht im Urteil auf die Berichte der BP oder der Steufa Bezug nehmen, wenn es von der Richtigkeit überzeugt ist. Es darf die Berichte aber nicht ungeprüft übernehmen oder im Urteil lediglich darauf verweisen. Gleiches gilt für die Aussagen von Finanzbeamten, die im Strafprozess regelmäßig als Zeugen gehört werden und erwartungsgemäß die Richtigkeit des Ergebnisses der eigenen Ermittlungen bestätigen. In jedem Fall **unzulässig** ist es, **Sicherheitszuschläge** zu berücksichtigen, welche das FA in Schätzungsfällen regelmäßig einbaut; vgl. hierzu auch 4. Kap. Rn. 55. Erst recht verbieten sich im Strafprozess, die bereits im Besteuerungsverfahren unzulässigen „Strafschätzungen", zulasten des Steuerpflichtigen.[255]

156 Aus der jüngeren Rechtsprechung des BGH[256] ergeben sich für die Schätzung im Strafprozess insbesondere die folgenden Eckpunkte:

- Stets zulässig ist eine Schätzung, wenn sich Feststellungen auf andere Weise nicht treffen lassen. Unumgänglich ist sie, wenn über kriminelle Geschäfte keine Belege oder Aufzeichnungen vorhanden sind.[257] In solchen Fällen hat das Tatgericht einen Mindestschuldumfang festzustellen, den es als erwiesen ansieht.

---

252 *BVerfG* 20.3.2007 – 2 BvR 360/08 Rn. 11.
253 *BGH* 10.11.2009 – 1 StR 283/09 Rn. 5; vgl. auch *Klein/Jäger* AO § 370 Rn. 96a.
254 *BGH* 10.11.2009 – 1 StR 283/09; *Klein/Jäger* AO § 370 Rn. 96a.
255 *BFH* 20.12.2000 – I R 50/00; zu den Schätzmethoden vgl. *Flore/Tsambikakis* § 370 AO Rn. 434 ff.
256 *BGH* 29.1.2014 – 1 StR 561/13.
257 *BGH* 10.11.2009 – 1 StR 283/09.

- Ist eine konkrete Schätzung der Besteuerungsgrundlagen nicht möglich, darf das Tatgericht pauschal und anhand der Richtsatzsammlung des BMF schätzen. Der BGH hält dies für regelmäßig erforderlich, wenn z.B. Buchhaltungsunterlagen völlig fehlen.
- Wird die Richtsatzsammlung herangezogen, müssen die Rohgewinnaufschläge nicht anhand der untersten Spannen ermittelt werden, wenn konkrete Anhaltspunkte für eine bessere Ertragslage vorliegen. In den Urteilsgründen müssen jedoch die maßgeblichen Umstände dargelegt werden, auf denen die weitere Berechnung des Umsatzes und der Steuern beruht (z.B. Wareneinsatzbeträge).[258]

Hieraus ergibt sich zum einen, dass auch eine Schätzung einen gewissen Aufwand erfordert und nochmals erhöhte Darlegungsanforderungen für das Tatgericht begründet. Zum anderen ist es für den Beschuldigten in der Regel keine Option, im Strafprozess auf eine ihm günstige Schätzung zu vertrauen. Daher sind Fälle, in denen eine Schätzung erfolgen müsste, für einvernehmliche Erledigungsformen (z.B. Einstellung nach § 153a oder Verständigung nach § 257c StPO) i.d.R. besonders geeignet.

157

---

258 Vgl. *BGH* wistra 2011, 28 ff.

18. Kapitel
Steuerordnungswidrigkeiten

Literatur: *Achenbach/Ransiek* Handbuch Wirtschaftsstrafrecht, 4. Aufl. 2015; *Bach* Die Wahrheit hinter § 379 S. 1 Nr. 2 AO, JA 2007, 534; *Beckemper/Wegner* Zu den Gewahrsamsverhältnissen unter Eheleuten, hier im Zusammenhang mit den Anzeigepflichten bei der Verbringung von Bargeld ins Ausland, Anmerkung zu BGH, wistra 2003, 37; *Beermann/Gosch* Abgabenordnung, Finanzgerichtsordnung: mit Nebengesetzen, EuGH-Verfahrensrecht – Kommentar, Loseblatt; *Bielefeld* Fortbildung des Umsatzsteuerstrafrechts durch den EuGH?, wistra 2007, 9; *Brauch/Bugdoll* Strafverfahren nach Bargeldaufgriffen durch den Zoll: Ermittlungs- und Entscheidungsmöglichkeiten, ZfZ 2010, 197; *Bringewat* Gefährdung der Abzugssteuern im Vorfeld von Lohnsteuerhinterziehungen – Zur sanktionsrechtlichen Rolle subsidiärer Steuerordnungswidrigkeiten bei wirksamer steuerstrafrechtlicher Selbstanzeige, NJW 1981, 1025; *Bürger/Dannecker* Zur Reichweite der Befugnisse der Zollverwaltungsbehörden nach § 12a ZollVG, wistra 2004, 81; *Bunjes* Umsatzsteuergesetz, Kommentar, 14. Aufl. 2015; *Carl/Klos* Inhalt und Reichweite der Kontenwahrheitspflicht nach § 154 AO als Grundlage der steuerlichen Mitwirkungspflichten der Kreditinstitute, DStZ 1995, 296; *Carlé/Eich* Schwarzarbeitsbekämpfungsgesetz – Steuerliche und sozialversicherungsrechtliche Hinweise, KÖSDI 2004, 14442; *Dannecker/Bürger* Zur Reichweite der Befugnisse der Zollverwaltungsbehörden nach § 12a ZollVG, wistra 2004, 81; *Dörn* Anwendung der §§ 379, 380 AO auch bei Selbstanzeigen gemäß §§ 371, 378 III AO, wistra 1995, 7; *ders.* Selbstanzeige bei leichtfertiger Steuerverkürzung (§ 378 III AO), wistra 1994, 10; *Fahl* Der neue § 370a AO – causa finita?, wistra 2003, 10; *Fischer* Strafgesetzbuch mit Nebengesetzen, Kommentar, 62. Aufl. 2015; *Hartmann/Metzenmacher* Umsatzsteuergesetz, Kommentar, Loseblatt; *Heil* Das Steuerverkürzungsbekämpfungsgesetz, StuB 2002, 221; *Höche* Neues Instrumentarium zur Geldwäschebekämpfung, DB 1998, 618; *Hunsmann* Die Aufsichtspflichtverletzung (§ 130 OWiG) unter besonderer Berücksichtigung des Steuerrechts, DStR 2014, 855; *Huschens* Änderungen im Bereich der Umsatzsteuer durch das Schwarzarbeitsbekämpfungsgesetz, INF 2004, 658; *Kindshofer/Wegner* Zur Höhe der Geldbuße nach FVG § 12c Abs. 2 und zur Verjährungsfrist bei Verstoß gegen FVG § 12a Abs. 2 S. 1, wistra 2002, 195; *Kohlmann* Steuerstraf- und ordnungswidrigkeiten einschließlich Verfahrensrecht, Kommentar, Loseblatt; *Landmann/Rohmer* Umweltrecht, Kommentar, Loseblatt; *Langrock/Samson* Steuergefährdung durch Verletzung der Aufzeichnungspflicht nach § 144 AO?, DStR 2007, 700; *Lement* Zur Haftung von Internetaktionshäusern, GRUR 2005, 210; *Marx* Das Geldwäschegesetz als "Einfallstor" der Steuerfahndung, PStR 1999, 16; *Mitsch* Grundzüge des Ordnugnswidrigkeitenrechts (Teil 1), JA 2008, 241; *Mösbauer* Die Steuergefährdung nach § 379 AO, wistra 1991, 41; *ders.* Steuergefährdung durch Verletzung der Pflicht zur Kontenwahrheit nach § 154 I AO, NStZ 1990, 475; *Müller* Die Neuregelung der gewerbsmäßigen oder bandenmäßigen Steuerhinterziehung, DStR 2002, 1641; *Pfaff* Gefährdung der Abzugssteuern, StBp 1978, 209; *ders.* Lohnsteuer-Zuwiderhandlungen, StBp 1983, 9; *Quedenfeld/Füllsack* Verteidigung in Steuerstrafsachen, 4. Aufl. 2012; *Rau/Dürrwächter* Kommentar zum Umsatzsteuergesetz, Kommentar, Loseblatt; *Reiß/Kraeusel/Langer/Wäger* Umsatzsteuergesetz – UStG mit Nebenbestimmungen – Gemeinschaftsrecht – Kommentar, Loseblatt; *Saliger* Umweltstrafrecht, 2012; *Schall* Umweltschutz durch Strafrecht: Anspruch und Wirklichkeit, NJW 1990, 1263; *Schmidt* Schwarzarbeitsbekämpfungsgesetz: Neuerungen im Zusammenhang mit der Rechnungsstellung (§§ 14, 14b, und 26a UStG), DB 2004, 1699; *Schmidt/Theis* Grenzüberschreitender Barmittelverkehr, AW-Prax 2007, 280; *Schönke/Schröder* Strafgesetzbuch, Kommentar,

29. Aufl. 2014; *Schwarz/Widmann/Radeisen* UStG: Kommentar zum Umsatzsteuergesetz, Loseblatt; *Schwarz/Wockenfoth* Zollrecht, Kommentar, Band 1, Loseblatt; *Senge* Karlsruher Kommentar zum Gesetz über Ordnungswidrigkeiten, 4. Aufl. 2014; *Sieja* Strafrechtliche Beteiligung des steuerlichen Beraters an Steuerdelikten und Sicherungsinstrumente in der Steuerberatungspraxis, DStR 2012, 991; *Simon/Vogelberg* Steuerstrafrecht, 3. Auflage 2011; *Sölch/Ringleb* Umsatzsteuergesetz, Kommentar, Loseblatt; *Spatscheck/Wulf* "Schwere Steuerhinterziehung" und Geldwäsche, DB 2002, 392; *Spatscheck/Alvermann* Die Überwachung des grenzüberschreitenden Bargeldverkehrs nach §§ 12a ff. FVG – Einführung der 'mobilen Steuerfahndung'?, BB 1999, 2107; *Speich* Das Konto auf den falschen Namen (§ 163 AO), FR 1963, 398; *Stadie* Umsatzsteuergesetz, Kommentar, 3. Aufl. 2015; *Suhr* Ahndung wegen der Steuerordnungswidrigkeiten der §§ 405, 406 AO bei Nichtverfolgung der Verkürzungstatbestände der §§ 392, 404 AO?, StBp 1973, 224; *Suhr/Naumann/Bilsdorfer* Steuerstrafrecht, 4. Aufl. 1986; *Talke* Das europäische Zollrecht, AW-Prax 8/2007, 385; *Thiele* Weitere Änderung des Zollverwaltungsgesetzes zur Überwachung des grenzüberschreitenden Bargeldverkehrs, ZfZ 2007, 205; *Tormöhlen* Steuerstraf- und bußgeldrechtliche Reaktion auf Umsatzsteuer-Karussellgeschäfte, UVR 2006, 207; *Völzke* Drittes Gesetz zur Änderung des Steuerberatergesetzes, DB 1975, 1283; *Wannemacher* Steuerstrafrecht, 5. Auflage 2004; *Wannemacher & Partner* Steuerstrafrecht – Handbuch, 6. Aufl. 2013; *Wegner* Missbrauch von Tankquittungen, PStR 2005, 115; *Weimann* Neues zur umsatzsteuerlichen Rechnungserteilung und –aufbewahrung ab August 2004 – Änderungen durch das Schwarzarbeitsbekämpfungsgesetz vom 23.7.2004 und das BMF Schreiben vom 3.8.2004, UVR 2004, 313; *Wessing* Steuerordnungswidrigkeiten – Gefahr und Chance für die Verteidigung, Steueranwaltsmagazin 1/2007, S. 9; *Wilhelm* Schutz des Umsatzsteueraufkommens durch §§ 26b, 26c, UStG, UR 2005, 474; *Wolters* Systematischer Kommentar zum Strafgesetzbuch, Loseblatt

Dieses Kapitel widmet sich dem materiellen Recht der Steuerordnungswidrigkeiten, wie sie sich in den deutschen Bundesgesetzen finden lassen. **1**

Eine Steuerordnungswidrigkeit liegt vor, wenn der entsprechende Bußgeldtatbestand in einem Steuergesetz geregelt ist.[1] Hierfür muss die Norm eine Regelung im Zusammenhang mit inländischen Steuern i.S.d. § 3 AO treffen.[2] Regelungen betreffend das materielle Steuerordnungswidrigkeitenrecht finden sich zum einen in der Abgabenordnung in den §§ 377 ff. AO, wobei über die Eröffnungsklausel des § 377 Abs. 2 AO die allgemeinen Regelungen des Ordnungswidrigkeitengesetzes (OWiG) ergänzend Anwendung finden, soweit nicht Sondervorschriften der Steuergesetze Abweichendes regeln, so beispielsweise die Verjährungsvorschriften (§ 384 AO) oder jeweiligen Regelungen zur Höhe der angedrohten Geldbuße (z.B. § 378 Abs. 2 AO). Zum anderen finden sich weitere Steuerordnungswidrigkeiten auf Bundesebene auch in einzelnen Steuergesetzen außerhalb der Abgabenordnung. **2**

Dabei handelt es sich zum einen um Ordnungswidrigkeitenvorschriften, die Verstöße gegen Anzeige- und Mitwirkungspflichten nach den Steuergesetzen mit einer Geldbuße bedrohen, wie insbesondere **3**

- § 26a UStG,
- § 26b UStG,
- § 31 a und b ZollVG,
- § 50e EStG,
- § 33 Abs. 4 EStG.

---

1 Flore/Tsambikakis/*Heerspink* § 377 Rn. 12.
2 Flore/Tsambikakis/*Heerspink* § 377 Rn. 12.

4   Zum anderen finden sich auch Ordnungswidrigkeitenvorschriften im Steuerberatungsgesetz, die Verstöße gegen Pflichten nach dem Steuerberatungsgesetz mit einer Geldbuße bedrohen, wie insbesondere

- unbefugte Hilfeleistung in Steuersachen (§ 160 StBerG),
- unbefugte Berufsbezeichnungen (§ 161 StBerG),
- Pflichtverletzungen der Lohnsteuerhilfevereine und unzulässige Hilfstätigkeit in Steuersachen (§§ 162, 163 StBerG).

5   Im Folgenden wird lediglich auf einzelne praktisch bedeutsame Verstöße gegen Anzeige- und Mitwirkungspflichten eingegangen.

6   Die praktische Bedeutung der meisten Steuerordnungswidrigkeiten wird bisweilen als eher gering eingestuft,[3] was insbesondere dem Umstand geschuldet scheint, dass die überwiegende Anzahl der Tatbestände eine Subsidiaritätsklausel beinhaltet, wonach die Regelung erst dann Anwendung findet, wenn die Tat nicht als vorsätzliche oder zumindest leichtfertige Steuerverkürzung geahndet werden kann. Jedoch ist in diesem Zusammenhang insb. Nr. 81 Abs. 2 AStBV (St) 2011 (BStBl I 2010, 1434) zu beachten, die vorsieht, dass regelmäßig die Einleitung eines Bußgeldverfahrens zu prüfen ist, wenn ein Steuerverfahren beispielsweise vor dem Hintergrund einer wirksamen sanktionsbefreienden Selbstanzeige gem. §§ 371, 378 Abs. 3 AO eingestellt wurde, bei Begehung der Tat jedoch die Bagatellgrenze von 5.000 bzw. 10.000 € entsprechend Nr. 104 Abs. 3 AStBV (St) 2011[4] überschritten worden ist. Ferner existieren, wie nachstehende Ausführungen zeigen werden, auch Steuerordnungswidrigkeitentatbestände, die neben oder unabhängig von den Vorschriften der vorsätzlichen oder leichtfertigen Steuerverkürzung Anwendung finden und denen durchaus eine praktische Relevanz zugesprochen werden kann.[5]

7   Im Hinblick auf die Verfolgung von Steuerordnungswidrigkeiten und den Ablauf der Steuerordnungswidrigkeitenverfahren wird auf die Ausführungen im 4. Kapitel verwiesen. Jedoch soll an dieser Stelle – bevor auf die einzelnen Steuerordnungswidrigkeitentatbestände eingegangen wird – auf die folgenden, für die nachstehenden Ausführungen insbesondere relevanten Punkte hingewiesen werden:

- Die Verfolgung der Steuerordnungswidrigkeiten unterliegt dem Opportunitätsprinzip, d.h. die zuständige Verfolgungsbehörde kann unter Umständen auch von der weiteren Verfolgung der Tat absehen (§ 47 OWiG). Entsprechend verwaltungsinterner Vorschriften kann dies insbesondere in Fällen in Betracht kommen, in denen der verkürzte oder der gefährdete Betrag insgesamt weniger als 5.000 € beträgt, sofern nicht ein besonders vorwerfbares Verhalten für die Durchführung eines Bußgeldverfahrens spricht. Gleiches gilt, wenn der insgesamt verkürzte oder gefährdete Betrag unter 10.000 € liegt und der gefährdete Zeitraum drei Monate nicht übersteigt.[6]
- Betreffend die Zumessung der Geldbuße regelt § 17 Abs. 2 OWiG, dass für den Fall, dass der entsprechende Bußgeldtatbestand für vorsätzliches und fahrlässiges Handeln eine Geldbuße androht, ohne dabei im Höchstmaß zu unterscheiden, ein fahrlässiges Handeln im Höchstmaß nur mit der Hälfte des angedrohten Höchstbetrages der Geldbuße geahndet werden kann.

---

3   *Dörn* wistra 1994, 10; *Wessing* Steueranwaltsmagazin 1/07, S. 9.
4   BStBl I 2010, 1434.
5   Vgl. auch Ausführungen zur steigenden Bedeutung von Steuerordnungswidrigkeiten bei *Wessing* Steueranwaltsmagazin 1/07, S. 9.
6   Vgl. Nr. 104 Abs. 3 AStBV (St) 2011; BStBl I 2010, 1434.

- Grundsätzlich soll die Geldbuße den wirtschaftlichen Vorteil, den der Täter aus der Ordnungswidrigkeit gezogen hat, übersteigen. Sofern das gesetzliche Höchstmaß hierzu nicht ausreicht, kann es überschritten werden (§ 17 Abs. 4 OWiG).

A. § 378 AO – Leichtfertige Steuerverkürzung

Nach § 378 Abs. 1 AO handelt ordnungswidrig, wer als Steuerpflichtiger oder bei Wahrnehmung der Angelegenheiten eines Steuerpflichtigen eine der in § 370 Abs. 1 AO bezeichneten Taten leichtfertig begeht. § 370 Abs. 4–7 gilt entsprechend. Damit bildet die Vorschrift der leichtfertigen Steuerverkürzung einen Paralleltatbestand zu § 370 AO, der sich von diesem nur im Hinblick auf den Verschuldensmaßstab unterscheidet[7].   **8**

Den Erfahrungen in der Praxis zufolge, findet die Vorschrift zu einem erheblichen Teil auf Fälle Anwendung, in denen zwar der Verdacht vorsätzlicher Handlungsweise besteht, aber der Beweis des Vorsatzes nicht geführt werden kann.[8] In solchen Fällen wirkt § 378 AO nach Ansicht des BGH als „Auffangtatbestand".[9] Zu Recht wird eine solche Anwendungspraxis dahingehend kritisiert, dass aus Anzeichen für den letztlich nicht nachweisbaren Vorsatz nicht schon auf Leichtfertigkeit geschlossen werden darf.[10]   **9**

I.   Tatbestandsvoraussetzungen

1.   Tauglicher Täter

Anders als bei § 370 AO kann § 378 AO nur von bestimmten Tätergruppen begangen werden.[11] Dazu gehören zum einen der Steuerpflichtige (§ 33 AO) selbst und eine in Wahrnehmung der Angelegenheiten eines Steuerpflichtigen handelnde Person.   **10**

Unter den Begriff der Personen, die in Wahrnehmung der Angelegenheiten eines Steuerpflichtigen handeln, kann jedermann fallen, der mit gewisser Selbstständigkeit steuerliche Belange Dritter behandelt.[12] Hauptanwendungsfall dieser Tätergruppe sind die Angehörigen der steuerberatenden Berufe.[13] Es reicht aus, wenn die Person die Wahrnehmung der Angelegenheiten eines Steuerpflichtigen tatsächlich übernommen hat.[14]   **11**

Darüber hinaus wird der Täterkreis über § 9 OWiG auf die gesetzlichen Vertreter oder Bevollmächtigten des Steuerpflichtigen erweitert.[15]

---

7 Quedenfeld/Füllsack/*Krauter* Rn. 229.
8 Kohlmann/*Schauf* § 378 Rn. 7; Franzen/Gast/*Joecks* § 379 Rn. 5.
9 *BGH* wistra, 1988, 196.
10 Hübschmann/Hepp/Spitaler/*Bülte* § 378 Rn. 8; Franzen/Gast/Joecks/*Joecks* § 378 Rn. 5; Kohlmann/*Schauf* § 378 Rn. 55.
11 Kohlmann/*Schauf* § 378 Rn. 9.
12 Flore/Tsambikakis/*Heerspink* § 377 Rn. 32.
13 Flore/Tsambikakis/*Heerspink* § 377 Rn. 33.
14 Kohlmann/*Schauf* § 378 Rn. 25.
15 Kohlmann/*Schauf* § 378 Rn. 9.

2. Tathandlungen

12 Die leichtfertige Steuerverkürzung kann aufgrund der Verweisung auf § 370 Abs. 1 AO nur durch eine der dort in Nummer 1–3 bezeichneten Verhaltensweisen begangen werden.[16]

Bei Personen, die nur in Wahrnehmung der Angelegenheiten eines Steuerpflichtigen handeln, war lange umstritten, ob die Verweisung auf § 370 Abs. 1 AO bedeutet, dass der Hilfeleistende nach außen in Erscheinung treten muss oder jegliche Verursachung der Abgabe unrichtiger Erklärungen für § 378 AO genügt.[17] Die frühere Rechtsprechung des Bundesfinanzhofs („BFH")[18] ließ unter Berufung auf die Rechtsprechung des Reichsgerichts[19] das Auftreten im Innenverhältnis genügen, da das Merkmal der „Wahrnehmung der Angelegenheiten" nach dem Sinn und Zweck des Gesetzes möglichst weitgehend auszulegen sei.[20] Von dieser Auffassung ist der BFH nach neuester Rechtsprechung[21] nun abgerückt und hat sich im Ergebnis der herrschenden Meinung in der Literatur[22] angeschlossen, die aufgrund der Bezugnahme auf § 370 Abs. 1 AO als Täter nur denjenigen ansieht, der unrichtige oder unvollständige Angaben gegenüber der Finanzbehörde gemacht hat, also nach außen aufgetreten ist. Auch die strafgerichtliche Rechtsprechung ist dieser restriktiven Auslegung bereits überwiegend gefolgt.[23]

3. Leichtfertigkeit

13 Der Begriff der Leichtfertigkeit bezeichnet einen erhöhten Grad von Fahrlässigkeit.[24] Insoweit besteht in Literatur und Rechtsprechung Einigkeit. Zu unterschiedlichen Ansichten kommt es hingegen, wenn es darum geht, den höheren Grad an Fahrlässigkeit, der die Leichtfertigkeit auszeichnet, näher zu bestimmen.

14 Nach herrschender Meinung hat der Begriff „Leichtfertigkeit" in § 378 AO dieselbe Bedeutung wie auch sonst im Strafrecht und bezeichnet damit ein Grad der Fahrlässigkeit, der dem der groben Fahrlässigkeit im Zivilrecht entspricht, wobei im Hinblick auf die Wahrung des im Straf- und Ordnungswidrigkeitenrecht geltenden subjektiven Fahrlässigkeitsbegriffs auch auf die persönlichen Fähigkeiten des Täters abzustellen ist.[25] In diesem Sinne handelt nach Auffassung des BGH leichtfertig, wer die Sorgfalt außer Acht lässt, zu der er nach den besonderen Umständen des Einzelfalls und seinen persönlichen Fähigkeiten und Kenntnissen verpflichtet und imstande ist, obwohl sich ihm aufdrängen musste, dass dadurch eine Steuerverkürzung eintreten wird.[26] Der Vorwurf der Leichtfertigkeit setzt demzufolge zunächst den Nachweis

---

16 Kohlmann/*Schauf* § 378 Rn. 33.
17 Hübschmann/Hepp/Spitaler/*Bülte* § 378 Rn. 22 ff.; Flore/Tsambikakis/*Heerspink* § 377 Rn. 42; Franzen/Gast/Joecks/*Joecks* § 378 Rn. 23 ff.; Kohlmann/*Schauf* § 378 Rn. 19.
18 *BFH* 19.12.2002, IV R 37/01.
19 *RGSt* 57, 218 (219).
20 *BFH* 19.12.2002, IV R 37/01, Rn. 22.
21 *BFH* 29.10.2013 – VIII R 27/10, Rn. 19 ff. – juris.
22 Hübschmann/Hepp/Spitaler/*Bülte* § 378 Rn. 22; Klein/*Jäger* § 378 Rn. 9; Franzen/Gast/Joecks/*Joecks* § 378 Rn. 23 ff.
23 *OLG Zweibrücken* 23.10.2008 – 1 Ss 140/08, Rn. 4 – juris, zu den vorherigen gleichlautenden Entscheidungen des *BayObLG* und des *OLG Braunschweig* vgl. Kohlmann/*Schauf* § 378 Rn. 23.
24 Hübschmann/Hepp/Spitaler/*Bülte* § 378 Rn. 41; Franzen/Gast/Joecks/*Joecks* § 378 Rn. 27; Flore/Tsambikakis/*Heerspink* § 378 Rn. 61.
25 Vgl. statt Vieler Kohlmann/*Schauf* § 378 Rn. 56 ff. auch mit einer ausführlichen Darstellung der gegenteiligen Rechtsauffassungen.
26 *BGH* 16.12.2009 – 1 StR 491/09, Rn. 40 – juris; *BGH* v. 8.9.2011 – 1 StR 38/11, Rn. 17 – juris; *BFH* v. 24.7.2014 – V R 44/13, Rn. 15 – juris; vgl. auch Kohlmann/*Schauf* § 378 Rn. 61.

voraus, dass der Steuerpflichtige einen objektiven Sorgfaltsverstoß begangen hat.[27] Zwar setzt Leichtfertigkeit nicht voraus, dass das Ausmaß der Steuerverkürzung besonders groß gewesen ist, jedoch besteht eine gewisse Wechselbeziehung zwischen dem Grad der Fahrlässigkeit und dem Umfang der Steuerverkürzung.[28] Das Maß der vom jeweiligen Täter zu beachtenden Sorgfalt bestimmt sich dann nach subjektiven Kriterien.[29] Der objektive Sorgfaltsverstoß ermöglicht nicht den Rückschluss auf leichtfertiges Verhalten.[30]

Leichtfertigkeit kann sowohl bei bewusster als auch bei unbewusster Fahrlässigkeit vorliegen.[31] **15** Gewissenlosigkeit ist nicht erforderlich.[32] Die Feststellung der Leichtfertigkeit ist im wesentlichen Tatfrage, mit der sich der Tatrichter unter Berücksichtigung der besonderen Umstände des Falles sowie der Kenntnisse und Erkenntnismöglichkeiten des Täters auseinanderzusetzen hat.[33]

a) Beispiele für leichtfertiges Verhalten

aa) Verstoß gegen Erkundigungspflichten

Die Annahme von Leichtfertigkeit kann bei Unkenntnis der bestehenden Steuerpflicht infolge **16** eines Irrtums oder aus Unwissenheit darauf gestützt werden, dass der Steuerpflichtige sich nicht hinsichtlich des konkreten Sachverhalts erkundigt hat bzw. sich über die ihn in seinem Lebenskreis treffenden steuerrechtlichen Pflichten nicht unterrichtet hält.[34] In besonderem Maße gilt dies für Gewerbetreibende und freiberuflich Tätige.[35] Ein Kaufmann unterliegt daher höheren Anforderungen an die Erkundigungspflicht bei Rechtsgeschäften, die zu seiner kaufmännischen Tätigkeit gehören.[36] Sicher trifft ihn die Erkundigungspflicht, wenn er Zweifel an der Steuerpflichtigkeit eines Vorgangs hat.[37] Das ist zum Beispiel der Fall, wenn der Steuerpflichtige die erkannte Steuerpflichtigkeit eines Geschäfts durch eine modifizierte Gestaltung des Geschäfts zu vermeiden sucht.[38] Für die modifizierte Gestaltung des Geschäfts besteht eine Erkundigungspflicht seitens des Steuerpflichtigen. Nach einer Ansicht ginge es jedoch zu weit, eine faktische Pflicht zur regelmäßigen Inanspruchnahme eines Steuerberaters zu begründen.[39] Unternehmer, die Leistungsempfänger im Rahmen des Steuerabzugsverfahrens sind, trifft eine besondere Erkundigungspflicht.[40]

---

27 Kohlmann/*Schauf* § 378 Rn. 62.
28 Franzen/Gast/Joecks/*Joecks* § 378 Rn. 34; Flore/Tsambikakis/*Heerspink* § 378 Rn. 65; vgl. *BFH* DStR 2013, 2000.
29 Kohlmann/*Schauf* § 378 Rn. 62; vgl. *BFH* 18.11.2013 – X B 82/12, Rn. 7 – juris.
30 Kohlmann/*Schauf* § 378 Rn. 61.
31 *BGH* 13.1.1988 – 3 StR 450/87, Rn. 23 – juris; vgl. auch Franzen/Gast/Joecks/*Joecks* § 378 Rn. 33.
32 *BGH* 13.1.1988 – 3 StR 450/87, Rn. 23 – juris; vgl. Franzen/Gast/Joecks/*Joecks* § 378 Rn. 29; a.A. *BFH* 19.12.2002 – IV R 37/01; *BFH* 17.3.2000 – VII B 39/99.
33 *BGH* 13.1.1988 – 3 StR 450/87, Rn. 23 – juris; *BFH* 17.11.2011 – IV R 2/09, Rn. 47 – juris; Flore/Tsambikakis/*Heerspink* § 378 Rn. 71; Hübschmann/Hepp/Spitaler/*Bülte* § 378 Rn. 46.
34 Kohlmann/*Schauf* § 378 Rn. 65; Hübschmann/Hepp/Spitaler/*Bülte* § 378 Rn. 63; vgl. Flore/Tsambikakis/*Heerspink* § 378 Rn. 74 ff.; *BGH* 8.9.2011 – 1 StR 38/11, Rn. 18 – juris; *BFH* DStRE 2009, 878.
35 *BGH* 8.9.2011 – 1 StR 38/11, Rn. 18 – juris.
36 *BGH* 8.9.2011 – StR 38/11, Rn. 18 – juris; *BFH* DStRE 2009, 878; Hübschmann/Hepp/Spitaler/*Bülte* § 378 Rn. 63.
37 *BGH* 8.9.2011 – 1 StR 38/11, Rn. 18 – juris; Flore/Tsambikakis/*Heerspink* § 378 Rn. 75.
38 *BGH* 8.9.2011 – 1 StR 38/11, Rn. 18 – juris.
39 Flore/Tsambikakis/*Heerspink* § 378 Rn. 78.
40 Kohlmann/*Schauf* § 378 Rn. 95.

bb) Auswahlverschulden

17 Die Annahme von Leichtfertigkeit kann auch auf ein Auswahlverschulden des Steuerpflichtigen bei der Übertragung seiner steuerrechtlichen Pflichten gestützt werden.[41] Bei der Auswahl von Hilfspersonen muss der Steuerpflichtige insbesondere auf eine angemessene Aus- und Vorbildung achten.[42] Daneben hat er eine Unterweisungspflicht.[43] Zudem muss er sich im Rahmen des ihm Möglichen und Zumutbaren vergewissern, ob seine Angestellten die ihm übertragenen Aufgaben ordnungsgemäß ausführen.[44] Unabhängig von der fachlichen und charakterlichen Eignung der Hilfsperson muss der Steuerpflichtige diese mindestens in Form gelegentlicher Stichproben überwachen.[45]

18 Bei der Übertragung auf einen Mitgeschäftsführer muss sich der übertragende Mitgeschäftsführer ebenfalls innerhalb des ihm Möglichen und Zumutbaren vergewissern, ob der mit dieser Aufgabe betraute Mitgeschäftsführer die ihm übertragenen Aufgaben ordnungsgemäß ausführt und ob er genügend zuverlässig und sachkundig ist.[46] Fehlt dem Mitgeschäftsführer die erforderliche Sachkunde und ist er infolgedessen zu einer solchen Kontrolle nicht in der Lage, muss er einen ihm als zuverlässig und erfahren bekannten Angehörigen der steuerberatenden Berufe hinzuziehen.[47] Wenn zur Klärung einer für die Abgabe der Steuererklärung wichtigen Rechtsfrage eine Steuerkanzlei beauftragt wurde, so kann Leichtfertigkeit des übertragenden Mitgeschäftsführers darin gesehen werden, dass er sich im Rahmen seiner Kontrollpflicht nicht hinreichend mit dem angefertigten Rechtsgutachten auseinandergesetzt hat.[48]

19 Auch die Inanspruchnahme eines steuerlichen Beraters befreit den Steuerpflichtigen nicht von eigener Sorgfalt.[49] Er muss den Steuerberater mit allen Informationen ausstatten und erbetene Auskünfte gewissenhaft erteilen.[50] Eine Pflicht zur Überprüfung des steuerlichen Beraters besteht, wenn er sich schon einmal als unzuverlässig erwiesen hat oder die von ihm erstellten Abschlüsse erkennbar unrichtig sind.[51] In einem solchen Fall ist das Vertrauen des Steuerpflichtigen auf die Kompetenz seines Steuerberaters nicht gerechtfertigt.[52]

cc) Verstoß gegen Buchführungspflichten

20 Die Gefahr der Steuerverkürzung drängt sich bei einer unsorgfältigen und lückenhaften Buchführung auf, sodass bei der Abgabe einer darauf basierenden Steuererklärung Leichtfertigkeit des Steuerpflichtigen angenommen werden kann.[53]

---

41 Vgl. *BGH* 10.11.1999 – 5 StR 221/99; Franzen/Gast/Joecks/*Joecks* § 378 Rn. 40 ff.
42 Kohlmann/*Schauf* § 378 Rn. 76; vgl. Hübschmann/Hepp/Spitaler/*Bülte* § 378 Rn. 73.
43 Kohlmann/*Schauf* § 378 Rn. 75.
44 Franzen/Gast/Joecks/*Joecks* § 378 Rn. 42.
45 Franzen/Gast/Joecks/*Joecks* § 378 Rn. 42.
46 *BGH* 10.11.1999 – 5 StR 221/99, Rn. 38 – juris.
47 *BGH* 10.11.1999 – 5 StR 221/99, Rn. 38 – juris.
48 *BGH* 10.11.1999 – 5 StR 221/99, Rn. 39 – juris.
49 Franzen/Gast/Joecks/*Joecks* § 378 Rn. 40; Flore/Tsambikakis/*Heerspink* § 378 Rn. 80; *Sieja* DStR 2012, 991.
50 Franzen/Gast/Joecks/*Joecks* § 378 Rn. 40; Flore/Tsambikakis/*Heerspink* § 378 Rn. 80; Hübschmann/Hepp/Spitaler/*Bülte* § 378 Rn. 73.
51 Hübschmann/Hepp/Spitaler/*Bülte* § 378 Rn. 73; Franzen/Gast/Joecks/*Joecks* § 378 Rn. 40; *BGH* 24.1.1990 – 3 StR 329/89.
52 *BGH* 24.1.1990 – 3 StR 329/89.
53 Flore/Tsambikakis/*Heerspink* § 378 Rn. 72; Kohlmann/*Schauf* § 378 Rn. 87 ff.

b) Leichtfertigkeit des Steuerberaters

Bei Steuerberatern erhöhen sich die Anforderungen an die anzuwendende Sorgfalt aufgrund   21
ihrer berufsspezifischen Sachkunde und Erfahrung.[54] Sie sind weiterhin abhängig von dem im
Beratungsvertrag vereinbarten Umfang der Beratungstätigkeit, der auch die Pflicht zur Überprüfung der Unterlagen des Mandanten bestimmt.[55] Zu weiteren Risiken für Steuerberater vgl.
im Übrigen 11. Kapitel.

4. Rechtswidrigkeitszusammenhang

Ferner wird für § 378 AO verlangt, dass zwischen dem Taterfolg und dem leichtfertigen Ver-   22
halten neben dem Kausalzusammenhang auch ein Rechtswidrigkeitszusammenhang besteht.
Der Kausalzusammenhang liegt vor, wenn die Steuerverkürzung bzw. die Erlangung des nicht
gerechtfertigten Steuervorteils durch eine der in den § 378 Abs. 1 S. 1 AO i.V.m. § 370 Abs. 1
Nr. 1–3 AO beschriebenen Handlungsmöglichkeiten eintritt. Der Rechtswidrigkeitszusammenhang hingegen besteht, wenn der Taterfolg gerade auf der Sorgfaltspflichtverletzung beruht,
sich also als Realisierung der in ihr angelegten Gefahr darstellt.[56]

Für den Fall also, dass die leichtfertige Handlung den Erfolg zwar verursacht hat, der Erfolg   23
jedoch bei sorgfältigem Verhalten ebenfalls eingetreten wäre, entfällt der Rechtswidrigkeitszusammenhang.

Vor diesem Hintergrund gilt Folgendes: 24

Die Tatsache, dass ein Steuerpflichtiger einen Berater für seine Angelegenheiten beauftragt hat
und gegen ihn aufgrund der vorliegenden Umstände möglicherweise der Vorwurf erhoben
werden könnte, dass eine Überwachung oder Überprüfung des Beraters unterblieben sei, führt
noch nicht zu der Annahme einer leichtfertigen Steuerverkürzung nach § 378 AO. Vielmehr
muss positiv feststehen, dass die Einhaltung der Sorgfalt, also die Durchführung von Überwachungsmaßnahmen wie beispielsweise Stichproben gerade die eingetretene Steuerverkürzung
verhindert hätte. Bleiben Zweifel, ob bei der Durchführung von Stichproben gerade derjenige
Vorgang getroffen worden wäre, der zu der Steuerverkürzung geführt hat, so scheidet eine
Anwendung des § 378 AO grundsätzlich aus.[57] Ob und inwieweit daneben noch eine Pflichtverletzung i.S.d. § 130 OWiG in Betracht komme, ist umstritten.[58]

II. Rechtsfolge

Der Bußgeldrahmen wurde abweichend von der allgemeinen Regelung des § 17 Abs. 1 OWiG   25
gem. § 378 Abs. 2 AO auf 50.000 € erweitert.

---

54 Franzen/Gast/Joecks/*Joecks* § 378 Rn. 46; Kohlmann/*Schauf* § 378 Rn. 109; Flore/Tsambikakis/*Heerspink*
    § 378 Rn. 88; Hübschmann/Hepp/Spitaler/*Bülte* § 378 Rn. 76.
55 Kohlmann/*Schauf* § 378 Rn. 110.
56 Kohlmann/*Schauf* § 378 Rn. 53; Franzen/Gast/Joecks/*Joecks* § 378 Rn. 43.
57 Franzen/Gast/Joecks/*Joecks* § 378 Rn. 43; Hübschmann/Hepp/Spitaler/*Bülte* § 378 Rn 57.
58 Zum Streitstand eingehend Graf/Jäger/Wittig/*Sahan* § 377 Rn. 17; vgl. auch *Hunsmann* DStR 2014, 855
    sowie Suhr/Naumann/*Bilsdorfer* Rn. 362, 411 ff.

III. Selbstanzeige

26 Gemäß § 378 Abs. 3 S. 1 AO wird von der Festsetzung einer Geldbuße abgesehen, soweit der Täter gegenüber der Finanzbehörde die unrichtigen Angaben berichtigt, die unvollständigen Angaben ergänzt oder die unterlassenen Angaben nachholt, bevor ihm oder seinem Vertreter die Einleitung eines Straf- oder Bußgeldverfahrens wegen der Tat bekannt gegeben worden ist. Damit hat der Gesetzgeber auch für den Tatbestand der leichtfertigen Steuerverkürzung eine sanktionsbefreiende Selbstanzeigemöglichkeit geschaffen. Für Einzelheiten sei an dieser Stelle auf die gesonderten Ausführungen zu den Selbstanzeigeregelungen unter 19. Kap. Rn. 59 verwiesen.

IV. Verjährung

27 Die Verjährung richtet sich grundsätzlich nach den allgemeinen Vorschriften der §§ 31 ff. OWiG, jedoch beträgt die Verjährungsfrist abweichend von den allgemeinen Regelungen gem. § 384 AO fünf Jahre. Für Einzelheiten wird an dieser Stelle auf die gesonderten Ausführungen zu den Verjährungsvorschriften unter 9. Kap Rn. 185 verwiesen.

B. § 379 AO – Steuergefährdung

28 Nach § 379 Abs. 1 AO handelt ordnungswidrig, wer vorsätzlich oder leichtfertig
- Belege ausstellt, die in tatsächlicher Hinsicht unrichtig sind (Nr. 1),
- Belege gegen Entgelt in den Verkehr bringt (Nr. 2) oder
- buchungs- oder aufzeichnungspflichtige Geschäftsvorfälle oder Betriebsvorgänge nicht oder in tatsächlicher Hinsicht unrichtig verbucht oder verbuchen lässt (Nr. 3)

und dadurch ermöglicht, Steuern zu verkürzen oder nicht gerechtfertigte Steuervorteile zu erlangen.

29 Damit erfasst der Tatbestand der Steuergefährdung nach Abs. 1 des Bußgeldtatbestandes typische Vorbereitungshandlungen von Steuerstraftaten, die in der Regel nicht geeignet sind, eine Versuchsstrafbarkeit zu begründen, weil zwischen diesen Handlungen und der Begehung einer versuchten oder vollendeten Steuerverkürzung meist bereits ein längerer Zeitraum liegt und in der Regel noch ein weiterer Willensentschluss erforderlich ist.[59] Zweck dieser Regelung war es dementsprechend, die Handlungen als Ordnungswidrigkeiten ahnden zu können, mit denen meist eine Steuerverkürzung angebahnt wird und die daher das Steueraufkommen besonders gefährden.[60] Eine Steuerverkürzung muss durch die Handlung zumindest objektiv möglich sein. Da die Gefährdung damit Tatbestandsmerkmal ist, handelt es sich bei § 379 Abs. 1 AO um ein konkretes Gefährdungsdelikt.[61]

30 Die tatbestandlichen Handlungen nach § 379 Abs. 2 und 3 AO, wonach die Verletzung
- von Mitteilungspflichten gem. § 138 Abs. 2 AO (Abs. 2 Nr. 1),
- Aufzeichnungspflichten nach § 144 AO (Abs. 2 Nr. 1a AO),

---

59 Franzen/Gast/Joecks/*Jäger* § 379 Rn. 9; kritisch Hübschmann/Hepp/Spitaler/*Bülte* § 379 Rn. 15.
60 Franzen/Gast/Joecks/*Jäger* § 379 Rn. 9.
61 Flore/Tsambikakis/*Heerspink* § 379 Rn. 61 f.; Franzen/Gast/Joecks/*Jäger* § 379 Rn. 9.; a.A. Kohlmann/*Matthes* § 379 Rn. 27 und *Mösbauer* wistra 1991, 41, 42.

- der Pflichten bei Erhebung und Übermittlung von Daten nach § 117c Abs. 1 AO (Abs. 2 Nr. 1b AO),
- der Kontenwahrheit nach § 154 Abs. 1 AO (Abs. 2 Nr. 2),
- von Auflagen nach § 120 Abs. 2 Nr. 4 AO (Abs. 3)

jeweils bußgeldbewehrt ist, setzen hingegen keine explizite Gefährdung des Steueraufkommens voraus, womit in diesen Tatbestandsalternativen allenfalls abstrakte Gefährdungsdelikte gesehen werden können.[62]

Wichtig ist hervorzuheben, dass § 379 AO grundsätzlich nur die Gefährdung inländischer Steuern i.S.d. § 3 AO erfasst. Lediglich § 379 Abs. 1 S. 1 Nr. 1 i.V.m. S. 2 und 3 AO schützt auch ausländische Steuern, Ein- und Ausfuhrabgaben sowie Umsatzsteuern anderer EU-Mitgliedstaaten.[63] **31**

I. Tatbestandsvoraussetzungen

1. Ausstellen unrichtiger Belege (§ 379 Abs. 1 Nr. 1 AO)

Nach § 379 Abs. 1 Nr. 1 AO handelt ordnungswidrig, wer vorsätzlich oder leichtfertig, unrichtige Belege ausstellt. **32**

Belege i.S.d. § 379 Abs. 1 Nr. 1 AO sind alle Schriftstücke, die geeignet sind, steuerlich erhebliche Tatsachen zu beweisen.[64] Für die Bewertung unerheblich ist, ob der Beleg entsprechend seiner objektiven Zweckbestimmung nach als Buchungsunterlagen dienen soll. So kommen neben Buchführungsunterlagen i.S.d. § 147 Abs. 1 AO, insb. Handels- und Geschäftsbriefe, Buchungsbelege Inventarlisten, Jahresabschlüsse, Eröffnungsbilanzen auch alle andere Schriftstücke in Betracht, mit deren Hilfe im Rahmen eines steuerlichen Sachverhaltes Beweis erbracht werden kann.[65] Für die Eignung als Beleg i.S.d. § 379 AO ist es auch unerheblich, ob der Beleg subjektiv dazu bestimmt ist, steuerlichen Zwecken zu dienen. Vielmehr ist ausreichend, dass das Schriftstück vom Aussteller überhaupt zum Beweis im Rechtsverkehr bestimmt wurde.[66] So ist beispielsweise auch eine Tankquittung ein unrichtiger Beleg i.S.d. § 379 Abs. 1 Nr. 1 AO, wenn sie dem Verwender aus Sicht des Ausstellers für seine Reisekostenabrechnung dienen soll.[67] Als Beleg i.S.d. § 379 AO gelten auch sog. Eigenbelege, d.h. Belege, bei denen Aussteller und Verwender identisch sind, sofern sie als Buchungsunterlagen in Betracht kommen.[68] Dies ist beispielsweise der Fall, wenn Entnahmen als Betriebsausgaben deklariert werden.[69] **33**

Unrichtig ist ein Beleg, wenn der dort dargelegte Sachverhalt nicht dem wirklichen Sachverhalt entspricht.[70] So beispielsweise, wenn der Inhaber einer Buchhandlung dem Kunden wahrheitswidrig eine Rechnung über den Erwerb von medizinischer „Fach"-Literatur statt über tat- **34**

---

62 Kritisch hierzu Flore/Tsambikakis/*Heerspink* § 379 Rn. 2.
63 Kohlmann/*Matthes* § 379 Rn. 27 und 90–93.
64 Hübschmann/Hepp/Spitaler/*Bülte* § 379 Rn. 22; Franzen/Gast/Joecks/*Jäger* § 379 Rn. 14, Kohlmann/*Matthes* § 379 Rn. 37.
65 Kohlmann/*Matthes* § 379 Rn. 32; Franzen/Gast/Joecks/*Jäger* § 379 Rn. 14.
66 Hübschmann/Hepp/Spitaler/*Bülte* § 379 Rn. 23; Franzen/Gast/Joecks/*Jäger* § 379 Rn. 14.
67 Franzen/Gast/Joecks/*Jäger* § 379 Rn. 14.
68 Franzen/Gast/Joecks/*Jäger* § 379 Rn. 16; Hübschmann/Hepp/Spitaler/*Bülte* § 379 Rn. 24.
69 Klein/*Jäger* § 379 Rn. 3.
70 Flore/Tsambikakis/*Heerspink* § 379 Rn. 31; Hübschmann/Hepp/Spitaler/*Bülte* § 378 Rn. 26.

sächlich erworbene Belletristik ausstellt, um ihm die steuerliche Abzugsfähigkeit zu ermöglichen. Jedoch wird bei der Beurteilung der Richtigkeit eine Eingrenzung dahingehend vorgenommen, dass § 379 AO dann nicht greifen soll, wenn der Beleg unter (steuer)rechtlichen Gesichtspunkten unrichtig ist, da § 379 AO eben nur die unrichtige Darstellung eines Sachverhaltes erfassen soll und nicht dessen rechtliche Bewertung.[71]

35 Die vieldiskutierte Streitfrage, ob ein unrichtiger Beleg nur in Gestalt einer schriftlichen Lüge vorliegen kann, also nur in dem Fall, dass er zwar in tatsächlicher Hinsicht unrichtig ist, aber von dem richtigen Aussteller herrührt,[72] oder ob sich die Unrichtigkeit unter Umständen auch auf den Aussteller beziehen kann (sog. Belegfälschung),[73] kann im Ergebnis in der Praxis in der Regel dahinstehen, weil im Falle einer Belegfälschung regelmäßig auch der Straftatbestand der Urkundenfälschung nach § 267 StGB erfüllt sein dürfte und damit der Ordnungswidrigkeitentatbestand schon aus diesem Grunde nicht zur Anwendung kommt (vgl. § 21 Abs. 1 OWiG). Ausgenommen hiervon sind Fälle der Leichtfertigkeit oder bei Beteiligungskonstellationen.[74]

36 **Ausgestellt** ist ein unrichtiger Beleg dann, wenn er in den Verfügungsbereich des Empfängers gelangt, ihm also zugegangen ist.[75] Ein falscher Eigenbeleg ist erst dann ausgestellt, wenn er in einen steuerrelevanten Geschäftsgang gelangt, etwa durch Ablage des Belegs im Buchhaltungsordner, da es zuvor in der Regel an der Beweisbestimmung fehlt.[76]

Ferner erfordert der Tatbestand das Vorliegen der **konkreten Möglichkeit, Steuern zu verkürzen** oder nicht gerechtfertigte Steuervorteile zu erlangen.

37 Der Täter muss **vorsätzlich oder leichtfertig**[77] handeln, wobei sich dies auch auf die Eignung zur Steuerverkürzung erstreckt.

38 **Tauglicher Täter** i.S.d. § 379 Abs. 1 Nr. 1 AO ist jeder, der sich oder einem anderen einen tatsächlich unrichtigen Beleg ausstellt (sog. *Jedermann-Delikt*). Damit kommen neben Steuerpflichtigen auch Gewerbetreibende,[78] die aus Gefälligkeit Belege ausstellen, Finanzbeamte[79] oder auch Steuerberater[80] als taugliche Täter in Betracht. Sofern der Steuerpflichtige die Ausstellung eines unrichtigen Beleges durch Dritte veranlasst oder gar an ihr mitwirkt, kommt eine ahndbare Beteiligungshandlung in Betracht (vgl. § 14 Abs. 1 S. 1 OWiG).[81]

2. In-Verkehr-Bringen (§ 379 Abs. 1 Nr. 2 AO)

39 Mit Einführung einer neuen Handlungsalternative handelt seit 2006[82] nach § 379 Abs. 1 Nr. 2 AO nunmehr ordnungswidrig, wer vorsätzlich oder leichtfertig Belege gegen Entgelt in den Verkehr bringt.

---

71 Flore/Tsambikakis/*Heerspink* § 379 Rn. 33, Kohlmann/*Matthes* § 379 Rn. 40.
72 *Mösbauer* wistra 1991, 41; in diese Richtung tendierend aber offengelassen BGH 11.11.1958 – 1 StR 370/58, BGH 12, 100, 103.
73 Hübschmann/Hepp/Spitaler/*Bülte* § 379 Rn. 27; BGH wistra 1989, 130.
74 Vgl. Hübschmann/Hepp/Spitaler/*Bülte* § 379 Rn. 28.
75 Hübschmann/Hepp/Spitaler/*Bülte* § 379 Rn. 30.
76 *Mösbauer* wistra 1991, 41 (42); Franzen/Gast/Joecks/*Jäger* § 379 Rn. 18; Kohlmann/*Matthes* § 379 Rn. 44.
77 Zum Begriff der Leichtfertigkeit vgl. Ausführungen unter Rn. 13.
78 Franzen/Gast/Joecks/*Jäger* § 379 Rn. 19; Hübschmann/Hepp/Spitaler/*Bülte* § 379 Rn. 31.
79 *BayObLG* wistra 1989, 313.
80 Flore/Tsambikakis/*Heerspink* § 379 Rn. 14.
81 Zum Konkurrenzverhältnis zu §§ 370 und 378 AO vgl. Rn. 13.
82 Durch Gesetz zur Eindämmung missbräuchlicher Steuergestaltungen vom 28.4.2006 (BGBl I 2006, 1095), mit Wirkung zum 6.5.2006 in Kraft getreten.

Hierdurch sollte in erster Linie der mit dem Boom von Internetbörsen aufkeimende Steuermissbrauch durch Internethandel mit Belegen verhindert werden.[83] Bei Internetauktionen waren vermehrt Tankquittungen angeboten worden, mit denen der Erwerber potenziell einen Betriebsausgaben- oder Werbungskostenabzug in Anspruch nehmen konnte, obwohl ihm die im Beleg ausgewiesenen Aufwendungen gar nicht entstanden waren. Nach früherer Rechtslage konnten sich Verkäufer der Belege unter Umständen darauf berufen, für deren weitere Verwendung durch den Käufer nicht verantwortlich zu sein, es sei denn, es konnte ihm Beihilfevorsatz für die Steuerhinterziehung des Käufers nachgewiesen werden.[84] Seit der Gesetzesänderung können die Verkäufer bzw. Versteigerer von Belegen nunmehr jedenfalls bußgeldrechtlich belangt werden. Ihnen hilft es nicht mehr, vorzugeben, von der steuermissbräuchlichen Verwendung durch den Erwerber nichts gewusst zu haben.

40

Der Begriff des **Beleges** i.S.d. § 379 Abs. 1 Nr. 2 AO ist identisch mit dem des § 379 Abs. 1 Nr. 1 AO. Jedoch ist es für die Handlungsalternative der Nr. 2 nicht erforderlich, dass der Beleg auch unrichtig ist. Erfasst werden vielmehr auch richtige Belege, die dann vom Empfänger missbräuchlich verwendet werden.[85] Praktisch bedeutsam dürfte in erster Linie jedoch das In-Verkehr-Bringen von typischen „Kleinbelegen" sein, die ohne persönliche Angaben des Empfängers überhaupt für einen Handel und die anschließende unrechtmäßige Geltendmachung der darin ausgewiesenen Kosten geeignet sind.[86]

41

Unter **„In-Verkehr-Bringen"** ist jede Handlung zu verstehen, durch die eine Sache so aus der Verfügungsgewalt des Täters oder Dritten entlassen wird, dass ein anderer tatsächlich in die Lage versetzt wird, mit dieser nach Belieben zu verfahren.[87] Bei einer Versteigerung im Internet erfolgt ein In-Verkehr-Bringen danach erst, wenn nach Erteilung des Zuschlags und nach Zahlung des Kaufpreises die Belege an den Erwerber versandt werden.[88] Folglich reicht der bloße Kaufabschluss als solcher in der Form eines Fernabsatzvertrages (§ 312b Abs. 1 BGB) mit Erteilung des Zuschlags noch nicht aus, da es hier noch an einer Übergabe mangelt.[89]

42

Weiter ist für die Tatbestandsverwirklichung entscheidend, dass das In-Verkehr-Bringen **entgeltlich** erfolgt, also mit einer vermögenswerten Gegenleistung einhergeht (vgl. § 11 Abs. 1 Nr. 9 StGB). Ein unentgeltliches Weitergeben von Belegen erfüllt damit nicht den Tatbestand des § 379 Abs. 1 Nr. 2 AO; unter Umständen kann jedoch eine Beteiligung an einer Steuerhinterziehung des Dritten (in der Regel des Empfängers) in Betracht kommen, sofern der Herausgeber zumindest bedingten Vorsatz zur Tatbeteiligung hat.

43

Ferner erfordert der Tatbestand das Vorliegen einer **konkreten Möglichkeit, Steuern zu verkürzen** oder nicht gerechtfertigte Steuervorteile zu erlangen.

44

Der Täter muss bei Begehung der Ordnungswidrigkeit **vorsätzlich oder leichtfertig**[90] handeln, wobei sich dies auch auf die Eignung zur Steuerverkürzung erstreckt.

45

---

83 Vgl. BT-Drucks. 16/634, 7 und 12.
84 *Wegner* PStR 2005, 115.
85 Franzen/Gast/Joecks/*Jäger* § 379 Rn. 21.
86 Kohlmann/*Matthes* § 379 Rn. 52.
87 Hübschmann/Hepp/Spitaler/*Bülte* § 379 Rn. 39: Franzen/Gast/Joecks/*Jäger* § 379 Rn. 22.
88 Franzen/Gast/Joecks/*Jäger* § 379 Rn. 22; a.A. Hübschmann/Hepp/Spitaler/*Bülte* § 379 Rn. 39, der vom In-Verkehr-Bringen erst mit dem Zugang der Belege ausgeht.
89 Kohlmann/*Matthes* § 379 Rn. 54.
90 Zum Begriff der Leichtfertigkeit vgl. Ausführungen unter Rn. 13.

46 Auch § 379 Abs. 1 Nr. 2 AO ist ein Jedermann-Delikt, sodass **tauglicher Täter** jeder sein kann, der einen Beleg entgeltlich in den Verkehr bringt.

47 Nicht ausgeschlossen ist – über § 379 Abs. 1 S. 1 Nr. 2 AO hinaus – eine eigene Strafbarkeit des Verkäufers wegen Mittäterschaft oder Beihilfe zur Steuerhinterziehung des Erwerbers, wenn er weiß oder zumindest das Risiko erkannt und es billigend in Kauf genommen hat, dass die von ihm angebotenen Dokumente der Steuererklärung beigelegt werden, um die geltend gemachten Aufwendungen zu belegen und somit Steuern verkürzt werden sollen.[91]

48 Zwar haften Online-Auktionshäuser, die eine Plattform für derartige steuermissbräuchliche Geschäfte anbieten, grundsätzlich nicht für die automatisch freigeschalteten Versteigerungsangebote Dritter (vgl. § 7 Abs. 2 Telemediengesetz).[92] Davon unabhängig ist jedoch bei Kenntnis oder grob fahrlässiger Unkenntnis von dem rechtswidrigen Inhalt der vermittelten bzw. gespeicherten fremden Informationen eine straf- und bußgeldrechtlich relevante Beteiligung entsprechend §§ 25 ff. StGB bzw. 14 Abs. 1 OWiG grundsätzlich nicht ausgeschlossen.[93]

3. Unrichtige Verbuchung (§ 379 Abs. 1 S. 1 Nr. 3)

49 Nach § 379 Abs. 1 S. 1 Nr. 3 AO handelt ordnungswidrig, wer vorsätzlich oder leichtfertig gegen gesetzlich bestehende Buchführungs- und Aufzeichnungspflichten verstößt, indem er Geschäftsvorfälle oder Betriebsvorgänge nicht bzw. falsch verbucht und dies geeignet erscheint, den Steueranspruch zu gefährden.

50 Buchführungs- und Aufzeichnungspflichten finden sich zum einen in den Steuergesetzen (so beispielsweise in §§ 141 ff. AO, § 22 UStG), im HGB (so beispielswiese in §§ 238 ff. HGB), aber gleichwohl auch in anderen Gesetzen, die nicht primär Zwecken der Steuer- oder Gewinnermittlung dienen, wobei hier jeweils im Einzelfall genau zu prüfen ist, ob und inwieweit die Verletzung dieser Pflichten geeignet ist, den Steueranspruch zu gefährden.[94] Ob und für wen die Buchführungs- und Aufzeichnungspflichten bestehen, ergibt sich ebenfalls aus den jeweiligen Gesetzen. Da die Buchführungs- und Aufzeichnungspflichten nach Gesetz bestehen müssen, reicht der Verstoß gegen Pflichten, die sich aus Verwaltungsvorschriften ergeben, für die Verwirklichung des Tatbestandes nicht aus.[95]

51 Weiter setzt der Tatbestand voraus, dass entgegen den im Einzelfall bestehenden Buchführungs- und Aufzeichnungspflichten Geschäftsvorfälle oder Betriebsvorgänge nicht bzw. falsch verbucht wurden.

52 Ein **Nichtverbuchen** kann sowohl im Unterlassen der vorgeschriebenen Eintragungen einzelner Vorgänge als auch im gänzlichen Unterlassen der Führung der vorgeschriebenen Bücher bestehen.[96] Die Tat ist als echtes Unterlassungsdelikt mit dem Verstreichen des Zeitpunktes vollendet, in dem die Eintragung nach den Grundsätzen ordnungsmäßiger Buchführung hätte vorgenommen werden müssen.[97]

---

91 Kohlmann/*Matthes* § 379 Rn. 48; ebenso etwa *Bach* JA 2007, 534,535.
92 Betreffend die Frage eines Unterlassungsanspruchs vgl. *BGH* 11.3.2004 – I ZR 304/01, *BGHZ* 158, 236, m.Anm. *Lement* GRUR 2005, 210.
93 Kohlmann/*Matthes* § 379 Rn. 50.
94 Flore/Tsambikakis/*Heerspink* § 379 Rn. 84 mit beispielhafte Auflistung weiterer normierter Buchführungs- und Aufzeichnungspflichten außerhalb der Steuergesetze.
95 Franzen/Gast/Joecks/*Jäger* § 379 Rn. 24.
96 Hübschmann/Hepp/Spitaler/*Bülte* § 379 Rn. 55; Franzen/Gast/Joecks/*Jäger* § 379 Rn. 28.
97 Vgl. in Kohlmann/*Matthes* § 379 Rn. 32; Hübschmann/Hepp/Spitaler/*Bülte* § 379 Rn. 55.

In „tatsächlicher Hinsicht unrichtig" ist die Buchung oder Aufzeichnung, wenn der darge-   53
stellte Vorgang mit der Wirklichkeit nicht übereinstimmt.[98] Dies ist etwa der Fall, wenn
fremde Tankquittungen zur Verbuchung angeblicher eigener Betriebsausgaben herangezogen
wurden.[99] Zu beachten ist, dass unvollständige Buchungen nach herrschender Ansicht nicht
vom Tatbestand des § 379 Abs. 1 S. 1 Nr. 3 AO erfasst sind.[100]

Der Tatbestand erfordert das Vorliegen der **konkreten Möglichkeit, Steuern zu verkürzen** oder   54
nicht gerechtfertigte Steuervorteile zu erlangen.

Der Täter muss bei Begehung der Ordnungswidrigkeit **vorsätzlich oder leichtfertig**[101] handeln,   55
wobei sich dies auch auf die Eignung zur Steuerverkürzung erstreckt.

Auch § 379 Abs. 1 Nr. 3 AO ist ein Jedermann-Delikt, sodass **tauglicher Täter** jeder sein kann,   56
der die Möglichkeit hat, Buchungen vorzunehmen.[102] Allerdings wird der Tatbestand nicht
verwirklicht, wenn jemand unrichtige Buchungen vornimmt, ohne jedoch buchführungs-
oder aufzeichnungspflichtig zu sein.[103] Dasselbe gilt für die Tatbestandsalternative des **Nicht-
verbuchens**. Bei diesem Unterlassungstatbestand wird sich die Rechtspflicht zum Handeln
zwar häufig aus der gesetzlichen Buch- bzw. Aufzeichnungspflicht (insbesondere für die in § 9
Abs. 1 OWiG i.V.m. §§ 34, 35 AO genannten Personen) oder aus einer Beauftragung durch den
Steuerpflichtigen i.S.d. § 9 Abs. 2 OWiG ergeben. Jedoch reicht grundsätzlich auch eine tatsächliche Übernahme der Erfüllung dieser Pflichten für einen anderen aus.[104]

Dagegen stellt die Tatbestandsalternative des **Nicht- bzw. Falschverbuchenlassens** nach zutref-   57
fender Ansicht ein **Sonderdelikt** dar, das vorausgesetzt, dass der Täter eine gehobene Position
einnimmt, die ihn befähigt, anderen Weisungen zu erteilen (z.B. Betriebsinhaber, Geschäftsführer).[105] Es ist jedoch gem. § 14 Abs. 1 OWiG nicht ausgeschlossen, dass sich andere Personen, insbesondere weisungsgebundene Personen, an dieser Tat beteiligen.[106]

4. Verletzung der Meldepflicht bei Auslandsbeziehungen (§ 379 Abs. 2 Nr. 1 AO)

Nach § 379 Abs. 2 Nr. 1 AO handelt ordnungswidrig, wer vorsätzlich oder leichtfertig entgegen   58
seiner Pflicht nach § 138 Abs. 2 AO Meldungen von Auslandssachverhalten nicht, nicht vollständig oder nicht rechtzeitig vornimmt.

§ 138 Abs. 2 AO betrifft Meldungen über Beteiligungen und Betriebsstätten im Ausland. Sinn   59
und Zweck dieser Regelung ist die Erleichterung der steuerlichen Überwachung bei Auslandsbeziehungen, insbesondere im Hinblick auf den Transfer von Geldern in Steueroasen-Länder.[107]

Was die Tathandlung der **nicht bzw. nicht vollständigen Meldung** anbelangt, so wird auf § 138   60
Abs. 2 AO verwiesen, woraus sich der Umfang der anzugebenden Tatsachen ergibt. § 138 Abs. 2
AO gibt auch das Finanzamt vor, demgegenüber die Meldung zu erfolgen hat („dem nach den

---

98 Franzen/Gast/Joecks/*Jäger* § 379 Rn. 29; vgl. Hübschmann/Hepp/Spitaler/*Bülte* § 379 Rn. 56.

99 Franzen/Gast/Joecks/*Jäger* § 379 Rn. 29.

100 Flore/Tsambikakis/*Heerspink* § 379 Rn. 86; Klein/*Jäger* § 379 Rn. 13; *Langrock/Samson* DStR 2007, 700,
    704 f.; Franzen/Gast/Joecks/*Jäger* § 379 Rn. 31; a.A. Hübschmann/Hepp/Spitaler/*Bülte* § 379 Rn. 47.

101 Zum Begriff der Leichtfertigkeit vgl. Ausführungen unter Rn. 13.

102 *Mösbauer* wistra 1991, 41, 42.

103 Kohlmann/*Matthes* § 379 Rn. 60.

104 Franzen/Gast/Joecks/*Jäger* § 379 Rn. 32; Kohlmann/*Matthes* § 379 Rn. 60.

105 Franzen/Gast/Joecks/*Jäger* § 379 Rn. 32; Kohlmann/*Matthes* § 379 Rn. 62.

106 Kohlmann/*Matthes* § 379 Rn. 63.

107 BT-Drucks. VI/1982, 123.

§§ 18–20 zuständigen Finanzamt"). Ob und inwieweit die Abgabe der Meldung gegenüber einem unzuständigen Finanzamt den Tatbestand des § 379 Abs. 2 Nr. 1 AO verwirklicht, ist umstritten. Nach zutreffender Ansicht ist eine Tatbestandsverwirklichung hier zu verneinen, da der Tatbestand des § 379 Abs. 2 Nr. 1 AO nur die vollständige und rechtzeitige Meldung verlangt und durch die Abgabe beim unzuständigen Finanzamt aufgrund von internen Weiterleitungspflichten auch keine Gefahr für das Rechtsgut ersichtlich ist.[108] Das Argument der Gegenansicht, es könne im jeweiligen Einzelfall von der Verfolgung nach Opportunitätsgesichtspunkten abgesehen werden (§ 47 Abs. 1 OWiG),[109] erscheint vor dem Hintergrund damit einhergehender Rechtsunsicherheiten wenig überzeugend.

61 Betreffend die Tathandlung der **nicht rechtzeitigen Meldung** ist auf die Frist in § 138 Abs. 3 S. 2 AO zu verweisen (fünf Monate, beginnend mit dem Ablauf des Kalenderjahres, in dem das meldepflichtige Ereignis eingetreten ist).

62 Der Täter muss bei Begehung der Ordnungswidrigkeit **vorsätzlich oder leichtfertig**[110] handeln, wobei sich dies auch auf die Eignung zur Steuerverkürzung erstreckt.

63 Dem Wortlaut entsprechend ist § 379 Abs. 2 AO ein Jedermann-Delikt, sodass **tauglicher Täter** jeder sein kann, der die Meldepflichten nicht, nicht vollständig oder nicht rechtzeitig erfüllt. In der Literatur wird § 379 Abs. 2 Nr. 1 AO jedoch aufgrund des Wortlautes von § 138 AO überwiegend als Sonderdelikt eingestuft, das nur vom Steuerpflichtigen bzw. dessen gesetzlichen bzw. gewillkürten Vertreter (§ 9 OWiG, §§ 34, 35 AO) begangen werden kann.[111]

64 Eine Beteiligungshandlung einer Person, die nicht unter den beschränkten Normadressatenkreis fällt, ist entsprechend § 14 Abs. 1 S. 2 OWiG grundsätzlich möglich.

Im Gegensatz zu den Tatbestandsalternativen in § 379 Abs. 1 AO erfordert § 379 Abs. 2 Nr. 1 AO nicht das Vorliegen der konkreten Möglichkeit, Steuern zu verkürzen oder nicht gerechtfertigte Steuervorteile zu erlangen (*abstraktes Gefährdungsdelikt*). Für die Tatbestandsverwirklichung ist es daher irrelevant, ob die Pflichtverletzung zu einer Steuerverkürzung hätte führen können.

5. Verletzung der Pflicht zur Aufzeichnung des Warenausgangs (§ 379 Abs. 2 Nr. 1a AO)

65 Seit Einführung einer neuen Handlungsalternative 2010 handelt nach § 379 Abs. 2 Nr. 1a AO ordnungswidrig, wer vorsätzlich oder leichtfertig entgegen der Aufzeichnungspflicht aus § 144 Abs. 1 oder Abs. 2 S. 1 (jeweils in Verbindung mit Abs. 5) AO eine Aufzeichnung nicht, nicht richtig oder nicht vollständig erstellt.

66 Die Vorschrift hat den Zweck, die **Erfüllung der in § 144 AO** normierten steuerrechtlichen Pflicht von gewerblichen Unternehmern und buchführungspflichtigen Land- und Forstwirten zur Aufzeichnung des Warenausgangs zu gewährleisten.[112]

67 Nach § 144 AO sind insbesondere Großhändler verpflichtet, Waren, die sie an andere gewerbliche Unternehmer zur Weiterveräußerung liefern, unter Benennung des Abnehmers aufzu-

---

108 Flore/Tsambikakis/*Heerspink* § 379 Rn. 99.
109 Franzen/Gast/Joecks/*Jäger* § 379 Rn. 71; Hübschmann/Hepp/Spitaler/*Bülte* § 379 Rn. 90.
110 Zum Begriff der Leichtfertigkeit vgl. Ausführungen unter Rn. 13.
111 Kohlmann/*Matthes* § 379 Rn. 108; Hübschmann/Hepp/Spitaler/*Bülte* § 379 Rn. 83; offen Franzen/Gast/ Joecks/*Jäger* § 379 Rn. 46; a.A. Flore/Tsambikakis/*Heerspink* § 379 Rn. 97.
112 Kohlmann/*Matthes* § 379 Rn. 114.1; Hübschmann/Hepp/Spitaler/*Bülte* § 379 Rn. 92.

zeichnen. Damit ist es der Finanzverwaltung möglich, Warenbewegungen besser zu kontrollieren und somit Gewinne aus Schwarzein- und -verkäufen aufzudecken.[113]

Im Hinblick auf die Tathandlungen der **nicht, nicht richtig oder nicht vollständig** erstellten Aufzeichnungen wird auf § 144 Abs. 1 und 2 AO verwiesen. Diese Normen regeln, was aufzuzeichnen ist und wann eine Aufzeichnung unter Umständen unterbleiben kann. 68

Auch § 379 Abs. 2 Nr. 1a AO ist ein abstraktes Gefährdungsdelikt, d.h. es ist für die Tatbestandsverwirklichung irrelevant, ob die Pflichtverletzung hätte zu einer Steuerverkürzung führen können. 69

Auch § 379 Abs. 2 Nr. 1a AO setzt voraus, dass der Täter bei Begehung der Ordnungswidrigkeit **vorsätzlich oder leichtfertig**[114] handelt. 70

§ 379 Abs. 2 Nr. 1a AO ist ein Sonderdelikt, dass sich an den gewerblichen Unternehmer als tauglichen Täter richtet. Darunter fallen alle Steuerpflichtigen – bzw. deren gesetzliche bzw. gewillkürte Vertreter (§ 9 OWiG; §§ 34, 35 AO) –, die gewerbliche Einkünfte (§ 15 EStG) haben. Darüber hinaus verlangt § 144 AO, dass der Täter nach Art seines Geschäftsbetriebes regelmäßig Waren zum Zwecke gewerblicher Weiterverwendung veräußert oder ausnahmeweise in einer Weise veräußert (§ 144 Abs. 1 AO), die eine gewerbliche Weiterverwendung vermuten lässt (§ 144 Abs. 2 AO).[115] 71

Eine Beteiligungshandlung einer Person, die nicht unter den beschränkten Normadressatenkreis fällt, ist entsprechend § 14 Abs. 1 S. 2 OWiG möglich. 72

6. Zuwiderhandlung gegen eine Rechtsverordnung nach § 117c Abs. 1 AO (§ 379 Abs. 2 Nr. 1b AO)

Nach § 379 Abs. 2 Nr. 1b AO handelt ordnungswidrig, wer vorsätzlich oder leichtfertig einer Rechtsverordnung nach § 117c Abs. 1 AO oder einer vollziehbaren Anordnung auf Grund einer solchen Rechtsverordnung zuwiderhandelt, soweit die Rechtsverordnung für einen bestimmten Tatbestand auf diese Bußgeldvorschrift verweist. 73

Der durch das AIFM-Steuer-Anpassungsgesetz[116] mit Wirkung vom 24.12.2013 eingeführte Ordnungswidrigkeitentatbestand soll somit die Einhaltung von Regelungen über die Erhebung und Übermittlung von Daten, die gem. § 117c Abs. 1 AO zur Erfüllung völkerrechtlicher Verpflichtungen zur Förderung der Steuerehrlichkeit getroffen worden sind, sichern.[117] Voraussetzung für den Erlass einer Rechtsverordnung durch das Bundesministerium der Finanzen ist das Bestehen einer völkerrechtlichen Vereinbarung, die den Informationsaustausch vorsieht. Der Regelungsumfang der einzelnen Rechtsverordnung ist somit vom Umfang der konkreten völkerrechtlichen Vereinbarung abhängig und darf insbesondere nicht darüber hinausgehen.[118] Die Pflicht zur systematischen Datenerhebung und –übermittlung trifft „Dritte", die in den zu § 117c AO erlassenden Rechtsverordnungen jeweils zu bestimmen sind.[119] Da die Vereinbarun- 74

---

113 BGBl I 1768, 1793; BT-Drucks. 17/3549, 38.
114 Zum Begriff der Leichtfertigkeit vgl. Ausführungen unter Rn. 13.
115 Flore/Tsambikakis/*Heerspink* § 379 Rn. 108.
116 BGBl I 2013, 4318; BR-Drucks. 740/13, 42 und 127.
117 Klein/*Jäger* § 379 Rn. 26.
118 Klein/*Rätke* § 117c Rn. 4.
119 Kohlmann/*Matthes* § 379 Rn. 115.3; Klein/*Rätke* § 117c Rn. 4.

gen zum Informationsaustausch hauptsächlich auf die Erhebung von Daten im Bereich der Kapitaleinkünfte abzielen, werden Finanzinstitute primär verpflichtete „Dritte" sein.[120]

75 Das Bundeszentralamt für Steuern ist gem. § 5 Abs. 1 Nr. 5a Finanzverwaltungsgesetz sowohl für die Entgegennahme und Weiterleitung von Meldungen i.S.d. § 117c AO als auch für die Durchführung von Ordnungswidrigkeitenverfahren wegen Zuwiderhandlungen nach § 379 Abs. 2 Nr. 1b AO zuständig.

76 Die wichtigste zwischenstaatliche Vereinbarung zum automatischen Informationsaustausch ist das 2013 mit den USA abgeschlossene sogenannte FATCA-Abkommen auf dessen Grundlage am 23.7.2014 die „Verordnung zur Umsetzung der Verpflichtungen aus dem Abkommen zwischen der Bunderepublik Deutschland und den Vereinigten Staaten von Amerika zur Förderung der Steuerehrlichkeit bei internationalen Sachverhalten und hinsichtlich der als Gesetz über die Steuerehrlichkeit bezüglich Auslandskonten bekannten US-amerikanischen Information- und Meldebestimmungen"[121], die sogenannte FATCA-USA-Umsatzverordnung („**FATCA-USA-UmsVO**") erlassen worden ist. Die FATCA-USA-UmsVO sieht im Wesentlichen Identifizierungs-, Sorgfalts-, Registrierungs- und Meldepflichten[122] für denjenigen vor, den diese Pflichten persönlich treffen.[123]

77 Zuwiderhandlungen gegen die Pflichten nach § 117c AO und einer hierzu ergangenen Rechtsvorschrift werden jedoch gem. § 379 Abs. 2 Nr. 1b AO nur dann geahndet, soweit die Rechtsverordnung für einen bestimmten Tatbestand auf die Bußgeldvorschrift des § 379 AO verweist. In § 11 FATCA-USA-UmsVO ist dies der Fall. Nicht unbedenklich ist dabei, dass die als sanktionswürdig angesehenen Verhaltensweisen im Gesetz nur sehr allgemein im Zusammenhang mit der „Erhebung und Übermittlung steuerlich relevanter Daten" umschrieben werden und sich die genauen Einzelheiten der zu beachtenden Regelungen erst aus einer Gesamtschau unter Einbeziehung der Detailregelungen in der jeweiligen völkerrechtlichen Vereinbarung und der nach § 117c Abs. 1 AO zu erlassenden Rechtsverordnung ergeben.[124]

7. Konto auf falschen Namen (§ 379 Abs. 2 Nr. 2 AO)

78 Nach § 379 Abs. 2 Nr. 2 AO handelt ordnungswidrig, wer vorsätzlich oder leichtfertig die Pflicht zur Kontenwahrheit nach § 154 Abs. 1 AO verletzt.

79 Gemäß § 154 **Abs. 1 AO** darf niemand auf einen falschen oder erdichteten Namen für sich oder einen Dritten ein Konto errichten oder Buchungen vornehmen lassen, Wertsachen (Geld, Wertpapiere, Kostbarkeiten) in Verwahrung geben oder verpfänden oder sich ein Schließfach geben lassen.

80 Durch die Vorschrift soll die **formale Kontenwahrheit** geschützt und verhindert werden, dass die Nachprüfung steuerlicher Verhältnisse durch Verwendung falscher oder erdichteter Namen erschwert wird.[125]

---

120 Klein/*Rätke* § 117c Rn. 4.
121 BGBl I 2014, 1222 ff.
122 Hübschmann/Hepp/Spitaler/*Bülte* § 379 Rn. 106.
123 Hübschmann/Hepp/Spitaler/*Bülte* § 379 Rn. 107.
124 Kohlmann/*Matthes* § 379 Rn. 115.8; zu verfassungsrechtlichen Bedenken: Achenbach/Ransiek/*Dannecker/Bülte* Teil 2 Kap. 2 Rn. 45 ff.; Hübschmann/Hepp/Spitaler/*Bülte* § 379 Rn. 99 ff.
125 BT-Drucks. VI/1982, 123; *BGH* NJW 1995, 261, 261.

Im Hinblick auf die Tatbestandsvoraussetzungen des § 154 Abs. 1 AO sei an dieser Stelle lediglich auf Folgendes hingewiesen: 81

Konten Dritter, Anderkonten und Fremdkonten sind keine Konten i.S.d. § 154 Abs. 1 AO.[126]

Schließfächer fallen nur dann unter § 154 Abs. 1 AO, wenn sie der nicht nur vorübergehenden Aufbewahrung von Wertsachen dienen. So fallen beispielsweise Schließfächer an Bahnhöfen nicht darunter.[127] 82

Ein **Name ist falsch**, wenn er nicht den „Verfügungsberechtigten" bezeichnet.[128] Der Gebrauch eines Künstlernamens (Pseudonym) ist dabei zulässig, wenn er keine Zweifel über die Identität aufkommen lässt.[129] 83

In aller Regel wird der Kontoinhaber auch der **Verfügungsberechtigte** sein. Erfolgt jedoch die Eröffnung des Kontos auf den Namen eines Dritten, der nicht zugleich auch Verfügungsberechtigter ist, so darf lediglich der Name des Verfügungsberechtigten, in der Regel also des Gläubigers der Einlage, nicht falsch sein, da es steuerlich in erster Linie auf den Inhaber der Forderung ankommt.[130] 84

Auch § 379 Abs. 2 Nr. 2 AO ist ein abstraktes Gefährdungsdelikt, d.h. es ist für die Tatbestandsverwirklichung irrelevant, ob die Pflichtverletzung zu einer Steuerverkürzung hätte führen können. 85

Der Täter muss bei Begehung der Ordnungswidrigkeit **vorsätzlich oder leichtfertig**[131] handeln. 86

§ 379 Abs. 2 Nr. 2 AO ist ein Jedermann-Delikt, sodass **tauglicher Täter** jeder sein kann, der die Pflicht zur Kontenwahrheit verletzt. Jedoch ist umstritten, ob das Verbot des § 154 Abs. 1 AO sich nur gegen den Bankkunden richtet oder auch gegen Mitarbeiter des Kreditinstituts. Nach einer in der Literatur vertretenen Ansicht erstreckt sich der Anwendungsbereich auch auf die Bankmitarbeiter. Neben dem Wortlaut („errichten")[132] spräche für die weite Auslegung auch, dass ansonsten die Tatbestandsvariante der leichtfertigen Begehung praktisch leerliefe, weil der Kunde in der Regel wissen wird, dass er unter falschem oder erdichtetem Namen und damit vorsätzlich handelt.[133] Dem wird entgegengehalten, dass der subjektive Tatbestand des § 379 Abs. 2 AO einheitlich für seine beiden Varianten Nr. 1 und 2 normiert ist und Nr. 1 bereits einen ausreichenden Anwendungsbereich für leichtfertiges Handeln schaffe.[134] Ferner dürfte mit Blick auf die übrigen Tathandlungen (*vornehmen lassen*, *in Verwahrung geben* oder *pfänden lassen*,) Einiges dafür sprechen, als Täter der Vorschrift nur den (passiven) Kontoerrichter u.a., nicht aber den (aktiv tätigen) Kontoführer anzusehen.[135] 87

---

126 *Mösbauer* NStZ 1990, 475, 476.
127 Vgl. Hübschmann/Hepp/Spitaler/*Bülte* § 379 Rn. 126.
128 *BGH* NJW 1995, 261, 262.
129 Tipke/Kruse/*Brandis* § 154 Rn. 5; Klein/*Rätke* § 154 Rn. 2.
130 Kohlmann/*Matthes* § 379 Rn. 61; Franzen/Gast/Joecks/*Jäger* § 379 Rn. 55.
131 Zum Begriff der Leichtfertigkeit vgl. Ausführungen unter Rn. 13.
132 *Mösbauer* NStZ 1990, 475; *Carl/Klos* DStZ 1995, 296, 300.
133 Klein/*Rätke* § 154 Rn. 3; Franzen/Gast/Joecks/*Jäger* § 379 Rn. 60.
134 Flore/Tsambikakis/*Heerspink* § 379 Rn. 123.
135 Kohlmann/*Matthes* § 379 Rn 49; Hübschmann/Hepp/Spitaler/*Heuermann* § 154 Rn. 30; Hübschmann/Hepp/Spitaler/*Bülte* § 379 Rn. 118; Rolletschke/Kemper/*Rolletschke* § 379 Rn. 52; Tipke/Kruse/*Brandis* § 154 Rn. 2; Klein/*Rätke* § 154 Rn. 3.

8. Zuwiderhandlungen gegen eine Auflage im Rahmen der Steueraufsicht (§ 379 Abs. 3 AO)

88 Nach § 379 Abs. 3 AO handelt ordnungswidrig, wer vorsätzlich oder fahrlässig einer Auflage nach § 120 Abs. 2 Nr. 4 AO zuwiderhandelt, die einem Verwaltungsakt für Zwecke der besonderen Steueraufsicht (§§ 209 ff. AO) beigefügt worden ist.

89 Nach § 213 AO kann beispielsweise ein Unternehmen, dessen Führungskraft wegen Steuerhinterziehung verurteilt worden ist, auf eigene Kosten besondere Aufsichtsmaßnahmen (z.B. zusätzliche Meldepflichten) auferlegt bekommen, wenn dies zur Gewährleistung einer wirksamen Steueraufsicht erforderlich ist. Kommt das Unternehmen dieser Aufsichtsmaßnahme (z.B. Meldepflicht) nicht nach, so ist § 379 Abs. 3 AO erfüllt.

90 Ob die **Auflage** rechtswidrig ist, hat grundsätzlich keinen Einfluss auf eine mögliche Tatbestandsverwirklichung des § 379 Abs. 3 AO (vgl. § 124 Abs. 2 AO). Abweichendes gilt nur in Fällen der Nichtigkeit der Auflage (§ 124 Abs. 3 AO). Der Tatbestand des § 379 Abs. 3 AO ist in dem vorgenannten Beispiel folglich auch dann erfüllt, wenn die Unternehmensleitung die auferlegte Aufsichtsmaßnahme nicht befolgt, weil es sie für rechtswidrig hält und angefochten hat. Zutreffend wird sich jedoch in Fällen einer rechtswidrigen Auflage aus Wertungsgesichtspunkten dafür ausgesprochen, dass von der Verfolgung aus Opportunitätsgründen abgesehen werden soll (§ 47 Abs. 1 OWiG).[136]

91 Auch § 379 Abs. 3 AO normiert ein abstraktes Gefährdungsdelikt.

Anders als bei den Abs. 1 und 2 genügt es für die Tatbestandsverwirklichung nach Abs. 3, wenn der Täter lediglich **fahrlässig** gehandelt hat.

92 Bei § 379 Abs. 3 AO handelt es sich um ein Sonderdelikt.[137] **Tauglicher Täter** des § 379 Abs. 3 AO ist lediglich der Adressat der Auflage bzw. dessen gesetzlicher bzw. gewillkürter Vertreter. Zu den Vertretern zählen insbesondere diejenigen Personen, die kraft Gesetzes für die Steuerschulden des Vertretenen haften (§ 69 AO), da sie kraft Gesetzes (§ 9 OWiG, §§ 34, 35 AO) in ein unmittelbares Pflichtenverhältnis zur Finanzbehörde treten und die steuerlichen Pflichten der von ihnen Vertretenen zu erfüllen haben.

II. Konkurrenzen

93 Gemäß § 379 Abs. 4 2. HS AO tritt der Bußgeldtatbestand in seiner Anwendung zurück, sofern der Tatbestand der leichtfertigen Steuerverkürzung erfüllt ist und tatsächlich zur Anwendung kommt. Sofern § 379 AO mit einer Strafnorm zusammentrifft, findet gem. § 21 Abs. 1 OWiG nur das Strafgesetz Anwendung.

Dies gilt jedoch nur, soweit dasselbe Rechtsgut, d.h. dieselbe Steuerart betroffen ist und die Gefährdung nicht über die Verletzung hinausreicht.[138]

94 Grundsätzlich gehen auch die §§ 381, 382 AO dem § 379 AO vor.

---

136 Flore/Tsambikakis/*Heerspink* § 379 Rn. 133.
137 Hübschmann/Hepp/Spitaler/*Bülte* § 379 Rn. 130.
138 Franzen/Gast/Joecks/*Jäger* § 379 Rn. 71.

III. Rechtsfolge

Die Ordnungswidrigkeit gem. § 379 AO kann mit einer Geldbuße bis zu 5.000 € geahndet werden. **95**

IV. Selbstanzeige

Nach herrschender Ansicht kann der Täter einer Ordnungswidrigkeit nach § 379 AO keine **96** Bußgeldbefreiung durch die Abgabe einer Selbstanzeige erlangen.[139] Dagegen wird kritisch vorgebracht, dass der Täter einer versuchten oder vollendeten Steuerhinterziehung damit besser gestellt werde als derjenige, dessen Tat nur eine Vorbereitungshandlung zu einer Steuerhinterziehung darstellt.[140].

Eine wirksame Selbstanzeige nach §§ 371, 378 Abs. 3 AO wirkt nur hinsichtlich der Tatbestände **97** der §§ 370, 378 AO, nicht auch bezüglich der Steuergefährdung nach § 379 AO sanktionsbefreiend. Zudem kann der gegenüber §§ 370 und 378 AO subsidiäre Ordnungswidrigkeitentatbestand nach herrschender Rechtsauffassung auch dann geahndet werden kann, wenn die vorrangige Norm aufgrund der Abgabe einer wirksamen Selbstanzeige nicht anwendbar ist.[141]

Allerdings besteht für die Verfolgungsbehörden grundsätzlich die Möglichkeit, von der Verfol- **98** gung der Ordnungswidrigkeiten abzusehen (§ 47 Abs. 1 OWiG), wovon insbesondere in den Fällen Gebrauch gemacht werden dürfte, in denen der Täter den rechtswidrigen Zustand wieder beseitigt hat.

V. Verjährung

Die Verjährung richtet sich nach den allgemeinen Vorschriften der §§ 31 ff. OWiG, allerdings **99** beträgt die Verjährungsfrist abweichend von den allgemeinen Regelungen gem. § 384 AO fünf Jahre.

C. § 380 AO – Gefährdung der Abzugssteuern

Nach § 380 Abs. 1 AO handelt ordnungswidrig, wer vorsätzlich oder leichtfertig seiner Ver- **100** pflichtung, Steuerabzugsbeträge einzubehalten und abzuführen, nicht, nicht vollständig oder nicht rechtzeitig nachkommt.

Der Tatbestand der Gefährdung von Abzugssteuern nach § 380 AO ist wie unter anderem auch **101** die §§ 370, 378 AO eine Blankettnorm. Folglich ergeben sich die konkreten Pflichten aus der jeweils einschlägigen materiellen Steuernorm.

---

139 Vgl. statt Vieler Franzen/Gast/Joecks/*Jäger* § 379 Rn. 74; a.A. Kohlmann/*Matthes* § 379 Rn. 62, der sich für eine analoge Anwendung von § 378 Abs. 3 AO ausspricht.
140 Ebenso Kohlmann/*Matthes* § 379 AO Rn. 69.
141 Hübschmann/Hepp/Spitaler/*Bülte* § 379 Rn. 146; Franzen/Gast/Joecks/*Jäger* § 379 Rn. 75; *Mösbauer* wistra 1991, 41, 42; *Dörn* wistra 1995, 7, 9; *KG Berlin* wistra 1994, 36; a.A. Kohlmann/*Matthes* § 379 Rn. 74; Erbs/Kohlhaas/*Senge* § 379 Rn. 33.

102 § 380 Abs. 1 AO sanktioniert nicht die Nicht- bzw. Falscherklärung von Steuern, sondern die Nichtabführung von Abzugssteuern entgegen der Pflichten im Steuerabzugsverfahren.[142]

Bei Abzugssteuern handelt es sich um solche Steuern, die ein Dritter, bei dem der steuerpflichtige Vorgang entsteht (Steuerquelle), für den Steuerpflichtigen einbehält und an das Finanzamt abzuführen hat. Der Dritte wird durch die Abzugspflicht selbst zum Steuerpflichtigen (§ 33 Abs. 1 AO), auch wenn primärer Steuerpflichtiger weiterhin derjenige ist, zu dessen Gunsten abgeführt wird (§ 43 AO) und die Entrichtung abgeltende Wirkung entfaltet.

Durch das Steuerabzugsverfahren soll die zuverlässige und schnelle Erfassung der Steuer an der Quelle sichergestellt sein, weshalb auch ein besonderer Schutz der ordnungsgemäßen Tilgung fremder Steuerschulden durch Ahndung der Verstöße im Bußgeldverfahren als erforderlich angesehen wird.[143]

I. Tatbestandsvoraussetzungen

1. Steuerabzugspflichtige fremde Steuern

103 Bei den für die Tatbestandsverwirklichung relevanten Abzugssteuern handelt es sich um die folgenden Steuern aus dem Einkommensteuerbereich:
- Lohnsteuer (§§ 38–42f EStG),
- Kapitalertragsteuer (§§ 43–45e EStG),
- Bauabzugssteuer (§§ 48 ff. EStG),
- Aufsichtsrats- und Vergütungssteuer (§§ 43–45e EStG).[144]

Keine Abzugssteuern hingegen stellen dar:
- die pauschalierte Lohnsteuer, da sie keine „fremde" Steuer ist, sondern der Arbeitgeber sie direkt zu übernehmen hat und folglich selbst Steuerschuldner wird (§ 40 Abs. 3, § 40a Abs. 5, § 40b Abs. 4 S. 1 EStG);
- die Umsatzsteuer, da zwar der Abnehmer der Leistung die Umsatzsteuer zu zahlen hat, Steuerschuldner jedoch der abzugspflichtige Unternehmer ist (§§ 13a, 13b UStG);
- die Versicherungssteuer, da sie nicht durch Abzug von einer Leistung erhoben wird.[145]

104 Im Weiteren soll nachstehend ausschließlich auf die Lohn- und Kapitalertragsteuer als Abzugssteuern mit zentraler Bedeutung eingegangen werden und auch nur, soweit dies für den Anwendungsbereich des § 380 Abs. 1 AO von Bedeutung ist.

a) Lohnsteuer

105 Zwar fällt unter den Begriff der Lohnsteuer grundsätzlich auch die Kirchenlohnsteuer, jedoch sind die Straf- und Bußgeldtatbestände der Abgabenordnung aufgrund der Landeskirchensteuergesetze von der Verfolgung wegen Steuerstraften oder Steuerordnungswidrigkeiten ausgenommen. (z.B. Art. 18 Abs. 2 BayKiStG. Ausnahme: § 6 Abs. 1 KiStRG Nds).[146]

---

142 Flore/Tsambikakis/*Heerspink* § 380 Rn. 3.
143 Flore/Tsambikakis/*Heerspink* § 380 Rn. 3; Kohlmann/*Matthes* § 380 Rn. 3 ff.
144 Erbs/Kohlhaas/*Senge* § 380 Rn. 1.
145 Kohlmann/*Matthes* § 380 Rn. 10.
146 Franzen/Gast/Joecks/*Jäger* § 380 Rn. 3a.

Entsprechend §§ 38 ff. EStG hat der Arbeitgeber bei jeder Lohnzahlung für Rechnung des Arbeitnehmers die Lohnsteuer einzubehalten und fristgerecht abzuführen.

106

Nach § 2 Abs. 1 Lohnsteuerdurchführungsverordnung (LStDV) umfasst der Arbeitslohn alle Einnahmen, die dem Arbeitnehmer aus dem Dienstverhältnis zufließen. Dabei ist unerheblich, unter welcher Bezeichnung oder in welcher Form die Einnahmen gewährt werden (Zu Sonderfällen vgl. auch § 2 Abs. 2 LStDV).

107

Wann ein Arbeitsverhältnis vorliegt, folgt aus § 1 LStDV. Ob der Vertrag, auf dessen Grundlage der Arbeitslohn gezahlt wird, wegen gesetzes- oder sittenwidrigen Handelns nichtig ist, ist nach § 40 AO steuerlich unerheblich und damit auch für die steuerordnungswidrigkeitsrechtliche Betrachtung nicht von Belang.[147]

108

Im Falle einer zulässigen Arbeitnehmerüberlassung nach § 1 Arbeitnehmerüberlassungsgesetz (AÜG) trifft die Abzugspflicht grundsätzlich den Verleiher, da mit diesem das Arbeitsverhältnis besteht. Den Entleiher trifft eine Abzugspflicht nur dann, wenn er selbst Arbeitslohn bezahlt.[148] Im Falle einer unwirksamen Arbeitnehmerüberlassung gilt das Arbeitsverhältnis als zwischen Entleiher und Arbeitnehmer zustande gekommen (§ 10 AÜG). Der BGH lässt diese Fiktion als tauglichen Anknüpfungspunkt für ein ordnungswidriges Handeln nach § 380 AO grundsätzlich ausreichen, verlangt jedoch eine genaue Prüfung der subjektiven Tatseite, nämlich der Frage, ob der Handelnde seine strafbewehrten Pflichten erkennen konnte.[149] Zu weiteren Problemstellungen und Ordnungswidrigkeitentatbeständen im Zusammenhang mit Arbeitnehmerüberlassung vgl. im Übrigen die Ausführungen im 22. Kap. Rn. 73.

109

Ein Arbeitgeber mit Sitz im Ausland, der Unternehmen in Deutschland für bestimmte Projekte Arbeitskräfte zur Verfügung stellt, ist zur Einbehaltung und Abführung der Lohnsteuer jedenfalls dann verpflichtet, wenn er im Inland einen Wohnsitz, seinen gewöhnlichen Aufenthalt, seine Geschäftsleitung, eine Betriebstätte oder einen ständigen Vertreter hat (§ 38 Abs. 1 Nr. 1 EStG).[150]

110

Bei eingeschränkten finanziellen Mitteln kann der Arbeitgeber nicht etwa die Abführung der Lohnsteuer unterlassen. Vielmehr hat er den auszuzahlenden Lohn an den Arbeitnehmer so zu kürzen (§ 38 Abs. 4 S. 1 EStG), dass er (neben den in voller Höhe geschuldeten Sozialversicherungsbeiträgen) die anteilige Lohnsteuer einbehalten bzw. abführen kann.[151] Dies soll grundsätzlich auch bei Insolvenzreife gelten (§ 17 InsO).[152]

111

Abzuführen ist die einbehaltene Lohnsteuer regelmäßig spätestens am 10. Tag nach Ablauf eines jeden Kalendermonats (§ 41a EStG). Hat die einbehaltene Lohnsteuer im vorangegangenen Kalenderjahr nicht mehr als 3.000 € betragen, gelten längere Fristen (vgl. § 41a Abs. 2 EStG).

112

Die Lohnsteuer ist grundsätzlich an das Betriebsstättenfinanzamt abzuführen (§ 41a Abs. 1 Nr. 2 EStG). Umstritten ist, ob es bereits als tatbestandsmäßig anzusehen ist, wenn die Lohnsteuer an ein unzuständiges Finanzamt abgeführt wird. Insofern wird die Ansicht vertreten, der objektive Tatbestand werde nicht dadurch verwirklicht, dass die Lohnsteuer an ein unzuständiges Finanzamt abgeführt wird. Dabei stützt sie sich auf das Argument, der § 380 AO

113

---

147 *BGH* NJW 1985, 208; Franzen/Gast/Joecks/*Jäger* § 380 Rn. 5.
148 *BGH* NJW 2003, 1821, 1822; *BFH* NJW 1982, 2893; *BFH* NJW 1992, 261.
149 *BGH* NJW 2003, 1821, 1822.
150 Franzen/Gast/Joecks/*Jäger* § 380 Rn. 5.
151 Flore/Tsambikakis/*Heerspink* § 380 Rn. 58; Franzen/Gast/Joecks/*Jäger* § 380 Rn. 24a.
152 Franzen/Gast/Joecks/*Jäger* § 380 Rn 24a; *BGH* NJW 2007, 2118; kritisch hierzu Flore/Tsambikakis/*Heerspink* § 380 Rn. 60.

wolle in erster Linie sicherstellen, dass der Arbeitgeber überhaupt die einbehaltene Lohnsteuer abführt.[153] Andere Stimmen vertreten die Auffassung, eine Anwendung des § 380 AO scheide jedenfalls mangels Vorsatz oder aber im Wege der Anwendung der Opportunitätsvorschriften aus, da ein öffentliches Interesse an der Verfolgung der Tat fehle, wenn der Arbeitgeber die einbehaltenen Beträge zwar an ein unzuständiges Finanzamt, jedoch vollständig und pünktlich abgeführt hat.[154]

b) Kapitalertragssteuer

114 Auch die Kapitalertragsteuer (§§ 43 ff. EStG) wird im Abzugsverfahren erhoben. Nach § 44 Abs. 1 EStG ist der Gläubiger der Kapitalerträge der Steuerschuldner. Der Steuerabzug unterbleibt, wenn der Gläubiger eine Nichtveranlagungsbescheinigung oder einen Freistellungsauftrag vorlegt (§ 44a Abs. 2 EStG).

115 Abzuführen ist die innerhalb eines Kalendermonats einbehaltene Kapitalertragsteuer bis zum 10. Tag des folgenden Monats an das Finanzamt (§ 44 Abs. 1 S. 5 EStG).

116 Auch in diesem Falle ist umstritten, ob ein Abführen der Kapitalertragsteuer an ein unzuständiges Finanzamt bereits tatbestandsmäßig i.S.d. § 380 Abs. 1 AO ist (vgl. vorstehend unter Rn. 105).

2. Unterlassen des Einbehalts bzw. der Abführung

117 § 380 AO ein echtes Unterlassungsdelikt.[155] Ordnungswidrig handelt hiernach, wer Steuerabzugsbeträge nicht, nicht vollständig oder nicht rechtzeitig einbehält oder abführt.

118 In diesem Zusammenhang ist insbesondere darauf hinzuweisen, dass die pflichtwidrige Nichtvornahme von Mitteilungen betreffend die Abführung von Kapitalertragsteuer gegenüber dem Bundeszentralamt für Steuern (§ 45d EStG) nicht den Tatbestand des § 380 Abs. 1 AO, u.U. aber den des § 50e EStG erfüllt.

119 Entsprechend dem Wortlaut der Norm ist erforderlich, dass der Abzugspflichtige die Steuer **nicht einbehält** und **nicht abführt**. Folglich wäre der Tatbestand dann nicht erfüllt, wenn nur eine der Handlungen nicht erfüllt wäre, d.h. wenn die Steuern zwar einbehalten aber nicht abgeführt würden. Dies erscheint unter Wertungsgesichtspunkten nicht richtig, sodass es von einem überwiegenden Teil der Literatur für ausreichend erachtet wird, wenn nur eine der beiden Tatbestandsalternativen verwirklicht wird.[156] Dies wiederum stößt dahingehend auf Kritik, dass es einer solch weiten Auslegung nicht bedarf, da es nach dem Schutzzweck der Norm lediglich darauf ankomme, dass die Steuern abgeführt werden, egal ob hierfür einbehaltene Lohnsteuer verwendet oder die Leistung gar aus eigenen Mitteln erbracht werde. Diese Ansicht will also lediglich das Nichtabführen der Steuer als tatbestandsrelevant ansehen und dem Nichteinbehalten keine eigenständige Bedeutung beimessen.[157]

120 Der tatbestandsrelevante Zeitpunkt für das **rechtzeitige** Abführen von Steuerabzugsbeträgen lässt sich den einzelnen Steuergesetzen entnehmen (vgl. vorstehend unter Rn. 105 und

---

153 Flore/Tsambikakis/*Heerspink* § 380 Rn. 35.

154 Franzen/Gast/Joecks/*Jäger* § 380 Rn. 7; Kohlmann/*Matthes* § 380 Rn. 35.

155 Kohlmann/*Matthes* § 380 Rn. 30.

156 Hübschmann/Hepp/Spitaler/*Rüping* § 380 Rn. 25, Kohlmann/*Matthes* § 380 Rn. 31; Erbs/Kohlhaas/*Senge* § 380 Rn. 8; *Pfaff* StBp 1978, 209, 210 und 1983, 9, 10.

157 Franzen/Gast/Joecks/*Jäger* § 380 Rn. 6 und 15.

Rn. 114). Eine verspätete Zahlung erfüllt damit grundsätzlich den Tatbestand des § 380 AO, kann aber unter Umständen bei der Bemessung der Geldbuße[158] oder im Rahmen der Opportunitätsentscheidung eine Rolle spielen, wobei eine verspätete Zahlung in der Regel zu einer Einstellung aus Opportunitätsgründen führen dürfte.[159]

3. Tauglicher Täter

§ 380 AO ist ein Sonderdelikt. Täter i.S.d. § 380 AO kann jeder durch die Einzelsteuergesetze unmittelbar Verpflichtete oder der gesetzliche bzw. gewillkürte Vertreter sein. Zu den Vertretern zählen insbesondere diejenigen Personen, die kraft Gesetzes für die Steuerschulden des Vertretenen haften (§ 69 AO), da sie kraft Gesetzes (§ 9 OWiG, §§ 34, 35 AO) in ein unmittelbares Pflichtenverhältnis zur Finanzbehörde treten und die steuerlichen Pflichten der von ihnen Vertretenen zu erfüllen haben.[160]   **121**

Eine Beteiligungshandlung einer Person, die nicht unter den beschränkten Normadressatenkreis fällt, ist gem. § 14 Abs. 1 S. 2 OWiG grundsätzlich möglich.   **122**

II. Konkurrenzen

Gemäß § 380 Abs. 2 AO tritt der Bußgeldtatbestand in seiner Anwendung zurück, sofern der Tatbestand der leichtfertigen Steuerverkürzung nach § 378 AO erfüllt ist. Darüber hinaus verdrängt § 370 AO den in der Regel tatmehrheitlich begangenen § 380 Abs. 1 AO als mitbestrafte Tat, sofern es zu einer Verkürzung von Abzugssteuer kommt.[161] Häufig kommt es neben dem Verstoß gegen § 380 Abs. 1 AO auch zu sozialversicherungsrechtlichen Vergehen oder Ordnungswidrigkeiten (Vorenthalten und Veruntreuen von Arbeitsentgelt gem. § 266a StGB oder Verstöße gegen sozialversicherungsrechtliche Aufzeichnungs- und Meldepflichten gem. § 111 Abs. 1 Nr. 3 i.V.m. § 28f SGB IV).[162] In der Regel liegt in diesen Fällen Tatmehrheit vor.[163]   **123**

Eine wirksam gem. §§ 371, 378 Abs. 3 AO erstattete Selbstanzeige hat keine sanktionsbefreiende Wirkung im Hinblick auf § 380 Abs. 1 AO.[164] Vielmehr wird bei Vorliegen einer wirksamen Selbstanzeige die Verfolgung einer an sich subsidiären Ordnungswidrigkeit nach § 380 Abs. 1 AO wieder möglich.[165]   **124**

---

158 Flore/Tsambikakis/*Heerspink* § 380 Rn. 62.
159 Kohlmann/*Matthes* § 380 Rn. 39.
160 Franzen/Gast/Joecks/*Jäger* § 380 Rn 17; Erbs/Kohlhaas/*Senge* § 380 Rn. 2.
161 Flore/Tsambikakis/*Heerspink* § 380 Rn. 84.
162 Erbs/Kohlhaas/*Senge* § 380 Rn. 14;
163 Vgl. *BGHSt* 38, 285; Erbs/Kohlhaas/*Senge* § 380 Rn. 15.
164 Franzen/Gast/Joecks/*Jäger* § 380 Rn. 30; Kohlmann/*Matthes* § 380 Rn. 54.4; Flore/Tsambikakis/*Heerspink* § 380 Rn. 83; a.A. Erbs/Kohlhaas/*Senge* § 380 Rn. 14; Bringewat NJW 1981, 1025, 1028.
165 *BayObLG* NJW 1981, 1055; *OLG Celle* MDR 1975, 598; Rolletschke/Kemper/*Rolletschke* § 380 Rn. 45; Klein/*Jäger* § 380 Rn. 17; Kohlmann/*Matthes* § 380 Rn. 54.2; a.A. *Bringewat* NJW 1981, 1025, 1028; *Suhr* StBp 1973, 224, 228; Erb/Kohlhaas/*Senge* § 380 Rn. 14.

III. Rechtsfolge

125 Die Ordnungswidrigkeit kann gem. § 380 Abs. 2 AO mit einer Geldbuße bis zu 25.000 € geahndet werden. Entsprechend den allgemeinen Vorschriften zur Höhe von Geldbußen (§ 17 Abs. 2 OWiG) beträgt bei der leichtfertigen Begehungsweise die Geldbuße maximal 12.500 €. Ferner ist auch § 17 Abs. 4 OWiG zu beachten.

126 Grundsätzlich hat auch im Falle einer Ordnungswidrigkeit nach § 380 AO die Verfolgungsbehörde die Möglichkeit, von der Verfolgung einer Ordnungswidrigkeit abzusehen.

IV. Verjährung

127 Die Verjährung richtet sich nach den allgemeinen Vorschriften der §§ 31 ff. OWiG, allerdings beträgt die Verjährungsfrist abweichend von den allgemeinen Regelungen gem. § 384 AO fünf Jahre.[166]

D. § 381 AO – Verbrauchsteuergefährdung

128 Nach § 381 Abs. 1 AO handelt ordnungswidrig, wer vorsätzlich oder leichtfertig Vorschriften der Verbrauchsteuergesetze oder der dazu erlassenen Rechtsverordnungen

- über die zur Vorbereitung, Sicherung oder Nachprüfung der Besteuerung auferlegten Pflichten (Nr. 1),
- über Verpackung und Kennzeichnung verbrauchsteuerpflichtiger Erzeugnisse oder Waren, die solche Erzeugnisse enthalten, oder über Verkehrs- oder Verwendungsbeschränkungen für solche Erzeugnisse oder Waren (Nr. 2) oder
- über den Verbrauch unversteuerter Waren in den Freihäfen (Nr. 3)

zuwiderhandelt.

129 Wie bei §§ 379 Abs. 2 und 3, 380 und 382 AO handelt es sich auch bei § 381 AO um ein **abstraktes** Gefährdungsdelikt, denn § 381 AO bezweckt die Sicherung des Steueraufkommens und ahndet Pflichtverletzungen, die Vorbereitungshandlungen zu Steuerverkürzung darstellen können.[167]

130 § 381 AO erfasst ausschließlich Pflichtverletzungen im Bereich der Verbrauchsteuern, die nicht als Ein- oder Ausfuhrabgaben erhoben werden.[168] Letztere werden gesondert von § 382 AO erfasst.

131 Darüber hinaus enthält § 381 AO einen Rückverweisungsvorbehalt,[169] d.h. die Norm kann nur erfüllt werden, wenn in den jeweiligen Verbrauchsteuergesetzen oder einer dazu ergangenen Rechtsverordnung selbst auf § 381 AO verwiesen wird, und zwar explizit „für einen bestimmten Tatbestand", also die Verletzung einer Pflicht, die der Vorbereitung, Sicherung oder Nach-

---

166 Klein/*Jäger* § 380 Rn. 23.
167 Klein/*Jäger* § 381 Rn. 1; Flore/Tsambikakis/*Traut* § 381 Rn. 4; Erbs/Kohlhaas/*Senge* § 381 Rn. 1.
168 Klein/*Jäger* § 381 Rn. 3; Erbs/Kohlhaas/*Senge* § 381 Rn. 2.
169 Zu verfassungsrechtlichen Bedenken: Achenbach/Ransiek/*Dannecker/Bülte* Teil 2 Kap. 2 Rn. 45 ff.; Hübschmann/Hepp/Spitaler/*Bülte* § 379 Rn. 99 ff.

prüfung der Versteuerung dient.[170] Dieser Einschränkungsvorbehalt dient ausschließlich der Rechtssicherheit,[171] indem die zahlreichen in den Verbrauchsteuergesetzen normierten Verpflichtungen im Hinblick auf ihre Erheblichkeit für die steuerlichen Bußgeldvorschriften durchsichtiger gestaltet und nicht sanktionswürdige, schon anderweitig abgesicherte oder zu unbestimmte Ge- oder Verbote von der Bußgeldandrohung durch die Blankettnorm ausgenommen werden.[172]

So enthält beispielsweise § 24 Kaffeesteuergesetz (KaffeeStG) folgende Rückverweisung:[173]   132

„Ordnungswidrig im Sinne des § 381 Abs. 1 Nr. 1 der Abgabenordnung handelt, wer vorsätzlich oder leichtfertig,

1. entgegen § 9 Abs. 3 Kaffee nicht oder nicht rechtzeitig aufnimmt, nicht oder nicht rechtzeitig ausführt, nicht oder nicht rechtzeitig liefert oder nicht oder nicht rechtzeitig übernimmt oder

2. entgegen § 17 Abs. 4 S. 1. und 2 und § 18 Abs. 4 S. 1 und 5, jeweils auch in Verbindung mit § 3, eine Anzeige nicht oder nicht rechtzeitig erstattet.“

I. Tatbestandsvoraussetzungen

1. Verbrauchsteuern

Verbrauchsteuern sind Steuern, die für den Verbrauch oder Gebrauch einer Ware oder für   133
einen bestimmten Aufwand erhoben werden.[174] Obwohl der Endverbraucher der Steuerträger sein soll, werden diese zunächst beim Unternehmer erhoben, der diese auf den Endverbraucher umwälzt.[175] Sofern keine Einfuhrvorgänge aus Drittstaaten vorliegen, sind die folgenden Steuern Verbrauchsteuern i.S.d. § 381 AO:

- Alkopopsteuer,
- Biersteuer,
- Branntweinsteuer,
- Kaffeesteuer,
- Kernbrennstoffsteuer,
- Schaumweinsteuer,
- Stromsteuer,
- Tabaksteuer und
- Zwischenerzeugnissteuer.[176]

2. Tathandlungen

Die einzelnen Tatbestandsalternativen des § 381 Abs. 1 AO lassen sich nicht klar voneinander   134
abgrenzen. In den meisten Ordnungswidrigkeitentatbeständen der Verbrauchsteuergesetze, die auf § 381 Abs. 1 AO verweisen, ist ein konkreter Verweis auf eine der Tatbestandalternativen von § 381 Abs. 1 AO bereits erfolgt.[177]

---

170 Flore/Tsambikakis/*Traut* § 381 Rn. 8.
171 Vgl. BT-Drucks. V/1812, 28.
172 Franzen/Gast/Joecks/*Jäger* § 381 Rn. 6.
173 Kaffeesteuergesetz vom 15.7.2009 (BGBl I, 1870, 1919) geändert durch Art. 5 G v. 21.12.2010 (BGBl I, 2221).
174 Flore/Tsambikakis/*Traut* § 381 Rn. 5.
175 Kohlmann/*Matthes* § 381 Rn. 6.
176 Klein/*Jäger* § 381 Rn. 5.
177 Flore/Tsambikakis/*Traut* § 381 Rn. 13.

a) Verstöße gegen Pflichten zur Vorbereitung, Sicherung oder Nachprüfung der Besteuerung (§ 381 Abs. 1 Nr. 1 AO)

135 Unter § 381 Abs. 1 Nr. 1 AO fallen Verstöße gegen Pflichten zur Vorbereitung oder Nachprüfung der Besteuerung.[178] Ein Verstoß liegt vor, wenn die vorgeschriebene Erklärung **nicht, nicht rechtzeitig, inhaltlich unvollständig** oder **inhaltlich unrichtig** abgegeben wird. Da die Bestimmungen des Verbrauchsteuerrechts vorrangig dem Zweck der Kontrolle des Betriebs, der Betriebsvorgänge, der Waren und deren Entfernung aus dem Herstellungsbetrieb dienen, handelt es sich insbesondere um Buchführungs-, Anschreibe-, Aufbewahrungs-, Vorlagepflichten wie auch Pflichten zur Sicherung von Waren.[179]

136 Die bezeichneten Pflichten müssen aus steuerlichen Gründen („zur Vorbereitung, Sicherung oder Nachprüfung der Besteuerung") auferlegt sein. Die Abgrenzung war vor Einführung des Rückverweisungsvorbehaltes bei Verbrauchsteuergesetzen, die auch andere als steuerliche Zwecke verfolgen, erschwert. Aufgrund der nunmehr zwingend vorausgesetzten Rückverweisungen in den einzelnen Steuernormen (siehe oben) erübrigt sich eine genaue Abgrenzung im Einzelfall jedoch.[180]

137 In Bezug auf Verstöße gegen Buchführungs- bzw. Aufzeichnungspflichten, die sich aus Verbrauchsteuergesetzen ergeben, stellt § 381 Abs. 1 Nr. 1 AO eine Spezialvorschrift dar, die die in der Regel tatbestandsmäßig ebenfalls erfüllte Bußgeldvorschrift des § 379 Abs. 1 Nr. 3 AO verdrängt.[181] Praktische Bedeutung hat diese Subsidiarität insbesondere auch im Hinblick auf die unterschiedlichen Verjährungsfristen von einerseits zwei Jahren bei § 381 AO (§ 377 Abs. 2 i.V.m. § 31 Abs. 2 Nr. 2 OWiG), andererseits von fünf Jahren bei § 379 AO (§ 384 AO).

b) Verstöße gegen Verpackungs- und Kennzeichnungsvorschriften und Verkehrs- oder Verwendungsbeschränkungen (§ 381 Abs. 1 Nr. 2 AO)

138 § 381 Abs. 1 Nr. 2 AO bezieht sich auf die Verletzung von Verpackungs- und Kennzeichnungsvorschriften und Verkehrs- oder Verwendungsbeschränkungen.[182] Die Gebote i.S.d. § 381 Abs. 1 Nr. 2 AO beziehen sich nur auf verbrauchsteuerpflichtige Erzeugnisse und Waren, die solche Erzeugnisse enthalten.[183] Welche Waren im Einzelnen gemeint sind, ergibt sich aus den jeweiligen Verbrauchsteuergesetzen. Insbesondere hervorzuheben sind hier die Tabaksteuer und die Energiesteuer.[184]

Nicht anwendbar ist § 381 Abs. 1 Nr. 2 AO auf Rohstoffe, die zur Herstellung dieser Erzeugnisse verwendet werden und die nicht selbst steuerpflichtig sind.[185] So unterliegen beispielsweise der Tabaksteuer nur Zigarren, Zigarillos, Zigaretten und Rauchtabak (§ 1 Abs. 2 Nr. 1–3 TabStG), nicht aber Rohtabak.[186]

139 Anders als bei § 381 Abs. 1 Nr. 1 AO („der Besteuerung auferlegten Pflichten") setzt § 381 Abs. 1 Nr. 2 AO seinem Wortlaut nach nicht voraus, dass die Verpackungs- und Kennzeich-

---

178 Erbs/Kohlhaas/*Senge* § 381 Rn. 5; Klein/*Jäger* § 381 Rn. 6.

179 Flore/Tsambikakis/*Traut* § 381 Rn. 12; Franzen/Gast/Joecks/*Jäger* § 381 Rn. 9.

180 Flore/Tsambikakis/*Traut* § 381 Rn. 13.

181 Franzen/Gast/Joecks/*Jäger* § 381 Rn. 10.

182 Klein/*Jäger* § 381 Rn. 8.

183 Erbs/Kohlhaas/*Senge* § 381 Rn. 6.

184 Flore/Tsambikakis/*Traut* § 381 Rn. 16; Franzen/Gast/Joecks/*Jäger* § 381 Rn. 3; Kohlmann/*Matthes* § 381 Rn. 6.

185 Flore/Tsambikakis/*Traut* § 381 Rn. 17; Franzen/Gast/Joecks/*Jäger* § 381 Rn. 12.

186 Kohlmann/*Matthes* § 381 Rn 28.

nungspflichten bzw. Verkehrs- und Verwendungsbeschränkungen steuerlichen Zwecken dienen. Nach herrschender Auffassung sollen jedoch auch von § 381 Abs. 1 Nr. 2 AO nur solche Pflichten umfasst sein, die der Sicherung des Verbrauchsteueraufkommens dienen.[187]

Verpackungs- und Kennzeichnungsvorschriften finden sich insb. im Tabaksteuerrecht (vgl. §§ 16 Abs. 1, 24 Abs. 1 TabStG). Obwohl Verpackung und Kennzeichnung kumulativ genannt sind, gilt § 381 Abs. 1 Nr. 2 AO auch für solche Regelungen, die nur Verpackungs- oder nur Kennzeichnungspflichten enthalten.[188] Häufig werden Verpackungs- und Kennzeichnungspflichten aber zusammen vorliegen, da die Kennzeichnung in der Regel auf der Verpackung erfolgt. **140**

Unter **Verkehrsbeschränkungen** sind Einschränkungen für das „In-Verkehr-Bringen" des verbrauchsteuerpflichtigen Erzeugnisses zu verstehen, wobei unter „In-Verkehr-Bringen" jedes Überlassen des Erzeugnisses oder der Ware an Dritte außerhalb des eigenen Haushalts oder Betriebs verstanden wird (§ 25 Tab StGG).[189] **141**

Verwendungsbeschränkungen bestehen dagegen für den Gebrauch bzw. Verbrauch oder das Vermischen oder Beimischen von steuerpflichtigen Waren (z.B. Alkohol, Energieerzeugnisse). Sie finden sich z.B. im Energiesteuerrecht (z.B. § 44 Abs. 4 S. 1 EnergieStG; §§ 46 Abs. 1, 47 Abs. 1, 48 Abs. 1 EnergieStV).[190] **142**

c) Verstöße gegen Vorschriften über den Verbrauch unversteuerter Waren in den Freihäfen (§ 381 Abs. 1 Nr. 3 AO)

Mit der Abschaffung von Freihäfen im Bundesgebiet (seit dem 1.10.1994) ist die Vorschrift des § 381 Abs. 1 Nr. 3 AO obsolet geworden. Die vormals bestehenden Freihäfen sind nunmehr Freizonen, für die im Hinblick auf die Verbrauchsteuern keine Besonderheiten mehr gegenüber den übrigen Teilen des Erhebungsgebietes gelten. Auch finden sich in den Steuergesetzen keine Rückverweisungen mehr auf § 381 Abs. 1 Nr. 3 AO.[191] Selbst wenn es noch Vorschriften über den Verbrauch in Freihäfen gäbe, würde dieser Verbrauch weitgehend von der konkurrierenden Regelung des § 382 AO erfasst. Denn immer dann, wenn auf einer Ware Einfuhr- und Ausfuhrabgaben i.S.d. § 1 Abs. 1 ZollVG ruhen, geht § 382 AO als Spezialregelung vor.[192] **143**

3. Subjektiver Tatbestand

Der Tatbestand des § 381 AO erfordert **vorsätzliches** oder **leichtfertiges** Handeln des Täters. **144**

4. Tauglicher Täter

Bei den Tatbestandsalternativen des § 381 Abs. 1 Nr. 1 und 2 AO kommen als Täter nur diejenigen Personen in Betracht, die Normadressaten der besonderen Pflichten sind, die ihnen nach den verbrauchsteuerrechtlichen Vorschriften, die die Blankettnorm ausfüllen, auferlegt **145**

---

187 Kohlmann/*Matthes* § 381 Rn. 27; Franzen/Gast/Joecks/*Jäger* § 381 Rn. 11; Flore/Tsambikakis/*Traut* § 381 Rn. 15.
188 Franzen/Gast/Joecks/*Jäger* § 381 Rn. 13.
189 Franzen/Gast/Joecks/*Jäger* § 381 Rn. 13.
190 Kohlmann/*Matthes* § 381 Rn. 30.
191 Franzen/Gast/Joecks/*Jäger* § 381 Rn. 14.
192 Klein/*Jäger* § 381 Rn. 12.

Perkams

werden bzw. deren gesetzliche oder gewillkürte Vertreter.[193] Insoweit ist § 381 AO ein Sonderdelikt.[194]

146 Täter können daher der Betriebsinhaber (zu dessen Anmeldepflicht vgl. § 139 AO), von ihm Beauftragte i.S.d. § 214 AO (z.B. Betriebsleiter) oder diejenigen Personen sein, die kraft Gesetzes dem Steuerpflichtigen gleichgestellt sind (§§ 34, 35 AO, § 9 OWiG).[195]

Täter einer Zuwiderhandlung nach § 381 Abs. 1 Nr. 3 AO konnte hingegen jeder sein, doch sind die Vorschriften über den Verbrauch unversteuerter Waren in Freihäfen obsolet geworden (vgl. vorstehend unter 2.c)).[196]

147 Eine Beteiligungshandlung einer Person, die nicht unter den beschränkten Normadressatenkreis fällt, ist entsprechend § 14 Abs. 1 S. 2 OWiG grundsätzlich möglich.

II. Konkurrenzen

148 § 381 AO tritt gegenüber der vorsätzlichen Steuerhinterziehung und der leichtfertigen Steuerverkürzung zurück (§ 381 Abs. 2 AO, § 21 OWiG). Im Falle einer wirksam gem. den §§ 371, 378 Abs. 3 AO erstatteten Selbstanzeige wird die Verfolgung einer an sich subsidiären Ordnungswidrigkeit nach § 381 AO wieder möglich (vgl. hierzu Ausführungen unter Rn. 96). § 381 AO ist gegenüber § 379 AO *lex specialis*. § 382 AO bildet jedoch eine Sondervorschrift zu § 381 AO.[197]

III. Rechtsfolge

149 Die Ordnungswidrigkeit kann mit einer Geldbuße bis zu 5.000 € geahndet werden. Entsprechend den allgemeinen Vorschriften zur Höhe von Geldbußen (§ 17 Abs. 2 OWiG) beträgt bei der leichtfertigen Begehungsweise die Geldbuße maximal 2.500 €. Ferner ist auch § 17 Abs. 4 OWiG zu beachten.

IV. Selbstanzeige

150 Die Vorschriften über die strafbefreiende Selbstanzeige finden auf § 381 AO keine (analoge) Anwendung.[198]

---

193 Erbs/Kohlhaas/*Senge* § 381 Rn. 4.
194 Franzen/Gast/Joecks/*Jäger* § 381 Rn. 16.
195 Klein/*Jäger* § 381 Rn. 23.
196 Franzen/Gast/Joecks/*Jäger* § 381 Rn. 16.
197 Franzen/Gast/Joecks/*Jäger* § 381 Rn. 21 ff.
198 Franzen/Gast/Joecks/*Jäger* § 381 Rn. 20.

V. Verjährung

Die Verjährung richtet sich nach den allgemeinen Bestimmungen gem. §§ 31 ff OWiG und beträgt 2 Jahre (§ 31 Abs 2 Nr. 2 OWiG).[199] **151**

E. § 382 AO – Gefährdung der Einfuhr- und Ausfuhrabgaben

Nach § 382 AO handelt ordnungswidrig, wer als Pflichtiger oder bei der Wahrnehmung der Angelegenheiten eines Pflichtigen vorsätzlich oder fahrlässig Zollvorschriften, den dazu erlassenen Rechtsverordnungen oder den Verordnungen des Rates der Europäischen Union oder der Europäischen Kommission zuwiderhandelt, die für die **152**

- zollamtliche Erfassung des Warenverkehrs über die Grenze des Zollgebiets der Europäischen Union sowie über die Freizonengrenzen (Nr. 1),
- Überführung von Waren in ein Zollverfahren und dessen Durchführung oder für die Erlangung einer sonstigen zollrechtlichen Bestimmung von Waren (Nr. 2),
- Freizonen, den grenznahen Raum sowie die darüber hinaus der Grenzaufsicht unterworfenen Gebiete (Nr. 3)

gelten.

§ 382 AO bezweckt die vollständige Erfassung von Ein- und Ausfuhrabgaben.[200] Sie dient der Sicherung der zollamtlichen Überwachung des Warenverkehrs über die Grenzen des Zollgebietes der EG sowie über die Freizonengrenzen und der Durchführung des Zollverfahrens.[201] Da es derzeit in der EU keine Ausfuhrzölle oder andere -abgaben gibt, beschränkt sich der Anwendungsbereich auf die Einfuhrabgaben.[202] **153**

Einfuhrabgaben sind gem. § 1 Abs. 1 S. 3 ZollVG i.V.m. Art. 4 Nr. 10 ZK Zölle, Abschöpfungen, Einfuhrumsatzsteuer, die für eingeführte Ware zu erhebenden Verbrauchsteuern sowie bei Einfuhr erhobene Abgaben im Rahmen gemeinsamer Agrarpolitik und der Sonderregelungen für landwirtschaftliche Verarbeitungserzeugnisse.[203] **154**

§ 382 AO ist ein abstraktes Gefährdungsdelikt, d.h. für die Tatbestandsverwirklichung ist es irrelevant, ob die Pflichtverletzung zu einer Verkürzung von Ein- oder Ausfuhrabgaben hätte führen können. **155**

Wie § 381 AO enthält auch § 382 AO aus Gründen der Rechtssicherheit[204] einen **Rückverweisungsvorbehalt**, d.h. die Norm kann nur erfüllt werden, wenn in den jeweiligen Verbrauchsteuergesetzen oder einer dazu ergangenen Rechtsverordnung selbst auf § 382 AO verwiesen wird, und zwar explizit „für einen bestimmten Tatbestand", also die Verletzung einer Pflicht, die der Vorbereitung, Sicherung oder Nachprüfung der Versteuerung dient.[205] Entsprechende Verweisungen finden sich in den folgenden Gesetzen **156**

---

199 Klein/*Jäger* § 381 Rn. 28.
200 Franzen/Gast/Joecks/*Jäger* § 382 Rn. 2; Klein/*Jäger* § 382 Rn. 1.
201 Franzen/Gast/Joecks/*Jäger* § 382 Rn. 2; Flore/Tsambikakis/*Traut* § 382 Rn. 4.
202 Flore/Tsambikakis/*Traut* § 382 Rn. 7.
203 Quedenfeld/Füllsack/*Krauter* Rn. 248.
204 BT-Drucks. V/1812, 28.
205 Flore/Tsambikakis/*Traut* § 382 Rn. 9.

- Zollverwaltungsgesetz (ZollVG) und Zollverordnung (ZollV), wobei die maßgeblichen Verweisungen in den § 31 ZollVG und in § 30 Abs. 1–3 ZollV enthalten sind.
- Truppenzollgesetz (TrZollG) und Truppenzollverordnung (TrZollV).

157 Nach § 382 Abs. 2 AO kommt § 382 Abs. 1 AO auch dann zur Anwendung, wenn die Zollvorschriften und die dazu erlassenen Rechtsverordnungen für Verbrauchsteuern sinngemäß gelten. Dies setzt voraus, dass die **Verbrauchsteuern bei der Einfuhr** in das Zollgebiet der EU erhoben werden, so beispielsweise bei der Einfuhrumsatzsteuer.[206] In diesem Falle ist § 382 AO auch *lex specialis* zu § 381 AO.[207]

158 Nach § 382 Abs. 4 AO besteht für das Bundesfinanzministerium die Möglichkeit, EU-Gesetze und -Verordnungen über das deutsche Ordnungswidrigkeitenrecht zur Anwendung kommen zu lassen. In Betracht kommen hierfür insbesondere der Zollkodex (ZK)[208] bzw. der modernisierte Zollkodex (MZK)[209] wie auch die Zollkodex-Durchführungsverordnung (ZK-DVO)[210]. Das BMF hat von dieser Befugnis in § 30 ZollV Gebrauch gemacht. So erfassen § 30 Abs. 4 und 5 ZollV Verstöße gegen Vorschriften des ZK, § 30 Abs. 6 und 7 ZollV hingegen Verstöße gegen Vorschriften der ZK-DVO.

I. Tatbestandsvoraussetzungen

1. § 382 Abs. 1 Nr. 1 AO

159 § 382 Abs. 1 Nr. 1 AO erfasst Verstöße gegen Vorschriften, die der zollamtlichen Erfassung des Warenverkehrs dienen. Die Erfassung des Warenverkehrs erfolgt grundsätzlich in dem Zeitraum zwischen dem Verbringen der Ware in das Zollgebiet der EU und der Gestellung gegenüber der zuständigen Zollstelle (Art. 4 Nr. 4 ZK). Der Verbringer der Ware ist verpflichtet, die Ware unverzüglich und unverändert auf den bezeichneten Verkehrswegen zum Ort der Warenerfassung zu befördern.[211] Die Verkehrsart für die Verbringung der Ware ist ausschlaggebend für die einschlägigen Vorschriften.[212]

160 In diesem Zusammenhang in Betracht kommende Verstöße, die sodann über § 382 Abs. 1 Nr. 1 AO als Ordnungswidrigkeit geahndet werden können, sind insb. in § 31 Abs. 1 ZollVG und § 30 Abs. 1, 4 ZollV erfasst.[213]

161 So erfasst beispielsweise § 31 Abs. 1 Nr. 1 ZollVG die Einfuhr außerhalb der Zollstraßen und § 31 Abs. 1 Nr. 2 ZollVG die Nichteinhaltung von Öffnungszeiten der Zollstellen. § 30 Abs. 5 Nr. 1–6 ZollV erfasst Verstöße gegen bestimmte Gestellungs- und Anmeldepflichten.

---

206 Kohlmann/*Matthes* § 382 Rn. 7.
207 Flore/Tsambikakis/*Traut* § 382 Rn. 29.
208 Vgl. Verordnung (EWG) Nr. 2913/92.
209 Vgl. Verordnung [EG] Nr. 450/2008.
210 Vgl. Verordnung (EWG) Nr. 2454/93.
211 Flore/Tsambikakis/*Traut* § 382 Rn. 24.
212 Flore/Tsambikakis/*Traut* § 382 Rn. 24.
213 Flore/Tsambikakis/*Traut* § 382 Rn. 25.

2. § 382 Abs. 1 Nr. 2 AO

Von § 382 Abs. 1 Nr. 2 AO werden Verstöße gegen Vorschriften erfasst, die die Überführung in ein Zollverfahren und zollrechtliche Bestimmung von Waren regeln.

162

Die Begriffe „zollrechtliche Bestimmung" und „Überführung in ein Zollverfahren" sind in Art. 4 Nr. 15 und 16 ZK definiert.

163

Dem Wirtschaftsbeteiligten soll ein wirtschaftsfreundliches Zollrecht zur Seite gestellt werden. Daher steht ihm eine Vielzahl **zollrechtlicher Bestimmungen** für die von ihm ein- oder ausgeführte Ware zur Verfügung.[214] In Art. 4 Nr. 15 ZK sind diese abschließend aufgezählt. Danach besteht zum einen die Möglichkeit der **Überführung in ein Zollverfahren**, aber auch die Möglichkeit einer **sonstigen zollrechtlichen Bestimmung**, wie das Verbringen in eine Freizone oder ein Freilager, die Wiederausfuhr, die Vernichtung oder Zerstörung, die Aufgabe zugunsten der Staatskasse.[215]

164

Die Verfahrensarten unterscheiden sich dadurch, dass es ausschließlich für das Überführen der Ware in ein Zollverfahren einer Zollanmeldung bedarf (Art. 4 Nr. 17 ZK). Eine sonstige zollrechtliche Bestimmung hingegen erfordert nur eine tatsächliche Handlung seitens des Wirtschaftsbeteiligten.[216]

165

In Art. 4 Nr. 16 ZK werden sodann abschließend **acht Zollverfahren** aufgezählt, in die der Wirtschaftsbeteiligte seine ein- oder ausgeführte Ware überführen kann. Diese Zollverfahren unterscheiden sich je nach Art und Weise der Grenzüberschreitung in **Einfuhr- und Ausfuhrverfahren**.[217]

166

Verstöße gegen diese zollrechtliche Bestimmung werden von § 30 Abs. 2, 5 und 7 ZollV wie auch von § 31 Abs. 1a ZollVG erfasst.[218]

167

So erfasst beispielsweise § 30 Abs. 5 Nr. 6 ZollV Verstöße gegen nach Rechtsverordnung bestehende Pflichten zur Mitteilung über eine Wiederausfuhr, eine Vernichtung oder eine Zerstörung einer Ware.[219]

3. § 382 Abs. 1 Nr. 3 AO

§ 382 Abs. 1 Nr. 3 AO erfasst Verstöße gegen Vorschriften für die Freizonen, den grenznahen Raum sowie die darüber hinaus der Grenzaufsicht unterworfene Gebiete.

168

Freizonen sind in den Art. 166–181 ZK erfasst. Art. 14 Abs. 1 ZollVG bestimmt, was ein grenznaher Raum ist. § 14 Abs. 4 ZollVG in Verbindung mit der Verordnung vom 1.7.1993 (BGBl I, 1132) in der Fassung vom 22.3.2007 (BGBl I, 519) bestimmt die der Grenzaufsicht unterworfenen Gebiete.

169

Die für § 382 Abs. 1 AO relevanten Verstöße sind in der Rückverweisungsnorm des § 31 Abs. 2 Nr. 1–6 ZollVG und § 30 Abs. 3, 5a und 6 ZollV benannt. Unter die Zuwiderhandlungen in Freizonen fällt beispielsweise unerlaubtes Wohnen im Freihafen (§ 31 Abs. 2 Nr. 4 ZollVG).

170

---

214 *Talke* AW-Prax 8/2007, 385, 386.
215 Flore/Tsambikakis/*Traut* § 382 Rn. 26.
216 *Talke* AW Prax 8/2007, 385, 386.
217 Flore/Tsambikakis/*Traut* § 382 Rn. 26.
218 Klein/*Jäger* § 382 Rn. 5.
219 Vgl. Art. 182 Abs. 3 S. 1 ZK.

4. Subjektiver Tatbestand

171 § 382 Abs. 1 AO setzt voraus, dass der Täter bei der Begehung der Ordnungswidrigkeit **vorsätzlich oder fahrlässig** handelt. Damit grenzt sich die Norm von den anderen Gefährdungstatbeständen der §§ 379–381 AO ab, die mit Ausnahme von § 379 Abs. 3 AO allesamt jedenfalls leichtfertiges Handeln voraussetzen. Begründet wird die abweichende Regelung damit, dass Eingangsabgaben stärker gefährdet seien als Verbrauchsteuern.[220] Diese Sonderregelung stößt in der Literatur bisweilen auf starke Kritik. Insbesondere wird vorgebracht, dass es nicht sein könne, dass bei einer tatsächlich erfolgten Steuerverkürzung (§ 378 AO) leichtfertiges Handeln vorausgesetzt werde, bei der bloßen Gefährdung der korrekten Steuererhebung hingegen einfache Fahrlässigkeit ausreichen soll.[221]

5. Tauglicher Täter

172 Tauglicher Täter i.S.d. § 382 Abs. 1 AO ist der Verpflichtete oder der bei der Wahrnehmung der Angelegenheiten eines Verpflichteten Handelnde.

173 Grundsätzlich kann damit Täter jeder sein, der zollrechtliche Pflichten zu erfüllen hat bzw. auf den diese delegiert worden sind.

174 Als Verpflichteter i.S.d. § 382 AO kommen in erster Linie die Folgenden in Betracht:
- Gestellungspflichtiger,
- Anmelder,
- sonstige, zu einzelnen Dokumentationen und Informationen Verpflichtete.[222]

a) Gestellungspflichtiger

175 Unter Gestellung versteht man die Mitteilung an die Zollbehörden, dass sich die Ware bei der Zollstelle oder an einem anderen von den Zollbehörden bezeichneten oder zugelassenen Ort befindet und für Zollkontrollen zur Verfügung steht (vgl. Art. 4 Nr. 19 ZK).

176 Gemäß Art. 40 ZK ist zur Gestellung derjenige verpflichtet, der die Ware in das Zollgebiet verbringt (Verbringer) oder die Verantwortung für die Beförderung der Waren nach dem Verbringen in das Zollgebiet der Gemeinschaft übernommen hat (Beförderer). Die Eigentums- und Besitzverhältnisse sind folglich für die Gestellungspflicht unerheblich.[223]

177 Gestellungspflichtig kann nach Art. 40 ZK nur eine natürliche Person sein. Hingegen sieht Art. 95 Abs. 1 Buchst. b) MZK auch denjenigen als gestellungspflichtig an, in dessen Namen gehandelt wird.[224]

b) Anmelder

178 Gemäß Art. 4 Nr. 18 ZK ist Anmelder diejenige Person, die im eigenen Namen eine Zollanmeldung abgibt oder die, in deren Namen eine solche Anmeldung abgegeben wird. Abgegeben werden kann eine Zollanmeldung grundsätzlich von der Person, die auch die Gestellung vornehmen kann.[225]

---

220 BT-Drucks. V/1812, 28.
221 Statt vieler siehe Darstellung in Flore/Tsambikakis/*Traut* § 382 Rn. 31; Klein/*Jäger* § 382 Rn. 22; Hübschmann/Hepp/Spitaler/*Rüping* § 382 AO Rn. 36; Franzen/Gast/Joecks/*Jäger/Lipsky* § 382 Rn. 32.
222 Flore/Tsambikakis/*Traut* § 382 Rn. 16.
223 Flore/Tsambikakis/*Traut* § 382 Rn. 16; Kohlmann/*Matthes* § 382 Rn. 18 ff.
224 Flore/Tsambikakis/*Traut* § 382 Rn. 16; Kohlmann/*Matthes* § 382 Rn. 19.
225 Flore/Tsambikakis/*Traut* § 382 Rn. 18; Kohlmann/*Matthes* § 382 Rn. 21.1.

c) Sonstiger Verpflichteter

Als sonstiger Verpflichteter sind alle die Personen anzusehen, die Adressat verschiedener Dokumentations- und Informationspflichten nach den §§ 31 ZollVG, § 30 ZollV sind.[226] **179**

d) Der bei der Wahrnehmung der Angelegenheiten eines Pflichtigen Handelnde

Zu den Personen, die in Wahrnehmung der Angelegenheiten eines unmittelbar Verpflichteten handeln, gehören insb. die in §§ 34, 35 AO genannten Personen (gesetzlicher Vertreter, Vermögensverwalter, Verfügungsberechtigte) und Vertreter oder Beauftragte i.S.d. § 9 OWiG. Darüber hinaus werden durch die Wendung „bei der Wahrnehmung" auch solche Personen erfasst, die dem Verpflichteten rein tatsächlich Hilfe leisten.[227] Maßgebend ist die tatsächliche Wahrnehmung einer Verpflichtung im Innenverhältnis; auf ein Erscheinen des Handelnden nach außen kommt es nicht an.[228] **180**

e) Beteiligung nach § 14 OWiG

Eine Beteiligungshandlung einer Person, die nicht unter den beschränkten Normadressatenkreis fällt, ist entsprechend § 14 Abs. 1 S. 2 OWiG grundsätzlich möglich. **181**

II. Rechtsfolge

Nach § 382 Abs. 3 AO kann die Ordnungswidrigkeit mit einer Geldbuße bis zu 5.000 € geahndet werden. **182**

Gemäß § 32 Abs. 1 ZollVG wird eine Gefährdung von Einfuhrabgaben, die im Reiseverkehr im Zusammenhang mit zollrechtlichen Bestimmungen begangen wurde, dann nicht verfolgt, wenn die Tat sich auf Waren bezieht, mit denen weder ein Handeltreiben noch eine andere gewerbliche Verwendung bezweckt ist und der verkürzte Einfuhrabgabenbetrag, dessen Verkürzung versucht wurde, 130 € nicht übersteigt. **183**

III. Konkurrenzen

§ 382 AO tritt gegenüber der vorsätzlichen Steuerhinterziehung und der leichtfertigen Steuerverkürzung zurück (§ 382 Abs. 3 AO, § 21 OWiG). Im Falle einer wirksam gem. den §§ 371, 378 Abs. 3 AO erstatteten Selbstanzeige wird die Verfolgung einer an sich subsidiären Ordnungswidrigkeit nach § 382 AO wieder möglich (vgl. hierzu Ausführungen unter Rn. 96). § 382 ist *lex specialis* gegenüber § 381 AO.[229] **184**

---

226 Kohlmann/*Matthes* § 382 Rn. 21; Flore/Tsambikakis/*Traut* § 382 Rn. 20.

227 Kohlmann/*Matthes* § 382 Rn. 22 f.

228 Klein/*Wisser* § 382 AO Rn. 6;. *Lohmeyer* ZfZ 1965, 330; Franzen/Gast/Joecks/*Jäger*/Lipsky § 382 Rn. 15; Klein/*Jäger* § 382 Rn 8.

229 Klein/*Jäger*/Lipsky § 382 Rn. 26.

IV. Selbstanzeige

185   Die Regelungen zur Selbstanzeige (§§ 371, 378 Abs. 3 AO) finden keine Anwendung.[230]

V. Verjährung

186   Die Verjährung richtet sich nach den allgemeinen Vorschriften gem. §§ 31 ff. OWiG und beträgt 2 Jahre (§ 31 Abs. 2 Nr. 2 OWiG).[231]

F. § 383 AO – Unzulässiger Erwerb von Steuererstattungs- und Vergütungsansprüchen

187   Gemäß § 383 AO handelt ordnungswidrig, wer entgegen § 46 Abs. 4 S. 1 AO Erstattungs- oder Vergütungsansprüche erwirbt.

188   Nach § 46 Abs. 4 S. 1 AO ist der geschäftsmäßige Erwerb von Erstattungs- oder Vergütungsansprüchen aus dem Steuerschuldverhältnis (§ 37 AO) zum Zweck der Einziehung oder sonstigen Verwertung auf eigene Rechnung unzulässig. Von dem Verbot ausgenommen sind ausschließlich Banken, denen der Erwerb sicherungshalber abgetretener Ansprüche nach § 46 Abs. 4 S. 3 AO ausdrücklich gestattet ist.

189   Mit dem generellen Verbot des geschäftsmäßigen Erwerbs von Steuererstattungsansprüchen soll eine Verknüpfung von steuerlicher Beratung mit Kreditgeschäften verhindert werden.[232] Durch die Vorschrift soll der Lohnsteuerpflichtige vor übereilter Abtretung von Lohnsteuererstattungsansprüchen an unseriöse Kreditgeber geschützt werden, die gegenüber den Arbeitnehmern die Erstattungsansprüche zu schlechten Konditionen vorfinanzieren. Zu entsprechenden Missständen war es in der Vergangenheit insbesondere im Zusammenhang der Tätigkeit von Lohnsteuerhilfevereinigungen gekommen.[233]

I.   Tatbestandsvoraussetzungen

1.   Erstattungs- und Vergütungsansprüche aus dem Steuerschuldverhältnis

190   Tathandlung ist der gem. § 46 Abs. 4 S. 1 AO unzulässige geschäftsmäßige Erwerb von Erstattungs- und Vergütungsansprüche zum Zwecke der Einziehung oder sonstigen Verwertung auf eigene Rechnung.

191   Dabei handelt es sich um Erstattungs- und Vergütungsansprüche aus dem Steuerschuldverhältnis (§ 37 AO), die sich gegen den Fiskus als Steuergläubiger richten.[234]

---

230   Franzen/Gast/Joecks/*Jäger/Lipsky* § 382 Rn. 35.
231   Flore/Tsambikakis/*Traut* § 382 Rn. 34.
232   BT-Drucks. 7/2852, 47 f.
233   Flore/Tsambikakis/*Burmann* § 383 Rn. 2.
234   Flore/Tsambikakis/*Burmann* § 383 Rn. 3.

a) Erstattungsanspruch

Ein Steuererstattungsanspruch i.S.d. § 383 AO i.V.m. § 46 Abs. 4 S. 1 AO ist gegeben, wenn eine Steuer, eine Steuervergütung, ein Haftungsbetrag oder eine steuerliche Nebenleistung ohne rechtlichen Grund gezahlt worden ist (§ 37 Abs. 2 S. 1 AO) oder der rechtliche Grund für die Zahlung später wegfällt (§ 37 Abs. 2 S. 2 AO). Erstattungsberechtigter ist der Steuerpflichtige, für dessen Rechnung die Zahlung geleistet worden ist.[235]   **192**

Neben der allgemeinen Vorschrift des § 37 Abs. 2 AO regeln die Einzelsteuergesetze den Rechtsgrund und die Entstehung der Erstattungsansprüche (vgl. §§ 37, 38 AO) und bestimmen, wer Steuerschuldner ist (vgl. z.B. § 20 Abs. 3 GewStG).[236]

b) Vergütungsanspruch

Der Steuervergütungsanspruch ist der Anspruch auf Auszahlung von Steuerbeträgen an denjenigen, der die Steuer wirtschaftlich getragen hat, ohne jedoch ihr Schuldner zu sein. Im Unterschied zum Erstattungsanspruch, bei dem die Steuer ohne rechtlichen Grund gezahlt worden ist (vgl. vorstehend unter Rn. 192), ist beim Vergütungsanspruch die Steuer berechtigterweise geleistet worden.[237] Vergütungsansprüche werden in Steuergesetzen für ein gesamtwirtschaftlich erwünschtes Verhalten oder zur Beseitigung einer Mehrfachbelastung gewährt. Sie sind insbesondere auf dem Gebiet der Umsatzsteuer, der Zölle und Verbrauchsteuern zu finden.[238]   **193**

Wer Anspruchsberechtigter ist (vgl. § 43 S. 1 AO) und welcher Tatbestand den Vergütungsanspruch zur Entstehung bringt, ergibt sich aus den Einzelsteuergesetzen (vgl. z.B. § 4a UStG).[239]   **194**

2. Geschäftsmäßiger Erwerb

Nach § 383 Abs. 1 AO i.V.m. § 46 Abs. 4 S. 1 AO ist ausschließlich der geschäftsmäßige Erwerb von Steueransprüchen bußgeldbewehrt.   **195**

Unter **Erwerb** im Sinne dieser Vorschriften ist die Abtretung und infolge der Verweisung des § 46 Abs. 6 S. 3 AO auch die Verpfändung zu verstehen. Auch nichtige Abtretungen werden von § 383 AO erfasst.[240]   **196**

Als **geschäftsmäßig** ist jede selbständige Tätigkeit anzusehen, die mit der Absicht der Wiederholung ausgeübt wird.[241] Geschäftsmäßigkeit wird in den Fällen bejaht, in denen für den Erwerb von Erstattungsansprüchen organisatorische Vorkehrungen getroffen wurden (vorbereitete Formulare). Nicht ausreichend soll hingegen die vereinzelte Abtretung im Rahmen eines Handelsgeschäftes sein.[242]   **197**

---

235 Kohlmann/*Matthes* § 383 Rn. 12.
236 Für eine weitere beispielhafte Auflistung von Vergütungsansprüchen vgl. Flore/Tsambikakis/*Burmann* § 383 Rn. 4.
237 Franzen/Gast/Joecks/*Lipsky* § 383 Rn. 7.
238 Franzen/Gast/Joecks/*Lipsky* § 383 Rn. 6.
239 Für eine weitere beispielhafte Auflistung von Vergütungsansprüchen vgl. Flore/Tsambikakis/*Burmann* § 383 Rn. 6.
240 Flore/Tsambikakis/*Burmann* § 383 Rn. 12.
241 BT-Drucks. 7/2852, 47 f.
242 Flore/Tsambikakis/*Burmann* § 383 Rn. 11; Kohlmann/*Matthes* § 383 Rn. 25.

3. Subjektiver Tatbestand

198 § 383 AO erfasst ausschließlich vorsätzliches Handeln.

4. Tauglicher Täter

199 § 383 AO erfasst lediglich denjenigen Täter, der bei dem Erwerb von Steueransprüchen geschäftsmäßig handelt. Wegen des besonderen persönlichen Merkmals der Geschäftsmäßigkeit ist die Norm ein Sonderdelikt.

200 Bei Handlungen von vertretungsberechtigten Organen, Gesellschaftern und gesetzlichen Vertretern (§ 9 Abs. 1 OWiG) oder Beauftragten (§ 9 Abs. 2 OWiG) genügt es, wenn der Vertretene geschäftsmäßig handelt.[243] Das besondere persönliche Merkmal der Geschäftsmäßigkeit wird dem Handelnden zugerechnet (§ 9 Abs. 1, 2 OWiG i.V.m. § 377 Abs. 2 AO), auch wenn es nicht bei ihm selbst, sondern nur bei der vertretenen Person vorliegt.[244]

201 Eine Beteiligungshandlung einer Person, die nicht unter den beschränkten Normadressatenkreis fällt, ist entsprechend § 14 Abs. 1 S. 2 OWiG grundsätzlich möglich.

II. Rechtsfolge

202 Die Ordnungswidrigkeit kann mit einer Geldbuße bis zu 50.000 € geahndet werden.

III. Selbstanzeige

203 Die Regelungen der sanktionsbefreienden Selbstanzeige (§§ 371, 378 Abs. 3 AO) finden keine entsprechende Anwendung.[245]

IV. Verjährungsregelung

204 Die Verjährung richtet sich nach den allgemeinen Bestimmungen gem. §§ 31 ff. OWiG und beträgt 3 Jahre (§ 31 Abs. 2 Nr. 1 OWiG).[246]

G. § 383a AO – Zweckwidrige Verwendung des Identifikationsmerkmals

205 Nach § 383a AO handelt ordnungswidrig, wer als nicht öffentliche Stelle vorsätzlich oder leichtfertig entgegen § 139b Abs. 2 S. 2 Nr. 1 und § 139c Abs. 2 S. 2 AO die Identifikationsnummer nach § 139b AO oder die Wirtschaftsidentifikationsnummer nach § 139c Abs. 3 AO für andere als die zugelassenen Zwecke erhebt oder verwendet, oder entgegen § 139b Abs. 2 S. 2

---

243 Franzen/Gast/Joecks/*Lipsky* § 383 Rn. 12.
244 Klein/*Jäger* § 383 Rn. 4.
245 Franzen/Gast/Joecks/*Lipsky* § 383 Rn. 16.
246 Klein/*Jäger* § 383 Rn. 8.

Perkams

Nr. 2 AO seine Dateien nach der Identifikationsnummer für andere als die zugelassenen Zwecke ordnet oder für den Zugriff erschließt.

§ 383a AO bezweckt den Schutz vor Missbrauch der steuerlichen Identifikationsnummern für natürliche und juristische Personen nach den §§ 139a ff. AO.[247]

206

Die §§ 139a ff. AO regeln die Vergabe einer Steuer-Identifikationsnummer an natürliche Personen (**Identifikationsnummer**, vgl. § 139b AO) sowie an wirtschaftlich tätige Personen (**Wirtschafts-Identifikationsnummer**, vgl. § 139c AO) durch das Bundeszentralamt für Steuern. Wie sich aus § 139a Abs. 1 AO ergibt, teilt das Bundeszentralamt für Steuern zum Zwecke der Identifizierung im Besteuerungsverfahren eine dauerhafte und einzigartige Identifikationsnummer zu, die der Steuerpflichtige bei Anträgen, Mitteilungen und Erklärungen gegenüber den Finanzbehörden anzugeben hat. Dadurch soll die eindeutige Identifizierbarkeit jedes Steuerpflichtigen dauerhaft ermöglicht und damit Steuerbetrug und Leistungsmissbrauch Einhalt geboten werden.[248]

207

Sofern nun die Identifikationsnummern zu anderen als zu steuerlichen bzw. steuerstrafrechtlichen Zwecken verwendet werden, kommt § 383a Abs. 1 AO zur Anwendung.[249] Auf diese Weise soll der Gefahr entgegengetreten werden, dass die Identifikationsnummern als allgemeines Personenkennzeichen für die Erstellung unzulässiger Persönlichkeitsprofile genutzt werden.[250] Darunter fällt beispielsweise das Sammeln, Sortieren und Weiterleiten von Identifikationsnummern von Kunden oder Lieferanten durch einen Unternehmer.[251]

208

I. Tatbestandsvoraussetzungen

Tatbestandsmäßige Handlung i.S.d. § 383a AO ist die Erhebung oder Verwendung bzw. das Ordnen und die Zugriffserschließung der Dateien der Identifikationsnummer entgegen der in §§ 139b und 139c AO zugelassenen Zwecke, wobei das Ordnen und die Zugriffserschließung Unterfälle der Verwendung darstellen.[252]

209

§ 383a AO setzt voraus, dass der Täter **vorsätzlich oder zumindest leichtfertig** handelt.

210

Tauglicher Täter ist entsprechend dem Wortlaut von § 383a Abs. 1 AO ausschließlich der für eine nicht öffentliche Stelle Handelnde. Betreffend die Verfolgung zuwiderhandelnder Bediensteter bei den Finanzbehörden oder anderer öffentlicher Stellen ist auf die Straftatbestände der Verletzung des Steuergeheimnisses (§ 355 StGB) und der Verletzung des Dienstgeheimnisses (§ 353b StGB) zu verweisen.

II. Rechtsfolge

Gemäß § 383a Abs. 2 AO kann die Ordnungswidrigkeit mit einer Geldbuße bis zu 10.000 € geahndet werden.

211

---

247 Flore/Tsambikakis/*Burmann* § 383a Rn. 1.
248 Flore/Tsambikakis/*Burmann* § 383a Rn. 2.
249 Klein/*Jäger* § 383a Rn. 1.
250 Kohlmann/*Matthes* § 383a Rn. 6.
251 Flore/Tsambikakis/*Burmann* § 383a Rn. 7.
252 Flore/Tsambikakis/*Burmann* § 383a Rn. 11; Klein/*Jäger* § 383a Rn. 2.

III. Selbstanzeige

212 Die Regelungen der sanktionsbefreienden Selbstanzeige (§§ 371, 378 Abs. 3 AO) finden keine entsprechende Anwendung.[253]

IV. Verjährungsregelung

213 Die Verjährung richtet sich nach den allgemeinen Vorschriften gem. §§ 31 ff. OWiG und beträgt 2 Jahre (§ 31 Abs. 2 Nr. 2 OWiG).[254]

H. § 31a und § 31b ZollVG – Verletzung zollrechtlicher Anzeigepflichten

214 Gemäß §§ 31a Abs. 1 und 31b Abs. 1 ZollVG handelt ordnungswidrig, wer vorsätzlich oder fahrlässig entgegen § 12a ZollVG mitgeführte Zahlungsmittel im Wert von 10.000 € oder mehr auf Verlangen der Zollbediensteten nicht oder nicht vollständig anzeigt. Der Regelungsgehalt des §§ 31a und 31b ZollVG wurde in seiner ursprünglichen Fassung im Rahmen der §§ 12a ff. FVG 1998 durch das Gesetz zur Verbesserung der Bekämpfung der Organisierten Kriminalität (*OrgKVerbG*) vom 4.5.1998[255] eingeführt. Man befürchtete, dass Gewinne, die aus Straftaten im Zusammenhang mit organisierter Kriminalität herrühren, vermehrt in körperlicher Form über die nationale Grenze verbracht würden und wollte eine Umgehung der Vorschriften des GwG durch körperliche Einführung finanzieller Mittel vermeiden.[256] So wurde darauf hingewiesen, dass ein Verbringen von Bargeld und gleichgestellter Zahlungsmittel regelmäßig im Zusammenhang mit Ländern erfolge, in denen keine ausreichenden Geldwäschebekämpfungssysteme bestünden, sodass bei Einlösung eines Schecks oder Wechsels in einem solchen Land die Papierspur abbrechen würde.[257]

215 Entgegen der angekündigten kriminalpolitischen Intention ließ die ursprüngliche Handhabung der Vorschriften jedoch eher darauf schließen, dass vor allem der Bargeldtransfer einzelner Privatpersonen und weniger die Geldwäsche krimineller Organisationen aufgespürt werden sollte.[258]

216 Während § 12c FVG a.F. 1998 ursprünglich keinen Höchstbetrag der Geldbuße für unterlassene Anmeldungen der Zahlungsmittel vorsah, da eine Geldbuße stets in Abhängigkeit zum

---

253 Franzen/Gast/Joecks/*Lipsky* § 383a Rn. 13.
254 Franzen/Gast/Joecks/*Lipsky* § 383a Rn. 14.
255 BGBl I 1998, 845 ff.; vgl. auch den Entwurf eines Gesetzes zur Verbesserung der Bekämpfung der Organisierten Kriminalität (OrgKVerbG 1997), BT-Drucks. 13/8651, 18 f.
256 *Spatscheck/Alvermann* BB 1999, 2107, 2107.
257 OrgKVerbG 1997, BT-Drucks. 13/8651, 18; vgl. auch *Thiele* ZfZ 2007, 205, 106 welcher aufführt, dass die verstärkte Geldwäscheüberwachung von Transaktionen von Finanz- und Kreditinstituten für einen Anstieg der körperlichen Bewegung von Barmitteln bedingte und somit die Notwendigkeit für Vorschriften nach dem Vorbild der §§ 12a ff. FVG a.F. auslösten.
258 *Spatscheck/Alvermann* BB 1999, 2107, 2108; vgl. zur Vermutung anderweitiger Motive auch *Höche* DB 1998, 618, 623 f., welcher von einer „Zweckentfremdung des Anti-Geldwäsche-Instrumentariums durch Verwendung der zur Bekämpfung Organisierter Kriminalität erhobenen Information zur Verfolgung von Alltagskriminalität und zu Maßnahmen der Steuerkontrolle" spricht.

Perkams

Betrag des nicht angezeigten Zahlungsmittels ergehen sollte,[259] sehen §§ 31a Abs. 2 und 31b Abs. 2 ZollVG nunmehr eine Höchstgeldbuße von 1 Mio. € vor. Damit erfolgte eine Anpassung an die im Ordnungswidrigkeitenrecht übliche Systematik.[260]

Die nach §§ 31a Abs. 1 und 31b Abs. 1 ZollVG maßgebliche Anmeldeschwelle des § 12a ZollVG ist 2007 im Rahmen der Angleichung an die Anmeldeschwelle des Art. 3 EG-BarmittelüberwachungsVO[261] durch das Gesetz zur Änderung des Zollfahndungsdienstgesetzes und anderer Gesetze[262] von zuvor 15.000 € auf 10.000 € gesenkt worden.[263] **217**

§ 31a ZollVG und § 31b ZollVG sind wie folgt voneinander abzugrenzen: **218**
- § 31a ZollVG bezieht sich auf das Verbringen von Barmitteln in oder durch die bzw. aus der Bundesrepublik nach § 12 Abs. 2 ZollVG;
- § 31b ZollVG betrifft die Anmeldung beim Verbringen von Barmitteln in die oder aus der Gemeinschaft. Betreffend Zollstraftaten vgl. im Übrigen Ausführungen im 20. Kapitel.

I. Tatbestandvoraussetzungen des § 31a ZollVG

Gemäß § 31a ZollVG handelt ordnungswidrig, wer vorsätzlich oder fahrlässig entgegen § 12a Abs. 2 S. 1 ZollVG das mitgeführte Bargeld oder die gleichgestellten Zahlungsmittel nicht oder nicht vollständig anzeigt. **219**

1. Bargeld oder gleichgestellte Zahlungsmittel

Bargeld i.S.v. § 31a Abs. 1 ZollVG stellen alle Banknoten und Münzen dar, die als Zahlungsmittel im Umlauf sind.[264] Gleichgestellte Zahlungsmittel i.S.v. § 31a Abs. 1 ZollVG sind nach § 1 Abs. 3a S. 4 ZollVG: **220**
- Wertpapiere i.S.v. § 1 Abs. 1 DepotG, also vor allem Aktien, Zins-, Gewinnanteils- und Erneuerungsscheine sowie Schuldverschreibungen;[265]
- Wertpapiere i.S.v. § 808 BGB, also Sparbücher, Inhaberversicherungsscheine, Leihhausscheine und Exportscheine;[266]
- auch ausländische Sparbücher kommen als gleichgestellte Zahlungsmittel in Betracht, je nach Recht, dem das in der Urkunde verbriefte Recht unterliegt;[267]

---

259 OrgKVerbG 1997, BT-Drucks. 13/8651, 18 f.
260 Entwurf eines Gesetzes zur Änderung des Zollfahndungsgesetzes und anderer Gesetze (ZFdGuaÄndG 2007), BT-Drucks. 16/4663, 21.
261 Verordnung (EG) Nr. 1889/2005 des Europäischen Parlaments und des Rates v. 26.10.2005 über die Überwachung von Barmitteln, die in die oder aus der Gemeinschaft verbracht werden.
262 BGBl I 2007, 1037.
263 BGBl I 2007, 1037, 1042; *Thiele* ZfZ 2007, 205, 208.
264 Vgl. Erbs/Kohlhaas/*Häberle* § 1 Rn. 8; § 12 Abs. 1 ZollVG i.V.m. Art. 2 lit. a) und b) VO (EG) Nr. 1889/2005 des Europäischen Parlaments und des Rates v. 26.10.2005 über die Überwachung von Barmitteln, die in die oder aus der Gemeinschaft verbracht werden.
265 Erbs/Kohlhaas/*Häberle* § 1 Rn. 8.
266 Erbs/Kohlhaas/*Häberle* § 1 Rn. 8.
267 Vgl. *OLG Karlsruhe* NStZ-RR 2004, 310, 311: Bei türkischen Sparbüchern handele es sich demnach nur dann um anzeigepflichtige Zahlungsmittel, wenn in diesen eine für die Bank wirkende Legitimationsklausel vermerkt ist, auf der Grundlage die Bank auch ohne Prüfung der Legitimation an der Vorlegenden des Sparbuchs Auszahlungen mit befreiender Wirkung leisten kann.

- Schecks (Rekta-, Order-, Inhaber-, Reiseschecks) und Wechsel (Rekta- und Orderpapiere sowie gezogene und Solawechsel),[268]
- Edelmetalle und Edelsteine (vor allem Platin, Gold und Silber einschließlich ihrer Legierungen; Diamanten; Rubine),[269] sowie
- elektronisches Geld i.S.v. § 1 Abs. 14 KWG, wobei der Verweis nach der Aufhebung des § 1 Abs. 14 KWG durch das Gesetz vom 1.3.2011[270] nicht mehr zutrifft. Der Begriff elektronischen Geldes wird nunmehr in § 1a Abs. 3 ZAG definiert: *„E-Geld ist jeder elektronisch, darunter auch magnetisch, gespeicherte monetäre Wert in Form einer Forderung gegenüber dem Emittenten, der gegen Zahlung eines Geldbetrages ausgestellt wird, um damit Zahlungsvorgänge im Sinne des § 675f Absatz 3 Satz 1 des Bürgerlichen Gesetzbuchs durchzuführen, und der auch von anderen natürlichen oder juristischen Personen als dem Emittenten angenommen wird."*

221 Die Herkunft des Geldes, insb. der Umstand, ob und inwieweit das Geld aus illegalen Quellen stammt, ist für die Tatbestandsverwirklichung unerheblich.[271]

2. Keine vollständige Anzeige

222 Sowohl das gänzliche Unterlassen der Angaben, als auch die nicht vollständige Anzeige ist eine Ordnungswidrigkeit.[272] Die Zuwiderhandlung gegen die in § 12a Abs. 2 S. 1 ZollVG zusätzlich normierte Pflicht, die Herkunft, den wirtschaftlich Berechtigten und den Verwendungszweck des Bargelds oder gleichgestellter Zahlungsmittel darzulegen, stellt vor dem Hintergrund, dass niemand verpflichtet ist sich selbst zu belasten (*nemo-tenetur*-Grundsatz), keine Ordnungswidrigkeit dar.[273] Der Tatbestand des § 31a Abs. 1 ZollVG erfasst demnach nur den Teil des in § 12a Abs. 2 S. 1 ZollVG umschriebenen Lebenssachverhalts, der durch eine Prüfung des Gepäcks und eine körperliche Durchsuchung (§ 12a Abs. 3 S. 1, 2, § 10 Abs. 1 S. 5, Abs. 3 S. 1 ZollVG) auch einem schweigenden Betroffenen ohne Weiteres nachzuweisen ist: dass und in welcher Höhe der Betroffene Bargeld mit sich führt.[274]

3. Auf Verlangen des zuständigen Zollbediensteten

223 Eine generelle aktive Anzeigepflicht, wie in § 12a Abs. 1 ZollVG, enthält § 12a Abs. 2 S. 1 ZollVG nicht.[275] Vielmehr besteht eine Anzeigepflicht erst auf Verlangen des zuständigen Zollbediensteten.

224 Für das Tatbestandsmerkmal **auf Verlangen** ist nach der Rechtsprechung eine allgemeine und unsubstanzierte Aufforderung nicht ausreichend. Erforderlich aber auch ausreichend ist vielmehr, dass die Aufforderung die Tatbestandsmerkmale mitgeführtes Bargeld oder gleichgestelltes Zahlungsmittel über ehemals 15.000 € nunmehr 10.000 € enthält und vom Zollbeamten wahrnehmbar zum Ausdruck gebracht wird.[276] Die Frage nach Zahlungsmitteln soll zweimal

---

268 Erbs/Kohlhaas/*Häberle* § 1 Rn. 8.
269 Erbs/Kohlhaas/*Häberle* § 1 Rn. 8.
270 BGBl I 2011, 288.
271 *Kindshofer/Wegner* wistra 2, 195.
272 Erbs/Kohlhaas/*Häberle* § 31a Rn. 2.
273 Erbs/Kohlhaas/*Häberle* § 31a Rn. 2.
274 *OLG Düsseldorf* StV 2014, 269 f.
275 *Thiele* ZfZ 2007, 205, 208.
276 *OLG Karlsruhe* NStZ-RR 2004, 310.

gestellt werden, bevor weitere Maßnahmen durch den Zoll ergriffen werden (Abschn. III 14 Verwaltungsvorschrift zur Überwachung des grenzüberschreitenden Bargeldverkehrs – BargeldVV).

Zur Wertermittlung werden die einzelnen Zahlungsmittel addiert. Ausländische Zahlungsmittel werden nach dem Tageskurs umgerechnet, Schmuck, der offensichtlich zum persönlichen Gebrauch auf der Reise bestimmt ist, bleibt ausgenommen.[277]   225

Auch ist für den Fall, dass mehrere Personen gemeinsam die Grenze überschreiten, das Geld jedoch nur von einer Person mitgeführt wird, eine Aufteilung „nach Köpfen" nicht möglich, vielmehr ist auf die tatsächliche Sachherrschaft über den anzeigepflichtigen Geldbetrag abzustellen; auf die eigentumsrechtliche Lage kommt es dabei nicht an.[278] Das Verständnis des Gewahrsamsbegriffs deckt sich dabei mit den zu § 242 StGB vertretenen Ansichten.[279]   226

Diese Ansicht wird zuweilen in der Literatur zu Recht als lebensfremd kritisiert. So sei bei Personen, die sich gemeinsam mehrere hundert Kilometer von ihrem Wohnort entfernen, nicht nachvollziehbar, dass diese nicht mit dem tatsächlichen Willen handeln, den Gewahrsam über Gegenstände, die sich zusätzlich in ihrem gemeinschaftlichen Eigentum befinden, auch gemeinschaftlich auszuüben. Daran ändere auch der Umstand nichts, dass sich das Geld in einer Tasche befand, deren Gebrauch typischerweise nur einem Ehegatten zugeschrieben wird.[280]   227

4. Subjektiver Tatbestand

Der Täter muss entweder vorsätzlich oder fahrlässig gehandelt haben. An einem vorsätzlichen Verstoß kann es fehlen, wenn der Angesprochene eine an ihn herangetragene Aufforderung aufgrund akustischer oder sprachlicher Defizite überhaupt nicht aufnehmen kann und infolgedessen der Anzeigepflicht nicht nachkommt.[281] Versteht der Betroffene dagegen die Aufforderung akustisch und sprachlich zutreffend, wertet sie jedoch als falsch, kommt ein Verbotsirrtum in Betracht, der den Vorsatz nur entfallen lässt, wenn er unvermeidbar ist.[282] In diesem Fall ist dem Betroffenen zumindest eine weitere Nachfrage über den Umfang seiner Anzeigepflicht gegenüber dem Zollbeamten zuzumuten. Unterlässt er dies, so hält die Rechtsprechung den Verbotsirrtum für vermeidbar.[283] Zudem soll nach Ansicht der Rechtsprechung eine ordnungsgemäße Belehrung über die Deklarationspflicht für die Annahme von Vorsatz sprechen.[284]   228

5. Täterkreis

Als Täter kommt jeder in Betracht, der die gefundenen Zahlungsmittel in seinem Gewahrsam hält. Es kommt auf eine von natürlichem Herrschaftswillen getragene Sachherrschaft über den anzeigepflichtigen Geldbetrag an.[285]   229

---

277 *Schwarz/Wockenfoth* C § 12a-c/5 Rn. 6.
278 *OLG Karlsruhe* PStR 2002, 260.
279 *OLG Karlsruhe* PStR 2002, 260.
280 *Beckemper/Wegner* wistra 2003, 36.
281 *OLG Karlsruhe* NStZ-RR 2004, 310.
282 So *OLG Karlsruhe* NStZ-RR 2004, 310; zur Auswirkung des Verbotsirrtums im Ordnungswidrigkeitenrecht jeweils m.w.N., vgl. Göhler/*Gürtler* § 11 Rn. 19 ff.; *Mitsch* JA 2008, 241, 244 f.
283 *OLG Karlsruhe* NStZ-RR 2004, 310.
284 *AG Saarbrücken* 3.3.2010 – 43 OWi 33 Js 797/09 (321/09), Rn. 55.
285 Vgl. *OLG Karlsruhe* wistra 2003, 36.

II. Tatbestandsvoraussetzungen des § 31b ZollVG

1. Tathandlung

230 Nach dem Wortlaut des § 31b Abs. 1 ZollVG handelt ordnungswidrig, wer **nicht, nicht richtig, nicht vollständig** oder **nicht rechtzeitig** Barmittel bei Verbringen in die oder aus der Gemeinschaft anmeldet.

231 Im Gegensatz zur Regelung des § 31a Abs. 1 ZollVG (vgl. Rn. 223), sieht § 31b Abs. 1 ZollVG i.V.m. § 12a Abs. 1 ZollVG eine aktive Anmeldungspflicht vor, die auch ohne vorherige Aufforderung eines Zollbeamten besteht.

232 **Nicht angemeldet** sind Barmittel, wenn den zuständigen Stellen die Barmittel nicht gestellt werden, vgl. § 12a Abs. 1 S. 2 i.V.m. § 4 ZollVG.[286]

233 **Nicht** richtig ist die Anmeldung, wenn sie unzutreffende, also nicht der Wahrheit entsprechende Angaben enthält. Hierunter fällt auch, wenn der nach § 12a Abs. 2 S. 1 ZollVG geforderten Schriftform nicht genügt wird.[287]

234 **Unvollständig** sind die Angaben nach § 31b ZollVG, wenn zwar eine Anmeldung erfolgt, diese aber nicht die nach § 12a Abs. 1 i.V.m. Art. 3 Abs. 2 der VO (EG) Nr. 1889/2005 erforderlichen Angaben zum Anmelder, Eigentümer, den Barmitteln sowie Reiseweg und Verkehrsmittel enthält.[288]

235 **Nicht rechtzeitig** ist die Anmeldung, wenn sie nicht – wie nach § 12a Abs. 1 erforderlich – „im Zeitpunkt der Ein oder Ausreise" erfolgt, wobei die Abgrenzung zur Nichtanmeldung letztlich gradueller Art ist.[289]

2. Barmittel

236 **Barmittel** i.S.v. § 12 Abs. 1 S. 1 ZollVG i.V.m. Art. 3 Abs. 1 S. 1 o. Abs. 2 VO (EG) Nr. 1889/2005.

237 Barmittel oder gleichgestellte Zahlungsmittel i.S.v. § 12 Abs. 1 ZollVG i.V.m. Art. 2 lit. a) u. b) der VO (EG) Nr. 1889/2005 des Europäischen Parlaments und des Rates vom 26.10.2005 über die Überwachung von Barmitteln, die in die oder aus der Gemeinschaft verbracht werden, sind:

- übertragbare Inhaberpapiere einschließlich Zahlungsinstrumenten mit Inhaberklausel wie Reiseschecks, übertragbare Papiere (einschließlich Schecks, Solawechsel und Zahlungsanweisungen), entweder mit Inhaberklausel, ohne Einschränkung indossiert, auf einen fiktiven Zahlungsempfänger ausgestellt oder in einer anderen Form, die den Übergang des Rechtsanspruchs bei Übergabe bewirkt, sowie unvollständige Papiere (einschließlich Schecks, Solawechsel und Zahlungsanweisungen), die zwar unterzeichnet sind, auf denen aber der Name des Zahlungsempfängers fehlt; sowie
- Bargeld (Banknoten und Münzen, die als Zahlungsmittel im Umlauf sind).

---

286 Erbs/Kohlhaas/*Häberle* § 31b S. 42.
287 Erbs/Kohlhaas/*Häberle* § 31b S. 42.
288 Erbs/Kohlhaas/*Häberle* § 31b S. 42.
289 Erbs/Kohlhaas/*Häberle* § 31b S. 42.

3. Subjektiver Tatbestand

§ 31b ZollVG setzt voraus, dass der Täter bei der Begehung der Ordnungswidrigkeit vorsätz-   **238**
lich oder fahrlässig handelt.

Wer beispielsweise aus einem Drittland in die Gemeinschaft mit Waren einreist, von denen er   **239**
weiß oder bei denen er es zumindest für möglich halten muss, dass sie anzumelden und Einfuhrabgaben zu entrichten sind, muss sich über die von ihm zu beachtenden Zollvorschriften
informieren. Dazu gehört auch, sich Kenntnis über die Bedeutung der „grün" und „rot"
gekennzeichneten Ausgänge, die u.a. im Ankunftsbereich der Flughäfen eingerichtet sind, zu
verschaffen.[290] Unterlässt es der Einreisende, sich über die Bedeutung der Ausgänge Klarheit zu
verschaffen und benutzt er infolge dessen den falschen Ausgang, so wird darin grundsätzlich
ein leichtfertiges Handeln gesehen.[291] Jedoch ist zu beachten, dass es im Einzelfall immer einer
gesonderten Feststellung bedarf, ob und inwieweit vorliegenden Umstände Auswirkungen auf
das Vorstellungsbild des Reisenden haben, insb. auf das, was der Reisende für möglich zu halten hat und welcher entsprechende Sorgfaltsmaßstab anzulegen ist.[292]

III. Rechtsfolge

Gemäß §§ 31a Abs. 2 und 31b Abs. 2 ZollVG kann die Ordnungswidrigkeit mit einer Geldbuße   **240**
in Höhe von bis zu 1 Mio. € geahndet werden. Ungeachtet dieser großzügig bemessenen
gesetzlichen Obergrenze dürfte regelmäßig aus Gründen der Verhältnismäßigkeit nur ein Teil
des sichergestellten Bargeldes als Bußgeld vereinnahmt werden können.[293]

Sofern Vorsatz vorliegt, wird von der Rechtsprechung in der Regel ein Bußgeld von 25 % des   **241**
nicht deklarierten Betrags als angemessen erachtet.[294] Von den 25 % können jedoch Zu-/
Abschläge je nach den Umständen der Tat vorgenommen werden.[295] Abzuwägende Tatumstände können sein:[296]

- der Grad der Vorwerfbarkeit;
- die nachträgliche Aufklärung über Herkunft und Verwendung des nichtdeklarierten
  Betrags;
- das Nachtatverhalten (Geständnis und Vor-/Nachteile der Tat); sowie
- persönliche Verhältnisse des Täters.

---

290 Der „grüne Ausgang" darf nicht von Reisenden benutzt werden, die Waren bei sich führen, für die sie Ein-
     fuhrabgaben zu entrichten haben – diese müssen den „roten Ausgang" nehmen und dort eine Zollanmel-
     dung abgeben,
291 Vgl. *BFH* Beschluss v. 16.3.2007 – VII B 21/06.
292 Der BFH stellt hierzu fest, dass es *„sich nicht ausschließen [lässt], dass ein Reisender ausnahmsweise einmal
     jene Kenntnis nicht besitzt […] oder dass ein Reisender die einschlägigen Regelungen bzw. öffentlichen Hin-
     weise dahin missverstanden hat."*
293 Vgl. *Brauch/Bugdoll* ZfZ 2010, 197, 202.
294 *AG Saarbrücken* 3.3.2010 – 43 OWi 33 Js 797/09 (321/09), Rn. 58.
295 Vgl. *AG Saarbrücken* 24.4.2009 – 43 OWi 448/08, 43 OWi 33 Js 891/08 (448/08), Rn. 32-45; *Brauch/Bugdoll*
     ZfZ 2010, 197, 202.
296 *AG Saarbrücken* 24.4.2009 43 OWi 448/08, 43 OWi 33 Js 891/08 (448/08), Rn. 32-45.

IV. Verjährung

242 Verjährung einer Ordnungswidrigkeit nach §§ 31a Abs. 1 und 31b Abs. 1 ZollVG tritt gem. § 31 Abs. 2 Nr. 1 OWiG nach drei Jahren ein.[297]

V. Hinweise zum Verfahren der Verwaltungsbehörden bei §§ 31a und b ZollVG

1. Vorläufige Sicherstellung des Bargeldes

243 Grundsätzlich kann das Bargeld oder die gleichgestellten Zahlungsmittel bis zum Ablauf des dritten Werktages nach dem Auffinden sichergestellt und in zollamtliche Verwahrung genommen werden, um die Herkunft oder den Verwendungszweck aufzudecken. Für die Sicherstellung muss aber ein Grund zu der Annahme bestehen, dass das Bargeld etc. zum Zwecke der Geldwäsche verbracht werden soll.

2. Zuständigkeit des Hauptzollamtes

244 Nach §§ 31a Abs. 4 bzw. 31b Abs. 4 ZollVG i.V.m. § 36 Abs. 1 Nr. 1 OWiG ist für die Verfolgung der Ordnungswidrigkeit das örtlich zuständige Hauptzollamt zuständig. Die Hauptzollämter und ihre Beamten haben in diesem Falle dieselben Rechte und Pflichten wie die Behörden und Beamten des Polizeidienstes nach der Strafprozessordnung; die Beamten sind insoweit Ermittlungspersonen der Staatsanwaltschaft (§§ 31a Abs. 5, 31b Abs. 5 ZollVG).

3. Kontrollen durch die Zollbehörden

245 Zur Ermittlung entsprechender Sachverhalte beziehungsweise Verstöße haben die Zollbehörden gem. den §§ 12a Abs. 3, 10 Abs. 1 ZollVG im grenznahen Raum (§ 14 ZollVG) die verdachtsunabhängige Befugnis, Personen anzuhalten und zu kontrollieren und dabei auch Gepäck und Beförderungsmittel zu überprüfen. Außerhalb des grenznahen Raums bestehen dieselben Befugnisse, wenn der konkrete Verdacht besteht, dass entsprechende Zahlungsmittel mitgeführt werden (§§ 12a Abs. 3; 10 Abs. 2 ZollVG).[298]

4. Informationsaustausch mit anderen Behörden

246 Gemäß § 12a Abs. 3 ZollVG haben die zuständigen Zollbehörden die Befugnis, personenbezogene Daten zu erheben, zu verarbeiten und zu nutzen. Soweit dies zur Erfüllung ihrer Aufgaben oder der des Empfängers erforderlich ist, können sie die Daten an die zuständigen Strafverfolgungsbehörden und die Verwaltungsbehörde nach § 12a Abs. 3 ZollVG übermitteln.

247 Bestehen Anhaltspunkte dafür, dass das Bargeld zum Zwecke der Geldwäsche verbracht wurde, so ist eine Übermittlung personenbezogener Daten auch an andere Finanzbehörden zulässig, soweit dies für Zwecke der Erfüllung der Aufgaben nach den § 85 AO (Besteuerungsgrundsätze) und § 208 AO (Steuerfahndung) erforderlich ist.

---

297 Erbs/Kohlhaas/*Häberle* § 31b S. 42.
298 *Brauch/Bugdoll* ZfZ 2010, 197, 197; vgl. hierzu auch *Dannecker/Bürger* wistra 2004, 81.

I. § 26a UStG – Verletzung umsatzsteuerlicher Aufbewahrungs- und Meldepflichten

§ 26a UStG ist eine Bußgeldvorschrift, die als Blankettvorschrift die Verletzung bestimmter Rechnungsausstellungs- und aufbewahrungspflichten sowie Melde-, Vorlage- und andere Mitwirkungspflichten des Umsatzsteuerrechts erfasst. **248**

Die erste Fassung von § 26a UStG wurde am 1.1.1993 durch das USt-Binnenmarktgesetz eingeführt.[299] Die Vorschrift verfolgte damals den Zweck, Informationspflichten deutscher Bürger durch Bußgeldbewehrung zu verstärken, damit die Bundesrepublik Deutschland ihrerseits ihren Verpflichtungen zur Information der Mitgliedstaaten der damaligen EG nachkommen konnte.[300] Die Informationspflichten dienen der Bekämpfung von Umsatzsteuerbetrug, z.B. durch sog. Karussellgeschäfte.[301] **249**

Eine umfassende Überarbeitung erfuhr § 26a UStG mit Wirkung vom 1.8.2004 durch das Schwarzarbeitsbekämpfungsgesetz.[302] Spätestens seitdem die Vorschrift sich in § 26a Abs. 1 Nr. 1, 3 UStG nun auch auf Pflichten zur Rechnungsaufbewahrung durch Privatpersonen und zur Rechnungserteilung erstreckt, dient § 26a UStG auch der Bekämpfung von Schwarzarbeit.[303] **250**

Im Hinblick auf ihre praktische Relevanz wird die Vorschrift teilweise als Ausdruck eines übermäßigen Regelungsverlangens im Steuerrecht gesehen.[304] **251**

I. Tatbestandsvoraussetzungen

§ 26a UStG ist in seinen Unterlassungsvarianten ein echtes Unterlassungsdelikt.[305] **252**

1. Tathandlungen

a) § 26a Abs. 1 Nr. 1 UStG

§ 26a Abs. 1 Nr. 1 UStG verweist auf § 14 Abs. 2 S. 1 Nr. 1, Nr. 2 S. 2 UStG. Diese Vorschrift ordnet für bestimmte Konstellationen die rechtzeitige Stellung einer Rechnung an und dient der Bekämpfung der Schwarzarbeit (sog. *Ohne-Rechnung-Abrede*), die der Gesetzgeber besonders bei Arbeiten im Zusammenhang mit Grundstücken befürchtete.[306] **253**

Zu diesem Zweck verlangt § 14 Abs. 2 S. 1 Nr. 1 UStG das Ausstellen einer Rechnung innerhalb von sechs Monaten, wenn der Unternehmer eine steuerpflichtige Werklieferung oder sonstige Leistung in Bezug auf ein Grundstück erbringt. Erfasst sind davon letztlich nur Fälle der Leis- **254**

---

299 BGBl I 1992, 1548.
300 BT-Drucks. 12/2463, 39.
301 Reiß/Kraeusel/Langer/*Tormöhlen* § 26a Rn. 7; zu Karussellgeschäften s. in Sölch/Ringleb/*Oelmaier* § 15 Rn. 189.
302 BGBl I 2004, 1842, 1853 f.
303 Reiß/Kraeusel/Langer/*Tormöhlen* § 26a Rn. 7.1; BT-Drucks. 15/2573, 35.
304 Sölch/Ringleb/*Klenk*, § 26a Rn. 1; Schwarz/Widmann/Radeisen/*Kemper* § 26a Rn. 12; Reiß/Kraeusel/Langer/*Tormöhlen* § 26a Rn.6.
305 Reiß/Kraeusel/Langer/*Tormöhlen* § 26a Rn. 6; Schwarz/Widmann/Radeisen/*Kemper* § 26a UStG Rn. 22.
306 BT-Drucks. 15/2573, 33.

tung gegenüber Privatpersonen, da bei der Leistung an einen Unternehmer bereits nach § 14 Abs. 2 S. 1 Nr. 2 S. 2 UStG eine Pflicht zur Rechnungsstellung besteht (s. u.).[307]

255 Werklieferungen sind in § 3 Abs. 4 S. 1 UStG definiert. Die Begrenzung auf Werklieferungen und sonstige Leistungen (gegenüber „Lieferung und sonstige Leistung" in § 14 Abs. 1 UStG) soll insbesondere Kaufverträge aus dem Anwendungsbereich von § 14 Abs. 2 S. 1 Nr. 1 herausnehmen.[308]

256 Die Werklieferung oder sonstige Leistung muss zudem in engem Zusammenhang mit dem Grundstück stehen, sich also nach den tatsächlichen Gegebenheiten überwiegend auf die Bebauung, Verwertung, Nutzung oder Unterhaltung des Grundstücks selbst beziehen.[309] Darunter fallen auch steuerpflichtige Dienstleistungen im Zusammenhang mit einem Grundstück,[310] sodass typische Fälle neben Tätigkeiten bei der Errichtung des Gebäudes selbst auch etwa die Pflege von Grünflächen oder die Reinigung des Hauses sein dürften.[311]

257 Ausgestellt ist die Rechnung, wenn sie in den Verfügungsbereich des bestimmungsgemäßen Adressaten gelangt ist, so dass dieser nach der Verkehrsanschauung unter üblichen Bedingungen und in zumutbarer Weise Kenntnis nehmen konnte.[312]

258 Eine unvollständige Rechnung (zum notwendigen Inhalt siehe § 14 Abs. 4 UStG) gilt nach h.M. dennoch als zugestellt.[313] Dem ist zuzustimmen, sofern der Zweck der Offenlegung des Geschäfts auch von einer unvollständigen Rechnung erfüllt wird. Dies ist solange der Fall, wie die Rechnung noch einem Leistungsvorgang und entsprechend auch einem Leistenden zugeordnet werden kann.[314] Für die Besteuerung relevante Fehlangaben werden dann von spezielleren Tatbeständen erfasst (etwa § 378 Abs. 1 AO). Dafür spricht auch ein Vergleich mit § 26a Abs. 1 Nr. 5 UStG, der explizit zwischen nicht rechtzeitigen und unrichtigen oder unvollständigen Meldungen unterscheidet.

b) § 26a Abs. 1 Nr. 2 UStG

259 § 26a Abs. 1 Nr. 2 UStG verweist auf § 14b Abs. 1 S. 1 UStG. Diese Vorschrift ordnet im unternehmerischen Bereich die Aufbewahrung von erhaltenen sowie von Doppeln ausgestellter Rechnungen für zehn Jahre an.

260 Eine Verletzung der formellen Anforderungen an die Aufbewahrung aus § 14b Abs. 1 S. 2 UStG i.V.m. § 14 Abs. 1 S. 2 UStG sowie aus § 14b Abs. 2, 4 UStG ist nicht bußgeldbewehrt.[315]

---

307 BT-Drucks. 15/2573, 33.
308 BT-Drucks. 15/2573, 33.
309 BT-Drucks. 15/2573, 33.
310 BT-Drucks. 15/2573, 34.
311 BT-Drucks. 15/2573, 33 f. mit einer Vielzahl an weiteren Beispielen.
312 Reiß/Kraeusel/Langer/*Tormöhlen* § 26a Rn. 9.1; Rau/Dürrwächter/*Nieskens* § 26a Rn. 24; zum gleichlautenden Tatbestandsmerkmal in § 379 AO s. *BayObLG* wistra 1989, 313; in Franzen/Gast/Joecks/*Jäger* § 379 AO Rn. 18; Rolletschke/Kemper/*Rolletschke* (Juni 2011) § 379 AO Rn. 14; Kohlmann/*Matthes* § 379 Rn. 42 ff.
313 Reiß/Kraeusel/Langer/*Tormöhlen* § 26a Rn. 9.5. Dem entspricht auch die Handhabung in der Praxis, vgl. *BMF* BStBl I 2004, 1122, 1123. a.A. *Stadie* (2009), § 26a Rn. 5; Rau/Dürrwächter/*Nieskens* § 26a Rn. 24.
314 So auch Schwarz/Widmann/Radeisen/*Kemper* § 26a Rn. 39.
315 Reiß/Kraeusel/Langer/*Tormöhlen* § 26a Rn. 14.1; in Rau/Dürrwächter/*Stadie* § 14b Rn. 81; a.A. in Rau/Dürrwächter/*Nieskens* § 26a Rn. 37.

c) § 26a Abs. 1 Nr. 3 UStG

§ 26a Abs. 1 Nr. 3 UStG verweist auf § 14b Abs. 1 S. 5 UStG. Diese Vorschrift verpflichtet den Leistungsempfänger für einen Zeitraum von zwei Jahren zur Aufbewahrung von Rechnungen, Zahlungsbelegen und anderen beweiskräftigen Unterlagen, die er im Zusammenhang mit Aufträgen nach § 14 Abs. 2 S. 1 Nr. 1 UStG (vgl. Rn. 253) erhalten hat, sofern der Leistungsempfänger nicht Unternehmer ist oder als Unternehmer die Leistung für seinen nichtunternehmerischen Bereich verwendet. Damit sind insbesondere auch Privatpersonen Adressaten der Verpflichtung. So sollte die Aufmerksamkeit des privaten Auftraggebers für die legale Durchführung des Geschäfts verstärkt werden.[316] Wenngleich der Rahmen der Geldbuße mit bis zu 500 € deutlich unter dem für die anderen Varianten des § 26a UStG (5.000 €) liegt, ist die Verpflichtung von Privatpersonen doch Gegenstand von Kritik, die einen unverhältnismäßigen Eingriff in die Privatsphäre geltend macht und daher an der Verfassungsmäßigkeit der Norm zweifelt.[317] Entsprechend war die Regelung vor ihrer Einführung auch zwischen den Gesetzgebungsorganen umstritten.[318] In der Tat ist es im Rahmen der Bekämpfung von Schwarzarbeit zwar üblich, dass Privatpersonen als Auftraggeber in die Pflicht genommen werden.[319] Allerdings sind geradezu buchhalterische Pflichten für Privatpersonen doch außergewöhnlich.

261

Nach der Vorstellung des Gesetzgebers soll die mögliche Unerfahrenheit der Adressaten dadurch ausgeglichen werden, dass nach § 14 Abs. 4 S. 1 Nr. 9 UStG die Rechnung einen Hinweis auf die Aufbewahrungspflichten enthalten muss.[320] Dennoch soll nach Abschn. 14b.1 Abs. 4 S. 4 UStAE die Aufbewahrungspflicht auch dann gelten, wenn der Hinweis fehlt. Dies ist auf Ebene des objektiven Tatbestands wohl richtig, da die Pflicht sich ohne weitere Voraussetzungen aus § 14b Abs. 1 S. 5 UStG ergibt. Das Fehlen des Hinweises wird jedoch im Regelfall zu einer Entlastung der Privatperson auf subjektiver Ebene führen.[321]

262

Weiterhin soll es ohne Einfluss auf die Begehung der Ordnungswidrigkeit des Adressaten sein, wenn der leistende Unternehmer seine Tätigkeit korrekt versteuert hat.[322]

263

In der Praxis dürfte ein Verstoß gegen § 26a Abs. 1 Nr. 3 UStG kaum nachzuweisen sein, insbesondere fehlt es an Ermittlungsmöglichkeiten, die überhaupt einen Anfangsverdacht begründen könnten.[323] Zu Recht wird die Vorschrift daher als „erhobener Zeigefinger" des Gesetzgebers bezeichnet.[324]

264

d) § 26a Abs. 1 Nr. 4 UStG

§ 26a Abs. 1 Nr. 4 UStG verweist auf § 18 Abs. 12 S. 3 UStG. § 18 Abs. 12 S. 1 UStG verpflichtet im Ausland ansässige Unternehmer (vgl. § 13b Abs. 7 UStG), die grenzüberschreitende Personenbeförderungen mit nicht im Inland zugelassenen Kraftomnibussen durchführen, unter bestimmten Umständen zur Anzeige ihrer Tätigkeit. Darüber wird ihnen nach Satz 2 eine Bescheinigung erteilt. Diese ist mitzuführen und auf Verlangen vorzulegen. Die Verletzung der

265

---

316 Drucks. 15/3298, 3; BT-Drucks. 15/2573, 34 f.
317 Reiß/Kraeusel/Langer/*Tormöhlen* § 26a Rn. 16.
318 BT-Drucks. 15/3298, 3; *Weimann* UVR 2004, 313, 317.
319 Vgl. § 8 Abs. 1 Nr. 2 SchwarzArbG.
320 BT-Drucks. 15/2573, 35.
321 Reiß/Kraeusel/Langer/*Tormöhlen* § 26a Rn. 16; Rau/Dürrwächter/*Nieskens* § 26a UStG Rn. 23.
322 BT-Drucks. 15/3298, 3 f.; Reiß/Kraeusel/Langer/*Tormöhlen* § 26a Rn. 16.
323 Schwarz/Widmann/Radeisen/*Kemper* § 26a UStG Rn. 63 ff.
324 Schwarz/Widmann/Radeisen/*Kemper* § 26a UStG Rn. 64.

Vorlagepflicht belegt § 26a Abs. 1 Nr. 4 UStG mit einem Bußgeld. § 18 Abs. 12 UStG soll Wettbewerbsnachteile deutscher Unternehmer und Steuerausfälle verhindern.[325]

266 Täter ist grds. der im Ausland ansässige Unternehmer. Zwar ist es theoretisch denkbar, über § 9 Abs. 2 OWiG auch die Fahrer der Omnibusse zu erfassen, in aller Regel dürften diese jedoch weder Leitungsverantwortung haben, noch eigenverantwortlich Inhaberaufgaben erledigen.[326]

e) § 26a Abs. 1 Nr. 5 UStG

267 § 26a Abs. 1 Nr. 5 UStG verweist auf § 18a Abs. 1–3, Abs. 7 S. 1, Abs. 8, 9, 10 UStG. § 18a Abs. 1, 2 UStG beinhaltet die grds. Verpflichtung zur Übermittlung der sog. Zusammenfassenden Meldung („ZM") an das Bundeszentralamt für Steuern.

268 Diese ist nach Abs. 1 erforderlich bei innergemeinschaftlichen Warenlieferungen oder Lieferungen i.S.d. § 25b Abs. 2 UStG, sowie nach Abs. 2 für steuerpflichtige sonstige Leistungen an einen Leistungsempfänger in einem anderen Mitgliedstaat, der dort auch die Steuer schuldet. In bestimmten Konstellationen werden Erleichterungen bezüglich Form (§ 18a Abs. 3 UStG), und Frist (§ 18a Abs. 9 UStG) gewährt. § 18a Abs. 7 UStG schreibt den Inhalt der ZM vor. Schließlich erstreckt sich die Pflicht aus § 18a UStG über § 18a Abs. 10 UStG auch auf die nachträgliche Berichtigung einer als falsch erkannten ZM. § 18a Abs. 10 UStG ist gegenüber § 153 Abs. 1 AO die speziellere Vorschrift.[327]

269 Die Abgabe der ZM dient dem Betrieb des europäischen Mehrwertsteuer-Informationsaustausch-Systems (MIAS). Mitgliedstaaten sollen auf Basis einer automatisierten Datenbankabfrage Unregelmäßigkeiten bei der Besteuerung innereuropäischer Erwerbstätigkeit aufdecken können.[328]

270 Wohl um deren reibungslosen Betrieb zu sichern, gilt als Nichtabgabe auch die Abgabe an eine falsche Stelle sowie in falscher Form.[329] Grundsätzlich ist nach Absatz 1 und 2 die Abgabe in digitaler Form erforderlich, Ausnahmen lässt Absatz 5 für besondere Härtefälle zu.

271 Was die Tathandlung der **nicht bzw. nicht vollständigen bzw. nicht rechtzeitigen Meldung** anbelangt, so wird auf die § 18a UStG verwiesen, woraus sich der Umfang der anzugebenden Tatsachen ergibt.

272 Auch wenn § 26a Abs. 1 Nr. 5 UStG nicht auf § 18a Abs. 5 UStG verweist, so ist doch für die **tauglichen Täter** die dortige Definition des Unternehmers maßgeblich: Es gelten also auch nichtselbständige juristische Personen nach § 2 Abs. 2 Nr. 2 UStG als Unternehmer.[330] Kleinunternehmer bleiben nach § 19 Abs. 1 UStG von der Pflicht zur Übermittlung einer ZM ausgenommen.[331]

f) § 26a Abs. 1 Nr. 6 UStG

273 § 26a Abs. 1 Nr. 6 UStG verweist auf § 18c UStG. § 18c UStG ermächtigt zum Erlass einer Verordnung über Meldepflichten bei der Lieferung neuer Fahrzeuge. Mit der Fahrzeuglieferungs-

---

325 Bunjes/*Leonard* UStG § 18 Rn. 66.
326 Schwarz/Widmann/Radeisen/*Kemper* § 26a Rn. 70.
327 Reiß/Kraeusel/Langer/*Tormöhlen* § 26a Rn. 22.3.
328 Reiß/Kraeusel/Langer/*Tormöhlen* § 26a Rn. 22; Schwarz/Widmann/Radeisen/*Kemper* § 26a Rn. 73.
329 Reiß/Kraeusel/Langer/*Tormöhlen* § 26a Rn. 23.
330 Schwarz/Widmann/Radeisen/*Kemper* § 26a Rn. 80.
331 So auch Schwarz/Widmann/Radeisen/*Kemper* § 26a Rn. 75.

Meldepflichtverordnung (FzgLiefgMeldV), in Kraft seit 1.7.2010, hat das Bundesministerium der Finanzen von der Ermächtigung Gebrauch gemacht.

Nach § 4 FzgLiefgMeldV handelt ordnungswidrig nach § 26a Abs. 1 Nr. 6 UStG, wer vorsätzlich oder leichtfertig entgegen § 1 Abs. 1 S. 1 FzgLiefgMeldV eine Meldung über die innergemeinschaftliche Lieferung eines neuen Fahrzeugs nicht, nicht richtig, nicht vollständig oder nicht rechtzeitig macht. **274**

Um Gleichlauf mit gleichlautenden Tatbestandsmerkmalen in § 26a Abs. 1 Nr. 5 UStG zu gewähren, muss eine Lieferung auch dann als **nicht gemeldet** gelten, wenn sie nicht an das Bundeszentralamt für Steuern, sondern an eine andere Stelle übermittelt wird. Ebenfalls erforderlich ist eine Übermittlung in der korrekten **Form**, also nach § 1 Abs. 2 FzgLiefgMeldV für Unternehmer grds. elektronische Übermittlung, für Fahrzeuglieferer elektronische Übermittlung oder Übermittlung in Papierform. **275**

Was die Tathandlung der **unrichtigen** bzw. **nicht vollständigen Meldung** anbelangt, so ist auf § 2 FzgLiefgMeldV zu verweisen, woraus sich der Umfang der anzugebenden Tatsachen ergibt. **Meldeverpflichtet** sind nach § 3 FzgLiefgMeldV der Unternehmer oder der Fahrzeuglieferer, der die Lieferung des Fahrzeugs ausführt. **276**

g)   § 26a Abs. 1 Nr. 7 UStG

§ 26a Abs. 1 Nr. 7 UStG verweist auf § 18d S. 3 UStG. § 18d S. 3 UStG konstituiert eine Vorlagepflicht, wenn Unterlagen nach § 18d S. 1 UStG von der Finanzbehörde angefordert werden. **277**

§ 18d S. 1 UStG erlaubt Finanzbehörden, von Unternehmern die Vorlage von Büchern, Aufzeichnungen, Geschäftspapieren und anderen Urkunden zu verlangen, wenn ein Auskunftsersuchen eines anderen EU-Mitgliedstaates dies erforderlich macht. Die Auskunftsersuchen richten sich nach der Verordnung (EU) Nr. 904/2010 des Rates vom 7.10.2010 über die Zusammenarbeit der Verwaltungsbehörden und die Betrugsbekämpfung auf dem Gebiet der Mehrwertsteuer (ABlEU Nr. L 268/1 v. 12.10.2010). Diese soll sicherstellen, dass zur Bekämpfung von Mehrwertsteuerbetrug Informationen aus anderen Mitgliedstaaten einfach und schnell ermittelt werden können.[332] **278**

§ 26a Abs. 1 Nr. 7 UStG setzt voraus, dass die nach § 18d S. 3 UStG angeforderten Unterlagen nicht, nicht vollständig oder nicht rechtzeitig vorgelegt werden. **279**

Erforderlich ist dafür zunächst ein wirksames **Vorlageverlangen**. Dieses muss durch die Finanzbehörde ergehen und stellt einen Verwaltungsakt dar.[333] Dessen Rechtmäßigkeit ist insbesondere auch abhängig von der Rechtmäßigkeit des vorangehenden Auskunftsersuchens sowie der tatsächlichen Erforderlichkeit der angeforderten Unterlagen.[334] Aufgrund der Bestandskraft des Verwaltungsaktes muss jedoch zunächst auch das rechtswidrige Vorlageverlangen befolgt werden (außer der Verwaltungsakt ist ausnahmsweise nichtig).[335] **280**

---

332 Erwägungsgründe Verordnung (EU) Nr. 904/2010 des Rates v. 7.10.2010 über die Zusammenarbeit der Verwaltungsbehörden und die Betrugsbekämpfung auf dem Gebiet der Mehrwertsteuer (ABlEU Nr. L 268/1 v. 12.10.2010).

333 Bunjes/*Leonard* § 18d Rn. 14; Schwarz/Widmann/Radeisen/*Kemper* § 26a Rn. 91.

334 Bunjes/*Leonard* § 18d Rn. 14.

335 Bunjes/*Leonard* § 18d Rn. 14.

281 **Vorlage** bedeutet Zurverfügungstellung an die Amtsstelle.[336] Die zuständige Finanzbehörde ergibt sich gem. Abschn. 18d.1 UStAE aus § 21 AO, hilfsweise aus § 24 AO.

2. Subjektiver Tatbestand

282 Der Täter muss bei Tatbegehung **vorsätzlich oder leichtfertig**[337] handeln.

Besondere Beachtung verdient der Umstand, dass der Handelnde keine Kenntnis von seiner Pflicht hat.

283 Unkenntnis der Pflicht kommt insbesondere in Betracht bei der **Aufbewahrungspflicht bei § 26a Abs. 1 Nr. 3 UStG**, wenn Leistungsempfänger eine **Privatperson** ist. Diesen dürfte häufig nicht klar sein, dass sie ihnen ausgestellte Rechnungen aufzubewahren haben. Unternehmer sind daher verpflichtet, auf die Aufbewahrungspflicht hinzuweisen (vgl. Rn. 261). Ein fehlender Hinweis auf der Rechnung kann dann für private Rechnungsempfänger entlastende Wirkung haben: In der Regel wird die subjektive Tatseite fehlen, da die Nichtaufbewahrung von Rechnungen ebenso wie die Nichterkundigung nach Aufbewahrungspflichten für Privatpersonen grds. nicht leichtfertig ist.[338] Umgekehrt wird regelmäßig leichtfertig handeln, wer trotz Hinweises auf der Rechnung sich seiner Pflichten nicht bewusst ist.

3. Tauglicher Täter

284 Grundsätzlich kann die Ordnungswidrigkeit nur durch die in den genannten Vorschriften verpflichteten Unternehmer oder Fiskalvertreter nach § 22a UStG begangen werden. Bei juristischen Personen und Personenzusammenschlüssen haften die Organe und vertretungsberechtigten Gesellschafter (§ 9 OWiG).[339]

II. Konkurrenzen

285 Tateinheit nach § 19 OWiG i.V.m. § 377 Abs. 2 AO ist insb. möglich mit leichtfertiger Steuerverkürzung nach § 378 AO.[340] Die Höhe der Geldbuße bemisst sich gem. § 19 Abs. 2 OWiG in diesem Falle nur nach § 378 AO.

286 Zwischen den einzelnen Tatbestandsvarianten von § 26a Abs. 1 UStG ist Tatmehrheit möglich (§ 20 OWiG).[341]

III. Rechtsfolge

287 Die maximale Geldbuße beträgt für § 26a Abs. 1 Nr. 3 500 €, für alle anderen Varianten 5.000 €.

---

336 Reiß/Kraeusel/Langer/*Tormöhlen* § 26a Rn. 32.
337 Zum Begriff der Leichtfertigkeit vgl. Ausführungen unter Rn. 13.
338 Reiß/Kraeusel/Langer/*Tormöhlen* § 26a Rn. 16; Rau/Dürrwächter/*Nieskens* § 26a Rn. 23.
339 Bunjes/*Leonard* § 26a Rn. 6.
340 Schwarz/Widmann/Radeisen/*Kemper* § 26a Rn. 131.
341 Schwarz/Widmann/Radeisen/*Kemper* § 26a Rn. 132.

IV. Verjährung

Die Verjährungsfrist beträgt für § 26a Abs. 1 Nr. 3 nach § 31 Abs. 2 Nr. 4 OWiG i.V.m. § 377 Abs. 2 AO sechs Monate, für alle anderen Varianten nach § 31 Abs. 2 Nr. 2 OWiG i.V.m. § 377 Abs. 2 AO zwei Jahre.

288

V. Zuständigkeit

Die Zuständigkeit für die Verfolgung von Ordnungswidrigkeiten nach § 26a UStG liegt nach §§ 409, 387 Abs. 1, AO i.V.m. § 36 Abs. 1 Nr. 1 OWiG bei der Finanzbehörde, die die Umsatzsteuer verwaltet. Dies sind nach § 17 Abs. 2 S. 1 FVG die Finanzämter, wobei andere Finanzämter örtlich zuständig sein können als für die Veranlagung der Umsatzsteuer.[342] Die Zuständigkeit der Finanzämter gilt auch dort, wo Pflichten gegenüber dem Bundeszentralamt für Steuern zu erfüllen sind.[343]

289

J. § 26b UStG – Schädigung des Umsatzsteueraufkommens

Nach § 26b UStG handelt ordnungswidrig, wer die in einer Rechnung im Sinne von § 14 UStG ausgewiesene Umsatzsteuer zu einem in § 18 Abs. 1 S. 4 UStG oder Abs. 4 S. 1 oder 2 genannten Fälligkeitszeitpunkt nicht oder nicht vollständig entrichtet. Im Kern erfasst § 26b UStG die Nichtzahlung ordnungsgemäß dem Finanzamt erklärter Umsatzsteuer. Die Vorschrift dient damit der Bekämpfung von Umsatzsteuerbetrug als organisierter Kriminalität in Form von **Umsatzsteuerkarussellen**.[344] Dabei wird in eine Lieferkette ein Unternehmer zwischengeschaltet, der eine zum Vorsteuerabzug berechtigende Rechnung ausstellt, die Steuer dann aber später nicht entrichtet (sog. *Missing Trader*).[345]

290

Im Hinblick auf die praktische Relevanz des Tatbestandes ist problematisch, dass der Missing Trader oft von vornherein darauf ausgelegt ist, nur kurzzeitig zu existieren, zudem werden häufig vermögenslose natürliche oder juristische Personen als Missing Trader auftreten.[346] Zu vermuten ist auch daher, dass entgegen der Intention des Gesetzgebers weniger Fälle organisierter Kriminalität als vielmehr „einfache" Fälle von Zahlungsverzug erfasst werden.[347]

291

I. Tatbestandsvoraussetzungen

1. Tathandlung

Objektiv tatbestandsmäßig ist die **Nichtabführung** oder **nicht vollständige Abführung** der Umsatzsteuer zu dem in § 18 Abs. 1 S. 4, Abs. 4 S. 1, 2 UStG genannten Zeitpunkt. Die bei

292

---

342 Schwarz/Widmann/Radeisen/*Kemper* § 26a Rn. 114.
343 Schwarz/Widmann/Radeisen/*Kemper* § 26a Rn. 115.
344 BT-Drucks. 14/7471.
345 Detailliert zu Formen und Funktionsweise von Umsatzsteuerkarussellen s. Flore/Tsambikakis/*Gaede* § 26b UStG Rn. 4 f.; Reiß/Kraeusel/Langer/*Tormöhlen* § 26b Rn. 3; siehe weiterhin *Bielefeld* wistra 2007, 9.
346 Reiß/Kraeusel/Langer/*Tormöhlen* § 26b Rn. 3, 3.1.
347 Flore/Tsambikakis/*Gaede* § 26b Rn. 6; *Heil* StuB 2002, 221, 223; *Wilhelm* UR 2005, 474, 479; Rolletschke/Kemper/*Kemper* § 26b Rn. 12; Kohlmann/*Ransiek* § 370 Rn. 1199.2.

Säumniszuschlägen nach § 240 Abs. 1, 3 AO mögliche Schonfrist von drei Tagen kann nicht direkt auf § 26b UStG übertragen werden, so dass trotz Schonfrist der Tatbestand des § 26b UStG erfüllt ist. Jedoch sollte sie beim Ermessen nach §§ 47 OWiG, 410 Abs. 1 AO berücksichtigt werden.[348]

293 Wie sich aus dem Zweck der Vorschrift ergibt, greift § 26b UStG nur, wenn die Steuer nach § 14 UStG **angemeldet** worden ist.[349] Die Rechnung muss getreu dem Normzweck des § 26b UStG zum Vorsteuerabzug berechtigen, also grds. die Anforderungen des § 14 Abs. 4 UStG erfüllen.[350] Eine Gegenansicht lässt es genügen, wenn formelle Mindeststandards erfüllt sind.[351] Für ebenfalls zum Vorsteuerabzug berechtigende Gutschriften gilt § 26b UStG ausweislich seines auch auf § 14 Abs. 2 S. 3 UStG verweisenden Wortlauts gleichermaßen.[352] Eine **Zahlungspflicht** besteht aber nur dann, wenn die zu zahlende Steuer den **eigenen Vorsteuerabzug** nach § 15 UStG übersteigt (§ 16 Abs. 2 UStG).[353]

294 Nicht anwendbar ist § 26b UStG hingegen in den häufigen Fällen von Scheinrechnungen. § 14c Abs. 2 S. 2 UStG stellt diese zwar hinsichtlich der Steuerschuld Rechnungen gleich. Allerdings verweist § 26b UStG nur auf § 14 UStG, dessen Wortlaut („Rechnung ist jedes Dokument, mit dem über eine Lieferung oder sonstige Leistung abgerechnet wird") eine Erstreckung auf Scheinrechnungen nicht zulässt.[354]

295 Weitere Voraussetzungen bestehen nicht. Insbesondere ist es nach dem Wortlaut sowie dem darin ausgedrückten Willen des Gesetzgebers[355] nicht erforderlich, dass der Unternehmer die ausgewiesene Umsatzsteuer erhalten hat[356] oder dass der Leistungsempfänger den Umsatzsteuervorabzug bereits geltend gemacht hat.[357]

§ 26b UStG ist ein echtes Unterlassungsdelikt.[358] Daraus folgt im Grundsatz, dass der Unternehmer bei Unzumutbarkeit oder Unmöglichkeit der Leistung nicht ordnungswidrig handelt.[359] Relevant wird dies insbesondere bei Illiquidität des Unternehmers.[360] Besonderes Augenmerk gilt dabei Situationen, in denen der Missing Trader vorsätzlich mittellos ist. Hier sollte die Figur der *omissio libera in causa* aus der Rechtsprechung zu § 266a StGB übertragbar sein.[361] Ordnungswidrig handelt damit auch, wer es bei Anzeichen von Liquiditätsproblemen

---

348 Reiß/Kraeusel/Langer/*Tormöhlen* § 26b Rn. 9; entsprechend zu § 380 AO Kohlmann/*Matthes* § 380 AO Rn. 39; Franzen/Gast/Joecks/*Jäger* § 380 AO Rn. 7.

349 Reiß/Kraeusel/Langer/*Tormöhlen* § 26b Rn. 4; a.A. *Fahl* wistra 2003, 10.

350 Flore/Tsambikakis/*Gaede* § 26b Rn. 41; Franzen/Gast/Joecks/*Joecks* § 370 Rn. 331; Rolletschke/Kemper/*Kemper* § 26b Rn. 28.

351 *Wilhelm* UR 2005, 474, 477; Klein/*Jäger* § 370 AO Rn. 474; Reiß/Kraeusel/Langer/*Tormöhlen* § 26b Rn. 5.1; Rolletschke/Kemper/*Kemper* § 26b Rn. 28; Franzen/Gast/Joecks/*Joecks* § 370 Rn. 331.

352 Rolletschke/Kemper/*Kemper* § 26b Rn. 31; Franzen/Gast/Joecks/*Joecks* § 370 AO Rn. 331; a.A. Reiß/Kraeusel/Langer/*Tormöhlen* § 26b Rn. 6.

353 Reiß/Kraeusel/Langer/*Tormöhlen* § 26b Rn. 8; Franzen/Gast/Joecks/*Joecks* § 370 Rn. 341.

354 *Bielefeld* BB 2004, 2441, 2443; Flore/Tsambikakis/*Gaede* § 26b Rn. 12.

355 BT-Drucks. 14/7471, 8.

356 So aber *Stadie* §§ 26b/26c Rn. 4; dagegen Reiß/Kraeusel/Langer/*Tormöhlen* § 26b Rn. 9

357 So aber Hartmann/Metzenmacher/*Küffner* Rn. 10 f.; dagegen Graf/Jäger/Wittig/*Bülte* §§ 26b, 26c, Rn. 3; Flore/Tsambikakis/*Gaede* § 26b Rn. 26.

358 Flore/Tsambikakis/*Gaede* § 26b Rn. 27.

359 Siehe nur KK-OWiG/*Rengier* § 8 OWiG Rn. 55, 57; zum Strafrecht *BGH* NStZ 2002, 547 (548 f.); *BGH* NJW 2009, 528 (53); MK-StGB/*Radtke* § 266a Rn. 65 ff.; *Fischer* 266a Rn. 14 f.

360 Flore/Tsambikakis/*Gaede* § 26b Rn. 27; Franzen/Gast/Joecks/*Joecks* § 370 AO Rn. 337; Rolletschke/Kemper/*Kemper* § 26c Rn. 45, 49; a.A. *Hartmann/Metzenmacher/Küffner* § 26b Rn. 22.

361 Rolletschke/Kemper/*Kemper* § 26b Rn. 54 ff.; kritisch Flore/Tsambikakis/*Gaede* § 26b Rn. 28 f.

unterlassen hat, zumutbare Sicherungsvorkehrungen für die Zahlung zu treffen.[362] Dies soll jedenfalls der Fall sein, wenn der Unternehmer die geschuldete Umsatzsteuer tatsächlich erhalten hat.[363]

2. Subjektiver Tatbestand

In subjektiver Hinsicht ist nur **vorsätzliches** Handeln tatbestandsmäßig.[364] 296

3. Tauglicher Täter

Nach überwiegender Ansicht in der Literatur kann Täter i.S.d. § 26b UStG nur der zur Ent- 297 richtung der Umsatzsteuer verpflichtete Unternehmer sein.[365] Vor dem Hintergrund, dass der BGH die Pflicht zur Umsatzsteuerentrichtung nicht als ein besonderes persönliches Merkmal i.S.d. § 28 Abs. 1 StGB und damit auch nicht des § 14 Abs. 1 S. 2 OWiG ansieht,[366] erscheint dies jedoch sehr zweifelhaft.[367] Denn auch in diesem Falle wäre eine Tatbeteiligung jedenfalls dann möglich, wenn besondere persönliche Merkmale, welche die Möglichkeit der Ahndung begründen, nur bei einem der Beteiligten vorliegen.

II. Rechtsfolge

Gemäß § 26b UStG kann die Ordnungswidrigkeit mit einer Geldbuße bis zu 50.000 € geahndet 298 werden.

Eine **Verfahrenseinstellung** nach § 47 OWiG soll ausweislich der Gesetzesbegründung, die auf § 266a Abs. 5 (heute Abs. 6) StGB verweist, ferner bei „**entschuldbarem Verhalten**" in Betracht kommen.[368] Ein Einstellungsgrund wird damit regelmäßig vorliegen, wenn der Unternehmer spätestens im Zeitpunkt der Fälligkeit oder unverzüglich danach der Einzugsstelle schriftlich die Höhe der vorenthaltenen Beiträge mitteilt und darlegt, warum die fristgemäße Zahlung nicht möglich ist, obwohl er sich darum ernsthaft bemüht hat.

III. Selbstanzeige

Nach herrschender Auffassung finden die Regelungen zur Selbstanzeige nach § 378 Abs. 3 AO 299 auf § 26b UStG keine entsprechende Anwendung.[369]

---

362 *BGH* NJW 2002, 2480.
363 Franzen/Gast/Joecks/*Joecks* § 370 AO Rn. 338; *Wilhelm* UR 2005, 474, 477; *Stadie* §§ 26b/26c Rn. 6.
364 Ebenso Flore/Tsambikakis/*Gaede* § 26c Rn. 32; Franzen/Gast/Joecks/*Joecks* § 370 AO Rn. 342; Reiß/Kraeusel/Langer/*Tormöhlen* § 26b Rn. 11; unklar insoweit Bunjes/*Leonard* § 26b Rn. 5 (Beschränkung auf Vorsatz nur nach teleologischer Reduktion).
365 Graf/Jäger/Wittig/*Bülte* §§ 26b, 26c Rn. 5; Reiß/Kraeusel/Langer/*Tormöhlen* § 26b Rn. 14.
366 *BGH* v. 23.8.2006 – 5 StR 231/06.
367 Vgl. auch insoweit Flore/Tsambikakis/*Gaede* § 26b UStG Rn. 38.
368 BT-Drucks. 14/7471, S. 8; s. auch Flore/Tsambikakis/*Gaede* § 26b Rn. 47.
369 Graf/Jäger/Wittig/*Bülte* §§ 26b, 26c Rn. 40; Reiß/Kraeusel/Langer/*Tormöhlen* § 26c Rn. 15; *BGH* 1 StR 577/09, BeckRS 2010, 12905; a.A. Flore/Tsambikakis/*Gaede* § 26c Rn. 33; Franzen/Gast/Joecks/*Joecks* § 370 Rn. 355; Rolletschke/Kemper/*Kemper* § 26c Rn. 74.

IV. Konkurrenzen

300 Wird die Umsatzsteuer gar nicht oder fehlerhaft angemeldet, so ist § 26b UStG nicht einschlägig (vgl. Rn. 292). Eine gleichzeitige Verwirklichung von §§ 378, 370 AO und § 26b UStG dürfte daher selten sein. Werden beide Vorschriften in Tateinheit verwirklicht, hat § 370 AO gegenüber § 26b UStG Vorrang (§ 21 OWiG i.V.m. § 377 Abs. 2 AO). Sofern eine Strafbarkeit nach § 370 AO wegen einer Selbstanzeige nach § 371 AO entfällt, hat dies nach bislang vorherrschender Auffassung keine Auswirkung auf §§ 26b, c UStG.[370] Bei vorliegender Tateinheit leben daher §§ 26b, c UStG wieder auf, wenn die Strafbarkeit nach § 370 AO entfällt, § 21 Abs. 2 OWiG i.V.m. § 377 Abs. 2 AO. Allerdings wird auch in diesen Fällen auf eine denkbare Einstellung nach § 47 OWiG verwiesen.[371]

V. Verjährung

301 Bei § 26b UStG tritt Verfolgungsverjährung nach § 31 Abs. 2 Nr. 1 OWiG i.V.m. § 377 Abs. 2 AO nach drei Jahren ein. Umstritten ist der **Beginn der Verfolgungsverjährung**. Nach § 78a S. 1 StGB bzw. § 31 Abs. 3 OWiG beginnt die Verjährung mit der Tatbeendigung. Nach einer Ansicht soll diese mit dem Verstreichen des Fälligkeitstermins vorliegen.[372] Es gibt jedoch keinen Grund, §§ 26b, 26c UStG anders als andere echte Unterlassungsdelikte zu behandeln. Folglich beginnt die Verjährung nach allgemeinen Grundsätzen mit Erlöschen der Leistungspflicht, also entweder bei Zahlungsverjährung nach §§ 47, 228 S. 2 AO[373] oder bei Wegfall der Zahlungsverpflichtung wegen (verspäteter) Erfüllung.[374]

VI. Verhältnis zu § 26c UStG

302 Der Anwendungsbereich von § 26b UStG wird beschränkt durch den Vorrang des § 26c UStG als Steuerstraftat (§ 21 OWiG). Übernimmt man unbesehen die Definitionen des Kernstrafrechts zur Gewerbsmäßigkeit bzw. bandenmäßigen Begehung, so droht eine weitgehende Verdrängung von § 26b UStG durch § 26c UStG, da der typische Anwendungsfall des § 26b UStG (vgl. Ausführungen oben) bereits die Qualifikationsmerkmale erfüllt; zudem wird geltend gemacht, dass es aus demselben Grund an einem den Sprung von der Ordnungswidrigkeit zur Straftat rechtfertigenden Unterschied fehle. Entsprechend bestehen Bedenken, die Definitionen ohne Modifikation zu übernehmen.[375]

303 Nach klassischem Verständnis setzt **Gewerbsmäßigkeit** voraus, dass der Täter sich durch wiederholte Begehung von Straftaten eine fortlaufende Einnahmequelle von einiger Dauer und

---

370 So insb. Franzen/Gast/Joecks/*Joecks* § 370 § Rn 362; Reiß/Kraeusel/Langer/*Tormöhlen* § 26c Rn. 17; a.A. Flore/Tsambikakis/*Gaede* § 26c Rn. 39, 43.

371 Franzen/Gast/Joecks/*Joecks* § 370 § Rn 362.

372 Franzen/Gast/Joecks/*Joecks* § 370 Rn. 358; Rolletschke/Kemper/*Kemper* § 26c Rn. 63.

373 So auch Flore/Tsambikakis/*Gaede* § 26c Rn. 42; Graf/Jäger/Wittig/*Bülte* §§ 26b, 26c Rn. 43.

374 Siehe allgemein zur Verjährung bei echten Unterlassungsdelikten MK-StGB/*Mitsch* § 78a Rn. 6.

375 Zur Gewerbsmäßigkeit Flore/Tsambikakis/*Gaede* § 26c UStG Rn. 15 ff., 24 ff.; für direkte Übertragung aber Graf/Jäger/Wittig/*Bülte* §§ 26b, 26c Rn. 31 ff.; Rolletschke/Kemper/*Kemper* § 26c Rn. 21; *Tormöhlen* UVR 2006, 207, 212. Zum Bandenbegriff s. in Flore/Tsambikakis/*Gaede* § 26c Rn. 25.

einigem Umfang verschaffen will.[376] Einschränkend wird nun teilweise vertreten, dass der Täter in der Absicht gehandelt haben muss, sich auf Dauer Wettbewerbsvorteile zu verschaffen.[377] Damit verbunden sind allerdings Beweisprobleme, zudem wird so kaum einschränkende Wirkung erzielt.[378] Stattdessen wird daher dafür votiert, die Definition der Rechtsprechung einschränkend auszulegen und den Begriff der „Einnahmequelle" auf tatsächlichen Kapitalzufluss zu beschränken[379] Damit reduziert sich der Anwendungsbereich auf Fälle, wo bereits vereinnahmte Umsatzsteuer nicht gezahlt werden soll.

Auch der Begriff der **bandenmäßigen Begehung** soll nach teilweise vertretener Ansicht (oder im Abkürzungsverzeichnis ergänzen) eingeschränkt werden. Hier kann in typischen Umsatzsteuerkarussellstrukturen bereits die Bandenmitgliedschaft fraglich sein, da die neben dem Missing Trader Beteiligten meist verhältnismäßig tatbestandsferne Tätigkeiten ausüben. Insofern kommt jedoch noch psychische Beihilfe in Betracht.[380] Darüber hinaus ist jedoch – in Anlehnung an ähnliche Überlegungen zu § 263 Abs. 5 StGB[381] – auch eine Beschränkung auf Fälle mit einem besonderen Maß an Verbundenheit denkbar.[382] Damit werden im Ergebnis erhöhte Anforderungen an die Bandenabrede gestellt. **304**

---

376 Etwa *BGH* NJW 2009, 3798; *Fischer* Vor § 52 Rn. 62; Rolletschke/Kemper/*Kemper* § 26c UStG Rn. 17, m.w.N.

377 Hartmann/Metzenmacher/*Küffner* § 26c Rn. 18 ff.

378 Flore/Tsambikakis/*Gaede* § 26c UStG Rn. 18.

379 Franzen/Gast/Joecks/*Joecks* § 370 Rn. 352; Wannemacher/*Traub* § 26c Rn. 1363 f.; *Spatscheck/Wulf* DB 2002, 392 ff.; *Müller* DStR 2002, 1641, 1644 f.; a.A. insb. Rolletschke/Kemper/*Kemper* § 26c Rn. 20 f.

380 Vgl. zum Ausreichen einer Beihilfetat *BGH* NJW 2002, 1662; zum Streit dazu siehe MK-StGB/*Schmitz* § 244 Rn. 42.

381 *LG Berlin* StV 2004, 545; Satzger/Schluckebier/Widmaier/*Satzger* § 263 Rn. 319; dagegen *Fischer* § 263 Rn. 213, 229.

382 Flore/Tsambikakis/*Gaede* § 26c Rn. 24.

19. Kapitel
Korrektur steuerlicher Verfehlungen

Adick Zur Neuregelung der Selbstanzeige (§ 371 AO) im Jahr 2011, HRRS 2011, 197; *Albrecht* Strafbefreiende Selbstanzeige – Höhe der Nachzahlungspflicht bei einer Steuerverkürzung auf Zeit, DB 2006, 1696; *Bülte* Der strafbefreiende Rücktritt vom vollendeten Delikt: Partielle Entwertung der strafbefreienden Selbstanzeige gemäß § 371 AO durch § 261 StGB?, ZStW 122 (2010), 550; *ders.* Die neuere Rechtsprechung des BGH zur Strafbewehrung von § 153 AO: Prüfstein für Strafrechtsdogmatik und Verfassungsrecht im Steuerstrafrecht, BB 2010, 607; *Dörn* Selbstanzeige wegen leichtfertiger Steuerverkürzung (§ 378 Abs. 3) in der Betriebsprüfung – Anmerkung zu OLG Karlsruhe, wistra 1996, 117 und *Rackwitz* wistra 1997, 135 –, wistra 1997, 291; *Erb* Die Selbstanzeige im neuen Gewand – eine Haftungsfalle für neu bestellte Geschäftsführer und Vorstände?, CCZ 2011, 138; *Gehm* Die Selbstanzeige nach § 371 AO im Zusammenhang mit den Kapitalanlegerfällen Schweiz, NJW 2010, 2161; *Habammer* Die neuen Koordinaten der Selbstanzeige, DStR 2010, 2425; *Helmrich* Berichtigungserklärung gemäß § 153 Abs. 1 Satz 1 Nr. 1 AO – insbesondere bei unaufklärbarem Sachverhalt, DStR 2009, 2132; *Hüls/Reichling* Die falsch adressierte Selbstanzeige, PStR 2008, 142; *Hunsmann* Die Novellierung der Selbstanzeige durch das Schwarzgeldbekämpfungsgesetz, NJW 2011, 1482; *Jehke/Dreher* Was bedeutet „unverzüglich" i. S. von § 153 AO?, DStR 2012, 2467; *Jesse* Anzeige- und Berichtigungspflichten nach § 153 AO, BB 2011, 1431; *Jestädt* Ist die „Kleine Selbstanzeige" gemäß § 378 Abs. 3 AO nach einer Außenprüfung sinnvoll?, BB 1998, 1394; *Kemper* Wieder ein neuer § 371 AO? Mögliche Einschränkungen zur Regelung der Abgabe einer strafbefreienden Selbstanzeige und deren Folgen, DStR 2014, 928; *Pahlke/König* Abgabenordnung, 3. Aufl. 2014; *Prowatke/Felten* Die „neue" Selbstanzeige, DStR 2011, 899; *Rackwitz* Zu den Anforderungen an die Berichtigungserklärung einer Selbstanzeige nach leichtfertiger Steuerverkürzung (§ 378 Abs. 3 AO) – Anmerkung zu OLG Karlsruhe, wistra 1996, 117 –, wistra 1997, 135; *Reichling* Die neuere Rechtsprechung des 1. Strafsenats des BGH zum Steuerstrafrecht, StraFo 2012, 316.; *Rolletschke* § 371 AO vs. § 24 StGB: Gibt es im Steuerstrafrecht noch einen Rücktritt vom Versuch?, ZWH 2013, 186; *Rübenstahl* Selbstanzeige 3.0? – Der Entwurf des BMF eines Gesetzes zur Änderung der Abgabenordnung vom 27.8.2014 und der Regierungsentwurf vom 24.9.2014, WiJ 2014, 190; *Webel* Strafzumessung bei unwirksamen Selbstanzeigen, PStR 2010, 189; *Wegner* Strafrechtliche Merkwürdigkeiten im Recht der staatlichen Parteienfinanzierung, DVBl. 2013, 422; *Weidemann* Keine wirksame Teilselbstanzeige, PStR 2010,175; *Weinbrenner* Selbstanzeige gemäß § 371 AO n. F. und Einspruch gegen den Steuerbescheid – Zugleich eine Besprechung von LG Heidelberg, Beschluss vom 16.11.12, 1 Qs 62/12, DStR 2013, 1268; *Wulf* Auf dem Weg zur Abschaffung der strafbefreienden Selbstanzeige (§ 371 AO)? – Der Beschluss des BGH vom 20.5.2010, wistra 2010, 304 –, wistra 2010, 286; *Zanzinger* Die Einschränkung der Selbstanzeige durch das Schwarzarbeitsbekämpfungsgesetz – Klärung erster Zweifelsfragen, DStR 2011, 1397.

A. Einleitung

Die **Abgabenordung** sieht abweichend vom allgemeinen **Strafrecht**[1] die Möglichkeit vor, durch Korrekturen steuerlicher Verfehlungen nach Vollendung der Tat bzw. nach Begehung einer Ordnungswidrigkeit zu vollständiger Straf- und Bußgeldfreiheit zu gelangen. Dabei handelt es sich allerdings keineswegs um ein uneigennütziges Wohlwollen des Gesetzgebers[2], der besondere Sympathien mit Steuerstraftätern hegt. Dieser erkennt vielmehr als belohnenswert an, wenn der Steuerpflichtige aus eigener Motivation „reinen Tisch" machen und sich ab sofort als „ehrlicher" Steuerzahler verhalten möchte.[3] Wegen der damit verbundenen **Anreizfunktion** darf nicht übersehen werden, dass der Gesetzgeber mit diesen Ausnahmeregeln auch ganz erhebliche **fiskalische Interessen** – namentlich in Form der Erschließung verborgener Steuerquellen – verfolgt. Ebenfalls zu bedenken ist stets, dass die bislang angewandte Praxis, wonach allein die Ankündigung vom Ankauf gestohlener Bankdaten eine Vielzahl von Kunden ausländischer Banken zur Selbstanzeige veranlasst, für die Finanzämter und Strafverfolger eine erhebliche **Arbeitsentlastung** darstellt. Bei einem Wegfall dieser Erledigungsmöglichkeit erschien es jedenfalls lange Zeit ausgeschlossen, die enorme Vielzahl an Fällen zu ermitteln und im Rahmen streitiger Verfahren zum Abschluss zu bringen.

1

Gleichwohl wird die **Berechtigung** der Selbstanzeige – auch im Vergleich zu anderen Delikten – in der aktuellen Diskussion immer stärker hinterfragt.[4] So sollen etwa die angeblich immer besseren Aufklärungsmöglichkeiten im Rahmen internationaler Zusammenarbeit[5] und der Ankauf von Bankdaten dazu führen, dass das fiskalische Interesse an der Selbstanzeige entfällt. Nachdem die Zahl der Selbstanzeigen in den letzten Jahren sprunghaft angestiegen ist, ist es beinahe paradox, dass der Ruf nach Abschaffung der Selbstanzeige immer besonders laut ertönt, wenn bekannt wird, dass prominente Steuerhinterzieher auf diese Weise Straffreiheit erlangt haben. Die **massive Zunahme** der Selbstanzeigen in den letzten Jahren ist ein Argument für und nicht gegen die Selbstanzeige. Im Vergleich zu sonstigen Wirtschaftsstraftaten geradezu absurd erschien der jüngste **Referentenentwurf** des Bundesministeriums der Finanzen, der im Hinblick auf die Selbstanzeigemöglichkeit vorsah, dass die Verjährungsfrist auch bei einfacher Steuerhinterziehung zehn Jahre betragen sollte.[6] Diesem methodisch verfehlten

2

---

1 Im StGB gibt es weitere Selbstanzeigemöglichkeiten, etwa in §§ 261 Abs. 9, 264 Abs. 5 und in § 266a Abs. 6. Zum Verhältnis zu § 371 AO und zu den gegenseitigen Auswirkungen auf die jeweils anderen Bereiche s. nur *Bülte* ZStW 122 (2010), 550 ff. Daneben existieren freilich Selbstanzeigemöglichkeiten in Spezialgesetzen wie dem Parteiengesetz (PartG) im Konnex mit der Parteienfinanzierung und dem Außenwirtschaftsgesetz (AWG). Gem. § 31d Abs. 1 S. 2 PartG wird nicht nach S. 1 der Norm bestraft, wer unter den Voraussetzungen des § 23b Abs. 2 eine Selbstanzeige nach § 23b Abs. 1 für die Partei abgibt oder an der Abgabe mitwirkt, s. dazu und zu den deutlich enger ausgestalteten Sperrgründen instruktiv *Wegner* DVBl. 2013, 422 ff. Vergleichbar sieht § 22 Abs. 4 AWG Sanktionsfreiheit vor, wenn der Verstoß gegen § 19 Abs. 2–5 AWG im Wege der Eigenkontrolle aufgedeckt und der zuständigen Behörde angezeigt wurde sowie angemessene Maßnahmen zur Verhinderung eines Verstoßes aus gleichem Grund getroffen werden. Gerade vor dem Hintergrund der großzügigen Selbstanzeigemöglichkeiten nach dem PartG, erscheint die in der Politik geführte Diskussion um die angebliche Bevorzugung von Steuerhinterziehern heuchlerisch.
2 In diese Richtung wohl aber Kohlmann/*Schauf* § 371 Rn. 9.
3 Zu dieser bereits seit dem Jahr 1891 verfolgten Zwecksetzung s. *Habammer* DStR 2010, 2425.
4 Vgl. zu den neuesten Reformbestrebungen *Kemper* DStR 2014, 928.
5 Diese wird besonders durch das am 29.10.2014 verabschiedete internationale Abkommen über den automatischen Austausch von Steuerdaten (OECD-Abkommen zur Steuerflucht) zwischen 50 Staaten erheblich intensiviert. Danach sollen Daten von Neukonten – darunter etwa Kontostände, Zinsen, Dividenden, Veräußerungsgewinne aus Finanzwerten sowie Steueridentifikationsnummern – ab 2016 erhoben und ab September 2017 ausgetauscht werden.
6 BGBl I 2014, 2415 ff.

Vorgehen ist der Gesetzgeber mit der **Reform der Selbstanzeigeregelungen** zum 1.1.2015[7] letztlich nicht gefolgt, sondern hat stattdessen den Berichtigungszeitraum von fünf auf zehn Jahre ausgedehnt und die Verjährungsfrist unangetastet gelassen. Dennoch liegt die Reform wegen der Verdoppelung des Berichtigungszeitraums und den zusätzlich eingeführten Einschränkungen – Ausdehnung der Sperrgründe und Möglichkeit zur strafbefreienden Selbstanzeige nur noch bis zu einem Betrag von 25.000 € statt bisher 50.000 €, vorbehaltlich des ebenfalls deutlich eingeschränkten § 398a AO – freilich im aktuellen Trend, der sich in bedenklicher Weise auf eine immer drastischere **Verschärfung** des Steuerstrafrechts[8] und eine fortschreitende Erhöhung der Anforderungen an die Voraussetzungen der Selbstanzeige zubewegt.[9]

B. Steuerliche Korrekturen im Einzelnen

I. Die Selbstanzeige gem. § 371 AO

1. Grundlagen

3 § 371 AO **privilegiert** den Steuerhinterzieher im Vergleich zu den meisten anderen Straftätern, indem der Staat auf seinen Strafanspruch nach tatsächlicher Begehung der Straftat verzichtet.[10] Es handelt sich dabei um eine Vorschrift mit **Ausnahmecharakter.**[11] Die Gründe für diese Besonderheit im Steuerstrafrecht liegen, wie einleitend schon erwähnt, in dem fiskalischen Interesse des Staates, dass diesem verborgene Steuerquellen offenbart werden und der Straftäter auf den Boden zur Steuerehrlichkeit zurückkehren soll.[12]

4 Die Selbstanzeige[13] nach § 371 Abs. 1–3 AO stellt nach ganz herrschender Meinung einen **persönlichen Strafaufhebungsgrund** dar,[14] mit der Folge, dass ein Ermittlungsverfahren nach § 170 Abs. 2 StPO einzustellen, die Eröffnung des Hauptverfahrens nach § 204 Abs. 1 StPO abzulehnen und im laufenden Hauptverfahren der Täter freizusprechen ist.[15] Unzutreffend ist es dagegen, die Selbstanzeige als Strafausschließungsgrund einzuordnen,[16] weil eine wirksame Selbstanzeige den bereits bestehenden Strafanspruch rückwirkend beseitigt und nicht, wie kennzeichnend für einen Strafausschließungsgrund, den staatlichen Strafanspruch von Anfang

---

7 Dazu ausführlich und kritisch *Rübenstahl* WiJ 2014, 190 ff.

8 Vgl. etwa die neuere Rspr. zur Strafzumessung, wonach ab einem Hinterziehungsbetrag in Millionenhöhe eine aussetzungsfähige Freiheitsstrafe grundsätzlich nicht mehr in Betracht komme, *BGH* NJW 2012, 1458; 2009, 528. *BGH* wistra 2013, 31 stellt zudem klar, dass eine unbedingte Freiheitsstrafe auch unterhalb der Millionenschwelle in Betracht komme. Darüber hinaus erkennt die Rspr. – ganz im Gegensatz zu der sonst üblichen Strafzumessungspraxis – eine nachträgliche Schadenswiedergutmachung wohl nicht als gewichtigen Milderungsgrund an, vgl. *BGH* NJW 2012, 1458, 1460. Zur neueren Rechtsprechung des 1. Strafsenats des BGH in Steuerstrafsachen vgl. *Reichling* StraFo 2012, 316 ff.

9 *BGHSt* 55, 180 = NJW 2010, 2146; ähnlich *Rübenstahl* WiJ 2014, 190.

10 Klein/*Jäger* § 371 Rn. 1.

11 Kohlmann/*Schauf* § 371 Rn. 8; Klein/*Jäger* § 371 Rn. 2; *Kemper* DStR 2014, 928. Das gilt freilich auch für die in ihren Wirkungen vergleichbaren Selbstanzeigeregelungen im PartG und AWG.

12 Vgl. nur *BGHSt* 55, 180; *LG Heidelberg* NZWiSt 2013, 38, 39; Kohlmann/*Schauf* § 371 Rn. 11 ff.; Klein/*Jäger* § 371 Rn. 2.

13 Kritisch hinsichtlich dieser Begrifflichkeit Kohlmann/*Schauf* § 371 Rn. 2.

14 *BGH* NStZ 1985, 126; *BayObLG* NJW 1954, 244 f.; *OLG Stuttgart* wistra 1987, 263 f.; Kohlmann/*Schauf* § 371 Rn. 25 f.; Klein/*Jäger* § 371 Rn. 1; Graf/*Jäger*/Wittig/*Rolletschke* § 371 AO Rn. 1; Franzen/Gast/Joecks/ *Joecks* § 371 Rn. 32.

15 So zu Recht *Weinbrenner* DStR 2013, 1268, 1269; Kohlmann/*Schauf* § 371 Rn. 30.

16 So aber ein Teil der älteren Rspr. vgl. *BGH* NJW 1953, 476.

an schon gar nicht entstehen lässt.[17] Daraus folgt, dass die Voraussetzungen des § 371 AO objektiv in der Person des Täters erst **nach** der begangenen Steuerstraftat eintreten müssen, um in den Genuss der Straffreiheit zu gelangen.

Im Verhältnis zum strafbefreienden Rücktritt nach § 24 StGB genießt § 371 AO richtigerweise **5** **keinen Anwendungsvorrang**.[18] Entscheidendes Abgrenzungskriterium, ab dem nur noch eine Selbstanzeige nach § 371 AO erfolgen kann, ist der Vollendungszeitpunkt der Tat. Im Versuchsstadium wird es jedoch regelmäßig günstiger sein, auf die Vorschriften über den **Rücktritt** zurückzugreifen, weil diese weniger streng als die Anforderungen an eine Selbstanzeige sind – insb. müssen durch den Rücktritt nicht sämtliche nicht verjährten Steuerhinterziehungen einer Steuerart offenbart werden.

Die strafbefreiende Selbstanzeige blickt seit ihrer einheitlichen Einführung im Jahre 1919[19] auf **6** eine **bewegte Geschichte** zurück. Sie wurde in ihrer gesetzlichen Ausgestaltung immer wieder den jeweiligen politischen Gegebenheiten angepasst und neu justiert.[20] Wesentliche Änderungen hat § 371 AO durch das **Schwarzgeldbekämpfungsgesetz** vom 28.4.2011[21] erfahren, das am 3.5.2011 in Kraft getreten ist und mit dem primär erreicht werden sollte, dass Selbstanzeigen nicht mehr missbräuchlich, sozusagen kalkuliert als Teil der Steuerhinterziehung, eingesetzt werden können. Dazu hat der Gesetzgeber die Möglichkeit einer teilweisen Strafbefreiung durch sog. Teilselbstanzeigen abgeschafft und verlangt seitdem die vollständige Berichtigung sämtlicher unverjährter Steuerstraftaten der jeweiligen Steuerart. Darüber hinaus wurden die bisherigen Sperrgründe des § 371 Abs. 2 AO erweitert und neue hinzugefügt, wie die Bekanntgabe einer Prüfungsanordnung nach § 196 AO. Die Abschaffung der Teilselbstanzeige hat der Gesetzgeber jüngst **mit Wirkung zum 1.1.2015** für den Teilbereich der Lohnsteuer- und Umsatzsteuerhinterziehung wieder aufgehoben. Dennoch sieht auch die neueste Reform weitere drastische Verschärfungen vor: Absenkung des Betrages für den Sperrgrund des § 371 Abs. 2 Nr. 3 AO von 50.000 € auf 25.000 €, Nacherklärung der letzten 10 Jahre und Einschränkung des § 398a AO, wodurch eine Selbstanzeige weit weniger attraktiv ist und der Zweck der Regelung zumindest partiell konterkariert wird. Trotz dieser Einschränkungen hat der Gesetzgeber an der – aus seiner Sicht – bewährten Selbstanzeige festgehalten. Vorschläge, die strafbefreiende Selbstanzeige ganz abzuschaffen, haben sich bislang nicht durchsetzen können.[22]

Die Vorschrift ist in ihrer jetzigen Ausgestaltung **verfassungsrechtlich** nicht zu beanstanden.[23] **7** Die im Jahr 1982 vom AG Saarbrücken geäußerten Bedenken im Hinblick auf Art. 3 Abs. 1 und Art. 20 GG wurden vom Bundesverfassungsgericht zu Recht zurückgewiesen.[24]

---

17 Franzen/Gast/Joecks/*Joecks* § 371 Rn. 32; Kohlmann/*Schauf* § 371 Rn. 25.
18 *BGHSt* 37, 340; Klein/*Jäger* § 371 Rn. 5a; Flore/Tsambikakis/*Wessing* § 371 Rn. 209; a.A. *Rolletschke* ZWH 2013, 186.
19 Bereits zuvor sind Regelungen zur Selbstanzeige in den Partikular-Gesetzen der deutschen Länder getroffen worden, s. dazu Kohlmann/*Schauf* § 371 Rn. 3.
20 Zur Entstehungsgeschichte ausführlich Kohlmann/*Schauf* § 371 Rn. 3 ff.
21 BGBl I 2011, 676.
22 Vgl. zu den dahingehenden Bestrebungen den Gesetzesentwurf der SPD-Fraktion, BT-Drucks. 17/1411.
23 Vgl. *BVerfGE* 64, 251 = wistra 1983, 251; Franzen/Gast/Joecks/*Joecks* § 371 Rn. 30; Kohlmann/*Schauf* § 371 Rn. 24 m.w.N.
24 Dazu im Einzelnen *BVerfGE* 64, 251 = wistra 1983, 251; die Entscheidung des AG Saarbrückens auch ablehnend *BGH* NStZ 1983, 415.

2. Voraussetzungen

a) Rückkehr zur Steuerehrlichkeit/Fiskalische Interessen

8 Ausgangspunkt aller Überlegungen zu der Reichweite und der Auslegung des § 371 AO ist der vom Gesetzgeber beabsichtigte **Sinn und Zweck** der Norm. Hier sind die Rückkehr zur Steuerehrlichkeit und das fiskalische Interesse des Staates zu nennen.

9 Bis zu dem grundlegenden Beschluss des Bundesgerichtshofs vom 20.5.2010[25] war die ganz allgemeine Meinung, dass bei der Aufdeckung einer (von mehreren) unbekannten Steuerquelle jedenfalls für diese Steuerquelle („insoweit") Straffreiheit eintritt. Hierdurch war offensichtlich, dass das fiskalische Interesse höher gewertet wurde, als die vollständige Rückkehr zur Steuerehrlichkeit. Der 1. Strafsenat hat dann jedoch klargestellt, dass bei einer solchen Vorgehensweise insgesamt keine Straffreiheit eintritt. Er begründet dies insb. damit, dass es an der **Rückkehr zur Steuerehrlichkeit** fehlt. Neben den fiskalischen Interessen setze die Selbstanzeige aber eine Rückkehr zur Steuerehrlichkeit voraus. Diese sei nur dann gegeben, wenn der Täter nunmehr vollständige und richtige Angaben – mithin reinen Tisch – macht.[26] Die Erkenntnis, dass bei der Selbstanzeige die Rückkehr zur Steuerehrlichkeit belohnt werden soll, ist dabei keineswegs neu. Vielmehr folgt der 1. Strafsenat insoweit der Auffassung des 3. Strafsenats in einer früheren Entscheidung[27] zur Selbstanzeige aus dem Jahr 1952. Lediglich die Gewichtung hatte sich im Laufe der Jahre zu Gunsten der Fiskalinteressen verschoben.

10 Der Beschluss des Bundesgerichtshofs vom 20.5.2010[28] mag im Hinblick auf den damaligen Wortlaut des § 371 AO („insoweit") zu kritisieren sein.[29] Der Grund dieser Rechtsprechung erscheint aber einleuchtend: Zwar rechtfertigt das fiskalische Interesse an der Selbstanzeige zunächst, die formalen Anforderungen an die Selbstanzeige nicht zu hoch zu setzen, um den zur Selbstanzeige geneigten Steuerpflichtigen nicht durch formale Hürden abzuschrecken. Der Bundesgerichtshof wollte aber zugleich verhindern, dass derjenige, der verborgene Steuerquellen nur **teilweise** angibt, Straffreiheit erlangt. Der Bundesgerichtshof führt ausdrücklich das Beispiel an, dass ein Steuerpflichtiger mehrere Konten hat, von denen er einige weiterhin verschweigt.[30] Eine solche Vorgehensweise war in der Praxis mitunter zu beobachten, weil die Bereitschaft zur Selbstanzeige tatsächlich vielfach nicht vom Wunsch nach Rückkehr zur Steuerehrlichkeit, sondern von der **Entdeckungsangst** getragen wird. Es darf freilich nicht verkannt werden, dass das Vollständigkeitsgebot gleichzeitig dem fiskalischen Interesse dient, weil der Steuerpflichtige verpflichtet wird, alle Steuerquellen offen zu legen, was zu höheren Steuernachzahlungen führt.[31]

11 Für die Überlegung, dass dem **fiskalischen Interesse** auch weiterhin ein sehr hohes Gewicht bei der Selbstanzeige eingeräumt wird, spricht auch, dass der Gesetzgeber die grundsätzliche – vorbehaltlich des neuen Abs. 2a – Abschaffung der Teilselbstanzeige nicht auf Steuerstraftaten verschiedener Steuerarten erstreckt hat, weil der Selbstanzeigenwillige allein wegen

---

25 *BGHSt* 55, 180 ff.
26 *BGHSt* 55, 180, 182.
27 *BGHSt* 3, 373, 375.
28 *BGHSt* 55, 180 ff.
29 Kritisch hierzu: Kohlmann/*Schauf* § 371 Rn. 67.1; Flore/Tsambikakis/*Wessing* § 371 AO Rn. 74; *Wulf* wistra 2010, 286, 289 f.; *Webel* PStR 2010, 189 f.; *Weidemann* PStR 2010, 175.
30 *BGHSt* 55, 180, 183.
31 Allerdings ist zugleich zu berücksichtigen, dass das Vollständigkeitserfordernis gerade in anderen Konstellationen (etwa der Korrektur bedingt vorsätzlicher Umsatzsteuerhinterziehung) zu erheblichen Friktionen führt, deren Beseitigung der Rechtsprechung bislang nicht gelungen ist.

der großen Gefahr unbemerkt unvollständiger Berichtigungserklärungen von einer Selbstanzeige abgehalten werden könnte.[32] Zudem zeigt die Gesetzesbegründung der Neuregelung der Selbstanzeige,[33] dass für den Gesetzgeber die **Rechtssicherheit** bei der Erstattung von Selbstanzeigen ein überragendes Interesse darstellt. Dies spiegelt sich auch darin wider, dass der Gesetzgeber (trotz der Ausführungen des Bundesgerichtshofs zum angeblichen Wortlaut der alten Fassung des § 371 AO) ausdrücklich geregelt hat, dass das Verbot der Teilselbstanzeige erst ab der Neuregelung gelten soll. Der Gesetzgeber dokumentiert mit diesen beiden Entscheidungen, dass er für die Rechtssicherheit und somit auch zu Gunsten des fiskalischen Interesses an der Selbstanzeige sogar bereit ist, die Strafbefreiung selbst dann in weiten Bereichen zu gewähren, wenn die Rückkehr zur Steuerehrlichkeit eindeutig nicht gegeben ist.

Zu berücksichtigen ist in diesem Zusammenhang, dass die Motive, die den Selbstanzeigeerstatter leiten, unerheblich sind. Honoriert wird vielmehr die **objektive Rückkehr** zur Steuerehrlichkeit, so dass es auch nach dem Beschluss des Bundesgerichtshofs nicht darauf ankommt, ob die Anzeige „freiwillig" erfolgt oder der Täter subjektiv eine bevorstehende Tatentdeckung befürchtet.[34] **12**

b) Form der Selbstanzeige

Bei der Form der Selbstanzeige ist im Ausgangspunkt zu beachten, dass § 371 AO nach allgemeiner Meinung überhaupt **keine Form** vorschreibt.[35] Der Gesetzgeber macht auch keine näheren Angaben dazu, welchen Inhalt eine Selbstanzeige im ersten Schritt haben muss. Die Selbstanzeige kann sogar mündlich erfolgen.[36] Sie muss auch nicht als Selbstanzeige bezeichnet werden.[37] Dieser Gesichtspunkt zeigt bereits, dass offenkundig keine allzu hohen Anforderungen an die Form der Selbstanzeige zu stellen sind. Wegen des fiskalischen Interesses an der Selbstanzeige dürfen die Hürden nicht zu hoch sein, um keine abschreckende Wirkung zu entfalten. Auch nach neuer Rechtslage gilt, dass demjenigen, der zur Rückkehr in die Steuerehrlichkeit bereit ist, dieser Weg nicht durch formale Hürden verbaut werden soll. Dem **Willen des Gesetzgebers** entsprechend hat der Bundesgerichtshof in ständiger Rechtsprechung herausgearbeitet, dass Selbstanzeigen nur dann die Wirksamkeit abzusprechen ist, wenn Fehler vorliegen, die entweder das fiskalische Interesse an der Selbstanzeige gefährden oder aber dem Erfordernis der Rückkehr zur Steuerehrlichkeit widersprechen. In allen anderen Fällen gebietet das fiskalische Interesse eine **großzügige Auslegung**. **13**

Soweit daher formale **Erklärungsfehler** auftreten, besteht nach dem Sinn und Zweck des § 371 AO überhaupt kein sachlicher Anlass, die Wirksamkeit der Selbstanzeige zu verneinen. Die Rückkehr zur Steuerehrlichkeit wird durch etwaige formale Erklärungsfehler überhaupt nicht tangiert. Wird im ersten Schritt die Steuerquelle offengelegt, dann ist dies die vom Gesetzgeber gewollte Rückkehr zur Steuerehrlichkeit. Das fiskalische Interesse an der Selbstanzeige wird hingegen durch eine Überbetonung der formellen Anforderungen beeinträchtigt. Dies ist nur dann zu rechtfertigen, wenn die spezifischen Anforderungen zur Sicherstellung der Rückkehr in die Steuerehrlichkeit erforderlich sind. **14**

---

32 Vgl. Klein/*Jäger* § 371 Rn. 17.

33 BT-Drucks. 17/4182.

34 *BGHSt* 55, 180 ff.; Graf/Jäger/Wittig/*Rolletschke* § 371 AO Rn. 29; Klein/*Jäger* § 371 Rn. 4.

35 Vgl. nur: Graf/Jäger/Wittig/*Rolletschke* § 371 AO Rn. 26.

36 *OLG Hamburg* wistra 1986, 116, 117.

37 In der Praxis wird zumeist neutral von „Nacherklärung" gesprochen.

c) Schätzungen und Stufenselbstanzeige

15 In hohem Maße praxisrelevant ist die Frage, inwieweit weiterhin Selbstanzeigen anhand von Schätzungen möglich sind. Weil immer noch eine Vielzahl von Selbstanzeigen unter einem gewissen **zeitlichen Druck** wegen der drohenden Entdeckung erstellt werden müssen (dies gilt insb. bei der Selbstanzeigeerstattung wegen nicht deklarierter Kapitalerträge im Ausland im Zusammenhang mit dem Ankauf sog. Steuer-CDs), wird in der Praxis häufig so vorgegangen, dass zunächst eine Selbstanzeige anhand von Schätzwerten abgegeben wird und diese dann in einem zweiten Schritt mit exakten Zahlen konkretisiert wird. In der Diskussion hierzu wird dabei häufig nur unzureichend zwischen Stufenselbstanzeigen und Schätzungen unterschieden.

aa) Stufenselbstanzeige

16 Eine einheitliche **Definition** dessen, was eine Stufenselbstanzeige ist, findet sich nicht. Allerdings ist in der Literatur zumeist dann von einer Stufenselbstanzeige die Rede, wenn der Betroffene zunächst eine Selbstanzeige dem Grunde nach (1. Stufe) durchführt und erst später die genauen Zahlen vorlegt (2. Stufe).[38] Der Bundesgerichtshof hat dieser Form der „Stufenselbstanzeige" eine **Absage** erteilt. Soweit dem Steuerpflichtigen auf Grund unzureichender Buchhaltung oder wegen fehlender Belege eine genau bezifferte Selbstanzeige nicht möglich ist, ist er gehalten, von Anfang an – also bereits auf der ersten Stufe der Selbstanzeige – alle erforderlichen Angaben über die steuerlich erheblichen Tatsachen, notfalls auf der Basis einer Schätzung anhand der ihm bekannten Informationen, zu berichten, zu ergänzen oder nachzuholen. Diese Angaben müssen in jedem Fall so geartet sein, dass die Finanzbehörde auf ihrer Grundlage in der Lage ist, ohne langwierige Nachforschungen den Sachverhalt vollends aufzuklären und die Steuer richtig festzusetzen.[39] Der Bundesgerichtshof hält aber seit jeher eine Selbstanzeige **in mehreren Schritten** für möglich, wenn die erste Erklärung bereits alle Wirksamkeitsvoraussetzungen erfüllt. Der Bundesgerichtshof hat die Anforderungen an den ersten Schritt der Erklärung auch keineswegs mit seinem Beschluss aus dem Jahre 2010 entwickelt oder verschärft, sondern die ständige Rechtsprechung fortgeführt.[40]

17 Gänzlich **untauglich** sind daher nur die Selbstanzeigen, bei denen auf der ersten Stufe überhaupt keine oder zu niedrige Besteuerungsgrundlagen mitgeteilt werden. Ein „klassisches" Beispiel hierfür wäre, dass der Steuerpflichtige angibt: *„Ich habe ein Konto im Ausland und habe dort steuerpflichtige Einkünfte erzielt. Die Einzelheiten reiche ich umgehend nach."* Der Bundesgerichtshof hat klargestellt, dass dies nicht ausreichend ist. Dies entspricht auch der herrschenden Auffassung in der Literatur.[41]

bb) Schätzung

18 Der Bundesgerichtshof hat aber gerade nicht jeder Art von Abstufung eine Absage erteilt und verlangt, dass alle relevanten Unterlagen und Fakten bereits im ersten Schritt vorgelegt werden müssen. Der Bundesgerichtshof geht vielmehr ausdrücklich auch dann von einer wirksamen Erklärung aus, wenn der Erklärende in einem ersten Schritt überhaupt keine gesicherten Zahlen und Unterlagen übermittelt, sondern lediglich Schätzungen der steuerlich erheblichen Tat-

---

38 Graf/Jäger/Wittig/*Rolletschke* § 371 AO Rn. 47.
39 *BGHSt* 3, 373, 376; *BGH* wistra 2004, 309 m.w.N.; *BGH* DB 1977, 1347 m.w.N.; *BGHSt* 55, 180, 190.
40 *BGHSt* 3, 373, 375; *BGH* NJW 1974, 2293 ff.; *RGSt* 70, 350, 352.
41 Graf/Jäger/Wittig/*Rolletschke* § 371 AO Rn. 49 m.w.N. In diesem Zusammenhang ist vielfach auch von der Ankündigung einer Selbstanzeige die Rede.

sachen mitteilt.[42] Die erste Erklärung muss jedoch bereits alle Wirksamkeitsvoraussetzungen des § 371 AO erfüllen. Dies ist aber auch dann der Fall, wenn lediglich im **Schätzungswege** Besteuerungsgrundlagen mitgeteilt werden. Die Möglichkeit nachträglicher Vorlage konkreter Unterlagen besteht weiterhin. Erfüllt die erste Erklärung die Anforderungen hingegen nicht, dann kann die Erklärung nach Eintritt der Sperrgründe nicht geheilt werden.

Bei der Frage, welche **Anforderungen** an die mitgeteilten Schätzungsgrundlagen zu stellen sind, **19** ist bei der Beratung zu berücksichtigen, dass der Bundesgerichtshof sich insgesamt für einen **strengen Maßstab** ausspricht. Auch wenn die Möglichkeit der Schätzung gänzlich ohne Unterlagen weiterhin besteht, muss die Schätzung so **präzise wie möglich** sein. Es dürfte freilich zu weit gehen, zu verlangen, dass die Schätzungsgrundlagen den Anforderungen entsprechen müssen, die die Rechtsprechung an die Finanzverwaltung im Rahmen von Schätzungsbescheiden stellt. Danach müssten alle Umstände Berücksichtigung finden, die für die gesetzmäßige Besteuerung von Bedeutung sind. Insbesondere ist erforderlich, im Rahmen des Zumutbaren die Besteuerungsgrundlagen wenigstens teilweise zu ermitteln. Darüber hinaus haben die Behörden sich an den obersten Werten der Richtsatzsammlung zu orientieren und in bestimmten Fällen Sicherheitszuschläge und Unsicherheitsabschläge festzusetzen.

Wegen des fiskalischen Interesses dürfen vielmehr keine (zu) hohen Anforderungen an die **20** Schätzung bei der Selbstanzeige gestellt werden, weil sonst die **Anreizfunktion verloren** ginge. Dies ergibt sich auch aus Folgendem: Der Bundesgerichtshof hätte ohne Weiteres der Möglichkeit der Schätzung eine generelle Absage erteilen und nur noch dann eine wirksame Selbstanzeige annehmen können, wenn bereits im ersten Schritt (also vor Eintritt eines Sperrgrundes) alle für die Besteuerung erforderlichen Unterlagen vorliegen. Zu diesem Schritt haben sich jedoch weder der Bundesgerichtshof noch der Gesetzgeber bei der jüngsten Änderung des § 371 AO entschlossen.

Bei einer Schätzung der Grundlagen ist das Finanzamt zunächst nicht in der Lage, den Sach- **21** verhalt vollends aufzuklären und die Steuern zutreffend festzusetzen. Wichtig ist daher der Hinweis, dass der Bundesgerichtshof mit „**richtig**" nur meint, dass die Steuern **nicht zu niedrig festgesetzt** werden dürfen. Nach der Rechtsprechung sind zu hohe Festsetzungen auch „richtig" i.S.d. § 371 Abs. 1 AO.[43] Es besteht folglich im Rahmen des § 371 AO ein gravierender terminologischer Unterschied zwischen einer zutreffenden und einer richtigen Schätzung. Für die Wirksamkeit der Selbstanzeige kommt es nur darauf an, dass die Schätzung nicht zu niedrig ist.[44] Hintergrund dieser Abgrenzung ist, dass es sich der Steuerpflichtige bei der Ankündigung der Selbstanzeige oder einer zu niedrigen Schätzung noch „anders überlegen" kann. Entscheidet sich der Steuerpflichtige (etwa weil sich seine Entdeckungssorge als unbegründet herausstellt), keine weitere Aufklärung zu betreiben, dann können weder Steuerbescheide erlassen werden, noch kann eine strafrechtliche Verurteilung erfolgen. Teilt er hingegen belastbare, zu hohe Grundlagen mit, dann kann er es sich nicht mehr „anders überlegen". Unschädlich soll es dagegen sein, wenn der Steuerschuldner im Rahmen der Nachentrichtung zugleich Einspruch gegen den Festsetzungsbescheid einlegt, sofern er den Steueranspruch dem Grunde nach nicht bestreitet.[45] Darin ist nämlich weder ein „anders überlegen" noch eine fehlende Entrichtung i.S.v. § 371 Abs. 3 AO zu sehen.

---

42 *BGHSt* 55, 180, 190.
43 *BGH* NJW 1974, 2293, 2294.
44 Vgl. Klein/*Jäger* § 371 Rn. 21.
45 *LG Heidelberg* NStZ-RR 2013, 80.

d) Zeitpunkt und Adressat

22 Maßgeblicher Zeitpunkt für das Eingreifen eines Sperrgrundes nach § 371 Abs. 2 AO ist der **Zugang** der Selbstanzeige bei einer Finanzbehörde und nicht der Zeitpunkt, an dem die Überprüfung stattfand.[46] Es genügt also die bloße **Kenntnisnahmemöglichkeit**.

23 Die Selbstanzeige muss nach herrschender Meinung nicht an die sachlich und örtlich zuständige Finanzbehörde gerichtet sein. Es genügt vielmehr, wenn sie **bei irgendeiner Finanzbehörde** i.S.v. § 6 Abs. 2 AO eingegangen ist.[47] Ungeklärt ist dagegen, ob die Einreichung bei Stellen, die keine Finanzbehörden sind, wie etwa Staatsanwaltschaften, Polizeidienststellen und Gerichte, der Kenntnisnahmemöglichkeit entgegensteht.[48] Dafür spricht, dass in § 371 Abs. 1 AO ausdrücklich von „der Finanzbehörde" die Rede ist, sodass der Wortlaut keine Erstreckung auf andere Behörden nahelegt.[49] Dennoch wird gegen eine solche Auslegung mit Recht auf die **Pflicht zur Mitteilung** gem. § 116 Abs. 1 AO hingewiesen.[50] In der Praxis sollte jedoch der Steuerpflichtige das Risiko, welcher Ansicht das Gericht Folge leistet, nicht eingehen und die Selbstanzeige zumindest einem – besser: dem für ihn zuständigen – Finanzamt zukommen lassen.

e) Vertretung

24 Der Steuerpflichtige muss die Selbstanzeige nicht persönlich abgeben. Es besteht Einigkeit, dass er sich eines Vertreters – häufig eines **Steuerberaters** – bedienen darf, wobei das Auftragsverhältnis nach Begehung der Tat und vor Erstattung der Selbstanzeige begründet worden sein muss.[51] Auch eine **verdeckte Stellvertretung**, d.h. der Beauftragte gibt sich nach außen nicht als solcher zu erkennen, soll möglich sein, sofern dem Finanzamt die Person des Vertretenen **bekannt wird**.[52] Eine Selbstanzeige durch einen Vertreter ohne Vertretungsmacht entfaltet daher nach h.M. rückwirkend keine Wirkung; auch nicht im Falle nachträglicher Genehmigung.[53] Für die Beauftragung bestehen keine Formerfordernisse.[54]

f) Nacherklärung für die letzten zehn Jahre

25 Mit der jüngsten Reform hat der Gesetzgeber den Nacherklärungszeitraum von fünf auf zehn Jahre erweitert. Daraus folgt, dass nunmehr auch in Fällen der einfachen Steuerhinterziehung für zehn Jahre rückwirkend die hinterzogenen Steuern nacherklärt werden müssen, obwohl bereits Strafverfolgungsverjährung – diese beträgt bei der einfachen Steuerhinterziehung weiterhin fünf Jahre – eingetreten sein kann. Daher handelt es sich, wie in der Gesetzesbegründung auch zutreffend dargelegt, um eine fiktive Frist. Diese beginnt ab dem Zeitpunkt der Abgabe der Selbstanzeige zu laufen und betrifft alle Steuerstraftaten einer Steuerart für die zurückliegenden zehn Kalenderjahre.[55]

46 Klein/*Jäger* § 371 Rn. 33.
47 Kohlmann/*Schauf* § 371 Rn. 80 f.; Klein/*Jäger* § 371 Rn. 34; *Hüls/Reichling* PStR 2008, 142.
48 Vgl. hierzu umfassend *Hüls/Reichling* PStR 2008, 142 ff.
49 So im Ergebnis Klein/*Jäger* § 371 Rn. 34.
50 Franzen/Gast/Joecks/*Joecks* § 371 Rn. 91; Kohlmann/*Schauf* § 371 Rn. 82; zur (nicht zu empfehlenden) Einreichung einer Selbstanzeige bei der Staatsanwaltschaft und deren Folgen vgl. *Hüls/Reichling* PStR 2008, 142 ff.
51 Kohlmann/*Schauf* § 371 Rn. 40; Klein/*Jäger* § 371 Rn. 35, 105.
52 Ausführlich Kohlmann/*Schauf* § 371 Rn. 41 ff.
53 Kohlmann/*Schauf* § 371 Rn. 42; Franzen/Gast/Joecks/*Joecks* § 371 Rn. 80.
54 Vgl. etwa *BGH* wistra 1985, 74, 75; Kohlmann/*Schauf* § 371 Rn. 40.1.
55 BT-Drucks. 18/3018, 10.

3. Sperrgründe

a) § 371 Abs. 2 Nr. 1 AO

aa) Bekanntgabe einer Prüfungsanordnung nach § 196 AO

Gem. § 371 Abs. 2 Nr. 1a AO tritt keine Straffreiheit ein, sofern dem an der Tat Beteiligten, seinem Vertreter, dem Begünstigten i.S.d. § 370 Abs. 1 AO oder dessen Vertreter vor Berichtigung, Ergänzung oder Nachholung der unrichtigen Angaben eine Prüfungsanordnung nach § 196 AO, beschränkt auf den sachlichen und zeitlichen Umfang der angekündigten Außenprüfung, bekannt gegeben worden ist.[56] Der Grund dieser, erst im Jahr 2011 eingefügten und zum 1.1.2015 in personeller Hinsicht erweiterten, im Vergleich zur vorigen Rechtslage **vorgelagerten Einschränkung** liegt darin, dass – ausgehend vom Sinn und Zweck der Selbstanzeige – dem Fiskus keine neuen Steuerquellen mehr bekannt werden können, sobald er selbst aktiv nachforschend tätig wird und die Tat demnächst ohnehin im Wege der Außenprüfung entdeckt.[57] Die Mitwirkungshandlung des Täters beruht dann nicht mehr auf der autonomen Entscheidung, zur Steuerehrlichkeit zurückzukehren. **26**

Erforderlich ist aber – wie der Wortlaut schon klar ausdrückt – dass die bevorstehende Außenprüfung bekannt gegeben worden sein muss. Die behördeninterne Absicht, eine solche durchzuführen, eine bloße Terminabstimmung im Vorfeld oder eine mündliche Vorankündigung genügen daher alleine noch nicht.[58] Ob die Bekanntgabefiktion des § 122 Abs. 1 Nr. 1 AO auch für den Sperrgrund des § 371 Abs. 2 Nr. 1a AO gilt, wird teilweise bejaht.[59] Danach gilt die Prüfungsanordnung ab dem dritten Tag nach der Aufgabe zur Post als bekannt gegeben. Jedoch weist Jäger ganz zutreffend darauf hin, dass **Fiktionen** des Steuerrechts nicht automatisch Wirkungen im Strafrecht entfalten können.[60] Für die Strafbarkeit des Steuerpflichtigen kann es nicht auf das Eintreten einer rechtlichen Fiktion ankommen. Der Wortlaut des § 371 Abs. 2 Nr. 1a AO stellt auf die **tatsächliche Bekanntgabe** ab. Andernfalls hätte der Gesetzgeber, wenn er denn auch im strafrechtlichen Bereich der steuerrechtlichen Fiktion Wirkung hätte beimessen wollen, dies kenntlich machen können und müssen, indem er etwa nach der Formulierung „bekannt gegeben worden ist" den Zusatz „und als bekannt gegeben gilt" hinzugefügt hätte. Untermauert wird diese Auffassung durch die Ziele des Gesetzgebers, dem Täter nach Kenntniserlangung von einer bevorstehenden Außenprüfung eine wirksame Selbstanzeige nicht mehr zuzulassen.[61] Entscheidend ist somit alleine die **faktische Kenntniserlangung** und wenn diese nicht nachgewiesen werden kann, ist im Zweifel für den Beschuldigten und Selbstanzeigerstatter von der fehlenden Bekanntgabe auszugehen.[62] **27**

In **personeller Hinsicht** sieht die Reform zum 1.1.2015 eine **bedenkliche Erweiterung** des Personenkreises vor. Nachdem in der Fassung von 2011 die Bekanntgabe gegenüber dem Täter oder seinem Vertreter erfolgen musste, genügt nach der Neufassung die Bekanntgabe an einen an der Tat „Beteiligten" – d.h. Täter oder Teilnehmer i.S.v. §§ 25, 27 StGB –, darüber hinaus dessen Vertreter, dem Begünstigten einer Steuerstraftat oder dessen Vertreter. Durch die Erfassung der Begünstigten soll eine Regelungslücke geschlossen werden, in die insb. ausgeschie- **28**

---

56 Ausführlich zu diesem Sperrgrund *Prowatke/Felten* DStR 2013, 2041 ff.
57 Klein/*Jäger* § 371 Rn. 39.
58 *Prowatke/Felten* DStR 2013, 2041, 2042.
59 *Wulf* Stbg 2013, 269; wohl auch *Prowatke/Felten* DStR 2013, 2041, 2042.
60 Klein/*Jäger* § 371 Rn. 39b; dagegen auch Kohlmann/*Schauf* § 371 Rn. 119.1; *Hunsmann* NJW 2011, 1482, 1484; *Adick* HRRS 2011, 197, 200.
61 So auch Klein/*Jäger* § 371 Rn. 39b.
62 Zu den damit verbundenen Schwierigkeiten für die Praxis s. Kohlmann/*Schauf* § 371 Rn. 119.1.

dene Mitarbeiter von Unternehmen fielen, wenn die Außenprüfung dem Unternehmen als Begünstigten bekannt gegeben wurde.[63] Zu kritisieren ist an der Einbeziehung von Teilnehmern, dass die Erweiterung zu einer Zurückhaltung bezüglich der Erstattung einer Selbstanzeige führen wird, wenn Beteiligte nicht absehen können, ob eine Betriebsprüfung gegenüber anderen Beteiligten bekanntgegeben worden ist.[64]

29   Nach herkömmlicher Auffassung sollte, sofern eine Steuerprüfung wirksam angekündigt worden ist, die Sperrwirkung sich auch auf Zeiträume erstrecken, die nicht in der Prüfungsanordnung genannt sind, die jedoch in der Selbstanzeige genannt werden müssten.[65] Unklar geblieben ist zudem, ob die Sperrwirkung auch Taten erfasst, die mit dem Prüfungsgegenstand bloß im zeitlichen oder sachlichen Zusammenhang stehen.[66] Überwiegend wurde eine **spartenbezogene Betrachtung** befürwortet, wonach sich die Sperrwirkung nur auf die in der Prüfungsanordnung genannte Steuerart bezieht.[67] Die **Neuregelung** des § 371 AO hat diese Fragen **zugunsten des Steuerpflichtigen** gelöst: Nach ihrem Wortlaut gilt der Sperrgrund „beschränkt auf den sachlichen und zeitlichen Umfang der angekündigten Außenprüfung". Ferner hindert der Ausschluss der Straffreiheit nach dem neuen S. 2 nicht die Abgabe einer Berichtigung nach Abs. 1 für die nicht unter S. 1 Nr. 1 Buchst. a und c fallenden Steuerstraftaten einer Steuerart. Weiterhin umstritten bleibt, ob auch eine **rechtswidrige Prüfungsanordnung** die Sperrwirkung auslöst. Einigkeit dürfte herrschen, dass keine Sperrwirkung mehr besteht, nachdem eine rechtswidrige Anordnung nachträglich aufgehoben worden ist.[68] Dasselbe dürfte auch für den Fall der nichtigen Prüfungsanordnung gelten. Eine bloß rechtswidrige Prüfungsanordnung soll hingegen nach Auffassung des Bundesgerichtshofs eine Sperrwirkung begründen können.[69]

bb) Einleitung eines Straf- oder Bußgeldverfahrens

30   Straffreiheit tritt nach § 371 Abs. 2 Nr. 1b AO ebenfalls nicht ein, wenn dem an der Tat Beteiligten oder seinem Vertreter die Einleitung des Straf- oder Bußgeldverfahrens bekannt gegeben worden ist, bevor er eine Selbstanzeige erstattet hat. Dieser Sperrgrund verfolgt dieselben Ziele wie der aus Nr. 1a und setzt genauso eine tatsächliche Bekanntgabe in Form einer amtlichen Mitteilung voraus.

31   Als Tat im Sinne dieses Sperrgrundes gilt alleine die Abgabe einer falschen bzw. die Nichtabgabe einer zutreffenden Steuererklärung.[70] Die „Tat" bestimmt sich folglich nach Steuerart, Besteuerungszeitraum und Steuerpflichtigem.[71]

32   Für die **amtliche Bekanntgabe** ist gesetzlich kein Formerfordernis vorgesehen, sodass sie auch mündlich erfolgen kann.[72] Sie muss offiziell an den Steuerpflichtigen oder dem Beteiligten an der Steuerstraftat bzw. seinem Vertreter gerichtet sein. Private Kenntnisse oder indiskrete Mitteilungen genügen dafür nicht.[73] Inhaltlich verlangt die Rechtsprechung, dass der Täter über

---

63   BT-Drucks. 18/3018, 11.
64   In diese Richtung überzeugend *Rübenstahl* WiJ 2014, 190, 199.
65   Kohlmann/*Schauf* § 371 Rn. 119.3; Klein/*Jäger* § 371 Rn. 39c; *Adick* HRRS 2011, 197, 200.
66   Vgl. Klein/*Jäger* § 371 Rn. 39c; *Prowatke/Felten* DStR 2013, 2041, 2043.
67   *Prowatke/Felten* DStR 2013, 2041, 2043 m.w.N.
68   *Prowatke/Felten* DStR 2013, 2041, 2043; unklar diesbezüglich Klein/*Jäger* § 371 Rn. 39d.
69   Vgl. *BGH* wistra 2005, 381; *Zanziger* DStR 2011, 1397, 1401; a.A. *Adick* HRRS 2011, 197, 200; kritisch auch *Prowatke/Felten* DStR 2013, 2041, 2043.
70   *BGH* wistra 2000, 219.
71   So wörtlich *BGH* wistra 2000, 219.
72   Klein/*Jäger* § 371 Rn. 40; Franzen/Gast/Joecks/*Joecks* § 371 Rn. 167; *Adick* HRRS 2011, 197, 200.
73   Franzen/Gast/Joecks/*Joecks* § 371 Rn. 166.

die Tat „ins Bild gesetzt wird".[74] Dies wird regelmäßig unproblematisch sein, wenn dem Täter förmliche Ermittlungshandlungen, wie etwa Durchsuchungs- und Beschlagnahmebeschlüsse zugehen oder tatsächlich vollzogen werden.[75] Bloße Floskeln bei der Tatbeschreibung wie „in nicht verjährter Zeit" in dem Beschluss sind hingegen unzureichend und führen nicht zur Bekanntgabe.[76] Schließlich gelten auch hier aus strafrechtsspezifischen Gründen **keine Bekanntgabefiktionen**.[77]

cc) Erscheinen eines Amtsträgers

Schließlich sehen Nr. 1c–1e (bis 2015 in Nr. 1c zusammengefasst) als Sperrgrund vor, wenn ein **33** Amtsträger der Finanzbehörde zur steuerlichen Prüfung, beschränkt auf den sachlichen und zeitlichen Umfang der Außenprüfung erschienen ist (Nr. 1c), zur Ermittlung einer Steuerstraftat oder einer Steuerordnungswidrigkeit erschienen ist (Nr. 1d) oder – mit Wirkung zum 1.1.2015 neu eingefügt – zu einer Umsatzsteuer-Nachschau nach § 27b des UStG, einer Lohnsteuernachschau nach § 42g des EStG oder einer Nachschau nach anderen steuerrechtlichen Vorschriften erschienen ist und sich ausgewiesen hat (Nr. 1e). Auch hier wird ein **tatsächliches Erscheinen** verlangt. Die bloße Ankündigung ist noch kein Erscheinen i.S.d. Vorschrift. Ein solches liegt erst vor, wenn der Amtsträger in Prüfungsabsicht den Prüfungsort körperlich betreten hat.[78] Das ist nach überwiegender Ansicht noch nicht der Fall, wenn er lediglich in das Blickfeld des Täters geraten ist.[79]

Ist der Selbstanzeigeerstatter Inhaber **mehrerer Betriebe**, hängt der Umfang der Sperrwirkung **34** davon ab, auf welchen Betrieb sich die Prüfung bezieht. Wenn sie nicht auf einen Betrieb beschränkt ist, entfaltet das Erscheinen bei einem der Betriebe auch eine Sperrwirkung hinsichtlich einer Steuerhinterziehung im Konnex mit einem der anderen Betriebe.[80] Nach diesen Grundsätzen lässt sich auch die Prüfung einer Gesellschaft im Rahmen eines **Konzernverbunds** bewerten: Sofern die Prüfung sich beispielsweise auf die Tochtergesellschaft inhaltlich beschränkt, löst das Erscheinen eines Amtsträgers noch keine Sperrwirkung zu Lasten der Muttergesellschaft aus.[81]

Als **Amtsträger** der Finanzbehörde werden die Personen nach § 7 AO gezählt, die mit den in **35** § 371 Abs. 2 Nr. 1c AO genannten Aufgaben betraut sind. Das sind in der Regel Veranlagungssachbearbeiter, Außen- und Sonderprüfer, Steuer- und Zollfahnder sowie schließlich auch die mit der Steueraufsicht oder der Nachschau beauftragten Personen.[82] Demgegenüber sind Angehörige der **Staatsanwaltschaft oder Polizei** keine Amtsträger der Finanzbehörde, selbst wenn sie auf Grund eines Amtshilfeersuchens einer Finanzbehörde tätig werden.[83] Zur steuerlichen Prüfung ist der Amtsträger erschienen, wenn das Ziel seiner Maßnahme in der Ermittlung und Erfassung steuerlicher Verhältnisse eines Steuerpflichtigen dient, um eine richtige und vollständige Steuerfestsetzung durchführen zu können.[84] Darunter fallen nach herkömm-

---

74 Vgl. *OLG Hamburg* wistra 1987, 189, 190 m.w.N.
75 *BGH* wistra 2000, 219, 225; Franzen/Gast/Joecks/*Joecks* § 371 Rn. 168 ff.; Klein/*Jäger* § 371 Rn. 40.
76 Klein/*Jäger* § 371 Rn. 42.
77 So zu Recht Franzen/Gast/Joecks/*Joecks* § 371 Rn. 167.
78 Klein/*Jäger* § 371 Rn. 47; Franzen/Gast/Joecks/*Joecks* § 371 Rn. 138.
79 Zu dieser Problematik s. ausführlich Kohlmann/*Schauf* § 371 Rn. 123.1 f.
80 Franzen/Gast/Joecks/*Joecks* § 371 Rn. 146; Kohlmann/*Schauf* § 371 Rn. 127; Klein/*Jäger* § 371 Rn. 47a.
81 Kohlmann/*Schauf* § 371 Rn. 128.
82 Klein/*Jäger* § 371 Rn. 46; Kohlmann/*Schauf* § 371 Rn. 121.
83 Kohlmann/*Schauf* § 371 Rn. 122; Klein/*Jäger* § 371 Rn. 46; Franzen/Gast/Joecks/*Joecks* § 371 Rn. 136.
84 *BayObLG* wistra 1987, 77, 78; Franzen/Gast/Joecks/*Joecks* § 371 Rn. 139.

licher, überwiegender Auffassung nicht nur Außenprüfungen, sondern auch beispielsweise eine **Nachschau** oder sonstige Einzelmaßnahmen im Zusammenhang mit einem bestimmten Vorgang im Steuerermittlungsverfahren.[85] Das hat der Gesetzgeber nunmehr mit der Einfügung von Nr. 1e ausdrücklich klargestellt und die Streitfrage entschieden. Erforderlich ist also eine Prüfungsabsicht – bloße Scheinhandlungen oder Vorbereitungen fallen nicht darunter.[86] Zur Ermittlung einer Steuerstraftat oder Steuerordnungswidrigkeit ist der Amtsträger erschienen, wenn er einem konkreten Anfangsverdacht nachgeht.[87] Ebenso wie bei Nr. 1a löst auch eine rechtswidrige Prüfungsanordnung die Sperrwirkung aus, solange sie nicht schon nichtig ist.[88]

36 Sobald die steuerliche Prüfung abgeschlossen ist, **endet** die Sperrwirkung nach herrschender Meinung. Der Täter kann dann strafbefreiend Selbstanzeige für Taten erstatten, die nicht aufgedeckt worden sind, da er in diesem Fall aus eigenständigen Motiven handelt.[89]

b) § 371 Abs. 2 Nr. 2 AO

37 Ein weiterer Sperrgrund liegt vor, wenn eine der Steuerstraftaten im Zeitpunkt der Berichtigung, Ergänzung oder Nachholung ganz oder zum Teil bereits entdeckt war und der Täter dies wusste oder bei verständiger Würdigung der Sachlage damit rechnen musste. In der Praxis ist dieser Aspekt häufig Gegenstand von streitigen Auseinandersetzungen, weil eben viele Selbstanzeigen erst dann erstattet werden, wenn die Entdeckung jedenfalls subjektiv zu befürchten ist.

aa) Tatentdeckung

38 Nach dem Bundesgerichtshof ist die Tat stets entdeckt, wenn der **Abgleich** mit den Steuererklärungen des Steuerpflichtigen ergibt, dass die Steuerquelle **nicht oder unvollständig angegeben** wurde. Entdeckung ist aber auch schon vor einem Abgleich denkbar, etwa bei Aussagen von Zeugen, die dem Steuerpflichtigen nahe stehen und vor diesem Hintergrund zum Inhalt der Steuererklärungen Angaben machen können, oder bei verschleierten Steuerquellen, wenn die Art und Weise der Verschleierung nach kriminalistischer Erfahrung ein signifikantes Indiz für unvollständige oder unrichtige Angaben ist.[90] Für die Fälle des Ankaufs sog. **Steuer-CDs** durch Ermittlungsbehörden gelten folgende Grundsätze: Eine (objektive) Tatentdeckung kommt erst in Betracht, wenn die Behörden die dort gespeicherten Kapitalerträge daraufhin abgeglichen haben, ob sie Eingang in die jeweiligen steuerlichen Erklärungen der einzelnen Steuerpflichtigen gefunden haben.[91] Allerdings fehlt es solange an der subjektiven Voraussetzung des Sperrgrundes (Wissen oder Wissenmüssen bei verständiger Würdigung), solange der Betroffene nicht weiß, ob sich sein Name und sein Konto auf der CD befindet.[92]

39 Der Bundesgerichtshof benennt ausdrücklich Beispiele, bei denen in den Fällen der Einkommensteuerhinterziehung die Tat entdeckt wäre. Ausgangspunkt aller Beispiele ist jedoch selbstredend **die Kenntnis von der Person des Steuerpflichtigen**. Nur wenn dieser bekannt ist, kann durch einen Abgleich mit der Steuererklärung, Zeugenaussagen zum Besteuerungsverhalten

---

85 *BayObLG* wistra 1987, 77, 78.
86 Kohlmann/*Schauf* § 371 Rn. 131.
87 Klein/*Jäger* § 371 Rn. 51.
88 *BGH* wistra 2005, 381, 383.
89 *BGH* wistra 1994, 228, 229; Franzen/Gast/Joecks/*Joecks* § 371 Rn. 202 ff.
90 *BGHSt* 55, 180, 188.
91 *Gehm* NJW 2010, 2161, 2164.
92 Zum Beweiswert von Steuer-CDs vgl. *AG Nürnberg* wistra 2014, 246 ff. m.Anm. *Reichling*.

oder durch kriminalistische Indizien (Nummernkonto) die Tat entdeckt sein. Ist der Kontoinhaber bekannt und steht fest, dass dieser im Inland steuerpflichtig ist, dann soll die Tatsache, dass es sich um ein Nummernkonto handelt, nach der Rechtsprechung dafür sprechen, dass eine Steuerhinterziehung vorliegt.[93] In der Praxis ging man lange Zeit davon aus, dass die Tat erst beim Abgleich mit der Steuerakte entdeckt sein soll. Ist hingegen der Kontoinhaber nicht bekannt, so fehlt es bereits an einem Steuerpflichtigen. Eine Tatentdeckung ohne Kenntnis des Steuerpflichtigen ist bei der Einkommensteuer nicht möglich.

Dem lässt sich auch nicht entgegenhalten, dass der Bundesgerichtshof grundsätzlich in Übereinstimmung mit dem Wortlaut der Norm die Entdeckung der Tat für ausreichend erachtet und die **Person des Täters** nicht feststehen muss.[94] Jedoch betreffen die Entscheidungen unternehmensbezogene Steuern (Umsatzsteuer bzw. Ausgleichsabgaben). In diesen Fällen besteht bereits der Verdacht, dass ein bestimmtes Unternehmen falsche Erklärungen abgegeben hat. Unklar war allerdings noch, welche natürliche Person für die Abgabe dieser Erklärung zuständig war. In diesen Fällen ist die Tat bereits deshalb entdeckt, weil sowohl der Steuerpflichtige feststeht, als auch der Verdacht falscher Angaben besteht. Es fehlt allein die Kenntnis der für den Steuerpflichtigen handelnden natürlichen Person. Hier kann an einer Entdeckung der Tat kaum ernsthaft gezweifelt werden. Ohne die Kenntnis des Steuerpflichtigen ist aber eine Tatentdeckung denklogisch nicht möglich. Täter einer Steuerhinterziehung können hingegen auch Personen sein, die nicht selbst steuerpflichtig sind. Deshalb bedarf es einer Kenntnis der Person des Täters nicht für die Tatentdeckung. **40**

bb) Kennen oder Kennenmüssen des Täters

§ 371 Abs. 2 Nr. 2 AO schränkt die Sperrwirkung der Tatentdeckung subjektiv ein, indem es auf das Vorstellungsbild des Täters ankommt: Entscheidend ist, ob er von der Tatentdeckung wusste oder bei verständiger Würdigung der Sachlage damit rechnen musste. **41**

Von einer **positiven Kenntnis** ist grundsätzlich auszugehen, wenn der Täter aus den ihm bekannten Tatsachen nachweislich den Schluss gezogen hat, eine Behörde oder ein anzeigewilliger Dritter habe von seiner Tat so viel erfahren, dass seine Verurteilung bei vorläufiger Beurteilung wahrscheinlich ist.[95] Irrtümer, auf denen die Kenntniserlangung beruht, sollen keine Beachtung finden.[96] **42**

Aber auch, wenn der Täter – obwohl er es tatsächlich nicht getan hat – den entsprechenden Schluss auf die Tatentdeckung **hätte ziehen müssen**, soll einer Selbstanzeige die strafbefreiende Wirkung versagt werden. Dabei soll es, da die Selbstanzeige ein **persönlicher** Strafaufhebungsgrund ist, zutreffend auf die individuelle Erkenntnis- und Urteilsfähigkeit des Täters ankommen.[97] Aus demselben Grund wirken nach dem strafrechtlichen Grundsatz „in dubio pro reo" Zweifel zu Gunsten des Täters.[98] **43**

Allerdings führt auch hinsichtlich dieser subjektiven gesetzgeberischen Einschränkung des Sperrgrundes eine bedenkliche **Relativierung** durch den Bundesgerichtshof letztlich zu einer Verschärfung der Anforderungen:[99] So misst *BGHSt* 55, 180 der subjektiven Komponente **44**

---

93 Vgl. etwa *LG Detmold* wistra 1999, 435 f. zu Tafelgeschäften.
94 *BGHSt* 55, 180 ff. unter Verweis auf: *BGH* NStZ 1983, 415; wistra 2004, 309.
95 Klein/*Jäger* § 371 Rn. 69; Kohlmann/*Schauf* § 371 Rn. 232.
96 Franzen/Gast/Joecks/*Joecks* § 371 Rn. 197.
97 Franzen/Gast/Joecks/*Joecks* § 371 Rn. 199; Klein/*Jäger* § 371 Rn. 70.
98 Franzen/Gast/Joecks/*Joecks* § 371 Rn. 201.
99 Vgl. etwa Kohlmann/*Schauf* § 371 Rn. 231.

„angesichts der verbesserten Ermittlungsmöglichkeiten im Hinblick auf Steuerstraftaten und auch der stärkeren Kooperation bei der internationalen Zusammenarbeit" eine geringe Bedeutung bei, sodass der Sperrgrund aus Nr. 2 heute *„maßgeblich durch die objektive Voraussetzung der Tatentdeckung"* bestimmt sein soll.

c) § 371 Abs. 2 Nr. 3 AO und die Bedeutung des § 398a AO

45 Neu festgelegt wurde durch das Schwarzgeldbekämpfungsgesetz vom 28.4.2011 erstmalig eine betragsmäßige **Obergrenze** von 50.000 €, ab der eine wirksame Selbstanzeige nicht mehr strafbefreiend erfolgen kann. Diese wurde durch die jüngste Reform **auf 25.000 €** reduziert. Dabei kommt es auf den Nominalbetrag der Hinterziehung an, wobei bei Tateinheit die zusammengerechneten Werte entscheidend sein sollen.[100] Sofern der Betrag von 25.000 € überschritten ist, richtet sich für **diese** Tat das weitere Verfahren nach § 398a AO, der ebenfalls durch das Schwarzgeldbekämpfungsgesetz eingefügt und mit der jüngsten Reform wieder modifiziert worden ist. Danach muss von der Strafverfolgung abgesehen werden, wenn der Täter innerhalb einer ihm bestimmten angemessenen Frist die aus der Tat zu seinen Gunsten hinterzogenen Steuern sowie die Hinterziehungszinsen entrichtet und einen Geldbetrag in Höhe von 10 % der hinterzogenen Steuer bis zu einem Hinterziehungsbetrag von nicht mehr als 100.000 €, von 15 % der hinterzogenen Steuer bei einer Hinterziehung von 100.000 € bis zu einer Million sowie 20 % der hinterzogenen Steuer bei einem Hinterziehungsbetrag von mehr als einer Million € zu Gunsten der Staatskasse zahlt. Die Vorschrift regelt lediglich ein **strafprozessuales Verfolgungshindernis**; im Gegensatz zu § 371 AO enthält sie gerade keinen persönlichen Strafaufhebungsgrund.

46 Die Norm des § 398a AO wirft eine ganze Reihe – bislang ungeklärter – **Auslegungsfragen** auf. Dies gilt zunächst für den personalen Anwendungsbereich der Norm: Nach dem Wortlaut des § 398a Nr. 2 AO sind die Zahlung der *„zu seinen Gunsten hinterzogenen Steuer"* sowie der Geldbetrag von dem *„Täter"* bzw. nunmehr von dem *„an der Tat Beteiligten"* zu leisten. Damit ist eindeutig **auch der Teilnehmer** erfasst. Dies war unter Zugrundelegung der vorherigen Rechtslage nicht klar. Nach der überwiegenden Ansicht hat entgegen dem bisher scheinbar eindeutig auf den „Täter" beschränkten Regelungsbereich § 398a AO auch auf den Teilnehmer einer Steuerhinterziehung Anwendung gefunden:[101] Hierfür spricht zunächst, dass der Teilnehmer bei Nichtanwendung schlechter gestellt werden würde als der Täter, der durch die Zahlung des Geldbetrages die Verfahrenseinstellung herbeiführen kann. Weiterhin lässt sich argumentieren, dass es sich bei § 398a AO um eine strafprozessuale Vorschrift handelt, die vom Gesetzgeber in unmittelbarer Nähe zu § 398 AO platziert worden ist und die auch im Umfeld der §§ 153 ff. StPO ihre gesetzliche Verankerung hätte finden können. § 398a AO enthält daher einen verfahrensrechtlichen Täterbegriff, der die „Tat" des Gehilfen oder Anstifters ebenfalls erfasst.[102] Zweifel daran bestehen nach der gesetzgeberischen Klärung keine mehr.

47 Ungeklärt ist geblieben, auf welche Weise die **Einstellung** des Verfahrens erfolgt, wenn es sich um eine nicht zu Gunsten des Täters oder Teilnehmers hinterzogene Steuer handelt. Nach einer Ansicht muss das Verfahren mangels Tatbestandsvoraussetzungen des § 398a AO gem. § 153a StPO gegen die Zahlung einer Geldauflage eingestellt werden, weil die Straffreiheit nach

---

100 Vgl. *BGH* NJW 2009, 528, 532 zu § 371 Abs. 3 S. 2 Nr. 1 AO; Klein/*Jäger* § 371 Rn. 75; Graf/Jäger/Wittig/ *Rolletschke* § 371 AO Rn. 185.
101 *LG Aachen* wistra 2014, 493 ff. mit abl. Anm. *Reichling*; Klein/*Jäger* § 398a Rn. 50; Kohlmann/*Schauf* § 398a Rn. 3.
102 *Roth* NZWiSt 2012, 23.

§ 398a AO nicht in Betracht kommt.[103] Gegen diese Ansicht spricht jedoch, dass der Täter bzw. Teilnehmer, der keinen unmittelbaren Vorteil aus der Tat erlangt hat, auf diese Weise doch eine Geldauflage nach § 153a StPO zahlen muss, obwohl dieser mangels unmittelbaren Vorteils gerade nicht zu einer Geldzahlung nach § 398a AO verpflichtet ist. Nach anderer Ansicht erfolgt die Einstellung des Verfahrens gegen den Täter bzw. Teilnehmer unabhängig von der Nachentrichtung der verkürzten Steuer bzw. Zahlung des Geldbetrages sowohl beim Täter als auch beim Teilnehmer nach § 398a AO,[104] weil die Strafaufhebung nach § 398a AO für den Täter oder Teilnehmer, der keinen unmittelbaren Vorteil aus der Tat hat, auch ohne die Erfüllung der Voraussetzungen des § 398a Nr. 1 und Nr. 2 AO eintritt.

Letztlich ist nach dem Wortlaut des § 398a AO nicht auszuschließen, dass **bei mehreren Tätern** **48** jeder den Zuschlag zahlen muss.[105] Durch die Worte „hinterzogene Steuer" wird nicht ausdrücklich klargestellt, dass sich die Nachzahlungspflicht auf den Betrag beschränkt, den der Täter oder Teilnehmer unmittelbar durch die Steuerhinterziehung erlangt hat.[106] Bezieht man den Geldbetrag nicht auf den durch die Tat unmittelbar erlangten Vorteil, hätte dies zur Folge, dass der Zuschlag für dieselbe Tat mehrfach gezahlt werden müsste. Ziel des Gesetzgebers war aber nicht, durch § 398a Nr. 2 AO eine neue Art weiterer „Geldauflage" zu schaffen. Vielmehr wurde die Norm eingefügt, „um Anreize zu einer Selbstanzeige auch in diesen Fällen besonders schwerer Steuerstraftaten zu schaffen." Auf Grund dessen ist es überzeugend, dass jeder von mehreren Tätern oder Teilnehmern an der Tat zur Erlangung der Straffreiheit nur 10 % bzw. 15 % oder 20 % desjenigen Betrages nachentrichten muss, der **seinem Vorteil** aus der Steuerhinterziehung entspricht. Dies lässt sich damit begründen, dass der Gesetzgeber die Zahlung nach § 398a Nr. 2 AO an die Voraussetzung des § 398a Nr. 1 AO geknüpft hat. § 398a Nr. 1 AO bezieht sich eindeutig auf die zu Gunsten des Täters hinterzogene Steuer. Daher kann § 398a Nr. 2 AO nach Sinn und Zweck der Norm nur so anzuwenden sein, dass der Geldbetrag nach § 398a Nr. 2 AO den jeweilig maßgeblichen Prozentsatz der zu Gunsten des Täters hinterzogenen Steuer beträgt.

d) § 371 Abs. 2 Nr. 4 AO

Schließlich wurde mit Wirkung zum 1.1.2015 als weiterer Sperrgrund eingefügt, dass Straffrei- **49** heit nicht eintritt, wenn ein in § 370 Abs. 3 S. 2 Nr. 2–5 genannter **besonders schwerer Fall** vorliegt. Der Gesetzgeber will insb. wegen der besonderen Strafwürdigkeit dieser Fälle ein Absehen von Verfolgung von den Voraussetzungen des § 398a AO abhängig machen.

4. Wiedereinführung der Teilselbstanzeige für Lohnsteuer- und Umsatzsteuerhinterziehung durch Voranmeldungen

Mit dem zum 1.1.2015 neu eingefügten und umständlich formulierten Abs. 2a hat der Gesetz- **50** geber die Möglichkeit einer **Teilselbstanzeige** in bestimmten Fällen wieder für zulässig erklärt. Das gilt namentlich für den Bereich der Umsatzsteuervor- und Lohnsteueranmeldungen. Auf Grund der Änderungen durch das Schwarzarbeitsbekämpfungsgesetz aus dem Jahr 2011 wurde die nachträgliche Korrektur einer falschen Anmeldung erheblich eingeschränkt. So kann eine korrigierte Umsatzsteuervoranmeldung, die als wirksame Selbstanzeige angesehen

---

103 Flore/Tsambikakis/*Quedenfeld* § 398a Rn. 40 mit Kritik an der gesetzlichen Neuregelung.
104 Kohlmann/*Schauf* § 398a Rn. 3.
105 So *LG Aachen* wistra 2014, 493 ff. mit abl. Anm. *Reichling*; Klein/*Jäger* § 371 Rn. 58; *Hunsmann* BB 2011, 2519, 2523.
106 Kohlmann/*Schauf* § 398a Rn. 4.

wird, nicht ein weiteres Mal als wirksame Selbstanzeige gewertet werden.[107] Denn durch die Selbstanzeige ist die Steuerhinterziehung bekannt und die Tat entdeckt. So erkennt auch der Gesetzgeber die Problematik, dass beispielsweise eine Umsatzsteuerjahreserklärung für das Jahr 2001 nicht als wirksame Selbstanzeige gewertet werden könne, sofern schon eine Umsatzsteuervoranmeldung für das Jahr 2002 falsch abgegeben wurde.[108] Um das zu korrigieren hat der Gesetzgeber für diese beiden Bereiche eine Regelung geschaffen, die eine Ausnahme vom weiterhin geltenden Gebot der Vollständigkeit statuiert und ist damit partiell zur Rechtslage vor 2011 zurückgekehrt: Eine korrigierte oder auch verspätete Umsatzsteuervoranmeldung bzw. Lohnsteueranmeldung gilt künftig wieder als wirksame Teilselbstanzeige.[109]

5. Nachzahlung

51 Gem. § 371 Abs. 3 AO ist die Straffreiheit davon abhängig, dass der Täter im Falle des Eintritts von Steuerverkürzungen oder der Erlangung von Steuervorteilen die aus der Tat zu seinen Gunsten hinterzogenen Steuern innerhalb der ihm bestimmten angemessenen Frist entrichtet. Als weitere Voraussetzung hat der Gesetzgeber mit Wirkung zum 1.1.2015 die Straffreiheit von der Entrichtung der **Hinterziehungszinsen** i.S.d. § 235 AO und der Zinsen nach § 233a AO, soweit sie auf die Hinterziehungszinsen nach § 235 Abs. 4 AO angerechnet werden, abhängig gemacht, was im Einzelfall zu ganz erheblichen Zahlungspflichten führen kann. Bis die Zahlung erfolgt ist, befindet sich die Selbstanzeige in der Schwebe.[110] Eine Zahlung unter Vorbehalt wird regelmäßig nicht als ausreichend anerkannt, vielmehr sei erforderlich, dass der Steuerschuldner die Forderung tatsächlich auch tilgen will.[111] Dafür spricht der sich hinter dieser Vorschrift steckende „**Wiedergutmachungsgedanke**", nach dem das Erfolgsunrecht erst mit der Beseitigung des Schadens kompensiert wird.[112] Davon kann indessen keine Rede sein, wenn es dem Täter nicht auf die Rückführung des zu Unrecht erlangten Steuervorteils ankommt oder er die hinterzogene Steuer gar nicht nachentrichten will.

52 Ungeklärt ist, wen die Nachzahlungspflicht tatsächlich trifft. Problematisch ist dies in dem Fall, dass es um die Nachzahlung **fremder Steuern** geht. Aus der Formulierung „zu seinen Gunsten hinterzogen" wird etwa gefolgert, dass Angestellte eines Unternehmens zu dessen Vorteil hinterzogene Steuern nicht nachzuzahlen haben, um zur Straffreiheit zu gelangen.[113] Eine Hinterziehung zu Gunsten des Täters liegt nach h.M. dann vor, wenn ihm aus der Tat unmittelbar wirtschaftliche Vorteile zugeflossen sind.[114] Ihm muss damit nicht zugleich auch ein steuerlicher Vorteil zugekommen sein.[115] Der Bundesgerichtshof hält es nämlich für möglich, dass ein steuerlicher Vorteil im rechtlichen Sinne und ein wirtschaftlicher Vorteil ausnahmsweise auseinanderfallen können.[116] Das ist beispielsweise denkbar, wenn Steuerschuldner ein Unternehmen ist und der Täter auf Grund der Hinterziehung die entsprechenden

---

107 BT-Drucks. 18/3018, 12.
108 BT-Drucks. 18/3018, 12.
109 BT-Drucks. 18/3018, 13.
110 Klein/*Jäger* § 371 Rn. 80.
111 Vgl. jüngst *LG Heidelberg* NZWiSt 2013, 38 m.w.N.; zur Auswirkung eines Einspruchs gegen den Steuerbescheid im Einzelnen s. Anm. *Weinbrenner* DStR 2013, 1268 ff.
112 So Franzen/Gast/Joecks/*Joecks* § 371 Rn. 96.
113 Franzen/Gast/Joecks/*Joecks* § 371 Rn. 98.
114 *BGH* NJW 1980, 248 f.; Kohlmann/*Schauf* § 371 Rn. 89.4, 89.6.
115 So jedoch die Gegenmeinung; s. nur die Nachweise bei Kohlmann/*Schauf* § 371 Rn. 89.3.
116 *BGH* NJW 1980, 248 f.

Beträge zu seinem Vorteil entnimmt.[117] Gleiches gilt für den Gesellschafter-Geschäftsführer einer Einmann-GmbH.[118] Steuerschuldner ist in diesem Fall die GmbH. Wirtschaftlich betrachtet, kommt der Vorteil letztendlich aber dem Gesellschafter zugute. Keinen wirtschaftlichen Vorteil soll dagegen z.B. ein Steuerberater erlangen, der mit Hilfe einer Steuerhinterziehung zu Gunsten des Mandanten lediglich sein Mandat sichern will.[119] Mittelbare Vorteile genügen demnach nicht.

Die **Frist** zur Nachzahlung hat ausschließlich strafrechtliche Relevanz.[120] Sie muss angemessen   **53** sein und wird vom zuständigen Strafverfolgungsorgan festgesetzt. Bei der Festsetzung sind die jeweiligen Verhältnisse des Täters zu berücksichtigen.[121] Auch im Falle von Vermögenslosigkeit ist eine ausreichende Frist zu gewähren, damit der Täter zumindest die Gelegenheit hat, Mittel von Dritten zu besorgen.[122] Sofern die Frist zu kurz bemessen wurde, ist sie unwirksam.[123] Sie verlängert sich dann nicht von selbst in eine angemessene, sondern es muss erneut eine neue Frist in Gang gesetzt werden.[124] Für Rechtsmittel gegen die Fristsetzung sind nach herrschender Ansicht die ordentlichen Gerichte zuständig. Rechtsmittel sind an das Gericht der Hauptsache zu richten.[125]

Hinsichtlich des Umfangs der Nachzahlung kommt es grundsätzlich auf den **Nominalbetrag**   **54** der zu Gunsten des jeweiligen Tatbeteiligten hinterzogenen Steuern an.[126] Steuerliche Nebenleistung gem. § 3 Abs. 4 AO sind nicht zu berücksichtigen.[127] Fraglich ist, welcher Betrag im Falle einer **Steuerverkürzung auf Zeit** nachzuentrichten ist. Teilweise wird auch hier – ausgehend vom Zweck des § 371 AO – auf den Nominalbetrag abgestellt,[128] während die wohl zutreffende Gegenauffassung lediglich den Zinsschaden für relevant hält.[129] Einer Nachzahlung bedarf es schließlich nicht, wenn die Steuerverkürzung lediglich auf der Anwendung des Kompensationsverbots gem. § 370 Abs. 3 S. 3 AO beruht.[130] Umstritten ist, welche Auswirkungen die nachträgliche Anfechtung der Zahlung durch den Insolvenzverwalter des Zahlenden hat.[131]

6. Gehilfenselbstanzeige

Eine Selbstanzeige nach § 371 AO kann auch durch einen Teilnehmer erstattet werden. Als   **55** persönlicher Strafaufhebungsgrund entfaltet sie ihre Wirkung jedoch nur in der Person des jeweiligen Anzeigeerstatters. Hat der Haupttäter bereits eine Selbstanzeige abgegeben, dann ist die Tat (Steuerhinterziehung des Haupttäters) jedoch bereits entdeckt, so dass der Sperrgrund des § 371 Abs. 2 Nr. 2 AO eingreift.

---

117 *BGH* NJW 1980, 248 f.
118 Klein/*Jäger* § 371 Rn. 81; Franzen/Gast/Joecks/*Joecks* § 371 Rn. 101.
119 *OLG Hamburg* wistra 1986, 116, 117.
120 So die ganz h.M., s. stellvertretend Franzen/Gast/Joecks/*Joecks* § 371 Rn. 107; Klein/*Jäger* § 371 Rn. 90 m.w.N.
121 Klein/*Jäger* § 371 Rn. 90.
122 Franzen/Gast/Joecks/*Joecks* § 371 Rn. 109.
123 *LG Koblenz* wistra 1986, 79, 81.
124 Franzen/Gast/Joecks/*Joecks* § 371 Rn. 112.
125 *AG Saarbrücken* wistra 1983, 268.
126 Klein/*Jäger* § 371 Rn. 83.
127 Flore/Tsambikakis/*Wessing* § 371 AO Rn. 151; Kohlmann/*Schauf* § 371 Rn. 91.
128 Klein/*Jäger* § 371 Rn. 84.
129 *Albrecht* DB 2006, 1696, 1697 ff.
130 Klein/*Jäger* § 371 Rn. 85.
131 Vgl. hierzu: *Hüls/Reichling* wistra 2010, 327 ff.

7. Folgen fehlgeschlagener Selbstanzeigen

56 Betrachtet man die immer strengeren Anforderungen an die Wirksamkeit der Selbstanzeige und die immer geringer werdende Bereitschaft der Ermittlungsbehörden, derartige Verfahren einvernehmlich zu beenden, dann stellt sich die Frage, wie eigentlich fehlgeschlagene Selbstanzeigen bei der **Strafzumessung** zu berücksichtigen sind. Jäger führt hierzu aus, dass die fehlgeschlagene Selbstanzeige, soweit sie erkennbar vom Willen zur Rückkehr zur Steuerehrlichkeit getragen („fehlgeschlagene Selbstanzeige") war, auch zu einer Einstellung nach § 153a StPO führen kann. Dies soll insb. in Fällen gelten, in denen der Täter bei der Selbstanzeige versehentlich eine fehlerhafte Zuordnung von Erträgen zu den einzelnen Veranlagungszeiträumen vorgenommen hat.[132] In der Praxis ist eine derartige Handhabung üblich.

57 In den Mittelpunkt der Diskussion um die Strafzumessung bei Steuerstraftaten ist aber in der jüngeren Vergangenheit die sog. **Millionengrenze** gerückt, die der Bundesgerichtshof seit dem Jahre 2008 hervorhebt.[133] Diese starre Ausrichtung an Hinterziehungsbeträgen ist eigentlich mit den §§ 46 ff. StGB nicht vereinbar und bringt bei der Verteidigung von Steuerstraftaten erhebliche Probleme mit sich. Im Fall einer fehlgeschlagenen Selbstanzeige ist dies jedoch erst recht ein vollkommen unzutreffender Anknüpfungspunkt, weil den Entscheidungen des Bundesgerichtshofs zur Strafzumessung bei einem Hinterziehungsbetrag von mehr als einer Million € gemein ist, dass es sich um Fälle handelt, bei denen die Tat ohne Mitwirkung des Täters entdeckt wurde. Im Rahmen der allgemeinen Strafzumessungsregeln ergibt sich bereits aus § 46 Abs. 2 StGB, dass zu seinen Gunsten zu berücksichtigen ist, wenn der Täter sich gestellt hat, ohne dass ein Tatverdacht gegen ihn bestand.[134] Dies kann aber bei Steuerstraftaten dahin stehen, weil der Gesetzgeber sich hier – entgegen der allgemeinen strafrechtlichen Regeln – dafür entschieden hat, der Offenbarung der Tat (unabhängig von der Motivlage) ein derart hohes Gewicht beizumessen, dass der Täter überhaupt nicht bestraft wird, wenn er sich selbst anzeigt. Unabhängig davon, ob ein persönlicher Strafaufhebungsgrund eingreift (§ 371 AO) oder ein Verfolgungshindernis gegeben ist (§ 398a AO), kommt durch die Einräumung der Straflosigkeit bei einer Selbstanzeige zum Ausdruck, dass der Gesetzgeber im Steuerstrafrecht völlig unabhängig von der Tatschuld der Rückkehr zur Steuerehrlichkeit eine überragende Bedeutung bei der Bestimmung einer Strafe zumisst.

58 Dies wird noch deutlicher, wenn man sich vor Augen führt, dass diese gesetzgeberische Entscheidung von der Höhe der hinterzogenen Steuer und von der Motivlage des Täters völlig unabhängig ist. Mit anderen Worten: Es ist **gleichgültig**, ob der Täter 50.000 €, 1.000.000 € oder 100.000.000 € hinterzogen hat und es ist gleichgültig, warum er eine Selbstanzeige erstattet. Die Selbstanzeige führt dazu, dass der Täter überhaupt nicht bestraft wird. Macht man sich dies deutlich, so ist zwingend, dass bestimmender Ausgangspunkt der Strafzumessung im Falle einer fehlgeschlagenen Selbstanzeige nicht etwa die Höhe der hinterzogenen Steuer unter Berücksichtigung einer „Millionengrenze" sein kann. Diese kann – wenn überhaupt – nur bei Fällen bestimmend sein, in denen die Steuerstraftat ohne Selbstanzeige entdeckt wird. Bestimmender Ausgangspunkt der Strafzumessung muss in allen Fällen einer fehlgeschlagenen Selbstanzeige nach dem gesetzgeberischen Willen vielmehr das **vollständige Absehen** von Strafe bei einer wirksamen Selbstanzeige sein.[135] Es kann schlechterdings nicht zutreffend sein, durch die Möglichkeit der Selbstanzeige den Täter zur Offenlegung seiner Straftaten zu bewe-

---

132 Klein/*Jäger* § 371 Rn. 29.
133 *BGH* NJW 2009, 528, 532; NStZ 2012, 634.
134 *Fischer* § 46 Rn. 50.
135 Klein/*Jäger* § 371 Rn. 29; vgl. auch Schork/Groß/*Groß* Bankstrafrecht, 2013, Rn. 1086.

gen, um dann wegen Fehlern bei der Ausführung, die ggf. durch Berater verursacht sind, Haftstrafen auszusprechen.

II. Die Selbstanzeige nach § 378 Abs. 3 AO

1. Regelungsinhalt, Zweck und Reichweite

§ 378 Abs. 3 AO ist das Pendant zu § 371 AO im Zusammenhang mit einer leichtfertigen Steuerverkürzung i.S.v. § 378 Abs. 1 AO: Ein Bußgeld wird nicht festgesetzt, soweit der Täter gegenüber der Finanzbehörde die unrichtigen Angaben berichtigt, die unvollständigen Angaben ergänzt oder die unterlassenen Angaben nachholt, bevor ihm oder seinem Vertreter die Einleitung eines Straf- oder Bußgeldverfahrens wegen der Tat bekannt gegeben worden ist.[136] § 371 Abs. 3 und 4 AO gelten entsprechend. Der Gesetzgeber hat damit auch für den Ordnungswidrigkeitstatbestand des § 378 Abs. 1 AO eine Regelung geschaffen, die dem Täter durch eine wirksame Selbstanzeige eine Befreiung von der Sanktionierung mit einem Bußgeld ermöglicht,[137] um ihm einen Anreiz zur Aufklärung des Sachverhalts zu verschaffen[138] und darüber hinaus seine Rückkehr zur Steuerehrlichkeit zu belohnen.[139]

Die Selbstanzeige wirkt grundsätzlich nur **relativ**.[140] Dies bedeutet, dass eine Bußgeldbefreiung nach § 378 Abs. 3 S. 1 AO lediglich für den Anzeigenden in Betracht kommt. Zur Frage der gemeinschaftlichen Abgabe der Selbstanzeige und der Möglichkeit eines Tätigwerdens in verdeckter Stellvertretung für andere Tatbeteiligte gelten dieselben Grundsätze wie bei § 371 AO; vgl. hierzu Rn. 24. Für Dritte entsteht sie erst unter den besonderen Voraussetzungen der §§ 378 Abs. 3 S. 2 i.V.m. 371 Abs. 4 AO. Hinsichtlich anderer Ordnungswidrigkeiten, insb. der Steuergefährdungstatbestände i.S.v. §§ 379 ff. AO, gilt die bußgeldbefreiende Selbstanzeige nicht.[141] Die Vorschrift des § 378 Abs. 3 AO soll hier auf Grund ihrer Ausnahmestellung auch nicht analog anwendbar sein.[142]

2. Die einzelnen Voraussetzungen

Der Anwendungsbereich der Norm ist eröffnet, sofern eine Tat nach § 378 Abs. 1 AO vorliegt. Abhängig von der jeweiligen Begehungsweise hat der Täter entweder unrichtige Angaben richtig zu stellen, unvollständige Angaben zu ergänzen oder unterlassene Angaben nachzuholen und dadurch die Finanzbehörde in die Lage zu versetzen, den Sachverhalt ohne weiteren Aufwand nachvollziehen zu können.[143] Dabei gilt im Grundsatz nichts anderes als für die Wirksamkeit der Selbstanzeige nach § 371 AO. Die dortigen Ausführungen gelten insoweit entsprechend, vgl. hierzu Rn. 8 ff.

59

60

61

---

136 Die Vorschrift wurde durch die Gesetzesneufassung durch Gesetz v. 28.4.2011 (BGBl I, 676) nur in sprachlicher Weise modifiziert. Inhaltliche Änderungen sind damit nicht verbunden, vgl. auch Kohlmann/*Schauf* § 378 Rn. 124.

137 Graf/Jäger/Wittig/*Sahan* § 378 AO Rn. 43.

138 Zu diesem Zweck der Strafbefreiung s. *BGHSt* 35, 36 f. = NJW 1988, 1679, 1680; *BGH* NJW 1974, 2293; *OLG Karlsruhe* NStZ 1996, 197; Kohlmann/*Schauf* § 378 Rn. 127.

139 So ausdrücklich *BGHSt* 55, 180 = NJW 2010, 2146, 2147; anders noch *BGH* NJW 1974, 2293.

140 Graf/Jäger/Wittig/*Sahan* § 378 AO Rn. 43.

141 Klein/*Jäger* § 378 Rn. 40; kritisch dazu und zum Verhältnis weiterer Bußgeldtatbestände Kohlmann/*Schauf* § 378 Rn. 128.

142 Vgl. *BGHSt* 12, 100; ohne Begründung *Jestädt* BB 1998, 1394.

143 Kohlmann/*Schauf* § 378 Rn. 130.

62 Problematisch und bislang ungeklärt ist die Behandlung sog. Teilselbstanzeigen im Rahmen des § 378 Abs. 3 AO. Hier sollte in der anwaltlichen Beratung die neuere Rechtsprechung des Bundesgerichtshofs zu sog. Teilselbstanzeigen[144] nicht außer Acht gelassen werden. Der Bundesgerichtshof hatte – noch bevor der Gesetzgeber im darauffolgenden Jahr § 371 AO novelliert und den Begriff „insoweit" aus der bis dahin geltenden Fassung entfernt hat[145] – eine Teilselbstanzeige nach einer Steuerhinterziehung gem. § 370 Abs. 1 AO für unzureichend gehalten, weil der Täter mangels Offenlegung sämtlicher steuerrelevanter Sachverhalte nicht vollends auf den Boden der Steuerehrlichkeit zurückgekehrt sei.[146] Eine solche, auf den Zweck der Selbstanzeige abstellende Argumentation ließe sich ggf. auf die Selbstanzeige nach § 378 Abs. 3 AO übertragen: Der Zweck der Strafbefreiung, namentlich die Rückkehr zur Steuerehrlichkeit zu honorieren, gilt gleichermaßen auch bei der Bußgeldbefreiung im Falle einer leichtfertigen Steuerverkürzung. Auch bei der Selbstanzeige nach § 378 Abs. 3 AO wären daher Angaben zu allen (strafrechtlich) nicht verjährten Taten erforderlich, damit eine Bußgeldbefreiung eintreten kann. Eine unvollständige Erklärung hätte hingegen keine bußgeldbefreiende Wirkung; sie wäre lediglich auf Ebene der Bußgeldbemessung zu berücksichtigen. Es wäre daher nicht verwunderlich, wenn der Bundesgerichtshof seine Rechtsprechung zu § 371 Abs. 1 AO auf § 378 Abs. 3 AO erstrecken würde und sich nicht von unterschiedlichen Begrifflichkeiten in den beiden Vorschriften beeindrucken ließe. So wendet zwar die Gegenauffassung gegen die Übertragbarkeit der Rechtsprechung auf die Selbstanzeige nach § 378 Abs. 3 AO ein, dass der Gesetzgeber im Unterschied zu § 371 AO es bewusst bei der Formulierung „soweit" in § 378 Abs. 3 AO belassen habe, um damit zum Ausdruck zu bringen, dass im Rahmen der leichtfertigen Steuerverkürzung eine Teilselbstanzeige zulässig sei.[147] Zutreffend ist daran, dass zunächst im Gesetzesentwurf auch für § 378 Abs. 3 AO die Formulierung „wenn" gewählt werden sollte, um einen Gleichklang der Vorschriften herzustellen.[148] Dass sich der Gesetzgeber aber dadurch, dass er es letztlich bei dem Terminus „soweit" belassen hat, dafür entschieden habe, eine bewusste Teilselbstanzeige für zulässig zu halten, ergibt sich daraus jedoch nicht eindeutig. Wie in vielen Bereichen der Reform der Selbstanzeige ist ein gesetzgeberischer Wille nicht eindeutig feststellbar. Lediglich der Bericht des Finanzausschusses weist darauf hin, dass eine unbewusst unvollständige Selbstanzeige zur Straffreiheit führen soll.[149]

63 Dennoch halten Vertreter der Literatur einer uneingeschränkten Übertragung der Rechtsprechung auf die Selbstanzeige nach § 378 Abs. 3 AO zu Recht ein entscheidendes Argument entgegen: Im Rahmen einer unbewussten leichtfertigen Steuerverkürzung ist es dem Täter naturgemäß nicht möglich, Sachverhalte offenzulegen, von denen er selbst gar nichts weiß.[150] Darüber hinaus ist auch der gesetzgeberische Wille, unbewusste Unvollständigkeiten der Wirksamkeit einer Selbstanzeige nicht entgegenstehen sollen, zu berücksichtigen.[151] Daher vermag die Rechtsprechung des Bundesgerichtshofs jedenfalls in dieser Fallkonstellation nicht zu überzeugen.[152] Im Ergebnis müssen trotz dieser berechtigten Einwände in der Praxis aus Gründen der anwaltlichen Vorsicht die steuerrechtlichen Vorgänge bei der Erstellung der Selbstanzeige genauestens geprüft und möglichst umfassende Angaben gemacht werden. Schließlich besteht die Gefahr,

---

144 *BGHSt* 55, 180 = NJW 2010, 2146 ff.
145 S. Gesetz v. 28.4.2011 (BGBl I, 676).
146 *BGHSt* 55, 180 = NJW 2010, 2146 ff.
147 Kohlmann/*Schauf* § 378 Rn. 126.
148 BT-Drucks. 17/4182, 5; BR-Drucks. 851/10.
149 BT-Drucks. 17/5067, 20.
150 So etwa Kohlmann/*Schauf* § 378 Rn. 126; Graf/Jäger/Wittig/*Sahan* § 378 AO Rn. 44; Klein/*Jäger* § 378 Rn. 40.
151 BT-Drucks. 17/5067, 20; das betonend Klein/*Jäger* § 378 Rn. 40.
152 So Graf/Jäger/Wittig/*Sahan* § 378 AO Rn. 44.

dass die angezeigte Tat von den Strafverfolgungsbehörden als vorsätzliche Steuerhinterziehung gewertet wird. In diesem Fall müsste die Erklärung, um Straffreiheit zu erlangen, ohnehin den Anforderungen des § 371 Abs. 1 AO auch im Hinblick auf die Vollständigkeit genügen.

In zeitlicher Hinsicht hat die Korrektur vor der Bekanntmachung der Einleitung eines Straf- oder Bußgeldverfahrens wegen der Tat zu erfolgen. Die Bekanntmachung ist folglich der entscheidende Stichtag, ab dem eine wirksame Selbstanzeige nicht mehr möglich ist (sog. Sperrgrund). Schließlich hat der Täter nach § 378 Abs. 3 S. 2 i.V.m. § 371 Abs. 3 AO den zu seinen Gunsten verkürzten Betrag fristgerecht nachzuentrichten. **64**

3. Unterschiede zu § 371 AO und daraus resultierende Problemfelder

Im Gegensatz zur Selbstanzeige gem. § 371 AO wirkt diejenige nach § 378 Abs. 3 AO auch dann noch sanktionsbefreiend, wenn die Finanzbehörde die Tat bereits entdeckt hat. Daher kommt es ausschließlich auf das formelle Kriterium der Bekanntgabe der Einleitung eines Straf- oder Bußgeldverfahrens wegen der Tat seitens der jeweiligen zuständigen Behörde an. **65**

Das Abstellen auf das Kriterium der Bekanntmachung führt somit zu einer für den Täter günstigeren Position. Allerdings wird in der Literatur zutreffend darauf hingewiesen, dass sich dieser Vorteil in sein Gegenteil verkehren kann, wenn die Ermittlungsbehörde anstatt einer leichtfertigen von einer vorsätzlichen Steuerverkürzung ausgeht.[153] Dann sind nämlich die weiteren Sperrgründe des § 371 Abs. 2 AO anwendbar und folglich auch der Ausschlussgrund der Tatentdeckung.[154] Somit ist Vorsicht geboten, mit der Einreichung der Selbstanzeige zu lange abzuwarten, wenn nicht hinreichend gewiss ist, ob es sich lediglich um eine leichtfertige Steuerverkürzung oder um eine vorsätzliche Steuerhinterziehung handelt. **66**

Die Besserstellung des leichtfertig handelnden Steuerpflichtigen löst die Befürchtung aus, dass es in Fällen der vorsätzlichen Steuerhinterziehung nach § 371 Abs. 2 Nr. 1a AO, bei der es bereits auf den weit vorgelagerten Zeitpunkt der Bekanntgabe der Prüfungsanordnung ankommt, in der Praxis zu einer Verschiebung der Diskussion mit den Finanzbehörden auf die Frage führt, ob der Täter vorsätzlich oder leichtfertig gehandelt hat.[155] Ferner entsteht durch die Beschränkung allein auf den Sperrgrund der Bekanntgabe der Einleitung eines Straf- oder Bußgeldverfahrens speziell für § 378 Abs. 3 AO das Problem, wie es sich auswirkt, wenn der Täter im Stadium der Entdeckung der Tat, aber vor ihrer Bekanntmachung durch die Finanzbehörde Feststellungen verwendet, welche Ergebnis der behördeninternen Nachforschungen sind. **67**

Abweichend zu den Anforderungen an eine Selbstanzeige nach § 371 AO soll es zudem nach einer Ansicht genügen, wenn der Täter das Ergebnis einer Außenprüfung der Finanzbehörde anerkennt und dabei zum Ausdruck bringt, dass es richtig und vollständig sei, wenn er unrichtige Steuererklärungen nach der Prüfung unter Verwertung der vom Prüfer ermittelten Ergebnisse durch richtige Steuererklärungen berichtigt oder wenn er die Berichtigung nur anbahnt (sog. Kleine Selbstanzeige).[156] **68**

153 Graf/Jäger/Wittig/*Sahan* § 378 AO Rn. 43.
154 Graf/Jäger/Wittig/*Sahan* § 378 AO Rn. 43.
155 So Kohlmann/*Schauf* § 378 Rn. 129.
156 So wörtlich bei Franzen/Gast/Joecks/*Joecks* § 378 Rn. 68 m.w.N.; *OLG Karlsruhe* NStZ 1996, 197; *BayObLG* MDR 1978, 865 f.; *Dörn* wistra 1997, 291, 292; *Jestädt* BB 1998, 1394, 1395.

69 Die wohl herrschende Meinung und Rechtsprechung hält dies für unzulässig und versagt einer solchen Selbstanzeige die Wirksamkeit.[157] Zweck und Gesetzeswortlaut verlangen – so die Argumentation – einen originären Beitrag des Täters zur Richtigstellung der bisher unrichtigen Angaben. Ein solcher liege in einer bloßen Anerkennung nicht vor.[158] Anders verhält es sich hingegen, wenn der Finanzbehörde zwar sämtliche Umstände der leichtfertigen Steuerverkürzung bekannt waren, der Täter aber die Korrektur im Rahmen seiner Selbstanzeige aus eigenen Quellen vorgenommen hat.[159] In diesem Fall wird die Wirksamkeit der Selbstanzeige nicht berührt. Aus Gründen der Vorsicht sollte man sich in einem Prozess keinesfalls auf die bloße Anerkennung der behördlichen Prüfung beschränken. Der Fall, dass der Täter keine weiteren Informationen liefern kann, dürfte ohnehin nur ein theoretischer bleiben.

III. Die Berichtigung von (Steuer-)Erklärungen nach § 153 AO

1. Regelungsinhalt und Zweck

70 § 153 Abs. 1 S. 1 Nr. 1 AO verpflichtet den Steuerpflichtigen nach Abgabe einer unrichtigen oder unvollständigen Erklärung, die zu einer Verkürzung von Steuern führen kann oder tatsächlich geführt hat, vor Ablauf der Festsetzungsfrist dies unverzüglich anzuzeigen und die erforderliche Richtigstellung vorzunehmen, wobei er von der Fehlerhaftigkeit seiner Erklärung im Nachhinein Kenntnis erlangt haben muss. Nach Nr. 2 gilt dasselbe, wenn der Steuerpflichtige erkannt hat, dass eine durch Verwendung von Steuerzeichen oder Steuerstemplern zu entrichtende Steuer nicht in der richtigen Höhe entrichtet worden ist. § 153 Abs. 2 erstreckt die Anzeigepflicht auf Konstellationen, bei denen die Voraussetzungen für eine Steuerbefreiung, Steuerermäßigung oder sonstige Steuervergünstigungen nachträglich ganz oder teilweise wegfallen.

71 Diese durch § 153 AO statuierten Anzeige- und Berichtigungspflichten ergänzen den Pflichtenkanon der §§ 149, 150 und 90 AO und lassen die Wahrheitspflicht der §§ 150 Abs. 2, 90 Abs. 1 S. 2 AO auch nach Abgabe der Steuererklärung fortgelten.[160] Dadurch sollen die Finanzbehörden Kenntnis von den Besteuerungsgrundlagen erhalten, um nicht zuletzt den Steuerpflichtigen seiner gesetzmäßigen Besteuerung zuzuführen.[161] § 153 AO begründet folglich eine eigenständige gesetzliche **Garantenpflicht**.[162]

72 Unterlässt der Steuerpflichtige die rechtzeitige Anzeige und Richtigstellung nach § 153 AO, so folgt daraus regelmäßig die Erfüllung des Straftatbestands gem. § 370 Abs. 1 Nr. 2 AO. Denn § 153 Abs. 1 AO begründet eine eigenständige steuerrechtliche Pflicht.[163] Die **strafrechtliche Bedeutung** des § 153 AO ist folglich nicht zu unterschätzen.[164] Unter § 370 Abs. 1 Nr. 1 AO fällt

---

157 *BGHSt* 3, 373, 375; *OLG Oldenburg* wistra 1998, 71; Klein/*Jäger* § 378 Rn. 42; *Rackwitz* wistra 1997, 135, 137; *Wrenger* DB 1987, 2325, 2328.

158 Vgl. dazu Kohlmann/*Schauf* § 378 Rn. 131.

159 *OLG Karlsruhe* NStZ 1996, 197; Klein/*Jäger* § 378 Rn. 42.

160 *BGH* NJW 2009, 1984, 1986; Klein/*Rätke* § 153 Rn. 1; Pahlke/Koenig/*Cöster* § 153 Rn. 3; *Jesse* BB 2011, 1431.

161 Klein/*Rätke* § 153 Rn. 1; Pahlke/Koenig/*Cöster* § 153 Rn. 3.

162 *BGH* NJW 2009, 1984, 1986; Klein/*Rätke* § 153 Rn. 1; *Jesse* BB 2011, 1431, 1432; ähnlich *Jehke/Dreher* DStR 2012, 2467.

163 *BGH* NJW 2009, 1984, 1985; *Bülte* BB 2010, 607, 610.

164 So auch die Einschätzung von *Jesse* BB 2011, 1431, 1443.

dagegen, wenn der Täter die unrichtige Erklärung nur scheinbar mit weiteren falschen Angaben „*berichtigt*".[165]

2. Die einzelnen Voraussetzungen

a) Normadressaten

Die Anzeige- und Berichtigungspflicht trifft grundsätzlich den Steuerpflichtigen selbst, vgl. § 153 **73** Abs. 1 S. 1 i.V.m. § 33 Abs. 1 AO, nach S. 2 seinen Gesamtrechtsnachfolger und schließlich gem. §§ 34, 35 AO die für beide ggf. handelnden Personen. Damit unterfallen der Norm beispielsweise auch der **Erbe** des Steuerpflichtigen oder der **Geschäftsführer** einer GmbH bzw. der **Vorstand** einer AG als jeweils ihr gesetzlicher Vertreter i.S.v. § 34 Abs. 1 S. 1 AO.[166] Gerade diese können sich in der Praxis mit der Situation konfrontiert sehen, dass sie Nachlässigkeiten des Erblassers bzw. ihres Amtsvorgängers mit steuerrechtlichen Pflichten oder etwa die Errichtung einer sog. schwarzen Kasse im Betrieb ihrer Gesellschaft entdecken.[167] Darauf, dass die unvollständige Erklärung ggf. ein Amtsvorgänger abgegeben habe, kann sich der Nachfolger nicht pflichtbefreiend berufen.[168] Geradezu klassisch sind die Fälle, in denen der neue Geschäftsleiter bemerkt, dass Schmiergeldzahlungen entgegen § 4 Abs. 5 Nr. 10 EStG steuerlich geltend gemacht wurden. Hier besteht trotz der erheblichen Konsequenzen für das Unternehmen und die damals handelnden Personen die Pflicht, die steuerlichen Erklärungen zu berichtigen.

Demgegenüber erfasst § 153 AO **keine außenstehenden Dritte** wie Sachverständige, Auskunfts- **74** personen, rechtsgeschäftliche Vertreter oder Einzelrechtsnachfolger.[169] Den Erwerber eines Unternehmens treffen die Pflichten für falsche Erklärungen des vorigen Inhabers daher automatisch nicht.[170] Vielmehr muss er selbst Adressat der Norm werden, was beispielsweise dadurch geschehen kann, dass er als Vorstandsmitglied oder Geschäftsführer berufen wird. Ebenso wenig soll § 153 AO für **Steuerberater, Rechtsanwälte und Wirtschaftsprüfer** im Hinblick auf ihre Mandanten gelten.[171] Dafür spreche der eindeutige Wortlaut von § 153 Abs. 1 AO, der ausdrücklich auf den Steuerpflichtigen abstelle und keine Erweiterung in Richtung seiner Berater vorsehe.[172] Jedoch können die genannten Personen unabhängig von § 153 AO eine Steuerverkürzung nach §§ 370, 378 AO begehen, wenn sie für einen Mandanten eine Steuererklärung versehentlich unrichtig erstellen und nach Kenntniserlangung ihrer Fehler keine Berichtigung vornehmen.[173] Schließlich lehnt die herrschende Meinung die Geltung des § 153 AO für den zusammenveranlagten Ehegatten im Hinblick auf die Erklärung des jeweils anderen ab.[174]

---

165 *BGH* NJW 2009, 1984, 1985.
166 Zu weiteren tätertauglichen Personen auf Grund dieser Merkmale s. nur *Jesse* BB 2011, 1431, 1432 ff.
167 So *Helmrich* DStR 2009, 2132; zu den Gefahren für Mitglieder der Unternehmensleitung – insb. neu bestellte Organmitglieder – s. *Erb* CCZ 2011, 138 f.; *Jesse* BB 2011, 1431, 1434.
168 *Helmrich* DStR 2009, 2132, 2133 m.w.N.
169 Klein/*Rätke* § 153 Rn. 5; *Jesse* BB 2011, 1431.
170 Dazu *Jesse* BB 2011, 1431, 1433; ferner *Helmrich* DStR 2009, 2132, 2133 m.w.N.
171 *BGH* NStZ 1996, 563, 565; Klein/*Rätke* § 153 Rn. 6; Pahlke/Koenig/*Cöster* § 153 Rn. 10; *Jesse* BB 2011, 1431, 1432; offengelassen bei *BFH* DStR 2013, 1999, 2000; 2013, 2694, 2696; a.A. *OLG Koblenz* wistra 1983, 270.
172 So zu Recht *BGH* NStZ 1996, 563, 565; Klein/*Rätke* § 153 Rn. 6.
173 Klein/*Rätke* § 153 Rn. 6; Pahlke/Koenig/*Cöster* § 153 Rn. 10.
174 Dazu Pahlke/Koenig/*Cöster* § 153 Rn. 9; ausführlich *Jesse* BB 2011, 1431 f. m.w.N.

b) Unrichtige oder unvollständige Erklärung und Steuerverkürzung

75 Der Steuerpflichtige muss eine unrichtige Erklärung abgegeben haben. Darunter fallen nach herrschender Meinung **alle Erklärungen**, d.h. nicht nur die Steuererklärung,[175] sondern etwa auch unrichtige Auskünfte, Stundungs- oder Erlassanträge oder Anträge auf Herabsetzung von Vorauszahlungen.[176] So enthalte die grammatikalische Auslegung keinen Hinweis darauf, dass mit dem Terminus „Erklärung" lediglich die Steuererklärung gemeint sei.[177] Vielmehr verwende der Gesetzgeber in den §§ 149–152 AO ausdrücklich den Begriff *„Steuererklärungen"*, weswegen der Begriff „Erklärung" weiter verstanden werden müsse.[178] Ferner handle es sich bei der Berichtigungspflicht – wie der Bundesgerichtshof ausdrücklich betont hat[179] – um eine Ergänzung der Erklärungs- und Wahrheitspflicht, die nicht allein den Steuererklärungspflichtigen betreffe.[180]

76 Kein Fall des § 153 AO soll vorliegen, wenn der Steuerpflichtige gar keine Erklärung abgegeben hat.[181] Das folgt aus dem Charakter der Plicht als Garantenpflicht, die an eine vorangegangene Pflichtverletzung – die Abgabe einer unrichtigen Erklärung – anknüpft.

77 Darüber hinaus muss die unrichtige Erklärung ursächlich zur Gefahr oder zum tatsächlichen Eintreten einer Steuerverkürzung geführt haben.[182] Zum Begriff der Steuerverkürzung s. 17. Kap. Rn. 50 ff.

78 Unrichtig ist die Erklärung, wenn sie sich auf unzutreffende steuererhebliche Tatsachen bezieht.[183] Sie ist unvollständig, sofern die mitgeteilten Tatsachen objektiv nicht den steuererheblichen Sachverhalt vollständig widerspiegeln.[184] Die Ausführungen zu § 370 Abs. 1 Nr. 1 AO gelten insoweit entsprechend, vgl. hierzu 17. Kap. Rn. 26 ff.

c) Nachträgliche Kenntnis der Unrichtigkeit

79 § 153 Abs. 1 AO setzt für beide Fallvarianten voraus, dass der Steuerpflichtige **im Nachhinein** Kenntnis von der Unrichtigkeit oder Unvollständigkeit seiner Erklärung erlangt hat. Andernfalls, sofern er bereits seine Steuererklärung bewusst unrichtig oder unvollständig eingereicht hat, liegt eine strafbewehrte vorsätzliche Steuerhinterziehung vor.[185] Eine daran anschließende „Berichtigungsanzeige" kann ggf. als eine Selbstanzeige i.S.v. § 371 AO gewertet werden.[186] Solange der Steuerpflichtige von der Unrichtigkeit seiner Erklärung noch nichts weiß – erforderlich ist **positive Kenntnis** –,[187] entstehen auch nicht die Pflichten aus § 153 Abs. 1 AO. Genauso wenig genügt wegen des eindeutigen Wortlauts der Vorschrift die bloße Möglichkeit,

---

175 So aber die Gegenmeinung, vgl. Pahlke/Koenig/*Cöster* § 153 Rn. 14; *Müller* DStZ 2005, 25, 28.
176 Klein/*Rätke* § 153 Rn. 2; *Helmrich* DStR 2009, 2132, 2133.
177 *Jesse* BB 2011, 1431, 1434; *Helmrich* DStR 2009, 2132, 2133.
178 *Jesse* BB 2011, 1431, 1434.
179 *BGH* NJW 2009, 1984, 1986.
180 *Helmrich* DStR 2009, 2132, 2133.
181 Klein/*Rätke* § 153 Rn. 3; Pahlke/Koenig/*Cöster* § 153 Rn. 13; *Jesse* BB 2011, 1431, 1436.
182 *Jesse* BB 2011, 1431, 1435.
183 Pahlke/Koenig/*Cöster* § 153 Rn. 15; *Jesse* BB 2011, 1431, 1435; *Helmrich* DStR 2009, 2132, 2133.
184 *Jesse* BB 2011, 1431, 1435; Pahlke/Koenig/*Cöster* § 153 Rn. 15.
185 *BGH* NJW 2009, 1984, 1986; Franzen/Gast/Joecks/*Joecks* § 370 Rn. 182.
186 Klein/*Rätke* § 153 Rn. 7.
187 Im Einzelnen dazu *Jehke/Dreher* DStR 2012, 2467, 2470 f.

die Unrichtigkeit zu erkennen.[188] Eine aktive Nachforschungspflicht besteht nicht.[189] Daher ergibt sich aus § 153 AO auch keine Pflicht zur Durchführung von Internal Investigations.[190] Erfolgt aber eine solche Aufklärung, so sind die Ergebnisse fortlaufend daraufhin zu prüfen, ob sie zu einer Nacherklärung nach § 153 AO verpflichten.

Der Steuerpflichtige muss die Unrichtigkeit oder Unvollständigkeit ausweislich des Wortlauts von § 153 Abs. 1 S. 1 AO **vor Ablauf der Festsetzungsfrist** erkannt haben. **80**

3. Anforderungen an Anzeige und Berichtigung

Der Steuerpflichtige muss nach § 153 AO anzeigen, dass seine Erklärung fehlerhaft oder unvollständig war und diese Mängel entsprechend richtig stellen. Die Anzeige hat dabei **unverzüglich** i.S.v. § 121 Abs. 1 S. 1 BGB zu erfolgen, d.h. ohne schuldhaftes Zögern.[191] Die genaue Bedeutung dieses unbestimmten Rechtsbegriffs ist allerdings bislang nicht hinreichend geklärt. Dem Anzeigepflichtigen wird seitens der Literatur ein maximales Zeitfenster von zwei Wochen zugebilligt, wobei stets eine Betrachtung des jeweiligen Einzelfalls anhand der Bedeutung der Entscheidung und Ausgestaltung des konkreten Rechtsverhältnisses zu erfolgen hat.[192] Die Einholung von Rechtsrat soll grundsätzlich zulässig sein und den Zeitraum entsprechend verlängern.[193] Oftmals wird die Frist jedoch einen kürzeren Zeitraum als 14 Tage betragen. Das gilt insb. dann, wenn die Unvollständigkeit offensichtlich zu Tage tritt.[194] Geht die Anzeige verspätet ein, kommt eine Strafbarkeit nach § 370 Abs. 1 Nr. 2 AO in Betracht.[195] **81**

Die Berichtigung kann dagegen der Anzeige auch **zeitlich nachfolgen**.[196] Dies wird regelmäßig erforderlich sein, weil der Steuerpflichtige die entsprechenden Unterlagen noch zusammenstellen und aufarbeiten muss, was angesichts oftmals länger zurückliegender Zeiträume mit erheblichem Aufwand verbunden sein kann.[197] Besonders schwierig dürfte sich die Berichtigung vor allem für Erben und nachträglich bestellte Geschäftsführer einer GmbH oder Vorstandsmitglieder einer AG gestalten.[198] Wenn Unterlagen fehlen und eine ordnungsgemäße Berichtigung nicht mehr möglich ist, soll deshalb die Mitteilung der vorhandenen Tatsachen genügen.[199] **82**

---

188 *BGH* NJW 2009, 1984, 1985; Klein/*Rätke* § 153 Rn. 9; Pahlke/Koenig/*Cöster* § 153 Rn. 18; *Helmrich* DStR 2009, 2132, 2133.

189 *Helmrich* DStR 2009, 2132, 2133.

190 *Groß* FS Feigen 2014, S. 67, 75.

191 *BGH* NJW 2009, 1984, 1985; Klein/*Rätke* § 153 Rn. 20; *Jesse* BB 2011, 1431, 1439; ausführlich dazu *Jehke/Dreher* DStR 2012, 2467 ff.

192 Instruktiv *Jehke/Dreher* DStR 2012, 2467, 2468 ff.; *Jesse* BB 2011, 1431, 1439.

193 *Jehke/Dreher* DStR 2012, 2467, 2470, die in komplexen Fällen eine Frist von bis zu einem Monat für unbedenklich halten.

194 So auch *Jehke/Dreher* DStR 2012, 2467, 2470.

195 Zur besonderen Bedeutung dieses Merkmals für die Strafbarkeitsrisiken *Jehke/Dreher* DStR 2012, 2467, 2468 ff.

196 Klein/*Rätke* § 153 Rn. 20; Pahlke/Koenig/*Cöster* § 153 Rn. 6; *Jehke/Dreher* DStR 2012, 2467, 2468; *Jesse* BB 2011, 1431, 1439.

197 Zu den Schwierigkeiten bei der Feststellung des zutreffenden Sachverhalts *Helmrich* DStR 2009, 2132 m.w.N.

198 *Helmrich* DStR 2009, 2132; zu der schwierigen Situation für neu bestellte Organmitglieder s. *Erb* CCZ 2011, 138 f.

199 Dazu instruktiv *Helmrich* DStR 2009, 2132, 2134 f.; Klein/*Rätke* § 153 Rn. 20.

83 Grundsätzlich muss der Verpflichtete in inhaltlicher Hinsicht jedoch die unrichtigen oder unvollständigen Angaben durch entsprechend zutreffende vollumfänglich ersetzen.[200] Zu den im Wesentlichen vergleichbaren[201] Anforderungen an eine Selbstanzeige s. Rn. 8 ff.

84 Die Anzeige ist an das örtlich und sachlich zuständige Finanzamt zu richten.[202] Eine verspätete Anzeige löst keinen Verspätungszuschlag nach § 152 Abs. 1 AO aus.[203] Sie setzt zudem keine Festsetzungsfrist gem. § 170 Abs. 2 Nr. 1 AO in Gang,[204] kann aber, wie in Rn. 77 erwähnt, zu Strafbarkeitsrisiken gem. § 370 Abs. 1 Nr. 2 AO führen.

4. Wegfall einer Steuerbefreiung, § 153 Abs. 2 AO

85 § 153 Abs. 2 AO statuiert lediglich eine **Anzeige-** und keine Berichtigungspflicht für Fälle, in denen die Voraussetzungen für eine Steuerbefreiung, Steuerermäßigung oder sonstige Steuervergünstigung nachträglich ganz oder teilweise weggefallen sind. Im Unterschied zu Abs. 1 müssen die steuerrechtlichen Voraussetzungen nicht nur zu einem bestimmten Zeitpunkt vorgelegen haben, sondern für eine bestimmte Dauer erfüllt sein.[205] Zu den einzelnen in Betracht kommenden Vorschriften und Abs. 2 vorgehenden spezialgesetzlichen Anzeigepflichten[206] s. die einschlägigen Kommentierungen.[207]

5. Auswirkungen auf die Strafbarkeit nach § 370 AO

86 Aus dem Vorgenannten ergeben sich für die Strafbarkeit nach § 370 AO folgende mögliche Konstellationen.[208] Hat der Steuerpflichtige bei Abgabe der Steuererklärung **noch keine Kenntnis** von deren Unrichtigkeit und nimmt eine solche auch nicht billigend in Kauf, so ist § 370 Abs. 1 Nr. 1 AO nicht erfüllt. Erlangt der Steuerpflichtige nachträglich Kenntnis von der Unrichtigkeit und erfüllt seine Anzeige- und Berichtigungspflicht aus § 153 Abs. 1 Nr. 1 AO bewusst nicht, so liegt ein Fall des § 370 Abs. 1 Nr. 2 AO vor. Hat der Steuerpflichtige hingegen **bewusst** eine unrichtige Erklärung abgegeben, ist § 153 AO bereits tatbestandlich nicht einschlägig. Ein nachträgliches Erkennen ist nicht möglich. Die Strafbarkeit des Steuerpflichtigen ergibt sich direkt aus § 370 Abs. 1 Nr. 1 AO.

87 Erfährt der Steuerpflichtige **nachträglich**, dass er unrichtige Angaben gemacht hat, hatte er jedoch schon bei der Abgabe der Steuererklärung die Unrichtigkeit **in Kauf genommen** und sich damit zugleich wegen bedingt vorsätzlicher Steuerhinterziehung nach § 370 Abs. 1 Nr. 1 AO strafbar gemacht, geht der Bundesgerichtshof von einer Verwirklichung des § 370 Abs. 1 Nr. 2 i.V.m. § 153 Abs. 1 Nr. 1 AO aus.[209] Die Verpflichtung nach § 153 AO soll in diesem Fall nicht entfallen.[210] Ausschlaggebend dafür seien der Wortlaut sowie Sinn und Zweck der Vorschrift: Auch derjenige, der mit der Unrichtigkeit der Angaben lediglich gerechnet, sie aber nicht sicher gekannt habe, habe die Unrichtigkeit nachträglich erkannt, wenn er später positiv

---

200 *Helmrich* DStR 2009, 2132, 2134.
201 Einschränkend *Helmrich* DStR 2009, 2132, 2136.
202 *BFH* NJW 2008, 2527; Pahlke/Koenig/*Cöster* § 153 Rn. 6.
203 Pahlke/Koenig/*Cöster* § 153 Rn. 42; Klein/*Rätke* § 153 Rn. 20.
204 Ständige Rspr., vgl. nur *BFH* NJW 2008, 2527 m.w.N.; Klein/*Rätke* § 153 Rn. 20.
205 Klein/*Rätke* § 153 Rn. 15; Pahlke/Koenig/*Cöster* § 153 Rn. 32.
206 Solche finden sich beispielsweise in § 13a Abs. 6 ErbStG, § 19 Abs. 2 Nr. 4, 4a GrEStG, § 68 Abs. 1 S. 1 EStG.
207 Vgl. etwa Klein/*Rätke* § 153 Rn. 15.
208 Fallgruppen nach *BGH* NJW 2009, 1984, 1986.
209 *BGH* NJW 2009, 1984, 1986; a.A. *Bülte* BB 2010, 607, 610 ff.
210 *BGH* NJW 2009, 1984, 1986; Klein/*Rätke* § 153 Rn. 8; soweit folgend auch *Bülte* BB 2010, 607, 608 f.

erfährt, dass seine Angaben tatsächlich unrichtig waren.[211] Darüber hinaus sollen Steuerpflichtige, die bereits bedingt vorsätzlich unrichtige Steuererklärungen abgegeben haben, von der steuerrechtlichen Anzeige- und Berichtigungspflicht nicht ausgenommen werden.[212] Ausgehend von dieser Erfassung unter § 153 Abs. 1 Nr. 1 AO, geht der Bundesgerichtshof einen Schritt weiter und folgert daraus automatisch die Verwirklichung von § 370 Abs. 1 Nr. 2 AO. An der Strafbarkeit ändere sich auch dann nichts, wenn der Täter durch die Berichtigung unrichtiger Steuervoranmeldungen bedingt vorsätzlich begangene Taten der Steuerhinterziehung oder Steuerordnungswidrigkeiten nach § 378 AO aufdeckt, die er bei der Abgabe unrichtiger Umsatzsteuervoranmeldungen begangen hat.[213] Den verfassungsrechtlich verbürgten Grundsatz „nemo tenetur se ipsum accussare" sieht der Bundesgerichtshof dadurch nicht verletzt.[214] Art. 2 Abs. 1 GG schreibe keinen lückenlosen Schutz gegen staatlichen Zwang zur Selbstbelastung ohne Rücksicht darauf vor, ob dadurch schutzwürdige Belange Dritter beeinträchtigt werden. Der Staat sei darauf angewiesen, die ihm gesetzlich zustehenden Steuereinnahmen tatsächlich zu erzielen. Zudem rechtfertige auch die Pflicht zur gleichmäßigen Erfassung aller Steuerpflichtigen, dem Steuerpflichtigen eine wahrheitsgemäße Auskunft auch dann abzuverlangen, wenn er damit eine Steuerstraftat oder eine Steuerordnungswidrigkeit offenbaren müsse.[215] Schließlich könne der Steuerpflichtige durch eine nachträgliche Selbstanzeige gem. § 371 bzw. § 378 Abs. 3 AO zu Straf- bzw. Sanktionsfreiheit gelangen.[216]

6. Bedingte Steuervergünstigung, § 153 Abs. 3 AO

Schließlich ist auf die Anzeigepflicht nach § 153 Abs. 3 AO hinzuweisen, die entsteht, wenn jemand Waren, für die eine Steuervergünstigung unter einer Bedingung gewährt worden ist, in einer Weise verwenden will, die der Bedingung nicht entspricht. Relevant ist dies insb. bei **Verbrauchssteuern**, wie etwa gem. § 9 Abs. 6 S. 2 StromStG oder §§ 20 Abs. 1, 2, 30 Abs. 1 EnergieStG. Für diese sieht § 50 AO Befreiungen vor, die unter einer Bedingung gewährt werden. Die Anzeige hat ausweislich des Wortlauts stets *vor* der steuerschädlichen Verwendung zu erfolgen, damit die Finanzbehörde von dem Unbedingtwerden der Steuerschuld Kenntnis erlangt.[217] Eine zu spät erfolgte Anzeige kann jedoch als Selbstanzeige i.S.v. § 371 AO gewertet werden.[218]

88

---

211 *BGH* NJW 2009, 1984, 1986; Klein/*Rätke* § 153 Rn. 8.
212 *BGH* NJW 2009, 1984, 1986; dem zustimmend *Bülte* BB 2010, 607, 608 f., soweit die Ausführungen des BGH sich auf § 153 AO beziehen.
213 *BGH* NJW 2009, 1984, 1986.
214 *BGH* NJW 2009, 1984, 1986.
215 *BVerfG* wistra 1988, 302; *BGH* NJW 2009, 1984, 1986.
216 *BGH* NJW 2009, 1984, 1986; in diese Richtung auch *Erb* CCZ 2011, 128, der einschränkend auf die besonderen Folgen der neueren Rechtsprechung zu den verschärften Anforderungen an die Selbstanzeige eingeht; vgl. dazu auch *Jehke/Dreher* DStR 2012, 2467, 2468.
217 Pahlke/Koenig/*Cöster* § 153 Rn. 35; *Jesse* BB 2011, 1431, 1442.
218 *Jesse* BB 2011, 1431, 1442.

20. Kapitel
Zölle und Marktordnungen

Literatur: *Anton* Zum Begriff der groben bzw. offensichtlichen Fahrlässigkeit, ZfZ 1995, 314; *Beckemper* Der Bannbruch Oder: Wie sich die Einfuhr von Vordrucken amtlicher Ausweise oder die Ausfuhr eines Gemäldes als Steuerstraftat verhält, HRRS 2013, 443; *Bender* Gestellung, Zollanmeldung und Entziehen aus der zollamtlichen Überwachung in der jüngsten Rechtsprechung des BGH, ZfZ 2003, 255; *Bender/Möller/Retemeyer* Steuerstrafrecht, Kommentar, Loseblatt; *Birk/Ehlers* Rechtsfragen des europäischen Steuer-, Außenwirtschafts- und Zollrechts, 1995; *Böhne/Mendel/Möller/Mutscheller/Schumann* Zolltarif und Nomenklatur, 2. Aufl. 2012; *Dorsch* Zollrecht, Loseblatt; *Franzen/Gast/Joecks* Steuerstrafrecht mit Zoll- und Verbrauchsteuerstrafrecht, Kommentar, 7. Aufl. 2009; *Kastner* Zollrechtliche Bewilligungen und der Straftatbestand der Zollhinterziehung gemäß § 370 AO, 2009; *Killmann/Glaser* Verordnung (EG, Euratom) Nr. 2988/95 über den Schutz der finanziellen Interessen der Europäischen Gemeinschaften, 2011; *Möller/Retemeyer* Zollstraftaten und Zollordnungswidrigkeiten, AW-Prax 2009, 340; *dies.* Strafklageverbrauch: Schmuggelfahrt durch mehrere EU-Mitgliedstaaten, ZfZ 1/2010, 22; *dies.* Zollstraftaten und Zollordnungswidrigkeiten, Der Zoll-Profi, 7/2010, 6; *dies.* Europäisches Strafrecht und das Zollstrafrecht, ZfZ 2011, 39; *dies.* Hinterziehung von Antidumpingzöllen, Anmerkung, wistra 2011, 143; *dies.* Neues aus dem Zoll- und Verbrauchsteuerstrafrecht 2011, ZfZ 2011, 288; *dies.* Vermögensabschöpfung bei Zoll- und Verbrauchsteuerverstößen, AW-Prax 2012, 20; *dies.* Internet-Vermittler Beteiligter im Sinne des Zollschuldrechts, Urteilsbesprechung, AW-Prax 2012, 143; *dies.* Vermittler eines Internet-Kaufgeschäfts als Zollschuldner wegen vorschriftswidrigen Verbringens, Rechtsprechungsreport, ZfZ 2012, 189; *dies.* Ameisenschmuggel im Postverkehr – Eine Frage der Zollhinterziehung?, PStR 2012, 174; *dies.* Strafrechtliche Bekämpfung von gegen die finanziellen Interessen der EU gerichtetem Betrug – Neues für das Zollstrafrecht?, ZfZ 2013, 29; *dies.* Neues aus dem Zoll- und Verbrauchsteuerstrafrecht 2012/2013, ZfZ 12/2013, 313; *dies.* Besserer Schutz der finanziellen Interessen der Europäischen Union? – Europäische Kommission schlägt Errichtung einer Europäischen Staatsanwaltschaft vor, DDZ 3/2014, F 7 ff.; *dies.* Nationale Zollsanktionen sollen harmonisiert werden, AW-Prax 4/2014, 99; *dies.* Schutz der finanziellen Interessen der EU – Vorschlag für strafrechtliche Sanktionen, AW-Prax 6/2014, 174; *dies.* Steuerrechtliche Selbstanzeige im Zollbereich, AW-Prax 2014, 271; *Witte* Zollkodex, 2013; *Möller/Schumann/Vonderbank* Zollwert, Bundesanzeiger, 2005; *Möller/Schumann* Warenursprung und Präferenzen, 7. Aufl. 2014; *Müller* Zolldelikte eine strafrechtliche, kriminologische und kriminalistische Studie unter besonderer Berücksichtigung der Eingangsabgaben- u. Verbrauchsteuerhinterziehung sowie des Bannbruchs, Haag und Herchen, 1983; *Müller-Eiselt* Die Entstehung der Zollschuld bei Verstoß gegen Verfahrensvorschriften nach dem Zollkodex – Das Zollschuldrecht auf dem Irrweg zu einem Sanktionszollrecht?, ZfZ 2001, 398; *Rübenstahl* § 370 AO: Auch Schmuggel führt bei Schäden in Millionenhöhe zu Haft, PStR 2012, 189; *Schwarz/Wockenfoth* Zollrecht, Kommentar, Loseblatt; *Thomas* Die Anwendung europäischen materiellen Rechts im Strafverfahren, NJW 1991, 2233; *Weidemann* Ist der Steuerhinterziehungstatbestand ein Blankettgesetz, wistra 2006, 132 ff.; *Witte* Zollkodex, Kommentar, 6. Aufl. 2013; *Witte/Henke* Fallsammlung europäisches Zollrecht, 3. Aufl. 2010; *Witte/Wolffgang (Hrsg.)* Lehrbuch des europäischen Zollrechts, 7. Aufl. 2012; *Wolffgang/Simonsen/Tiethe* AWR-Kommentar, Loseblatt, Bundesanzeiger, 2013.

A. Zölle

I. Einleitung

1. Zölle

Bereits in frühen Hochkulturen sind anlässlich bestimmter Warenbewegungen über die Grenze Zölle als Abgaben erhoben worden. Die Motive haben sich seitdem geändert. Nach reinen Finanzzöllen als Einnahmequelle sollen die von der EU erhobenen Zölle nach herrschender Meinung im zollrechtlichen Schrifttum dem Schutz der Wirtschaft dienen (Wirtschaftszoll- oder Schutzzollgedanke).[1] Ein Wirtschaftszoll der EU ist jedoch weder im materiellen Zollrecht geregelt noch wirtschaftswissenschaftlich nachweisbar. Gemäß Art. 4 Nr. 10 und 11 Zollkodex[2] wird der Zoll von dem Begriff der Einfuhrabgaben und Ausfuhrabgaben erfasst, die nach dem Wortlaut eine Abgabe auf die Einfuhr bzw. Ausfuhr darstellen und ohne ein besonderes Motiv im Zollrecht geregelt sind. Der Zollkodex dient neben der zollamtlichen Überwachung des Warenverkehrs über die Grenze insb. der Sicherung des Abgabenaufkommens. Einfuhrabgaben sind gem. Art. 4 Nr. 10 Zollkodex Zölle und Abgaben mit gleicher Wirkung bei der Einfuhr von Waren sowie Abschöpfungen und sonstige bei der Einfuhr im Rahmen der gemeinsamen Agrarpolitik erhobene Abgaben. Indem Zölle den Absatzmarkt einer Ware einschränken können, beeinflussen sie den Weltmarkt. Das Ziel internationaler Zollverhandlungen ist seit der Wirtschaftskrise 1929/30 ein möglichst freier Welthandel. Im Rahmen des Allgemeinen Zoll- und Handelsabkommens von 1947 (GATT) sind in verschiedenen Handelsrunden Zollverhandlungen geführt worden. In mehreren sog. Zollrunden sind umfangreiche Zollsenkungen und in der sog. Uruguayrunde (1986 bis 1993) die Gründung der Welthandelsorganisation als Nachfolgeinstitution des GATT vereinbart worden. Als eines von mehreren Abkommen ist das Vertragswerk des GATT von der Welthandelsorganisation modifiziert übernommen worden. In der neunten Handelsrunde (sog. Doharunde von 2001 bis dato) sind bisher lediglich Teilabschlüsse erreicht worden.

1

2. Zollrecht

Gemäß Art. 11 Abs. 1 Zollkodex kann jede Person Auskunft über die Anwendung des Zollrechts beantragen (unverbindliche Auskunft). Verbindliche Auskünfte gibt es gem. Art. 12 Zollkodex für Zolltarif- und Ursprungsauskünfte. Das Zollrecht stellt sich gem. Art. 1 Zollkodex als die auf europäischer und nationaler Ebene erlassenen Vorschriften dar. Das Zollrecht umfasst im engeren Sinne Rechtsvorschriften für den Warenverkehr über die Grenze der EU zu Drittlandsgebieten wegen der Erhebung der Zölle. Das Zollregime findet nur auf Waren und nicht auf elektronische Dienstleistungen (z.B. den Download von Software aus einem Drittland über das Internet) Anwendung. Mit der Verwirklichung des Europäischen Binnenmarkts zum 1.1.1993 ist das Zollregime für den Warenverkehr zwischen den Mitgliedstaaten der damaligen EG und jetzigen EU grundsätzlich entfallen. Aufgrund des Binnenmarktsprinzips gelten die im innergemeinschaftlichen Warenverkehr beförderten Waren als Gemeinschaftswaren und unterliegen grundsätzlich keiner zollamtlichen Überwachung. Das Verbringen von Nichtgemeinschaftswaren in das Zollgebiet der EU, deren Verkehr im Zollgebiet der EU, die Ausfuhr von Gemeinschaftswaren und die Wiederausfuhr von Nichtgemeinschaftswa-

2

---

1 *Dorsch/Rüsken* Einführung, Rn. 21 m.w.N.
2 VO (EWG) Nr. 2913/92 des Rates v. 12.10.1992 zur Festlegung des Zollkodex der Gemeinschaften, ABlEG Nr. L 302/1 v. 19.10.1992.

ren aus dem Zollgebiet werden dagegen zollamtlich durch die Zollbehörden, d.h. die nationalen Zollverwaltungen der Mitgliedstaaten der EU, überwacht. Aktuell gibt es keine einheitliche Zollverwaltung der EU. Im weiteren Sinne gehören zum Zollrecht auch alle anderen Rechtsvorschriften, die den grenzüberschreitenden Warenverkehr betreffen (z.B. das Recht der Verbote und Beschränkungen, Außenwirtschaftsrecht, Umsatzsteuerrecht, Statistikrecht etc.).

3   Das anzuwendende Zollrecht umfasst eine Vielzahl europäischer und nationaler Rechtsvorschriften. Viele europäische Vorschriften resultieren aus völkerrechtlichen Vereinbarungen. So gibt es zahlreiche internationale Übereinkommen, denen die einzelnen Mitgliedstaaten der EG bzw. als Nachfolgeinstitution die EU als Abkommenspartner beigetreten sind. Auf dem Gebiet des Zollrechts sind das z.B. das TIR-Übereinkommen oder die Vereinbarungen im Rahmen des GATT. Das völkerrechtliche Zollrecht ist eng mit den Institutionen GATT und seiner Nachfolgeinstitution WTO sowie dem Rat für die Zusammenarbeit auf dem Gebiete des Zollwesens (RZZ) verknüpft. In diesen völkerrechtlichen Institutionen konnten viele Vereinbarungen zum Abbau von Handelshemmnissen und zur Vereinfachung der Zollförmlichkeiten vereinbart werden.

4   Grundlage der EU ist gem. Art. 28 AEUV eine Zollunion. Bereits seit dem 1.7.1968 ist in den Vorgängerinstitutionen EWG eine Zolltarifunion und später eine Zollunion verwirklicht worden. Seitdem werden zwischen den Mitgliedstaaten keine und gegenüber Drittlandländern harmonisierte Zölle aufgrund eines Gemeinsamen Zolltarifs erhoben werden.

5   Harmonisierte europäische Zollrechtsbasis ist der Zollkodex. Bis zum Inkrafttreten des Zollkodex war das Zollrecht auf europäischer Ebene durch eine Vielzahl von Verordnungen und Richtlinien geprägt. Seit dem 1.1.1994 findet der Zollkodex als unmittelbar geltende Verordnung in den Mitgliedstaaten vollständig Anwendung. Der Zollkodex hat die bestehenden Verordnungen und Richtlinien im Wesentlichen materiell übernommen, so dass diese aufgehoben werden konnten. Dennoch gibt es neben dem Zollkodex eine Vielzahl weiterer europäischer und nationaler Zollrechtsvorschriften in den Mitgliedstaaten.

6   Die wichtigsten europäischen Verordnungen zum Zollrecht sind, die:
   • VO (EWG) Nr. 2454/93 der Kommission vom 2.7.1993 zur Durchführung des Zollkodex (Zollkodex-DVO)[3],
   • VO (EWG) Nr. 2658/87 des Rates vom 23.7.1987 über die zolltarifliche und statistische Nomenklatur sowie über den gemeinsamen Zolltarif[4],
   • VO (EWG) Nr. 1186/2009 des Rates vom 16.11.2009 über das gemeinschaftliche System der Zollbefreiungen (ZollbefreiungsVO)[5] und die
   • VO (EWG/EURATOM) Nr. 1182/71 des Rates vom 3.6.1971 zur Festlegung der Regeln für die Fristen, Daten und Termine (FristenVO)[6].[7]

---

3   VO (EWG) Nr. 2454/93 der Kommission v. 2.7.1993 mit Durchführungsvorschriften zu der VO (EWG) Nr. 2913/92 des Rates zur Festlegung des Zollkodex der Gemeinschaften, ABlEG Nr. L 253/1 v. 11.10.1993.
4   VO (EWG) Nr. 2658/87 des Rates v. 23.7.1987 über die zolltarifliche und statistische Nomenklatur sowie über den Gemeinsamen Zolltarif, ABlEG Nr. L 256/1 v. 7.9.1987.
5   VO (EG) Nr. 1186/2009 des Rates v. 16.11.2009 über das gemeinschaftliche System der Zollbefreiungen, ABlEG Nr. L 324/23 v. 10.12.2009.
6   VO (EWG, Euratom) Nr. 1182/71 des Rates v. 3.6.1971 zur Festlegung der Regeln für die Fristen, Daten und Termine, ABlEG Nr. L 124/1 v. 8.6.1971.
7   Wegen einer beispielhaften Aufzählung, *Dorsch/Rüsken* Art. 1 ZK, Rn. 15.

Im Rahmen einer Initiative zur Modernisierung des europäischen Zollrechts ist am 4.6.2008 **7** der Modernisierte Zollkodex[8] veröffentlicht worden. Seine Vorschriften sollten vorbehaltlich einer notwendigen neuen Durchführungsverordnung spätestens am 4.6.2013 in Kraft treten. Trotz einer Änderung des Termins für ein späteres in Kraft treten des Modernisierten Zollkodex ist bereits am 9.10.2013 der Zollkodex der EU[9] veröffentlicht worden. Er soll am 1.5.2016 vollständig anwendbar sein.

Als allgemeinen Rechtsgrundsatz hat der EuGH entschieden, dass das Gemeinschaftsrecht als **8** höherrangiges Recht Vorrang vor dem nationalen Recht hat. Die AO gilt daher im Zollbereich nur insoweit, als sie nicht von europäischen Vorschriften des Zollrechts überlagert wird.[10] Lücken die durch das Gemeinschaftsrecht nicht oder nicht abschließend geregelt worden sind, können durch nationale Vorschriften ausgefüllt werden. Folgende nationalen Bundesgesetze und Rechtsverordnungen füllen das europäische Zollrecht aus:

- AO (Die AO gilt gem. § 1 Abs. 1 AO für Steuern, die durch Bundesrecht oder Recht der EG geregelt sind. Gemäß § 3 Abs. 1 S. 2 AO sind Zölle Steuern im Sinne der AO.),
- Zollverwaltungsgesetz,[11]
- Gesetz über die Finanzverwaltung,[12]
- Finanzgerichtsordnung,[13]
- Zollverordnung,[14]
- Verordnung über die Eingangsabgabenfreiheit von Waren im persönlichen Gepäck von Reisenden,[15]
- Verordnung über die Eingangsabgabenfreiheit von Waren in Kleinsendungen nichtkommerzieller Art[16] und die
- Einfuhr-Verbrauchsteuerbefreiungsverordnung.[17]

Wegen der Ausfüllfunktion des nationalen Rechts gelten auch die Vorschriften über die Haftung der AO für Einfuhr- und Ausfuhrabgaben und es kommen für Einfuhrabgaben steuerliche Nebenleistungen in Betracht. **9**

Als allgemeine Verwaltungsvorschriften werden vom BMF Dienstvorschriften zur Ausführung **10** des Zollrechts herausgegeben. Sie behandeln Zweifels- und Auslegungsfragen und sollen eine einheitliche Anwendung des Zollrechts durch die Zollverwaltung sicherstellen. Die Zollverwaltung ist grundsätzlich an die Dienstvorschriften gebunden, soweit sie nicht durch Änderungen der Rechtslage überholt sind. Anders als wegen der im Amtsblatt der EU veröffentlichten Rechtsvorschriften hat der Zollbeteiligte jedoch keine Pflicht zur Kenntnis der Verwaltungs-

---

8 VO (EG) Nr. 450/2008 des Europäischen Parlaments und des Rates vom 23.4.2008 zur Festlegung de Zollkodex der Gemeinschaft (Modernisierter Zollkodex), ABlEU Nr. L 145/1 v. 4.6.2008.
9 VO (EU) Nr. 952/2013 des Europäischen Parlaments und des Rates v. 9.10.2013 zur Festlegung des Zollkodex der Union, ABlEU Nr. L 269/1 v. 10.10.2013.
10 AO-DV Zoll Nr. 1 zu § 1; *Henke/Huchatz* Das neue Abgabenverwaltungsrecht für Einfuhr- und Ausfuhrabgaben, ZfZ 1996, 226 ff.
11 Zollverwaltungsgesetz v. 21.12.1992, BGBl I, 2125.
12 Finanzverwaltungsgesetz in der Fassung der Bekanntmachung v. 4.4.2006, BGBl I, 846.
13 Finanzgerichtsordnung in der Fassung der Bekanntmachung v. 28.3.2001, BGBl I, 442.
14 Zollverordnung v. 23.12.1993, BGBl I, 2449.
15 Verordnung über die Eingangsabgabenfreiheit von Waren im persönlichen Gepäck der Reisenden v. 3.12.1974, BGBl I, 3377.
16 Verordnung über die Eingangsabgabenfreiheit von Waren in Kleinsendungen nichtkommerzieller Art v. 11.1.1979, BGBl I, 73.
17 Einfuhr-Verbrauchsteuerbefreiungsverordnung v. 8.6.1999, BGBl I, 1414.

vorschriften.[18] Wichtige Dienstvorschriften sind z.B. die AO-DV Zoll, auch mit Regelungen zu den Strafvorschriften,[19] und verschiedene zollrechtliche Dienstvorschriften. Die Dienstvorschriften sind in der elektronischen Vorschriftensammlung Bundesfinanzverwaltung (e-VSF) veröffentlicht.

11 Die bei der Einfuhr zu erhebende Einfuhrumsatzsteuer und etwaige besondere Verbrauchsteuern auf verbrauchsteuerpflichtige Erzeugnisse (Tabak-, Energie-, Branntwein-, Bier-, Kaffee-, Schaumwein- und Zwischenerzeugnissteuer, Strom) sind keine Einfuhrabgaben im Sinne des Zollkodex. Sie sind aber Einfuhrabgaben gem. § 1 Abs. 1 S. 3 ZollVG. Einfuhrabgaben im Sinne des nationalen Rechts werden regelmäßig aufgrund dynamischer Verweisungen in den Einzelsteuergesetzen (z.B. § 21 Abs. 2 UStG) in sinngemäßer Anwendung der Vorschriften für Zölle erhoben. Kenntnisse des materiellen Zollrechts haben daher auch für andere Steuern eine praktische Bedeutung.

12 Gemäß Art. 106 GG steht das Aufkommen der Zölle und anderer Abgaben der EG zwar dem Bund zu. Nach der VO (EG, EURATOM) Nr. 1150/2000 (EigenmittelVO)[20] stehen die Eigenmittel im Sinne des Beschlusses 94/728/EG, EURATOM jedoch der EG bzw. jetzt der EU zu. Zu den Eigenmitteln zählen auch die erhobenen Zölle. Von den erhobenen Zöllen können die Mitgliedstaaten 25 % als nationale Erhebungskostenpauschale einbehalten.

3. Zollstraf-/Zollordnungswidrigkeitenrecht

a) Zolldelikte

13 Der typische umgangssprachliche Verstoß gegen Zollvorschriften ist der Schmuggel.[21] Zollrechtlich steht der Schmuggel für das vorschriftswidrige Verbringen von Waren in das, durch das oder aus dem Zollgebiet der EU (Art. 202 Zollkodex). Der Begriff des Schmuggels wird in Deutschland lediglich in § 373 AO verwendet; der den gewerbsmäßigen, gewaltsamen und bandenmäßigen Schmuggel unter Strafe stellt. Die deutsche Zollverwaltung hat im Jahr 2013 rund 4,2 Mrd. € Zoll vereinnahmt, über 52 Mio. Zollabfertigungen in den zoll- und steuerrechtlich freien Verkehr durchgeführt und dabei gegen 16.101 Tatverdächtige ermittelt. Das Zollrecht und Verstöße gegen das Zollrecht haben eine große geografische, praktische und auch strafrechtliche Bedeutung.

14 Im weiteren Sinne handelt es sich bei den Zolldelikten um Verstöße gegen Vorschriften verschiedener Rechtsgebiete, die den grenzüberschreitenden Verkehr mit Waren regeln (z.B. das Zollrecht, das Außenwirtschaftsrecht oder das umfangreiche Gebiet des Rechts der Verbote und Beschränkungen etc.). Im engeren Sinne handelt es sich bei Zolldelikten um Verstöße gegen die Vorschriften, die die Erhebung der Zölle regeln. Der Schmuggel ist durchaus mit physischen Straftaten des allgemeinen Strafrechts vergleichbar.

---

18 *BFH* 7.6.2011 – VII R 36/10.
19 Dienstvorschrift zur Anwendung der Abgabenordnung im Bereich der Zollverwaltung (AO-DV Zoll) (VSF S 03 00).
20 VO (EG, EURATOM/Nr. 1150/2000 vom 22.5.2000 zur Durchführung des Beschlusses 94/728/EG, Euratom über das System der Eigenmittel der Gemeinschaftem, AblEG Nr. L 130/1.
21 Wegen einer Definition der Zolldelikte *Möller/Retemeyer* ZfZ 2011, 39 ff.

b) Zollstraftaten

Das nationale Abgabenrecht enthält eine Legaldefinition der Zollstraftaten. Mit dem Klammerzusatz in § 369 Abs. 1 AO hat der Gesetzgeber bei den Strafvorschriften der AO eine Gleichstellung von Steuer- und Zollstraftaten vorgenommen, ohne die Zollstraftaten an einer anderen Gesetzesstelle zu definieren. Da die Einfuhr- und Ausfuhrabgaben nach Art. 4 Nr. 10 und Nr. 11 Zollkodex bereits gem. § 3 Abs. 3 AO Steuern im Sinne der AO sind, hätte es der Klarstellung für Zollstraftaten nicht bedurft. Bei Zollstraftaten handelt es sich um das zollrechtliche Synonym der Steuerstraftaten mit Bezug zu der Abgabe Zoll. Steuerstraftaten sind aber nicht zugleich Zollstraftaten.   15

Zollstraftaten sind gem. § 369 Abs. 1 AO   16

1. Taten, die nach den Steuergesetzen strafbar sind, d.h. die Zollhinterziehung gem. § 370 AO, der Schmuggel gem. § 373 AO und die Steuerhehlerei gem. § 374 AO;
2. der Bannbruch gem. § 372 AO;
3. die Wertzeichenfälschung und deren Vorbereitung, soweit die Tat Steuerzeichen betrifft gem. §§ 148, 149 Strafgesetzbuch und
4. die Begünstigung einer Person, die eine der zuvor genannten Zollstraftaten begangen hat.

Gemeinsames Merkmal dieser Zollstraftaten ist neben der Abgabe Zoll der körperliche Vorgang des zollrechtlichen Verbringens von Waren über die Grenze des Zollgebiets. Das Zollgebiet der EU ist durch Art. 3 Zollkodex festgelegt. Durch die Gleichstellung der Zollstraftaten mit den Steuerstraftaten gelten für diese die gleichen Strafvorschriften der Steuergesetze und der allgemeinen Gesetze über das Strafrecht (§ 369 Abs. 2 AO).   17

Zollordnungswidrigkeiten sind dagegen Zuwiderhandlungen, die nach den Zollvorschriften mit Geldbuße geahndet werden können. Sie sind in den §§ 377–384 AO, insb. § 382 AO wegen der Gefährdung von Einfuhr- und Ausfuhrabgaben, sowie § 31 Zollverwaltungsgesetz und § 30 Zollverordnung geregelt. Die §§ 1–34 OWiG gelten ergänzend.   18

Die besonderen Verbrauchsteuern werden bei der Einfuhr aus Drittländern, beim Verbringen aus anderen Mitgliedstaaten der EU sowie im Inland erhoben, wenn der Tatbestand erfüllt wird, an den die Steuerentstehung geknüpft ist. Die bei der Einfuhr erhobenen Verbrauchsteuern werden auch von dem Begriff der Zollstraftat erfasst.   19

c) Europäisierung des Zollstrafrechts

Wie Steuerstrafrecht ist Zollstrafrecht Blankettrecht. Dies gilt besonders für die Steuerhinterziehung gem. § 370 und die Steuerhehlerei gem. § 374 AO sowie für die leichtfertige Steuerverkürzung gem. § 378 AO und die Gefährdung der Einfuhr- und Ausfuhrabgaben gem. § 382 AO. Die tatbestandsmäßige Handlung ergibt sich erst durch die blankettausfüllenden Normen des materiellen Zollrechts. § 382 AO verweist z.B. direkt auf europäisches Recht. Dadurch gewinnt das europäische Recht für das nationale Strafrecht an Bedeutung. Wegen der finanziellen Interessen der EU bei den Zöllen stellt sich zunehmend die Frage eines europäischen Finanzstrafrechts und damit eines europäischen Zollstrafrechts.[22]   20

In Art. 33 AUEV kann die Befugnis zur Setzung von Strafrecht in diesem Bereich gesehen werden. Eine Basis für ein europäisches Zollstrafrecht stellte bereits Art. 280 Abs. 4 S. 1 EGV a.F. dar. Zur Gewährleistung eines effektiven und gleichwertigen Schutzes in den Mitgliedstaaten   21

---

22 *Möller/Retemeyer* ZfZ 2013, 29 ff.; *dies.* ZfZ 2011, 288 ff.

beschloss [danach] „der Rat [...] die erforderlichen Maßnahmen zur Verhütung und Bekämpfung von Betrügereien, die sich gegen die finanziellen Interessen der Gemeinschaft" richteten. Allerdings regelte Art. 280 Abs. 4 S. 2 EGV a.F. „Die Anwendung des Strafrechts der Mitgliedstaaten und ihre Strafrechtspflege bleiben von diesen Maßnahmen unberührt." Hierzu war es h.M., dass es im europäischen Recht keine unmittelbare strafrechtliche Kompetenz für die finanziellen Interessen der EG gab, so dass Zollstrafrecht nationales Recht war. Da das Zollrecht selbst maßgeblich durch europäisches Recht geprägt ist, muss ein nationales Gericht zur Auslegung der europäischen Rechtsakte gegebenenfalls dem EuGH zur Vorabentscheidung vorlegen (Art. 267 AEUV). Nach ständiger Rechtsprechung ist eine betrügerische oder missbräuchliche Berufung auf das Unionsrecht nicht erlaubt (vgl. insb. Urteile vom 12.5.1998, Kefalas u.a., C-367/96, Slg. 1998, I-2843, Rn. 20, vom 23.3.2000, Diamantis, C-373/97, Slg. 2000, I-1705, Rn. 33, und vom 21.2.2006, Halifax u.a., C-255/02, Slg. 2006, I-1609, Rn. 68).

22 Die Regelung des Art. 280 EGV a.F. ist substanziell in Art. 325 AEUV aufgegangen. „Zur Gewährleistung eines effektiven und gleichwertigen Schutzes in den Mitgliedstaaten [...] beschließen das Europäische Parlament und der Rat gemäß dem ordentlichen Gesetzgebungsverfahren [...] die erforderlichen Maßnahmen zur Verhütung und Bekämpfung von Betrügereien, die sich gegen die finanziellen Interessen der Union richten." (Art. 325 Abs. 4 AEUV). Dieser Wortlaut steht strafrechtlichen Maßnahmen zur Bekämpfung von Straftaten zum Nachteil der EU offen gegenüber. Er korrespondiert zudem mit Art. 86 Abs. 1 AEUV wegen der justiziellen Zusammenarbeit in Strafsachen, wonach der Rat zur Bekämpfung von Straftaten zum Nachteil der finanziellen Interessen der EU eine Europäische Staatsanwaltschaft einsetzen kann.[23]

23 Vor dem Lichte deutschen Verfassungsrechts stellt sich wie im Agrarstrafrecht auch bei den Zollstraftaten die Frage der Bestimmtheit (Art. 103 Abs. 2, Art. 104 Abs. 1 GG). Das BVerfG hat in einem Nichtannahmebeschluss zu der Strafbarkeit der Hinterziehung durch Manipulationen bei der Erhebung der „Milchabgabe" folgendes ausgeführt: „§ 370 Abs. 1 AO erschöpft sich nicht in einer bloßen Weiterverweisung auf das Abgabenrecht, sondern lässt einen bestimmten Unrechtstyp deutlich erkennen, indem er die tatbestandliche Handlung („wer den Finanzbehörden oder anderen Behörden über steuerlich erhebliche Tatsachen unrichtige oder unvollständige Angaben macht") wie den Tatterfolg („und dadurch Steuern verkürzt oder für sich oder einen anderen nicht gerechtfertigte Steuern erlangt") in einer allgemeinverständlichen, einer Parallelwertung in der Laiensphäre zugänglichen Weise ausführt."[24] Dies lässt sich auf Zölle unstreitig übertragen.

24 Auch die Zollordnungswidrigkeiten stehen im Fokus einer europäischen Harmonisierung.[25]

d) Besondere Vorschriften

25 Für Zölle gelten die üblichen Besonderheiten für das Steuerstrafverfahren. § 32 ZollVG trägt den Besonderheiten des als Massenverfahren ausgestalteten Zollverwaltungsverfahrens Rechnung. § 32 ZollVG regelt die Nichtverfolgung von Steuerstraftaten und Steuerordnungswidrigkeiten sowie die Erhebung eines Zollzuschlags. Dieses wird auch als Schmuggelprivileg

---

23 Vorschlag für eine VO des Rates über die Errichtung der Europäischen Staatsanwaltschaft vom 17.7.2013, KOM (2013) 534 final; einführend *Möller/Retemeyer* DDZ 3/2014, F 7 ff.

24 *BVerfG* 29.4.2010 – 2 BvR 871/04, 2 BvR 414/08.

25 Einführend *Möller/Retemeyer* AW-Prax 2014, 99; Vorschlag für eine Richtlinie des Europäischen Parlaments und des Rates über den Rechtsrahmen der Europäischen Union in Bezug auf Zollrechtsverletzungen und Sanktionen, KOM (2013) 884 v. 13.12.2013.

bezeichnet, mit dem versucht wird, die im grenzüberschreitenden Reiseverkehr auftretenden Zollverstöße aus dem Bereich des Strafrechts herauszunehmen.

Vom Wortlaut der Vorschrift sind alle Zollstraftaten und Zollordnungswidrigkeiten, d.h. auch **26** der Bannbruch, erfasst. Nach Meinung des BMF umfasst § 32 ZollVG nicht den Bannbruch, da das durch § 372 AO geschützte Rechtsgut nicht der Anspruch des Staates auf die dem Bürger auferlegten Abgaben ist, sondern immaterielle Güter wie Sicherheit, Gesundheit und Naturschutz. Die Meinung ist konsequent, da gerade besonders gefährliche Gestände nur mit geringen oder gar keinen Einfuhrabgaben belastet sind.

Zollstraftaten und Zollordnungswidrigkeiten werden nicht verfolgt, wenn die Waren weder **27** zum Handel noch zur gewerblichen Verwendung bestimmt sind und der verkürzte Einfuhrabgabenbetrag oder der Einfuhrabgabenbetrag, dessen Verkürzung versucht wurde, 130 € nicht übersteigt.

Gemäß § 32 Abs. 2 gilt das Schmuggelprivileg nicht, wenn der Täter **28**

- die Waren durch besonders angebrachte Vorrichtungen verheimlicht oder an schwer zugänglichen Stellen versteckt hält oder
- durch die Tat den Tatbestand einer Steuerstraftat innerhalb von sechs Monaten zum wiederholten Male verwirklicht.

Typischer Anwendungsfall des Schmuggelprivilegs sind Verstöße im Reiseverkehr (z.B. das **29** Verbringen von Waren auf den Flughäfen im „grünen Ausgang").

§ 32 Abs. 3 ZollVG regelt die Erhebung eines Zuschlags. Dieser ist weder Strafe noch Geld- **30** buße. Er ist eine Abgabe sui generis auf die die Vorschriften der AO Anwendung finden. Die Festsetzung liegt dem Grunde und der Höhe nach im Ermessen der Zollverwaltung. Im Regelfall wird der Zuschlag von der Zollverwaltung aufgrund der Dienstvorschrift Z 0901 Abs. 75 in voller Höhe erhoben. § 32 ZollVG stellt ein Verfahrenshindernis dar und ist in jeder Phase des Verfahrens zu beachten.

§ 394 AO regelt den Übergang des Eigentums auf den Bund als Abgabenberechtigten ohne **31** Beteiligung des Gerichts (außergerichtliche Einziehung). Der Eigentumsübergang nach dieser Vorschrift ist an Voraussetzungen gebunden, die die Vorschrift selbst nennt. Die Vorschrift steht neben den §§ 431 ff. StPO.[26] Die praktische Anwendung liegt allenfalls Schmuggelgut welches zurück gelassen wurde oder der Steuerhehlerei nach Weitergabe von Nichtgemeinschaftswaren bei denen besondere Verbrauchsteuern hinterzogen wurden (z.B. Tabakwaren).

II. Zollstraftaten

1. Zollhinterziehung gem. § 370 AO

a) Allgemeines

Nicht jede Steuerhinterziehung ist eine Zollhinterziehung, aber jede Zollhinterziehung ist eine **32** Steuerhinterziehung. Steuergesetze i.S.d § 369 AO sind auch die europäischen und nationalen Vorschriften für Zölle. Der deutsche Gesetzgeber hat sich für die Strafverfolgung von Verstö-

---

26 Wegen einer möglichen Verfassungswidrigkeit *Hellmann* ZfZ 2000, 2 ff.

ßen im Zollrecht für einen Gleichklang mit der Strafverfolgung für Steuern entschieden.[27] Zollrechtliche Grundsätze prägen die Strafbarkeit von Handlungen entgegen des Zollrechts.

33 Die Verkürzung als Erfolg der Zollhinterziehung ist von der Entstehung der Zollschuld abhängig. Die Zollschuldentstehungstatbestände der Art. 201–205 ZK folgen einem einheitlichen Schema (Abs. 1 Entstehen, Abs. 2 Zeitpunkt und Abs. 3 Zollschuldner). Verstöße gegen Zollvorschriften können die Entstehung der Zollschuld und strafrechtliche Folgen auslösen.

34 Anders als im Besitz- und Verkehrsteuerrecht kann die gesetzliche Höhe des Zolls in Abhängigkeit von dem Zollschuldentstehungstatbestand unterschiedlich hoch ausfallen. Wenn der Zoll entgegen Art. 201 ZK, d.h. nach Art. 202–205 ZK, entsteht, werden Vorzugsbehandlungen (Zollbefreiungen nach der ZollbefreiungsVO und Präferenzbehandlungen) nicht gewährt und der nach dem Gemeinsamen Zolltarif vorgesehene regelmäßige Drittlandszollsatz erhoben. Dies wird vielfach als „Bestrafung" empfunden, ist aber so im europäischen Zollrecht geregelt.[28] Gerechtigkeit im Einzelfall lässt sich allenfalls über die Regelung des Art. 239 ZK zu Billigkeit erreichen.

35 Die Zollhinterziehung wird von dem Grundtatbestand des § 370 AO erfasst. § 373 AO enthält wegen gewerbsmäßigen, gewaltsamen und bandenmäßigen Schmuggel den Qualifikationstatbestand zu § 370 AO.

b) Schutzgut

36 Ausgehend von den Grundsätzen zu dem geschützten Rechtsgut des § 370 AO soll mit der Zollhinterziehung gem. § 370 AO der rechtzeitige und volle Ertrag der Zölle, d.h. der von der AO erfassten Einfuhrabgaben und Ausfuhrabgaben, geschützt werden. Gemäß § 3 Abs. 3 AO sind die Einfuhr- und Ausfuhrabgaben des ZK Steuern i.S.d. AO. Dies sind die Zölle, die Abgaben zu Marktordnungszwecken und Abgaben mit zollgleicher Wirkung (Art. 4 Nr. 10–11 Zollkodex). Das ungerechtfertigte Erlangen von Ausfuhrerstattungen ist dagegen gem. § 264 StGB als Subventionsbetrug strafbar. Gemäß § 1 Abs. 1 ZollVG sind nationale Einfuhr- und Ausfuhrabgaben nicht nur die des ZK, sondern auch die Einfuhrumsatzsteuer und die die für aus Drittländern eingeführte Waren zu erhebenden Verbrauchsteuern. Diese werden auch von § 370 AO als Zollhinterziehung erfasst. Für die Einfuhrumsatzsteuer gelten die Vorschriften gem. § 21 Abs. 2 UStG sinngemäß. Die auf das Verbringen aus Mitgliedstaaten oder im deutschen Steuergebiet erhobenen Verbrauchsteuern sind dagegen keine Einfuhrabgaben.

37 Der Bannbruch des § 372 AO hat überhaupt nichts mit dem Aufkommen an Einfuhr- und Ausfuhrabgaben zu tun.

38 Als Eigenmittel der EU stehen die Einfuhr- und Ausfuhrabgaben wegen des Schutzes der finanziellen Interessen der EU immer mehr im Zentrum europäischer Bemühungen zur Sicherung dieser Einnahmen der EU.

39 Von § 370 AO werden zudem gem. Abs. 6 die von den anderen Mitgliedstaaten der EU verwalteten Einfuhr- und Ausfuhrabgaben des ZK sowie die von den anderen Mitgliedstaaten der EU verwaltete Umsatzsteuer und besonderen Verbrauchsteuern erfasst. Damit wird hier die Möglichkeit der deutschen strafrechtlichen Verfolgung für ausländische Steuern eröffnet und das grundsätzlich geltende Territorialitätsprinzip erweitert.

---

27 Anders z.B. die Republik Österreich mit dem Finanzstrafgesetz, welches mit § 35 Finanzstrafgesetz eine spezielle Regelung für Schmuggel und Hinterziehung von Eingangs- und Ausgangsabgaben enthält.
28 Wegen Wirtschaftszollrecht versus Sanktionszollrecht *Müller-Eiselt* ZfZ 2001, 398 ff.

Für zollpflichtige aber Verboten und Beschränkungen unterliegende Waren entsteht grundsätzlich auch eine Einfuhrzollschuld. Wenn allerdings Falschgeld, Suchtstoffe oder psychotrope Stoffe vorschriftswidrig in das Zollgebiet verbracht werden, entsteht gem. Art. 212a Zollkodex als Folgeregelung der Rechtsprechung des EuGH keine Einfuhrzollschuld. Steuerstrafrechtliche Folgen bleiben davon unberücksichtigt. Da es sich dann aber nicht um einen Abgabenverstoß handelt, kommt nicht eine Bestrafung wegen Steuerhinterziehung, sondern gegebenenfalls wegen Bannbruchs gem. § 372 AO in Betracht. **40**

c)   Besonderheiten beim objektiven Tatbestand

aa)   Erfolg der Zollhinterziehung

Wie die Steuerhinterziehung ist die Zollhinterziehung unstrittig Erfolgsdelikt. Der Anspruch auf die entsprechenden Abgaben ist im materiellen Zollrecht, insb. dem Zollkodex und dem Gemeinsamen Zolltarif, geregelt. Der Erfolg liegt im verkürzten Zollbetrag. Der Umfang der Verkürzung ergibt sich aus der Differenz zwischen der Festsetzung aufgrund des zollwidrigen Verhaltens und der Festsetzung bei gesetzlichen Verhalten. Die Abgaben entstehen entweder durch die ordnungsgemäße Abgabe einer zollrechtlichen Anmeldung und Überführung durch die Zollbehörde (Art. 201 Zollkodex), insoweit vergleichbar mit einer Veranlagungssteuer, oder durch ein Verhalten entgegen den zollrechtlichen Vorschriften (Zollschuldentstehung gem. Art. 202–Art. 205 Zollkodex). **41**

Das Erlangen eines unberechtigten Zollvorteils (§ 370 Abs. 4 AO) stellte einen von den Tathandlungen des § 370 Abs. 1 Nr. 1–3 AO klar abgrenzbaren tatbestandlichen Erfolg der Zollhinterziehung dar. **42**

bb)   Tathandlungen

Auch für die Zollhinterziehung eröffnet § 370 Abs. 1 AO die von der Steuerhinterziehung bekannten Tatvarianten. Gemäß Nr. 1 erfolgt die Zollhinterziehung durch ein aktives Handeln des Täters. Gemäß Nr. 2 wird die Zollhinterziehung durch eine Unterlassungshandlung verwirklicht. Die Variante der Nr. 1 lässt sich aber auch durch Unterlassen verwirklichen (§ 13 StGB). **43**

Das Zollrecht weist gegenüber anderen Steuerarten und dem dazugehörigen besonderen Steuerrecht Besonderheiten auf. Zum einen ist das Zollrecht durch zahlreiche Pflichten zur zollamtlichen Erfassung des Warenverkehrs und der Anmeldung zur Überführung in zollrechtliche Verfahren geprägt. Zum anderen kann die gesetzliche Zollschuld wegen eines Verstoßes gegen das Zollrecht höher sein. Wenn die Zollschuld gem. Art. 202–Art. 205 Zollkodex entsteht, wird die Einfuhrzollschuld nach dem Gemeinsamen Zolltarif generell nach dem Zollsatz für Drittlandseinfuhren festgesetzt. Vorzugsbehandlungen wie Zollbefreiungen (z.B. Einfuhren von Mustern und Proben, Einfuhren von Rückwaren) oder Zollpräferenzen (z.B. aufgrund eines präferenziellen Ursprungs und Vorlage eines entsprechenden Präferenznachweises) werden in diesen Fällen der Zollschuldentstehung nicht gewährt. Im Besitz- und Verkehrsteuerrecht erhöht sich die gesetzliche Steuerschuld nicht wegen Verfehlungen. Das Unrecht wird vielmehr durch die einschlägigen Sanktionen verfolgt. **44**

Zur Sicherstellung der zollrechtlichen Belange kennt das Zollrecht zahlreiche Pflichten für die zollamtliche Erfassung des Warenverkehrs und den Erhalt einer zollrechtlichen Bestimmung. Da aktuell keine Ausfuhrabgaben erhoben werden, können sich steuerstrafrechtlich bedeutsame Ausführungen zu Pflichten nach dem Zollrecht auf das Verbringen von Waren in das Zollgebiet der Europäischen Union beschränken. Die zollrechtlichen Pflichten berücksichtigen die Besonderheit der physikalischen Bewegung der Ware. **45**

46 Nichtgemeinschaftswaren, die in das Zollgebiet verbracht werden, unterliegen von dem Zeitpunkt des Verbringens an der zollamtlichen Überwachung. Zum Zwecke einer Sicherheitsrisikoanalyse ist vor dem Verbringen von Waren in das Zollgebiet eine summarische Eingangsanmeldung abzugeben. Verbringer ist jede natürliche Person, die Waren in das Zollgebiet befördert. Die aktive Handlung beim Überqueren der Zollgrenze ist ausreichend, auf einen menschlichen Willen kommt es dabei nicht an. Die in das Zollgebiet verbrachten Waren sind von dem Verbringer unverzüglich zu der von den Zollbehörden bezeichneten oder einem anderen von den Zollbehörden zugelassenen Ort zu befördern und ein vorgeschriebener Beförderungsweg zu benutzen (sogenannter Zollstraßenzwang). Die zu der Zollstelle oder einem anderen von der Zollbehörde zugelassenen Ort beförderten Waren sind der Zollstelle zu gestellen. Die Gestellung beinhaltet die Mitteilung an die Zollbehörden, in der vorgeschriebenen Form, dass sich Waren bei der Zollstelle oder einem anderen von den Zollbehörden zugelassenen Ort befinden (Art. 4 Nr. 19 Zollkodex). Die Mitteilung der Gestellung kann in beliebiger Form erfolgen (§ 8 S. 1 ZollV). Zu der Gestellung ist die natürliche Person verpflichtet, die die Waren in das Zollgebiet verbracht hat (Verbringer). Gestellungspflichtig wird auch die Person, die die Ware nach Erreichen der zuständigen Zollstelle vom Verbringer übernommen hat. Bei der Gestellung können Waren durch die Zollbehörde überholt werden (§ 10 Abs. 3a ZollVG). Bei der Überholung soll festgestellt werden, Waren eingeführt bzw. alle eingeführten Waren ordnungsgemäß gestellt wurden. Für die gestellten Waren ist eine summarische Anmeldung abzugeben, soweit nicht bereits eine Zollanmeldung abgegeben wird. Für einen bestimmten Zeitraum können die Nichtgemeinschaftswaren, die nicht unmittelbar eine zollrechtliche Bestimmung erhalten, im Rahmen der vorübergehenden Verwahrung gelagert werden. Nach Ablauf von Fristen in Abhängigkeit von dem Beförderungsweg ist eine Zollanmeldung abzugeben. Anderenfalls können die Waren von der Zollbehörde zollrechtlich beschlagnahmt und verwertet werden.

47 Mit der Zollanmeldung wird von dem Anmelder bestimmt, welche zollrechtliche Bestimmung eine Ware erhalten soll, d.h. in welches Zollverfahrens die Ware übergeführt werden soll. Die Zollanmeldung kann schriftlich, mittels Informatikverfahren, mündlich oder durch andere Handlungen (z.B. konkludent) abgegeben werden. Der amtliche Vordruck, mit dem eine schriftliche Zollanmeldung abgegeben werden kann, ist das Einheitspapier. Sein Muster und die dazugehörigen Ausfüllvorschriften sind im Zollkodex und seiner Durchführungsverordnung enthalten. Das BMF veröffentlicht regelmäßig ein unter www.zoll.de abrufbares amtliches Merkblatt zum Einheitspapier als Ausfüllanleitung. Die deutsche Zollverwaltung hat zum 1.12.2001 das IT-Fachverfahren ATLAS als elektronisches Anmeldeverfahren eingeführt. Mit diesem können von Teilnehmern direkt elektronische Anmeldungen im Zusammenhang mit der Ein- und die Ausfuhr an die deutsche Zollverwaltung übermittelt werden. Die Teilnehmer erwerben hierfür von Softwareunternehmen eine von der deutschen Zollverwaltung zertifizierte Software und können damit an ATLAS teilnehmen. ATLAS ermöglicht auch eine internetbasierte Übermittlung von Anmeldedaten in Form einer sog. Internetzollanmeldung. Weitere Informationen gibt es im Internet unter www.zoll.de unter dem Link ATLAS. Die Zollanmeldung kann während der Öffnungszeiten von der Person abgegeben werden, die die Nichtgemeinschaftsware der Zollstelle gestellen kann. Wer die Zollanmeldung abgibt, den treffen die Rechtsfolgen der Zollanmeldung. Die Beteiligten können sich für die Zollanmeldung direkt oder indirekt gem. Art. 5 Zollkodex vertreten lassen. Der Zollanmeldung sind die notwendigen Unterlagen beizufügen. Bei der Überführung in den zollrechtlich freien Verkehr sind Angaben über den Zollwert anzumelden und die entsprechenden Unterlagen beizufügen (z.B. Handelsrechnung), Unterlagen für die Anwendung von Präferenzregelungen oder einer anderen Sonderregelung (z.B. Warenverkehrsbescheinigung EUR.1) oder andere Unterlagen vorzulegen (z.B. Echtheitszeugnis, Einfuhrgenehmigung, Anmeldung der Angaben über Verbrauchsteuern, Nachweis der direkten Beförderung).

Für die Zollanmeldung können auf vorherigen Antrag sogenannte vereinfachte Verfahren von dem für den Antragsteller zuständigen Hauptzollamt bewilligt werden (unvollständige Zollanmeldung, vereinfachtes Anmeldeverfahren und Anschreibeverfahren), die das Zollverfahren auch aus betriebswirtschaftlicher Sicht vereinfachen.

Zentrales Thema im Zollrecht ist das Entstehen einer Zollschuld. Dies ist die Verpflichtung einer Person, die vorgesehenen Ein- oder Ausfuhrabgaben zu entrichten (Einfuhrzollschuld oder Ausfuhrzollschuld). Die häufigste zollrechtliche Bestimmung bei dem Verbringen einer Nichtgemeinschaftsware in das Zollgebiet der EU ist die Überführung in den zollrechtlich freien Verkehr. Hierdurch erhalten Nichtgemeinschaftswaren den zollrechtlichen Status einer Gemeinschaftsware. **48**

Für zollpflichtige aber Verboten und Beschränkungen unterliegende Waren entsteht grundsätzlich auch eine Einfuhrzollschuld. Wenn allerdings Falschgeld, Suchtstoffe oder psychotrope Stoffe vorschriftswidrig in das Zollgebiet verbracht werden, entsteht gem. Art. 212 Zollkodex als Folgeregelung der Rechtsprechung des EuGH keine Einfuhrzollschuld.[29] Steuerstrafrechtliche Folgen bleiben davon unberücksichtigt Art. 212 S. 3 Zollkodex).[30] Da es sich dann aber nicht um einen Abgabenverstoß handelt, kommt nicht eine Bestrafung wegen Steuerhinterziehung, sondern gegebenenfalls wegen Bannbruch in Betracht. **49**

Gesetzlich gewollt ist die Entstehung der Einfuhrzollschuld nach ordnungsgemäßer Anmeldung der Ware zur Überführung in den zollrechtlich freien Verkehr. Rechtsgrundlage ist in diesem Fall der Art. 201 Zollkodex. Die Einfuhrzollschuld entsteht durch die Überführung der angemeldeten einfuhrabgabepflichtigen Ware in den zollrechtlich freien Verkehr. Sie entsteht in dem Zeitpunkt, in dem die Zollanmeldung angenommen wird. Zollschuldner ist der Anmelder. Die direkte und indirekte Stellvertretung (z.B. durch ein Speditionsunternehmen) ist gem. Art. 5 Zollkodex zulässig. Bei indirekter Stellvertretung wird neben dem Vertretenen auch der Vertreter selbst Zollschuldner. **50**

Die Bemessungsgrundlagen für die Zollschuld (Art. 214 Zollkodex) sind von der Trias Zolltarif, Zollwert und Zollbefreiung geprägt. Grundsätzlich gelten die Bemessungsgrundlagen zum Zeitpunkt des Entstehens der Zollschuld (z.B. Zeitpunkt der Annahme der Zollanmeldung zur Überführung in den zollrechtlich freien Verkehr). Für den Zolltarif sind die Waren einzureihen, d.h. die zutreffende Codenummer zu ermitteln. Zur Rechtssicherheit erteilen die Zollbehörden auf Antrag verbindliche Zolltarifauskünfte (Art. 12 Zollkodex). Ist keine tarifliche Zollbefreiung (Zollsatz „0 %" bzw. Präferenzzollsatz „0 %") oder außertarifliche Zollbefreiung (z.B. Einfuhr als Rückware bzw. zollbefreite Einfuhr als Muster) vorgesehen, so ist der Zollsatz aus dem Zolltarif anzuwenden. In rd. 95 % aller Einfuhren ist der Zollwert die Basis für die Berechnung der Zollschuld. Für die Ermittlung des Zollwerts kommen acht Methoden in Betracht (Art. 28 ff. Zollkodex), die nacheinander geprüft werden. Im Regelfall ist Grundlage für den Zollwert der gezahlte oder zu zahlende Kaufpreis, der gegebenenfalls gem. Art. 32 und Art. 33 Zollkodex zu berichtigen ist (Hinzurechnungen bzw. Abzüge). Die Schlussmethode des Art. 31 Zollkodex ist keine Schätzung i.S.v. § 162 AO. Da es für eine Ware immer einen Zollwert gibt, ist sie Auffangmethode für den Fall, dass die Voraussetzungen für die Methoden der Art. 29–Art. 30 Zollkodex nicht vorlagen. Dann werden diese gem. Art. 31 Zollkodex flexibel angewandt. **51**

---

29 *EuGH* 6.12.1990, C-343/89; *Olbertz* Keine Abgabenerhebung für verbotswidrig eingeführte oder vertriebene Erzeugnisse?, ZfZ 1992, 195 ff.

30 *EuGH* 5.2.1981, C-50/80; *EuGH* 6.12.1990 C-343/89.

52 Die buchmäßige Erfassung der Einfuhrabgaben als verwaltungsinterner Vorgang erfolgt unmittelbar nach der Berechnung der Abgaben, spätestens am 2. Tag nach der Überlassung der Ware. Nach der buchmäßigen Erfassung wird der Abgabenbetrag dem Schuldner in geeigneter Form mitgeteilt. Die Mitteilung ist in Deutschland der Steuerverwaltungsakt nach der AO. Diese Mitteilung darf jedoch aufgrund des Zollkodex nur innerhalb von 3 Jahren nach dem Entstehungszeitpunkt erfolgen (Ausnahme: 10 Jahre bei einer Steuerhinterziehung). Die Festsetzungsverjährung gem. § 169 Abs. 2 Nr. 1 AO wird hier durch den Zollkodex vollständig überlagert. Auch die Änderung der Mitteilung erfolgt ausschließlich auf der Grundlage von Änderungsvorschriften des Zollkodex (Nacherhebung bzw. Erlass/Erstattung). Regelmäßig wird eine Zahlungsfrist von maximal 10 Tagen eingeräumt. Erst nach Entrichtung des Abgabenbetrages oder entsprechender Sicherheitsleistung wird die Ware in den zollrechtlich freien Verkehr überlassen. Die Ware selbst haftet auch weiterhin nach nationalem Recht gem. § 76 AO für die auf ihr lastenden Abgaben.

53 Die Einfuhrzollschuld entsteht aber auch in den Fällen, in denen kein vorschriftsgemäßes Verhalten des Zollbeteiligten vorliegt. Die Kriterien, nach denen die Personen bestimmt werden, die in diesen Fällen Zollschuldner sind, sind durch den Zollkodex abschließend geregelt. Die Einfuhrzollschuld entsteht danach auch in folgenden Fällen:

- Vorschriftswidriges Verbringen in das Zollgebiet (z.B. Einfuhrschmuggel).

54 Zollschuldner ist die Person des Verbringers oder andere daran beteiligte Personen (Art. 202 Abs. 3 Zollkodex). Hierbei geht es um objektives Fehlverhalten beim Verbringen der Ware bis zum Zeitpunkt der Gestellung. Die Verbringenspflichten ergeben sich aus dem Zollkodex oder dem ZollVG. Auf die rechtliche Beziehung (z.B. die Stellung als Eigentümer) zu der verbrachten Ware kommt es nicht an. Das zollschuldbegründende vorschriftswidrige Verbringen ist eine reine Tathandlung. Auf die persönlichen Fähigkeiten oder schuldhaftes Verhalten der Person kommt es grundsätzlich nicht an.

55 Die Vorstellungen des Verbringers hinsichtlich der Vorschriftswidrigkeit seines Verhaltens sind unerheblich. Der Verbringende braucht noch nicht einmal etwas von der Ware zu Wissen. So wird ein LKW-Fahrer auch Zollschuldner für solche Waren, von denen er nichts weiß, da auch versteckte bzw. verheimlichte Waren mitgeteilt werden müssen. Waren werden nach Meinung des EuGH auch in den Fällen nicht vorschriftsmäßig in das Zollgebiet verbracht, wenn für sie in den bei den Zollbehörden eingereichten Unterlagen eine unrichtige Bezeichnung angegeben wurde (Einfuhrschmuggel durch falsche Warenbezeichnung). Diese Meinung wird kritisiert, da die Zollanmeldung nach der aktuellen Systematik des Zollkodex nichts mit dem Verbringen zu tun hat.

56 Art. 202 Abs. 3 Zollkodex enthält einen weit gefassten Begriff des Zollschuldners für den Fall des vorschriftswidrigen Verbringens. Der erste und dritte Gedankenstrich dieses Absatzes betrifft die Personen, die die Waren faktisch verbracht haben, ohne sie anzumelden, und die Personen, die diese Waren nach deren Verbringen erworben oder im Besitz gehabt haben. Nach dem zweiten Gedankenstrich dieses Absatzes sind Personen Zollschuldner, die am vorschriftswidrigen Verbringen von Waren in das Gebiet der EU beteiligt waren, obwohl sie wussten oder vernünftiger Weise hätten wissen müssen, dass dieses Verbringen vorschriftswidrig war. Die Zollschuldnerschaft ist in diesem Fall von einer objektiven Beteiligung an dem fraglichen Verbringen und einer subjektiven wissentlichen Beteiligung am vorschriftswidrigen Verbringen der Waren ab.

57 Typische Fälle des vorschriftswidrigen Verbringens sind in der Zollpraxis die unzulässige Benutzung des grünen Ausgangs an den Flughäfen, das Überschreiten der „grünen Grenze"

mit einfuhrabgabenpflichtigen Waren oder das vorschriftswidrige Verbringen aus Freizonen.

- Entziehen aus der zollamtlichen Überwachung (z.B. nicht ordnungsgemäße Beendigung eines Versandverfahrens).[31]

Zollschuldner ist der Entzieher der zollamtlichen Überwachung oder anderer daran beteiligter **58** Personen (Art. 203 Abs. 3 Zollkodex). Zollamtliche Überwachung sind Maßnahmen der Zollbehörden, um die Einhaltung des Zollrechts und ggf. der sonstigen für Waren unter zollamtlicher Überwachung geltenden Vorschriften zu gewährleisten. Ein Entziehen liegt immer dann vor, wenn eine Handlung, d.h. ein Tun oder Unterlassen, die Folge hat, dass konkret begonnene zollamtliche Überwachungsmaßnahmen nicht mehr durchgeführt werden können. Regelmäßig sind diese erst ab der Gestellung möglich. Das Entziehen ist reine Tathandlung. Für ein Entziehen aus der zollamtlichen Überwachung reicht es aus, wenn die Ware etwaigen Überprüfungen objektiv entzogen wurde, unabhängig davon, ob diese von der Zollbehörde tatsächlich vorgenommen wären. Die Zollschuld entsteht z.B. wegen des Entziehens aus der zollamtlichen Überwachung, wenn eine Versandanmeldung bzw. ein Versandbegleitdokument (z.B. Ausfuhrbegleitdokument) zeitweilig von der Ware entfernt wird.

Typische Fälle des Entziehens aus der zollamtlichen Überwachung sind in der Zollpraxis das **59** körperliche Entfernen der Ware vom vorgeschriebenen Verwahrungs-, Veredelungs- oder Verwendungsort, Entnahme der Ware aus dem Versandverfahren oder unerlaubtes Abladen beim Warenempfänger, Verbrauch der Ware, Verlassen des Amtsplatzes nach Gestellung ohne Erlaubnis der Zollbehörde, Verarbeiten der Ware, Vermischen mit anderen Waren, Vernichten oder Zerstören).

- Bei Verfehlungen, d.h. bei Pflichtverletzungen aus der vorübergehenden Verwahrung (z.B. **60** keine fristgerechte Abgabe einer Zollanmeldung) oder aus der Inanspruchnahme eines Zollverfahrens (z.B. Fristüberschreitung im Versandverfahren) oder nichterfüllter Voraussetzungen (z.B. bei Einfuhrabgabenfreiheiten die an Bedingungen geknüpft sind, wie bei der Zollbefreiung für Übersiedlungsgut).

Zollschuldner ist die Person, die die Pflicht einzuhalten oder die Voraussetzungen zu erfüllen **61** hatte (Art. 204 Abs. 3 Zollkodex). Es gilt der Grundsatz, dass das Entziehen aus der zollamtlichen Überwachung der Verfehlung vorgeht (Art. 204 geht Art. 204 Zollkodex vor). Gem. Art. 204 Abs. 1 2. UAbs. Zollkodex entsteht keine Einfuhrzollschuld, wenn sich die Verstöße nachweislich auf die ordnungsgemäße Abwicklung nicht wirklich ausgewirkt haben. Hierüber werden insb. formale Verstöße geheilt. Die Pflichtverletzung ist reine Tathandlung. Auf die Vorstellungen oder ein Verschulden des Handelnden und/oder Pflichtigen kommt es bei dieser Zollschuldentstehung ebenfalls nicht an. Die Zollschuld entsteht z.B. wenn ein Fahrzeug in der vorübergehenden Verwendung unter Verletzung der im Bereich des Verkehrs geltenden nationalen Bestimmungen fährt oder die Zugmaschine eines Aufliegers ausgewechselt wird.

Typische Fälle für Verfehlungen sind in der Zollpraxis Überschreitungen der Frist für die **62** Abgabe der Zollanmeldung oder in Zollverfahren (z.B. Frist für die Wiedergestellung im Versandverfahren), falsche Warenbezeichnungen in der Zollanmeldung, so dass die Ware nicht unter die Zollanmeldung subsumiert werden kann, unerlaubte Behandlungen im Zolllagerverfahren oder nicht zugelassene Be- oder Verarbeitungen in dem Verfahren der aktiven Veredelung oder die Verletzung von Nämlichkeitsmitteln.

---

31 Zum Begriff des Entziehens wegen des Zollstrafrechts vgl. *BGH* 27.11.2002, 5 StR 127/02.

63 • Bei vorschriftswidrigen Verbrauch oder vorschriftswidriger Verwendung sowie dem gleichgestellten Verschwinden der Ware in einer Freizone oder in einem Freilager in der Person des Pflichtigen (Art. 205 Zollkodex).

64 Typische Fälle in der Zollpraxis sind der fehlende Nachweis einer ordnungsgemäßen Belieferung unter ausländischer Flagge fahrender Seeschiffe in einer Freizone oder die Verarbeitung von Nichtgemeinschaftswaren in einer Freizone bei fehlender Bewilligung eines Verfahrens der aktiven Veredelung.

65 Das Zollrecht der Europäischen Union orientiert sich bei der Zollschuldentstehung grundsätzlich an rein objektiven Tatbestandsmerkmalen, auf subjektive Merkmale kommt es nicht an. Neben dem eigentlich Handelnden (Anmelder, Schmuggler) kommen daher auch Teilnehmer, Erwerber oder Besitzer von Nichtgemeinschaftswaren als Zollschuldner in Betracht. Die Zollschuld kann für verschiedene Personen entstehen. Sie alle haften gesamtschuldnerisch für die entstandenen Abgaben, so dass die Zollverwaltung auf jeden Einzelnen Zollschuldner als Abgabenschuldner zurückgreifen kann. Da in den Fällen der Art. 202–Art. 205 Zollkodex typischerweise der Zollbehörde steuerlich erhebliche Tatsachen nicht, nicht vollständig oder nicht richtig mitgeteilt werden, hat das Verhalten auch eine zollstrafrechtliche Relevanz.

66 Die zahlreichen Formen und Varianten der Handlungen gegen Bestimmungen des Zollrechts zu systematisieren fällt schwer.[32] Die Realakte und Zollanmeldungen auf dem Gebiet des Zollrechts sind steuerliche Erklärungen im Sinne der AO und beinhalten in der Regel steuerlich erhebliche Tatsachen. Die fiskalische Bedeutung eines zollvorschriftswidrigen Verhaltens wird bei dem Zollschuldrecht des Zollkodex deutlich. Dieses ist jedoch kein klassisches Sanktionsrecht.[33]

67 Die Praxis der Zollstraftatbestände ist wegen der blankettausfüllenden Vorschriften des Zollrechts komplex. Die Terminologie und die Systematik des europäischen Zollrechts, auch die Auslegung durch den EuGH, können dabei in Konflikt mit deutschem (Zoll-)Strafrechtsverständnis geraten. So unterliegt die nationale Strafvorschrift nationalen Auslegungsregeln, die normausfüllende europäische Vorschrift dagegen den unionsrechtlichen. Dabei hat der EuGH das Auslegungsmonopol, so dass das Tatgericht bei zollstrafrechtlichen Fällen gegebenenfalls den EuGH zur Vorabentscheidung ersuchen muss.[34] Das BVerfG hat beschlossen, dass ein Strafgericht gehalten ist, in jedem Stadium des Strafverfahrens mit besonderer Sorgfalt zu prüfen, ob bei der Auslegung einer entscheidungserheblichen Frage des europäischen Rechts Zweifel bestehen und ob die Vorlage an den EuGH veranlasst ist.

68 Die für die Zollschuldentstehung relevanten Handlungen können auch steuerstrafrechtliche Relevanz haben. Allerdings korrespondieren die Tathandlungen des § 370 Abs. 1 AO nicht direkt mit den Unregelmäßigkeiten, die zur Entstehung einer Zollschuld führen können.

69 Die pflichtwidrige Unterlassung der Verwendung von Steuerzeichen gem. § 370 Abs. 1 Nr. 3 AO (Unterlassungsdelikt) hat nur noch für die Einfuhr entsprechender Tabakwaren Bedeutung (Tabaksteuerzeichen). Die Tabaksteuer entsteht durch die Überführung von Tabakwaren in den steuerrechtlich freien Verkehr (§ 15 Abs. 1 Tabaksteuergesetz). Die Tabaksteuer ist durch die Verwendung von Steuerzeichen, d.h. das Entwerten und das Anbringen, zu entrichten. Die Tabaksteuerzeichen sind zuvor bei der Steuerzeichenstelle Bünde des Hauptzollamts Bielefeld mit dem vorgeschriebenen amtlichen Vordruck zu bestellen. Dies ist zugleich die entsprechende Steueranmeldung.

---

32 Wegen der einzelnen Fälle der Zollhinterziehung ausführlich vgl. Bender/Möller/Retemeyer/*Möller/Retemeyer* C V, Rn. 779 ff.

33 *Müller-Eiselt* ZfZ 2001, 398 ff.

34 *EuGH* 10.4.1984, Rs. 14/83; *EuGH* 14.12.1995, C-312/93.

Die Tathandlung unrichtiger oder unvollständiger Angaben über steuerlich erhebliche Tatsachen **70** gem. § 370 Abs. 1 Nr. 1 AO hat auch für die Zollhinterziehung eine große Bedeutung. Diese Variante der Zollhinterziehung ist Erklärungsdelikt, da der Tatbestand dadurch verwirklicht wird, dass gegenüber der Zollbehörde über steuerlich erhebliche Tatsachen unrichtige oder unvollständige Angaben gemacht werden. Dieser Tatbestand kann aber nach den auch für das Zollstrafrecht geltenden allgemeinen strafrechtlichen Grundsätzen auch durch Unterlassen verwirklicht werden (§ 13 StGB). Bei dieser Tathandlung wird zwar typischerweise gehandelt, aber die gegenüber der Zollbehörde gemachten Angaben über steuerlich erhebliche Tatsachen sind falsch. Steuerlich erheblich sind im Zollrecht bereits die Tatsachen, die der zollamtlichen Erfassung des Warenverkehrs dienen. Das Zollrecht ist zudem von zahlreichen Realhandlungen (z.B. dem ordnungsgemäßen Verbringen) und zollrechtlichen Verfahrenshandlungen (z.B. der Abgabe einer Summarischen Eingangsanmeldung, der Gestellung oder der Zollanmeldung) geprägt, mit denen gegenüber der Zollbehörde steuerlich erhebliche Tatsachen zu machen sind. Dabei können in vielfältiger Weise falsche Angaben über das Vorhandensein von Waren (z.B. versteckte oder verheimlichte Waren), für die Inanspruchnahme einer Zollbefreiung (z.B. die Eigenschaft als Rückware oder die Voraussetzungen für außertarifliche Zollbefreiungen), für eine Reduzierung der Bemessungsgrundlagen (z.B. falsche Angaben für die Einreihung der Ware in den Zolltarif) oder bei der Inanspruchnahme von Zollverfahren (z.B. unrichtige Angaben für die Überführung von Nichtgemeinschaftswaren in das Versandverfahren) gemacht werden.

Mittätern oder Hintermännern wird entweder der Tatbeitrag der Erklärenden zugerechnet **71** (§ 25 Abs. 2 StGB) oder sofern sie sich der Erklärenden als Tatmittler bedienen handeln sie selbst als mittelbare Täter (§ 25 Abs. 1 Variante 2 StGB).

Typische Fälle unrichtiger oder unvollständiger Angaben sind im Zollrecht z.B.: **72**
- kein Hinweis auf versteckte Ladung oder durch besondere Vorrichtungen verheimlichte Waren in der summarischen Eingangsanmeldung oder bei der Gestellung;
- falsche Angaben zu der Warenart in der summarischen Eingangsanmeldung oder bei der Gestellung;
- Reduzierung des Zollwerts durch Unterfakturierung, d.h. Vorlage zu niedriger Rechnung, Aufteilung des Rechnungspreises oder falsche Angaben für die Hinzurechnungen oder Abzugsposten bei der Ermittlung des Zollwerts;
- falsche Angaben in der Zollanmeldung zu der Ware für die Einreihung in den Zolltarif;
- falsche Angaben in der Zollanmeldung zu dem Präferenzursprung der Ware und die Vorlage zu Unrecht erlangter Präferenznachweise, um eine Präferenzbehandlung (Zollsatz „frei") zu beantragen;
- falsche Angaben in der Zollanmeldung zu der Ware und ihrem nichtpräferenziellen Ursprung, um die Erhebung eines Antidumpingzolls zu vermeiden oder Zollbegünstigungen im Rahmen eines Zollkontingents zu erlangen.

Insbesondere für den klassischen Schmuggel, d.h. das zollrechtlich vorschriftswidrige Verbrin- **73** gen von Nichtgemeinschaftswaren, hat das pflichtwidrige in Unkenntnis lassen der Zollbehörde über steuerlich erhebliche Tatsachen gem. § 370 Abs. 1 Nr. 2 AO eine besondere Bedeutung. Anders als bei Nr. 1, wo jedermann Täter sein kann, kann bei Nr. 2 nur derjenige Täter sein, der selbst zur Aufklärung steuerlich erheblicher Tatsachen besonders verpflichtet ist.[35] Im Zusammenhang mit der Erfassung des Warenverkehrs und dem Erhalt einer zollrechtlichen Bestimmung sind verschiedene zollrechtliche Pflichten zu erfüllen. Das Zollverwaltungsverfah-

---

35 Z.B. *BGH* 9.4.2013, 1 StR 586/12 mit Hinweis auf den Meinungsstand.

ren weist gegenüber der typischen Steuerfestsetzung Besonderheiten auf (z.B. die Summarische Eingangsanmeldung oder die Gestellung zur Erfassung des Warenverkehrs, damit die Zollbehörde Kenntnis vom Vorhandensein von Waren erhält). Steuerlich erheblich sind daher nicht nur die Tatsachen, die die Höhe des Zolls bestimmen, sondern die Zollbehörde überhaupt in Kenntnis vom Vorhandensein einer Ware setzen.

74 Nach herrschender Meinung ist § 370 Abs. 1 Nr. 2 AO ein strafrechtliches Sonderdelikt.[36] Wie für die Besitz- und Verkehrssteuern sowie die nicht auf Einfuhren aus Drittländern erhobenen Verbrauchssteuern stellt sich aber auch für die Zölle die Frage, wer zu der in Kenntnissetzung der Zollbehörde verpflichtet ist. Abzustellen ist dabei auf die Handlung, die sich als „pflichtwidrig" zeigt, und nicht auf eine höchstpersönliche „Pflichtenstellung" des Handelnden.[37] Strafrechtlich handelt es sich bei der Tathandlung durch Unterlassen um ein Jedermann-Gebot. Die sich aus den Zollvorschriften ergebene Pflichtenstellung ist auch kein besonderes persönliches Merkmal i.S.d. § 28 Abs. 1 StGB.[38] Verpflichtet eine Zollvorschrift zu einer Willens- oder Wissenserklärung ist eine Stellvertretung gem. Art. 5 Zollkodex zulässig. Die im Zollrecht vorgesehenen Pflichten für Willens- oder Wissenserklärungen müssen daher gerade nicht höchstpersönlich wahrgenommen werden. Die Zollvorschriften bestimmen in aller Regel, wer die Pflicht zu der in Kenntnissetzung der Zollbehörde von steuerlich erheblichen Tatsachen hat. So hat z.B. der Verbringer einer Ware diese ordnungsgemäß zu Verbringen und zu gestellen. Das Verbringen ist Realakt, die Gestellung dagegen Wissenserklärung. Realakte sind nicht auf eine rechtliche Regelung, sondern auf einen tatsächlichen Erfolg gerichtet, sie können auch nicht Gegenstand einer gewillkürten Vertretung sein. Die zollrechtliche Pflicht der Gestellung trifft nur den Verbringer selbst und keinen Dritten.

75 Daraus können sich Rechtsfragen zu der Strafbarkeit von Hinterleuten ergeben, wenn die Gestellung durch den Beförderer wegen fehlender Kenntnis über Waren (z.B. verstecktes Schmuggelgut) unterbleibt. Der BGH hatte unter Hinweis auf die Rechtsprechung des EuGH den Begriff des Verbringers ausgelegt und auch diejenigen als Verbringer angesehen, die die Herrschaft über das Fahrzeug im Zeitpunkt der Verbringung haben. Herrschaft haben danach Kraft ihrer Weisungsbefugnis auch die Organisatoren des Transports, die beherrschenden Einfluss auf den Fahrzeugführer haben.[39] Bei dieser Auslegung kommen für den BGH die Hinterleute als Täter in Betracht. Die Meinung des BGH ist im zollrechtlichen Schrifttum kritisiert worden.[40]

---

36 Zum Meinungsstand ausführlich Bender/Möller/Retemeyer/*Möller/Retemeyer* C III, Rn. 121 ff., die die Mindermeinung vertreten, dass die Qualifizierung der Steuerhinterziehung als Sonderdelikt unzutreffend ist.

37 Das Merkmal „pflichtwidrig" bezieht sich nach Meinung des BGH allein auf das Verhalten des Täters, nicht auf dasjenige eines anderen Tatbeteiligten. Damit kommt eine Zurechnung fremder Pflichtverletzungen nach Meinung des BGH auch dann nicht in Betracht, wenn sonst nach allgemeinen Grundsätzen Mittäterschaft vorliegen würde, *BGH* 9.4.2013, 1 StR 586/12.

38 *BGH* 25.1.1995, 5 StR 491/94.

39 *BGH* 1.2.2007, 5 StR 372/06.

40 *Witte* AW-Prax 2007, 380 f.; *Bender* wistra 2007, 191 f., nach dessen Meinung sich der BGH das Urteil des *EuGH* v. 4.3.2004, C-238/02, C-246/02 zur Gestellungspflicht „passend gemacht" habe. Der EuGH habe nämlich gefordert, dass der Hintermann, solle ihn eine Gestellungspflicht treffen, im Fahrzeug anwesend sein müsse, während der BGH dies nicht feststellen konnte und deshalb die bloße Organisation des Transports genügen lassen wolle.

Typische Fälle für das pflichtwidrige in Unkenntnis lassen sind im Zollrecht z.B.: **76**

- Schmuggel über die grüne Grenze;
- direkte Auslieferung von Postpaketen mit einfuhrabgabenpflichtigen Waren an den Empfänger, d.h. ohne Mitwirkung der Zollbehörde;
- im Landstraßenverkehr durchfahren des Grenzzollamts mit einfuhrabgabenpflichtigen Waren;
- Entnahme von Nichtgemeinschaftswaren aus dem Zolllagerverfahren ohne Anmeldung (z.B. Diebstahl);
- Entnahme von Nichtgemeinschaftswaren aus der vorübergehenden Verwendung (z.B. Verkauf der Waren der vorübergehenden Verwendung auf einer Messe);
- fehlende Gestellung von Waren zur Beendigung eines externen gemeinschaftlichen Versandverfahrens (z.B. Abladung von Versandwaren auf dem Betriebsgelände des Warenempfängers, dem das Hauptzollamt die Vereinfachung als Zugelassener Empfänger nicht bewilligt hat.);
- Verkauf von zollfreiem Übersiedlungsgut in der Bindungsfrist (z.B. Verkauf eines hochwertigen Personenkraftwagens vor Ablauf der Frist von einem Jahr, der als Übersiedlungsgut einfuhrabgabenfrei in den zollrechtlich freien Verkehr zur besonderen Verwendung.).

Gemäß Art. 42 Zollkodex der EU haben die Mitgliedstaaten wirksame, verhältnismäßige und **77** abschreckende Sanktionen für Zuwiderhandlungen gegen die zollrechtlichen Vorschriften vorzusehen.[41] Damit ist keine konkrete Harmonisierung des Zollstrafrechts verbunden. Allerdings hat die Europäische Kommission für Harmonisierung der Sanktionen, auch der strafrechtlichen Sanktionen, entsprechende Vorschläge vorgelegt.[42] Der Zollkodex der EU wird bei vollem Inkrafttreten auch materiellrechtliche Änderungen im Zollrecht bringen, so ist der Kreis der zur Gestellung der Waren verpflichteten Personen um die, die die Verantwortung für die Beförderung der Waren nach dem Verbringen in das Zollgebiet der EU übernommen haben, erweitert worden (Art. 139 Abs. 1 c.) Zollkodex der EU). Dies erweitert den Kreis der Pflichtigen und damit möglicher Täter.

d) Besonderheiten beim subjektiven Tatbestand

Es gelten im Zollstrafrecht die Grundsätze des Steuerstrafrechts. Die Kompliziertheit des Zoll- **78** rechts erschwert es, Einlassungen des Beschuldigten strafrechtlich zu bewerten.

Was die Sorgfalt des Zollbeteiligten angeht, muss er sich nach Meinung des EuGH, sobald er **79** Zweifel an der richtigen Anwendung der Vorschriften hat, deren Nichterfüllung eine Abgabenschuld begründen kann, nach Kräften informieren, um die jeweiligen Vorschriften nicht zu verletzen.[43]

---

41 *Klötzer* Modernisierung des Zollkodex – Der Weg zum europäische Zollstrafrecht?, wistra 2007, 1 ff.; *Klötzer-Assion* Zollkodex – Modernisierter Zollkodex – Unionszollkodex – Fortschritt oder Rolle rückwärts im Europäischen Zollrecht?, wistra 2014, 92 ff.; *Möller/Retemeyer* AW-Prax 2014, 174 ff.; *dies.* AW-Prax 2014, 99 ff.

42 Vorschlag für eine Richtlinie des Europäischen Parlaments und des Rates über den Rechtsrahmen der EU in Bezug auf Zollrechtsverletzungen und Sanktionen v. 13.12.2012, KOM (2013) 884 final; Vorschlag für eine Richtlinie des Europäischen Parlaments und des Rates über die strafrechtliche Bekämpfung von gegen die finanziellen Interessen der EU gerichteten Betrug v. 11.7.2012, KOM (2012) 363 final.

43 Zu der „offensichtlichen" Fahrlässigkeit im Zollrecht, *EuGH* 11.11.1999, C-48/98; m. Anm. *Gellert* ZfZ 2000, 17 f.

e) Täterschaft und Teilnahme

80 Für die Abgrenzung von Täterschaft und Teilnahme ist die subjektive innere Einstellung der handelnden Person entscheidend. Der Täter will die Tat als eigene, verfolgt ein eigenes Interesse und hat den Willen zur Tatherrschaft. Der Teilnehmer ordnet sich und seinen Beitrag dem Willen anderer unter und will die Tat auch als fremde Tat.

81 Vertreter und Hilfspersonen (z.B. Stellvertreter gem. Art. 5 Zollkodex, Beförderer) können auch ohne Wissen des Zollschuldners handeln und Alleintäter sein (z.B. wenn ein Spediteur günstige Verzollungen anbietet).[44]

f) Vorbereitung, Versuch, Vollendung und Beendigung der Zollhinterziehung

82 Beim klassischen Schmuggel ist die Abgrenzung der Verwirklichungsstufen besonders bedeutsam. Zur straflosen Vorbereitungshandlung gehören alle Akte die in der Vorstellung des Täters die Durchführung des Schmuggels ermöglichen sollen, aber noch nicht unmittelbar zur Verwirklichung des Tatbestandes ansetzen (z.B. Erkunden von Schmuggelgelegenheiten, Einkauf der Schmuggelware im Drittland). Beim klassischen Schmuggel ist der Versuch nur in unbeendeter Form denkbar. Die Zollhinterziehung ist vollendet, wenn der in § 370 Abs. 1 AO beschriebene Erfolg der Hinterziehung der entsprechenden Abgaben eingetreten ist (verbringen in das Zollgebiet der EU). Beendet ist die Zollhinterziehung, wenn das Schmuggelgut „zur Ruhe kommt".[45]

g) Besonders schwere Fälle der Zollhinterziehung (§ 370 Abs. 3 AO)

83 Die Rechtsprechung des BGH zum Strafmaß macht auch vor den Zollfällen keinen Halt.[46] Im Zollbereich können schnell hohe Hinterziehungssummen erreicht werden. Es gelten auch für die Zollhinterziehung die Grundsätze zu § 370 Abs. 3 AO. Auch bei einer gewerbsmäßigen Hinterziehung von Einfuhr- oder Ausfuhrabgaben nach § 373 AO in Millionenhöhe kommt eine zwei Jahre nicht überschreitende Freiheitsstrafe nur bei Vorliegen besonders gewichtiger Milderungsgründe in Betracht.[47] Sowohl beim Schmuggel nach § 373 AO wie auch bei der Steuerhinterziehung nach § 370 AO ist es dabei ohne Bedeutung, ob die Millionengrenze durch eine einzelne Tat oder erst durch mehrere gleichgelagerte Einzeltaten erreicht worden ist.[48]

84 Die Hinterziehung der Einfuhrabgaben bei der Einfuhr von Waren in das Inland einerseits und die Hinterziehung der Umsatzsteuer nach Weiterveräußerung der nämlichen Waren durch den Angeklagten andererseits sind nicht Teil derselben Tat im prozessualen Sinn (§ 264 StPO). Bei Schmuggel und der nachfolgenden Hinterziehung von Umsatzsteuer handelt es sich um unterschiedliche Taten im materiellrechtlichen Sinn (§ 53 StGB), die durch unterschiedliche Tathandlungen, zu unterschiedlichen Zeitpunkten, in unterschiedlichen Besteuerungsverfahren, bezogen auf unterschiedliche Steuernormen und gegenüber unterschiedlichen Behörden begangen werden.

85 Strafbarkeit wegen Schmuggels und Strafbarkeit wegen Beihilfe zur Hinterziehung von Umsatzsteuer können kumulativ vorliegen, auch wenn die Einfuhrumsatzsteuer, auf deren

---

44 Bender/Möller/Retemeyer/*Möller/Retemeyer* C III, Rn. 140 ff.
45 Ausführlich zu den Verwirklichungsstufen Bender/Möller/Retemeyer/*Möller/Retemeyer* C V, Rn. 873 ff.
46 *BGH* 22.5.2012, 1 StR 103/12; *Zucker* Schmuggel in Millionenhöhe, AW-Prax 2013, 187 ff.
47 Fortführung *BGH* 2.12.2008, 1 StR 416/08.
48 Fortführung *BGH* 7.2.2012, 1 StR 525/11.

Hinterziehung sich die Verurteilung wegen Schmuggels bezieht, bei der Umsatzsteuer wieder als Vorsteuer abgezogen werden kann. Die Möglichkeit eines Vorsteuerabzugs gem. § 15 Abs. 1 S. 1 Nr. 2 UStG steht einer Strafbarkeit wegen Schmuggels (§ 373 AO) auch hinsichtlich der Einfuhrumsatzsteuer nicht entgegen.[49]

h) § 370 Abs. 6 AO

§ 370 Abs. 6 AO dehnt den Schutzbereich des § 370 AO räumlich und sachlich durch eine Verweisung aus. Der Wortlaut des Abs. 6 ist mit dem Jahressteuergesetz 2010 neu gefasst worden.[50] Danach werden auch die Einfuhr- und Ausfuhrabgaben der anderen Mitgliedstaaten, der EFTA-Staaten und assoziierter Staaten von § 370 AO erfasst (zu dem in der alten Fassung verwendeten Begriff der Eingangsabgaben[51]). § 370 AO wird wegen der Ausdehnung, neben der Verweisung auf Unionsrecht, auch durch die materiellen Abgabenvorschriften des betreffenden Staates ausgefüllt. Im Ergebnis wird die deutsche Strafgewalt sogar auf Zollstraftaten ausgeweitet, bei denen der Erfolg der Zollhinterziehung im Ausland liegt. **86**

Die Verweisung in § 370 Abs. 6 AO in ihrer geltenden Fassung wie in ihren früheren Fassungen auf unionsrechtliche Vorschriften dient lediglich der begrifflichen Konkretisierung der in der AO genannten „harmonisierten Verbrauchsteuern für Waren". Für diesen Zweck kommt es auf die Geltung der unionsrechtlichen Vorschrift nicht an. Der Bestimmtheitsgrundsatz ist nicht verletzt, wenn eine Begriffskonkretisierung von Straftatbestandsmerkmalen durch Verweisung auf eine inhaltlich eindeutige Rechtsvorschrift erfolgt, die nicht mehr in Kraft ist.[52] **87**

Sachlich gilt die räumliche Erweiterung auch für die Umsatzsteuer und die harmonisierten Verbrauchsteuern. **88**

Damit gilt für deutsche und die in Abs. 6 genannten ausländischen Abgaben das sog. Schutzprinzip, d.h. ihre Hinterziehung ist auch dann nach deutschem Recht strafbar, wenn der Täter als Ausländer im Ausland handelt.[53] Die ausländische Zollhinterziehung ist seit dem 1.11.2011 in Deutschland verfolgbar.[54] **89**

i) Zollzuschlag gem. § 32 ZollVG (Schmuggelprivileg)

§ 32 ZollVG regelt die Nichtverfolgung von Steuerstraftaten und Steuerordnungswidrigkeiten sowie die Erhebung eines Zuschlags. Sie ist die Folgeregelung des § 80 ZG 1961 v. 14.6.1961 (BGBl I, 737), der in der RAO und im ZG 1939 keine Vorgängervorschrift hatte. Bis heute sind im wesentlichen Begriffe und die Wertgrenze der Vorschrift geändert worden.[55] **90**

---

49 *BGH* 4.9.2013, 1 StR 374/13.

50 *Tully/Merz* Zur Strafbarkeit der Hinterziehung ausländischer Umatz- und Verbrauchsteuern nach der Änderung des § 370 Abs. 6 AO im JStG 2010, wistra 2011, 121 ff.

51 *Hampel* Zum Begriff der „Eingangsabgaben" i.S.v. § 370 Abs. 6 S. 1 AO, ZfZ 2002, 69 ff.

52 *BGH* 20.11.2013, 1 StR 544/13; *Hecker* Europäisches Strafrecht: Straftatbestandliche Verweisung auf Unionsrecht, JuS 2014, 458; *Cornelius* Verweisungsfehler bei Bezugnahmen nationaler Strafnormen auf europäische Richtlinien, NZWiSt 2014, 173 ff.; mit dem Zusammenspiel des § 370 Abs. 6 AO mit Art. 56 SDÜ *Gehm* Der Tatbestand der Steuerhinterziehung im Licht des Rechts der EU – ein Überblick anlässlich der Rechtsprechung des *EuGH* v. 7.12.2010 (C–285/89), NZWiSt 2013, 53 ff.

53 Wegen der Tabaksteuerhinterziehung anderer Mitgliedstaaten *Weidemann* Tabaksteuerstrafrecht, wistra 2012, 49 ff.

54 *Spatscheck/Höll* Die Beteiligung an der ausländischen Steuerhinterziehung und ihre Folgen im Inland, SAM 2011, 64 ff.

55 Ausführlich Bender/Möller/Retemeyer/*Möller*/Retemeyer C V, Rn. 1224 ff.

91 Obgleich der Schmuggel im Reiseverkehr von der Erfüllung des Straftatbestandes und von den schädlichen Folgen der Tat (Steuerausfall) her eine Steuerhinterziehung wie jede andere ist, ist der Tätertyp des Reiseschmugglers doch vom üblichen Erscheinungsbild des Wirtschaftskriminellen verschieden. Den Umständen des Reiseverkehrs trägt das ZollVG durch eine radikale Einschränkung des Strafverfolgungszwanges auf diesem speziellen Gebiet Rechnung.

92 Liegen die Voraussetzungen des § 32 ZollVG vor, stellt dies ein in jeder Lage des Verfahrens zu beachtendes Verfahrenshindernis dar.[56] Die Abstandnahme von der Strafverfolgung liegt also nicht im Ermessen der Strafverfolgungsbehörden, anders als bei der Einstellung wegen Geringfügigkeit nach § 398 AO, die unabhängig von § 32 ZollVG möglich ist. Sie bedeutet keinen Verbrauch der Strafklage; stellt sich also z.B. nachträglich heraus, dass ein Wiederholungsfall vorlag, so kann das Strafverfahren immer noch eingeleitet werden.

93 Sind mehrere Personen an einer Zollstraftat im Reiseverkehr beteiligt, so stellen sich ähnliche Fragen wie bei den persönlichen Strafausschließungsgründen des § 28 Abs. 2 StGB (personenbezogener Ausschließungsgrund). Stellt ein gemeinschaftlicher Schmuggel im Reiseverkehr z.B. für A eine Wiederholungstat dar, für B aber nicht, so wird A strafrechtlich verfolgt, B dagegen nicht.

94 Die übrigen Voraussetzungen der Nichtverfolgung haben dagegen sachlichen (tatbezogenen) Charakter (tatbezogener Ausschließungsgrund). Wird verborgene oder zum Handel bestimmte Ware eingeschmuggelt, dann trifft die Verfolgung alle Tatbeteiligten. Voraussetzung ist dabei natürlich das Bestehen einer strafrechtlichen Beteiligung, also eines Mittäter- oder Gehilfenverhältnisses. Liegen die Voraussetzungen für die Nichtverfolgung für einen Teil des Schmuggelgutes vor (z.B. teils versteckt, teils nicht versteckt), so ist die Straftat im gesamten Umfang zu verfolgen. Jedoch kann der Umstand, dass immerhin für einen Teil der Schmuggelware die Voraussetzungen für das Schmuggelprivileg vorgelegen hätte, für die Strafzumessung und die Frage einer Einstellung des Verfahrens nach § 398 AO bedeutsam sein.

95 § 32 Abs. 1 und 2 ZollVG enthalten positive und negative Voraussetzungen, von denen die Nichtverfolgung kleiner Steuerstraftaten und -ordnungswidrigkeiten im grenzüberschreitenden Reiseverkehr abhängt.

96 Es müssen Steuerstraftaten oder Steuerordnungswidrigkeiten sein, also strafbare oder mit Bußgeld bedrohte Beeinträchtigungen von Steuern. Nach der im Steuerstrafrecht weiterhin uneingeschränkt gültigen Gleichsetzung von Zöllen und Steuern in §§ 369, 377 AO werden hiervon auch die Zölle umfassenden Einfuhrabgaben erfasst. Nach Meinung des BMF ist der Bannbruch eine Steuerstraftat, auf die § 32 ZollVG nicht anzuwenden ist (Abs. 76 DV Zollschuldrecht – Allgemeines VSF Z 0901). Die Meinung ist strittig.[57] Der Bannbruch ist auch eine Steuerstraftat (§ 369 Abs. 1 Nr. 2 AO), und damit ist durch den umfassenden Begriff „Steuerstraftaten", der durch das Gesetz zur Änderung des ZollVG v. 20.11.1996 (BGBl I, 2030) an die Stelle der früheren „Zollstraftaten" getreten ist, der Bannbruch nach Meinung der Bearbeiter durch den Wortlaut der Vorschrift nicht mehr vom Schmuggelprivileg ausgeschlossen. Zwar läuft dies ohne Frage dem Sinn der Vorschrift zuwider, denn das kriminelle Gewicht des Bannbruchs wird nicht wie bei der Zollhinterziehung durch die Höhe der durch die verbotswidrige Einfuhr verkürzten Einfuhrabgaben, sondern durch die Gefährlichkeit und

---

56 *OLG Hamburg* 13.6.1962, Ss 362/61.
57 Der gleichen Meinung wie der des BMF ist Franzen/Gast/Joecks/*Jäger* § 32 ZollVG, Rn. 15; anderer Meinung sind Bender/Möller/Retemeyer/*Möller/Retemeyer* C V, Rn. 1228; *Kohlmann* zu § 372 AO; Hübschmann/Hepp/Spitaler/*Hübner* Vor § 372 AO zu § 80 ZollG, Rn. 33.

die Menge der Bannware bestimmt, und gerade besonders gefährliche Gegenstände können mit geringen oder überhaupt nicht mit Einfuhrabgaben belastet sein (BTM). Auch die Fälle der verbotswidrigen Ausfuhr im Reiseverkehr sind abgabenfrei, aber auch ein Bannbruch und damit eine Steuerstraftat. Auch kann es bei einer abgabenfreien Einfuhr keinen Zuschlag „bis zur Höhe der Einfuhrabgaben" geben, womit die ausgleichende Sanktion entfällt. Der Gesetzgeber hat bisher keine Änderung durch einen klärenden Wortlaut (z.B. „Straftaten in Bezug auf Einfuhrabgaben") vorgenommen. Der gesetzliche Wortlaut ist nicht zweifelhaft, eine andere Auslegung ist dem gesetzgeberischen Willen nicht zu entnehmen.

Faktisch besteht dasselbe Dilemma hinsichtlich des schweren Schmuggels (§ 373 AO) und der **97** besonders schweren Fälle (§ 370 Abs. 3 AO) als Steuerstraftaten im Reiseverkehr. Auch für diese ist nach dem durch alle Gesetzesänderungen hindurch immer wieder bestätigten Gesetzeswortlaut die Anwendung des Schmuggelprivilegs nicht ausgeschlossen.

Der innergemeinschaftliche Reiseverkehr fällt nicht in den Anwendungsbereich des § 32 **98** ZollVG.

Anwendbar ist § 32 ZollVG aber auch für den Schmuggel verbrauchsteuerpflichtiger Erzeug- **99** nisse von den Kanarischen Inseln, die wegen abweichender europäischer und nationaler Gebietsdefinitionen für den Zoll und die Mehrwertsteuer sowie besonderen Verbrauchsteuern zwar zum Zollgebiet, aber nicht zum Umsatz- und Verbrauchsteuergebiet der EU gehören.

Die Ware darf nicht zum Handel oder zur gewerblichen Verwendung bestimmt sein. Zum **100** Handel bestimmt ist eine Ware, wenn der Täter in der Absicht handelt, sie entgeltlich zu veräußern. Dass der Täter ständig mit Waren dieser Art handelt, ist nicht erforderlich. So sind Waren z.B. zum Handel bestimmt, die ein Reisender in der Absicht einführt, sie in der EU zu verkaufen. Daran ändert sich auch nichts, wenn der beabsichtigte Verkauf später unterbleibt. Zur gewerblichen Verwendung dient Ware dann, wenn sie bei einer vom Täter ständig ausgeübten gewerblichen Tätigkeit zu verwenden (z.B. Hühnerfutter bei einem Geflügelzüchter, Kraftstoff im PKW eines reisenden Handelsvertreters oder im Schulwagen einer Fahrschule, Stoffmuster, die ein Handelsvertreter beruflich mitführt). Die Bestimmung zur gewerblichen Verwendung muss tatsächlich bestehen und ist von der Zollverwaltung nach den allgemeinen Grundsätzen der Sachverhaltsermittlung mit „In dubio pro reo" zu beweisen.

Der verkürzte Einfuhrabgabenbetrag oder der Einfuhrabgabenbetrag, dessen Verkürzung ver- **101** sucht wurde, darf 130 € nicht übersteigen. Demnach bestimmt sich die Nichtverfolgung nach dem fiskalischen Schaden und nicht mehr, wie nach § 32 ZollVG a.F., nach dem Warenwert. Schmuggel mit hochwertigen Waren, die einer niedrigen Abgabenbelastung unterliegen (z.B. Antiquitäten oder Goldmünzen) kann dadurch privilegiert sein, während der Schmuggel mit hochsteuerbaren Waren schon bei relativ geringem Warenwert (z.B. vier Stangen Zigaretten) zur Strafverfolgung führt.

Zollbegünstigungen durch Anwendung eines Präferenzzollsatzes bei Einfuhren aus präferenz- **102** begünstigten Ländern (z.B. Goldschmuck aus der Türkei) werden nicht angewendet, wenn die Ware nicht ordnungsgemäß verbracht und angemeldet wird.

Die Ware darf nicht durch besonders angebrachte Vorrichtungen verheimlicht oder an schwer **103** zugänglichen Stellen versteckt gehalten werden. Durch besonders angebrachte Vorrichtungen verheimlicht sind z.B. Waren, die sich unter doppelten Böden oder eingenäht im Mantelfutter befinden, sowie Kraftstoff, wenn durch besondere Vorrichtungen ein falsches Anzeigen der Benzinuhr herbeigeführt wird. Dagegen keine besondere Vorrichtung, wenn die Ware in einem Koffer so verpackt ist, dass man sie erst nach völligem Ausräumen des Koffers findet.

Versteckt ist eine Ware nach dem Wortsinn, wenn sie an einer Stelle steckt, wo man Waren dieser Art üblicherweise nicht mit sich führt, sodass der Zollbeamte dort in der Regel nicht nachschauen wird. Schwer zugänglich ist eine versteckte Ware, dann, wenn sie für den Abfertigungsbeamten nur durch einen nicht üblichen Aufwand an Zeit, Kraft oder Unannehmlichkeiten feststellbar sind, sodass sie nach Ansicht des Reisenden Aussicht haben, bei einer normalen, nicht allzu gründlichen Zollkontrolle unentdeckt zu bleiben.

104   Durch die Tat darf nicht eine Steuerstraftat innerhalb von sechs Monaten zum wiederholten Mal verwirklicht werden. Das Absehen von der Strafverfolgung soll für den Täter eine Warnung sein, bei deren Missachtung ein zweites Mal Nachsicht nicht mehr gewährt wird. Als erste Tat und Hindernis für das Schmuggelprivileg kommt daher nicht irgendeine Steuerstraftat, sondern nur eine solche im Reiseverkehr in Betracht, die gem. § 32 ZollVG nicht verfolgt worden ist.

105   Findet eine straf- oder bußgeldrechtliche Verfolgung einer Zollzuwiderhandlung im grenzüberschreitenden Reiseverkehr wegen § 32 Abs. 1 ZollVG nicht statt oder wird diese gem. § 398 AO eingestellt, so kann nach § 32 Abs. 3 ZollVG ein Zuschlag bis zur Höhe der Einfuhrabgaben, höchstens jedoch bis zu 130 € erhoben werden. Es handelt sich bei dem Zuschlag gem. § 32 Abs. 3 ZollVG um ein aliud zu der Geldstrafe und der Geldbuße.

106   Es ist grundsätzlich davon auszugehen, dass die Bedeutung des roten und des grünen Ausgangs den Reisenden bekannt ist.[58] Wenn nicht, müsse sich der Reisende informieren. Tut er das nicht und geht durch den grünen Ausgang in der Annahme, auch danach noch anmelden zu können, so ist dies leichtfertig. Gibt der Zollbeteiligte nach der Benutzung des grünen Ausgangs bei der sich anschließenden Zollkontrolle auf Nachfrage des Zollbeamten die Einfuhr zollpflichtiger Waren doch noch an, steht dies weder der Annahme einer Ordnungswidrigkeit noch der Festsetzung des Zuschlags in (maximaler) Höhe der Einfuhrabgaben entgegen.

107   Die Erhebung des Zuschlags ist als Kann-Vorschrift normiert. Sie liegt somit, wenn die beschriebenen Voraussetzungen vorliegen, im Ermessen der Zollstelle. Das BMF hat die Ausübung dieses Ermessens durch Abs. 75 DV Zollschuldrecht – Allgemeines VSF Z 0901 geregelt. Unter diesen Voraussetzungen ist im Regelfall die nach dem Gesetz mögliche Höhe voll auszuschöpfen, d.h., es werden die doppelten Einfuhrabgaben erhoben. Eine sachgemäße Ausübung des gesetzlich eingeräumten Ermessens erfordert jedoch auch zu prüfen, ob in Fällen leichteren Verschuldens ein geringerer Zuschlag verhältnismäßig ist. Da der Zuschlag eine ersatzweise Sanktion für Zollzuwiderhandlungen aller Verschuldensgrade ist, auch vorsätzlich begangener, sollte er in voller Höhe folglich nur für vorsätzlichen Reiseschmuggel erhoben werden (so auch die Abs. 75 DV Zollschuldrecht – Allgemeines VSF Z 0901). Zu berücksichtigen ist auch, wenn durch unrichtige Angaben über den Wert oder den Ursprung der Ware nur ein Teil der Abgaben hinterzogen werden sollte.

108   Ein Zuschlag kann nach dem Wortlaut der Vorschrift auch erhoben werden, wenn die Tat nicht als vollendete oder versuchte Steuerhinterziehung oder als leichtfertige Steuerverkürzung, sondern nur als fahrlässige Gefährdung von Einfuhrabgaben gelten kann, was sehr oft der Fall ist. In diesen Fällen ist für die Anwendung des Schmuggelprivilegs zwar die Höhe der Einfuhrabgaben unbegrenzt, aber der Zuschlag dennoch auf 130 € beschränkt.

109   Wenn wegen desselben Sachverhalts ein Straf- und Bußgeldverfahren eingeleitet wird, kann kein Zuschlag erhoben werden (Umkehrschluss aus dem gesetzlichen Wortlaut „in den Fällen

---

58   *BFH* 16.3.2007, VII B 21/06.

Zölle 20

einer Nichtverfolgung"). Stellt sich allerdings in diesen Verfahren heraus, dass die Voraussetzungen für das Schmuggelprivileg gegeben sind, ist das Verfahren wegen Vorliegen eines Verfahrenshindernisses einzustellen und der Zollzuschlag nach zu erheben.

2. Bannbruch gem. § 372 AO

a) Schutzgut

Die Strafvorschrift des Bannbruches steht nicht im Zusammenhang mit dem Schutz des Steueraufkommens, sondern mit ihr sollen verschiedene Verbringungsverbote- und -beschränkungen strafrechtlich unterstützt werden. Diese finden sich in zahlreichen Einzelgesetzen (WaffenG, BtMG, AtomG, § 184 StGB für pornografische Schriften). Das Schutzgut ergibt sich aus dem jeweiligen Einzelgesetz und ist dementsprechend vielfältig. Neben der öffentlichen Sicherheit dient die Strafvorschrift des Bannbruches zum Schutz der menschlichen Gesundheit und dem Schutz von Markeninhabern und Verbrauchern vor Markenfälschungen.

110

Die Vorschrift wurde wegen des Sachzusammenhanges in die Abgabenordnung aufgenommen, weil die Überwachung der Verbringungsverbote im grenzüberschreitenden Verkehr in die Zuständigkeit der Zollverwaltung in ihrer Eigenschaft als Finanzbehörde fällt (§ 1 Abs. 3 ZollVG). Die Vorschrift ist als zentrale Zuständigkeitszuweisung für eine einheitliche Verfolgung aller Bannverstöße zu verstehen. Trotzdem gilt der Bannbruch als Steuerstraftat.

111

Die Verhinderung verbotswidriger Verbringungen ist eine wichtige Aufgabe der Ermittlungsbehörden und bekommt durch die permanente Globalisierung des Handels eine immer stärkere Bedeutung. Durch Internetbestellungen haben die Verbraucher und andere Marktteilnehmer früher nicht gekannte Möglichkeiten, illegale Waren direkt im Ausland zu bestellen und sich in das Geltungsgebiet des Gesetzes liefern zu lassen. Insbesondere Verletzungen des geistigen Eigentums durch Missachtung von Urheber- und Markenrechten sind vielfältig festzustellen.[59]

112

b) Begriffe

aa) Zollkontrollen

Zollkontrollen sind nicht nur zur Sicherung des Aufkommens an Einfuhr- und Ausfuhrausgaben erforderlich, sondern auch zum Schutz der Sicherheits- und Umweltpolitik, des Verbraucherschutzes und des Schutzes des kulturellen Erbes. Die Grenzen der Bundesrepublik Deutschland sind fast ausnahmslos Binnengrenzen innerhalb der EU. Zollkontrollen an Binnengrenzen erfolgen nicht systematisch sondern häufig in Amtshilfe für andere Behörden, z.B. Veterinärbehörden und dienen dann vorrangig anderen Zwecken als der Verfolgung des Bannbruches.

113

Wie die Steuerhinterziehung ist auch der Bannbruch als Blankettnorm ausgestaltet. Sie wird durch das entsprechende Verbotsgesetz ausgefüllt und hat damit weitreichende Auswirkungen über das Steuerstrafrecht hinaus.[60]

114

---

59 Vgl. dazu ausführlich: Bender/Möller/Retemeyer/*Möller/Retemeyer* C IV Rn. 535.
60 *Beckemper* HRSS 2013, 413.

Retemeyer/Möller   577

bb) Gegenstände

115   Das Gesetz beschränkt die Tathandlung auf „Gegenstände". Das Steuer- und Zollrecht verwendet für die Objekte der Besteuerung verschiedene Begriffe, die nicht identisch sind. Der Begriff des Gegenstandes wird im Umsatzsteuerrecht aufgenommen (§ 3 Abs. 1 UStG). Das Zollrecht selbst verwendet den Begriff der „Waren", wobei eine Legaldefinition fehlt. Angeknüpft werden kann aber an die Einreihung und Erfassung von Waren in die kombinierte Nomenklatur.[61] Dort sind Waren auch nichtkörperlich, z.B. Strom und Gas.

116   Im Verbrauchsteuerrecht sind „verbrauchsteuerpflichtige Waren" Gegenstand der Besteuerung. Zur Definition der Verbrauchsteuergegenstände wird im jeweiligen nationalen Verbrauchsteuerrecht auch auf die Warenbegriffe der Kombinierten Nomenklatur zurück gegriffen.

117   Der Begriff der „Bannware" als Gegenstand eines Bannbruches findet sich schließlich auch im Tatbestand der Gefährdung von Schiffen, Kraft- und Luftfahrzeugen durch Bannware nach § 297 Abs. 1 und Abs. 2 StGB und zwar nur in der amtlichen Bezeichnung der Vorschrift. Das StGB verwendet im Tatbestand wiederum den Begriff der „Sache". Gemeint sind damit alle beweglichen Gegenstände, deren Einfuhr, Ausfuhr oder Transporteinem Verbot oder einem Zoll unterworfen ist und daher die im Gesetz genannten Gefahren für den Betreiber des Transportmittels auslösen kann.[62]

118   Der Gegenstandsbegriff des Bannbruches ist demgegenüber weit auszulegen und umfasst alle Körperlichen Sachen und die nichtkörperlichen Sachen, die in die Kombinierte Nomenklatur eingereiht werden. Dazu gehören auch jene verbotenen Waren, für die keine Zollschuld entsteht, z.B. Betäubungsmittel und Falschgeld. Ausgeschlossen sind aber elektronische Dateien und EDV-Programme.

cc) Verbot

119   Der Bannbruch bestraft jegliches verbotswidriges Verbringen, unabhängig davon, aus welchem Gesetz sich das Verbringungsverbot herleitet. Dieses Verbot ergibt sich nicht aus § 372 AO sondern aus zahlreichen Gesetzen und Verordnungen (sog. Verbotsgesetze).[63]

120   Die Deutsche Zollverwaltung unterteilt die sog. Verbote und Beschränkungen auf folgende Schutzbereiche:[64]
- Schutz der öffentlichen Ordnung (Waffen, Munition, Kriegswaffen. Chemiewaffengrundstoffe, Sprengstoffe, radioaktive Stoffe, Jugendgefährdende und verfassungswidrige Schriften),
- Schutz der Umwelt (Beseitigung und Verwertung von Abfällen (§ 326 Abs. 2 StGB), Chemische Stoffe, Pflanzenschutzmittel),
- Schutz der menschlichen Gesundheit unter dem Gesichtspunkt der Produktsicherheit,
- Schutz der Tierwelt (Artenschutz, Tiergesundheitsrecht, Tierseuchenerreger, Tiertransporte, Futtermittel, Tiererzeugnisse, Schutz der Fischbestände),
- Schutz der Pflanzenwelt,
- gewerblicher Rechtsschutz,
- Schutz des Kulturgutes.

---

61   Warennomenklatur nach Art. 1 der VO (EWG) Nr. 2658/87 des Rates v. 23.7.1987.
62   *Fischer* § 297 StGB, Rn. 7.
63   Überblick bei *Stüwe* DDZ 2005, F. 72.
64   Www.zoll.de – Fachthemen/Verbote und Beschränkungen.

Dabei kann es sich um absolute oder relative Verbringungsverbote handeln. Der Streit,[65] ob **121** auch Verbringungsverbote aus dem Strafgesetzbuch oder dem MarkenG (§143) dem Bannbruch unterfallen, ist wegen der Subsidiaritätsklausel des § 372 Abs. 2 AO kaum praxisrelevant.

dd) Ein-, Aus- und Durchfuhr

Die Begriffe der Ein-, Aus- und Durchfuhr sind in der Abgabenordnung nicht geregelt. Auch **122** die zollrechtliche Vorschrift über das „Verbringen in das Zollgebiet der Gemeinschaft" nach Art. 37 ZK kann nicht herangezogen werden, da der Bannbruch auch innergemeinschaftliche Leistungen erfasst. Einfuhr ist damit das Verbringen in das Banngebiet.[66] Beim illegalen Verbringen verbotener Waren im Postwege (Bestellung im Internet), im aufgegebenen Reisegepäck ist der Bannbruch bereits mit dem Überschreiten der Hoheitsgesetze erfüllt, wenn sich dies aus dem jeweiligen Blankettgesetz ergibt, auch wenn die zollrechtliche Hinterziehung erst später erfolgt.

c)   Objektiver Tatbestand

Die Tathandlung besteht in dem verbotswidrigen Verbringen in Form der Ein-, Aus oder **123** Durchfuhr. Der Bannbruch ist ein schlichtes Erfolgsdelikt, ein besonderer Erfolg braucht nicht eingetreten zu sein.

d)   Subjektiver Tatbestand

Der Täter muss mit Vorsatz handeln, wobei ein bedingter Vorsatz ausreicht. **124**

Fahrlässiges Handeln ist nicht als Bannbruch strafbar, allerdings erscheint die fahrlässige Ver- **125** botswidrige Verbringung in einigen Verbotsgesetzen als Straf-oder Bußgeldtatbestand, so zum Beispiel im Außenwirtschaftsrecht nach § 33 Abs. 1–4 AWG (Ordnungswidrigkeit) und § 34 Abs. 7 AWG (Straftaten) oder im Betäubungsmittelrecht in § 29 Abs. 4 BtMG (Straftaten).

e)   Subsidiarität der Strafandrohung und Konkurrenzen

Gemäß § 372 Abs. 2 AO geht der Bannbruch nur subsidiär. Eine Tat wird nur dann als Bann- **126** bruch bestraft, wenn das verbotswidriges Verbringen nicht in anderen Vorschriften als Zuwiderhandlung gegen ein Einfuhr-, Ausfuhr- oder Durchfuhrverbot mit Strafe oder Geldbuße bedroht ist. Die Subsidiarität wird dadurch begründet, dass die einzelnen Verbringungsverbote von unterschiedlicher Bedeutung sind und deshalb Zuwiderhandlung auch unterschiedlich bestraft werden müssen. Ein einheitlicher Strafrahmen für alle Verbringungszuwiderhandlungen ohne Rücksicht auf deren größere oder geringere Gefährlichkeit hätte diese sinnvolle Abstufung zerstört.

Durch diese Subsidiarität wird die Anwendung des Bannbruches auf verbotswidrige Verbrin- **127** gungen stark eingeschränkt. Der Bannbruch kommt insb. dann in Betracht, wenn Verbote und Beschränkungen aus dem europäischen Recht mangels Zuständigkeit der EU zum Strafrecht keine europäische Sanktionsandrohung haben sowie bei der verbotswidrigen Einfuhr von Alkohol, da das BrtwMG keine Ahndungsfolgen bei Verstößen gegen das staatliche Einfuhrmonopol vorsieht.

---

65 Vgl. dazu ausführlich: Bender/Möller/Retemeyer/*Möller/Retemeyer* C IV Rn. 559.
66 Bender/Möller/Retemeyer/*Möller/Retemeyer* C IV Rn. 567.

f) Versuch, Vollendung und Beendigung des Bannbruchs

128 Der Versuch des Bannbruches ist strafbar. Er beginnt frühestens mit Handlungen, die bei ungestörtem Fortgang unmittelbar zu der Erfüllung führen sollen. Bei der Ausfuhr beginnt der Versuch beim Aufladen der Ware auf das Transportmittel.[67] Eine versuchte Durchfuhr liegt vor, wenn die Bannware im Inland aufgegriffen wird und sich unter amtlicher Überwachung befindet, so dass die Durchführenden oder andere keinen Zugriff auf die Ware haben.

129 Die Tat ist vollendet, wenn eine Einfuhrabgabeware verbotswidrig und entgegen den Zollvorschriften vorschriftswidrig verbracht wurde, wobei insoweit der Bannbruch und die Zollhinterziehung tateinheitlich vorliegen. Die Einfuhr ist mit dem Übertritt der Ware über die maßgebliche Grenze des Banngebietes vollendet. Der versuchte Einfuhrbannbruch durch Ausländer im Ausland ist mangels Tatort in Deutschland nicht nach deutschem Recht strafbar.

130 Der Bannbruch ist beendet, wenn die Strafverfolgungsbehörde nach Vollendung der Tat diese aufdeckt und verhindert, dass die Bannware in den Verkehr gelangt.

3. Gewerbsmäßiger, gewaltsamer und bandenmäßiger Schmuggel gem. § 373 AO

131 Gewerbsmäßige, gewaltsame und bandenmäßige Hinterziehung von Einfuhrabgaben (sog. schwerer Schmuggel) sind eine besonders gefährliche Erscheinungsform der Zollhinterziehung. Zur nachhaltigen Bekämpfung dieser modernen Erscheinungsformen des Schmuggels sieht § 373 AO entsprechend verschärfte Strafen vor. Bei § 373 AO handelt es sich um eine unselbständige tatbestandliche Abwandlung des § 370 AO. Die strafschärfenden Merkmale der Gewerbsmäßigkeit und der Bandenzugehörigkeit in § 373 AO stellen besondere persönliche Merkmale i.S.d. § 28 Abs. 2 StGB dar.[68]

132 Bannbruch wegen Zuwiderhandlungen gegen Monopolvorschriften hat mangels bestehender Verbote keine praktische Bedeutung mehr.

133 Die Grundsätze zur Strafzumessung bei Steuerhinterziehung in Millionenhöhe gelten in gleicher Weise auch für den Schmuggel (§ 373 AO) als einen Qualifikationstatbestand der Steuerhinterziehung (Grundtatbestand). Bei Schmuggel gem. § 373 AO kommt bei Hinterziehungsbeträgen in Millionenhöhe eine aussetzungsfähige Freiheitsstrafe nur bei Vorliegen besonders gewichtiger Milderungsgründe in Betracht.[69]

134 Die Möglichkeit eines Vorsteuerabzugs gem. § 15 Abs. 1 S. 1 Nr. 2 UStG steht einer Strafbarkeit wegen Schmuggels gem. § 373 AO auch hinsichtlich der Einfuhrumsatzsteuer nicht entgegen. Die Einfuhrumsatzsteuer entsteht z.B. bei vorschriftswidrigem Verbringen gem. Art. 202 ZK i.V.m. § 21 Abs. 2 UStG, erlischt nicht und wird durch eine solche Tathandlung verkürzt und ist Basis des strafrechtlich relevanten Schadens und des Schuldgehalts. Die Tat der Hinterziehung von Einfuhrumsatzsteuer und einer nachfolgenden Hinterziehung von Umsatzsteuer (z.B. nach Weiterveräußerung der eingeführten Waren) müssen in ihrem Unrechts- und Schuldgehalt nicht gemeinsam gewürdigt werden.[70]

---

67 Bender/Möller/Retemeyer/*Möller/Retemeyer* C IV Rn. 590.
68 *BGH* 15.3.2005, 5 StR 592/04.
69 *BGH* 22.5.2012, 1 StR 103/12; m. Anm. *Retemeyer/Möller* ZfZ 2012, 194 f.
70 *BGH* 4.9.2013, 1 StR 374/13; *BGH* 26.6.2012, 1 StR 289/12; m. Anm. *Möller* AW-Prax 2013, 27 f.; a.M. *Wulf* Hinterziehung von Einfuhrumsatzsteuer – Freiheitsstrafe zur Sanktionierung fiktiver Vermögensbeeinträchtigungen?, Stbg 2012, 545 ff.

Die – zum offiziellen Gesetzestext gehörende – Gesetzesüberschrift „Schmuggel" besagt nicht, **135**
dass die Vorschrift nur für solche Fälle der Hinterziehung von Einfuhrabgaben anwendbar ist,
die – entsprechend dem Wortsinn – im heimlichen Verbringen von Waren über eine Grenze
bzw. in einer Zollschuldentstehung gem. Art. 202 Zollkodex bestehen. Vielmehr sind alle
Erscheinungsformen der Einfuhrabgabenhinterziehung umfasst, z.B. durch unrichtige Angaben über den Warenwert in der Zollanmeldung, und der sog. Truppenschmuggel betrifft
Waren des freien Verkehrs, die sich in der besonderen Verwendung (Art. 82 Zollkodex) der
ausländischen Stationierungsstreitkräfte befinden und nicht entsprechend den hierfür bestehenden Bedingungen verwendet werden.

Voraussetzung für die Anwendbarkeit des § 373 AO ist zunächst die Erfüllung des Grundtatbe- **136**
standes des § 370 AO oder des § 372 AO in objektiver und subjektiver Hinsicht. Dabei muss es
sich, soweit § 370 AO den Grundtatbestand bildet, um eine Hinterziehung von Einfuhr- bzw.
Ausfuhrabgaben i.S.v. § 1 Abs. 1 ZollVG handeln, die die Zölle erfassen. Der Qualifikationstatbestand ist nicht erfüllt, wenn verbrauchsteuerpflichtige Erzeugnisse aus anderen Mitgliedstaaten nach Deutschland verbracht werden (innergemeinschaftliches Verbringen), da die entstehenden besonderen Verbrauchsteuern keine Einfuhrabgaben im Sinne des § 373 AO sind.[71]
Die besonderen Verbrauchsteuern werden nur dann von § 373 AO erfasst, wenn sie als Einfuhrabgaben bei dem Verbringen aus einem Drittland in das deutsche Steuergebiet entstehen.
Einfuhr ist aber nur das Verbringen von Nichtgemeinschaftswaren aus dem Drittlandsgebiet in
das Gebiet der EU, nicht jedoch das innergemeinschaftliche Verbringen verbrauchsteuerpflichtiger Erzeugnisse.[72]

Gewerbsmäßiger Schmuggel umfasst auch die Hinterziehung von Antidumpingzöllen. Die **137**
Strafbarkeit wegen Hinterziehung von Antidumpingzöllen verstößt nicht gegen Unionsrecht.
Ein Verbot der Bestrafung ergibt sich weder aus dem GATT 1994 noch aus dem zur Durchführung des Art. 6 GATT 1994 geschlossenen Antidumping-Übereinkommens vom
22.12.1994. Das mit der Strafnorm des gewerbsmäßigen Schmuggels unter Strafe gestellte Verhalten ist allein die Verkürzung von Einfuhrabgaben, zu denen auch die Antidumpingzölle
gehören.[73]

§ 373 AO ist gem. Abs. 4 auch anwendbar auf die Hinterziehung von Einfuhrabgaben anderer **138**
Staaten, die in gewissem Umfang auch durch § 370 Abs. 6 AO geschützt sind.

Gewerbsmäßig handelt, wer die Absicht hat, sich durch wiederholte Begehung der Straftat eine **139**
fortlaufende, d.h. für einen gewissen Zeitraum andauernde Einnahmequelle von einigem
Umfang zu verschaffen.[74] Auch ein Zeitgesetz gem. § 2 Abs. 3 StGB in Form einer Antidum-
ping-VO steht einer Bestrafung wegen gewerbsmäßigen Schmuggels nicht entgegen.[75] Auch bei
einer Steuerhinterziehung auf Zeit (Erlangung eines Liquiditätsvorteiles) kann Gewerbsmäßigkeit vorliegen (*BGH* Beschl. v. 26.6.2012 – 1 StR 289/12). Der Ankauf unverzollt von polni-
schen Lieferanten an verschiedenen Orten im Bundesgebiet auf unbekanntem Weg eingeführ-

---

71 *BGH* 18.1.2011, 1 StR 561/10; *BGH* 14.3.2007, 5 StR 461/06.
72 Wegen der Strafzumessung in den Fällen unverzollter und über andere Mitgliedstaaten nach Deutschland
    eingeführter Tabakwaren *BGH* 2.2.2010, 1 StR 635/09; *BGH* 9.6.2011, 1 StR 21/11. Der BGH empfiehlt in
    diesen Fällen die Strafverfolgung hinsichtlich der verkürzten Abgaben nach §§ 154, 154a StPO auf den bei
    der Einfuhr aus einem anderen Mitgliedstaat hinterzogenen Zoll und auf die bei dem Verbringen in das
    deutsche Verbrauchsteuergebiet hinterzogene deutsche Tabaksteuer zu beschränken.
73 *BGH* 27.8.2010, 1 StR 217/10.
74 *BGH* 19.12.2007, 5 StR 543/07.
75 *BGH* 27.8.2010, 1 StR 217/10; m. Anm. *Möller/Retemeyer* wistra 2011, 70 ff.

ten Zigaretten und deren Weiterveräußerung an Zwischenhändler und Endabnehmer ist als gewerbliche Steuerhehlerei gem. § 374 AO i.V.m. Art. 4 Nr. 10 ZK und §§ 19, 12 TabStG zu werten.[76]

140   Bandenmäßig handelt, wer als Mitglied einer Bande, die sich zur fortgesetzten Begehung von Steuerhinterziehungen verbunden hat, Steuern hinterzieht. Der Begriff ist inhaltsgleich mit dem in § 370 Abs. 3 Nr. 5 AO.[77] Die – zum offiziellen Gesetzestext gehörende – Überschrift *Gewerbsmäßiger, gewaltsamer und bandenmäßiger Schmuggel* – erinnert noch daran, dass die Vorschrift ursprünglich auf die Bekämpfung des klassischen Schmuggels über die grüne Grenze und die damit verbundenen gewaltsamen Auseinandersetzungen mit Zollbeamten abgestellt war. Aktuelle Formen der organisierten Kriminalität werden von § 373 AO nur schwer erfasst.[78]

141   Gewaltsam ist die Hinterziehung von Einfuhrabgaben, wenn bei der Tatausführung eine Waffe oder ein anderes zur Gewaltanwendung geeignetes Werkzeug mitgeführt wird. Die erhöhte Strafandrohung soll der besonderen Gefahr begegnen, die sich für Polizei- und Zollbeamte durch das Auftreten bewaffneter Schmuggler ergibt. Der Begriff „gewaltsamer Schmuggel" ist allerdings insofern irreführend, als es nicht darauf ankommt, ob tatsächlich Gewalt angewendet wird, sondern es genügt bereits die Möglichkeit dazu, durch das Mitführen von Schusswaffen, anderen Waffen oder Werkzeugen. Die Anpassung der Strafandrohung wurde erst mit der Änderung des Strafrahmens des § 373 AO durch Gesetz v. 21.12.07, BGBl I, 3198 nachgeholt.

142   Die Strafandrohung für schweren Schmuggel ist gegenüber der Grundnorm § 370 AO merklich höher. Sie beträgt Freiheitsstrafe zwischen 6 Monaten und 10 Jahren; eine alternative Geldstrafe ist nicht vorgesehen. Da bei Freiheitsstrafen ab 6 Monaten auch eine Ersatzgeldstrafe nach § 47 Abs. 2 StGB nicht möglich ist, ist eine Strafaussetzung zur Bewährung eher unwahrscheinlich.

143   Anders als in den besonders schweren Fällen des § 370 Abs. 3 AO ist bei schwerem Schmuggel keine strafbefreiende Selbstanzeige möglich.

144   Für Teilnehmer eines schweren Schmuggels richtet sich die Bestrafung nach unterschiedlichen Grundsätzen.[79] Wer sich als Gehilfe an einem gewerbsmäßigen Schmuggel beteiligt, unterliegt der Bestrafung aus § 373 AO nur, wenn er selbst gewerbsmäßig handelt, denn Gewerbsmäßigkeit ist ein persönlicher Strafschärfungsgrund i.S.v. § 28 Abs. 2 StGB.[80] Fehlt dem Gehilfen diese Absicht, ist Bestrafung nur aus § 370 AO möglich. Dasselbe gilt für die Teilnahme an einem bandenmäßigen Schmuggel. Wer dagegen einen gewaltsamen Schmuggel unterstützt, ist ohne weiteres aus § 373 Abs. 2 Nr. 1 oder 2 AO strafbar, denn das Mitführen einer Waffe ist kein täterbezogener, sondern ein tatbezogener Qualifikationsgrund, der nicht unter § 28 Abs. 2 StGB fällt.

---

76   *BGH* 28.6.2011, 1 StR 37/11.
77   Wegen bandenmäßigen Schmuggels *BGH* 20.4.1999, 5 StR 604/98.
78   Zu einem Vorschlag für eine Gesetzesänderung, *Bender* Bandenschmuggel – ein hochaktuelles Fossil, ZfZ 2000, 259 ff.
79   Wegen Unterstützungshandlungen *BGH* 18.7.2000, 5 StR 245/00; *BGH* 15.7.1999, 5 StR 155/99.
80   Wegen gewerbsmäßigen Schmuggels des Gehilfen *BGH* 10.9.1986, 3 StR 292/86; wegen Beihilfe zum gewerbsmäßigen Schmuggel *BGH* 19.12.1979, 3 StR 370/79.

4. Steuerhehlerei gem. § 374 AO

Die Steuerhehlerei ist nach § 374 AO strafbar. Danach wird bestraft, wer Waren oder Erzeugnisse, hinsichtlich derer Abgaben oder Verbrauchsteuern hinterzogen worden sind oder Bannbruch begangen worden ist, ankauft oder sonst sich oder einem Dritten verschafft, sie absetzt oder absetzen hilft, um sich oder einen Dritten zu bereichern. Das Tatunrecht besteht in der Aufrechterhaltung eines vorher geschaffenen steuerrechtswidrigen Zustandes.[81] Dies gilt auch dann, wenn einer Steuerhinterziehung eine weitere Steuerhinterziehung folgt, zum Beispiel weil unverzollt und unversteuerte Zigaretten über Polen nach Deutschland und dann nach Großbritannien weitergeführt werden. Die Steuerhehlerei muss deshalb verfolgt werden, weil durch das weitere absetzen der unversteuerten waren die Feststellung der hinterzogenen Abgaben und die Verwirklichung des dinglichen Haftungsanspruches (§ 76 AO) immer schwieriger wird. Die Steuerhehlerei erfordert die vollendete Vortat eines andern. Der Vortäter muss den objektiven und subjektiven Tatbestand der §§ 370, 372 bzw. 373 AO verwirklicht und rechtswidrig gehandelt haben.

145

5. Selbstanzeige gem. § 371 AO

a) Anwendungsbereich für Zölle

Eine Besonderheit des Steuerstrafrechtes ist die Möglichkeit der strafbefreienden Selbstanzeige nach § 371 AO. Der Anwendungsbereich wird auf alle Fälle des § 370 AO beschränkt. Damit gilt sie für alle Fälle der Hinterziehung von Zöllen. Für viele andere Straftaten – auch wenn diese in Tateinheit zu einer Steuerhinterziehung stehen – gilt die Selbstanzeige nicht. Einzelne Vorschriften des Strafrechtes enthalten vergleichbare Regelungen.[82]

146

Auch für den Bereich der Hinterziehung von Zöllen gelten die allgemeinen Ausführungen zur Selbstanzeige.[83]

147

b) Ausschlussgründe (Erscheinen zur steuerlichen Prüfung, Entdeckung der Tat)

Die Strafbefreiung ist ausgeschlossen, wenn bei einer zur Selbstanzeige gebrachten unverjährten Steuerstraftat vor der Berichtigung, Ergänzung oder Nachholung dem Täter oder seinem Vertreter eine Prüfungsanordnung nach § 169 AO bekannt gegeben oder dem Täter oder seinem Vertreter die Einleitung des Straf- oder Bußgeldverfahrens bekannt gegeben worden ist oder ein Amtsträger der Finanzbehörde zur steuerlichen Prüfung, zur Ermittlung einer Steuerstraftat oder Ordnungswidrigkeit erschienen ist. Die Selbstanzeige wirkt ferner nicht strafbefreiend, wenn der nicht gerechtfertigte Steuervorteil einen Betrag von 25.000 € je Tat übersteigt.

148

Amtsträger der Finanzbehörde sind auch alle Beamten des Hauptzollamtes, insb. Prüfer oder Zollfahnder die zu einer Prüfung oder Ermittlung erscheinen. Abfertigungsbeamte, die eine Überholung oder körperliche Durchsuchung vornehmen oder Beamte der Einheiten des Sachgebietes C des Hauptzollamtes, die eine Person oder ein Kraftfahrzeug anhalten. Der Amtsträger muss zur steuerlichen Prüfung oder zur Ermittlung einer Steuerstraftat/Steuerordnungswidrigkeiten erschienen sein, d.h. er muss die Absicht haben sich sogleich und unabhängig vom Willen des Täters mit dessen steuerlichen Verhältnissen zu befassen.

149

---

81 *BGH* PStR 2011, 195.
82 Bender/Möller/Retemeyer/*Möller/Retemeyer* H I Rn. 4 f.
83 Sehr ausführlich dazu: Bender/Möller/Retemeyer/*Möller/Retemeyer* H III.

150 Auch Abfertigungsbeamte und Beamte der Kontrolleinheit Verkehrswege sind Amtsträger der Finanzbehörde; eine Selbstanzeige ist deshalb immer dann ausgeschlossen, wenn diese Beamten im Rahmen der Steueraufsicht auch zur Ermittlung einer Steuerhinterziehung tätig werden.

B. Marktordnungen

Literatur: *Arndt/Haas* EG-Abgaben: Normierung, Vollzug und Rechtsschutz, RIW 1989, 710; *Barnstedt* Die Durchführung der Gemeinsamen Marktorganisation in der Bundesrepublik Deutschland, 1988; *Bender* Berechnung der Produktionsabgabe für Zucker nach der EG-Marktordnung, ZfZ 2008, 188; *Bruns* Der strafrechtliche Schutz der europäischen Marktordnungen für die Landwirtschaft, Berlin 1980; *Busse* Die Aufgaben der Bundesfinanzverwaltung im Bereich der Milchquotenregelung, ZfZ 2009, 225; *ders.* Die Rechtsprechung der Finanzgerichtsbarkeit zur Milchquotenregelung, ZfZ 2009, 309; *ders.* Die Verordnung über eine gemeinsame Marktorganisation der Agrarmärkte – von ihrer Entstehung 2007 bis zu ihrem Neuerlass 2013, ZfZ 2014, 113; *ders.* Im Labyrinth der Milchquotensaldierung – Überlegungen zu einem BFH-Urteil vom 22.05.2012, ZfZ 2012 249; *Carlsen* Subventionsbetrug und Subventionsgesetze, AgrR 1978, 267; *Dannecker* Die Bekämpfung des Subventionsbetrugs im EG-Bereich, 1993; *Dörn* Die Verfolgung des Subventionsbetrugs durch die Finanzbehörden, DStZ 1995, 164; *Dünnweber* Ausfuhrerstattung für Nicht-Anhang-I-Waren und die neue gemeinsame Organisation der Agrarmärkte, ZfZ 2009, 281; *ders.* Grundzüge des Ausfuhrerstattungsverfahrens und die Kritik der Kommission der EU, ZfZ 1994, 98; *Ehlers/Wolffgang (Hrsg.)* Rechtsfragen der Europäischen Marktordnungen, 1998, 209; *Feit* Das System zum Schutz der finanziellen Interessen der Gemeinschaft im Ausfuhrerstattungsrecht, ZfZ 2002, 2; *Friedrich* Das Gesetz zur Durchführung der Gemeinsamen Marktorganisationen an der Schnittstelle zwischen gemeinschaftlichen und nationalem Recht, ZfZ 1988, 194; *Glaser/Killmann* Verordnung (EG, EURATOM) Nr. 2988/95 über den Schutz der finanziellen Interessen der Europäischen Gemeinschaften, 2011; *Halla-Heißen* Die neue AusfuhrerstattungsDVO, ZfZ 1999, 254; *dies.* Grundzüge des Lizenzrechts im gemeinsamen Agrarmarkt, ZfZ 1997, 74; *dies.* Subventionsbetrug bei Agrarexporten – Gemeinschaftsrechtliche Vorgaben zum Schutz der finanziellen Interessen der EG und deren Umsetzung durch § 264 StGB im Bereich der Ausfuhrerstattung, Mendel, 2004 (zugleich Dissertation Uni Münster); *Halla-Heißen/Kirchhoff* Vertrauensschutz im Ausfuhrerstattungsrecht, ZfZ 2000, 326; *Halla-Heißen/Nonhoff* Marktordnungsrecht, 1997; *Harings* Subventionen im Marktordnungsrecht, ZfZ 2007, 141; *Hetzer* Europäische Staatsanwaltschaft – Grünbuch zum strafrechtlichen Schutz der finanziellen Interessen der Europäischen Gemeinschaften, ZfZ 2002, 295; *Köhn* Die Abwicklung der Ausfuhrerstattungen bei Nicht-Anhang II-Waren, ZfZ 1998, 362; *Kraus* Wirtschaftsüberwachung durch die Zollverwaltung auf dem Gebiet des Marktordnungs- und Außenwirtschaftsrechts – Arten, Grundlagen, Abgrenzungen, ZfZ 1997, 7; *Mögele* Betrugsbekämpfung im Bereich des gemeinschaftlichen Agrarrechts, EWS 1998, 1; *Möller/Retemeyer* Besserer Schutz der finanziellen Interessen der EU? – Europäische Kommission schlägt Errichtung einer Europäischen Staatsanwaltschaft vor, BDZ, Fachteil 3/2014, F 7; *Patzschke* Milchabgabe – Steuerstrafrechtliches Risiko, AUR 2013, 7; *Pries* Aktuelle Rechtsfragen des Ausfuhrerstattungsrechts, Teil I und Teil II, ZfZ 1996, 2 und 40; *Reiche* Der Ausfuhrnachweis im Erstattungsrecht, AW-Prax 2006, 33; *Rüsken/Müller-Schwefe* Wegfall der Bereicherung bei der Rückforderung von Ausfuhrerstattung und Beihilfen, ZfZ 1992, 253; *Rüsken/Sameluck* Gelöste und ungelöste Probleme des Ausfuhrerstattungsrechts, ZfZ 1993, 38; *Schoenfeld* Ausfuhrerstattungsrecht, AW-Prax 2010, 105; *Schrömges* Betrugsbekämpfung im europäischen Agrarbereich, ZfZ 1995, 130; *ders.* Zum Verhältnis von

Staatsanwaltschaft und Zollverwaltung beim Strafschutz der Finanzinteressen der Europäischen Gemeinschaft, ZfZ 1991, 101; *ders.* Ist eine Ausfuhrerstattung eine Subvention im Sinne des § 264 StGB?, wistra 2009, 249; *ders.* Die Marktordnungsprüfung im Erstattungsbereich, ZfZ 1997, 290; *Schrömges/Schrader* Zur Problematik der Sanktionsregelung im Ausfuhrerstattungsrecht, ZfZ 2001, 2; *Stoffers* Der Schutz der EU-Finanzinteressen durch das deutsche Straf- und Ordnungswidrigkeitenrecht, EuZW 1994, 304; *Voss* Aktuelle Entwicklung der Rechtsprechung in Zoll- und Marktordnungssachen, ZfZ 1991, 193.

I. Einleitung

1. Ziele und Instrumente

Mit einem Anteil von 40 % stellen die Mittel für die Finanzierung der Gemeinsamen Agrarpolitik (GAP) einen großen Ausgabenblock im Haushalt der EU dar. Das BMF nimmt zusammen mit dem Bundesministerium für Ernährung, Landwirtschaft und Verbraucherschutz die Funktion der Koordinierungsstelle für die 16 deutschen Zahlstellen wahr, um bei den Auszahlungen an die Begünstigten eine konforme Umsetzung der Agrarfinanzregelungen sowie einen korrekten Rechnungsabschluss gegenüber der Kommission sicherzustellen. Die GAP gehört auch zu den finanziellen Interessen der EU, die zu schützen sind. | **151**

Die bereits im EWG-Vertrag von 1957 vor dem Hintergrund der damaligen Versorgungslage formulierten Ziele der GAP sind auch durch den Lissabon-Vertrag unverändert geblieben. Danach soll die GAP die Produktivität der Landwirtschaft steigern, auf diese Weise der landwirtschaftlichen Bevölkerung eine angemessene Lebenshaltung gewährleisten, die Märkte stabilisieren, die Versorgung sicherstellen und für angemessene Verbraucherpreise sorgen (Art. 39 AEUV). Mit der sukzessiven Einführung von Marktordnungen für nahezu alle landwirtschaftlichen Produktbereiche wurde seit 1962 ein gemeinsamer Agrarmarkt mit einheitlichem Außenschutz, gemeinsamen Preisen und Stützungsmechanismen und solidarischer Finanzierung geschaffen. Die Preis- und Absatzgarantien im Rahmen der gemeinsamen Marktordnungen, eine vorrangig an den Einkommenserwartungen orientierte Festlegung der Stützpreise und der technische und biologische Fortschritt führten im Laufe der Zeit dazu, dass die europäischen Landwirte mehr produzierten, als der europäische Markt aufnehmen konnte. Exzessive Überschüsse wurden aus Finanzmitteln der EU aufgekauft, eingelagert, am Weltmarkt verkauft, als Nahrungsmittel verschenkt oder denaturiert (z.B. vernichtet). Mitte der 1980er Jahre nahmen die Agrarausgaben ein Ausmaß an, das den vorgegebenen Finanzrahmen sprengte. Mit der sog. Agrarleitlinie, durch die ab 1988 der jährliche Anstieg der Agrarausgaben deutlich unter dem Anstieg des Bruttosozialprodukts gehalten werden sollte, und dem Einbau von „Haushaltsstabilisatoren" in die Marktordnungen (Preissenkungen oder Abgaben bei Überschreitung der Produktion bestimmter Höchstmengen) konnte eine Konsolidierung der Ausgaben erreicht werden. | **152**

Erst durch die Reform von 1992 erfolgte ein grundlegender Systemwechsel in der GAP. Nach einem erneuten Ausgabenanstieg durch Überschüsse, die zu erhöhten Lagerkosten und Exportsubventionen führten, ohne dabei den landwirtschaftlichen Einkommen zugute zu kommen, beschloss der Agrarrat, für die wichtigsten Erzeugnisse die bisherige Preisstützung durch staatliche Ankaufsgarantien, Prämien oder Erzeugerbeihilfen schrittweise zu reduzieren und durch an die Produktion gekoppelte direkte Einkommensbeihilfen (Hektarbeihilfen, Tierprämien) zu ersetzen. Für die Finanzierung der GAP bedeutete die seit 1992 eingeleitete Reform, dass nicht mehr die „traditionellen" Mechanismen zur Entlastung der Agrarmärkte | **153**

(Ausfuhrerstattungen und Aufwendungen für die öffentliche Lagerhaltung, Prämien und Beihilfen zur internen Preisstützung) im Vordergrund stehen, sondern Direktzahlungen an die landwirtschaftlichen Betriebe.

154 Der deutsche Beitrag zum Agrarhaushalt in der Finanzperiode 2007–2013 belief sich auf rd. 70 Mrd. €. Dem standen zu erwartende Rückflüsse in Höhe von 40–48 Mrd. € gegenüber. Der daraus resultierende Nettosaldo von 29–37 Mrd. € ist die Hauptursache für die deutsche Nettozahlerposition im Haushalt der EU.

155 Innerhalb des vorgegebenen Finanzrahmens erfuhr die GAP mit den Luxemburger Agrarratsbeschlüssen vom Juni 2003 eine umfassende, am Markt orientierte und den finanziellen Erfordernissen entsprechende Neuausrichtung. Kernelemente der Reform, die ab 2005 umgesetzt wurde und auch eine bessere Finanzplanung ermöglichte, waren:

Entkopplung der Direktzahlungen von der Produktion und deren Bindung an die Einhaltung von Umwelt-, Tierschutz- und Lebensmittelsicherheitsstandards („Cross Compliance"); die Entkopplung der Direktzahlungen soll dafür sorgen, dass die Landwirte ihre betrieblichen Entscheidungen nicht mehr an den erzielbaren Subventionen, sondern stärker an den Marktgegebenheiten orientieren. Die Höhe der Direktzahlungen richtet sich nicht mehr nach der aktuellen Produktionsstruktur, sondern nach den in der Vergangenheit während einer Referenzperiode empfangenen Zahlungen.

156 Die Neuausrichtung der GAP wurde 2004 durch Beschlüsse über weitere Entkopplungsschritte bei den Marktordnungen für Olivenöl, Baumwolle, Tabak und Hopfen vertieft. In den Folgejahren wurden die Marktordnungen für Zucker, Obst und Gemüse sowie Wein in Richtung auf eine stärkere Marktorientierung und Ausgabenbegrenzung umgestaltet. Aus Vereinfachungsgründen sind seit 2007 alle Produktbereiche in einer einheitlichen Marktorganisation zusammengefasst. Im Jahre 2008 hat der Agrarrat in der sog. Gesundheitsüberprüfung der GAP („Health Check") die grundlegende Neuorientierung der GAP bekräftigt (Entkopplung weiterer Produktbereiche, Verstärkung der Modulation auf bis zu 14 %, nochmaliger Abbau der Marktstützung).

157 Die Ausgaben der 1. und 2. Säule der GAP werden aus zwei Fonds finanziert, für die mit der Verordnung (EG) Nr. 1290/2005 des Rates vom 21.6.2005 über die Finanzierung der GAP ein einheitlicher Rechtsrahmen geschaffen wurde und die Teil des Gesamthaushaltsplans der EU sind. Der Europäische Garantiefonds für die Landwirtschaft (EGFL) finanziert die Direktzahlungen an die Landwirte, **Ausfuhrerstattungen** und Interventionen zur Regulierung der Agrarmärkte, Informations- und Absatzförderungsmaßnahmen für landwirtschaftliche Erzeugnisse, Veterinär- und phytosanitäre Maßnahmen sowie Ausgaben für die Fischereimärkte. Der Reformprozess der GAP schlägt sich auch in der Ausgabenstruktur des EGFL nieder. Zentrales Instrument der GAP sind heute die Direktzahlungen. Sie machen über 90 % der 1. Säule aus, vor Beginn des Reformprozesses (1992) waren es erst 19 %. Im Gegenzug hat die Bedeutung der **Ausfuhrerstattungen** (von 30 % auf unter 1 %) und der Interventionen am Binnenmarkt (von 51 % auf 8 %) entsprechend abgenommen. Der Europäische Landwirtschaftsfonds für die Entwicklung des ländlichen Raums (ELER) unterstützt im Wege der Kofinanzierung die Förderprogramme der Mitgliedstaaten, die dazu eigene Finanzmittel einsetzen müssen.

158 Die Zuweisung und Verausgabung der Finanzmittel für die GAP erfolgt in einer sog. geteilten Mittelverwaltung. Für die Durchführung der GAP und damit auch für die an die Begünstigten zu leistenden Zahlungen sind die Mitgliedstaaten zuständig. Die von den Zahlstellen getätigten Ausgaben erstattet die Kommission den Mitgliedstaaten im Nachhinein: die EGFL-Ausgaben monatlich und die Ausgaben aus dem ELER vierteljährlich. Nach Abschluss des Haushaltsjah-

res (das für den EGFL bereits am 15.10. endet, weil die Mitgliedstaaten 2 ½ Monate in Vorlage treten) müssen sie darüber Rechnung legen. Die Kommission prüft die von den Mitgliedstaaten geleisteten Ausgaben. Sie erkennt nur solche Zahlungen an, die in Übereinstimmung mit dem europäischen Recht geleistet wurden. Andernfalls hat der Mitgliedstaat diese Kosten selbst zu tragen (sog. Anlastungen). Die innerstaatliche Haftungsverteilung zwischen Bund und Ländern bei Anlastungen Deutschlands ergibt sich aus Art. 104a Abs. 6 GG.

Durch **Zölle** und **Zuckerabgaben** fallen auch Einnahmen im Rahmen der GAP an, die **159** Bestandteil der traditionellen Eigenmittel der EU sind. Durch diese traditionellen „GAP-Eigenmittel" wurden zuletzt etwa 3 % der Agrarausgaben abgedeckt. Eine weitere Handelsliberalisierung im Agrarbereich dürfte diesen Anteil weiter sinken lassen. Welchen Umfang die Agrarausgaben innerhalb des Haushalts der EU künftig einnehmen werden, lässt sich nicht abschätzen. Auf der Basis der Ergebnisse der öffentlichen Debatte und nach Diskussionen mit Rat und Europäischem Parlament hat die Kommission am 18.11.2010 eine Mitteilung über die GAP bis 2020 vorgelegt, in der Optionen für die künftige GAP dargestellt werden und die Debatte mit den anderen Organen und mit Interessengruppen eingeleitet wird.

Am 12.10.2011 legte die Kommission ein Paket von Rechtsvorschlägen vor mit dem Ziel, die **160** GAP wirksamer zu machen im Hinblick auf eine wettbewerbsfähige und nachhaltige Landwirtschaft und einen lebendigen ländlichen Raum. Nach fast zweijährigen Verhandlungen zwischen Kommission, Europäischen Parlament und Rat wurde am 26.6.2013 eine politische Einigung über die Reform der Gemeinsamen Agrarpolitik erzielt. Am 16.12.2013 verabschiedete der Rat der Landwirtschaftsminister der EU formell die vier Grundverordnungen für die Reform der GAP sowie die Übergangsregeln für das Jahr 2014. Am 20.12.2013 wurden die vier Grundverordnungen und die Übergangsregeln im Amtsblatt veröffentlicht.

Der mehrjährige Finanzrahmen sieht für die Jahre 2014–2020 ein Ausgabenvolumen in Höhe **161** von insgesamt 1.082 Mrd. € vor.

2. Gemeinsame Marktorganisation (GMO)

Zum 1.1.2014 sind mehrere Ratsverordnungen zur Umsetzung der GAP-Reform in Kraft **162** getreten. Das betrifft die

- die neue Finanzierungsverordnung VO (EU) Nr. 1306/2013 des Europäischen Parlaments und des Rates vom 17.12.2013 über die Finanzierung, die Verwaltung und das Kontrollsystem der Gemeinsamen Agrarpolitik (Horizontale FinanzierungsVO)[84],
- die neue Gemeinsame Marktorganisation unter der VO (EU) Nr. 1308/2013 des Europäischen Parlaments und des Rates vom 17.12.2013 über die gemeinsame Marktorganisation für landwirtschaftliche Erzeugnisse (GMO)[85] und
- die neue Beihilfeverordnung VO (EU) Nr. 1370/2013 des Rates vom 16.12.2013 mit Maßnahmen zur Festsetzung bestimmter Beihilfen und Erstattungen im Zusammenhang mit der gemeinsamen Marktorganisation für landwirtschaftliche Erzeugnisse (BeihilfeVO)[86].

Im Rahmen der Reform der Gemeinsamen Agrarpolitik wurde die bisherige einheitliche **163** Marktorganisation (VO (EG) Nr. 1234/2007 des Rates vom 22.10.2007 über eine gemeinsame Organisation der Agrarmärkte und mit Sondervorschriften für bestimmte landwirtschaftliche

---

84 ABlEU Nr. L 347/549 v. 20.12.2013.
85 ABlEU Nr. L 347/671 v. 20.12.2013.
86 ABlEU Nr. L 346/12 v. 20.12.2013.

Erzeugnisse)[87] weitestgehend aufgehoben und durch die Verordnung über eine gemeinsame Marktorganisation für landwirtschaftliche Erzeugnisse (GMO) ersetzt. Diese Verordnung ist am 1.1.2014 in Kraft getreten. Die Verordnung über eine gemeinsame Organisation der Agrarmärkte fasst nahezu den gesamten Bereich des Agrarmarktrechts in einer Verordnung zusammen. Neben der Verordnung über die Direktzahlungen, der Verordnung über die Entwicklung des ländlichen Raumes und der horizontalen Verordnung ist sie eine der vier zentralen Verordnungen, die den größten Teil der Gemeinsamen Agrarpolitik (GAP) regeln.

II. Zollverwaltung und Marktordnungen

1. Zuständigkeit der Zollverwaltung

164 Für die folgenden Marktordnungssektoren und -maßnahmen der GMO ist die Zollverwaltung zuständig:
- Einfuhr und Ausfuhr von Marktordnungswaren,
- Ausfuhrerstattung für Marktordnungswaren,
- öffentliche Intervention,
- Produktionsregelungen im Zuckersektor,
- Quotenregelung im Milchsektor.

2. Marktordnungssektoren und –maßnahmen in der Zuständigkeit der Zollverwaltung

a) Einfuhr und Ausfuhr von Marktordnungswaren

165 Über die zollrechtlichen Regelungen hinaus gibt es zum Schutz des Binnenmarkts bei der der Einfuhr von Marktordnungswaren besondere Mechanismen. Es gibt deswegen eine Begrenzung der Einfuhrmengen mit Lizenzen, oder eine Anpassung der Einfuhrpreise durch Agrarzölle und eine Beobachtung der Warenströme im IT-Verfahren ATLAS.

166 Auch für die Ausfuhr von Marktordnungswaren gibt es spezielle Vorschriften. So muss bei der Ausfuhr von Schweizer Käse und Emmentaler in die USA ein spezielles Zertifikat vom Ausführer vorgelegt werden.

b) Ausfuhrerstattung für Marktordnungswaren

167 Unter Umständen sind die Preise für bestimmte landwirtschaftliche Erzeugnisse und daraus hergestellte Waren in der EU höher als die Weltmarktpreise. Als Ausgleich für den Preisunterschied kann bei der Ausfuhr dieser Waren (Erstattungswaren) in Drittländer Ausfuhrerstattungen gewährt werden.

168 Für die folgenden Sektoren landwirtschaftlicher Erzeugnisse kann Ausfuhrerstattung gezahlt werden:
- Getreide,
- Reis,
- Zucker,
- Rindfleisch,

---

87 ABlEU Nr. L 299/1 v. 16.11.2007.

- Milch und Milcherzeugnisse,
- Schweinefleisch,
- Eier,
- Geflügelfleisch und
- Nicht-Anhang I-Waren.

Die konkreten im maßgebenden Zeitpunkt geltenden Vergünstigungen werden von der Europäischen Kommission durch Verordnung festgesetzt und im Amtsblatt der EU veröffentlicht. Ob eine Ausfuhrerstattung für eine bestimmte Ware gewährt wird, kann im Elektronischen Zolltarif (EZT) unter Punkt Ausfuhranwendung – zur Ausfuhr zu der entsprechenden Warennummer unter Maßnahmen festgestellt werden. Im Bereich der Internet-Plattform „AIDA online" besteht die Möglichkeit, eine Berechnung über die voraussichtliche Höhe einer Ausfuhrerstattung an einem bestimmten Tag durchzuführen. **169**

In den Jahren 2009 bis 2012 wurden vom Hauptzollamt Hamburg-Jonas folgende Beträge (in Euro) an Ausfuhrerstattungen ausgezahlt: **170**

Sektoren	2010	2011	2012	2013
Getreide	10.259	211.744	–	–
Reis	–	–	–	–
Schweinefleisch	813.009	305.542	182.506	1.396
Rindfleisch	10.631.382	14.427.212	3.321.173	999.948
Eier	268.605	211.459	15.580	–
Geflügel	2.864.327	2.823.176	1.559.912	332.893
Zucker	-10.024	–	–	–
Obst und Gemüse	–	–	–	–
Verarbeitungserzeugnisse aus Obst und Gemüse	812	–	–	–
Milch und Milcherzeugnisse	13.717.880	75.404	–	–
Nicht-Anhang-I-Waren	1.576.553	890.397	702.203	62.148
Wein	–	–	–	–
Summe Ausfuhrerstattungen	29.872.803	18.944.934	5.781.374	1.396.385

(Quelle: www.zoll.de)

Erstattungswaren müssen von gesunder und handelsüblicher Qualität sein sowie im Gebiet der EU unter normalen Bedingungen und unter der in der Ausfuhranmeldung angegebenen Bezeichnung vermarktet werden können. Sofern die Waren zur menschlichen Ernährung bestimmt sind, darf diese Verwendung nicht durch die Beschaffenheit oder den Zustand der Ware ausgeschlossen oder wesentlich eingeschränkt sein.[88] Die Abgabe einer Ausfuhranmeldung für eine Ware, der die handelsübliche Qualität fehlt, ist nach der klaren und eindeutigen Rechtsprechung des EuGH sanktionsbewehrt.[89] **171**

---

88 *EuGH* 1.12.2005, C-309/04.
89 *BFH* ZfZ 2007, 10 6 f.; *BFH* 30.7.2010, VII B 187/09.

172　Erstattungsfähige Anhang I-Waren müssen ihren Ursprung in der EU haben und sich dort im freien Verkehr befinden. Von dieser Voraussetzung ist Zucker ausgenommen, der sich nur im freien Verkehr der EU befinden, nicht aber seinen Ursprung in der EU haben muss. Nicht-Anhang I-Waren sind als nur erstattungsfähig, wenn sie ihren Ursprung in der EU haben. Die Nicht-Anhang I-Waren müssen sich zum Zeitpunkt der Ausfuhr nicht im freien Verkehr der EU befinden, damit die zur Herstellung eingesetzten landwirtschaftlichen Erzeugnisse erstattungsfähig sind.

173　Die Ausfuhr der erstattungsfähigen Waren unterliegt formellen Anforderungen (z.B. Ausfuhrnachweis mit Kontrollexemplar T Nr. 5). Findet keine Ausfuhr statt, wird überhaupt keine Ausfuhrerstattung geschuldet.[90] Es obliegt dem Antragsteller der Ausfuhrerstattung, den Nachweis zu führen, dass die Nicht-Vorlage der Ausfuhranmeldung allenfalls auf leichter Fahrlässigkeit beruht. Kann dieser Nachweis nicht geführt werden, kommt eine nachträgliche Erteilung der Ausgangsbestätigung nicht in Betracht.[91] Die Unterlassung der Förmlichkeiten (z.B. bei der Abgangszollstelle) kann nicht als einfacher Verfahrensmangel angesehen werden.[92]

c)　Öffentliche Intervention

174　Zur Stützung des Binnenmarkts können Interventionsstellen (in Deutschland die Bundesanstalt für Landwirtschaft und Ernährung) Überschüsse vom Binnenmarkt aufkaufen und gegebenenfalls zu herabgesetzten Preisen veräußern (Interventionserzeugnisse). Der herabgesetzte Preis ist in der Regel mit einem besonderen Verwendungszweck (z.B. Verarbeitung) verbunden. Die Verwendung des Erzeugnisses beim Käufer wird amtlich überwacht. Damit der Verwendungszweck erreicht wird, hat der Käufer in der Regel eine Sicherheit zu leisten.

d)　Produktionsregelungen im Zuckersektor

175　Mit der Produktionsregelung im Zuckersektor soll die auf dem Binnenmarkt vorhandene Zuckermenge reguliert und das Preisniveau gesichert werden. Zu der Produktionsregelung gehören die Quotenregelung, die Industrierohstoffverarbeitung und gegebenenfalls weitere Marktregulierungsinstrumente, um die Zuckermenge zu regulieren. Im Rahmen der Quotenregelung wird bei den Zuckerherstellern auf die zugeteilte Quote in jedem Wirtschaftsjahr eine Produktionsabgabe von 12 € je Tonne, bei den Isoglucoseherstellern von 6 € je Tonne erhoben. Für außerhalb der zugeteilten Quote erzeugte Mengen ist von dem Hersteller grundsätzlich eine Überschussabgabe in Höhe von 500 € pro Tonne Weißzucker, bzw. Trockenstoff (bei Isoglucose) zu entrichten.

e)　Quotenregelung im Milchsektor

176　Ab 1964 führte die Europäische Gemeinschaft schrittweise eine gemeinsame Marktorganisation für Milch ein, die Interventionsmaßnahmen zur Stützung des Milchpreises und die Festlegung eines Richtpreises für Milch durch den Rat vorsah. Um Überschussproduktionen zu vermeiden, wurde bei den Erzeugern oder den Käufern von Kuhmilch für fünf aufeinander folgende Milchwirtschaftsjahre eine zusätzliche Abgabe erhoben, die bei Überschreitung bestimmter Referenzmengen fällig werden sollte. Für jeden Mitgliedstaat wurde eine Gesamtgarantiemenge festgesetzt. Es bestehen keine Zweifel an der Gültigkeit der unionsrechtlichen Vorschriften über die Erhebung einer Abgabe im Milchsektor. Die unionsrechtlichen Vor-

---

90　*EuGH* ZfZ 2008, 158 ff.
91　*BFH* ZfZ 2005, 20 ff.
92　*EuGH* 8.3.1988, 321/86; *BFH* 9.6.1988 VII R 116/83.

schriften fügen sich in den Rahmen des Ziels der Stabilisierung der Märkte ein. Die darin vorgesehene Abgabenregelung zielt darauf ab, auf dem durch strukturelle Überschüsse gekennzeichneten Milchmarkt durch eine Beschränkung der Milcherzeugung das Gleichgewicht zwischen Angebot und Nachfrage wiederherzustellen, und hält sich daher im Rahmen der Ziele, die Milcherzeugung zu rationalisieren und für die betroffene landwirtschaftliche Bevölkerung durch einen Beitrag zur Stabilisierung ihres Einkommens eine angemessene Lebenshaltung aufrechtzuerhalten. Problematisch wird im Milchwirtschaftsjahr 2014/15, das die VO (EG) Nr. 1234/2007 durch die VO (EU) Nr. 1308/2013 aufgehoben wurde. Gemäß Art. 230 Abs. 1 a) dieser VO soll die Aufhebung der Vorschriften über das System der Milchproduktionsregelung zwar erst zum 31.3.2015 wirksam werden. Da die Milchabgabe aber erst im Nachhinein erhoben werden kann, stellt sich dann die Frage, ob zum Zeitpunkt der vermeintlichen Fälligkeit der Abgabe im Sommer 2015 noch eine gesetzliche Ermächtigungsgrundlage für die Erhebung der Abgabe besteht.

3. Umsetzung der GAP-Reform 2013 durch die Zollverwaltung

a) Allgemeines

Zu der Umsetzung der GAP-Reform 2013 durch die Zollverwaltung hat das BMF in den E-VSF-Nachrichten N 22 2014 vom 16.4.2014 den Erlass vom 9.4.2014 –III B 3 – M 0200/14/ 10001 DOK 2014/0291720- veröffentlicht.[93] Danach ergeben sich für die einzelnen Marktordnungssektoren und -maßnahmen materiell nur geringe Änderungen gegenüber dem Vorgängerrecht.   **177**

b) VO (EU) Nr. 1306/2013 (Horizontale FinanzierungsVO)

Art. 2 Abs. 2 der Horizontalen FinanzierungsVO enthält erstmalig Begriffsbestimmungen zu „höherer Gewalt" und „außergewöhnlichen Umständen". Im Agrarbereich lehnte sich in der Vergangenheit die Auslegung dieser Rechtsbegriffe ausschließlich an bestehende EuGH-Rechtsprechung an. Die Begriffsbestimmungen gelten seit dem 1.1.2014.   **178**

Die Horizontale FinanzierungsVO enthält einen großen Teil der bisher in der Finanzierungsverordnung geregelten Kriterien für die Zulassung von EU-Zahlstellen und die Durchführung von Rechnungsabschlussverfahren im EGFL. Dazu zählen die Milchabgabe als Einnahme und die Ausfuhrerstattung als Ausgabe des EGFL. Das HZA Hamburg-Jonas wurde vor dem 20.12.2013 zugelassen, so dass nach Art. 7 Abs. 2 UAbs. 3 der Horizontalen FinanzierungsVO die Zulassung beibehalten wird, obwohl – neben den Zahlstellen auf regionaler Ebene – grundsätzlich nur noch eine einzige nationale Zahlstelle je Mitgliedstaat zugelassen werden soll. Der überwiegende Teil der Vorschriften aus der Horizontalen FinanzierungsVO betrifft das HZA Hamburg-Jonas und die Bescheinigende Stelle der Zollverwaltung bei der Bundesfinanzdirektion Nord. Die Produktionsabgabe Zucker zählt zu den Eigenmitteln der EU und ist deshalb nicht Gegenstand der Regelungen der Horizontalen FinanzierungsVO.   **179**

Die Horizontale Finanzierungsverordnung enthält in Art. 66 eine Basisregelung zur Erhebung und Verwaltung von Sicherheiten und in Titel V grundlegende Vorgaben zu Kontrollsystemen und Sanktionen. Zu beiden Bereichen bestehen mit der LizenzVO (VO (EG) Nr. 376/2008) und der WarenkontrollVO (VO (EG) Nr. 1276/2008) Durchführungsregelungen, die bis zur   **180**

---

93 Einführend zu der Verordnung über eine gemeinsamen Organisation der Agrarmärkte, *Busse* ZfZ 2014, 113 ff.

Einführung der neuen delegierten und Durchführungsrechtsakte weiterhin in Kraft bleiben. Es kann nicht ausgeschlossen werden, dass das neue Durchführungsrecht Änderungen der bisher praktizierten Verfahren nach sich ziehen wird. Vor einer Entscheidung über die Rechtsfolgen der neu platzierten Regelungen bleibt die Veröffentlichung der delegierten und Durchführungsrechtsakte abzuwarten.

c)   VO (EU) Nr. 1308/2013 (GMO)

aa)   Einfuhrüberwachung Wein

181   Die bisher in Art. 158a Abs. 3 der eGMO vorgeschriebenen Dokumente für die Einfuhr von Wein sind nun in Art. 90 Abs. 3 der GMO aufgeführt. Detailregelungen zur Ausgestaltung der Einfuhrüberwachung bei Wein wird ein delegierter Rechtsakt enthalten, der noch nicht veröffentlicht ist. An der bisherigen Umsetzung ergeben sich derzeit keine Änderungen.

bb)   Sektor Zucker

182   Neue Rechtsgrundlage für die Erhebung der Produktionsabgabe Zucker ist Art. 128 Abs. 1 der GMO i.V.m. Art. 7 der BeihilfeVO, die Art. 51 der eGMO ersetzen. Die neuen Rechtsgrundlagen ziehen zurzeit keine Änderung der Verwaltungspraxis nach sich.

183   Das Instrument der Produktionserstattung Zucker besteht nach Art. 129 der GMO i.V.m. Art. 8 der BeihilfeVO weiterhin. Die Produktionserstattung wird von der EU-Kommission im Wege von Durchführungsrechtsakten festgesetzt und im Moment nicht gewährt. Die neue Rechtsgrundlage ersetzt die Art. 97 und 98 der eGMO.

184   Eine Quotenregelung im Zuckersektor befindet sich in Art. 134 Abs. 1 der GMO. Die neue Rechtsgrundlage ersetzt Art. 55 Abs. 1 Buchst. b) der eGMO. Die Neuzuteilung der Quote wird derzeit auf der Grundlage von Art. 136 der GMO und Art. 10 der BeihilfeVO durch das BMEL vorgenommen. Die Zulassung der Unternehmen ist in Art. 137 der GMO geregelt (früher Art. 57 der eGMO). Eine Neuzulassung von Zuckererzeugern ist nicht erforderlich.

185   Art. 139 der GMO sieht – wie bisher Art. 61 der eGMO – eine Reihe von Fällen vor, in denen von der Erhebung der Überschussabgabe beim Hersteller abgesehen wird. Neu ist die Aufnahme der Freigabe von Nichtquotenzucker auf dem Unionsmarkt in Abs. 1 e), die gem. Art. 131 der GMO mit Durchführungsrechtsakten ausgeregelt werden soll. Diese Durchführungsrechtsakte sind noch nicht veröffentlicht. Zur Überschussabgabe enthält Art. 142 der GMO i.V.m. Art. 11 der BeihilfeVO Vorgaben, die Art. 64 der eGMO ersetzen. Die Übertragung von Überschusszucker ist in Art. 141 der GMO geregelt (früher Art. 63 der eGMO), wonach die Unternehmen zwischen dem 1.2. und dem 31.8. die übertragenen Rübenzuckermengen anzuzeigen haben. In Deutschland hat dies der Hersteller nach wie vor gem. § 6 Abs. 1 der Zucker-Produktionsabgaben-Verordnung bis spätestens zum 15.8. vorzunehmen. An der bestehenden Verwaltungspraxis ergeben sich keine Änderungen.

186   Die Regelungen für den Zuckersektor (Abschn. 1 des Kapitels II der GMO) sind in ihrer Geltungsdauer gem. Art. 124 der GMO – mit Ausnahme des hier nicht interessierenden Unterabschnitts 1 – beschränkt. Sie gelten bis zum Ende des Zuckerwirtschaftsjahres 2016/2017, d.h. bis zum 30.9.2017 (siehe auch Art. 232 Abs. 3 der GMO).

cc)   Quotenregelung im Milchsektor

187   Die Bestimmungen der eGMO zum System der Milchproduktionsregulierung aus der eGMO gelten bis zum 31.3.2015 (Art. 230 Abs. 1 Buchst. a) der GMO). Nach Mitteilung der EU-Kom-

mission ist der letzte Anwendungszeitraum der Milchquotenregelung (1.4.2014 – 31.3.2015 nach den Regelungen der VO (EG) Nr. 1234/2007 und der VO (EG) Nr. 595/2004 sowie den nationalen Vorschriften abzurechnen und ggf. die Milch-Überschussabgabe zu erheben. Desgleichen sind auch die Kontrollen für diesen Zwölfmonatszeitraum noch durchzuführen, so dass auch noch Kontrollpläne (mit Ausnahme der Transportkontrollen) für den Zeitraum nach dem 1.4.2015 zu erstellen sind.

dd) Einfuhr- und Ausfuhrlizenzen

Die in Art. 176 der GMO enthaltene Basisregel zu Einfuhr- und Ausfuhrlizenzen zieht keine **188** Änderung der Rechtsfolgen nach sich. Weitere Detailregelungen werden als delegierte und Durchführungsrechtsakte folgen und die bestehende VO (EG) Nr. 376/2008 und andere Durchführungsregelungen ersetzen. Bis dahin behalten alle bestehenden Durchführungsverordnungen zu den Lizenzregelungen ihre Gültigkeit.

ee) Ausfuhrerstattung

Die in Art. 196 ff. der GMO enthalten Regelungen zur Ausfuhrerstattung sind im Vergleich zu **189** Art. 162 ff. der eGMO nahezu unverändert geblieben. Die verfügbare Erstattung beträgt nach Art. 196 Abs. 3 der GMO generell 0 €. Ein Erstattungssatz größer null wird nach Art. 219 der GMO festgesetzt, wenn die Ausfuhrerstattung als Maßnahme gegen Marktstörungen zur Anwendung kommt. Eine derartige Festsetzung wird kurzfristig erfolgen und ein zügiges Aufleben der Antrags-, Kontroll- und Zahlungsverfahren im Rahmen von Sofortmaßnahmen erforderlich machen. Die Festsetzung der Ausfuhrerstattung größere null erfolgt im Wege von Durchführungsrechtsakten (Art. 13 der BeihilfeVO).

d) VO (EU) Nr. 1370/2013 (BeihilfeVO)

Art. 7 Abs. 1 der BeihilfeVO enthält den Satz für die Erhebung der Produktionsabgabe Zucker **190** in Höhe von 12 € pro Tonne Quotenzucker. Er ersetzt Art. 51 Abs. 2 der eGMO und gilt seit dem 1.1.2014. Die Höhe der Produktionsabgabe ist unverändert.

Gemäß Art. 12 der BeihilfeVO kann die EU-Kommission per Durchführungsrechtsakt eine **191** Überschussabgabe für die Mengen festsetzen, die nach Art. 139 Abs. 1 e) der GMO für den Binnenmarkt freigegeben werden. Die Veröffentlichung des Durchführungsrechtsakts erfolgt nur im Bedarfsfall für einen bestimmten Zeitraum.

III. Strafrechtlicher Schutz der finanziellen Interessen der EU

1. Allgemeines

Um die finanziellen Interessen der EU zu schützen, gibt es einschlägige europäische Vorschrif- **192** ten. Mit dem Übereinkommen über den Schutz der finanziellen Interessen der Europäischen Gemeinschaften[94] hat der Rat ein Übereinkommen zur Bekämpfung von gegen die finanziellen Interessen der Europäischen Gemeinschaften gerichteten Betrug ausgearbeitet. Gemäß dem Übereinkommen ist sowohl Betrug bei den Ausgaben als auch Betrug bei den Einnahmen in allen Mitgliedstaaten der EU durch wirksame, angemessene und abschreckende Strafen zu

---

94 ABlEG Nr. C 316 v. 27.11.1995.

ahnden. Auf der Grundlage des Übereinkommens hat jeder EU-Mitgliedstaat die erforderlichen Maßnahmen zu ergreifen, damit diese Handlungen sowie die Beteiligung an den Handlungen, die Anstiftung dazu oder der Versuch solcher Handlungen durch wirksame, angemessene und abschreckende Strafen geahndet werden können. Bei schweren Verstößen müssen die Strafen Freiheitsstrafen umfassen, die zu einer Auslieferung führen können.

193 Mit der Verordnung (EG, EURATOM) Nr. 2988/95 des Rates vom 18.12.1995 über den Schutz der finanziellen Interessen der Europäischen Gemeinschaften[95] werden Bestimmungen zur Bekämpfung des Betrugs zum Nachteil der finanziellen Interessen der Europäischen Gemeinschaften festgelegt. Es werden einheitliche Kontrollen in sämtlichen Mitgliedstaaten sowie verwaltungsrechtliche Maßnahmen und entsprechende Sanktionen bei Unregelmäßigkeiten in Bezug auf das Gemeinschaftsrecht vorgesehen. Der Tatbestand der Unregelmäßigkeit ist bei jedem Verstoß gegen eine Gemeinschaftsbestimmung als Folge einer Handlung oder Unterlassung eines Wirtschaftsteilnehmers gegeben, die einen Schaden für den Gesamthaushaltsplan der Gemeinschaften oder die Haushalte, die von den Gemeinschaften verwaltet werden, bewirkt hat bzw. haben würde, sei es durch die Verminderung oder den Ausfall von Eigenmitteleinnahmen, die direkt für Rechnung der Gemeinschaften erhoben werden, sei es durch eine ungerechtfertigte Ausgabe. Als Wirtschaftsteilnehmer gelten natürliche oder juristische Personen sowie sonstige nach dem einzelstaatlichen Recht anerkannte Rechtssubjekte, gegen die Sanktionen verhängt werden, wenn sie eine Unregelmäßigkeit begangen haben. Sanktionen können auch gegenüber Personen verhängt werden, die an der Begehung einer Unregelmäßigkeit mitgewirkt haben, für eine Unregelmäßigkeit haften oder dafür zu sorgen haben, dass eine Unregelmäßigkeit nicht begangen wird.

194 Verstöße gegen die von der Zollverwaltung verwalteten Regelungen bei der Einfuhr und Ausfuhr von Marktordnungswaren, die Ausfuhrerstattung von Marktordnungswaren, die öffentliche Intervention, die Produktionsregelungen für Zuckersektor und die Quotenregelung im Milchsektor können eine strafrechtliche Konsequenz haben. Vorrangig sind dies der Subventionsbetrug gemäß § 264 StGB und die Steuerhinterziehung gem. § 370 AO.

2. Subventionsbetrug gemäß § 264 StGB

a) Allgemeines

195 Schutzgut des § 264 StGB sind die in Abs. 7 genannten Subventionen. Soweit es sich um Subventionen nach europäischen Recht handelt werden diese in den Schutzbereich des § 264 StGB einbezogen (§ 264 Abs. 7 S. 1 Nr. 2 StGB).[96] Dabei ist es unerheblich, ob die Subvention von einer Stelle der EU oder von einer deutschen Stelle (z.B. der Zollverwaltung) vergeben wird. Die Kommission legt jährlich einen Bericht über den Schutz der finanziellen Interessen der EU vor, in dem sie über die zur Bekämpfung von Betrug zulasten des EU-Haushalts ergriffenen Maßnahmen berichtet. Der Bericht enthält ausführliche Angaben über die Zahl der von den Mitgliedstaaten gemeldeten Fälle von vermutetem oder festgestelltem Betrug in allen Einnahmen- und Ausgabenbereichen des EU-Haushalts und ermöglicht so auch die Ermittlung besonders gefährdeter Bereiche, was wiederum gezielte Gegenmaßnahmen auf Ebene der EU und der einzelnen Mitgliedstaaten erleichtert. Auf der Ausgabenseite waren im Jahr 2012 EU-Mittel in Höhe von insgesamt 315 Mio. € von Betrug betroffen, was 0,25 % der Ausgaben entspricht (gegenüber 295 Mio. € im Vorjahr). Auf der Einnahmenseite des Haushalts belief sich

---

95 ABlEG Nr. L 312 v. 23.12.1995.
96 Achenbach/Ransieck/*Wattenberg* 4. Teil 2. Kap. Rn. 13 und 24 ff.

der mutmaßliche oder nachgewiesene Betrug auf 77,6 Mio. € bzw. 0,42 % der 2012 erhobenen traditionellen Eigenmittel (gegenüber 109 Mio. € im Vorjahr).

Gemäß § 33 MOG und der einschlägigen Vorschriften in den Verordnungen führt die Zollverwaltung Marktordnungsprüfungen durch. Über die wesentlichen Rechte und Mitwirkungspflichten von Pflichtigen bei Marktordnungsprüfungen hat die Zollverwaltung das über das Internet unter www.zoll.de herunterladbare Merkblatt AWiMO (Vordrucknummer 0682) herausgegeben. Die Marktordnungsprüfung trägt dazu bei, dass die einschlägigen Gesetze gerecht und gleichmäßig angewandt werden.[97] **196**

b) Ausfuhrerstattungen

Die Tatsachen, von denen nach den Vorschriften die Bewilligung, die Gewährung, die Rückforderung, die Weitergewährung oder das Belassen einer Subvention abhängen, sind subventionserhebliche Tatsachen i.S.v. § 264 Abs. 8 Nr. 1 StGB. Betroffen sind z.B. bei der Ausfuhrerstattung Angaben in den Ausfuhranmeldungen im IT-Verfahren ATLAS-Ausfuhr, ggf. ergänzenden Bescheinigungen und Erklärungen sowie Herstellererklärungen über das Erzeugnis, für das die Ausfuhrerstattung gewährt wird, die Erzeugnisse, die zum Herstellen des begünstigten Erzeugnisses verwendet werden oder worden sind und die ausgeführten Waren sowie die zu deren Herstellung verwendeten Erzeugnisse.[98] Unter www.zoll.de ist hierzu das Merkblatt (Vordrucknummer 0920) herunterladbar. Es ist strittig, ob Ausfuhrerstattungen zu den nach europäischem Recht vergebenen Subventionen gehören.[99] **197**

Wer einen Subventionsbetrug begeht oder an einer solchen Tat teilnimmt, haftet nicht nach § 71 AO.[100] Die „Erschleichung" (z.B. der Ausfuhrerstattung) ist strafrechtlich keine Steuerhinterziehung, sondern ein Subventionsbetrug gem. § 264 StGB. **198**

3. Steuerhinterziehung gemäß § 370 AO

a) Allgemeines

Schutzgut der Steuerhinterziehung des § 370 Abs. 1–5 AO ist nach h.M. die Sicherung des staatlichen Steueranspruchs, d.h. des rechtzeitigen und vollständigen Steueraufkommens. Für Einfuhrabgaben und Ausfuhrabgaben ist § 370 AO unmittelbar anwendbar, weil diese gem. § 3 Abs. 3 AO Steuern im Sinne der AO sind. Dies gilt auch gem. § 5 MOG für Ausfuhrabgaben im Sinne des MOG, da sie Zölle im Sinne der AO sind. Auf Abgaben zu Marktordnungszwecken, die nach Regelungen i.S.d. § 1 Abs. 2 Nr. 1–3 AO hinsichtlich Marktordnungswaren erhoben werden, sind gem. § 12 Abs. 1 MOG die Vorschriften der AO mit Ausnahme des § 222 S. 3 und 4 entsprechend anzuwenden, sofern nicht durch das MOG oder durch Rechtsverordnung auf Grund des MOG eine von diesen Vorschriften abweichende Regelung getroffen ist. Diese Vorschriften gelten gem. § 35 MOG auch für Taten, die außerhalb des Geltungsbereichs des MOG begangen werden. Damit gilt die Regelung der Steuerhinterziehung nicht nur für Abgaben im grenzüberschreitenden Warenverkehr, sondern auch für Abgaben die im Binnen- **199**

---

97 *Schröder/Muss/Möller* Prüfungen auf dem Gebiet des Außenwirtschafts- und Marktordnungsrechts Kennzahl 7850.

98 Zu dem Subventionsbetrug bei Agrarexporten ausführlich, *Halla-Heißen* 82 ff.

99 *BGH* wistra 1990, 24 f.; *Müller/Gugenberger/Retemeyer* § 370; *Schrömges* wistra 2009, 249 ff.

100 So wegen der Investitionszulage, da die Voraussetzungen für eine analoge Anwendung des § 71 AO nicht vorliegen, *BFH* 19.12.2013, III R 25/10.

markt der EU erhoben werden.[101] Die in § 370 AO i.V.m. § 12 Abs. 1 MOG als mehrstufiges Blankettgesetz geregelte Strafbarkeit bei Verstößen wird dem verfassungsrechtlichen Bestimmtheitsgebot dennoch gerecht.[102]

b) Quotenregelung im Milchsektor

200 Eine Abgabe zu Marktordnungszwecken ist die Überschussabgabe für die Überschreitung der Anlieferungsquote bzw. die Direktverkaufsquote im Rahmen der Quotenregelung im Milchsektor. Die nationalen Vorschriften über die Erhebung einer Milchabgabe sind nicht wegen nicht ausreichend bestimmter Ermächtigungsgrundlage, wegen Verstoßes gegen das Zitiergebot oder gegen den Gesetzesvorbehalt nichtig. Es bestehen auch keine Zweifel an der Gültigkeit der unionsrechtlichen Vorschriften über die Erhebung einer Abgabe im Milchsektor.[103]

201 Die Strafbarkeit der Hinterziehung der zusätzlichen Abgabe auf Milch folgt aus § 12 Abs. 1 S. 1 MOG, wonach auf Abgaben zu Marktordnungszwecken, die nach Regelungen i.S.d. § 1 Abs. 2 MOG hinsichtlich Marktordnungswaren erhoben wurden, die Vorschriften der AO entsprechend anzuwenden sind.[104] Der Straftatbestand des § 370 Abs. 1 AO in Verbindung mit § 12 Abs. 1 MOG genügt den Anforderungen des strafrechtlichen Bestimmtheitsgrundsatzes aus Art. 103 Abs. 2, Art. 104 Abs. 1 GG in noch hinreichender Weise. Dies gilt insbesondere auch, soweit daraus die Strafbarkeit der Hinterziehung der zusätzlichen Abgabe auf Milch folgt. § 370 Abs. 1 Nr. 1 AO erschöpft sich auch nicht in einer bloßen Weiterverweisung auf das Abgabenrecht, sondern lässt somit einen bestimmten Unrechtstyp deutlich erkennen, indem er die tatbestandliche Handlung („wer den Finanzbehörden oder anderen Behörden über steuerlich erhebliche Tatsachen unrichtige oder unvollständige Angaben macht") wie den Taterfolg („und dadurch Steuern verkürzt oder für sich oder einen anderen nicht gerechtfertigte Steuervorteile erlangt") in einer allgemeinverständlichen, einer Parallelwertung in der Laiensphäre zugänglichen Weise ausführt.[105]

202 Gemäß § 47 MilchQuotV sind z.B. die Lieferung von Milch an einen nicht zugelassenen Käufer oder die Aufnahme der Tätigkeit als Käufer ohne Zulassung Ordnungswidrigkeiten i.S.d. § 36 Abs. 3 Nr. 3 MOG.

4. Sanktionen

203 Im europäischen Recht gibt es keine Legaldefinition und auch keinen gesicherten Begriff der Sanktion. Europäisch wird nach strafrechtlichen und verwaltungsrechtlichen Sanktionen unterschieden. Verwaltungsrechtliche Sanktionen können die Zahlung einer Geldbuße, die Zahlung eines Betrags, der einen rechtswidrig erhaltenen Betrag übersteigt, der vorübergehende Entzug einer Genehmigung oder auch der Verlust einer Sicherheit oder einer Garantie, die zur Gewährung der Erfüllung einer Regelung geleistet wurde (Art. 5 Abs. 1 VO (EG, Euratom) Nr. 2988/95). Diese Sanktionen sind nicht strafrechtlicher Natur.[106] Diese Arten der verwaltungsrechtlichen Sanktionen habe praktische Bedeutung im Marktordnungsrecht. So sollte z.B. die in Art. 11 Abs. 1 a) VO Nr. 3665/87 vorgesehene Sanktion den Ausführer davor

---

101 Hübschmann/Hepp/Spitaler/*Hellmann* § 370 Rn. 126; *Bender/Möller/Retemeyer* C III, Rn. 86.
102 *BVerfG* ZfZ 2010, 217 ff.
103 *BFH* 27.11.2013 – VII B 86/12; ders. 27.11.2013 – VII B 87/12.
104 *Patschke* AuR 2013, 7 f.
105 *BVerfG* ZfZ 2010, 217 ff.
106 *EuGH* 11.7.2002, C-210/00 Rn. 36

abschrecken, künftig falsche Angaben bei der Beantragung von Ausfuhrerstattungen zu machen, die die finanziellen Interessen der Gemeinschaft und die rechtmäßige Durchführung der Regelung der betroffenen gemeinsamen Marktorganisationen gefährden könnten. Diese Sanktionen finden unbeschadet zusätzlicher Sanktionen Anwendung, die nach dem nationalen Recht der Mitgliedstaaten gelten.[107]

Die verwaltungsrechtliche Sanktion schließt ein Strafverfahren nicht aus und stellt keine Doppelbestrafung dar.[108] Falsche Angaben können zugleich den Tatbestand des Subventionsbetrugs oder der Steuerhinterziehung erfüllen. Die Beteiligten müssen im Marktordnungsrecht bei Verstößen mit verwaltungsrechtlichen und strafrechtlichen Sanktionen rechnen. Die Mitgliedstaaten können z.B. wegen derselben Tat der Steuerhinterziehung nacheinander eine steuerliche Sanktion und danach eine strafrechtliche Sanktion verhängen, wenn die erste Sanktion keinen strafrechtlichen Charakter hat.[109]

204

---

107 *EuGH* 11.7.2002, C-210/00 Rn. 4.
108 *EuGH* EuZW 2012, 543 ff.
109 Zu der Auslegung des Grundsatzes ne bis in idem, *EuGH* PStR 2013, 87 f.

21. Kapitel
Subventionsbetrug

Literatur: *Adick* Zum Begriff der subventionserheblichen Tatsachen (§ 264 Abs. 8 StGB), HRRS 2011, 408; *Braeuer* Subventionen in Steuer- und Wirtschaftsstrafrecht, 2011; *Esser* Die Europäische Staatsanwaltschaft: Eine Herausforderung für die Strafverteidigung, StV 2014, 494; *Gaede/Leydecker* Subventionsbetrug mithilfe der Kurzarbeit im Schatten der globalen Finanzmarktkrise, NJW 2009, 3542; *Hentschel* Verjährt der Subventionsbetrugs nach § 264 I Nr. 3 nie?, wistra 2000, 81; *Lüderssen* Das Merkmal „vorteilhaft" in § 264 Abs. 1 S. 1 StGB, wistra 1999, 89; *Mischke* Der Subventionsbetrug – eine strafrechtliche Haftungsfalle, KommJur 2011, 281; *Mitsch* Ruhen der Verjährung ab Eröffnung der Hauptverhandlung, NStZ 2012, 508; *Möller/Retemeyer* Besserer Schutz der finanziellen Interessen der Europäischen Union?- Europäische Kommission schlägt Errichtung einer europäischen Staatsanwaltschaft vor, BDZ-Fachteil Heft 3 2014, F7.; *Ranft* Die Rechtsprechung zum sog. Subventionsbetrug, NJW 1986, 3163; *Ransiek* Aussteller einer Urkunde und Täter der Falschangabedelikte, FS Puppe, 2011, S. 1269; *Röhrig* Delikte gegen die staatliche Wirtschaftslenkung, wistra 2012, 338; *Schrömbges* Ist eine Ausfuhrerstattung eine Subvention im Sinne des § 264 StGB?, wistra 2009, 249; *Schulze* Die Betrugsnatur des Subventionsbetruges; *Schweda* Der Insolvenzverwalter als Täter eines leichtfertigen Subventionsbetruges, ZInsO 2011, 1433; *Stam* Das „Große Ausmaß"- ein unbestimmter Rechtsbegriff, NStZ 2013, 144.

A. Überblick

I. Allgemeines, wichtige Gesetze, Bedeutung der Vorschrift

1 Der Subventionsbetrug ist im StGB in § 264 geregelt. Wichtige Ergänzungen finden sich im „Gesetz gegen missbräuchliche Inanspruchnahme von Subventionen" (Subventionsgesetz) vom 29.7.1976.[1] Das Subventionsgesetz enthält die verwaltungsrechtlichen Vorschriften des Bundes zur Gewährung von Subventionen. Die Bundesländer haben eigene Vorschriften erlassen, um auch die nach Landesrecht vergebenen Subventionen dem SubvG zu unterwerfen.[2] Neben den nationalen Gesetzen sind auch die Vorschriften des EU Rechtes zu beachten. Die Bedeutung des Subventionsbetruges als Straftatbestand ist letztlich unklar, da einerseits die besondere Sozialschädlichkeit der Tat hervorgehoben wird, andererseits aber eine weitgehende Bedeutungslosigkeit in der Praxis festzustellen ist.[3] Interessant sind dazu die polizeilichen Statistikdaten aus der Polizeilichen Kriminalstatistik (PKS) des Bundeskriminalamtes.[4] Dort sind für das Jahr 2014 bundesweit 414 Taten des Subventionsbetruges mit einem Gesamtschaden von 33.037.518 € aufgeführt.[5] Die Aufklärungsquote wird mit 99,3 % angegeben. Diese angeblich hohe Aufklärungsquote zeigt in Verbindung mit der geringen Anzahl der Taten ein offenbar sehr großes Dunkelfeld auf.

---

1 BGBl I, 2034, III, 453-18-1-2.
2 Aufstellung der Gesetze mit Fundstellen bei: Achenbach/Ransiek/*Wattenberg* 4. Teil Kap. 2 Rn. 8.
3 *Fischer* § 264 StGB, Rn. 1.
4 Veröffentlicht unter www.BKA.de.
5 PKS 2013, Tabelle 09, Schlüssel 514 200.

Die Bezeichnung als „Betrug" ist letztlich irreführend, da wesentliche Teile des Betrugstatbestandes nicht erfüllt sein müssen. Dies gilt insbesondere für die Bereicherungsabsicht.

2

II. Rechtsgut

Auch das von § 264 StGB geschützte Rechtsgut ist unklar und umstritten. Ursache dafür ist, dass das Gesetzgebungsverfahren als Ziel den Versuch angegeben hat, Beweisschwierigkeiten für die öffentliche Hand zu vermeiden. Deshalb soll das geschützte Rechtsgut die Planungs- und Dispositionsfreiheit[6] des Subventionsgebers sein, da Subventionen als staatliches Lenkungs-und Steuerungsinstrument anzusehen sind. Hinzu kommen kann auch noch das Allgemeininteresse an der staatlichen Wirtschaftsförderung. Letztlich könnte auch das Subventionsverfahren als solches geschützt sein.[7] Nach richtiger Auffassung sollte aber wie beim Betrug nach § 263 StGB allein das Vermögen des Subventionsgebers[8] als geschütztes Rechtsgut anzusehen sein. Dies ist schon darin begründet, dass nicht abstrakte und kaum fassbare Ziele wie die Förderung der Wirtschaft oder die Beeinflussung bestimmter Marktmechanismen Rechtsgut einer Strafvorschrift sein können, sondern allein der gut fassbare Umstand, dass die Subventionen stets ohne Gegenleistung gewährt werden. Die Bestimmung des Rechtsgutes ist in der Praxis zum einen für die Begrenzung der Strafbarkeit, zum anderen für die Beschwerdebefugnis nach § 172 Abs. 2 S. 1 StPO relevant, da nur der durch die Tat Verletzte ein Klagerzwingungsrecht hat.

3

III. Dogmatische Konstruktion, Verhältnis zum Betrug, abstraktes Gefährdungsdelikt

Der Subventionsbetrug ist keine Unterform des Betruges nach § 263 StGB. Wesentliche Tatbestandsmerkmale des Betrugstatbestandes sind nämlich nicht anzuwenden. Im Verhältnis zum Betrug werden der objektive und der subjektive Tatbestand erheblich erweitert. Während der Betrug ein Erfolgs- oder Handlungsdelikt ist, ist der Subventionsbetrug letztlich ein abstraktes Gefährdungsdelikt. Die beim Betrug problematischen objektiven Tatbestandsmerkmale Irrtumserregung, Vermögensverfügung und Vermögensschaden brauchen nicht vorzuliegen. Gleiches gilt im subjektiven Bereich für die Kenntnis des Täters von der Rechtswidrigkeit des erstrebten Vermögensvorteiles. Zweifelhaft erscheint es aber, die Konstruktion des gesamten Tatbestandes nur mit Beweisschwierigkeiten zu begründen.[9] Angesichts der strengen Kontrolle des Strafrechtes durch das Verfassungsrecht sind ungenaue und unscharfe Begrifflichkeiten nicht geeignet, eine Strafbarkeit zu begründen. Beweisschwierigkeiten gehen im Übrigen stets zu Lasten des staatlichen Strafanspruches.

4

Im Gegensatz zum Betrug kann der Subventionsbetrug auch fahrlässig begangen werden, in Form der leichtfertigen Subventionsgefährdung (§ 264 Abs. 4 StGB).

5

---

6 So *OLG Hamm* 25.6.2012, 6 U 67/11 in einem Zivilverfahren wegen Schadensersatzpflicht eines GmbH-Geschäftsführers gegenüber dem Subventionsgeber.
7 A.A. *Fischer* § 264 StGB, Rn. 2a.
8 *Fischer* § 264 StGB, Rn. 2b; Achenbach/Ransiek/*Wattenberg* 4. Teil Kap. 2 Rn. 11.
9 So *Fischer* § 264 StGB, Rn. 2.

IV. Der Subventionsbegriff

1. Der Subventionsbegriff im allgemeinen Sprachgebrauch

6 Unter den Anwendungsbereich von § 264 StGB fallen nur Subventionen im Sinne der Legaldefinition dieser Vorschrift. Der Begriff der Subvention ist in Abs. 7 legaldefiniert worden (vgl. Rn. 16). Dieser materielle Subventionsbegriff unterscheidet sich ganz maßgeblich von der allgemeinen Verkehrsauffassung.[10] Insbesondere in der Volkswirtschaftslehre wird der Subventionsbegriff viel weiter definiert und umfasst auch Steuervergünstigungen, Gebührenermäßigungen und -befreiungen und alle Sozialleistungen.

2. Der Europarechtliche Subventionsbegriff

7 Der Beihilfebegriff nach dem Europarecht ist in Art. 107 AEUV (früher: Art. 87 EGV) legal definiert. Er umfasst mindestens fünf einzelne Komponenten, wobei alle Merkmale kumulativ vorliegen müssen:

a) Gewährung aus staatlichen Mitteln

8 Der Begriff der staatlichen Mittel wird sehr weit gefasst und umfasst alle Mittel, die letztlich einer staatlichen Institution zugerechnet werden kann. Diese richtet sich nach dem jeweiligen Verwaltungsrecht der einzelnen Mitgliedstaaten und kann neben, dem Bund, Ländern und Kommunen auch staatlich errichtete Institutionen umfassen.

b) Verzicht auf Gegenleistung

9 Die Subvention muss eine begünstigende Wirkung haben, wobei diese schon dann vorliegt, wenn der Subventionsnehmer keine Gegenleistung erbringen muss

c) Selektivität

10 Eine Subvention liegt nur dann vor, wenn sie selektiv an einzelne Subventionsnehmer oder eine Gruppe gewährt wird, nicht aber an alle entsprechenden Marktteilnehmer. Sobald also eine große Vielzahl von sich im gegenseitigen Wettbewerb befindenden Unternehmen die Subvention erhält, entfällt das Merkmal der Selektivität.

d) Verfälschung des Wettbewerbes

11 Eine Verfälschung des Wettbewerbes liegt nur dann vor, wenn die Maßnahme geeignet ist, in den Wettbewerb einzugreifen.

e) Handelsbeeinträchtigung

12 Eine Handelsbeeinträchtigung liegt nur dann vor, wenn die Beihilfe eine Auswirkung auf den innerstaatlichen Handel hat. Ausschließliche Auswirkungen innerhalb eines Mitgliedstaates der EU reichen also nicht aus.

---

10 MK-StGB/*Wohlers* § 264 Rn. 33.

f) Auswirkung des europarechtlichen Subventionsbegriffes auf die Strafbarkeit

Damit ist der Beihilfebegriff nach Europarecht viel weiter gefasst als die Legaldefinition von § 264 Abs. 7 StPO. **13**

g) Erscheinungsformen von Subventionen

Die Vorschrift unterscheidet zwischen Subventionen nach Bundes- oder Landesrecht sowie Subventionen nach EU-Recht. Subvention im Sinne dieser Vorschrift ist nur eine Leistung aus öffentlichen Mitteln nach Bundes- oder Landesrecht an Betriebe oder Unternehmen, die wenigstens zum Teil ohne marktmäßige Gegenleistung gewährt werden oder die der Förderung der Wirtschaft dienen sollen. Damit werden alle anderen staatlichen Unterstützungszahlungen wie Steuervorteile, Sozialleistungen oder indirekte Zahlungen ausgeschlossen. Auch Zuwendungen nichtstaatlicher (selbst gemeinnütziger) Einrichtungen wenn durch diese Vorschrift nicht geschützt. Zu denken ist hier zum Beispiel an Leistungen durch gemeinnützige Stiftungen, wobei der Tatbestand möglicherweise dann erfüllt ist, wenn die Leistung ursprünglich aus öffentlichen Mitteln stammt. So gewährt die Deutsche Bundesstiftung Umwelt Leistungen für Projekte aus Zinserträgen, die durch Vermögensanlagen finanziert werden, die der Stiftung aus Bundesmitteln zugewiesen worden sind. **14**

h) Der Leistungsbegriff

Der Begriff der Leistung ist nicht auf Geldzahlungen beschränkt, es kann auch ein anderer Vermögensgegenstand wie eine Sache oder eine Arbeitsleistung zugewandt werden, sofern es sich um eine geldwerte Zuwendung mit dem Charakter einer Sonderunterstützung handelt.[11] Üblicherweise wird es sich um verlorene Zuschüsse oder zinsverbilligte Darlehn handeln. Auch die Gewährung von Bürgschaften und die Übernahme von Garantien[12] sind eine solche Leistung, wenn die Avalprovision entweder entfällt oder aber günstiger als zu den bankenüblichen Konditionen gewährt wird. **15**

i) Die Legaldefinition des § 264 Abs. 7 StGB

aa) Allgemeines

Der Subventionsbegriff wird in § 264 Abs. 7 StGB legal definiert. Subventionen im Sinne dieser Vorschrift sind danach Leistungen aus öffentlichen Mitteln nach Bundes- oder Landesrecht an Betriebe oder Unternehmen die wenigstens zum Teil **16**

- ohne marktmäßige Gegenleistung gewährt werden und
- der Förderung der Wirtschaft dienen sollen.

bb) Marktmäßige Gegenleistung

Entscheidendes Subventionsmerkmal ist, dass die Leistung wenigstens zum Teil ohne marktmäßige Gegenleistung gewährt wird. Der möglicherweise genau bezeichnete angestrebte Subventionszweck selbst ist keine Gegenleistung im Sinne dieser Vorschrift. **17**

Der vom Gesetz gewählte Begriff „Markt" verknüpft die Leistung mit einer Wettbewerbssituation und einem volkswirtschaftlich zu beurteilenden Markt. Dies erfordert den Austausch von Leistungen, so dass einseitige Leistungen wie Schadensersatzzahlungen aufgrund eines Haf- **18**

---

11 MK-StGB/*Wohlers* § 264 Rn. 35.
12 Achenbach/Ransiek/*Wattenberg* 4. Teil Kap. 2 Rn. 20.

tungstatbestandes keine Subvention darstellen.[13] Im Einzelnen ist die Abgrenzung aber schwierig, da z.B. die Entschädigung für Katastrophenopfer[14] mangels eines Marktes eine Sozialsubvention darstellt und somit nicht dem strafrechtlich geschützten Subventionsbegriff unterfällt.

cc) Förderung der Wirtschaft

19 Weiteres wichtiges Abgrenzungsmerkmal ist, dass die Leistung mindestens teilweise der Förderung der Wirtschaft dienen soll. Dabei muss nach dem Gesetzeswortlaut dies nicht der alleinige Zweck der Subvention sein. Unter den Wirtschaftsbegriff fallen nur unternehmerische Betriebe.[15] Strafrechtlich nicht geschützt sind deshalb Förderungen im Bereich Bildung, Kultur, Gesundheitswesen, Forschung und Sport. Dagegen hat der BGH bei einer Referenzfilmförderung mit unrichtigen und unvollständigen Angaben über den herzustellenden Film gegenüber der Filmförderungsanstalt einen Subventionsbetrug angenommen, weil Filmförderung nach dem Filmförderungsgesetz keine Kulturförderung, sondern primär Wirtschaftsförderung sei.[16]

20 Als Subventionsnehmer scheiden nach dem Gesetzestext Privatpersonen grundsätzlich aus. Handelt es sich um eine ausschließliche Leistung zur Wirtschaftsförderung, so kommen auch Privatpersonen als taugliche Täter eines Subventionsbetruges in Betracht.[17] Es kommen nur Betriebe und Unternehmen in Betracht, die privatwirtschaftlich betrieben werden. Auf die Rechtsform kommt es nicht an.[18] Ebenso ist eine Gewinnerzielungsabsicht nicht entscheidend, so dass auch gemeinnützige eingetragene Vereine[19] und Stiftungen Subventionsnehmer seien können. Öffentliche Betriebe sind vom Gesetz ausdrücklich eingeschlossen (§ 264 Abs. 7 S. 2 StGB), wenn sie sich erwerbswirtschaftlich betätigen. Angesichts der heutigen Tendenz, ursprünglich öffentliche Betriebe privatwirtschaftlich zu organisieren und strukturieren (Outsourcing), würden sich ansonsten schwierige Abgrenzungsfälle ergeben. In Betracht kommen insbesondere Wohnungsbau- und Verkehrsbetriebe oder Wirtschaftsförderungsgesellschaften sowie Krankenhäuser, wobei im Einzelnen darauf zu achten ist, ob diese auch an einem Wettbewerb teilnehmen. Fehlt es an einem solchen Wettbewerb, so würde das Merkmal der Erwerbswirtschaftlichkeit sehr zweifelhaft werden. Kommunen und andere Gebietskörperschaften fallen nicht unter diesen Begriff.[20]

V. Bundes- und Landesrecht

21 Subventionen nach nationalen Vorschriften können sowohl nach Bundes- als auch nach Landesrecht gewährt worden sein. Allerdings ist der Subventionsbegriff nach nationalem Recht deutlich enger als nach dem EU-Recht gefasst. Beispiele für fördernde Subventionen nach Landesrecht sind die Investitionszulage nach dem Investitionszulagengesetz,[21] dem früheren

---

13 Achenbach/Ransiek/*Wattenberg* 4. Teil Kap. 2 Rn. 18.
14 Gesetz zur Errichtung eines Sondervermögens „Aufbauhilfe"… (Aufbauhilfegesetz) v. 15.7.2013, BGBl I, 2401.
15 *Fischer* § 264 Rn. 10.
16 *BGH* NJW 1987, 1426
17 *BGH* NJW 2014, 3114, 3115.
18 Achenbach/Ransiek/*Wattenberg* 4. Teil Kap. 2 Rn. 16.
19 Achenbach/Ransiek/*Wattenberg* 4. Teil Kap. 2 Rn. 16.
20 *LG Mühlhausen* NJW 1998, 2069.
21 Investitionszulagengesetz 2010 (InvZulG 2010), geändert durch Art. 10 G v. 22.12.2009, BGBl I, 3950.

Berlinförderungsgesetz und dem Zonenrandförderungsgesetz und Leistungen nach dem Zweiten Wohnungsbaugesetz.

Es muss sich letztlich um Leistungen aus öffentlichen Mitteln handeln. Neben den Haushalten **22** des Bundes, der Länder oder Gemeinden sowie deren Sondervermögen kommen auch Leistungen aus Sonderfonds der Ausgleichseinrichtungen der Privatwirtschaft (Ausgleichsabgaben) in Betracht.

Bei den einzelnen Vorschriften muss es sich nicht zwangsläufig um reine Subventionsgesetze **23** handeln. Es kommen sowohl Spezialvorschriften in Betracht als auch Leistungen die sich aus einem durch Haushaltsgesetz festgelegten Haushaltsplan ergeben.[22]

VI. EU-Recht

Im Europarecht wird für Subventionen der Begriff „staatliche Beihilfe" verwendet. Bei Subventionen nach EU-Recht verzichtet § 264 Abs. 7 S. 1 Nr. 2 StGB auf das Moment der Wirtschaftsförderung, um jegliche Beihilfen nach dem Recht der Europäischen Gemeinschaften zu erfassen. Die Leistung muss ganz oder wenigstens zum Teil ohne marktmäßige Gegenleistung erfolgen. Es muss sich um Leistungen aus öffentlichen Mitteln nach EU-Recht handeln. In Betracht kommen Subventionen und Beihilfen aus verschiedenen Quellen, nämlich aus dem Gesamthaushaltsplan der EU oder aus Einzelhaushaltsplänen, welche von den einzelnen Gemeinschaften verwaltet oder für deren Rechnung verwaltet werden. Dies gilt auch dann, wenn deutsche Stellen die Anträge bearbeiten und die Leistungen auf Grund von EU-Richtlinien an die Subventionsnehmer auskehren. **24**

Beispiele für die vielfältigen EU-Subventionen: **25**
- Subventionen der Europäischen Strukturfonds,
- Europäischer Sozialfond,
- Fond für regionale Entwicklung,
- Kohäsionsfunds,
- Entwicklungsfonds,
- Leistungen der Europäischen Investitionsbank,
- Leistungen der Europäischen Umweltagentur,
- Leistungen des Europäischen Zentrums zur Förderung der Berufsbildung.

Ausfuhrerstattungen nach dem Europäischen Garantiefond für die Landwirtschaft sind keine **26** EU-Subventionen.[23] Überhaupt sind EU-Subventionen für einen Subventionsbetrug besonders anfällig, weil die subventionierten Leistungen über Ländergrenzen hinaus erbracht und deshalb sehr schlecht kontrolliert werden können. Die Kommission hat durch verschiedene Rechtsakte Druck auf die Mitgliedstaaten ausgeübt, um diese zu einem besseren Schutz der finanziellen Interessen der EU zu zwingen. Diese gipfeln zurzeit in den aktuellen Bemühungen zur Errichtung einer Europäischen Staatsanwaltschaft.[24]

---

22 Achenbach/Ransiek/*Wattenberg* 4. Teil Kap. 2 Rn. 14.
23 *BGH* wistra 1990, 24; Müller-Gugenberger/*Retemeyer* § 52 Rn. 58; a.A. *Schrömbges* wistra 2009, 249; Achenbach/Ransiek/*Wattenberg* 4. Teil Kap. 2 Rn. 25.
24 S. 6. Kap. Rn. 148; *Esser* StV 2014, 494.

B. Besondere Begriffe des objektiven Tatbestandes des Subventionsbetruges

I. Begriff der subventionserheblichen Tatsachen (Abs. VIII)

27 Entscheidungsrelevantes Tatbestandsmerkmal des Subventionsbetruges ist der Begriff der „subventionserheblichen Tatsache". Dieser ist in § 264 Abs. 7 StGB definiert. Dabei kommt es nicht auf die materielle Erheblichkeit der Tatsache an.[25] Die Tatsachen sind meist auslegungsbedürftige unbestimmte Rechtsbegriffe, z.B. wenn die „wirtschaftlichen Verhältnisse" des Subventionsnehmers als subventionserheblich bezeichnet sind.[26] Vielmehr muss es sich um Tatsachen handeln, die entweder durch Gesetz oder durch den Subventionsgebers aufgrund eines Gesetzes als subventionserheblich bezeichnet sind (Nr. 1) oder von denen die Subventionsberechtigung gesetzlich abhängig ist (Nr. 2). In der Regel wird es sich bei diesem Gesetz um das Subventionsgesetz handeln. In § 2 Subventionsgesetz ist bestimmt, dass der Subventionsgeber verpflichtet ist, dem Subventionsnehmer in jedem Fall die subventionserheblichen Tatsachen mitzuteilen. Diese können sich aus dem Subventionszweck, dem Vergaberecht (Rechts- und Verwaltungsvorschriften sowie Richtlinien) und den sonstigen Vergabevoraussetzungen für die Bewilligung, Gewährung, Rückforderung oder Weitergewährung ergeben. Ferner kommen als Gesetze auch Rechtsverordnungen und Satzungen in Betracht.[27] Ministerielle Erlasse[28] und privatrechtliche Verträge reichen nicht aus. Auch „Innere Tatsachen", also Vorsatzfragen, fallen unter den Tatsachenbegriff, so wenn ein Produzent die Absicht hat, einen Film herzustellen, der wegen jugendgefährdender Inhalte nach § 19 FFG nicht förderungsfähig ist.[29]

II. Die Bezeichnungspflicht des Subventionsgebers

28 Die subventionserheblichen Gründe müssen präzise bezeichnet sein. Der Gesetzestext spricht von: „durch Gesetz oder aufgrund eines Gesetzes vom Subventionsgeber als Subvention erheblich bezeichnet" (§ 264 Abs. 8 Nr. 1, 1. Variante StGB). Insbesondere erforderlich ist eine ausdrückliche Bezeichnung, lediglich pauschale Bezugnahmen reichen nicht aus. Die Begriffe „subventionserheblich" oder „Subvention" müssen nicht wörtlich verwendet werden.[30] Es muss durch die Bezeichnung zweifelsfrei erkennbar sein, dass die fragliche Tatsache für die Bewilligung der Subvention von Bedeutung ist.[31] Zulässig sind auch Bezeichnungen wie Prämien, Zuschüsse, Zuwendungen, Strukturhilfen, Bürgschaften, Garantien. Die Subventionserheblichkeit darf sich nicht nur aus dem Zusammenhang ergeben.[32] Wichtig ist, dass indirekte Subventionen wie Steuervergünstigungen nicht unter den Schutz des § 264 Abs. 1 StGB fallen.

---

25 *Fischer* § 264 Rn. 13.
26 *BGH* wistra 1992, 257.
27 *Fischer* § 264 Rn. 13.
28 *BGH* 44, 233.
29 *BGH* NJW 1987, 1426.
30 *OLG München* NJW 1982, 457.
31 *Fischer* § 264 Rn. 16.
32 *BGHSt* 44, 233, 238.

III. Abhängigkeit der Subvention von einem Gesetz

Weiteres Merkmal der Subventionstatsachen ist, dass von ihnen die Bewilligung, Gewährung, Rückforderung, Weitergewährung oder das Belassen einer Subvention oder eine Subvention Vorteil des gesetzlich abhängig ist. Die Vorschrift ist bedeutsam für die Fälle, in denen sich die Tatsachen bereits unmittelbar aus dem Gesetz ergeben. Sie ist von praktischer Bedeutung für die Subventionen, auf die das SubvG nicht unmittelbar anwendbar ist. Dies sind insbesondere die Subventionen nach europarechtlichen Vorschriften.[33] In strafrechtlicher Hinsicht ergeben sich deshalb Probleme, weil die einzelnen Rechtsvorschriften der Europäischen Gemeinschaften in mehreren Sprachen amtlich verbindlich gefasst sein können. Für strafrechtlich relevante Sachverhalte kann natürlich nur die deutsche Fassung maßgeblich sein.[34] Da strafrechtliche Sachverhalte konkret gefasst sein müssen, müssen sich die subventionserheblichen Tatsachen aus dem jeweiligen Gesetz deutlich ergeben. Eine Strafbegründung oder -schärfung im Wege der Analogiebildung ist nicht zulässig. Gleiches gilt auch, wenn das Gesetz der Verwaltung einen Ermessensspielraum eingeräumt hat, weil diese Ermessensentscheidungen an die konkreten Umstände des Einzelfalles gebunden sind.[35]

29

Nach Auffassung des BGH[36] stellt § 264 Abs. 8 Nr. 2 StGB einen Auffangtatbestand für solche Fälle dar, bei denen eine ausdrückliche Bezeichnung im Zuwendungsbescheid als subventionserheblich fehlt oder diese unwirksam ist, dem Gesetz selbst aber sonst – wenn auch erst mithilfe der üblichen Interpretationsmethoden – entnommen werden kann, unter welchen Voraussetzungen die Subvention gewährt wird. Erforderlich sein soll aber auch, dass das Gesetz selbst mit hinreichender Deutlichkeit zum Ausdruck bringt, dass die Subventionierung unter den im Gesetz genannten Voraussetzungen erfolgt, ohne die entsprechende Tatsache ausdrücklich als subventionserheblich zu erklären. Diese Auffassung wird dann problematisch, wenn der Vorsatz des Täters zu prüfen ist. Es müsste ihm nämlich nachgewiesen werden, dass er sowohl das Gesetz kennt als auch dessen Auswirkungen im konkreten Fall beurteilen kann.

30

IV. Die einzelnen Tathandlungen

1. § 264 Abs. 1 Nr. 1 StGB

Im Antragsverfahren besteht die Tat darin, dass der Täter unrichtige oder unvollständige Tatsachen macht, die für den Subventionsgeber vorteilhaft sind. Unrichtig i.S.d. § 264 Abs. 1 Nr. 1 StGB sind die vom Täter zu der subventionserheblichen Tatsache gemachten Angaben, wenn sie nicht mit der Wirklichkeit übereinstimmen.[37] Dazu gehören auch unrichtige Angaben, die in ihrer Gesamtheit ein unvollständiges Gesamtbild vermitteln, z.B. wenn der Subventionsnehmer einen geplanten Betriebsablauf vortäuscht, der wegen Rechtswidrigkeit gar nicht umgesetzt werden kann.[38] Nach § 4 SubvG ist nicht der vorgeschobene, sondern der tatsächlich verdeckte Sachverhalt subventionserheblich, so dass die Inanspruchnahme von Subventionen für Scheingeschäfte,[39] fingierte Transaktionen und den Missbrauch von zivil- und gesellschafts-

31

---

33 Achenbach/Ransiek/*Wattenberg* 4. Teil Kap. 2 Rn. 40.
34 Achenbach/Ransiek/*Wattenberg* 4. Teil Kap. 2 Rn. 40.
35 *BGH* STV 2011, 163, 164; Achenbach/Ransiek/*Wattenberg* 4. Teil Kap. 2 Rn. 41.
36 *BGH* STV 2011, 163, 164.
37 *BGH* NJW 1987, 1426.
38 *BGH* v. 9.11.2009, 5 StR 136/09.
39 *BGH* NJW 2014, 3114, 3116.

rechtlichen Gestaltungsmöglichkeiten bestraft werden kann.

32 Problematisch ist der bei den sonstigen Vermögensdelikten nicht bekannte Begriff „vorteilhaft". Damit sind alle Angaben gemeint, die die Aussicht des Subventionsnehmers auf die Gewährung oder Belassung einer Subvention objektiv verbessern. Nicht erfasst sind alle Angaben, die für den Subventionsnehmer ungünstig oder indifferent sind oder sich nur gegen den Subventionsanspruch eines Mitbewerbers um eine Subvention richten.[40] Streitig ist der Fall, in dem die Angaben zwar falsch oder unrichtig sind, aufgrund anderer Voraussetzungen aber ein Subventionsanspruch besteht. Die Rechtsprechung nimmt auch hier eine Strafbarkeit an.[41] Damit wird deutlich, dass der Subventionsbetrug gerade kein durch Kausalität und Vermögensschaden geprägtes Vermögensdelikt ist, sondern ein Wirtschaftsdelikt, bei dem die Entscheidungsfreiheit des Subventionsgebers Grundlage der Strafbarkeit ist.

2. § 264 Abs. 1 Nr. 2 StGB

33 Im Stadium der Subventionsverwendung bestraft § 264 Abs. 1 Nr. 2 StGB den bloßen Verstoß gegen eine Verwendungsbeschränkung. Hier ähnelt der „Subventionsbetrug" eher einer „Subventionsuntreue".[42] Es handelt sich nicht um ein Unterlassungsdelikt. Beispiele ergeben sich gerade aus dem EU-Bereich, z.B. wenn ein Winzer einen Wein in seiner Straußwirtschaft ausschenkt, für den er schon eine Destillationsvergütung erhalten hat. Zweckwidrig wird die Subvention verwandt, wenn Auflagen nicht beachtet werden, auch wenn der eigentliche Subventionszweck trotzdem erreicht und der Subventionsgeber vermeintlich nicht (wirtschaftlich) geschädigt ist. Wenn allerdings der Insolvenzverwalter subventionierte Gegenstände subventionswidrig verwertet, macht er sich nicht strafbar.[43]

3. § 264 Abs. 1 Nr. 3 StGB

34 Schließlich bestraft § 264 Abs. 1 Nr. 3 StGB die Tatvariante der unterlassenen Aufklärung als Täuschung durch Unterlassen. Hierzu muss sich der Subventionsgeber zum Tatzeitraum bereits in einem Irrtum befinden, zu dessen Aufklärung der Subventionsnehmer aufgrund von Rechtsvorschriften verpflichtet ist. Die Bestrafung eines Unterlassungsdeliktes erfordert eine Garantenstellung. Diese ergibt sich quasi aus der Mitteilungspflicht „entgegen den Vorschriften über die Subventionsvergabe" und weist Parallelen zu § 370 Abs. 1 Nr. 2 AO auf, wo die Finanzbehörde über steuerlich erhebliche Tatsachen in Unkenntnis gelassen wird. Täter kann hier zunächst nur der Subventionsnehmer sein, weil es sich um ein Sonderdelikt handelt. Dies gilt auch, wenn ein steuernder Hintermann tatsächlicher Nutznießer der Tat, aber nicht Subventionsnehmer ist. Hier kann eine Strafbarkeit nur über die allgemeinen Regeln der Täterschaft konstruiert werden.[44]

35 Besondere Aufklärungspflichten (Anzeigepflichten) ergeben sich insbesondere aus § 3 Abs. 1 und 2 SubvG. Ob sich solche Aufklärungspflichten aber auch aus bloßen Richtlinien der Verwaltung ergeben können, ist umstritten. Nach Ansicht des BGH kommen nur Gesetze im formellen oder materiellen Sinne, nicht aber Verwaltungsvorschriften in Betracht.[45] Wenn der

---

40 *Fischer* § 264 Rn. 24.
41 *BGHSt* 36, 374.
42 Vgl. SK-StGB/*Hoyer* § 264 Rn. 60.
43 *Schweda* ZInsO 2011, 1433; a.A. *Röhrig* wistra 2012, 340.
44 Umfassend dazu Bender/Möller/Retemeyer/*Möller/Retemeyer* C III Rn. 136.
45 *BGHSt* 44, 223, 240.

Gesetzgeber ausdrücklich auf eine gesetzliche Verankerung der Förderung verzichtet, um der Verwaltung einen möglichst großen Spielraum für individuelle vertragliche Vereinbarungen mit dem Zuwendungsempfänger einzuräumen, ist eine Subventionserheblichkeit im Sinne von § 264 Abs. 7 Nr. 2 StGB nicht gegeben.[46] Hat die Verwaltung aber einen Ermessensspielraum, so kann im konkreten Einzelfall nicht allein dem Gesetz entnommen werden, ob die Bewilligung von einer Voraussetzung abhängig ist, sondern von einer an den konkreten Umständen des Einzelfalles orientierten Ermessensentscheidung des Subventionsgebers. Dann kann aber auch die Kenntnis des Gesetzes allein weder für den potentiellen Täter noch für die Strafverfolgungsbehörden ausreichen, um im konkreten Fall beurteilen zu können, ob die Subventionierung an die Erfüllung der Voraussetzung geknüpft ist.

Der Gesetzgeber hat bei Erlass des Subventionsgesetzes und Einfügung des heutigen § 264 **36** Abs. 1 Nr. 3 StGB durch das Erste Gesetz zur Bekämpfung der Wirtschaftskriminalität vom 29.7.1976[47] keine Pflicht zur Selbstanzeige schaffen wollen.[48] Dies gilt auch nach der Einführung von § 264 Abs. 1 Nr. 2 StGB im Jahr 1998[49] heute weiter fort.[50]

4. § 264 Abs. 1 Nr. 4 StGB

Einen Spezialfall der aktiven Täuschung bestraft § 264 Abs. 1 Nr. 4 StGB (Einsatz unrichtiger **37** Bescheinigungen). Danach wird nicht die Erstellung einer falschen Bescheinigung durch den Subventionsgeber bestraft, sondern die Vorlage einer durch unrichtige oder unvollständige Angaben erlangten Bescheinigung über die Subventionsberechtigung oder zumindest über das Vorliegen einer subventionserheblichen Tatsache. Soweit die Bescheinigung die Subventionsberechtigung dokumentiert, muss sie von einer Stelle stammen, die über die Berechtigung verbindlich entscheiden kann.

5. Täter des Subventionsbetruges

Täter eines Subventionsbetruges kann jeder sein, sofern er selbst tätig wird oder aber ihn eine **38** Garantenpflicht trifft. In Ausnahmefällen trifft dies auch auf steuernde Hintermänner zu. Ausgeschlossen ist nur der Subventionsgeber selbst. Dies gilt nicht für (untergeordnete) Mitarbeiter des Subventionsgebers, die als Amtsträger sogar unter die Strafschärfung § 264 Abs. 2 S. 2 Nr. 2 StGB fallen.[51]

6. Verhältnis der einzelnen Tatvarianten untereinander

Problematisch ist immer noch das Verhältnis der einzelnen Tathandlungen zueinander zu **39** bewerten. Nach ganz herrschender Auffassung hat § 264 Abs. 1 Nr. 2 Vorrang vor § 264 Abs. 1 Nr. 3 StGB.[52]

---

46 *BGHSt* 44, 223, 240.
47 BGBl I, 2034.
48 *BGH* 16.7.2013, VI ZR 442/12.
49 Durch das EG Finanzschutzgesetz v. 10.9.1998, BGBl II, 2322.
50 *Fischer* § 264 Rn. 27.
51 *Rengier* Strafrecht BT I, § 17 Rn. 6.
52 *Fischer* § 264 Rn. 27; *BGH* 16.7.2013, VI ZR 442/12 m.w.N.

C. Der subjektive Tatbestand des Subventionsbetruges

I. Der Vorsatz

40   Das Gesetz bestraft zunächst vorsätzliches Handeln. Dabei reicht auch ein bedingter Vorsatz aus.[53] Dieser liegt z.B. vor, wenn der Subventionsnehmer an der Richtigkeit seiner eigenen Behauptungen über das Vorliegen der Vergabevoraussetzungen im Zweifel ist und trotzdem die Subvention unter Inkaufnahme einer ungerechtfertigten Inanspruchnahme beantragt.

41   Im Gegensatz zum Betrug nach § 263 Abs. 1 StGB fehlt das Absichtserfordernis. Der Täter muss auch nicht wissen, ob der Subventionsgeber durch die Tat überhaupt einen (messbaren) Vermögensschaden erleidet. Bei allen Varianten muss der Täter wissen, dass es sich bei der Mittelvergabe um eine Subvention handelt.

42   Der Umfang des Vorsatzes richtet sich nach den einzelnen Tatbestandsalternativen.

1. § 264 Abs. 1 Nr. 1 StGB

43   Subjektiv erfordert diese Alternative die Kenntnis des Täters von der subventionserheblichen Tatsache. Zudem muss der Täter wissen, dass er gegenüber einem Subventionsgeber handelt und dass die Angaben unrichtig oder unvollständig sind. Dementsprechend muss der Täter dem Subventionsgeber vorspiegeln, dass die gemachten Angaben richtig und vollständig seien.

2. § 264 Abs. 1 Nr. 2 StGB

44   In dieser Tatbestandsalternative muss der Täter die zum Zeitpunkt der Tat noch bestehenden Verwendungsbeschränkungen in ihrem vollem Umfang und Sinngehalt kennen und erkennen, dass die von durchgeführte Verwendung der Mittel gegen die Verwendungsbeschränkung verstößt.

3. § 264 Abs. 1 Nr. 3 StGB

45   Hier muss der Vorsatz die mitzuteilenden Umstände und den Umfang der Mitwirkungspflicht umfassen. Damit handelt es sich um ein echtes Unterlassungsdelikt, bei dem die Darstellung des subjektiven Tatbestandes häufig Schwierigkeiten macht. Es ist im Ermittlungsverfahren Aufgabe der Staatsanwaltschaft, den Nachweis zu führen, dass der Beschuldigte seine Mitwirkungspflichten auch kannte. Dies kann nur durch eine Auswertung des Bewilligungsbescheides erfolgen, aus dem sich ergeben sollte, welche Pflichten der Subventionsnehmer hat. Zudem muss auch sichergestellt sein, dass diese Belehrungen vom Beschuldigten auch zur Kenntnis genommen worden sind. Gerade im komplexen Subventionsrecht wird es nicht ausreichen, auf die sonst herangezogene Parallelwertung in der Laiensphäre zurückzugreifen. Mit diesem Instrument wird dem Täter unterstellt, er wisse schon irgendwie, dass sein Verhalten strafbar sei, eine genaue rechtliche Einordnung ist dann entbehrlich.

---

53 *Fischer* § 264 Rn. 33.

4.　§ 264 Abs. 1 Nr. 4 StGB

In den Fällen der Nr. 4 muss der Täter wissen, dass die Bescheinigung durch unrichtige oder unvollständige Angaben erlangt worden ist. Zudem muss der Täter vorspiegeln, dass die gemachten Angaben richtig und vollständig sind.[54] Allerdings ist die Bedeutung dieser Alternative gering, da der Täter meist eine Bescheinigung mit einer eigenen konkludenten Erklärung einreichen wird und dann die anderen Tatalternativen vorgehen.[55] **46**

II. Anforderungen an die Urteilsgründe hinsichtlich der Darlegung des Vorsatzes

Das Tatgericht muss sich ausführlich mit dem subjektiven Tatbestand beschäftigen und insoweit revisionsfest Tatsachen in den Urteilsgründen feststellen. Allein der Umstand, dass der Angeklagte kaufmännisch ausgebildet ist (im entschiedenen Fall[56] handelte es sich bei dem Angeklagten um einen Wirtschaftsprüfer und Steuerberater) kann nicht daraus geschlossen werden, dass er alle Tatumstände auch erkannt hat. Vielmehr sind diese besonders festzustellen, insbesondere wenn das Nachtatverhalten begründete Zweifel an einem dolosen Verhalten des Angeklagten erkennen lässt. **47**

III. Tatbestandsirrtum

Nach § 16 Abs. 1 StGB handelt nicht vorsätzlich, wer Begehung der Tat einen zum Tatbestand gehörenden Umstand nicht kennt. Allerdings kann er wegen Fahrlässigkeit bestraft werden, wenn er den Umstand hätte kennen müssen. **48**

Dabei meint das Gesetz weniger die Kenntnis der gesetzlichen abstrakten tatbestandsmerkmale, sondern die Kenntnisse des konkreten Sachverhaltes und die ihn prägenden tatsächlichen Elemente.[57] Kennt der Täter eine Verwendungsbeschränkung nicht, hält er die von ihm gemachten (falschen oder unvollständigen) Angaben für tatsächlich richtig bzw. vollständig oder erkennt er die Umstände nicht, die eine Mitteilungspflicht auslösen, so fehlt ihm der Vorsatz. Somit kann er nicht wegen einer Vorsatztat bestraft werden, möglich bleibt beim Tatbestandsirrtum aber immer eine Verurteilung wegen einer Fahrlässigkeitstat.[58] **49**

IV. Abgrenzung zum Verbotsirrtum

Der Tatbestandsirrtum ist vom Verbotsirrtum nach § 17 StGB abzugrenzen, der bei Unvermeidbarkeit tatsächlich zur Straflosigkeit führt. Relevant wird dies insbesondere im Fall des § 264 Abs. 1 Nr. 3 StGB sein, bei dem der Täter den Subventionsgeber entgegen den Vorschriften über die Subventionsvergabe über subventionserhebliche Tatsachen in Unkenntnis lässt. **50**

54　*Fischer* § 264 StGB Rn. 33.
55　Achenbach/Ransiek/*Wattenberg* 4. Teil Kap. 2 Rn. 60.
56　*BGH* NStZ 2010, 327.
57　*Fischer* § 16 StGB, Rn. 3.
58　Unklar bei Achenbach/Ransiek/*Wattenberg* 4. Teil Kap. 2 Rn. 61, der bei diesen Beispielen von Straflosigkeit spricht.

Das Gesetz bezieht die gesetzlichen Verfahrensvorschriften über die Subventionsvergabe in den Kenntnisbereich des Täters ein. Es ist naheliegend und nachvollziehbar, wenn hier der Täter in seiner Einlassung behauptet, die Vorschriften seien ihm unbekannt. Dies dürfte auch ein guter Ansatz für den Strafverteidiger sein, um den Tatvorwurf zu entkräften.

V. Leichtfertigkeit

51 Üblicherweise sind im Bereich der Vermögensdelikte fahrlässige Tathandlungen nicht strafbar.[59] Dies gilt insbesondere für den Betrug nach § 263 StGB. Die leichtfertige Erlangung eines nicht gerechtfertigten Steuervorteiles (quasi eine indirekte Subventionierung durch Nichtbesteuerung) ist als Spezialfall eines Steuerdeliktes nur als Ordnungswidrigkeit nach § 378 AO zu ahnden.[60] Eine Besonderheit des Subventionsbetruges ist dagegen, dass spezielle Formen der Fahrlässigkeit ebenfalls strafbar sind. Es ist nicht fernliegend, in dieser unterschiedlichen Bewertung der fahrlässigen Begehungsweise (straflos bei normalen Vermögensdelikten, ordnungswidrig bei Steuerhinterziehung, strafbar bei Subventionsbetrug) einen gesetzgeberischen Wertungswiderspruch zu erkennen.[61]

52 Das Gesetz bestraft nur leichtfertiges Handeln. Leichtfertigkeit ist eine gesteigerte Form der Fahrlässigkeit. Diese ist gegeben bei besonderer Gleichgültigkeit oder grober Unachtsamkeit. Dabei wird auf die individuellen Fähigkeiten des Subventionsnehmers abzustellen sein. Letztlich gelten die allgemeinen Regelungen des Strafgesetzbuches. Von einem Unternehmer muss verlangt werden, dass er sich in die Vergabevorschriften genau einarbeitet. Dabei kann es keinen Unterschied machen, ob es sich um Wirtschafts- oder Sozial- und Kultursubventionen handelt[62] nur weil Wirtschaftsunternehmen häufiger über erfahrenes Fachpersonal als Kultureinrichtungen verfügen. Wer staatliche Leistungen in Anspruch nimmt, muss genau prüfen, ob ihm dies auch zu stehen. Ist er dazu nicht in der Lage, muss er fachkundigen Rat einholen. Wenn die Mitarbeiter bzw. Entscheidungsträger und Organe einer juristischen Person diese Anforderungen nicht erfüllen, kommt auch eine Ahndung durch §§ 30, 130 OWiG in Betracht.

53 Beauftragt der Subventionsnehmer einen fachkundigen Dritten damit, Mängel abzustellen und damit die Subventionsfähigkeit wieder herzustellen und scheitert dies an Umständen, die der Subventionsnehmer weder erkennen konnte noch zu vertreten hat, so scheidet ein leichtfertiges Handeln aus.[63]

D. Versuch/Vollendung/Beendigung/Verjährung

54 Der Versuch des Subventionsbetruges ist nicht strafbar, da ähnlich einem Unternehmensdelikt die Strafbarkeit in das Vorfeld verlagert worden ist. Die Tat ist bereits dann vollendet, wenn die falschen Angaben dem Subventionsgeber gegenüber gemacht worden sind. Auf die Leistung der Subvention kommt es nicht an. Bei den anderen Alternativen ist die Tat bereits dann

---

59 *Fischer* § 264 StGB, Rn. 36.
60 Umfassend dazu Bender/Möller/Retemeyer/*Möller/Retemeyer* E Rn. 170.
61 *Fischer* § 264 StGB, Rn. 3a.
62 A.A. *Fischer* § 264 StGB, Rn. 37.
63 *BGH* NJW 1987, 1426.

vollendet, wenn die Subvention entgegen dem Verwendungszweck eingesetzt wird oder eine Offenbarungspflicht nicht erfüllt wird oder eine unrichtige Bescheinigung der Subventionsstelle vorgelegt wird.

Für die Verjährung ist die Frage wichtig, wann die Tat beendet ist (§ 78a StGB). Beim Subventionsbetrug ist Beendigung dann anzunehmen, wenn die letzte Rate der bewilligten Subventionen geleistet oder die unter Verwendung unrichtiger Angaben beantragte Subvention endgültig versagt worden ist.[64] Ein Subventionsbetrug i.S.d. § 264 Abs. 1 StGB ist damit beendet, wenn der Subventionsempfänger auf der Grundlage des Zuwendungsbescheids die letzte (Teil-)Auszahlung erhält.[65]

Um die Verjährung zu unterbrechen, sollte der Staatsanwalt bei der Einleitung des Ermittlungsverfahrens stets sofort die Vernehmung des Beschuldigten anordnen, weil allein diese Anordnung effektiv und sofort umgesetzt werden kann.

Beachte: Beim gewerbsmäßigem bandenmäßigem Subventionsbetrug (§§ 264 Abs. 3, 263 Abs. 5 StGB) beträgt die Verfolgungsverjährung zehn Jahre, bei der leichtfertigen Subventionsgefährdung wegen des niedrigeren Strafrahmens nur drei Jahre.

E. Täterschaft und Teilnahme

Bei den Tatvarianten des Subventionsbetrugs handelt es sich in der Regel um Sonderdelikte, bei denen eine Tatbeteiligung nur eingeschränkt möglich ist. Außenstehende kommen deshalb nur als Teilnehmer in Betracht.[66] Eine Ausnahme bildet § 264 Abs. 1 Nr. 1 StGB, der kein Sonderdelikt ist.[67]

F. Tätige Reue

Nach § 264 Abs. 5 StGB bleibt straflos, wer freiwillig verhindert, dass aufgrund der Tat die Subvention gewährt wird. Erforderlich ist, dass der Täter die unrichtigen Angaben berichtigt oder vervollständigt. Dies kann auch noch nach Bewilligung der Subvention geschehen, solange die Subvention selbst noch nicht ausgezahlt worden ist. Grund für diese Vorschrift ist, dass die Strafbarkeit in das Vorfeld verlagert worden ist. Deshalb ist eine besondere Rücktrittsbestimmung erforderlich. Zu beachten ist aber, dass die tätige Reue nur für den Grundtatbestand des Subventionsbetruges gilt, nicht aber für tateinheitlich begangene andere Straftaten wie zum Beispiel eine Urkundenfälschung oder ein Korruptionsdelikt. Für besonders schwere und qualifizierte Fälle ist der Rücktritt nicht strafbefreiend anwendbar. Allerdings dürfte eine freiwillige Aufgabe der Tat durch den Täter im Rahmen der Strafzumessung nach § 46 Abs. 2 StGB strafmildernd zu berücksichtigen sein. Der Täter ist nicht verpflichtet, die Auszahlung einer zu Unrecht gewährten Subvention zu verhindern, wenn er unrichtige Angaben rechtzeitig bewilligt hat. In einem solchen Fall fehlt es an dem Kausalzusammenhang zwischen den (nunmehr richtigen) Angaben und der nicht vom Täter zu verantwortenden fehlerhaften Auszahlung der Subvention.[68]

---

64 *Fischer* § 264 Rn. 38 m.w.N.; Achenbach/Ransiek/*Wattenberg* 4. Teil 2. Kap. Rn. 50.
65 *BGH* NStZ-RR 2008, 240, *BGH* v. 28.5.2014, 3 StR 206/13 in NJW 2014, 3114, nicht abgedruckt.
66 *Fischer* § 264 Rn. 39.
67 *BGH* NJW 2014, 3114, 3116.
68 *BGH* wistra 2010, 100 mit Anmerkung von *Bittmann*.

G. Besonders schwere Fälle

60 Nach § 264 Abs. 2 StGB werden besonders schwere Fälle mit einer Freiheitsstrafe von sechs Monaten bis zu zehn Jahren geahndet. Das Gesetz verwendet hier die Regelbeispielstechnik. Besonders schwere Fälle liegen vor, wenn der Täter aus grobem Eigennutz unter Verwendung nachgemachter oder verfälschter Belege für sich oder einen anderen eine nicht gerechtfertigte Subvention großen Ausmaßes erlangt. Ein weiterer genannter Fall ist, wenn der Täter seine Befugnisse oder seine Stellung als Amtsträger missbraucht oder der Täter unter Mithilfe eines Amtsträgers die Tat begeht. Abs. 3 enthält einen Verweis auf § 263 Abs. 5 StGB. Danach zählen zu den besonders schweren Fällen auch solche Fälle, bei denen die Täter bandenmäßig und gleichzeitig gewerbsmäßig vorgehen. Für diesen Fall beträgt die Mindeststrafe Freiheitsstrafe von einem Jahr, und es handelt sich um Verbrechen, so dass sowohl die versuchte Anstiftung als auch die Verabredung zu solchen Taten strafbar ist.

H. Strafrahmen

61 Der Subventionsbetrug wird im Grundtatbestand mit Freiheitsstrafe bis zu fünf Jahren oder Geldstrafe geahndet. Zusätzlich kann das Gericht gem. § 264 Abs. 6 StGB als Nebenfolge die Einziehung von Beziehungsgegenständen anordnen. Zusätzlich kommen gewinnabschöpfende Maßnahmen in Betracht.

62 Bei besonders schweren Fällen droht das Gesetz Freiheitsstrafe von sechs Monaten bis zu zehn Jahren an. Dies gilt für die im Gesetz genannten drei Regelbeispiele. Auch bei Vorliegen eines Regelbeispiels kann aber der Normal- Strafrahmen angesetzt werden, wenn besondere Umstände der Tat dies rechtfertigen.[69]

63 Für die Bestimmung des Tatbestandsmerkmales in „großes Ausmaß" können die zur Steuerhinterziehung nach § 370 Abs. 3 AO ergangenen Urteile mit der Maßgabe herangezogen werden, dass der Subventionsbetrug bereits im Vorfeld begangen sein kann und damit die Strafbarkeit vorverlagert ist. Da staatliche Leistungen ausgekehrt werden, dürfte eine Regelgrenze von 50.000 € gut vertretbar sein.

I. Verfahrensfragen

I. Gewinnabschöpfung (eventuell § 73 Abs. 1 S. 2 StGB)

64 Die Staatsanwaltschaften sind verpflichtet, im Rahmen des Verfalles von Wertersatz oder im Wege der Rückgewinnungshilfe die Vermögenswerte aus der Tat zu sichern und entweder der Landeskasse oder dem Geschädigten zuzuführen. In Wirtschaftsstrafverfahren sind die Schäden besonders hoch. Dies gilt auch für Ermittlungserfahren wegen Subventionsbetrugs. Die Ermittlungsbehörden sind deshalb gehalten, schon bei Beginn der Ermittlungen durch einen dinglichen Arrest nach § 111d StPO Vermögenswerte der Beschuldigten zu sichern. Sofern die Subvention an juristische Personen gewährt worden ist, ist genau zu prüfen, ob die Vermögenswerte noch vorhanden sind oder an andere Personen weitergeleitet wurden. Gegebenenfalls kann auch gegen die Drittempfänger zur Gewinnabschöpfung vorgegangen werden.

---

69 *BGH* wistra 2012, 116.

II. Zuständiges Gericht = Wirtschaftsstrafkammer

Der Subventionsbetrug ist im Katalog des § 74c Nr. 5 GVG aufgeführt. Dabei kommt es, anders als bei den sonstigen Delikten dieses Kataloges, nicht darauf an, dass zur Beurteilung des Falles besondere Kenntnisse des Wirtschaftslebens erforderlich sind. Zuständig für das Hauptverfahren ist deshalb die Wirtschaftsstrafkammer des jeweils zuständigen Landgerichtes bzw. je nach Geschäftsverteilungsplan besondere Dezernate bei den Amtsgerichten. Wegen dieser ausschließlichen Zuständigkeit ist auch der sonst erforderliche Vermerk nach Nr. 113 Abs. 2 RiStBV entbehrlich. **65**

III. Anforderungen an die Urteilsgründe

Das Tatgericht muss bei einer Verurteilung wegen Subventionsbetrugs eine besondere Sorgfalt bei der Begründung des Urteiles anwenden. Dies gilt nicht nur für den subjektiven Tatbestand (siehe Rn. 40), sondern auch für die sonstigen Tatbestandsmerkmale. Um dem Revisionsgericht die Überprüfung der tatrichterlichen Annahme einer Subventionserheblichkeit zu ermöglichen, sind regelmäßig jedenfalls die vom Tatrichter herangezogenen maßgeblichen Rechtsgrundlagen für die Subventionsgewährung mitzuteilen.[70] Entbehrt diese Rechtsgrundlage ausdrückliche Anhaltspunkte für die tatbestandlich erforderliche gesetzliche Abhängigkeit der Subvention, hat der Tatrichter diese durch Auslegung zu ermitteln. Wird namentlich vom Subventionszweck auf den Charakter der Subventionsvoraussetzungen geschlossen, sind die dafür bedeutsamen rechtlichen Anknüpfungspunkte in den schriftlichen Urteilsgründen in der Regel ebenfalls darzulegen. Dabei reicht ein pauschaler Hinweis auf §§ 3–5 SubvG nicht aus. Nicht jede unrichtige oder unvollständige Angabe ist zugleich eine Scheinhandlung (§ 4 Abs. 1 S. 1 SubvG). Dies soll nur dann der Fall sein, wenn die durch die unrichtige Angabe verdeckte Tatsache zu einer anderen Entscheidung über die Subventionsgewährung hätte führen können. Zudem musste auch im Falle einer Scheinhandlung geprüft werden, ob der verdeckte Sachverhalt subventionserheblich ist.[71] **66**

IV. Ermittlungsbehörden

Straftaten wegen Subventionsbetruges werden von den Polizeidienststellen, üblicherweise von den Fachkommissariaten für Wirtschaftsdelikte (meist 3. Fachkommissariat) bearbeitet. Im Bereich der Agrarmarktordnung sind gem. § 37 Abs. 1 MOG die Hauptzollämter bzw. die Zollfahndungsämter für die Ermittlungen zuständig. Bei Ausfuhrsubventionen handelt es sich um Straftaten, die international begangen und zu verfolgen sind. Im Bereich des Zolls gibt es dafür zwischen den Zollverwaltungen internationale Unterstützungsabkommen. Die Justizbehörden sind auf dem Rechtshilfeweg beschränkt und angewiesen. Dabei kann es sich anbieten, unter Einschaltung von Eurojust gemeinsame internationale Ermittlungsgruppen (JIT) einzurichten. **67**

Im EU-Bereich ist zudem die Einschaltung von OLAF (Europäisches Amt für Betrugsbekämpfung) hilfreich. OLAF hat im EU-Bereich (noch) die weitreichendsten Ermittlungsbefugnisse, da insbesondere administrative Ermittlungen bei Unionsstellen und Wirtschaftsteilnehmern **68**

---

70 *BGH* StV 2011, 163, 164.
71 *BGH* StV 2011, 163, 164; *BGH* NJW 2014, 3114, 3116.

geführt werden können.[72] Allerdings müssen diese Untersuchungen nach heutiger Rechtslage anschließend mit unsicheren Erfolgserwartungen an die nationalen Strafverfolgungsbehörden abgegeben werde

69   Nach § 6 Subventionsgesetz sind Tatsachen, die für einen Subventionsbetrug sprechen, von den Gerichten und den Behörden den Strafverfolgungsbehörden mitzuteilen. Die Finanzbehörde ist nach § 31a Abs. 1 Nr. 2 AO verpflichtet, aus dem Besteuerungsverfahren erlangte Hinweise auf einen Subventionsbetrug entweder der Staatsanwaltschaft oder dem Subventionsgeber mitzuteilen. Einzelne Bundesländer haben dazu Verfügungen erlassen.[73]

70   Die Europäische Kommission plant die Einführung einer Europäischen Staatsanwaltschaft.[74] Der Rechtsausschuss des Deutschen Bundestages begrüßt diesen Plan.[75] Er weist darauf hin, dass eine neue EU-Instanz unter Beachtung hoher rechtsstaatlicher Anforderungen ermitteln und eine enge Zusammenarbeit mit den Behörden der EU-Länder gewährleisten muss. Nach den gegenwärtigen Planungen soll die neue europäische Staatsanwaltschaft zunächst Subventionsbetrügereien zulasten der EU bekämpfen. Die Ermittlungsinstanz soll dezentral aufgebaut werden. Die Anklagen sollen vor den nationalen Gerichten erhoben werden. Letztlich ist die Einrichtung kritisch zu sehen.[76] Zu mindestens muss sichergestellt werden, dass die Rechte des Angeklagten aus der Strafprozessordnung zum Beispiel auf Akteneinsicht, auf Aussageverweigerung und auf Zeugnisverweigerung und die Unschuldsvermutung gewahrt werden. Die europäische Staatsanwaltschaft wird die Rechte der nationalen Staatsanwaltschaften einschränken. Sie kann das so genannte Evokationsrecht ausüben, d.h. sie kann jederzeit entsprechende nationale Ermittlungsverfahren an sich ziehen. Auch stehen ihr sämtliche Zwangsmittel der Strafprozessordnung inklusive der Beantragung eines dinglichen Arrestes und der Überwachung der Telekommunikation zu. Zudem ist sie gegenüber den Ermittlungsbeamten der nationalen Staatsanwaltschaft weisungsberechtigt.

V.   Telekommunikationsüberwachung § 100a Abs. 2 Nr. 1 lit. o StPO

71   Der Subventionsbetrug in besonders schweren Fällen ist im Katalog für die Telekommunikationsüberwachung ausdrücklich aufgeführt. Dies gilt für die Taten, bei denen die Voraussetzungen von § 264 Abs. 2 S. 2 oder § 264 Abs. 3 in Verbindung mit § 263 Abs. 5 StGB gegeben sind.

72   Für eine Telekommunikationsüberwachung geeignet sind deshalb Ermittlungsverfahren, bei denen der Täter seine Befugnisse oder seine Stellung als Amtsträger missbraucht hat oder Fälle, bei denen der Subventionsbetrug banden- und gewerbsmäßig begangen wurde. Gerade der letztere Fall wird wahrscheinlich häufiger vorliegen, als dies von den Ermittlungsbehörden bisher angenommen wird. Im Wirtschaftsleben lassen sich relativ schnell eine Tatbeteiligung mehrerer Personen und damit die Bandeneigenschaft konstruieren. Das Tatbestandsmerkmal der „Gewerbsmäßigkeit" liegt schon dann vor, wenn sich der Täter eine fortlaufende Einnahmequelle von gewisser Dauer und Bedeutung verschaffen will. Angesichts der Höhe von Subventionen lässt sich dieses Tatbestandsmerkmal – gerade im Ermittlungsverfahren – relativ

---

72 *Esser* StV 2014, 495.
73 Z.B. in Bayern DStR 2012, 465.
74 KOM (2013) 534 endg. abgedr. in BR-Drucks. 631/13 v. 13.8.2013.
75 Antrag 18 (6) 27.
76 *Esser* StV 2014, 500; *Möller/Retemeyer* BDZ-Fachteil Heft 3 2014, F7.

leicht begründen. Die Ermittlungsbehörden sollten deshalb die sehr ergiebigen Telefonüberwachungen im Bereich der Ermittlungen wegen Subventionsbetruges häufiger nutzen.

VI. Verhältnis zum Betrug (§ 263 StGB)

Der Subventionsbetrug geht als Sonderregelung (lex specialis) dem Betrag nach § 263 StGB **73** vor.[77] Dies ergibt sich aus der gleichen Strafandrohung und den Bezugnahmen auf die Regelbeispiele für die besonders schweren Fälle. Zudem ergibt sich die Sonderstellung des Subventionsbetruges auch aus der einzigartigen Strafbarkeit eines fahrlässig begangenen Vermögensdeliktes (Strafbarkeit für leichtfertiges Handeln nach § 264 Abs. 4 StGB).

Der Betrug nach § 263 Abs. 1 StGB kann Auffangtatbestand sein, wenn die Leistung den Sub- **74** ventionsbegriff nicht erfüllt. Umgekehrt dient § 264 Abs. 1 StGB als Auffangtatbestand für § 263 Abs. 1 StGB, wenn z.B. die Irrtumserregung fehlt, weil der Subventionsnehmer im kollusiven Einvernehmen mit Beamten der Vergabestelle handelt oder in einem pauschalierten Vergabeverfahren gar keine Prüfung der Angaben des Subventionsnehmers erfolgt.

Der versuchte Subventionsbetrug ist nicht strafbar. Diese Lücke wird zum einen dadurch **75** geschlossen, dass die Strafbarkeit weit in das Vorfeld der Tatbegehung verlagert worden ist. Zum anderen verbleibt es zur Schließung einer Strafbarkeitslücke bei der Möglichkeit, eine Strafbarkeit wegen versuchten Betruges anzunehmen.[78]

Werden aufgrund einer Täuschung allerdings Leistungen erlangt, die zwar vom Geschädigten **76** als „Subvention" bezeichnet sind, nicht aber die Voraussetzungen der Legaldefinition des § 264 Abs. 7 StGB erfüllen, so kommt eine ausschließliche Strafbarkeit wegen Betruges in Betracht. Der BGH hat in einem Fall von Erschleichung von Fördermitteln zur Erstellung eines Tourismusresorts in Brandenburg die Leistung in seinem Urteil als „Subvention" bezeichnet, aber eine Strafbarkeit wegen Betruges nach § 263 Abs. 1 StGB angenommen, weil die Leistungen zur „Verbesserung der regionalen Wirtschaftsstruktur" als Gemeinschaftsaufgabe bestimmt waren.[79] Die Verbesserung der regionalen Wirtschaftstruktur kommt aber allen Gewerbebetrieben in der betroffenen Region zu Gute und nicht nur dem konkreten Subventionsnehmer, so dass die Leistung keine Subvention i.S.v. § 264 StGB ist. Dieser Fall zeigt die Abgrenzungsschwierigkeiten zwischen dem Subventionsbetrug nach § 264 StGB und dem Betrug nach § 263 StGB auf. Der Betrug dient hier letztlich als Auffangtatbestand.

J. Sonstige Auswirkungen einer Verurteilung wegen Subventionsbetruges

I. Zivilrechtliche Schadensersatzpflicht

Zivilrechtlich muss eine rechtswidrig erlangte Subvention wieder zurückgezahlt werden. Aller- **77** dings gibt es nicht uneingeschränkt eine Durchgriffshaftung gegen den betroffenen GmbH-Geschäftsführer. Selbst wenn dieser nach § 264 Abs. 1 Nr. 2 StGB strafbar ist, ist dieser nicht zu

---

77 *BGH* 32, 203, 206.
78 So *BGH* wistra 1987, 23.
79 *BGH* NJW 2014, 2295 – Resort Schwielowsee.

einer Selbstanzeige verpflichtet, wenn er nach dem Erhalt der Subvention die Absicht fasst, die Subvention zweckwidrig zu verwenden.[80] Zwar ist der Subventionsbetrug mit allen Tathandlungen ein Schutzgesetz nach § 823 Abs. 2 BGB. Dies wird allerdings eingeschränkt durch die fehlende Pflicht zur Selbstanzeige. Die Nichteinhaltung des Subventionszwecks begründet regelmäßig einen Schadensersatzanspruch des Subventionsgebers.[81] Der Vermögensschaden besteht aber bei einer nach Gewährung der Subvention erfolgten teilweisen zweckwidrigen Verwendung der Mittel nur in dem Teil, der anderweitig verwandt worden ist, nicht aber nach der Gesamthöhe der für ein bestimmtes Projekt gewährten staatlichen Förderung, weil sich der Vermögensschaden erst durch die Störung der Gegenseitigkeitsbeziehung und Aufhebung der Zweckbindung konkretisiert.[82]

II. Finanzrechtliche Haftung nach § 71 AO

78 Gleiches gilt auch im Steuerrecht. Auch wer als Geschäftsführer einen GmbH bewirkt, dass diese rechtswidrig eine Investitionszulage erhält und deshalb Täter oder Teilnehmer eines Subventionsbetruges ist, haftet nicht nach § 71 AO für die Rückzahlung der zu Unrecht gewährten Investitionszulage.[83] Der BFH hat die Investitionszulage nicht als Steuererstattung ausgelegt und sowohl eine direkte als auch eine analoge Anwendung der Vorschriften über die Steuerhinterziehung und damit auch von § 71 AO nunmehr abgelehnt. Vielmehr sieht er die Erschleichung einer Investitionszulage als Subventionsbetrug nach § 264 Abs. 1 StGB an. Dieser Subventionsbetrug sei abgabenrechtlich nicht als Steuerhinterziehung zu behandeln.[84] Außerdem sei es auch nicht möglich, Haftungsansprüche nach § 71 AO auf die Anspruchsgrundlage § 191 Abs. 1 AO i.V.m. 823 Abs. 2, 830 Abs. 1 S. 1 BGB i.V.m. §§ 264 Abs. 1 S.1, 27 StGB zu stützen, denn ein deliktischer Schadensersatzanspruch kann nicht durch einen Haftungsbescheid geltend gemacht werden.[85]

III. Ausschluss von weiteren Subventionen

79 Insbesondere im Bereich der Agrarsubventionen führen falsche Angaben des Subventionsnehmers zu einem zeitlichen Ausschluss in zukünftigen Subventionsverfahren. Diese Folge sollte bei der Verteidigung des Beschuldigten unbedingt beachtet werden. Anzustreben ist deshalb stets eine Einstellung nach Ermessensvorschriften wie § 153 Abs. 1 StPO oder § 153a Abs. 1 StPO (Einstellung gegen Geldauflage bzw. Schadenswiedergutmachung). Eine derartige Einstellung hat keine Indizwirkung für eine missbräuchliche Inanspruchnahme der Subvention. Verurteilte Subventionsbetrüger müssen mit der Aufnahme in die „Schwarze Liste"[86] rechnen, die in allen Mitgliedstaaten geführt werden muss.

---

80   *BGH* 16.7.2013, VI ZR 442/12.
81   *BGH* 16.7.2013, VI ZR 442/12.
82   *BGH* 16.7.2013, VI ZR 442/12.
83   *BFH* 19.12.2013, III R 25/10, *BFHE* 244, 217; der Senat hat mit dieser Entscheidung seine bisherige anderslautende Rechtsprechung aufgegeben.
84   *BFH* 19.12.2013, III R 25/10.
85   *BFH* 19.12.2013, III R 25/10 mit umfassenden Nachweisen zur Frage der deliktischen Haftung und § 71 AO.
86   VO(EG) 1469/95 v. 22.6.1995, ABlEG 1995, Nr. L 145/1.

IV. Strafzuschlag nach EU-Recht

Ein Subventionsbetrug nach EU-Recht kann nicht nur nach den nationalen Gesetzen straf-   **80** rechtlich geahndet werden. Im Rahmen des Verwaltungsverfahrens über die Rückerstattung einer unberechtigt gezahlten Subvention kann die Verwaltungsbehörde zusätzlich zu dem Rückforderungsbetrag einen empfindlichen Strafzuschlag verhängen, der verschuldensunabhängig ist.[87]

---

87 Art. 51 VO (EG) 800/99 v. 15.4.1999, ABlEG Nr. L 102/11 v. 17.4.1999.

22. Kapitel
Schwarzarbeit

Literatur: *Aulmann* Schwarzarbeit und illegale Beschäftigung vermeiden, 2010; *Boemke/ Lembke* AÜG, 3. Aufl. 2013; *Brüssow/Petri* Arbeitsstrafrecht, 2008; *Büttner* Bauunternehmen aus den Beitrittsländern – FKS auf den Spuren von Scheinselbständigen, PStR 2008, 167; *ders.* Illegale Beschäftigung – Schwarzarbeit, 2012; *ders.* Praxisbericht Mindestlohn, PStR 2015, 47; *Buse* Zuständigkeiten der Finanzkontrolle Schwarzarbeit zur Verfolgung von Steuerstraftaten, AO-StB 2007, 80; *Fehn (Hrsg.)* Schwarzarbeitsbekämpfungsgesetz, Handkommentar 2006; *ders.* Wie kann das Schwarzarbeitsbekämpfungsgesetz verbessert werden?, ZfZ 2005, 218; *ders.* AO-Regeln für die Finanzkontrolle Schwarzarbeit, AO-StB 2006, 181; *Gercke/Kraft/Richter* Arbeitsstrafrecht, 2012; *Holewa* Durchsuchung durch FKS mit Beteiligung der Steuerfahndung – Selbstanzeige gesperrt?, PStR 2013, 121; *Joecks* Bekämpfung der Schwarzarbeit und damit zusammenhängender Steuerhinterziehung, wistra 2004, 441; *Möller* Bekämpfung der Schwarzarbeit und der illegalen Beschäftigung, BDZ 2005, F.59 – F 61; *ders.* Bekämpfung der Schwarzarbeit, StBp 2006, 173; *ders.* Prüfungen nach dem Schwarzarbeitsbekämpfungsgesetz, StBp 2010, 131; *ders.* Prüfung nach dem SchwarzArbG und Selbstanzeige gemäß § 371 AO, PStR 2012, 13; *Möller/Retemeyer* „Scheinselbstständigkeit" und strafrechtliche Konsequenzen, BDZ 2010, F 1 – F 6; *dies.* Entdeckt die FKS Steuerhinterziehungen? – Sperrwirkung gem. § 371 Abs. 2 Nr. 2 AO, PStR 2013, 239; *Moosburger* Bekämpfung der Schwarzarbeit, – Neues Gesetz – Neue Chance?, ZfZ 2004, 407; *ders.* An einem Strang ziehen – Steuerfahndung und FKS-Dienststellen bekämpfen künftig gemeinsam die Schwarzarbeit, ZfZ 2005, 212; *Spatscheck/Wulf* Praktische Fragen zu den Verfahrensvorschriften des SchwarzArbG, PStR 2005, 40; *Thüsing* AÜG, 3. Aufl. 2012.

A. Finanzkontrolle Schwarzarbeit

I. Schwarzarbeitsbekämpfungsgesetz

1   Bereits durch das Gesetz vom 23.7.2004 zur Intensivierung der Bekämpfung der Schwarzarbeit und damit zusammenhängender Steuerhinterziehung traten zum 1.8.2004 ein neues **Gesetz zur Bekämpfung der Schwarzarbeit und illegalen Beschäftigung** (Schwarzarbeitsbekämpfungsgesetz – SchwarzArbG)[1] und Änderungen von Vorschriften in verschiedenen anderen Gesetzen (z.B. Umsatzsteuer- und Einkommensteuergesetz) in Kraft. Schwarzarbeit schädigt nicht nur gesetzestreue Unternehmer sowie Arbeitnehmer und verursacht enorme Einnahmeausfälle bei der Sozialversicherung und dem Fiskus. Schwarzarbeit ist kein Kavaliersdelikt, sondern kann als handfeste Wirtschaftskriminalität dem Gemeinwesen schweren Schaden zufügen. Auch in dem gemeinsamen Koalitionsvertrag von CDU, CSU und SPD vom 27.11.2013 sind Phänomene der Schwarzarbeit (z.B. Scheinselbstständigkeit, Missbrauch von Werkverträgen, illegale Arbeitnehmerüberlassung, Verstoß gegen Mindestlohnregelungen) und erneut der Wille zu ihrer Bekämpfung aufgenommen worden.

---

1   BGBl I 2004, 1842.

Die Verfolgung von Schwarzarbeit und der damit einhergehenden Steuerhinterziehung sollte 2
mit dem SchwarzArbG auf eine neue gesetzliche Grundlage gestellt werden. Unter anderem
sollten die in verschiedenen Gesetzen enthaltenen **Regelungen zur Schwarzarbeitsbekämpfung**
weitestgehend in einem Stammgesetz **zusammengefasst** werden. Dabei sollten die vielfältigen
Erscheinungsformen der Schwarzarbeit erstmalig definiert, die Prüfungs- und Ermittlungs-
rechte in der Zollverwaltung gebündelt und erweitert sowie Strafbarkeitslücken geschlossen
werden. In der Zollverwaltung wurde im Jahr 2004 für den Vollzug des SchwarzArbG der
Arbeitsbereich Finanzkontrolle Schwarzarbeit (FKS) eingerichtet. Aktuell werden die Aufgaben
in den Hauptzollämtern von den Sachgebieten E (FKS) und den Sachgebieten F (Ahndung)
wahrgenommen. Zusätzlich gibt es bei der Bundesfinanzdirektion West die Zentrale Facheinheit
heit FKS mit Sitz in Köln mit einem horizontalem Weisungsrecht sowie Referate für Rechts-
und Fachaufsicht bei den Bundesfinanzdirektionen Nord, Mitte, West, Südwest und Südost.

Zum 1.1.2015 wird ein gesetzlicher Mindestlohn eingeführt. Für die notwendigen Prüfungen 3
von ca. 8 Mio. Beschäftigungsverhältnissen sollen weitere 1.600 Beschäftigte in dem Arbeitsbereich FKS tätig werden.

Formen von Schwarzarbeit bei dem Einsatz von Fremdpersonal wie bei der Frage der Abgren- 4
zung von Werkvertrag und Arbeitnehmerüberlassung (z.B. in der Fleischwirtschaft) geraten
häufig auch wegen anderer Verstöße in den Blickpunkt der Öffentlichkeit (z.B. wegen der
Unterbringung in Sammelunterkünften).

II. Zusammenarbeit der Behörden

Ein wichtiger Baustein der Bekämpfung der Schwarzarbeit und der illegalen Beschäftigung nach 5
dem SchwarzArbG ist die Unterrichtung und die Zusammenarbeit der Behörden. Zum einen
wird die FKS bei ihren Prüfungsaufgaben von verschiedenen Behörden unterstützt (Zusammenarbeitsbehörden gem. § 2 Abs. 2 SchwarzArbG), zum anderen sind sie und die sie unterstützenden Stellen einander zur Übermittlung von Informationen für deren Prüfungen verpflichtet (§ 6
Abs. 1 SchwarzArbG). Schwarzarbeit steht typischerweise in unmittelbarem Sachzusammenhang
mit steuerlichen Verstößen; insbesondere der Steuerhinterziehung. Die bei der Schwarzarbeit
vorrangigen Steuerarten wie Einkommen-, Lohn- oder Umsatzsteuer unterliegen der sachlichen
Zuständigkeit der Länder und ihrer Finanzbehörden. Der Schwerpunkt einer wirksamen
Bekämpfung organisierter Schwarzarbeit und illegaler Beschäftigung liegt im Bereich der
gewerblichen Wirtschaft. Im Zuge einer Neuausrichtung zum 1.10.2014 soll sich die Arbeit der
FKS künftig mehr auf die organisierte Form der Schwarzarbeit konzentrieren.

III. Bekämpfung der Schwarzarbeit und der illegalen Beschäftigung

Zweck des SchwarzArbG ist die Intensivierung der Bekämpfung der Schwarzarbeit (§ 1 Abs. 1 6
SchwarzArbG). Bereits nach der Bezeichnung des Artikelgesetzes mit dem das SchwarzArbG
erlassen wurde, hängt Schwarzarbeit mit Steuerhinterziehung tatsächlich unmittelbar zusammen. Schwarzarbeit ist in § 1 Abs. 2 SchwarzArbG legal definiert.

Schwarzarbeit leistet, wer auf Grund einer Dienst- oder Werkleistung als Arbeitgeber seine 7
sozialversicherungsrechtlichen Melde-, Beitrags- oder Aufzeichnungspflichten nicht erfüllt, als
Steuerpflichtiger seine steuerlichen Pflichten nicht erfüllt, als Sozialleistungsempfänger seine
Mitteilungspflicht gegenüber dem Sozialleistungsträger nicht erfüllt, oder als Erbringer von

Dienst- oder Werkleistungen eine erforderliche gewerberechtliche Anmeldung unterlässt oder ein zulassungspflichtiges Handwerk als stehendes Gewerbe ohne Eintragung in die Handwerksrolle betreibt. Keine Schwarzarbeit sind Dienst- und Werkleistungen, die nicht nachhaltig auf Gewinn gerichtet sind und erbracht werden von Angehörigen i.S.d. § 15 AO oder Lebenspartnern, aus Gefälligkeit, im Wege der Nachbarschaftshilfe oder im Wege der Selbsthilfe.

8   Neben dem „Schwarzarbeiter" wird nach dem SchwarzArbG auch der „Auftraggeber" geprüft und gegebenenfalls verfolgt. Der **Begriff des Auftraggebers** i.S.d. §§ 3–5 SchwarzAbG erfasst grundsätzlich jeden, der eine Dienstleistung oder Werkleistung durch Personen ausführen lässt, die ihm dafür zur Verfügung stehen und die er verpflichtend einsetzen kann. Dabei muss im Fall einer Vermittlung von Fahraufträgen an Mitglieder einer genossenschaftlich geführten Funkzentrale oder Telefonzentrale dem Vermittler kein Weisungsrecht gegenüber einzelnen Fahrern oder Unternehmen zur Übernahme einzelner Aufträge zustehen.[2] Die Prüfungsaufgaben der FKS ergeben sich aus dem Katalog von § 2 Abs. 1 SchwarzArbG. Die FKS wird bei ihren Prüfungen nach dem SchwarzArbG durch die Zusammenarbeitsbehörden, z.B. durch die Landesfinanzbehörden, unterstützt.

9   Gemäß § 1 Abs. 2 Nr. 2 SchwarzArbG leistet z.B. auch Schwarzarbeit, wer Dienst- oder Werkleistungen erbringt oder ausführen lässt und dabei als Steuerpflichtiger seine sich auf Grund der Dienst- oder Werkleistungen ergebenden **steuerlichen Pflichten nicht erfüllt**. Die Prüfung der steuerlichen Pflichten i.S.v. § 1 Abs. 2 Nr. 2 SchwarzArbG obliegt den zuständigen Landesfinanzbehörden (Prüfungskompetenz). Die FKS ist zur Mitwirkung an Prüfungen der Landesfinanzbehörden berechtigt. Grundsätze der Zusammenarbeit zwischen der FKS und den Landesfinanzbehörden bei der Bekämpfung der Schwarzarbeit und damit zusammenhängender Steuerhinterziehung sind vom BMF und den obersten Finanzbehörden der Länder im gegenseitigen Einvernehmen geregelt worden (Zusammenarbeitsregelung). Damit bleibt die Zuständigkeit der Steuerverwaltungen der Länder für die Steuern unberührt. Bestimmte Informationen lösen aber eine Mitteilungspflicht gem. § 6 Abs. 1 S. 1 SchwarzArbG und § 31a AO zwischen der FKS und der Landesfinanzbehörde aus.

10   Der Gesetzgeber hat der FKS für ihre Prüfungsaufgaben besondere Befugnisse (z.B. ein verdachtsloses Prüfungsrecht ohne Vorankündigung und ein Grundstücks-/Geschäftsraumbetretungsrecht) eingeräumt. Arbeitgeber, Arbeitnehmer und Arbeitnehmerinnen, Auftraggeber und Dritte, die bei einer Prüfung der FKS angetroffen werden, haben auch besondere Duldungs- und Mitwirkungspflichten. Eine Verletzung dieser Mitwirkungspflichten kann gem. § 8 Abs. 2 SchwarzArbG gesondert mit einer Geldbuße bis zu 30.000,00 Euro geahndet werden.

11   Die **Prüfungsaufgaben der Behörden der Zollverwaltung** sind in § 2 Abs. 1 SchwarzArbG geregelt. Gem. § 14 Abs. 1 SchwarzArbG haben sie bei der Verfolgung von Straftaten und Ordnungswidrigkeiten, die mit einem der in § 2 Abs. 1 SchwarzArbG genannten Prüfgegenstande unmittelbar zusammenhängen, die gleichen Befugnisse wie die Polizeivollzugsbehörden nach der Strafprozessordnung und dem Gesetz über Ordnungswidrigkeiten. Ihre Beamten sind insoweit auch **Ermittlungsperson der Staatsanwaltschaft**. Die FKS kann zur Bekämpfung der Schwarzarbeit und der illegalen Beschäftigung zweigleisig tätig werden. Zum einen ist die FKS berechtigt, Prüfungen nach dem SchwarzArbG durchzuführen. Zum anderen kann sie bei Straftaten, für deren Verfolgung sie zuständig ist, strafrechtliche Ermittlungen i.S. der Strafprozessordnung durchführen.

---

2   *FG Münster* EFG 2014, 864.

Die FKS unterrichtet die Landesfinanzbehörden als zuständige Stellen, wenn sich bei der Durchführung ihrer Aufgaben nach dem SchwarzArbG Anhaltspunkte für Verstöße gegen die Steuergesetze ergeben (§ 6 Abs. 3 Nr. 4 SchwarzArbG). Auf steuerlichem Gebiet beschränkt sich die Kompetenz der FKS auf das Ausmaß der Prüfung, das ausreicht, um dieser Mitteilungspflicht gegenüber den Landesfinanzbehörden nach dem SchwarzArbG über Anhaltspunkte für steuerlich relevante Sachverhalte gerecht zu werden. Zur Sicherstellung des auch steuerlich motivierten Prüfungsauftrags und der Zusammenarbeit der FKS mit den Landesfinanzbehörden bei der Bekämpfung der Schwarzarbeit sind die Beschäftigten der Zollverwaltung fortgebildet worden. Der Gegenstand der Fortbildung war im Rahmen der Bund-Länder-Arbeitsgruppe „Zusammenarbeit bei Prüfung der steuerlichen Pflichten gem. § 2 Abs. 1 SchwarzArbG" festgelegt worden. Die Fortbildung hat den Beamten der FKS notwendige Kenntnisse des materiellen Besitz- und Verkehrsteuerrechts vermittelt. **12**

Der Zollverwaltung sind aber auch im AÜG und AEntG Prüfaufgaben (z.B. wegen der Prüfung der Lohnuntergrenze bei der Zeitarbeit) zugewiesen worden, für die die formellen Regelungen des SchwarzArbG gelten. **13**

Aufgrund der Feststellungen der FKS kann es zu Steuer- oder Beitragsbescheiden durch die zuständigen Fachbehörden kommen. Parallel können strafrechtliche und ordnungswidrigkeitenrechtliche Ermittlungsverfahren die Folge sein. Strafverfahrensrechtliche Ermittlungen ersetzen aber nicht die Betriebsprüfung.[3] **Straftatbestände wegen Schwarzarbeit** gibt es im SchwarzArbG (§§ 9 ff. SchwarzArbG) und in anderen Gesetzen. Praktische Bedeutung haben die Beitragsvorenthaltung nach § 266a StGB, der Leistungsmissbrauch als Fall des Betruges nach § 263 StGB, die illegale Ausländerbeschäftigung und -erwerbstätigkeit nach § 404 SGB III, die illegale Beauftragung und Erwerbstätigkeit nach § 98 AufenthG, die illegale Arbeitnehmerüberlassung (§§ 15 ff. EÜG) und die illegale Arbeitnehmerentsendung. Die FKS trifft aber auch Feststellungen zu Lohnwucher, Menschenhandel zum Zweck der Ausbeutung der Arbeitskraft, Verstöße gegen das Arbeitszeitgesetz oder Arbeitsschutzgesetz. **14**

Im Rahmen der Ermittlungen werden von der FKS auch gerichtliche **Durchsuchungsbeschlüsse** vollstreckt. Der Beschluss muss den Tatvorwurf hinreichend konkret beschreiben.[4] **15**

In Fällen von Verfehlungen nach dem SchwarzArbG droht auch der Ausschluss von öffentlichen Aufträgen (§ 21 SchwarzArbG). Dies gilt auch schon vor Durchführung eines Straf- oder Ordnungswidrigkeitenverfahrens, wenn im Einzelfall angesichts der Beweislage kein vernünftiger Zweifel an einer schwerwiegenden Verfehlung des § 21 Abs. 1 S. 1 SchwarzArbG besteht. **16**

IV. Typische Fragestellungen bei der Bekämpfung der Schwarzarbeit durch die FKS

1. Mitteilungen zwischen der FKS und den Landesfinanzbehörden versus Steuergeheimnis

Bei Prüfungen erhobene, verarbeitete oder genutzte Daten der FKS sind Sozialdaten und unterliegen dem Sozialgeheimnis (§ 35 Abs. 1 SGB I). Wegen der von der FKS zentral geführ- **17**

---

3 *BayLSG* ASR 2015, 23.

4 Wegen unzureichender Angaben zum Tatvorwurf wegen einer Wohnungsdurchsuchung wegen des Verdachts von Verstößen gegen GewO und HwO sowie von Schwarzarbeit vgl. *BVerfG* BeckRS 2008, 32831.

ten **Prüfungs- und Ermittlungsdatenbank** gibt es besondere Regelungen im SchwarzArbG (§§ 16 ff. SchwarzArbG).

18 Die Zollverwaltung und die Landesfinanzbehörden werden im Rahmen ihrer sachlichen Zuständigkeit auf Grundlage der AO tätig. Ihre Amtsträger haben daher gem. § 30 Abs. 1 AO grundsätzlich auch das Steuergeheimnis zu wahren. Bereits in § 30 AO selbst sind zulässige Offenbarungen über steuerliche Verhältnisse und Betriebs- oder Geschäftsgeheimnisse geregelt. Diese werden mit dem zum 1.8.2002 nachträglich in die AO eingefügten § 31a über Mitteilungen zur Bekämpfung der illegalen Beschäftigung und des Leistungsmissbrauchs ergänzt. § 31a AO regelt als maßgebliche Vorschrift **Mitteilungen zur Bekämpfung der illegalen Beschäftigung und des Leistungsmissbrauchs** und ergänzt § 30 Abs. 4 Nr. 2 AO, der die Offenbarung zulässt, wenn sie durch Gesetz ausdrücklich zugelassen ist. Die Regelung ist eine weitere legale Durchbrechung des Steuergeheimnisses. Nach § 31a Abs. 1 Nr. 1 a) AO ist die Offenbarung der nach § 30 AO geschützten Verhältnisse des Betroffenen zulässig, soweit sie für die Durchführung eines Strafverfahrens, eines Bußgeldverfahrens oder eines anderen gerichtlichen oder Verwaltungsverfahrens mit dem Ziel der Bekämpfung von illegaler Beschäftigung oder Schwarzarbeit erforderlich ist. Die Prüfung nach dem SchwarzArbG ist ein Verwaltungsverfahren. Für dieses gelten gem. § 22 SchwarzArbG die Vorschriften der AO sinngemäß, soweit das SchwarzArbG nichts anderes bestimmt.

19 Der AEAO zu § 31a stellt klar, dass die **Offenbarung der nach § 31a AO vom Steuergeheimnis geschützten Informationen** aufgrund einer Anfrage und von Amts wegen erfolgt, wenn die Finanzbehörden über konkrete Informationen verfügen, die für die zuständigen Stellen für ein Verfahren nach § 31a Abs. 1 AO (z.B. zur Bekämpfung der Schwarzarbeit) erforderlich sind. Schwarzarbeit ist in § 1 Abs. 2 SchwarzArbG zum ersten Mal gesetzlich definiert worden und liegt danach z.B. vor, wenn Sozialversicherungsbeiträge vorenthalten, Steuern hinterzogen, Leistungen missbraucht und gewerberechtliche oder handwerksrechtliche Verstöße begangen werden. Eine Mitteilungspflicht besteht nicht, soweit deren Erfüllung mit einem unverhältnismäßigen Aufwand verbunden wäre (§ 31a Abs. 2 S. 3 AO). Dieser liegt bei den Mitteilungen an die FKS im Regelfall nicht vor. Verfügt die Landesfinanzbehörde über Informationen, die die FKS für die Erfüllung ihrer Aufgaben zur Bekämpfung illegaler Beschäftigung und Schwarzarbeit benötigt, hat sie diese mitzuteilen. Anhaltspunkte für einen Verstoß reichen für eine Mitteilung aus. Ergeben sich bei der Prüfung der FKS Anhaltspunkte für Verstöße gegen die Steuergesetze, so unterrichtet die FKS die zuständigen Finanzbehörden.

20 Im Zusammenhang mit dem Steuergeheimnis und den Mitteilungen zur Bekämpfung der illegalen Beschäftigung und des Leistungsmissbrauchs wurde in der Vergangenheit auch die **Zuständigkeit der FKS**; insbesondere für die Ermittlung von Straftatbeständen nach § 263 wegen Betrugs und nach § 266a StGB wegen des Vorenthaltens und Veruntreuens von Arbeitsentgelt kontrovers diskutiert. So wurde auch die Meinung vertreten, die FKS prüfe nach § 2 Abs. 1 Nr. 1 SchwarzArbG lediglich, ob die sich aus den Dienst- und Werkleistungen ergebenden Pflichten nach § 28a SGB IV erfüllt werden bzw. wurden. Die dem § 266a StGB zugrunde liegende Beitragsvorenthaltung ist nicht in § 28a SGB IV geregelt, so dass die §§ 28e, 28f SGB IV insoweit nicht einschlägig seien. Der Gesetzgeber habe die Prüfungskompetenz der FKS auf Meldepflichtverletzungen nach § 28a SGB IV beschränken wollen. Das würde in der Praxis der Zusammenarbeit von FKS und den Landesfinanzbehörden dazu führen, dass die Finanzämter in Einzelfällen daran gehindert wären, sachverhaltsdienliche Informationen im Hinblick auf die §§ 263, 266a StGB an die FKS zu übermitteln und die Informationen lediglich an den zuständigen Sozialversicherungsträger bzw. Leistungsträger weitergeleitet würden. Das BMF sieht das Vorenthalten von Arbeitgeber- und Arbeitnehmerbeiträgen zur Sozialversicherung nach § 266a StGB dagegen als Prüfgegenstand gem. § 2 Abs. 1 Nr. 1 SchwarzArbG und den Betrug nach § 263 StGB zu Lasten des Leistungsträgers als Prüfgegenstand nach § 2 Abs. 1 Nr. 2 SchwarzArbG an.[5]

2. Ermittlungskompetenz der FKS wegen Steuerhinterziehung?

Soweit sich im Zusammenhang mit den Prüfungen nach dem SchwarzArG durch die FKS **21** Anhaltspunkte für Straftaten und Ordnungswidrigkeiten ergeben, leitet die FKS Straf- und Bußgeldverfahren gegen die Beteiligten ein, wenn diese im unmittelbaren Zusammenhang mit Schwarzarbeit und illegaler Beschäftigung stehen. Im Ermittlungsverfahren haben die Beschäftigten der FKS eine besondere Rechtsstellung. Bei Ordnungswidrigkeiten, für die das Hauptzollamt Verfolgungsbehörde im Sinne des Ordnungswidrigkeitenrechts ist, hat das Hauptzollamt die **Rechtsstellung der Staatsanwaltschaft** (§ 46 Abs. 2 OWiG). Die Funktion der Staatsanwaltschaft nimmt das Sachgebiet F wahr. Bei Ordnungswidrigkeiten in fremder Verfolgungszuständigkeit und bei Straftaten, die mit den in § 2 Abs. 1 SchwarzArbG genannten Prüfungsgegenständen „unmittelbar zusammenhängen", sind die Beamten der FKS Ermittlungsperson der Staatsanwaltschaft, die Herrin der Ermittlungsverfahren ist.

Da es sich gem. § 2 Abs. 1 Satz 4 SchwarzArbG bei Steuern im Zusammenhang mit Werk- und **22** Dienstleistungen um eine Prüfungsaufgabe der FKS handelt, gibt § 14 SchwarzArbG der FKS die entsprechende Ermittlungszuständigkeit und entsprechenden Ermittlungsbefugnisse für Steuerstraftaten im Zusammenhang mit Schwarzarbeit und illegaler Beschäftigung.[6]

3. Sperrwirkung gem. § 371 Abs. 2 Nr. 2 AO für die Selbstanzeige wegen Steuerhinterziehung nach einer Prüfung gem. § 2 SchwarzArbG durch die FKS?

Typischerweise trifft die FKS bei ihren Prüfungen nach dem SchwarzArbG Feststellungen zu **23** einem nach § 266a StGB strafbaren dem **Vorenthalten und Veruntreuen von Arbeitsentgelt,** (z.B. ein Arbeitnehmer der von seinem Arbeitgeber nicht zur Sozialversicherung angemeldet wurde). In einem solchen Fall wird in der Regel tatmehrheitlich auch die **Lohnsteuer hinterzogen.** Es sind aber auch andere Fälle denkbar, bei denen die FKS bei ihrer Prüfung den Anfangsverdacht für Steuerhinterziehung bejaht.

§ 371 AO regelt die Straffreiheit bei der Selbstanzeige wegen Steuerhinterziehung, vgl. insoweit **24** 9. Kapitel. § 266a Abs. 6 StGB kennt eine vergleichbare Regelung für das vorenthaltene und veruntreute Arbeitsentgelt. Allerdings enthält § 371 AO Fälle, bei denen eine **Sperrwirkung** für die Straffreiheit eintritt. Dies ist insbesondere dann der Fall, wenn die Tat im Zeitpunkt der Anzeige bereits entdeckt ist. Deshalb stellt sich die Frage, ob eine Steuerhinterziehung durch die Prüfung der FKS als entdeckt gilt.

Bei der Bekämpfung von Schwarzarbeit stellt sich bei jedem aufgedeckten Fall die Frage nach **25** der steuerlichen Behandlung eingesetzter Arbeitnehmer, d.h. ob der Arbeitgeber die Lohnsteuer überhaupt und in richtiger Höhe einbehalten und abgeführt hat (z.B. Zahlung von Schwarzlohn). Mit Schwarzarbeit und illegaler Beschäftigung geht regelmäßig einher, dass die erzielten Umsätze nicht oder nur unvollständig der Umsatzbesteuerung unterworfen werden. Rechtsverstöße durch Schwarzarbeit wirken sich in der Regel auf die steuerlichen Aspekte aus (z.B. Manipulation der Einnahmen mit Schein- oder Abdeckrechnungen). Anders als die

---

5 Erlass v. 14.10.2005 – III A 6 – SV 3040 – 125/05.
6 Erlass v. 2.3.2006 – III A 6 – SV 3040 – 4/06.

Lohnsteueraußenprüfung und die Umsatzsteuersonderprüfung muss die Prüfung nach dem SchwarzArbG nicht rechtzeitig vor Prüfungsbeginn angekündigt werden. So kann sich die FKS spontan ein Bild über Schwarzarbeit und illegale Beschäftigung und die Erfüllung steuerlicher Pflichten machen. In typischen Fällen von Schwarzarbeit wird die FKS die objektiven und subjektiven Voraussetzungen der Steuerhinterziehung erfassen.

26 Es stellt sich aber die Frage, ob eine strafbefreiende Selbstanzeige gem. § 371 Abs. 2 Nr. 2 AO wegen der durch die FKS **entdeckten Steuerhinterziehung** ausgeschlossen ist. Der Begriff der Tatentdeckung des § 371 AO hat danach einen eigenständigen, über den strafprozessualen Begriff hinausgehenden Bedeutungsinhalt. Nach der Rspr. des BGH ist die Tat entdeckt, wenn bei vorläufiger Tatbewertung die Wahrscheinlichkeit eines verurteilenden Erkenntnisses gegeben ist.[7] Dies erfordert eine doppelte, zweistufige Prognose. Zunächst ist die Verdachtslage zu bewerten. Aufbauend auf diese Bewertung muss der Sachverhalt, auf den sich der Verdacht bezieht, geeignet sein, eine Verurteilung wegen einer Steuerstraftat oder einer StOWi zu rechtfertigen. Ist das Vorliegen eines Sachverhalts wahrscheinlich, der die Aburteilung als Steuerstraftat oder StOWi rechtfertigen würde, ist die Tat entdeckt.[8] Wegen des „Kennenmüssens" führte der BGH aus, dass dieses Merkmal eher durch die objektive Voraussetzung der Tatentdeckung und weniger durch die subjektive Komponente bestimmt sei und letztlich überwiegend auf die objektive Seite abgestellt werden müsse.[9]

27 Wird die FKS aufgrund einer richterlichen Anordnung tätig, erstreckt sich ihr Ermittlungswille auch auf solche Taten, die mit dem bisherigen Ermittlungsgegenstand in **sachlichen Zusammenhang** stehen.[10] Für die Bestimmung des Verfolgungswillens der Strafverfolgungsorgane ist maßgeblich, was mit der jeweiligen richterlichen Handlung bezweckt wird. Dabei sind neben dem Wortlaut der Verfügung (z.B. Durchsuchungsbeschluss zum Auffinden von Beweisen wegen des Vorenthaltens von Sozialversicherungsbeiträgen gem. § 266a StGB) auch der Sach- und Verfahrenszusammenhang entscheidend.[11]

28 Die Kompetenz zur Einleitung eines Steuerstrafverfahrens und die Ermittlung deswegen setzt zuvor die Entdeckung einer Steuerhinterziehung denklogisch voraus. Mindestens in den typischen Fällen der Schwarzarbeit mit einhergehender Steuerhinterziehung wird die FKS die Tat i.S.d. § 371 Abs. 2 Nr. 2 AO entdeckt haben. Die strafbefreiende Selbstanzeige für die Steuerhinterziehung ist dann ausgeschlossen. Die Entdeckung der Steuerhinterziehung liegt logischerweise vor der Einleitung eines Steuerstrafverfahrens und ist eine Tatsachenfrage. Auf steuer- oder steuerstrafrechtliche Überlegungen der beteiligten Zoll- oder Steuerbeamten kommt es grundsätzlich nicht an. Kann die FKS wegen Steuerhinterziehung ein Strafverfahren einleiten und deswegen ermitteln, kann sie entsprechende Taten auch entdecken. Kommt die FKS ihrer Mitteilungspflicht an die Landesfinanzbehörde nach und wertet die Landesfinanzbehörde diese aus, verschiebt sich der Zeitraum für die Selbstanzeige daher nicht auf den Zeitpunkt der Einleitung bzw. Bekanntgabe durch die Landesfinanzbehörde.

29 Der Täter wird wegen der Prüfung bzw. strafprozessualen Maßnahme durch die FKS regelmäßig den Schluss ziehen, die FKS habe ausreichend Kenntnis von der Entdeckung der Steuer-

---

7 *BGH* wistra 2000, 219; *Klein/Jäger* § 371 AO Rn. 60.

8 *Klein/Jäger* § 371 AO Rn. 60 m.w.N.

9 *BGH* 20.5.2010 – 1 StR 577/09 = DStR 2010, 1133; vgl. auch *Schöler* DStR 2015, 503 sowie *AG Kiel* 27.11.2014 – 48 Ls 545 Js 46477/13, BeckRS 2015, 05202.

10 *Möller/Retemeyer* Entdeckt die FKS Steuerhinterziehung?, – Sperrwirkung gemäß § 371 Abs. 2 Nr. 2 AO?, PStR 2013, 239.

11 *BGH* NStZ 2000, 427.

hinterziehung. Die meisten Schwarzarbeitstäter, insbesondere ausländische Beteiligte, differenzieren bei einer Prüfung durch die FKS nicht zwischen deren Zuständigkeit und jener der Landesfinanzbehörde für die hinterzogenen Steuern.

Aus strafrechtlicher und strafprozessualer Sicht ist der **Begriff der Tat** für die Sperrwirkung entscheidend. Nichtabgabe der Lohnsteueranmeldung und Nichtabführung der Sozialversicherungsbeiträge des Arbeitnehmers sind materiell-rechtliche unterschiedliche Taten im Sinne von § 52 StGB, die unabhängig voneinander zu bewerten sind (sog. Tatmehrheit).[12] Es handelt sich auch strafprozessual (§ 264 Abs. 1 StPO) um unterschiedliche Taten. Dies erschließt sich zwar zunächst nicht, weil die Schwarzarbeit zwanglos als einheitlicher Lebenssachverhalt gesehen werden kann. Schließlich ist es dem Schwarzunternehmer nicht möglich, aus dem Gesamtpaket der Hinterziehung von Umsatzsteuer, Lohnsteuer, Einkommensteuer und Nichtabführung der Sozialversicherungsbeiträge eine einzelne Pflicht herauszunehmen und ordnungsgemäß zu erfüllen; dies würde sofort auffallen. Da die Pflichten jedoch unterschiedlich ausgestaltet sind, zu verschiedenen Zeiten erfüllt werden müssen und auch gegenüber verschiedenen Stellen bestehen, ist nach den Regeln zum Unterlassungsdelikt weder Tateinheit nach § 52 StGB noch eine einheitliche prozessuale Tat nach § 264 Abs. 1 StPO nicht zu begründen. **30**

Die FKS entdeckt die Steuerhinterziehung aber wohl i.S.d. § 371 Abs. 2 Nr. 2 AO. Als Tatentdecker kommen in erster Linie alle Amtsträger der Finanz- und Strafverfolgungsbehörden, außerdem Richter und anderer Behörden wie z.B. die Polizei und die Staatsanwaltschaft in Betracht. Ausreichend ist, wenn diese Personen verpflichtet sind ihre Erkenntnisse den Strafverfolgungsbehörden mitzuteilen. Bei der Hinterziehung von Lohnsteuer ist schon aus § 116 AO und erst recht aus den Regeln zu der Zusammenarbeit zwischen der Landesfinanzbehörde und der FKS nach dem SchwarzArbG eine gesetzliche Pflicht der FKS herzuleiten, ihre Erkenntnisse über Schwarzarbeit dem für die Lohnsteuer zuständigen Finanzamt mitzuteilen. **31**

Im Ergebnis bedeutet dies, dass die Entdeckung der Lohnsteuer- bzw. der Umsatzsteuerhinterziehung durch die FKS genauso eine Selbstanzeige nach § 371 Abs. 2 Nr. 2 AO sperrt wie die Entdeckung durch den Staatsanwalt.[13] **32**

4. Prüfung nach dem SchwarzArbG

Wegen der Nähe zur steuerlichen Außenprüfung stellen sich praktische Fragen zu der Prüfung und deren Anordnung nach dem SchwarzArbG. Die Prüfung nach dem SchwarzArbG ist keine Außenprüfung i.S.d. AO.[14] § 2 Abs. 1 SchwarzArbG stellt keine besonderen Anforderungen an die Prüfungsanordnung.[15] Das Hauptzollamt kann die Entscheidung, die Prüfung an einem anderen Ort als in den Geschäftsräumen des Arbeitgebers und Auftraggebers durchzuführen an bestimmte Voraussetzungen knüpfen.[16] Es ist auch rechtlich unbedenklich, wenn eine Prüfungsanordnung nach § 2 SchwarzArbG erst unmittelbar vor dem Beginn der Prüfung und ohne das Vorliegen bestimmter Verdachtsmomente erlassen wird.[17] Die Prüfungsanordnung kann auch mündlich ergehen.[18] Der Inhalt einer Prüfungsanordnung nach dem SchwarzArbG **33**

---

12 *BGH* NStZ 2006, 227.
13 *Möller/Retemeyer* PStR 2013, 239; a.M. *Holewa* PStR 2013, 121.
14 *BFH* PStR 2013, 1131.
15 *FG Münster* EFG 2014, 428.
16 *BFH/NV* 2013, 1130.
17 *FG Hamburg* 21.9.2011 – 4 V 148/11 (juris); PStR 2012, 263; *FG Düsseldorf* 30.1.2012 – 4 K 2256/11 Z (juris).
18 *FG Hamburg* PStR 2011, 113; *FG Berlin-Brandenburg* PStR 2010, 86.

kann sich auch aus einem mit „Prüfungsverfügung" überschriebenen Schriftstück und einem Begleitschreiben ergeben. Beide Schriftstücke zusammen bilden dann den Verwaltungsakt, der auf seine Rechtmäßigkeit hin überprüft werden kann.[19] Auch ein in Renovierung befindliches Haus kann nach dem SchwarzArbG zur Prüfung betreten werden.[20] Vom SchwarzArbG ist nicht die Aufforderung von erst künftig entstehenden Daten gedeckt.[21]

34 Gegen Verwaltungsakte, die im Rahmen von Prüfungen der FKS erlassen werden, ist aufgrund der Verweisung des § 22 SchwarzArbG der **Rechtsbehelf des Einspruchs** gegeben (§ 347 AO). Dieser Einspruch hat grundsätzlich keine aufschiebende Wirkung.

B. Gesichtspunkte zur Verteidigung bei Vorwürfen im Zusammenhang mit Schwarzarbeit

I. Einleitung

35 Es hat den Anschein, dass der Verteidiger dieser faktischen Hoheit der FKS qua übergreifender Zusammenarbeit der Ermittlungsbehörden wenig entgegensetzen kann, doch die Praxis zeigt, dass oftmals erst nach dem ersten Zugriff der Ermittlungsbehörden, der nicht selten auch in einer personellen Übermacht der eingesetzten Beamten ihren Ausdruck findet, die eigentliche Verteidigungstätigkeit beginnt und sich zahlreiche **Verteidigungsansätze** bieten.

36 Gerade der umfassenden Zusammenarbeit der Ermittlungsbehörden ist es aber auch geschuldet, dass der Verteidiger neben dem zunächst – in der Regel – aus dem Durchsuchungsbeschluss zu entnehmenden Vorwurf des Verstoßes gegen das SchwarzArbG auch den Blick auf mögliche weitere Straftatbestände und Ordnungswidrigkeiten richtet und seine Beratung entsprechend weit fasst. Dies nicht zuletzt deshalb, weil die Zollbehörden nach § 6 Abs. 3 SchwarzArbG einer **Mitteilungspflicht** unterliegen und die jeweils zuständigen Stellen informieren, wenn sich im Rahmen ihrer Kontrollen bspw. Anhaltspunkte für Verstöße gegen das Arbeitnehmerüberlassungsgesetz, die Steuergesetze, das Aufenthaltsgesetz, die Handwerks- oder Gewerbeordnung, das Arbeitnehmer-Entsendegesetz, das Mindestlohngesetz oder sonstige Strafgesetze ergeben. Fiskalische Bedeutung kommt neben der (Lohn-)Steuerhinterziehung vor allem der Beitragsvorenthaltung nach § 266a StGB zu. So kann ein Verstoß bspw. gegen das Arbeitnehmerüberlassungsgesetz (AÜG) zwar selbständig strafbewehrt sein,[22] fiskalische Bedeutung kommt diesem Verstoß aber deshalb zu, weil ein Verstoß gegen das AÜG gleichzeitig Auswirkungen auf die Sozialversicherungspflicht und damit auf die Beitragsvorenthaltung hat. Ein Verstoß gegen das AÜG führt also in der Regel auch zu einem Verstoß gegen § 266a StGB. Ebenso verhält es sich bei einem Verstoß gegen das jüngst eingeführte Mindestlohngesetz; soweit nämlich der Sozialversicherungsbeitrag in Deutschland zu zahlen ist, bestimmt sich die Beitragshöhe nicht nach der verabredeten oder der tatsächlich gezahlten Höhe, sondern im Minimum nach dem Beitrag auf der Basis des MiLoG, wenn nicht ohnehin ein Tarifvertrag Anwendung findet. Eine solche untertarifvertragliche Entlohnung wird über § 23 Abs. 1 AEntG sanktioniert.[23]

---

19 *BFH/NV* 2008, 1102.
20 *BFH/NV* 2009, 1668.
21 *FG Münster* EFG 2014, 428.
22 Vgl. Rn. 73 f.
23 Vgl. Rn. 163.

II. Beitragsvorenthaltung nach § 266a StGB

1. Gesetzesfassung

§ 266a StGB[24] hat am 1.8.2002 eine weitreichende Überarbeitung[25] dergestalt erfahren, dass der **37** Gesetzestext in seinem Abs. 1 um die Regelung *unabhängig davon, ob Arbeitsentgelt gezahlt wird* ergänzt wurde. Bis dahin war es dem Arbeitgeber ohne weiteres möglich, seine Sozialabgabenlast etwa zur Kapitalschonung dadurch zu begrenzen, dass er mit seinen Arbeitnehmern eine Regelung über die Höhe der tatsächlich ausgezahlten Löhne getroffen hat, indem er diese bspw. stundete. Zusätzlich wurde in den Gesetzestext eine Regelung für besonders schwere Fälle aufgenommen,[26] die in ihrem Regelungsgehalt den Strafschärfungen der Steuerhinterziehung nachempfunden und in Teilen gleichlautend ist;[27] vgl. insoweit 17. Kap. Rn. 126 ff.

§ 266a Abs. 2 StGB wurde am 1.8.2004 neu gefasst und ahndet nunmehr auch das Vorenthal- **38** ten der von Abs. 1 nicht erfassten Arbeitgeberanteile[28].

2. Normzweck

§ 266a Abs. 1 und 2 StGB dienen dem Schutz des Beitragsaufkommens der Sozialversiche- **39** rung[29], es sollen also die Interessen der **Solidargemeinschaft** gewahrt werden. Der Schutz des Einzelnen,[30] insbesondere der Schutz des Arbeitnehmers, wird nur durch Abs. 3 gewährleistet.[31] Tatsächlich ist ein darüber hinausgehender Schutz des Arbeitnehmers auch nicht erforderlich, denn dieser hat einen Anspruch gegen die Sozialversicherung, der von der Beitragsabführung unabhängig ist.

3. Person des Täters

§ 266a StGB ist ein echtes **Sonderdelikt**; Täter des § 266a Abs. 1–3 StGB können nur der **40** Arbeitgeber oder ihm nach Abs. 5 gleichgestellte Personen oder Vertreter nach § 14 StGB sein.[32] Eine strafrechtliche Legaldefinition fehlt, weshalb auf die Kriterien des Sozialversicherungsrechts zurückzugreifen ist.[33] Danach ist Arbeitgeber der nach § 611 ff. BGB **Dienstberechtigte**, also derjenige, dem der Arbeitnehmer in einem Verhältnis persönlicher Abhängigkeit Dienste leistet.[34]

Ist der **Arbeitgeber** eine **juristische Person**, haften gem. § 14 Abs. 1 Nr. 1 und 2 StGB auch die **41** Organe, deren Mitglieder und vertretungsberechtigte Gesellschafter, also bspw. der Geschäftsführer einer GmbH oder das Vorstandsmitglied der Aktiengesellschaft, über § 14 Abs. 1 Nr. 3

---

24 Eingeführt durch das 2. WiKG v. 1.8.1986 in das StGB.

25 Gesetz zur Erleichterung der Bekämpfung illegaler Beschäftigung und Schwarzarbeit v. 23.7.2002, in Kraft getreten am 1.8.2002, BGBl I, 2787.

26 Vgl. § 266a Abs. 4 StGB.

27 Vgl. § 370 Abs. 3 Nr. 1, 3, 4 AO.

28 Gesetz zur Intensivierung der Bekämpfung der Schwarzarbeit vom 23.7.2004, in Kraft getreten am 1.8.2004, BGBl I S. 1842.

29 BT-Drucks. 10/5058, 31.

30 Eingeführt mit dem Gesetz zur Intensivierung der Bekämpfung der Schwarzarbeit v. 23.7.2004, BGBl I, 1842, der Abs. 3 a.F. wurde ersatzlos gestrichen.

31 *Brüssow/Petri* Rn. 171; *Gercke/Kraft/Richter* 2. Kap. Rn. 6.

32 *Brüssow/Petri* Rn. 174; Ignor/Rixen/*Pananis* Rn. 723.

33 Vgl. § 7 I SGB IV.

34 *Fischer* § 266a Rn. 4; Ignor/Rixen/*Pananis* Rn. 723.

StGB aber darüber hinaus auch der gesetzliche Vertreter, insbesondere der Insolvenzverwalter.[35] Schließlich wird über § 14 Abs. 2 S. 1 Nr. 1 StGB zudem der mit der Leitung des Betriebs besonders Beauftragte oder nach § 14 Abs. 2 S. 1 Nr. 2 StGB der in eigener Verantwortung ausdrücklich mit der Wahrnehmung beauftragte Dritte einbezogen.[36] Letzterem kommt besonderes deshalb Bedeutung zu, weil der Geschäftsherr häufig nicht in eigener Person in der Lage sein wird, sämtliche Arbeitsverhältnisse mit seiner Gesellschaft zu überwachen und die Einhaltung insbesondere der sozialversicherungsrechtlichen Pflichten sicherzustellen. In der Praxis erfolgt daher häufig eine **Delegation** der **Arbeitgeberpflichten** auf angestellte Arbeitnehmer in verantwortlicher Position. Hier ist allerdings darauf zu achten, dass die Auswahl des Mitarbeiters mit größtmöglicher Sorgfalt erfolgt und seitens des Organs regelmäßig sichergestellt wird, dass die Arbeitgeberpflichten genauestens eingehalten werden. Die Wahrnehmung der Arbeitgeberpflichten muss regelmäßig kontrolliert werden. Nur wenn dies gewährleistet ist, kommt eine **Enthaftung** des Geschäftsherrn in Betracht.[37]

42   Auch der **faktische Geschäftsführer** kann über § 14 StGB strafrechtlich zur Verantwortung gezogen werden.[38] Die strafrechtliche Verantwortlichkeit des „Strohgeschäftsführers", der lediglich formell bestellt ist, aber nicht handelt, bleibt daneben bestehen.[39]

43   Wer faktischer Geschäftsführer ist, richtet sich nach acht **Kriterien**,[40] von denen nach der Rechtsprechung jedenfalls sechs gemeinsam erfüllt sein müssen.[41]

44   Im Einzelnen sind dies:
   • Bestimmung der Unternehmenspolitik,
   • Unternehmensorganisation,
   • Einstellung von Mitarbeitern,
   • Gestaltung der Geschäftsbeziehung zu Vertragspartnern,
   • Verhandlungen mit Kreditgebern,
   • Festlegung der Gehaltshöhe,
   • Entscheidungen in Steuerangelegenheiten,
   • Steuerung der Buchhaltung.

45   Hier wird der Verteidiger im Einzelnen zu prüfen haben, ob der vermeintlich faktische Geschäftsführer bspw. tatsächlich an Bankengesprächen teilgenommen hat, ob er Einstellungsgespräche geführt hat oder Ansprechpartner der Geschäftspartner war. Denn allein das starke Auftreten eines Gesellschafters macht diesen noch nicht zum faktischen Geschäftsführer, auch wenn er dadurch sogar die Unternehmensausrichtung bestimmen sollte. Es müssen **mindestens fünf weitere** der oben aufgeführten **Elemente** hinzutreten. Wichtig ist dies auch in Bezug auf eine Haftung für nicht abgeführte Sozialversicherungsbeiträge. So folgt bspw. die Haftung im Rahmen einer illegalen Arbeitnehmerüberlassung über die Arbeitgeberfiktion der §§ 9, 10 AÜG.[42]

---

35 Brüssow/Petri Rn. 175; *Gercke/Kraft/Richter* 2. Kap. Rn. 17 f.; Ignor/Rixen/*Pananis* Rn. 724.
36 *Gercke/Kraft/Richter* 2. Kap. Rn. 19.
37 *BGHSt* 47, 318, 324; BGHZ 133, 370, 378.
38 *BGHSt* 21, 101, 103, BGHSt 47, 318, 324.
39 *BGHSt* 47, 318, 324-326.
40 Vgl. insoweit die Darstellung bei *Dierlamm* NStZ 1996, 153, 156.
41 *BayObLG* NJW 1997, 1126.
42 Vgl. Rn. 96 f.

4. Tatmodalitäten nach § 266a Abs. 1 StGB

Tathandlung des § 266a Abs. 1 StGB ist das Vorenthalten der nach § 23 Abs. 1 SGB IV fälligen **Arbeitnehmerbeiträge** zur Sozialversicherung gegenüber der Einzugsstelle, in der Regel den Krankenkassen. Erfasst wird der sog. **Gesamtsozialversicherungsbeitrag**, wie er sich aus § 28d SGB IV ergibt, also die Beiträge zur Kranken-, Pflege- und Rentenversicherung sowie zur Agentur für Arbeit.

46

a) Sozialversicherungsverhältnis

Voraussetzung ist aber stets das **Bestehen eines** materiellen (deutschen) **Sozialversicherungsverhältnisses**. Dieses entsteht nach § 7 Abs. 1 SGB IV mit der Aufnahme einer nicht selbstständigen Arbeit, insbesondere in einem Arbeitsverhältnis. Dabei ist zu beachten, dass das Sozialversicherungsverhältnis unabhängig von der Meldung des Arbeitnehmers zur Sozialversicherung zustande kommt, denn die Aufnahme der Tätigkeit lässt das Sozialversicherungsverhältnis kraft Gesetz entstehen[43], es endet mit der Beendigung des Arbeitsvertrages. Ob der Arbeitnehmer bereits vorher tatsächlich keine Tätigkeit mehr ausgeübt hat, ist unerheblich.[44]

47

b) Exkurs: Entsendung und Arbeitnehmerüberlassung

Bedeutung erlangt die Frage des Bestehens eines materiellen (deutschen) Sozialversicherungsverhältnisses vor allem im Falle der **Entsendung** bzw. der **Arbeitnehmerüberlassung**. Denn das grundsätzlich geltende **Territorialprinzip** – also die Regelungszuständigkeit des rechtssetzenden Staates innerhalb der territorialen Grenzen seiner Staatsgewalt[45] – erfährt durch § 4 SGB IV eine Aufweichung: Im Wege der Ausstrahlung haben sozialversicherungsrechtliche Normen auch auf im Geltungsbereich dieses Gesetzes geschlossene Beschäftigungsverhältnisse Auswirkungen, wenn der Beschäftigte zur Aufnahme der Tätigkeit in ein Gebiet außerhalb des Geltungsbereichs entsandt wird und wenn – so heißt es in § 4 SGB IV weiter – *„die Entsendung infolge der Eigenart der Beschäftigung oder vertraglich im Voraus zeitlich begrenzt ist"*.

48

In einer Entscheidung des Bundessozialgerichts[46] wird die **Ausstrahlung** und damit die Ausnahme vom Territorialprinzip nachvollziehbar damit begründet, dass *„den Arbeitnehmern in der Sozialversicherung keine Nachteile entstehen, wenn sie – durch die zunehmende Verflechtung der Wirtschaft bedingt – im Ausland beschäftigt werden"*. Betont wird aber, dass nach dem Wortlaut der Vorschrift ein *„bestehendes Beschäftigungsverhältnis"* vorliegen muss; das Beschäftigungsverhältnis muss also bereits vor Entsendung bestanden haben und nach dessen Beendigung fortgeführt werden. Abschließend wird festgestellt:[47] *„Fehlt es an diesem Rahmen, kann es nicht zur Ausstrahlung kommen"*. Wenn aber ein deutscher Arbeitgeber mit ausländischen Arbeitnehmern ein Beschäftigungsverhältnis begründet und diese ausländischen Arbeitnehmer – ohne jemals deutschen Boden zu berühren – vom Ausland aus entsandt werden und ihre Arbeit im Ausland aufnehmen und nicht beabsichtigt ist, dass diese nach Abschluss ihrer Tätigkeit ihre Beschäftigung im Inland fortsetzen, ist ein solcher Rahmen gerade nicht gegeben. Es kommt zu keiner Ausstrahlung i.S.d. § 4 SGB IV; ein (deutsches) Sozialversicherungsverhältnis besteht hier nicht. Dies führt auch zu keinem Wertungswiderspruch, denn der Arbeitnehmer, dessen Verleiher im Ausland sitzt und dessen Einsatzort im Ausland liegt, wird

49

---

43 § 22 Abs. 1 SGB IV.
44 *Gercke/Kraft/Richter* 2. Kap. Rn. 28.
45 *Thüsing* Einf. Rn. 45.
46 *BSG* NZA-RR 2000, 601.
47 *BSG* NZA-RR 2000, 601.

nicht dadurch unter den Schutz des deutschen Sozialversicherungsrechts gestellt, weil die Entleiher in Deutschland sind. Es greifen in einem solchen Fall die nationalen Schutzregelungen des Einsatzlandes sowie die Schutzvorschriften im Sitzstaat des Verleihers.

c) Fälligkeit des Sozialversicherungsbeitrags

50 Bis zum 31.12.2005 konnte der Arbeitgeber bis zum 15. des Folgemonats, der auf den den Arbeitsentgeltanspruch begründenden Monat folgte, über einbehaltenen Lohnabzug frei verfügen, solange sichergestellt war, dass zum Fälligkeitspunkt die Zahlung erfolgte, ohne gegen § 266a StGB zu verstoßen. Heute tritt **Fälligkeit** in voraussichtlicher Höhe der Beitragsschuld am drittletzten Bankarbeitstag des laufenden Monats ein.[48] Damit wird bei Unternehmen in der Krise die früher häufig anzutreffende „zwischenzeitlich" anderweitige Verwendung der einbehaltenen Arbeitnehmeranteile zuverlässig unterbunden. Jedoch schiebt eine **Stundung** der Sozialversicherungsbeiträge durch die Einzugsstelle[49] die Fälligkeit hinaus.[50] Hier gilt aber zu beachten, dass der Stundung der Beitragsschuld durch die Einzugsstelle eine Erklärung des Unternehmers vorausgeht, dass er die Beiträge nicht wird zahlen können, eine Erklärung, der in einem gedachten Insolvenzverschleppungsverfahren bei der Bestimmung der Zahlungsunfähigkeit durchaus Bedeutung zukommen kann. Zu beachten ist weiter, dass – bedingt durch den Zusatz „*unabhängig davon, ob Arbeitsentgelt gezahlt wird*" – der Beitragsanspruch und damit dessen Fälligkeit auch dann eintritt, wenn das Arbeitsentgelt nicht gezahlt wird. Allerdings bestimmt sich die Höhe der Beitragsschuld grundsätzlich nach dem vereinbarten Arbeitsentgelt als Bruttolohn.[51] War früher eine Reduzierung der Beitragsschuld noch mittels teilweiser Stundung der Entgeltzahlung möglich, wird man heute wohl nur noch bei einem endgültigen Lohnverzicht durch den Arbeitnehmer eine Reduzierung der Beitragsschuld erreichen, da sich der Lohnverzicht auf den Entgeltanspruch und damit auf die Bemessungsgrundlage der Sozialversicherungsbeiträge auswirkt.

51 Weichen Arbeitgeber und Arbeitnehmer durch Vereinbarung einer grundsätzlich zulässigen **Nettolohnabrede**[52] vom Regelfall der Bruttolohnabrede[53] ab, greift § 14 Abs. 2 SGB IV. Es gelten die Einnahmen des Beschäftigten einschließlich der darauf entfallenden Steuern und der seinem gesetzlichen Anteil entsprechenden Beiträge zur Sozialversicherung und zur Arbeitsförderung als Arbeitsentgelt. Ebenso wird im Falle einer Arbeit ohne Papiere (Schwarzarbeit) verfahren, die gezahlten Beträge gelten dann gem. § 14 Abs. 2 S. 2 SGB IV als Nettolohnabrede.[54]

d) Unterlassungsdelikt – Unmöglichkeit

52 Da es sich bei § 266a Abs. 1 StGB um ein **echtes Unterlassungsdelikt** handelt, setzt die Tatbestandsverwirklichung voraus, dass es dem Täter möglich und zumutbar ist, die Beiträge am Fälligkeitstag zu zahlen.[55] Ist ihm dies aus tatsächlichen oder rechtlichen Gründen nicht mög-

---

48 § 23 Abs. 1 S. 2–4 SGB IV.

49 Die zuständige Einzugsstelle für den Einzug der Gesamtsozialversicherungsbeiträge bestimmt sich nach § 28i SGB IV.

50 *Fischer* § 266a Rn. 11a.

51 MK-StGB/*Radtke* § 266a Rn. 57; *Gercke/Kraft/Richter* 2. Kap. Rn. 37; Ignor/Rixen/*Pananis* Rn. 735.

52 Vereinbart wird die Auszahlung einer bestimmten Summe ohne Abzüge.

53 Vereinbart wird ein Bruttolohn, von dem die Sozialversicherungsbeiträge (Arbeitnehmeranteile) und Steuern abgezogen werden.

54 Eingefügt durch Art. 3 Nr. 2 des Gesetzes zur Erleichterung der Bekämpfung von illegaler Beschäftigung und Schwarzarbeit, BGBl I S. 2787.

55 *BGHSt* 57, 71, 79; *Fischer* § 266a Rn. 14; *Gercke/Kraft/Richter* 2. Kap. Rn. 49.

lich[56], entfällt die Strafbarkeit. Bedeutung kommt diesem Merkmal vor allem im Fall der **Zahlungsunfähigkeit** zu, denn befindet sich das Unternehmen in der Krise und sind in Folge dessen liquide Mittel zur Begleichung der Beitragsschuld nicht mehr vorhanden, ist die Abführung der Sozialversicherungsbeiträge infolge dessen unmöglich und es entfällt der Tatbestand. Zu beachten ist aber, dass demgegenüber die Überschuldung des Unternehmens bzw. dessen **partielle Zahlungsunfähigkeit** noch nicht zu einem Entfallen des Tatbestandes führt, denn es gilt im Falle der Sozialversicherungsbeiträge[57] der **absolute Vorrang.**[58] Notfalls muss der Arbeitgeber, kann er absehen, dass Zahlungsschwierigkeiten drohen, unter Zurückstellung sonstiger – in der Regel auch drängender – Forderungen Dritter Rückstellungen dergestalt bilden, dass er im Zeitpunkt der Fälligkeit jedenfalls die Arbeitnehmerbeiträge zahlen kann.[59]

Eine Ausnahme von diesem absoluten Vorrang der Sozialversicherungsbeiträge besteht jedenfalls in der 3-wöchigen Frist[60] des § 15a InsO nicht. Die Zahlung würde die Masse schließlich weiter schmälern, was durch das **Zahlungsverbot** nach § 64 Abs. 2 S. 1 GmbHG bzw. 92 Abs. 3 S. 2 AktG gerade verhindert werden soll. Es stehen also sozialrechtliche Pflichten mit gesellschaftsrechtlichen Pflichten in Konkurrenz, das Organ befindet sich in einer „**Haftungsfalle**", die jedoch aufgelöst wird, indem die sozialversicherungsrechtliche Pflicht zur Abführung der Sozialversicherungsbeiträge zwar grundsätzlich fortbesteht, dem Organ aber im Zeitraum zwischen Eintritt des Insolvenzgrundes und Stellung des Insolvenzantrags ein temporärer Rechtfertigungsgrund zur Seite steht.[61] Nach Ablauf dieser Frist lebt der Vorrang der Sozialversicherungsbeiträge wieder auf, ungeachtet dessen, ob die Zahlung in einem späteren Insolvenzverfahren wieder angefochten werden kann. Argumentiert wird, der Täter könne durch rechtzeitige Antragsstellung der Pflichtenkollision entgehen.[62]

Kann sich der Schuldner Kapital beschaffen und so die Beiträge abführen, sollte zur Sicherheit eine **Tilgungsbestimmung** aufgenommen werden, da nur so sichergestellt ist, dass die Zahlung auf die strafbewehrte Zahlung der Arbeitnehmerbeiträge verrechnet wird.[63] Gleiches gilt, wenn ein Dritter die sozialversicherungsrechtliche Pflicht des Arbeitgebers übernimmt. Der Arbeitgeber wird von seiner Pflicht zur Zahlung auch durch die Zahlung eines Dritten befreit.[64]

5. Tatmodalitäten des § 266a Abs. 2 StGB

§ 266a Abs. 2 StGB erfasst demgegenüber die unrichtige Angabe von sozialversicherungsrechtlich erheblichen Tatsachen. Unter Strafe gestellt ist sowohl die Täuschung durch aktives Tun (Abs. 2 Nr. 1) als auch durch Unterlassen (Abs. 2 Nr. 2). Die Meldepflicht folgt aus § 28a SGB IV.

§ 266a Abs. 2 StGB erfasst insoweit die **Arbeitgeberanteile.** Während es also bei den Arbeitnehmeranteilen für eine Strafbarkeit ausreicht, dass diese schlicht nicht im Fälligkeitszeitpunkt

53

54

55

56

---

56 NK-StGB/*Tag* § 266a Rn. 68.
57 § 28d ff. SGB IV.
58 *BGH* NJW 2005, 3650, 3652.
59 Vgl. MK-StGB/*Radtke* § 266a Rn. 67, kann er dies nicht und beruht dieses Unvermögen auf eigenem Verschulden, soll der Täter sich nach den Grundsätzen der omissio libera in causa auch nicht auf sein Unvermögen berufen können.
60 Zeitraum zwischen Eintritt der Insolvenzreife (Überschuldung oder Zahlungsunfähigkeit) und Stellung des Insolvenzeröffnungsantrags.
61 *BGHSt* 48, 307, 309 f.; *BGH* NJW 2005, 3650, 3652; 2007, 2118, 2120.
62 *Gercke/Kraft/Richter* 2. Kap. Rn. 55.
63 Tilgungsbestimmung gem. § 4 BVV (Beitragsverfahrensverordnung).
64 *BGH* StraFo 2005, 515, 516.

gezahlt werden, fordert Abs. 2 Nr. 1 für ein strafbares Vorenthalten von Arbeitgeberanteile mittels des Tatbestandsmerkmals der unrichtigen Angabe (sozialversicherungsrechtlich) erheblicher Tatsachen zusätzlich eine betrugsähnliche Komponente; vgl. zu Betrugsstrukturen bei Fiskaldelikten auch 24. Kap. Rn. 2. Die Alternative des § 266a Abs. 2 Nr. 2 StGB ist wiederum dem § 370 Abs. 1 AO angelehnt; vgl. insoweit 17. Kapitel.[65]

57 Gefordert wird also, dass der Täter gegenüber der Einzugsstelle unrichtige oder unvollständige Angaben über sozialversicherungsrechtliche Tatsachen macht[66] (Abs. 2 Ziff. 1) oder – dann als echtes Unterlassungsdelikt[67] – die zuständige Stelle pflichtwidrig über sozialversicherungsrechtliche Tatsachen in Unkenntnis lässt (Abs. 2 Ziff. 2), wobei auch die nicht rechtzeitige Information tatbestandsmäßig ist.[68] Auch hier ist die Tatbestandserfüllung unabhängig von der Zahlung von Arbeitsentgelt; ausreichend ist das Bestehen der Zahlungspflicht.[69] Hinsichtlich der Unmöglichkeit normgerechten Verhaltens ist grundsätzlich auf die obigen Ausführungen zu verweisen (vgl. Rn. 52). **Möglich** und **zumutbar** müssen hier allerdings nur die Erfüllung der sozialversicherungsrechtlichen Meldepflichten gem. § 28a SGB IV sein, nicht wie bei Abs. 1 die Beitragszahlung, die nur Folge des Unterlassens ist.[70]

58 Zu beachten ist bei den Unterlassungsvarianten, dass **Beendigung** erst mit Erlöschen der Beitragsschuld eintritt.[71] Da dies – mit Ausnahme des Insolvenzfalls – faktisch erst mit Verjährung der Beitragsforderung der Fall ist, wird der Verjährungsbeginn gem. § 78a StGB nahezu unendlich hinausgezögert, denn die Beitragsforderung verjährt – wenn die Beitragsschuld nicht aus anderem Grund untergegangen ist – nach § 25 Abs. 1 S. 2 SGB IV bei vorsätzlichem Verhalten erst nach 30 Jahren (allgemein zur Verjährung vgl. auch 9. Kap. Rn. 102 ff.

6. Tatmodalitäten nach § 266a Abs. 3 StGB

59 § 266a Abs. 3 StGB ist dreiaktig ausgestaltet und erfordert die Einbehaltung eines Lohnbestandteils (unterlassene Auszahlung) bei gleichzeitiger Nichtabführung desselbigen im Fälligkeitszeitpunkt und unterlassener Information des Arbeitnehmers über die Nichtabführung. Auch hier muss dem Arbeitgeber das normgerechte Verhalten möglich und zumutbar sein. Strafrechtich sanktioniert ist also die **Verletzung treuhänderischer Pflichten** des Arbeitgebers.[72]

7. Subjektiver Tatbestand

60 Der **Vorsatz**, bedingter Vorsatz genügt, muss sich auf alle objektiven Tatbestandsmerkmale beziehen (vgl. zu den Einzelheiten 8. Kapitel). Trotz der Betrugselemente im Tatbestand des § 266a Abs. 2 StGB ist eine darüber hinausgehende Bereicherungsabsicht nicht erforderlich.[73] Insoweit entspricht § 266a StGB der Steuerhinterziehung nach § 370 AO, die zwar im objektiven Tatbestand ebenfalls betrugsähnlich strukturiert ist, aber für den Schutz des fiskalischen Vermögens auf dessen einschränkende subjektive Merkmale verzichtet (vgl. 17. Kapitel). Im

---

65 *Fischer* § 266a Rn. 20.
66 *Fischer* § 266a Rn. 20.
67 BGH NStZ 2012, 94, 95.
68 MK-StGB/*Radtke* § 266a Rn. 82.
69 *Fischer* § 266a Rn. 21b.
70 BGH NStZ 2012, 94, 95.
71 *Fischer* § 266a Rn. 21b.
72 NK-StGB/*Tag* § 266a Rn. 117; *Fischer* § 266a Rn. 22a.
73 *Gercke/Kraft/Richter* 2. Kap. Rn. 73.

Falle der Unmöglichkeit setzt die Zurechnung eines Vorverschuldens voraus, dass der Täter die Anzeichen der Liquiditätsprobleme, welche besondere Vorkehrungen zur Sicherstellung der Abführung der Beitragsschuld erforderten, erkannt hat.[74]

Anerkannte **Tatbestandsirrtümer** i.S.d. § 16 StGB sind neben der irrtümlichen Annahme der **61** Stundung der Beitragsschuld durch die Einzugsstelle auch die Unkenntnis vom Bestehen eines Beschäftigungsverhältnisses oder des Fälligkeitszeitpunkts.[75] Hier ist der Vorsatz ausgeschlossen. Gleiches gilt für die irrtümliche Annahme, man sei zwischenzeitlich als Organ abberufen und müsse daher nicht mehr für die ordnungsgemäße Abführung der Sozialversicherungsbeiträge Sorge tragen.[76] Dagegen sind der Irrtum über das Bestehen der Abführungspflicht[77] oder die irrtümliche Annahme, Dritte, auf die die Pflicht zur Kontrolle der ordnungsgemäßen Erfüllung der sozialversicherungsrechtlichen Pflichten delegiert wurde, seien nicht zu überwachen, als **Verbotsirrtümer** i.S.d. § 17 StGB zu werten.[78] Diese sind nach den von der Rechtsprechung entwickelten Maßstäben in der Regel vermeidbar und führen dann allenfalls zu einer Strafmilderung gem. § 17 S. 1 i.V.m. § 49 Abs. 1 StGB.

8. Rechtswidrigkeit

Die Tatbestandsverwirklichung muss rechtswidrig sein. Da die Sicherung von Arbeitsplätzen **62** oder der Erhalt des Betriebs aber nicht als Fall des rechtfertigenden Notstands nach § 34 StGB oder als Fall der rechtfertigenden Pflichtenkollision anerkannt sind,[79] bleibt allenfalls die Rechtfertigung im Rahmen der Insolvenzantragspflicht nach § 15a InsO.[80]

9. Besonders schwerer Fall

Auch die drei Regelbeispiele des § 266a Abs. 4 StGB sind mit den Regelbeispielen des § 370 **63** Abs. 3 StGB teilweise wortgleich.[81] Die Entwicklungen im Steuerstrafrecht, die insbesondere zu einer Neugestaltung der Regelbeispiele in § 370 Abs. 3 AO führten, sind im Beitragsstrafrecht indes nicht vollständig übernommen worden. Während bei § 370 Abs. 3 AO das Merkmal des Handelns aus grobem Eigennutz zum 1.1.2008 entfallen ist, kann ein in diesem Sinne besonders rücksichtsloses Streben nach einem eigenen Vorteil in einer Gesamtschau mit einer Beitragsverkürzung großen Ausmaßes (größer als 50.000 €) zu einer Erweiterung des Strafrahmens führen.[82] Der insoweit lediglich indizielle Charakter des Regelbeispiels kann allerdings insbesondere widerlegt werden durch einen Ausgleich des Schadens oder ein umfassendes Geständnis. Insoweit gelten die allgemeinen Strafzumessungskriterien (vgl. insoweit auch 17. Kapitel). Bei der fortgesetzten Vorenthaltung von Beiträgen unter Verwendung nachgemachter oder gefälschter Belege (§ 266a Abs. 4 S. 2 Nr. 2 StGB) liegt ein besonders schwerer Fall

---

74 *Fischer* § 266a Rn. 23.
75 MK-StGB/*Radtke* § 266a Rn. 90.
76 *BGH* NJW 2003, 3787, 3790.
77 Hierauf wird sich der Arbeitgeber in der Regel nicht berufen können, da die Pflicht zur Abführung von Sozialversicherungsbeiträgen als allgemein bekannt vorausgesetzt wird, *Gercke/Kraft/Richter* 2. Kap. Rn. 75.
78 *BGHZ* 133, 370, 381 f. = (Rn. 31).
79 *Fischer* § 266a Rn. 24.
80 S.o. Rn. 53.
81 In der BT-Drucks. 14/8221, 18 wird ausdrücklich eine Parallele zu dem Hinterziehungsaumfang gezogen und daher *„in Anlehnung an § 370 Abs. 3 Abgabenordnung"* die Möglichkeit zur Strafschärfung bei besonders schweren Fällen gegeben sein.
82 § 266a Abs. 4 S. 2 Nr. 1 StGB.

auch dann vor, wenn kein Schaden großen Ausmaßes verursacht worden ist. Das Regelbeispiel des § 266a Abs. 4 S. 2 Nr. 3 zieht schließlich seine Strafschärfung aus der Mitwirkung eines Amtsträgers, der seine Befugnisse oder seine Stellung missbraucht.

10. Absehen von Strafe

64 Strukturell ähnlich zur strafbefreienden Selbstanzeige gem. § 371 AO ist in § 266 Abs. 6 StGB die Möglichkeit einer Art **strafbefreiender Selbstanzeige** vorgesehen. Unterschiede bestehen jedoch insbesondere insoweit, als § 266a Abs. 6 StGB zwischen einem fakultativen und einem zwingenden Strafaufhebungsgrund unterscheidet. Erforderlich ist, dass der Täter einerseits die Höhe der vorenthaltenen Beiträge der zuständigen Einzugsstelle im Zeitpunkt der Fälligkeit oder jedenfalls unverzüglich danach schriftlich mitteilt (Nr. 1) und er des Weiteren plausibel darlegt, warum ihm die rechtzeitige Abführung der Beiträge nicht möglich war, obwohl er sich darum ernsthaft bemüht hat (Nr. 2). Vor diesem Hintergrund ist die beitragsstrafrechtliche „Selbstanzeige" nicht so ausdifferenziert wie die gerade in den letzten Jahren mehrfach neugeregelte Selbstanzeige im Steuerstrafrecht (vgl. insoweit 19. Kapitel). Erfüllt der Täter die Voraussetzungen, **kann** das Gericht von einer Bestrafung absehen. Entrichtet der Täter im Anschluss daran nach Aufforderung fristgemäß die vorenthaltenen Beiträge, ist zwingend ein Strafaufhebungsgrund gegeben.[83] Der Sinngehalt der Regelung ist gleichwohl anzuzweifeln, denn durch die objektive Unmöglichkeit der fristgemäßen Zahlung wird der Tatbestand des Unterlassungsdelikts bereits ausgeschlossen. Ebenso verhält es sich beim Erfordernis der Darlegung eines plausiblen Grundes für die nicht rechtzeitige Erfüllung der sozialversicherungsrechtlichen Pflichten, wenn der Täter in den Fällen des § 266 Abs. 2 über sozialversicherungsrechtlich erhebliche Tatsachen unrichtige Angaben gemacht hat. Auch deshalb wird die Regelung des § 266a Abs. 6 StGB als „strafrechtsfern" bezeichnet und dürfte in der Tat vor allem im Rahmen von Verhandlungen über eine Einstellung des Verfahrens nach §§ 153, 153a StPO bedeutsam werden.[84]

11. Mehrere Taten

65 Es handelt sich bei § 266a StGB **nicht** um ein **Dauerdelikt**, weshalb bei unterlassener Abführung zu verschiedenen Fälligkeitszeitpunkten regelmäßig von **Tatmehrheit** auszugehen ist.[85] Tatmehrheit besteht auch für die gleichzeitige unterlassene Beitragsabführung für mehrere Arbeitnehmer gegenüber verschiedenen Einzugsstellen.[86]

66 § 266a StGB ist gegenüber § 266 StGB und – nach Einführung des Abs. 2 – auch gegenüber § 263 StGB[87] lex specialis. Tatmehrheit ist aber mit der gleichzeitig und regelmäßig dazu tretenden Steuerhinterziehung für die Lohn[88]– und Umsatzsteuer sowie diversen Ordnungswidrigkeiten, hier insbesondere des Mindestlohnverstoßes, möglich (vgl. insoweit 17. Kap. Rn. 99).

---

83 § 266a Abs. 6 S. 2 StGB.
84 Vgl. *Fischer* § 266a Rn. 30.
85 MK-StGB/*Radtke* § 266a, Rn. 99.
86 *BGHSt* 48, 307, 314; MK-StGB/*Radtke* § 266a Rn. 99; *Fischer* § 266a Rn. 34.
87 Fall des Leistungsbetrugs, vgl. 24. Kap. Rn. 9.
88 *BGH* NStZ 2006, 227.

12. Rechtsfolgen

Auf der Rechtsfolgenseite ist die Tat mit einer **Freiheitsstrafe** bis zu 5 Jahren oder mit **Geld-** **67** **strafe** bedroht. Bei Erfüllung eines Regelbeispiels kann auf eine Freiheitsstrafe von 6 Monaten bis zu 10 Jahren erkannt werden. Zu Einzelheiten der Strafzumessung und Sanktionsfolgen für juristische Personen vgl. 12. Kapitel.

Für den Geschäftsherrn ebenfalls bedeutsam sind die Nebenfolgen, die von einem **Ausschluss** **68** **von öffentlichen Aufträgen**[89] bis hin zu einem **Berufsverbot** nach § 70 StGB reichen. Ebenfalls immer zu beachten ist die Möglichkeit der Eintragung ins **Gewerbezentralregister**, wenn auf Freiheitsstrafe von mehr als drei Monaten oder Geldstrafe von mehr als 90 Tagessätzen erkannt worden ist.[90] Zwar ist zusätzliche Voraussetzung, dass die Tat in Ausübung eines Gewerbes begangen wurde. Das wird aber in den praxisrelevanten Fallkonstellationen regelmäßig erfüllt sein.

Besondere Bedeutung kommt noch einem weiteren Umstand zu: Sollten Beiträge bei Fälligkeit **69** nicht entrichtet worden sein, sind neben einer Nachzahlung der Beiträge auch **Säumniszu-** **schläge** zu entrichten sind. Diese können sich auf erhebliche Summen belaufen, da gem. § 24 Abs. 1 SGB IV für jeden angefangenen Monat der Säumnis ein Säumniszuschlag in Höhe von 1 % auf die Beiträge zu zahlen ist.

Dies gilt nach § 24 Abs. 2 SGB IV nur dann nicht, wenn der Arbeitgeber glaubhaft macht, dass **70** er unverschuldet keine Kenntnis von der Zahlungspflicht hatte. Dies wird bspw. dann der Fall sein, wenn – etwa aufgrund der Delegation sozialversicherungsrechtlicher Pflichten – der Arbeitgeber keine Kenntnis vom Beschäftigungsverhältnis hatte und auch nicht durch die Einleitung des Ermittlungsverfahrens Kenntnis erlangt hat. In diesem Fall dürfte der Säumniszuschlag erst ab Kenntnis von der Beitragshinterziehung anfallen.

In jedem Fall sollte der Verteidiger frühzeitig **Kontakt** mit der **Rentenversicherung** (Bund) **71** aufzunehmen und die gemeinsame Aufarbeitung der Angelegenheit anbieten, da durch die Kontaktaufnahme die Säumnis gehemmt wird und folglich weitere Säumniszuschläge – dauert auch die Aufarbeitung der Angelegenheit länger – in der Regel nicht erhoben werden.

Zudem muss der Verteidiger die Lohnsteuerhinterziehung im Auge haben. Häufigster Anwen- **72** dungsfall ist dabei die **Scheinselbstständigkeit**. Wenn scheinbar selbstständige Arbeiter derart in den Betriebsablauf eingegliedert sind, dass ein unabhängiges Arbeiten nicht mehr möglich ist, etwa weil detaillierte Weisungen erteilt und zudem wichtige Betriebsmittel zur Verfügung gestellt werden, greift § 1 LStDV. Die scheinbar Selbstständigen werden zu Arbeitnehmern des Unternehmers, dieser schuldet die Lohnsteuer. Zur Hinterziehung von Lohnsteuer vgl. 17. Kap. Rn. 93 ff.

---

89 § 21 Abs. 1 S. 1 Nr. 4 SchwarzArbG.
90 § 149 Abs 2. Nr. 4 GewO.

III. Arbeitnehmerüberlassung

1. Normzweck

73 Die Regelungen des AÜG[91] kommen zur Anwendung, wenn ein Arbeitgeber (Verleiher) einem Dritten (Entleiher) aufgrund einer Vereinbarung vorübergehend Arbeitnehmer (Leiharbeitnehmer) im Rahmen ihrer wirtschaftlichen Tätigkeit zur Arbeitsleistung überlässt. Für die Überlassung bedarf der Verleiher einer Erlaubnis nach § 1 AÜG.

74 Das AÜG regelt die legale – erlaubnispflichtige – Arbeitnehmerüberlassung und sanktioniert die illegale Arbeitnehmerüberlassung. Dabei kennt das Arbeitnehmerüberlassungsgesetz sowohl Straftatbestände (§§ 15, 15a AÜG) als auch Ordnungswidrigkeiten (§ 16 AÜG).

75 Die praktische Bedeutung der Arbeitnehmerüberlassung war bereits in der Vergangenheit groß und wird gerade in wirtschaftlich schwierigeren Zeiten weiter an Bedeutung gewinnen, da sie den Unternehmen die Möglichkeit eröffnet, kurzfristig Personal aufzustocken und wieder abzubauen, ohne Kündigungsfristen beachten oder teures Personal vorhalten zu müssen. Da dies zu tiefgreifenden Einschnitten im Arbeitsmarkt führt, wird verständlich, warum der Gesetzgeber diese Möglichkeiten streng reglementiert wissen wollte. Vor diesem Hintergrund ist auch die Höhe des Bußgelds von bis zu 500.000 € in bestimmten Fallkonstellationen einzuordnen.

2. Verhältnis der Beteiligten untereinander

76 Bei der Arbeitnehmerüberlassung besteht das Arbeitsverhältnis zwischen dem Verleiher und dem Leiharbeitnehmer, der **Leiharbeitnehmer** wird aber an ein anderes Unternehmen **überlassen**.[92] Der Unternehmer bleibt folglich auch während der Überlassung Arbeitgeber der Leiharbeitnehmer; er schuldet die Vergütung und zeichnet auch grundsätzlich für die Abführung der Lohnsteuer und der Sozialversicherungsbeiträge verantwortlich.[93]

77 Das Verhältnis zwischen Verleiher und Entleiher ist dadurch gekennzeichnet, dass der Verleiher dem Entleiher die entgeltliche Überlassung von Arbeitskräften zur Arbeitsleistung schuldet.[94] Zwischen **Leiharbeitnehmer und Entleiher** schließlich entsteht kein Arbeitsverhältnis, andernfalls bedürfte es der Fiktion der §§ 9, 10 AÜG nicht.[95]

3. Umgehungsversuche insbesondere durch Werkverträge

78 Häufig wird in der Praxis versucht, die strengen Bestimmungen des AÜG dadurch zu **umgehen**, dass eine andere vertragliche Rechtsform gesucht wird, deren Anwendungsbereich außerhalb dem des AÜG liegt. Praktische Bedeutung kommt hier vor allem dem **Werkvertrag** zu, den es von der (illegalen) Arbeitnehmerüberlassung abzugrenzen gilt.

79 Gemäß § 631 BGB wird durch einen Werkvertrag der Unternehmer zur Herstellung des versprochenen **Werks** und der Besteller zur Entrichtung der vereinbarten **Vergütung** verpflichtet.

---

91 In Kraft getreten an 11.10.1972, BGBl I 1972 S. 1393 und zuletzt geändert durch das Gesetz zur Änderung des Arbeitnehmerüberlassungsgesetzes und des Schwarzarbeitsbekämpfungsgesetzes vom 20.7.2011, BGBl I, 1516.
92 *Boemke/Lembke* § 11 Rn. 5.
93 Vgl. § 1 Abs. 2 AÜG; *Gercke/Kraft/Richter* 2. Kap. Rn. 342; *Boemke/Lembke* § 11 Rn. 29.
94 § 1 Abs. 1 AÜG.
95 Vgl. § 10 Abs. 3 AÜG, wonach Verleiher und Entleiher als Gesamtschuldner haften.

Gegenstand des Werkvertrages kann sowohl die Herstellung oder Veränderung einer Sache als auch ein anderer durch Arbeit oder Dienstleistung herbeizuführender Erfolg sein.

Zu beachten ist, dass sich der Geschäftsinhalt dabei sowohl aus der schriftlichen Vereinbarung als auch aus der tatsächlichen Durchführung ergeben kann. Widersprechen sich schriftliche Fixierung der Werkleistung und die tatsächliche – gelebte – Durchführung, so wird bei der Beurteilung des Geschäftsinhalts auf die **tatsächliche Durchführung** abgestellt.[96]   **80**

Besondere Bedeutung bei der Einordnung der Geschäftsbeziehung kommt in der Regel der **Eingliederung** des Arbeitnehmers **in den Betrieb** des Bestellers zu. Es ist also die organisatorische Eingliederung des Arbeitnehmers der unternehmerischen Dispositionsfreiheit des Unternehmers gegenüberzustellen. Ist der Arbeitnehmer in die Arbeitsabläufe oder den Produktionsbetrieb des Bestellers eingegliedert, so deutet dies auf eine Arbeitnehmerüberlassung hin, demgegenüber organisiert der Werkunternehmer die zur Erstellung des Werks bzw. zur Erreichung des vereinbarten Erfolgs erforderlichen Handlungen und Arbeitsschritte selbst. Es ist also Wesen des Werkvertrages, dass der Unternehmer den Ablauf, die Art und Einteilung der Arbeiten **selbstständig** vornimmt und bei der Ausführung seines Werks keinen Weisungen eines Dritten unterliegt.   **81**

Dabei versteht es sich von selbst, dass diese strikte Auslegung in der Praxis oftmals nicht umgesetzt werden kann; auch wenn die Arbeitnehmer im Rahmen eines Werkvertrages organisatorisch in die Arbeitsabläufe des Werkunternehmers eingebunden sind, können sie aufgrund externer Faktoren gleichwohl gewissen Zwängen und Regeln unterliegen, die ebenfalls eine Eingliederung bzw. Unterordnung nach sich ziehen. Zu denken ist hier beispielsweise an Sicherheitsvorschriften, die unbedingt einzuhalten sind und die daher ein diesbezügliches **Weisungsrecht** des Bestellers zur Folge haben. Stellt der Auftraggeber hierzu auch Arbeitsgeräte und -material zur Verfügung, deren Einsatz die Arbeitssicherheit gebietet, kommt diesem Umstand für die Einordnung allerdings keine Bedeutung zu.[97] Ebenfalls können Produktionsabläufe es erforderlich machen, dass das Werk bzw. die Reparatur oder Revision einer bestimmten Maschine nur zu bestimmten Zeiten erfolgen kann, so dass hinsichtlich der Durchführung des Werks dem Besteller ebenfalls ein Weisungsrecht zukommen kann.[98] Hier wird man **betriebliche Notwendigkeiten** beachten müssen, um wirtschaftliche Folgen, bspw. Produktionsausfälle, abzumindern. Im Ergebnis wird man feststellen haben, dass eine gemeinschaftliche planerische Vorgehensweise zwischen Werkunternehmer und Besteller, die auch die Art und Weise des Einsatzes der Werkunternehmer nach sich ziehen kann, nicht schadet, soweit der Werkunternehmer im Ergebnis eine klar abgrenzbare und allein ihm zurechenbare Leistung erbringt. Dass dem Besteller des Werkes hinsichtlich Material und Ausführung ohnehin ein Weisungsrecht zukommt, wird ebenfalls anzuerkennen sein. Ungeachtet dessen darf der Werkunternehmer sich aber nicht seiner Einflussmöglichkeit auf seine Arbeitnehmer begeben, sondern muss stets sein arbeitsrechtliches Weisungsrecht behalten, auch wenn das Werk auf dem Betriebsgelände des Werkbestellers zu errichten ist, denn fehlt ein solches arbeitsrechtliches Weisungsrecht, wird in der Regel von einer Überlassung auszugehen sein.[99]   **82**

Es ist folglich das arbeitsbezogene **Direktionsrecht** vom werkvertraglichen Anweisungsrecht abzugrenzen.[100] Während Ersteres personenbezogen, ablauf- und verfahrensorientiert ist, ist   **83**

---

96 Erbs/Kohlhaas/*Ambs* § 1 AÜG Rn. 7.
97 *LAG Düsseldorf* 27.8.2007 – 17.Sa 864/07 (juris), Rn. 94.
98 *Gercke/Kraft/Richter* 2. Kap. Rn. 364 f.
99 Vgl. z.B. *LAG Köln* DB 1989, 884; Erbs/Kohlhaas/*Ambs* § 1 AÜG Rn. 9; *Gercke/Kraft/Richter* 2. Kap. Rn. 373.
100 *Boemke/Lembke* § 11 Rn. 85.

Letzteres projektbezogen und ergebnisorientiert.[101] Es wird also auf die Qualität der Weisung abgestellt.[102] Erteilt etwa der Werkunternehmer konkrete Anweisungen zum Ablauf des Projekts, wann welche Werkleistung zu erbringen ist, liegt nicht deshalb bereits eine Arbeitnehmerüberlassung vor.

84 Es sollte deutlich werden, dass über diese Art der Abgrenzung nicht immer ein sachgerechtes Ergebnis erzielt werden kann, so dass in der Regel auch der Leistungsgegenstand selbst zur Einordnung herangezogen wird. Ist das zu erstellende Werk von Anfang an klar umrissen und lässt sich bereits über den Leistungsgegenstand selbst eine Individualisierung vornehmen, liegt ein Werkvertrag vor,[103] während bei **unbestimmter Leistungsbeschreibung**, etwa *Entblättern der Tomaten* oder *Zerlegung des Schrotts*, in der Regel von einer verdeckten Arbeitnehmerüberlassung auszugehen sein wird.[104]

85 Lässt sich über das arbeitsbezogene Direktionsrecht nicht klar ermitteln, wer Arbeitgeber des Arbeitnehmers ist, sind weitere **Abgrenzungskriterien** heranzuziehen.

86 Hierzu hat die Rechtsprechung eine Vielzahl von Kriterien erarbeitet, die zur Abgrenzung eines Arbeitnehmerüberlassungsvertrages von einem Werkvertrag herangezogen werden können und die im Einzelfall stets zu prüfen sind.

87 Liegen die nachfolgenden Bedingungen vor, ist in der Regel von einem Werkvertrag auszugehen:[105] Erstellung eines individuellen, weil abgrenzbaren Produkts bzw. Werkergebnisses, das unabhängig von der Mitwirkung der Arbeitnehmer des Einsatzbetriebes erstellt wird,[106] Tragen des unternehmerischen Risikos[107] und schließlich die unternehmerische Dispositionsfreiheit des Werkunternehmers gegenüber dem Besteller.[108]

88 Für eine Einordnung als Arbeitnehmerüberlassung sprechen neben der unbestimmten Leistungsbeschreibung insbesondere das Fehlen einer Betriebsorganisation, die die Erbringung der Werkleistung erst ermöglichen würde,[109] sowie Anweisungen des „Werkbestellers" zum Arbeitsablauf.[110]

89 Eine Einordnung nach **Vergütungsregeln** wird zwar in der Praxis immer wieder versucht, lässt sich aber tatsächlich nicht begründen, denn auch bei Werkleistungen ist eine Bezahlung nach Stunden durchaus üblich und spricht nicht regelmäßig für eine Arbeitnehmerüberlassung,[111] bei einer Bezahlung nach Gewicht, etwa bei Zerlegearbeiten, wird man aber wohl bei Vorliegen weiterer Kriterien von einer illegalen Arbeitnehmerüberlassung ausgehen müssen, dies folgt wohl auch aus der Unbestimmtheit des zu erstellenden Werkes.

90 Vereinzelt ist die Arbeitnehmerüberlassung auch vom **Dienstvertrag** gem. § 611 BGB abzugrenzen. Während der Dienstvertrag zur Erbringung einer selbstständigen (Dienst-)Leistung verpflichtet, schuldet der Verleiher nur die schlichte Überlassung von Arbeitnehmern zur

---

101 *Boemke/Lembke* § 11 Rn. 85.
102 Z.B. *BGH* NJW 1980, 452; *Gercke/Kraft/Richter* 2. Kap. Rn. 374.
103 *Boemke/Lemke* § 1 Rn. 88; *Gercke/Kraft/Richter* 2. Kap. Rn. 379.
104 Vgl. z.B. *BAG* 9.11.1994, BB 1995, 1293, 1294 f.; Erbs/Kohlhaas/*Ambs* § 1 AÜG Rn. 9 f.
105 *Boemke/Lembke* § 1 Rn. 87 f. Erbs/Kohlhaas/*Ambs* § 1 AÜG Rn. 7 f.
106 *BAG* EzAÜG § 631 BGB Werkvertrag Nr. 39; EzAÜG § 14 AÜG Betriebsverfassung Nr. 35.
107 *BSG* BB 1988, 1184, 1186.
108 Erbs/Kohlhaas/*Ambs* § 1 AÜG Rn. 7.
109 *BAG* BB 1995, 1293, 1294.
110 *LAG Berlin* EzAÜG § 10 AÜG Fiktion Nr. 63.
111 *Boemke/Lembke* § 1 Rn. 99.

Möller/Zimmermann

Arbeitsleistung. Die Abgrenzung erfolgt nach den gleichen Regeln wie die Abgrenzung der Arbeitnehmerüberlassung vom Werkvertrag und wird sich in der Regel bei der Bestimmung des Weisungsrechts entscheiden.[112]

4. Strafvorschriften der §§ 15, 15a AÜG

Für den Strafverteidiger erlangen vor allem die §§ 15 ff. AÜG Bedeutung, wobei es den singulären Verstoß gegen bspw. § 15 AÜG in der Regel nicht geben wird, sondern üblicherweise der Strafvorwurf von einer Beitragsvorenthaltung gem. § 266a StGB und einer Lohnsteuerhinterziehung gem. § 370 AO flankiert wird. **91**

§ 15 AÜG stellt den unerlaubten **Verleih**, § 15a AÜG den unerlaubten **Entleih** von ausländischen Arbeitnehmern ohne Arbeitserlaubnis unter Strafe. Tauglicher Täter ist im Fall des § 15 AÜG der Verleiher, im Anwendungsbereich des § 15a AÜG der Entleiher. **92**

Beiden Vorschriften gemein ist, dass der ausländische Arbeitnehmer entweder einen Aufenthaltstitel nach § 4 Abs. 3 Aufenthaltsgesetz, eine Aufenthaltsgestattung oder eine Duldung, die zur Ausübung der Beschäftigung berechtigt, oder eine Genehmigung nach § 284 Abs. 1 SGB III nicht besitzt. **93**

Ausländer i.S.d. AÜG ist derjenige, der weder Deutscher im Sinne des Grundgesetzes ist noch eine vergleichbare Rechtsstellung innehat. Angehörige aus EU-Mitgliedstaaten[113] benötigen gem. § 1 Abs. 2 Nr. 1 Aufenthaltsgesetz i.V.m. § 2 Abs. 2 Nr. 1 Freizügigkeitsgesetz/EU keinerlei Arbeitsgenehmigung.[114] Angehörige aus Nicht-EU- bzw. Nicht-EWR Staaten bedürfen demgegenüber gem. §§ 4 Abs. 3, 18 Abs. 2 AufenthaltsG eines Aufenthaltstitels mit Arbeitserlaubnis. **94**

a) Tatbestand des § 15 AÜG

Im Fall des § 15 AÜG wird der ausländische Arbeitnehmer einem Dritten ohne Erlaubnis i.S.d. § 1 AÜG überlassen. Auf das Tatbestandsmerkmal des fehlenden Aufenthaltstitels des Arbeitnehmers wurde bereits oben hingewiesen. Strafbar ist nur vorsätzliches Handeln, der Verleiher muss also alle Tatbestandsmerkmale kennen und den Erfolg auch wollen. Auch hier reicht bedingter Vorsatz aus. Dem Verleiher muss also insbesondere bewusst sein, dass es sich bei dem Arbeitnehmer um einen Ausländer ohne Aufenthaltstitel handelt und dass er selbst keine Verleiherlaubnis (mehr) besitzt. Andernfalls kommt hier allenfalls die Verwirklichung einer Ordnungswidrigkeit nach § 16 AÜG in Betracht. **95**

b) Exkurs: Verjährung des sozialversicherungsrechtlichen Anspruchs

Besondere Bedeutung kommt der Frage des Vorsatzes insbesondere in einem anderen Zusammenhang, nämlich bei der **Verjährung** des sozialversicherungsrechtlichen Anspruchs, zu. **96**

Im Rahmen der illegalen Arbeitnehmerüberlassung, also dem Verleih von Arbeitnehmern ohne entsprechende Verleiherlaubnis, wird gem. §§ 9, 10 AÜG ein Arbeitsverhältnis des Arbeitnehmers mit dem Entleihbetrieb fingiert. Hat nun der Verleiher – was regelmäßig der Fall sein dürfte – fällige Sozialversicherungsbeiträge nicht abgeführt, trifft diese Pflicht nun **97**

---

112 *Gercke/Kraft/Richter* 2. Kap. Rn. 391.
113 Einzige Ausnahme sind derzeit noch kroatische Staatsbürger, hier wird eine Umsetzung der FreizügigkeitsV zum 30.6.2015 erfolgen.
114 Gleiches gilt gem. § 12 FreizügG/EU für Angehörige der EWR-Staaten Island, Liechtenstein und Norwegen. Bürger der Schweiz sind den Angehörigen der EWR-Staaten gleichgestellt.

auch den Entleiher. Er dürfte hier als **Gesamtschuldner** gem. § 28e Abs. 2 S. 3 SGB IV haften, auch wenn dies in Literatur und Rechtsprechung umstritten ist.[115] In jedem Fall wird der Gläubiger – also die Krankenkasse als zentrale Einzugsstelle – im Rahmen der Geltendmachung der Sozialversicherungsbeiträge regelmäßig wählen, welchen Schuldner er in Anspruch nimmt. In der Regel wird die Wahl auf den finanzstärkeren Entleihbetrieb fallen. Ob der Entleiher im Innenverhältnis einen Ausgleich beim Verleiher erhält, wird sich im Zweifel an dessen finanziellen Möglichkeiten messen. Vor diesem Hintergrund bietet es sich für den Verteidiger immer an, im Rahmen der Vollstreckung den Sozialkassen zunächst eine Erklärung darüber abzuverlangen, ob diese auch bereits bei dem Verleihbetrieb den Einzug offener Sozialversicherungsbeiträge versucht hat. Wenn dies nicht der Fall ist, sollte darauf hingewirkt werden.

98   Die für den Gesamtsozialversicherungsbeitrag geltenden Ansprüche auf Sozialversicherungsbeiträge **verjähren** grundsätzlich in vier Jahren nach Ablauf des Kalenderjahres, in dem sie fällig geworden sind.[116] Demgegenüber verjähren Ansprüche nach § 25 Abs. 1 S. 2 SGB IV auf vorsätzlich vorenthaltene Beiträge in **30** Jahren nach Ablauf des Kalenderjahres, in dem sie fällig geworden sind.

99   Die Fälligkeit tritt gem. § 23 SGB IV in der Regel am drittletzten Bankarbeitstag des Monats ein, in dem das Beschäftigungsverhältnis begonnen wurde.

100   Im Fall einer Zurechnung des Arbeitsverhältnisses über §§ 9, 10 AÜG werden weitergehende strafrechtliche Feststellungen nicht mehr getroffen werden, insbesondere werden keine **Feststellungen zum Vorsatz** getroffen werden. Damit dürfte es dann aber bei der kurzen Verjährungsfrist des § 25 Abs. 1 S. 1 SGB IV (4 Jahre) bleiben. Die Fiktion der §§ 9, 10 AÜG bringt keine Zurechnung rechtwidrigen Verhaltens des Verleihers mit sich, sondern es wird allein die Arbeitgeberstellung des Entleihers mit den sozialversicherungsrechtlichen Folgen fingiert. § 425 BGB lässt sich insoweit entnehmen, dass *andere Tatsachen nur für und gegen den Gesamtschuldner* wirken, *in dessen Person sie vorliegen*. Die Einrede der Verjährung ist eine solche *andere Tatsache*.[117]

c) Besonders schwerer Fall

101   Handelt der Verleiher **gewerbsmäßig**, handelt er in der Absicht der Erzielung einer nicht nur vorübergehenden Einnahmequelle (von einigem Umfang), liegt u.a. ein besonders schwerer Fall vor, wobei die Rechtsprechung wegen der regelmäßig vorliegenden Gewerblichkeit der Arbeitnehmerüberlassung zusätzlich eine besondere Strafwürdigkeit zur Abgrenzung fordert, was bspw. bei einer Ausbeutung des Arbeitnehmers angenommen wird.[118]

d) Rechtsfolgen

102   Der Strafrahmen sieht eine Freiheitsstrafe bis zu **drei Jahren** oder **Geldstrafe**, in einem besonders schweren Fall eine Freiheitsstrafe von sechs Monaten bis fünf Jahren vor. Die Verjährung beträgt fünf Jahre.[119]

---

115   Erbs/Kohlhaas/*Ambs* § 10 AÜG Rn. 3a.
116   § 25 Abs. 1 S. 1 SGB IV.
117   Palandt/*Grüneberg* § 425 Rn. 6.
118   *BGH* BB 1981, 1219, 1220.
119   Vgl. § 78 Abs. 3 Nr. 4 StGB.

e) Tatbestand des § 15a AÜG

Im Fall des **Entleihs** ausländischer Arbeitnehmer gem. § 15a AÜG muss der Entleiher den ausländischen Arbeitnehmer entweder gem. § 15a Abs. 1 AÜG zu Arbeitsbedingungen des Leiharbeitsverhältnisses tätig werden lassen, die in einem auffälligen Missverhältnis zu den Arbeitsbedingungen deutscher Leiharbeitnehmer bei vergleichbarer Tätigkeit stehen oder aber gem. § 15a Abs. 2 S. 1 AÜG mehr als fünf ausländische Arbeitnehmer ohne Aufenthaltstitel tätig werden lassen. § 15a Abs. 2 S. 2 AÜG stellt schließlich das wiederholte und beharrliche Tätigwerdenlassen eines ausländischen Arbeitnehmers ohne entsprechende Arbeitsgenehmigung unter Strafe. Der Anwendungsbereich des § 15a AÜG ist insoweit beschränkt, als der Entleih im Rahmen einer erlaubten Überlassung erfolgen muss; fehlt es an der Verleiherlaubnis, so liegt ein Fall des § 10 Abs. 1 SchwarzArbG vor.[120] **103**

Während also § 15a Abs. 1 AÜG die Strafbarkeit auf ein **auffälliges Missverhältnis** bei den Beschäftigungsbedingungen stützt, genügt für § 15a Abs. 2 S. 1 AÜG schlicht die hohe Anzahl der illegal entliehenen Arbeitnehmer und bei § 15a Abs. 2 S. 2 AÜG der wiederholte beharrliche Verstoß. Ab wann ein auffälliges Missverhältnis i.S.d. Abs. 1 vorliegt, wird am **gezahlten Lohn** zu bestimmen sein. Wenn der Verleiher seine ausländischen Arbeitnehmer nicht zur Sozialversicherung anmeldet und dadurch seinen Gewinn maximiert[121], wird man bereits das auffällige Missverhältnis bejahen müssen. **104**

In subjektiver Hinsicht ist **Vorsatz** erforderlich, der bedingte Vorsatz genügt (zum Vorsatzbegriff vgl. 8. Kapitel). Erforderlich ist also, dass der Entleiher Kenntnis aller objektiven Tatbestandsmerkmale hat, was jedenfalls in Bezug auf die Arbeitsbedingungen, die sich in der Regel auf das Innenverhältnis zwischen Verleiher und Leiharbeitnehmer beziehen, nicht der Fall sein dürfte. Hier bieten sich Verteidigungsansätze, wenn der Entleiher keine entsprechenden Anhaltspunkte hätte haben können. **105**

Auch hier sieht das Gesetz einen **besonders schweren Fall** vor, insoweit ist auf die Ausführungen zu § 15 AÜG zu verweisen. Die Strafandrohung ist im Rahmen des § 15a Abs. 1 AÜG mit der des § 15 AÜG identisch, im Bereich des Abs. 2 deutlich geringer, nämlich Freiheitsstrafe bis zu einem Jahr oder Geldstrafe. Bei grobem Eigennutz kann auf Freiheitsstrafe bis zu drei Jahren oder Geldstrafe erkannt werden. **106**

5. Ordnungswidrigkeiten nach § 16 AÜG

§ 16 AÜG sanktioniert – ebenso wie die Straftatbestände der §§ 15, 15a AÜG – bestimmtes Fehlverhalten sowohl des Verleihers als auch des Entleihers. Im Unterschied zu den §§ 15, 15a AÜG, die ihre Strafwürdigkeit aus der besonderen Gefährlichkeit der Kombination verschiedenen Fehlverhaltens ableiten, sanktioniert § 16 AÜG **singuläres Fehlverhalten** des Ent- oder Verleihers. So wird der Verleih eines Arbeitnehmers ohne Erlaubnis genauso sanktioniert wie das Tätigwerdenlassen eines Leiharbeitnehmers, der den erforderlichen Aufenthaltstitel nicht besitzt. Erfolgt der Verleih im letzten Fall wiederum zudem ohne Erlaubnis, ist wieder der Anwendungsbereich des Straftatbestandes eröffnet. Der Versuch einer Ordnungswidrigkeit nach § 16 AÜG ist nicht unter Strafe gestellt.[122] **107**

---

120 Erbs/Kohlhaas/*Ambs* § 15a AÜG Rn. 1.

121 Erbs/Kohlhaas/*Ambs* § 15a AÜG Rn. 7.

122 Die Ahndung einer Ordnungswidrigkeit im Versuch muss gem. § 13 Abs. 2 OWiG ausdrücklich bestimmt werden.

a) Bebußung

108 Die einzelnen Ordnungswidrigkeiten eröffnen ein breites Sanktionsspektrum; der Sanktionsrahmen reicht von einer Geldbuße in Höhe von 1.000 € bis zu einer solchen in Höhe von 500.000 €.

b) Person des Täters

109 Tauglicher Täter ist im Fall des § 16 Abs. 1 Nr. 1 AÜG der **Verleiher**, geahndet wird die Überlassung eines Arbeitnehmers ohne entsprechende Erlaubnis i.S.d. § 1 AÜG. Da nur auf die erforderliche Erlaubnis abgestellt wird, kann auch der Verleih eines deutschen Arbeitnehmers sanktioniert werden, wenn eine entsprechende Erlaubnis nicht vorliegt.

110 Spiegelbildlich hierzu sanktioniert § 16 Abs. 1 Nr. 1a AÜG den Entleiher, der von einem Verleiher einen Arbeitnehmer ohne entsprechende Erlaubnis nach § 1 AÜG entleiht. Auch hier ist der Entleih einen deutschen Arbeitnehmers erfasst, wenn der Verleiher keine Erlaubnis besitzt.

c) Besonderheiten im Baugewerbe

111 § 16 Abs. 1 Nr. 1b AÜG sanktioniert den Verleih von Arbeitnehmern im **Baugewerbe**. Hier ist grundsätzlich der Verleih nicht gestattet, es ist unerheblich, ob der Verleiher eine Erlaubnis besitzt. Betroffen sind Verleiher und Entleiher gleichermaßen.

d) Ausgewählte Beispiele

112 Besondere Bedeutung kommt **§ 16 Abs. 1 Nr. 2 AÜG** zu, denn hier kann das Bußgeld bis zu 500.000 € betragen. Sanktioniert wird der Entleih eines ausländischen Arbeitnehmers ohne entsprechende Arbeitsgenehmigung, betroffen ist also nur der Entleiher, der den Straftatbestand des § 15a AÜG erfüllt.

113 Auch hier wird grundsätzlich unterstellt, dass der Verleiher über eine entsprechende Erlaubnis zum Verleih (§ 1 AÜG) verfügt. Andernfalls verwirklicht der Entleiher den Ordnungswidrigkeitentatbestand der Beschäftigung eines illegalen Ausländers nach § 404 Abs. 2 Nr. 3 SGB III mit der Folge, dass auch hier eine **Zurechnung des Arbeitsverhältnisses** über §§ 9, 10 AÜG mit den entsprechenden sozialversicherungsrechtlichen Folgen erfolgt. Diese sind bereits oben dargestellt.[123]

114 Mit Ausnahme der §§ 16 Abs. 1 Nr. 7a, b AÜG kommt den weiteren Alternativen eher eine untergeordnete Bedeutung zu, entsprechend ist auch der Bußgeldrahmen gering.

115 Die Alternative des Nr. 7a soll sicherstellen, dass der Verleiher den Leiharbeitnehmern die im Rahmen des Entleihs üblichen Arbeitsbedingungen bei dem Entleiher gewährt. Nr. 7b soll demgegenüber sicherstellen, dass dem Leiharbeitnehmer jedenfalls ein Mindeststundengeld zu zahlen ist. Mit Einführung des **Mindestlohns** dürfte diese verbindliche Lohnuntergrenze an Bedeutung verlieren.

116 Im Unterschied zu den Straftatbeständen, die nur vorsätzliches Verhalten unter Strafe stellen, können die Ordnungswidrigkeiten auch **fahrlässig** begangen werden. Fahrlässig handelt, wer die im Verkehr erforderliche Sorgfalt außer Acht lässt. Bedeutung kommt hier insbesondere der Sorgfaltspflicht des Entleihers im Rahmen seiner **Nachprüfpflicht** zum Vorliegen einer Erlaubnis zu. Grundsätzlich darf der Entleiher auf die Erklärung des Verleihers vertrauen, er

---

123 Vgl. Rn. 97 f.

verfüge über die entsprechende Erlaubnis i.S.d. § 1 AÜG; erst wenn Anhaltspunkte für das Nichtvorliegen einer Erlaubnis bestehen, trifft den Entleiher eine konkrete Pflicht zur Nachforschung. Allerdings wird zunehmend angenommen, dass fahrlässiges Handeln bereits da beginnt, wo der Entleiher sich die Erlaubnis nach § 4 Abs. 3 AufenthaltsG oder nach § 284 SGB III nicht zeigen lässt.[124]

e) Exkurs: Nebenfolgen einer Ordnungswidrigkeit

Besondere Bedeutung kommt – jedenfalls für den Unternehmer – den weiteren Folgen eines Verstoßes gegen Ordnungswidrigkeiten zu. So droht bei einem Bußgeld von mehr als 200,- € die Eintragung in das **Gewerbezentralregister**.[125] **117**

§ 149 GewO bestimmt, dass *„rechtskräftige Bußgeldentscheidungen, insbesondere auch solche wegen einer Steuerordnungswidrigkeit, die* **118**

– *bei oder in Zusammenhang mit der Ausübung eines Gewerbes oder dem Betrieb einer sonstigen wirtschaftlichen Unternehmung oder*
– *bei der Tätigkeit in einem Gewerbe oder einer sonstigen wirtschaftlichen Unternehmung von einem Vertreter oder Beauftragten i.S.d. § 9 des Gesetzes über Ordnungswidrigkeiten oder von einer Person, die in einer Rechtsvorschrift ausdrücklich als Verantwortlicher bezeichnet ist, begangen worden ist, wenn die Geldbuße mehr als 200,- € beträgt,*
– *in das Gewerbezentralregister einzutragen sind.“*

Bedeutung erlangt das Gewerbezentralregister wiederum insbesondere bei der Bewerbung um **öffentliche Aufträge**. Ein Bewerber kann aufgefordert werden, im Rahmen der Bewerbung um den Auftrag einen Auszug aus dem Gewerbezentralregister vorzulegen. Gemäß § 150 Abs. 1 GewO steht es dem Betroffenen frei, Auskünfte aus dem Register einzuholen. Der Auskunftsanspruch umfasst alle Eintragungen, die zu dem Auskunftssuchenden vorhanden und noch nicht tilgungsreif sind. **119**

Überdies steht den Justiz- und Verwaltungsbehörden frei, für Zwecke *„der Rechtspflege und zur Verfolgung von (bestimmten) Straftaten“* Auskünfte aus dem Gewerbezentralregister einzuholen.[126] **120**

Schließlich besteht ein **Auskunftsanspruch** eines öffentlichen Auftraggebers gem. § 150a Abs. 1 S. 1 Nr. 4 und S. 2 GewO. Der Auskunftsanspruch ist jedoch auf bestimmte Verstöße beschränkt, weshalb häufig der Bewerber zur Beibringung einer Gewerbeauskunft aufgefordert wird. Das Auskunftsrecht des öffentlichen Auftraggebers beschränkt sich auf Verstöße gegen das Schwarzarbeitsbekämpfungsgesetz, das Arbeitnehmerentsendegesetz und neuerdings auch auf Verstöße gegen das MindestlohnG, nicht aber auf Verstöße gegen das AÜG. Einer öffentlichen Vergabestelle werden also Verstöße gegen das AÜG nicht mitgeteilt, weshalb die Vergabestellen dazu übergehen, über die Anforderung des vom Bewerber selbst eingeholten Gewerberegisterauszugs in den Genuss der uneingeschränkten Auskunft zu gelangen. **121**

Da eine solche Eintragung u.a. den **Ausschluss** bei der Vergabe **von öffentlichen Aufträgen** zur Folge hat und der Ausschluss bis zu drei Jahre gilt, hat der Verstoß mitunter gravierende wirtschaftliche Auswirkungen. **122**

---

124 *Boemke/Lembke* § 16 Rn. 29. m.w.N.
125 Vgl. § 149 Abs. 2 Nr. 3 GewO.
126 Vgl. § 150a Abs. 2 Nr. 1 GewO.

f) Verjährung

123 Die Verjährung der Ordnungswidrigkeit nach § 16 AÜG richtet sich nach den allgemeinen Vorschriften; zu Einzelheiten der Verjährung vgl. auch 9. Kapitel. Bei einer Bebußung im Höchstmaß von mehr als 15.000 € beträgt die Verjährungsfrist nach § 31 OWiG drei Jahre, zwei Jahre bei Ordnungswidrigkeiten, die im Höchstmaß zwischen 2.500 und 15.000 € bebußt werden, ein Jahr bei Ordnungswidrigkeiten, die im Höchstmaß zwischen 1.000 € und 2.500 € bebußt sind, für alle übrigen Fälle sechs Monate.

g) Bebußung des Unternehmens

124 Sind Verleiher oder Entleiher keine natürliche Person, kommt gleichwohl die Anwendung des Ordnungswidrigkeitenrechts in Betracht. Das Bußgeldverfahren richtet sich, analog § 14 StGB, gem. §§ 9, 29 OWiG gegen die **Geschäftsführung** bzw. die zur **Vertretung berufene Person**.

125 Aus Sicht des Unternehmens noch bedeutsamer ist die Möglichkeit der Bebußung des Unternehmens direkt über § 30 OWiG, wenn das vertretungsberechtigte Organ eine Straftat oder Ordnungswidrigkeit begangen hat und hierdurch eine das Unternehmen treffende Pflicht verletzt wurde (vgl. hierzu im Einzelnen 12. Kapitel).

126 Aus Sicht des Unternehmers ist auf § 130 OWiG besonders hinzuweisen, da gegen diesen bei wenigstens fahrlässiger Verletzung seiner **Aufsichtspflicht** ebenfalls eine Geldbuße verhängt werden kann, die im Falle einer mit Strafe bedrohten Pflichtverletzung bis zu ein Mio. € betragen kann und im Falle einer mit einer Geldbuße bedrohten Pflichtverletzung jedenfalls nochmals mit dem identischen Bußgeld bedroht ist.[127]

IV. Illegale Ausländerbeschäftigung nach § 10 SchwarzArbG und § 404 SGB III

1. § 404 SGB III als Grundtatbestand der illegalen Beschäftigung von Ausländern

127 § 404 SGB III enthält als **Grundtatbestand der illegalen Beschäftigung** eine Vielzahl von möglichen Ordnungswidrigkeitentatbeständen, die bei Hinzutreten weiterer Merkmale zu Straftaten nach dem SchwarzArbG werden.

128 Die Aufarbeitung aller möglichen Alternativen dieser Norm würde den Rahmen der vorliegenden Darstellung sprengen. Deshalb werden hier lediglich die mittelbare illegale Ausländerbeschäftigung ohne Arbeitsgenehmigung gem. § 404 Abs. 1 i.V.m. § 284 Abs. 1 SGB III sowie die illegale Beschäftigung von Ausländern ohne erforderliche Arbeitsgenehmigung i.S.d. § 404 Abs. 2 Nr. 3 i.V.m. § 284 Abs. 1 SGB III näher dargestellt, da auch ihnen über die unmittelbare Anwendung des § 266a StGB fiskalische Bedeutung zukommt. Dass auch der Gesetzgeber hier den Schwerpunkt gesehen hat, findet seinen Niederschlag in der Höhe der Bebußung. Beide Alternativen sehen ein Bußgeld bis zu 500.000 € vor.

---

127 Vgl. § 130 Abs. 3 OWiG.

2. Keine Unterscheidung zwischen Arbeitsgenehmigung und Aufenthaltstitel

Zu beachten ist, dass der Gesetzgeber keine Unterscheidung danach getroffen hat, ob der Ausländer ohne **Arbeitsgenehmigung-EU** (§ 284 SGB III) tätig wird oder sich ohne **Aufenthaltstitel** in der Bundesrepublik, und damit illegal, aufhält (§ 4 AufenthG).   **129**

3. Tatbestandsvoraussetzungen des § 404 Abs. 2 SGB III

Erforderlich ist zunächst die Beschäftigung eines Ausländers, also jeder Person, die nicht Deutscher i.S.d. Art. 116 Abs. 1 GG ist.[128] Beschäftigung i.S.d. Norm ist jede Tätigkeit, die als unselbstständige Arbeit zu qualifizieren ist. Abgestellt wird auch hier auf die Legaldefinition des § 7 SGB IV.[129] Die Einordnung erfolgt wiederum nach den bereits besprochenen Kriterien der **Weisungsgebundenheit** und der **Eingliederung** des Arbeitnehmers in die Arbeitsabläufe des Weisungsgebers.[130]   **130**

Erforderlich ist weiter, dass die Beschäftigung **ohne Arbeitsgenehmigung**[131] bzw. **ohne Aufenthaltsgenehmigung**[132] erfolgt. Ausgehend von der Grundannahme, dass jede Erwerbstätigkeit von Ausländern in Deutschland der Genehmigung bedarf – geschützt werden soll nach § 18 Abs. 1 AufenthG der Wirtschaftsstandort Deutschland und dessen Arbeitsmarktverhältnisse unter Berücksichtigung der wirksamen Bekämpfung der Arbeitslosigkeit –, gibt es Ausnahmen, die vor allem das EU-Gebiet betreffen.   **131**

War früher eine Arbeitsgenehmigung gesondert zu erteilen, berechtigt nun der Aufenthaltstitel zur Aufnahme einer Erwerbstätigkeit,[133] die Agentur für Arbeit erteilt insoweit ihre Zustimmung für die Erteilung der Aufenthaltsgenehmigung, die wiederum zur Aufnahme einer Erwerbstätigkeit berechtigt.[134]   **132**

Sie ist grundsätzlich allen Staatsangehörigen der Europäischen Union und über § 12 FreizügG auch allen Staatsbürgern des Europäischen Wirtschaftsraums zu erteilen. Einschränkungen bestehen heute in Bezug auf die EU nur noch für kroatische Staatsangehörige.[135]   **133**

4. Subjektiver Tatbestand

Die Tat kann sowohl vorsätzlich als auch fahrlässig begangen werden. Rechnet der Arbeitgeber ernsthaft mit der Möglichkeit, dass der von ihm beschäftigte Arbeitnehmer nicht über die erforderliche Genehmigung verfügt, kommt eine Vorsatztat in Betracht. Da die Rechtsprechung vom Arbeitgeber zwischenzeitlich sogar fordert,[136] dass dieser die Genehmigung in **Augenschein nimmt** und etwaige Beschränkungen zur Kenntnis nimmt, dürfte die Schwelle zur Fahrlässigkeit in aller Regel überschritten sein, wenn der Arbeitgeber gegenüber den Behörden angibt, er sei davon ausgegangen, dass der Arbeitnehmer über die erforderliche Genehmigung verfüge. Demgegenüber ist der Arbeitgeber allerdings auch nur dann zur   **134**

---

128 § 2 Abs. 1 AufenthG.
129 § 2 Abs. 2 AufenthG.
130 Vgl. Rn. 81 f.
131 § 284 Abs. 1 SGB III.
132 § 4 Abs. 3 AufenthG.
133 § 4 Abs. 2 AufenthG.
134 § 4 Abs. 2 AufenthG.
135 § 13 FreizügG/EU.
136 *BayObLG* NStZ-RR 2000, 339; *Gercke/Kraft/Richter* 2. Kap. Rn. 160 f.

(erneuten) Überprüfung der bereits gesichteten Genehmigung verpflichtet, wenn konkrete Anhaltspunkte vorliegen, die Genehmigung könnte im Nachhinein beschränkt oder widerrufen worden sein. Hier kann der Arbeitgeber einen Vertrauensschutz für sich in Anspruch nehmen. In der Praxis wird der Arbeitgeber aber wohl zu seiner Entlastung eine Kopie der gesichteten Genehmigung zu den Akten nehmen müssen, um in Nachgang deren Sichtung beweisen zu können.

5. Exkurs: Anforderungen an den Tatnachweis

135 Grundsätzlich ist anzumerken, dass sich bei derartigen Sonderordnungswidrigkeiten dem Verteidiger besondere Verteidigungsansätze bieten, fehlt es doch in der Regel an einer ordnungsgemäßen und vollständigen Beweissicherung. Das OLG Schleswig[137] führt hierzu treffend aus:

136 *„Die sogenannten „Sonderordnungswidrigkeiten", also solche, deren Gegenstand nicht Verkehrsordnungswidrigkeiten bilden und die deshalb nicht zu den Massenverfahren rechnen, können – abhängig von der jeweils gesetzlichen Ausgestaltung – erhebliche Anforderungen an den Tatnachweis in objektiver und subjektiver Hinsicht stellen. Nicht selten gerät der Tatrichter bei der Bearbeitung solcher Verfahren in gewisse Schwierigkeiten, weil der zugrunde liegende Sachverhalt schon von den Verwaltungsbehörden nicht genügend aufgeklärt worden ist. Als Ermittlungsbehörden obliegt es ihnen, nähere Tatsachen zusammen zu tragen und Beweise zu sichern, die eine Verurteilung nach den teilweise anspruchsvollen gesetzlichen Bestimmungen ermöglichen können. In den gerichtlichen Hauptverhandlungen werden sich diesbezügliche Versäumnisse häufig nicht in der gebotenen Weise nachholen lassen."*

6. Tatbestandsvoraussetzungen des § 404 Abs. 1 SGB III

137 Durch die Aufnahme der mittelbaren illegalen Beschäftigung von Arbeitnehmern in den Bußgeldkatalog soll verhindert werden, dass der Unternehmer die bußgeldbewehrte illegale Ausländerbeschäftigung dadurch umgeht, dass er entweder einen **Sub-** (Abs. 1 Nr. 1) oder einen **Sub-Subunternehmer** (Abs. 1 Nr. 2) einsetzt, von dem er weiß oder fahrlässig nicht weiß, dass dieser illegale Ausländer beschäftigt.

138 Der Tatbestand erfordert einen *„erheblichen Umfang"* der Tätigkeiten. Gemeint ist der erhebliche Umfang des Gesamtauftrages, nicht des Einzelauftrags. Die Vorschrift ist also vor allem im Zusammenhang mit Großaufträgen bedeutsam.[138] Dem Unternehmer obliegen erhebliche Kontrollpflichten, auch wenn vereinzelt gefordert wird, dass Anhaltspunkte für ein Fehlverhalten vorliegen müssen, um die Kontrollpflicht auszulösen.[139] Um seinen Kontrollpflichten nachzukommen, muss der Unternehmer – wie dargestellt – nach dem BayObLG bei unmittelbarer Beschäftigung des ausländischen Arbeitnehmers die Genehmigung kontrollieren, bevor er den Arbeitnehmer beschäftigt.[140] Dem Unternehmer wird man daher wohl abverlangen können und müssen, dass er sich jedenfalls schriftlich das Vorliegen der erforderlichen Genehmigungen durch den Nachunternehmer bestätigen lässt.

---

137 *OLG Schleswig* SchlHA 2005, 338 = BeckRS 2013, 20235.

138 Vgl. Erbs/Kohlhaas/*Ambs* § 404 SGB III Rn. 6d.

139 Vgl. Erbs/Kohlhaas/*Ambs* § 404 SGB III Rn. 6d.

140 Vgl. *BayObLG* NStZ-RR 2000, 339.

7. Subjektiver Tatbestand

Der subjektive Tatbestand des § 404 Abs. 1 SGB III erfordert im Minimum eine **vorsätzliche Beauftragung** eines Sub-(Sub-)Unternehmers bei **fahrlässiger Unkenntnis** der **illegalen Beschäftigung** von Ausländern.

139

8. Rechtsfolgen

Der Bußgeldrahmen reicht bis 500.000 €, bei Fahrlässigkeit ist gem. § 17 Abs. 2 OWiG zwingend zu mindern und maximal die Hälfte festzusetzen.

140

Daneben steht natürlich auch hier der Eintrag ins Gewerbezentralregister zu erwarten, wenn die 200 €-Grenze überschritten wird, was angesichts des doch erheblichen Bußgeldrahmens zu erwarten steht. Ebenso droht über § 21 Abs. 1 Nr. 2 SchwarzArbG der Ausschluss von öffentlichen Aufträgen.

141

9. Verjährung

Es ist auf § 31ff. OWiG zu verweisen. Der Bußgeldrahmen bestimmt die Verjährung. Bei den hier näher dargestellten Alternativen beträgt die Verjährungsfrist 3 Jahre.

142

10. Straftat nach § 10 SchwarzArbG

Der Gleichlauf des § 404 SGB III und des § 10 SchwarzArbG liegt schlicht darin begründet, dass § 10 SchwarzArbG zum 1.8.2004 den Regelungsgehalt der §§ 406, 407 SGB III a.F. weitestgehend übernommen hat. Tritt zu der vorsätzlich illegalen Beschäftigung des ausländischen Arbeitnehmers hinzu, dass die Beschäftigung zu **ungünstigeren Bedingungen** als bei deutschen Arbeitnehmern mit vergleichbaren Tätigkeiten erfolgt, liegt eine Straftat vor, die mit einer Freiheitsstrafe von bis zu drei Jahren oder mit Geldstrafe bedroht ist. Handelt der Täter zudem gewerbsmäßig oder aus grobem Eigennutz, liegt ein besonders schwerer Fall vor, der einen Strafrahmen von sechs Monaten bis zu fünf Jahren vorsieht.

143

In der Praxis wird üblicherweise vom Vorliegen der Voraussetzungen des Regelbeispiels auszugehen sein, was insoweit besondere Bedeutung hat, als eine Geldstrafe nicht mehr vorgesehen ist.

144

11. Ungünstigere Arbeitsbedingungen

Es kommt folglich entscheidend darauf an, wie das Arbeitsverhältnis mit dem ausländischen Arbeitnehmer ausgestaltet ist. Voraussetzung ist, dass die Beschäftigung des Arbeitnehmers zu Bedingungen erfolgen muss, die in einem **auffälligen Missverhältnis** zu den Arbeitsbedingungen eines deutschen Arbeitnehmers im Rahmen einer vergleichbaren Tätigkeit stehen.[141] **Vergleichbar** heißt hierbei nicht im gleichen Betrieb angestellt zu sein, sondern eine vergleichbare Tätigkeit ausübend. Dem Vergleich zugänglich sind dabei das Gehalt, die Arbeitszeit, der Urlaub, die Möglichkeit der Lohnfortzahlung im Krankheitsfall und die Einhaltung grundlegender Arbeitsschutzbestimmungen. Die Meldung zur Sozialversicherung und das Abführen der Lohnsteuer gehört ebenso zu den vergleichbaren Bedingungen, doch wird man zu beachten haben, dass nicht bereits deshalb von ungünstigeren Arbeitsbedingungen gesprochen wer-

145

---

141 Ignor/Rixen/*Mosbacher* § 4 Rn. 135; *Gercke/Kraft/Richter* 2. Kap. Rn. 303 f.

den kann, wenn eine Meldung zur Sozialversicherung nicht erfolgt ist, denn das wäre – wie es das OLG Frankfurt[142] formuliert, die Regel.

146 Wörtlich führt das OLG Frankfurt aus: „*Wann ein auffälliges Missverhältnis vorliegt, kann nur nach einer **Gesamtschau aller wesentlicher Merkmale** beurteilt werden, so dass eine Abweichung hinsichtlich einer einzigen Arbeitsbedingung nicht genügt (Mosbacher, in Ignor/Rixen, Handb. Arbeitsstrafrecht Rn 377, 645 f.). Allein der Verweis auf die Nichtanmeldung zur Sozialversicherung, die bei der illegalen Beschäftigung eines Ausländers die Regel sein wird, ist … nicht ausreichend, um ein auffälliges Missverhältnis zwischen den Arbeitsbedingungen der hier beschäftigten Ausländer im Vergleich zu deutschen Arbeitnehmern mit vergleichbarer Tätigkeit zu begründen.*"

147 Demnach wird man wohl nur dann von ungünstigeren Arbeitsbedingungen sprechen können, wenn mehrere Merkmale des Arbeitsverhältnisses zu Ungunsten des ausländischen Arbeitnehmers von den Parametern eines vergleichbaren Arbeitsverhältnisses eines deutschen Arbeitnehmers abweichen. Anhaltspunkte bietet die Rechtsprechung zum Lohnwucher nach § 291 StGB, wonach bei Lohnzahlungen unterhalb von **2/3 des Tariflohns** Lohnwucher angenommen wird.[143] Existiert ein solcher Tarifvertrag nicht, ist die Leistung nach der Rechtsprechung des BAG nach ihrem objektiven Wert zu beurteilen und dann ins Verhältnis zu setzen.[144]

12. Subjektiver Tatbestand

148 Erforderlich ist ein vorsätzliches Verhalten, ausreichend ist auch hier die billigende Inkaufnahme der ungünstigeren Arbeitsbedingungen der ausländischen Arbeitnehmer. Dem Täter muss also bewusst sein, dass deutsche Arbeitnehmer bei vergleichbarer Tätigkeit deutlich bessere Arbeitsbedingungen haben.[145]

13. Rechtsfolgen

149 Es ist auf die Ausführungen unter Rn. 143 f zu verweisen. Hinsichtlich der Nebenfolgen ist auch hier wieder auf die Möglichkeit der Eintragung in das Gewerbezentralregister sowie, im Falle einer Verurteilung von über drei Monaten bzw. 90 Tagessätzen, auf den Ausschluss von öffentlichen Aufträgen hinzuweisen. Die Schwelle wird in der Praxis häufig überschritten werden, da auf Grund des Regelbeispiels der Gewerbsmäßigkeit die Mindeststrafe sechs Monate Freiheitsstrafe beträgt.

14. Verjährung

150 Die Verjährung richtet sich nach den allgemeinen Regeln des § 78 StGB und beträgt nach Abs. 3 Nr. 4 fünf Jahre.

---

142 *OLG Frankfurt* NStZ-RR 2005, 184.
143 *BGH* BB 1997, 2166; *Fischer* § 291 Rn. 19 m.w.N.
144 *BAG* EzA § 138 BGB Nr 29.
145 *Gercke/Kraft/Richter* 2. Kap. Rn. 308.

V. Mindestlohnverstoß

1. Allgemeines

Zum 1.1.2015 wurde der **gesetzliche Mindestlohn** in den Grenzen des § 24 MiLoG flächendeckend eingeführt[146], nach Schätzungen der Bundesregierung werden von den Auswirkungen dieses Gesetzes „nur" ca. 3,75 Mio. Arbeitnehmer(innen) betroffen sein.[147] Hintergrund hierfür dürfte sein, dass Tarifverträge meist ohnehin bereits (deutlich) höhere Arbeitsentgelte vorsehen. Nachvollziehbar wird dies insbesondere auch in § 1 Abs. 3 MiLoG. Danach gehen nämlich *„die Regelungen des Arbeitnehmer-Entsendegesetzes, des Arbeitnehmerüberlassungsgesetzes und der auf ihrer Grundlage erlassenen Rechtsverordnungen den Regelungen dieses Gesetzes vor, soweit die Höhe der auf ihrer Grundlage festgesetzten Branchenmindestlöhne die Höhe des Mindestlohns nicht unterschreitet."* Das MiLoG soll angemessene Arbeitsbedingungen für Arbeitnehmerinnen und Arbeitnehmer sicherstellen.[148]   **151**

Was hier nun erstmalig gesetzlich geregelt wurde, versuchten die Hauptzollämter und Staatsanwaltschaften bereits auf anderem Wege einzuführen, indem sie einzelne – überwiegend untergeordnete – Tätigkeiten in das Korsett eines Tarifvertrages zu zwängen suchten und die Lohngruppe 1 des Tarifvertrages zur Auffanglohngruppe hochstuften. Schützenhilfe erfuhren sie hier bspw. im Bereich des **Gebäudereinigerhandwerks** durch das Urteil der 13. Kammer des Landesarbeitsgerichts Niedersachsen vom 5.7.2011,[149] die in der Lohngruppe 1 eine **Auffanglohngruppe** erblicken wollte und daher sämtliche Tätigkeiten im Gebäudereinigerhandwerk jedenfalls mit dem tariflich vereinbarten Mindestlohn der Lohngruppe 1 vergütet sehen wollte.   **152**

Dieser Rechtsauffassung wurde durch die jüngste Rechtsprechung des Bundesarbeitsgerichts[150] eine deutliche Absage erteilt, indem festgestellt wurde, dass der Lohngruppe I *„nicht die Funktion einer ‚Auffanglohngruppe'"* zukommt. Der geltende **Mindestlohn** (Lohngruppe I) **des Reinigungstarifvertrages** kommt vielmehr erst zum Tragen, wenn durch den Mitarbeiter überwiegend eine Tätigkeit entfaltet wird, die der Innen- und Unterhaltsreinigung zuzurechnen ist.[151]   **153**

Heute muss man feststellen, dass in diesen Fällen nunmehr jedenfalls das MiLoG Anwendung finden dürfte. Nach dem Urteil des Bundesarbeitsgericht vom 13.5.2015 BAG – 10 AZR 191/14 finden die Regeln des Entgeltfortzahlungsgesetzes (§ 2 Abs. 1, § 3 i.V.m. § 4 Abs. 1 EFZG) auch dann Anwendung, wenn sich die Höhe des Arbeitsentgelts nach einer Mindestlohnregelung bestimmt; Das MiLoG selbst enthält keine Regelung zur Entgeltfortzahlung und zum Urlaubsentgelt. Insoweit dürfte der Reinigungskraft jedenfalls der gesetzliche Mindestlohn von 8,50 € zustehen, wenn sie nicht ohnehin in den Genuss des darüber liegenden tariflichen Lohns kommt,[152] was in den alten Bundesländern durchgängig der Fall ist.   **154**

---

146 Mindestlohngesetz v. 11.8.2014 (BGBl I, 1348), in Kraft getreten am 16.8.2014.

147 Mitteilung der Bundesregierung vom 17.12.2014 zum gesetzlichen Mindestlohn, abrufbar unter www.bundesregierung.de.

148 BT-Drucks. 18/1558.

149 *LAG Niedersachsen* ArbuR 2011, 505.

150 *BAGE* 146, 22.

151 *BAGE* 146, 22.

152 Lohntarifvertrag für die gewerblich Beschäftigten in der Gebäudereinigung v. 20.6.2013, der jedenfalls noch für das Jahr 2015 Gültigkeit besitzt, sieht bereits in der Lohngruppe 1 einen Mindestlohn von 9,55 € (West) vor, im Osten dagegen werden nur 8,21 € gezahlt.

155 Ein **Verstoß** gegen den gesetzlichen Mindestlohn wird man zukünftig über § 21 MiLoG ahnden, wenn nicht die Regelung des § 23 Abs. 1 AEntG über § 1 Nr. 3 MiLoG zur Anwendung kommt.

2. Tatbestand des § 21 MiLoG

156 § 21 MiLoG ist an § 404 SGB III angelehnt.

157 § 21 Abs. 1 MiLoG bebußt diverse Handlungsweisen, die allesamt ein **Unterlassen** zum Gegenstand haben. Während die Nrn. 1–8 eine fehlende oder fehlerhafte oder nicht rechtzeitige Mitwirkung oder Duldung oder Meldung zum Gegenstand hat, stellt der Verstoß gegen die Pflicht des Arbeitgebers zur Zahlung des Mindestlohns nach § 20 MiLoG sicherlich den zukünftig bedeutsamsten Verstoß dar. Dies auch deshalb, weil § 20 MiLoG gleichermaßen Arbeitgeber im In- und Ausland verpflichtet, *„ihren im Inland tätigen Arbeitnehmerinnen und Arbeitnehmern ein Arbeitsentgelt mindestens in Höhe des Mindestlohns nach § 1 Absatz 2 spätestens zu dem in § 2 Abs. 1 Satz 1 Nummer 2 genannten Zeitpunkt zu zahlen"*, also 8,50 € spätestens am letzten Bankarbeitstag des Monats, der auf den Monat folgt, in dem die Arbeitsleistung erbracht wurde.[153]

158 § 21 Abs. 2 MiLoG macht den Unternehmer für Handlungen des Nachunternehmers bzw. Sub-Subunternehmers haftbar. Wenn der Unternehmer weiß, dass der Nachunternehmer oder dessen Nachunternehmer gegen die Pflichten des Arbeitgebers zur Zahlung des Mindestlohns verstößt, also Arbeitsentgelt weder rechtzeitig noch in der vorgeschriebenen Höhe zahlt, und er Dienstleistungen *„in erheblichem Umfang"* ausführen lässt, verhält er sich selbst ordnungswidrig und muss mit empfindlichen Bußgeldern rechnen.

3. Subjektiver Tatbestand

159 Die Tat kann sowohl vorsätzlich als auch fahrlässig begangen werden, in Bezug auf § 21 Abs. 2 MiLoG ist wieder eine **Vorsatz-Vorsatz** bzw. **Vorsatz-Fahrlässigkeits-Kombination** denkbar. Der Täter muss also einerseits wissen, dass er Werk- oder Dienstleistungen in erheblichem Umfang ausführen lässt und gleichzeitig hinsichtlich der Möglichkeit der nicht ordnungsgemäßen Erfüllung der Arbeitgeberpflichten seiner Subunternehmer die im Verkehr erforderliche Sorgfalt außer Acht lassen.

4. Rechtsfolgen

160 Die Ordnungswidrigkeit kann im Fall des § 21 Abs. 1 Nr. 9 und des Abs. 2 mit einer Geldbuße bis zu 500.000 € geahndet werden, im Übrigen mit einer Geldbuße bis 30.000 €. Auch hier ist auf die zwingende Minderung im Rahmen einer Fahrlässigkeitstat nach § 17 Abs. 2 OWiG hinzuweisen.

---

153 Im Unterschied zu § 23 Abs. 1 SGB IV, der die Fälligkeit für Sozialversicherungsbeiträge allgemein auf den drittletzten Bankarbeitstags des Monats bestimmt, konkretisiert das MiLoG den Bankarbeitstag dahingehend, dass auf Bankarbeitstage in Frankfurt am Main abzustellen ist. Damit dürften zukünftig regionale Feiertage an Bedeutung gewinnen und deren Kenntnis für Fälligkeit und Kenntnis/Vorsatz entscheidend sein.

Auch hier kann die Eintragung ins Gewerbezentralregister[154] die Folge der Verhängung einer Geldbuße sein. § 150a GewO hat insoweit auch bereits eine Anpassung erfahren, als dass öffentlichen Auftraggebern über Verstöße gegen das MiLoG Auskunft zu erteilen ist.

161

5. Verjährung

Hinsichtlich der Verjährung ist auf die allgemeinen Vorschriften der §§ 31ff. OWiG zu verweisen, wonach der Bußgeldrahmen den Verjährungsrahmen bestimmt. Jedenfalls bei einem Verstoß gegen § 21 Abs. 1 Nr. 9 und Abs. 2 MiLoG beträgt die Verjährungsfrist 3 Jahre.

162

6. Tatbestand des § 23 Abs. 1 AEntG

Liegt die Unterschreitung des Mindestlohns im Geltungsbereich eines **Tarifvertrages**, ist in der Regel der Anwendungsbereich des § 23 Abs. 1 AEntG eröffnet. Der Aufbau des Tatbestands gleicht dem des § 21 MiLoG, weshalb hier nur auf die wichtigsten Unterschiede hingewiesen wird.

163

§ 23 Abs. 1 Nr. 1 AEntG i.V.m. § 8 Abs. 1 S. 1 oder Abs. 3 AEntG ist die zentrale Norm des Arbeitnehmerentsendegesetzes. Abgestellt wird auf einen Tarifvertrag und die darin getroffenen Mindestlohnregeln. In- wie ausländische Arbeitgeber im Regelungsbereich einen Tarifvertrages werden verpflichtet, ihren Arbeitnehmern mindestens die in dem Tarifvertrag vorgeschriebenen Arbeitsbedingungen zu gewähren, insbesondere die tariflich vorgesehenen Mindestlöhne zu zahlen.

164

Nach dem Wortlaut sind zwar alle Tarifverträge erfasst, § 4 AEntG regelt indes die Branchenzugehörigkeit abschließend. Erfasst sind Tarifverträge des **Baugewerbes**, der **Gebäudereinigung**, der **Briefdienstleistungen**, der **Sicherheitsdienstleistungen**, der **Bergbauspezialarbeiten**, auf **Steinkohlebergwerken**, der **Wäschereidienstleistungen** im Objektkundengeschäft, der **Abfallwirtschaft** einschließlich Straßenreinigung und Winterdienst, der **Aus- und Weiterbildungsdienstleistungen** nach dem Zweiten und Dritten Sozialgesetzbuch und schließlich der Schlachtung und **Fleischverarbeitung**.

165

Einen Verteidigungsansatz bietet – wie oben dargestellt – die Frage der Zugehörigkeit zum Tarifvertrag, etwa weil die Tätigkeit des Arbeitnehmers nicht *überwiegend* der tariflich geregelten Tätigkeit zuzuordnen ist. Allerdings wird man hier jetzt in Zukunft zu beachten haben, dass in einem solchen Fall dann die Regelung des § 21 MiLoG zur Anwendung kommen kann, wenn die Entlohnung unterhalb von 8,50 € liegt.

166

§ 23 Abs. 1 Nr. 2–9 AEntG regelt ebenso wie § 21 Abs. 1 Nr. 1–8 MiLoG den Verstoß gegen diverse Auskunfts-, Mitwirkungs-, Duldungs- und Aufzeichnungspflichten.

167

7. Tatbestand des § 23 Abs. 2 AEntG

§ 23 Abs. 2 AEntG dehnt die Haftung auf diejenigen Unternehmen aus, die sich zur Erfüllung ihrer Aufgaben in erheblichem Umfang der Einschaltung von Sub- und Sub-Subunternehmen bedienen. Insoweit kann auf die obigen Ausführungen verwiesen werden.[155]

168

---

154 § 149 GewO.
155 Vgl. Rn. 158 f.

8. Subjektiver Tatbestand

169 Es wird sowohl **vorsätzliches** als auch **fahrlässiges** Handeln erfasst. Im Falle des § 23 Abs. 1 Nr. 1 AEntG muss der Unternehmer fahrlässige Unkenntnis von der untertariflichen Beschäftigung des Arbeitnehmers haben. Gerade hier bieten sich Verteidigungsansätze, die einzelnen Lohntarifgruppen und deren Einordnung sind ausreichend komplex und lassen Raum für einen unvermeidbaren Verbotsirrtum nach § 11 Abs. 2 OWiG. Im Fall des § 23 Abs. 2 AEntG gilt, dass der Hauptunternehmer Kenntnis oder fahrlässige Unkenntnis von der tariflichen Unterentlohnung des Arbeitnehmers durch den Subunternehmer hat. Dem Hauptunternehmer dürften jedenfalls dann Kontrollpflichten aufzuerlegen sein, wenn er Anhaltspunkte für eine untertarifliche Entlohnung hat.

9. Rechtsfolgen

170 Der Bußgeldrahmen reicht in den Fällen des § 23 Abs. 1 Nr. 1 und Abs. 2 AEntG bis zu 500.000 €, in allen anderen Fällen bis 30.000 €, wobei auch hier fahrlässiges Handeln nach § 17 Abs. 2 OWiG zu einer hälftigen Reduktion der Geldbuße führt.

171 Neben der Gefahr der Aufnahme ins Gewerbezentralregister sieht § 21 AEntG im Falle einer Bebußung in Höhe von mindestens 2.500 € den Ausschluss von der Vergabe von öffentlichen Aufträgen vor. Der Ausschluss soll für eine angemessene Zeit bis zur nachgewiesenen Wiederherstellung der Zuverlässigkeit gelten. Die angemessene Zeit wird in Anlehnung an § 21 SchwarzArbG mit bis zu drei Jahren zu bemessen sein.

172 Schließlich ist auf die den §§ 9, 10 AÜG vergleichbare Regelung des **§ 14 AEntG** hinzuweisen, der eine Haftung des Generalunternehmers für die Verpflichtungen des Nachunternehmers vorsieht und der diesem neben dem geschuldeten Nettoentgelt auch die Sozialbeiträge auferlegt. Auch hier ist die Haftung verschuldensunabhängig, weshalb stets unter dem Gesichtspunkt der Verjährung die Fälligkeit der Sozialversicherungsbeiträge zu beachten ist.[156]

173 Verstöße gegen die Mindestlohnbestimmungen stellen zugleich einen Verstoß gegen **§ 16 SchwarzArbG** dar. So wie die FKS Meldungen an verschiedentliche Stellen zur weiteren Verfolgung der Tat macht, werden Mindestlohnverstöße, die bspw. seitens des Finanzamtes festgestellt werden, an die FKS gemeldet.[157]

10. Verjährung

174 Die Verjährung richtet sich nach den allgemeinen Vorschriften der §§ 31 ff. OWiG. Der Bußgeldrahmen bestimmt den Verjährungsrahmen. Jedenfalls im Fall des § 23 Abs. 1 und Abs. 2 AEntG beträgt die Verjährungsfrist 3 Jahre.

---

156 Vgl. Rn. 50 f.
157 Vgl. Rn. 17 f.; *Büttner* PStR 2015, 47 f., 50.

23. Kapitel
Haushaltsuntreue

Literatur: *Adick* Organuntreue (§ 266 StGB) und Business Judgment, 2009; *ders.* Zum Gefährdungsschaden und zum Eventualvorsatz bei der Untreue, HRRS 2008, 460; *Arzt* Untreue durch befugtes Handeln, FS für Bruns, 1978, S. 365*; Bader/Wilkens* Untreue bei spekulativen Derivaten im öffentlichen Sektor, wistra 2013, 81; *Becker* Paradigmenwechsel in der Schadensdogmatik oder „Viel Lärm um nichts"?, HRRS 2009, 334.; *Bieneck* Die Rechtsprechung des BGH zur Haushaltsuntreue, wistra 1998, 249; *Bittmann* Das BGH-Urteil im sog. „Bugwellenprozeß" – das Ende der „Haushaltsuntreue"?, NStZ 1998, 495; *ders.* Selbstbedienung als Vergütungs-Untreue, NZWiSt 2014, 129; *Brüning/Samson* Bankenkrise und strafrechtliche Haftung wegen Untreue gem. § 266 StGB, ZIP 2009, 1089; *Burkhardt* Zu einer restriktiven Interpretation der Treubruchshandlung, NJW 1973, 2190; *Coenen* Die Strafbarkeit von Verstößen gegen das Haushaltsrecht bei der Bewirtschaftung öffentlicher Mittel, 2000; *Fabricius* Die Strafbarkeit der Untreue im Öffentlichen Dienst, NStZ 1993, 414; *Francuski* Prozeduralisierung im Wirtschaftsstrafrecht, 2014; *Gehrmann/Lammers* Kommunale Zinsswapgeschäfte und strafrechtliches Risiko, KommJur 2011, 41; *Gröpl (Hrsg.)* BHO/LHO. Staatliches Haushaltsrecht. Kommentar, 2011; *Günter* Die Untreue im Wirtschaftsrecht, FS Ulrich Weber, 2004, S. 311.; *Hefendehl* Auslaufmodell „Vermögensgefährdung"?, FS Erich Samson, 2010, S. 295; *ders.* Die Feststellung des Vermögensschadens – auf dem Weg zum Sachverständigenstrafrecht?, wistra 2012, 325.; *Helmrich* „Cross-Border-Leasinggeschäfte" – ein Fall strafbarer Untreue (§ 266 StGB)?, wistra 2006, 326; *Hillenkamp* Risikogeschäft und Untreue, NStZ 1981, 161; *ders.* Zur Kongruenz von objektivem und subjektivem Tatbestand der Untreue, FS Maiwald, 2010, S. 323; *Hinrichs* Zur Untreuestrafbarkeit gemeindlicher Vertreter, 2011; *Hüls* Bestimmtheitsgrundsatz, § 266 StGB und § 370 Abs. 1 Nr. 1 AO, NZWiSt 2012, 12; *Jakobs* Bemerkungen zur subjektiven Tatseite der Untreue, FS für Dahs, S. 49; *Munz* Haushaltsuntreue, 2001; *Kiethe* Die Grenzen der strafrechtlichen Verantwortlichkeit von Bürgermeistern, NStZ 2005, 529; *Kirchner* Untreuerisiken beim Einsatz von Zinsswaps und Forward Rate Agreements durch Kommunen, wistra 2013, 418; *Koenig/Meyer* EU-Beihilfenkontrolle und nationales Strafrecht, NJW 2014, 3547; *Kohlmann/Brauns* Zur strafrechtlichen Erfassung der Fehlleitung öffentlicher Mittel, 1979; *Krell* Der Eingehungsschaden bei Betrug und Untreue, NZWiSt 2013, 370; *ders.* Zur Bedeutung der „Drittnormen" für die Untreue, NStZ 2014, 62; *ders.* Das Verbot der Verschleifung strafrechtlicher Tatbestandsmerkmale, ZStW 126 (2014), 902; *ders.* Untreue durch Stellenbesetzungen, 2015; *Krüger-Spitta/Bronk* Einführung in das Haushaltsrecht und die Haushaltspolitik, 1973; *Lammers* Pflichtverletzungen bei kommunalen Zins-Swaps, NVwZ 2012, 12; *Lindenschmidt* Zur Strafbarkeit der parteipolitischen Ämterpatronage in der staatlichen Verwaltung, 2004; *Luhmann* Kann die Verwaltung wirtschaftlich handeln?, VerwArch 1960, 97; *Mansdörfer* Amtsuntreue bei kommunaler Verwaltungs- und Wirtschaftstätigkeit, DVBl 2010, 479; *Meyer* Untreuehandlungen im Rahmen kommunaler Aufgabenerfüllung, KommJur 2010, 81; *Morlin* Die Befugnis kommunaler Unternehmen in Privatrechtsform zu Spekulationsgeschäften am Beispiel von Zinsswaps, NVwZ 2007, 1159; *Nettesheim* Können sich Gemeinderäte der „Untreue" schuldig machen?, BayVBl. 1989, 161; *Neye* Untreue im öffentlichen Dienst, 1981; *ders.* Die „Verschwendung" öffentlicher Mittel als strafbare Untreue, NStZ 1981, 369; *Piduch (Hrsg.)* Bundeshaushaltsrecht, Loseblattsammlung, Stand: 2009 *Ransiek* Risiko, Pflichtwidrigkeit und Vermögensnachteil bei der Untreue, ZStW 116 (2004), 634; *Rojas* Grundprobleme der Haushaltsuntreue, 2011; *Rönnau* Die Zukunft des

Untreuetatbestandes, StV 2011, 753; *Rübenstahl/Wasserburg* Haushaltsuntreue bei Gewährung von Subventionen, NStZ 2004, 521; *Saliger* Wider die Ausweitung des Untreuetatbestandes, ZStW 112 (2000), 563; *ders.* Auswirkungen des Untreue-Beschlusses des Bundesverfassungsgerichts vom 23.6.2010 auf die Schadensdogmatik, ZIS 2011, 902; *v. Selle* Parlamentarisches Budgetrecht und Haushaltsuntreue in Zeiten „Neuer Steuerungsmodelle", JZ 2008, 178; *Schröder* Die strafrechtliche Bewältigung der Finanzkrise am Beispiel der Untreue, ZStW 123 (2011), 771; *Schmidt-Hieber* Strafbarkeit der Ämterpatronage, NJW 1989, 558; *Schünemann* Haushaltsuntreue als dogmatisches und kriminalpolitisches Problem, StV 2003, 463; *ders.* Die „gravierende Pflichtverletzung" bei der Untreue – dogmatischer Zauberhut oder taube Nuss, NStZ 2005, 473; *ders.* Unverzichtbare Gesetzgebungsmaßnahmen zur Bekämpfung der Haushaltsuntreue und der Verschwendung öffentlicher Mittel, 2011; *Steinert* Die Haushaltsuntreue nach der Schäch-Entscheidung des BVerfG, HRRS 2014, 58; *Tiedemann* Der Untreuetatbestand – ein Mittel zur Begrenzung von Managerbezügen?, FS Ulrich Weber, 2004, S. 319; *Wahl* Die Schadensbestimmung beim Eingehungs- und beim Erfüllungsbetrug, 2007; *Waßmer* Untreue bei Risikogeschäften, 1998; *Weiß* Zur Verfolgung unwirtschaftlichen und unsparsamen Umgangs mit öffentlichen Mitteln bei Beamten, ZBR 1978, 1; *Wohlers* Die strafrechtliche Bewältigung der Finanzkrise am Beispiel der Strafbarkeit wegen Untreue, ZStW 123 (2011), 791; *Wolf* Die Strafbarkeit der rechtswidrigen Verwendung öffentlicher Mittel, 1998; *Wölper* Steuerung des Verhaltens von Gemeindebediensteten im Umgang mit öffentlichen Haushaltsmitteln durch Strafrecht, 2006.

A. Einführung

1   Der Begriff der **Haushaltsuntreue** hat sich für Fallkonstellationen eingebürgert, in denen eine Untreuestrafbarkeit aus dem Verstoß gegen haushaltsrechtliche Vorschriften folgt oder jedenfalls damit einhergeht. Der BGH definiert die Haushaltsuntreue als „Schädigung des haushaltsrechtlich gebundenen Vermögens eines öffentlich-rechtlichen Rechtssubjekts";[1] *Fischer* stellt auf einen „pflichtwidrigen Einsatz von Haushaltsmitteln durch öffentlich Bedienstete" ab.[2] Es handelt sich allerdings um keinen feststehenden strafrechtlichen Begriff; insbesondere gibt es keinen eigenen Straftatbestand der Haushalts- oder Amtsuntreue, sodass stets nur der „allgemeine" Tatbestand der Untreue (§ 266 StGB) einschlägig sein kann. Dieser schützt nach heute einhelliger Ansicht auch das öffentliche Vermögen.[3]

2   Mit dem Begriff Haushaltsuntreue wird also nur eine bestimmte Fallgruppe beschrieben. In deren Rahmen haben sich jedoch einige Grundsätze herausgebildet, welche die Auslegung des Untreuetatbestandes erheblich beeinflussen. Gleichzeitig bemüht man sich zunehmend um eine einschränkende Auslegung des Untreuetatbestandes und es ist möglich, dass dadurch auch der Anwendungsbereich der Haushaltsuntreue eingeschränkt wird. Eine offene Frage ist es ferner, ob der sich teilweise vollziehende Wandel weg von der klassischen Kameralistik hin zu Neuen Steuerungsmodellen (NSM) (vgl. z.B. § 6a HGrG) teils das Strafbarkeitsrisiko reduzieren wird.[4] Da die Beurteilung der einschlägigen Konstellationen oftmals profane Kenntnisse des Haushaltsrechts und der Kameralistik voraussetzt, werden Fälle der Haushaltsuntreue vielfach als Wirtschafts-

---

1   *BGH* NStZ 2008, 87; vgl. ergänzende Bemerkung *v. Steinert* HRRS 2014, 58, dort unter Fn. 3.
2   *Fischer* § 266 Rn. 121.
3   *BGH* NJW 1998, 913; *Fischer* § 266 Rn. 2; eingehend *Hinrichs* S. 21 ff.; *Rojas* S. 27 ff.; zu abw. älteren Auffassungen *Neye* S. 27 ff.
4   Vgl. dazu *von Selle* JZ 2008, 178 ff.

strafsachen i.S.d. § 74c GVG angesehen und vor der Wirtschaftsstrafkammer des LG verhandelt.[5] Teilweise wird die Haushaltsuntreue begrifflich von der **Amtsuntreue** unterschieden: Letztere sei der Oberbegriff für die Untreuestrafbarkeit von Amtsträgern, während erstere enger sei, weil sie haushaltsrechtswidriges Verhalten erfordere (vgl. auch Rn. 11, 34).[6]

Die kriminalpolitische Bedeutung ergibt sich insbesondere aus Ausmaß und Folgen der Haushaltsuntreue, die **jährlich Schäden in Milliardenhöhe** damit hervorbringt.[7] Hinzu kommt, dass der Bundeshaushalt infolge der Finanzkrise erheblichen Belastungen ausgesetzt ist, deren Auswirkungen sich noch nicht vollständig absehen lassen, derentwegen aber das öffentliche Vermögen noch einmal schutzbedürftiger erscheint.[8] Auf der Einnahmenseite wird dieser Schutz vor allem durch das Steuerstraf- und Steuerordnungswidrigkeitenrecht verwirklicht. Spiegelbildlich wird der **strafrechtliche Schutz auf der Ausgabenseite durch den Untreuetatbestand** realisiert.[9] Im erstgenannten Bereich gibt es allerdings ein ausdifferenziertes System. Hinzu kommt, dass durch gesetzliche Verschärfungen, strengere Rechtsprechung und Verfolgungspraxis das Risiko der Verfolgung und damit auch der Ahndung von Steuerstraftaten und -ordnungswidrigkeiten zunehmend gestiegen ist.[10] **3**

Schünemann kritisiert diese Entwicklung insofern, als sie nur unvollkommen einseitig erfolgt sei; die Vorenthaltung öffentlicher Mittel und deren Verschwendung müssten aber prinzipiell den gleichen Maximen folgen.[11] Insofern ist man sich jedoch weitgehend einig, dass dieser Gleichlauf letztlich nicht durch Auslegung und Anwendung des Untreuetatbestandes, sondern nur de lege ferenda realisiert werden kann.[12] Ebenso wenig zweifelhaft dürfte es sein, dass der strafrechtliche Schutz vor öffentlicher Mittelverschwendung de lege lata äußerst fragmentarisch ist; da es **keinen allgemeinen Tatbestand des Amtsmissbrauchs** gibt, ist es insbesondere unzulässig, ohne weiteres jedes irgendwie haushaltsrechtswidrige Verhalten als Untreue einzuordnen.[13] Insofern besteht also ein offensichtliches Spannungsfeld zwischen kriminalpolitisch motivierten Forderungen nach einem möglichst umfassenden strafrechtlichen Schutz und den Grenzen, die sich aus der Untreuedogmatik ergeben. **4**

Die Haushaltsuntreue erfasst das Handeln von Personen, die innerhalb der Sphäre des öffentlich-rechtlichen Rechtssubjekts agieren und es folglich **von innen heraus schädigen**.[14] Das können insbesondere Beamte, Beliehene und für den öffentlichen Dienst besonders Verpflichtete sein; im Folgenden wird der Oberbegriff des **Amtswalters** verwendet.[15] Innerhalb der Haushaltsuntreue lassen sich zwei Fallgruppen unterscheiden:[16] Zum einen gibt es Fälle, in denen die Amtswalter sich selbst („Griff in die Kasse") oder andere bereichern („Zuschanzen") wollen und damit mehr oder weniger eindeutig ihre Pflichten verletzen. Diese Fälle lassen sich verhältnismäßig leicht als Untreue einstufen (Rn. 18). Zum anderen gibt es Fälle, in denen der **5**

---

5 Müller-Gugenberger/Bieneck/*Schmid* § 32 Rn. 3.

6 So etwa *Bieneck* wistra 1998, 249; Müller-Gugenberger/Bieneck/*Schmid* § 32 Rn. 1; näher zur unterschiedlichen Terminologie *Munz* S. 3 m.w.N.

7 Müller-Gugenberger/Bieneck/*Schmid* § 32 Rn. 4.

8 *Schünemann* S. 19 f.

9 *Schünemann* S. 6 f.

10 *Schünemann* S. 6 ff.

11 *Schünemann* S. 6.

12 Vgl. nur *Coenen* S. 95 ff., 102 ff.; *Kohlmann/Brauns* S. 57 ff., 102 ff., 113 ff.; *Schünemann* S. 20 ff., 38 ff.; *Wölper* S. 98 ff., 103 ff.

13 Vgl. *BGHSt* 43, 293, 297; *Fischer* § 266 Rn. 121; *Rojas* S. 58 ff.; *Tiedemann* Wirtschaftsstrafrecht BT, Rn. 152.

14 Vgl. *BVerfGE* 126, 170 (201); NK-StGB/*Kindhäuser* § 266 Rn. 3.; LK-StGB/*Schünemann* § 266 Rn. 1, 20 f., 56.

15 Vgl. auch *Steinert* HRRS 2014, 58 f.

16 Vgl. auch *Munz* S. 2 f.

Amtswalter nicht derart motiviert ist, sondern sich aus anderen Gründen über haushaltsrechtliche Grenzen hinwegsetzt. Das kann auch im vermeintlichen öffentlichen Interesse geschehen. Diese Fälle bereiten üblicherweise größere Probleme.

6 Dabei ist jedoch zu beachten, dass sich beide Grundfälle nur analytisch trennen lassen, während es in der Praxis oft Überschneidungen gibt und vielfach unklar sein wird, ob der Amtswalter möglicherweise Dritte begünstigen wollte. In diesen Grenzbereich fällt etwa die zweckwidrige Mittelverwendung, also der Einsatz nicht vorhandener oder nicht für den verwendeten Zweck vorgesehener Mittel (Rn. 25 ff.). Auch im Rahmen des „**Dezemberfiebers**" kommt es teils zur Verschwendung öffentlicher Mittel: Dabei werden Mittel ausgegeben, die zum Ende des Haushaltsjahres zu verfallen drohen, was vielfach zu unwirtschaftlichem Einsatz führt.[17] Aber auch bei naheliegendem Eigeninteresse des Amtswalters kann die strafrechtliche Erfassung schwierig sein. Ein Beispiel hierfür ist die **Ämterpatronage** in der öffentlichen Verwaltung, die seit jeher kritisch gesehen und als Anwendungsfall der Haushaltsuntreue diskutiert wird (vgl. dazu Rn. 38, 50).[18]

7 Trotz der materiell-rechtlichen Schwierigkeiten, die öffentliche Mittelverschwendung strafrechtlich flächendeckend zu erfassen, nimmt das Risiko, strafrechtlich verfolgt zu werden, in diesem Bereich stetig zu. Das liegt vor allem daran, dass man potenzielle Mittelverschwendung inzwischen kritischer sieht, was insbesondere der verdienstvollen Aufklärungsarbeit des Bundes der Steuerzahler zu verdanken ist, der in seinen jährlich erscheinenden Schwarzbüchern öffentliche Mittelverschwendung aufdeckt und auf sie aufmerksam macht. Deshalb und aus anderen Gründen ruht insbesondere auf aus öffentlichen Haushalten bzw. **Steuergeldern finanzierten Großprojekten**[19] zunehmend ein wachsames Auge von Bürgern, politischen Gegnern etc. Entwickelt sich ein Projekt zum „Millionengrab",[20] ertönt nicht selten auch der Ruf nach strafrechtlichen Konsequenzen. Daneben ist das gestiegene Verfolgungsrisiko dem Umstand geschuldet, dass die zunehmenden Vorwürfe an einem Straftatbestand gemessen werden, der nach seiner Konzeption ein breites Spektrum an Wirtschaftskriminalität erfassen soll und nach einer zugespitzten Kritik nahezu „immer passt"[21], wenn es um den Vorwurf nicht sachgerechten Umgangs mit fremdem Vermögen geht.[22] Seit jeher bestehen wegen der weiten Formulierung von § 266 StGB an der gesetzlichen Bestimmtheit (Art. 103 Abs. 2 GG) des Untreuetatbestandes erhebliche Bedenken. Insofern spitzt sich also das Spannungsverhältnis zwischen kriminalpolitisch möglicherweise sinnvoller und (verfassungsrechtlich) zulässiger Auslegung der Haushaltsuntreue zu.

8 Die Rechtsprechung und namentlich das BVerfG erkennt die seit Jahrzehnten geäußerte Kritik an § 266 StGB an. Gleichwohl hält es den Tatbestand unter verfassungsrechtlichen Gesichtspunkten für hinreichend bestimmt.[23] Es hat im sog. **Untreue-Beschluss** v. 23.10.2010 jedoch einige praktisch bedeutsame Vorgaben für die verfassungskonforme Auslegung des Untreuetatbestandes dargelegt. Soweit Unklarheiten verbleiben, kann diesen nach dem BVerfG mit einer präzisierenden Gesetzesauslegung durch die Strafgerichte begegnet werden; diese dürfen

---

17 Vgl. Achenbach/Ransiek/*Seier* 5. Teil, Kap. 2 Rn. 335; Müller-Gugenberger/Bieneck/*Schmid* § 32 Rn. 2; *Wolf* Verwendung, S. 196 ff.

18 Vgl. *BGH* NStZ-RR 2006, 307; NStZ 2008, 87; *Lindenschmidt* S. 33 ff. und passim; Müller-Gugenberger/Bieneck/*Schmid* § 32 Rn. 26 ff.; *Schmidt-Hieber* NJW 1989, 558; *Wolf* S. 221 ff.

19 Vgl. *Kohlmann/Brauns* S. 28, 142 ff.; *Wolf* S. 209 ff.

20 Vgl. auch *Steinert* HRRS 2014, 58.

21 Vgl. *Ransiek* ZStW 116, 634.

22 Zur Kritik der Literatur vgl. auch *Hüls* NZWiSt 2012, 12.

23 *BVerfG* NJW 2010, 3209, 3218; NStZ 2012, 496, 504.

namentlich spezifische **Fallgruppen** bilden, um § 266 StGB bezogen auf einzelne Bereiche des Wirtschaftslebens zu konkretisieren.[24] Die Haushaltsuntreue ist ebenso wie die Kredit-, Spenden- oder Organuntreue ein Kind dieser Fallgruppenbildung. Allerdings helfen auch Fallgruppen über die teils erheblichen Probleme, die sich bei der praktischen Anwendung von § 266 StGB ergeben, oftmals nur bedingt hinweg. In der Lehre wie in der Praxis erweist sich die Auslegung der Merkmale der Verletzung einer Vermögensbetreuungspflicht und des Vermögensnachteils als problematisch. Hinzu kommt, dass infolge der angemahnten restriktiven Auslegung auch die Reichweite der bereits etablierten Fallgruppen kritisch zu hinterfragen ist.

Im Zusammenhang mit § 266 StGB hat das BVerfG mehrfach das **Verschleifungsverbot** betont. Einzelne Tatbestandsmerkmale dürfen hiernach auch innerhalb ihres möglichen Wortsinns nicht so weit ausgelegt werden, dass sie vollständig in anderen Tatbestandsmerkmalen aufgehen, also zwangsläufig mit diesen mitverwirklicht werden (Verschleifung oder Entgrenzung von Tatbestandsmerkmalen).[25] Für die Untreue bedeutet das einerseits, dass nicht unmittelbar aus der Pflichtwidrigkeit ein Vermögensnachteil andererseits abgeleitet werden darf. Umgekehrt bedeutet der Eintritt eines Vermögensnachteils andererseits nicht zwingend, dass dieser auf ein pflichtwidriges Verhalten zurückzuführen ist. Im Zusammenhang mit dem Verschleifungsverbot betont das BVerfG daneben auch ein **Präzisierungsgebot**: Insbesondere bei eher unbestimmten Tatbeständen sei die Rspr. in besonderem Maße angehalten, einer bestehenden Rechtsunsicherheit durch eine verlässliche Auslegung entgegenzuwirken. Das Verschleifungsverbot dürfte **bei der Haushaltsuntreue** eine **erhebliche Bedeutung** haben, weil durch eine gewisse Haushaltsrechtsakzessorietät im Rahmen der Pflichtwidrigkeit (Rn. 25 ff.) einerseits und eine haushaltsrechtliche Normativierung des Nachteilsmerkmals (Rn. 52 ff.) andererseits umfangreiche und nicht unbedenkliche Überschneidungen bestehen. Es bleibt daher abzuwarten, wie sich die Haushaltsuntreue im Kielwasser des Untreue-Beschlusses entwickeln wird.

9

B. Tatbestandsmäßigkeit

I. Vermögensbetreuungspflicht

Täter einer Untreue kann nur sein, wer im Innenverhältnis dem Vermögensinhaber verpflichtet ist, dessen Vermögensinteressen zu betreuen (qualifizierte **Vermögensbetreuungspflicht**).[26] § 266 StGB ist ein **Sonderdelikt**, das nur täterschaftlich verwirklichen kann, wer eine solche Stellung innehat.[27] Nach der Rechtsprechung ist im Rahmen einer Gesamtbetrachtung zu ermitteln, ob eine solche Stellung gegeben ist. Dabei kommt es insbesondere darauf an, ob eine Geschäftsbesorgung für einen anderen in einer nicht ganz unbedeutenden Angelegenheit mit einem Aufgabenkreis von einigem Gewicht und einem gewissen Grad an Verantwortlichkeit verrichtet wird.[28] Aus dieser Formel hat sich eine umfangreiche Kasuistik entwickelt. Exemplarisch für die Haushaltsuntreue sind als vermögensbetreuungspflichtig u.a. der Landrat

10

---

24 *BVerfG* NJW 2010, 3209, 3215.

25 Grundlegend *BVerfGE* 126, 170, 198; vgl. ferner *BVerfG* NJW 2013, 365 f.; Satzger/Schluckebier/Widmaier/ *Saliger* § 266 Rn. 8; eingehend dazu *Krell* ZStW 126 (2014) 902 ff.

26 LPK-StGB § 266 Rn. 20.

27 Satzger/Schluckebier/Widmaier/*Saliger* § 266 Rn. 2.

28 Grundlegend *RGSt* 69, 58, 61 f.; *BGHSt* 33, 244, 250.

gegenüber dem Landkreis,[29] der Bürgermeister[30] oder der Kämmerer[31] gegenüber der Gemeinde, die sonstigen Vertreter einer öffentlichen Körperschaft[32] hinsichtlich der durch Sonderauftrag oder gewöhnlicher Weise zugewiesenen Dienstgeschäfte oder Finanzbeamte gegenüber dem Fiskus für das Steueraufkommens[33] angesehen worden. Eine abschließende Aufzählung ist im Rahmen dieser Darstellung weder möglich noch sinnvoll; es wird stattdessen auf die einschlägige Kommentarliteratur verwiesen.[34]

II. Pflichtwidrigkeit

1. Missbrauchs- und Treuebruchstatbestand

11   Der Untreuetatbestand des § 266 Abs. 1 StGB enthält zwei Varianten, den Missbrauchs- und den Treuebruchstatbestand. Kennzeichnend für den Missbrauch ist, dass der Täter sein rechtliches Dürfen (Innenverhältnis) im Rahmen des rechtlichen Könnens (Außenverhältnis) überschreitet.[35] Allerdings setzt zumindest nach ganz herrschendem Verständnis auch der Missbrauch eine Vermögensbetreuungspflicht voraus.[36] Der Missbrauchstatbestand ist nach dieser Konzeption gegenüber dem allgemeinen Treuebruchstatbestand die speziellere Regelung. Daraus muss dann aber auch folgen, dass nicht jede Abweichung von irgendwelchen internen Vorgaben einen Missbrauch begründet; es muss sich vielmehr ebenso wie beim Treuebruchstatbestand um die Verletzung einer Vermögensbetreuungspflicht handeln.[37] Das ist wichtig, weil es in der geläufigen Kurzformel zur Umschreibung des Missbrauchs nicht zum Ausdruck kommt. Damit kann für beide Varianten der **Oberbegriff der Pflichtwidrigkeit** oder Pflichtverletzung verwendet werden.[38] Die Praxis differenziert oftmals nicht trennscharf zwischen den Varianten und konzentriert sich stattdessen auf das für die Strafbarkeit zentrale Merkmal der Pflichtverletzung.[39] Eine genaue Einordnung empfiehlt sich indes schon mit Blick auf die richterliche Konkretisierungspflicht und die Hinweispflicht nach § 265 StPO, da die beiden Tatbestandsvarianten nach h.M. verschiedene Strafgesetze sind.[40]

---

29 *BGH* NStZ-RR 2006, 307; *OLG Frankfurt* BeckRS 2012, 22933; Lackner/Kühl/*Heger* § 266 Rn. 14; BeckOK-StGB/*Wittig* § 266 Rn. 8.2.

30 *BGH* NStZ 2003, 540; *BGH* NStZ-RR 2005, 83; *BGH* NStZ 2007, 579; *BGH* NStZ 2011, 520; Lackner/Kühl/*Heger* § 266 Rn. 14; *Kiethe* NStZ 2005, 529 (530); NK-StGB/*Kindhäuser* § 266 Rn. 58; BeckOK-StGB/*Wittig* § 266 Rn. 8.2. und 34.1. Schönke/Schröder/*Perron* § 266 Rn. 8, 25 m.w.N.

31 *Gehrmann/Lammers* KommJur 2011, 41, 44; LK-StGB/*Schünemann* § 266 Rn. 121.

32 BeckOK-StGB/*Wittig* § 266 Rn. 8.2.

33 *BGHSt* 24, 326; *BGH* NStZ 1998, 91; *BGH* NJW 2007, 2864, 2866 m.Anm. *Schmitz*; *AG Lübeck* wistra 2004, 77, 78; *Fischer* § 266 Rn. 17; NK-StGB/*Kindhäuser* § 266 Rn. 58; Lackner/Kühl/*Heger* § 266 Rn. 14; Schönke/Schröder/*Perron* § 266 Rn. 25; BeckOK-StGB/*Wittig* § 266 Rn. 34.1.

34 S. etwa NK-StGB/*Kindhäuser* § 266 Rn. 58; LK/*Schünemann* § 266 Rn. 127 ff.; speziell zur Haushaltsuntreue Müller-Gugenberger/Bieneck/*Schmid* § 31 Rn. 6; zu gemeindlichen Vertretern eingehend *Hinrichs* S. 65 ff.

35 *BGHSt* 5, 61, 63; *Fischer* § 266 Rn. 9; Lackner/Kühl/*Heger* § 266 Rn. 6.

36 Vgl. im Einzelnen zu den insoweit vertretenen Theorien und deren Nuancen Satzger/Schluckebier/Widmaier/*Saliger* § 266 Rn. 6.

37 *Krell* S. 40, 104; Graf/Jäger/Wittig/*Waßmer* § 266 Rn. 65; i.E. auch AnwK-StGB/*Esser* § 266 Rn. 122.

38 S. nur *Fischer* § 266 Rn. 58; Matt/Renzikowski/*Matt* § 266 Rn. 8, 47; Satzger/Schluckebier/Widmaier/*Saliger* § 266 Rn. 18.

39 Vgl. *BGHSt* 50, 331 (341); *BGH* wistra 2006, 306 ff.; *Ransiek* ZStW 116, 634, 635; differenzierend *Meyer* KommJur 2010, 81 (84).

40 Graf/Jäger/Wittig/*Waßmer* § 266 Rn. 67.

Der speziellere **Missbrauchstatbestand** erfasst Fälle, in denen der Amtswalter zwar intern pflichtwidrig handelt, den Geschäftsherrn aber im Außenverhältnis wirksam bindet. Der Missbrauchstatbestand setzt daher typischerweise rechtsgeschäftliches Handeln voraus. Allerdings ist davon auch hoheitliches Handeln umfasst,[41] so dass etwa auch die Verfügung durch Verwaltungsakt unter den Missbrauchstatbestand fällt.[42] Erforderlich ist weiter eine **Diskrepanz zwischen Innen- und Außenverhältnis**. Eine solche kommt vor allem dann in Betracht, wenn die Vertretungsmacht des Amtswalters nach außen nicht beschränkbar ist, wie dies in fast allen Bundesländern beim Bürgermeister der Fall ist.[43] **12**

Ferner ist der Missbrauchstatbestand nach ganz h.M. nur anwendbar, wenn das **Rechtsgeschäft wirksam** ist.[44] Das ist etwa dann nicht der Fall, wenn nach den zivilrechtlichen Grundsätzen des Missbrauchs der Vertretungsmacht das Rechtsgeschäft wegen Kollusion oder Evidenz unwirksam ist.[45] Auch eine kommunalrechtlich erforderliche Mitwirkung des Gemeinderats kann dazu führen, dass der Bürgermeister allein die Gemeinde nicht rechtswirksam binden kann und der Missbrauchstatbestand ausscheidet.[46] Verstößt der Amtswalter gegen ein nicht haushaltsrechtliches Verbot, so kommt es darauf an, ob der Verstoß nach § 134 BGB die Nichtigkeit des Vertrags zur Folge hat. Das ist bspw. bei Zins-Swaps, die gegen das kommunale Spekulationsverbot verstoßen (vgl. Rn. 33 ff.), wohl nicht der Fall.[47] Auch die Einstellung von Personal ohne die nach § 75 Abs. 1 Nr. 1 BPersVG erforderliche Beteiligung des Personalrats führt nicht zur Unwirksamkeit des Arbeitsvertrags.[48] Der Missbrauchstatbestand ist auch dann nicht einschlägig, wenn der pflichtwidrig handelnde Amtswalter nicht für den Vollzug des Rechtsgeschäfts zuständig ist. Das gilt bspw. für pflichtwidrige Entscheidungen des Gemeinderats. Da diese immer des Vollzugs durch den Bürgermeister bedürfen, folgt daraus zugleich, dass der Gemeinderat selbst die Gemeinde nicht im Außenverhältnis verpflichten und damit auch nicht den Missbrauchstatbestand verwirklichen kann.[49] Bei Verwaltungsakten kommt es darauf an, ob diese nach § 44 VwVfG nichtig sind.[50] **13**

2. Haushaltsrechtsakzessorietät

a) Grundlagen

aa) Akzessorietät der Untreue

Die Vermögensbetreuungspflicht knüpft an außerstrafrechtliche Normkomplexe und Wertungen an, die das Verhältnis zwischen dem Vermögensinhaber und dem Vermögensverwalter im Einzelnen gestalten. Daher wird § 266 StGB vielfach als akzessorisch[51] zu außerstrafrechtlichen **14**

---

41 *BGHSt* 13, 274, 275 ff.; 51, 356; *BGH* NStZ 2011, 281; *Fischer* § 266 Rn. 10.

42 *Koenig/Meyer* NJW 2014, 3547 f.

43 Vgl. *BGH* MDR 1966, 669; *VGH Mannheim* VBlBW 1982, 49 f.; NVwZ 1990, 89, 90; anders wegen Art. 38 BayGO in Bayern, vgl. *VGH München* NJW-RR 1998, 161, 162.

44 *BGHSt* 50, 299, 313; 50, 331, 341; *Fischer* § 266 Rn. 24; Lackner/Kühl/*Heger* § 266 Rn. 6; Graf/Jäger/Wittig/*Waßmer* § 266 Rn. 81; a.A. *Arzt* FS Bruns, S. 365, 371 ff.; LK-StGB/*Schünemann* § 266 Rn. 47.

45 *BGHSt* 50, 299, 313 f.; *BGH* NStZ 2001, 432 f.; Achenbach/Ransiek/*Seier* 5. Teil, Kap. 2 Rn. 49 f.; Graf/Jäger/Wittig/*Waßmer* § 266 Rn. 82.

46 *BGH* NStZ 2007, 579.

47 *OLG Naumburg* NJOZ 2005, 3420, 3425.

48 *BAG* AP BetrVG 1972 § 99 Einstellung Nr. 32.

49 Vgl. AnwK-StGB/*Esser* § 266 Rn. 277; *Nettesheim* BayVBl. 1989, 161, 164; *Wölper* Steuerung, S. 52.

50 *Koenig/Meyer* NJW 2014, 3547, 3548.

51 Satzger/Schluckebier/Widmaier/*Saliger* § 266 Rn. 4; *Rönnau/Hohn* NStZ 2004, 113, 114; krit. unter dogmatischen Gesichtspunkten *Krell* S. 72 ff.

Normkomplexen bezeichnet. Die Pflichten des Täters können sich dabei aus Gesetz, aus vertraglichen Vereinbarungen oder auch aus allgemeinen Sorgfaltsstandards ergeben.[52] Die insbesondere in der Praxis sehr weitgehende Orientierung an gesetzlichen Regelungen ist nicht unbedenklich, wenn dabei teils auch an Vorschriften angeknüpft wird, die nicht den Inhalt der Vermögensbetreuungspflicht betreffen.[53] Etwas anderes gilt jedoch, wenn es sich um Vorschriften handelt, die unmittelbar die Befugnisse des Treunehmers regeln. Genau das ist aber bei der Haushaltsuntreue der Fall, weil hier in der Regel öffentlich-rechtliche Vorschriften den individuellen Pflichtenkreis des Amtswalters konkretisieren.[54] Insofern kann man von einer **Haushaltsrechtsakzessorietät** sprechen (vgl. schon Rn. 1, Rn. 9).[55]

15 Unstreitig ist eine **negative Akzessorietät** der Untreue.[56] Ein Verhalten, dass haushaltsrechtlich zulässig ist, kann nicht zugleich pflichtwidrig im Sinne der Untreue sein. Daraus folgt prinzipiell, dass **nur haushaltsrechtswidriges Verhalten pflichtwidrig** sein kann. Allerdings ist dieser Grundsatz zu präzisieren und in mehrfacher Hinsicht zu relativieren. Auch wenn der Amtswalter im haushaltsrechtlich zulässigen Rahmen handelt, kann sich die Pflichtwidrigkeit aus anderen Gründen ergeben (Rn. 38). Außerdem bedeutet Haushaltsrechtsakzessorietät nicht, dass zwingend jedes haushaltsrechtswidrige Verhalten schon eine Verletzung der Vermögensbetreuungspflicht bedeutet. Nach vielfach vertretener Auffassung ist nämlich der außerstrafrechtliche Pflichtverstoß nur notwendige, nicht jedoch hinreichende Bedingung einer Untreuehandlung. Das läuft auf eine **asymmetrische** bzw. **limitierte Akzessorietät** hinaus,[57] bei der für die Pflichtwidrigkeit noch eine eigene strafrechtliche „Höhenmarke"[58] erreicht werden muss. Dieser Gedanke kommt auch in dem von der Rspr. entwickelten Kriterium der **„gravierenden" Pflichtverletzung** zum Ausdruck, das insbesondere bei Entscheidungen mit Ermessenspielraum erforderlich sein soll.[59] Dabei ist jedoch schon nicht klar, ob sich aus den maßgeblichen Kriterien wirklich eine zusätzliche Einschränkung ergibt.[60] Im Übrigen hält auch der BGH eine gravierende Pflichtverletzung nicht durchweg für erforderlich,[61] sodass die Figur inzwischen gänzlich in Frage gestellt wird.[62] Allerdings lässt sich eine gewisse Tendenz ausmachen, die Kriterien der gravierenden Pflichtverletzung für die Grenzziehung beim Gebot der Wirtschaftlichkeit und Sparsamkeit fruchtbar zu machen (Rn. 32).

bb) Einschränkung auf vermögensschützende Pflichten

16 Dass haushaltsrechtswidriges Verhalten nicht per se pflichtwidrig im Sinne der Untreue sein muss, ergibt sich auch daraus, dass nach neuerer Rspr. und inzwischen h.M. für § 266 StGB ausschließlich eine Pflicht relevant sei, die spezifisch dem **Schutz des Vermögens** dient.[63] In der Rechtsprechung ist anerkannt, dass auch aus Rechtsverhältnissen, die zwar insgesamt als

---

52 MK-StGB/*Dierlamm* § 266 Rn. 170; Satzger/Schluckebier/Widmaier/*Saliger* § 266 Rn. 32.
53 Vgl. *Krell* NStZ 2014, 62 ff.
54 Vgl. *BVerfG* NJW 2010, 3209, 3213; *Fabricius* NStZ 1984, 414, 416; *Weiß* ZBR 1978, 1, 7.
55 *Rojas* S. 122 ff., 165 f. („materielle Haushaltsrechtakzessorietät").
56 MK-StGB/*Dierlamm* § 266 Rn. 14, 173; SK-StGB/*Hoyer* § 266 Rn. 46; Satzger/Schluckebier/Widmaier/*Saliger* § 266 Rn. 31.
57 Vgl. MK-StGB/*Dierlamm* § 266 Rn. 14, 174; AnwK-StGB/*Esser* § 266 Rn. 72, 78; Satzger/Schluckebier/Widmaier/*Saliger* § 266 Rn. 31.
58 So LK-StGB/*Schünemann* § 266 Rn. 57, 92.
59 Vgl. *BGHSt* 47, 187; *OLG Celle* wistra 2014, 34.
60 Vgl. *Schünemann* NStZ 2005, 473, 475 f.
61 Vgl. *BGHSt* 50, 331, 336.
62 Vgl. *Fischer* § 266 Rn. 61a.
63 *BGH* NStZ 2011, 37; *Fischer* § 266 Rn. 21 m.w.N.

Treueverhältnis anzusehen sind, einzelne Pflichten resultieren können, deren Verletzung nicht als Untreue strafbar ist.[64] Das BVerfG betont insoweit, dass allein der Bezug einer Pflicht zu fremden Vermögensinteressen sie noch nicht zur Vermögensbetreuungspflicht i.S.d. § 266 StGB macht.[65] Auch in der Literatur besteht weitgehende Einigkeit dahingehend, dass nicht jede Pflichtverletzung eines grundsätzlich Treupflichtigen zur Annahme einer Pflichtverletzung nach § 266 StGB führt; überwiegend wird auch hier darauf abgestellt, ob die verletzte Pflicht vermögensschützend ist.[66] Für die Fälle der Haushaltsuntreue kann daher insbesondere die beamtenrechtliche Treuepflicht nicht mit einer Vermögensbetreuungspflicht i.S.d. § 266 StGB gleichgesetzt werden.[67] Daneben wird zu klären sein, welche haushaltsrechtlichen Pflichten vermögensschützend im oben beschriebenen Sinne sind.

Im Zusammenhang mit der Forderung eines Vermögensbezugs bzw. einer vermögensschützenden Pflicht ist aber auf einige Missverständnisse hinzuweisen. So kann der Umstand, dass der Treupflichtige nicht nur seine Treuepflicht, sondern zusätzlich noch eine nicht vermögensschützende Vorschrift verletzt hat, einer Strafbarkeit wegen Untreue nicht entgegenstehen.[68] Wenn also der Amtswalter öffentliches Vermögen zu strafbaren Zwecken einsetzt, handelt er pflichtwidrig, wenn und weil er keine kompensationsfähige Gegenleistung (vgl. dazu Rn. 45) erhält; dass die zugleich verletzte Strafnorm nicht vermögensschützend ist, ändert daran nichts. In diesem Zusammenhang ist auch auf den Fall hinzuweisen, dass der Amtswalter **Verwarnungs-** oder **Bußgelder** bzw. **Amtshaftungsansprüche** gegen den Dienstherrn **auslöst.** Auch hier verstößt die sanktions- bzw. anspruchsauslösende Norm nicht das Vermögen der öffentlichen Hand. Deshalb entfällt aber keineswegs die Möglichkeit einer Untreuestrafbarkeit,[69] weil es die Treuepflicht des Amtswalters gebieten kann, das öffentliche Vermögen nicht auf diese Weise zu belasten.[70]

cc) Allgemeines Schädigungsverbot

Eher unproblematisch dürften Konstellationen sein, in denen der Amtswalter öffentliche Mittel für private Zwecke in Anspruch nimmt bzw. sich **selbst bereichert.**[71] Ganz offensichtlich ist das bei einem tatsächlichen Griff in die Kasse zur eigenen oder zur Bereicherung Dritter. Als weitere Beispiele[72] können die Urlaubsfahrt mit dem Dienstwagen, die Bewirtung rein privater Gäste ohne jegliche dienstliche Veranlassung mit öffentlichen Repräsentationsmitteln, der Erwerb eines Dienst-PCs zum ausschließlich privaten Gebrauch, der Einsatz von Behördenmitarbeitern für rein private Belange oder der zeitintensive Einsatz von Behördenmitarbeitern für rein private Forschungswecke[73] genannt werden. Auch einem Amtswalter ist es, wie jedem

17

18

---

64 Vgl. *BGHSt* 47, 295, 297; 47, 187, 197.

65 *BVerfG* NJW 2010, 3209, 3214.

66 AnwK-StGB/*Esser* § 266 Rn. 148 f.; *Fischer* § 266 Rn. 21, 60; Schönke/Schröder/*Perron* § 266 Rn. 19a; Satzger/Schluckebier/Widmaier/*Saliger* § 266 Rn. 32 ff.; krit. aber etwa *Brand* JR 2011, 400; *Krell* NStZ 2014, 62 ff.

67 AnwK-StGB/*Esser* § 266 Rn. 37.

68 *BGH* NJW 2013, 401, 403; *Fischer* § 266 Rn. 60b; Schönke/Schröder/*Perron* § 266 Rn. 19a; a.A. aber offenbar Satzger/Schluckebier/Widmaier/*Saliger* § 266 Rn. 32d; wohl auch Matt/Renziwkowski/*Matt* § 266 Rn. 66.

69 So aber MK-StGB/*Dierlamm* § 266 Rn. 198; Achenbach/Ransiek/*Seier* 5. Teil, Kap. 2 Rn. 208 ff.

70 Vgl. *Krell* NStZ 2014, 62, 65; Schönke/Schröder/*Perron* § 266 Rn. 37; Müller-Gugenberger/Bieneck/*Schmid* § 31 Rn. 141 f.

71 MK-StGB/*Dierlamm* § 266 Rn. 260; *Fischer* § 266 Rn. 122; *Meyer* KommJur 2010, 81 (82); LK-StGB/*Schünemann* § 266 Rn. 230; generell zur „*Selbstbedienung als Untreue*" vgl. *Bittmann* NZWiSt 2014, 129 f.

72 Vgl. insoweit die Aufzählung in MK-StGB/*Dierlamm* § 266 Rn. 260 sowie bei *Fischer* § 266 Rn. 122.

73 *BGH* 27.7.1982 – 1 StR 509/82 = NJW 1982, 2881.

Treupflichtigen, verboten, **sichere Nachteile** für das staatliche Vermögen herbeizuführen.[74] Daran ist richtig, dass sich diese Fälle relativ leicht als pflichtwidrig einordnen lassen. Ob man dafür aber ein allgemeines Schädigungsverbot bemühen muss, erscheint durchaus zweifelhaft, weil man die Pflichtwidrigkeit in solchen Fällen auch zwanglos mit einem (besonders krassen) Verstoß gegen das Sparsamkeitsgebot begründen kann (s. auch Rn. 29).

dd) Funktionaler Zusammenhang

19   Jedenfalls darf auch ein allgemeines Schädigungsverbot nicht so missverstanden werden, dass jede Schädigung des zu betreuenden Vermögens eine Untreuehandlung darstellt. Es muss vielmehr ein funktionaler Zusammenhang zwischen der schädigenden Handlung und der Vermögensbetreuung bestehen, die die Täterstellung kennzeichnet. Daran fehlt es, wenn die schädigende Handlung dem Amtswalter durch seine Sonderstellung nicht einmal erleichtert wird.[75] Exemplarisch: Der noch amtierende Bürgermeister, der aus Verärgerung über seine ausgebliebene Wiederwahl das Rathaus anzündet, schädigt zwar das Gemeindevermögen, er begeht aber keine Untreue, weil ihm die Schädigung durch seine Stellung nicht einmal erleichtert wird; es fehlt an der erforderlichen Schädigung „von innen" heraus (vgl. dazu Rn. 1).[76]

ee) Ermessensentscheidungen

20   Problematisch sind in der Praxis vor allem die Fälle, in denen ein evidenter Verstoß nicht vorliegt, sondern zu klären ist, ob der Amtswalter mit der erforderlichen Sorgfalt gehandelt hat. Hierbei ist zu berücksichtigen, dass insbesondere, aber nicht ausschließlich dort, wo die Verwaltung wie ein Unternehmer am Markt agiert, dem jeweils zuständigen Amtswalter ein **Ermessensspielraum** einzuräumen ist.[77] In der Literatur wird darauf verwiesen, dass einer Gemeinde schon wegen der Selbstverwaltungsgarantie (Art. 28 Abs. 2 GG) ein Handlungs- und Beurteilungsspielraum einzuräumen ist; nach teilweise vertretener Auffassung soll dieser sogar weiter reichen als unternehmerisches Ermessen.[78] Wenn und soweit zwischen dem Handeln eines Unternehmers und dem der Verwaltung strukturell keine Unterschiede bestehen, ist die Anerkennung von Ermessensspielräumen konsequent.

21   Den Amtswalter trifft dann wie einen in der Privatwirtschaft tätigen Geschäftsführer, Vorstand oder sonst für fremde Vermögensinteressen auf Posten gestellten Verantwortlichen die Pflicht, sorgfältig zwischen **Chancen und Risiken abzuwägen**.[79] Trivial ist der Befund, dass dies in nahezu allen Fällen zukunftsbezogenen Handelns mit Unwägbarkeiten verbunden ist. Das Verschleifungsverbot verbietet es zudem, von einem eingetretenen Vermögensnachteil auf eine vorausgegangene Pflichtverletzung zurück zu schließen. Daher kommt es für die strafrechtliche Bewertung auf die Eignung des Geschäftes aus **Ex-ante-Sicht** an; ein nachträglicher Fehl-

---

74   *BGH* NStZ 2006, 214, 215; vgl. MK-StGB/*Dierlamm* § 266 Rn. 186 ff.; kritisch zur Annahme eines allgemeinen Schädigungsverbotes Satzger/Schluckebier/Widmaier/*Saliger* § 266 Rn. 43; zum Meinungsstand vgl. MK-StGB/*Dierlamm* § 266 Rn. 186 f.

75   Vgl. *Burkhardt* NJW 1973, 1190 f.; s. ferner Schönke/Schröder/*Perron* § 266 Rn. 23; Satzger/Schluckebier/ Widmaier/*Saliger* § 266 Rn. 39.

76   Vgl. *Krell* S. 108 f.

77   *BGH* wistra 2005, 178; *OVG Münster* DÖV 1991, 611; *OLG Karlsruhe* NJW 2006, 1682; *Kiethe* NStZ 2005, 529, 531 m.w.N.

78   Vgl. *Gehrmann/Lammers* KommJur 2011, 41, 44; *Kirchner* wistra 2013, 418, 420.

79   Vgl. dazu auch *OVG Münster* DÖV 1991, 611; *Mansdörfer* DVBl 2010, 479, 484.

schlag trägt die Annahme pflichtwidrigen Verhaltens also für sich betrachtet nicht.[80] So selbstverständlich das ist, so sehr besteht offenbar – insbesondere im Zusammenhang mit der Aufarbeitung der Bankenkrise – das Risiko, aufgrund von **Rückschaufehlern** (hindsight biases) erst ex post bekannt gewordene Umstände unzulässig in die Ex-ante-Betrachtung miteinzustellen.[81] Für die Haushaltsuntreue ist das insbesondere bei kommunalen Finanzgeschäften (Rn. 33 ff.) von Bedeutung.

Für die Frage, wie sich sorgfältige von unsorgfältigen bzw. pflichtgemäße von pflichtwidrigen **22** Handlungen abgrenzen lassen, kann die aus dem Gesellschaftsrecht bekannte und seit einigen Jahren in § 93 Abs. 1 AktG kodifizierte Regel (**Business Judgement Rule**) übertragen werden. Hiernach scheidet eine Pflichtverletzung aus, solange die Grenzen, in denen sich ein von Verantwortungsbewusstsein getragenes, ausschließlich am Wohl des Vermögensinhabers orientiertes, auf sorgfältiger Ermittlung der Entscheidungsgrundlagen beruhendes Handeln bewegen muss, nicht überschritten sind und das Verhalten auch nicht aus anderen Gründen als pflichtwidrig gelten muss.[82] Ob diese Voraussetzungen erfüllt sind, kann sich insbesondere aus einer Verletzung von **Verfahrensvorschriften** ergeben.[83] Das ist nicht zuletzt deshalb wichtig, weil im Rahmen von Ermessensspielraum das Haushaltsrecht nur sehr bedingt konkrete Vorgaben hinsichtlich der erforderlichen Vertretbarkeitskontrolle macht (vgl. Rn. 29, 32).

Anhaltspunkte für eine pflichtwidrige Entscheidung des Amtswalters können insbesondere **23** bestehen, wenn Vorschriften verletzt werden, die eine ordnungsgemäße Beschaffung oder Verarbeitung von Informationen sicherstellen sollen. Es besteht dann Grund zu der Annahme, dass die Entscheidungsgrundlagen nicht sorgfältig ermittelt wurden, so dass es sich bei der Maßnahme nicht um eine **informierte Entscheidung** handelt, bei der die Chancen und Risiken zureichend abgewogen wurden.[84] Umgehen der Amtswalter oder andere beteiligte Personen bestehende Regeln für Zuständigkeiten oder umgehen sie zur Mitentscheidung berechtigte Personen, **kann** dies darauf hindeuten, dass eine Entscheidung unter bewusster **Umgehung von Kontrollmechanismen** zustande gekommen ist und der Amtswalter sich einen Entscheidungsspielraum angemaßt hat, der ihm entweder gar nicht oder nicht in vollem Umfang zugestanden war. Werden Entscheidungen oder für diese beachtliche Umstände gegenüber zur Kontrolle berechtigten oder verpflichteten Personen **verschleiert**, indem etwa bestimmte **Faktoren verheimlicht** werden, kann dies indizieren, dass eine Entscheidung nicht mit den Vorgaben und dem mutmaßlichen Willen des Geschäftsherrn in Einklang steht bzw. in einem Interessenkonflikt getroffen wurde.[85]

b)   Formelles und materielles Haushaltsrecht

Aufgrund der prinzipiellen Haushaltsrechtsakzessorietät kann sich die Pflichtverletzung aus **24** einem Verstoß gegen **haushaltsrechtliche Vorgaben** oder Prinzipien ergeben. Eine zweckwidrige Verwendung vorhandener Haushaltsmittel ist oftmals Gegenstand von Vorwürfen der Untreue. Die entsprechenden Fälle sind üblicherweise dadurch geprägt, dass der Amtswalter

---

80 *BGH* NJW 2000, 2364, 2365; NJW 2002, 1211, 1213; *BGH* StV 2004, 424; *OLG Karlsruhe* NJW 2006, 1682; *Fischer* § 266 Rn. 44a.

81 Vgl. *Brüning/Samson* ZIP 2009, 1089, 1092; *Krell* ZStW 126 (2014) 902, 914 f.; *Schröder* ZStW 123 (2011) 771, 775, 786; *Wohlers* ZStW 123 (2011) 791, 806 f.

82 *BGHZ* NJW 1997, 1926, 1927; *BGH* NJW 2006, 522.

83 Vgl. eingehend *Francuski* S. 370 ff. und passim.

84 *BGH* wistra 1985, 190; NJW 2002, 1211, 1214; BKR 2010, 163, 166; *Fischer* § 266 Rn. 71; *Francuski* S. 370 ff.

85 Vgl. *Adick* S. 70 und passim.

eigenmächtig Haushaltsmittel umwidmet und sie somit zweckentfremdet.[86] In der Literatur wird zwischen materieller und formeller Zweckwidrigkeit unterschieden. Als **materiell** zweckwidrig wird der Einsatz öffentlicher Mittel angesehen, wenn er nicht der öffentlichen Aufgabe dient, die der Träger des Vermögens bestimmungsgemäß zu verfolgen hat. Beispielhaft werden z.B. die Verwendung von Hochschulgeldern durch den AStA zur Veröffentlichung universitätsferner Druckschriften oder die „mandatsneutrale Anschaffung von Goldfüllern" durch Abgeordnete genannt.[87] Diese Fälle können nach § 266 StGB strafbar sein. Als **formell** zweckwidrig wird eine Mittelverwendung definiert, die zwar grundsätzlich den öffentlichen Zwecken dient, aber unter Verstoß gegen haushaltsrechtliche Zuständigkeits-, Kompetenz- und Verfahrensvorschriften sowie gegen den Grundsatz der sachlichen und zeitlichen Bindung der Mittel erfolgt.[88] Teils wird auch für die Untreuerelevanz nach diesen beiden Kategorien unterschieden: Während materielle Haushaltsrechtsverstöße erfasst werden könnten, müssten formelle Verstöße stets straflos bleiben.[89] Ob eine derart pauschale Abgrenzung weiterführend ist, erscheint jedoch durchaus zweifelhaft; jedenfalls kann sie schwerlich die im Lichte des Untreue-Beschlusses erforderlich gewordene (vgl. Rn. 16) Untersuchung des Schutzzwecks einzelner Haushaltsrechtsvorschriften ersetzen.[90]

c) Sachliche und zeitliche Bindung von Haushaltsmitteln

25 Erhebliche praktische Bedeutung hat der **Grundsatz der Spezialität,** des Näheren vor allem die sachliche und zeitliche Bindung der haushaltsmäßig bewilligten Mittel. Dieser ist in § 27 Abs. 1 S. 1 HaushaltsgrundsätzeG i.V.m. § 45 Abs. 1 S. 1 BHO geregelt.[91] Auf diesem Grundsatz beruht zum einen das **Verbot verfrühter Leistungen** (§ 19 Abs. 2, § 34 Abs. 2 S. 1 BHO). Hiernach sind Ausgaben nur soweit und nicht eher zu leisten, als sie zur wirtschaftlichen und sparsamen Verwaltung erforderlich sind.[92] Zum anderen ist das **Gebot zum Einsatz nicht verbrauchter Mittel** (§ 25 Abs. 2 S. 1 BHO) zu nennen. Danach sind nicht verbrauchte Mittel, die bei ordnungsgemäßer Verfahrensweise verfallen würden, für vordringlich erachtete Zwecke, zur Verminderung des Kreditbedarfs oder zur Tilgung von Schulden einzusetzen.[93] Bei Verstößen gegen die sachlichen und zeitlichen Zweckbindungen[94] soll eine Untreue auch dann in Betracht kommen, wenn die Haushaltsmittel für hoheitliche Zwecke aufgewendet wurden. Dabei ist jedoch zu beachten, dass es Ausnahmen von der strengen Bindung gibt, in deren Rahmen Haushaltsmittel übertragen werden können (Deckungsfähigkeit, vgl. §§ 20, 46 BHO/LHO).[95]

26 Bei Verstößen gegen die sachliche und/oder zeitliche Bindung wurde in folgenden Konstellationen eine Untreuestrafbarkeit bejaht:

---

86 Achenbach/Ransiek/*Seier* 5. Teil, Kap. 2 Rn. 338.
87 Satzger/Schluckebier/Widmaier/*Saliger* § 266 Rn. 96 m.w.N.
88 Satzger/Schluckebier/Widmaier/*Saliger* § 266 Rn. 96.
89 Satzger/Schluckebier/Widmaier/*Saliger* § 266 Rn. 96.
90 S. auch *Rojas* S. 149, 185.
91 Vgl. dazu auch: *BGH* NJW 1995, 603, 605 [zur Schadensfeststellung]; MK-StGB/*Dierlamm* § 266 Rn. 259.
92 Vgl. dazu auch: *BGH* NJW 1995, 603, 605 [zur Schadensfeststellung]; *BGH* NStZ 2001, 248, 251; MK-StGB/*Dierlamm* § 266 Rn. 259.
93 Vgl. dazu auch: *BGH* NJW 1995, 603, 605 [zur Schadensfeststellung]; MK-StGB/*Dierlamm* § 266 Rn. 259.
94 *BGH* NStZ 1984, 549 spricht von einer „*vorschriftswidrigen Entnahme, von Haushaltsmitteln zu einem anderen als dem erlaubten Zweck.*"
95 Vgl. dazu *Munz* S. 14; *Rojas*, S 141 f.

- Entnahme nicht verbrauchter Geldmittel aus verwalteten Haushaltstiteln zur Erhöhung des Etats einer kommunalen Veranstaltungsstätte;[96]
- Finanzierung der Teilnahme an einer schulischen Fachausstellung durch fingierte Portokosten;[97]
- „haushaltstechnische Verlagerung" durch Übertragung von Haushaltsmitteln, die nicht in Anspruch genommen wurden und zu verfallen drohten;[98]
- Überschreitung des Jahreshaushalts eines Staatstheaters;[99]
- Auszahlung von Fördergeldern an eine andere als die im Haushalt vorgesehene Behörde am Jahresende ohne aktuellen (wohl aber zukünftigen) Bedarf (sog. „Überkipper").[100]

Die bisherige Rechtsprechung beurteilt die Pflichtwidrigkeit stark akzessorisch zum Haushaltsrecht. Sofern das in Rede stehende Verhalten haushaltsrechtlich unzulässig war, wird die Pflichtwidrigkeit zumeist kurzer Hand bejaht. Diese Vorgehensweise ist infolge der neueren Rspr. des BVerfG nicht mehr ohne weiteres zulässig, sodass die Pflichtwidrigkeit bei der Haushaltsuntreue grundsätzlich der Revision bedarf. Auf Basis der h.M. muss nunmehr wohl gefragt werden, ob die verletzten haushaltsrechtlichen Pflichten vermögensschützend waren (s. schon Rn. 16, 24).[101] Erste Stellungnahmen in der Literatur bejahen dies sowohl für die sachliche wie auch für die zeitliche Bindung: In beiden Fällen liege eine direkte Missachtung des Haushaltsplans vor.[102] **27**

Zwingend ist diese Sichtweise allerdings in beiden Fällen nicht: Die **sachliche Bindung** betrifft nämlich in erster Linie die **Disposition des öffentlichen Vermögens**: „Der ursprüngliche Plan soll durchgeführt, das ökonomisch-politische Programm auch in Einzelheiten nicht verändert werden."[103] Ob der Verstoß gegen die sachliche Bindung ausreicht, hängt also vor allem davon ab, ob mit **vermögens**schützend gemeint ist, dass die Pflicht vor Vermögensnachteilen schützen muss oder ob hier auch die Beeinträchtigung der Dispositionsfreiheit ausreicht.[104] Das gilt im Wesentlichen auch für die **zeitliche Bindung**. Hier weist der BGH außerdem darauf hin, es dürfe ohne besondere Anhaltspunkte nicht davon ausgegangen werden, dass der Haushaltsgesetzgeber die verspätete Verwendung der Mittel in einem folgenden Haushalt als nutzlos ansieht. Solche Besonderheiten können nach der Rechtsprechung insbesondere vorliegen, wenn bestimmte Leistungen nach ihrer Zweckbestimmung nur innerhalb eines bestimmten Zeitraums sinnvoll seien oder wenn sich die tatsächlichen Verhältnisse geändert hätten. Im Übrigen **indiziere** die **Einstellung in den Haushalt** gerade, dass der Haushaltsgesetzgeber die Leistung als **nützlich** ansieht.[105] Ein Kriterium dürfte also sein, ob eine zeitliche Bindung einen bestimmten sachlichen Zweck indiziert, der bei Ablauf der zeitlichen Bindung nicht mehr erreicht werden kann.[106] **28**

---

96 *BGH* NStZ 1984, 549.

97 *BGH* NStZ 1986, 455.

98 *BGH* NJW 1995, 603.

99 *BGH* NJW 1998, 913.

100 Vgl. *BGHSt* 40, 287; *Achenbach/Ransiek/Seier* 5. Teil, Kap. 2 Rn. 336; *Wagner/Dierlamm* NStZ 2001, 371 f.

101 S. auch *Rojas* S. 148 ff.

102 *Rojas* S. 151 f.

103 *Krüger-Spitta/Bronk* S. 86; s. auch *Munz* S. 8.

104 Näher *Krell* S. 64 f.

105 Vgl. *BGH* NStZ 2001, 248, 251.

106 Dies dürfte beispielsweise für den Fall gelten, in dem „Abwrackprämien" für alte KFZ weit nach Ablauf der zeitlichen Bindungen gezahlt werden, da der ursprüngliche sachliche Zweck des Mitteleinsatzes – nämlich die Wirtschaftsförderung in einer krisenhaften gesamtvolkswirtschaftlichen Situation – nicht mehr geboten ist.

d) Wirtschaftlichkeit und Sparsamkeit

aa) Allgemeines

29 Das Gebot von **Wirtschaftlichkeit und Sparsamkeit** ist u.a. in § 6 HaushaltsgrundsätzeG, § 7 Abs. 1 S. 1 BHO/LHO[107] niedergelegt. Es schützt das Vermögen der öffentlichen Hand[107] und wendet sich grundsätzlich an alle staatlichen Stellen.[108] Insoweit bestehen Überschneidungen zur Annahme eines für alle Treupflichtigen gültigen allgemeinen Schädigungsverbots,[109] das für Amtswalter im Gebot von Wirtschaftlichkeit und Sparsamkeit aufgeht (s. schon Rn. 18). Verstöße wurden bisher u.a. angenommen bei der Vornahme von Zahlungen, auf die im Rahmen vertraglich geregelter Rechtsverhältnisse ersichtlich kein Anspruch besteht und denen keine entsprechende Gegenleistung gegenübersteht,[110] der Veranlassung vollkommen überzogener Repräsentationsaufwendungen,[111] oder dem Einstellen fachlich unqualifizierter[112] oder nicht benötigter[113] Personen. Auch unnötige Anschaffungen im Rahmen des „Dezemberfiebers" (Rn. 6) werden häufig gegen das Sparsamkeitsgebot verstoßen.[114]

30 Das Gebot der Wirtschaftlichkeit und Sparsamkeit gilt sowohl für die Aufstellungsphase als auch für die Ausführungsphase des Haushaltsplanes. Der Ausführungsphase kommt bei der Haushaltsuntreue die praktisch größere Bedeutung zu.[115] Für sie wird der allgemeine Grundsatz in den §§ 34 ff. BHO/LHO konkretisiert. Nach § 34 Abs. 2 S. 1 BHO/LHO dürfen Ausgaben „nur soweit und nicht eher geleistet werden, als sie zur wirtschaftlichen und sparsamen Verwaltung erforderlich sind". Das ist zum einen dann nicht der Fall, wenn die Ausgabe überhaupt nicht nötig war, aber auch dann, wenn sie nicht in dieser Höhe erforderlich war („nur soweit"). Im Rahmen jeder beabsichtigten Maßnahme sind damit vorhandene Einsparpotenziale zu nutzen.[116] Das Wirtschaftlichkeitsgebot kann dabei durch Erreichung eines vordefinierten Nutzens unter möglichst geringem Ressourceneinsatz (so genanntes **Minimum- oder Sparsamkeitsprinzip**) einerseits oder durch Erzielung eines möglichst hohen Nutzens (so genanntes **Maximum- oder Ergiebigkeitsprinzip**) andererseits umgesetzt werden.[117]

31 Bereits die Vielgestaltigkeit der nicht abschließend aufgeführten Beispiele zeigt, dass der Grundsatz von Wirtschaftlichkeit und Sparsamkeit sich faktisch dazu eignet, jede vermeintlich „unwirtschaftliche" oder irgendwie missliebige Entscheidung zu erfassen.[118] Genau hier liegt das Problem: Aus dem Gebot der Wirtschaftlichkeit und Sparsamkeit lassen sich kaum konkrete Pflichten ableiten.[119] Hinzu kommt, dass dem zuständigen Amtswalter ein Ermessensspielraum zugestanden wird, weil die Frage, welche unter mehreren Handlungsalternativen die wirtschaftlichere ist, notwendigerweise prognostisch ist.[120] Deshalb kann etwa die Zahlung im

---

107 Vgl. *BVerfG* BVerfGE 126, 170, 217 f.; *Koenig/Meyer* NJW 2014, 3548, 3351.
108 *BGH* NStZ-RR 2005, 83; MK-StGB/*Dierlamm* § 266 Rn. 261.
109 *BGH* NStZ 2006, 214, 215; vgl. auch MK-StGB/*Dierlamm* § 266 Rn. 186 ff.
110 Vgl. dazu: *BGH* NStZ-RR 2005, 83; ähnlich auch schon: *BGH* NStZ-RR 2002, 237 f.
111 *OLG Hamm* NStZ 1986, 119; zust. *Molketin* NStZ 1987, 369.
112 *BGH* NStZ-RR 2006, 307.
113 Vgl. *BGH* 29.8.2007 – 5 StR 103/07 Rn. 46 (insoweit in NStZ 2008, 87, nicht abgedruckt).
114 Schönke/Schröder/*Perron* § 266 Rn. 44.
115 *Rojas* S. 126.
116 Piduch/*Helm* § 34 BHO Rn. 3; Gröpl/*Tappe* § 34 Rn. 28
117 Vgl. Gröpl/*Gröpl* § 7 Rn. 6.
118 S. auch *Luhmann* VerwArch 1960, 97 (98 ff.).
119 Vgl. auch *Munz* S. 162; *Rojas* S. 161; *Weiß* ZBR 1978, 1 f.
120 S. nur *BGH* NStZ-RR 2005, 83; NStZ 2008, 87; AnwK-StGB/*Esser* § 266 Rn. 272; LK-StGB/*Schünemann* § 266 Rn. 236; Graf/Jäger/Wittig/*Waßmer* § 266 Rn. 95.

Rahmen eines Vergleichsvertrags, um einen Rechtsstreit zu vermeiden, nicht ohne weiteres pflichtwidrig sein.[121] Dieser Ermessensspielraum erstreckt sich auch auf die Festsetzung der Vergütungshöhe bei öffentlichen Angestellten. Daher ist eine Vergütungserhöhung nicht schon deshalb pflichtwidrig, weil der Arbeitnehmer auch zur alten Vergütung seine Tätigkeit weiter verrichtet hätte, sondern erst dann, wenn die Höhe der neuen Vergütung nicht mehr vertretbar ist.[122]

Das Hauptproblem liegt darin, wie im Zusammenhang mit dem Wirtschaftlichkeitsprinzip **32** dem Gebot einer restriktiven Auslegung des Untreuetatbestandes genüge getan werden kann. Der BGH hat schon vor dem Untreue-Beschluss betont, dass das Wirtschaftlichkeitsprinzip nur eine „**äußere Grenze**" bilde, die erst dann überschritten sei, wenn eine „sachlich nicht gerechtfertigte und damit unangemessene Gegenleistung gewährt" werde.[123] In der Literatur heißt es, dass nur **evidente Verstöße** eine Strafbarkeit begründen könnten.[124] Dieser Hinweis ist aber wenig hilfreich, weil er nur eine Leerformel durch eine andere ersetzt. Ein anderer Vorschlag will die Grenze nach den Kriterien der „gravierenden" Pflichtverletzung (Rn. 15) ziehen.[125] Aber auch das ist problematisch, weil die h.M. eine strafrechtsautonome Begründung der Pflichtwidrigkeit ablehnt.[126] Eine Lösung könnte darin liegen, sich hier an der Verletzung von Verfahrensregeln zu orientieren (vgl. schon Rn. 22). Jedenfalls erscheint es dringend erforderlich, die Kriterien für die Vertretbarkeitsprüfung zu präzisieren.[127]

bb) Spekulationsverbot und Risikogeschäfte

Aus dem Gebot der Wirtschaftlichkeit und Sparsamkeit wird u.a. das **Spekulationsverbot** für **33** Kommunen abgeleitet.[128] Denn die Gemeinden müssen ihre Haushaltswirtschaft in erster Linie so planen, dass die stetige Erfüllung ihrer Ausgaben gewährleistet ist. Diese angestrebte Nachhaltigkeit verträgt sich grundsätzlich nicht mit spekulativer Mittelverwendung. Allerdings entsteht auch ein gewisses Spannungsfeld insofern, als unbedenkliche Finanzgeschäfte gerade der Umsetzung des Minimumprinzips (Rn. 30) dienen können.[129] Die Frage, wann ein Finanzgeschäft spekulativ und damit unzulässig ist, lässt sich daher nur im Einzelfall beantworten.[130] Die Grenze soll dort überschritten sein, wo das Risiko des Kapitalverlusts die Gewinnchance übersteigt, weil der Mitteleinsatz dann untauglich ist, die Aufgaben kommunaler Finanzwirtschaft zu erfüllen.[131] Das soll im Kern auch für von Kommunen privatrechtlich organisierte Eigenbetriebe gelten.[132] Im Zusammenhang mit dem Spekulationsverbot sind insbesondere Zinsswaps und Cross-Border-Geschäfte diskutiert worden.

---

121 *BGH* NStZ-RR 2005, 83; *OLG Karlsruhe* NJW 2006, 182.
122 *BGH* NStZ 2008, 87.
123 *BGH* NStZ 2008, 87, 89; ähnlich zuvor schon *BGH* NStZ 2005, 83 f.; s. auch Schönke/Schröder/*Perron* § 266 Rn. 19b.
124 MK-StGB/*Dierlamm* § 266 Rn. 262; *von Selle* JZ 2008, 178, 184.
125 *Rojas* S. 161 f.; so wohl auch AnwK-StGB/*Esser* § 266 Rn. 272.
126 *Krell* S. 67 f.
127 *Mansdörfer* DVBl 2010, 479, 483.
128 *Gehrmann/Lammers* KommJur 2011, 41, 44; *Kirchner* wistra 2013, 418 f.
129 *Kirchner* wistra 2013, 418; *Lammers* NVwZ 2012, 12, 14.
130 *Morlin* NVwZ 2007, 1159.
131 Vgl. *Fischer* § 266 Rn. 73; *Morlin* NVwZ 2007, 1159.
132 *Fischer* § 266 Rn. 73; *Mansdörfer* DVBl 2010, 479, 485; *Morlin* NVwZ 2007, 1159, 1160 ff.; a.A. *Bader/Wilkens* wistra 2013, 81, 83 f.

34 **(1) Zinsswaps** Bei Zinsswaps handelt es sich vereinfacht um Finanzinstrumente, die eine nachträgliche Anpassung von Kreditgeschäften ermöglichen.[133] Durch ein Swapgeschäft kann von einem variablen in einen festen Zinssatz gewechselt werden oder umgekehrt. Wird der Zinsverlauf richtig vorhergesagt, kann die Zinslast aus bestehenden Kreditgeschäften erheblich gesenkt werden. Erweist sich die Prognose jedoch als unzutreffend, führt dies zu einem Verlust. Im Nachgang zur Finanzkrise stellte sich heraus, dass bei zahlreichen Kommunen genau dies geschehen war. Zivilrechtliche Haftungsprozesse gegen die beratenden Banken folgten; strafrechtlich wurde die Bewertung unter dem Gesichtspunkt des § 266 StGB vorgenommen.

35 Bei Swapgeschäften handelt es sich um den klassischen Fall eines **Risikogeschäfts**. Hierunter werden nach einer verbreiteten, wenn auch nicht unstreitigen Definition Geschäfte zusammengefasst, die unter Unsicherheit zustande kommen und die Möglichkeit in sich tragen, sich als Fehlentscheidung zu erweisen.[134] Eine Entscheidung über die Strafbarkeit des Eingehens von Verlustrisiken ist allein anhand dieser Definition hingegen nicht möglich. Es sind kaum Geschäftsbesorgungen für einen anderen denkbar, die vollständig ohne das Risiko getätigt werden können, dass der bezweckte Erfolg nicht eintritt oder sich aus anderen Gründen als verlustträchtig erweisen.[135] Insoweit werden auch Swapgeschäfte nicht per se als pflichtwidrig i.S.d. § 266 StGB angesehen, sondern kommt es darauf an, ob der Amtswalter aus Ex-ante-Sicht zulässigerweise von einem ausgewogenen Verhältnis von Chancen und Risiken ausgehen durfte.[136] Erhebliche Bedeutung hat insoweit auch hier das der Entscheidung vorgelagerte Verfahren (vgl. Rn. 22).[137] So ist insbesondere zu verlangen, dass der Amtswalter ausreichende Informationen besorgt und diese wenigstens einer groben eigenen Risikoanalyse unterzogen hat. Schließlich liegt ein weiteres Indiz für die Pflichtwidrigkeit einer Entscheidung vor, wenn die zur Aufsicht berufenen Stellen umgangen wurden.[138] Auch bei Zins-Swaps ist allerdings auf die Gefahr von Rückschaufehlern (Rn. 21) hinzuweisen: Für die Pflichtwidrigkeit kann es nur auf die Risiken ankommen, die bei Eingehung des Geschäfts erkennbar waren.

36 **(2) Cross-Border-Leasing** Auch beim Cross-Border-Leasing, bei dem Gemeinden Teile ihrer kommunalen Infrastruktur (Leitungsnetze, Wasserwerke, Schienennetz, öffentliche Gebäude) an einen US-amerikanischen Investor vermieten und simultan zurückmieten,[139] handelt es sich ebenfalls um ein Risikogeschäft.[140] Dabei werden bzw. wurden infolge einer doppelten Abschreibung Steuervorteile in den USA generiert, die teilweise an die Kommumen zurück gewährt wurden. Dadurch wurden die laufenden Haushalte finanziert. Während dieses Modell auf den ersten Blick für beide Vertragsparteien vorteilhaft erscheint, ist es zumeist auch auch mit erheblichen Risiken verbunden: Die mietende Kommune trifft u.a. gewichtige Instandhaltungspflichten bei oft unklarer Vertragslage, sodass vielfach ein gravierendes Haftungsrisiko besteht.[141] Während teils darauf hingewiesen wird, dass sich diese Risiken bei einer ordentli-

---

133 Näher zur genauen Funktionsweise *Bader/Wilkens* wistra 2013, 81 f.; *Lammers* NVwZ 2012, 12 f.

134 *Hillenkamp* NStZ 1981, 161, 165; kritisch Schönke/Schröder/*Perron* § 266 Rn. 20; *Waßmer* Untreue, S. 7 ff.

135 *Ransiek* ZStW 116, 634, 635; *Samson* Gesellschaftsrecht in der Diskussion 2005, 109, 113.

136 Vgl. *Kirchner* wistra 2013, 418 f.; *Lammers* NVwZ 2012, 12, 14; enger *Bader/Wilkens* wistra 2013, 81, 84 für sog CMS Spread Ladder Swaps; *Fischer* § 266 Rn. 73.

137 Vgl. insoweit *Gehrmann/Lammers* KommJur 2011, 41, 46; *Kirchner* wistra 2013, 418, 420 sowie allgemein *Francuski* S. 370 ff. und passim.

138 *Gehrmann/Lammers* KommJur 2011, 41, 48.

139 Näher zur genauen Funktionsweise *Fischer* § 266 Rn. 73a; *Helmrich* wistra 2006, 326.

140 So auch *Helmrich* wistra 2006, 326, 328.

141 *Fischer* § 266 Rn. 73b.

chen Vertragsgestaltung minimieren lassen,[142] geht man überwiegend davon aus, dass der geringe Vorteil den damit verbundenen Risiken in der Regel nicht entspricht.[143] Letztlich wird man aber auch hier beurteilen müssen, ob im jeweiligen Einzelfall der Vorteil und das entstehende Risiko sorgsam abgewogen wurden.

e) Subventionen

Subventionen sind finanzielle Zuwendungen, die die öffentliche Hand ohne wirtschaftliche **37** Gegenleistung an natürliche oder juristische Personen des Privatrechts zur Erreichung eines wirtschafts-, sozial- oder gesellschaftspolitischen Zwecks gewährt.[144] Da die kompensationslose Hingabe öffentlichen Vermögens grundsätzlich unzulässig ist, ist die Subventionsvergabe **pflichtwidrig**, sofern die **Subventionierungsvoraussetzungen nicht vorliegen**.[145] Die Voraussetzungen von Subventionen sind in §§ 26 HGrG, 44 BHO/LHO sowie insbesondere in §§ 14 HGrG, 23 BHO/LHO geregelt. Subventionen müssen danach einem bestimmten Zweck dienen, es muss ein erhebliches Interesse an der Subventionierung bestehen, das ohne die Subvention nicht gleichwertig erreicht werden kann. Diese Voraussetzungen werden zumeist in Verwaltungsvorschriften oder Subventionierungsrichtlinien konkretisiert. Auch diese lassen sich zur Begründung der Pflichtwidrigkeit heranziehen.[146] Dagegen dienen die unionsrechtlichen Subventionsregelungen nicht dem Schutz des öffentlichen Vermögens (vgl. sogleich Rn. 38). Soweit ein Ermessen über die Subventionierung besteht, ist vorgeschlagen worden, die Zulässigkeit anhand den für Risikogeschäfte entwickelten Kriterien zu beurteilen.[147] Ob das sachgerecht ist, erscheint aber eher zweifelhaft. Bei pflichtgemäßen Subventionen besteht bisweilen eine Pflicht zu überwachen, ob diese zweckgemäß verwendet werden (vgl. erg. Rn. 59).[148]

f) Verstoß gegen nicht haushaltsrechtliche Vorschriften

Haushaltsrechtsakzessorietät bedeutet selbstverständlich nicht, dass sich die Pflichtwidrigkeit **38** nicht auch zusätzlich oder alternativ aus der Verletzung nicht haushaltsrechtlicher Pflichten ergeben kann. So soll die **Ämterpatronage** jedenfalls dann pflichtwidrig sein, wenn ein Verstoß gegen das **Leistungsprinzip (Art. 33 Abs. 2 GG)** vorliegt.[149] Voraussetzung ist aber auch hier stets, dass die verletzte Pflicht vermögensschützend ist. Das ist bspw. dann nicht der Fall, wenn **Subventionen unter Verstoß gegen Art. 107 ff. AEUV** gewährt werden, weil diese Vorschriften der Herstellung und Erhaltung eines Raums wirtschaftlicher Handlungsfreiheit dienen und nicht etwa staatliches Vermögen schützen sollen.[150] Sofern sich die Pflichtwidrigkeit allerdings nur aus nicht-haushaltsrechtlichen Vorschriften ergibt bzw. das Verhalten haushaltsrechtlich zulässig ist, handelt es sich nach einem verbreiteten engen Verständnis um keine Haushalts-, sondern (nur) um eine Amtsuntreue (vgl. Rn. 2).

---

142 So *Helmrich* wistra 2006, 326, 328.
143 *Fischer* § 266 Rn. 73a f.; *Mansdörfer* DVBl 2010, 479, 485.
144 *Meyer* KommJur 2010, 81, 87.
145 So wohl auch *Meyer* KommJur 2010, 81, 87; *Neye* S. 51 ff.
146 Vgl. *BGH* NJW 2003, 2179 f.; *Neye* S. 51; Achenbach/Ransiek/*Seier* 5. Teil, Kap. 2 Rn. 121; Graf/Jäger/Wittig/*Waßmer* § 266 Rn. 88.
147 *Meyer* KommJur 2010, 81, 87 f.
148 Vgl. *Rojas* S. 223 f.
149 *Coenen* S. 82; Lackner/Kühl/*Heger* § 266 Rn. 6; *Lindenschmidt* S. 45; Achenbach/Ransiek/*Seier* 5. Teil, Kap. 2 Rn. 120; Graf/Jäger/Wittig/*Waßmer* § 266 Rn. 88; kritisch *Krell* S. 54 ff.
150 *Koenig/Meyer* NJW 2014, 3547, 3550 f.

3. Pflichtwidrigkeitszusammenhang

39 Nach den allgemeinen Kriterien der objektiven Zurechenbarkeit ist es erforderlich, dass sich die Pflichtwidrigkeit auch im eingetretenen Erfolg realisiert (zu diesem Pflichtwidrigkeitszusammenhang vgl. allgemein 7. Kap. Rn. 48 ff.).[151] Bei der Haushaltsuntreue wird diesem Erfordernis in der Regel keine nennenswerte Bedeutung zukommen, weil hier ganz im Gegenteil tendenziell das Risiko besonders hoch ist, Pflichtwidrigkeit und Nachteil zu verschleifen. Der Pflichtwidrigkeitszusammenhang kann aber zweifelhaft sein, wenn betrifft das aber den Fall, dass Mittel zunächst zweckwidrig eingesetzt, dann aber in einem **Nachtragshaushalt** doch noch gewährt werden. Aufgrund der gebotenen Ex-ante-Betrachtung kann diese nachträgliche Entwicklung nichts an der Pflichtwidrigkeit ändern.[152] Man kann jedoch erwägen, die Kriterien der hypothetischen Einwilligung auf die Untreue zu übertragen,[153] mit der Folge, dass es am Pflichtwidrigkeitszusammenhang fehlt, wenn der Geschäftsherr die zweckwidrige Mittelverwendung durch den Nachtragshaushalt konsentiert. (vgl. 7. Kap. Rn. 49).[154] Der Pflichtwidrigkeitszusammenhang kann auch unter dem Gesichtspunkt eines **rechtmäßigen Alternativverhaltens** (7. Kap. Rn. 48) fehlen. Beispiel: Ein Bürgermeister vergibt pflichtwidrig ein Darlehen an eine ortsansässige Firma, eine Subventionierung in gleicher Höhe wäre aber möglich gewesen.[155]

III. Vermögensnachteil

1. Grundlagen

40 § 266 StGB setzt den Eintritt eines Vermögensnachteils voraus. Der Begriff ist im Ausgangspunkt identisch mit dem von § 263 StGB bekannten Begriff des Vermögensschadens.[156] Voraussetzung für den Nachteil ist also stets eine durch die Tathandlung kausal herbeigeführte Vermögenseinbuße. Die völlige Gleichsetzung von Nachteil und Vermögensschaden wird allerdings zunehmend problematisiert, weil bei der Untreue das einschränkende besondere subjektive Tatbestandsmerkmal der Absicht rechtswidriger Bereicherung fehle und vor allem die Ausdehnung des Nachteilsbegriffs im Zusammenhang mit sog. Gefährdungsschäden die bei der Untreue nicht gegebene Versuchsstrafbarkeit zu unterlaufen drohe.[157]

41 Auch die Auslegung des Nachteilsmerkmals ist durch den **Untreue-Beschluss** wesentlich beeinflusst worden. Das betrifft zunächst das **Verschleifungsverbot** (Rn. 6): Im Falle des Nachteils i.S.v. § 266 StGB muss die Auslegung den gesetzgeberischen Willen beachten, das Merkmal selbständig neben dem der Pflichtverletzung zu statuieren; sie darf daher dieses Tatbestandsmerkmal nicht mit dem Pflichtwidrigkeitsmerkmal verschleifen, das heißt, es in diesem Merkmal aufgehen lassen.[158] Ferner hat das Gericht betont, dass die Kategorie des Gefährdungsschadens restriktiv zu handhaben sei und es insbesondere erforderlich ist, dass eine

---

151 Vgl. AnwK-StGB/*Esser* § 266 Rn. 213; Satzger/Schluckebier/Widmaier/*Saliger* § 266 Rn. 81; Achenbach/Ransiek/*Seier* 5. Teil. Kap. 2 Rn. 204 ff.

152 *Kudlich* JA 2006, 826 f. erwägt allerdings, dem Nachtragshaushalt eine Indizfunktionen zuzubilligen, dass schon die Pflichtwidrigkeit fehle.

153 Vgl. dazu *Rönnau* StV 2011, 753, 755 f.

154 S. auch Schönke/Schröder/*Perron* § 266 Rn. 44.

155 Vgl. *Hinrichs* S. 150.

156 *Fischer* § 266 Rn. 115 m.w.N.

157 Vgl. nur BGHSt 51, 100, 121; *Fischer* § 266 Rn. 159; Schönke/Schröder/*Perron* § 266 Rn. 39; Satzger/Schluckebier/Widmaier/*Saliger* § 266 Rn. 53; gegen das zuletzt genannte Argument *Krell* NZWiSt 2013, 370, 372.

158 *BVerfGE* 126, 170, 211.

greifbare Vermögensminderung eingetreten ist.[159] Normative Gesichtspunkte könnten zwar bei der Feststellung eines Nachteils durchaus eine Rolle spielen, dürfen aber, damit der Charakter der Untreue als Vermögensdelikt und Erfolgsdelikt bewahrt bleibt, wirtschaftliche Überlegungen nicht verdrängen.[160]

Diese Monita sind für die Haushaltsuntreue besonders bedeutsam. Denn obwohl die Rspr. seit **42** jeher betont, dass nicht jeder Verstoß gegen haushaltsrechtliche Vorschriften einen Vermögensnachteil begründe,[161] ist die Gefahr einer (unzulässigen) Normativierung des Nachteilsmerkmals bei der Untreue notorisch groß. Das gilt insbesondere für die haushaltsrechtlich überlagerte Rspr. die recht großzügig bei wirtschaftlich ausgewogenen Verträgen einen Vermögensnachteil annimmt (Rn. 51 ff.).

Das BVerfG hat schließlich betont, dass es grundsätzlich erforderlich sei, die **Höhe des einge-** **43** **tretenen Nachteils** möglichst genau **zu beziffern.** Das sei notwendig, um „die Schadensfeststellung auf eine sichere Grundlage zu stellen, sie rational nachvollziehbar zu machen und sich zu vergewissern, ob im Einzelfall eine hinreichend sichere Grundlage für die Feststellung eines Vermögensnachteils überhaupt existiert oder ob man sich in einem Bereich bewegt, in dem von einem zahlenmäßig fassbaren Schaden noch nicht die Rede sein kann".[162] Dieser Beweggrund ändert aber nichts daran, dass die Nachteilshöhe tatbestandlich irrelevant, sondern nur für die Strafzumessung bedeutsam ist. Das zeigt sich auch daran, dass die jüngere Rechtsprechung in Fällen, in denen zwar tragfähige Feststellungen zur Nachteilshöhe fehlten, zugleich aber ausgeschlossen war, dass gar kein Schaden vorliegt, nur den Strafausspruch, nicht jedoch den Schuldspruch aufgehoben hat.[163] Wenn die Schadensbezifferung problematisch ist, kann das ein Indiz dafür sein, dass schon das Vorliegen eines Nachteils zweifelhaft ist;[164] das muss jedoch nicht so sein.

Bei der Schadenbestimmung ist ebenso wie beim Betrug das **Prinzip der Gesamtsaldierung** **44** anzuwenden. Hierbei wird der Wert des Gesamtvermögens vor der Tathandlung mit dem Wert danach verglichen.[165] Ein Nachteil in der Vermögensbilanz tritt demzufolge nicht ein, wenn und soweit durch die pflichtwidrige Handlung des Amtswalters zugleich ein den Verlust aufwiegender Zuwachs begründet wird, so dass der Dienstherr insgesamt betrachtet „nicht ärmer geworden" ist.[166] Unstreitig ist ferner, dass die aus dem Betrugsstrafrecht bekannten Grundsätze des Gefährdungsschadens (vgl. dazu Rn. 48) auf § 266 StGB zu übertragen sind. Somit kann der Vermögensnachteil auch darin bestehen, dass nach wirtschaftlicher Betrachtung bereits durch die Gefährdung des Vermögens eine gegenwärtige Minderung eingetreten ist.[167]

In der Regel liegt ein Nachteil vor, wenn und soweit der Dienstherr **keine wirtschaftlich** **45** **gleichwertige Gegenleistung** erhält.[168] Sofern aus der Tathandlung zugleich ein den Verlust aufwiegender Vermögenszuwachs entsteht, fehlt es hingegen an einem Nachteil.[169] Auf das

---

159 *BVerfGE* 126, 170, 221 ff.
160 *BVerfGE* 126, 170, 212.
161 S. nur *BGHSt* 40, 287, 294; 43, 293, 297; vgl. ferner *Fischer* § 266 Rn. 121; Müller-Gugenberger/Bieneck/ *Schmid* § 32 Rn. 19.
162 *BVerfGE* 126, 170, 212.
163 *BGH* NStZ 2013, 711, 713; NStZ 2014, 457; wistra 2014, 329; s. auch *KG* NStZ-RR 2014, 374.
164 *Krell* NZWiSt 2013, 370, 376.
165 *BGH* NJW 2011, 3528, 3529.
166 Vgl. AnwK-StGB/*Esser* § 266 Rn. 175.
167 *Fischer* § 266 Rn. 150; Satzger/Schluckebier/Widmaier/*Saliger* § 266 Rn. 66, jeweils m.w.N.
168 *Fischer* § 266 Rn. 123.
169 *Fischer* § 266 Rn. 164.

angestrebte oder erhoffte wirtschaftliche Gesamtergebnis am Ende des Haushaltsjahres kommt es nicht an; maßgeblich ist vielmehr der Zeitpunkt der Vornahme der Handlung. Auch genügen nur mittelbare Vorteile nicht, um eine Kompensation anzunehmen.[170]

46   Stets liegt ein Vermögensnachteil vor, wenn der Amtswalter pflichtwidrig eine Vermögensminderung herbeiführt und dabei **überhaupt keine Kompensation** eintritt, also insbesondere bei der unzulässigen einseitigen Leistungsgewährung.[171] Das ist namentlich dann der Fall, wenn er sich **selbst bereichert** („Griff in die Kasse") oder zulässt, dass andere dies tun. Zu denken ist in diesem Zusammenhang z.B. an die Abrechnung privater Aufwendungen oder an die Eröffnung eines Zugriffs auf öffentliche Gelder für Dritte. Hierher gehört auch die pflichtwidrige Gewährung öffentlicher Mittel, auf die **kein Rechtsanspruch** besteht,[172] weil die öffentliche Hand dann von keiner Verbindlichkeit befreit wird und deshalb keine Kompensation eintritt. Insgesamt wird es sich bei den oben skizzierten Konstellationen um jene evidenten Fälle handeln, in denen auch die Pflichtwidrigkeit offenkundig ist (vgl. Rn. 18). Zum Sonderfall der Subventionen vgl. Rn. 58 ff.

2.   Abschluss wirtschaftlich unausgewogener Verträge

47   Praktisch bedeutsam ist der Abschluss wirtschaftlich unausgewogener Verträge, bei denen die aufgewandten öffentlichen Mittel durch die Gegenleistung nicht oder nicht vollständig kompensiert werden. Das wird vielfach bei Selbst- und insbesondere Drittbereicherungen der Fall sein, wenn es dem Amtswalter darum geht, sich selbst oder Dritten öffentliche Mittel dadurch „zuzuschanzen", dass er mit ihnen Verträge eingeht, bei denen die Leistung mit mehr als dem verkehrsüblichen Wert vergolten wird.

48   Dabei kann auch nach dem Untreue-Beschluss bereits der Vertragsschluss zu einem Vermögensnachteil führen (sog. **Eingehungsschaden**).[173] Anders als beim Betrug ist diese Möglichkeit bei der Untreue schon im Gesetzeswortlaut angedeutet („durch die Befugnis, […] einen anderen zu verpflichten" diesem „Nachteil zufügt").[174] Allerdings ist dabei zu beachten, dass es sich dabei stets um Gefährdungsschäden handelt, weil zum Zeitpunkt des Vertragsschlusses noch ungewiss ist, ob es zur Abwicklung kommen wird. Insofern stellt sich die Frage, wie man dem Postulat einer **restriktiven Auslegung** des Nachteilsmerkmals speziell bei Gefährdungsschäden gerecht werden kann. Die Rspr. will sich dabei vor allem an den **Regeln des Bilanzrechts** orientieren.[175] Insofern kommt es auch auf die vertragliche Risikoverteilung an.[176] Die Rspr. hat diese allerdings seit jeher zur Eingrenzung von Eingehungsschäden herangezogen: So kommt für die Frage, ob bereits der Vertragsschluss das Vermögen mindert, unter anderem auf die Frage an, wer vorleistungspflichtig ist und ob der potenziell Geschädigte zivilrechtliche Gestaltungsrechte o.ä. hat, vermöge derer er die Abwicklung noch verhindern kann.[177] Selbst wenn er solche Möglichkeiten hat, können sie aber jedenfalls dann nicht berücksichtigt werden,

---

170   *BGH* NStZ 2011, 520, 521.

171   *Munz* S. 138 ff.

172   *BGH* NStZ-RR 2005, 83 [2. Leitsatz].

173   Näher *Krell* NZWiSt 2013, 370 ff.

174   Achenbach/Ransiek/*Seier* 5. Teil. Kap. 2 Rn. 180; zust. *Krell* NZWiSt 2013, 370, 372; Satzger/Schluckebier/Widmaier/*Saliger* § 266 Rn. 67.

175   *BVerfGE* 126, 170, 223 ff.; *BGHSt* 58, 102, 114 f.; *BGH* NJW 2012, 2370; MK-StGB/*Hefendehl* § 263 Rn. 497 ff., 620 f.; krit. *Becker* HRRS 2009, 334, 337 ff.

176   MK-StGB/*Hefendehl* § 263 Rn. 542 ff.

177   Vgl. *BGH* NStZ 1998, 570; NStZ-RR 2005, 180 f.; s. auch Graf/Jäger/Wittig/*Dannecker* § 263 Rn. 102; LK-StGB/*Tiedemann* § 263 Rn. 174.

wenn der Geschädigte um diese Möglichkeit nicht weiß oder sie aus anderen Gründen nicht effektiv umsetzen kann.[178]

Sofern nach den eben genannten Kriterien ein Eingehungsschaden in Betracht kommt, sind in die Gesamtsaldierung die wechselseitigen Leistungsversprechen einzustellen. Es kommt darauf an, ob die Gegenleistung voraussichtlich vollwertig erbracht werden kann. Sofern ein Eingehungsschaden ausscheidet, kann auch zu einem späteren Zeitpunkt noch einmal saldiert werden.[179] In der Saldierung ist dann auf die tatsächlich erbrachten Leistungen abzustellen. Dabei ist allerdings zu beachten, dass nach wohl h.M. der Erfüllungsschaden gegenüber dem Eingehungsschaden subsidiär ist; wenn also ein Eingehungsschaden vorliegt, führt dessen weitere Vertiefung im Rahmen der Vertragsabwicklung keinen weiteren Schaden herbei, sondern kann nur im Rahmen der Strafzumessung berücksichtigt werden.[180]

49

Die **Ämterpatronage** soll nach h.M. nach den Kriterien des Anstellungsbetrugs zu beurteilen sein.[181] Danach kommt grundsätzlich ein Eingehungsschaden in Betracht, wenn zum Zeitpunkt des Vertragsschluss davon auszugehen ist, dass das patronierte Personal die geschuldete Arbeitsleistung voraussichtlich nicht wird erbringen können.[182] Dabei ist zu beachten, dass dies nach Rspr. bei der Besetzung öffentlicher Ämter immer schon dann der Fall sein soll, wenn die Einstellung aufgrund einer **Ermessensreduzierung auf Null** unzulässig war.[183] Diese Auffassung ist aber problematisch – und im Lichte des Untreue-Beschlusses zu überprüfen –[184], weil sie geeignet ist, die gebotene wirtschaftliche Betrachtung unzulässig durch normative Aspekte zu überlagern.[185] Tendenziell kommt bei der Ämterpatronage ein Nachteil nur in evidenten Fällen in Betracht.[186] Hierbei gibt es offenbar auch erhebliche Beweisschwierigkeiten.[187] Das führt dazu, dass die strukturelle Ämterpatronage, also die systematische Bevorzugung etwa von Parteifreunden, als solche strafrechtlich nicht erfasst werden kann.[188]

50

3. Vermögensnachteil bei wirtschaftlich ausgewogenen Verträgen

Während der Abschluss wirtschaftlich unausgewogener Verträge einen großen Teil der potenziellen Untreuefälle – insbesondere bei Selbst- und vor allem Drittbereicherungen – abdeckt, gibt es daneben noch eine Vielzahl von Fällen, in denen sich Leistung und Gegenleistung durchaus entsprechen, die aber gleichwohl haushaltsrechtswidrig sind und bei denen sich die Frage nach ihrer Strafbarkeit stellt. Das betrifft die zweckwidrige Mittelverwendung, also jene Fälle, in denen die aufgewandten Mittel im Haushalt nicht (mehr) vorhanden sind (Rn. 52 f.).

51

---

178 *BGH* NStZ 1999, 353; Graf/Jäger/Wittig/*Dannecker* § 263 Rn. 102; Satzger/Schluckebier/Widmaier/*Satzger* § 263 Rn. 184.

179 Zutr. hervorgehoben von *Wahl* S. 28 f.; zust. *Krell* NZWiSt 2013, 370, 376.

180 *BGH* NStZ 1997 542 f.; *Wahl* S. 208; *Fischer* § 266 Rn. 194; Graf/Jäger/Wittig/*Waßmer* § 266 Rn. 247.

181 Vgl. *BGHSt* 45, 1, 12; *Fischer* § 266 Rn. 165; Lackner/Kühl/*Heger* § 266 Rn. 17c; Satzger/Schluckebier/Widmaier/*Saliger* § 266 Rn. 96; Achenbach/Ransiek/*Seier* 5. Teil. Kap. 2 Rn. 340.

182 *BGHSt* 1, 13; 45, 1, 4; Graf/Jäger/Wittig/*Dannecker* § 263 Rn. 195; Lackner/Kühl/*Heger* § 263 Rn. 52; eingehend *Krell* S. 150 ff.

183 *BGHSt* 45, 1; Graf/Jäger/Wittig/*Dannecker* § 263 Rn. 196; Schönke/Schröder/*Perron* § 263 Rn. 156.

184 Vgl. *Saliger* ZIS 2011, 902, 917.

185 Zu recht kritisch *LG Berlin* NStZ 1998, 302; AnwK-StGB/*Gaede* § 263 Rn. 130; MK-StGB/*Hefendehl* § 263 Rn. 576; ausf. *Krell* S. 181 ff.

186 *Lindenschmidt* S. 112; Achenbach/Ransiek/*Seier* 5. Teil. Kap. 2 Rn. 340; a.A. *Schmidt-Hieber* NJW 1989, 558 ff.

187 Lackner/Kühl/*Heger* § 266 Rn. 17c; Müller-Gugenberger/Bieneck/*Schmid* § 32 Rn. 27; *von Selle* JZ 2008, 178, 184.

188 *Lindenschmidt* S. 46 ff.

Daneben sind insbesondere Fälle praxisrelevant, in denen die Gegenleistung zwar objektiv gleichwertig ist, aber gleichwohl fraglich ist, ob dies *auch für den konkreten Leistungsempfänger* gilt (Rn. 54 ff.).

a) Zweckwidrige Mittelverwendung

52   Auch bei wirtschaftlich ausgeglichenen Verträgen soll sich der Nachteil aus einer **Zweckwidrigkeit** der Mittelverwendung ergeben können (vgl. schon Rn. 25 ff. zur – fraglichen – Pflichtwidrigkeit in diesen Fällen). Die Fälle **rein formeller** Zweckwidrigkeit werden als grundsätzlich **straflos** angesehen; insbesondere der *BGH* betont, dass nicht jeder Verstoß gegen Haushaltsrecht einen Vermögensnachteil begründet.[189] Gleichwohl erscheint die Rspr. hier bedenklich weitgehend. Es wurde bereits darauf hingewiesen, dass die sachliche und zeitliche Bindung der Haushaltsmittel in erster Linie staatliche Dispositionsinteressen schützt (Rn. 28). Während man das bei der Pflichtwidrigkeit ggf. noch hinnehmen kann, besteht beim Vermögensnachteil die Gefahr, einen vom Charakter der Untreue als Vermögensdelikt nicht mehr gedeckten und daher **unzulässigen Dispositionsschutz** zu betreiben.[190] Im Übrigen erscheint die Rspr. auch mit Blick auf das Verschleifungsverbot problematisch, weil sie dazu tendiert, den Nachteil unmittelbar aus der Pflichtwidrigkeit herzuleiten.[191]

53   Entscheidend für die Annahme eines Nachteils i.S.d. § 266 StGB ist daher auch in Fällen der Zweckwidrigkeit, ob sie die Zuordnung der öffentlichen Mittel so verändert, dass das Vermögen des Dienstherrn bei **wirtschaftlicher Betrachtung gemindert** ist.[192] Daran kann es insbesondere fehlen, wenn

- der Mitteleinsatz grundsätzlich den vorgegebenen Zwecken entspricht;[193]
- die Mittel für die Erfüllung von Aufgaben verwendet werden, die der Vermögensträger gleichfalls wahrnehmen muss und so die sonst unumgängliche Inanspruchnahme anderweitig im Haushaltsplan bewilligter Mittel erspart wird,[194] also durch den zweckwidrigen Mitteleinsatz einer anderweitigen Leistungspflicht entsprochen wurde;[195]
- sonstige (erforderliche) Ausgaben vorweggenommen werden, etwa in dem Fall, in dem die Mittel für eine dringend erforderliche Reparatur aus einem dafür nicht vorgesehenen Haushaltstitel entnommen werden und eine nachträgliche Bewilligung durch die zuständige Stelle sicher ist;[196]
- Fördergelder verspätet erst im nächsten Haushaltsjahr ausgegeben werden, da die Einstellung in den Haushalt gerade indiziert, dass der Haushaltsgesetzgeber die Leistung als nützlich ansieht,[197]
- unverbrauchte Haushaltsmittel („Überkipper") zum Jahresende einer anderen Behörde zur Verfügung gestellt werden, da das Vermögen unabhängig von einer haushaltstechnischen Aufspaltung verschiedener Zweige der Verwaltung ungemindert bei demselben Rechtsträger verbleibt.[198]

---

189   *BGHSt* 40, 287, 294; 43, 293, 297; vgl. ferner *Fischer* § 266 Rn. 121; Müller-Gugenberger/Bieneck/*Schmid* § 32 Rn. 19.
190   Satzger/Schluckebier/Widmaier/*Saliger* § 266 Rn. 96; näher *Krell* S. 205 ff.
191   Vgl. *Krell* ZStW 126 (2014) 902, 913; *Rojas* S. 218; *Saliger* ZStW 112 (2000) 563, 581.
192   MK-StGB/*Dierlamm* § 266 Rn. 259; s. auch *Fischer* § 266 Rn. 121.
193   *BGH* NStZ 1998, 514, 515 („Bugwellen"-Entscheidung); vgl. dazu auch *Rübenstahl/Wasserburg* NStZ 2004, 521, 523.
194   *BGH* NJW 1995, 603, 606.
195   BeckOK-StGB/*Wittig* § 266 Rn. 45.2.
196   *BGH* NStZ 1984, 549, 550; BeckOK-StGB/*Wittig* § 266 Rn. 45.2.
197   *BGH* NStZ 2001, 248, 251.
198   *BGH* NJW 1995, 603, 605 f.; Achenbach/Ransiek/*Seier* 5. Teil. Kap. 2 Rn. 336.

b) Individueller Schadenseinschlag

Schließlich ist anerkannt, dass auch dann, wenn einer eingegangenen Verpflichtung eine **54** objektiv gleichwertige Leistung gegenübersteht, ein Vermögensnachteil nach den Grundsätzen des **subjektiven** bzw. **individuellen Schadenseinschlags** in Betracht kommen kann. Diese Rechtsfigur bezieht normative Gesichtspunkte in die Feststellung eines Vermögensnachteils ein. Eine Vermögensnachteil kommt danach insbesondere in Betracht, wenn die Gegenleistung für den konkreten Empfänger subjektiv unbrauchbar oder gravierende wirtschaftliche Folgen für ihn hat. Letzteres hat der BGH in der sog. Bugwellen- bzw. **Intendanten-Entscheidung**[199] wie folgt konkretisiert: „Ungeachtet der Gleichwertigkeit von Leistung und Gegenleistung kommt Haushaltsuntreue in Betracht, wenn durch die Haushaltsüberziehung eine wirtschaftliche gewichtige Kreditaufnahme erforderlich wird, wenn die Dispositionsfähigkeit des Haushaltsgesetzgebers in schwerwiegender Weise beeinträchtigt wird und er durch den Mittelaufwand insbesondere in seiner politischen Gestaltungsbefugnis beschnitten wird."[200]

Als subjektiv unbrauchbar hat die Rechtsprechung in der Vergangenheit z.B. überzogene **55** Anschaffungen und unvertretbare Repräsentationsaufwendungen,[201] oder Aufwendungen angesehen, die nur getätigt werden, um bewilligte Haushaltsmittel nicht verfallen zu lassen und um für das kommende Jahr keine Kürzungen in Kauf nehmen zu müssen.[202] Ebenso wurden z.B. Kreditaufnahmen beanstandet, bei denen der Zinsverpflichtung zwar (kompensierend) die Möglichkeit einer Nutzung des Kreditbetrags gegenübersteht, der Vermögensinhaber für die Darlehenssumme in seiner konkreten Lage aber keine Verwendung hat.[203] Auch die Einstellung eines „Flutkoordinators" im Zuge des Elbhochwassers 2006 durch den ehemaligen Dresdener Oberbürgermeister könnte einen Vermögensnachteil begründen, wenn dessen Aufgaben durch den bestehenden Verwaltungsapparat hätten erledigt werden können.[204] Auch überhastete Ausnahmen im Zuge des „Dezemberfiebers" (Rn. 6, 29) werden sich vielfach nach den Grundsätzen des individuellen Schadenseinschlags erfassen lassen.[205] Das BVerfG hat kürzlich entschieden, dass es verfassungsrechtlich unbedenklich sei, subjektiv unbrauchbare Leistungen als Vermögensnachteil einzustufen.[206]

Soweit dagegen die wirtschaftlichen (Gesamt-)Folgen des pflichtwidrigen Mitteleinsatzes zur **56** Begründung eines Vermögensnachteils herangezogen werden, erscheint dies problematisch. Das beginnt bei der äußerst schwammigen Umschreibung der schadensbegründenden Kriterien, die schon früher kritisiert wurde,[207] und die wegen des Präzisierungsgebots (Rn. 9) noch einmal problematischer geworden ist. Hinzu kommt, dass die Rspr. zu einer **Ausdehnung des Nachteilsmerkmals** aufgrund normativer Erwägungen führt, die wirtschaftliche Gesichtspunkte zu verdrängen drohen. Es gibt daher Anlass zur Skepsis, wenn der BGH in den Fällen der Haushaltsuntreue dennoch Kriterien wie eine schwerwiegende Beeinträchtigung der Dis-

---

199 *BGHSt* 43, 293 m. Anm. *Nix* NJ 1998, 325 und Besprechung *Bieneck* wistra 1998, 249; *Bittmann* NStZ 1998, 495.
200 *BGHSt* 43, 293, 299.
201 *OLG Hamm* NStZ 1986, 119; LK-StGB/*Schünemann* § 266 Rn 232; BeckOK-StGB/*Wittig* § 266 Rn. 45.1.
202 Achenbach/Ransiek/*Seier* 5. Teil. Kap. 2 Rn.. 335 m.w.N.; ähnlich auch Schönke/Schröder/*Perron* § 266 Rn. 44.
203 *BVerfG* NJW 2013, 365, 366 f.; zustimmend: BeckOK-StGB/*Wittig* § 266 Rn. 45.1.; Schönke/Schröder/*Perron* § 266 Rn. 44; anders noch die aufgehobene Entscheidung *BGH* NStZ 2011, 520, 521, wonach die Zinsverpflichtung einen wirtschaftlichen Schaden darstelle.
204 Vgl. *BGH* 29.8.2007 – 5 StR 103/07 Rn. 46 (insoweit in NStZ 2008, 87, nicht abgedruckt).
205 Schönke/Schröder/*Perron* § 266 Rn. 44.
206 *BVerfG* NJW 2013, 365, 367.
207 *Bittmann* NStZ 1998, 495, 497; *Munz* S. 155.

positionsfähigkeit des Haushaltsgesetzgebers oder eine Beschneidung politischer Gestaltungsbefugnis heranzieht, um den Vermögensnachteil zu begründen. Beide Kriterien scheinen
weder mit den im Betrugsstrafrecht entwickelten, noch mit den für § 266 StGB ansonsten geltenden Grundsätzen vollständig vereinbar, dass auch im Fall eines individuellen Schadenseinschlag ein „realer" Schaden eintreten muss;[208] für den im Vergleich zu § 263 StGB nochmals
deutlich weiter gefassten Tatbestand des § 266 StGB drängt sich die Gefahr einer unzulässigen
Extension der Strafbarkeit auf. Auch diese Fallgruppe ist also mit der Gefahr eines **unzulässigen Schutzes der Dispositionsfreiheit** verbunden.[209]

57 Inwiefern diese Rechtsprechung des BGH mit der Forderung des BVerfG, wonach eine normative Betrachtungsweise bei der Feststellung eines Nachteils wirtschaftliche Überlegungen nicht
verdrängen darf,[210] (noch) vereinbar ist, erscheint daher zweifelhaft.[211] Auch insoweit ist zu
berücksichtigen, dass es einen allgemeinen Tatbestand des Amtsmissbrauchs nicht gibt (Rn. 4).
Ein über reale Schädigungen hinausgehender strafrechtlicher Schutz des staatlichen Vermögens auch vor Beeinträchtigungen der Dispositionsfreiheit würde daher wohl eine entsprechende Entscheidung des Gesetzgebers erfordern.[212] Das gilt umso mehr, als für reine „Verfäl-
schungen des Staatswillens"[213] bzw. zur Sanktionierung rein formeller (Haushalts-) Rechtsverstöße das Disziplinarrecht geeignete Maßnahmen bereit hält, so dass auch kein unabweisbares
Bedürfnis nach einer strafrechtlichen Erfassung solcher Konstellationen besteht.[214]

4. Subventionen

58 Wann Subventionen einen Nachteil herbeiführen, wird kontrovers diskutiert. Der BGH
bemüht dabei die Zweckverfehlungslehre und nimmt einen Nachteil wegen Zweckverfehlung
an, wenn die Subventionierungsvoraussetzungen nicht vorliegen.[215] Kritiker monieren, die
Zweckverfehlungslehre sei auf die tatbestandliche Struktur des Betrugs zugeschnitten und auf
die Untreue unanwendbar, sodass sich ein Nachteil so nicht begründen lasse.[216] Richtigerweise
kommt es auf eine Zweckverfehlung insoweit nicht an: Subventionen sind per definitionem
kompensationslose Leistungen und begründen als solche einen Vermögensnachteil, wenn sie
nicht pflichtgemäß gewährt werden.[217] Aus demselben Grund liegt hier auch keine unzulässige
Verschleifung vor. Eine Kompensation kann nur eintreten, wenn auf die Subvention (etwa
wegen einer Ermessensreduzierung auf Null) schon vor Gewährung ein Anspruch besteht, weil
durch dessen Erfüllung dann die Befreiung von einer Verbindlichkeit eintritt und diese kompensierend wirkt.[218] Beim legitimen Zuwendungsempfänger ist das anders, weil hier der
Anspruch erst mit Gewährung der Subvention entsteht, die dann bereits pflichtwidrig oder –
und **insofern** kompensationslos – einen Nachteil begründet.[219]

---

208 Vgl. auch *Bieneck* wistra 1998, 249, 251; AnwK-StGB/*Esser* § 266 Rn. 205; *Schünemann* StV 2003, 463,
468 f.; a.A: *Hinrichs* S. 166 f.
209 *Schünemann* StV 2003, 463, 468 f.; näher *Krell* S. 206 ff.
210 BVerfG NJW 2010, 3209, 3215 und 3220.
211 MK-StGB/*Dierlamm* § 266 Rn. 263.
212 Vgl. *Munz* S. 137; *Rojas* S. 59 ff.
213 Vgl. Achenbach/Ransiek/*Seier* 5. Teil. Kap. 2 Rn. 333; *Tiedemann* Wirtschaftsstrafrecht BT, Rn. 150.
214 Vgl. *Weiß* ZBR 1978, 1, 12; s. auch *von Selle* JZ 2008, 178, 183.
215 BGH NJW 2003, 2179, 2180 f.
216 *Rübenstahl/Wasserburg* NStZ 2004, 521, 525.
217 So auch *Neye* S. 51 ff.; *Rojas* S. 223 ff.
218 *Fabricius* NStZ 1993, 414, 418.
219 Insofern a.A. *Fabricius* NStZ 1993, 414, 418 f.

Eine andere Frage ist es, inwieweit der Zweckverfehlungsgedanke Bedeutung erlangen kann, wenn die Subvention zweckwidrig verwendet wird.[220] Sofern dies eigenmächtig und ohne Kenntnis des Amtswalters geschieht, wäre ein etwaiger Nachteil jedenfalls nicht zurechenbar.[221] Etwas anderes kann sich allenfalls ergeben, wenn sich die Vermögensbetreuungspflicht auf die Überprüfung des zweckgemäßen Einsatzes erstreckt (vgl. dazu Rn. 34). Die Verletzung dieser Pflicht wird aber kaum ursächlich für den Nachteil durch Zweckerreichung sein.[222] Eine Untreuestrafbarkeit kann sich dann allenfalls daraus ergeben, dass der Subventionsbetrag nicht zurückgefordert wird, sofern dies möglich ist. Daneben kommt eine Untreuestrafbarkeit aber auch in Betracht, wenn Amtswalter und Subventionsempfänger kollusiv zusammenwirken, der Amtswalter also weiß, dass die zugewandten Mittel nicht zweckgemäß verwendet werden sollen. Aber auch hier wird man nicht auf den Zweckverfehlungsgedanken zurückgreifen müssen.

59

Teils wird erwogen, bei Subventionen einen Nachteil über die Lehre vom individuellen Schadenseinschlag zu begründen.[223] Dagegen spricht aber, dass die erste Fallgruppe – subjektive Unbrauchbarkeit der Gegenleistung – per se nicht passt, weil es keine Gegenleistung gibt. Und die wirtschaftlichen Gesamtfolgen machen entweder die Subventionsgewährung pflichtwidrig, weil sonst die Subvention pflichtgemäß gewährt wird, im Ergebnis irrelevant. Ein Nachteil liegt daher immer schon (aber auch nur) dann vor, wenn die Subventionierungsvoraussetzungen nicht vorliegen.

60

5. Schwarze Kassen

Ein weiterer praktisch bedeutsamer Fall, bei dem die Nachteilsbegründung erhebliche Probleme aufwirft, betrifft die Bildung sog. schwarzer Kassen. Die (haushaltsrechtliche) Pflichtwidrigkeit ergibt sich in diesen Fällen u.a. aus Verstößen gegen die §§ 8, 34, 35 BHO/LHO.[224] Zumeist geht es dabei um Mittel, die später für sachfremde Zwecke verwendet werden sollen. Es kann aber auch darum gehen, dem Verfall der Mittel vorzubeugen; die Pflichtwidrigkeit ergibt sich dann aus einem Verstoß gegen die zeitliche Bindung.[225] Da spätestens mit dieser sachfremden Verwendung nach allgemeinen Grundsätzen in der Regel eine Haushaltsuntreue bejaht werden kann,[226] geht es insbesondere um die Frage, ob bereits die Überführung öffentlicher Mittel in die schwarze Kasse einen Vermögensnachteil begründet.

61

Das wird vielfach mit der Begründung bejaht, der Vermögensnachteil liege in der Gefahr, dass der Täter über die Mittel nach seinem Gutdünken verfügen könne.[227] Das ist aber problematisch, weil es die verfassungsrechtlich gebotene restriktive Auslegung des Gefährdungsschadens erfordert, gegenwärtige Vermögensminderungen von Fällen abzugrenzen, in denen nur die Möglichkeit besteht, dass diese Minderung später eintritt.[228] Ein gegenwärtiger Nachteil liegt aber jedenfalls dann vor, wenn dem Vermögensinhaber die Möglichkeit genommen wird, über die Mittel in der schwarzen Kasse zu verfügen, weil diese dann bei der gebotenen wirtschaftli-

62

---

220 Vgl. auch AnwK-StGB/*Esser* § 266 Rn. 271c.
221 *Rojas* S. 223.
222 S. auch *Rojas* S. 223.
223 Vgl. *BGH* NJW 2003, 2179, 2180; *Rübenstahl/Wasserburg* NStZ 2004, 521, 525; wohl auch AnwK-StGB/ *Esser* § 266 Rn. 271c.
224 *Neye* S. 73.
225 *Coenen* S. 51.
226 *Neye* S. 74; *ders.* NStZ 1981, 369, 372.
227 Müller-Gugenberger/Bieneck/*Schmid* § 32 Rn. 71a.
228 Vgl. *Krell* NZWiSt 2013, 370, 374.

chen Betrachtung jedenfalls nicht mehr mit dem vollen Wert im Vermögen des Treugebers veranschlagt werden können.[229] Daran ändert sich wohl auch dann nichts, wenn der Amtswalter die Mittel dem ursprünglichen Bestimmungszweck entsprechend einsetzen will, weil der Treugeber dann immer noch darauf angewiesen ist, dass der Amtswalter diese Absicht nicht aufgibt.[230] Das muss auch auf die wirtschaftliche Beurteilung der entzogenen Mittel durchschlagen.

6. Risikogeschäfte

63 Bei Risikogeschäften kann die Feststellung eines Vermögensnachteils Schwierigkeiten bereiten. Im Zuge der zunehmend favorisierten Orientierung an bilanzrechtlichen Regeln kann man im Ausgangspunkt davon ausgehen, dass ein Nachteil vorliegt, wenn infolge des bestehenden Verlustrisikos Drohverlustrückstellungen (§ 249 HGB) erforderlich werden. Das ist bei Zins-Swaps (Rn. 34 f.) immer dann der Fall, wenn zwischen Grundgeschäft (Darlehen) und Sicherungsgeschäft (Swap) keine Bewertungseinheit vorliegt.[231] Für die Höhe des Nachteils kommt es dann auf den Marktwert des Swaps im Zeitpunkt des Vertragsschlusses an.[232] Die Schadensbegründung über Rückstellungen wird aber spätestens dann problematisch, wenn nur die Möglichkeit eines späteren Schadenseintritts besteht, weil wegen des bilanzrechtlichen Vorsichtsprinzips dann die Gefahr besteht, den Gefährdungsschaden auszudehnen, wo es doch eigentlich um seine Eingrenzung geht.[233] Insofern dürfte die Nachteilsbegründung bei Cross-Border-Geschäften (Rn. 36) Schwierigkeiten bereiten, weil deren wirtschaftliche Risiken sich nicht unmittelbar auf die zu saldierenden Ansprüche beziehen, sondern auf mögliche Haftungsrisiken in der Zukunft.

IV. Subjektiver Tatbestand

64 In subjektiver Hinsicht setzt § 266 StGB **vorsätzliches** Handeln des Täters voraus, wobei **bedingter Vorsatz** genügt.[234] Das kognitive Element muss sich auf die Vermögensbetreuungspflicht, deren Verletzung und den Eintritt eines hierauf beruhenden Nachteils beziehen. Über den Vorsatz hinsichtlich aller objektiven Tatbestandsmerkmale hinausgehende innere Elemente wie z.B. eine Bereicherungsabsicht enthält der subjektive Tatbestand von § 266 StGB nicht. Im Vergleich zum Betrug nach § 263 StGB fehlt es demnach an einem wichtigen Element zur Beschränkung der Strafbarkeit (vgl. Rn. 40). Die Rechtsprechung weist in dem Bemühen um Restriktion des Untreuetatbestands darauf hin, dass an die Annahme vorsätzlichen Verhaltens gerade dann **strenge Anforderungen** zu stellen sind, wenn ein Gefährdungsschaden in Rede steht und der Täter nicht eigennützig gehandelt hat.[235]

---

229 *Coenen* S. 53; *Fischer* § 266 Rn. 137 ff.
230 *Fischer* § 266 Rn. 140; *Tiedemann* Wirtschaftsstrafrecht BT, Rn. 155; a.A. Satzger/Schluckebier/Widmaier/ *Saliger* § 266 Rn. 77; LK/*Schünemann* § 266 Rn. 180.
231 *Bader/Wilkens* wistra 2013, 81, 84; zurückhaltender *Gehrmann/Lammers* KommJur 2011, 41, 47.
232 *Bader/Wilkens* wistra 2013, 81, 84; *Fischer* §§ 266 Rn. 73.
233 Vgl. *Becker* HRRS 2009, 334, 338; *Krell* NZWiSt 2013, 370, 375.
234 *BGH* NJW 1975, 1234, 1236; *Fischer* § 266 Rn. 171; AnwK-StGB/*Esser* § 266 Rn. 221.
235 *BGHSt* 47, 295, 302; kritisch *Hillenkamp* NStZ 1981, 161 ff.

1. Pflichtwidrigkeitsvorsatz

Der Pflichtwidrigkeitsvorsatz erfordert jedenfalls, dass der Täter die maßgeblichen Tatsachen zutreffend erfasst.[236] Höchst umstritten ist dagegen, wie **Rechtsirrtümer über den einschlägigen Pflichtenkreis** zu beurteilen sind. Nach einer strengen Auffassung reicht die Tatsachenkenntnis aus; rechtlich zutreffend einordnen müsse der Täter die Tatsachen dagegen nicht.[237] Nach einer anderen Auffassung soll es dagegen erforderlich sein, dass der Täter die maßgebliche Pflicht kennt und zutreffend erfasst.[238] Die wohl h.A. steht zwischen diesen Extremen und geht davon aus, dass es sich bei der Pflichtwidrigkeit um eine normatives Tatbestandsmerkmal handelt und es insofern ausreiche, wenn der Täter im Rahmen einer „**Parallelwertung in der Laiensphäre**" (vgl. dazu 8. Kap. Rn. 19) erkennt, dass er pflichtwidrig handelt.[239] Auf dieser Linie hat auch der BGH entschieden,[240] ohne dabei allerdings näher darzulegen, auf welchem Abstraktionsniveau der Täter die Pflichtwidrigkeit nachvollziehen muss. Die Ausführungen erschöpfen sich vielmehr in Leerformeln: Es seien „wertende Kriterien" heranzuziehen um eine „differenzierende Betrachtung" vorzunehmen. **65**

Nachdem sich nun auch das BVerfG der Auffassung angeschlossen hat, bei der Pflichtwidrigkeit handele es sich um ein (komplexes) normatives Tatbestandsmerkmal,[241] dürfte sich der differenzierende Ansatz in der Praxis durchsetzen. Das ändert aber nichts daran, dass er präzisierungsbedürftig bleibt. Wenn der Rspr. attestiert wird, sie folge der „intuitiv nicht unplausiblen Leitlinie", dass, je komplizierter die „Bestimmung der Pflichtwidrigkeit ausfällt, umso eher die Annahme eines Tatbestandsirrtums in Betracht kommt, während bei evidenter Pflichtwidrigkeit ein Verbotsirrtum nahe liegt",[242] so kann es sich dabei nur um eine Faustformel handeln. Auch wenn die Pflichtwidrigkeit objektiv evident ist, muss ein sie betreffender Irrtum materiell-rechtlich beachtlich bleiben.[243] **66**

Die Frage nach dem Pflichtwidrigkeitsvorsatz ist für die Haushaltsuntreue durchaus bedeutsam. Das gilt weniger für die Kenntnis allgemeiner haushaltrechtlicher Pflichten und zwar insbesondere dann, wenn es um haushaltsrechtlich versierte Amtswalter geht, weil dann schon kaum Irrtümer entstehen. Bei komplexer Mittelverwendung kann das aber schon schwieriger sein: So war im Zusammenhang mit dem Cross-Border-Leasing von den kommunal Verantwortlichen vielfach eingewandt worden, man sei von der haushaltsrechtlichen Zulässigkeit ausgegangen.[244] Problematisch sind im Irrtumsbereich aber vor allem Ermessensentscheidungen. Ebenso wie die Vertretbarkeitsprüfung im objektiven Tatbestand erhebliche Schwierigkeiten bereiten kann, ist die Einordnung entsprechender Irrtümer problematisch, zumal hier Schutzbehauptungen Tür und Tor geöffnet sein dürfte. Nach den oben dargelegten Kriterien führt aber auch der Irrtum über die Grenzen der zulässigen Ermessensausübung prinzipiell nach § 16 StGB zum Vorsatzausschluss. In der Praxis wird es daher schwerpunktmäßig darum gehen, echte Irrtümer von Schutzbehauptungen abzugrenzen. **67**

---

236 Graf/Jäger/Wittig/*Waßmer* § 266 Rn. 227.

237 NK-StGB/*Kindhäuser* § 266 Rn. 122; LK-StGB/*Schünemann* § 266 Rn. 192 ff.

238 MK-StGB/*Dierlamm* § 266 Rn. 282.

239 Matt/Renzikowski/*Matt* § 266 Rn 151; Müller-Gugenberger/Bieneck/*Schmid* § 31 Rn. 199; Achenbach/Ransiek/*Seier* 5. Teil, Kap. 2 Rn. 84.

240 *BGH* NStZ 2006, 214, 217 (insoweit in *BGHSt* 50, 331, nicht abgedruckt).

241 *BVerfGE* 126, 170, 204.

242 Satzger/Schluckebier/Widmaier/*Saliger* § 266 Rn. 105; zust. Matt/Renzikowski/*Matt* § 266 Rn. 151; Achenbach/Ransiek/*Seier* 5. Teil, Kap. 2 Rn. 84.

243 Vgl. *Jakobs* FS Dahs, S. 49, 62 f.; *Krell* S. 219.

244 Vgl. *Fischer* § 266 Rn. 73b.

2. Schädigungsvorsatz

68 In Bezug auf den Schädigungsvorsatz besteht innerhalb der Rspr. des BGH Uneinigkeit darüber, welche **Vorsatzanforderungen bei Gefährdungsschäden** zu stellen sind. Der *2. Strafsenat* vertritt insofern die Auffassung, dass es nicht ausreiche, wenn sich der Täter billigend mit der „Vermögensgefahr" abfinde, auch die spätere Realisierung des Schadens müsse vom Vorsatz umfasst sein.[245] Der *1. Strafsenat* meint dagegen, es handele sich dabei um ein „Scheinproblem": Da nur ein gegenwärtiger Schaden tatbestandsmäßig sei, müssten auch Kenntnis der dafür maßgeblichen Umstände und Billigung der gegenwärtigen Vermögensminderung ausreichen.[246] Dem ist grundsätzlich beizupflichten. Die Gegenauffassung würde letztlich doch wieder eine Differenzierung zwischen zwei verschiedenen Schadenskategorien bedeuten und dabei verkennen, dass auch der sog. Gefährdungsschaden bereits eine gegenwärtige Vermögensminderung bedeutet. Sofern der Täter davon ausgeht, die Realisierung des Schadens werde ausbleiben, handelt es sich nicht um einen Bezugspunkt des Vorsatzes, sondern um einen Strafzumessungsaspekt.

V. Täterschaft und Teilnahme

69 § 266 StGB ist ein **Sonderdelikt** (Rn. 10); Täter i.S.d. § 25 StGB kann nur sein, wer selbst eine Vermögensbetreuungspflicht hat. Wer nicht vermögensbetreuungspflichtig ist, kann als Anstifter gem. § 26 StGB oder als Gehilfe gem. § 27 StGB bestraft werden. Für den Teilnehmer ist eine Strafmilderung nach § 28 Abs. 1 StGB vorgesehen. Umstritten ist die Konstellation, dass die Voraussetzungen einer Mittäterschaft an sich vorliegen und eine täterschaftliche Begehung allein an der fehlenden Vermögensbetreuungspflicht scheitert: Insofern erscheint es zweifelhaft, aus ein und demselben Aspekt (der fehlenden Vermögensbetreuungspflicht) eine **doppelte Milderungsmöglichkeit** – einmal über § 27 StGB, einmal über § 28 Abs. 1 StGB – zu eröffnen.[247]

C. Strafzumessung

I. Allgemeine Strafzumessungskriterien

70 Wie bei allen Vermögensdelikten und der Steuerhinterziehung spielt die Höhe des verursachten Vermögensnachteils auch bei der Untreue eine erhebliche Rolle für die Strafzumessung. Auch hier tendieren Behörden und Gerichte zu der Annahme, es gelte für alle Vermögensdelikte, was (vermeintlich) für § 370 AO gilt. Insbesondere ist es nicht unüblich, dass bei Schadenssummen von mehr als 1 Mio. € davon ausgegangen wird, es komme grundsätzlich nur eine Freiheitsstrafe in Betracht, deren Vollstreckung nicht zur Bewährung ausgesetzt werden kann. Hier wie dort ist einzuwenden, dass der BGH keine festen Tarife bei der Strafzumessung begründen wollte und eine „Mathematisierung" von Strafzumessung nicht möglich ist; die vielzitierte „Millionengrenze" führt auch bei § 370 AO nicht dazu, dass der Korridor für die

---

245 *BGHSt* 51, 100, 121; zust. *Fischer* § 266 Rn. 183 f.; Matt/Renzikowski/*Matt* § 266 Rn. 154 f.
246 *BGHSt* 53, 199, 204; 56, 203, 221; zust. *Hillenkamp* FS Maiwald, S. 323, 341 ff.; Satzger/Schluckebier/Widmaier/*Saliger* § 266 Rn. 104a.
247 *BGHSt* 26, 53, 55; *Fischer* § 266 Rn. 186; NK-StGB/*Kindhäuser* § 266 Rn. 127; a.A. Schönke/Schröder/*Perron* § 266 Rn. 52; Achenbach/Ransiek/*Seier* 5. Teil, Kap. 2 Rn. 63.

Zumessung einer Strafe von vornherein auf nicht bewährungsfähige Freiheitsstrafen eingeengt wäre (vgl. 17. Kap. Rn. 124). Strafzumessung bleibt vielmehr eine am Einzelfall orientierte Entscheidung; dies gilt auch dann, wenn man die Höhe des Schadens als bestimmenden Faktor der Strafzumessung ansieht. Dem wird die Rspr. aber auch bei der Untreue nicht immer gerecht.[248]

Da der Untreuetatbestand keine Bereicherungsabsicht voraussetzt, kann eine solche – anders als beim Betrug – ohne Verstoß gegen das Doppelverwertungsverbot (§ 46 Abs. 3 StGB) strafschärfend berücksichtigt werden.[249]; bloße Eigennützigkeit soll nicht strafschärfend berücksichtigt werden, es sei denn, sie erreicht ein „besonders anstößiges Maß".[250] Insoweit spricht vieles dafür, sich an der Auslegung zum „groben Eigennutz" bei § 370 Abs. 3 S. 2 Nr. 1 AO a.F. zu orientieren. Erforderlich war insoweit u.a., dass das Gewinnstreben das üblicherweise mit der strafbaren Handlung verbundene Gewinnstreben deutlich übersteigt; es handelte sich folglich um besonders krasse Fälle. Auch die in der Tat zum Ausdruck kommende kriminelle Energie und das Ausmaß der Pflichtwidrigkeit können eine wichtige Rolle spielen.[251]   **71**

Umgekehrt ist es aber auch möglich, fehlende Bereicherungsabsicht strafmildernd zu berücksichtigen.[252] Das führt dazu, dass die Unterscheidung zwischen der Selbstbereicherung und etwa der Haushaltsüberziehung zum (vermeintlichen) Nutzen der betroffenen Behörde auch auf bei der Strafzumessung erhebliche Bedeutung zukommt. Ein Beispiel ist die Intendanten-Entscheidung, wo der Haushalt zwar drastisch überzogen wurde, der Täter aber jedenfalls im Kern (nur) zum Vorteil des Theaters zu handeln glaubte. Strafmildernd ist auch zu berücksichtigen, wenn sich der Täter um eine Schadenswiedergutmachung bemüht[253] oder fehlende Überwachung bzw. mangelhafte Kontrolle die Tat erleichterten.[254] Ersteres kann eine Rolle spielen, wenn ein Nachteilshaushalt bewährt wird (sofern man in diesem Fall nicht ohnehin den Pflichtwidrigkeitszusammenhang verneint).   **72**

II. Regelbeispiele

Für den Grundfall der Untreue ist nach § 266 Abs. 1 StGB ein Strafrahmen von Geldstrafe oder Freiheitsstrafe bis zu fünf Jahren eröffnet. Für den **besonders schweren Fall** ist § 266 Abs. 2 StGB zu beachten, der auf die Regelbeispiele beim Betrug nach § 263 Abs. 5 StGB verweist. In diesen Fällen verschiebt sich der Strafrahmen auf Freiheitsstrafe von sechs Monaten bis zu zehn Jahren. Zu betonen ist, dass auch das Vorliegen eines Regelbeispiels zunächst nur indiziert, dass der Unrechts- und Schuldgehalt der Tat das übliche Maß übersteigt. Diese Indizwirkung kann jedoch widerlegt werden (vgl. dazu die Ausführungen zum besonders schweren Fall der Steuerhinterziehung bei 17. Kap. Rn. 126 ff.).   **73**

---

248 *Schäfer/Sander/van Gemmeren* Rn. 1700.
249 *BGH* StV 1996, 25 f.; *Schäfer/Sander/van Gemmeren* Rn. 1700.
250 *Fischer* § 266 Rn. 188.
251 *Schäfer/Sander/van Gemmeren* Rn. 1701 (2.1.1.4 und 2.1.2.1).
252 *BGH* wistra 1987, 26 f.
253 Satzger/Schluckebier/Widmaier/*Saliger* § 266 Rn. 110; AnwK-StGB/*Esser* § 266 Rn. 259.
254 *BGH* wistra 1998, 232.

1. Vermögensverlust großen Ausmaßes

74 Ein besonders schwerer Fall der Haushaltsuntreue liegt vor, wenn wenn der Amtswalter einen Vermögensverlust großen Ausmaßes herbeiführt (§ 263 Abs. 3 S. 2 Nr. 2 i.V.m. § 266 Abs. 2 StGB). Das Regelbeispiel findet nach dem *BGH* und bisher h.M. bei § 266 StGB **keine Anwendung** auf die Fälle des **Gefährdungsschaden**s.[255] Das wird zunehmend kritisiert, weil es schwer mit der inzwischen anerkannten Einsicht vereinbar ist, dass auch der Gefährdungsschaden bereits eine gegenwärtige Vermögensminderung begründet.[256] Ob der BGH an dieser Rspr. festhalten wird, bleibt daher abzuwarten. Das „große Ausmaß" ist ein unbestimmter und mit erheblichen Auslegungsschwierigkeiten behafteter Rechtsbegriff. Die Strafgerichte haben es für den Betrug anhand einer Wertgrenze von **50.000 €** konkretisiert. Ob das überzeugend ist, wird mit guten Gründen bezweifelt. Nach teilweise in der Literatur vertretener Auffassung kann für § 266 StGB ein besonders schwerer Fall erst ab einer Wertgrenze von **100.000 €** als indiziert angesehen werden.[257] Für diese Auffassung könnte sprechen, dass der durchschnittliche Schaden bei § 266 StGB deutlich höher ist als beim Betrug,[258] so dass die Übertretung der Wertgrenze nicht zwingend auf ein gesteigertes Unrecht hindeutet. Eine strukturell ähnliche Argumentation wurde im Zusammenhang mit der Strafzumessung bei der Steuerhinterziehung nach § 370 AO vertreten (vgl. dazu 17. Kapitel). Auch dort wird gefordert, für die Fälle der Hinterziehung von USt eine Wertgrenze von 100.000 € anzulegen, weil im Bereich der USt der Steuerschaden typischerweise höher ist als bei anderen Steuerarten.

2. Missbrauch der Amtsträgerstellung

75 Als zumessungsrelevanter Faktor bei der Haushaltsuntreue kommt neben der Schadenshöhe insbesondere die Vertrauensstellung in Betracht, die der Amtswalter in seiner konkreten Funktion innehat. Insofern verweist § 266 Abs. 2 StGB auch auf § 263 Abs. 3 S. 2 Nr. 4 StGB, wonach ein besonders schwerer Fall in der Regel vorliegt, wenn der Täter „seine Befugnisse oder seine **Stellung als Amtsträger missbraucht**". Das Merkmal dürfte für die Haushaltsuntreue zu einer erheblichen Strafschärfung führen, weil es praktisch jedes Verhalten von Amtsträgern abdeckt: Handelt der Täter innerhalb der Zuständigkeit, missbraucht er seine Befugnisse als Amtsträger, nutzt er dagegen die ihm durch sein Amt gegebenen Handlungsmöglichkeiten außerhalb seiner Zuständigkeit aus, missbraucht er seine Stellung.[259] In der Literatur wird der Verweis auf die Nr. 4 scharf kritisiert, weil die besondere Stellung des Täters überhaupt erst die Täterqualifikation begründe und die Anwendung der Nr. 4 über § 266 Abs. 2 StGB daher gegen das **Doppelverwertungsverbot** (§ 46 Abs. 3 StGB) verstoße.[260] Der BGH hat sich von der Kritik unbeeindruckt gezeigt und hält eine einschränkende Auslegung für nicht angezeigt.[261] Damit statuiert § 263 Abs. 2 S. 2 Nr. 4 StGB i.V. mit § 266 Abs. 2 StGB der Sache nach eine „**Quasi-Qualifikation**" der Amtsuntreue.[262]

---

255 *BGH* NJW 2003, 3717.

256 Vgl. *Fischer* § 263 Rn. 216; *Hefendehl* FS Samson, S. 295, 306 f.

257 MK-StGB/*Dierlamm* § 266 Rn. 302; Satzger/Schluckebier/Widmaier/*Saliger* § 266 Rn. 112.

258 Vgl. Satzger/Schluckebier/Widmaier/*Saliger* § 266 Rn. 5 mit Verweis auf einen Gesamtschaden laut PKS für das Jahr 2010 von € 911,9 Mio.

259 Vgl. MK-StGB/*Hefendehl* § 263 Rn. 857; LK-StGB/*Tiedemann* § 253 Rn. 303.

260 MK-StGB/*Dierlamm* § 266 Rn. 304; Schönke/Schröder/*Perron* § 266 Rn. 53; Satzger/Schluckebier/Widmaier/*Saliger* § 266 Rn. 112; LK-StGB/*Schünemann* § 266 Rn. 218.

261 *BGH* NStZ 2000, 592.

262 *Fischer* § 266 Rn. 190.

24. Kapitel
Betrug gemäß § 263 StGB zu Lasten öffentlichen Vermögens

Literatur: *Allgayer* Anmerkung zum Beschluss des BGH v. 26.1.2006 – 5 StR 334/05, wistra 2006, 261; *Amelung* Rechtsgüterschutz und Schutz der Gesellschaft, 1972; *Berger* Der Schutz öffentlichen Vermögens durch § 263 StGB, 2000; *ders.* Rezension zu: G. Wolf, Die Strafbarkeit der rechtswidrigen Verwendung öffentlicher Mittel, GA 2000, 202; *Bohnert* BAföG und Betrug – Zur Ahndung von Falschangaben in Anträgen zur Ausbildungsförderung, NJW 2003, 3611; *ders.* Anmerkung zum Beschluss des BayObLG v. 23.11.2004 – 1 St RR 129/04, NStZ 2005, 174; *Bosch* Anmerkung zum Beschluss des BGH v. 26.1.2006 – 5 StR 334/05, JA 2006, 492; *Böse* Ordnungswidrigkeiten- und Strafverfahren gegen BAföG-Empfänger, StraFo 2004, 122; *P. Cramer* Vermögensbegriff und Vermögensschaden im Strafrecht, 1968; *Dölling* Anmerkung zum Urteil des BGH v. 28.10.2004 – 3 StR 301/03, JR 2005, 519; *Fröba/Straube* Verschleifungsverbot und Zweckverfehlungslehre beim Spenden- und Bettelbetrug, StraFo 2014, 500; *Gaede* Anmerkung zum Beschluss des BGH v. 25.4.2014 – 1 StR 13/13, NJW 2014, 2295; *Gaede/Leydecker* Subventionsbetrug mit Hilfe der Kurzarbeit im Schatten der globalen Finanzmarktkrise, NJW 2009, 3542; *Gerhold* Zweckverfehlung und Vermögensschaden, 1988; *Graul* Wider die Zweckverfehlungslehre beim Vermögensschaden, FS Brandner, 1996, S. 801; *dies.* Anmerkung zum Urteil des BayObLG v. 27.3.1991 – RReg. 4 St 15/91, JR 1991, 435; *Grunst* Zur Strafbarkeit wegen Betruges bei gesetzwidrigen Spendenpraktiken im Rahmen der staatlichen Parteienfinanzierung, wistra 2004, 95; *Idler* Zweckverfehlung und Vermögensschaden bei Subventionsvergabe, JuS 2007, 904; *Keller* Strafrechtliche Verfolgung bei Missbrauch der Kurzarbeit, Business & Law 2010, 6; *Krack* Zur Interpretation des § 266a Abs. 2 StGB, wistra 2015, 121; *Krapp* BAföG-Rasterfahndung – Führt ein Datenabgleich zur automatischen Kriminalisierung? ZRP 2004, 261; *Krell* Das Verbot der Verschleifung strafrechtlicher Tatbestandsmerkmale, ZStW 2014, 902; *Kudlich* Anmerkung zum Beschluss des BayObLG v. 23.11.2004 – 1 St RR 129/04, JuS 2005, 379; *Matt/Renzikowski (Hrsg.)* Strafgesetzbuch, 2013; *Rau/Zschieschak* Betrug durch mißbräuchliche Inanspruchnahme von BAföG-Leistungen, StV 2004, 669; *Rudolphi* Anmerkung zum Urteil des BGH v. 10.11.1994 – 4 StR 331/94, NStZ 1995, 289; *Saliger* Parteiengesetz und Strafrecht, 2005; *Saliger/Sinner* Korruption und Betrug durch Parteispenden, NJW 2005, 1073; *Schlösser* Die Darstellung der Schadenshöhe in den Urteilsgründen, StV 2010, 157; *ders.* Verfassungsrechtliche Grenzen einer Subjektivierung des Schadensbegriffs, HRRS 2011, 254; *Schmoller* Betrug bei bewußt unentgeltlichen Leistungen, JZ 1991, 117; *H. Schröder* Grenzen des Vermögensschadens beim Betrug, NJW 1962, 721; *Steinberg* Nicht intendierte strafmildernde Wirkung des § 266a StGB, wistra 2009, 55; *Stumpf* Der „Abwrack-Betrug", NJW-Spezial 2009, 648; *Tiedemann* Der Subventionsbetrug, ZStW 86 (1974), 897; *ders.* Das Betrugsstrafrecht in Rechtsprechung und Wissenschaft, FS BGH IV, 2000, S. 551; *Vogel* Anmerkung zum Beschluss des BayObLG v. 23.11.2004 – 1 St RR 129/04, JZ 2005, 308; *G. Wolf* Die Strafbarkeit der rechtswidrigen Verwendung öffentlicher Mittel, 1997.

I.   § 263 StGB und Spezialtatbestände innerhalb und außerhalb des StGB

1   Der Tatbestand des § 263 StGB scheint seinem Wortlaut nach ohne weiteres auch auf alle die Fälle anwendbar zu sein, in denen das Opfer eines Betruges der Staat oder – weiter gefasst – das Vermögen der öffentlichen Hand ist. § 263 StGB verlangt, dass der Täter bei seinem Gegenüber einen Irrtum verursacht und dass dieser aufgrund seines Irrtums über Vermögen verfügt. Dadurch muss diesem oder einem Dritten – und damit gegebenenfalls auch der öffentlichen Hand – ein Vermögensschaden entstehen, wobei alles dies vom Vorsatz des Täters umfasst sein muss, der zudem in der Absicht handeln muss, sich oder einem Dritten einen rechtswidrigen, dem Schaden entsprechenden Vermögensvorteil zu verschaffen.

2   Seiner Struktur nach gilt der Straftatbestand des Betruges damit auch für die meisten Konstellationen der Steuerhinterziehung, der Hinterziehung anderer Abgaben, des Subventionsbetruges und der Vorenthaltung von Beiträgen zur Sozialversicherung. Wer bewusst eine zu seinen Gunsten unrichtige Steuererklärung abgibt, täuscht den zuständigen Finanzbeamten, der daraufhin aufgrund seines Irrtums einen zu Lasten des Fiskus zu niedrigen Steuerbescheid erlässt. Wird aufgrund unrichtiger Angaben im Bewilligungsverfahren eine zu hohe Subvention gewährt oder werden durch unrichtige oder unterlassene Angaben Sozialversicherungsbeiträge vorenthalten, kommt ebenfalls ein Vermögensschaden öffentlicher Kassen und damit rein konstruktiv ein Betrug gem. § 263 StGB in Betracht. Allein die Tatsache, dass die weitaus meisten dieser Fälle heute durch Spezialtatbestände normiert sind, führt dazu, dass der Grundtatbestand des Betruges in der überwiegenden Zahl dieser Konstellationen zurücktritt. Die Sondertatbestände dehnen die Strafbarkeit teils weit aus, teils enthalten sie aber auch Privilegierungen für den Beschuldigten.

3   So bedroht § 264 StGB in seiner Grundkonstellation bereits unrichtige Angaben gegenüber dem Subventionsgeber als solche mit Strafe, unabhängig davon, ob der für die Vergabe Zuständige deshalb irrt und ob die Subvention gezahlt wird oder nicht. Zudem bestraft § 264 Abs. 4 StGB schon leichtfertige, also grob fahrlässig falsche Angaben im Vergabeverfahren. Mit dieser Bestrafung allein leichtfertig unrichtiger Angaben ohne notwendig nachteilige Folgen wird die Strafbarkeit des Subventionsbetruges damit weit in das Vorfeld des klassischen Betrugstatbestands ausgeweitet.[1]

4   § 266a StGB stellt demgegenüber unter bestimmten Voraussetzungen die bloße Nichtzahlung von Sozialversicherungsbeiträgen auch für ordnungsgemäß angemeldete Arbeitnehmer ohne jede Täuschungshandlung unter Strafe; diese Strafbarkeit allein der Nichtbezahlung einer Schuld gegenüber öffentlichen Kassen stellt eine Besonderheit im gesamten deutschen Strafrecht dar.[2] Die Abgabenordnung schließlich verlangt für die Steuerhinterziehung als Straftatbestand zwar Vorsatz, kennt aber in §§ 377 ff. AO auch Bußgeldtatbestände für allein leichtfertiges Verhalten. Diese Sondertatbestände zum Schutz öffentlicher Vermögen sind insoweit also deutlich weiter gefasst als der Betrugtatbestand des § 263 StGB, der immer einen messbaren Vermögensschaden aufgrund einer vorsätzlichen Täuschung verlangt. Insoweit schützt das staatliche Strafrecht das staatliche Vermögen also deutlich umfassender als das Vermögen von Privatpersonen.

---

1   Vgl. 21. Kap. Rn. 5.
2   Vgl. 22. Kap. Rn. 52; im Steuerstrafrecht stellt allein der 2002 zur Bekämpfung von Umsatzsteuerkarussellen eingeführte § 26c UStG die bloße Nichtentrichtung von Umsatzsteuer unter Strafe, wenn sie zudem banden- oder gewerbsmäßig erfolgt, vgl. dazu z.B. Bunjes/*Leonard* UStG, 12. Aufl. 2013, § 26c Rn. 2; Sölch/Ringleb/ *Klenk* UStG, § 26c Rn. 5 ff. sowie oben 17. Kap. Rn. 83 ff.; 18. Kap. Rn. 302 ff.

Andererseits bieten § 264 und § 266a StGB mit der tätigen Reue gem. § 264 Abs. 5 StGB durch   5
Verhinderung der Subventionsgewährung und durch rechtzeitige Anzeige und fristgemäße
Nachentrichtung der Sozialversicherungsbeiträge gem. § 266a Abs. 6 StGB Privilegierungen,
die § 263 StGB nicht kennt: Nachträgliche Schadenswiedergutmachung ändert an der Vollen-
dung des Tatbestands beim klassischen Betrug nichts mehr, sondern ist grundsätzlich allein
mildernder Strafzumessungsgesichtspunkt.[3] Auch die für die Steuerhinterziehung eröffnete
Möglichkeit der strafbefreienden Selbstanzeige gem. § 371 AO[4] besteht für den klassischen
Betrugstatbestand – unabhängig davon, ob Geschädigter eine Privatperson oder der Staat
ist – bekanntlich nicht. Auch diese Privilegierungen, die dem Täter eine goldene Brücke zur
Straffreiheit durch Wiedergutmachung des der öffentlichen Hand entstandenen Schadens
eröffnen, dienen damit zumindest mittelbar den fiskalischen Interessen des Staates selbst. Für
den Tatbestand des § 263 StGB verbleibt es – wie bei privaten Geschädigten generell – bei der
allgemeinen Regelung des § 46a StGB zum Täter-Opfer-Ausgleich und zur Schadenswiedergutmachung. Ob diese Regelung, die nur fakultativ zu Strafmilderung oder, bei Strafen bis zu
einem Jahr Freiheitsstrafe, zum Absehen von Strafe führen kann, und die für die Schadenswiedergutmachung nach § 46a Nr. 2 StGB der Rechtsprechung zufolge erhebliche persönliche
Leistungen oder persönlichen Verzicht verlangt,[5] bei einem anonymen Opfer wie dem Staat
überhaupt angewandt werden kann, ist allerdings umstritten.[6]

§ 263 StGB ist damit hinsichtlich des Schutzes der öffentlichen Hand einerseits eine Art Auf-   6
fangtatbestand für die nicht spezialgesetzlich geregelten Fälle des Betruges im weiteren Sinn.
Da der allgemeine Betrugstatbestand einige der Ausdehnungen der Strafbarkeit durch die Spezialtatbestände aber nicht kennt, ist sein Anwendungsbereich andererseits aber auch enger als
dort. Die Abgrenzung des für § 263 StGB allein oder neben den Sondertatbeständen verbleibenden Anwendungsbereichs ist daher von erheblicher praktischer Bedeutung.

Im **Verhältnis zu § 266a StGB** wird § 263 StGB im Wege der Spezialität verdrängt. Sowohl die   7
Beitragsvorenthaltung nach § 266a Abs. 1 StGB als auch unrichtige oder unterlassene Angaben
nach § 266a Abs. 2 StGB verdrängen also eine mögliche Strafbarkeit wegen Betrugs.[7] Ebenso
geht im Wege der Gesetzeskonkurrenz die Steuerhinterziehung nach §§ 370 ff. AO dem **Betrug
nach § 263 StGB vor**; dies gilt grundsätzlich auch dann, wenn der gesamte Steuervorgang oder
auch ein Unternehmen gänzlich vorgetäuscht werden.[8] Der **Subventionsbetrug nach § 264
StGB** stellt ebenfalls eine grundsätzlich abschließende **Sonderregelung** dar, hinter die § 263
StGB zurücktritt; dies gilt auch und gerade für die Fälle, in denen die Subvention ausgezahlt
wird und gegebenenfalls der Tatbestand des § 263 StGB einschließlich eines Schadens erfüllt

---

3   *BGHSt* 8, 46, 49; *BGH* wistra 2011, 139; *Fischer* § 263 Rn. 155; Schönke/Schröder/*Perron* § 263 Rn. 120; Matt/
    Renzikowski/*Saliger* § 263 Rn. 196, 311; LK-StGB/*Tiedemann* § 263 Rn. 162.
4   Vgl. dazu 19. Kap. Rn. 3 ff.
5   *BGH* NJW 2001, 2557, 2558; *BGH* NStZ-RR 2010, 147; *Fischer* § 46a Rn. 11.
6   Für weite Anwendbarkeit auch bei „opferlosen" Delikten z.B. LK-StGB/*Theune* § 46a Rn. 28; einschränkend
    Meier Strafrechtliche Sanktionen, 3. Aufl. 2009, S. 319; differenzierend und m.w.N. Satzger/Schluckebier/
    Widmaier/*Eschelbach* § 46a Rn. 20; in Ausnahmefällen auch auf Steuerdelikte anwendbar ist § 46a Nr. 2 StGB
    nach *BGH* NStZ-RR 2010, 147.
7   *BGH* wistra 2008, 180 m. Anm. *Steinberg* wistra 2009, 55; *Fischer* § 266a Rn. 37; *Krack* wistra 2015, 121; vgl.
    auch *BGH* wistra 2010, 408 f.
8   *BGHSt* 36, 100, 101; 40, 109, 110 f.; 51, 356, 363; *Fischer* § 263 Rn. 237; Schönke/Schröder/*Perron* § 263
    Rn. 182; anders kann es sich je nach Landesrecht bei der Kirchensteuer verhalten, *BGH* NStZ 2009, 157, 159;
    Fischer § 263 Rn. 237 m.w.N.

ist.[9] Die Reichweite des § 264 StGB und damit insbesondere die strafrechtliche Legaldefinition des Subventionsbegriffs in § 264 Abs. 7 StGB[10] ist damit maßgeblich für die Bestimmung des dem allgemeinen Betrugstatbestand verbleibenden Anwendungsbereichs. Wie die veröffentlichte Rechtsprechung zeigt, treten dabei insbesondere hinsichtlich des Subventionszwecks zur „*Förderung der Wirtschaft*" i.S.d. § 264 Abs. 7 Nr. 1 b StGB nicht selten Unschärfen auf.[11] Ist dagegen der Tatbestand des § 264 StGB nicht erfüllt, entfaltet dieser keine Sperrwirkung, sodass eine Bestrafung wegen – gegebenenfalls nur versuchten – Betrugs nach § 263 StGB möglich bleibt.[12] Das kann neben den Fällen, in denen schon begrifflich keine Subvention i.S.d. § 264 Abs. 7 StGB vorliegt, etwa dann der Fall sein, wenn der Täter nachträglich die Unrichtigkeit zunächst gutgläubig gemachter Angaben erkennt oder – als Versuch des § 263 StGB – tatsächlich zutreffende Angaben nach der Vorstellung des Täters unrichtig waren.[13]

8 Im Folgenden kann und soll keine (weitere) umfassende Kommentierung des Betrugstatbestandes erfolgen. Vielmehr sollen einzelne Aspekte des § 263 StGB im Hinblick auf den Schutz speziell des Vermögens der öffentlichen Hand dargestellt werden. Dies betrifft zum einen die Anwendbarkeit des allgemeinen Betrugstatbestands auf den Schutz öffentlichen Vermögens überhaupt (unten Rn. 9 ff.) und zum anderen die dogmatischen Schwierigkeiten, die sich daraus ergeben, dass die öffentliche Hand Zahlungen nicht selten ganz oder zumindest teilweise bewusst ohne wirtschaftlich äquivalente Gegenleistung erbringt (Rn. 14 ff.). Wie sich dabei zeigt, geht die Rechtsprechung mit diesen Schwierigkeiten nicht immer einheitlich um. Daher soll diese Rechtsprechung anhand einer Reihe von ausgewählten, typischen Beispielsfällen näher erläutert werden (Rn. 25 ff.).

II. Vermögen der öffentlichen Hand als Schutzobjekt des § 263 StGB

9 Der Wortlaut des § 263 StGB bietet keinen Anhaltspunkt dafür, dass mit dem von der Norm geschützten *Vermögen eines anderen* nicht auch das Vermögen der öffentlichen Hand gemeint wäre. Ganz so selbstverständlich ist die Anwendbarkeit des Betrugstatbestands auf das Vermögen des Staates allerdings nicht. Das beruht nicht nur auf Abgrenzungsproblemen zu den zahlreichen Sondertatbeständen in diesem Bereich. Es beruht auch auf dem Begriff des Vermögens im strafrechtlichen Sinn.

10 Soweit in Rechtsprechung und Lehre zwischen wirtschaftlichem,[14] juristischem,[15] juristisch-ökonomischem[16] oder auch personalem Vermögensbegriff[17] unterschieden wird, wirkt sich dies allerdings auf den Schutz öffentlichen Vermögens nicht aus. Denn ungeachtet der unterschiedlichen dogmatischen Interpretation des strafrechtlichen Vermögensbegriffs durch die aufgezählten Lehren schließt keine von ihnen das Vermögen der öffentlichen Hand aus ihrem Vermögensbegriff aus.

---

9 So ausdrücklich BT-Drucks. 7/5291, S. 5 f.; *BGHSt* 32, 203, 208; 44, 243; *Berger* S. 42; *Fischer* § 264 Rn. 5; Schönke/Schröder/*Perron* § 264 Rn. 87; LK-StGB/*Tiedemann* § 264 Rn. 185.

10 Dazu oben 21. Kap. Rn. 6 ff.

11 Vgl. unten Rn. 38, 48 und oben 21. Kap. Rn. 19.

12 *BGHSt* 44, 233, 243; *BGH* NJW 1982, 2453; NStZ 2006, 625, 628; *OLG Jena* StV 2007, 417; *Berger* S. 42; Schönke/Schröder/*Perron* § 264 Rn. 87.

13 *BGH* wistra 1987, 23 f.; Schönke/Schröder/*Perron* § 264 Rn. 87 m. weiteren Beispielen.

14 So im Ausgangspunkt die Rspr., vgl. z.B. *BGHSt* 2, 364; 26, 346, 347; vgl. auch *BVerfG* NJW 2009, 2370 ff.

15 So im Ansatz noch das *RG*, vgl. z.B. *RGSt* 3, 322 f.; 11, 72.

16 Der heute herrschenden Ansicht, vgl. z.B. *Cramer* S. 100; Schönke/Schröder/*Perron* § 263 Rn. 82 ff. m.w.N.

17 Z.B. *Otto* BT § 38 Rn. 7 f.; zusammenfassend zu den begrifflichen Bestimmungen des Vermögens z.B. Matt/Renzikowski/*Saliger* § 263 Rn. 150 ff.; Schönke/Schröder/*Perron* § 263 Rn. 79 ff.; *Fischer* § 263 Rn. 89 f.

Einzelne Versuche, das Vermögen des – im Gegensatz zum rein fiskalisch bzw. zur eigenen 11
Bedarfsdeckung tätigen – im weitesten Sinn politische Ziele verfolgenden Staates von vornherein
aus dem Schutzbereich des § 263 StGB auszugrenzen,[18] haben – schon angesichts der sich daraus
ergebenden Abgrenzungsprobleme zu Recht – kaum Gefolgschaft gefunden.[19] Soweit zur Begründung einer solchen Differenzierung auch darauf verwiesen wird, der Staat sei – im Gegensatz zu
privaten Wirtschaftssubjekten – ohnehin verpflichtet, seine Vermögenswerte vollständig zugunsten Dritter auszugeben und könne auch deshalb im Ergebnis keinen Schaden erleiden,[20] so kann
auch dies nicht überzeugen: Gegenstand der strafrechtlichen Betrachtung kann immer nur der
konkrete einzelne Vorgang sein. Insoweit folgt aber aus der weitgehend anerkannten Lehre von
der gesetzmäßigen Bedingung, dass der konkrete strafrechtliche Erfolg – hier die Weggabe des
Vermögenswerts an einen bestimmten Empfänger – in seiner konkreten Art und Weise auf der
jeweiligen Täuschung beruht; die Berücksichtigung der rein hypothetischen Weggabe an einen
anderen Leistungsempfänger würde die Regeln strafrechtlichen Kausalitätslehre missachten.[21]

Grundsätzlich ist damit auch **öffentliches Vermögen** ebenso wie auch private Vermögenswerte 12
vom Schutzbereich des § 263 StGB umfasst. Öffentliches Vermögen stellt weder im Bereich
fiskalischer noch im Bereich hoheitlicher Tätigkeit ein Universalrechtsgut dar, wie es etwa von
den Staatsschutztatbeständen der §§ 80 ff. StGB geschützt wird.[22] Prinzipiell kommt daher
auch ausländisches staatliches Vermögen – anders als jedenfalls grundsätzlich bei §§ 370 ff.
AO[23] – als Schutzgut des § 263 StGB in Betracht.[24]

Eine Grenze findet der Schutz staatlichen Vermögens nach ganz überwiegender Ansicht aller- 13
dings dort, wo es um die Verhinderung repressiver Maßnahmen des Staates geht: Die Vollstreckung staatlicher **Sanktionen wie Geldstrafen** und Geldbußen, aber auch Einziehung, Verfall
und von Verwarnungsgeldern ist danach vom Schutzbereich des § 263 StGB **nicht umfasst.**[25]
Begründet wird dies zum einen mit dem Hinweis auf den Rechtsgedanken des § 258 Abs. 5
StGB, wonach nicht wegen Strafvereitelung bestraft wird, wer seine eigene Bestrafung oder die
Vollstreckung einer Strafe gegen sich selbst ganz oder teilweise vereiteln will.[26] Zum anderen
wird aber zu Recht darauf verwiesen, dass staatliche Sanktionen generell dem wirtschaftlichen
Verkehr entzogen sind und daher – in Konsequenz des klassischen, juristisch-ökonomischen
Vermögensbegriffs[27] – nicht zum strafrechtlich geschützten Vermögen gehören; in der Konse-
quenz dessen ist auch die Vereitelung der Verhängung oder Vollstreckung einer Geldstrafe
gegen einen Dritten allenfalls nach § 258 StGB wegen Strafvereitelung, nicht aber wegen
Betruges zu Lasten des Staates strafbar.[28]

---

18 Z.B. *Amelung* S. 274 ff.
19 Krit. z.B. *Berger* S. 33 f.; *Gerhold* S. 28.
20 So z.B. *Amelung* S. 376; ähnlich *Saliger* S. 503 f. zur Parteienfinanzierung; zu letzterer Problematik näher s.u.
    Rn. 30 ff.
21 Dazu z.B. *Roxin* AT § 11 Rn. 6 ff., 15, 24; vgl. MK-StGB/*Hefendehl* § 263 Rn. 740, 746 m.w.N.
22 Vgl. Schönke/Schröder/*Eser* Vor §§ 3–9 Rn. 33, 39; s. auch z.B. *Berger* S. 6 ff., 29 f., 45 f.
23 MK-StGB/*Ambos* Vor §§ 3–7 Rn. 76; es sei denn, dies ist im Gesetz wie z.B. in § 370 Abs. 6 AO ausdrücklich
    angeordnet, vgl. NK-StGB/*Böse* Vor § 3 Rn. 57, 62 u. oben 17. Kap. Rn. 62 f.
24 Schönke/Schröder/*Eser* Vor §§ 3–9 Rn. 33, 39; Satzger/Schluckebier/Widmaier/*Satzger* Vor §§ 3–7 Rn. 8; NK-
    StGB/*Böse* Vor § 3 StGB Rn. 56.
25 *BGHSt* 38, 345; *BGH* JR 1994, 114; auch schon *RGSt* 71, 281; 76, 279; Schönke/Schröder/*Perron* § 263
    Rn. 78a; MK-StGB/*Hefendehl* § 263 Rn. 461; zusammenfassend *Berger* S. 44 ff.; a.A. *Graul* JR 1991, 435.
26 Z.B. *Berger* S. 45 f.; MK-StGB/*Hefendehl* § 263 Rn. 462; insoweit auch *Graul* JR 1991, 435.
27 Vgl. soeben Rn. 10.
28 Z.B. *OLG Karlsruhe* NStZ 1990, 282; *OLG Köln* NJW 2002, 527; Schönke/Schröder/*Perron* § 263 Rn. 78a; nach
    BGHSt 37, 226 ist die Bezahlung einer Geldstrafe für einen Dritten auch nicht wegen Strafvollstreckungsverei-
    telung nach § 258 Abs. 2 StGB strafbar, vgl. Satzger/Schluckebier/Widmaier/*Jahn* § 258 Rn. 38 m.w.N.

III. Insbesondere: Öffentliches Vermögen und Zweckverfehlung

14 Werden steuerliche Vergünstigungen oder Subventionen im Sinne der gesetzlichen Definition in § 264 Abs. 7 StGB durch schuldhaft unrichtige Angaben bewirkt, so kommt eine Ahndung nach den Tatbeständen der Abgabenordnung oder § 264 StGB in Betracht. Wie oben dargelegt, verdrängen diese den allgemeinen Straftatbestand des Betrugs; zudem sind sie, da sie unter ihren jeweiligen Voraussetzungen gegebenenfalls auch nur fahrlässiges Verhalten ahnden und der Subventionsbetrug einen Vermögensschaden nicht voraussetzt, im Grundsatz deutlich weiter gefasst als der allgemeine Betrugstatbestand. Dennoch hat § 263 StGB nicht nur bei Leistungen des Fiskus an Privatpersonen – die vom Tatbestand des Subventionsbetrugs definitionsgemäß nicht umfasst werden[29] –, sondern auch bei Täuschungshandlungen im Verhältnis von Fiskus und Vertretern von Unternehmen einen erheblichen Anwendungsbereich. Soweit die öffentliche Hand als Auftraggeber wie andere auch auftritt, ergeben sich bei Täuschungen über die Leistungsbereitschaft oder den Umfang oder die Qualität erbrachter Leistungen durch einen Auftragnehmer keine grundsätzlichen strafrechtsdogmatischen Besonderheiten gegenüber Betrugshandlungen im Bereich der Privatwirtschaft.

15 Solche Besonderheiten können sich aber insbesondere dann ergeben, wenn der Staat über eine rein fiskalische Beschaffungstätigkeit hinaus mit seiner Leistung – ebenso wie bei einer klassischen Subvention – weitergehende Zwecke verfolgt. Da die Legaldefinition des § 264 Abs. 7 StGB verlangt, dass eine *„Förderung der Wirtschaft"* beabsichtigt ist[30], kommt **§ 263 StGB** insoweit allein bei der **Förderung von Bildung, Kultur, im Gesundheitswesen** und, soweit hierbei nicht wirtschaftliche Gesichtspunkte im Vordergrund stehen, bei der **Sportförderung** sowie im Bereich der **Forschung** in Betracht;[31] zudem prüft die Rechtsprechung die Voraussetzungen des Betruges auch, wenn eine Täuschung über nicht marktmäßige Gegenleistungen durch den privaten Vertragspartner möglich erscheint.[32]

16 Problematisch und in der Literatur umstritten ist sowie in der Rechtsprechung nicht immer einheitlich beantwortet wird dabei die Frage, ob und inwieweit die **Verfehlung** solcher im weitesten Sinn **sozialer Zwecke** überhaupt einen strafrechtlich relevanten Vermögensschaden begründen kann: Charakteristikum nicht nur von Subventionen im engeren Sinn, sondern von öffentlichen Förderungen auch in den soeben aufgeführten Bereichen ist ja gerade, dass sie bewusst ohne oder zumindest ohne vollständiges wirtschaftliches Äquivalent erfolgen. So weit der Anwendungsbereich des § 264 StGB reicht – und § 263 StGB also verdrängt wird[33] –, kommt eine Strafbarkeit bereits bei allein unrichtigen Angaben im Bewilligungsverfahren in Betracht – unabhängig davon, ob die Subvention gewährt und gegebenenfalls ihr Zweck verfehlt wurde.[34] Gerade die Schwierigkeit, in diesem Bereich den für eine Bestrafung nach § 263 StGB erforderlichen Vermögensschaden nachzuweisen, war wesentliche Motivation des Gesetzgebers für die Einführung des Tatbestands des Subventionsbetrugs in den 1970er Jahren.[35]

---

29 Vgl. 21. Kap. Rn. 20.

30 S. oben 21. Kap. Rn. 19.

31 Einerseits genügt eine auch nur teilweise Förderung der Wirtschaft, andererseits genügen nur mittelbare Auswirkungen auf die Wirtschaft nicht; im Zweifel soll angesichts des Bestimmtheitsgrundsatzes aus Art. 103 Abs. 2 GG keine Subvention i.S.d. § 264 Abs. 7 StGB vorliegen, LK-StGB/*Tiedemann* § 264 Rn. 63, 67; Schönke/Schröder/*Perron* § 264 Rn. 15; Satzger/Schluckebier/Widmaier/*Saliger* § 264 Rn. 13; vgl. auch BT-Drucks. 7/5291, S. 11.

32 Z.B. *BGH* wistra 2003, 457 ff.; Matt/Renzikowski/*Saliger* 263 Rn. 219.

33 S. oben Rn. 7.

34 Vgl. im Einzelnen oben 21. Kap. Rn. 4, 31 ff.

35 BT-Drucks. 7/5291, S. 3, vgl. z.B. *Fischer* § 264 Rn. 2; LK-StGB/*Tiedemann* § 264 Rn. 5.

Für den Anwendungsbereich des klassischen Betrugstatbestands stellt sich demgegenüber nach wie vor die Frage, ob generell oder jedenfalls für den Bereich öffentlichen Vermögens ein Vermögensschaden auch dann vorliegen kann, wenn ein nicht oder zumindest nicht in erster Linie wirtschaftlicher Zweck täuschungsbedingt verfehlt wurde. Für die Rechtsprechung des Reichsgerichts und zuvor bereits nach *Savigny* genügte es für den Betrugstatbestand, wenn ein Vermögensgegenstand – und sei es bewusst ohne Gegenleistung – aufgrund einer beliebigen Täuschung aus der Hand gegeben wurde.[36] Auch das BayObLG hat es in einer bekannten Entscheidung für den Betrug ausreichen lassen, dass ein Spender allein über die Höhe vorausgehender Spenden anderer getäuscht wurde, obwohl seine Zuwendung dem vorgesehenen Zweck vollständig zugutekam.[37] Demgegenüber hält die überwiegende Lehre einen Betrug trotz bewusst freiwilliger Weggabe von Vermögenswerten heute zwar ebenfalls für möglich. Sie verlangt in solchen Fällen aber, dass ein **funktionaler Zusammenhang zwischen Täuschung, Irrtum und verfehltem Zweck** besteht: Der Irrtum etwa über die Höhe der Spende eines Nachbarn begründe keinen vermögensspezifischen Schaden desjenigen, der aufgrund seines Irrtums eine besonders hohe Spende allein deshalb leiste, weil er den Spendeneifer seines Nachbarn übertreffen wolle. Nur eine vermögensspezifische Täuschung und ein entsprechender Irrtum – im Beispielsfall also etwa über die tatsächliche Verwendung der Spende – könne einen strafrechtlich relevanten Vermögensschaden begründen.[38] **17**

Auch die heutige Rechtsprechung erkennt im Grundsatz an, dass die Bejahung von Betrug bei jedem beliebigen Motivirrtum § 263 StGB zu einem Tatbestand zum Schutz der bloßen Dispositionsfreiheit machen würde, was er nach heute einhelliger Ansicht gerade nicht ist.[39] Sie nimmt einen strafrechtlich relevanten Vermögensschaden bei unentgeltlicher Vermögensfortgabe daher nur dann an, wenn der **angestrebte und normativ anerkennenswerte Zweck täuschungsbedingt verfehlt** werde und die Vermögensminderung damit wirtschaftlich unvernünftig erscheint.[40] **18**

Die genannten Kriterien des „normativ anerkennenswerten" Zwecks und der „wirtschaftlich unvernünftigen" Ausgabe zeigen allerdings bereits, dass die Abgrenzung zwischen Strafbarkeit und Straflosigkeit auf diese Weise nicht immer zu eindeutigen Ergebnissen führen wird.[41] Dies gilt auch und gerade für die durch Täuschung erlangte Inanspruchnahme staatlicher Unterstützungsleistungen außerhalb des Anwendungsbereichs von § 264 StGB. Aber auch grund- **19**

---

36 *RGSt* 4, 352; 6, 360; *Savigny* nach *Goldtammer* Materialien zum Strafgesetzbuch für die preußischen Staaten, Teil II, S. 541.

37 *BayObLG* NJW 1952, 798; dazu eingehend z.B. *Cramer* S. 204 ff.

38 *Schröder* NJW 1962, 721; ihm folgend *Cramer* S. 202 ff., 215 f.; zusammenfassend AnwK-StGB/*Gaede* § 263 Rn. 144 f., LK-StGB/*Lackner* § 263 Rn. 164 ff., 170; Lackner/*Kühl* § 263 Rn. 55 f.; *Gerhold* S. 53 f., 73 f.; *Berger* S. 264 ff.; von einem anderen Ansatz gelangt zu ähnlichen Ergebnissen *Graul* FS Brandner, S. 801, S. 813 ff., wenn sie bereits beim Tatbestandsmerkmal der Täuschung nur solche Täuschungen erfassen will, die sich auf den objektiven Zweck der Verfügung und damit für den wirtschaftlichen oder sozialen Sinn des Austauschverhältnisses dispositionsrelevante Tatsachen beziehen; ähnlich AnwK-StGB/*Gaede* § 263 Rn. 24, 144 f.; vgl. auch *Idler* JuS 2007, 904, 905 f.

39 Z.B. *BGHSt* 19, 37, 44 f.; *BGH* NJW 1992, 2167; NJW 1995, 539 m.Anm. *Rudolphi* NStZ 1995, 289 und näher die unten Rn. 25 ff. ausgeführten Beispiele; der Sache nach auch *BayObLG* NStZ 1994, 193 und explizit nun *OLG München* B. v. 11.11.2013 – 4 StRR 184/13 m. Anm. *Fröba/Straube* StraFo 2014, 500.

40 *BGH* NJW 1995, 539 f.; vgl. z.B. Lackner/*Kühl* § 263 Rn. 56; AnwK-StGB/*Gaede* § 263 Rn. 24, 144 f., der die Problematik dogmatisch allerdings der Täuschung zuordnet, die „vermögensbezogen" sein müsse; *Fischer* § 263 Rn. 139; ähnlich Schönke/Schröder/*Perron* § 263 Rn. 104; Satzger/Schluckebier/Widmaier/*Satzger* § 263 Rn. 232; Graf/Jäger/Wittig/*Dannecker* § 263 Rn. 451; Matt/Renzikowski/*Saliger* § 263 Rn. 220; NK-StGB/*Kindhäuser* § 263 Rn. 296.

41 Vgl. auch z.B. HK-GS/*Duttge* § 263 StGB Rn. 68; *Idler* JuS 2007, 904 f.; zusammenfassend *Berger* S. 181 ff.

sätzlich sind die Lehre von der sozialen Zweckverfehlung und ihre praktische Übernahme durch die Rechtsprechung dogmatisch begründeter Kritik ausgesetzt.

20 So hat insbesondere *Hefendehl* dargelegt, dass gerade bei durch Täuschung bewirkten Leistungen der öffentlichen Hand ein Betrugsschaden nur dann in Betracht komme, wenn über einen **Rechtsanspruch** auf die Leistung getäuscht werde. In diesem Fall werde der Staat aufgrund der Täuschung nicht von einer – tatsächlich nicht bestehenden – Verbindlichkeit befreit und erleide dadurch einen Schaden.[42] Ist die Vergabeentscheidung dagegen nicht gesetzlich gebunden, sondern erfolgt sie freiwillig oder zumindest nach dem Ermessen des Staates bzw. des getäuschten Beamten, so liege eine **eigenverantwortliche Selbstschädigung** vor, die gerade keinen strafrechtlich relevanten Vermögensschaden begründen könne.[43] Auch vorsätzlich unrichtige Angaben im Bewilligungsverfahren änderten nichts daran, dass der Fiskus sein Vermögen bewusst ohne wirtschaftliche Gegenleistung mindere. Das Erschleichen nicht gesetzlich gebundener, sondern nach Ermessen zu gewährender staatlicher Leistungen könne daher außerhalb des Anwendungsbereichs von § 264 StGB nicht wegen Betrugs bestraft werden.[44] Hierfür spricht in der Tat die oben bereits angesprochene[45] maßgebliche Begründung des Gesetzgebers für die Einführung des Sondertatbestands des Subventionsbetrugs nach § 264 StGB: Die Begründung des § 264 im Jahr 1976 führte explizit aus, dass die Auslegung des § 263 mithilfe der Zweckverfehlungslehre zur Erfassung von täuschungsbedingter Subventionserlangung die *„Einheit des Vermögensbegriffs gesprengt"* und die *„Konturen des Vermögensbegriffs verwischt"* habe, weshalb nur eine spezielle Vorschrift des Subventionsbetrugs dem Bestimmtheitsgebot des Art. 103 Abs. 2 GG gerecht werde.[46]

21 Teilweise wird diese Kritik an der Zweckverfehlungslehre zwar im Ansatz geteilt, gerade für den Bereich des öffentlichen Vermögens – und dieses damit strafrechtlich vom privaten Vermögen unterscheidend – aber bei Nichteinhaltung normativer Vergabevoraussetzungen von Fördermitteln dennoch grundsätzlich ein Schaden bejaht.[47] Eine solche unterschiedliche Behandlung privaten und öffentlichen Vermögens ist jedoch im Wortlaut des § 263 StGB – wie auch oben unter II. gezeigt – an keiner Stelle angelegt und erscheint daher erst recht zur Strafbegründung nicht geeignet.

22 *Schlösser* hat demgegenüber durchaus nachvollziehbar aufgezeigt, dass die Zweckverfehlungslehre und ihre faktische Übernahme durch die Rechtsprechung das selbstständige Tatbestandsmerkmal des Vermögensschadens letztlich allein aus den Tatbestandsmerkmalen der Täuschung und des Irrtums herleitet, solange sie jedenfalls eine unbewusste Selbstschädigung des

---

42 MK-StGB/*Hefendehl* § 263 Rn. 739; insoweit auch *Schmoller* JZ 1991, 117, 124 f.

43 MK-StGB/*Hefendehl* § 263 Rn. 739, 745; krit. auch Arzt/Weber/Heinrich/*Hilgendorf* BT § 20 Rn. 113; SK-StGB/*Hoyer* § 263 Rn. 217 f.; HK-GS/*Duttge* § 263 StGB Rn. 62, anders aber Rn. 68 a.E. für öffentliches Vermögen.

44 MK-StGB/*Hefendehl* § 263 Rn. 745; ebenso Arzt/Weber/Heinrich/*Hilgendorf* BT § 20 Rn. 113; vgl. auch *Fröba/Straube* StraFo 2014, 500, 503 f.

45 Rn. 16.

46 BT-Drucks. 7/5291, S. 3; dem ursprünglichen Regierungsentwurf zum 1. WiKG zufolge sollten auch Kultur- und Forschungssubventionen von § 264 StGB erfasst werden, BT-Drucks. 7/3441, S. 4, 7, 23; vgl. *Berger* S. 40 Fn. 234.

47 *Tiedemann* FS BGH IV, S. 551, 559 f.; LK-StGB/*Tiedemann* § 263 Rn. 185; i.E. ebenso HK-GS/*Duttge* § 263 StGB Rn. 68 a.E.; zur Spaltung des strafrechtlichen Vermögensbegriffs zwischen privatem und öffentlichem Vermögen s. auch bereits *Tiedemann* ZStW 86 (1974), 897, 912, ähnlich – aber mit umgekehrtem Ergebnis: Ausklammerung der Verfehlung staatlicher, aber nicht privater Zwecke aus dem Schutzbereich des § 263 StGB – differenzierend *Amelung* S. 374 f.

Getäuschten verlangt.[48] Das aber kann in Konflikt geraten mit dem neuerdings vom BVerfG statuierten sogenannten Verschleifungsverbot, wonach jedes gesetzliche Tatbestandsmerkmal wie insbesondere der Vermögensnachteil in § 266 StGB eigenständige Unrechtsmerkmale enthalten muss und sich nicht allein und notwendig aus einem anderen Merkmal ergeben darf.[49] Überträgt man dies mit *Schlösser* auf die Herleitung des Vermögensschadens nach § 263 StGB allein aus dem Irrtum über den Zweck einer ohnehin bewussten Selbstschädigung, so ist die Zweckverfehlungslehre und ihre praktische Anwendung in der Rechtsprechung auch verfassungsrechtlich in Frage gestellt.[50] Auch und insbesondere die Verfehlung der mit staatlichen Sozialleistungen oder Wirtschaftssubventionen verfolgten Zwecke kann nach dieser Ansicht allein folglich keinen strafrechtlich relevanten Betrugsschaden begründen.[51]

So beachtlich die hier referierte Kritik an der Erfassung bloßer Zweckverfehlungen durch § 263 StGB auch ist – es muss konstatiert werden, dass die Rechtsprechung die Zweckverfehlungslehre ungeachtet ihrer dogmatischen Fragwürdigkeit jedenfalls im Bereich öffentlichen Vermögens ausgesprochenermaßen oder zumindest der Sache nach zur Anwendung bringt. So problematisch es erscheint, eine strafrechtlich relevante Vermögensminderung allein aus täuschenden Angaben über die Zweckverwendung herzuleiten oder ohne Anhaltspunkt im Gesetz den Schutz öffentlichen Vermögens gegenüber demjenigen privaten Vermögens auszuweiten: Auch außerhalb des Geltungsbereichs des Tatbestands des § 264 StGB muss bei unrichtigen Angaben über die beabsichtigte Verwendung öffentlicher Mittel mit Strafverfolgungsmaßnahmen unter dem Gesichtspunkt des Betruges gerechnet werden. **23**

Dass die Rechtsprechung bei der Prüfung der zentralen Frage, ob und unter welchen Voraussetzungen die Fehlleitung öffentlicher Mittel einen Betrugsschaden begründet, nicht immer zu einheitlichen Kriterien folgenden Ergebnissen gelangt, wurde oben bereits angesprochen.[52] Im Folgenden soll das Vorgehen der Rechtsprechung daher anhand einzelner, typischer Beispiele aus unterschiedlichen Bereichen näher dargestellt werden.[53] **24**

IV. Fallbeispiele aus Praxis und Rechtsprechung

1. Durch Täuschung erlangte Abwrackprämien – LG Kiel vom 30.5.2012

Ein Beispiel für den strafrechtlichen Umgang mit dem Missbrauch von staatlichen Leistungen bietet ein Urteil des *LG Kiel* zur sog. Abwrackprämie.[54] Im Jahr 2009 wurde auf Beschluss des Bundeskabinetts im Rahmen eines Konjunkturpakets II eine staatliche Prämie von 2.500,00 € unter bestimmten weiteren Voraussetzungen gewährt für die Neuzulassung eines Kraftfahrzeugs, wenn zugleich ein mindestens neun Jahre altes Fahrzeug nachweislich verschrottet **25**

---

48 *Schlösser* HRRS 2011, 254 f., 256 ff., 263; hierzu auch bereits z.B. *Tiedemann* ZStW 86 (1974), 897, 908 f.; *Wolf* S. 113, 117, leitet den Schaden i.S.d. § 263 StGB in der Tat allein aus der irrtumsbedingten Vermögensverfügung her, dazu krit. *Berger* GA 2000, 202, 203.

49 *BVerfG* B. v. 23.6.2010 2 BvR 2559/08, 2 BvR 105/09, 2 BvR 491/09; E 126, 170 Rn. 79, 113 ff., vgl. z.B. *Fischer* § 1 Rn. 8; *Lackner/Kühl* § 1 Rn. 6 m.w.N.

50 *Schlösser* HRRS 2011, 263 f.

51 *Schlösser* HRRS 2011, 263 f.; i.E. ebenso MK-StGB/*Hefendehl* § 263 Rn. 745; *Fröba/Straube* StraFo 2014, 500, 503 f.; krit. *Krell* ZStW 2014, 902, 918 ff., 924.

52 Rn. 19.

53 Einen umfassenden Überblick über die Rechtsprechung hierzu bis zum Ende der 1990er Jahre gibt *Berger* S. 150 ff.

54 *LG Kiel* Urteil v. 30.5.2012 – 3 KLs 2/12

wurde. Die im März 2009 vom Bundesministerium für Wirtschaft und Technologie veröffentlichte Richtlinie vom 20.02.2009 lautete hinsichtlich der Antragsberechtigung wie folgt:

26 *„Antragsberechtigt sind Privatpersonen, auf die ein Neufahrzeug gem. Nummer 4.3 zugelassen wird und die ein Altfahrzeug gem. Nummer 4.2 verschrotten. Zwischen dem Halter/der Halterin des Altfahrzeugs und der Person, auf die das Neufahrzeug zugelassen wird, muss Personenidentität bestehen. Zuwendungsempfänger/-in ist der Antragsteller/die Antragstellerin.“*[55]

27 Die zur Verfügung gestellten Mittel wurden im Laufe des Jahres 2009 auf 5 Milliarden € angehoben; die Gewährung der Zuwendung stand unter dem Vorbehalt der Verfügbarkeit der veranschlagten Haushaltmittel und war zudem Ermessensentscheidung. Im entschiedenen Fall ließ der Geschäftsführer eines Autohauses gezielt zahlreiche „Abwrackfahrzeuge" aufkaufen, um dann auf die Verkäufer dieser Altfahrzeuge jeweils ein Neufahrzeug aus dem Bestand seines eigenen Autohauses zuzulassen und anschließend die Prämie für das Unternehmen in Anspruch zu nehmen. Die Neuwagenbestellungen füllte er selbst mit den Namen der Verkäufer der Altfahrzeuge aus und beauftragte Mitarbeiter, die Unterlagen dem mit der Abwicklung der Prämie betrauten Bundesamt für Wirtschaft und Ausfuhrkontrolle zu übermitteln. Tatsächlich wurden die Neufahrzeuge für das Unternehmen des Geschäftsführers genutzt, die Prämie jeweils auf das in den Verwendungsnachweisen angegebene Konto des Unternehmens überwiesen.

28 Da die Abwrackprämie der zitierten Richtlinie zufolge allein für Privatpersonen bestimmt war, ist allein § 263 StGB und nicht § 264 StGB einschlägig. Nachdem die Mitarbeiter des Bundesamts für Wirtschaft und Ausfuhrkontrolle aufgrund der vorgetäuschten Neuwagenverkäufe die Prämie auszahlten und damit irrtumsbedingt über Vermögen verfügten, stellt sich allein die Frage, ob dies einen Vermögensschaden des Bundes begründet. Ausgehend von der oben dargestellten Zweckverfehlungslehre[56] ist auch dies vom *LG Kiel* unproblematisch bejaht worden:[57] Weder war das Autohaus als Unternehmen berechtigter Empfänger der allein Private begünstigenden Prämie, noch wurden mit den Fahrzeugen aus dessen Bestand tatsächlich zusätzliche Neufahrzeuge erworben.

29 Es stellt sich dazu allein die Frage, ob sich dies in dem in der Literatur[58] diskutierten Fall anders verhält, dass eine Privatperson tatsächlich einen Neuwagen anstelle eines eigenen entsprechend alten Fahrzeugs bestellt, aber das Altfahrzeug nicht verschrottet, sondern ins Ausland verkauft. Für den Fall, dass in dieser Konstellation die Verschrottung des Altfahrzeugs vorgetäuscht wird, wird die Ansicht vertreten, der Zweck der Richtlinie zur Abwrackprämie sei dennoch erreicht: Ein zusätzlicher Neuwagen wurde an eine Privatperson abgesetzt, und jedenfalls der deutsche Straßenverkehr ist von den Abgasen des Altfahrzeugs entlastet.[59] Diese Diskussion zeigt die praktische Schwierigkeit der Anwendung der oben dargestellten Zweckverfehlungslehre deutlich auf: Ob der Zweck der jeweiligen staatlichen Leistung verfehlt wurde oder aber nur den eigentlichen Zweck der Leistung nicht berührende Formalien verletzt wer-

---

55 BAnz S. 835, 1056
56 Vgl. oben Rn. 14 ff.
57 *LG Kiel* Urteil vom 30.5.2012 – 3 KLs 2/12, UA S. 19 f.
58 *Stumpf* NJW-Spezial 2009, 648; *Fahl* JA 2011, 836; Matt/Renzikowski/*Saliger* § 263 Rn. 220; MK-StGB/ *Hefendehl* § 263 Rn. 745
59 *Stumpf* NJW-Spezial 2009, 648, 649; vgl. auch *Fahl* JA 2011, 836 ff., wo auch die Frage erörtert wird, ob die deutschen Altfahrzeuge in Übersee nicht womöglich noch umweltschädlichere Fahrzeuge ersetzten und daher sogar die umweltpolitische Zielsetzung erreicht würde; zu dieser Frage liegt, soweit ersichtlich, veröffentlichte Rechtsprechung nicht vor.

den, ist nicht immer einfach und eindeutig zu beantworten.[60] Diese – im konkreten Fall von der Rechtsprechung, soweit ersichtlich, noch nicht entschiedene – Problematik stellt sich natürlich nicht, wenn die Zweckverfehlungslehre generell abgelehnt wird oder aber jegliche Täuschung gegenüber dem über die Leistung Verfügenden für einen Betrug als ausreichend angesehen würde.[61]

2. Durch Täuschung erlangte Parteienfinanzierung

Einen gesonderten Bereich stellt die Strafverfolgung von Falschangaben im Rahmen der **staatlichen Parteienfinanzierung** dar. Hier stellt die Sondervorschrift des § 31d PartG – insoweit im Ansatz § 264 StGB vergleichbar – bereits unrichtige Angaben im Rechenschaftsbericht gegenüber dem Präsidenten des Bundestages als solche unter Strafe, wenn diese in der Absicht erfolgen, die Herkunft oder die Verwendung der Mittel der Partei zu verschleiern oder die öffentliche Rechenschaftslegung nach dem PartG zu umgehen. Anders als beim Betrug und ebenso wie bei § 264 StGB wird hier also schon die unrichtige Angabe als solche unter Strafe gestellt, ohne dass ein Vermögensschaden auch nur angestrebt werden müsste; § 31d Abs. 2 PartG bedroht auch den Prüfer eines Rechenschaftsberichts bei vorsätzlich unrichtigen Angaben als Täter und nicht nur Gehilfen mit Strafe. Da die Strafvorschrift des PartG dem Willen des Gesetzgebers zufolge *„das Vertrauen der Öffentlichkeit in die Richtigkeit der Rechnungslegung"*[62] der Parteien und nicht das Vermögen schützt, ist daneben im Fall einer täuschungsbedingt zu hohen Gewährung staatlicher Mittel an eine Partei auch der allgemeine Betrugstatbestand grundsätzlich anwendbar.[63]

30

Demzufolge kommen die Mitglieder des Parteivorstands, die den Rechenschaftsbericht einzureichen hatten, als Täter einer – mangels des Erfordernisses eines expliziten Förderungsantrags bei bereits im Vorjahr geförderten Parteien konkludenten – Täuschung gegenüber dem Bundestagspräsidenten bzw. seinen Mitarbeitern in Betracht; andere Personen können mittelbare Täter oder Gehilfen sein.[64] Werden aufgrund unrichtiger förderungsrelevanter Angaben insbesondere zu Spenden oder Mitgliedsbeiträgen gem. § 18 Abs. 3 Nr. 3 PartG überhöhte Fördermittel festgesetzt, so stellt sich wie bei anderen einseitigen Zuwendungen auch die Frage, ob und gegebenenfalls wem dadurch ein Vermögensschaden i.S.d. § 263 StGB entsteht.

31

Für die staatliche Parteienförderung sind dabei zwei Besonderheiten zu beachten: Zum einen haben die politischen Parteien nach den Regeln der §§ 18 ff. PartG einen rechtlichen Anspruch auf staatliche Teilfinanzierung. Zum anderen bestimmt § 18 Abs. 2 PartG für diese Förderung eine regelmäßig anzupassende absolute Obergrenze.[65] Der erste Gesichtspunkt führt dazu, dass keine bewusste Selbstschädigung der Bundestagsverwaltung vorliegt und daher trotz der als solche bewusst unentgeltlichen Zuwendung ein Vermögensschaden in Betracht kommt.[66]

32

---

60 Vgl. oben Rn. 19.
61 Vgl. auch dazu oben Rn. 17, 20 f.
62 BT–Drucks. 14/8778, S. 17.
63 *BGHSt* 56, 203, 222; MK-StGB/*Hefendehl* § 263 Rn. 747; Matt/Renzikowski/*Saliger* § 263 Rn. 256 f.; *Saliger* S. 691; *Grunst* wistra 2004, 95.
64 Matt/Renzikowski/*Saliger* § 263 Rn. 256; MK-StGB/*Hefendehl* § 263 Rn. 746; *Saliger* S. 497; *Grunst* wistra 2004, 96; vgl. auch *BGHSt* 49, 275, 301 f. zum PartG a.F. – Fall Kremendahl.
65 Im Jahr 2014 waren dies 156,7 Mio. €, BT-Drucks. 18/1327, S. 1.
66 Vgl. z.B. MK-StGB/*Hefendehl* § 263 Rn. 746 m.w.N.

33 Der zweite Gesichtspunkt hat zur Konsequenz, dass für den praktischen Regelfall, dass die absolute Obergrenze der zu vergebenden Mittel ohnehin erreicht wird, Rechtsprechung[67] und überwiegende Literatur[68] annehmen, dass dem Staat ein Vermögensschaden nicht entsteht: Da die zur Verfügung stehenden Mittel auch ohne die Täuschung vollständig vergeben worden wären, liege im Ergebnis keine Vermögensminderung vor. Diese Argumentation ist unter dem Gesichtspunkt der Kausalität nachvollziehbarer Kritik ausgesetzt.[69] Auch der *BGH* gelangt jedoch zu einer Bestrafung wegen Betrugs durch Annahme eines Vermögensschadens bei den übrigen Parteien. Nach den Kriterien eines Dreiecksbetrugs um Forderungen verfüge die Bundestagsverwaltung durch die Bewilligung überhöhter Mittel an die täuschende Partei zugleich zulasten der anderen Parteien, deren Zuschüsse wegen der insgesamt betragsmäßig begrenzten Förderung entsprechend reduziert werden.[70] Eine Besonderheit stellt die in § 31d Abs. 1 S.2 PartG eröffnete Möglichkeit einer Selbstanzeige dar, die unter in § 23b PartG näher bestimmten Voraussetzungen eine Bestrafung nach dem PartG ausschließt. Insoweit wird in der Literatur eine Erstreckung dieser Vorschrift über ihren Wortlaut hinaus auch auf eine Strafbefreiung bezüglich des Vermögensdelikts des § 263 StGB befürwortet.[71]

3. Betrug bei Sozialsubventionen – manipulierte Anträge auf Kurzarbeitergeld

34 In der Literatur ist insbesondere in der Folge der Finanzmarkt- und Wirtschaftskrise seit 2008 die Frage diskutiert worden, ob und inwiefern durch **Manipulationen bei der Inanspruchnahme von Kurzarbeitergeld** ein Betrug gem. § 263 StGB begangen werden kann.[72]

35 **Kurzarbeitergeld** gem. §§ 95 ff. SGB III ist Arbeitnehmern als Entgeltersatzleistung für das durch Kurzarbeit ganz oder teilweise reduzierte Arbeitsentgelt von der Bundesagentur für Arbeit zu gewähren. Voraussetzung ist insbesondere ein i.S.d. § 96 SGB III erheblicher Arbeitsausfall, der demzufolge auf wirtschaftlichen Gründen oder einem unabwendbaren Ereignis beruhen muss, außerdem muss er vorübergehend und nicht vermeidbar sein sowie jeweils mehr als 10 % des Bruttoentgelts von mindestens einem Drittel der Arbeitnehmer betragen. Weitere betriebliche und persönliche Voraussetzungen müssen gem. §§ 97 und 98 SGB III erfüllt sein, zudem muss der Arbeitsausfall der Arbeitsagentur gem. § 99 SGB III ordnungsgemäß angezeigt werden. Sind alle gesetzlichen Voraussetzungen erfüllt, hat der Arbeitnehmer Anspruch auf 60 %, mit eingetragenem Kinderfreibetrag auf 67 % der sogenannten Nettoentgeltdifferenz, gem. § 106 SGB III dem Unterschiedsbetrag zwischen vollem Nettoentgelt aus dem Sollverdienst und dem pauschalierten Nettoentgelt aus dem tatsächlichen Entgelt bei reduzierter Arbeitszeit. Die gesetzlich grundsätzlich vorgesehene Dauer des Kurzarbeitergelds von sechs Monaten gem. § 104 SGB III war zwischenzeitlich auf bis zu 24 Monate verlängert worden; für bis zum 31.12.2015 entstehende Ansprüche beträgt die Bezugsdauer nun 12 Monate.[73]

---

67 *BGHSt* 49, 275, 303 f.

68 *Saliger* S. 501 ff.; Matt/Renzikowski/*Saliger* § 263, Rn. 275; *Saliger/Sinner* NJW 2005, 1073, 1077; NK-StGB/ *Kindhäuser* § 263 Rn. 348a.

69 Dazu *Grunst* wistra 2004, 95, 96; MK-StGB/*Hefendehl* § 263 Rn. 746; vgl. auch *LG Wuppertal* NJW 2003, 1405, 1408 – Fall Kremendahl.

70 *BGHSt* 49, 275, 304; *Saliger* S. 506 f.; Matt/Renzikowski/*Saliger* § 263 Rn. 257; *Saliger/Sinner* NJW 2005, 1073, 1077; *Dölling* JR 2005, 519, 520 f.

71 *Saliger* S. 691; vgl. auch MK-StGB/*Hefendehl* § 263 Rn. 747 m. Fn. 2262.

72 *Gaede/Leydecker* NJW 2009, 3542 ff.; *Keller* Business & Law 2010, 6 f.; Matt/Renzikowski/*Saliger* § 263 Rn. 220; *Fischer* § 263 Rn. 142.

73 Verordnung über die Bezugsdauer für das Kurzarbeitergeld vom 7.12.2012, zuletzt geändert durch Art. 1 der Verordnung vom 13.11.2014, BGBl I, 1749.

Sind alle gesetzlichen Voraussetzungen erfüllt, gewährt § 95 SGB III ausdrücklich dem Arbeit- **36** nehmer Anspruch auf Kurzarbeitergeld. Anfang 2009 nahmen einem Bericht der Bundesregie- rung zufolge über 36.000 Betriebe für mehr als 1,1 Mio. Arbeitnehmer konjunkturelles Kurz- arbeitergeld in Anspruch; allein bis zum Sommer 2009 war nahezu 1 Mrd. € Kurzarbeitergeld ausgekehrt worden.[74]

In Folge der erheblichen Ausweitung der Gewährung von Kurzarbeitergeld sind auch Miss- **37** brauchsmöglichkeiten verstärkt in den Fokus der Ermittlungsbehörden gerückt. Diskutiert worden ist insbesondere die Konstellation, dass Kurzarbeitergeld beantragt wird, obwohl tat- sächlich kein Arbeitsausfall im angezeigten Umfang eingetreten ist, die Arbeitnehmer also bei- spielsweise vom Arbeitgeber angehalten werden, frühzeitig „auszustempeln", aber tatsächlich in vollem Umfang weiterzuarbeiten.[75]

Das Institut der Kurzarbeit entlastet zwar im Ergebnis den Betrieb. Das Kurzarbeitergeld gilt **38** aber nach überwiegender Betrachtung nicht als Leistung „an Betriebe oder Unternehmen" i.S.d. § 264 Abs. 7 Nr. 1 StGB, sondern als **Sozialsubvention an den Arbeitnehmer**.[76] Da der Arbeitgeber lediglich als Zahlstelle für die ohnehin nur zum Zweck der Weiterleitung an den Arbeitnehmer als den eigentlichen Empfänger bestimmten Mittel angesehen wird, lehnt die überwiegende Ansicht die Anwendung des § 264 StGB auf das Kurzarbeitergeld ab.[77]

Demzufolge kommt eine Strafbarkeit gem. § 263 StGB in Betracht. Beantragt der Arbeitgeber **39** in einer solchen Konstellation nach Anzeige des vermeintlichen Arbeitsausfalls Kurzarbeiter- geld, so täuscht er die Mitarbeiter der Arbeitsagentur. Gewähren diese daraufhin aufgrund des vermeintlich erheblichen Arbeitsausfalls das Kurzarbeitergeld, so verfügen sie irrtumsbedingt über staatliches Vermögen. Fraglich ist auch in diesem Fall, ob dadurch ein Vermögensschaden der Arbeitsagentur i.S.d. § 263 StGB begründet wird. Da die Arbeitnehmer gem. § 95 SGB III bei tatsächlichem Vorliegen der gesetzlichen Voraussetzungen einen unbedingten Anspruch auf das Kurzarbeitergeld haben, liegt keine Ermessensentscheidung vor. Werden die Anspruchsvoraussetzungen vorgetäuscht und wird daraufhin Kurzarbeitergeld gewährt, so entsteht dem Fiskus mangels Befreiung von einer entsprechend hohen Verbindlichkeit ein Schaden; der oben dargestellten Zweckverfehlungslehre zufolge wird der Schaden dadurch begründet, dass mangels tatsächlichen Arbeitsausfalls der bestimmende Zweck der Leistung nicht erreicht werden kann.[78]

Näher zu erörtern ist in der vorliegenden Konstellation aber die sogenannte **Stoffgleichheit** **40** des angestrebten Vermögensvorteils mit dem Schaden. § 263 StGB verlangt, dass der Täter in der Absicht handelt, sich oder einem Dritten einen rechtswidrigen Vermögensvorteil zu ver- schaffen, der die unmittelbare Kehrseite des Vermögensschadens des Geschädigten darstellen muss.[79]

---

74 BT-Drucks. 16/13.776 S. 5 f.; vgl. *Gaede/Leydecker* NJW 2009, 3542, 3543.

75 *Gaede/Leydecker* NJW 2009, 3542, 3543; *Keller* Business & Law 2010, 6.

76 Vgl. *Gaede/Leydecker* NJW 2009, 3542, 3546.

77 Schönke/Schröder/*Perron* § 264 Rn. 25; NK-StGB/*Hellmann* § 264 Rn. 36; Matt/Renzikowski/*Gaede* § 264 Rn. 18; Satzger/Schluckebier/Widmaier/*Saliger* § 264 Rn. 14; HK-GS/*Duttge* § 264 Rn. 10; a.A. MK-StGB/ *Wohlers/Mühlbauer* § 264 Rn. 57; zweifelnd *Fischer* § 264 Rn. 11.

78 Vgl. oben Rn. 14 ff.; MK-StGB/*Hefendehl* § 263 Rn. 745.

79 BGHSt 6, 115, 116; 21, 384, 386; BGH NStZ 2003, 264; *Fischer* § 263 Rn. 187; Matt/Renzikowski/*Saliger* § 263 Rn. 283; Satzger/Schluckebier/Widmaier/*Satzger* § 263 Rn. 295; MK-StGB/*Hefendehl* § 263 Rn. 776 ff.; Schönke/Schröder/*Perron* § 263 Rn. 168 f.

41 Hier gewährt § 95 SGB III den Anspruch auf Kurzarbeitergeld dem Arbeitnehmer, während regelmäßig der Arbeitgeber den – in der vorliegenden Konstellation täuschenden – Antrag stellt. Während es das Ziel seiner Täuschung sein wird, die Arbeitskosten zu verringern, hat der Arbeitgeber die Arbeitsleistung als solche bereits unabhängig von der Beantragung des Kurzarbeitergeldes erhalten. Insoweit erscheint das Erfordernis der Stoffgleichheit von Schaden und erstrebtem Vorteil also fraglich. Stellt man allerdings die angestrebte nachträgliche Verlagerung eines Teils der Kosten der Arbeitsleistung auf die Allgemeinheit dem täuschungsbedingt fehlenden Anspruch hierauf gegenüber, so dürfte der angestrebte Vorteil auch als Kehrseite des Vermögensschadens und damit mit ihm stoffgleich anzusehen sein.

42 Hinzuweisen ist zudem darauf, dass **Arbeitnehmer**, die sich etwa durch Fortsetzung der Arbeit nach scheinbarem „Ausstempeln" an der Vortäuschung von Arbeitsausfall beteiligen, ebenso wie an der Anzeige eines vermeintlichen Arbeitsausfalls gem. § 99 SGB III beteiligte Mitglieder der Betriebsvertretung ihrerseits als **Gehilfen eines Betruges** in Betracht kommen; dabei wird ihre besondere Situation hinsichtlich des bedrohten eigenen Arbeitsplatzes zumindest im Rahmen von Opportunitätserwägungen der Staatsanwaltschaft gem. §§ 153, 153a StPO zu berücksichtigen sein. Schließlich kommen auch **Mitglieder der beratenden Berufe als Gehilfen oder Mittäter** eines Betruges in dieser Konstellation in Betracht.[80]

4. Betrug bei Vergabe von Denkmalfördermitteln – BGH NStZ 2006, 624

43 Ein illustratives Beispiel für die Schwierigkeit, bei Täuschungen hinsichtlich der Vergabe staatlicher Zuschüsse einen Vermögensschaden zu bestimmen, bildet auch der folgende Fall:

44 Der Angeklagte A hatte in Berlin ein Grundstück mit einem denkmalgeschützten Gebäude erworben, um es zu sanieren. Mit dem Land Berlin schloss er einen Fördervertrag, der ihm zu dem durch Rechnungen fremder Firmen nachgewiesenen tatsächlichen Aufwand für Baukosten ein zinsloses Darlehn sowie einen nicht zurückzuzahlenden Zuschuss über jeweils 840.000 € gewährte. A führte die Maßnahme mit Mitarbeitern und Material eigener Unternehmen durch und legte zum Nachweis Rechnungen einer nicht ihm gehörenden L-GmbH vor, der keine tatsächlichen Leistungen zugrundelagen. Hierfür zahlte er diesem Unternehmen eine Provision von 10 % der Rechnungssummen. Nachdem die Baumaßnahmen in quantitativer und qualitativer Hinsicht überprüft worden waren – und den Anforderungen tatsächlich entsprachen –, wurden die Fördermittel antragsgemäß an A ausgezahlt.

45 Das *LG* sah hierin einen Betrug zu Lasten des Landes Berlin: A habe durch die Vorlage der Scheinrechnungen die für die Vergabe zuständigen Mitarbeiter getäuscht und durch die Auszahlung sei aufgrund der Nichteinhaltung der Voraussetzungen für die Förderung auch ein Vermögensschaden in Höhe der gesamten Fördersumme verursacht worden. Der *BGH* hob die Verurteilung wegen dieser und anderer Taten zu einer Gesamtfreiheitsstrafe von 4 Jahren auf, da ein Schaden des Landes nur in Höhe der auf die Differenz zwischen der durch Scheinrechnungen geltend gemachten Summe und dem Wert der vom Unternehmen des A tatsächlich erbrachten Leistungen entfallenden Fördersumme bestehen könne. Sei dieser Betrag nicht sicher zu ermitteln, komme es in Betracht, die für die Scheinrechnungen gezahlte Provision als Mindestschaden anzusehen.[81]

---

80 Vgl. *Gaede/Leydecker* NJW 2009, 3542, 3544; vgl. auch oben 11. Kap. Rn. 9 ff., 44 ff.
81 *BGH* NStZ, 2006, 624; dazu *Idler* JuS 2007, 904; *Allgayer* wistra 2006, 261; *Bosch* JA 2006, 492; vgl. auch LK-StGB/*Tiedemann* § 263 Rn. 185.

Die unterschiedliche Berechnung des Schadens durch das Landgericht und den *BGH* zeigt die **46** Schwierigkeiten der Rechtsprechung bei der Prüfung, ob und inwieweit durch Falschangaben bei der Beantragung von öffentlichen Fördermitteln ein Vermögensschaden verursacht wird, deutlich auf: Während das *LG* allein aus der vertragswidrigen Einreichung von Scheinrechnungen folgert, die gesamte Förderung sei täuschungsbedingt ausgezahlt worden und begründe daher einen Schaden, betont der *BGH* seine ständige Rechtsprechung, wonach § 263 StGB nicht die Dispositionsfreiheit, sondern allein das Vermögen als solches schützt: *„Eine Täuschung über Nachweise reicht für sich genommen für die Annahme eines Vermögensschadens i.S.d. § 263 StGB nicht aus. Der Betrug schützt nämlich nicht die Wahrheit und das Vertrauen im Geschäftsverkehr, sondern ist eine Vermögensstraftat.“*[82] Auf dieser Grundlage nimmt der 5. Senat im konkreten Fall an, ein Schaden komme nur in Höhe der Subventionsquote in Betracht, die auf die Differenz zwischen geltend gemachten und tatsächlich durch eigene Leistungen entstandenen Aufwendungen entfallen.[83] Soweit der *BGH* mit der Formulierung *„ein Schaden ergibt sich … daraus, dass die zweckgebundenen Mittel verringert werden, ohne dass der erstrebte sozialpolitische Zweck erreicht wird“*[84] die Kriterien der oben dargelegten Zweckverfehlungslehre anwendet, ist er in der Literatur überwiegend auf Zustimmung gestoßen.[85]

Fraglich ist dabei allerdings, ob allein diese Selbstkosten förderungsfähig sind oder ob nicht **47** vielmehr ein vergleichbarer marktgerechter Werklohn für die erbrachten Arbeiten zugrundezulegen ist.[86] Auch die Annahme, ein Mindestschaden könne in der gezahlten Provision für die Scheinrechnungen gesehen werden, erscheint nicht unproblematisch: Diese für Bestechungszahlungen für Auftragsvergaben bei Korruptionsdelikten entwickelte Rechtsprechung[87] dürfte nicht ohne weiteres übertragbar sein auf die hier vorliegende Konstellation, dass eine Subvention ohne marktmäßige Gegenleistung angestrebt wird. Da die Denkmalfördermittel hier dem Vermögen des Antragstellers unmittelbar zugutekommen, verhält sich dies anders als bei einem durch Provisionszahlungen zu erlangenden Auftrag für Dritte.[88]

Der *BGH* hat schließlich für den Fall der Nichterweislichkeit eines konkreten Vermögensscha- **48** dens eine Strafbarkeit nach § 264 StGB erwogen.[89] Das erscheint solange aber nicht möglich, als der Denkmalschutz als kultureller Förderungszweck keine Subvention zur Förderung der Wirtschaft i.S.d. § 264 Abs. 7 Nr. 1b StGB darstellt[90] und daher allein § 263 StGB einschlägig ist; anderenfalls würde dieser durch § 264 StGB verdrängt.[91]

---

82 *BGH* NStZ, 2006, 624, 625 Rn. 6.
83 *BGH* NStZ, 2006, 624, 625 Rn. 7.
84 *BGH* NStZ, 2006, 624, 625 Rn. 2.
85 *Allgayer* wistra 2006, 261, 262; vgl. auch *Bosch* JA 2006, 492 ff.; *Idler* JuS 2007, 904, 905 f., wobei letzterer die Problematik jedoch dogmatisch der Täuschung zuordnet, vgl. dazu oben Rn. 17 f.
86 Vgl. dazu *Idler* JuS 2007, 904, 907.
87 *BGHSt* 47, 83; 50, 299; dazu näher *Fischer* § 266 Rn. 119; kritisch z.B. MK-StGB/*Dierlamm* § 266 Rn. 273 m.w.N.
88 Dazu näher *Idler* JuS 2007, 904, 907; vgl. auch *Bosch* JA 2006, 492 ff.
89 *BGH* NStZ 2006, 624, 625 Rn. 9.
90 Dazu oben Rn. 15; vgl. auch LK-StGB/*Tiedemann* § 264 Rn. 67.
91 Vgl. oben Rn. 7 und 21. Kap. Rn. 19, 73 f. sowie *Allgayer* wistra 2006, 261 f.; unklare Einordnung insoweit hinsichtlich der Förderung der Wirtschaft i.S.d. § 264 Abs. 7 Nr. 1b StGB auch bei *BGH* NJW 2014, 2295 m. Anm. *Gaede*, vgl. dazu auch oben 21. Kap. Rn. 73 ff.

5. Betrug bei Beantragung öffentlicher Leistungen an Private – Erschleichen von BAföG-Leistungen – BayObLG NJW 2005, 309

49 Für den Bereich öffentlicher Leistungen an Privatpersonen bieten Ermittlungen wegen unrichtiger Angaben in Anträgen auf Mittel nach dem Bundesgesetz über individuelle Förderung der Ausbildung (**Bundesausbildungsförderungsgesetz – BAföG**) vielfältiges Anschauungsmaterial. Seit 2002 wurden erstmals beim Bundesamt für Finanzen gespeicherte Daten zu Freistellungsaufträgen mit den bei den Ämtern für Ausbildungsförderung gespeicherten Daten zu Leistungsempfängern nach dem BAföG abgeglichen.[92] Dabei ergaben sich bei mehr als 40.000 BAföG-Empfängern Verdachtsmomente dafür, dass den Freibetrag übersteigende Vermögenswerte verschwiegen worden waren, ein Gesamtschaden von über 225 Mio. € wurde geschätzt.[93]

50 In der Literatur vielfältig diskutiert wurde hierzu eine Entscheidung des *BayObLG*, mit der ein Urteil des Berufungsgerichts zu 120 Tagessätzen Geldstrafe gegen einen Antragsteller bestätigt wurde, der ein zeitweilig ca. 25.000 € betragendes Wertpapiervermögen verschwiegen hatte.[94] Die Entscheidung verwirft zunächst eine zuvor diskutierte Ansicht, der zufolge eine mögliche Betrugsstrafbarkeit in dieser Konstellation durch den Ordnungswidrigkeitentatbestand des § 58 Abs. 1 Nr. 1 BAföG, der falsche und unterlassene Angaben im Bewilligungsverfahren mit bis zu 2.500 € Geldbuße bedroht, verdrängt werde,[95] unter Hinweis auf die generelle Vorrangregel des § 21 Abs. 1 S. 1 OWiG für Straftatbestände gegenüber Ordnungswidrigkeiten.

51 Ist das materielle Strafrecht damit anwendbar, ergeben sich bei **bewusst falschen Angaben über eigenes Vermögen** im Antrag auf BAföG-Mittel hinsichtlich der Tatbestandsmerkmale der Täuschung, des Irrtums der über die Förderung entscheidenden Person und der Vermögensverfügung bei Bewilligung und Auszahlung der Leistung keine wesentlichen Probleme. Sorgfältiger Prüfung bedarf aber auch in dieser Konstellation die Frage, ob dem Staat mit einer täuschungsbedingten Gewährung von Leistungen ein Vermögensschaden i.S.d. § 263 StGB entstanden ist: Zunächst hat die obergerichtliche Rechtsprechung in Anbetracht der tatsächlich und verwaltungsrechtlich oftmals komplexen Sachlage zu Recht betont, dass der Tatrichter einen Vermögensschaden nur annehmen darf, wenn er die geltend gemachte Überzahlung in tatsächlicher und verwaltungsrechtlicher Hinsicht in den Urteilsgründen konkret und nachvollziehbar darlegt.[96]

52 Dazu gilt auch hier, dass nach der Rechtsprechung ein strafrechtlich relevanter Vermögensschaden nur dann vorliegt, wenn über solche Tatsachen getäuscht wurde, die den angestrebten und normativ anerkannten Zweck der Leistung entfallen lassen.[97] Bei Förderung entgegen den gesetzlichen Voraussetzungen des BAföG tatsächlich vermögender Auszubildender ist dies unproble-

---

92 Zu den datenschutzrechtlichen Fragen dieses seinerzeit auf die allgemeine Ermächtigungsnorm des § 45d Abs. 2 EStG gestützten Abgleichs *Krapp* ZRP 2004, 261 ff.; *Vogel* JZ 2005, 308, 309 f.; *Böse* StraFo 2005, 122, 125 f.; erst im Jahr 2004 wurde mit § 41 Abs. 4 BAföG eine spezielle Ermächtigungsnorm geschaffen, dazu und zu den Konsequenzen näher *Vogel* JZ 2005, 308, 310.

93 Vgl. *Vogel* JZ 2005, 308 m.w.N.

94 *BayObLG* NJW 2005, 309 m.Anm. *Bohnert* NStZ 2005, 174; *Vogel* JZ 2005, 308; *Kudlich* JuS 2005, 379; vgl. auch *Rau/Zschieschak* StV 2004, 669 ff.; *Krapp* ZRP 2004, 261; *Böse* StraFo 2005, 122 ff.

95 *Bohnert* NJW 2003, 3611; *ders.* NStZ 2005, 174 f.; anders *BayObLG* NJW 2005, 309; *OLG Hamm* NJW 2005, 2869, 2870; *Rau/Zschieschak* StV 2004, 669, 673; *Vogel* JZ 2005, 308, 309.

96 *OLG Hamm* NJW 2005, 2869 f.; für Sozialhilfe ebenso z.B. *OLG Düsseldorf* StV 2001, 354 f.; allgemein aus prozessualer Sicht vgl. z.B. *Meyer/Goßner* § 267 Rn. 5 ff.; KK-StPO/*Kuckein* § 267 Rn. 8 f.; eingehend *Schlösser* StV 2010, 157 ff.; vgl. zu § 264 auch oben 21. Kap. Rn. 47.

97 Vgl. oben Rn. 17 f.

matisch der Fall.[98] Wird demgegenüber allein über formale Angaben, die den Anspruch selbst nicht berühren – wie etwa Name oder Anschrift – getäuscht, so berührt dies nicht den eigentlichen Zweck der Leistung und begründet daher auch keinen Vermögensschaden.[99]

Materiellrechtlich ist zudem darauf hinzuweisen, dass gem. § 28 Abs. 3 BAföG Schulden – außer nach dem BAföG selbst erhaltene Darlehen – von dem gem. §§ 26 ff. BAföG anzurechnenden Vermögen abzuziehen sind. Das eröffnet in Anbetracht nicht selten allein mündlich vereinbarter Privatdarlehen regelmäßig durchaus plausible Verteidigungsmöglichkeiten;[100] nach einer Entscheidung des *OLG Hamm* zählen zu den gem. § 28 Abs. 3 BAföG **abzugsfähigen Schulden** auch Rückzahlungsverpflichtungen gegenüber der Bewilligungsbehörde selbst aus rechtswidriger Ausbildungsförderung für einen vorherigen Zeitabschnitt.[101] Demgegenüber entlastet das in der Praxis sowohl von Beziehern von BAföG-Mitteln als auch anderen Sozialleistungen nicht selten vorgebrachte Argument, das verschwiegene Vermögen werde treuhänderisch für Dritte gehalten, die Betroffenen in der Regel nicht: Eine etwa zur Ausnutzung steuerlicher Freibeträge innerhalb der Familie erfolgte Übertragung setzt ihrerseits eine rechtlich wirksame Übertragung des Vermögens voraus.[102] **53**

Praktisch bedeutsamer können sowohl Schwierigkeiten beim Nachweis der subjektiven Tatseite – dem Leistungsempfänger muss nachgewiesen werden, dass er den Antrag selbst ausgefüllt hat und ihm die verschwiegenen Vermögenswerte zu dieser Zeit auch bewusst waren – als auch **Irrtümer etwa über die Rechtswidrigkeit der erstrebten Bereicherung** aufgrund rechtlich falscher Einordnung von Vermögenswerten sein. Solche Rechtsirrtümer etwa darüber, dass ein Vermögensgegenstand aus rechtlichen Gründen *„nicht verwertbar"* i.S.d. § 27 Abs. 1 S. 2 BAföG ist, können geeignet sein, den Vorsatz der Rechtswidrigkeit des angestrebten Vermögensvorteils i.S.d. § 16 StGB und damit die Bestrafung wegen vorsätzlichen Betruges auszuschließen.[103] **54**

---

98 Dies gilt im Ergebnis auch für diejenigen Kritiker der Zweckverfehlungslehre, die wie MK-StGB/*Hefendehl* § 263 Rn. 739; *Schmoller* JZ 1991, 117, 124 f. bei einem Rechtsanspruch auf die Leistung – wie hier nach § 1 BAföG – einen Vermögensschaden in der im Täuschungsfall entfallenden Befreiung des Fiskus von der Pflicht zur Leistung sehen, vgl. oben Rn. 20 f.

99 *OLG Köln* StraFo 2007, 299; *BayObLG* StV 2001, 627; Schönke/Schröder/*Perron* § 263 Rn. 104a; Satzger/Schluckebier/Widmaier/*Satzger* § 263 Rn. 233; Matt/Renzikowski/*Saliger* § 263 Rn. 258; *Fischer* § 263 Rn. 141.

100 Vgl. *Vogel* JZ 2005, 308, 310; allgemein *OLG Düsseldorf* StV 1992, 77; Schönke/Schröder/*Perron* § 263 Rn. 104a.

101 *OLG Hamm* NJW 2005, 2869, 2870; a.A. *Rau/Zschieschak* StV 2004, 669, 672.

102 Vgl. *Vogel* JZ 2005, 308, 310; zu Scheingeschäften s. auch oben 17. Kap Rn. 29 ff.

103 *BGH* StV 1992, 106 zum Sozialhilferecht; vgl. *Vogel* JZ 2005, 308, 310; LK-StGB/*Tiedemann* § 263 Rn. 269 mw.N.; s. auch oben 8. Kap. Rn. 53 ff., 61 ff.

Stichwortverzeichnis

Die Zahlen in **Fettdruck** verweisen auf das jeweilige Kapitel, die mageren Zahlen auf die Randnummern.